Normandie
2022/2023

Cofondateurs : Philippe GLOAGUEN et Michel DUVAL

Directeur de collection et auteur
Philippe GLOAGUEN

Secrétaire général
Gavin's CLEMENTE-RUIZ

Rédacteurs en chef adjoints
Amanda KERAVEL (France)
et Benoît LUCCHINI (Étranger)

Directrice administrative
Bénédicte GLOAGUEN

Conseiller à la rédaction
Pierre JOSSE

Responsable voyages
Carole BORDES

Direction éditoriale
Élise ERNEST

Rédaction
Isabelle AL SUBAIHI
Emmanuelle BAUQUIS
Mathilde de BOISGROLLIER
Marie BURIN des ROZIERS
Camille CAMPET
Diane CAPRON
Véronique de CHARDON
Laura CHARLIER
Florence CHARMETANT
Fiona DEBRABANDER
Géraldine LEMAUF-BEAUVOIS
Alain PALLIER
Anne POINSOT
Alexia POULAIN

hachette

TABLE DES MATIÈRES

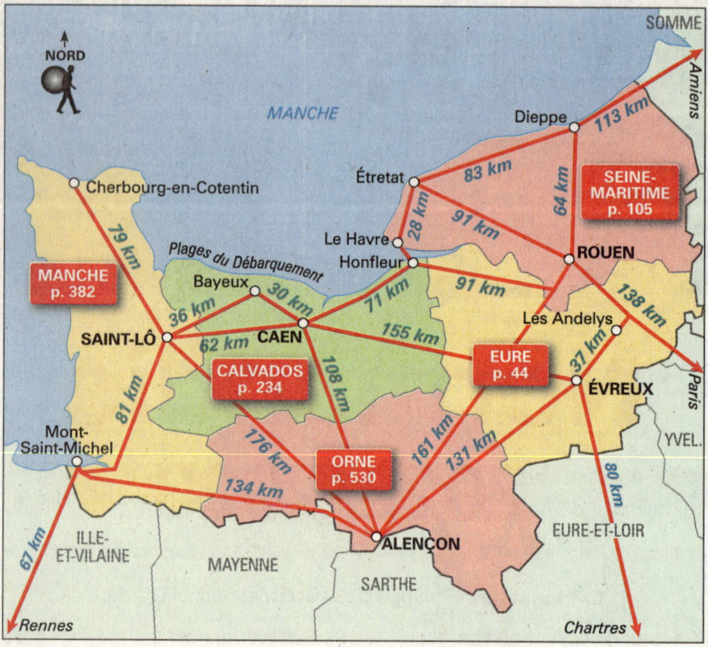

PRÉAMBULE

COMMENT Y ALLER ?

BON À SAVOIR AVANT LE DÉPART

Pictogrammes du Routard

Établissements

- Hôtel, auberge, chambre d'hôtes
- Camping
- Restaurant
- Spécial Burger
- Terrasse
- Pizzeria
- Boulangerie, sandwicherie
- Pâtisserie
- Glacier
- Café, salon de thé
- Café, bar
- Bar musical
- Club, boîte de nuit
- Salle de spectacle
- Boutique, magasin, marché

Infos pratiques

- Office de tourisme
- Poste
- Accès Internet
- Hôpital, urgences
- Adapté aux personnes handicapées

Sites

- Présente un intérêt touristique
- Point de vue
- Plage
- Spot de surf
- Site de plongée
- Recommandé pour les enfants
- Inscrit au Patrimoine mondial de l'Unesco
- Pas de côté

Transports

- Aéroport
- Gare ferroviaire
- Gare routière, arrêt de bus
- Station de métro
- Station de tramway
- Parking
- Taxi
- Taxi collectif
- Bateau
- Bateau fluvial
- Piste cyclable, parcours à vélo

« OSONS LE PAS DE CÔTÉ »

Le surtourisme ? Tous concernés. Et pourtant, à l'écart des grands flux touristiques, il existe plein de pépites méconnues, souvent oubliées des circuits trop encombrés. Ici un site ignoré ; là un quartier secret ; plus loin un village caché au charme discret, avec un troquet d'une autre époque… Il existe une infinité de lieux peinards que l'on a envie de mettre en avant avec ce pictogramme. Un vagabondage enfin calme favorisé aussi par les **visites aux heures creuses.** Vive le *slow trip* !

#osonslepasdecote

☎ **112 :** c'est le numéro d'urgence commun à la France et à tous les pays de l'UE, à composer en cas d'accident, agression ou détresse. Il permet de se faire localiser et aider en français, tout en améliorant les délais d'intervention des services de secours.

Lieux traités
Adresses et lieux dans les environs
Repères
Sites inscrits au Patrimoine mondial de l'Unesco
A
B
1
2
3
4
1 Douvres-la-Délivrande
2 Lion-sur-Mer
3 Ouistreham
4 Merville-Franceville
5 Cabourg
6 Dives-sur-Mer
7 Houlgate
8 Villers-sur-Mer
9 Deauville
10 Trouville
11 Villerville
MANCHE
Auderville
St-Germain-des-Vaux
Omonville-la-Petite
Omonville-la-Rogue
Gréville-Hague
Urville-Nacqueville
Cap de la Hague
Cherbourg-en-Cotentin
Vauville
Barfleur
D 901
Saint-Pierre-Église
St-Vaast-la-Hougue
Île Tatihou
D 902
D 904
N 13
E 3
E 46
Valognes
Quinéville
Bricquebec
D 2
D 902
Utah Beach
Ste-Mère-Église
St-Sauveur-le-Vicomte
Grandcamp-Maisy
Pointe du Hoc
Longues-sur-Mer
Arromanches
Courseulles-sur-Mer
St-Aubin-sur-Mer
Luc-sur-Mer
Barneville Carteret
D 15
D 900
Port-Bail
Carentan-les-Marais
Isigny-sur-Mer
D 514
Omaha Beach
Gold Beach
Juno Beach
Sword Beach
La Haye-du-Puits
D 903
D 974
N 13
Port-en-Bessin
Ver-sur-Mer
Bayeux
Creully
E 46
N 174
E 3
D 971
D 900
Lessay
Périers
D 8
Forêt de Cerisy
D 572
D 6
Bénouville
Ranville
Pirou
D 650
MANCHE p. 382
D 2
SAINT-LÔ
D 972
Balleroy-sur-Drôme
Caumont-sur-Aure
D 9
A 84
CAEN
A 13
D 613
Jersey
Agon-Coutainville
D 972
Coutances
D 73
N 174
D 28
Villers-Bocage
E 401
CALVADOS p. 234
Regnéville-sur-Mer
D 971
D 38
Tessy-Bocage
D 13
Abb. de Hambye
D 675
D 8
D 6
Thury-Harcourt
D 40
N 158
D 511
Gavray-sur-Sienne
A 84
D 674
D 52
D 577
D 55
Clécy
D 6
Villedieu-les-Poêles-Rouffigny
E 401
SUISSE NORMANDE
D 511
Falaise
Granville
D 924
Condé-sur-Noireau
Pont-d'Ouilly
D 63
D 7
D 999
D 524
Vire
D 512
D 962
D 958
D 973
N 175
E 3
D 911
Brécey
D 524
D 977
D 15
D 924
A 88
Mont-St-Michel
Genêts
Avranches
D 33
Flers
ORNE p. 530
D 924
Mortain-Bocage
D 22
D 962
D 909
D 916
D 2
N 175
E 401
A 84
D 976
D 907
D 18
N 176
E 401
D 998
Saint-Hilaire-du-Harcouët
D 977
Domfront
D 976
D 908
La Ferté-Macé
Carrouges
E 3
D 962
Bagnoles-de-l'Orne
ILLE-ET-VILAINE (35)
D 175
D 23
D 176
N 12
D 137
Fougères
A 84
N 12
St-Céneri-le-Gérei
E 3
D 812
N 12
Mayenne
N 12
E 50
MAYENNE (53)
N 162
RENNES
N 157
E 50
A 81
E 50
LAVAL

LA NORMANDIE

LA RÉDACTION DU ROUTARD

(sans oublier nos 50 enquêteurs, aussi sur le terrain)

La saga du *Routard* : en 1971, 2 étudiants, Philippe et Michel, avaient une furieuse envie de découvrir le monde. De retour du Népal germe l'idée d'un guide différent qui regrouperait tuyaux malins et itinéraires sympas, destiné aux jeunes fauchés en quête de liberté. 1973. Après 19 refus d'éditeurs et la faillite de leur 1re maison d'édition, l'aventure commence vraiment avec Hachette. Aujourd'hui, le *Routard*, c'est plus d'une cinquantaine d'enquêteurs impliqués et sincères. Ils parcourent le monde toute l'année dans l'anonymat et s'acharnent à restituer leurs coups de cœur en toute indépendance.

Merci à tous les Routards qui sont solidaires de nos convictions : liberté et indépendance d'esprit ; découverte et partage ; sincérité, tolérance et respect des autres.

NOS SPÉCIALISTES NORMANDIE

Amanda, Mathilde et Marie : quand l'une arpente les routes bretonnes en quête de la meilleure pâte à crêpes, l'autre explore le bocage normand à coups de gorgées de cidre, pendant que la troisième chausse ses skis pour dégoter le meilleur refuge alpin. La curiosité, l'enthousiasme et la gourmandise sont leur meilleur sonar, que complètent deux décennies d'expérience à user leurs semelles sur les routes de l'Hexagone. Un trio complice et indépendant qui essaie, entre deux voyages, de garder la ligne.

Benoît Lucchini : corse, élevé au grain du 9-3, il a commencé avec une carte Interrail à 17 ans. Il arpente les terres chaudes avec passion deux ans plus tard puis les mers froides comme pêcheur (illégal) de saumon sur un chalutier américain, avant un grand tour du monde. Son credo depuis 30 ans au Routard : multiplier les rencontres, s'émerveiller et écrire pour partager ses émotions.

Mathilde de Boisgrollier : après avoir poussé dans les contrées bien ensoleillées, elle est aujourd'hui armée d'un solide coup de fourchette et d'un petit sac à dos qui ne la quitte pas. Elle aime partager et relayer ses rencontres et découvertes ; celles du bout de la rue ou du bout du monde.

Florence Charmetant : très tôt le voyage est devenu une nécessité, quelle que soit la destination. Le voyage pour les personnes, les rencontres, les liens, les lieux, les cultures, les langues, les valeurs, les goûts, les parfums, les différences… Trente années ont passé, son appétit demeure et son envie de transmettre, à vous lecteurs du Routard, tout autant.

Fiona Debrabander : franco-britannique, passionnée d'histoire, de musique et de cinéma, elle apprécie autant prendre le thé après un trek qu'un café au comptoir, les bains de foule sur les marchés que les bains de minuit en bord de mer. Avide de rencontres et de nature, au coin de la rue ou au bout du monde, elle sillonne la planète avec l'envie de partager ses découvertes.

UN GRAND MERCI À NOS AMI(E)S SUR PLACE

Pour cette nouvelle édition, nous remercions particulièrement :

Pour la Seine-Maritime

- **Christelle Féron et Justine Fiévet,** du comité départemental de tourisme de Seine-Maritime.
- **Cécile Jovanovic,** du musée de Dieppe.
- **Claire Cierzniak,** du Pôle d'équilibre territorial et rural du pays de Bray.
- **Aline Braud,** de la CDC Bresle maritime.
- **Marion Rabiller,** responsable du service communication à l'office de tourisme, et **Guillaume Gohon,** guide-conférencier à Rouen.
- **Éric Baudet,** responsable du service communication à l'office de tourisme du Havre-Étretat, et **Adeline Fouquer,** guide-conférencière au Havre.
- **Astrid,** madame « Je rêêêve ».
- Ainsi que le formidable réseau des offices de tourisme du département, et tout particulièrement ceux de Clères, de Dieppe, d'Étretat, de Fécamp, de Forges-les-Eaux, du Havre, du Tréport, de Neufchâtel-en-Bray, du pays de Caux – Vallée de Seine, du plateau de Caux maritime, de Rouen et de Ry.

Pour l'Eure

- **Capucine d'Halluin,** d'Eure Tourisme.
- **Marion Hossin,** de l'office de tourisme d'Évreux.
- **Sophie Tassart,** de l'office de tourisme de Verneuil-d'Avre-et-d'Iton.
- **Gwenola Lemasle,** de l'office de tourisme de Gisors.
- **Guillaume Aubin,** de la Maison du parc des Boucles de la Seine Normande
- **Sébastien Flottes,** de l'office de tourisme de Louviers.
- **Marie Petit,** à l'office de tourisme de Nouvelle Normandie.
- **Georgia Erwin,** du Service des Publics de la ville de Bernay.
- **Nathalie Delanney,** de l'office de tourisme de Pont-Audemer – Val de Risle.

Pour le Calvados

- **Armelle Le Goff** et les services de Calvados Tourisme.
- Pour leur efficacité et leur disponibilité : les équipes des offices de tourisme de Caen-la-Mer, Cabourg-Pays d'Auge, Deauville, Trouville, Honfleur, Pont-l'Évêque, Lisieux, Terres de Nacre, Bayeux Intercom, Isigny-Omaha Beach, du pays de Vire, de la Suisse normande et du pays de Falaise.

Pour la Manche

- **Claire Larquemain** et l'équipe de Manche Tourisme.
- Les offices de tourisme de la Manche, en particulier ceux d'Avranches, de Barneville-Carteret, de Cherbourg-en-Cotentin, de Coutances, de Granville, de Mortain, de Pontorson, de Quettehou, de Saint-Lô et de Saint-Sauveur-le-Vicomte.

Pour l'Orne

- **Carole Rauber** et l'équipe d'Orne Tourisme.
- **Anne-Laure Chausserie,** de l'office de tourisme de Domfront.
- **Marie-Dominique Rousseau,** du parc naturel régional Normandie-Maine.
- Les offices de tourisme de l'Orne, en particulier ceux d'Alençon, d'Argentan, de Bagnoles-de-l'Orne, de Bellême, de Domfront, de L'Aigle, de Mortagne-au-Perche, de la Roche d'Oëtre, de Sées et de Vimoutiers.

Plage d'Étretat

« Que la nature est prévoyante ! Elle fait pousser des pommes en Normandie sachant que les indigènes de cette province ne boivent que du cidre. »
Henri Monnier

Les vaches broutant sous les pommiers dans des champs verdoyants, les **chaumières à colombages,** les fromages crémeux et odorants, le calvados, les **plages du Débarquement,** voilà les clichés qui collent à la Normandie aussi sûrement que le caramel aux dents.
La Normandie, c'est effectivement cela : une région fortement agricole, terre de bons produits, où nombre de villes et villages portent encore les stigmates de la guerre. Mais sous sa couette verte à impression **pommiers en fleur,** la Normandie abrite aussi son cortège de petites industries et de zones pétrochimiques, des banlieues ouvrières ainsi que des villes dynamiques qui méritent absolument le détour, comme Rouen, Le Havre ou Caen.
L'important patrimoine architectural témoigne aussi de la puissance du duché de Normandie au Moyen Âge (911-1469), et celui-ci trouve dans des paysages d'une grande diversité un magnifique écrin. Que vous souhaitiez jouer au lézard des **plages,** flamber au casino, vous régaler de bons produits (de la terre comme de la mer), revoir votre Histoire et parfaire votre culture en visitant **châteaux, abbayes ou musées,** marcher ou pédaler le long de côtes battues par les vents ou à l'abri des chemins creux dans un bocage intime et discret, vous devriez trouver votre bonheur sur ces terres dépaysantes et, pour certaines, si proches de Paris.

Pommier en fleur dans le Calvados

NOS COUPS DE CŒUR

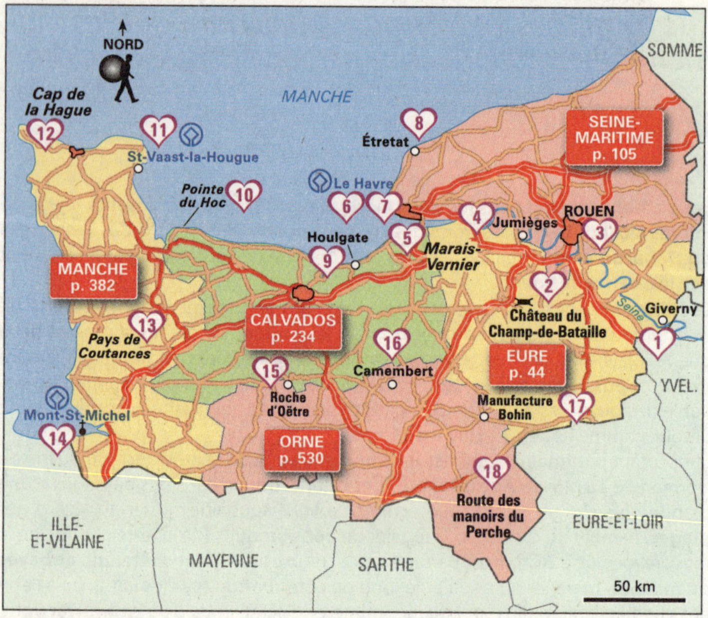

1 Contempler les nymphéas, au printemps, dans les jardins de Monet à Giverny, puis visiter le musée des Impressionismes, en face.
Une plongée au cœur même de l'imaginaire de Monet : la maison et les jardins ont leur aspect d'origine et, à tout moment, on s'attend à ce que le maître apparaisse. Aucune œuvre originale, on vient admirer les superbes jardins fleuris : le jardin d'eau orientaliste, où l'artiste peignit les *Nymphéas*, et, plus proche de la maison, le « clos normand ». *p. 75*

© Cormon Francis/hemis.fr

2 Cheminer, au propre comme au figuré, dans l'univers incroyable des jardins du château du Champ-de-Bataille.

C'est au milieu d'un parc de 40 ha que s'élève ce superbe château ducal du XVIIe s, racheté en 1992 par l'architecte d'intérieur Jacques Garcia. Dans ses jardins à la française revus et visités, le rêve un peu fou, la passion, la poésie, l'imaginaire et la réalité ont fusionné pour créer une « œuvre contemporaine » unique : seules les dentelles de buis ont été restaurées selon les plans de Le Nôtre, tout le reste n'est que pure création et symbolique. *p. 89*

Bon à savoir : *au cas où vous en demanderiez encore, le domaine d'Harcourt, à quelques kilomètres de là, possède lui aussi un arboretum de toute beauté.*

© Mattes René/hemis.fr

3 Déambuler dans les rues anciennes de Rouen, le nez au vent et l'œil à l'affût.

Outre la splendide cathédrale, les superbes églises et autres petites merveilles à découvrir dans les charmants vieux quartiers de la ville, on ne pourra pas manquer les nombreuses vénérables maisons à pans de bois, parfois opulentes, parfois brinquebalantes : la ville en abrite pas moins de 2 000. *p. 108*

Bon à savoir : *qui dit « demeure à pans de bois » ne dit pas forcément « maison médiévale ». Il en existe de toutes les époques.*

4 À Jumièges, découvrir dans un superbe environnement l'une des plus admirables abbayes de France.

Bien que largement en ruine, cette abbaye n'en conserve pas moins une majestueuse prestance. L'imposante église Notre-Dame garde entière sa façade flanquée de deux tours et la majeure partie de la nef. L'impression est grandiose dans cette église à ciel ouvert. Lorsqu'on élève le regard, la perspective est saisissante. De-ci, de-là, on devine des voûtes et des chapelles gothiques ajoutées au XIVe s. La végétation s'est évidemment emparée de l'ensemble. *p. 134*

Bon à savoir : *en saison, le logis abbatial abrite de très belles expos photo, et le parc de 15 ha se prête merveilleusement aux pique-niques ; le dispositif Jumièges 3D permet de découvrir une reconstitution de l'abbaye.*

© Mattes René/hemis.fr

5 Observer et écouter les oiseaux de bon matin, dans le silence fabuleux du Marais-Vernier.

Un paysage très particulier et des plus pittoresques. Asséché sous Henri IV, cet amphithéâtre de verdure parfait, entouré de collines, est une autre Normandie, peu connue, vivant presque « en marge ». On y trouve quelques-unes des plus belles fermes de la région, avec des bouquets d'iris poussant sur leur toit pour les protéger de l'humidité. Des haies de saules délimitent des prairies humides, et de beaux vergers servent de traits d'union entre les fermes fleuries. *p. 101*

Bon à savoir : *le meilleur moment pour visiter le Marais-Vernier est le printemps, quand les iris s'épanouissent.*

© Rigoulet Gilles/hemis.fr

© Rieger Bertrand/hemis.fr © « Eglise Saint Joseph du Havre » Auguste Perret, UFSE, Saif, 2022

6 **Découvrir l'urbanisme moderne d'Auguste Perret au Havre, et se laisser surprendre par l'étonnante omniprésence du béton.**

Le centre-ville du Havre, rasé à 85 % pendant la Seconde Guerre mondiale, fut reconstruit sur une vingtaine d'années par Auguste Perret, adepte du triple concept « dépouillement, simplicité et luminosité ». L'architecture en béton apparaît d'abord austère, mais bien vite on comprend pourquoi il fait bon vivre dans cette ville. L'impression d'espace, l'air marin, son dynamisme… *p. 148, 154*

Bon à savoir : *visiter l'appartement-témoin de Perret permet de mieux comprendre la spécificité de cette architecture désormais inscrite par l'Unesco sur la liste du Patrimoine mondial de l'humanité.*

7 Piquer une tête aux Bains des Docks, étonnant complexe balnéo-aquatique conçu au Havre par Jean Nouvel.

Sur le site des anciens hangars à café, l'architecte a revisité les thermes romains, en version moderne, pour édifier cette remarquable architecture tout en lignes épurées. Formes cubiques, jeux des volumes, monochromie, lumières douces puisées à l'extérieur et cadre zen propice à la détente… Même l'acoustique est meilleure que dans les piscines traditionnelles. *p. 154*

Bon à savoir : on trouve là un espace balnéo avec toboggans, bassins chauds et froids, sauna et pataugeoire pour les enfants, ainsi qu'un hammam et un bassin extérieur de 50 m.

© Cormon Francis/hemis.fr

8 **Partir sur les traces d'Arsène Lupin en admirant les falaises d'Étretat, et tenter d'élucider le mystère de l'Aiguille creuse.**

Presque une légende tant l'arche de craie plongeant dans la mer fait partie des images ancrées dans nos mémoires. Sans oublier cette aiguille, juste derrière, dont Arsène Lupin tente de percer le secret dans l'une de ses aventures… On ne se lasse pas de découvrir ces falaises sous les lumières changeantes de l'aube au crépuscule. *p. 170*

Bon à savoir : *en visitant le Clos Lupin, vous saurez tout sur l'énigme de l'Aiguille creuse… et sur les manies de l'auteur !*

9 **Partir à la recherche des villas Belle Époque de Houlgate et remonter le temps quelques instants.**

Séduisante station construite à la fin du XIXe s le long d'une plage de sable fin, Houlgate a échappé à la « défiguration » immobilière. Elle conserve l'un des plus beaux échantillons de villas de toute la côte normande, ainsi qu'une belle plage. Sur le front de mer autant qu'aux flancs des collines voisines, chalets fantaisistes, manoirs de la fin du XIXe s et hôtels somptueux sont les témoins du passé prestigieux de Houlgate, du temps où banquiers et têtes couronnées venaient y prendre l'air. *p. 264*

Bon à savoir : *Houlgate compte près de 300 villas dignes d'intérêt.*

(10) Se balader sur la pointe du Hoc tôt le matin, avant l'afflux des visiteurs, et se souvenir de tous ces soldats alliés tombés pour notre liberté.

Sise dans un superbe paysage, cette falaise abrupte souvent battue par les vents fut choisie par les Allemands pour l'implantation d'une puissante batterie de canons. L'héroïque prise du site par les rangers américains du colonel Rudder fit de l'assaut de la pointe du Hoc l'une des pages les plus célèbres de l'histoire du Débarquement. Le site est resté à peu près en l'état, soit celui d'un champ de bataille où se mêlent bunkers en ruine, cratères de bombes et béton criblé de balles. *p. 357*

***Bon à savoir :** comme le cimetière américain d'Omaha Beach, le site est une concession à perpétuité, propriété des États-Unis.*

(11) S'offrir des huîtres de Saint-Vaast-la-Hougue pour croquer la mer à pleines dents !

Important port de plaisance et de pêche, Saint-Vaast est aussi un centre ostréicole renommé. Devant l'île Tatihou, les fonds marins en pente douce permettent à l'océan de se retirer très loin sur la zone de l'estran. À 12 m sous l'eau, l'élevage de l'huître est filtré par les courants les plus violents d'Europe. C'est une huître au goût particulièrement iodé. *p. 417*

***Bon à savoir :** si vous n'aimez pas les huîtres laiteuses, évitez de les consommer en été.*

12 Découvrir le cap de la Hague et le port de Goury… surtout par temps déchaîné !

On a coutume de comparer la Hague à une Irlande en miniature ! C'est une terre déchirée, une longue échine décharnée entourée d'écueils, un morceau d'Armorique évadé, Finistère le plus proche de Paris, véritable bout du monde tombant abruptement dans le raz Blanchard. Il faut presque qu'il bruine, qu'il vente. En effet, par beau temps, à marée basse, son côté dramatique s'estompe. p. 442, 449

Bon à savoir : *non seulement les dunes de Biville offrent un spectacle stupéfiant, mais c'est aussi l'un des plus vieux massifs dunaires d'Europe.*

© Escudero Patrick/hemis.fr

13 Musarder sur les petites routes du sud du pays de Coutances.

Superbe pays de bocage où il fait bon se perdre dans le lacis des petites routes. On découvre alors le château de Cerisy-la-Salle, en surplomb d'un petit affluent de la Soulles, à l'architecture sévère et rigoureuse. Puis l'abbaye de Hambye, grand squelette de pierre majestueux dégageant une impression d'élévation, de grâce, avec ses voûtes à ciel ouvert. Avant d'arriver à La Baleine, adorable hameau lové dans la vallée de la Sienne. p. 478

Bon à savoir : *au fil de ces déambulations, rien ne vaut un détour par l'andouillerie de la vallée de la Sienne pour goûter au top du top de l'andouille fumée.*

© Cormon Francis/hemis.fr

14 **Aborder le Mont-Saint-Michel en traversant la baie les pieds dans l'eau et le sable.**

Au Moyen Âge déjà, les pèlerins empruntaient ce chemin pour rejoindre le célèbre Mont dont la vue reste un enchantement, un mirage, quelles que soient l'heure, la couleur du ciel et leur humeur. En saison, on part pieds nus, en short, car il n'est pas rare de devoir s'enfoncer dans l'eau jusqu'aux genoux, voire jusqu'aux cuisses. Toujours prévoir un bon coupe-vent et un vêtement chaud, car même quand le soleil brille, il peut faire froid. L'approche se révèle particulièrement magique très tôt le matin ou en soirée. *p. 511*

***Bon à savoir :** les traversées de la baie doivent impérativement être encadrées par un guide. Ne jamais partir seul !*

15 Monter au sommet de la Roche d'Oëtre, et contempler la Rouvre qui s'écoule paisiblement.

La Roche d'Oëtre est sans doute le site naturel le plus curieux et le plus beau de toute la Suisse normande. Il s'agit d'une sorte de cuvette profonde, noyée dans les arbres à perte de vue, où la Rouvre, petit affluent de l'Orne, a réussi à se frayer un chemin. Il faut absolument descendre jusqu'à une terrasse inférieure pour découvrir la carte postale du coin : la roche supportant la terrasse évoque un profil humain. *p. 562*

Bon à savoir : *la rivière est, elle aussi, protégée – les saumons la remontent, et des loutres se cachent à nouveau sur ses rives.*

© Brigitte Merle/Photononstop

16 **Rendre hommage au roi des fromages en suivant la route du Camembert.**

Par d'adorables petites routes, on explore le pays d'Auge ornais, subtil bocage où alternent de douces collines et des vallons douillets. Un pays béni par les dieux de la terre, avec des vaches sommeillant dans les prés, des villages de poupée, de craquantes maisons à colombages. Et puis, inévitablement, on s'arrête à Camembert, minuscule village accroché au flanc d'une colline, au nom qui a fait plusieurs fois le tour du monde. *p. 571*

Bon à savoir : *Camembert n'est qu'à une quinzaine de kilomètres de Livarot et à une cinquantaine de Pont-l'Évêque… de quoi passer une journée parfumée !*

17 Explorer le monde de l'aiguille à la manufacture Bohin de Saint-Sulpice-sur-Risle.

Cette usine est la dernière en France à fabriquer des aiguilles, et le musée créé autour de la manufacture est superbe. En plus de tout apprendre sur la fabrication des aiguilles, vous y découvrirez l'univers de la Risle et les industries que cette rivière a fait naître. Sans parler de l'espace consacré au fondateur de cette usine, Benjamin Bohin, un sacré personnage ! Une visite où poésie, bel ouvrage, technique et art se mêlent avec bonheur, vous entraînant dans un autre monde durant près de 2h. *p. 580*

Bon à savoir : *également une très belle boutique sur place pour qui aime les travaux de couture.*

©Cormon Francis/hemis.fr

18 Suivre la route des manoirs du Perche, et s'offrir une ou plusieurs nuits dans une coquette gentilhommière de la région…

On ne dira jamais assez la beauté d'un manoir percheron caché derrière son bouquet d'arbres ou niché dans un pli du relief. Point d'arrogance dans ces vieux corps de bâtiments couverts de tuiles et d'ardoises qui étaient tous des exploitations agricoles. Environ 500 manoirs furent construits du XVe au XVIIe s ; il n'en reste plus qu'une centaine aujourd'hui. *p. 594*

Bon à savoir : *le Perche est aussi un repaire de gourmands qui apprécient la qualité de vie offerte par cette microrégion ; les bons produits et les bonnes tables n'y sont pas rares.*

© Rigoulet Gilles/hemis.fr

“SÉJOURNER CHEZ LOGIS C’EST AUSSI ENCOURAGER L’ÉCONOMIE LOCALE
Choisissez LOGIS HOTELS pour vos séjours en France ou en Europe, avec une large sélection d'hôtels de charme pour tous les budgets, permettant d'explorer toutes les régions. Vous pouvez également opter pour une halte gourmande au déjeuner ou au dîner.
Que vous soyez adepte d'une restauration locale conviviale ou curieux d'une gastronomie plus raffinée, nos chefs LOGIS se feront un plaisir de vous révéler le terroir culinaire local.
logishotels.com
Logis HOTELS & RESTAURANTS
POUR UN MONDE PLUS LOCAL
© Mattes René/hemis.fr

ITINÉRAIRES CONSEILLÉS

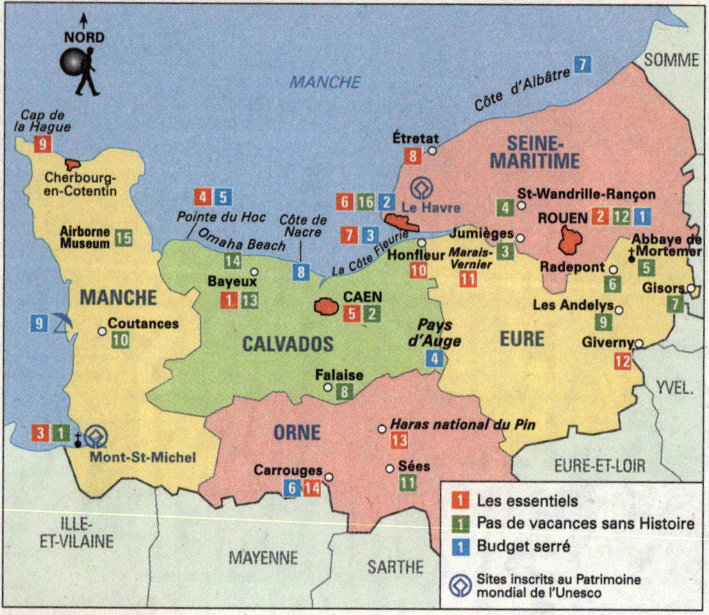

Les essentiels

La Normandie garde les traces d'un prestigieux passé. L'ère de Guillaume le Conquérant – relatée dans la fameuse **tapisserie de Bayeux (1)** – marque son apogée architecturale et religieuse. Prenez le temps de flâner dans les ruelles de **Rouen (2),** ville-musée mémorable, ou d'explorer **la route des abbayes** ; à propos d'abbaye, comment ne pas citer ne serait-ce que **Le Mont-Saint-Michel (3),** somptueux, au caractère aussi céleste que maritime ? Impossible aussi de ne pas évoquer la Seconde Guerre mondiale et le débarquement des forces alliées à Omaha Beach ou à la **pointe du Hoc (4),** non loin du **Mémorial de Caen (5).** Plus contemporaine : **Le Havre (6),** ville reconstruite après guerre par Auguste Perret, à l'insolite architecture de béton rose, ou, dans un tout autre genre, les stations balnéaires de la **Côte Fleurie (7)** – de Deauville à Cabourg – nées de l'engouement pour les bains de mer sous le Second Empire, et leurs villas, plages et casinos, toujours aussi fréquentés aujourd'hui. Mais la Normandie a aussi un supplément d'âme, capté et immortalisé par les peintres impressionnistes, des peintres de plein air auxquels la révolution des transports et des techniques a permis de découvrir la région. De la baie du **Mont-Saint-Michel (3),** où la limite se fond entre ciel, terre et mer, jusqu'au vertige des falaises d'**Étretat (8)** en passant par le **cap de la Hague (9)** et ses charmants petits ports, la Normandie dévoile des facettes maritimes diverses et contrastées. Pour sentir l'inspiration artistique, continuez le long de la Seine : partez de **Honfleur (10),** prenez le temps de vous promener dans le **Marais-Vernier (11),** avant de rejoindre **Giverny (12),** village idyllique de Monet. Quant à la légendaire herbe grasse normande, elle a valu à la région la construction du « Versailles des chevaux » : le **haras national du Pin (13)** ; et, pas bien loin de là, la spectaculaire silhouette du **château de Carrouges (14).**

Pas de vacances sans Histoire

Le Moyen Âge, période de grandeur du duché de Normandie, a laissé de bien beaux témoignages. De magnifiques abbayes tout d'abord : celle du **Mont-Saint-Michel (1),** bien sûr, mais aussi celles de **Caen (2),** de la vallée de la Seine **(Jumièges – 3 ; Saint-Wandrille – 4)** ou du Vexin **(abbaye de Mortemer – 5 ; de Fontaine-Guérard – 6).** Des châteaux forts ensuite (en tout cas leurs vestiges) : ceux de **Gisors (7), Falaise (8)** ou **Château-Gaillard (9)** aux Andelys. Sans parler des superbes cathédrales de **Coutances (10), Sées (11), Rouen (12)** et **Bayeux (13).** Bayeux, qui abrite la célèbre Tapisserie, est par ailleurs une ville ravissante, une des rares dans ce coin de Normandie à avoir été épargnées par les bombardements alliées de l'été 1944. À **Rouen (12),** les amateurs d'histoire médiévale seront comblés : la cité où Jeanne d'Arc fut jugée et brûlée consacre à la sainte un musée pas banal, l'Historial. Plus près de nous, il y a aussi tous les sites liés au **Débarquement (14)** et à la bataille de Normandie et au tourisme de mémoire d'une manière générale, comme l'**Airborne Museum à Sainte-Mère-Église (15).** Qui dit guerre, dit reconstruction : impossible de contourner **Le Havre (16)** classée au Patrimoine Mondial de l'Unesco pour son architecture unique due à Auguste Perret.

Budget serré

En bien des endroits, la Normandie est un musée à ciel ouvert, que ce soit les vieux quartiers de **Rouen (1),** l'architecture de Perret au **Havre (2),** les **villas de la Côte Fleurie (3),** les ravissants **villages du pays d'Auge (4)** ou les **plages du Débarquement (5).** La très belle **Maison du parc Normandie-Maine** à **Carrouges (6)** est gratuite ; grâce à elle, vous comprendrez mieux l'environnement naturel, culturel et architectural de ce beau parc naturel régional. Pour la promenade ou le farniente, vous aurez l'embarras du choix côté **plages.** On ne se lasse pas de contempler les falaises blanches de la **Côte d'Albâtre (7)** et cette mer incroyablement verte. En revanche, pour les châteaux de sable, préférez les plages du Calvados ou de la Manche car le galet règne en maître en Seine-Maritime. Vous trouverez une ambiance plus parisienne et plus chic sur la **Côte Fleurie (3),** plus familiale et locale sur la **Côte de Nacre (8)** ou dans la Manche. Pour les étendues de sable à perte de vue, vous trouverez votre bonheur entre **Granville** et **Port-Bail (9).**

Rue médiévale Martainville à Rouen

Avec des enfants

En général, les enfants adorent les **plages du Débarquement (1)** (oui, encore !), où ils peuvent grimper sur des chars et courir au milieu des batteries et des casemates. Mais il y a aussi ceux qui vous tanneront pour aller au zoo ! Par chance, celui de **Champrepus (2)** ou le **parc animalier** de **Clères (3)** devraient séduire les parents autant que les enfants. Plus culturel : la **ferme-musée du Cotentin** à **Sainte-Mère-Église (4)** ou le **château de Vendeuvre (5)** et son musée de meubles miniatures ainsi que son étonnante collection de... niches à chien. La **Cité de la Mer à Cherbourg (6)** pour s'immerger dans le monde des océans et la grande épopée du Transatlantique, le **Ludiver à Tonneville dans la Hague (7)** pour mieux comprendre notre système solaire sauront capter l'attention des bambins. Autre possibilité : partir sur les traces de Guillaume le Conquérant. Parmi les incontournables : le **château de Falaise (8)** et, surtout, la **tapisserie de Bayeux (9).** La Normandie est aussi la 1re région de France où furent découverts des dinosaures : à Villers-sur-Mer, le **Paléospace (10)** leur est en partie dédié. Mais si votre rejeton, c'est se défouler qu'il veut, direction **Granville (11)** ou **Barneville-Carteret (12)** pour les activités de voile. Il préfère le vélo ? Allez donc pédaler en toute sérénité sur une des nombreuses voies vertes de la région (des pistes sécurisées), comme la très jolie **Avenue Verte London-Paris (13)** dans le pays de Bray.

Envie de vert

Du vert, la Normandie n'en manque pas ! Mais votre vert, vous le voulez nature ou domestiqué ? Côté jardins, la Seine-Maritime est particulièrement riche, avec une concentration étonnante de parcs comme dans les environs de **Ry (1).** Dans l'Eure, il serait criminel de ne pas mentionner le **jardin de Monet** à **Giverny (2)** ou les parcs du **domaine d'Harcourt (3)** et du **château du Champ-de-Bataille (4).** Le Cotentin, dans la Manche, abrite aussi quelques perles, dont le parc du **château des Ravalet (5)** à Cherbourg ou le **Jardin botanique** de **Vauville (6).** Si vous préférez la nature, l'Orne et l'Eure ont encore toutes deux de très belles forêts, comme celles de **Lyons (7),** de **la Trappe (8)** ou de **Bellême (9)** pour n'en citer que 3. Enfin, si au vert vous souhaitez ajouter une touche de bleu, le magnifique **sentier des douaniers (10)** de 80 km entre Urville-Nacqueville et Surtainville au cap de la Hague vous attend. Et puis il y a aussi le **pays d'Auge (11),** la **Suisse normande (12),** les **parcs naturels régionaux** et on en passe. La Normandie est tellement verte ! Et elle se parcourt à pied, à cheval ou à vélo !

Cidrerie traditionnelle

© Lenain Hervé/hemis.fr

Baie du Mont-Saint-Michel

Interview #experienceroutard

Par la rédaction du *Routard*

Qu'est-ce qui rend la Normandie si attachante ?

Que la Normandie soit d'une incroyable richesse et se compose de territoires très différents. La Seine joue un rôle important ici, car elle sépare vraiment la région en 2. On retrouve dans l'Eure des paysages semblables à ceux de l'Orne. La Seine-Maritime (Rouen, Le Havre), elle, se démarque nettement ; au niveau des paysages, de l'architecture, mais aussi de l'histoire (la Seconde Guerre mondiale, par exemple, n'y a pas été vécue de la même façon que dans le Calvados, la Manche ou l'Orne). Historiquement, elle est aussi très industrielle, alors que les autres départements sont traditionnellement plus agricoles. En les parcourant, on se rend compte que le seul véritable point commun encore visible aujourd'hui à travers tout le territoire, c'est justement l'héritage normand, avec tous ces noms de bourgade en « -ville » et, surtout, de superbes églises ou abbayes (ou leurs vestiges).

La meilleure saison pour visiter la Normandie ?

Le printemps et l'automne, quand la nature explose ou se pare d'un vert intense et de mille autres couleurs. L'image des prés verdoyants et de leurs pommiers en fleur tient un peu du cliché, mais c'est une réalité. À l'automne, ce sont les pommes qui font ployer les branches et ponctuent le paysage de taches de couleur. Cela dit, des villes comme Rouen, Le Havre, Caen ou Cherbourg se visitent absolument en toute saison, et se promener sur la côte en hiver, par tous les temps, peut se révéler magique : la lumière et les ciels très changeants sont magnifiques.

Des conseils pour les gourmands ?

Un des ingrédients les plus connus de la cuisine normande est probablement la crème fraîche. Mais surtout, allez sur un marché ou chez un fromager, pour acheter une vraie crème fermière, crue et bien épaisse. Vous découvrirez qu'il y a crème fraîche et crème fraîche ! Autre célébrité locale : la pomme et tous ses dérivés. À l'heure de l'industrialisation et de l'uniformisation des goûts, une expérience intéressante à faire en famille : acheter des jus de pomme chez différents producteurs. Vous découvrirez qu'aucun jus de pomme ne se ressemble, qu'il existe une très grande palette de goûts, de couleurs, de textures selon les terroirs et les variétés utilisées. Enfin, si vous êtes sur la côte entre Granville et Le Mont-Saint-Michel d'avril à juin, ne ratez surtout pas la « moussette », des araignées de mer juvéniles qu'on ne trouve pratiquement que dans ce coin de France. Leur chair généreuse est d'une délicatesse... un pur délice !

Un film à recommander ?

« 38 témoins » de Lucas Belvaux. Nombre de films ont été tournés au Havre, mais dans celui-ci la ville, la musique de son port deviennent presque des personnages à part entière que le réalisateur filme merveilleusement.

COMMENT Y ALLER ?

EN VOITURE

Pour connaître les tarifs des principaux axes autoroutiers, consulter le site : • *autoroutes.fr* •

Locations de voitures

■ ***BSP Auto :*** *BSP Auto* est un courtier qui propose, sur son moteur de réservation en ligne, les locations de véhicules des grandes compagnies de location, assurant un très bon niveau de service. Les prix comparés sont attractifs et comprennent les assurances et, le plus souvent, le kilométrage illimité. Le plus : vous ne payez votre location que 5 jours avant le départ. ☎ *01-43-46-20-74 (tlj 9h-21h30, w-e 9h-20h).* • *bsp-auto.com* • *Réduc de 5 % aux lecteurs de ce guide avec le code « ROUTARD22 ».*

Covoiturage

Le principe est simple, économique et écologique. Il s'agit de mettre en relation un chauffeur et des passagers afin de partager le trajet et les frais, que ce soit de manière régulière ou de manière occasionnelle (pour les vacances, par exemple). • *blablacar.fr* •

EN BUS

Le réseau de bus longue distance s'étant intensifié ces dernières années, le plus pratique est de consulter le comparateur de billets d'autocars • *comparabus.com* •, qui regroupe les compagnies présentes en France À vous de voir en temps réel les liaisons existantes. Un lien vers les compagnies permet d'acheter ses billets en direct.

EN TRAIN

Au départ de Paris et de la province

➢ Départ de Paris ***gare Saint-Lazare*** pour Vernon, Rouen, Le Havre, Évreux, Caen, Cherbourg, Lisieux, Deauville-Trouville, Cabourg, Bayeux, Fécamp et Dieppe. Départs aussi de ***Montparnasse 3-Vaugirard*** pour Granville, Argentan, Vire, Verneuil et Alençon.

➢ Il est possible de rejoindre Rouen depuis ***Avignon, Lille, Lyon, Marseille*** et ***Valence.***

Pour voyager au meilleur prix

La SNCF propose des tarifs et des cartes adaptés à chacun de vos voyages. Mais pour voyager au meilleur prix, mieux vaut s'y prendre le plus tôt possible et viser les billets Prem's, les TGV Ouigo (disponibles uniquement sur Internet) et... les promos.

➢ ***Les cartes de réduction :*** pour ceux qui voyagent régulièrement, de 30 % de réduction avec les cartes « Avantage » *Famille, Jeune, Week-end* ou *Senior* (49 €, valables 1 an).

➢ ***Billets Prem's :*** des billets à petits prix, échangeables et remboursables comme les autres billets (offres soumises à conditions), mis en vente 4 mois avant le départ du train. Impossible de poser des options de réservation sur ces billets : il faut les payer immédiatement. Leur prix augmente à l'approche du départ. Ils ne sont pas proposés sur les TGV Ouigo.

bsp-auto.com
+33 1 86 26 90 80
7j / 7
ES PRIX FOUS NÉGOCIÉS POUR VOTRE
OCATION DE VOITURE EN NORMANDIE !
SIXT
Hertz
dollar.
Thrifty
Budget
nterprise
AVIS
Europcar
EMISE DE 5% SUR TOUTES VOS RÉSERVATIONS AVEC LE CODE ROUTARD22
0€
J-5
ILOMÈTRES
ASSURANCES
ANNULATION
PAYEZ 5 JOURS
'ZÉRO FRANCHISE'

Renseignements et réservations

– ***Internet :*** *● oui.sncf ●*
– ***Téléphone :*** *☎ 36-35 (appel gratuit).*
– Également dans les gares, les boutiques SNCF et les agences de voyages agréées.

Le Transport express régional (TER)

La région Normandie et SNCF vous proposent le *Pass Normandie Découverte.*
Pour une escapade à 2, pour une sortie familiale ou entre amis, le *Pass Normandie Découverte* permet, pour un prix unique de 20 €, à 2 adultes, de voyager sur tout le réseau TER de Normandie en train ou en car TER en illimité tout un week-end. *20 € pour 2 pers, gratuit pour les enfants (moins de 12 ans dans la limite de 3 enfants), + 5 €/pers supplémentaire (dans la limite de 3 pers).*
Ce *pass* est disponible d'avril à fin octobre, sur le site : *● ter.sncf.com/normandie ●*
Plus d'infos : *contact TER Normandie ☎ 0800-801-801 (service et appel gratuits).*

▲ OUI.SNCF
Acteur majeur du tourisme en Europe, expert de la distribution du train et de la destination France, OUI.sncf propose les offres des transporteurs train tels que TGV INOUI, OUIGO, Intercités, Eurostar, Thalys, TGV Lyria ; compagnies de bus, compagnies aériennes ; nombreuses offres d'hôtels référencés et des services exclusifs (relation clients disponible tlj 24h/24, Alerte Petits Prix, OUIbot, etc.).

EN AVION

✈ ***Aéroport de Caen Carpiquet :*** *☎ 02-31-71-20-10. ● caen.aeroport.fr ●* Air France dessert Marseille et Lyon toute l'année ; ainsi qu'Ajaccio, Figari et Nice en saison.

✈ ***Aéroport de Rouen vallée de Seine :*** *☎ 02-35-79-41-03. ● aeroport-rouen.fr ●* Depuis Rouen, vols saisonniers en été vers Bastia et Figari.

▲ AIR FRANCE
Rens et résas sur ● airfrance.fr ● via les canaux de vente Air France, au ☎ 09-69-39-36-54 (appel non surtaxé) et dans ttes les agences de voyages.

Air France propose à tous des tarifs attractifs toute l'année. Pour consulter les meilleures offres du moment, allez directement sur la page « nos meilleurs tarifs » sur *● airfrance.fr ●*
Flying Blue, le programme de fidélité gratuit d'Air France-KLM, permet de gagner des *Miles* en voyageant sur les vols ***Air France, KLM*** et les compagnies membres de ***Skyteam,*** mais aussi auprès des nombreux partenaires non aériens *Flying Blue...* Les *Miles* peuvent ensuite être échangés contre des billets d'avion ou des services (surclassement, bagage supplémentaire, accès salon...) ainsi qu'auprès des partenaires. Pour en savoir plus, rendez-vous sur *● flyingblue.com ●*

PARCOUREZ
LA VÉLO
FRANCETTE
DE LA MANCHE À L'ATLANTIQUE
AVEC LE ROUTARD
LA VÉLO
FRANCETTE
DE LA MANCHE À L'ATLANTIQUE
LE Routard
13€
UN GUIDE ILLUSTRÉ TOUT EN COULEURS
6
itinéraires
28
étapes
630 km
de voies cyclables
ET TOUS LES BONS PLANS DU ROUTARD

BON À SAVOIR AVANT LE DÉPART

INFOS UTILES

Comité régional du tourisme de Normandie : *Évreux.* ☎ 02-32-33-79-00. • *normandie-tourisme.fr* • Vous trouverez sur le site internet les brochures en ligne ainsi que des suggestions d'escapades.

Pour les ***comités départementaux du tourisme,*** voir au début de chaque chapitre.

Carte d'adhésion internationale aux auberges de jeunesse (carte FUAJ)

Cette carte vous ouvre les portes des 2 400 auberges de jeunesse du réseau *HI-Hostelling International* en France et dans le monde. Elle permet aussi de bénéficier de tarifs préférentiels avec les partenaires des auberges de jeunesse *HI* (locations de voitures, excursions et activités variées). Il n'y a pas de limite d'âge pour séjourner en auberge de jeunesse ; il faut simplement être adhérent ; carte valable 1 an à compter de la date d'achat (sur Internet ou dans les AJ).

Renseignements et inscriptions

- ***En France :*** • *hihostels.com* •
- ***En Belgique :*** • *lesaubergesdejeunesse.be* •
- ***En Suisse :*** • *youthhostel.ch* •
- ***Au Canada :*** • *hihostels.ca* •

Si vous prévoyez un séjour itinérant, vous pouvez réserver plusieurs auberges de jeunesse en une seule fois en France et dans le monde : • *hihostels.com* •

Carte internationale d'étudiant (carte ISIC)

La carte internationale d'étudiant (ISIC) prouve le statut d'étudiant dans le monde entier et offre de nombreuses réductions (billets d'avion, hôtels et auberges de jeunesse, assurances, parcs d'attraction, location de voitures, loisirs...). La carte ISIC est disponible au format numérique sur votre smartphone et au format physique.

Renseignements et inscriptions

- ***En France :*** • *isic.fr* • *Tarif : 13 € pour 1 année scolaire.*
- ***En Belgique :*** • *isic.be* •
- ***En Suisse :*** • *isic.ch* •
- ***Au Canada :*** • *isiccanada.com* •

BUDGET

Nous vous indiquons ci-dessous l'échelle des tarifs auxquels nous nous référons pour l'ensemble de nos guides France.

Hébergement

D'une manière générale, nous indiquons des fourchettes de prix allant de la chambre double la moins chère en basse saison à celle la plus chère en haute saison. Ce qui implique parfois d'importantes fourchettes de prix, pas toujours en adéquation avec la rubrique dans laquelle l'établissement est cité.
Le classement retenu est donc celui du prix moyen des chambres et de leur rapport qualité-prix.
– Les tarifs des ***campings*** sont calculés sur la base d'un emplacement pour 2 avec tente et voiture en haute saison. Ils sont classés en tête de rubrique « Où dormir ? ».
– Pour les ***auberges de jeunesse,*** le tarif indiqué est celui du lit en dortoir et/ou parfois de la chambre double, quand il y en a.
– En ***chambres d'hôtes,*** les prix sont donnés sur la base d'une chambre double. Ils incluent presque toujours le petit déjeuner. Les cartes de paiement sont rarement acceptées. En cas contraire, nous indiquons « petit déj en sus » et « CB acceptées ».
– Concernant les ***hôtels,*** le prix retenu reste celui d'une nuit en chambre double (sans petit déjeuner). La fourchette de prix englobe toutes les saisons, mais il est important de noter que, dans les grandes villes, les prix baissent significativement le week-end. Lorsque l'établissement dispose de chambres familiales, nous l'indiquons sans précision de prix.
– ***Bon marché :*** jusqu'à 60 €.
– ***Prix moyens :*** de 60 à 90 €.
– ***Chic :*** de 90 à 120 €.
– ***Plus chic :*** de 120 à 150 €.
– ***Beaucoup plus chic :*** plus de 150 €.

– ***Logis*** est la 1re chaîne de restaurateurs-hôteliers indépendants en Europe avec 2 200 établissements répartis dans 8 pays. Fort de ses 70 années d'expérience, le réseau offre l'assurance d'un accueil personnalisé et chaleureux, d'un hébergement de qualité ainsi que d'une restauration faite maison mettant à l'honneur produits locaux et de saison. Engagés sur les territoires, tous les *Logis* sont impliqués dans une démarche d'économie locale, privilégiant les circuits courts et les produits régionaux. Plus d'infos : ● *logishotels.com* ●

Restos

Au restaurant, notre critère de classement est le prix du 1er menu servi le soir (hors boissons). Les notions de « Prix moyens » ou « Plus chic » n'engagent donc que les prix, pas le cadre, même si, souvent, ils vont de pair. Ainsi, certains restos gastronomiques (et chics) proposant parfois d'intéressantes formules au déjeuner sont malgré tout classés dans la rubrique « Plus chic » en raison des tarifs pratiqués le soir. Ne boudez donc pas cette rubrique.
Par ailleurs, la rubrique « Sur le pouce » référence des adresses que l'on recommande pour les sandwichs et plats à emporter. Les tarifs correspondent généralement à la rubrique « Très bon marché ».
– ***Très bon marché :*** moins de 15 €.
– ***Bon marché :*** de 15 à 25 €.
– ***Prix moyens :*** de 25 à 35 €.
– ***Chic :*** de 35 à 50 €.
– ***Plus chic :*** plus de 50 €.

Recommandation à ceux qui souhaitent profiter des réductions et avantages proposés dans le *Routard* par les hôteliers et les restaurateurs.

À l'hôtel, pensez à les demander au moment de la réservation ou, si vous n'avez pas réservé, **à l'arrivée.** Ils ne sont valables que pour les réservations en direct et ne sont pas cumulables avec d'autres offres promotionnelles (notamment sur Internet). Au restaurant, parlez-en **au moment** de la commande et surtout **avant** que l'addition ne soit établie. Poser votre *Routard* sur la table ne suffit pas : le personnel de salle n'est pas toujours au courant et une fois le ticket de caisse imprimé, il est souvent difficile de modifier le total. En cas de doute, montrez la notice relative à l'établissement dans le *Routard* de l'année et, bien sûr, ne manquez pas de nous faire part de toute difficulté rencontrée.

LIVRES DE ROUTE

Commençons par un incontournable de la littérature française : ***Madame Bovary*** (LGF, Le Livre de Poche) est le livre de chevet sur la Normandie – quoique Flaubert parlât aussi du Calvados dans ***Bouvard et Pécuchet*** (LGF, Le Livre de Poche) ou dans ***Un cœur simple*** (LGF, Le Livre de Poche). Son fils spirituel et compatriote, Guy de Maupassant, qui avait une maison à Étretat, décrivait son matériau humain avec des touches aussi subtiles qu'un paysage normand (en y ajoutant quand même un trait de vitriol).
De nombreux passages d'***À la recherche du temps perdu*** (tous les volumes sont disponibles en livre de poche) se déroulent en Normandie : Cambremer, Carquethuit, les marines d'Elstir et Cabourg – où Proust s'emprisonna au *Grand Hôtel* –, le Balbec mondain d'*À l'ombre des jeunes filles en fleurs.* On retrouve tout cet esprit à travers les ouvrages de Dominique Bussillet, ***Marcel Proust du côté de Cabourg*** (Cahiers du Temps ; d'autres très beaux ouvrages sur la Normandie dans cette maison d'édition basée à Cabourg : ● *cahiersdutemps.com* ●).
La station balnéaire d'Étretat fut lancée par les romans d'Alphonse Karr, où se déroule également l'action de ***L'Aiguille creuse*** (LGF, Le Livre de Poche), le meilleur des Arsène Lupin (de Maurice Leblanc). La campagne de L'Aigle imbibe les romans de la comtesse de Ségur, et le Cotentin ceux de Barbey d'Aurevilly ***(L'Ensorcelée...),*** tandis qu'André Maurois décrit la bourgeoisie industrielle d'Elbeuf dans ***Bernard Quesnay*** (Gallimard, coll. Blanche). Jean de La Varende (***Nez-de-cuir,*** LGF, Le Livre de Poche) est le hussard (avant la lettre !) du pays d'Ouche. Raymond Queneau place ***Un rude hiver*** (Gallimard, coll. L'Imaginaire) dans Le Havre du début du XXe s. Martine-Marie Mullerinscrit ses histoires dans le pays de Caux (Robert Laffont). Flaubert, Maupassant et Maurois ont revu (et corrigé) leur Normandie au charbon. Mais le plus méchant reste Octave Mirbeau : les ***Contes de la chaumière*** dépeignent le Perche comme un véritable enfer ! Philippe Delerm, quant à lui, a mis à l'honneur « sa » Normandie à travers notamment ***La Première Gorgée de bière*** (Gallimard), célébrant la cueillette des mûres ou la fin de l'été normand. Maxime Chattam nous fait frissonner au mythique, mais non moins énigmatique, Mont-Saint-Michel avec ***Le Sang du temps*** (Pocket). Et c'est à Jérôme Garcin, en cavalier émérite et meneur de troupe du « Masque et la Plume », de dresser un émouvant portrait du pays d'Auge équestre et sensuel dans ***La Chute de cheval*** (Gallimard, Folio) et ***Théâtre intime*** (Gallimard, Folio). Didier Decoin, quant à lui, dans ***Avec vue sur la mer*** (Pocket), nous parle avec humour et tendresse de son refuge à La Roche, hameau du bout du monde, près du port de Goury, dans la péninsule de la Hague. Ce magnifique coin du Cotentin

est aussi le cadre du roman ***Les Déferlantes*** de Claudie Gallay (J'ai Lu), œuvre sur laquelle souffle un fort vent plein de mystères.
De son côté, Janine Montupet nous fait revivre une époque, le XIXe s ouvrier dans l'Orne, à travers une belle saga, ***La Dentellière d'Alençon*** (Pocket).
Sur les pas de Guillaume le Conquérant (Nouv. Éd. Latines), partons de la Normandie vers l'Angleterre en 1066. ***1066, l'Histoire secrète de la tapisserie de Bayeux,*** c'est justement le titre choisi par A. Bridgeford pour son roman historique (Éd. du Rocher). Il allègue le fait que le point de vue des vaincus anglo-saxons transparaît, codé, entre les fils. Toujours sur la tapisserie de Bayeux, Adrien Goetz, dans ***Intrigue à l'anglaise*** (LGF, Le Livre de Poche), s'amuse à élucider le mystère des 3 m manquants de la tapisserie ; une enquête pleine de rebondissements (et d'humour) menée par Pénélope Breuil, conservatrice au musée de la Tapisserie.
Au rayon des polars encore, Michel Bussy nous entraîne chez Monet et les impressionnistes dans le Giverny d'hier et d'aujourd'hui dans son très adroit ***Nymphéas noirs*** (Pocket).
Pour vous permettre d'en savoir plus sur le Débarquement et la bataille de Normandie, nous vous recommandons les différents ouvrages passionnants, clairs, précis et pédagogiques, de l'historien spécialiste de la question, **Jean Quellien,** notamment *La Bataille de Normandie, 6 juin-25 août 1944* (Éd. Tallandier). Citons aussi *Les Civils dans la bataille de Normandie* (OREP éditions), coécrit avec Françoise Passera, qui offre un nouveau regard sur les événements de l'été 1944 en s'attachant à l'aspect non pas militaire, mais humain.

PERSONNES HANDICAPÉES

Tourisme et Handicap

Tourisme et Handicap est la seule marque d'État qui labellise des sites touristiques accessibles aux personnes en situation de handicap (campings, restaurants, musées, monuments...). Elle permet aux touristes en situation de handicap de vivre leurs vacances comme tout un chacun. Les sites sont identifiés grâce à un logo qui symbolise chacune des 4 familles de handicap (auditif ; mental ; moteur ; visuel) et garantit un maximum d'autonomie :

TOURISME & HANDICAP

Les informations et sites labellisés sont disponibles sur : • *tourisme-handicap.gouv.fr* •

En complément, Acceslibre est une plateforme collaborative portée par le ministère de la Transition écologique. Des informations d'accessibilité essentielles aux personnes en situation de handicap y sont collectées et affichées sur des cartes pour savoir si un lieu leur est accessible ou non. Sur mobile ou ordinateur, ce service permet de préparer au mieux sa sortie ou de collaborer en partageant de nouvelles informations. Pour contribuer et/ou profiter d'Acceslibre : • *https://acceslibre.beta.gouv.fr* •

Par ailleurs, dans notre guide, nous indiquons par le logo les établissements qui possèdent un accès ou des chambres pouvant accueillir des personnes handicapées. Certaines adresses sont parfaitement équipées selon les critères les plus modernes. D'autres, plus simples, plus anciennes aussi, sans répondre aux normes les plus récentes, favorisent l'accueil des personnes handicapées en facilitant l'accès à leur établissement, tant sur le plan matériel que sur le plan humain. Évidemment, les handicaps étant très divers, des lieux accessibles à certaines personnes ne le seront pas pour d'autres. Appelez donc auparavant pour savoir si l'équipement de l'hôtel ou du resto est compatible avec votre niveau de mobilité.

SITES INTERNET

- ***routard.com*** • Le site de voyage n° 1, avec plus de 800 000 membres et plusieurs millions d'internautes chaque mois. Pour s'inspirer et s'organiser, près de 300 guides destinations actualisés, avec les infos pratiques, les incontournables et les dernières actus, ainsi que les reportages terrain et idées week-end de la rédaction. Partagez vos expériences avec la communauté de voyageurs : forums de discussion avec avis et bons plans, carnets de route et photos de voyage. Enfin, vous trouverez tout pour vos vols, hébergements, voitures et activités, sans oublier notre sélection de bons plans, pour réserver votre voyage au meilleur prix.
- ***normandie-tourisme.fr*** • Le site officiel du comité régional du tourisme de Normandie. Nombreux liens sur la Normandie (hôtels, restaurants, visites, manifestations...).
- ***transports.normandie.fr*** • et • ***commentjyvais.fr*** • Pour vos déplacements. Le 1er indique les horaires et tarifs des lignes de bus régulières de toute la région, le 2d vous trouve un trajet en transports entre 2 villes.
- ***chambre-agriculture-normandie.fr*** • Tout sur l'or blanc normand, les cultures, l'élevage et les produits de la mer, sur le site de la chambre régionale d'agriculture.
- ***idac-aoc.fr*** • L'IDAC, c'est l'« interprofession des appellations cidricoles ». Avis aux amateurs, quasiment tout est dans le nom... ou presque. Un site complet, dynamique et bien fait, qui, outre le cidre, évoque aussi pommeau et calvados, processus de fabrication, comment lire une étiquette, liste de producteurs, et même des idées de recettes... À vous de jouer !
- ***normandiefraicheurmer*** • Attrayant et clair, le site présente les produits stars, les saisons, les techniques de pêche, et donne des infos pour bien choisir ses produits... Très intéressant.
- ***normandie-gourmande.com*** • Vivant, coloré et très pédagogique, un site qui s'adresse aux enfants curieux de découvrir les produits normands, les métiers, des cartes, des recommandations anti-gaspi... ponctué de cartes interactives, coloriages et petits quiz.
- ***mondes-normands.caen.fr*** • Un survol de l'histoire des Normands tout à fait intéressant, avec généalogies, grandes dates, articles sur le patrimoine archéologique, architectural et artistique...
- ***lafabuleuseepopee.com*** • Petits et grands trouveront là toutes les infos pédagogiques et ludiques pour partir sur les traces de Guillaume le Conquérant dans le Calvados.

VÉLOROUTES

Ainsi, l'itinéraire ***Véloscénie*** relie Paris au Mont-Saint-Michel en traversant l'Orne et la Manche. On peut aussi rouler jusqu'au Mont depuis les plages du Débarquement par l'itinéraire du même nom ***(plages du Débarquement Mont Saint-Michel),*** à cheval entre Calvados et Manche, suivant les traces de la bataille de Normandie (juin-août 1944). L'***Avenue Verte London-Paris,*** elle, suit l'ancienne voie de chemin de fer entre Paris et Dieppe et traverse Giverny, Gisors et le pays de Bray (Seine-Maritime). La ***Vélo Francette*** part de Ouistreham, dans

le Calvados, et rejoint La Rochelle en passant par l'Orne. La ***Vélomaritime,*** tronçon de l'EuroVélo 4 reliant Roscoff à Dunkerque, est une magnifique excuse pour longer la Manche, du Tréport, Dieppe, Fécamp et du Havre en Seine-Maritime avant de poursuivre par Deauville jusqu'à Ouistreham, Port-en-Bessin et Grancamp-Maisy dans le Calvados, puis jusqu'à Cherbourg dans la Manche.
Enfin, la ***Seine à Vélo*** est un quant à elle un trait d'union entre Paris et Le Havre ou Deauville. L'itinéraire traverse les Yvelines, le Val d'Oise, l'Eure et la Seine-Maritime, où d'ailleurs il se scinde de part et d'autre de la Seine au niveau de Jumièges. ● *veloscenie.com* ● *avenuevertelondonparis.com* ● *lavelofrancette.com* ● *lavelomaritime.fr* ● *laseineavelo.fr* ●

Et pour ceux qui veulent en savoir plus, sachez que nous éditons plusieurs guides « Vélo » dont 1 consacré à la Vélo Francette, piste cyclable de 630 km reliant Ouistreham à La Rochelle.

L'EURE

• Carte *p. 46-47*

ABC de l'Eure

- ❏ ***Superficie :*** 6 040 km².
- ❏ ***Préfecture :*** Évreux.
- ❏ ***Sous-préfectures :*** Les Andelys, Bernay.
- ❏ ***Population :*** 602 800 hab.
- ❏ ***Particularité :*** presque 1/5ᵉ des agriculteurs ont des origines belges.

L'Eure est probablement le département qui offre la plus grande variété de paysages dans la région. À l'est, la vallée de l'Eure, le Vexin normand et l'adorable village de Lyons-la-Forêt, ou encore la célèbre Giverny. Au centre, autour d'Évreux, un vaste plateau céréalier, battu par les vents, sorte de petite Beauce normande. Au sud, c'est le pays d'Ouche, une campagne plus intime de bois secrets et de prés humides. À l'ouest, au-delà de Bernay et de la prestigieuse abbaye du Bec-Hellouin, on entre dans le Lieuvin, un autre bocage verdoyant qui annonce déjà le pays d'Auge, où l'insolente vallée de la Risle se jette dans les bras de la Seine.

La Seine, si chère aux impressionnistes, qui traverse le département et abrite, dans un ultime méandre, le trésor du Marais-Vernier, la plus importante tourbière de France ; un monde à part, quadrillé de délicieux chemins d'eau, où se cachent des chaumières de contes de fées.

Les forêts de l'Eure, département le plus boisé de Normandie, couvrent près d'un quart de son territoire (Lyons, Bord-Louviers, Évreux, Breteuil, Conches, etc.). Ses délicieuses vallées (l'Eure, la Risle, la Charentonne, l'Avre et l'Iton), sa luxuriante nature et sa kyrielle de châteaux lui donnent un petit côté vieille France, avec une nature « jardinée à l'anglaise », quadrillée de chemins buissonniers. L'Eure, cependant, ne se réduit pas à ce rôle de refuge champêtre pour citadins ; elle reste une terre agricole avant tout. À la fin du XVIIIᵉ s, les 1ᵉʳˢ négociants en textile d'Europe, des Belges, introduisirent la culture industrielle du lin sur le plateau d'Évreux et finirent à leur tour par s'y implanter. C'est pourquoi on trouve autant de noms de famille à consonance flamande dans le coin.

Adresses et infos utiles

i ***Eure Tourisme – Agence de développement du tourisme de l'Eure :*** *3 bis, rue de Verdun, 27003* ***Évreux.*** *☎ 02-32-62-04-27. • eure-tourisme.fr • Lun-ven 8h30-12h30, 13h30-17h30.* Leur site et leurs publications rassemblent tout ce dont un visiteur peut avoir besoin pour préparer son séjour dans l'Eure : visites, loisirs, fêtes et manifestations, adresses utiles, hébergements, idées de séjours et de sorties, avec, en plus, la possibilité d'***effectuer toutes ses réservations en direct*** (pas de commission) sur le site *• eure-tourisme.fr •* Pratique !

■ ***Gîtes de France de l'Eure :*** *9, rue de la Petite-Cité, 27008* ***Évreux.*** *☎ 02-32-39-53-38. • gites-de-france-eure.com •*

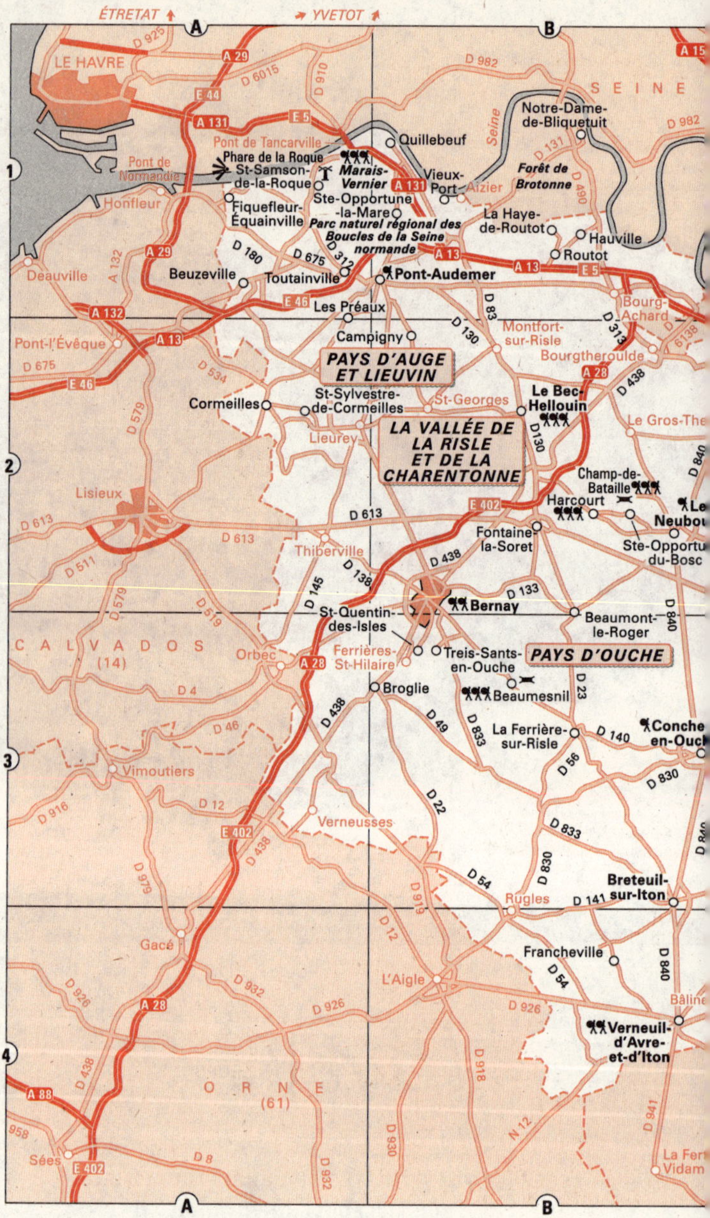

ÉTRETAT
YVETOT
A
B
LE HAVRE
D 925
A 29
D 6015
D 910
E 44
A 131
E 5
D 982
SEINE
Seine
Notre-Dame-de-Bliquetuit
D 131
Quillebeuf
Pont de Tancarville
Phare de la Roque
St-Samson-de-la-Roque
Marais-Vernier
A 131
Vieux-Port
Aizier
Forêt de Brotonne
D 490
Pont de Normandie
Honfleur
Fiquefleur-Équainville
Ste-Opportune-la-Mare
Parc naturel régional des Boucles de la Seine normande
La Haye-de-Routot
Hauville
Routot
D 180
D 675
D 312
A 13
E 5
Deauville
A 132
Beuzeville
Toutainville
Pont-Audemer
E 46
Les Préaux
D 83
Bourg-Achard
D 313
D 6138
Pont-l'Évêque
D 675
A 13
E 46
D 130
Campigny
Montfort-sur-Risle
Bourgtheroulde
PAYS D'AUGE ET LIEUVIN
D 534
A 28
D 438
Cormeilles
St-Sylvestre-de-Cormeilles
St-Georges
Le Bec-Hellouin
Le Gros-The
D 579
Lieurey
LA VALLÉE DE LA RISLE ET DE LA CHARENTONNE
D130
D 840
Champ-de-Bataille
Harcourt
Le Neubou
Lisieux
E 402
D 613
D 613
D 613
Fontaine-la-Soret
Ste-Opportu du-Bosc
Thiberville
D 511
D 138
D 438
D 145
D 579
D 519
D 133
Bernay
St-Quentin-des-Isles
Beaumont-le-Roger
D 840
C A L V A D O S (14)
Orbec
A 28
Ferrières-St-Hilaire
Treis-Sants-en-Ouche
PAYS D'OUCHE
D 4
Broglie
Beaumesnil
D 23
D 438
D 49
D 833
La Ferrière-sur-Risle
D 140
Conche en-Ouch
D 46
Vimoutiers
D 56
D 830
D 916
D 12
D 22
Verneusses
E 402
D 438
D 833
D 979
D 54
D 830
D 919
Breteuil-sur-Iton
Rugles
D 141
D 12
Gacé
Francheville
D 54
D 840
D 926
D 932
L'Aigle
D 926
D 926
Bâline
A 28
Verneuil-d'Avre-et-d'Iton
D 918
D 438
A 88
O R N E (61)
N 12
D 941
958
D 930
Sées
D 8
D 932
La Fert Vidam
E 402

NORD
MARITIME (76)
ROUEN
A 151
A 28
E 402
A 150
N 31 E 46
Ry
Martainville
Vascœuil
St-Crespin
Fleury-la-Forêt
Bézu-la-Forêt
Forêt de Lyons
Lorleau
Gournay-en-Bray
D 921
D 916
N 31
OISE (60)
Martagny
Lyons-la-Forêt
D 321
Charleval
Morgny
D 14
D 915
D 6014
Radepont
Abb. de Fontaine-Guérard
Abb. de Mortemer
Lisors
D 13
D 17
Igoville
D 321
Pont-St-Pierre
Poses
Pont-de-l'Arche
LE VEXIN NORMAND
Bazincourt-sur-Epte
D 981
D 2
Étrépagny
D 14bis
Bézu-St-Éloi
Caudebec-lès-Elbeuf
E 5
D 6015
Val-de-Reuil
Le Vaudreuil
Boisemont
Neaufles-St-Martin
Gisors
D 125
D 6014
D 6
D 313
Les Andelys
Delincourt
Louviers
Tosny
Château-Gaillard
D 146
Boury-eb-Vexin
St-Didier-des-Bois
Bouafles
D 915
A 154
D 135
D 176
LA VALLÉE DE LA SEINE
D 133
D 14
Acquigny
A 13
Gaillon
D 1
D 181
Magny-en-Vexin
D 52
Seine
D 313
Tilly
D 836
D 6015
D 86
D 61
La Croix-St-Leufroy
Autheuil-Authouillet
Vernonnet
D 37
D 983
D 14
Giverny
Vernon
PONTOISE
D 52
E 5
D 913
Gravigny
Fontaine-sous-Jouy
ÉVREUX
D 113
D 913
Sébastien-de-Morsent
N 154
Douains
D 147
Pacy-sur-Eure
A 13
D 190
N 13
La Noé-du-Bois
Mantes-la-Jolie
LA VALLÉE DE L'EURE
E 5
PARIS
D 6154
N 154
D 52
D 71
D 836
D 51
D 928
Jumelles
D 140
St-André-de-l'Eure
La Couture-Boussey
D 833
D 983
D 191
Ivry-la-Bataille
Ézy-sur-Eure
Damville
N 154
D 51
D 52
D 143
D 933
PAYS D'AVRE ET D'ITON
D 928
YVELINES (78)
D 143
Houdan
Nonancourt
N 12
N 12
Breux-sur-Avre
PARIS
N 12
Dreux
D 983
N 10
0 5 10 km
D 339
EURE-ET-LOIR (28)
D 929
D 928
N 154
Nogent-le-Roi
Évreux — Lieux traités
Harcourt — Adresses et lieux dans les environs
Jumelles — Repères

➢ ***Voies vertes :*** pour des balades à pied, à vélo ou à rollers sur la vallée de la Risle (Évreux/Pont-Authou), la vallée de la Charentonne (Bernay/Broglie), la vallée de l'Epte (Gisors/Gasny/Vernon), la voie des Bois-Francs (Verneuil-sur-Avre/Les Barils), la vallée d'Eure (Saint-Georges-Motel/Bueil), de la Seine à l'Eure (Poses/Pinterville ou Pont-de-l'Arche) ou encore la Seine à vélo (Vernon/Les Andelys/Poses/Le Marais-Vernier).

Circuler en bus dans l'Eure

Plusieurs compagnies de bus complètent le réseau ferroviaire pour visiter le département. Pour connaître les lignes régulières, les horaires et les tarifs : • *transbus.org* • Attention, peu de liaisons le dimanche. Chacune de ces villes dispose ensuite d'un réseau urbain propre plus ou moins étendu.

ÉVREUX

(27000) 51 490 hab. *Carte Eure, C3*

• Plan *p. 49*

Savez-vous qu'Évreux cache le siège de l'un des évêchés les plus vieux et les plus importants de France ? Que les habitants s'appellent les Ébroïciens ? Que c'est une ville pétrie d'histoire, comme en témoignent l'intéressant musée de l'ancien évêché et ses vestiges gallo-romains, mais aussi la cathédrale et le beffroi rescapés de la Seconde Guerre mondiale ?
On la découvre à pied, le long de la bucolique promenade de l'Iton, un jour de marché ou lors la foire Saint-Nicolas (début décembre), l'occasion de profiter de son agréable centre réhabilité mettant en valeur son riche héritage patrimonial.

Adresses et infos utiles

Office de tourisme – Le Comptoir des Loisirs *(plan A3)* ***:*** *11, rue de la Harpe.* ☎ *02-32-24-04-43.* • *lecomptoirdesloisirs-evreux.fr* • *Mar-sam 10h-18h.* Location d'audioguide *(3 €)* pour découvrir la ville. Également une belle boutique du terroir.

Gare routière *(plan B4)* ***:*** *bd Gambetta.* ☎ *02-32-39-40-60.* • *commentjyvais.fr* • *normandie.fr/horaires-et-itineraires* • Bus pour Rouen, Vernon, Louviers, Léry-Poses, Pont-de-l'Arche, Bernay, Le Neubourg, Pont-Audemer...

– ***Marchés :*** *mer mat et sam mat sur la pl. Clemenceau (plan A2).* Ambiance sympa et vivante.

Où dormir ?

10 Hôtel de Normandie (B1)
11 Hôtel de l'Orme (A1-2)

Où manger ? Où faire une pause gourmande ?

20 Café de l'Eure (B2)
21 Côté Rôtisserie (B2)
22 Mad Cats (B4)
23 La Gazette (A2)
24 La Vieille Gabelle (A2)
25 Ô Saveurs (B1)

Où boire un verre ?

20 Café de l'Eure (B2)
22 Mad Cats (B4)
30 La Petite Gabelle (A3)

Où acheter de bonnes confiseries ?

40 Chocolatier Auzou (A3)

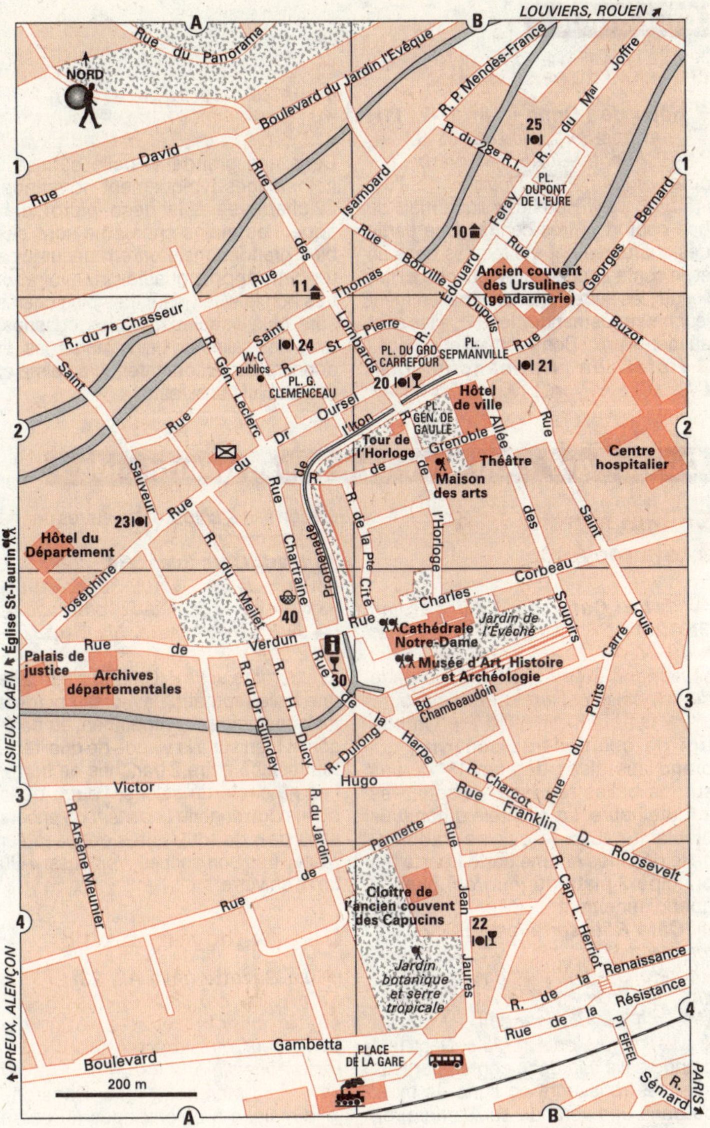
LOUVIERS, ROUEN
NORD
Rue du Panorama
Boulevard du Jardin l'Évêque
R. P. Mendès-France
Rue du Mal Joffre
Rue David
R. du 28e R.I.
PL. DUPONT DE L'EURE
Rue Isambard
Rue des Lombards
Rue Borville Dupuis
R. Feray
Rue Georges Bernard
Rue Buzot
Rue Thomas
R. du 7e Chasseur
R. Gén. Leclerc
Rue Saint Pierre
St Pierre
W-C publics
PL. G. CLEMENCEAU
PL. DU GRD CARREFOUR
PL. SEPMANVILLE
R. Edouard
Ancien couvent des Ursulines (gendarmerie)
Hôtel de ville
PL. GÉN. DE GAULLE
Tour de l'Horloge
Théâtre
Maison des arts
Allée des Soupirs
Rue Saint Louis
Centre hospitalier
Rue Saint Sauveur
Rue du Dr Oursel
R. de l'Iton
Rue de Grenoble
Rue de l'Horloge
Rue Chartraine
Promenade
R. de la Pte Cité
Rue Joséphine
R. du Meillet
Hôtel du Département
Rue Corbeau
Rue Charles
Cathédrale Notre-Dame
Jardin de l'Évêché
Musée d'Art, Histoire et Archéologie
Bd Chambeaudoin
Rue du Puits Carré
Rue de Verdun
Palais de justice
Archives départementales
R. du Dr Guindey
R. H. Ducy
Rue de la Harpe
R. Dulong
R. Charcot
Rue Victor Hugo
Rue Franklin D. Roosevelt
R. Arsène Meunier
R. du Jardin
Rue de Pannette
Rue Jean Jaurès
R. Cap. L. Herriot
Cloître de l'ancien couvent des Capucins
Jardin botanique et serre tropicale
R. de la Renaissance
Rue de la Résistance
PT EIFFEL
Boulevard Gambetta
PLACE DE LA GARE
R. Sémard
200 m
LISIEUX, CAEN
Église St-Taurin
DREUX, ALENÇON
PARIS
A
B
1
2
3
4
10
11
20
21
22
23
24
25
30
40

ÉVREUX

Où dormir ?

De prix moyens à chic

Hôtel de l'Orme (plan A1-2, **11**) : 13, rue des Lombards. ☎ 02-32-39-34-12. • hotel-de-lorme@orange.fr • hotel-de-lorme.fr • Doubles 45-76 € (45-55 € w-e). Hôtel classique mais de bon confort et très central. Une partie des chambres ont été refaites dans un style contemporain, avec douche à l'italienne ; les autres attendent patiemment leur heure. Demandez les 1res, elles sont au même prix ! Bons accueil et service.

Hôtel de Normandie (plan B1, **10**) : 37, rue Édouard-Feray. ☎ 02-32-33-14-40. • hotel-de-normandie27@orange.fr • hotel-restaurantdenormandie-evreux.fr • Doubles 60-80 €. Parking payant. Dans une grande et belle bâtisse à colombages typiquement normande, 22 chambres à la déco plutôt rustique. Les moins chères ne sont pas bien grandes mais offrent néanmoins un bon rapport qualité-prix (voire un très bon le week-end). Les plus chères sont plus spacieuses, plus cossues, avec des salles de bains modernes, et donnent sur la cour intérieure calme et fleurie. Fait aussi resto.

Où manger ? Où faire une pause gourmande ?

De bon marché à prix moyens

Le Café de l'Eure (plan B2, **20**) : 28, pl. Grand-Carrefour. 06-98-96-28-60. Mar-sam, déj seulement. Menu env 12 €. Le reste du temps, c'est un café et un bar ; voir « Où boire un verre ? ». Un bistrot de quartier très convivial, qui prend ses aises dès les 1ers rayons sur les belles terrasses ensoleillées à toute heure. La clientèle d'habitués plébiscite aussi la cuisine traditionnelle déclinée en une carte courte (en principe 2 plats du jour) qui change quotidiennement.

Côté Rôtisserie (plan B2, **21**) : 3, rue Saint-Louis. ☎ 02-32-39-62-63. • coterotisserie27@orange.fr • Fermé dim, lun soir et j. fériés. Congés : Menus 17 € (déj en sem), 21 € (sauf w-e et j. fériés), puis 28-35 €. Dans une grande salle à la déco contemporaine, avec les rôtisseurs en ligne de mire, ou dans une véranda sur l'arrière, on se régale d'énormes entrecôtes grillées, de cochon de lait à la broche et autres plats de boucher plus à même d'assouvir les grosses faims carnivores que les appétits d'oiseau ! L'assiette est joliment dressée et le personnel accueillant. Et pour le poisson, rendez-vous *Côté Mer* (3, rue Joséphine) pour un bon *fish & chips*, entre autres (fermé lun et dim soir).

Mad Cats (plan B4, **22**) : 45, av. Jean-Jaurès. ☎ 02-32-33-00-09. 06-44-80-42-25 • sarl-yvon@outlook.fr • Près de la gare. Mar-sam 18h-23h ; plus ven-sam midis. Fermé dim-lun. Burgers 9-17 €. Ce pub s'est taillé une belle réputation avec ses burgers maison originaux : végétarien, au poisson et bien sûr à la viande de qualité, le tout coincé entre 2 tranches de *bun's*, l'un à l'encre de seiche, l'autre de la bonne boulangerie *Lepenant* ou encore sans pain du tout. Frites coupées sur place. Très bon accueil. Voir aussi « Où boire un verre ? ».

De prix moyens à chic

La Gazette (plan A2, **23**) : 7, rue Saint-Sauveur. ☎ 02-32-33-43-40. • xavier.buzieux@gmail.com • Tlj sauf dim-lun, plus sam midi. Résa conseillée le w-e. Formule déj env 18 € ; menus 26-42 €. Dans une jolie maison à colombages au cadre moderne, on déguste une cuisine délicate à base de produits frais du terroir qui s'éloigne avec brio des grands standards régionaux. Une pointe d'originalité, un zeste de touche personnelle, une bonne dose de gentillesse dans l'accueil, et le tour est joué.

La Vieille Gabelle (plan A2, **24**) : *3, rue de la Vieille-Gabelle. ☎ 02-32-39-77-13. ♿ Fermé lun, sam midi et le soir des dim et j. fériés. Formule déj en sem 17,90 € ; menus 28-38 €.* Une longue façade fleurie à colombages, et 2 salles à la déco remise au goût du jour avec des poutres blanchies. Le cadre est posé, il ne reste plus qu'à savourer la bonne cuisine semi-gastronomique et raffinée, variant au fil des saisons. Bon choix de vins dans une grande cave vitrée.

Ô Saveurs (plan B1, **25**) : *11, rue du Maréchal-Joffre. ☎ 02-27-34-72-43. Tlj sauf le soir mar, mer et dim. Résa conseillée. Menu express env 16 €. Plats 16-22 €.* Une salle tout en longueur avec poutres apparentes, où les habitués viennent se régaler à midi de la formule unique à l'excellent rapport qualité-prix ou piocher (midi et soir) parmi de savoureux plats du marché inscrits à l'ardoise. Terrasse tranquille à l'arrière. Service pro.

Où boire un verre ?

Le Café de l'Eure (plan B2, **20**) : *voir plus haut « Où manger ? ». Mar-ven 8h (10h sam)-14h30, 17h-21h (plus tard ven) ; fermé dim-lun.* Stratégiquement situé en plein centre-ville, avec ses belles terrasses aux longues tables en bois face à la place Sepmanville, ce bistrot familial est une institution en ville. Super ambiance notamment le samedi midi aux beaux jours quand il y a un concert.

Mad Cats (plan B4, **22**) : *voir plus haut « Où manger ? ».* Bières artisanales de la région (ou guère plus loin) servies à la pression ou en bouteille. Bonne ambiance de pub et accueil à l'avenant.

La Petite Gabelle (plan A3, **30**) : *11, rue de la Harpe. ☎ 02-32-30-65-87. Fermé dim soir.* Sympa en journée, car bien placé face à la cathédrale et la promenade de l'Iton. C'est aussi une brasserie tenue par les mêmes proprios que *La Vieille Gabelle* (voir plus haut « Où manger ? »).

Où acheter de bonnes confiseries ?

Chocolatier Auzou (plan A3, **40**) : *34, rue Chartraine. ☎ 02-32-33-28-05. ♿ Tlj sauf dim ap-m ; lun mat à partir de 11h.* Quelques spécialités d'antan incontournables (et délicieuses, surtout) : la pomme au calvados, les *Macarons de Sonia Auzou*, *Le Normand* (un chocolat avec une ganache pomme) ou encore *le blason d'Évreux* (ganache au chocolat et praliné noisettes, hmmm !)...

À voir

La cathédrale Notre-Dame (plan B3) : *♿ (sur demande, ouverture d'un battant du portail nord). Tlj 8h30-19h.* Ce beau monument, édifié au XIe s, fut maintes fois remanié suite aux aléas de l'histoire : 5 incendies lors de guerres successives entre les XIe et XIVe s (d'où le mélange de styles), bombardements de juin 1940, tempête de grêlons en 1983 qui détruisit une partie des verrières du chœur. Mais il a toujours su renaître de ses cendres. Avant d'entrer dans cette bible de pierre et de verre, admirer le « clocher d'argent », qui culmine à 73 m, et le très beau portail nord, œuvre de Jehan Cossart, considéré comme un chef-d'œuvre du gothique flamboyant. À l'intérieur, on est avant tout frappé par le chœur, de style gothique rayonnant, et par la tour-lanterne. Réputée pour la qualité et la rareté de ses vitraux (le jaune d'Évreux) et de ses verrières, la cathédrale abrite l'un des plus précieux ensembles du XIVe s. Avant de quitter les lieux, n'oubliez pas de jeter un œil au magnifique grand orgue. Sur le côté sud de la cathédrale, un petit cloître du XVIe s.

Promenade de l'Iton (plan A-B2-3) : partir de l'agréable place Sepmanville *(plan B2)*, dont la réhabilitation a permis de mettre en valeur son histoire médiévale.

Les dalles plus foncées matérialisent l'ancienne porte d'entrée de la ville, précédée à l'époque par un pont-levis. L'Iton est aujourd'hui bordé par un théâtre de verdure prisé aux beaux jours. En profiter pour jeter un œil à la frise historique, puis suivre cette jolie promenade aménagée le long de la rivière qui passe devant le beffroi (tour de l'horloge du XVe s) et file jusqu'à la cathédrale et l'office de tourisme. D'autant plus réjouissant lorsque, certaines années, le *Parcours de sculptures* agrémente le centre-ville. Certaines œuvres restent désormais à l'année.

__L'ancien palais épiscopal et le musée d'Art, Histoire et Archéologie__ (plan B3) : 2, esplanade Anne-Baudot. ☎ 02-32-31-81-90. Mar-ven 9h30-12h, 14h-18h ; w-e et certains j. fériés 10h-12h30, 14h-18h. Fermé lun. GRATUIT.
Situé à côté de la cathédrale et construit au XVIe s sur les vestiges d'un rempart gallo-romain qui entourait la ville au IIIe s, l'ancien palais épiscopal servit aux évêques jusqu'à la Révolution et abrite depuis les années 1960 le musée d'Évreux. Au rez-de-chaussée, 2 salles consacrées à l'histoire locale précèdent la salle capitulaire, présentant des collections d'art religieux du Moyen Âge et de la Renaissance (tapisseries d'Aubusson). Quant aux pièces archéologiques, on peut découvrir parmi les plus belles de la collection : un Jupiter en bronze du Ier s apr. J.-C. et un Apollon du IIe s apr. J.-C., découverts sur le site de Gisacum, au Vieil Évreux en 1840. Dans les étages, mobilier, céramiques, objets d'art (dont une belle collection de montres) et peintures flamandes, italiennes et françaises du XVIIe au XXe s (avec des artistes majeurs, notamment Pierre Soulages, Simon Hantaï et Hans Hartung).
Tant qu'elle n'a pas réintégré l'église, vous pourrez aussi admirer la célèbre ***châsse de saint Taurin,*** évangélisateur et 1er évêque d'Évreux vers le Ve s ; c'est une merveille d'orfèvrerie du XIIIe s, en argent et feuilles d'or, enrichis d'émaux, qui représente une Sainte-Chapelle, large de 1 m et haute de 1,20 m ! Ses bas-reliefs racontent la vie du saint. Également des expositions temporaires.

__La Maison des arts Solange Baudoux__ (plan B2) : pl. du Général-de-Gaulle. ☎ 02-32-78-85-40. Galeries : mar-sam 10h-12h, 14h-18h (sans interruption mer et sam). Ouv dim suivant l'ouverture d'une nouvelle expo. GRATUIT. Expos temporaires d'art contemporain.

__L'église Saint-Taurin__ (hors plan par A3) : pl. Saint-Taurin. Tlj 9h-18h (19h en été). Cette église, à l'histoire elle aussi mouvementée, faisait à l'origine partie d'une grande abbaye fondée au Xe s. Avant d'entrer, remarquer le portail sud, malheureusement très endommagé. À l'intérieur : grandes arcades romanes.

__Le Jardin botanique__ (plan B4) : tlj 8h (9h sam-dim)-20h (17h30 nov-mars). Agréable halte au calme dans cet espace vert en pente doté de jeux pour enfants.
– ***La serre tropicale :*** *dans le jardin botanique. Avr-oct, tlj 13h-17h30 ; nov-mars, lun-ven 13h-16h30. Fermé les 1er mai, 25 déc, 1er janv. Ateliers enfants mer ap-m, chasse au trésor le w-e, contes... Expos régulièrement organisées.* Ce cube tout en dentelles abrite dans ce relatif petit espace (170 m²) une flore d'une grande diversité : 400 plantes du monde entier cultivées sans intrants chimiques, arrosées grâce à la récupération de l'eau de pluie (palmiers triangles de Madagascar, curcuma, canne à sucre, tabac, papayers...), le tout surveillé de près par 2 aras bleus (nés en France). Voir aussi les jardins à thème, plantés en bandes autour de la serre (tropical, méditerranéen, d'ombre) et devant, un métaséquoia chinois, très rare.
– ***Le cloître des Capucins :*** jouxtant le Jardin botanique, les bâtiments de l'ancien couvent furent reconstruits à la fin du XVIIe s. L'édifice, qui abrite aujourd'hui le Conservatoire de musique et d'art dramatique, comporte un très agréable cloître que l'on peut visiter lorsque le conservatoire est ouvert.

À faire

Circuits à vélo ou à pied : les fiches techniques des nombreux circuits détaillées sont téléchargeables sur le site internet de l'office de tourisme d'Évreux

(● lecomptoirdesloisirs-evreux.fr ●). Parmi eux, une *voie verte* de 43 km entre Évreux et Le Bec-Hellouin suit le tracé de l'ancienne voie ferrée Évreux-Honfleur. Plus d'infos sur ce parcours en consultant ● eure-tourisme.fr ●

Fêtes et manifestations

– ***Festival Rock :*** *dernier w-e de juin.* Festival rassemblant près de 30 000 personnes et proposant des concerts mêlant belles têtes d'affiches et groupes locaux.
– ***Rassemblement de Harley-Davidson :*** *le dim des journées du patrimoine.* Des centaines de Harley pétaradent dans les rues de la ville.
– ***Les Fêtes normandes :*** *1er w-e d'oct.* Mise à l'honneur de l'artisanat, de la gastronomie, de l'agriculture et du terroir normands.

LA VALLÉE DE L'EURE

La vallée de l'Eure n'est pas la même que l'on soit au nord ou au sud de Pacy-sur-Eure. Moins charmante et plus résidentielle au sud, le long de l'Eure (particulièrement vers Ivry-la-Bataille), la campagne se fait douce, riante entre Pacy et Louviers, au nord. Les villages deviennent alors très coquets.

IVRY-LA-BATAILLE (27540) 2 750 hab. *Carte Eure, D3*

Traversée en plusieurs endroits par l'Eure, la jolie petite ville d'Ivry a vu son nom composé après la bataille remportée en 1590 par Henri IV sur le duc de Mayenne, son principal adversaire pendant les guerres de Religion. À l'entrée de l'église Saint-Martin, une cloche de 1,5 t fondue en 1538 : c'est elle qui fit retentir la victoire de Henri IV, qui sonna, quant à elle, le glas de la Ligue catholique.

À voir

L'église : elle date de la fin des XVe et XVIe s. C'est d'abord Diane de Poitiers qui fit ériger un chœur avec abside à 3 pans et 2 bas-côtés et une partie de la nef de style gothique flamboyant dédiés à saint Martin. La flèche et les voûtes furent frappées par la foudre en 1664, et une partie de la toiture s'effondra à la suite de l'ouragan de 1688. On consolida les fondations du clocher au XIXe s et, pourtant, il penche. À l'intérieur, une succession élégante de grandes arcades en plein cintre donnent beaucoup d'espace et de volume. Belle charpente en bois en coque de bateau renversée.

Les ruines du château : *derrière l'église.* Promenade jusqu'aux vestiges du château du Xe s construit sur les hauteurs d'Ivry par le comte Raoul de Bayeux.

DANS LES ENVIRONS D'IVRY-LA-BATAILLE

Le musée des Instruments à vent : *27750* ***La Couture-Boussey.*** *☎ 02-32-36-28-80. ● lemiv.fr ● ♿ Dans un pavillon récent, face à l'église. Mar-dim 14h-18h, sam 9h30-12h30, 14h-18h. Fermé lun. Visites guidées à 14h30 et 16h, ainsi que*

le sam à 10h30. Fermeture le 1er mai et de mi-déc à fin janv. GRATUIT. Ce petit musée retrace l'histoire de La Couture-Boussey et de la fabrication de ses flûtes, hautbois et clarinettes renommés. À la fin du XIXe-début XXe s, plus de la moitié de la population locale travaillait en effet dans les manufactures d'instruments et les ateliers indépendants. Aujourd'hui, il ne reste plus qu'une manufacture dans le village et 2 autres dans les environs. La collection d'instruments à vent présentée ici, datant du XVIIIe s à nos jours, est unique. En entrant dans la pièce, l'œil est immédiatement attiré par les 2 fleurons du musée : une clarinette octocontrebasse de 1939 et une clarinette octocontralto de 1971, prototypes fabriqués par les établissements Leblanc. Et chaque année, une expo temporaire est consacrée aux instruments à vent et à la facture instrumentale.
– Programmation annuelle de concerts et animations, allant de la musique baroque à la musique contemporaine.

Musée du Peigne et Parures : *bd Gambetta, 27530* ***Ézy-sur-Eure.*** *☎ 02-37-64-64-69. • musee-du-peigne-ezysureure.fr • ♿ Mer 14h-18h ; w-e et j. fériés 10h-12h, 14h-18h. Visites guidées à 10h30 (w-e), 14h30 et 16h15. Derniers billets à 17h pour les visites en autonomie avec audioguide. Fermé 1er mai et de mi-déc à mi-fév. Entrée : 6 € ; réduc. Inclus, l'audioguide ou la visite guidée (qu'on recommande, compter 1h30).* La visite s'articule autour de 2 axes : les ateliers de l'ancienne manufacture où étaient fabriqués des peignes en bois, corne, ivoire et écaille, et les collections du musée. Celles-ci vont du XVIIe au XXe s et sont composées d'insolites peignes à cils, à moustaches (!) et même à poux, ainsi que de parures du XIXe s. Également une expo retraçant l'évolution de l'outillage au fil des siècles.

PACY-SUR-EURE

(27120) 5 210 hab. *Carte Eure, C3*

Pacy-sur-Eure est une petite ville plutôt vivante, mais ce sont surtout ses environs qui sont très jolis. L'Eure y paresse dans le fond de la vallée, se glissant sous des tunnels de verdure, le plateau normand s'y métamorphose en douces collines boisées, les maisons s'isolent dans des recoins de verdure, les villages, repliés autour de leur clocher, somnolent, et toujours quelques petits châteaux discrets. En remontant tranquillement vers Louviers, on traverse les beaux villages de *Cocherel, Autheuil-Authouillet, La Croix-Saint-Leufroy* et *Acquigny* (superbes parc et jardins du château Renaissance).

Adresse et info utiles

Office de tourisme Nouvelle Normandie : *av. des Poilus. ☎ 02-32-26-18-21. • cape-tourisme.fr • Avr-sept, mar-sam 9h30-12h30, 13h30-17h30 ; oct-mars, mar-ven 9h30-12h30, 14h-17h.*

– ***Marché :*** *jeu mat, pl. Dufay.*

Où dormir ? Où manger dans les environs ?

Autant vous prévenir d'emblée, vous êtes ici à proximité de Giverny, d'où le prix des hébergements...

Chambres d'hôtes La Chaiserie : *chez Michèle et Éric Deleu, 37, rue de Pacy, 27490* ***La Croix-Saint-Leufroy.*** *Entrée par le 2 bis, rue du Pressoir. ☎ 02-32-31-62-38. 📱 06-89-68-27-89. • michele.deleu@orange.fr • gite-lachaiserie.fr • Double 80 € ; familiale.* Une jolie cour au calme avec son jardin fleuri et des chambres coquettes avec une double au rez-de-chaussée et 2 autres sous les toits (d'où les portes pas très carrées !). Couleurs douces, ambiance lumineuse, de belles salles de bains, un petit coin repas à dispo et, pour compléter le tout, un accueil charmant.

Chambres d'hôtes L'Aulnaie : *29, rue de l'Aulnaie, 27120* ***Fontaine-sous-Jouy.*** *☎ 02-32-36-89-05. 06-03-30-55-99. • contact@aulnaie.com • aulnaie.com • Double 100 €. Réduc de 10 % sur le prix de la chambre sur présentation de ce guide.* Dans un ravissant village avec maisonnettes à colombages et toits de chaume, cette ancienne ferme restaurée abrite 2 jolies chambres mansardées tout confort, pour 2 ou 3 personnes. De la maison, très belle perspective sur le vaste jardin tout en profondeur. Bon accueil.

La Ferme des Isles : *7, chemin des Isles, 27490* ***Autheuil-Authouillet.*** *☎ 02-32-36-66-14. 06-63-46-00-45. • lafermedesisles@gmail.com • lafermedesisles.com • Doubles 115-190 € ; familiales. 2 nuits min. Table d'hôtes sur résa, 8 pers min, 45 €. 1 produit normand offert sur présentation de ce guide.* Au cœur d'un parc de 8 ha bordé par l'Eure, cette belle propriété normande propose 2 chambres dans la longère. Le gîte occupe une ancienne grange entièrement retapée. Il est composé de 3 chambres avec une déco aux touches amusantes et très personnelles (notamment dans la suite), énrichie d'objets et matériaux de récup. Plus 2 petits dortoirs (2 et 4 lits) et d'un beau coin salon. De l'espace, du confort, beaucoup de charme et un esprit champêtre. Au bord de l'Eure, ponton de baignade pour se rafraîchir dans la rivière, plus une piscine découverte et chauffée *(mai-oct, selon météo).* On peut aussi se faire prendre en photo dans le jardin, vêtus d'habits 1900, tel un clin d'œil aux impressionnistes. À table, plats concoctés par monsieur à partir des produits du potager ou des fermes des environs. Bel accueil.

L'EURE

À faire à Pacy et dans les environs

Pour découvrir ces beaux paysages, rien de mieux qu'une escapade au rythme paisible d'un ***petit train touristique.*** *☎ 02-32-36-04-63. • cfve.org • Départ de la gare de* ***Pacy-sur-Eure,*** *av. des Poilus. Fonctionne mar, parfois mer et dim en juil-août ; également quelques sorties thématiques au cours de l'année (voir programmation sur le site). Tarif : 10 € ; réduc ; gratuit moins de 4 ans ; pass famille 28 €. Vélorail mer, w-e juil-août et certains j. sept-oct : 15 €.* En train, 2 circuits commentés possibles (l'un vers Breuilpont, l'autre vers Cocherel). Compter de 1h15-1h30.

– ***Location de canoë-kayak :*** *Le Randonn'eure, 20, rue du Manoir, à* ***Autheuil-Authouillet.*** *☎ 02-32-35-16-46. • lerandonneure.com • Avr-oct, tlj 9h-19h. Min 6 ans et savoir nager.* Plusieurs parcours pour une descente de l'Eure tranquille ou sportive (5-20 km). D'autres activités sur place et un resto au bord de l'eau. 2 parcours de 10 km et 1 parcours de 20 km. Petit resto sur place avec terrasse *(avr-oct : tlj 9h-19h).*

LOUVIERS

(27400) 18 650 hab. *Carte Eure, C2*

S'étirant dans le fond de la vallée de l'Eure, la ville ne fut pas épargnée par les bombardements de juin 1940, d'où son architecture typique de l'après-guerre dans la région. Toutefois, une vingtaine de bras de rivière (naturels ou artificiels) quadrillent la ville et confèrent un certain charme à une petite partie de son centre ancien, surtout le quartier autour de la cathédrale,

vraiment mignon. On peut encore y admirer quelques vieilles maisons à pans de bois, autrefois habitées par des manufacturiers. Louviers était alors un centre industriel textile de 1re importance, réputé pour la fabrication du drap de laine.

Adresses et infos utiles

Office de tourisme : *La Maison du Fou du Roy, 10, rue du Maréchal-Foch. ☎ 02-32-40-04-41. ● tourisme-seine-eure.com ● Lun-sam (sauf j. fériés) 9h30-12h30, 14h-18h (17h30 oct-mars et fermé lun).* On peut acheter le kit qui complète l'application (gratuite) *Seine-Eure s'imagine* et les parcours « Pont-de-l'Arche médiévale » (voir plus loin les infos sur cette ville).

Également une ***antenne touristique*** à **Poses,** *61, chemin de Halage. ☎ 02-32-59-08-26. Avr-sept, w-e et j. fériés seulement (sauf 1er mai).*

– ***Marché :*** *sam mat, pl. de la Halle.* Un des plus grands marchés de la région. Et ***petit marché des saveurs*** : *mer mat, au même endroit.*

Où dormir ? Où manger dans les environs ?

Campings

Camping Les Escales : *240, route de la Haye-Malherbe. ☎ 02-32-25-20-38. ● contact@campinglesescales.fr ● campinglesescales.fr ● ♿ À 4 km à l'ouest de Louviers. Mars-oct. Compter 15,50-18 € pour 2 avec tente et voiture. Bulle (2 pers) 90 €/nuit.* Beaucoup d'atouts pour ce camping à taille humaine : son environnement très arboré et calme, des emplacements spacieux et bien séparés, le parti-pris écolo avec un assainissement des eaux usées grâce à une filtration par les plantes et des hébergements insolites stratégiquement situés : au fond du terrain, des bulles dotées d'un jacuzzi positionnées pile face à la constellation de la Grande Ourse, pour des rêves grandeur nature. Également des pods et tentes-safaris installés dans le même coin. Tout ce beau monde profite de la piscine (chauffée juillet-août). Bon accueil.

Camping municipal Camp'Eure : *quai du Maréchal-Foch, à* ***Pont-de-l'Arche.*** *☎ 02-35-23-06-71. ● campeure@pontdelarche.fr ● Avr-oct. Env 11 € pour 2 avec tente et voiture.* Au pied des remparts de la jolie cité médiévale, un petit camping tout simple, aménagé au bord de l'Eure. Certains emplacements sont ombragés. Possibilité de louer 2 mobile homes pour 6. Aire de jeux et ping-pong. En dehors de cela, pas d'animation, dans un souci de tranquillité. La piste cyclable *Seine à Vélo* passe devant le camping.

Le Camping de Léry-Poses : *route de Saint-Pierre, 27740* ***Poses.*** *☎ 02-32-59-11-86. 📱 06-85-65-88-26. ● camping.smb@hotmail.fr ● lery-poses.fr ● ♿ À 1,5 km du centre de Poses. Avr-oct. Compter19 € pour 2 avec tente et voiture. Loc de roulottes pour 4 pers.* Ce camping au bord du lac du Mesnil est presque séparé en 2 : d'un côté, les mobile homes loués à l'année ; et, de l'autre, les emplacements destinés aux campeurs. Coup de chance, c'est ce 2e espace sous les arbres, qui est le plus sympa. Un endroit simple, avec des blocs sanitaires de qualité et parfaitement tenus. Plusieurs activités sur place.

De bon marché à prix moyens

Hôtel de la Tour : *41, quai du Maréchal-Foch, 27340* ***Pont-de-l'Arche.*** *☎ 02-35-23-00-99. ● reception.hoteldelatour@gmail.com ● hotel-de-la-tour.com ● Doubles 91-96 € ; familiales.* Bien situé sur le quai, l'hôtel propose des chambres tout confort qui donnent sur les remparts ou sur la rive verdoyante de l'Eure. Dans tous les cas, le calme est absolu. Petit jardin en terrasses à l'arrière.

Chambres d'hôtes Le Vieux Logis : *1, pl. de l'Église, 27370* ***Saint-Didier-des-Bois.*** *07-81-31-70-06. • vieuxlogis27@gmail.com • levieuxlogis.fr • Double 60 € ; familiales.* Dans un presbytère à colombages du XVIe s, resté dans son jus, 4 chambres datées mais spacieuses et meublées d'ancien (même famille depuis 7 générations !). Du charme, certes, pourvu que la maintenance suive. Agréable jardin avec des dépendances.

La Cascade Insolite : *19, pl. du Général-de-Gaulle,* ***Le Vaudreuil.*** *☎ 02-32-25-97-41. • contact@lacascade-insolite.com • Fermé dim soir et lun. Résa conseillé le w-e. Formule déj en sem 19 €, menus 26-32 €.* Si la déco tendance retient l'attention, on se reconcentre vite sur les assiettes créées par le jeune chef normand. Sauce émulsionnée, travail sur les textures, on se laisse surprendre par des compositions aussi originales que savoureuses. On apprécie la formule déjeuner à l'excellent rapport qualité-prix. Belle terrasse aux beaux jours au-dessus d'un bras de l'Eure.

Plaisir Gourmand : *3, pl. Hyacinthe-Langlois, 27340* ***Pont-de-l'Arche.*** *☎ 02-35-23-44-13. Au cœur du village. Fermé dim-lun. Formules et menus déj en sem 15-20 € ; autres menus 28-38 €.* Sympathique resto à la déco contemporaine, avec une petite terrasse au mobilier coloré sur rue. Bien pour une pause gourmande le midi (du genre bruschetta, tartare de bœuf ou grosse salade), plus élaborée le soir.

Auberge du Halage : *34, chemin du Halage, 27740* ***Poses.*** *☎ 02-32-59-38-40. • jp@traiteur-pauls.fr • ♿ Au bord de l'eau. Fermé lun soir, mer, dim soir, plus mar soir hors saison. Formules et menus déj en sem 15-18,70 € ; autres menus 27-32 €. Parking.* Une petite cuisine pas désagréable et variée, lorgnant sur des saveurs méridionales. Il faut cependant avouer que c'est avant tout la situation qui est idéale, juste au bord de l'eau. Une des salles a même ses pilotis plantés dans la Seine.

À voir

L'église Notre-Dame : ses parties les plus anciennes remontent au XIIIe s, et les plus récentes au XVIe s. On remarque d'emblée le superbe porche sud de style gothique flamboyant et la tour-beffroi, à l'architecture militaro-religieuse, ajoutée au XVe s. L'intérieur abrite, quant à lui, une très belle série de vitraux du XVIe s, superbement restaurés, œuvres des meilleurs peintres verriers et ateliers d'alors ; ceux-ci témoignent de la richesse de Louviers à cette époque. Les vitraux des fenêtres hautes dans la nef sont beaucoup plus récents, puisqu'ils datent de 1987 et sont de Gérard Lardeur, qui a cherché à rappeler dans leur structure celle des tissus de Louviers. D'importants travaux de restauration sont en cours.

À LA SOUPE !

L'église Notre-Dame abrite une sculpture du XVIe s emblématique, le Bonhomme Louviers ou, comme on l'appelle ici, le Maqueux d'soupe. Elle aurait été réalisée pour se moquer des Lovériens, qui perdirent la ville pendant qu'ils mangeaient leur soupe ! Mais elle illustre peut-être également le surnom de « mangeurs de soupe » attribué aux habitants de Louviers, car ils étaient prospères et pouvaient donc manger plusieurs fois par jour.

Le Musée municipal : *pl. Ernest-Thorel. ☎ 02-32-09-58-55. ♿ Tlj sauf mar 14h-18h. Fermé 1er janv, 1er mai et 25 déc. GRATUIT. Le 1er dim du mois, visite guidée gratuite (15h).* La ville de Louviers doit sa renommée en partie au drap de laine qu'elle fabriquait. D'ailleurs Balzac, qui aimait les belles choses, portait une redingote bleue en drap fin de Louviers. Ce musée met en évidence tout un pan économique et artistique de cette région avec, dans une petite salle, l'exposition d'appareils mécaniques et l'explication de la fabrication du drap (de la tonte du mouton jusqu'au produit fini). Également des expos temporaires.

Le cloître des Pénitents : *1, rue des Pénitents, entre la poste et le palais de justice.* Ce cloître du XVIIe s serait le seul en Europe à être établi sur l'eau. Il n'en subsiste que 3 côtés ouverts sur la rue. On y enseignait le latin jusqu'à la Révolution, époque à laquelle il fut transformé en école puis en prison. Il abrite aujourd'hui l'école de musique, et le contemporain s'y mêle magnifiquement à l'ancien : un grand miroir reflète l'eau et les parements et révèle ce qui se passe à l'intérieur de l'école une fois la nuit tombée...

La rue Ternaux : *en plein vieux quartier des manufactures, face au cloître des Pénitents, sur une île.* Plusieurs maisons de manufacturiers et de tanneurs du XVIIIe s, ainsi qu'une bâtisse à encorbellement du XVIe s (au n° 20). Noter les maisons à pans de bois et les greniers qui servaient à entreposer les draps. Au bout de la rue, charmant ***jardin*** (autre entrée rue du Quai), avec de jolis petits ponts, où se trouvaient des moulins au XIVe s, puis une usine drapière au XIXe. De là, on rejoint la ***rue Polhomet*** et le petit pont qui enjambe La Londe.

DANS LES ENVIRONS DE LOUVIERS

Le parc du château d'Acquigny : *1, rue Aristide-Briand, 27400* ***Acquigny.*** *☎ 02-32-50-23-31. • chateau-acquigny.fr • Avr-juin et sept-oct, w-e et j. fériés 14h-18h ; de mi-juil à fin août, tlj 13h-19h (visite commentée autour du château à 15h et 16h30). Entrée : 8 € ; réduc ; gratuit moins de 8 ans.* Ce grand parc remarquable de 16 ha, qui sert d'écrin à un château Renaissance (ne se visite pas), mêle avec poésie des éléments classiques, paysagers et romantiques. À l'ombre d'arbres séculaires, la rivière serpentine et les cascades bruissent de toutes parts. Une grande orangerie accueille une belle collection d'agrumes et un jardin méridional. Également un étonnant potager-verger, un jardin médicinal et un autre de plantes condimentaires.

Anymania : *voie Dagobert,* ***Val-de-Reuil.*** *06-03-15-98-50. • anymania.fr • À 9 km au nord de Louviers. Accès par l'av. des Falaises. Mer et w-e 10h-19h (17h nov-mars), tlj pdt les vac scol. Fermé janv-fév. Entrée : 8,50 € ; réduc. Ateliers pain, traite, miel... 2 € ; balade à poney 3 €.* À l'origine du projet, une association qui fournit un refuge à des animaux de la ferme maltraités ou à l'abandon qu'elle récupère dans des cirques ou chez des particuliers. Ils sont regroupés au sein d'une ferme pédagogique ouverte à tous et qui contribue à financer l'ensemble. Certains animaux évoluent en liberté (poules et plusieurs espèces de cochons, de Bayeux – haut sur pattes, cochons laineux, vietnamiens, corses...). Pas mal de chevaux aussi, sans oublier moutons, chèvres, vaches, chiens et bien d'autres. La dimension environnementale fait partie intégrante du fonctionnement (écopâturage, recyclage total, production d'énergie). Un lieu qui évolue sans cesse, toujours dans le souci d'apprendre aux enfants le respect des animaux et de la diversité, notamment à travers les ateliers. Une belle initiative.

Pont-de-l'Arche : *à env 11 km au nord de Louviers.* Agréable petite cité médiévale moins marquée que Louviers par les destructions de la guerre. Dominée par son église, elle laisse encore voir les vestiges de ses remparts, et c'est avec plaisir que l'on déambule dans le petit centre de cette ville posée au bord de l'eau. Son grand pont vous menant tout droit en Seine-Maritime enjambe à la fois l'Eure et la Seine (rien que ça !).
Ne pas manquer de télécharger ***Seine-Eure s'imagine,*** une application gratuite pour une visite virtuelle de « Pont-de-l'Arche médiévale ». En

complément, on peut acheter un kit, comprenant un beau carnet de voyage relatant l'histoire de la ville, truffé d'indices pour suivre un itinéraire à travers la cité. Des lunettes 3D adaptables sur le smartphone offre une reconstitution des vestiges en réalité virtuelle. On s'y croirait ! Une façon ludique de faire coïncider passé et présent, accessible à tous. Le kit est en vente à l'office de tourisme de Louviers et chez certains commerçants de Pont-de-l'Arche.

– ★★★ ***L'abbaye de Bonport :*** *27340* ***Pont-de-l'Arche.*** *☎ 02-35-02-19-42. • abbayedebonport.com • Visite guidée (env 1h) ou libre ; juil-août, tlj sauf sam 14h-18h30 ; avr-juin et sept, dim et j. fériés 14h-18h30. Entrée : 5 € ; réduc.* Située dans un grand parc, cette abbaye cistercienne fut fondée au XIIe s par Richard Cœur de Lion. Et, fait rare en France, les bâtiments monastiques du Moyen Âge y subsistent encore aujourd'hui : salle capitulaire, salle de travail, cellier, cuisines et le magnifique réfectoire voûté du XIIIe s. D'une grande beauté. Expos temporaires de peintures ou sculptures en saison.

★★ ***Poses :*** *à 15 km au nord-est de Louviers.* Cet ancien village de bateleurs, bordé par un bras de Seine paisible, fermé par un barrage-écluses réalisé au XIXe s, offre une magnifique balade bucolique le long de son ***chemin de halage,*** face à des îles sauvages. Sur les berges poussent des nénuphars qui inspireront les photographes et autres peintres amateurs. On pourra d'ailleurs faire une pause à :

– ***L'Atelier-galerie du Bord de Seine*** : *12, chemin du Halage ; ☎ 02-32-59-38-54 ; • mratel.fr • ; juil-août, tlj sauf mar 14h (9h le w-e)-19h ; le reste de l'année les w-e et j. fériés 10h-19h ; entrée libre.* Michèle Ratel y expose ses toiles qui mettent si bien en valeur cet environnement aquatique. La présentation est enrichie de panneaux qui donnent les clés techniques de la peinture impressionniste. Agréable jardinet à l'avant.

– ***Rives de Seine Croisières :*** *sur la péniche* Guillaume-le-Conquérant *amarrée face au 15, chemin du Halage, non loin de l'atelier de Michèle Ratel. ☎ 02-35-78-31-70. • bateau-guillaume-le-conquerant.com • Juil-août, départ dim à 15h30. Croisière-promenade de 2h : 20 €.* Propose également des croisières-repas.

– Plus loin, une association de mariniers anime le ***musée de la Batellerie*** : *64, chemin du Halage. ☎ 02-32-61-02-13. Visite guidée avr-sept, mar-sam 14h-18h ; entrée : 5 €, réduc.* Il comprend les visites de la péniche *Midway II* (1956), avec maquettes, outils, photos... retraçant l'histoire de la batellerie sur la Seine et de *Fauvette,* un petit remorqueur de 1928, classé Monument historique, le dernier à avoir circulé sur la Seine. Il permet de découvrir la vie à bord d'un remorqueur fluvial.

★ 👪 ***Biotropica :*** *à 15 km au nord-est de Louviers. Base de loisirs, butte de la Capoulade, 27100* ***Val-de-Reuil.*** *☎ 02-32-40-71-44. • biotropica.fr • ♿ Avr-juin et sept, lun-ven 9h30-17h30 (19h w-e, j. fériés et pdt les vac scol) ; juil-août, tlj 9h30-19h ; oct-mars, tlj 9h30-17h30. Fermeture des caisses 1h30 avt. Parking commun avec la base de loisirs de Léry-Poses : 5 €. Entrée : 14,50 € ; 10,50 € 3-11 ans ; réduc.* Un écosystème tropical a été reconstitué sous une serre de 5 000 m², dans laquelle évoluent alligators, paresseux, chauves-souris, loriquets (petits perroquets arc-en-ciel originaires d'Australie) et autres fourmiliers. Sur le parcours extérieur, vous croiserez des pandas roux, des loutres, des manchots de Humboldt et des wallabies, mais aussi de petites chèvres. Également un espace « brousse africaine » avec 70 animaux tropicaux.

LE PAYS DU VEXIN NORMAND

La Seine, pourtant paresseuse, trouve le moyen d'entamer fortement le plateau crayeux du Vexin, y découpant de hautes falaises blanches pittoresques. Au nord s'étend la belle forêt de Lyons, avec ses

châteaux et ses abbayes environnantes. Gisors, la « capitale » du Vexin, en est aussi la porte d'entrée, à l'est. Sur tout ce plateau verdoyant recouvert de limon se sont développées des cultures intensives qui font la richesse économique de ce bout de Normandie, à découvrir doucement, au rythme du fleuve ou de ses petites rivières qui donnent tant de saveur au paysage.

ON NE CHOISIT PAS SES PARENTS

Edmond, un jeune chevalier, sauva une charmante demoiselle du nom de Caliste des attaques d'un sanglier vindicatif. Bien sûr, ils tombèrent amoureux. Le papa de la fille, le seigneur du coin, exigea du damoiseau qu'il portât sa bien-aimée tout en haut de la colline pour lui accorder sa main. Edmond mourut d'épuisement, et son amoureuse... de chagrin. Rongé par le remords, le seigneur construisit une chapelle. C'est malin !

LA FORÊT DE LYONS

Une forêt splendide, un des plus beaux coins proches de la région parisienne, et bordée par la Seine-Maritime au nord. C'est une forêt « claire », c'est-à-dire à majorité de hêtres plusieurs fois centenaires, aux troncs élancés qui laissent passer les rayons du soleil, d'où une luminosité des sous-bois sans égale. Les possibilités de promenades sur de petites routes désertes sont illimitées. De nombreux virages offrent des points de vue merveilleux sur d'adorables villages, où églises normandes et colombiers se disputent ¼ de ciel.

LYONS-LA-FORÊT (27480) 730 hab. *Carte Eure, D1*

En plein cœur de la forêt de Lyons, la capitale de ce royaume discret et bucolique est disposée en rond autour de sa vieille halle. La plupart des maisons de ce village très coquet ont conservé leur caractère normand avec de jolies façades aux colombages parfois sculptés et beaucoup de maisons anciennes en brique. Ravel tira parti d'une atmosphère si douce et calme et s'y installa dans les années 1920 pour travailler. De son côté, Claude Chabrol y trouva le site idéal pour tourner quelques séquences de son film *Madame Bovary* en 1991, là même où Jean Renoir avait réalisé sa propre version en 1933.

Adresse et infos utiles

i ***Office de tourisme :*** *25 bis, pl. Benserade. ☎ 02-32-49-31-65. • lyons-andelle-tourisme.com • Avr-oct, lun-sam 9h30-12h30, 14h-18h ; dim et j. fériés 10h-13h, 14h-17h30. Ouv sans interruption en juil-août. Nov-mars, lun-ven 10h-12h, 14h-17h ; sam 10h-12h30, 14h-17h.* Propose des visites guidées du village ou thématiques à dates fixes, ainsi que des jeux de piste *(env 5 € ; réduc)* ; sinon, demander le dépliant pour une visite libre. Nombreux itinéraires de sentiers de randonnée de la région. Boutique de produits locaux, livres et carterie.

Location de vélos : quelques VTT loués au *camping Saint-Paul* (voir ci-dessous).

Location de vélos à assistance électrique Loc'E Velo : *face au restaurant La Halle. ☎ 02-77-13-14-63. ● loc-e-velo.business.site ● Mar-dim 9h-12h, 14h-18h (19h en saison).*

Où camper ?

Camping Saint-Paul : *2, route Saint-Paul. ☎ 02-32-49-42-02. 📱 06-47-98-16-75. ● campingsaintpaul.llf@gmail.com ● campingsaintpaul.fr ● Fin mars-début nov. Compter 19,50-23 € pour 2 avec tente et voiture.* Réparti sur un domaine verdoyant et fleuri de 3 ha, bordé par les bras de la Lieure, un camping idéal pour le repos ou les visites alentour. Emplacements bien ombragés et séparés par de hautes haies. Également des tentes équipées de lits et 2 *coco-sweets*. Le tout très bien entretenu. Laverie, petite épicerie et restauration sur place. Location de VTT *(mai-oct)*. Non loin, piscine municipale *(mai-sept)*, chauffée couverte, tennis et minigolf *(payants)*.

L'EURE

Où manger ? Où boire un verre ?

Café du Commerce : *19, pl. Benserade. ☎ 02-32-48-58-98. ● lahalle.lyons@orange.fr ● ♿ Fermé lun. Déj seulement, formules et menus 14-18 €.* Pour prendre un pot à l'une des terrasses les mieux placées de Lyons ou pour se restaurer de petits plats simples de brasserie.

Restaurant La Halle : *6, pl. Benserade. ☎ 02-32-49-49-92. ● cathyoltra@gmail.com ● ♿ Fermé mer. Menus 23-30 €.* Bonne petite cuisine traditionnelle du marché, servie avec le sourire.

Le Petit Lyons : *1, rue Froide. ☎ 02-32-49-61-71. ● lepetitlyons@orange.fr ● Resto ouv le midi seulement, jeu-lun. Formule 14 € ; pique-niques 8-16 €. Salon de thé l'ap-m.* On passe par le petit café-tabac-presse pour déboucher... en pleine forêt de Lyons. Sur place, carte courte de pizzas et salades (rehaussées de fruits et de fleurs), à base de produits locaux. Mais la déco invite à coup sûr à opter la prochaine fois pour un pique-nique en forêt, la vraie. La formule « romantique » propose même la nappe et les verres. Tentant, non ? Également vente à emporter.

Le Bistrot du Grand Cerf : *30, pl. Benserade. ☎ 02-32-49-50-50. ● contact@grandcerf.fr ● Mer-dim. Menu 39 € (2 plats). Plats 29-32 €.* Ce petit frère du restaurant et hôtel chic voisin *La Licorne* (ainsi que des *Lions de Beauclerc*) propose une cuisine de terroir, au rapport qualité-quantité-prix malheureusement un peu surestimé. Cadre mêlant joliment l'ancien et le moderne.

Où dormir ? Où manger dans les environs ?

De bon marché à prix moyens

Chambres d'hôtes Ferme de la Cacheterie : *chez Mme Follet, 2, chemin des Pâtures, hameau La Boulaye, 27480* ***Fleury-la-Forêt.*** *☎ 02-32-48-01-26. 📱 06-75-35-37-17. ● ferme.cacheterie@gmail.com ● ferme-cacheterie.com ● ♿ Fermé déc-fév. Double 65 € ; triple.* Dans un hameau calme, une belle ferme normande construite en matériaux naturels, indépendante de celle des propriétaires, abrite une poignée de chambres simples mais bien tenues, avec salles de bains nickel. La ferme, en activité, se consacre à la production d'asperges et l'élevage de poules pondeuses. Pour les gens de passage, un distributeur des produits de la ferme se situe à l'entrée. Une adresse très nature, idéale pour se mettre au vert !

Chambres d'hôtes La Ferme du Cardonnet : *chez Emanuel Boquet, lieu-dit Le Cardonnet, 27360* ***Pont-Saint-Pierre.*** *☎ 02-35-79-88-91.*

• contact@ticketvert.com • ticketvert.com • ♿ Fermé janv. Doubles 50-85 € ; triples. Perdue en pleine campagne, non loin de l'abbaye de Fontaine-Guérard. Au sein d'une vraie ferme (mais pas d'animaux), la maisonnette à part est composée de 4 chambres avec salon et cuisine à disposition. Ensemble tout simple mais agréable, bien tenu. Le cadre, quant à lui, est beau, avec l'étang au milieu de la cour et plein d'espace tout autour.

Gîte de Charleval : *chez Liliane et François Lebaube, 47, rue de la Fontaine-Bulant, 27380* ***Charleval.*** *☎ 02-32-49-20-48. 📱 06-85-70-38-50. • francois.lebaube@orange.fr • gitedecharleval.sitew.com • Accès peu évident, au niveau d'un grand pré. Doubles 75-80 €.* À l'étage de cette ancienne grange et entourées de verdure, 2 chambres mansardées à la déco simple, l'une avec salle de bains privée à l'extérieur, l'autre dans la chambre. Elles se partagent une agréable pièce à vivre avec un coin cuisine, illuminée par une large baie vitrée. Bon accueil. Cavaliers et leurs montures bienvenus.

La Bro'Cantine : *54, Grande-Rue, 27380* ***Charleval.*** *📱 07-69-35-04-93. • la.brocantine.27@gmail.com • Ouv le midi lun-ven, le soir jeu-sam (en été) ou ven-sam (en hiver).* Dans un cadre soigné et chaleureux, cuisine traditionnelle et de marché le midi, bar à tapas le soir. Une bonne petite adresse de la région.

Les Vignes Normandes : *4, rue de l'Église, 27150* ***Martagny.*** *☎ 02-32-15-27-49. • contact@vignesnormandes.fr • Ven-sam dès 19h.* Cette cave à vins et spiritueux (belle sélection de whiskies et de rhums notamment) est aussi une table d'hôtes appréciée des gens du coin. Plats traditionnels et planches de charcuterie et fromages à partager. Bonne ambiance. Par ailleurs, le proprio organise le festival d'art photographique de Martagny.

De prix moyens à chic

Chambres d'hôtes du château de Fleury-la-Forêt : *4, route de Lyons, 27480* ***Fleury-la-Forêt.*** *☎ 02-32-49-63-91. • info@chateau-fleury-la-foret.com • chateau-fleury-la-foret.com • Avr-sept. Double 150 €. Réduc de 10 % sur le prix de la chambre avr-sept et pour la 1re nuit, sur présentation du guide de l'année.* L'adresse idéale pour jouer au châtelain, d'autant qu'une petite partie du château est vraiment réservée aux hôtes. Les 4 chambres proposées, meublées à l'ancienne, sont toutes très différentes mais ont en commun leur confort, y compris les salles de bains refaites dans un style moderne. Petit déj servi dans les magnifiques cuisines. Accueil charmant.

Auberge de la Forêt : *55, rue Saint-Adrien, 27150* ***Morgny.*** *☎ 02-32-27-27-37. • bruno.his@wanadoo.fr • ♿ Tlj sauf lun-mar, dim soir et certains j. fériés. Congés : de fin déc à mi-janv et de fin juin à mi-juil. Menus 23 € (midi en sem), puis 35-45 € ; carte env 50 €. Café offert sur présentation du guide de l'année.* Une adresse un peu à l'écart des sites les plus connus, mais qui mérite le détour. Ici défilent allègrement des plats copieux et goûteux, entrecoupés, dans le menu, d'un trou normand. Un bon rapport qualité-prix-convivialité.

Où faire des achats dans un cadre insolite ?

L'Insulaire : *Le Paviot, à* ***Charleval.*** *📱 07-86-22-14-35 ou 06-12-88-14-09. • brasserie-insulaire.com • À 9 km au sud-ouest de Lyons-la-Forêt. Vente sur place sam 10h-16h et pendant les j. d'ouverture du bar estival (mai-sept : le ven 16h-22h, sam 12h-minuit, dim 12h-20h). Visites de la brasserie possibles sur résa, la veille.* La petite brasserie a réhabilité un ancien site industriel sur une île, certes micro, mais qui donne tout de même un petit goût d'évasion et d'originalité... Les bières y sont brassées « de père en fils depuis mars 2017 » et portent des noms qui ne manquent pas non plus d'humour : elles s'appellent *KGB*, *Gueule d'Amour* quand elle est ambrée, *Beauté fatale* en blonde, *Ho Ho Ho* à Noël ! En saison, *La guinguette de l'Andelle* est un bar estival animé par *La Cabane à Mijo* (connue

L'EURE

à Rouen). On y danse, on y mange (tartines de charcuterie et fromages locaux, frites et huîtres), on s'y pose et bien sûr on y boit (bière et vin). Un lieu très vivant et archiconvivial.

Galerie Adrienne Desbiolles : *35, rue Bernard-Buffet, Saint-Crespin, 27480* ***Lorleau.*** *☎ 02-32-68-13-46. • galerieadriennedesbiolles.com • À 6 km au nord-est de Lyons-la-Forêt. Ouv juil-déc 2022, w-e 14h-19h. Tte l'année, événements autour des arts vivants (théâtre, musique, cirque...).* Dans l'orangerie du château où vécut Bernard Buffet, Adrienne Desbiolles vend de l'artisanat, des objets et des œuvres (peintures, sculptures, photos) rapportés de ses voyages dans le monde entier. Pour tous les budgets. Elle met en lumière un artiste et organise régulièrement des concerts. Moments forts à la période de Noël et de Pâques. Agréable salon de thé avec terrasse.

L'EURE

À voir

La ***vieille halle*** (XVe-XVIIIe s) et les belles ***maisons à colombages ou en brique rose,*** comme celle du poète et académicien Isaac de Benserade, beau spécimen de demeure bourgeoise normande du XVIIe s. Dans la rue de l'Hôtel-de-Ville... l'***hôtel de ville*** ! Tout en brique, il fut restauré par le duc de Penthièvre vers 1780. Possibilité de visiter la salle du Tribunal (salle de bailliage) du XVIIIe s et le cachot *(lun, jeu, ven 9h-12h30 ; mar 14h-17h30 ; mer 9h-10h30 et jeu également 14h-17h30).* Rejoindre l'église, à environ 1 km du centre. Sur le parcours, bifurquer vers le ***square des Trois Moulins,*** agréable jardin baigné par la Lieure et dominé par un ancien couvent de bénédictines. Poursuivre par la rue du Bout-de-Bas qui permet de profiter d'un bel alignement de maisons à colombages, dont l'ancienne demeure d'André Masson, peintre surréaliste.
On atteint ensuite l'***église*** *(ouv seulement pdt les offices),* construite au XIIe s en grés et silex (matériau du pays). Des ajouts furent effectués du XVe au XVIIe s. Triple toit et flancs du clocher en ardoises. Vierge à l'Enfant en pierre au-dessus du portail. À l'intérieur, belle statue en bois de saint Christophe, du XVIe s. Si aujourd'hui elle est excentrée, c'est qu'Henri Ier d'Angleterre a transféré le bourg près du château fort qu'il avait fait construire à l'époque près de l'actuelle halle.
Revenir au centre en empruntant la rue d'Enfer. On y croise la belle propriété où Ravel composa *Le Tombeau de Couperin* et travailla à l'orchestration des *Tableaux d'une exposition* de Moussorgski (elle ne se visite pas).

DANS LES ENVIRONS DE LYONS-LA-FORÊT

L'Arboretum : *à 6 km au sud-est de Lyons (accès par la D 6).* Il offre l'occasion de belles balades, certaines familiales (30 mn-1h), en admirant de magnifiques spécimens méditerranéens, asiatiques, américains et européens : un vrai tour du monde végétal. Aire de pique-nique à l'entrée.

Lisors : *à env 7 km au sud de Lyons.* Petit village aux maisons en brique ou toute blanches, Lisors s'étire le long du Fouillebroc. On en découvre l'aspect charmant en venant de Mesnil-Verclives. Noter la mignonne *église* du XVe s qui se tient un peu à l'écart. L'alternance des matériaux de construction (silex et calcaire) dessine de beaux graphismes réguliers. Clocher en bois et ardoise. À l'intérieur, belle Vierge en pierre du XIVe s.

L'abbaye de Mortemer : *à env 2 km de Lisors. ☎ 02-32-49-54-34. • abbaye-de-mortemer.fr • Extérieur ouv janv-nov (fermé seulement en déc), tlj 11h-18h ; entrée : 6 € (caisse self-service hors saison) ; enfants et motards 4 €. Pour les 2 musées, visites guidées uniquement : mars-sept, tlj 13h30-18h ; hors saison, se renseigner. Entrée : 4 € supplémentaires par musée. Durée : env 30 mn par musée. Fêtes des Contes, Légendes, Merveilles et Fantastiques les 17 et*

18 juil ; grande fête médiévale le w-e des 14 et 15 août ; Nuit des Fantômes en sept selon situation sanitaire (se renseigner).

LES FANTÔMES DE L'ABBAYE

Savez-vous que les murs de l'abbaye de Mortemer regorgent de fantômes ? Pendant la Révolution, les sans-culottes égorgèrent les 4 derniers moines, au milieu des barriques de vin. On prétend que, pour l'éternité, les fantômes des religieux vont du cellier au pigeonnier. Mais le fantôme le plus célèbre est celui de Mathilde, connue sous le nom de Dame Blanche et grand-mère de Richard Cœur de Lion. Elle apparaît de temps en temps les nuits de pleine lune. Mieux vaut ne pas la croiser !

Tapies dans un vallon séduisant, au détour d'une route étroite, les ***ruines*** de l'ancienne abbaye cistercienne s'élèvent dans un superbe environnement romantique qui invite à une promenade presque mystique. L'abbaye tire son nom de la « mer morte » (marécages) qui inondait jadis la région. Elle fut transformée en carrière après la Révolution, et ses pierres servirent à construire le village de Lisors. Il ne reste que quelques pans de l'église du XIIe s édifiée par Henri Ier d'Angleterre, 4e fils de Guillaume le Conquérant. Plus tard, un riche imprimeur acheta ce qu'il restait de l'abbaye et la transforma en petit château. C'est dans cet édifice que sont installés les musées.

– ***Le musée des fantômes et des légendes :*** dans les sous-sols, on passe en revue les scènes de la vie des moines. Quant à la petite fontaine des célibataires, il suffit de jeter une pièce pour trouver l'âme sœur. Plus loin, une superbe Vierge sculptée du XVIe s, qui allaite. Elle est assise et couronnée, chose rare. Plusieurs pièces ont été ingénieusement aménagées pour présenter les contes et légendes liés à l'abbaye et aux alentours, grâce à un système son et lumière. Fort bien fait, et les mômes adorent.

– ***Le musée des appartements à thèmes :*** l'ancien réfectoire, au rez-de-chaussée, comporte 5 pièces meublées et décorées par thème avec un éventail d'objets religieux et anciens. L'ancien réfectoire, à l'étage, comporte 4 pièces agencées par les différents propriétaires. Le mobilier n'a évidemment rien à voir avec l'abbaye. À noter tout de même, un superbe antiphonaire (recueil de chants liturgiques) du XVe s.

– Dans le ***parc,*** un ***colombier*** du XVe s remanié au XVIIe s, à la remarquable charpente en bois de châtaignier. Son lanterneau date du XVIIe s. Ses 937 trous de boulins en torchis abritaient les pigeons qui servaient parfois à nourrir les voyageurs d'antan. Noter l'échelle tournante qui permettait d'aller chercher les plus dodus. Au fond du parc, un étang avec de nombreux oiseaux et des daims. Un petit train (tiré par un tracteur !) longe la pièce d'eau. À voir aussi les ***ruines de l'église*** et son cloître.

L'abbaye Notre-Dame de Fontaine-Guérard : *à* ***Radepont.*** *06-86-08-04-67. • abbayefontaineguerard.fr • À 16 km au sud-ouest de Lyons et à 2 km à l'ouest de Radepont. En 2022, ouv à certaines dates avr-sept : 18-22 avr, tlj 14h-18h ; 23-24 avr, 10h30-18h ; en mai, ts les ven et jeu de l'Ascension 14h-18h ; 4-5 juin 10h30-18h ; 18 juil-31 août, tlj 14h-18h30 ; en sept, les ven 2, 9, 23, plus les 17-18 sept (Journées du Patrimoine) 14h-18h. Entrée : 6 € ; réduc ; gratuit moins de 7 ans. Parcours ludique gratuit destiné aux enfants (7-12 ans).*

Cette abbaye cistercienne de moniales fut fondée au XIIe s, édifiée au XIIIe s et classée Monument historique en 1937. Bâtie au pied d'une source abondante aux vertus dermatologiques (« la fontaine qui guérit »), elle est située dans une nature préservée de la vallée de l'Andelle. On découvre à flanc de colline la chapelle Saint-Michel (XVe s), surmontant le cellier troglodytique utilisé comme garde-manger. De l'abbaye subsistent l'église abbatiale qui a conservé son chœur et ses murs latéraux, ainsi que le bâtiment des moniales.

On visite la salle capitulaire à 3 nefs, élégante et étroite, de style gothique anglo-normand, l'une des mieux conservées de France, le parloir et la très belle salle de travail en croisées d'ogives, encore en bon état. Un escalier mène à la chambre de l'abbesse et au dortoir des moniales (30 m de long) à la superbe charpente : une partie est d'origine (XIIIe s), l'autre, en coque de bateau inversée, a été reconstruite après un incendie à la fin du XVIIe s. Toutes nobles qu'elles étaient, les moniales dormaient là sur une simple paillasse. À l'est, le jardin des plantes médicinales de l'infirmerie, le jardin des éléments, et le jardin de méditation, et des sculptures qui évoquent les moniales aujourd'hui disparues. De l'ensemble se dégage une merveilleuse impression de quiétude et de sérénité. Des concerts, animations et expositions sont organisés en saison, ainsi qu'une fête médiévale le 1er week-end de juin.

– À 400 m de l'abbaye, extraordinaire ruine de la ***filature Levavasseur.*** Bâtie en 1857 dans le style néogothique anglais (!), elle ne servit guère, détruite par un incendie en 1874. Il ne reste qu'une sorte de cathédrale industrielle, flanquée de tours aux 4 angles. Étonnant et beau. La C 92 qui part de l'abbaye et longe la filature est réservée aux vélos et aux piétons les 1er et 3e dimanches du mois.

Le musée de la Ferme de Rome : *3, rue de Rome, 27480* ***Bézu-la-Forêt.*** *☎ 02-32-49-66-22. 06-84-69-85-93. ● fermederome.fr ● Pâques-Toussaint, le w-e 14h-18h (tlj juil-août). Pique-nique sur résa. Entrée : 3 € ; réduc ; gratuit moins de 6 ans.* Dans le but de préserver la mémoire de leur métier et de leur terre, d'anciens agriculteurs ont rassemblé une collection d'instruments et outils servant autrefois à fabriquer le fromage, le beurre et le cidre, produits emblématiques de la région s'il en est. Des objets familiers aussi. Une plongée dans l'histoire, parfois l'insolite, toujours vivante.

Possibilité de déguster une crêpe maison accompagnée d'un jus de pomme ou de cidre dans un bel environnement campagnard.

Le château de Fleury-la-Forêt : *4, route de Lyons, 27480* ***Fleury-la-Forêt.*** *☎ 02-32-49-63-91. ● info@chateau-fleury-la-foret.com ● Visites privées possibles avec le propriétaire sur résa mini la veille. Compter 16 €/pers sur la base de 2 pers ; dégressif.* De ce château classique à la façade en brique rouge et silex, on visite une dizaine de pièces meublées de différents styles mais datant globalement du XVIIe s. Bureau Napoléon III, chambre Empire, remarquable cuisine du XIXe s avec une superbe collection de faïences, porcelaines et près de 177 pièces en cuivre. Le château abrite également un musée des Poupées anciennes, entourées de leur mobilier. C'est la passion de la châtelaine. Il y en a des centaines, parfois d'une valeur inestimable. Toutes les époques, tous les pays et toutes les scènes de la vie sont évoqués. Dans la cour du château, voir le très joli jardin à la française et la chapelle. Rappelons que le château propose aussi de belles chambres d'hôtes.

VASCŒUIL (27910) 360 hab. *Carte Eure, C1*

Pour commencer et afin de ne pas avoir l'air trop parachuté, prononcer « Vacœuil » (avaler le « s »). Ce joli village, situé au nord-ouest de la forêt de Lyons, abrite l'un des plus vivants centres d'art et d'histoire de Normandie.

Où dormir ? Où manger ?
Où acheter de bons produits ?

Chambres d'hôtes L'Épicerie du Pape : *5, rue de la Ferme. ☎ 02-35-23-64-37. 06-81-29-02-41. ● lepiceriedupape@club.fr ● lepiceriedupape.com ● Dans le village (fléchage discret). Tente-lodge (de début mai à* *mi-oct) 100 € ; doubles 100-120 €.* Côté rue, la façade est noyée dans la verdure. À l'intérieur de cette maison où les matous sont rois, 2 jolies chambres à la déco soignée. Également une originale petite cabane rouge dans le jardin, à l'esprit scandinave, joliment aménagée en chambre cosy, avec salle de bains équipée d'un abreuvoir à vache en guise de baignoire (!). Une caravane vintage et insolite, mitoyenne à la cabane, peut servir de couchage pour des enfants *(loc en sus ; mai-oct).* Petite cuisine d'appoint à disposition de tous dans une véranda. Piscine chauffée. Accueil très sympa.

Où acheter de bons produits ?

Graine des Champs : *20, rue de la Gare. ☎ 02-32-91-19-72. • grainedeschamps.com • Mar-sam 9h30-19h ; dim 9h30-12h30. Menus 11-14 €.* Un petit magasin organisé en coopérative et vendant les produits d'une cinquantaine de producteurs bio de la région. Fait aussi traiteur et resto (on choisit ses plats à l'étal et on s'attable dans la salle attenante). On peut aussi acheter de quoi se faire un pique-nique gourmand (si besoin, une boulangerie se trouve dans la même rue). De bonnes soupes maison également. Mmmh !

À voir

Le château : *8, rue Jules-Michelet. ☎ 02-35-23-62-35. • chateauvascoeuil.com • (sauf château). Avr-nov, mer-dim et j. fériés 14h30-18h ; juil-août, tlj 11h-18h. Entrée : 12 € (visite globale du site et des jardins + expo en cours) ; réduc ; gratuit moins de 6 ans ; forfait famille 30 €.* Modeste dans ses proportions mais charmant et élégant, ce château, ancienne maison forte, fut bâti entre les XVe et XVIIe s. Aujourd'hui labellisé « Maison des illustres », ce centre d'art et d'histoire fut créé dans les années 1970. Il accueille toujours des expositions temporaires et exceptionnelles d'artistes renommés (1 par an), dont les œuvres sont présentées sur les 3 niveaux du château et dans le colombier. Au sommet de la tour de guet octogone du XIIe s, reconstitution fidèle du cabinet de travail de l'historien Jules Michelet (1798-1874). Également une librairie-boutique-galerie.

– ***Le parc à l'anglaise et le jardin à la française*** *(site classé)* **:** traversés par les méandres d'une rivière, ils ont été transformés en galerie ouverte de sculptures où dialoguent une cinquantaine de bronzes, marbres, céramiques et mosaïques d'artistes reconnus du XXe s (Braque, Dalí, Volti, Vasarely, Corneille, Chemiakin, Folon, Szekely, Capron, Coville, Léger, Marcoville, Zoritchak...). Ces œuvres, superbes, réhaussent encore la magnificence des arbres : hêtres pleureurs, tulipiers de Virginie, chênes tricentenaires... S'y promener est un véritable enchantement. Ne pas manquer de pousser jusqu'au fond du jardin, au bord de la rivière, un endroit très paisible.

– ***Le colombier :*** du XVIIe s. En brique rouge, trapu, il n'en dégage pas moins une certaine élégance. L'intérieur restauré sert de salle d'exposition. Noter la superbe charpente d'origine et l'échelle tournante qui donnait jadis accès aux boulins (trous).

– ***Le musée Michelet :*** unique musée de France dédié au célèbre historien qui fit de ce domaine sa demeure familiale pendant 20 ans et y écrivit une partie de ses ouvrages. Le musée, installé dans une ancienne grange normande du XIXe s remontée ici, abrite souvenirs, diplômes, caricatures, objets, livres, et la reconstitution d'une séance de lecture par Michelet à sa chère amie Adèle Dumesnil, châtelaine de Vascœuil en 1842 et dont le fils épousera la fille de Michelet.

Salon de thé La Cascade : *dans le parc du château, en bordure de rivière. ☎ 02-35-23-62-35. Juil-août, tlj ; de mi-mai à juin et sept, seulement w-e et j. fériés.* Idéalement situé devant une petite cascade. Après s'être gavé de culture, place aux quiches, tartes ou crêpes à dévorer dans la jolie salle colorée ou en terrasse. Coin boutique, produits normands.

LA VALLÉE DE L'EPTE

L'Epte dessinait autrefois la frontière entre la Normandie et le royaume de France. D'où la succession de châteaux de part et d'autre de la vallée, dont il reste encore de beaux vestiges. À partir de Gisors, la route, doucement vallonnée, mène à *Neaufles-Saint-Martin* et son imposant donjon, *Dangu* (église décorée de boiseries du XVIIIe s et de panneaux peints ; beau plan d'eau aménagé), *Château-sur-Epte,* qui possède des ruines du château construit par le 2e fils de Guillaume le Conquérant, *Berthenonville* (église du XVIe s, classée, et vieux moulin du XVIIIe s), et *Aveny* (pont à 3 arches du XVIIIe s).
Quelques détours permettent aussi de traverser de jolis villages typiques du Vexin : Fours-en-Vexin (à l'ouest de Berthenonville), allée couverte de Dampmesnil, près d'Aveny, et plus au sud, Bus-Saint-Rémy et Fourges, avant que l'Epte ne se jette dans la Seine, près de Giverny.

GISORS

(27140) 11 700 hab. *Carte Eure, D2*

Gisors a de tout temps bénéficié d'une situation stratégique, autrefois entre la France et la Normandie, aujourd'hui à la confluence de 3 départements (l'Oise, le Val d'Oise et l'Eure). Bien que la 2e Guerre mondiale a détruit une partie de son centre, la capitale du Vexin normand reste une cité agréable, avec sa très belle église et les ruines de son château fort.

Adresse et infos utiles

i *Office de tourisme du Vexin normand :* *passage du Monarque, accès par la rue de Vienne. ☎ 02-32-27-60-63. • info.tourisme@ccvexin-normand.fr • tourisme-gisors.fr • Tte l'année, lun-sam 9h-12h, 14h-18h ; plus dim et j. fériés avr-sept 10h-12h, 14h-16h.* Nombreuses brochures, un plan de la ville et un audioguide pour une visite libre *(5 €).* Également une boutique de produits régionaux.

– ***Marchés :*** *ven mat et dim mat.*

Où dormir dans les environs ?

Chambres d'hôtes : *mairie, 61, rue de la Vallée, 60240* ***Delincourt.*** *☎ 03-44-49-03-58. • mairie.delincourt@wanadoo.fr • À 4 km de Gisors (direction Cergy), dans le délicieux village de Delincourt, face à l'église et au 1er étage de la mairie. Pour les résas, s'adresser à la mairie lun-ven 10h-12h, 15h-19h. Double env 35 €.* 2 chambres d'hôtes à tout petit prix, simples et propres, l'une avec un grand lit, l'autre avec 2 lits de 1 personne. Douche et w-c communs. Pas de petit déj mais réfrigérateur, cafetière et four à micro-ondes à disposition pour les 2 chambres.

Chambres d'hôtes Domaine des Prés du Hom : *chez Caroline Boury, 73, route de Gisors, 27660* ***Bézu-Saint-Éloi.*** *☎ 02-32-55-61-19. 📱 06-70-65-09-87. • lespresduhom@orange.fr • presduhom.com • À 5 km au nord-ouest de Gisors. Doubles et suite 80-115 €. Table d'hôtes sur résa 20 €, boisson non comprise. Réduc de 10 % sur le prix de la chambre sur présentation du guide de l'année.* 3 belles chambres aménagées dans l'ancienne orangerie d'une demeure bourgeoise du XIXe s, en bordure d'un jardin verdoyant. De la clarté, de l'espace, du charme... L'accueil est excellent et le petit déj généreux, à base de produits du coin et de gâteaux maison. Vous pourrez aussi choisir un séjour « bien-être » : tout un programme !

Le Château de la Rapée : *27140 Bazincourt-sur-Epte.* ☎ *02-32-55-11-61. • pbergeronlarapee@gmail.com • hotel-la-rapee.com • À 2 km du village, accès par le chemin des Ursulines. Restaurant fermé lun et mar midi (sauf pour les résidents) et dim soir hors saison. Doubles 100-138 €.* Dans un vaste domaine, bâtisse cossue en brique du XIXe s, de style anglo-normand : parquet qui craque, charme suranné, mobilier ancien. Dans la salle à manger aussi, le temps semble s'être figé. Sans surprise, on y sert une cuisine traditionnelle. Accueil attentionné.

Où manger ?

Restaurant Le Cappeville : *17, rue Cappeville.* ☎ *02-32-55-11-08. • sppotel@orange.fr • Fermé dim soir et lun-mar. Menus 21-72 €. Un dessert offert sur présentation du guide de l'année.* Une très bonne étape pour un repas de haute tenue, dans la droite ligne de la tradition régionale. Il faut dire que le chef, Pierre Potel, a travaillé avec les plus grands. Intérieur à la déco soignée et accueil souriant.

Où acheter de bons produits ?

Brasserie de Sutter : *15, route de Paris, ZAC du Mont-de-Magny.* ☎ *02-32-27-57-17. • brasseriedesutter.com • Instagram • Facebook • Boutique tlj, sauf dim, 10h-12h30, 13h30-18h30. Téléphoner avt pour organiser une visite de la brasserie.* Brasserie artisanale créée par 2 frères et proposant des bières dotées d'un petit caractère bien corsé, que l'on pourra prochainement siroter sur place au bar-restaurant et lors de concerts et autres soirées organisées sur place.

À voir

Le château fort : *accès en voiture par la pl. Blanmont ou à pied depuis le passage du Monarque, où se trouve l'office de tourisme. Dans l'enceinte d'un parc paisible. Visite libre de la basse-cour 9h-19h30 (17h nov-mars). Fermé le 3e w-e de mai et le dernier w-e d'août. L'accès à la haute cour et aux caves est réservé aux visites guidées (5 €, gratuit jusqu'à 5 ans ; rens et résa auprès de l'office de tourisme).* Ensemble castral de 5 ha, témoin de l'architecture militaire de la fin du XIe au XVIe s. La 1re fortification de terre fut construite à la demande de l'un des fils de Guillaume le Conquérant en 1097 dans le cadre de la fortification de la frontière anglo-normande face au roi de France. À partir du règne de Henri II Plantagenêt, l'ancienne motte s'entoure d'un rempart de 800 m muni de tours, doublé au XVIe s d'un boulevard d'artillerie. Lorsque Philippe Auguste reconquiert la ville en 1193, puis la Normandie, le site devient logis royal français et une place administrative importante.

L'église Saint-Gervais-Saint-Protais : *tlj 9h-18h. Entrée libre. Visite guidée quotidienne, env 1h (5 €) ; résa auprès de l'office de tourisme.* Une église de la taille d'une cathédrale. Alors que tout le quartier alentour fut bombardé en 1940, elle a pu faire l'objet d'une restauration, malgré d'importantes destructions. Très belle façade encadrée, à gauche, d'une tour commencée en style gothique flamboyant et, à droite, d'une tour Renaissance. Côté nord, un remarquable portail ciselé (1516-1525). À l'intérieur, le chœur de 1249 contraste avec la nef de style flamboyant. Les chapelles du côté sud sont dotées de très beaux piliers sculptés dont le plus travaillé est dû aux tanneurs de la ville. La 1re d'entre elles, sous la tribune de l'orgue, abrite un bel *Arbre de Jessé* de la fin du XVIe s. Dans une autre chapelle, on peut voir un curieux transi, de la même époque, saisissant de réalisme, encastré dans le mur à la verticale. Cette représentation de corps décharné devait rappeler au croyant sa condition de simple mortel. Efficace. Enfin, noter le remarquable vitrail en grisaille (toujours du XVIe), à droite de la sacristie. Il jouxte des vitraux contemporains.

Visite du centre historique : il subsiste quelques belles ***maisons médiévales à colombages*** dans la rue de Vienne, la rue principale. Au bas de cette dernière, presque à l'angle avec la rue des Argilières, remarquer le vieux ***lavoir*** à charpente en bois (classé Monument historique), dont la courbe suit celle de la rivière. À voir également, le ***pagodon*** *(rue de Preslay),* cabinet de verdure massif du XVIe s, vestige d'un vaste domaine (aujourd'hui planté d'immeubles), sensé exhiber à l'époque la richesse du propriétaire. Juxtaposition anachronique.
À la sortie de la ville, autre édifice étonnant, la ***chapelle Saint-Luc-de-la-Léproserie*** du XIIe s (MH ; *route de Rouen*), seul témoignage d'une ancienne léproserie. Ses murs sont recouverts de corps difformes, peints entre 1999 et 2005 par Dado, un artiste monténégrin, qui s'est inspiré de la vie des lépreux tout en rappelant les souffrances subies par les victimes de la 2e Guerre mondiale, période qui a hanté toute la vie du peintre. Longtemps restées inaccessibles, les peintures sont désormais visibles sur réservation *(rens et résa à l'office de tourisme).*

Où trouver une brocante ?

Les puces du Moulin : *4, route de Vernon, 27830* ***Neaufles-Saint-Martin.*** *06-07-63-08-98. À 3 km à l'ouest de Gisors, sur la D 10, côté droit. Jeu-dim 10h30-18h30.* Ces anciens moulin et filature regroupent aujourd'hui une vingtaine de brocanteurs, chacun son stand, sur 3 niveaux. Ça va de l'art populaire aux meubles anciens en passant par les articles d'écolier, des frou-frous, de la vaisselle et des projecteurs. Ils évoluent tous les 15 j. environ.

DANS LES ENVIRONS DE GISORS

Château de Boury : *à* ***Boury-en-Vexin*** *(60240). ☎ 02-32-55-15-10. • chateaudeboury.com • À 7 km au sud de Gisors. De mi-avr à mi-oct, uniquement dim et j. fériés, 14h30-18h30 ; en août, tlj sauf mar, mêmes horaires. Pour le château, visites guidées seulement, 15h, 16h, 17h. Entrée (château, jardins et jeux) : 9 € ; réduc.*
Dans ce charmant village du Vexin français, se dresse cette fière demeure représentative du classicisme du XVIIe s. Il ne s'agit sans doute pas du château le plus impressionnant de la région, mais les familles apprécieront l'activité annexe qu'il propose : des jeux pour enfants (et grands).
Le château fut édifié par Jules-Hardouin Mansart, l'architecte de Louis XIV, bâtisseur entre autres du dôme des Invalides à Paris et de la galerie des Glaces au château de Versailles. Le site fut occupé par l'armée de Rommel pendant la Seconde Guerre mondiale et sérieusement endommagé lors de leur déroute.
Les descendants vivent toujours au 1er étage. On ne visite donc que le rez-de-chaussée. Après (ou avant) la visite, continuer dans l'antre de la glacière, sous le jardin au bord du rû, où étaient conservés les aliments. Ce vaste et remarquable garde-manger souterrain, à température basse constante (environ 5 °C), était refroidit à l'époque par de la glace récupérée dans les pièces d'eau avoisinantes.

L'EURE

Profitez-en ensuite pour passer à travers le très bucolique verger, puis vous mesurer aux jeux d'adresse et de réflexion, la plupart en bois et artisanaux, sans oublier les 2 *slack lines,* aménagées dans le sous-bois. Particulièrement agréable. Certains visiteurs ne viennent en famille que pour cette partie.

LA VALLÉE DE LA SEINE

Cette vallée sinueuse et encaissée, dominée par les hautes falaises de calcaire, offre des points de vue de toute beauté. On y trouve aussi les 1res villes vraiment agréables à l'ouest de Paris : Vernon, Giverny, à l'ombre duquel prospéra le travail de Claude Monet, et Les Andelys, dominés par le célèbre Château-Gaillard.

VERNON

(27200) 24 530 hab. *Carte Eure, C-D2-3*

• Plan *p. 71*

Vernon fut construite au Xe s sur des fondations gallo-romaines par Rollon, Viking fasciné par la Normandie et 1er chef normand avec le titre de comte de Rouen. Plus tard, la ville plut beaucoup à Louis IX, alias Saint Louis, qui venait s'y repaître de cresson, la culture locale (on en voit 3 bottes sur les armoiries de la ville). Vernon fut ensuite occupée par les Anglais au XVe s. Si la ville souffrit fortement des bombardements de la Seconde Guerre mondiale, quelques vestiges intéressants du vieux Vernon demeurent.

Adresse et infos utiles

i ***Office de tourisme*** *(plan B1)* **:** *12, rue du Pont.* ☎ *02-32-51-39-60.* • *cape-tourisme.fr* • *Dans le musée municipal. 15 mars-15 nov, tlj 10h-18h ; le reste de l'année, mar-dim et j. fériés 10h-12h30, 14h-17h.* Bonne documentation notamment sur les nombreuses randonnées autour de Vernon.

De/vers Giverny : à la gare de Vernon, une navette et un petit train touristique relient Vernon à Giverny. Pour plus de détails, voir cette ville.

– ***Marché :*** *mer mat (pl. du Vieux-René ; plan B2) et sam 8h-14h30 (pl. de Gaulle, du Vieux-René et l'ancienne halle ; plan B2).*

Où dormir ?

De prix moyens à chic

Chambres d'hôtes Villa Géraldine *(plan B1,* ***12****)* **:** *5-7, rue du Pont.* ☎ *02-32-71-14-77.* • *noelle.pariel@free.fr* • *Double 75 € ; familiales.* Jolie et paisible propriété d'époque Napoléon III dans un jardin clos aux arbres centenaires ayant résisté à l'urbanisation alentour. 3 chambres agréables avec lits de style Restauration ; 2 d'entre elles (louées ensemble) partagent la salle de bains sur le palier. Copieux petit déjeuner servi dans le vaste jardin d'hiver. Bien qu'en plein centre-ville, une adresse qui donne l'impression d'être hors du temps. Accueil discret de la vénérable propriétaire.

Hôtel Normandy – L'Inavoué *(plan B2,* ***11****)* **:** *1, av. Pierre-Mendès-France.*

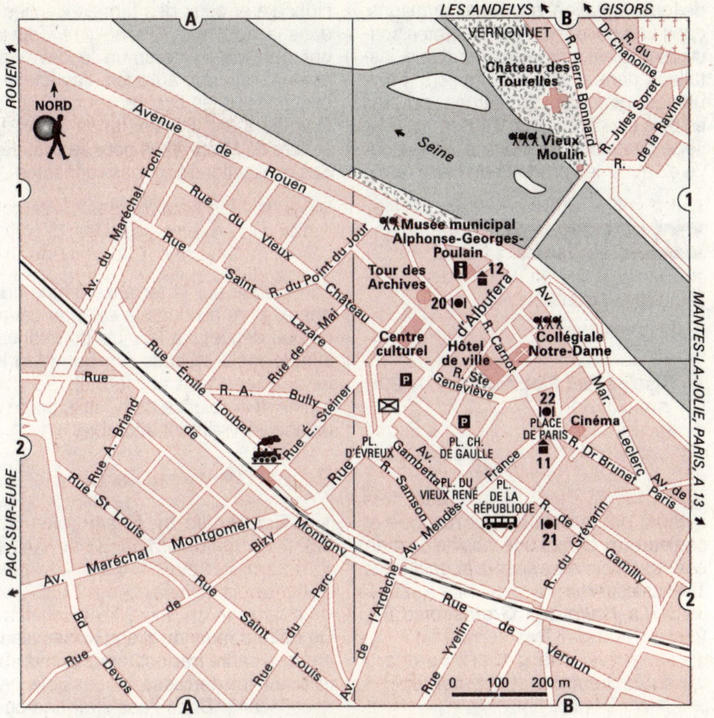

VERNON

Où dormir ?	Où manger ?
11 Hôtel Normandy – Le Cottage (B2)	**20** Bistrot des Fleurs (B1)
12 Chambres d'hôtes Villa Géraldine (B1)	**21** La Halle aux Grains (B2)
	22 L'Estampille by Érisay (B2)

☎ 02-32-51-97-97. • contact@normandy-hotel.fr • normandy-hotel.fr • ♿ Doubles 116-135 € ; familiales. Parking payant. Grand hôtel proposant une cinquantaine de chambres spacieuses et confortables, toutes refaites dans un style contemporain standardisé. Belle ambiance feutrée et cosy dans les salons du hall. Accueil agréable. Une bonne adresse.

Où dormir dans les environs ?

De bon marché à prix moyens

Chambres d'hôtes Les Greniers de Lili et Capucine : *chez Michel et Chantal Galmel, Les Ruelles, 27510 Tilly. 📱 06-12-17-40-06. • ch.galmel@orange.fr • fermedesruelles.com • À env 10 km au nord-est de Vernon (et Giverny). Fermé dim (sauf séjours de plus de 2 nuits). Double 78 € ; dégressif à partir de 2 nuits. Une bouteille de cidre offerte sur présentation du guide.* Loin de toute agitation, en pleine campagne, dans une belle ferme, 2 chambres spacieuses, avec entrée indépendante, installées dans d'anciens greniers. Murs blancs, plafonds mansardés, poutres en bois et sols en coco, l'ensemble possède beaucoup de charme. Vous trouverez aussi les produits de cette ferme cidricole et ceux des fermes « amies » dans la boutique *(tlj sauf dim).* Toutes ont pour souci commun le développement durable, à travers l'agriculture raisonnée et les circuits courts. Michel Galmel s'est même lancé dans la culture du *Miscanthus* pour se chauffer. Ses explications sont passionnantes !

Où manger ?

De bon marché à prix moyens

Bistrot des Fleurs *(plan B1, **20**) : 73, rue Carnot. ☎ 02-32-21-29-19. • bistrotdesfleurs@gmail.com • Fermé dim-lun. Congés : dernière sem de juil et 1re quinzaine d'août. Menus 21-25 €, ainsi que 40 € (sur résa).* Cadre très sympa, genre petit bistrot rustique et chaleureux, offrant une cuisine de marché, traditionnelle, simple et goûteuse. Terrasse sur rue.

La Halle aux Grains *(plan B2, **21**) : 31, rue de Gamilly. ☎ 02-32-21-31-99. • lahalleauxgrains@wanadoo.fr • Tlj sauf le soir dim-lun. Fermé le soir du 24 déc. Formule déj en sem 14,90 € ; menus 19-30 €. Apéritif offert sur présentation de ce guide.* On y vient notamment pour les viandes grillées de 1er choix et les plats traditionnels que l'on mange sur la terrasse fleurie aux beaux jours ou dans la salle au cadre un peu désuet. La formule du midi est simple mais efficace (un bon plan le lundi quand tout est fermé). Service rapide et ambiance conviviale, grâce à un accueil vraiment adorable.

De prix moyens à chic

L'Estampille by Érisay *(plan B2, **22**) : 6, pl. de Paris. ☎ 02-77-19-00-12. • contact@restaurantlestampille.fr • Fermé dim soir. Formules 20-29,50 € (sauf sam soir et dim midi) ; menu 42 €.* Ce traiteur reconnu prend ici ses aises dans un cadre très contemporain et sur le beau toit-terrasse (accessible par ascenseur !). Dans l'assiette, une cuisine bistronomique moderne et savoureuse avec notamment de fameuses ravioles de homard (le plat signature). Une enseigne qui tient ses promesses.

À voir. À faire

➢ ***Circuit touristique du centre-ville :*** demander à l'office de tourisme le plan du centre-ville.

Collégiale Notre-Dame de Vernon *(plan B1-2) : rue Carnot. Tlj 8h30-18h30 (messe). En travaux pour de nombreuses années, mais accessible.* Date du XIe s, mais fut sans cesse remaniée. Sur la façade du XVe s, autrefois colorée, admirable rosace flamboyante entre 2 galeries. Tour centrale du XIIIe s. À l'intérieur, nef élancée encerclée d'un triforium. Au fond, dans le chœur, une série d'arcades romanes supportant un étage du XVIe s. Beau buffet d'orgue et superbe maître-autel provenant de la chartreuse de Gaillon. Elle est aussi connue pour ses vitraux du XVe s dans 3 des chapelles et du XVIe s de part et d'autre du portail.

Le musée municipal de Vernon *(plan B1) : 12, rue du Pont. ☎ 02-32-64-79-05. • vernon27.fr/la-ville/culture/musee • 15 mars-15 nov, tlj 10h-18h ; le reste de l'année mar-dim et j. fériés 10h-12h30, 14h-17h. Entrée : env 4,50 € ; gratuit moins de 26 ans et pour ts le 1er dim du mois.* Dans un bel hôtel particulier des XVe et XVIIIe s, sont exposées des œuvres originales de Monet, ainsi que des paysages impressionnistes de l'école de Giverny notamment représentée par les œuvres de Mary Fairchild, Frederick William MacMonnies ou Theodore Earl Butler. Le clou de la visite revient à *Falaise à Pourville* et au petit *Nymphéas* rond de 1908, légués par Monet lui-même. On ne manquera pas, au passage, les tableaux de sa belle-fille, Blanche Hoschedé-Monet, ni les peintures réalisées par ses amis (Bonnard, Vallotton...). Un cabinet de dessins présente par roulement le fonds d'art graphique autour d'artistes comme Théophile-Alexandre Steinlen ou Benjamin Rabier. Le dernier étage est dédié à la peinture et à la sculpture animalières (section unique en Normandie). Des expos temporaires également.

Le château de Bizy : *☎ 02-32-51-00-82. ● chateaudebizy.com ● Avr-oct, mar-dim, 14h-18h ; fermé lun (sauf j. fériés). Pour le château, visite guidée obligatoire, du rdc seulement, ttes les heures, la dernière à 17h (durée : env 45 mn) ; parc en accès libre 14h-18h. Entrée : 9 € ou 5 € (parc seulement). Pique-nique autorisé dans le parc (à condition de récupérer ses déchets).* Vaste domaine de 20 ha de parc et 60 ha de forêts, aux portes de Vernon. Un 1er château y est construit à la fin du XVIIe s. À partir du XVIIIe s, il passe entre les mains d'illustres propriétaires qui entreprennent de nombreux remaniements. D'abord le duc de Belle-Isle (héritier des goûts fastueux de son grand-père, le surintendant Fouquet), puis le duc de Penthièvre, la duchesse d'Orléans et son fils le roi Louis-Philippe. C'est à lui que l'on doit le parc à l'anglaise, la restauration des bâtiments et la construction des 2 ailes du château. Au milieu du XIXe s, la propriété est rachetée par le baron de Schikler, grand collectionneur prussien, qui, réalisant que ses boiseries ne passeraient pas les portes, décide de raser la partie centrale de la demeure pour la remplacer par l'édifice de style palladien visible de nos jours. Légué à Louis Suchet, petit-neveu du baron et descendant des frères de Napoléon Bonaparte, le domaine appartient toujours à la même famille, qui y vit encore. Elle a restauré l'intérieur, bien endommagé après l'occupation allemande et remis en service le système hydraulique du parc, qui datait du XVIIIe s (nombreux bassins et fontaines). La beauté des jardins a d'ailleurs valu au château le surnom de « petit Versailles normand ». Enfin, pousser jusqu'à l'étable et la laiterie du XIXe s, de style gothique normand (ne se visite pas). Heureuses bêtes !

En traversant le pont principal, on voit en contrebas le ***Vieux Moulin*** *(plan B1)*, une maison ancienne en encorbellement posée sur les 2 arches du pont du XIIe s aujourd'hui détruit. L'édifice semble défier les lois de la pesanteur ! Un tableau à lui tout seul !

GIVERNY (27620) 500 hab. *Carte Eure, D2-3*

C'est principalement à Monet que Giverny doit sa gloire, lorsqu'il choisit d'y vivre de 1883 jusqu'à sa mort, en 1926. Il repose d'ailleurs dans le cimetière paroissial. Sous son impulsion, nombre d'artistes (dont beaucoup d'Américains) vinrent à Giverny.
On se demande si les gens qui, dans les années 1970, achetèrent une maison dans ce tout petit village tranquille s'étageant sur une douce colline en bordure de Seine soupçonnaient qu'un jour celui-ci pourrait devenir un des hauts lieux du tourisme national, vivant au rythme des marées humaines qui y affluent d'avril à octobre et s'en retirent à la fermeture du jardin et du musée... Les habitants jouent le jeu, tout y est très fleuri, très propret, et le système des parkings pour endiguer le flot de ces visiteurs du monde entier plutôt bien organisé.

PAR ICI LES MONET

Si Giverny doit une fière chandelle au peintre, l'inverse n'est pas vrai. Difficilement accepté par les autochtones, Monet vivait sans véritable contact avec eux. Ils lui faisaient même payer très cher les meules de foin qu'il souhaitait coucher sur la toile. Il avait besoin de la nature pour peindre, de la lumière qui s'en dégage aux différentes heures de la journée, et plus particulièrement tôt le matin. Il fut l'un des 1ers, conseillé par Eugène Boudin, à peindre sur le site même, symbolisant les images à l'extrême pour les « réduire » à une impression lumineuse, à un effet de lumière. La manière de peindre dépasse le sujet peint. *Impression, soleil levant* est la toile qui donna naissance à l'impressionnisme. Si Boudin se rapprochait déjà fortement de cette lecture si délicate de la lumière naturelle, Monet en devint le grand maître. Dans le jardin qu'il créa entièrement, il peignit certaines de ses toiles les plus célèbres, notamment la série des *Nymphéas*. À Giverny, Monet s'installa dans cette longue maison rose aux volets verts. Il se levait avant le jour, prenait un copieux petit déjeuner et se hâtait d'étudier la lumière avant qu'elle ne se défilât. Souvent, il travaillait sur plusieurs tableaux à la fois, captant pour un même sujet les nuances de chaque heure. Par la suite s'installeront à Giverny de nombreux artistes français, mais aussi américains, qui logeront pour certains à l'hôtel Baudy, devenu aujourd'hui un resto-musée.

AVOIR L'ŒIL !

À la fin de sa vie, Monet commençait à souffrir de la cataracte. Alors qu'il perdait progressivement la vue, l'intensité des couleurs échappait à celui qui avait mis tout son art à jouer avec la lumière. Pour ses tableaux, il rangeait avec ordre ses tubes de peinture et se fiait aux étiquettes pour choisir ses teintes. Grâce à son ami Clemenceau, il accepta finalement de se faire opérer (mais d'un seul œil !).

Adresse et infos utiles

Office de tourisme Nouvelle Normandie : *parking du Verger, 37, chemin du Roy. • cape-tourisme.fr • Fin mars-début nov, tlj 9h-14h, 15h-17h.* Vend une « box » de 15 randonnées à pied et à vélo dans la région.

➢ Si vous n'êtes pas véhiculés, il existe une ***navette*** et un ***petit train touristique*** (le *Givernon*) depuis la gare de Vernon. *Pour la navette, rens : ☎ 0800-27-27-00. • sngo.fr •* De fin mars à début nov, 5-9 allers-retours/j., en correspondance avec les trains de et vers Paris (10 € l'A/R). Pour le *Givernon* (*06-27-25-00-55 ; • petit train-vernon.fr •*). Fin mars-Toussaint, 5 fois/j., ttes les 1-2h (8 € l'A/R).

➢ La ***voie verte*** est un itinéraire partagé piéton et ***vélo*** de 4,5 km, balisés depuis Vernon. Location de vélos et de trottinettes électriques possible en face de la gare de Vernon *• location-velo-vernon.fr •*

– Plusieurs ***parkings*** gratuits autour du village. Attention, pas de ***distributeur de billets*** à Giverny.

Où dormir ?

Si la fréquentation touristique s'envole, le prix des hébergements aussi, malheureusement.

Chambres d'hôtes

Chambres d'hôtes Au Bon Maréchal : *chez Mme Boscher, 1, rue du Colombier. ☎ 02-32-51-39-70. • boscher.marie-claire@orange.fr • À l'angle de la rue Claude-Monet, non loin de l'ancien hôtel* Baudy. *De mi-mars à début nov. Résa conseillée. Doubles 95-110 €. Parking gratuit.* Dans une grande maison de village qui était un café à l'époque de Monet. Au 1er étage,

2 chambres spacieuses, agréables et confortables, récemment refaites. L'une dispose d'un balcon qui s'ouvre sur le jardin fleuri, l'autre, plein sud, donne sur la cour et le jardin. Piscine (hors sol).

Chambres d'hôtes La Réserve : *chez M. et Mme Jouyet, bois de la Réserve. ☎ 02-32-21-99-09. • mlreserve@gmail.com • giverny-lareserve.com • ♿ À 1,5 km au nord de Giverny, sur les hauteurs. Avr-oct. Doubles 140-170 € ; tarif dégressif à partir de 2 nuits. Loc de gîte 8 pers.* Dans une vaste et charmante demeure de style bordelais, entourée d'un beau parc, de vergers et d'une forêt, 5 chambres personnalisées, à l'atmosphère raffinée (parquet, meubles anciens, etc.). Petit déj gourmand et accueil charmant. Une belle adresse de charme, assez onéreuse mais le calme et la détente sont assurés.

Plus chic

Hôtel La Musardière : *123, rue Claude-Monet. ☎ 02-32-21-03-18. • reservation@lamusardiere.fr • lamusardiere.fr • Avr-oct, jeu-lun ; nov-mars ven-lun. Congés : janv. Résa indispensable. Doubles 125-145 € ; familiales. Parking gratuit.* À l'écart de la foule, cette grande maison bourgeoise du XIXe s, entourée d'un jardin ombragé par de vénérables tilleuls, a été rénovée récemment. Les chambres, plutôt spacieuses, arborent un style moderne et épuré. Très bon accueil, doublé d'une belle table (voir plus bas « Où manger ? »). Une adresse aux multiples atouts.

L'EURE

Où manger ? Où déguster une pâtisserie ? Où boire un verre ?

Au Coin du Pain'tre : *☎ 02-32-71-01-70. Tlj 8h-19h. Menu env 20 €.* Cette boulangerie (comme son nom l'indique) réalise des pains spéciaux, et propose aussi des petits déj, planches, salades, burgers, sandwichs et quelques plats chauds : toute une palette de propositions à consommer dans un cadre plaisant, en salle ou dans la cour fleurie à l'avant.

Restaurant de l'hôtel La Musardière : *voir coordonnées dans « Où dormir ? ». Avr-oct, jeu-lun ; nov-mars, ven-lun. Service midi et soir, plus une carte grignotage et boissons l'ap-m. Congés : janv. Formules 26 € (au déj, sauf dim)-32 €.* Cadre chaleureux, à l'unisson avec l'ambiance, où le chef décline des plats à base de produits locaux (tous les fournisseurs sont pointés sur une carte de la région). On apprécie l'originalité et l'accueil, souriant et attentionné. Belle terrasse.

L'ancien Hôtel Baudy : *81, rue Claude-Monet. ☎ 02-32-21-10-03. ♿ Avr-oct, tlj sauf dim soir et lun 11h30-21h.* C'est avant tout un resto (prix en rapport avec le lieu), mais il est possible de boire un verre en dehors des heures de service. Ambiance XIXe s à l'intérieur, agréable terrasse ombragée de l'autre côté de la rue et beaux jardins à l'arrière (lire plus loin « À voir »).

La Capucine : *80, rue Claude-Monet. ☎ 02-32-51-76-67. Café ouv en saison mer-dim 15h-19h (20h le w-e).* Un vaste jardin, idéal pour une pause aux beaux jours. Également de quoi se restaurer le midi.

À voir

Maison et jardins de Claude Monet – Giverny : *84, rue Claude-Monet. ☎ 02-32-51-28-21. • claude-monet-giverny.fr • ♿ Avr-oct, visite de la maison et des jardins tlj 9h30-18h (fermeture du guichet à 17h30). Entrée : 12 € (sur place ; plus cher en ligne) ; réduc ; gratuit moins de 7 ans.* ***Pour éviter les files d'attente interminables, achetez au préalable vos billets en ligne.*** *En principe beaucoup moins de monde dans les jardins en arrivant à 16h30. Interdit aux animaux et aux pique-niques.*

Une plongée au cœur même de l'imaginaire de Monet : à tout moment, on s'attend à ce qu'apparaisse le maître. Vous n'y verrez aucune œuvre originale, uniquement des reproductions.
Mais on vient ici avant tout pour admirer les ***superbes jardins fleuris.*** 2 secteurs bien distincts : le jardin d'eau orientaliste, où l'artiste peignit les *Nymphéas* (à la saison des nénuphars, de fin mai à fin septembre, émotion garantie), et, plus proche de la maison, le « clos normand ». Avouons que, sans l'explosion de couleurs du jardin, la visite perd grandement de son intérêt. L'étang aux nénuphars, situé de l'autre côté de la route, est accessible par un passage souterrain. Au temps de Monet, l'endroit était bien plus romantique, puisque seuls un chemin de terre et une voie ferrée (rares étaient les trains) séparaient le jardin du célèbre plan d'eau. Dans la maison, noter la belle salle à manger éclatante de jaune et la cuisine aux carreaux bleus en faïence de Rouen. Outre le mobilier dans les chambres, on admire de superbes estampes japonaises, collection personnelle de Monet. Une merveille ! Pour la petite histoire, sachez que Monet n'est jamais allé au Japon. Librairie-boutique de la fondation dans l'atelier des Nymphéas.

L'EURE

Le jardin et le musée des Impressionnismes – Giverny : *99, rue Claude-Monet. ☎ 02-32-51-94-65. • mdig.fr • ♿ En 2021, ouv mars-oct, tlj 10h-18h, puis ouverture hivernale selon programmation. Entrée : 9 € ; gratuit moins de 18 ans et pour ts le 1er dim du mois (sauf juil-sept). Visites guidées les dim à 14h30 : 4,50 €. Audioguide : 4 €. Jardin pour 1 € de plus. Resto sur place.*
Sa principale vocation est de mettre en lumière la richesse et la diversité de l'impressionnisme. Pour cela, le musée s'appuie sur une collection permanente, qui s'enrichit constamment (Monet, Bonnard, Signac, Boudin, Caillebotte, sans oublier les œuvres délicates et poétiques d'Hiramatsu rendant hommage à Monet). Il organise aussi une à deux expositions thématiques tous les ans en partenariat avec d'autres musées. La présentation y est toujours passionnante et vivante, grâce aux nombreuses manifestations qui l'accompagnent (randonnées, visites olfactives, soirées électro, concerts, mais aussi conférences, ateliers adultes et enfants...). Une approche culturelle originale, à ne pas manquer. Voir l'agenda sur leur site.
À l'extérieur, très beau jardin paré d'œuvres d'art contemporain et une prairie de coquelicots ou de meules selon la saison. Beaux livres d'art dans la librairie-boutique.

L'INVENTION DE LA PEINTURE EN TUBE

Autrefois, les peintres fabriquaient eux-mêmes leurs couleurs, ce qui demandait du temps et un matériel énorme. En 1841, un Américain, John Goffe Rand, inventa la peinture en tube, donc transportable. Enfin, les peintres pouvaient installer leur chevalet en pleine nature ou face à la mer. Cette invention permit l'impressionnisme.

L'ancien hôtel Baudy : *81, rue Claude-Monet. • restaurantbaudy.com •* C'est en 1886 que le 1er peintre américain vint ici chercher une chambre. Il s'appelait Metcalf. D'autres suivirent, nombreux. Chaque week-end, ils venaient depuis Paris par le train. L'hôtel *Baudy* devint un ***lieu de rencontres artistiques*** : Robinson, Butler, Mary Cassatt, MacMonnies, Sargent et bien d'autres y séjournèrent. Puis l'établissement accueillit Renoir, Rodin, Sisley et Pissarro. Monet et Clemenceau y devisaient souvent de longues heures durant dans le grand jardin en pente, à l'arrière, (7 000 m²). Il a été recomposé comme à l'époque. Si on vous laisse le visiter, ne manquez pas la jolie roseraie un peu sauvage, ainsi que l'atelier où travaillaient les artistes en séjour ici à l'époque de Monet, notamment américains. Voir aussi plus haut « Où boire un verre ? ».

La tombe de Monet : *sur le côté du cimetière communal, derrière l'église.* Elle est bordée de marbre blanc.

Manifestation

– ***Festival de Musique de chambre :*** *10 j. la 2de quinzaine d'août.* ● *musiqueagiverny.fr* ● Autour d'un compositeur invité, belle programmation de concerts réunissant des musiciens venus du monde entier. Concerts à Giverny et dans la région, et possibilité d'assister aux répétitions.

LES ANDELYS

(27700) 8 060 hab. *Carte Eure, C-D2*

Célèbre pour son château fort surplombant la boucle de la Seine. De là-haut, superbe panorama sur les falaises de craie encadrées de bois, les rives verdoyantes, la forêt de vieux toits du village, la Seine s'étalant langoureusement dans son méandre. Balzac, Hugo, Ingres, Monet, Signac, Léger vinrent souvent y chercher l'inspiration.
Et, au fait, pourquoi « Les » Andelys ? Tout simplement parce que la ville est scindée en 2 : Le Petit-Andely au bord de la Seine, de loin le plus charmant, protégé par les ruines de Château-Gaillard, et Le Grand-Andely, qui lui fait suite jusqu'à 3 km à l'intérieur des terres et qui a beaucoup souffert lors de la Seconde Guerre mondiale.

Adresse et infos utiles

Bureau d'information touristique : *2, rue Grande.* ☎ *02-32-21-31-29.* ● *cape-tourisme.fr* ● *Avr-oct, tlj 10h-13h et 14h-17h ; nov-mars, mar-sam 10h-13h, 14h-17h ; fermé dim-lun et j. fériés.* Organise des visites guidées *(payantes)* du Château-Gaillard (avr-oct). On peut également se plonger dans ce que furent Les Andelys à l'époque médiévale, coiffé d'un casque de réalité virtuelle ; 1 parcours d'environ 2 heures qui vous mènera, bien sûr, au Château-Gaillard (compter 22 € pour 2 adultes et 3 enfants, entrées au Château incluses).

Piscine découverte : *en bordure de Seine, proche du pont. Mai-août seulement.* Bien agréable.

– ***Marché :*** *sam 8h-18h, pl. Poussin.*

Où dormir ? Où manger ? Où grignoter ?

Campings

Camping de l'Île des Trois Rois : *1, rue Gilles-Nicolle.* ☎ *02-32-54-23-79.* ● *campingtroisrois@aol.com* ● *camping-troisrois.com* ● ♿ *De mi-mars à mi-nov. Compter 23-29 € pour 2 avec tente et voiture ; tarif spécial cyclistes et randonneurs.* Dans une vaste prairie ombragée, admirablement située entre un grand étang d'un côté et la Seine de l'autre. Grands emplacements, certains arborés et plusieurs offres d'hébergements, comme ces tipis avec kitchenette, salle de bains et 2 chambres, dont 1 en mezzanine que les enfants adorent ou les *coco-sweets.* Quelques mobile homes profitent d'une terrasse donnant sur la Seine. Il possède aussi 2 piscines chauffées, jeux d'enfants avec structures gonflables et location de vélos.

Camping-caravaning du Château de Bouafles : *2, rue de Mousseaux, 27700* ***Bouafles.*** ☎ *02-32-54-03-15.* ● *chateaudebouafles.com* ● *À env 6,5 km au sud-ouest des Andelys. Fermeture annuelle de mi-déc à mi-janv. Ouv tlj de mi-mars à mi-oct, seulement ven-lun oct-mars (sauf coco-sweet et DK'Banes non louées en hiver). Pour 2, prévoir env 19-24 € avec tente* *et voiture. Hébergements insolites.* Sur un terrain arboré qui s'étire tout en longueur au pied de cette propriété cossue et jusqu'à la Seine. Les beaux et vastes emplacements sont complétés par un *coco-sweet* (un mixte entre le bungalow et la tente) et des DK'Banes, sorte de longues tentes surélevées et arrondies, au plancher en bois, équipées de matelas (draps fournis), d'une lampe et d'une table de pique-nique. Abri vélo à côté avec électricité et frigo. Parmi les services : un bar avec terrasse, une épicerie, un baby-foot et même un tennis. Le tout à prix démocratique. Atelier de réparation de vélos. L'itinéraire *La Seine à Vélo* passe dans le camping.

De prix moyens à plus chic

Hôtel de Paris – Restaurant Le Bistronomy : *10, av. de la République, Le Grand-Andely. ☎ 02-32-54-00-33. • accueil@bistronomy.fr • hotel-andelys.fr • Resto fermé dim soir et lun midi. Doubles standard 70-85 € ; familiales. Menus 21 € (déj en sem)-25 €.* À l'entrée du centre-ville, en bordure de la rue principale, cette maison normande plus que centenaire, en brique et au parquet qui craque, a été reprise par un couple franco-finnois. Les chambres standard restent simples, les plus grandes sont cossues. Côté resto, dans une salle à la déco un peu datée prolongée d'un bow-window, on se régale d'une cuisine traditionnelle, agrémentée de fleurs comestibles, concoctée avec passion par l'équipe du *Bistronomy.*

Hôtel de la Chaîne d'Or : *25-27, rue Grande, au Petit-Andely. ☎ 02-32-54-00-31. • contact@hotel-lachainedor.com • hotel-lachainedor.com • Face à l'église Saint-Sauveur. Tlj en saison. De mi-oct à mi-avr, resto fermé mar, mer et dim soir. Congés : de mi-fév à mi-mars et sem de Noël. Résa conseillée le w-e. Doubles 99-145 € ; junior suite également ; petit déj 14 €. Formules déj en sem 15 (en terrasse)-24 €, puis menus 33 (sauf sam soir, dim midi)-70 €. Résa conseillée en terrasse. Parking gratuit. Café offert sur présentation de ce guide.* Dans une maison fondée en 1751 qui abritait jadis les bureaux de péage pour traverser la Seine. La gigantesque chaîne, qui marquait l'octroi situé à cet endroit, rapportait tant d'argent qu'on l'appela la « chaîne d'or », d'où le nom de l'hôtel. Mais l'actuel propriétaire, féru d'histoire, s'aventure bien au-delà de cet épisode. Il a fait de son établissement un vrai livre dans lequel évolue des personnages en lien avec la ville : héros de guerre, rois et reines (admirez la chambre de Richard Cœur de Lion, rouge forcément), peintres (Nicolas Poussin, magnifique chambre ocre de Turner). On aime aussi beaucoup celle de Conan Doyle et l'extravagante « Lawrence d'Arabie » (familiale) où le proprio-décorateur s'est clairement fait plaisir. Elles portent toutes un univers bien particulier pour une plongée historique vraiment réussie, avec une vue sur la Seine, la cour ou la place de l'église. Au resto, la cuisine, tendance traditionnelle, est servie dans la belle salle aux baies vitrées face à la Seine, donnant l'impression d'être sur une péniche. Aux beaux jours, magnifique terrasse au-dessus du fleuve. Enfin, possibilité de louer des vélos et trottinettes électriques (la voie « Seine à Vélo » passe juste devant). Une belle adresse.

La Villa Aliénor : *1, rue Grande. 📱 06-44-19-15-22. • villaalienor@outlook.fr • villa-alienor.fr • Tte l'année. Doubles 90-110 €, petit déj inclus ; également une suite et des gîtes. Petite restauration tlj, sur la terrasse ou en intérieur 12h30-22h (15h-18h en hiver).* Cet ancien relais de poste du XVIIIe s, stratégiquement situé en bord de Seine, abrite désormais des chambres d'hôtes au style campagnard et romantique. Dès les premiers rayons, les visiteurs d'un jour peuvent profiter de la belle terrasse ombragée offrant une vue de choix sur le fleuve. Idéal pour un apéro et un grignotage au coucher du soleil. Petite boutique de produits artisanaux sur place. Possède une autre maison d'hôtes entre Pacy-sur-Eure et Louviers, dans un cadre bucolique, *Le Moulin de la Côte.*

Mistral : *26, rue Grande, au Petit-Andely. ☎ 02-32-54-09-00. • mistral.*

petitandelys@gmail.com • À 2 pas de l'église. Tlj sauf mer, jeu midi et dim soir. Congés : janv. Formule déj en sem 15,50 € ; carte env 25 €. Petit resto proposant une cuisine traditionnelle à base de bons produits locaux, concoctée avec un grand savoir-faire. C'est frais, c'est bon, et le service est très amical. Cadre moderne de bistrot avec une véranda sur l'arrière. Attention, le soir, la cuisine ferme à 21h !

Où acheter de bons produits dans les environs ?

Le Pressoir d'Or : *57, route des Andelys, à Saint-Jean-de-Frenelles, 27150* **Boisemont.** *☎ 02-32-69-41-25. • pressoirdor.com • Tlj (sauf dim, j. fériés et le mat des mer et sam) 9h-12h, 14h-18h.* Splendide domaine des XVIIe-XVIIIe s de 37 ha, comprenant un verger bio d'une quinzaine de variétés. Ici, on fabrique du cidre de glace, du vinaigre, jus, confit de cidre, cidre rosé, des gelées, confitures, etc.), mais la boutique vend des aussi des produits des environs. Possibilité de se balader dans le verger.

L'EURE

À voir. À faire

Château-Gaillard : *☎ 02-32-21-31-29 (office de tourisme). À pied depuis la rue Richard-Cœur-de-Lion par un chemin qui démarre au centre du Petit-Andely (compter env 25 mn), ou en voiture par Le Grand-Andely et les collines environnantes (suivre « Parking Château-Gaillard »). Avr-nov, tlj, sauf lun-mar, 10h-12h30, 14h-18h. Dernière admission 30 mn avt. Entrée : 3,50 € ; réduc ; gratuit moins de 7 ans. Visite guidée (tlj 10h, 11h30, 14h, 15h15 et 16h30 en juil-août ; venir 15 mn avt) : 4,50 €. Tte l'année, accès libre à la cour basse et à l'ouvrage avancé. Le billet permet d'entrer dans la haute cour et le donjon, un peu mieux conservé que le reste. Des animations et spectacles sont organisés en saison.*

LES PRISONNIÈRES DU CHÂTEAU

En 1314, Château-Gaillard servit de prison aux belles-filles de Philippe le Bel, Marguerite et Blanche de Bourgogne, coupables d'adultère. Blanche y passa 7 ans enfermée et finit ses jours dans un couvent. Marguerite fut étranglée ici même, à l'aide de ses longs cheveux, sur ordre de son époux Louis X, dit le Hutin. Depuis, les Lumières et le féminisme sont passés par là. Ouf !

Forteresse édifiée par Richard Ier dit Cœur de Lion, duc de Normandie et roi d'Angleterre, pour prévenir les attaques de Philippe Auguste, roi de France. Aujourd'hui, le château est en ruine, mais il offre ***l'une des visions les plus magiques de la vallée de la Seine.*** Sa construction prit un peu plus de 1 an. Le site fut choisi en raison de l'escarpement et de la configuration stratégique du paysage. Richard se serait écrié, une fois l'œuvre achevée : « Que voilà un château gaillard ! », d'où le nom... Philippe Auguste attendit la mort de Richard pour attaquer le château, en 1203. Après un siège de plusieurs mois, l'assaut fut donné en février 1204. Eu égard à l'épaisseur des murs et à la qualité des défenses, il aurait irrémédiablement échoué si quelques soldats n'avaient trouvé une faille en passant courageusement par les fenêtres basses situées sous la chapelle. La chute de Château-Gaillard précipita celle de Rouen, et Philippe Auguste reconquit la Normandie.
L'ouvrage militaire, malgré l'ordre de démantèlement de Henri IV, présente des restes magnifiques qui donnent une idée de sa puissance. On distingue encore quelques éléments des remparts extérieurs. L'enceinte intérieure, bien conservée, présente une suite de saillies rondes contiguës et enveloppe le gros donjon de 8 m de diamètre intérieur. Ses murailles ont 4,50 m d'épaisseur à la base. Initialement, le donjon

comptait 3 étages et présentait une conception géniale : sa base était en plan incliné, avec des contreforts triangulaires supportant le chemin de ronde. Cet appareillage permettait aux projectiles lancés des mâchicoulis de ricocher et de rebondir vers l'ennemi sans qu'il puisse prévoir leur trajectoire. La restauration de l'enceinte de la haute cour fait très bien ressortir la spécificité de ces murailles festonnées.

L'église Saint-Sauveur : *au Petit-Andely. Tlj 9h-18h.* Église de style gothique en forme de croix grecque, bâtie au XIIIe s. Elle conserve un riche patrimoine : vitraux, statues, retables, fresque du début du XVIe s et son orgue du XVIIe s, l'un des plus anciens de France encore en fonctionnement. Le clocher, arraché lors d'un orage en 1973, a été reconstruit.

La collégiale Notre-Dame : *au Grand-Andely. Tlj 9h-19h (17h30 en hiver).* Façade à 3 portails (XIXe s), flanquée de 2 tours, nef et chœur dans le style gothique du XIIIe s, révélant une parfaite harmonie dans les proportions. Au sud, le bras du transept et les chapelles sont de style gothique flamboyant et au nord de style Renaissance. Cette opposition se retrouve très nettement sur les façades extérieures correspondantes où l'on trouve au nord un rare exemple d'architecture religieuse de style Henri III (XVIe s.) À l'intérieur, la chapelle immédiatement à droite de l'entrée abrite une belle Mise au tombeau du XVIe s et un Christ aux liens du XVe s. Les chapelles sud sont éclairées d'un ensemble de verrières du XVIe s. Au-dessus de l'entrée, un buffet d'orgue Renaissance en chêne sculpté dont les panneaux représentent les vertus chrétiennes, les arts, les sciences et les divinités mythologiques.

Le musée Nicolas-Poussin : *rue Sainte-Clotilde, au Grand-Andely. ☎ 02-32-54-31-78. Derrière la mairie. Avr-oct, tlj sauf mar 14h-18h. Entrée : 3,20 € ; réduc.* Ce petit musée d'art et d'histoire locale abrite une toile du maître du classicisme (né à Villers, hameau des Andelys), *Coriolan, supplié par sa famille.* Également, des tableaux de peintres post-impressionistes, du mobilier Régence et Louis XVI, une collection archéologique, ainsi que des objets d'art religieux. Également des expos temporaires.

La fontaine Sainte-Clotilde : *rue Sainte-Clotilde, au Grand-Andely. À 100 m du musée. Tlj 9h-19h.* Ce petit édifice abrite une source réputée miraculeuse. La reine Clotilde, épouse de Clovis Ier, faisait construire un monastère non loin. Pour les ouvriers assoiffés, elle pria que l'eau de la fontaine prenne le goût et la force du vin afin de leur donner suffisamment de courage pour continuer les travaux. Cette légende, fondatrice de la ville, est reprise sur les vitraux de la collégiale.

– **Sortie en bateau sur la Seine :** *avec* **Liberté Seine,** *📱 06-71-32-18-14 ; • liberte-seine.fr • ; plusieurs itinéraires proposés au départ soit des Andelys, soit des Muids ; prix total pour le groupe : 70-180 € pour 1h à 3h (2-6 pers).* Dominique Polny, le capitaine du *Fjord,* est un homme qui a consacré une grande partie de sa vie au fameux fleuve ; autant vous dire que c'est un puits d'anecdotes qui aime partager sa passion.

Fête et manifestation

– **Foire-à-tout :** *en général, 2e w-e complet de sept.* Antiquaires et brocanteurs de la région s'y donnent tous rendez-vous.
– **Fête de l'Automne :** *pl. Saint-Sauveur, 1 dim fin oct.* Marché normand avec animations.

DANS LES ENVIRONS DES ANDELYS

La brasserie Duplessi : *13, rue aux Moines, 27700* ***Tosny.*** *☎ 02-32-51-55-75. ♿ À env 4 km au sud-ouest des Andelys. Dans le village, fléchage discret (en direction de la mairie et de l'école). Lun-sam 9h-12h, 14h-17h30 ; fermé dim.*

Visites (gratuites) sur rdv seulement. Visite d'une brasserie qui produit entre autres la Richard Cœur de Lion, une bière artisanale brune, blonde ou ambrée assez douce et très parfumée. À noter aussi une petite production de whisky.

Le château de Gaillon (27600) : *allée de l'Ermitage. À 15 km au sud des Andelys. Avr-oct, tlj sauf mar 11h-12h30, 14h-17h30. Visites guidées seulement : 11h15, 14h30, 16h. Tarif : 6 € ; réduc ; gratuit moins de 6 ans.*
Ses vestiges impressionnent par sa position stratégique au-dessus de la Seine. On comprend pourquoi le site fut choisi au XIIe s pour ***protéger la frontière entre la France et la Normandie anglaise.*** Il est situé entre Rouen et Paris, les 2 villes les plus importantes du royaume, accessible par voie terrestre et fluviale. Mais le château fort fut quasi entièrement détruit au XVe s par les Anglais (on voit encore la présence des douves). Ensuite, il devint la propriété des évêques de Rouen, qui le reconstruisirent.
Il prend une toute autre dimension avec le cardinal Georges d'Amboise, maître des lieux jusqu'au début du XVIe s. Ce légat du pape, vice-roi de Milan est un féru de culture italienne. Peintres, artisans et architectes de la péninsule en font un vrai château d'apparat, autant qu'un outil diplomatique et politique à la gloire du cardinal et du roi de France. L'entrée s'effectuait d'ailleurs par un arc de Triomphe, telle une mise en scène pour impressionner les visiteurs. De la belle loggia, offrant une vue magnifique sur la vallée, on se rend bien compte de sa situation. Aujourd'hui, Gaillon est considéré comme le 1er château français de style Renaissance.
La résidence épiscopale continua de s'agrandir et de s'embellir jusqu'à la révolution, époque à laquelle elle fut démantelée, comme nombreux biens de l'église. Les pierres furent utilisées pour construire les maisons du village. Napoléon transforma les ruines en prison avec pour leitmotiv : rééduquer par le travail et la religion. Visiblement, cela commençait très tôt, puisque le plus jeune prisonnier était âgé de 6 ans. Le réfectoire des détenus et la cuisine se visitent. Elle ne fermera ses portes qu'en 1901, car il était impossible de la diviser en cellules (il n'y avait que des dortoirs). Ce fut ensuite une caserne jusqu'en 1925, puis un camp de rétention pendant la 2e Guerre mondiale.
Même si la visite demande de l'imagination pour se représenter la splendeur de ce château, son importance historique et architecturale méritent le détour.

LE PAYS D'AVRE ET D'ITON

Il s'agit en fait de la partie extrême sud du département de l'Eure avec 2 belles rivières, l'Avre et l'Iton, qui traversent la campagne et de charmants villages reposants.

VERNEUIL-D'AVRE-ET-D'ITON

(27130) 8 605 hab. *Carte Eure, B4*

Tout au sud-ouest de l'Eure, cette petite ville médiévale, encore entourée de ses anciens fossés et de sa – discrète – ligne de remparts, est la porte d'entrée de la Normandie, du Perche et du pays d'Ouche (rien que ça !). Épargnée par la Seconde Guerre mondiale, on peut y admirer une superbe tour d'église, d'anciennes maisons en bois, des hôtels particuliers de la Renaissance et la sérénité d'une ancienne abbaye, qui semblent protéger la ville du tapage extérieur.
Classée « Plus Beaux Détours de France », cette petite cité tranquille constitue également une excellente base pour explorer la région.

L'EURE

Adresses et info utiles

Office de tourisme : *129, pl. de la Madeleine. ☎ 02-32-32-17-17. • normandie-sud-tourisme.fr • À gauche du parvis de l'église. Lun-sam 9h30-13h, 14h-17h (18h avr-sept) ; plus dim juil-août 9h30-13h, 14h-18h.* Propose des visites guidées thématiques de la ville *(pdt vac scol et w-e mai-sept ; 3 €/pers)* permettant d'accéder à des endroits autrement fermés au public. Demander le petit fascicule gratuit des 2 circuits découverte de Verneuil, ainsi que le livret jeux pour les enfants (7-12 ans), qui doivent découvrir un personnage mystère par des jeux d'observation et d'énigmes (gratuit). Possibilité également de balades commentées en calèche dans le centre-ville *(juil-août, mer-jeu et dim ; durée : 40-50 mn ; 6-7 €/pers, gratuit jusqu'à 2 ans)* et de visites audioguidées gratuites *• izi.travel •*

Gare SNCF : *au bout de l'av. Victor-Hugo. ☎ 36-35 (À 5 mn à pied du centre.* Trains directs pour Paris-Montparnasse (env 1h15).

– **Marchés :** *sam mat, pl. de la Madeleine et rue Clemenceau ; plus* ***marché de petits producteurs*** *dim mat avr-sept.*

Où dormir ?

De bon marché à prix moyens

Hôtel du Saumon : *89, pl. de la Madeleine. ☎ 02-32-32-02-36. • reservation@hoteldusaumon.fr • hoteldusaumon.fr • Sur la pl. de l'Église. Restaurant fermé ven soir et sam. Congés : du dernier ven juil-mi-août (rouvre avt le 15 août) et vac scol de Noël, prolongé d'1 sem début janv. Doubles 50-80 € ; familiales. Menus 14 € (sauf sam soir-dim), puis 24-45 €. Café offert sur présentation du guide de l'année.* Une bonne maison, bien tenue et à la qualité constante. Chambres tout confort, impeccables et à la déco toutes différentes. Celles côté place sont plus lumineuses, parfois plus grandes (mais plus chères aussi). Côté cour, elles sont plus calmes... L'établissement propose aussi une bonne table avec, à la carte, des ris de veau et du saumon, bien sûr.

Le Motel Saint-Martin : *181, rue du Petit-Versailles. ☎ 02-32-32-19-88. • accueil@motel-saint-martin.com • motel-saint-martin.com • Au bord de la N 12. Résa fortement conseillée. Doubles 49-59 €, familiales et chambres communicantes.* Certes, on connaît plus glamour comme environnement que le bord de la N 12. N'empêche, ce motel installé dans des bâtisses en bois genre grand chalet offre un rapport qualité-prix imbattable. Les doubles ne sont pas grandes et le style est un peu daté, mais elles sont insonorisées, très bien tenues, et il y a tout ce qu'il faut. De plus, la plupart donnent sur l'arrière (le préciser tout de même à la résa). Pour un peu plus cher, chambre plus spacieuse, en duplex, pour 3 personnes. Fait aussi resto.

Où manger ?

Le Beauclerc : *6, pl. de la Madeleine. ☎ 02-32-32-36-33. • lebeauclerc@free.fr • Sur la grande place. Ouv le midi lun-sam, plus le soir ven-sam. Résa conseillée. Formule déj 15,90 € ; menus 16,90-19,90 € ; carte env 20 €. Café offert sur présentation du guide de l'année.* Une brasserie plébiscitée par les gens du coin, appréciable pour sa terrasse, idéalement posée sur la place principale. Large choix de plats préparés à base d'ingrédients de qualité provenant, au maximum, de producteurs locaux. Un bon rapport qualité-prix.

Le Collectionneur Gourmand : *ruelle de l'Abreuvoir, 63, rue Gustave-Roger. ☎ 02-32-60-11-11.*

Fermé dim soir et lun. Menu déj en sem 19 € ; carte env 30 €. En voici une adresse originale, cachée dans un charmant recoin du vieux Verneuil ! Le patron est un collectionneur invétéré de figurines en plomb, de maquettes d'avions et de bateaux : il y en a partout. Pas en cuisine, où le chef se concentre sur des plats simples mais inventifs et pleins de fraîcheur. Agréable terrasse. Attenant, une cave à vins et spiritueux, dont une large sélection de whiskies.

Le Madeleine : *206, rue de la Madeleine. ☎ 02-32-37-91-81. • lemadeleine.verneuil@orange.fr • Fermé mer. Menus 25 € (déj lun-sam), puis 35-54 €. Café offert sur présentation du guide de l'année.* Ici, pas d'esbroufe, juste l'amour du métier bien fait, qui passe par une cuisine à base de produits du terroir, revisitée de manière personnelle. Mention spéciale pour les poissons, à la cuisson précise, bons et bien présentés. Une belle petite affaire. Sur résa le matin, des paniers-repas joliment présentés pour des plats de chef à la maison (avec de la vraie vaisselle).

Où dormir ? Où manger dans les environs ?

Chambres d'hôtes La Ferme de la Troudière : *chez M. et Mme Leroy, la Troudière, impasse du Fournil, 27570* ***Breux-sur-Avre.*** *☎ 02-32-32-50-79. • brunolry@aol.com • latroudiere.free.fr • Double 56 €. Réduc de 10 % hors vac scol, pour 2 nuits min.* Un calme olympien, en pleine campagne, et un accueil chaleureux dans ce corps de ferme de la fin du XVIIIe s, qui abrite 2 chambres confortables, aux beaux meubles rustiques. Prêt de vélos.

La Maison de la Ferrière : *pl. de l'Église, 27160* ***Francheville.*** *☎ 02-32-58-39-80. • maison.de.la.ferriere@wanadoo.fr • Fermé dim soir-lun-mar. Congés : fin août-début sept, 1 sem en avr et 1 sem à Noël. Plat du jour 14,50 €.* Dans l'ancienne école de cet adorable village fleuri, face à la mairie. Salle au décor moderne dans des tonalités grises et mauves, ou en terrasse, dans l'agréable jardinet à l'avant. Une cuisine simple et fraîche servie dans une atmosphère conviviale.

À voir

L'église de la Madeleine : *visite guidée avec accès à la tour selon programme ou sur demande à l'office de tourisme (durée : 1h ; 3 € ; réduc).* L'église fut construite au XIIe s, principalement en grison, une roche typique du coin, composée de silex et d'argile. Mais c'est surtout sa tour qui est impressionnante : chef-d'œuvre du gothique flamboyant (XVe-XVIe s), elle est finement sculptée et ornée d'une trentaine de statues sur ses contreforts. De là-haut (212 marches à monter, quand même, en passant par les impressionnantes cloches !), jolie vue sur la ville, ses belles maisons et leurs jardins bien cachés. L'intérieur de l'église mérite aussi un peu d'attention pour ses vitraux des XVe et XVIe s. Noter l'admirable buffet d'orgue du XVIIIe s, l'un des plus importants de Normandie. Il est l'œuvre de Jean-Baptiste-Nicolas Lefèvre, issu d'une famille de facteurs d'orgues rouennais réputés. Belle *Mise au tombeau* polychrome du XVIe s.

De (très) belles ***maisons*** dans la rue de la Madeleine. À l'angle de la rue du Canon, à deux pas du chevet de la Madeleine, une magnifique bâtisse à tourelle est dotée d'un beau damier (silex, brique, calcaire) en façade ; elle abrite la *bibliothèque municipale.* Attenants à celle-ci, l'*hôtel de Bournonville* (XVIIIe s), l'*hôtel de Gensac* (à pans de bois, du XVIe s) et l'*hôtel de la Rousserie* (du XVIIIe s, où Charles X, partant pour l'exil, passa la nuit du 5 août 1830). En empruntant la rue du Canon, remarquer le cinéma installé dans l'ancien hôtel-Dieu. À deux enjambées, sur la place Saint-Laurent, l'***ancienne église Saint-Laurent*** du XVIe s accueille des expos temporaires et autres événements culturels *(avr-oct)* : concerts, pièces de théâtre...

La Tour grise : *à 150 m de l'église Saint-Laurent. Avr-sept et vac de la Toussaint, mer-dim 10h-12h, 14h-18h. Entrée : 4 € ; réduc. À partir de 12 ans, chasse au trésor sur tablette interactive avec des énigmes à résoudre, type escape game.* C'est l'un des plus beaux donjons cylindriques du XIIIe s, construit à la demande de Philippe Auguste. Noter l'épaisseur des murs (3,85 m) et la pierre de grison, caractéristique du pays d'Ouche. À l'intérieur, expo sur l'histoire médiévale de Verneuil et la bataille de 1424, avec maquette de la ville et quelques armes et armures. Panorama sur la ville du haut de son chemin de ronde.

L'église Notre-Dame : *pl. Notre-Dame.* Construite et modifiée du XIIe au XIXe s. Son intérieur, très riche, comprend une remarquable collection de statues de bois et de pierre (du XIIIe au XVIe s).

L'ancienne abbaye Saint-Nicolas : *124, rue de la pl. Notre-Dame (à env 100 m de l'église Notre-Dame).* Cette ancienne abbaye, fondée en 1627, abrita jusqu'en 2001 une communauté de religieuses bénédictines. Depuis le départ des moniales, l'église et ses beaux vitraux, le parloir et la bibliothèque ne se découvrent que lors d'expositions temporaires ou de visites guidées proposées par l'office de tourisme.

BRETEUIL-SUR-ITON (27130) 4 540 hab. *Carte Eure, B3*

Charmante petite bourgade commerçante, principalement remarquable pour son hôtel de ville installé dans une chapelle gothique. À voir également pour les férus d'histoire, l'église Saint-Sulpice, où furent célébrés au XIe s les fiançailles d'Adèle, la fille de Guillaume le Conquérant, avec le comte de Blois. Elle reçut également la visite de Louis VIII, de Philippe le Bel, de Philippe de Valois et, en 4 occasions, de Saint Louis.

Où dormir ? Où manger à Breteuil et dans les environs ?

Le Domaine du Centaure : *11, rue des Sapins, 27240* ***Sylvain-les-Moulins.*** *06-10-12-82-23. • karen@ledomaineducentaure.com • ledomaineducentaure.com • À 18 km au nord-est de Breteuil. Double 110 €, petit déj compris. Repas froid le soir 15 €.* C'est tout d'abord une architecture atypique, circulaire, tout en bois, écolo, qui tourne pour suivre la course du soleil ! Une sorte de cocon douillet et chaleureux entretenu avec soin par les proprios qui vivent sur place. Sur les 4 chambres spacieuses, 2 disposent de toilettes sèches. Dans la pièce commune : billard, guitare à dispo et jeux de société. Pas de télé, mais de la convivialité ! Une adresse à la campagne, axée nature et qui permet résolument de casser la routine du quotidien.

Crêperie L'Adèle : *76, pl. Laffitte, à Breteuil. ☎ 02-32-29-70-61. Face à la mairie. Ouv le midi lun-sam, le soir jeu-sam. Formule déj en sem env 14 €.* Une sélection d'ingrédients de qualité pour des galettes originales, aux saveurs souvent inédites, mêlant parfois le sucré-salé. Les festives sont encore plus élaborées. Intérieur chaleureux avec grande cheminée. La bonne adresse pour se requinquer et se faire plaisir.

À voir

En plein centre du village, sur la place Laffitte, on ne peut pas manquer l'***hôtel de ville,*** un édifice surprenant et original qui s'apparente à une belle chapelle gothique.

L'église Saint-Sulpice : *tlj 9h-17h30.* Une longue nef avec bas-côtés, en forme de croix, construite en belle pierre appelée « grison du pays d'Ouche », qui lui donne un caractère original. La charpente est en bois polychrome et historié du plus bel effet. Le chemin de croix est lui aussi rare. Grand orgue original du XVIe s.

LA SÉPARATION DE L'ÉGLISE ET DE L'ÉTAT ?

Au-dessus de l'entrée de ce qui ressemble à une chapelle gothique, dans le centre de Breteuil-sur-Iton, sont fièrement inscrits « Hôtel de Ville » et notre chère devise républicaine, Liberté, Égalité, Fraternité. Une mairie dans une église ? Est-ce bien catholique tout ça ? Pourtant, aucune entorse n'est faite à la loi de 1905 : c'est juste un architecte fantaisiste qui s'est inspiré, en 1860, du style gothique pour construire l'hôtel de ville, qui n'a jamais connu d'activités religieuses !

Le jardin public : *dans le centre.* Beau parc à l'anglaise, planté d'arbres centenaires et entourant un grand étang. L'Iton traverse l'ensemble. Chaque année, les hérons cendrés reviennent y nicher en hiver et au printemps. Çà et là, quelques pans de muraille de l'ancienne forteresse et des coins pique-nique.

Musée Vie et Métiers d'Autrefois : *2, rue de Tournon. 06-19-86-82-84. • musee-vie-et-metiers-dautrefois.jimdosite.com • Mars-nov, visite sur résa jeu, sam-dim 14h15-18h (visite possible le matin sur résa) ; fermé le 4e w-e du mois sauf en juil-août. Prix : 5 € ; réduc. Livret jeux, chasse aux énigmes, escape game. La visite guidée n'est pas obligatoire, mais recommandée, au regard de la richesse du contenu (prévoir alors 1h30-2h).* Impressionnante collection montée par un couple passionné d'histoire. Plus de 7000 pièces relatives à l'art populaire, avant l'apparition de l'électricité. Dans chaque section, des ***anciens métiers*** sont mis en scène, avec mannequins à l'appui pour mieux restituer l'ambiance des métiers disparus (le charron) ou existant toujours, comme le bourrelier (sellier) et le barbier. On y découvre aussi quelques objets insolites : demi-haut de forme en poil de taupe ; les 1ers biberons *Robert* – d'où le surnom donné autrefois aux seins – une robe de mariée noire de la guerre de 1914, une charrette à chiens... On peut même visionner de ***vieux films*** sur une télévision de 1949, avant d'aller siroter un café dans l'ancien bistrot. La nostalgie qui se dégage des lieux est aussi un formidable passage de témoin vers les plus jeunes générations.

LE PAYS D'OUCHE

Prenez un plateau à céréales, frais en hiver, doux au printemps, lourd en été, piquez-le de bosquets, de haies vives, mettez-y beaucoup d'herbe grasse, coupez le tout de quelques vallées aux noms évocateurs, Risle, Charentonne, Iton, ajoutez de l'eau pour que les verts soient plus tendres, saupoudrez d'une ribambelle de jolis manoirs et gentilhommières, d'églises aux clochers pointus et de façades à damier de silex, de brique et de pans de bois, n'oubliez pas le grison, pierre typique de couleur brune, et placez le tout autour d'un grand massif forestier presque continu (forêts de Conches,

de Breteuil et de Beaumont-le-Roger, toutes domaines privés), habité par les sangliers et les chevreuils : vous avez la recette du pays d'Ouche.

CONCHES-EN-OUCHE

(27190) 5 100 hab. *Carte Eure, B3*

Fille de la forêt, la petite capitale du pays d'Ouche aux rues bordées de maisons à pans de bois domine la région du haut de sa colline. La promenade dans les allées ombragées de son grand parc y est particulièrement agréable. Noter que le sous-sol de Conches est un vrai gruyère creusé d'innombrables caves, souterrains, passages obscurs… Conches était aussi une étape prestigieuse sur la route de Saint-Jacques-de-Compostelle.

Adresse et infos utiles

i *Maison du tourisme de Conches :* *2, rue Pierre-Mendès-France. ☎ 02-32-30-32-98. • tourisme@conchesenouche.com • Mai-oct : mar-sam 9h30-12h30, 14h-17h30.* Dépliant sur l'histoire de la ville et topoguides gratuits pour les balades pédestres et à vélo dans le coin (100 km de sentiers balisés). Expos temporaires gratuites à l'étage.

– ***Marchés :*** *jeu mat et dim mat.*

Où dormir ? Où manger ?

Hôtel-restaurant de Normandie : *10, rue Saint-Étienne. ☎ 02-32-30-04-58. • hotel.normandie@conches-hotel.com • conches-hotel.com • ♿ À quelques pas du donjon. Resto fermé lun midi, ven et le soir des dim et j. fériés. 1 sem en déc. Doubles 75-78 € ; familiales ; petit déj 10 €. Formules déj en sem env 18 € ; menus 21-37 €. Apéritif maison offert ou réduc de 10 % sur le prix de la chambre sur présentation du guide de l'année.* Les chambres, spacieuses pour la plupart, bénéficient de tout le confort et d'une déco personnalisée. Réparties dans 2 bâtiments avec galerie en bois, en vis-à-vis, elles donnent sur un petit jardin intérieur très bien entretenu. Le patron cuisinier élabore une bonne cuisine normande traditionnelle servie dans une salle vaste et claire. Accueil amical.

Hôtel-restaurant La Grand' Mare : *13, av. de la Croix-de-Fer. 📱 06-09-45-32-07. • lagrandmare@orange.fr • Dans le centre-ville. Resto fermé lun, dim soir. Congés : 2 sem en août et 2 sem fin déc. Double 69 €. Formules déj en sem 14-16 € ; menus 25-35 €.* Face à la grande mare et à ses jets d'eau, un très bon hôtel à la façade à colombages rouges. Les chambres sont confortables, spacieuses et colorées. Côté resto, grande table qui propose dès le 1er menu une cuisine créative de haut vol. Des plats savoureux, au dressage élégant, servis dans une salle tout en boiserie ou dans une cour intérieure aux beaux jours.

À voir

L'église Sainte-Foy : *tlj 9h-19h.* Elle fut entièrement reconstruite au XVIe s dans le style gothique flamboyant. Sa flèche, haute de 56 m, date, quant à elle, du XIXe s après la chute de la précédente en 1842 des suites d'une tempête. Elle abrite de remarquables vitraux du XVIe s (un petit guide les détaillant est disponible à la Maison du tourisme).

Le musée du Verre : *dans l'ancienne abbaye de Conches, rue Paul-Guilbaud. ☎ 02-32-30-90-41. • museeduverre.fr • ♿ Ouverture prévue au printemps 2022.* Soufflé, moulé, taillé, sablé... ici, le verre devient œuvre d'art. Ce musée présente de superbes pièces contemporaines créées par des maîtres verriers de renommée internationale (François Décorchemont, Antoine et Étienne Leperlier, tous 3 originaires de Conches et aussi Claude Monod, Marisa et Alain Bégou). Nouvelles expos d'artistes chaque année, tout à fait surprenantes et qui méritent le détour.

Le musée du Rouloir : *rue Paul-Guilbaud. ☎ 02-32-37-92-16. Juin-sept, mer-dim 14h-18h. GRATUIT (sous réserve de modifications).* Maison à l'architecture typique de la région offrant un cadre idéal pour reconstituer un intérieur avec objets ménagers, mobilier, costumes et présenter les traditions sociales et religieuses (voir notamment les Charitons, une confrérie catholique d'entraide qui remonte au Moyen Âge, encore très active dans le département). On découvre aussi le savoir-faire des artisans et des paysans normands. À l'extérieur, un pressoir, sans oublier le magnifique arboretum.

L'EURE

DANS LES ENVIRONS DE CONCHES-EN-OUCHE

La Ferrière-sur-Risle : *à 14 km à l'ouest de Conches.* Au fond de la belle vallée de la Risle, aux versants boisés, Ferrière recèle une jolie halle du XIVe s et une église romane du XIIIe s coiffée d'une tour-clocher.
– Tous les dimanches matin, adorable petit marché du terroir, et le 3e dimanche du mois, marché des brocanteurs (toute la journée).

LA VALLÉE DE LA RISLE ET DE LA CHARENTONNE

LE NEUBOURG

(27110) 4 380 hab. *Carte Eure, B2*

Capitale d'une des régions agricoles les plus riches de Normandie, on peut encore y voir les vestiges de son ancien château (qui ne se visitent pas) et découvrir l'église ainsi que le musée de l'Écorché d'anatomie. Mais, surtout, ne pas manquer le château du Champ-de-Bataille, dans les environs.

DES BERGERS SORCIERS

Dans la région du Neubourg, au XVIIe s, plusieurs procès en sorcellerie furent organisés contre des bergers, accusés de pratiquer de terribles messes noires avec des hosties consacrées. Ces bergers avaient la faiblesse de vivre souvent seuls et de n'avoir aucune famille pour les défendre... et aussi de posséder des troupeaux que l'on pouvait récupérer.

Adresse et infos utiles

Office de tourisme du Pays du Neubourg : *pl. du Maréchal-Leclerc, dans l'ancienne gare du Neubourg. ☎ 02-32-35-40-57. • tourisme.*

paysduneubourg.fr • ♿ Juil-août, mar-ven 10h-12h30, 14h-17h ; w-e 10h-17h ; le reste de l'année, mer-sam 10h-12h30, 14h-17h (seulement l'ap-m jeu-ven). Fermé les j. fériés. Docs détaillées et intéressantes. Également une salle d'exposition.

– ***Marché :*** *mer mat, autour de l'église.* Un des marchés les plus importants du département.

– ***Marché au foie gras :*** *1 sam mat par mois oct-déc.*

Où dormir ? Où manger ?

Acadine Hotel : *le Mont Rôti, 11-13, route de Conches. ☎ 02-32-36-00-36. • hotelacadineln@orange.fr • hotel-acadine-le-neubourg.com • ♿ À la sortie de la ville, en direction de Conches. Doubles env 75-98 €.* Oui, c'est une chaîne ; oui, c'est un peu excentré, mais en retrait de la route ; et tout cela, on l'oublie une fois passé la façade anonyme. Les chambres, en effet, sont fraîches, très confortables et impeccables. En dépannage, repas simple possible le soir sur place. Accueil pro et agréable.

Le Manoir des Chevaux dorés : *35, av. de la Libération. 📱 07-57-43-51-13. • lemanoirdeschevauxdores.fr • Doubles env 105-150 € ; familiale pour 4.* Dans cet ancien relais postal du XVIIe s, les chambres ont du caractère. Toutes arborent un thème propre (années 1930, Marie-Antoinette, Frida Kahlo, le voyage...), tout en conservant des éléments d'origine (magnifique carrelage notamment). Les plus sensibles au bruit en demanderont une sur l'arrière, la rue étant passante en journée. Salle de petit déjeuner vintage, salon avec cheminée, café et thé à disposition. Une belle adresse, doublée d'un accueil charmant.

La Longère : *1, rue du Docteur-Couderc. ☎ 02-32-60-29-83. • restaurantlalongere@gmail.com • ♿ Dans une ruelle qui part de la pl. de l'Église. Fermé dim soir-lun et mer soir. Congés : 3 sem en août et 1 sem à Noël. Formules déj en sem 19,50-24,50 € ; menus 30-69 €.* La bonne table de la ville, où un jeune chef créatif travaille avec dextérité des produits frais et de saison. Une cuisine moderne et raffinée, servie dans une salle à la déco épurée dans les tons gris et rouges ou dans un joli jardin aux beaux jours.

À voir

L'église Saint-Paul Saint-Pierre : *pl. Dupont-de-l'Eure. ☎ 02-32-35-01-77. Tlj sauf dim 9h30-17h.* Église du XVe s à l'abside triangulaire inhabituelle. Intéressant portail sud en anse de panier avec accolade flamboyante. Vantaux datant du XVIe s. À l'intérieur, vitraux superbes et riche mobilier : 18 stalles, autels latéraux et lutrin, tous du XVIIe s. Beau saint Jean-Baptiste en pierre polychrome du XVe s. Près du baptistère, émouvant saint Paul en bois du XVe s, complètement rongé par les éléments (il resta quelques siècles dehors !).

Le musée de l'Écorché d'anatomie : *espace culturel, 54, av. de la Libération. ☎ 02-32-35-93-95. • musee-anatomie.fr • ♿ Mer-dim et j. fériés 14h-18h. Fermé de mi-déc à mi-janv et le 1er mai. Entrée : 5 € (audioguide inclus) ; réduc ; gratuit moins de 10 ans.* Voici un musée bien insolite ! Le corps humain sous toutes ses coutures ! Muscles, vaisseaux, organes... Mais, rassurez-vous, un corps humain « artificiel » : telle fut l'invention du docteur Auzoux au début du XIXe s. Les pièces exposées proviennent de la fabrique qu'il a créée. Une vidéo retrace l'histoire du génial médecin et des processus de fabrication utilisés jusqu'à nos jours. Il est assez incroyable, quand on y pense, qu'un homme ait pu, en pleine campagne et à cette époque, atteindre une telle perfection. Toutes ces pièces de carton-pâte-liège avaient pour seul but de vulgariser l'anatomie sans avoir à passer par la dissection. Également quelques spécimens, version faune et flore : mouche tsé-tsé, boa, abeille, fougère... Expositions temporaires gratuites régulièrement organisées.

DANS LES ENVIRONS DU NEUBOURG

Le château du Champ-de-Bataille : *8, route du Château, 27110* ***Sainte-Opportune-du-Bosc*** *; à env 6 km par la D 39. ☎ 02-32-34-84-34. • chateauduchampdebataille.com • ♿ À 5 km au nord-ouest du Neubourg. Château et jardins ouv Pâques-Toussaint, w-e et j. fériés (tlj juil-août) 14h30-17h30 (dernier accès). Jardins juil-août, tlj 10h-18h ; le reste du temps 14h-18h en sem. Entrée : 15 € (jardins), 19 € (jardins + château) et 27 € (jardins, château et Grand Appartement) ; réduc ; gratuit moins de 12 ans. Audioguide en supplément.* Au milieu d'un parc de 40 ha, superbe château ducal du XVIIe s, l'une des plus fastueuses demeures de Normandie et parmi les plus importantes créations et restaurations privées de France. Il fut racheté en 1992 par le célèbre décorateur Jacques Garcia. À l'intérieur, une collection unique de mobilier et d'objets de provenance royale. Mais, pour notre part, on est encore pétri d'admiration devant les jardins à la française. Un endroit où le rêve un peu fou, la passion tenace, la poésie, l'imaginaire et la réalité ont fusionné pour créer une « œuvre contemporaine » unique. Ne cherchez pas les traces des anciens jardins, il n'en reste presque pas. Seules les dentelles de buis ont été restaurées selon les plans de Le Nôtre. Tout n'est donc que pure création et symboliques. Ici, les végétaux sont mis en scène à travers de remarquables perspectives. Là, ils épousent la forme de reptiles. Plus loin, le visiteur se perd dans le labyrinthe. Un site majeur de la région.

Le domaine d'Harcourt : *13, rue du Château, 27800* ***Harcourt.*** *☎ 02-32-46-29-70. • harcourt-normandie.fr • ♿ (arboretum et extérieurs du château). Extérieurs accessibles de mars à mi-nov, tlj sauf mar 14h-18h ; de mi-juin à mi-sept, tlj 10h30-18h30. Entrée : 5 € ; réduc, gratuit moins de 6 ans.* Caché au milieu d'arbres centenaires, ce château a 2 visages : d'un côté, une forteresse médiévale caractéristique de l'architecture militaire des XIIIe et XIVe s en Normandie ; de l'autre, une résidence classique du XVIIe s. Les murs d'enceinte, protégés par de profonds fossés, ont conservé plusieurs tours de défense. Dans la cour, puits à roue du XIVe s. L'ensemble est en travaux jusqu'à 2022, mais le site reste accessible.
Dans le Jardin remarquable qui l'entoure, un arboretum de toute beauté, considéré comme le plus ancien de France, rassemble près de 500 essences, notamment des séquoias et de magnifiques cèdres du Liban du début du XIXe s. Et aussi des hêtres tortillards, des cyprès chauves... Animations pour les enfants et les familles d'avril à octobre, notamment « P'Harcourt », incontournable : jeux de piste et jeux en bois géants (mikados, dominos), puzzle, Mölkky, chemin sensoriel au milieu des arbres, espaces « pause »...

Au Vieux Cadran : *12, rue de la Libération-Août-1944, à* ***Harcourt.*** *📱 06-27-79-34-45. • auvieuxcadran@orange.fr • Doubles 80-90 €. Plats 10-15 €.* Dans un charmant jardin, plusieurs demeures à colombages accueillent, entre autres, 2 chambres d'hôtes spacieuses et pleines de charme. L'une bénéficie d'une large baie vitrée sur la verdure, l'autre au 1er étage d'une grange possède un sol en tommettes. Le salon de thé occupe, quant à lui, un bel espace relooké comprenant une mezzanine très cosy avec coin salon, plus une petite boutique. Aux beaux jours, le jardin offre un cadre idéal pour une pause gourmande. Au menu, des planches de charcuterie et fromages, plus quelques plats chauds mitonnés, à arroser d'une belle sélection de bières et de vins bio. Bon accueil.

LE BEC-HELLOUIN (27800) 400 hab. *Carte Eure, B2*

Adorable village avec ses maisons à colombages entourées de verdure. Blotti dans une vallée paisible où coule le Becquet, petit ruisseau de moins de 10 km de long aux eaux canalisées par les moines, ce site labellisé « Plus Beaux Villages de France » est aussi l'un des lieux les plus touristiques de la région durant l'été.

Adresse utile

Office de tourisme : *1, rue Lanfranc. ☎ 02-32-44-05-79 (office de Bernay). • tourisme.bernaynormandie.fr • Face à l'abbaye. Avr-sept : tlj 10h-13h, 14h-17h30 ; oct-mars : mar-sam 10h-13h, 14h-16h.*

Où dormir ?

Camping Saint-Nicolas : *15, rue Saint-Nicolas. À 2 km du village. ☎ 02-32-44-83-55. 06-84-75-70-32. • campingstnicolas@orange.fr • campingsaintnicolas.fr • Ouv de mi-mars à mi-oct. Compter 18-22 € pour 2 avec tente et voiture ; mobile homes (2-6 pers) 260-600 €/sem.* Relié au village par une très belle route forestière, paumé en pleine campagne, avec le chant des zoziaux en fond sonore, un très grand pré avec, çà et là, des pommiers parmi lesquels on aurait disséminé des bosquets de rosiers ; le tout traversé par une petite route goudronnée. C'est dans ce coin tranquille et soigneusement tenu (sanitaires compris) que vous planterez votre tente. Sur place, une piscine couverte *(avr-sept)*, un snack, une petite épicerie et un tennis (vieillissant). Loin dans leur coin, des mobile homes et autres locations à l'année.

L'Atelier de Tess : *8, pl. de l'Abbé-Herluin. ☎ 02-27-19-46-25. • latelierdetess@orange.fr • latelierdetess.fr • Doubles 85-95 €.* On ne peut mieux situées, face à l'abbaye, 2 chambres d'hôtes cosy au-dessus de l'adorable boutique d'objets et antiquités de la proprio. Petit jardin à l'arrière où est servi le petit déj aux beaux jours. Très bon accueil.

À voir. À faire

L'abbaye Notre-Dame du Bec : *dans le village. ☎ 02-32-43-72-60. • bec-hellouin.fr • Accès libre aux jardins et à l'église, tlj 9h-20h. Visites guidées tte l'année, tlj sauf mar à 10h30 et 15h (plus 16h oct-mai) ; 12h, 15h et 16h les w-e et j. fériés. Prix des visites guidées : 6 € ; réduc ; gratuit moins de 25 ans. Durée : env 45 mn. Messes (10h30 dim et j. de fête ; 11h45 en sem) en grégorien et en français.*
Fondée en 1034 par le père Herluin (appelé aussi Hellouin), l'abbaye devint vite l'un des hauts lieux de la pensée occidentale. Particulièrement riche, elle exerça une grande influence dans toute la région. La guerre de Cent Ans occasionna de graves dommages. Transformée en caserne pendant la Révolution, elle fut ensuite vendue par Napoléon, qui fit détruire l'église abbatiale du XIVe s : on n'aperçoit plus que la base de ses piliers et quelques arcades gothiques sur la pelouse principale. La nouvelle église est aménagée dans l'ancien réfectoire. Magnifique salle voûtée. Au milieu du chœur, un sarcophage en pierre renferme le corps du fondateur. Aux fenêtres, encore quelques carreaux à l'ancienne.
Le *cloître* a gardé une belle porte gothique ainsi qu'un escalier monumental.

Une boutique vend des céramiques peintes à la main, toutes œuvres de belle facture exécutées par les moines qui vivent dans l'abbaye, et aussi des produits monastiques, dont un excellent miel. *Ouv lun-sam 10h-11h30, 14h45-18h (17h30 sam) ; dim et j. fériés 12h-13h, 14h45-18h30.*

➢ Une ***voie verte*** relie Pont-Authou (juste au nord du Bec-Hellouin) au Neubourg et à Évreux (43 km au total) en suivant l'ancienne voie ferrée Évreux-Honfleur.

BERNAY

(27300) 10 440 hab. *Carte Eure, B2-3*

• Plan *p. 93*

Labellisée « Ville d'art et d'histoire », une charmante petite cité miraculeusement épargnée lors de la Seconde Guerre mondiale. Elle accueillit Édith Piaf, qui passa une partie de son enfance chez sa grand-mère, propriétaire d'une maison close rue Saint-Michel et le pâtissier eurois Gaston Lenôtre, qui y est enterré. C'est aujourd'hui une bourgade commerçante et animée, où l'on déambule avec plaisir au cœur d'un festival de demeures à colombages. Sans oublier le beau musée des Beaux-Arts, installé dans un ensemble abbatial bien conservé.

DEVINETTE

Pourquoi de nombreux établissements en France portent-ils le banal nom de Lion d'Or ? *Parce que, initialement, afin d'informer les illettrés sur la destination d'un établissement, la mention « Au lit on dort... » était gravée sous forme de rébus sur les façades des auberges.*

Adresses et infos utiles

Office de tourisme *(plan A1)* **:** *29, rue Thiers. ☎ 02-32-44-05-79. • tourisme.bernaynormandie.fr • Avr-sept : lun-sam 9h30-13h, 14h-18h ; dim et j. fériés (de mi-juin à mi-sept) 10h-13h. Hors saison : mar-ven 9h30-12h30, 14h-17h30 ; sam 9h30-13h, 14h30-17h ; fermé dim-lun et j. fériés.* Bonne doc sur Bernay et la région, notamment sur les voies vertes.

– ***Visites guidées de la ville :*** *en saison, sur résa.* Organisées par le musée des Beaux-Arts. *☎ 02-32-46-63-23. • bernay27.fr/la-patrimoine/programmation-service-des-publics/ •*

Gare SNCF : *bd Dubus. ☎ 36-35 (0,40 €/mn).* Trains directs pour Paris-Saint-Lazare (env 1h30).

– ***Marché :*** *sam mat.* Un des plus intéressants du département. Aux 4 coins de la ville, fleurs, légumes, volailles et artisanat, avec de nombreux camelots.

Où dormir ?

Le Lion d'Or *(plan A2,* ***10****)* **:** *48, rue du Général-de-Gaulle. ☎ 02-32-43-12-06. • hotelliondor@wanadoo.fr • hotel-liondor-bernay.com • Doubles 75-114 € ; familiales. Ascenseur. Parking dans la cour intérieure, 5 €. Parking offert sur présentation du guide de l'année.* Cet ancien relais de poste du XVIIIe s, avec son grand porche pour les diligences, abrite 23 chambres très confortables à la déco sobre et contemporaine. Mention spéciale pour la déco des parties communes à l'ambiance digne d'une maison d'hôtes.

Où manger ? Où siroter un thé ? Où boire un verre ?

Bon marché

Palette de Thé (plan B1, **13**) : *12, rue du Général-Leclerc. ☎ 02-27-19-88-81. Mar-sam 9h-19h pas plus de 12 couverts, menus 10 €.* Dans cette ancienne maison à colombages vert d'eau, la proprio sélectionne une belle palette de breuvages, tout en créant ses propres mélanges de thés aromatisés et de café, que l'on accompagne d'un délicieux gâteau maison. Le midi, une petite restauration, type soupe, quiche, salade est aussi proposée. Produits bio, locaux si possible. Intérieur chaleureux.

Le Bistrot (plan A1, **16**) : *21, rue Gaston-Folloppe. ☎ 02-32-46-23-60. • robertbe@free.fr • Fermé dim-lun et j. fériés. Congés : 2de quinzaine de juil. Résa conseillée. Formule 16 € (déj en sem) ; menus 21,50-28,50 € et carte.* Une jeune équipe tient les commandes de ce petit resto au cadre médiéval, dans une maison classée du XVe s, avec une cheminée imposante. On trouve des tartiflettes, des salades, des plats de brasserie et des recettes traditionnelles... Rien de bien compliqué, mais c'est bon et l'endroit est sympa.

Le Brin d'Zinc (plan A1, **17**) : *32, rue Gaston-Folloppe. Ouv 16h (11h sam)-0h30 ; fermé dim-lun, plus le mar en hiver.* Les lieux festifs ne sont pas monnaie courante dans l'Eure ! Une aubaine que ce bar super convivial, tenu par le très accueillant Hervé, qui organise des concerts rock de bonne qualité, généralement le samedi soir. Un lieu idéal pour faire des rencontres sympa.

Prix moyens

Chez Peperosa (plan A2, **15**) : *29, bd Dubus. ☎ 02-27-19-92-39. • contact@chezpeperosa.fr • Tlj midi et soir. Fermé Noël et Jour de l'an. Menus déj en sem 16-22 €, le soir et w-e env 29 € ; carte.* Voilà une valeur sûre. La déco reflète le parcours du propriétaire qui a vécu à Londres (d'où la collection de chapeaux), officié au *Fouquet's* (d'où le rouge), aimé un vin italien (d'où le nom du resto). Une mise en scène qui augure d'un itinéraire gustatif haut en couleur. Pari gagné ! Le chef surprend par sa cuisine créative aux associations et textures travaillées. On plébiscite un rapport qualité-prix excellent et l'accueil attentionné.

Où dormir ? Où manger dans les environs ?

L'Escale de Broglie : *5, rue Augustin-Fresnel, 27270* ***Broglie.*** *☎ 02-27-19-15-92. • contact@escalebroglie.com • escalebroglie.com • Doubles 75-110 €. Resto « Les Terrasses de Broglie » fermé dim-lun ; formule déj 16 €, menu 28 €.* Une belle demeure de la fin du XVIIIe s dans un village charmant. Les proprios se sont fait plaisir ; il faut dire que monsieur est décorateur d'intérieur. Entre les parties communes, les salles du resto et les chambres cosy, des éléments d'origine se mêlent à une déco contemporaine, originale et élégante. Beaucoup d'espace et de cachet, à prix d'autant plus raisonnables, qu'un spa et une piscine (chauffée) avec son agréable terrasse surplombant le jardin complètent cette escale détente. Loue également un gîte. Enfin, bon resto sur place, accessible à tous.

L'Hostellerie du Moulin Fouret : *2, route du Moulin-Fouret, 27300* ***Treis-Sants-en-Ouche.*** *☎ 02-32-43-19-95. • lemoulinfouret.fr • Doubles 80-135 €. Menus 26 € (midi en sem) et 34-64 €.* Dans ce vieux moulin à aubes du XVIe s, blotti au fond d'un vallon en bordure de la Charentonne, des chambres spacieuses, à la déco stylisée, tout comme les salles de bains (avec baignoire pour la plupart). Elles donnent sur le parc. Côté resto, une salle au

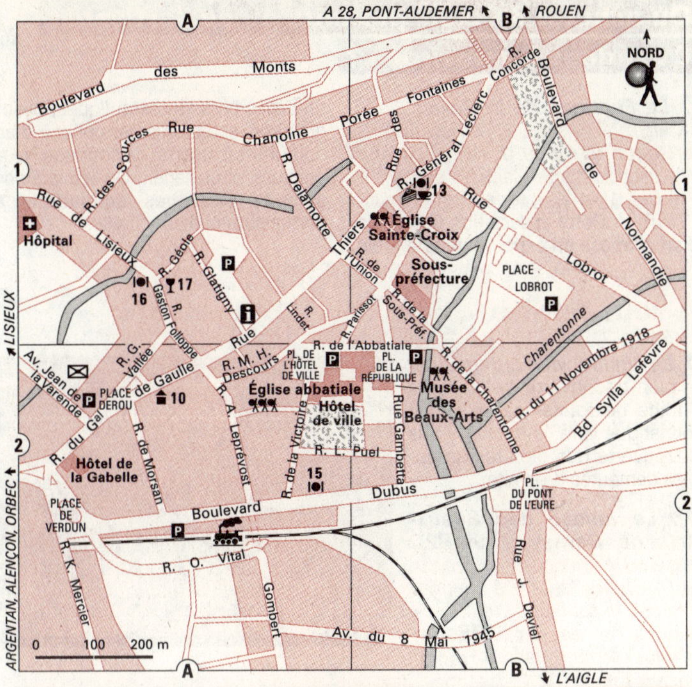

BERNAY

Où dormir ? Où manger ?
Où boire un verre ?
10 Le Lion d'Or (A2)
13 Palette de Thé (B1)
15 Chez Peperosa (A2)
16 Le Bistrot (A1)
17 Le Brin d'Zinc (A1)

décor exquis, particulièrement intime près de la cheminée. On apprécie la cuisine inventive du chef normand. Terrasse aux beaux jours dans le superbe parc.

La Calèche : *54, rue Saint-Nicolas, 27170* ***Beaumont-le-Roger.*** *☎ 02-32-45-25-99. • lacaleche27170@gmail.com • Fermé dim soir-mar. Congés : 2 sem en janv. Menus 26-40 €. Kir ou café offert sur présentation du guide de l'année.* On déguste ici une cuisine gastronomique inspirée, qui se termine en apothéose par des desserts à tomber (fondant au chocolat, soufflé aux fruits de saison...). Le chef est également un grand pâtissier ! Accueil chaleureux et ambiance conviviale.

La Pommeraie : *38, route de l'Allée-des-Dames, D 438, 27270* ***Saint-Quentin-des-Isles.*** *☎ 02-32-45-28-88. • sebastien-rodrigue@orange.fr • Fermé dim-lun et mer soir Formule et menu 30 € (sauf dim midi), puis 41-59 €.* En retrait d'une grosse départementale et entouré d'un jardin, un établissement au cadre chic et paisible. Vaste salle claire donnant sur le jardin et un plan d'eau où barbotent des canards. Cuisine de terroir avec quelques accents exotiques.

L'EURE

Où acheter de bons produits ou de l'artisanat d'art dans les environs ?

La Fabrique de la Risle : *2 bis, av. Albert-Parissot, 27170* ***Beaumont-le-Roger.*** *☎ 02-32-47-19-31. • fabriquedelarisle.com • Dans le centre-ville (fléché). W-e et j. fériés 14h-18h30. GRATUIT.* Cette association d'artisans d'art propose en expo-vente une foule de belles choses : céramiques, bijoux, gravures, sculptures, ferronnerie d'art, couture, tapisserie, cartonnage, jeux, peinture, coutellerie... Un lieu vraiment sympa ! Quelques animations et démonstrations ponctuelles.

À voir. À faire

La vieille ville : demander le plan-découverte de la ville à l'office de tourisme, un circuit touristique libre *(env 45 mn)* à la découverte des plus remarquables demeures de la cité.

LE MITRAILLAGE DE LA VOITURE DE ROMMEL

Le 17 juillet 1944 (6 semaines après le Débarquement), la voiture du chef des armées allemandes, Rommel, fut mitraillée par un avion allié. Rommel reçut quelques soins à l'hôpital de Bernay et s'en sortit très diminué. On apprit en 1990 seulement que le pilote était français.

Le musée des Beaux-Arts de Bernay *(plan B2)* ***:*** *pl. Guillaume-de-Volpiano. ☎ 02-32-46-63-23. De mi-juin à mi-sept, tlj sauf lun, 11h-18h ; le reste de l'année, tlj sauf lun, 14h-17h30. Fermé 1er janv, 1er mai et 25 déc. Entrée 5 €*

Il occupe l'ancien logis abbatial, attenant à la magnifique église (lire plus bas). C'est l'un des rares musées à avoir conservé sa muséographie du XIXe s. Il présente de riches collections de peintures (écoles française, italienne, flamande et hollandaise du XVIe au XXe s), de mobilier des XVIIe et XVIIIe s, de faïences, et aussi d'art gallo-romain, contemporain et religieux.

On peut notamment admirer un sarcophage, découvert dans le chœur de l'abbatiale, attribué à Judith de Bretagne (grand-mère de Guillaume le Conquérant). Une section est consacrée aux œuvres religieuses de l'ancien directeur des Ateliers d'art sacré, Henri de Maistre (1891-1953) et au travail d'André Mare (artiste cubiste du début du XXe s).

Le 1er étage est conçu au XIXe s sur le modèle du Louvre avec une enfilade de salles, un parquet craquant et un salon carré orné d'une corniche gréco-romaine, c'est la partie la plus ancienne du musée. Une salle est consacrée aux dépôts de l'État, puis la collection de l'avocat Eugène Lobrot dévoile son goût pour la mythologie, l'art religieux et les paysagistes contemporains comme Diaz de La Peña (école de Barbizon) et Constable. Après un passage sous le regard de l'archéologue et peintre autodidacte Lottin de Laval (1810-1903), la visite se termine par l'impressionnante collection de faïences du XVIe au XIXe s, cédée à la Ville par le 1er conservateur du musée, Alphonse Assegond.

L'église abbatiale *(plan A-B2)* ***:*** *mêmes horaires que le musée des Beaux-Arts. GRATUIT.*

L'abbaye bénédictine fut fondée au XIe s par Judith de Bretagne, épouse du duc de Normandie. C'est l'une des plus anciennes églises romanes de la région. Elle est entourée de bâtiments conventuels du XVIIe s (aujourd'hui convertis en mairie et tribunal), du logis de l'abbé, de style Renaissance (musée des Beaux-Arts) et d'une partie de ses cours et jardins.

À l'intérieur, remarquez sa structure romane aux larges piliers rectangulaires : ils sont agencés en arcades surmontées de baies géminées (groupées par 2). Voir aussi l'épais mur normand dans le transept sud – sorte de tribune primitive. Enfin, ne pas manquer de lever les yeux pour admirer les chapiteaux sculptés de motifs végétaux et figuratifs du XIe s.

L'église Sainte-Croix *(plan B1)* **:** *90, rue Thiers.* Érigée au XIVe s. Façade et belle tour du XVIIe s de style flamboyant avec lanternon. À l'intérieur, splendides dalles funéraires des abbés du Bec-Hellouin. Dalle de Guillaume d'Auvilliers (datant de 1418) dans le transept droit ; elle reçut une polychromie en 1833. Maître-autel de 1683 avec baldaquin. En hauteur, statues d'apôtres et d'évangélistes du XIVe s.

NAPOLÉON ET LA SAINTE-CROIX

Lorsqu'en 1808 l'église Sainte-Croix obtint, de Napoléon Ier, le mobilier de l'abbaye du Bec Hellouin, elle le compléta, en guise de remerciement, d'une statue de l'empereur. Sous la Restauration, la statue fut légèrement modifiée pour représenter... Saint Louis, l'illustre modèle n'étant plus vraiment en odeur de sainteté...

L'EURE

Manifestation

– **Festival côté cour-côté jardin et festival de la Marionnette :** *échelonné sur plusieurs w-e d'été.*

DANS LES ENVIRONS DE BERNAY

Le château de Beaumesnil : *2, rue des Forges, à Beaumesnil, 27410* ***Mesnil-en-Ouche*** *; à env 13 km au sud-est de Bernay sur la route de Conches. ☎ 02-32-44-40-09. ● chateaubeaumesnil.com ● Mai-juin et sept, seulement w-e (et j. fériés en mai-juin) ; vac de Pâques et de la Toussaint, tlj 14h-18h ; juil-août, tlj 10h-19h. Entrée : 9,50-12,50 € (château ou château + parc) ; réduc.*
Ce « Versailles normand » est le plus beau château construit en Normandie sous le règne de Louis XIII (de 1633 à 1640). Il est situé dans un parc de plus de 60 ha dessiné par La Quintinie, assistant de Le Nôtre à Versailles. Sa façade en brique et en pierre, la richesse de la décoration, la profusion baroque des têtes sculptées au-dessus des fenêtres, le curieux labyrinthe de buis sur la droite et les reflets sur les eaux des bassins donnent une impression esthétique très forte, presque troublante.
Le château se visite entièrement avec une quinzaine de pièces meublées : on y admire un étonnant escalier suspendu entre 2 étages, une fort belle bibliothèque et un *musée de la Reliure* présentant au fil des salles des pièces de toutes époques et de différents pays.
Des jeux et animations pour tous jalonnent le parcours : mini escape-game, jeux anciens, petite ferme et parcours d'énigmes et d'épreuves pour découvrir le château et les extérieurs. Enfin, ce bel édifice baroque est également surnommé le « château des gourmands », pour ses animations autour de la gastronomie ; ses démonstrations de fabrication de caramel, entre autres, suivies de dégustation. Sans oublier des visites nocturnes (voir l'agenda sur leur site).
– Juste à côté du château (dont il ne dépend pas) se trouve le ***Potager de Beaumesnil*** *(☎ 02-32-46-02-54 ; ● 1001legumes.com ● ; de mi-mai à juin et sept, w-e 14h-18h ; juil-août, tlj sauf lun-mar 14h-18h. Entrée : 4 €, réduc, gratuit jusqu'à 5 ans),* où les visiteurs peuvent découvrir près de 500 variétés de légumes anciens ou méconnus (vente en saison). Propose également des animations.

Le parc du château de Fontaine-la-Soret : *pl. de l'Église, 27750* ***Fontaine-la-Soret*** *; à 13 km au nord-est de Bernay. • fontainelasoret.info • Fin juil-fin août, tlj 14h-18h ; 10h-18h lors des Rendez-vous aux Jardins (1 w-e en juin) et des Journées du Patrimoine. Entrée : 4 € ; gratuit moins de 18 ans.*
À l'entrée, plusieurs bâtiments ouverts à la visite : une salle de classe reconstituée, en souvenir de l'époque (jusqu'à la 2e Guerre mondiale) où les anciens propriétaires accueillaient des orphelins ; un manège à la magnifique charpente en coque de bateau renversée datant du XVIIIe s ; un petit musée avec des photos anciennes de la demeure et de la vie locale ; les écuries.
Direction ensuite le ***parc*** de 15 ha, classé, avec son allée de tilleuls, son sous-bois et son jardin à la française. Au fil de la promenade, on admire aussi de belles rangées de hêtres centenaires, un cèdre du Liban planté au XVIIIe s, le jardin à l'anglaise dominé par un pin maritime à la hauteur impressionnante et plusieurs cascades naturelle ou artificielle. Belle chaumière en bas du domaine.

L'EURE

LE PAYS D'AUGE ET LE LIEUVIN

Au sud de Pont-Audemer, entre le Calvados et la Risle, s'étend une très jolie région. Cette « Eure augeronne » est traversée par de nombreux petits cours d'eau (les *doults* ou *douets*) qui se jettent dans la Calonne, la seule rivière du département à ne pas dépendre de la Seine. Région présentant de pittoresques petites vallées encaissées où musardent d'adorables routes étroites. Chemins creux et futaies attendent les randonneurs. C'est un peu le Far West de l'Eure, sauvage et calme...

LA HYÈNE DE LA GESTAPO

Violette Morris fut une grande championne toutes catégories : natation, javelot, vélo... Elle se fit même retirer les seins pour mieux piloter lors des rallyes. Elle tomba vite dans la collaboration et fut une adepte de la torture au chalumeau. Sa Traction 15 fut sulfatée par la Résistance, près de Beuzeville dans le Lieuvin, au printemps 1944.

CORMEILLES

1 160 hab. *Carte Eure, A2*

Sympathique petite ville, construite le long d'une voie romaine qui mérite une escale pour découvrir ses rues bordées de maisons des XVIe et XVIIe s, visiter l'église Sainte-Croix et sa curieuse nef en pente, ou chiner chez les antiquaires. Belles balades à faire également aux alentours.

Adresse utile

Office de tourisme Lieuvin Pays d'Auge : *21, pl. du Général-de-Gaulle. ☎ 02-32-56-02-39. • lieuvinpaysdauge-tourisme-normandie.fr • Juil-août, lun-sam 9h30-13h, 13h30-18h, dim et j. fériés 10h-13h ; mars-juin et sept-oct (plus vac scol), mar-sam 9h30-12h30, 13h30-17h ; nov-fév (hors vac scol), mar-ven 9h30-13h, plus sam 9h30-12h30, 13h30-17h.*

Où dormir ? Où manger à Cormeilles et dans la région ?

Camping Les Pommiers pays d'Auge : *157, route de Lieurey, 27260* ***Saint-Sylvestre-de-Cormeilles.*** *☎ 02-32-42-29-69. 06-15-88-27-54. ● desbois.eric@sfr.fr ● campinglespommiers.com ● De début avr à mi-oct. Prévoir env 16-18,50 € pour 2 avec tente et voiture.* Sympathique petit camping de 2,5 ha, bien ombragé sous les pommiers et au calme. Location de mobile homes *(4 pers)* et chalets *(2-5 pers)*. Également des structures en bois *(2-3 pers)* avec kitchenette, sans salle de bains, version cabane (« la Grange ») ou tipis pour camper au sec. Piscine couverte et chauffée *(mai-sept)*, billard, baby-foot, jeux pour enfants, miniferme, snack et une salle pour manger abrité.

Auberge du Président : *70, rue de l'Abbaye, à Cormeilles. ☎ 02-32-57-80-37. ● aubergedupresident@wanadoo.fr ● hotel-cormeilles.com ● Resto fermé dim-soir et lun. Congés : 15 j. début janv. Doubles 90-105 € ; familiales. Formule déj, sauf dim midi, 14 €, menus 26-48 € ; carte env 31 €. Parking.* Une vieille auberge normande avenante, tout comme ses propriétaires qui font tout pour vous accueillir au mieux. Chambres fraîches et cosy, donnant sur la belle cour-terrasse du resto. Salle à manger un tantinet chic avec sa cheminée où l'on sert une cuisine traditionnelle gourmande. Excellent petit déj. Spa sur demande. Un très bon hôtel.

L'Auberge Le Cochon d'Or : *64, rue des Anciens-d'Afrique-du-Nord, 27210* ***Beuzeville.*** *☎ 02-32-57-70-46. ● aubergeducochondor@orange.fr ● le-cochon-dor.fr ● Resto fermé dim soir et lun. Doubles 59-73 €. Congés : 2 sem en nov. Doubles 59-73 €. Formule 17 € (le midi en sem), menus 22,50-52 € et carte. Réduc de 10 % sur le prix de la chambre (hors w-e et j. fériés) sur présentation du guide de l'année.* En plein centre, une belle maison de maître avec 4 chambres confortables et modernes. Au petit déj, d'un très bon rapport qualité-prix, du tout maison ; chapeau ! D'ailleurs, l'auberge est avant tout une très bonne table où le chef émérite, Jean-Marie Vendel, concocte une cuisine d'inspiration gastro à base de bons produits de producteurs locaux et de poissons frais de mareyeurs ou achetés directement au bateau, servie dans une vaste salle rustique ou sur une belle terrasse. Jolie carte des vins. Bon accueil.

L'EURE

Achats. À voir

La Distillerie Busnel : *route de Lisieux, 27260 Cormeilles. ☎ 02-32-57-38-80. ● distillerie-busnel.fr ● Boutique ouv tlj de mars à mi-nov, plus les w-e de déc 10h-12h30, 14h30-18h30. Visite guidée sur résa. Durée : 1h. Fermé 1er janv et 25 déc. Tarifs : 4 €, dégustation incluse.* Créée en 1820, cette fameuse distillerie produit un calvados et un pommeau de bonne qualité, avec notamment une gamme bio. La visite guidée dresse l'historique de la maison, passant par le musée, les silos, la salle de distillation, le chais de vieillissement, puis l'embouteillage. Elle se termine, comme il se doit, par une dégustation. Hips !

Atelier Gouty-Maître verrier : *14, pl. du Mont-Mirel, 27260 Cormeilles. ☎ 09-81-92-12-32. Mar-sam 9h-18h, plus dim (en saison) 13h30-19h. En haut de la place principale.* Les artistes/artisans donnent volontiers des explications sur la création et la restauration des vitraux. Commencez par l'étage où le dessin est d'abord tracé sur papier avant d'être peint sur le verre. Au sous-sol, le verre est serti au plomb. Ceux qui ne peuvent emprunter les escaliers s'attarderont au rez-de-chaussée où une dalle vitrée laisse entrevoir le travail qui se déroule plus bas.

Saints-Esprits : *6, rue Paul-Mare, 27260 Cormeilles. ☎ 09-72-62-17-16. Ven-sam 10h-13h, 15h-18h, dim 10h-13h.* Jolie petite boutique de décoration ouverte par un créateur de bougies de très belle qualité, à base de cires végétales naturelles et de parfums de Grasse. Enivrant !

LE PARC NATUREL RÉGIONAL DES BOUCLES DE LA SEINE NORMANDE

Situé entre Rouen et la mer, le parc naturel régional des Boucles de la Seine normande regroupe 75 communes de l'Eure et de la Seine-Maritime. Sur son territoire, mais toutes en Seine-Maritime, 3 forêts domaniales gérées par l'Office national des forêts : la forêt de Brotonne, qui se niche dans l'une des boucles de la Seine, face à Caudebec, celle du Trait-Maulévrier et celle de Roumare. Plusieurs itinéraires pédestres et cyclistes permettent de découvrir les paysages de cette vallée. Et n'oublions pas la très belle route des Chaumières, qui sillonne le parc depuis la Maison du parc (voir ci-dessous) jusqu'au Marais-Vernier, ainsi que la route des Fruits, jusqu'à Duclair (en Seine-Maritime). Nombreux sites, villages et écomusées à visiter.

Adresse utile

■ ***Maison du parc*** *(carte Eure, B1) : 692, rue du Petit-Pont, 76940* ***Notre-Dame-de-Bliquetuit.*** *☎ 02-35-37-23-16. • pnr-seine-normande.com • ♿ À la sortie nord du village. Tte l'année, lun-ven 13h30-17h30 ; ouv aussi w-e et j. fériés juil-août 11h-17h.* Centre d'accueil et de renseignements sur les activités du parc (routes touristiques – route des chaumières et route des fruits, musées, sorties à thème, randonnées, fêtes traditionnelles de village, etc.). Location de vélos standards et à assistance électrique. Brochures et calendrier des événements à télécharger sur leur site.

PONT-AUDEMER (27500) 10 480 hab. *Carte Eure, B1*

Comme bon nombre de villes dans cette région, Pont-Audemer fut bombardée pendant la Seconde Guerre mondiale. Son centre, cependant, fut assez préservé et se révèle plutôt animé grâce à ses commerces le long de l'axe principal. On découvre, en furetant un peu, de belles maisons à colombages ainsi que plusieurs petits cours d'eau auxquels la ville doit son surnom de « Venise normande » (ce qui est, certes, un peu exagéré !). Lors de vos déambulations, goûtez donc à la spécialité locale : le *mirliton,* une sorte de cigarette fourrée de mousse pralinée et enrobée de chocolat aux extrémités...

Adresse et info utiles

ℹ ***Office de tourisme :*** *pl. du Général-de-Gaulle. ☎ 02-32-41-08-21. • tourisme-pontaudemer-rislenormande.com • Tte l'année, lun-sam 9h30-12h30, 14h-18h. Juil-août, visite guidée privée de la ville sur résa (2-9 pers) aux heures d'ouverture de l'office de tourisme : env 6 €/pers.*

Demander le fascicule gratuit du circuit-promenade (1h30) pour découvrir la ville et son histoire. Organise également des sorties dans les étangs à la découverte de la faune et la flore, ainsi que des visites de Quillebeuf et du château médiéval de Montfort-sur-Risle. Excellent accueil et plein de bons conseils.

– ***Marchés :*** *rue de la République. Lun et ven mat.*

Où dormir ? Où manger ? Où boire un verre ?

Camping

Risle & Seine : *19, route des Étangs, 27500* ***Toutainville.*** *☎ 02-32-42-46-65. 06-70-02-60-77. • infos@camping-risle-seine.com • camping-risle-seine.com • Juste à la sortie de Pont-Audemer. Avr-oct. Compter 19,50-26,50 € pour 2 avec tente et voiture. Pour les hébergements, mini 2 nuits, 1 sem en hte saison. Réduc de 10 % sur un hébergement si résa en direct (offre non cumulable) sur présentation du guide de l'année.* Dans le parc naturel régional des Boucles de la Seine normande, agréable camping labellisé « Valeurs Parc naturel régional » et « Clef verte ». Il est bien équipé, pas trop grand et se situe juste à côté de la Risle et du chemin de halage. Emplacements séparés par une petite haie. Des mobile homes et plusieurs hébergements insolites, type écolodge et cabatente. Mention spéciale pour les cottages tout en bois et sur pilotis plantés dans un bel environnement à proximité des lacs. Piscine couverte chauffée *(mai-sept)* et club nautique à côté (canoë pour descendre la Risle ou visiter Pont-Audemer, voile, etc.), pêche, golf. Accueil extra. Dommage que, parfois, l'on entende un peu la rumeur de l'autoroute.

De bon marché à prix moyens

Le Sadi Carnot : *36, rue Sadi-Carnot. ☎ 02-32-57-80-06. • lesadicarnot@gmail.com • Fermé mar soir, mer tte la journée. Résa conseillée. Menus 17-20 € en sem, 20-25 € le w-e.* Petite salle arborant une belle collection de livres de cuisine, de quoi mettre en appétit. Ça tombe bien, la cuisine à base de produits locaux est délicieuse et le rapport qualité-prix extra. Terrasse côté cour. Une pépite !

Le Sara'Zin : *1, rue Place-de-la-Ville. ☎ 09-81-22-49-89. Fermé dim-mar midi. Congés annuels : fin mars-début avr, fin sept-début oct, 1 sem à Noël. Formule déj (en sem) 11 €. Galettes 9-15 €. Pas de chèque.* Dans une petite rue tranquille, la belle maison normande cache une crêperie qui revisite la tradition pour composer des galettes garnies de saveurs normandes et bien au-delà. Le sarrasin décliné sous toutes ses formes, une vraie déclaration pour une céréale qui n'en finit pas d'enchanter les papilles. Belle sélection de cidres également.

Le Central : *9, rue de la République. ☎ 02-32-41-00-68. • ozeraypatrice@gmail.com • Tlj, repas le midi seulement (sauf dim) Carte env 25 €. Apéritif maison offert sur présentation de ce guide.* Idéal pour boire un verre sur la place principale ou s'attabler pour un bon plat de brasserie. Accueil attentionné.

Où dormir ? Où manger dans les environs ?

De chic à beaucoup plus chic

Hôtel Le Petit Coq aux Champs – Restaurant L'Andrien : *400, chemin du Petit-Coq, 27500* ***Campigny.*** *☎ 02-32-41-04-19. • info@lepetitcoqauxchamps.fr • lepetitcoqauxchamps.fr • Avr-sept, tlj midi et soir. Hors saison, hôtel et table fermés les dim soir, lun et mar tte la journée. Résa conseillée au resto. Congés : de mi-déc à début fév.*

Doubles 119-169 €. Menu 34 € ; plats 21-29 €. Parking. En pleine campagne et au calme, voici une belle et vaste chaumière aux chambres confortables et élégantes, disposant d'un balcon ou d'une terrasse ouverts sur le parc. Jardin paysager, piscine de plein air chauffée (en été) et cheminée pour les soirées d'hiver. Table délicieuse, accueillante et décontractée tout en étant raffinée. Une adresse de grand charme.

Chambres d'hôtes Le Prieuré des Fontaines : *140, côte du Mont-Morel, 27500* ***Les Préaux.*** *06-13-17-87-02. • leprieuredesfontaines.fr • Doubles 100-150 € ; familiales ; 1 gîte pour 2.* Belle propriété arborée et fleurie, soigneusement entretenue par un jeune couple. La demeure cossue abrite 5 chambres carrelées et cosy, certaines mansardées, l'une à l'architecture originale, agencée dans une tourelle. Au programme détente et santé grâce à une piscine chauffée couverte, des soins possibles sur place, une table d'hôtes qui se fournit dans le potager maison. Sans oublier les animaux, qui complètent la maisonnée (chèvres, moutons, poules...). Une adresse nature et conviviale.

Chambres d'hôtes du Domaine Le Hêtrey : *4, chemin du Hetrey, 27500* ***Toutainville.*** *06-51-87-54-07. • domainelehetrey@gmail.com • Une des 1res maisons sur la droite. Double 95 € ; duplex (pour 2) 115 € ; familiale.* Nichée au creux d'un vallon, une belle maison d'architecte au cœur d'un parc paysager avec un plan d'eau bordé par la rivière. Grande chambre au rez-de-chaussée et 2 autres à l'étage partageant une salle de bains (pour une même famille ; sinon une seule chambre est louée) et une terrasse avec vue panoramique. Dans l'ancienne écurie, un duplex avec salle de bains en bas, chambre et coin salon à l'étage. En journée, on entend parfois l'autoroute au loin.

À voir. À faire

L'église Saint-Ouen : *rue de la République.* Des XIe et XVIe s, de style on ne peut plus hybride. À l'intérieur, chœur roman aux vitraux modernes qui contraste avec la nef gothique percée de magnifiques verrières.

Le musée Alfred-Canel : *64, rue de la République. ☎ 02-32-56-84-81. Mai-sept, tlj sauf mar 14h-18h, plus le mat 10h-12h30 le w-e. Oct-avr, mêmes horaires, mais ouv seulement mer, ven et w-e. Fermé 1er janv et 25 déc. GRATUIT. Visite guidée en principe le w-e, sur résa : 2,70 € ; réduc ; gratuit moins de 26 ans.* Un joli petit musée dédié à Alfred Canel et aménagé dans son ancienne maison. Le temps y semble suspendu. Né en 1803, cet homme de lettres humaniste et républicain, archéologue, député de l'Assemblée constituante qui défendit avec ardeur l'école laïque, fut d'abord avocat. Seulement voilà, son discours trop libéral au goût de certains et son opposition politique à Napoléon III lui valurent quelques ennuis. Assigné à résidence, il se consacra à sa passion : la collecte de livres. À sa mort, il légua l'intégralité de sa bibliothèque à la municipalité, soit près de 6 000 ouvrages sur la Normandie, dont certains très rares. Ils rejoignirent les 15 000 livres anciens de la bibliothèque municipale qu'il avait lui-même créée, et cette dernière fut installée dans sa maison. Au 1er étage, une galerie des arts et des sciences présente une collection de peintures de paysages normands, des sculptures, des pièces archéologiques, des collections de sciences naturelles et industrielles. Aux 2e et 3e étages, expos temporaires d'histoire de l'art ou d'art contemporain.

– **Balades en kayak :** *avec les Castors Rislois. 06-33-50-82-64. • lescastorsrilois.fr •* Parcours de 1h30-2h30, voire 5h pour les plus endurants. Également une balade en kayak sur les canaux de Pont-Audemer. Original !

DANS LES ENVIRONS DE PONT-AUDEMER

★★★ ***Vieux-Port :*** au nord-est de Pont-Audemer, en bord de Seine, un adorable village, sans doute le plus beau de la *route des Chaumières.* Empruntez le sentier de randonnée (compter 30 mn) ponctué de panneaux explicatifs jusqu'à la ***chapelle Saint-Thomas,*** une ancienne léproserie médiévale en ruine dans la forêt d'Aizier.

★★ ***La Maison du lin :*** *2, pl. du Général-Leclerc, 27350* ***Routot.*** *☎ 02-32-56-21-76. • terresvivantes-normandie.fr • ♿ Au rdc de la mairie. Pour les dates d'ouverture et les horaires, variables, consulter le site internet. Tarif : 3 € ; Pass'Musées (avec les musées de La Haye-de-Routot ci-dessous et le moulin à vent de Hauville) : 9 € ; gratuit jusqu'à 15 ans.* La Normandie est la 1re région du monde productrice de lin, une fibre datant de 36 000 ans av. J.-C. Les salles d'expo et une vidéo vous font vivre son histoire, sa culture et toutes ses applications artisanales et industrielles. Remarquer l'ourdissoir à ruban inventé par Léonard de Vinci. Expos temporaires également et petite boutique (savons, objets de déco, bijoux, alimentation). C'est aussi à Routot qu'a lieu, habituellement la ***fête du Lin*** *(début juin).* Défilé de mode, visites, expos, démonstrations fabrications artisanales, ateliers, etc.

★ À 3 km de là, le dynamique village de ***La Haye-de-Routot*** programme des animations autour de musées vivants *(mars-nov, dim et j. fériés 14h30-18h ou 18h30 en juil-août)* dans son ***four à pain*** du XIXe s *(4, Grand-Rue ; ☎ 02-32-57-07-99)* ; quasi en face, au ***musée du Sabot*** *(☎ 02-32-57-59-67)* ; à la ***Chaumière aux orties*** *(15, Grand-Rue ; même tél),* une bâtisse du XVIIe s accueillant des expos temporaires et un coin librairie consacré aux plantes. Voir aussi le ***Jardin des herbes sauvages.*** Plus d'infos sur *• terresvivantes-normandie.fr •*
Enfin, toujours sur place, ne pas manquer les 2 ***ifs millénaires*** situés dans le cimetière de l'église Notre-Dame et qui abritent au creux de leur tronc, un oratoire pour l'un, une chapelle pour l'autre.

★★ 👪 ***Le moulin à vent et la Maison du meunier :*** *2, route du Moulin, 27350* ***Hauville.*** *☎ 02-32-56-57-32. • terresvivantes-normandie.fr • À 1,5 km du village. Mars-nov, dim et j. fériés 14h30-18h (18h30 juil-août). Pour les dates d'ouverture, consulter le site internet. Entrée : 3 € ; réduc. Visite du moulin possible avec un audioguide par QRCode.* Ce moulin restauré, datant du XIIIe s, appartenait autrefois à l'abbaye de Jumièges, que l'on peut atteindre par le bac de Port-Jumièges. Expos temporaires dans la maison du meunier.

LE MARAIS-VERNIER

Carte Eure, A-B1

L'un des sites les plus pittoresques de Normandie, un paysage très particulier situé au sud du pont de Tancarville et au nord de Pont-Audemer. Henri IV confia à des Hollandais l'assèchement de ce marais situé dans la dernière boucle de la Seine. Ils construisirent une digue (dite « des Hollandais ») correspondant au tracé de la D 103, qui délimite un amphithéâtre de verdure parfait avec les collines environnantes.
Cette cuvette de 4 500 ha tiendrait son nom du « verne », autre appellation pour l'aulne, arbre adapté aux sols humides. C'est l'une des plus grandes tourbières naturelles de France. On découvre ici une autre Normandie, peu connue, vivant « presque en marge », et parmi les plus belles fermes et maisons rurales de la région. Certaines n'ont pas changé depuis des siècles. Les matériaux utilisés révèlent une technique de construction simple et très

pratique. À pied, à vélo, en prenant le temps d'observer, on peut distinguer tout ce qui fait l'originalité des fermes du Marais-Vernier dans un désordre poétique. Plantes grasses ou iris poussent sur le faîte des toits de chaume (paille ou roseau) afin de maintenir les tiges de chaume au sommet grâce à leurs rhizomes et assurer l'étanchéité des bâtiments. Le marais, classé RAMSAR (qui vise à protéger les zones humides), bénéficie d'une riche faune : chevaux de Camargue, Highland cattles d'Ecosse, aigrettes, poules d'eau, hérons, cigognes... Le meilleur moment pour visiter le Marais-Vernier est le printemps, quand les iris et les pommiers sont en fleur. Et l'un des moyens les plus agréables de le découvrir reste le vélo. D'ailleurs l'itinéraire « La Seine à Vélo » traverse le territoire.

Info utile

Location de vélos : *aux **Chambres d'hôtes Les Cigognes** (lire plus bas). 06-68-03-39-39. • lescigognesdumarais.fr • Sur résa, avr-oct : mer, sam-dim 9h-19h.* Vélo standard ou à assistance électrique, charrette enfants et siège bébé sur demande. Idéal pour sillonner la route des Chaumières ou La Seine à Vélo. Plan fourni. Possibilité de réserver la veille un panier pique-nique.

Où dormir ? Où manger ?

Camping

Camping Domaine de la Catinière : *910, route de la Morelle, 27210 **Fiquefleur-Équainville.** ☎ 02-32-57-63-51. • info@camping-catiniere.com • camping-honfleur.com • Avr-oct. Empl. 18-32 €. Réduc de 20 % pour les cyclistes et randonneurs.* Camping labellisé « Clef verte », tranquille et intime, situé dans une vallée verdoyante, au bord d'une rivière. Location d'une jolie chaumière pour 2 à 6 personnes (1 seule chambre), de mobile homes, d'un *coco-sweet* (tente meublée avec lits et kitchenette, pour 4), ainsi que d'un hébergement en forme de tonneau. 2 piscines : 1 couverte, l'autre découverte avec toboggan aquatique, toutes 2 chauffées. Plus une miniferme. Bon accueil.

Chambres d'hôtes

Chambres d'hôtes du Marais-Vernier : *chez M. et Mme Blondel, 1731, route de la Grand-Mare, la Vallée, 27680 **Sainte-Opportune-la-Mare.** ☎ 02-32-42-12-52. 06-70-98-59-03 et 06-10-96-19-59. • e.blondel@orange.fr • chambres-marais-vernier.com • Doubles 65 € (60 € à partir de 2 nuits)-80 € (75 € à partir de 2 nuits).* 3 chambres mansardées (dont 1 familiale) dans une chaumière reconstruite poutre par poutre par les proprios. Déco très classique mais bon confort et accueil fort sympathique. Frigo et micro-ondes à disposition, ainsi qu'une belle pelouse avec des transats et vue sur la réserve ornithologique.

Chambres d'hôtes Les Cigognes : *211 bis, chemin du Roy, 27680 **Marais-Vernier.** ☎ 02-32-42-88-92. 06-68-03-39-39. • idavan@orange.fr • 211bis.fr • Congés : quelques sem en hiver. Doubles 75-85 € ; familiales ; « Pod » 100 €. Table d'hôtes 24 €. Loc de vélos.* Située en plein cœur du Marais, cette belle chaumière remontée de toutes pièces et sa grange restaurée abritent 5 chambres toutes différentes, dont 2 communicantes et même une pour les cyclistes, qui bénéficient de nombreux services pour leur faciliter la route. Également un « Pod », une sorte de roulotte sans roues avec sanitaires mitoyens et bains à remous. Petit déj copieux, salle commune dans la véranda avec petit coin cuisine, sauna et jacuzzi extérieur (payants), salle de sports, bibliothèque, location de vélos : dans ce havre de paix et de convivialité, tout est fait pour rendre votre séjour agréable. On vous fournira aussi plein d'infos pour découvrir cette magnifique région, dont les proprios sont tombés amoureux il y a déjà bien longtemps.

De bon marché à prix moyens

Auberge de l'Étampage : *82, quartier de l'Église, 27680* ***Marais-Vernier.*** *☎ 02-32-57-61-51. Fermé dim soir-lun (plus le mar oct-avr). Congés : janv. Menu 25 €.* Un gros coup de cœur pour cette auberge de village pleine d'authenticité, tenue par Cécile, une Biterroise au caractère bien trempé. Un bar bien dans son jus, une salle à la déco un brin kitsch tout en baies vitrées et objets chinés, et surtout une terrasse offrant une vue panoramique d'exception sur le Marais-Vernier. Choix à l'ardoise de plats très copieux, du genre tartare d'andouille, joue de porc confite, souris d'agneau... Une cuisine franche et sincère à base de très bons produits, travaillés avec savoir-faire. On est ressortis repus et heureux. Une adresse incontournable !

Restaurant du Phare : *4, route de Tancarville, 27680* ***Saint-Samson-de-la-Roque.*** *☎ 02-32-57-67-30. Au pied de la falaise, proche du phare de la Roque. Ouv midi et soir mer-sam, plus dim midi. Fermé dim soir-mar (hors j. fériés). Résa demandée. Menus 18,50 € (midi sauf dim), puis 29-42 €.* Complètement isolée en bord de route, à proximité du phare qui domine l'extrémité ouest du Marais-Vernier, la maison paraît banale, mais sa clientèle ne s'y trompe pas. C'est en effet avec subtilité que Gregory Fantou travaille les saveurs et les produits normands, auxquels il mêle quelques touches venues d'ailleurs. Le 1er menu est déjà d'un bon rapport qualité-prix. Et le service mené par la souriante Élise, son épouse, est dynamique.

L'EURE

À voir. À faire

Le point de vue de Bouquelon : *juste avt le village de Marais-Vernier, sur la D 103, sur la droite en venant de Pont-Audemer.* Table d'orientation et panneaux d'interprétation sur le patrimoine naturel et humain du marais.

Le Marais-Vernier à vélo : « la route des Chaumières » fait le tour du Marais en 29 km. Un bon moyen de découvrir les charmes de la région à rythme indolent. Les plus hardis poursuivront en longeant les boucles de la Seine Normande : compter alors 52 km en tout. L'itinéraire *La Seine à Vélo* traverse aussi le secteur. Toutes les infos sur • *laseineavelo.fr* •

Le phare de la Roque : *à 1,5 km du village de Saint-Samson-de-la-Roque (bien fléché).* Sa falaise de plus de 50 m domine la vallée de la Seine et ses ponts. Table d'orientation, pile entre le pont de Normandie et celui de Tancarville.

➢ **Les Rendez-vous du parc – la réserve naturelle nationale du Marais-Vernier :** *résa indispensable auprès de la Maison du parc, 76940* ***Notre-Dame-de-Bliquetuit.*** *☎ 02-35-37-23-16. • pnr-seine-normande.com • Mai-sept. Visites guidées thématiques selon programme. GRATUIT. Livret et brochure en ligne « Les Rendez-vous du Parc ».* Le parc propose diverses animations : observation de la faune, ateliers d'initiation et de sensibilisation, randonnées pour petits et grands !

Quillebeuf : quel contraste entre ce petit port de pêche

UN PRIVILÈGE ROYAL

Pour les remercier d'avoir aidé la France pendant la guerre de Cent Ans, le roi avait accordé aux habitants de Quillebeuf le privilège du pilotage de la Seine. Quiconque voulait devenir pilote devait donc être né ici et baptisé avec l'eau du « puits du Gard » qui se trouvait dans le village. On disait à l'époque : « Sur 100 pilotes, 99 naissent dans le village. Le 100e, c'est Henri IV ! »

(ancien village viking) et les installations pétrolières et industries chimiques de Port-Jérôme, de l'autre côté du fleuve ! La rue principale possède toujours un certain cachet avec ses demeures anciennes (dont la célèbre *maison Henri-IV*). Un sentier du patrimoine permet de parcourir la cité. Des plaques sur certaines maisons racontent leur histoire. Belle ***église Notre-Dame-de-Bon-Port*** *(tlj 9h-18h)*, sainte patronne protectrice des marins, avec un intéressant portail roman. Splendide clocher également, avec tourelle d'angle. Et, à l'intérieur, des dessins de bateaux gravés sur les murs et des maquettes évoquant l'histoire de la navigation sur la Seine aux XVIIIe et XIXe s.

La ville a aussi fait parler d'elle suite au naufrage du *Télémaque* dans l'estuaire de la Seine en 1790, à une époque où noblesse et clergé cherchaient à sécuriser leur fortune en fuyant la Terreur. Si officiellement le bateau transportait du bois, les rumeurs les plus folles se répandent lorsque le ministre de la marine, *himself*, ordonne son renflouement « au nom du roi »: la fortune de Louis XVI se trouverait-elle sur le *Télémaque* ? Mais l'opération échoue. Diverses tentatives sont organisées au fil des siècles, sans succès. En 1939, la partie avant finit par être remontée. Mais point de trésor. Version la plus probable : après le naufrage, les habitants auraient eu vite fait de débarrasser les cales de leur précieux chargement. Ni vu ni connu...

À l'entrée du village, un ***bac traditionnel*** assure toujours gratuitement la traversée des véhicules sur la Seine.

LE MYSTÉRIEUX TRÉSOR DE LOUIS XVI

En janvier 1790, en pleine Révolution, le navire Télémaque chaviré par le mascaret, coula au large de Quillebeuf. Très vite, on pensa qu'il renfermait un magot que Louis XVI voulait cacher à l'étranger. Mais plusieurs tentatives de renflouement ne remportèrent aucun succès, hormis quelques piécettes... Le mystère reste aujourd'hui entier. À vos masques !

LA SEINE-MARITIME

• Carte p. 106-107

ABC de la Seine-Maritime

- ***Superficie :*** 6 278 km².
- ***Préfecture :*** Rouen.
- ***Sous-préfectures :*** Le Havre, Dieppe.
- ***Population :*** 1 251 300 hab.
- ***Particularité :*** 1er producteur de lin en France avec environ 18 000 ha (soit un tiers des surfaces semées de lin en France).
- ***Gentilé :*** les habitants de la Seine-Maritime s'appellent les Seino-marins.
- ***Un des plus courts fleuves de France coule en Seine-Maritime :*** la Veules (1,15 km), qui, à une époque, eut jusqu'à 10 moulins en activité sur ses rives.

Un fleuve aux courbes paresseuses, des colombiers où la brique et le silex s'harmonisent en frise, des abbayes presque millénaires qui ont résisté aux guerres, une hêtraie touffue où les rois, jadis, aimaient chasser... Et, tout au bout, au pied de falaises à la hautaine blancheur, la mer : opale ou argent, selon l'humeur. Poètes et écrivains ont exprimé leur amour pour cette région, et nombre de peintres en ont traqué la lumière.
La Seine-Maritime se découvre aujourd'hui en suivant les routes secondaires. Elle révèle alors de jolis hameaux, des vallons oubliés, de splendides jardins, d'imposantes fermes ou manoirs d'une grande beauté, des châteaux bien cachés, preuves de la richesse et de la puissance passées de ces terres.
N'allez pas penser pour autant qu'elle soit purement rurale : c'est aussi un bassin industriel, et rares sont les départements à pouvoir se targuer d'abriter 2 villes d'une telle importance et aussi intéressantes d'un point de vue historique, culturel et architectural, bien qu'aux antipodes l'une de l'autre : les vieilles pierres de Rouen contre le béton du Havre.

Adresses utiles

Comité départemental du tourisme de Seine-Maritime : *28, rue Raymond-Aron, BP 52, 76824* ***Mont-Saint-Aignan*** *Cedex.* ☎ *02-35-12-10-10.* • *seine-maritime-tourisme.com* •

Gîtes de France : *8, rue Linus-Carl-Pauling, BP 80, 76824* ***Mont-Saint-Aignan.*** ☎ *02-35-60-73-34.* • *gites-normandie-76.com* •

Clévacances : *28, rue Raymond-Aron, BP 52, 76420* ***Mont-Saint-Aignan*** *Cedex.* ☎ *02-35-12-16-10.* • *clevacances.com* • Locations de vacances (studios, appartements, maisons...) et chambres d'hôtes.

Circuler en bus en Seine-Maritime

Plusieurs compagnies desservent quelque 40 lignes à travers le département. Pour connaître les itinéraires, horaires, tarifs, etc. : • *commentjyvais.fr* •

Comment explorer la Seine-Maritime différemment ?

À vélo

Dans tout le département, le long de ses côtes, à travers bocages et vallées ou dans les nombreuses forêts domaniales, il existe des itinéraires cyclistes balisés. Ces circuits empruntent de petites routes

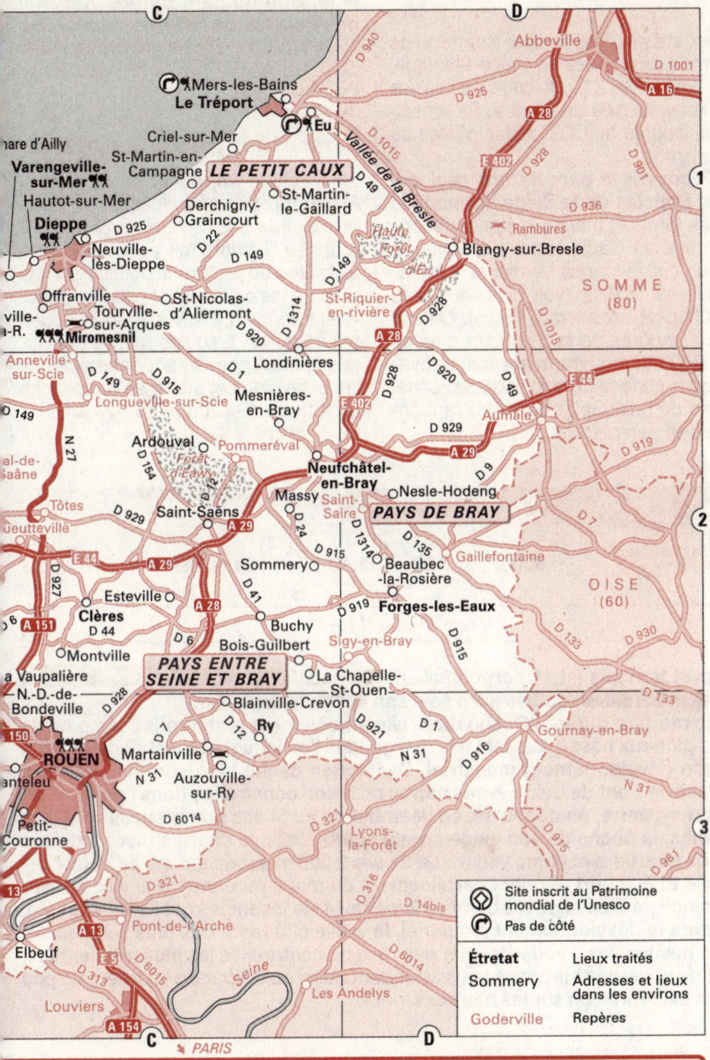

LA SEINE-MARITIME

généralement peu fréquentées et offrent sur leur chemin bien des curiosités. Ainsi, la ***Vélomaritime*** *(EuroVelo 4)*, parcours (assez sportif) le long du littoral de la Côte d'Albâtre qui relie Le Havre au Tréport ; l'***Avenue Verte London-Paris,*** qui traverse le pays de Bray (voir cette partie plus loin) ; quant à la ***Seine à vélo,*** elle relie Elbeuf au Havre via Rouen, en longeant la Seine.

Infos : ● lavelomaritime.fr ●, ● avenue vertelondonparis.com ● et ● laseinea velo.fr ●

À pied

Il existe de très beaux sentiers de grande randonnée en Seine-Maritime, comme le GR 21, qui longe les falaises et les valleuses de la côte. Se renseigner auprès du CDT et des offices de tourisme.

– ***Découvrir le parc naturel régional des Boucles de la Seine normande :*** entre terres et marais, s'étendant dans le pays de Caux, le val de Seine, le Roumois, le Marais-Vernier et la basse vallée de la Risle (voir plus haut dans le chapitre consacré à l'Eure). On suit les méandres de la Seine sur plus de 80 000 ha, couvrant approximativement la surface de la forêt de Brotonne. Plein de balades et de belles randonnées en perspective !

■ ***Maison du parc naturel régional des Boucles de la Seine normande :*** *76940* ***Notre-Dame-de-Bliquetuit.*** ☎ *02-35-37-23-16.* • *pnr-seine-normande.com* •

Circuits impressionnistes

La brochure ***Impressions de Seine-Maritime*** (• *seine-maritime-tourisme.com* •, « Je prépare » – « Brochures ») propose 5 itinéraires agrémentés de 29 tables de lecture installées sur les sites où les peintres ont posé leur chevalet (Dieppe, Le Havre, Étretat, Rouen et La Bouille). Le guide mobile touristique (gratuit) pour smartphone propose les bons plans et adresses à proximité de votre localisation : • *seine-maritime-tourisme.mobi* •

ROUEN

(76000) 110 170 hab. *Carte Seine-Maritime, C3*

• Plan *p. 110-111*

5e port français (et 1er port céréalier), la ville qui vit naître Pierre Corneille et Gustave Flaubert cultive avec soin son image bourgeoise.
Ville martyre durant l'Occupation, elle a fidèlement restauré les témoins de son glorieux passé, laissant à la rive gauche l'essentiel des installations liées à son développement industriel. Car Rouen cache bien son jeu : une fois franchi le front de Seine et ses barres de béton construites dans l'urgence de l'après-guerre, on découvre, en déambulant au fil des nombreuses rues piétonnes, la flèche de son incomparable cathédrale, le charme discret de ses vieux quartiers et l'âme vénérable de ses 2 000 maisons à pans de bois. Corneille et Flaubert auraient certainement du mal à reconnaître la ville de leur enfance, mais malgré les bombardements et les incendies qui l'ont défigurée, malgré le développement industriel, la vieille cité reste des plus séduisante. Et n'hésitez pas à vous éloigner des rues du centre-ville les plus fréquentées, car de superbes surprises vous attendent aussi au détour de quartiers un peu plus excentrés ou sur les hauteurs.

UN PEU D'HISTOIRE

Créée selon toute vraisemblance par les Gaulois, *Rotumagus* (ou *Ratumacos*) est, dès ses débuts, un site stratégique très convoité, puisque la future Rouen est située sur une boucle de la Seine, légèrement en hauteur. Prise par les Romains, la ville se développe avant d'être christianisée, au IIIe s. Les Normands la pillent plusieurs fois à partir du IXe s. ***L'un des envahisseurs venus du Nord, Rollon,*** se voit échoir par mariage une partie de la région par Charles le Simple ; il devient le ***1er duc de Normandie*** et choisit ***Rouen comme capitale.*** Il organise le développement de la ville, fait combler les marais et édifier les quais. Rouen va dès lors jouer un rôle important, économiquement

(commerce avec Londres), administrativement, mais aussi spirituellement, puisque de nombreuses communautés religieuses y sont installées.
Au début du XIIIe s, la ville et la région sont rattachées au royaume de France. On reconstruit la cathédrale, symbole de la puissance rouennaise. L'essor de la ville (port, draperie) attire de plus en plus de monde : ***Rouen devient la 2e ville de France*** ! Mais tout âge d'or a une fin : la ***population*** est ***décimée au cours du XIVe s par des inondations et des épidémies de peste noire***. S'ensuivent alors des révoltes, les habitants n'étant plus assez nombreux pour payer les lourdes charges fiscales réclamées par le royaume. Pour punir la ville après des émeutes en 1382, Charles VI supprime son statut de commune. Rouen n'aura donc plus de maire pendant... 310 ans ! Un comble pour une ville de cette importance. Arrive alors la ***guerre de Cent Ans***. ***Les Anglais assiègent Rouen en 1419.*** Affamés, les habitants se rendent au bout de 6 mois.

Le procès du siècle

Les Anglais occupent la ville pendant 30 ans. ***En 1431, on leur livre Jeanne d'Arc,*** capturée par les Bourguignons à Compiègne, puis revendue pour 10 000 écus ! On lui intente un procès religieux, en la condamnant pour hérésie ; les Anglais font perdre toute légitimité divine à Charles VII, son souverain. ***Le jeune roi d'Angleterre Henri VI devient alors le seul prétendant crédible au trône de France,*** et le tour est joué ! D'abord enfermée dans une tour du château de Rouen, la Pucelle est présentée au tribunal de l'Inquisition, présidé par un homme à la solde des Anglo-Bourguignons, le tristement célèbre évêque de Beauvais, Pierre Cauchon. Celui-ci réunit des jurés vendus à sa cause et n'autorise même pas la petite Jeanne à être défendue par un avocat. En mars 1431, elle est inculpée de sorcellerie et... de dévergondage. Pas mal pour une pucelle ! Mais elle tient tête à ses accusateurs et résiste même à une séance de torture. Elle ne fait que renoncer au port de l'habit masculin, après avoir été publiquement exposée sur un échafaud, dans le cimetière de l'abbaye de Saint-Ouen. L'héroïne est tout d'abord condamnée à la prison à perpétuité, mais le verdict ne plaît pas aux autorités anglaises, qui imposent à Cauchon une nouvelle sentence : ***le 29 mai 1431, Jeanne est officiellement déclarée hérétique, donc passible du bûcher.*** Elle est brûlée vive le lendemain même, sur la place du Vieux-Marché de Rouen, et, pour éviter tout objet d'adoration, les Anglais font disperser ses cendres dans le fleuve...
En 1449, une fois les occupants chassés de la ville, Charles VII ordonne un nouveau procès. Changeant son fusil d'épaule, l'Église réhabilite solennellement Jeanne d'Arc en 1456, la béatifie près de 5 siècles plus tard (en 1909) et la canonise en 1920 !

JEANNE D'ARC, UNE SAINTE ?

Le Vatican n'a jamais vraiment aimé notre Jeanne nationale. D'abord, ce serait contredire l'évêque Cauchon (à la solde des Anglais) qui l'a condamnée au bûcher. Ensuite, elle pensa au suicide (péché mortel). Il fallut attendre le célèbre historien Michelet pour lui donner toute sa notoriété. Il la déclara « sainte... laïque ». C'en était trop pour le Vatican, qui décida alors de la canoniser en 1920... donc 500 ans après sa mort !

Renaissance et décadence d'une ville bourgeoise

On peut presque dire que Rouen renaît des cendres de Jeanne d'Arc, puisque, dès le départ des Anglais, la ville connaît une prospérité qui ne se démentira pas pendant plus d'un siècle, à tel point qu'elle devient à nouveau la ***2e ville du royaume*** – une position qu'elle conserve jusque sous le règne de Louis XIV. C'est ***l'époque des belles maisons en encorbellement*** qui font encore la fierté de la ville, ***des églises reconstruites dans le style flamboyant et des édifices publics***, comme

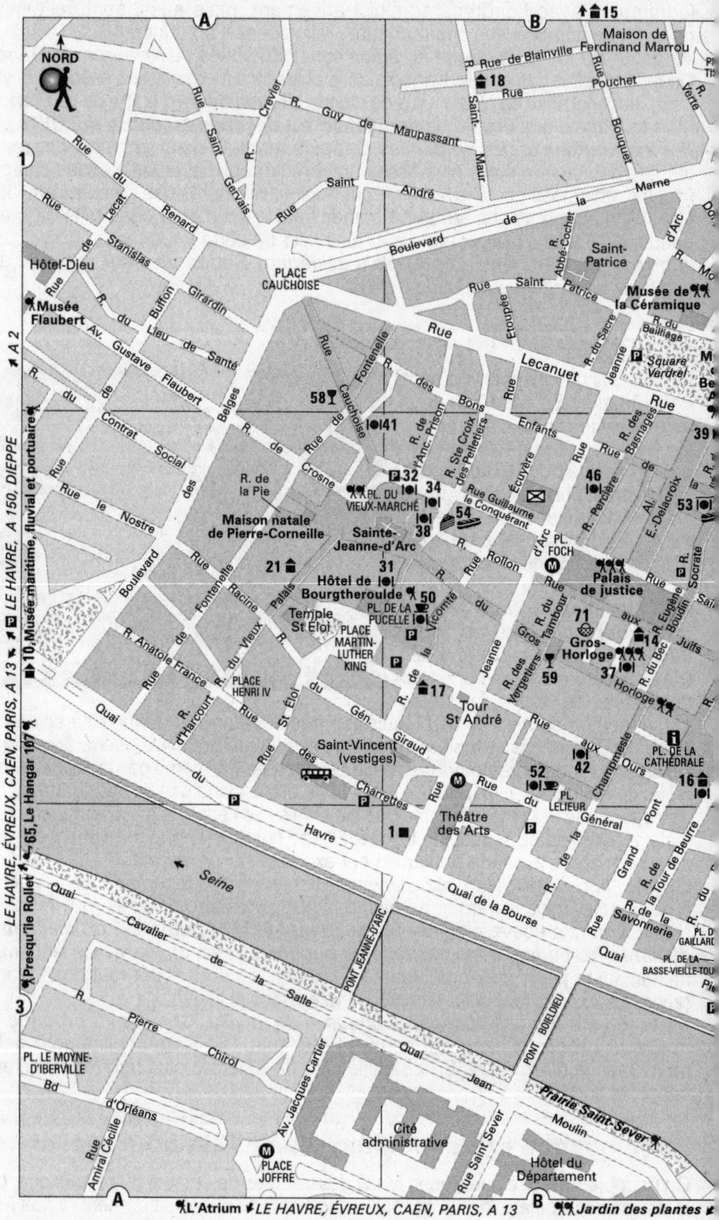

NORD
15
Maison de Ferdinand Marrou
Rue de Blainville
18
Rue Pouchet
R. Saint-Maur
Rue Bouquet
R. Verte
Rue Crevier
R. Guy de Maupassant
Rue Saint Gervais
R. Saint André
Marne
Boulevard de la
Rue du Lecat
Rue Renard
Rue de Stanislas
Hôtel-Dieu
PLACE CAUCHOISE
R. Abbé-Cochet
Saint-Patrice
Rue Saint Patrice
Musée de la Céramique
Rue Buffon
Rue Girardin
Musée Flaubert
R. du Lieu de Santé
Av. Gustave Flaubert
Rue Étoupée
Rue Lecanuet
R. du Sacre
R. du Bailliage
Square Verdrel
Rue Jeanne d'Arc
R. du Contrat Social
Rue Cauchoise
R. Fontenelle
R. des Bons Enfants
58
41
R. de Crosne
R. de l'Anc. Prison
R. Ste Croix des Pelletiers
R. des Basnages
39
46
R. Percière
Al. E.-Delacroix
53
Rue le Nostre
Boulevard des Belges
R. de la Pie
32
34
PL. DU VIEUX-MARCHÉ
Rue Guillaume le Conquérant
54
Écuyère
Maison natale de Pierre-Corneille
Sainte-Jeanne-d'Arc
38
R. Rollon
PL. FOCH
Palais de justice
R. Socrate
21
31
Hôtel de Bourgtheroulde
50
Rue Racine
Rue Fontenelle
Palais
Rue Vicomté
R. du Tambour
Rue Gros
71
Rue aux Juifs
R. Eugène Boudin
14
Temple St Eloi
PL. DE LA PUCELLE
PLACE MARTIN-LUTHER KING
Gros-Horloge
37
R. du Bec
R. Anatole France
Rue de Fontenelle
R. du Vieux Palais
R. de la Vicomté
59
R. des Vergetiers
Horloge
PLACE HENRI IV
17
R. d'Harcourt
Rue St Éloi
Rue du Gén. Giraud
Tour St André
Rue aux Ours
PL. DE LA CATHÉDRALE
Saint-Vincent (vestiges)
42
52
Rue des Charrettes
Rue du Général
Champmeslé
16
PL. LELIEUR
Quai du Havre
1
Théâtre des Arts
Grand Pont
R. de la Tour de Beurre
Seine
Quai de la Bourse
R. de la Savonnerie
PL. GAILLARD
PL. DE LA BASSE-VIEILLE-TOUR
Quai Cavalier de la Salle
PONT JEANNE-D'ARC
PONT BOIELDIEU
R. Pierre Chirol
Quai Jean Moulin
Prairie Saint-Sever
PL. LE MOYNE-D'IBERVILLE
Bd d'Orléans
Av. Jacques Cartier
Rue Amiral Cécille
Cité administrative
Rue Saint Sever
PLACE JOFFRE
Hôtel du Département
A
B
1
2
3
A 2
LE HAVRE, ÉVREUX, CAEN, PARIS, A 13
Presqu'île Rollet
65, Le Hangar 107
10, Musée maritime, fluvial et portuaire
LE HAVRE, A 150, DIEPPE
L'Atrium
LE HAVRE, ÉVREUX, CAEN, PARIS, A 13
Jardin des plantes

ROUEN

■ Adresse utile

- **1** Réseau Astuce (B3)

Où dormir ?

- **10** Share & Cheers Hostel (hors plan par A2)
- **11** Auberge de jeunesse du Robec (hors plan par C2)
- **12** Alive Hôtel de Québec (plan C3)
- **13** Chambres d'hôtes La Boulangerie (hors plan par C2)
- **14** Hôtel Les Initiés (B2)
- **15** Hôtel Céline (hors plan par B1)
- **16** Le Cardinal (B2)
- **17** Urban Style de l'Europe (B2)
- **18** Chambres d'hôtes Au Bonheur de Jeanne (plan B1)
- **19** Hôtel de la Cathédrale (C2)
- **20** Chambres d'hôtes L'Alcôve des Beaux-Arts (C1)
- **21** Best Western Hôtel Gustave Flaubert (A2)

Où manger ?

- **16** Brasserie Paul (B2)
- **30** Bistro Nova (C2)
- **31** Les Halles by d'Eux-Mêmes (A-B2)
- **32** La Place (B2)
- **33** Trend Burger Café (C2)
- **34** Gill Côté Bistro (B2)
- **35** La Petite Auberge (C2-3)
- **37** Bolibol (B2)
- **38** Le Comptoir des Halles (A-B2)
- **39** In Situ (B2)
- **40** Tandem (C2)
- **41** Un Grain de (A2)
- **42** P'tit Gars (B2)
- **43** L'Odas (B-C2)
- **44** Café Hamlet (C2-3)
- **45** Alba Restaurant (C2-3)
- **46** Dînette (B2)
- **50** Citizen Coffee (B2)
- **51** Dame Cakes (C2)
- **53** Ma Boulangerie (B2)

Où boire un bon café ? Où faire une pause gourmande ?

- **50** Prélude Café (B2)
- **51** Dame Cakes (C2)
- **52** Café Augustin (B2)
- **53** Citizen Coffee (B2)
- **54** Ma Boulangerie (B2)
- **55** Maison Vatelier (C2)

Où boire un verre ? Où sortir ?

- **56** Le 3 Pièces (C2)
- **57** La Porte Ouverte (C2)
- **58** La Boîte à Bières (A1)
- **59** Le Delirium Café (B2)
- **60** Le Son du Cor (C2)
- **65** Le 106 – Scène de musiques actuelles (hors plan par A3)

Achats

- **70** Confiserie Héloin (C2)
- **71** À la Cloche d'Argent (B2)
- **72** Le Marché du Robec (C2)
- **73** Jacotte et Javotte (C2)

le superbe palais de justice, inauguré par Louis XII en 1506. L'archevêque de Rouen, Georges d'Amboise, qui est également vice-roi du Milanais, introduit l'architecture italienne, faisant ainsi de Rouen ***l'un des tout 1ers fers de lance de la Renaissance en France***.

La ville ne connaît pas de difficultés financières : passage obligé vers Paris, ***son port prospère grâce au sel, au poisson et à la laine***. Ses marins sillonnent les mers du globe, rapportant des produits de l'Ancien comme du Nouveau Monde. Les ***guerres de Religion*** vont cependant troubler cette situation enviable, car Rouen compte un nombre important de protestants.

LA DOUCHE, UNE INVENTION ROUENNAISE

Le docteur Merry Delabost, médecin-chef de la prison de Rouen, inventa la douche dans les années 1870 afin d'améliorer l'hygiène des détenus. Le procédé permettait de laver beaucoup de monde en même temps tout en dépensant peu d'eau.

La tragédie de 1939-1945

En ***juin 1940,*** l'arrivée des Allemands à Rouen est marquée par une ***série impressionnante d'explosions*** : le port, puis les ponts sont détruits. Mais cela n'empêche pas les panzers de se répandre dans la cité tandis qu'un 1er ***incendie*** ravage la vieille ville et va jusqu'à lécher son plus beau symbole : la cathédrale. Architecturalement, la catastrophe est irréparable : des dizaines de maisons à pans de bois s'effondrent ce jour-là. Si Hitler en personne ordonne que la cathédrale soit sauvée, autour de la vieille dame, pendant 10 jours, ***15 ha de la ville brûlent, parmi lesquels 900 maisons***...

En 1941 et 1942, des centaines de Rouennais périssent sous les bombes, anglaises cette fois-ci. L'année fatale reste cependant celle du Débarquement. Dans la ***nuit du 18 au 19 avril 1944***, 345 bombes tombent sur la vieille ville, provoquant un nouvel incendie. On compte ***900 victimes et plus de 500 immeubles détruits***, parmi lesquels des hôtels des XIVe et XVe s. Le somptueux palais de justice ne conserve plus qu'une façade noircie par les flammes.

1 mois seulement après cette nuit d'effroi, une ***semaine de terreur*** achève de désemparer les Rouennais. Le 30 mai, 160 bombes éventrent les quartiers de la Seine. Le 31 mai, 140 torpilles explosent. Le 1er juin, le feu se propage dans les vieux quartiers et ***la cathédrale brûle*** : le toit de la tour Saint-Romain s'effondre, avec ses cloches, puis les flammes menacent la flèche, orgueil de la ville. Une dizaine de jeunes Rouennais, menés par un certain Georges Lanfry, futur héros local, combattent le feu toute la nuit, à l'aide de sable et d'eau : la cathédrale est sauvée. Ce ne sera malheureusement pas le cas de ***l'église Saint-Maclou***, qui s'écroule partiellement sous les bombes 2 jours plus tard.

Malgré le Débarquement, l'occupant est toujours là et les Alliés ont du mal à le chasser. Coincés, les blindés allemands ne peuvent franchir la Seine (les ponts de Rouen étant détruits) : ils sont pilonnés le 25 août par l'aviation anglaise. Les 26 et 27, les bombes achèvent de chasser l'ennemi, à raison de 4 explosions par minute ! ***Les Allemands quittent définitivement Rouen le 30 août, non sans avoir mis le feu au port***. Le même jour, les troupes canadiennes entrent dans la ville. Le 1er septembre 1944, Georges Lanfry hisse un immense drapeau tricolore au sommet de la flèche de la cathédrale. À ses pieds, une ville en ruine, qui a perdu 3 000 de ses enfants et près de 10 000 maisons pendant cette guerre.

Circulation et stationnement

Comme dans toute bonne grosse ville qui se respecte, la circulation en voiture dans Rouen est pénible et le stationnement compliqué. Nous vous conseillons donc de ***sillonner la ville à pied ou en transports en commun***, ces derniers étant bien développés et efficaces.

Le **métro de Rouen,** en surface sur une grande partie de son trajet, ressemble davantage à ce qu'on appellerait dans d'autres villes un tramway. Le **TEOR** (Transport est-ouest rouennais) ressemble lui aussi à un tramway (50 % du parcours de ses 4 lignes s'effectuent en effet dans des couloirs qui lui sont réservés, avec des arrêts bien marqués), mais n'est en fait qu'un bus plus confortable et plus ponctuel. Les lignes du métro et du TEOR sont complétées par celles des bus traditionnels. Parmi celles-ci, citons les 5 **lignes FAST,** qui desservent l'agglomération du nord au sud, elles aussi rapides et efficaces. Voilà pour les transports en commun.

Côté circulation **à vélo,** pas mal de pistes signalées ou aménagées, des parcours touristiques (infos sur le site de l'office de tourisme) et le réseau **Cy'clic,** 250 vélos en libre-service répartis sur 23 stations. *Infos : ☎ 0800-087-800 (nº Vert). • cyclic.rouen.fr •* La 1re demi-heure est gratuite, puis compter 2 € la demi-heure suivante, et 4 € toutes les 30 mn supplémentaires. Abonnement allant de 1 jour à 1 an. Paiement direct par CB sur les bornes pour un abonnement court, et formulaire à remplir sur Internet pour un abonnement de 6 mois ou 1 an. Sinon, location de vélos (classiques ou électriques) auprès de l'office de tourisme de juin à septembre, avec **Loc'Vélo** *(à partir de 12 € la ½ journée et 18 € la journée, sur résa en ligne : • rouentourisme.com/a-velo •).*

Enfin, concernant le **stationnement** pour ceux qui sont motorisés, les parkings du centre sont payants (et les places en surface, rive droite, ont des horaires des plus limités). Le mieux en arrivant est de déposer votre voiture dans l'un des **parkings relais** (signalés par des panneaux bleus **P+R**) aux abords de la ville. Gratuits, ils sont très bien reliés au centre-ville par les transports en commun. Citons les 2 plus grands : celui **de la place Boulingrin** *(hors plan par C1),* dans le prolongement du boulevard de l'Yser, se situe à côté de la station de métro Boulingrin ; celui **du Mont-Riboudet** *(hors plan par A2),* sur l'avenue Mont-Riboudet (dans le prolongement du quai du Havre), à côté du palais des sports Kindarena, est relié presque en continu au centre-ville par le TEOR.

Adresses et infos utiles

ℹ Rouen Normandie Tourisme & Congrès *(plan B2) : 25, pl. de la Cathédrale. ☎ 02-32-08-32-40. • rouentourisme.com • Avr-sept, lun-sam 9h-19h, dim et j. fériés 9h30-12h30, 14h-18h ; le reste de l'année, lun-sam 9h30-12h30, 13h30-18h, fermé dim et j. fériés sauf manifestations importantes (14h-18h).* Dans un hôtel Renaissance (ancien bureau des finances de la ville) du XVIe s. Boutique, billetterie de spectacles et visites guidées thématiques de la ville *(10 €),* ainsi que la location d'audioguides *(5 €).*

■ **Réseau Astuce** *(plan B3, **1**) : 9, rue Jeanne-d'Arc. ☎ 02-35-52-52-52. • reseau-astuce.fr •* Centre d'info et de vente pour tous les transports en commun de la Métropole rouennaise.

■ **Location de voitures : Hertz** *(plan B-C1), pl. Bernard-Tissot (la place de la gare). ☎ 02-35-70-70-71.* **Europcar** *(plan B-C1), pl. Bernard-Tissot. ☎ 02-35-88-21-20.*

– **Marchés :** *mar, ven et sam jusqu'à 18h et dim mat, sur la pl. Saint-Marc (plan C3).* Tous les producteurs du coin. Très populaire. *Sinon, sous les halles de la pl. du Vieux-Marché (plan A-B2). Mar-dim mat jusqu'à 13h30.* Crémerie, volailles, fruits, légumes et poissonnerie.

Où dormir ?

Bon marché

Share & Cheers Hostel *(hors plan par A2, **10**) : 28, quai Gaston-Boulet. ☎ 02-32-10-10-12. • shareandcheers.com • ♿ Nuitée à partir de 23 €, double 55 € ; petit déj 4 €.* Déco contemporaine colorée et chaleureuse pour cette auberge de jeunesse qui sort du lot. Dortoirs pour 4-6 personnes avec ou sans salle de bains, ainsi que des chambres doubles privatives. Vastes espaces communs avec bar, cuisine équipée et buanderie, sans oublier un *rooftop bar* avec vue sur les toits et la Seine ! Atmosphère conviviale et bon accueil.

Auberge de jeunesse du Robec *(hors plan par C2,* ***11****) : 3, rue du Tour. ☎ 02-35-08-18-50. • rouen@hifrance.org • hifrance.org • ♿ Du centre, TEOR n*os *2 (direction Tamarelle-Bihorel) ou n° 3 (direction Durécu-Lavoisier), arrêt Auberge-de-Jeunesse. À env 25 mn à pied du centre ; station de vélos juste en face. Tte l'année sauf 1 sem à Noël. Nuitées à partir de 21 €, petit déj inclus. Membre du réseau HI.* Une belle AJ confortable et impeccable (voire un peu aseptisée), installée dans une ancienne teinturerie du XVIIIe s et son annexe moderne, en surplomb de la voie ferrée. Chambres doubles et dortoirs de 4, 6 ou 7 lits. Laverie et cuisine à disposition. Également un jardin avec terrasse et terrain de pétanque. Ambiance plus studieuse et calme que fêtarde.

De prix moyens à un peu plus chic

Alive Hôtel de Québec *(plan C3,* ***12****) : 18-24, rue de Québec. ☎ 02-35-70-09-38. • contact@hotel-rouen.com • hotel-rouen.com • Double à partir de 69 €.* Bien situé, proche de la Seine et de la cathédrale, dans une rue tranquille. Un immeuble de brique réaménagé dans un esprit moderne très réussi. Déco sobre et lumineuse dans les chambres refaites à neuf (2 catégories de confort et des familiales). Certaines plus petites mais toutes confortables et d'un excellent rapport qualité-prix.

Chambres d'hôtes La Boulangerie *(hors plan par C2,* ***13****) : 59, rue Saint-Nicaise. 📱 06-12-94-53-15. • aminata.boulangerie@gmail.com • laboulangerie.fr • Doubles 67-92 €, petit déj inclus.* Dans un quartier très plaisant, la vieille maison abrite 3 chambres (dont une grande familiale) très bien tenues et chaleureusement arrangées. Poutres apparentes et, ici et là, objets chinés par Aminata et photos de Franck. 2 des chambres ont la salle de bains ouverte. L'ancienne boulangerie d'angle existe encore et fait dépôt de pain, de viennoiseries et de bonbons (!) pour le voisinage tous les matins. C'est aussi là que vous prendrez votre petit déjeuner. Atmosphère conviviale et familiale, naturellement. Également 2 apparts pour les plus longs séjours.

Hôtel Les Initiés *(plan B2,* ***14****) : 45, rue aux Juifs. ☎ 02-35-71-50-93. Doubles env 69-79 €.* Au-dessus d'une sympathique brasserie, une dizaine de chambres pas très grandes, à la déco contemporaine (parquet et quelques touches de couleur), toutes assez différentes. Certaines, à l'angle et avec 2 fenêtres, donnent sur le superbe palais de justice, les moins chères se trouvent sous les toits. Petit déjeuner servi dans le bar, parmi les habitués qui viennent boire leur petit café du matin.

Hôtel Céline *(hors plan par B1,* ***15****) : 26, rue de Campulley. ☎ 02-35-71-95-23. • hotelceline76@gmail.com • hotel-celine-rouen-gare.com • Doubles env 60-95 €. Parking.* Proche de la gare, un petit hôtel centenaire qui a fait peau neuve avec une déco évoquant l'univers de l'automobile de collection et l'ancien Grand Prix de Rouen. Une dizaine de chambres (2 catégories de confort et des familiales), impeccables et au calme. Jardin avec terrasse, café-lounge, service de blanchisserie.

De chic à plus chic

Le Cardinal *(plan B2,* ***16****) : 1, pl. de la Cathédrale. ☎ 02-35-70-24-42. • hotelcardinal.rouen@orange.fr • cardinal-hotel.fr • Doubles 98-125 €.* Pour qui aime vibrer au son des cloches, on peut difficilement faire mieux : les chambres à la déco lumineuse, toutes belles et impeccables, donnent presque toutes sur la cathédrale ! Seul petit bémol pour cette maison sérieuse à l'accueil très agréable : les salles de bains sont parfois très petites (mais toujours aussi nickel !). Nos lecteurs les plus argentés s'offriront les chambres en hauteur : spacieuses, elles disposent d'une belle terrasse pour un tête-à-tête avec la cathédrale.

Urban Style – Hôtel de l'Europe *(plan B2, **17**) : 87, rue aux Ours. ☎ 02-32-76-17-76. • contact@h-europe.fr • h-europe.fr • Doubles 79-110 €.* Certes, cet hôtel se trouve dans les quartiers tristounets de la reconstruction et la façade ne paie pas de mine. Les chambres n'ont donc pas le charme des bâtisses anciennes, mais elles n'en ont pas non plus les inconvénients ! Impeccables, bien équipées, elles bénéficient de tout le confort moderne. On est surpris par la déco personnalisée et originale dans les chambres « signature » (coup de cœur pour « l'Atelier », avec terrasse sur le toit). Accueil très pro et souriant.

Chambres d'hôtes Au Bonheur de Jeanne *(plan B1, **18**) : 30, rue Saint-Maur. 06-77-16-39-34. • france.benitta@live.fr • aubonheurdejeanne.wix.com/chambres-rouen • Double 100 €.* En plein centre, une belle demeure bourgeoise du milieu du XIXe s, agrémentée d'un joli jardin. Parquet ancien, moulures, cheminées, l'ensemble a beaucoup de charme. 2 chambres spacieuses et tout confort, décorées dans l'esprit des lieux, et une autre grande chambre *(50 € pour 2)* louée en complément, car sans sanitaire ni salle de bains. Petit déj (viennoiseries, gâteaux et confitures maison) servi dans le jardin aux beaux jours.

Hôtel de la Cathédrale *(plan C2, **19**) : 12, rue Saint-Romain. ☎ 02-35-71-57-95. • contact@hotel-de-la-cathedrale.fr • hotel-de-la-cathedrale.fr • Doubles 95-125 €.* Dans une rue piétonne qui longe la cathédrale, un petit hôtel au calme et très bien situé, dans une jolie bâtisse. Les chambres sont disposées autour d'un agréable patio fleuri. Chambres assez étroites (mais c'est le bâtiment qui veut ça !) à la déco plutôt cosy. Terrasse au dernier étage pour profiter de la vue. Très bon accueil.

Chambres d'hôtes L'Alcôve des Beaux-Arts *(plan C1, **20**) : 14, rue Charles-Lenepveu. ☎ 02-35-70-99-80. 06-64-51-53-14. • benedicteetphilippe.marchand@sfr.fr • Doubles 95-100 €.* Cet hôtel particulier du XVIIIe s abrite 2 belles suites familiales (dont une avec cuisine à disposition). Accueil aux petits soins dans cette maison où les couleurs délicates, le mobilier ancien, les pavés patinés par les années et les tableaux diffusent une douce ambiance un peu hors du temps.

Best Western Hôtel Gustave Flaubert *(plan A2, **21**) : 33, rue du Vieux-Palais. Entrée au fond de la cour. ☎ 02-35-71-00-88. • contact@hotelgustaveflaubert.com • hotelgustaveflaubert.com • ♿ Doubles 90-195 € selon confort et saison. Petit déj-buffet 16 €.* Un bel hôtel élégant et confortable, dédié au célèbre auteur normand. Les chambres, d'un excellent niveau de confort, sont personnalisées autour d'une œuvre de l'écrivain. Dans le bâtiment ancien, sur l'avant, 2 chambres et une suite. Toutes les autres se situent dans le bâtiment moderne. Les plus hautes sont particulièrement lumineuses ; ce sont aussi les plus luxueuses aussi. Le rez-de-chaussée, consacré à Emma Bovary, abrite un salon de thé et une bibliothèque avec les œuvres du maître, cela va de soi.

Où manger ?

Sur le pouce

Pour un bon sandwich, un petit plat ou une formule déjeuner, voir aussi ***Citizen Coffee*** *(plan B2, **53**)*, ***Ma Boulangerie*** *(plan B2, **54**)* et ***Dame Cakes*** *(plan C2, **51**)* décrits plus loin dans la rubrique « Où boire un bon café ? Où faire une pause gourmande ? ».

De très bon marché à bon marché

Bolibol *(plan B2, **37**) : 6, rue du Massacre. ☎ 02-32-83-98-20. • hello@bolibol.fr • Tlj sauf dim 11h30-22h en continu. Env 5-12 €.* Spécialité de *poke bowl* à composer soi-même : 1 base (semoule, riz, lentilles, etc.),

LA SEINE-MARITIME

1 protéine (viande, poisson, tofu...), 3 crudités, sauce et topping au choix. Excellent rapport qualité-prix-fraîcheur. Pour un petit déj tardif ou le goûter, la maison décline le concept avec une base sucrée (fromage blanc, chocolat, etc.), des fruits et du granola par exemple.

Un Grain de (plan A2, **41**) : *24, rue Cauchoise.* ☎ *02-35-08 58-42.* • *vivien.crepin@sfr.fr* • *Tlj sauf dim-lun. Congés : 15 j. début janv, 2e sem à Pâques et en août. Formule et menu midi en sem 12-14 € ; autres menus 17 € (sauf ven-sam)-21 € le soir.* La salle, au rez-de-chaussée de cette vieille maison à colombages, est toute simple. Et c'est la même histoire pour la cuisine maison pleine de fraîcheur et bien tournée, avec des plats qui s'ouvrent volontiers aux saveurs d'ailleurs et à des prix aussi gentils que l'accueil. Terrasse côté rue piétonne.

Trend Burger Café (plan C2, **33**) : *28, pl. des Carmes.* ☎ *02-35-63-93-82.* *Tlj sauf lun-dim et j. fériés. Formule déj 14,90 €. Carte env 15-20 €.* Une adresse qui surfe avec succès sur la vague du burger gourmet : propositions variées, originales, voire végétariennes, à base de pains artisanaux, de fromages au lait cru, et à accompagner de frites maison et de bières normandes. Lumineuse salle design et agréable terrasse (chauffée).

De bon marché à prix moyens

Le Comptoir des Halles (plan A-B2, **38**) : *pl. du Vieux-Marché.* ☎ *02-32-10-64-79.* • *poissonhalles@gmail.com* • *Tlj sauf lun 11h30-15h, jusqu'à 19h ven-sam et 13h dim. Plats env 13-30 €.* Un bar à huîtres idéal pour manger poissons et fruits de mer au milieu de l'effervescence du marché, assis au comptoir. Fraîcheur et convivialité garantis !

Bistro Nova (plan C2, **30**) : *29, rue du Lieutenant-Aubert.* ☎ *02-35-70-20-25.* *Tlj, sauf dim-lun et j. fériés. Congés : de mi-juil à mi-août et 2de quinzaine de déc. À l'ardoise seulement, env 30 €. Vin au verre à partir de 4 €.* Derrière l'abbatiale Saint-Ouen, un petit bistrot tenu par une jeune équipe sympathique. L'ardoise change tous les jours. Un renouvellement qui plaît aux nombreux habitués, tandis que la sélection de plats, elle, reste toujours identique : un poisson, une viande et une assiette végétarienne. Excellente cuisine fraîche, qui privilégie les circuits courts et les saisons. Côté flacons, la grande ardoise sur le mur qui présente les vins par région et catégorie de prix simplifie les choix ! Une excellente adresse à la bonne humeur communicative.

Les Halles by D'Eux-Mêmes (plan A-B2, **31**) : *27, pl. de la Pucelle.* ☎ *02-35-71-22-92. Ouv tlj midi et soir. Résa préférable les soirs en fin de sem.* Il s'agit de l'adresse bistrotière du restaurant *D'Eux-Mêmes* (entrée par la place du Vieux-Marché). Les salles communiquent entre elles, mais attention, les cartes ne sont pas les mêmes. Celle des Halles est parfaite pour une grignote rapide et pas (trop) chère au déjeuner avec une ardoise du jour qui suit la marée, les saisons et le marché, et le soir une sélection de tapas autour de vins servis au verre. Ici, les viandes de la filière Normandie Bœuf Héritage sont réputées et bien cuisinées.

Brasserie Paul (plan B2, **16**) : *1, pl. de la Cathédrale.* ☎ *02-35-71-86-07.* • *brasseriepaul@wanadoo.fr* • *Tlj jusqu'à 23h. Formule déj 18,50 € et carte env 30 €.* Idéalement située, face à la cathédrale, cette brasserie a été fondée en 1898 et a vu passer du beau monde : Claude Monet, Apollinaire, Marcel Duchamp ou Simone de Beauvoir. Depuis, le décor a évolué, tout en gardant son style rococo, mais l'adresse reste un classique de la ville. Et si proche du Bon Dieu qu'il nous pardonnera le péché de gourmandise !

Gill Côté Bistro (plan B2, **34**) : *14, pl. du Vieux-Marché.* ☎ *02-35-89-88-72.* • *gillcotebistro@orange.fr* • *Tlj (sauf 24-25 déc). Formules 22,90 € (le midi) et 29,50 € ; carte env 30 €.* Le chef étoilé rouennais Gilles Tournadre (qui a rendu ses 2 étoiles en 2020 pour reprendre sa liberté) supervise ici une cuisine de bistrot revue dans un cadre moderne, dominé par le bois et le noir des banquettes. Plats de bistrot, donc, et spécialités régionales comme la tête de veau sauce gribiche. Bon et bien fait. Service souriant et efficace.

La Petite Auberge (plan C2-3, **35**) : *164, rue Martainville. ☎ 02-35-70-80-18. Tlj sauf lun. Formule déj en sem 14,30 € (hors vac scol) ; menus 20-38,50 €.* Une toute petite salle à l'intérieur bas de plafond décoré de tableaux impressionnistes. Cuisine traditionnelle dans le meilleur sens du terme : on retrouve la saveur et l'excellence de plats tels que la tête de veau ravigote, l'entrecôte sauce morille et des escargots à toutes les sauces, la spécialité de la maison. Service impeccable et sans chichis.

P'tit Gars (plan B2, **42**) : *37, rue aux Ours. ☎ 02-35-89-97-58. • aurelien.demarest@outlook.fr • Tlj sauf dim-lun et le soir mar-jeu. Formule déj en sem 15,50 € ; menus 17-27 € et carte. Café offert sur présentation du guide de l'année.* Une petite dizaine de tables seulement dans cette salle façon bistrot d'aujourd'hui. Réservation conseillée, donc, d'autant que la cuisine est des plus réussie, dans la tradition mais avec un soupçon d'imagination et toujours au gré du marché. En prime, l'accueil comme le service ne gâchent en rien le plaisir de la rencontre avec ce *P'tit Gars*.

In Situ (plan B2, **39**) : *35, rue Lecanuet. ☎ 02-35-88-93-48. En face du musée des Beaux-Arts. Tlj sauf lun 11h30-15h, jusqu'à 19h ven-sam et 13h dim. Plats env 13-30 €.* Bistrot chic au cadre soigné, grande terrasse à l'avant et salle à l'étage avec cuisine ouverte et vue sur le square Verdrel. Formule du jour d'un bon rapport qualité-prix, avec des plats concoctés à base de produits locaux (cochon fermier, poisson du marché, etc.). À la carte, les prix grimpent vite...

De prix moyens à chic

Tandem (plan C2, **40**) : *11, rue Damiette. ☎ 02-32-83-18-63. Tlj sauf dim-lun et mar midi. Résa conseillée. Formules déj en sem env 18-24 € ; le soir, carte env 30-40 €.* Cette jolie façade ancienne abrite une petite salle au cadre contemporain, bien dans l'air du temps. Cuisine raffinée et savoureuse, concoctée par Fabien, originaire du Sud-Ouest, que l'on peut observer derrière la verrière, tandis que sa compagne rouennaise, Victoria, assure le service et un accueil charmant. Garder une place pour le dessert, c'est aussi une des spécialités de ce jeune chef talentueux !

Café Hamlet (plan C2-3, **44**) : *186, rue Martainville. ☎ 02-35-00-46-27. Tlj sauf lun-mar 9h-23h (19h dim). Plat du jour 14,50 € ; repas à la carte env 15-30 €.* Dans un cadre assez unique, au cœur de l'aître Saint-Maclou, 2 belles salles à la déco contemporaine et un patio où déguster la cuisine de Gilles Tournadre. Agréable terrasse dans la cour. Des suggestions du jour à prix démocratiques, et une carte variée qui fait la part belle aux produits du cru et de saison. Planches apéro et quelques bons petits plats servis en dehors des heures de repas, tout comme les pâtisseries, délicieuses.

Alba Restaurant (plan C2-3, **45**) : *236, rue Martainville. ☎ 09-87-36-44-24. Tlj sauf dim-lun et mar midi. Résa conseillée. Repas à l'ardoise (2 entrées, 2 plats, 2 desserts au choix) env 40 €.* Un restaurant gastronomique plébiscité par les Rouennais. Le jeune chef talentueux, Théophile Gratien, y fait des merveilles, entre tradition et modernité. Le menu restreint, signe de qualité, varie selon le marché et la saison. Un régal pour les yeux et les papilles. À déguster dans une jolie petite salle blanche à la déco épurée ou en terrasse.

Dînette (plan B2, **46**) : *31, rue Percière. ☎ 02-35-15-49-46. Tlj sauf dim-lun.* Cadre contemporain avec cuisine ouverte et longue table d'hôtes en bois. Une adresse plébiscitée pour sa cuisine de marché créative et savoureuse, exclusivement à base de produits frais et de saison. Excellent rapport

LA SEINE-MARITIME

qualité-prix, en particulier le midi. Accueil au diapason.

L'Odas (plan B-C2, **43**) : *4, passage Maurice-Lenfant. ☎ 02-35-73-83-24. • contact@lodas.fr • Tlj sauf dim soir-lun. Formule déj en sem 39 € ; menus 69-89 € ; carte 90 €.* Un joli gastro d'aujourd'hui avec une salle des plus contemporaine et une cuisine ouverte comme il se doit. En prime, terrasse agréable dans ce discret passage, au pied de la cathédrale. L'enseigne est inspirée des initiales d'Olivier Da Silva, jeune chef qui demande à ses clients de lui faire une entière confiance : pas grand-chose d'affiché sur les menus, sa cuisine se fait à l'instant, en fonction du marché et de son imagination (et il n'en manque pas !).

Où dormir ? Où manger dans les environs ?

Le Clos de la Vaupalière : *2, rue Louis-Joseph-Gay-Lussac, 76150* ***La Vaupalière.*** *☎ 02-35-33-03-30. • contact@closvaupaliere.fr • closvaupaliere.fr • Parking. Resto ouv lun-ven. Double à partir de 70 €.* Dans un esprit « rustique chic », un hôtel-restaurant disposant d'une trentaine de chambres dont 7 suites. Bon niveau de confort à prix abordables. Jardin et terrasse. Au resto, cuisine maison de bonne facture (soirées à thèmes le vendredi, dans un esprit convivial).

Chambres d'hôtes Manoir de Captot : *42, route de Sahurs, 76380* ***Canteleu.*** *☎ 02-35-36-00-04. 06-63-51-34-57. • captot76@yahoo.fr • captot.com • À env 7 km à l'ouest de Rouen. Doubles env 95-115 €.* Tout proche de Rouen, ce majestueux manoir du XVIIIe s propose 2 chambres d'hôtes meublées à l'ancienne, pour mener la vie de château. Possibilité de loger les enfants dans une petite chambre supplémentaire, attenante à celle du 2e étage. Beaucoup de charme dans l'ensemble.

Où boire un bon café ?
Où faire une pause gourmande ?

Prélude Café (plan B2, **50**) : *2, pl. de la Pucelle. ☎ 02-35-71-86-07. Tlj 8h30-18h.* Joli salon de thé au cadre moderne et chaleureux. Petite sélection de cafés, thés et boissons, ainsi que des petits déj, brunch, pâtisseries et gâteaux maison à prix démocratiques. Pour la pause déjeuner (12h-14h), assiette ou plat du jour *(env 13 €)* à base de produits locaux de saison. Simple, frais et goûteux. Quelques tables en terrasse.

Dame Cakes (plan C2, **51**) : *70, rue Saint-Romain. ☎ 02-35-07-49-31. • damecakes@orange.fr • Tlj sauf dim 10h-19h. Congés : 2de quinzaine de janv et de sept. Formules déj (12h-15h) 15,90-27,50 € ; formule goûter 9,50 € ; carte env 20-25 €.* Superbe maison ayant appartenu à un ferronnier (qui a réalisé les clochetons de la cathédrale). Un cadre très *british*, avec tissus à motifs, points de croix et broderies dans tous les coins. Formules pour le petit déj et le déjeuner, avec des plats goûteux à base de produits locaux, comme le feuilleté de pommes au Neufchâtel et quelques quiches ou salades bien fraîches... Pour une pause sucrée, grand choix de thés, chocolats, pâtisseries et surtout de cakes sucrés à tous les parfums et sous toutes les formes ! Aux beaux jours, petit jardin et terrasse à l'arrière.

Café Augustin (plan B2, **52**) : *11, pl. Lelieur. 06-69-41-56-71. • coffeeaugustin@gmail.com • Tlj sauf dim 9h-18h (18h30 ven-sam).* À la fois resto et *coffee shop*, on y sert quelques bons petits plats maison pour le déjeuner et une sélection de cafés, boissons (délicieux jus de fruits frais), snacks et pâtisseries du petit déj au goûter. Les végétariens et vegan y trouveront leur compte. Belle terrasse sur la place et jolie petite salle à la déco épurée.

Citizen Coffee (plan B2, **53**) : *4, rue de l'Écureuil.*

☎ *02-35-71-49-42. Tlj sauf dim 9h-19h. Formules 12-15 €.* Un endroit un peu branché, où l'on vient prendre un café ou un jus de fruits maison, accompagné d'un petit plat, d'un généreux sandwich ou d'une pâtisserie, eux aussi maison. Le tout dans une déco mi-design, mi-industrielle bien d'aujourd'hui. Agréable terrasse sur la place aux beaux jours.

Ma Boulangerie *(plan B2, **54**) : 6, pl. du Vieux-Marché.* ☎ *02-35-62-71-22. Fermé lun et dim ap-m.* Immanquable, la belle boutique de Christophe Cressent, Meilleur Ouvrier de France, trône non loin du bûcher de Jeanne d'Arc ! La longue vitrine réfrigérée expose tout son savoir-faire : fines pâtisseries traditionnelles, fondantes viennoiseries et 2 spécialités maison : la brioche au chocolat blanc et la brioche feuilletée. Également d'épais sandwichs, fougasses et tartines à emporter et manger sur la place aux beaux jours. *Autre boutique : 44, rue Armand-Carrel.* ☎ *02-35-71-00-64.*

Maison Vatelier *(plan C2, **55**) : 76, rue des Carmes.* ☎ *02-59-05-00-01. Tlj sauf dim-lun 9h30-19h30.* Une pâtisserie réputée notamment pour sa tarte au caramel beurre salé et qui a remporté le titre de « Meilleure brioche de France » ! D'autres gourmandises alléchantes : macarons, cakes, viennoiseries et pâtisseries... Uniquement à emporter. Adresse principale à Quincampoix, dans les environs de Rouen.

Où boire un verre ? Où sortir ?

Pour aller boire un verre ou sortir, vous trouverez 2 ambiances complètement différentes selon que vous dirigerez vos pas vers le quartier Saint-Maclou *(plan C2-3)* ou vers celui de la place du Vieux-Marché *(plan A-B2).* La rue de la République marque une vraie frontière (pour les Rouennais en tout cas !) entre ces 2 quartiers. Le 1er, plus bohème, à l'atmosphère cool et festive, conserve une ambiance de village où tout le monde semble se connaître. L'ambiance autour de la place du Vieux-Marché est un peu plus bourgeoise, plus touristique aussi.

Et question bars, ce quartier Saint-Maclou n'offre que l'embarras du choix. Vous pouvez également vous poser à la terrasse du ***Son du Cor*** *(plan C2, **60** ; 221, rue Eau-de-Robec),* avec les joueurs d'échecs et face aux amateurs de pétanque, goûter à l'une des nombreuses bières – souvent locales – de ***La Porte Ouverte*** *(plan C2, **57** ; 71, rue d'Amiens ; tlj 16h-1h)* un bar convivial avec baby-foot et jeux de société à dispo, concerts très réguliers et bières bon marché, ou vibrer aux décibels des DJs et autres groupes (plutôt rock'n'roll) qu'accueille régulièrement ***Le 3 Pièces*** *(plan C2, **56** ; 49, pl. du Général-de-Gaulle).*

La Boîte à Bières *(plan A1, **58**) : 35, rue Cauchoise.* ☎ *02-35-07-76-47.* • *laboiteabieresrouen@gmail.com* • *Lun-sam 17h-2h.* Belle maison à colombages sur 4 niveaux, ouverte à tous ceux qui ont la passion du houblon (pas moins de 180 types de bouteilles différentes et 10 bières à la pression !). Musique rock, billard, fléchettes, salon TV, dans un style très pub irlandais. Un classique qui a vu défiler moult générations d'étudiants...

Le Delirium Café *(plan B2, **59**) : 30, rue des Vergetiers.* ☎ *02-32-12-05-95. Tlj 18h-2h (23h dim).* Juste sous le Gros-Horloge, un bar sur 3 niveaux plébiscité par les étudiants et entièrement dédié à la bière, belge de préférence. Au choix, 20 bières à la pression et quelque 250 autres en bouteille.

Le 106 – Scène de musiques actuelles *(hors plan par A3, **65**) : 106, quai Jean-de-Béthencourt.* ☎ *02-32-10-88-60.* • *le106.com* • Ⓜ *Joffre-Mutualité. Desservi par les bus de nuit T1, N2 et N3.* Dans un ancien hangar de stockage de marchandises, c'est la scène consacrée aux musiques actuelles ; une grande salle modulable pour accueillir les pointures, et une autre plus confidentielle pour les jeunes talents. Concerts, donc, mais aussi quelques expos, des projections de documentaires, des conférences... Également un café.

Achats

Confiserie Héloin *(plan C2, **70**) : 98, rue des Carmes. ☎ 02-35-71-02-94. Tlj sauf dim 10h (14h lun)-19h (19h30 sam).* C'est la plus vieille enseigne de la ville, datant de 1830. Bonbons, chocolats, pâtes de fruits, pain d'épices, etc.

La Cloche d'Argent *(plan B2, **71**) : 8-10, rue du Massacre. ☎ 02-35-71-60-58. Tlj sauf dim-lun, 10h30-12h30, 14h-19h.* Une autre boutique de gourmandises avec une sélection alléchante de thés, cafés, chocolats Bonnat, confitures et miels normands...

Quartier des antiquaires *(plan C2-3) : autour de l'église Saint-Maclou, dans les rues Damiette et Martainville.* C'est là que sont concentrés les plus vieux antiquaires, presque centenaires, mais aussi des boutiques de créateurs et galeries d'art.

Le Marché du Robec *(plan C2, **72**) : 247, rue Eau-de-Robec. ☎ 02-76-27-01-19. Tlj sauf dim, lun mat et jeu mat (ouv à partir de 15h), 9h30-19h30.* Une jolie épicerie-primeur qui s'approvisionne auprès d'une cinquantaine de producteurs locaux. Fraîcheur et qualité constantes, du beau et beaucoup de bio avec une sélection de fruits, légumes, terrines, miels, biscuits, etc.

Jacotte et Javotte *(plan C2, **73**) : 37, rue Saint-Nicolas. ☎ 02-35-15-93-29. Tlj sauf dim et lun mat, 10h30-13h, 14h30-19h30.* Un beau magasin d'antiquités tenu par 3 femmes passionnées. Du mobilier anglais à toutes sortes d'objets chinés (jouets, plaques publicitaires), en passant par de vieilles malles, il y en a pour tous les goûts et (presque) tous les budgets !

À voir

Les centres d'intérêt sont cités selon un circuit (plus ou moins) logique.

Pour les amateurs de street-art, l'office de tourisme met à disposition une brochure avec 3 ***parcours d'art urbain*** (centre-rive droite, rive gauche et port de Rouen), pour découvrir les œuvres et fresques monumentales de street-artistes locaux ou internationaux. *Infos : ● rouenimpressionnee.fr ●*

Le Gros-Horloge *(plan B2) : rue du Gros-Horloge. ☎ 02-32-08-01-90. Avr-sept, mar-dim 10h-12h, 14h-18h ; oct-mars, mar-dim 14h-18h. Dernière entrée 1h avt la fermeture. Entrée avec audioguide : 7,10 € ; réduc ; gratuit moins de 6 ans.*

C'est la carte postale la plus expédiée de Rouen ! Merveilleuse construction où se mêlent les époques : l'arche sculptée enjambant la rue et le pavillon orné de chaque côté d'un riche cadran d'horloge datent du XVIe s ; le beffroi leur est antérieur (XIVe s), tandis que l'atelier de l'horloger à côté remonte au XVIIe s et la fontaine au XVIIIe s. Au XIVe s déjà, le beffroi abritait le mécanisme du Gros-Horloge qui permet encore aujourd'hui de sonner l'heure et les quarts d'heure – c'est le plus vieux mécanisme à sonner les quarts d'heure existant encore en Europe. L'horloge en plomb doré était autrefois à l'intérieur du beffroi, jusqu'à ce qu'on décide de la montrer. Les 1ers cadrans ont été installés en 1410, puis remplacés au XVIe s par ceux que l'on peut encore admirer aujourd'hui. L'aiguille des heures fait son petit bonhomme de chemin sur le cadran, tandis qu'en dessous le jour de la semaine est représenté par « sa » divinité (Mars pour mardi, Mercure pour mercredi...) ; chaque jour, à midi, on peut voir le semainier bouger.

L'***espace muséographique,*** à l'intérieur du Gros-Horloge, dévoile de façon succincte, mais très claire, les secrets d'une des plus vieilles horloges d'Europe : son histoire, son architecture, son fonctionnement... Une plongée aussi dans l'univers du XVIe s : visite du logis du gouverneur, de l'échoppe, de l'atelier de l'horloger, de la salle des cadrans ou encore de la chambre des cloches. Panorama insolite sur les toits de Rouen depuis le sommet du beffroi.

La ***rue du Gros-Horloge*** (« rue du Gros » pour les intimes ; *plan B2*) est évidemment la plus connue de la ville. La 1re rue piétonne de tout le sud de l'Europe (1970) ! Au niveau du Gros-Horloge, belle maison à pans de bois. Les demeures accolées au beffroi sont toutes parées du charme des siècles passés. Avec ses nombreux commerces, elle est souvent bondée, surtout le week-end.

La cathédrale (*plan B-C2-3*) **:** *pl. de la Cathédrale. Avr-oct, lun 14h-19h, mar-sam 9h-19h, dim et j. fériés 8h-18h ; nov-mars, mar-sam 9h-12h, 14h-18h, dim-lun et j. fériés 14h-18h. Déambulatoire fermé 30 mn avt la fermeture.*
– ***Cathédrale de lumière :*** *ts les soirs de juil à fin sept. GRATUIT.* Projections grandioses sur la cathédrale Notre-Dame, avec, pour thématiques, Jeanne d'Arc, les Vikings, Guillaume le Conquérant, etc.
C'est l'une des plus belles constructions de style gothique français. La cathédrale, tout en majesté et en finesse, est le fruit de plusieurs campagnes de construction successives, s'étalant sur plusieurs siècles, que l'on peut s'amuser à observer en détail sur la façade, dont les motifs, tours et portiques ne sont pas similaires. On peut encore distinguer par endroits des traces de polychromie.
– La ***façade,*** qui inspira tant Monet, présente une série de clochetons et de fenestrages ajourés, encadrée par 2 grandes tours de styles différents : la *tour Saint-Romain* au nord, et la *tour de Beurre* au sud *(à droite)*, du XVe s et dans le pur style gothique flamboyant. Haute de 75 m, elle a été édifiée (d'où son nom) grâce à la taxe perçue auprès de ceux qui souhaitaient consommer du beurre pendant le carême. La *tour centrale* et la *flèche,* d'un raffinement extrême, très visibles de la rue du Change, s'élèvent avec élégance à 151 m.
– Au centre, les ***3 portails historiés,*** chefs-d'œuvre de ciselage, véritable féerie de pierre, présentent toutes les caractéristiques de l'art gothique. Sur le flanc droit s'ouvre le *portail de la Calende,* merveilleuse réalisation du XIVe s avec un tympan représentant la Passion et la résurrection du Christ.
– ***L'intérieur :*** après le raffinement de l'extérieur, on est frappé par la sobriété de l'intérieur. La nef très haute, dépouillée, de style gothique primitif, est soutenue par d'épaisses colonnes mais d'une grande légèreté, grâce aux nervures qui les affinent. À la croisée du transept, 51 m vous séparent de la voûte. Dans le transept de gauche, élégant escalier qui donne accès à la librairie. En poussant la porte, à droite, on débouche dans la cour des Libraires (où étaient autrefois vendus les livres religieux). Il faut se retourner pour découvrir le ***portail des Libraires*** et son magnifique bestiaire fantastique. La partie supérieure est consacrée à la création du monde, avec Adam et Ève.
Chœur très sobre du XIIIe s. Dans le déambulatoire, la ***chapelle de la Vierge,*** accueille des pièces remarquables et 4 vitraux admirables du XIIIe s, les plus anciens vitraux en place qu'on puisse trouver en Normandie. Voir aussi les gisants de 4 ducs de Normandie : Guillaume Longue Épée († 942), Henri le Jeune († 1183), Richard Cœur de Lion († 1189) et Rollon († v. 927). Ce dernier date seulement du XIXe s.

LES MESURES AU MOYEN ÂGE

Avant l'apparition du système métrique, les mesures différaient d'une construction à l'autre. On se référait à la morphologie du maître d'œuvre. Une fois fixée, chaque mesure était inscrite sur une réglette, et tous les ouvriers d'un même chantier l'utilisaient. En revanche, les proportions entre les mesures étaient partout identiques (ex. : un pied = 12 pouces).

Atelier Claude Monet : *25, pl. de la Cathédrale. Visite sur demande uniquement : ☎ 02-32-08-32-40.* Eh oui, c'est dans cet hôtel Renaissance du XVIe s (ancien bureau des finances de la ville) que Monet avait installé son atelier, de février à avril 1882. Il a peint ici 11 des 28 toiles représentant la cathédrale.

Sur le côté gauche de la cathédrale, tout petits mais jolis ***jardins de la cour d'Albane.***

LA SEINE-MARITIME

CE COQUIN DE MONET !

Claude Monet a réalisé 28 tableaux différents de la cathédrale de Rouen. La plupart ont été peints à l'étage du magasin de lingerie féminine Lévy, qui accueille aujourd'hui l'office de tourisme. On y avait installé un paravent pour cacher les corps dénudés à la vue de l'artiste. En retrouvant ce paravent, bien plus tard, on s'est rendu compte que Monet y avait percé un orifice...

★★★ ***L'Historial Jeanne-d'Arc*** *(plan C2)* **:** *7, rue Saint-Romain. ☎ 02-35-52-48-00. • historial-jeannedarc.fr • Ouv tte l'année mar-dim 10h-19h. Fermé lun et j. fériés. Résa sur Internet conseillée. Dernière visite à 17h15. Parcours vidéo (env 1h15) avec départ ttes les 15 mn. Entrée : 10,50 € ; réduc ; tarif « tribu » (4 pers) 26 €.* Dans l'archevêché, qui abrite les vestiges de la salle dite de « l'Officialité », sur le site même où eurent lieu ***les 3 procès de Jeanne d'Arc.*** Une remarquable scénographie audiovisuelle évoque son procès en réhabilitation, demandé par le roi (qui l'avait sacrément laissée tomber !), 25 ans après la mort de la petite bergère qui voulait bouter les Anglais hors de France. Des projections et effets sonores permettent de comprendre que bien des témoignages étaient biaisés, voire faux. À la fin, 4 historiens répondent en vidéo aux ***grandes questions*** telles que « Jeanne d'Arc était-elle une bâtarde de sang royal ? », ou évoquent encore le statut des femmes, les voix divines. Passionnant. La visite est aussi l'occasion d'admirer une partie de l'intérieur du magnifique archevêché (crypte romane, salle des États, tour de guet), le dernier en France à être encore relié directement à sa cathédrale.
Possibilité de visites guidées (4 €) et nocturnes (à la lampe torche) et ateliers organisés pour les enfants (à partir de 3 ans).

★ Après le mémorial, suivez la rue Saint-Romain et jetez un œil sur la gauche à la ***rue des Chanoines,*** une des rues les plus étroites de la ville. Si les constructions médiévales en encorbellement permettaient de grappiller un peu de surface dans des villes densément bâties et ceinturées par des murailles, et de jeter ses eaux usées sans qu'elles ruissellent sur ceux du dessous, on pouvait aussi quasiment embrasser le voisin d'en face !

★★ ***L'église Saint-Maclou*** *(plan C2-3)* **:** *7, pl. Barthélemy. Ouv sam-lun 10h-12h, 14h-18h (17h30 oct-mars). Fermé 1er janv et 25 déc.* Ce splendide édifice de la fin du XVe s de style gothique flamboyant donne une impression de grâce et de légèreté. Fortement endommagé pendant la Seconde Guerre mondiale, il a heureusement conservé intact son grand porche à 5 arcades avec des vantaux Renaissance de toute beauté. De la dentelle ! La façade légèrement arrondie contribue à l'homogénéité du lieu. Le médaillon du vantail de gauche représente le Bon Pasteur éloignant les voleurs de la Bergerie. Dans celui du centre, 2 médaillons évoquent la circoncision et le baptême du Christ. L'ensemble est encore plus beau à contempler le soir, quand il est éclairé. L'intérieur, en comparaison, est moins fascinant, malgré sa magnifique tribune d'orgue de 1521 aux délicates boiseries Renaissance (concerts en été) et son élégant escalier à vis sculpté du XVIe s.

★★ Très jolies ***maisons anciennes*** tout autour de l'église Saint-Maclou. Bel alignement, par exemple, de colombages dans la ***rue Martainville.*** L'œil attentif constatera que ces maisons ne sont pas forcément médiévales : la date de construction souvent indiquée sur les sablières permet de voir que les façades du XVIe, XVIIe ou XVIIIe s s'y côtoient allègrement. La ***rue Damiette*** présente quelques jolies boutiques d'antiquaires et autres galeries d'art. Plus haut, la ***rue Eau-de-Robec*** tire son nom du ruisseau qui y coulait jadis (un petit cours d'eau artificiel rappelle aujourd'hui cette époque). Il alimentait les teinturiers dont les ateliers (ouverts sur la rue) subsistent, témoignage d'une architecture spécifique au XVIIIe s et à Rouen. C'est aujourd'hui une rue piétonne particulièrement agréable et vivante avec ses bars et ses restos.

L'aître Saint-Maclou *(plan C2) : 186, rue Martainville (au fond de la cour intérieure). Infos : ● aitresaintmaclou.com ● ♿ Tlj (sauf 1er janv, 1er mai et 25 déc) 9h-19h. Dans la rue qui longe le flanc gauche de l'église Saint-Maclou.* Cet admirable ensemble architectural du XVIe s, bordant une grande cour plantée d'arbres et composé de maisons à pans de bois, était autrefois ***un cimetière de pestiférés.*** C'est l'un des derniers témoins des charniers urbains en Europe. Le terrain a été acheté en 1348, lors de la Peste noire, pour compléter le petit cimetière situé derrière l'église Saint-Maclou ; en période d'épidémie, il pouvait y avoir jusqu'à 5 ou 6 couches de cadavres superposées. Une fois les corps décomposés, les ossements étaient récupérés et mis dans l'ossuaire. Les sculptures macabres sur certaines colonnes soutenant les galeries, et les étonnantes frises à motifs de têtes de morts, tibias entrecroisés, haches... sur les poutres évoquent ce funeste passé. De 1940 à 2014, l'école des Beaux-Arts a occupé les lieux. De vastes travaux de rénovation ont ensuite été entrepris. Aujourd'hui, des visites guidées – que l'on vous recommande – sont organisées pour découvrir l'histoire des lieux (quelques panneaux explicatifs également), et 2 ***galeries d'art*** ont pris place dans la cour : la *Galerie des Arts du feu*, vaste espace consacré au travail de la terre, du métal et du verre ; et la *Galerie Telmah*, qui présente sur 2 niveaux la production d'artistes de renommée internationale et celle d'artistes émergents. L'aître abrite aussi le ***Café Hamlet,*** décrit plus haut dans la rubrique « Où manger ? », et ***Les pâtisseries de de Gill,*** à l'avant *(rue Martainville ; tlj sauf lun-mar 9h-19h),* où acheter ses délicieuses créations pâtissières.

Le MUNAE *(musée national de l'Éducation ; hors plan par C2) : 185, rue Eau-de-Robec. ☎ 02-35-07-66-61. ● munae.fr ● ♿ Lun et mer-ven 13h30-18h15 ; w-e 10h-12h30, 13h30-18h15. Fermé mar et j. fériés. GRATUIT.* Dans cette belle demeure (maison de teinturier) du XVe s sont rassemblés de nombreux objets relatifs à l'enfant et à son éducation depuis le XVIe s (peintures, estampes, travaux d'élèves et mobilier scolaire d'époque). La salle de classe 1900 nous transporte avec émotion dans l'atmosphère de l'école d'antan. Le plus intéressant reste cependant les expos temporaires sur l'éducation, qui occupent une grande partie de l'espace.

L'abbatiale Saint-Ouen *(plan C2) : tlj sauf lun et ven 10h-12h, 14h-18h (17h oct-mars). Fermé 1er janv et 25 déc.* Fondée vers 750, l'abbaye de Saint-Ouen fut l'un des monastères bénédictins les plus importants de Normandie. Son église du XIVe s est un des joyaux du gothique rayonnant français ! Délicate à l'extrême, avec de beaux arcs-boutants dessinés comme des arcs-en-ciel. 2 belles tours octogonales surmontées d'une flèche de pierre. À la base des tours, des dizaines de tourelles de toutes tailles comme autant de demoiselles d'honneur à leur majesté. La tour centrale est surmontée d'une couronne. On pénètre dans l'abbatiale par le portail du transept, appelé « porche des Marmousets », qui possède une jolie frise ainsi que de curieuses clés pendantes. À l'intérieur, impressionnante nef élancée soutenue par une forêt de fines colonnes : pas moins de 137 m de long sous 33 m de voûtes. Vitraux du XVIe s, légers et aériens, aux couleurs douces. Dans le chœur, fermé par une grille élégante et dépouillée du XVIIIe s, est conservé l'un des plus beaux ensembles de vitraux du XIVe s en France. Le grand orgue est aussi une pièce rare, la dernière réalisée par le facteur Cavaillé-Coll. À noter : l'ensemble de l'abbatiale est en cours de rénovation (jusqu'à 204) mais reste accessible à la visite.

TOUR D'ABANDON

À l'entrée Germont du CHU de Rouen (à l'orée du quartier Saint-Maclou), un tourniquet en bois, logé dans le mur de l'hospice, permettait de déposer les bébés abandonnés. Le système a été fermé en 1904. Mais ces tourniquets sont réapparus en Allemagne... en 1999.

– Si vous souhaitez souffler un peu ou pique-niquer, il y a un joli ***parc*** derrière l'abbatiale d'où l'on a une vue magnifique sur le chevet.

🏛🏛 ***Le pôle muséal Beauvoisine*** *(plan C1)* **:** *cloître Sainte-Marie, 198, rue Beauvoisine.* Un bel espace muséographique installé dans un ancien couvent du XVIIe s.
– ***Le musée des Antiquités :*** *mar-sam 13h30-17h30, dim 14h-18h ; vac scol et expo temporaires, ouv aussi 10h-12h15 sauf dim. GRATUIT. ☎ 02-76-30-39-50.* • *museedesantiquites.fr* • Passionnant musée qui retrace d'abord avec concision et clarté l'histoire de la Normandie, ce qui permet ensuite de mieux apprécier les éléments exposés, de l'âge du bronze à la Renaissance. Les XVe et XVIe s sont bien représentés par une série d'admirables vitraux et de chapiteaux provenant de plusieurs églises de la région, de sculptures en bois polychrome et en ivoire, de pavements armoriés, de retables peints et sculptés...
Belle salle abritant la tapisserie des *Cerfs ailés,* superbes pièces du XVIe s. Jeter enfin un coup d'œil à la salle de la mosaïque antique, trouvée à Lillebonne, dans la vallée de la Seine, et aux belles collections d'antiquités grecques et égyptiennes.
– ***Le Muséum d'histoire naturelle de Rouen :*** *☎ 02-35-71-41-50.* • *museumderouen.fr* • *Ouv seulement l'ap-m, tlj sauf lun et certains j. fériés, 13h30-17h30 (14h-18h dim). Pdt les vac scol et lors de certaines expos, ouv dim mat 10h-12h15.* Dans l'ancien couvent des sœurs de la Visitation (1640), ce Muséum a, en grande partie, conservé sa muséographie du XIXe s : vitrines en chêne, dioramas, alignements de mammifères et d'oiseaux naturalisés, boîtes d'insectes (coléoptères, papillons...), minéralogie... On n'est guère surpris d'apprendre que le musée abrite la 2e plus grande collection dans ce domaine après Paris.
Au 3e étage, dans une muséographie plus contemporaine, la galerie des continents expose une partie de la collection ethnographique avec des objets (pirogue...) et animaux d'Amérique, d'Asie, d'Océanie, avec notamment de magnifiques oiseaux exotiques. Expos temporaires (payantes) au 1er étage.

À TITRE D'EXEMPLE

Le Muséum de Rouen peut se targuer d'avoir été le 1er dans le monde à avoir remis à la Nouvelle-Zélande une « tête maori » momifiée, ce qui a abouti à la création d'une loi en 2009, saluée par l'UNESCO, qui reconnaît l'obligation de restituer des restes humains aux pays concernés pour raison éthique.

🏛 ***La gare*** *(plan B-C1)* **:** construite en 1928 à l'emplacement d'une 1re gare devenue trop petite face à l'engouement des Parisiens pour la Normandie. Typiquement Art déco avec ses lustres, ses boiseries et son beffroi, elle abrite depuis 1967 des fresques colorées de Robert Savary illustrant le port et la cathédrale.

🏛🏛 ***Le cimetière monumental*** *(hors plan par C1)* **:** *rue du Mesnil-Grémichon. Accès en bus conseillé (lignes Fast 2, 22 ou 40, arrêt Cimetière-Monumental), parce que ça grimpe sérieusement ! Lun-ven 8h15-18h (17h nov-début mars) ; w-e et j. fériés 9h-17h15 (16h15 nov-début mars).* Souvent surnommé « le Père-Lachaise rouennais ». C'est un peu exagéré, mais les 10 ha de cimetière accrochés à la pente depuis 1828 méritent une visite. Notamment dans sa partie basse où reposent pour l'éternité toutes (ou presque) les gloires locales, à commencer par Flaubert et Marcel Duchamp, dont les admirateurs ornent régulièrement la tombe de leurs œuvres personnelles.

🏛 👪 ***Le donjon*** *(ou tour Jeanne-d'Arc ; plan B-C1)* **:** *rue Bouvreuil.* • *donjonderouen.com* • *Visites libre et gratuite le w-e 14h30-16h30 ; visite guidée (sur résa en ligne) le w-e à 15h : 6 € ; gratuit jusqu'à 12 ans. Escape game tlj sauf lun-mar 16h30-23h30 (22h dim) à partir de 8 ans : 17,50 €/pers.* C'est le dernier vestige en élévation du château édifié au XIIIe s par Philippe Auguste, au lendemain de sa conquête de la Normandie. Contrairement à ce que raconte la légende, Jeanne n'a jamais été enfermée ici mais dans une autre tour de l'enceinte (dans la cour du 102, rue Jeanne-d'Arc). En revanche, c'est dans la salle basse du donjon qu'on lui a présenté les instruments de torture, en mai 1431. L'intérieur de la tour accueille un ***escape game,*** ainsi qu'un nouveau jeu d'immersion, toujours en équipe, mêlant énigme grandeur nature aux dernières technologies de réalité virtuelle, pour vivre le siège de Rouen en 1419, comme si on y était !

Le musée Le Secq-des-Tournelles *(plan C1-2)* **:** *à l'intérieur de l'église Saint-Laurent, 2, rue Jacques-Villon. ☎ 02-35-88-42-92. • museelesecqdestournelles.fr • ♿ (partiel, accès rue Deshays). Tlj sauf mar 14h-18h. GRATUIT (sauf expos temporaires).*

Installé dans une ancienne église du XVIe s et consacré à la ferronnerie d'art, toutes techniques confondues. Une collection unique au monde avec plus de 12 000 pièces léguées en 1920 à la Ville de Rouen par un collectionneur... féru (le musée porte son nom) : des clés romaines aux serrures, présentées de façon chronologique (ça commence au gallo-romain !), en passant par les ustensiles de la vie domestique, les enseignes (très importantes jusqu'à la fin du XVIIIe s, quand la numérotation des maisons se généralisa), grilles (voir celle de l'église d'Ourscamp, chef-d'œuvre de ferronnerie romane), jouets, outillages de différents corps de métiers, articles de fumeur, bijoux en fonte de Berlin... Ces derniers sont nés de l'invasion de la Prusse par les armées napoléoniennes : les Prussiennes furent invitées à déposer leurs bijoux au Trésor contre une réplique en fonte ; un geste de patriotisme qui mit ces bijoux à la mode.

Et des objets exceptionnels comme cette clé du cabinet de Marie-Antoinette, avec chiffre et dauphins, et d'autres tout à fait insolites : serrure pince-voleur du XVIIe s, porte de coffre-fort avec un système d'alarme-pistolet, coffre à correspondance privée avec une serrure pour l'émetteur et une autre pour le récepteur...

Le musée des Beaux-Arts *(plan B-C1)* **:** *esplanade Marcel-Duchamp. ☎ 02-35-71-28-40. • mbarouen.fr • ♿ (accès 26 bis, rue Lecanuet). Tlj sauf mar et certains j. fériés 10h-18h. GRATUIT (sauf expos temporaires).*

Très bel ensemble de peintures européennes, sculptures, dessins et arts décoratifs du XVe s à nos jours. Quelques chefs-d'œuvre à ne pas manquer dans les peintures du XVIIe s, comme *Le Christ à la colonne* du **Caravage**. La lumière provenant d'en haut dévoile une scène d'un grand réalisme : très forte présence physique des personnages cadrés de près, beaucoup de mouvement dans la scène, épuisement du Christ, dont la tête inclinée semble prête à sortir du tableau. Le *Démocrite* de **Vélasquez** – initialement le portrait d'un bouffon de cour brandissant un verre de vin comme l'a révélé la radiographie – illustre l'attitude cynique du philosophe sur la façon dont va le monde ; une des 2 seules œuvres du peintre que l'on peut découvrir en France.

DÉBOIRES D'UN MARI INFIDÈLE

En 1909, François Depeaux, industriel dans le charbon, voulut faire une donation somptueuse de 250 tableaux impressionnistes au musée des Beaux-Arts de Rouen. Se sentant dépossédée, sa femme obtint par voie de justice que toutes ces œuvres soient vendues aux enchères. Plus fidèle à ses tableaux qu'à son épouse, Depeaux en racheta quelques dizaines qu'il offrit enfin au musée. On perdit quelques fleurons, dont de magnifiques Renoir.

Du côté des ***salles impressionnistes,*** le musée abrite une des plus importantes collections de France en la matière. On peut y admirer des œuvres parfois majeures de Monet *(Champ de coquelicots, Portail de la cathédrale de Rouen par temps gris)*, Sisley *(Inondation à Port-Marly, La Seine à La Bouille)*, Degas *(Renard mort, sous-bois)*, Renoir *(Bouquet de chrysanthèmes)*, Pissarro *(Le Pont Boieldieu à Rouen, soleil couchant)*, Caillebotte, etc. À propos de Monet, il souhaitait vendre la série des 28 cathédrales dans son intégralité et la proposa à Félix Faure, alors président de la République, mais ce dernier préféra acheter... la table de nuit de Napoléon !

Toutes les écoles du XIXe s sont également superbement représentées : le romantisme avec Géricault et Delacroix, l'école de la nature avec Corot et Huet, les préimpressionnistes avec Jongkind, Boudin et Lépine, l'école de Rouen avec Lebourg, Delattre, Angrand. Le traitement des couleurs dans les œuvres de Guillaumin, Pinchon ou Fréchon, les rapproche des fauves. Voir aussi un portrait et une esquisse de Modigliani, et une superbe toile de Vallotton, *Au français, troisième galerie, impression de théâtre*.

Une partie du rez-de-chaussée est consacrée aux œuvres contemporaines, avec notamment une salle consacrée à l'abstraction et une autre aux œuvres monumentales – remarquer le tableau de Charles Angrand représentant une *Vue intérieure du musée de Rouen en 1880*. Enfin, un petit espace est dédié aux **Duchamp,** originaire des environs de Rouen. Le musée possède en effet un fonds particulièrement riche (peintures et sculptures) consacré à cette famille qui, sur une fratrie de 6 enfants, ne comptait pas moins de 4 artistes : Jacques Villon, Raymond Duchamp-Villon, Suzanne Duchamp et Marcel Duchamp.

***Le musée de la Céramique** (plan B1) : dans l'hôtel d'Hocqueville, 1, rue Faucon ou 94, rue Jeanne-d'Arc. ☎ 02-35-07-31-74. • museedelaceramique.fr • Tlj sauf mar et j. fériés 14h-18h. GRATUIT (sauf expos temporaires).*

Mis en scène dans un bel hôtel particulier donnant sur un jardin ornemental réaménagé sur le modèle de ceux du XVIIe s, ce musée devrait intéresser autant les passionnés que les néophytes. Toute la céramique racontée à travers 900 objets divers et éléments de vaisselle, depuis les fragments archéologiques à l'aide desquels sont expliquées les étapes de fabrication, jusqu'aux plus belles réalisations de la faïence de Rouen, évidemment à l'honneur. Dès le milieu du XVIe s, on trouvait à Rouen un « émailleur en terre », précurseur de la faïence française, Masséot Abaquesne. Louis XIV et Colbert favorisèrent le développement de cet artisanat. À Rouen, les fabriques se multiplièrent à la fin du XVIIIe s, mais la concurrence de la faïence britannique puis celle de la porcelaine finirent par détrôner la ville française. La couleur qui domine est le bleu, privilégié car l'oxyde de cobalt utilisé est ce qui résiste le mieux à la cuisson.

Les vitrines présentent des pièces rares, superbes par leur finesse, leur souci du détail, leur finition... Et si la collection concerne surtout Rouen (avec notamment une table superbement dressée), on découvre dans les vitrines des faïences de Delft, de Nevers, de Lille et de Moustiers, avec quelques pièces assez extraordinaires comme ce violon.

***Le palais de justice – Parlement de Normandie** (plan B2) : pl. Foch.* Du début du XVIe s (mais presque entièrement reconstruit après la Seconde Guerre mondiale), c'est un véritable chef-d'œuvre de l'architecture gothique civile. La façade de la cour d'honneur avec sa tourelle centrale à pans découpés est d'une grande richesse décorative. En bas, fenêtres sobres en anse de panier. À l'étage, c'est déjà plus travaillé et, au niveau supérieur, on finit par une superbe orgie de tourelles, de pinacles, d'arcs-boutants.

LE TOUR DE COCHON DE L'ÉVÊQUE CAUCHON

Difficile pour un évêque de condamner Jeanne d'Arc, cette femme si croyante. On la fit jurer de ne plus porter le pantalon. Puis, en prison, on la dénuda de force en ne laissant à sa disposition que des habits masculins. Les ayant repris (évidemment), elle fut accusée de parjure et condamnée au bûcher. Sachez, mesdames, que la loi française interdisant le port du pantalon ne fut abrogée qu'en janvier... 2013 !

La place du Vieux-Marché *(plan A-B2)* **:** la place où tous les condamnés étaient exécutés au Moyen Âge et où Jeanne d'Arc fut brûlée vive en 1431 (une pierre – un peu cachée par les parterres de fleurs – symbolise l'endroit). Revêtue de pavés et entourée de quelques belles demeures à colombages, elle garde un certain caractère avec ses massifs arborés qui jouxtent l'église Sainte-Jeanne-d'Arc. Sur la place proprement dite, cet important bâtiment moderne intègre sous le même toit église et marché couvert ; un des endroits les plus vivants de la ville. Juste à côté de la place, au 4, rue de la Pie, la *maison natale de Pierre Corneille* *(mar-ven 13h30-17h30, sam 9h-12h, 13h30-17h30, dim 14h-18h ; GRATUIT)* s'adresse aux fans de l'écrivain.

– ***L'église Sainte-Jeanne-d'Arc* :** *tlj sauf mat des ven et dim 10h-12h, 14h-18h.* Elle a recueilli les beaux vitraux Renaissance d'une église rasée en 1944. Si son architecture extérieure trouve nombre de détracteurs, l'intérieur est fort réussi, avec une organisation originale de l'espace et une belle charpente de bois en forme de coque de bateau ; avec les ardoises du toit en écailles de poisson, c'est la mer et la symbolique chrétienne du poisson qui sont évoquées. La forme du toit figurerait quant à elle les flammes du bûcher, mais on peut y voir aussi la forme d'un drakkar ou d'un chapeau biscornu (!).

L'hôtel de Bourgtheroulde *(plan A-B2)* **:** *sur la pl. de la Pucelle.* Un petit bijou de la Renaissance construit au XVIe s par Guillaume II le Roux, conseiller au Parlement. C'est aujourd'hui un hôtel plutôt chic aménagé de façon très contemporaine. Dans la cour, de très beaux bas-reliefs sculptés relatent une célèbre rencontre entre les rois de France et d'Angleterre en 1520, près de Calais. Cette rencontre, dite « entrevue du Drap d'or » – en référence à la tente tendue de drap d'or de François Ier –, avait pour but de convaincre le souverain anglais (Henri VIII) de s'allier à lui contre Charles Quint… Ce fut peine perdue.

Le musée Flaubert et de l'Histoire de la médecine *(plan A1)* **:** *51, rue de Lecat. ☎ 02-35-15-59-95. Dans l'enceinte de l'ancien hôtel-Dieu (la préfecture aujourd'hui). Mar 10h-12h30, 14h-17h30, mer-sam 14h-17h30. Fermé j. fériés. GRATUIT. Audioguide : 2 €.* Petit musée établi dans la maison natale de l'écrivain, dont le père était chirurgien à l'hôtel-Dieu. Souvenirs personnels ainsi qu'une joyeuse palette d'instruments chirurgicaux et d'anciens pots de pharmacie en faïence de Rouen. Pièces de collection étonnantes, comme ce lit d'hôpital à 6 places ou le mannequin d'accouchement de Mme Du Coudray, qui servit, au XVIIIe s, à former 5 000 sages-femmes à travers la France. Jardin de plantes médicinales.

À voir encore. À faire

Les quais de Seine rive droite

Ils sont désormais voués à la promenade, au farniente, voire au shopping et à la vie nocturne.

Sur le quai rive droite, où les anciens entrepôts sont réinvestis par des cafés, des restos, des boutiques avec, tout au bout, le grand centre commercial ***Dock 76.*** Il abrite une cinquantaine d'enseignes, un cinéma, des restos, snacks et jeux (couverts) pour les enfants.

Le Musée maritime, fluvial et portuaire *(hors plan par A2)* **:** *quai Émile-Duchemin, hangar portuaire nº 13. ☎ 02-32-10-15-51. ● musee-maritime-rouen.asso.fr ● TEOR nos 1, 2 ou 3, arrêt Mont-Riboudet-Kindarena. ♿ À env 3 km en direction du Havre par la nationale (av. du Mont-Riboudet), puis fléché. Mar-dim 14h-17h. Fermé lun et certains j. fériés. Entrée : 5 € ; réduc ; gratuit moins de 6 ans.* Situé en bord de Seine, ce musée retrace ***l'histoire du port de Rouen et celle de la Seine.*** Grâce aux riches collections du musée, différents thèmes sont abordés :

LA SEINE-MARITIME

l'activité portuaire, la construction navale, la navigation fluviale... Nombreuses maquettes de bateaux. Dans le *Pompon rouge*, une ancienne péniche restaurée, expo consacrée à la batellerie sur la Seine.

Les quais de Seine rive gauche

Pour le farniente pur et dur et la contemplation, il faut traverser la Seine et rejoindre la ***prairie Saint-Sever*** *(plan B3)*, entre les ponts Boieldieu et Corneille, d'où vous aurez vue sur le centre-ville et la cathédrale depuis les beaux espaces verts aménagés au bord de l'eau. Cette rive a aussi le mérite d'être plus calme car coupée de la route.

La Presqu'île Rollet *(hors plan par A3)* **:** *en face des Docks 76. Avr-sept, tlj 9h-20h30, oct-mars 9h-16h30. Accès libre.* L'ancienne île où l'on stockait le charbon a retrouvé son état naturel avec de vastes prairies et une promenade (2 km) entre le pont Guillaume-le-Conquérant et la pointe de la presqu'île qui offre des vues insolites sur la ville, le port et les silos. Seuls les rails et les anciens pavés ont été conservé et rappellent le passé industriel de la presqu'île, appelée aussi « jardin du rail ». Aire de jeux pour les enfants, terrain de pétanque.

Le Hangar 107 *(hors plan par A3)* **:** *107, allée François-Mitterrand ; derrière les jardins de la presqu'île. 06-17-76-85-43. • hangar107.fr • M Joffre-Mutualité ; bus n° 34 arrêt Hangars. Ouv mer, jeu et ven 14h-18h, w-e 11h-19h. GRATUIT.* Ce centre d'art contemporain, financé par des mécènes privés, a pris ses quartiers au bord des quais de Seine réaménagés. À l'affiche, des expos en lien avec l'univers du graffiti, de l'art urbain.

Plus au sud

L'Atrium *(hors plan par A3)* **:** *115, bd de l'Europe. ☎ 02-35-89-42-27. • atriumnormandie.fr • M Europe. Tlj 14h-18h. Tarif : 8 € ; réduc.* À la fois centre culturel et musée des Sciences, un vaste espace consacré à toutes les sciences : expositions interactives, maquettes, vidéos, etc. Organise aussi divers évènements au cours l'année (infos sur le site).

Le Jardin des plantes *(hors plan par B3)* **:** *114 ter, av. des Martyrs-de-la-Résistance. Bus F1, arrêt Jardin-des-Plantes ou Dufay. Tlj 8h30-19h45 (17h15 en hiver). GRATUIT.*

Créé en 1691, ce jardin à l'histoire tumultueuse est passé entre les mains de riches propriétaires qui y organisaient de somptueuses fêtes animées de feux d'artifice et d'envols de montgolfières. Rebaptisé « jardin du Trianon » puis racheté par Napoléon Ier en 1811, il sert alors à la culture et à la préservation d'espèces végétales issues des 5 continents.

Jardin à la fois à l'anglaise et à la française, il recèle, sur plus de 8 ha, 5 600 espèces de végétaux et diverses curiosités architecturales et décoratives. Outre les serres construites en 1839 pour accueillir ***des plantes d'orangeries et des espèces exotiques,*** une grange à pressoir du XVIIIe s à colombages, ainsi qu'un kiosque à musique où orphéons et harmonies viennent jouer aux beaux jours. On s'y promène le long des volières qui hébergent perruches, perroquets et faisans dorés, ou autour du plan d'eau peuplé de poissons, à la recherche d'une énigmatique pierre runique offerte par le Danemark.

Fêtes et manifestations

– ***Fêtes Jeanne d'Arc :*** *dernier w-e de mai.*
– ***Armada de la liberté :*** *en juin, ts les 4 à 6 ans. Prochaine édition du 8 au 18 juin 2023.* Magnifique rassemblement de voiliers.

– ***Rouen sur mer :*** *juil.* Concerts, spectacles, cinéma en plein air... et plage installée sur les quais bas rive gauche.
– ***Fête du Ventre et de la Gastronomie normande :*** *1 w-e mi-oct.* Cet événement phare de la cité rouennaise a remis au goût du jour une fête qui existait déjà dans les années 1930. Pendant tout un week-end, le quartier de la place du Vieux-Marché grouille de monde et d'animations en lien avec la bonne chère.

DANS LES ENVIRONS DE ROUEN

Le pavillon Flaubert : *18, quai Gustave-Flaubert, Dieppedalle-Croisset, 76380* ***Canteleu.*** *☎ 02-76-08-80-88. • rouen.fr/flaubert • À env 6 km à l'ouest du centre de Rouen (accès en bus n° 9, arrêt Pavillon-Flaubert). Mai-juin et sept, w-e slt 14h-18h ; juil-août, mer-dim 14h-18h ; fév-juin et sept-nov, ouv sur résa seulement 9h-12h. Fermé déc-janv. GRATUIT.* De la belle propriété de famille, rasée par un promoteur après la mort de l'écrivain, il ne subsiste que ce minuscule pavillon, classé Monument historique. Ruinés, les héritiers de Flaubert eurent la malencontreuse idée de revendre le terrain à un homme d'affaires qui y fit construire... une distillerie ! Les admirateurs de l'écrivain trouveront quelques reliques réunies dans ce petit musée (copies de manuscrits, meubles d'origine, photos, objets et souvenirs relatifs à la Tunisie qui l'inspirèrent pour *Salammbô*, etc.).

MEETIC

À Belbeuf, au sud de Rouen, la chapelle Saint-Adrien est accolée à la falaise. Les jeunes filles viennent prier saint Bonaventure pour trouver l'âme sœur. Il suffit d'accrocher sa demande sur le coussin près de la statue. On vient aussi implorer saint Bonaventure pour récupérer le (la) conjoint(e) parti(e) à l'aventure.

Le musée industriel de la Corderie Vallois : *185, route de Dieppe, 76960* ***Notre-Dame-de-Bondeville.*** *☎ 02-35-74-35-35. • corderievallois.fr • À 6 km au nord de Rouen. Accès en bus F4, arrêt Musée-de-la-Corderie-Vallois ou n° 16, arrêt Musée-de-la-Corderie. ♿ Tlj (sauf certains j. fériés) 13h30-18h. Visite guidée 1h. Mise en marche des machines (visites commentées) à 14h, 15h, 16h et 17h. GRATUIT (sauf expos temporaires).* Construite en 1820 en pans de bois, l'usine fut d'abord une filature, puis, de 1881 à 1978, une corderie industrielle. L'ensemble des machines (datant pour la plupart de 1880) a été conservé et fonctionne grâce à la roue à aubes actionnée par l'eau du Cailly. On est littéralement plongé dans l'ambiance de travail du XIXe s. Le lieu abrite aussi un jardin de plantes tinctoriales (pour la teinture) et à fibres.

La Maison des Champs – Musée Pierre-Corneille : *502, rue Pierre-Corneille, 76650* ***Petit-Couronne.*** *☎ 02-35-68-13-89. • museepierrecorneille.fr • À env 8 km au sud de Rouen. Bus nos 6, 27 ou 31, arrêt Porte-des-Tourelles. Mer-sam et dim ap-m 10h-12h30, 14h-18h (17h30 oct-mars). Fermé lun-mar et dim mat. GRATUIT (sauf expos temporaires).* Cette adorable demeure à colombages du XVIIe s était la maison de campagne de la famille Corneille. Remeublée avec du mobilier normand de l'époque, elle évoque la vie quotidienne et l'œuvre de Pierre Corneille à travers des gravures, des portraits, des sculptures et des éditions

UNE FAMILLE AU CARACTÈRE BIEN TREMPÉ

Sur les 6 enfants qu'eut Corneille, seule sa fille Marie lui donna 2 petits-enfants. Et dans cette descendance, qui retrouve-t-on quelques générations plus tard ? Charlotte Corday, celle qui assassina Marat dans sa baignoire.

originales. Pour compléter la visite, agréable verger, joli jardin fleuri et potager reconstitué dans l'esprit du XVIIe s, ainsi qu'un puits et un four à pain au toit de chaume.

La Fabrique des savoirs : *7, cours Gambetta, 76500* ***Elbeuf.*** *☎ 02-32-96-30-40. • lafabriquedessavoirs.fr • Mar-dim 14h-18h. GRATUIT (sauf expos temporaires). Visites guidées et ateliers pédagogiques payants. Pour les visites découverte, résa conseillée.* Elbeuf fut une grande cité drapière et l'industrie textile y joua un rôle clé jusque dans les années 1960, où elle commença à péricliter. Cet étonnant musée, fort bien conçu, est installé dans les anciens ateliers de l'usine textile Blin. Fondée en 1875, celle-ci devint peu à peu une véritable usine-quartier qui employa jusqu'à 2 000 personnes. Peu après sa fermeture, en 1975, la municipalité, consciente de la valeur de ce patrimoine, racheta les locaux et les terres avant d'en reconvertir progressivement une partie en logements sociaux, puis une autre en médiathèque, d'y installer également un IUT dans les années 2000 et, enfin, ce passionnant musée. Une grande partie de son espace d'exposition est consacrée au drap d'Elbeuf et à l'industrie textile. Mais il traite aussi de la connaissance en général, que ce soit sur la Seine à ses origines et les transformations de son environnement, ou encore sur l'évolution du patrimoine architectural et des matériaux.

LA VALLÉE DE LA SEINE ET LE PAYS DE CAUX INTÉRIEUR

De son entrée dans la région normande (à Vernon) jusqu'à son embouchure (au Havre), la Seine décrit 10 grands méandres, se frayant ainsi un chemin sinueux dans une vallée pourtant large (environ 12 km), devenue parc naturel régional. Elle déroule son long et lent ruban gris, bronze, argent ou bleu selon les lieux et la lumière, à toute petite vitesse puisque, à Vernon, il ne lui reste que 16 m de dénivelée pour charrier ses masses d'eau à bon port. Rongeant la falaise crayeuse blanchâtre à la base ou inondant des terrasses planes comme le Marais-Vernier, le fleuve continue à jouer avec ses contours.

Passe ton bac d'abord !

On ne peut rêver plus pittoresque pour traverser la Seine que ces bacs. En prime, ils sont gratuits ! Il existe 8 points de franchissement, largement utilisés par les locaux. Sur l'itinéraire qu'on vous propose, vous rencontrerez les liaisons La Bouille/Sahurs, Duclair/Berville et Jumièges/Heurteauville. Ils fonctionnent toute l'année (sauf le 1er mai), avec une fréquence allant de 10 mn à 1h, selon la saison et le lieu de passage. Celui reliant La Bouille à Sahurs fonctionne de 6h30 (7h le week-end) à 22h.

– Pour plus d'infos sur le trafic : ☎ 0800-876-876 (appel gratuit). • inforoute76.fr •

Autre alternative, un très bel itinéraire à vélo, ***La Seine à vélo,*** qui suit le parcours de Paris à la mer en longeant le fleuve. *Infos : • laseineavelo.fr •*

LA BOUILLE (76530) 770 hab. *Carte Seine-Maritime, B3*

Ancien port de mer situé à une quinzaine de kilomètres en aval de Rouen, sur la rive gauche de la Seine, et sommeillant au pied des falaises qui bordent le plateau du Roumois. Son essor date du XVe s. Trait d'union entre Rouen et la

basse Seine, La Bouille est alors un carrefour très animé. Avec les 1ers bateaux à vapeur débarquent les peintres et les promeneurs du dimanche. Hector Malot (l'auteur de *Sans famille*) est né ici et décrit dans son œuvre les foules pittoresques qui se pressent alors aux terrasses des auberges.
De nos jours, le site (tout petit) reste plutôt touristique, et on le comprend : le village offre une plongée directe dans l'époque médiévale : allez à la recherche de la plus belle maison à colombages, de l'encorbellement le plus majestueux, du pignon le plus pittoresque...

Où dormir ? Où manger ?

Hôtel Le Bellevue : *13, quai Hector-Malot. ☎ 02-35-18-05-05. • reservation@hotel-le-bellevue.com • hotel-le-bellevue.com • En bord de Seine. Tlj sauf le midi ven-sam et dim soir, plus le soir ven-sam hors saison. Congés : vac de Noël, plus 2 sem en août-sept pour le resto. Doubles 70-120 €, possibilité de 1/2 pens. Formule déj en sem (lun-jeu) 21-29 € et carte env 35 €.* Grande maison blanche à fière allure, proposant des chambres pas toujours bien grandes, mais jolies et bien tenues, avec vue sur la Seine ou le village. Au resto, cuisine dans la tradition avec quelques touches bien d'aujourd'hui.

La Maison Blanche : *1, quai Hector-Malot. ☎ 02-35-18-01-90. • la_maisonblanche@yahoo.fr • Fermé dim soir et lun-mar. Menus 25-40 € et carte env 35 €.* En bord de Seine, une jolie petite salle fraîche à l'étage, pour admirer les bateaux qui passent. Les meilleures tables sont donc près de la fenêtre ! Le chef à la barre ne travaille que des produits frais de producteurs locaux et maîtrise l'utilisation des épices. Il mêle avec subtilité cuisine gastronomique française et influences d'Afrique du Nord. Service impeccable.

Les Gastronomes : *1, pl. du Bateau. ☎ 02-35-18-02-07. Juste à côté de l'église. Fermé mer-jeu. Carte env 35-45 €.* Petit bistrot chic proposant une savoureuse cuisine de saison. On sent une réelle volonté de bien faire et de proposer les meilleurs produits.

À voir

Flânez dans les ruelles pour découvrir les mille détails et raffinements de l'***architecture médiévale.*** Trouvez, ***place Saint-Michel,*** cette belle maison à l'angle orné d'un archange sculpté dans la masse. Admirez l'***ancienne mairie,*** rue du Grenier-à-Sel, avec son toit à clochetons. Toutes les vieilles demeures sont abondamment fleuries, et beaucoup possèdent encore une poulie servant à monter le grain ainsi que de pittoresques toits à lucarnes. Dans l'***église,*** de beaux vitraux et 2 ex-voto représentant des bateaux en pleine tempête.

Sur le quai et dans les ruelles du bourg, de nombreux peintres exposent dans leurs ***galeries*** *(ouv généralement l'ap-m le w-e).* Sans oublier le ***Grenier-à-Sel*** *(1, rue du Colonel-Périn)* et ses expos temporaires d'art contemporain.

SAINT-MARTIN-DE-BOSCHERVILLE

(76840) 1 440 hab. *Carte Seine-Maritime, B3*

Ce charmant village abrite une belle abbaye bénédictine bâtie au XIIe s par Guillaume de Tancarville, grand chambellan du duc de Normandie, sur une ancienne collégiale pour accueillir une trentaine de moines bénédictins.

Le bâtiment conventuel a été reconstruit au XVIIIe s par les moines (mauristes, cette fois !). Et l'église abbatiale a dû sa survie au mauvais état de celle du village : les habitants célébraient la messe ici, au couvent.

Où dormir ? Où manger dans le coin ?

De bon marché à prix moyens

Chambre d'hôtes Le Jardin Brodé : *29, route du Brécy, à Saint-Martin. 06-23-11-67-44. • jacqueline.pelvillain@orange.fr • lejardinbrode.fr • Double 75 €. CB refusées.* Ce jardin brodé d'innombrables fleurs est un véritable havre de paix, à découvrir en toute saison ! Belle chambre d'hôtes avec accès indépendant dans une demeure du XVIIIe s. Lumineuse, agréablement meublée, elle possède un petit coin de jardin privatif pour prendre son petit déjeuner avec les nombreux oiseaux ravis de trouver une mangeoire bien pleine chaque matin.

Chambres d'hôtes Les Hostises de Boscherville : *1, route de Quevillon, à Saint-Martin. ☎ 02-35-34-19-81. 06-66-82-25-31. • hostises.boscherville@gmail.com • chambrehotenormandie.net • Congés : fêtes de fin d'année. Doubles env 65-85 €. Repas env 12-18 €.* Au cœur du village, dans une belle demeure vieille de 2 siècles, les chambres ont vue sur leur voisine directe : l'abbaye (et ses jardins). Tommettes rouges pour la chambre du rez-de-chaussée, parquet pour les 3 autres à l'étage, mais partout les quelques meubles anciens se fondent dans la déco bien d'aujourd'hui, sobre et pleine de fraîcheur. Et pour l'accueil de Christelle et Olivier, c'est avec beaucoup de gentillesse et un grand sourire.

La Belle de Mai : *2, pl. de l'Abbaye, à Saint-Martin. ☎ 02-32-80-18-38. • labelledemai76@orange.fr • Tlj sauf mer 8h-19h. Formule déj 13,50 € sauf dim et j. fériés ; carte 18 €.* Le petit bar-tabac de village qui fait aussi resto (avec plat du jour le midi) et crêperie. Les salles sont sympa et, aux beaux jours, la terrasse est presque au pied de l'église.

Voir aussi les chambres d'hôtes du ***Manoir de Villers,*** dont on parle dans les environs de Saint-Martin. *☎ 02-35-32-07-02. • contact@manoirdevilliers.com • manoirdevilliers.com • Ouv mar-mi-déc. Doubles 150-160 €, petit déj 10 €.*

À voir

L'abbaye Saint-Georges de Boscherville : *route de l'Abbaye. ☎ 02-35-32-10-82. • abbayesaintgeorges.fr • Avr-oct, tlj 9h30-18h30 ; nov et mars, tlj 9h30-12h30, 13h30-17h. Fermé de déc à fév (sf pr les groupes), 1er mai, 1er et 11 nov. Bâtiments monastiques et jardins : 6 € ; réduc.*

On visite d'abord la belle *abbatiale* à l'architecture et aux proportions particulièrement harmonieuses. Façade équilibrée, sobre, remarquable pour son portail roman. À l'intérieur, nef d'une grande harmonie, dont les beaux piliers dépouillés sont reliés par des arcades romanes. Chaque bras de transept est soutenu par un pilier massif dont le chapiteau présente des motifs végétaux, animaliers ou humains : un évêque donnant la bénédiction, un combat de chevaliers, un Christ Roi ou un... âne tentant de s'échapper de l'église !

À gauche de l'abbatiale, un chemin mène au bâtiment conventuel des bénédictins, aujourd'hui transformé en accueil et boutique. Ensuite, on visite, entre autres, la salle capitulaire du XIIe s aux chapiteaux raffinés et la chapelle des chambellans qui contient une maquette de l'abbaye au XVIIe s. Enfin, très agréable balade dans le beau jardin monastique, reconstitué d'après les plans du XVIIe s (potager, plantes médicinales et aromatiques, vergers, jardin des senteurs...). Du haut du coteau, devant le Pavillon des Vents, promontoire offrant une vue dégagée sur l'abbaye et son environnement.

DANS LES ENVIRONS DE SAINT-MARTIN-DE-BOSCHERVILLE

Le manoir de Villers : *30, route de Sahurs, 76113* ***Saint-Pierre-de-Manneville.*** *☎ 02-35-32-07-02. (sauf 1er étage). • manoirdevilliers.com • À 7 km au sud de Saint-Martin-de-Boscherville. Manoir ouv avr-oct, sam 14h30-17h30, dim et j. fériés 15h-18h30 ; entrée (manoir et parc) : 7 €, réduc. Visite du parc mai-sept, tlj sauf jeu-ven 14h30-17h30 ; entrée : 5 €.* Typique manoir normand du XVIe s, avec des parties néonormandes construites au XIXe s et inscrites au titre des Monuments historiques. Visite guidée très intéressante et pleine de courtoisie qui s'appuie sur le patrimoine familial pour passer en revue l'évolution des arts décoratifs du XVIe au XIXe s, mais toujours en lien avec l'histoire. Dans le parc, jardins de roses et de plantes vivaces, pièce d'eau romantique, enclos de camélias, jardin secret, théâtre de verdure avec une glacière et un ravissant « chalet » du XIXe s accueillant de temps en temps des expos temporaires. Également des animations en saison et 2 chambres d'hôtes dans le manoir pour prolonger l'étape.

Le Centre d'art contemporain de la Matmut – Daniel Havis : *425, rue du Château, 76480* ***Saint-Pierre-de-Varengeville.*** *☎ 02-35-05-61-73. • matmutpourlesarts.fr/centre-art-contemporain • À 11 km au nord de Saint-Martin-de-Boscherville. Tte l'année, mer-dim sauf j. fériés et 1re sem de sept, 10h (parc à partir de 9h)-19h. GRATUIT.* La Matmut, propriétaire de ce château du XIXe s, y a ouvert un centre d'art contemporain en rénovant 2 salles du rez-de-chaussée ainsi que celles, voûtées et en brique, en rez-de-jardin. Pour l'occasion, celles-ci ont troqué leur déco châtelaine pour des apparats beaucoup plus contemporains, bien plus en phase et adaptés aux 4 expos temporaires qu'elles accueillent dans l'année. Organise également « Mômes au château » 2 fois par an. La visite du parc de 6 ha, constitué de jardins thématiques qui abritent une quinzaine d'œuvres monumentales, mérite aussi de s'y attarder.

JUMIÈGES

(76480) 1 750 hab. *Carte Seine-Maritime, B3*

Un site hautement touristique, et à juste titre, car il abrite sans conteste l'une des plus admirables abbayes de France. Bien que largement ruinée, elle n'en conserve pas moins une majestueuse prestance dans un superbe environnement.

IL ÉTAIT UNE FOIS...

Fondée au VIIe s par saint Philibert sur l'ordre du roi Dagobert, l'abbaye bénédictine de Jumièges accueille d'emblée une centaine de moines chargés d'évangéliser la population. Très vite, on en compte 800. En 841, l'abbaye de Jumièges est incendiée par les Vikings, puis reconstruite plus tard sous l'influence du moine lombard Volpiano (fondateur de l'abbaye de Fécamp) et consacrée en 1067 en présence de Guillaume le Conquérant. L'abbaye prospère et s'agrandit jusqu'à la Révolution, époque à laquelle la communauté monastique se disperse. Elle est

L'ABBÉ ÉTAIT ASTRONOME

Sachez que la position de 7 abbayes de l'Eure et de la Seine-Maritime formerait la constellation de la Grande Ourse. Maurice Leblanc en parle dans son aventure d'Arsène Lupin La Comtesse de Cagliostro.

ensuite utilisée comme carrière de 1802 à 1824. Un nouveau propriétaire, touché par l'état de grâce, cesse les destructions en 1852 et commence à entreprendre des travaux de consolidation des ruines (qui durent toujours).

Où dormir ?

Campings

Camping du lac : *4, route du Manoir, 76480* **Le Mesnil-sous-Jumièges.** *☎ 02-32-13-30-00. • contact@campinglacjumieges.fr • campinglacjumieges.fr • ♿ À env 2 km de Jumièges (fléché). Ouv début avr-oct. Compter 15 € pour 2.* Le camping se situe légèrement à l'écart de la base de loisirs, qui offre 42 ha de plan d'eau pour la baignade et 30 ha aménagés en espaces sportifs, de détente et de loisirs. Simple, en partie ombragé, il n'est pas désagréable, mais aux beaux jours, la base et le parc aventure (payant) drainent les foules, ce qui ne favorise pas franchement le calme.

Camping de la Forêt : *rue Mainberte. ☎ 02-35-37-93-43. • info@campinglaforet.com • campinglaforet.com • ♿ À 300 m du centre du village (fléché). Ouv avr-oct. 2 nuits min, à partir de 45 € pour 2. Cottages et chalets en loc à la sem.* Sur les hauteurs de Jumièges, en pleine forêt, un camping 4 étoiles confortable avec piscine et pataugeoire chauffées (couverte ou découverte, au choix !). Calme, bien entretenu. Un vrai lieu de repos dans un cadre très nature.

Où manger ?

Auberge des Ruines : *17, pl. de la Mairie. ☎ 02-35-37-24-05. • christophe_mauduit@yahoo.fr • ♿ Fermé mer-jeu et dim soir hors saison. Ouv avr-début nov. Menus 45-77 € et carte env 45 €.* L'adresse gastronomique de Jumièges, où le chef Christophe Mauduit se plaît à travailler les meilleurs produits locaux et les plantes du terroir de façon peu traditionnelle. Que ce soit dans les salles claires ornées de peintures contemporaines ou sur la petite terrasse aux beaux jours, ambiance chic et soignée.

À voir

L'abbaye : *☎ 02-35-37-24-02. • abbayedejumieges.fr • ♿ De mi-avr à mi-sept, tlj 9h30-18h30 ; le reste de l'année, tlj 9h30-13h, 14h30-17h30. Fermé certains j. fériés. Fermeture de la billetterie 45 mn avt. Entrée : 7,50 € ; réduc ; gratuit moins de 18 ans, pers handicapées, demandeurs d'emploi et pour ts le 1er dim du mois nov-fév. Visites guidées comprises dans le prix.*
L'imposante *église Notre-Dame* garde entière sa façade flanquée de 2 tours (hautes de 46 m) et la majeure partie de la nef. ***L'impression est grandiose*** dans cette église à ciel ouvert. De la tour centrale, il ne subsiste qu'un pan de mur et surtout un arc d'entrée. Lorsqu'on élève le regard, la perspective est saisissante. Le style roman de l'ensemble est très dépouillé. La nef s'élevait à 25 m, ce qui est comparable en proportions à la cathédrale de Rouen. De-ci, de-là, on devine quelques voûtes et chapelles gothiques qui furent ajoutées au XIVe s.

LA MORT ÉTONNANTE D'AGNÈS SOREL

La favorite de Charles VII est morte en couches, à Jumièges, à 28 ans. En 2005, une autopsie révéla qu'elle était décédée à la suite d'une absorption massive de mercure. Ce métal liquide était à la fois un poison et un médicament administré lors des accouchements difficiles et contre les maux de ventre. Le doute demeure...

Du chœur, il ne reste presque plus rien, hormis des vestiges du déambulatoire et de 2 chapelles. Sur le côté droit du chœur, on trouve le passage de Charles VII, menant aux ruines de l'*église Saint-Pierre,* dont un mur date de l'époque carolingienne (soit du début du VIIIe s). Le porche d'entrée est encadré de 2 portes permettant l'accès aux tours et galeries par de petits escaliers. Une galerie s'ouvrait sur la nef par des baies jumelées en plein cintre. Retour devant la façade de l'abbatiale : sur le côté droit des tours, quelques visages sculptés au XIIe s. La végétation s'est évidemment emparée de l'ensemble. Arbres, taillis et pelouse fusionnent avec la pierre.
Si vous souhaitez avoir une idée de ce à quoi ressemblait l'abbaye autrefois, les supports numériques s'avèrent de bonnes aides à la reconstitution. En saison, surtout, ne négligez pas les belles expos photos dans le logis abbatial, présentées parmi quelques-unes des sculptures qu'abritait l'ancien musée lapidaire autrefois hébergé entre ces murs.
Belles promenades également à faire dans le parc paysager à l'anglaise, sur 15 ha bordés de 2,5 km de clôture (les pique-niques sont autorisés, mais à l'écart des ruines).

DANS LES ENVIRONS DE JUMIÈGES

Le musée Août 44 : *château du Taillis, hameau de Saint-Paul, 76480* ***Duclair.*** *☎ 02-35-37-95-46. • chateaudutaillis.com • À env 2 km de Duclair, en direction du Trait. Juin-15 sept, mer-dim 14h-17h. Entrée : 5 € ; réduc ; accès gratuit au parc.* Aménagé dans les anciennes écuries du château, classé aux Monuments historiques, ce musée retrace les événements d'août 1944 en vallée de Seine. Différents dioramas à partir d'objets d'époque retrouvés dans la région et collectés par un passionné qui resitue ses trouvailles dans le contexte local. Le musée n'est pas grand, mais bien senti, et vraiment intéressant pour ceux qui désirent en savoir plus sur cette période de l'histoire dans la région. Par ailleurs, le parc à l'anglaise du château (5 ha) se visite librement (arbres remarquables, séquoia, tulipier de Virginie, cèdre...) et le propriétaire organise des *escape games (sur résa, mer-sam).*

SAINT-WANDRILLE-RANÇON

(76490) 1 180 hab. *Carte Seine-Maritime, B2*

Cet adorable village vous invite à la visite d'une abbaye bien différente de celle de Jumièges, puisqu'elle accueille toujours une trentaine de moines. Une halte à ne pas manquer, tant pour la messe du matin, en chant grégorien, que pour la visite guidée.

Où dormir ? Où manger ?

Chambres d'hôtes Duck House : *38, rue de Caillouville. ☎ 02-32-70-00-13. 06-12-50-52-39. • contact@duck-house.fr • duck-house.fr • Dans le village, en direction de Betteville. Double 75 €.* Dans cette maison, les canards (dans toutes les matières) se nichent un peu partout, mais en toute discrétion. Et si le rez-de-chaussée, largement occupé par le métier à tisser de madame, est assez sombre, les chambres, elles, jouissent d'une jolie déco lumineuse, où quelques touches de couleur réveillent les teintes naturelles et claires des murs, des sols et du mobilier. 2 d'entre elles peuvent accueillir 3 ou 4 personnes, dans des pièces habilement cloisonnées pour préserver une certaine intimité tout en conservant l'impression d'espace. Fait aussi table d'hôtes, avec de bons plats régionaux.

À voir

🏛🏛🏛 ***L'abbaye :*** *☎ 02-35-96-23-11. • st-wandrille.com • Ruines de l'ancienne abbatiale et nouvelle église, tlj 5h15-13h, 14h-21h15. Messe avec chants grégoriens tlj à 9h45 (10h dim et j. de fête). GRATUIT (participation demandée pour les groupes). Visites guidées du monastère et du cloître, 21 mars-Toussaint : tlj à 15h30, plus dim et j. fériés à 11h30 (juil-août, visites à 11h30, 15h et 16h). Tarif : 4 €.*

Tout comme Jumièges, elle est fondée au VIIe s par saint Wandrille (ministre du roi Dagobert) sous le nom d'« abbaye de Fontenelle » – du nom de la charmante petite rivière qui la traverse – et elle connaît les mêmes vicissitudes, notamment la destruction par les Vikings au IXe s. Au XVIe s, l'abbaye périclite doucement et il faut attendre les 2 siècles suivants pour que l'ensemble soit restauré et agrandi. L'église se voit transformée en carrière après la Révolution. Les moines en reprennent possession en 1894, mais ne s'y réinstallent définitivement qu'en 1931. Dans l'intervalle, plus précisément dans les années 1910, la comédienne Georgette Leblanc, sœur cadette de Maurice, le père d'Arsène Lupin, loue l'abbaye avec son amant Maurice Maeterlinck. Ils y reçoivent Sarah Bernhardt, Réjane, Lucien Guitry... En 1969, la communauté acquiert une ancienne grange seigneuriale située dans l'Eure. Démontée et remontée pièce par pièce sur le site de l'abbaye, elle devient la nouvelle église, superbe par sa simplicité et ses proportions. Admirez la splendide charpente du XVe s, entièrement montée au moyen de chevilles de bois, sans un clou. La visite guidée du monastère est très intéressante : on passe en revue les principaux points d'intérêt, dont le cloître, très élégant. Sur 3 côtés, splendide dentelle de pierre mi-gothique, mi-Renaissance, dont les remplages offrent un décor toujours différent. Au fond, admirable statue de Notre-Dame de Fontenelle (XIVe s). À côté, superbe tympan de la même époque.
Les bénédictins de Saint-Wandrille se consacrent aujourd'hui à l'archivage numérique, à la restauration de tableaux, et brassent leur propre bière (disponible à la boutique, en contrebas de l'abbaye) !

TOUJOURS PRÊT !

En 1954, l'abbaye fit la fortune de louveteaux qui, lors d'un jeu de piste, trouvèrent, en descellant certaines pierres gravées d'un signe, des jarres remplies de louis d'or très rares.

YVETOT

(76190) 11 730 hab. *Carte Seine-Maritime, B2*

Une « grande petite ville » sans trop de charme, mais que sa situation au cœur du pays de Caux rend incontournable. Fortement endommagé en juin 1940 par les bombes allemandes, il est difficile aujourd'hui de croire que le royaume d'Yvetot eut naguère des privilèges (voir encadré). La ville se

LE ROYAUME D'YVETOT

L'origine de ce royaume est bien floue mais il est cité dès le XIVe s. Il bat monnaie, lève des troupes, rend justice et est exempt d'impôts royaux. Ces privilèges disparurent en 1789, tout comme la famille régnante.

développa au cours des siècles grâce à ses foires auxquelles assistaient tous les villageois de la région, et grâce à ses industries de tissage.

Adresse utile

Office de tourisme : *8, pl. du Maréchal-Joffre. ☎ 02-32-70-99-96. • yvetot-normandie-tourisme.com • Dans l'ancien tribunal de commerce, au cœur de la ville. Ouv mar-sam 9h-12h30, 14h-18h. Fermé jeu oct-avr et dim-lun tte l'année.* Abrite également le petit musée municipal des Ivoires (lire la rubrique « À voir ») et des salles d'expositions temporaires.

Où dormir ? Où manger à Yvetot et dans les environs ?

De bon marché à prix moyens

Camping à la ferme de Flamanville : *21, rue Verte, 76970* ***Flamanville.*** *☎ 02-35-96-81-27. À 6 km à l'est d'Yvetot. Env 13 € pour 2 avec tente et voiture. 6 emplacements.* Tranquille maison du XVIe s en briquette et pierre, tenue par un gentil couple de retraités. On plante sa tente sur le tapis de pelouse dans le joli jardin rempli de pommiers.

Chambres d'hôtes Château du Verbosc : *425, chemin du Verbosc, 76190* ***Touffreville-la-Corbeline.*** *☎ 02-35-95-18-85. • verbosc@neuf.fr • verbosc.fr • À 5 km d'Yvetot. Doubles 65-70 €.* Au fond d'un beau parc planté de pommiers, un petit château du XVIIe s, de brique et de pierre, dégageant beaucoup de charme, entièrement meublé à l'ancienne, avec des trophées de chasse... Une authentique halte pour jouer au châtelain sans devoir casser sa tirelire pour autant.

Chic

Auberge du Val au Cesne : *140, D 5, le Val au Cesne, 76190* ***Croix-Mare.*** *☎ 02-35-56-63-06. • valaucesne@hotmail.com • valaucesne.fr • À env 4,5 km au sud-est d'Yvetot. Tlj, tte l'année. Double 90 €. Menu 31 € ; carte env 60 €.* Une adresse pas comme les autres, en bord de route, mais perdue dans la campagne, au creux d'un vallon. D'un côté, le resto, où est servie une excellente cuisine régionale : sole à la mousse de langoustines, filet de bœuf Rossini, pintade aux griottes, tête de veau sauce ravigote, feuilleté aux pommes... De l'autre, dans une petite maison à colombages, 5 jolies chambres à l'ancienne, confortables et parfaitement tenues. Entre les 2, un ravissant jardin à la végétation généreuse. L'ensemble a vraiment de la personnalité. Atmosphère détendue et petit déj de qualité au son des pépiements d'oiseaux.

À voir

L'église Saint-Pierre : *tlj sauf dim ap-m 8h30-12h, 14h-18h. Audioguide gratuit disponible à l'office de tourisme.* Moderne prototype architectural symbolique des années 1950, elle se présente comme une vaste arène de béton rose, avec un clocher indépendant. Si l'extérieur ne force pas l'enthousiasme, de l'intérieur se dégage une vraie émotion : plus de 1 000 m² de vitraux signés Max Ingrand, colorés, géométriques et résolument modernes. Toute l'histoire religieuse de la Normandie est évoquée sur cette fantastique toile de verre. L'aspect circulaire de l'ensemble, jusqu'à la forme des bancs, contribue à l'originalité de cette œuvre peu commune.

Le musée municipal des Ivoires : *8, pl. du Maréchal-Joffre. ☎ 02-35-95-08-40. Dans les locaux de l'office de tourisme. Mêmes horaires d'ouverture. Entrée : 2,50 € ; réduc ; gratuit moins de 10 ans. Audioguide inclus dans le billet d'entrée.* Dans la 1re des 2 petites salles, un authentique livre (1572) de Martin Du Bellay, le dernier roi d'Yvetot, et plus de 200 pièces en ivoire à l'effigie de grands personnages historiques (Henri II, Marie de Médicis, Napoléon Ier...), des statuettes reliquaires, des objets de la vie quotidienne (bijoux, boîtes et râpes à tabac...) ou encore ces statuettes représentant les Polletais (les anciens pêcheurs de Dieppe). Dans la 2de pièce, terres cuites, dont certaines signées du célèbre sculpteur Graillon, et quelques faïences.

Le parc et le manoir du Fay : *rue des Zigs-Zags. • manoirdufay.com • Parc ouv tte l'année, 8h30-20h (17h30 oct-mars) ; manoir et jardin slt lors d'évènements en saison (infos sur le site). GRATUIT.* Située au cœur d'un clos-masure préservé, cette belle et imposante bâtisse typiquement cauchoise a été construite en 1612 par Pierre Houel de Valleville, grand-oncle du dramaturge Pierre Corneille (qui y a, évidemment, séjourné), et n'a pas changé d'aspect depuis. Le corps de logis est entouré d'un vaste jardin clos et d'un verger de pommiers.

DANS LES ENVIRONS D'YVETOT

Le manoir du Catel : *244, rue du Manoir-du-Catel, 76190* ***Écretteville-lès-Baons.*** *06-10-21-33-14. • manoirducatel.com • À 7 km à l'ouest d'Yvetot. De mi-juil à fin août, tlj sauf lun 10h-13h, 14h30-17h30. Entrée : 5 € ; réduc ; gratuit moins de 12 ans.* Visite libre ou guidée, au choix, mais on vous recommande chaudement de vous laisser conter l'histoire assez extraordinaire de ce manoir pour mieux prendre toute la dimension des lieux (et du boulot de Frédéric Toussaint, le « fou » à l'origine de sa renaissance – ou plutôt, même, de sa non-disparition !). Bâti au XIIIe s par Richard de Treigots, le 10e abbé de Fécamp, pour y rendre la haute justice, le manoir du Catel est le plus ancien manoir seigneurial de Normandie et abrite un exceptionnel corpus de graffitis des XVe et XVIIIe s. Racheté par son propriétaire en 2000 alors que, défiguré par les outrages du temps mais aussi par la négligence et les ajouts du propriétaire précédent, il menaçait de tomber en ruine. Toujours en chantier, il retrouve peu à peu sa « tête » et sa beauté d'origine. Et depuis 2010, il est classé Monument historique.

Le chêne millénaire d'Allouville-Bellefosse : *à env 7 km à l'ouest d'Yvetot (office de tourisme : ☎ 02-35-95-08-26).* Ce serait le plus vieux d'Europe, avec ses 12 siècles d'existence, ses 13 m de hauteur et ses 15 m de circonférence. Il abrite dans son tronc creux 2 chapelles superposées, édifiées par l'abbé Delalande en 1696. Un escalier de bois qui tourne autour en permet l'accès. Le chêne est classé Monument historique en 1867 et « site naturel » en 1932. La municipalité a fait d'importants travaux afin de le sauver, notamment la mise en place d'étais en inox en 1991 et le collage de petites lattes de bois sur le pourtour du tronc pour le protéger des intempéries.

La Ferme Au Fil des Saisons : *route de Yémanville, 76560* ***Amfreville-les-Champs.*** *☎ 02-35-56-41-46. • lafermeaufildessaisons.fr • À env 11 km au nord d'Yvetot ; fléché à partir d'Amfreville. Tte l'année, mer 14h-18h, ven 14h-18h30 et sam 9h30-12h. GRATUIT (donation bienvenue) pour les individuels – sur résa.* Un lieu où chacun devrait trouver son bonheur, puisqu'il s'agit à la fois d'un petit écomusée du lin (vous êtes sur une exploitation de lin tenue par un passionné !), d'une ferme pédagogique et d'une épicerie vendant les produits de l'exploitation, mais aussi ceux d'autres producteurs dûment choisis (bio pour la plupart) : confitures, jus de fruits (dont un étonnant et délicieux nectar de rhubarbe), alcools, volaille, fromages, légumes...

Dans la ferme pédagogique, un sentier découverte permet, entre autres, d'approcher poules, chevaux ou lapins. Un autre, de 2 km, permet de comprendre la structure des clos-masures, l'intérêt des mares, de découvrir la forêt et son environnement. Les 2 ânes de la maison, Colibris et Albert, peuvent même être attelés pour une petite promenade. Un lieu vraiment très sympa.

CAUDEBEC-EN-CAUX

(76490) 2 270 hab. *Carte Seine-Maritime, B2*

Bien que la reconstruction de cette ville presque entièrement rasée lors de la Seconde Guerre mondiale ne soit pas un modèle d'imagination, le site se révèle plutôt agréable grâce à la Seine, omniprésente. À proximité, la forêt de Brotonne, qu'on gagne par le pont de Brotonne (gratuit pour tous les véhicules). Caudebec est aussi le point de départ de nombreuses promenades et randonnées entre Seine et forêt.

QUÉZACO ?

Savez-vous ce qu'est un caudebec ? Il s'agit d'un chapeau de pluie fait en laine d'agneau ou de poils de chameau. Ce couvre-chef était populaire à la cour du roi. C'est d'ailleurs grâce à la confection des gants et des chapeaux que Caudebec-en-Caux connut son heure de prospérité au XVIIe s.

LA SEINE-MARITIME

Adresses utiles

Office de tourisme : *sur les bords de Seine, pl. du Général-de-Gaulle. ☎ 02-32-70-46-32. • normandie-caux-seine-tourisme.com • Juin-sept, tlj 10h30 (11h dim et j. fériés)-12h30, 13h30-18h30 (19h dim et j. fériés) ; le reste de l'année, lun-sam 10h-12h30, 13h30-17h.*

Location de vélos : Velhano, *10, rue de la Vicomté. ☎ 02-35-96-24-77. • velhano@orange.fr • Sinon, loc possible à la* ***Maison du parc*** *à* ***Notre-Dame-de-Bliquetuit,*** *☎ 02-35-37-23-16.*

Où dormir ? Où manger ?

De prix moyens à chic

Hôtel Le Normandie : *19, quai Guilbaud. ☎ 02-35-96-25-11. • info@le-normandie.fr • le-normandie.fr • Fermé dim soir-lun, mer midi. Congés : Noël et 2de quinzaine d'août. Doubles 63-78 €. Formules et menus déj en sem 15-19,50 € ; autres menus 25-50 €. Parking.* Les chambres (souvent avec balcon) donnent pour l'essentiel sur la Seine. Elles sont simplement confortables. Et vu les prix pratiqués, un petit coup de jeune à la déco et aux salles de bains s'impose ! Élégante salle à manger pour une cuisine traditionnelle soignée. Accueil familial.

Beaucoup plus chic

Manoir de Rétival – Restaurant Ga : *2, rue Saint-Clair. 06-50-23-43-63. • info@restaurant-ga.fr • restaurant-ga.fr • Fermé dim soir-mer hors saison. Congés : janv. Chambres pour 2 pers 180-260 €. Table d'hôtes (sur résa seulement) fermé lun-mer, sam midi et dim soir. Menus 69 € (déj) puis 98-149 €...* Sur les hauteurs de Caudebec, avec vue sur la Seine.

Magnifique petit manoir qui a conservé sa chapelle. Côté hébergement, de superbes suites ou appartements disséminés dans une tour ou encore dans une maisonnette, ainsi qu'une chambre double. Ce manoir se distingue aussi avec la table d'hôtes, des repas pris dans la cuisine alors que s'activent le chef, d'origine allemande, et sa brigade. Les vins assortis (compris dans le menu... dans une certaine quantité tout au moins !) complètent à merveille les saveurs de cette cuisine de saison inspirée et préparée avec brio.

Où manger dans les environs ?

Au Rendez-vous des Chasseurs : *1040, route de Sainte-Gertrude, 76490* **Maulévrier-Sainte-Gertrude.** *☎ 02-35-96-20-30. • elauem@orange.fr • À 7 km au nord de Villequier. Tlj sauf mar-mer et dim soir. Formules 26-38 €.* Point de chasseurs ici ; mais un agréable rendez-vous ! Niché en pleine verdure, face à l'église du village et non loin d'une bucolique rivière, cette jolie ferme restaurée aux allures chic et cosy régale ses hôtes avec une cuisine de qualité constante. L'ardoise change tous les mois (sauf le foie gras maison, un must) et propose des plats simples et gourmands. Une bonne table traditionnelle que l'on apprécie en amoureux, en famille ou entre amis, près de la cheminée en hiver ou sous la véranda pour profiter du paysage. Terrasse dans le jardin aux beaux jours.

La Presqu'île : *2, rue Joseph-Hamel, 76940* **La Malleraye-sur-Seine.** *☎ 02-35-75-23-62. • lapresquile@orange.fr • Au bord de la Seine. Fermé lun tte l'année, ainsi que ts les soirs sauf w-e oct-mars. Formule déj en sem 14 €, puis menu 25 €.* Une adresse au cadre tout simple, 2 salles dont une en rotonde qui offre une jolie vue sur la Seine. Le jeune chef concocte une bonne petite cuisine au gré du marché.

À voir

L'église Notre-Dame : admirable édifice de style gothique flamboyant mâtiné de Renaissance, élevée aux XVe et XVIe s à l'emplacement d'une église romane et ayant par miracle échappé aux multiples destructions et incendies, dont celui qui, en 1940, détruisit 80 % de la ville. Henri IV l'appelait « la plus belle chapelle du royaume ». L'église de Caudebec était importante au XVIIIe s, car la ville était alors le siège du Grand Bailliage de Caux, juridiction couvrant les 3/4 du département de Seine-Maritime. Notables et institutions administratives et judiciaires s'y étaient installés.

À l'intérieur, imposante nef gothique, élégante par ses proportions, aux fenêtres flamboyantes. Dans la chapelle Saint-Jean-Baptiste, immédiatement sur la gauche, fonts baptismaux d'une exceptionnelle qualité. Un vrai poème de bois : sculptées au XVIIe s sur 2 niveaux, toutes les scènes importantes de l'Ancien et du Nouveau Testament. Dans la chapelle axiale, de forme hexagonale, extraordinaire clé de voûte pendante de 4,50 m et pesant 7 t, sculptée dans un seul bloc de pierre. À droite, voir aussi la chapelle du Sépulcre qui abrite un baldaquin gothique en pierre, sous lequel repose un gisant du Christ. Entre les vitraux, une pietà du XVe s. Enfin, à droite de la chapelle du Sépulcre, la sacristie avec son beau portail en bois. Bel orgue du XVIe s, de style Renaissance, posé sur une tribune de pierre sculptée. De nombreuses chapelles sont éclairées d'admirables vitraux réalisés par des verriers de l'école flamande, la plupart datant des XVe et XVIe s.

– À côté de l'église, sur le flanc gauche, un groupe de maisons anciennes à colombages, seule survivance de l'époque médiévale, avec la *prison* *(rue du Bailliage)* et la *maison des Templiers* *(rue Thomas-Bazin),* qui, comme son nom ne l'indique pas, n'a rien à voir avec l'ordre du Temple ! Construite au XIIIe s, elle se compose de 2 belles maisons de pierre à pignons pointus et gargouilles.

MuséoSeine : *av. Winston-Churchill. ☎ 02-35-95-90-13. • museoseine.fr • Juil-août, mar-dim 10h-18h30 ; le reste de l'année, mar-dim 13h-18h30. Fermé déc-janv (sauf 26-30 déc et 2-6 janv 13h-17h30). Entrée : 5 € ; visite guidée : 6 € ; réduc ; gratuit moins de 6 ans. Billet groupé avec le musée Juliobona à Lillebonne.* Un espace résolument contemporain qui, comme son nom l'indique, est entièrement dédié au fleuve qu'il domine. On monte d'abord sur le pont d'un bateau traditionnel (ici appelé « gribane »), avant de découvrir au fil d'une sinueuse plateforme métallique, entre vitrines d'objets et vidéos, l'histoire de la basse Seine (qui n'a jamais été un long fleuve tranquille !), des abbayes du coin, la vie quotidienne des marins, etc. Au sous-sol sont évoquées la pêche et l'apparition des loisirs sur le fleuve, au début du XXe s, avec quelques bateaux anciens là encore. Joli film sur le mascaret.

VAGUE À LAME

Les grandes marées d'équinoxe formaient autrefois sur la Seine un mascaret, énorme vague qu'à Caudebec-en-Caux on appelait « la barre ». Un vrai spectacle pour lequel des milliers de personnes se déplaçaient, de toute la région et même de Paris, d'où des trains étaient affrétés pour l'occasion. Mais le dragage du fleuve a fait disparaître le mascaret dans les années 1960.

VILLEQUIER

(76490) 760 hab. *Carte Seine-Maritime, B2-3*

À 4,5 km de Caudebec. Un village s'étirant paresseusement sur une colline et en bord de Seine, dans une immuable douceur de vivre, avec la magnifique forêt de Brotonne occupant l'horizon. En longeant la Seine vers son embouchure, on découvre là un des panoramas les plus romantiques de Normandie. Villequier, cependant, est surtout connue pour la tragédie du 4 septembre 1843, qui vit la noyade de Léopoldine, la fille aînée de Victor Hugo, et de son mari, Charles Vacquerie. Le poète, alors en voyage à Rochefort, n'apprit l'accident que 5 jours plus tard en feuilletant *Le Siècle*. Brisé par ce deuil, il vint souvent se recueillir sur la tombe au petit cimetière du village. Sa statue s'élève aujourd'hui près du lieu du drame, dans un parc paysager spécialement aménagé à l'entrée de Villequier, en venant de Caudebec.

À voir. À faire

L'église Saint-Martin : *tlj 10h-18h.* Elle date des XVe et XVIe s, mais elle a subi diverses modifications. Grosse tour d'angle à l'extérieur. Belle nef en coque de navire renversée, vitraux colorés du XVIe s, dont une intéressante bataille navale sur le côté gauche. Sur la droite de l'église, les tombes où reposent Adèle, femme de Victor Hugo, ainsi que sa 2e fille, Adèle elle aussi, et, derrière, Charles Vacquerie et Léopoldine.

La maison Vacquerie – musée Victor-Hugo : *sur les bords de Seine, dans l'ancienne maison de famille des Vacquerie, au fond d'un beau jardin. ☎ 02-35-56-78-31. • museevictorhugo.fr • À noter : **fermé pr travaux jusqu'à avr 2022.** Sinon, ouv tlj sauf mar et dim mat 10h-12h30, 14h-18h, seulement 14h-17h30 en oct-mars. Fermé certains j. fériés. Entrée : 4-5 € (selon saison) ; réduc ; gratuit moins de 18 ans.* Souvenirs, écrits, meubles d'époque (mais très peu ont appartenu à la famille Vacquerie), objets liés aux périodes normandes du poète et surtout une belle collection de ses dessins. Une salle évoque la mort de Léopoldine. Expos temporaires également.

La voie verte : de Villequier on peut, par une portion de la véloroute du Val de Seine, rejoindre Petiville par une piste cyclable qui longe au plus près le fleuve sur 8 km ; la balade se termine sur la petite D 28 qui rejoint Petiville. On peut également partir des quais de Caudebec-en-Caux.

TANCARVILLE (76430) 1 350 hab. *Carte Seine-Maritime, A-B3*

Le gros bourg de Tancarville est surtout connu pour son pont. Ce long ruban de béton suspendu au-dessus des eaux enjambe l'estuaire de la Seine depuis 1959. Jusque-là, les communications rive droite-rive gauche se faisaient uniquement par les bacs. Le pont de Brotonne, un peu plus petit, qui relie Caudebec-en-Caux à la forêt de Brotonne, fut pour sa part achevé en 1977. Aujourd'hui, ces 2 constructions font figure d'enfants de chœur à côté du pont de Normandie !

– Le passage du pont de Tancarville est toujours payant pour les véhicules : 2,60-6,70 € (gratuit piétons, cyclistes et motards).

Où dormir dans les environs ?

Chambres d'hôtes Le Manoir du Four à Chaux : *55, rue du Four-à-Chaux, 76430* ***La Cerlangue.*** *☎ 02-35-48-61-47. 06-98-41-39-38. • ulrikeott76@aol.com • À 4 km de Tancarville. Double 55 €, familiale 83 €. Pas de CB.* Dans une gentilhommière à colombages enfouie dans la verdure, 2 chambres spacieuses et ravissantes, dont une de 2 pièces pouvant accueillir jusqu'à 5 personnes. Accueil adorable et toute une série d'attentions pour faciliter votre séjour, comme les paniers pique-nique et la kitchenette à disposition dans la maisonnette où sont servis les petits déj. Beau jardin et terrasse.

DANS LES ENVIRONS DE TANCARVILLE

Le théâtre romain de Lillebonne : *pl. Félix-Faure, 76170* ***Lillebonne.*** *☎ 02-35-15-69-11 ou 02-32-65-20-00. • theatrelillebonne.fr • Ouv tlj de mars à mi-nov ; lun-ven 9h30-12h, 13h30-17h, w-e 10h30-12h30, 13h30-17h30. GRATUIT.* Quelle surprise de découvrir les beaux vestiges de cet amphithéâtre construit au Ier s en plein centre de cette petite ville qui, manifestement, dans l'Antiquité, était d'une tout autre importance ! Quelques panneaux explicatifs très bien faits. Ceux qui souhaitent approfondir la visite iront découvrir Juliobona, juste en face.

Juliobona, musée gallo-romain : *pl. Félix-Faure, 76170* ***Lillebonne.*** *☎ 02-32-84-02-07. • musee-juliobona.fr • Fév-nov (hors vac scol) mer, sam, dim 13h30-17h30. Vac scol Toussaint et hiver : tlj sauf mar 10h30-12h30, 13h30-17h30. Vac scol Printemps et été : tlj sauf mar 10h-12h30, 13h30-18h. Entrée : 5 € (6 € avec animation) ; réduc ; gratuit moins de 6 ans.* Juliobona, nom antique de Lillebonne, était le chef-lieu du territoire correspondant à l'actuel pays de Caux sous l'Empire romain. Une importante urbanisation s'est poursuivie entre les Ier et IVe s apr. J.-C. Aujourd'hui, une toute nouvelle scénographie présente quelque 300 pièces de collection relatives au patrimoine gallo-romain local de façon thématique (commerces, thermes...).

L'abbaye du Valasse : *route de l'Abbaye, 76210* ***Gruchet-le-Valasse.*** *☎ 02-32-84-64-64. • abbayeduvalasse.fr • Parc en accès libre tlj 8h-20h. Salon de thé ouv mars-oct.* Érigée au XIIe s, cette abbaye cistercienne a, comme beaucoup d'autres, connu une histoire mouvementée et de multiples vies : détruite au XVe s par les Anglais lors de la guerre de Cent Ans, reconstruite puis revendue à un négociant du Havre à la Révolution, elle devient un dépôt de cavalerie et un hôpital militaire pendant la Seconde Guerre mondiale, avant d'héberger la laiterie de Lillebonne des années 1960 à 1985, date à laquelle la municipalité rachète les lieux. Bref, elle revient de loin ! De l'abbatiale elle-même, en revanche, il ne reste plus rien : transformée en caserne à la Révolution, elle fut démolie en 1810. Si l'abbaye ne se visite qu'en groupe et sur réservation, on peut toutefois admirer ses extérieurs en se promenant dans ses jardins.

L'atelier-musée du Textile : *5, rue Auguste-Desgenétais, 76210* ***Bolbec.*** *06-38-39-10-17. • fildelamemoire-bolbec.fr • À env 15 km au nord-est de Tancarville. Visite guidée (sur résa obligatoire) mar-ven, 3e sam et 1er dim du mois à 14h et 15h30. Tarif : 5 € ; réduc ; gratuit moins de 10 ans.* Dans les locaux d'une ancienne usine, typique avec ses murs de brique et ses toits en sheds, 1 400 m² pour évoquer l'histoire textile de cette ville, du mouchoir de Bolbec au tissu vichy (pour la petite histoire, la robe de mariée de Brigitte Bardot a été fabriquée ici). L'intéressante visite guidée permet de découvrir toutes les étapes de la fabrication d'un tissu, dès la culture du coton. Et toutes les machines à tisser fonctionnent (dans un bruit d'enfer !).

Le parc de la Sauvagette : *459, RD 6015, 76210* ***Lanquetot.*** *☎ 02-32-84-33-76. • lasauvagette.com • À 17 km au nord de Tancarville. Avr-août, tlj 11h-19h ; mai-juin et sept-oct, mer, w-e et vac scol 11h-17h. Fermé nov-mars. Entrée : 8,50 € ; réduc.* La famille à l'origine de ce parc entièrement dédié aux chiens élève des labradors, et les seuls chiots que vous verrez sont de cette race. Mais vous pourrez aussi découvrir une quarantaine d'autres races plus rares. Également plusieurs autres petites activités pour les familles en goguette : le P'tit Ranch (seule activité payante en sus), la miniferme et ses chèvres, la petite restauration simple mais bonne et respectueuse de votre porte-monnaie, le jardin des câlins où l'on peut entrer faire des mamours à des labradors, et même un petit musée exposant 3 500 objets assez surprenants sur la thématique du chien. Le tout très ludique et pédagogique. Bref, un lieu super avec des enfants jusqu'à 12-13 ans (sauf s'ils ont peur des chiens ! Encore que, c'est peut-être une façon pour eux de les apprivoiser).

Le pont de Normandie : *• pontsnormandietancarville.fr • Gratuit pour les piétons, vélos et motos, il faut se rendre alors au péage côté Le Havre par le chemin de l'estuaire ou prendre la petite route face au supermarché Leclerc côté Honfleur. Sensations au rdv ! Pour les voitures : 5,50-13,80 € le passage.* Voici la plus belle passerelle au-dessus de l'estuaire de la Seine. Le pont de Normandie relie Le Havre aux environs de Honfleur. D'une longueur totale de 2 141 m, presque équivalente aux Champs-Élysées, son tablier central s'étire sur 856 m, tandis que les viaducs nord et sud viennent compléter l'ensemble. Commencé en 1988 et achevé en 1995, il est haubané et non suspendu comme celui de Tancarville. Chaque pylône rappelle la forme d'un compas dont les éléments se rejoignent dans la partie haute. L'avantage : une faiblesse dans l'un des haubans n'implique pas l'arrêt total de l'utilisation du pont.

LA BAIE DE SEINE

Par le pont de Normandie, le visiteur découvre en hauteur la baie de Seine, bordée à l'extrémité nord par les falaises de la Côte d'Albâtre et au sud par la Côte Fleurie. Ne pas manquer la découverte d'une ville portuaire moderne, attachante et très intéressante : Le Havre.

LE HAVRE (76600) 174 730 hab. *Carte Seine-Maritime, A2-3*

• Plan *p. 146-147*

COMPTOIR DE CAFÉ

Certes, le café est toujours venu de loin (Inde ou Ceylan au XVIIIe s, Martinique, puis Brésil au XIXe s et Vietnam au XXIe s). Mais avant que vous ne buviez votre p'tit noir au comptoir, sachez qu'il transite quasi systématiquement par Le Havre, devenu 1er port d'importation du café en France avec aujourd'hui environ 8 000 conteneurs par an. Cet or noir est ensuite torréfié sur place de manière semi-artisanale avant d'être vendu dans toute la France...

Ce n'est pas au Havre que vous trouverez bâtisses vénérables et vieilles pierres. Son centre-ville a été dévasté et complètement rasé – à 85 % – pendant la 2e Guerre mondiale et reconstruit durant une vingtaine d'années par Auguste Perret, architecte qui fut l'un des maître du béton armé, d'où une architecture « austère » et minérale pas toujours facile à décrypter au 1er abord. Et pourtant, très vite, on comprend pourquoi ses habitants affirment toujours que la ville est agréable à vivre. L'impression d'espace avec de grandes avenues qui offrent de belles perspectives, l'air marin et la plage que l'on rejoint en passant par la bien-nommée porte Océane ou en longeant les quais, les espaces verts, le dynamisme économique, culturel et sportif... Il faut reconnaître, aussi, que le regard porté sur Le Havre a radicalement changé depuis qu'en 2005 l'Unesco a inscrit son centre-ville au Patrimoine mondial de l'Humanité (et plus récemment – et modestement – l'effet « Édouard Philippe »).

Avec le recul, cette prouesse d'urbaniste, devenue le témoignage d'une époque et d'une école architecturale, a acquis de la valeur aux yeux de tous. Des architectes en herbe et des touristes curieux viennent désormais observer sous tous les angles cette ville ouverte sur le ciel et la mer.

Pour comprendre cette architecture, il faut aussi garder en tête qu'il fallut reconstruire dans l'urgence – sur une superficie équivalent à 40 terrains de foot – toute une cité d'habitations cohérente, un centre industriel ainsi qu'un important port moderne. Car, en effet, Le Havre est avant tout un port, le 1er en terme d'exportations hexagonales. Une ville de chantiers navals (le paquebot transatlantique *Normandie* entre autres) et d'armateurs. Le Havre inspire aussi les architectes et les artistes d'aujourd'hui, qui lui redonnent peu à peu des couleurs, à l'instar de Jean Nouvel, qui y a conçu les formidables Bains des Docks, réplique moderne des thermes romains. C'est ainsi que les quartiers des docks qui entourent les différents bassins du port ont été complètement métamorphosés. Mais contrairement à de nombreux autres exemples en Europe et dans le monde, on ne se contente pas d'en faire des quartiers branchés, avec galeries d'art, centres commerciaux, restos chics et logements hors de prix. Au Havre, on s'attache à préserver les commerces, les écoles... et donc une riche vie de quartier qui s'accommode bien de ces bouleversements.

Et s'il faut encore vous convaincre de l'intérêt de cette ville unique, précisons que le musée Malraux possède l'une des plus belles collections

impressionnistes de France après Paris. D'ailleurs c'est ici, à l'entrée du port, qu'un certain Claude Monet exécuta en 1872 une œuvre qu'il devait envoyer à Nadar pour qu'elle soit exposée au fameux Salon des refusés. Comme ce dernier lui demandait un titre, Monet opta pour *Impression, soleil levant.* L'impressionnisme était né. N'en déplaise à ce critique acerbe de l'époque qui, créant lui-même ce terme de façon ironique, crut ainsi enterrer cette nouvelle tendance artistique ! La Ville du Havre fut d'ailleurs la première à acquérir 2 toiles de Monet.

UN PEU D'HISTOIRE

Le Havre-de-Grâce

Le Havre n'est pas une ville très ancienne. Elle ne voit le jour qu'au début du XVIe s, **en 1517** précisément, quand **François Ier décide la construction d'un nouveau port** en lieu et place de vastes marécages, l'actuel Bassin du Roy. La ville prend alors le nom de Havre-de-Grâce. En tant que gouverneur de la cité, **Richelieu fait construire une citadelle**, agrandir le port, creuser de nouveaux bassins. **Au XVIIIe s**, le **commerce triangulaire** assure la fortune du Havre, qui est le 3e port négrier le plus important de France, après Nantes et Bordeaux (et le 1er port de pêche à la baleine). D'ailleurs, à l'époque, l'actuelle place du Vieux-Marché s'appelait la place des Cannibales...
Au **XIXe s, révolution industrielle** oblige, la ville – et surtout son port – connaît un développement fulgurant. **Les chantiers navals se multiplient** et le commerce fait un bond énorme. Au bout du compte, Le Havre doit tout à son port, qui lui a donné sa richesse et sa gloire au point d'en faire une ville aujourd'hui connue dans le monde entier. Car n'oublions pas également que Le Havre, après avoir assuré les liaisons transatlantiques pendant plus de 120 ans, a de nouveau renoué avec les croisières et accueille chaque année toujours plus d'escales ! C'est aussi le point de départ de la célèbre *Transat Jacques Vabre,* course transatlantique entre Le Havre et Salvador de Bahia (Brésil).
Aujourd'hui, le port du Havre c'est :
- 27 km de long ;
- 17 000 employés (32 000 si l'on tient compte des emplois maritimes, portuaires et associés) ;
- 40 % de nos importations pétrolières et 63 % de nos marchandises acheminées en conteneurs ;
- des porte-conteneurs géants de plus de 18 000 unités, soit plus de 100 km de conteneurs mis bout à bout ;
- des millions de conteneurs débarqués chaque année ;
- un conteneur déchargé toutes les 75 secondes par un portique ;
- une écluse de 67 m de long, 2 fois plus grande que celle de Panamá... ;
- le plus grand chantier de travaux publics en France, dont l'agrandissement à la fin des années 1990, avec la mise en service du terminal de Port 2000, a été accompagné de mesures environnementales pour préserver la réserve naturelle et réhabiliter l'estuaire de la Seine.

Le Havre et la Seconde Guerre mondiale

En **juin 1940**, la ville **est frappée de plein fouet par la guerre**. Les Allemands y pénètrent en bombardant copieusement les stocks de pétrole et les navires dans la rade. En 1942, ils fortifient les côtes en vue d'un nouveau débarquement. Le Havre devient un véritable camp retranché (évacuation de certains quartiers, disposition de champs de mines, inondation de la vallée de la Lézarde...).

Où dormir ?

- **9** Hôtel Ibis Styles Le Havre Centre (B2)
- **10** Gîte de la Porte Océane (C1)
- **13** Chambres d'hôtes Le Chat Perché (hors plan par B1)
- **14** Le Petit Vatel (B1)
- **15** Hôtel Vent d'Ouest (B1)
- **16** Novotel Le Havre (D1)
- **17** Art Hotel (B1)
- **18** Hôtel Oscar (B2)
- **19** Eklo Hotels (hors plan par D1)

Où manger ?

- **20** Restaurants saisonniers (A1)
- **21** La Taverne Paillette (B1)
- **22** Le Margote et Le Lyonnais (C2)
- **23** Le Garde-Manger (A1)
- **24** Chez André (A1)

Le 6 juin 1944, les Alliés débarquent sur les côtes du Calvados. Les armées alliées ont franchi la frontière allemande devant Aix-la-Chapelle, alors que Le Havre, Boulogne et Calais demeurent sous la botte allemande. Il reste en ville quelque 40 000 habitants sur les 170 000 de 1940. La garnison

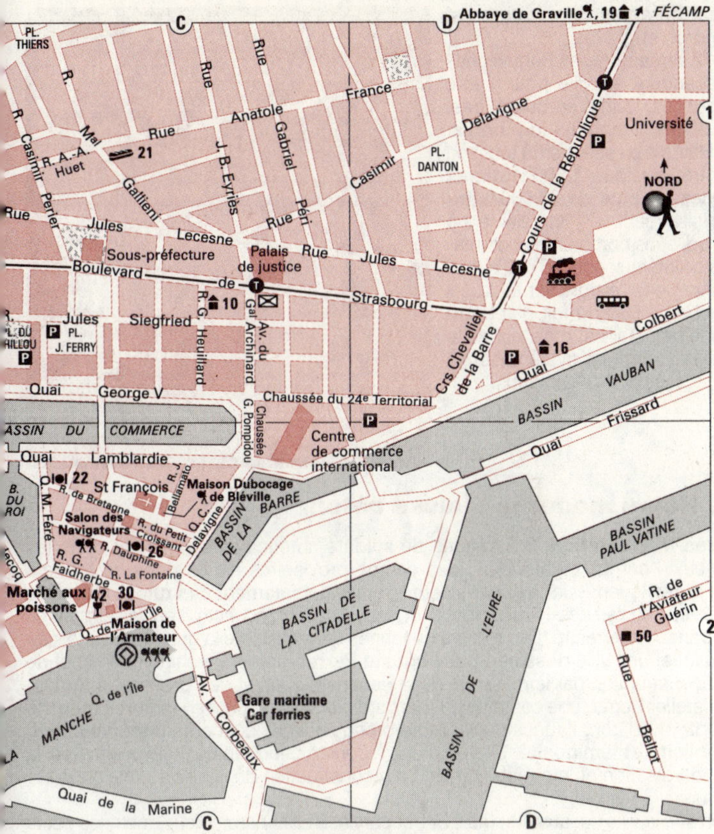

LE HAVRE

26 À Deux Pas d'Ici (C2)
27 Le Nuage dans la Tasse (B1)
29 Le Bouchon Normand (B1)
30 Bistrot du P'tit Port (C2)
31 Les Enfants Sages (B2)
32 Le Bouche à Oreille (B1)

Où faire une bonne pause sucrée ?

35 Pâtisserie Mazzoni (A1)

Où boire un verre ? Où sortir ?

40 L'Abri Côtier (A1)
41 L'Eau Tarie (B1)
42 Bar Cher Lili (C2)
43 Le Grand Quai (B2)

Où piquer une tête ?

50 Les Bains des Docks (D2)

allemande compte 11 000 hommes. 2 divisions alliées cernent le site : du **2 au 12 septembre 1944**, date de sa libération, la ville connaît **7 vagues de bombardements** britanniques d'une incroyable intensité. **Le centre-ville du Havre est rasé à 85 %** lors de ces raids. C'est la « table rase », tout

n'est qu'amas de décombres, cendres et gravas.
Le 12 septembre, les Britanniques descendent en ville pour y être accueillis, sans embrassades, sous les drapeaux en berne. Le Havre a en effet perdu tout son centre, quelque **1 200 victimes civiles, et plus de 35 000 habitants** se retrouvent littéralement **à la rue**, sans compter les dommages collatéraux pour 45 000 autres personnes. Le port est lui aussi moribond. Pas du fait des bombardements alliés, mais par suite des destructions systématiques engagées par les Allemands.

UN « CAMP CIGARETTE » DANS LE POUMON DE LA VILLE

Après la libération du Havre, l'état-major américain décida de créer des camps de transit pour retaper ses soldats. Celui du Havre fut installé dans la forêt de Montgeon, le poumon de la ville. Nommés « Lucky Strike » à Saint-Valery-en-Caux, « Philip Morris » à Gonfreville-l'Orcher, « Pall Mall » à Étretat, ces camps de 7 000 à 60 000 hommes, dotés de tentes, hôpitaux, bars, cinémas et théâtres, n'étaient pas sponsorisés par des marques de cigarettes : l'idée était de tromper l'ennemi tout en rassurant les soldats, un camp au nom d'une cigarette rendant moins mélancolique qu'un camp appelé « Hospital » !

Le Havre moderne : laisse béton

Après la Libération, 3,5 millions de soldats américains s'installent dans les fameux « camps cigarettes », des camps provisoires situés dans un triangle Le Havre/Rouen/Saint-Valery. Ils permettent le **déblaiement des ruines du Havre en 2 ans**, au lieu des 10 ans prévus, et rétablissent et reconstruisent les structures du transport terrestre. Des milliers de tonnes de gravats de la guerre naît une **ville nouvelle**, une ville **dessinée par Auguste Perret**, nommé architecte en chef de la reconstruction par le ministère de la Reconstruction et de l'Urbanisme. Autour de l'atelier Perret, une centaine d'autres architectes viennent en renfort. Farouche adepte du béton, l'auguste architecte prône un triple concept : **dépouillement, simplicité et luminosité**. En vue d'une reconstruction rapide, il favorise aussi la standardisation et la préfabrication. La reconstruction de la ville s'échelonne sur 20 ans.
Bien sûr, la ville est austère, mais Perret parvint à allier harmonieusement les petits ensembles de quelques étages avec les espaces verts, les tours (pas trop hautes et de tailles différentes pour laisser entrer le maximum de lumière dans les logements) avec des places aérées plantées d'arbres. Un motif architectural qu'on retrouve de façon récurrente sur les bâtiments, ce sont les claustras, ces petites ouvertures géométriques directement inspirées des moucharabieh et des nombreuses constructions orchestrées par Perret au Maghreb. Il conçoit un modèle d'architecture qui laisse apparaître la structure des bâtiments (colonnes et poutres traversantes), dessinés de façon symétrique par rapport au plan des rues, et reproduit à l'identique des appartements en appliquant une même mesure, 6,24 mètres, et ses multiples. Et puis il a essayé de créer un vrai centre-ville, généralement absent des cités nées de nulle part, qui s'agence avec les bassins historiques du Havre. L'hôtel de ville a aussi trouvé un juste équilibre, imposant mais pas écrasant, et la large rue de Paris crée une belle perspective jusqu'au quai Southampton.

La plage a aussi été complètement réaménagée par une autre référence en matière d'urbanisme : l'architecte Chemetoff. Les Havrais se pressent désormais le long de la promenade qui mène à Sainte-Adresse. **La ville a retrouvé des couleurs** : outre le bleu de la mer et le vert des parcs et jardins, il y a même un peu de rose et d'ocre sur les façades de Perret.
Depuis 2017, date des festivités organisées pour célébrer les 500 ans de la fondation de la ville, un vent contemporain souffle désormais sur la ville de Perret ;

des œuvres d'art ont été installées en divers endroits et certaines sont restées pérennes, comme la *Catène de containers,* de Vincent Ganivet, qui se déploie dans l'axe de la rue de Paris sur le quai Southampton ; 2 arches colorées et monumentales qui offrent une grâce inattendue à ces géants de métal. Ou encore la sculpture monumentale de béton blanc installée sur la plage, reproduction de l'œuvre présentée en 2018 par les artistes Lang/Baumann.

Adresses et infos utiles

Office de tourisme (plan A1) *: 186, bd Clemenceau. ☎ 02-32-74-04-04. • contact@lehavre-etretat-tourisme.com • lehavretourisme.com • Avr-oct, tlj 9h30-13h, 14h-19h ; nov-mars, tlj sauf dim et lun mat, 10h-12h30, 14h-18h.* Plans thématiques pour les différentes visites de la ville. Sur résa, possibilité de visiter le « jardin japonais » *(6 € ; réduc).*

Maison du patrimoine – Pays d'art et d'histoire (plan B1) *: 181, rue de Paris. ☎ 02-35-22-31-22. • lehavreseine-patrimoine.fr • Fin mai-début nov, tlj 10h-12h30, 14h-18h ; le reste de l'année, lun-ven 14h-17h, w-e et j. fériés 10h-12h, 14h-17h. Pour les animations et les visites guidées, compter 5-7 €/pers.* Toute l'année, différents thèmes sont abordés : le port, l'architecture, l'appartement-témoin Perret... Également des expos temporaires et une boutique avec un joli choix de bouquins sur la ville, des cartes postales, etc.

Gare routière (plan D1) *: à côté de la gare SNCF, 12, rue de Magellan. ☎ 02-35-22-35-00.*

Location de voitures : *Hertz (hors plan par D1), 57, rue de Fleurus, ☎ 02-35-25-51-50 ;* ***Europcar*** *(hors plan par D1), 3, rue Pierre-Semard, ☎ 02-35-25-21-95 ;* ***Sixt*** *(plan C2), 87, quai Southampton, ☎ 0800-007-498.*

Location de vélos : *dans les agences LIA (transports urbains), près de l'office de tourisme, de la plage et à la gare.*

– **Marché :** *pl. des Halles (plan B1-2), le dim mat.*

Circuler et stationner

Le Havre est une ville aérée et la circulation y est fluide pour une cité de cette taille. Cela dépend des quartiers, mais le ***stationnement*** y est, aussi, relativement aisé. Payant un peu partout dans les rues du centre-ville, il ne l'est cependant que du lundi au samedi de 9h à 12h et de 14h à 17h30. Il n'est pas non plus trop onéreux (2 zones : la verte et la orange ; la 1re étant moins chère et moins contraignante que la 2e). Vous trouverez aussi plusieurs parkings gratuits en front de mer, près de l'office de tourisme et de la plage *(plan A1).*

Malgré son étendue et les distances qui peuvent sembler importantes sur la carte, le centre peut se parcourir ***à pied.*** Pour aller plus vite, vous pouvez aussi profiter du bon réseau de ***pistes cyclables*** qui le traverse et qui vous permet même de rejoindre Sainte-Adresse. En revanche, une partie du Havre étant perchée sur les hauteurs, les montées sont parfois un peu raides (notamment dans le quartier des Jardins suspendus).

Le Havre dispose aussi d'un ***tramway*** reliant la gare à la plage (via l'avenue Foch) et à la ville haute (forêt de Montgeon, centre commercial, etc.). Fréquence : ttes les 5-10 mn 4h30 (6h dim)-23h30 ou minuit. Tarif : 1,80 €. *• transports-lia.fr •*

Liaisons avec l'Angleterre

Portsmouth : avec la compagnie *Brittany Ferries (☎ 0825-828-828, service 0,15 €/mn + prix d'appel ; • brittany-ferries.fr •).* 1-2 ferries/j. Trajet : 3h45-4h45 selon le type de navire.

Où dormir ?

De bon marché à prix moyens

■ ***Gîte de la Porte Océane*** *(plan C1, **10**) : 24, rue Georges-Heuillard. ☎ 02-76-84-10-00. ● gite.sansdetour@gmail.com ● gite-lehavre.com ● ♿ Résa conseillée. Nuitée 21 €/pers, draps inclus.* Dans une ancienne maison de maître, une petite structure colorée et conviviale dotée de 34 lits superposés répartis dans 13 chambres pour 2 à 4 personnes. Celles en façade sont plus grandes et plus lumineuses. Cuisine à dispo, salon TV, courette et terrasses. Petit « jardin d'hiver ». Lave-linge et sèche-linge (payants). Accueil jeune et sympa.

■ ***Eklo Hotels*** *(hors plan par D1, **19**) : 466, av. du Bois-du-Coq. ☎ 02-35-42-27-33. ● dir.lehavre@eklohotels.com ● eklohotels.com/fr/le-havre ● Ⓣ Mare-Rouge. ♿ Double à partir de 33 €. Parking (payant).* C'est excentré, mais le tram s'arrête devant, et le rapport qualité-prix est imbattable ! Car le concept de cet hôtel « à la carte » est redoutable : au prix de base de la chambre (toute petite et neutre, mais quand même avec douche et w-c), on ajoute en fonction de ses besoins la TV, la connexion internet, la serviette de bains, le petit déj, etc. Le tout dans une vaste structure moderne (une centaine de chambres) en bois tendance écolo, à la déco sobre et bien dans l'air du temps.

De prix moyens à chic

■ ☂ ⚟ ***Chambres d'hôtes Le Chat Perché*** *(hors plan par B1, **13**) : 14, rue Germaine-Coty. ☎ 02-35-21-42-47. 📱 06-61-42-71-77. ● corinne.picquaert@gmail.com ● leschambresduchatperche.com ● Attention, la rue est un cul-de-sac étroit et pentu : se garer rue Monod et terminer à pied (50 m). Double 75 €.* La grimpette est sévère, mais le chat a bien choisi son perchoir : depuis la maison à flanc de colline, la vue sur la ville est exceptionnelle ! Alors ça vaut la peine, d'autant que l'accueil est charmant, que les chambres sont adorables (dans un style chalet très cosy et soigné) et qu'il y a différentes terrasses dans le jardin pour se ressourcer face au panorama.

■ ***Hôtel Oscar*** *(plan B2, **18**) : 106, rue Voltaire. ☎ 02-35-42-39-77. ● contact@oscarhotel.fr ● oscarhotel.fr ● Doubles env 65-86 €.* Prêt pour un retour dans les années 1950 ? Dès sa construction, ce petit établissement convivial fut conçu comme un hôtel, que les actuels propriétaires (d'origine australienne) ont choisi de relooker comme à l'époque ! Le résultat est concluant : parquet d'origine et meubles chinés garantissent un esprit fidèle à celui de Perret... L'ensemble est très confortable, lumineux, avec un vrai charme rétro. Et côté rue, on bénéficie d'une vue imprenable sur le Volcan de Niemeyer. Le seul inconvénient : l'insonorisation un brin défaillante... mais c'est le lot de ce type de construction.

■ ***Le Petit Vatel*** *(plan B1, **14**) : 86, rue Louis-Brindeau. ☎ 02-35-41-72-07. ● contact@lepetitvatel.com ● lepetitvatel.com ● Double à partir d'env 56 €.* Hôtel central et familial, tenu par une équipe jeune et dynamique qui le rénove de fond en comble. Chambres modernes et confortables, pour 1 à 4 personnes, à deux pas de la plage et des musées. Une bonne adresse, à l'image d'un accueil sympa et arrangeant.

■ ☂ ***Hôtel Ibis Styles Le Havre Centre*** *(plan B2, **9**) : 121, rue de Paris. ☎ 02-35-41-72-48. ● h9017@accor.com ● ibis.com ● Double à partir de 79 €, petit déj inclus, jusqu'à 199 € (!) en hte saison.* Décidément, le style années 1950 fait des émules ! Unesco oblige, cet hôtel joue à fond la carte Perret et plonge les visiteurs dans l'atmosphère de l'époque. Couleurs pop et mobilier vintage habillent la quarantaine de chambres. Confort vraiment très correct pour sa catégorie (coffre-fort, minibar...). Certaines (au même prix) donnent sur un balcon avec petite table et chaises. Quant au look rétro, on le retrouve dans les parties communes, notamment dans la salle de petit déjeuner tout encadrée de baies vitrées, en surplomb de la rue.

De chic à plus chic

Dans cette catégorie, beaucoup d'hôtels proposent des offres internet le week-end, favorisant souvent les séjours de 2 nuits (vendredi-samedi ou samedi-dimanche).

Hôtel Vent d'Ouest *(plan B1,* ***15****) : 4, rue de Caligny. ☎ 02-35-42-50-69. • contact@ventdouest.fr • ventdouest.fr • ♿ Doubles env 110-180 €.* C'est la belle adresse de charme de la ville, tenue par une équipe aux petits soins. Qu'il s'agisse des parties communes ou des chambres, la déco est personnalisée et très soignée, à grands renforts de meubles cirés et de beaux bibelots qui évoquent la mer ou la montagne. Excellent niveau de confort. Bon petit déj-buffet, servi dans un salon de thé tout aussi séduisant. Et pour se relaxer, un spa *Nuxe*.

Art Hotel *(plan B1,* ***17****) : 147, rue Louis-Brindeau. ☎ 02-35-22-69-44. • contact@art-hotel.fr • art-hotel.fr • Doubles env 79-139 €.* Ça vous dirait de séjourner dans l'un des derniers immeubles construits par Perret ? Pour une fois, et même si vous êtes au 1er étage, on vous encourage à prendre l'ascenseur... Au 6e et dernier étage, les chambres avec terrasse embrassent le bassin du Commerce et le Volcan de Niemeyer. Chambres lumineuses, très sobres, à l'ameublement contemporain. Les moins chères sont toutefois exiguës, et par conséquent d'un rapport qualité-prix discutable. L'hôtel accueille par ailleurs des expositions de jeunes artistes havrais. Accueil pro et sympa.

Novotel Le Havre *(plan D1,* ***16****) : 20, cours Lafayette, angle quai Colbert. ☎ 02-35-19-23-23. • H5650@accor.com • novotel.com • ♿ Doubles env 99-178 €.* Ce n'est pas tous les jours qu'on indique un *Novotel,* mais si la nouvelle génération d'hôtels de cette chaîne pouvait ressembler à celui-là, on en parlerait plus souvent : c'est un élégant paquebot aux parois de verre. Les chambres, confortables et lumineuses, sont toutes distribuées autour d'un puits de lumière. Belle terrasse. Pas donné, mais l'espace bien-être (sauna, hammam, jacuzzi) et le niveau de services justifient les tarifs.

Où dormir dans les environs ?

Voir nos adresses « Où dormir ? » à Sainte-Adresse.

Où manger ?

Sur le pouce

Sur le front de mer, d'avril à septembre (ou octobre, selon la météo...), une vingtaine de gargotes abritent des ***restaurants saisonniers*** *(plan A1,* ***20****).*

À l'Italienne *(plan C1,* ***21****) : 38, rue Maréchal-Gallieni. ☎ 09-83-43-69-03. Tlj sauf dim 10h-14h30, 17h-20h (22h ven-sam).* Une cafétéria et *focacceria* typique, où prendre un bon *espresso* ou une savoureuse *focaccia* à base de produits du cru (pecorino, salami, etc.). Également quelques douceurs (tiramisu, cannoli...). À déguster sur place, dans la petite salle moderne, ou à emporter.

Bon marché

Le Garde-Manger *(plan A1,* ***23****) : 40, rue de l'Alma. ☎ 02-35-47-39-72. • restaurant-legardemanger@orange.fr • Tlj sauf dim 12h-22h, à partir de 18h mer et sam. Formules déj 13-16 € ; menu 21 € et carte.* Une petite cuisine simple, fraîche, joliment ficelée. Le tout à des prix contenus ! Le menu, très restreint (2 entrées et autant de plats et de desserts), change tous les jours, mais on retrouve aussi d'excellents burgers maison. Le cadre – quelques murs en brique, des banquettes, le bar au fond... et un vélo suspendu ! – est à l'image de la cuisine et de l'accueil :

LA SEINE-MARITIME

sans effet de manche, chaleureux et convivial.

Le Nuage dans la Tasse (plan B1, **27**) : 93, av. Foch. ☎ 02-35-21-64-94. • nuagedanslatasse@orange.fr • Tlj sauf dim 12h-14h30, plus jeu-sam 19h-22h30. Cette petite adresse conviviale fut aussi un salon de thé, d'où son nom, mais on y sert aujourd'hui tout un choix de salades fraîches, quiche du jour et petits plats simples et maison (viande, omelette, etc.), parfaits pour la pause déjeuner. Salle chaleureuse et lumineuse avec ses baies vitrées, terrasse ensoleillée. Pour ne rien gâcher, les portions sont généreuses et l'accueil fort sympathique.

Bistrot du P'tit Port (plan C2, **30**) : 11, quai de l'Île. ☎ 02-35-47-97-99. • bistrotduptitport76@gmail.com • Tlj sauf lun 8h (9h w-e)-20h (resto midi seulement). Menu 18,50 €. La spécialité ici, c'est le poisson. Pas étonnant, vu que le bistrot est juste en face du port de pêche et du marché au poisson. Alors on fait comme les nombreux locaux : on s'attable en terrasse ou dans la petite salle sans chichis, et on commande l'assiette de crustacés, les harengs pommes à l'huile ou la soupe de poisson, avant d'attaquer la marmite du pêcheur ou le plat du jour. C'est vraiment tout simple, mais c'est frais et bon.

Prix moyens

Le Margote (plan C2, **22**) : 50, quai Michel-Féré. ☎ 02-35-43-68-10. • contact@lemargote.fr • Tlj sauf dim-lun. Formule déj 19,50 €, menus 29-39 €. Cadre lumineux, contemporain et convivial. Dans l'assiette, les saveurs sont finement associées, et les produits de la région mis à l'honneur. Soigné, jusque dans la présentation des assiettes, délicate sans être chichiteuse. La terrasse offre une vue sur le Volcan. Service pro et sympa de la propriétaire, qui est aussi la femme du chef. Vraiment une bonne escale.

La Taverne Paillette (plan B1, **21**) : 22, rue Georges-Braque. ☎ 02-35-41-31-50. • contact@taverne-paillette.com • Tlj 12h-minuit (22h30 dim). Résa conseillée. Menu 17,50 € midi en sem ; carte env 30 €. C'est une des adresses historiques de la ville, fondée en 1596 et réaménagée en 1956. Son nom vient de la *Brasserie Paillette,* démolie dans les années 1980, qui se trouvait en face. La jolie salle du fond, avec ses photos et ses souvenirs, était d'ailleurs réservée au staff de l'usine. Aujourd'hui, on s'y retrouve au coude à coude avec les Havrais pour se sustenter d'un plat de brasserie classique (tartare, moules, andouillette...), d'une bonne choucroute ou de fruits de mer. Du débit, de l'animation, bref une affaire qui roule. Et on peut même déguster la bière *Paillette* depuis qu'un petit brasseur de Saint-Arnoult la fait revivre !

Chez André (plan A1, **24**) : 9, rue Louis-Philippe. ☎ 02-35-21-88-07. • poussierpatrice@yahoo.fr • Fermé dim-lun, le soir mar-mer plus le sam midi hors saison. Formule déj en sem 19,90 € ; carte env 30 €. *Chez André,* c'est une petite enclave gourmande discrète et fière de l'être, un repaire d'œnophiles avertis, un rendez-vous de copains qui se régalent dans une jolie salle de bistrot d'une bonne cuisine du jour et d'un vin au verre bien choisi. Terrines maison, entrecôtes, plumas... tout est savoureux et servi dans la bonne humeur.

Le Bouche à Oreille (plan B1, **32**) : 19, rue Paul-Doumer. ☎ 02-35-45-44-60. Fermé dim-lun. Formules et menus 18,90 € (midi en sem), puis 24,90-33,90 € ; menu dégustation (5 plats) 43,90 €. Ce tout petit restaurant discret au cadre moderne tourne à plein régime. Son secret ? Un accueil sympathique et efficace, et surtout une cuisine qui reflète le talent du chef : tout est frais, bon et présenté avec application. Du classique modernisé en somme, au rapport qualité-prix indiscutable.

À Deux Pas d'Ici (plan C2, **26**) : 69, rue Dauphine. ☎ 02-35-43-44-81. • a2pasdici76@gmail.com • Fermé lun, sam midi et dim soir. Résa conseillée. Formules 19 € (midi en sem), puis 27-37 € ; carte env 40 €. Dans le quartier Saint-François, un resto discret proposant de savoureuses spécialités normandes présentées avec soin (du genre filet de bœuf au livarot), dont certaines cuisinées à base de cidre et de pommeau. Intérieur classique agréable, à moins de préférer la terrasse à l'arrière.

Le Lyonnais (plan C2, **22**) : *7, rue de Bretagne. ☎ 02-35-22-07-31. Fermé w-e, lun et j. fériés. Formule déj en sem 14,90 € ; menus 19,90-29,90 € ; carte env 30 €.* Un bouchon lyonnais dans le quartier breton de Saint-François, c'est un peu comme un oranger sur le sol irlandais, si vous voyez ce qu'on veut dire ! Bonnes spécialités bourguignonnes (escargots, rognons de veau, saucisson chaud, etc.), mais pas seulement, à savourer dans un décor de bistrot typique et chaleureux, avec les nappes à carreaux de rigueur. Accueil très sympa.

Le Bouchon Normand (plan B1, **29**) : *77, rue Louis-Brindeau. ☎ 09-52-15-23-73. • lebouchon.normand@gmail.com • Tlj midi et soir. Formule déj en sem 15-18,50 € ; menus 22-28 € et carte.* En plein centre, une grande brasserie moderne avec un menu et une ardoise composés de spécialités normandes élaborées avec de bons produits locaux. C'est par ailleurs l'un des rares endroits en ville où l'on propose des abats ! Qu'il s'agisse d'une andouillette, d'un filet de bœuf, de rognons, de tripes ou d'une tête de veau, c'est simple, bon et servi avec le sourire.

Les Enfants Sages (plan B2, **31**) : *20, rue Gustave-Lennier. ☎ 02-35-46-44-08. • contact@restaurant-lesenfantssages.com • Fermé dim soir. Carte env 40 €.* Le cadre compte pour beaucoup. Car il s'agit de l'ancienne maison du directeur de l'école voisine, construite en 1905 et posée au milieu d'un charmant petit jardin. En plein centre-ville, c'est une aubaine ! Quant aux différentes salles, elles sont séduisantes, dans un style rétro-chic chaleureux et un brin branché. Un lieu atypique au Havre, impeccable pour un café dans la journée ou un verre le soir. On y mange aussi de bons plats de bistrot revisités (tartares, *tataki* de thon, cochon de lait...), mais les tarifs sont en rapport avec le cadre. Accueil très sympa.

Où faire une bonne pause sucrée ?

Pâtisserie Mazzoni (plan A1, **35**) : *10, rue Frédéric-Bellanger. ☎ 02-35-48-82-63. Tlj sauf dim soir et lun-mar, 10h-19h. Congés : 3 sem fin juil-août. Compter 6,50-8 € la pâtisserie à consommer sur place.* Une pâtisserie qui s'est taillé une belle place sous le soleil havrais, née d'un tandem de pâtissiers franco-nippons qui se sont rencontrés chez le grand chocolatier Jean-Paul Hévin... Leur spécialité : le « galet ». Du beau et du bon !

Où boire un verre ? Où sortir ?

Bar Chez Lili (plan C2, **42**) : *2, rue des Étoupières, sur le quai de l'Île juste à côté de la Maison de l'Armateur. ☎ 02-35-30-11-09.* Parmi les établissements le long des quais et qui font le plein dès les beaux jours, ce bar est devenu un incontournable ! Un petit rade tout simple, bien dans son jus, qui distille de bonnes bières locales, fromages fermiers, charcuterie normande et crustacés pour accompagner le tout. Jolie sélection de vins, whiskies et eaux-de-vie également. Ambiance jeune et très conviviale sur la terrasse qui s'étale au bord du bassin du Roy.

L'Abri Côtier (plan A1, **40**) : *24, bd Albert-Ier. ☎ 02-35-42-51-20. Tlj 16h-2h (21h dim).* Atmosphère chaleureuse et festive pour ce troquet coloré face à la place, souvent investi par les étudiants et les jeunes trentenaires qui profitent de sa terrasse en surplomb du boulevard. Spécialité de cocktails, mais aussi bières et boissons en tout genre.

Le Grand Quai (plan B2, **43**) : *25, quai de Southampton. ☎ 02-77-15-26-52. Tlj 9h-23h.* Vaste terrasse ensoleillée et tables colorées pour ce bar convivial qui propose tout un choix de cocktails, vins, bières, etc. Petite carte de plats maison, brunch servi tous les jours, quelques plats et tapas pour accompagner l'apéro. Sympa à toute heure, comme l'accueil !

L'Eau Tarie (plan B1, **41**) : *86, rue Victor-Hugo. ☎ 02-35-41-39-83. Tlj. Formules le midi en sem 16-20 €.* Une brasserie étudiante avec une terrasse sur la rue piétonne. Cadre sympa pour boire un verre dans une ambiance animée. Quelques concerts ou soirée DJ et la retransmission des matchs, entre autres soirées festives.

Où piquer une tête ?

■ ***Les Bains des Docks*** (plan D2, **50**) : *quai de la Réunion. ☎ 02-32-79-29-55. • les-bains-des-docks.com • Lun-sam 10h-20h (espace balnéo ouv jusqu'à 22h jeu), dim 9h-19h. Entrée : 4,90 € ; 12,90 € avec l'espace balnéothérapie (sauna, hammam).* Sur le site des anciens hangars à café, un complexe balnéo-aquatique conçu par l'incontournable Jean Nouvel. Celui-ci a revisité les thermes romains, en version moderne, pour édifier cette remarquable architecture tout en lignes épurées. Formes cubiques, jeux de volumes, monochromie, lumières douces puisées à l'extérieur et cadre zen propice à la détente... Bassin extérieur de 50 m pour les sportifs réchauffés ; espace balnéo avec toboggans, bassins chauds et froids, sauna et pataugeoire pour les enfants. Même l'acoustique est meilleure que dans les piscines traditionnelles.

LA SEINE-MARITIME

À voir

La meilleure façon de découvrir Le Havre, son architecture, son histoire, c'est avec un guide. Vraiment. Profitez donc des ***visites guidées*** organisées par le service Ville d'art et d'histoire (voir « Adresses et infos utiles »). Vous percevrez la ville d'un autre œil. Les amateurs pourront aussi louer un vélo pour sillonner la ville, et sinon, 2 alternatives insolites :

■ ***Bee Le Havre*** : *départ de la pl. Perret. • beelehavre.com • Ticket : 12 € adulte, 6 € 4-17 ans.* Un circuit découverte du Havre en minibus (partiellement découvert si le temps le permet) de 1h, casque vissé sur les oreilles pour profiter des commentaires. Et l'idée est déclinée autour d'un repas le soir dans un bus aménagé de façon confortable et rétro ; sympa ! D'autres liaisons assurées vers Étretat et Honfleur.

■ ***T'Tuktuk ?*** : *départ au 127, bv. Clémenceau ; à 50 m de l'office de tourisme. ☎ 02-44-84-22-92. Tlj 14h-19h30 (lun-mar sous réserve), plus 10h-12h30 mer et w-e. • ttuktuk.com • Tarif : 14,50 €. Résa conseillée.* Des balades à bord de tuk-tuk électriques, un moyen insolite de découvrir la ville à travers 3 circuits (incontournables, « panorama » jusqu'à Sainte-Adresse et street-art).

L'église Saint-Joseph (plan A1) : *à l'angle des rues de Caligny et Louis-Brindeau. Tlj 10h-18h (sauf offices religieux).* Fascinante église réalisée par Auguste Perret ! Appliquant à l'art religieux ses préceptes architecturaux, il a utilisé le béton brut de décoffrage pour élever une tour-clocher haute de 107 m. On la voit de partout, quitte à la prendre parfois pour un gratte-ciel ou un phare... L'extérieur ne soulève pas d'emblée l'enthousiasme ; il faut entrer pour être saisi par la beauté et la modernité de l'édifice. Par exemple, pour se rendre compte que la forme de croix grecque se transforme en tour octogonale et que l'escalier qui démarre à droite de l'orgue se termine tout en haut de la tour... en passant par l'extérieur ! Véritable prouesse architecturale aussi pour soutenir les piliers de béton armé. Le clocher est impressionnant quand on l'admire depuis la nef.
À l'intérieur, ni ornementation ni chemin de croix. Très novateur à l'époque, l'autel – et donc le prêtre – est situé au centre de l'église et les fidèles sont assis tout autour de lui sur des sièges à strapontins dignes d'une salle de spectacle. Mais

surtout, essayez de venir quand il fait beau pour voir l'intérieur de l'église baigné d'une lumière variant au rythme du soleil, grâce aux ***12 768 verres colorés*** de Marguerite Huré, complice d'Auguste Perret. Magique ! Les spécialistes disent que l'on dénombre une cinquantaine de teintes, les couleurs chaudes se situant au sud et à l'ouest, et une épaisseur de verre moindre en hauteur.

Le musée d'Art moderne André-Malraux *(MuMa ; plan B2) : 2, bd Clemenceau. ☎ 02-35-19-62-62. ● muma-lehavre.fr ● ♿ Tlj sauf lun et certains j. fériés 11h-18h (19h w-e). Entrée : 7 € (10 € avec expo temporaire) ; réduc ; gratuit moins de 26 ans et pour ts le 1er sam du mois.*

Le plus grand musée du Havre se repère de loin. D'abord, parce que le *Signal,* impressionnante sculpture monumentale de Henri Georges Adam figurant un œil et installée sur le parvis en 1961, joue parfaitement son rôle, retenant immanquablement l'attention des promeneurs ; ensuite, parce que le bâtiment lui-même n'a pas pris une ride : une vraie réussite architecturale !

Inauguré en 1961 par André Malraux, ce bel espace renferme ***une des plus importantes collections impressionnistes de France,*** réunie notamment grâce aux généreuses donations Senn-Foulds et Mathey.

Face à la mer, son architecture moderne, lumineuse et transparente, constituée d'acier et de grandes verrières, est un écrin presque idéal pour une peinture qui « aspire » la lumière ou, comme dirait le slogan du musée, pour présenter de grands peintres « dans leur lumière ». Le bâtiment fut conçu par des élèves dissidents d'Auguste Perret (il y en eut !), l'architecte Guy Lagneau s'étant largement inspiré du « plan libre » de Le Corbusier et du Bauhaus. Sur le toit, le *paralume,* un ensemble de lames inclinées en aluminium qui atténue la luminosité entrant par le haut, est de Jean Prouvé.

1er étage

La visite commence avec un petit fonds d'œuvres à partir du XVIe s, avant d'attaquer ***les impressionnistes et les fauves.*** Les accrochages peuvent être modifiés en fonction des expositions temporaires, mais, en principe, les œuvres citées restent visibles. Classicisme et Contre-Réforme y sont donc au rendez-vous avec une *Vocation de saint Matthieu,* de Ter Brugghen, inspirée du Caravage, *La Consécration de la Vierge* signée Charles de Lafosse, ou encore *La Chute de Simon le Magicien...* S'ensuivent quelques paysages classiques de Huysmans, Dughet (le gendre de Poussin), et, déjà, quelques natures mortes de Boudin, l'un des précurseurs de l'impressionnisme. Surtout, ne pas manquer **La Vague *de Courbet,*** datant de 1869. L'auteur de *L'Origine du monde* en réalisa plusieurs versions. On est loin de l'impressionnisme, mais le peintre, réaliste, provocateur et grand nageur devant l'Éternel, s'intéressait alors de plus en plus aux paysages, et notamment à ceux de Normandie (il peindra également les falaises d'Étretat). *La Vague* fut peinte au couteau, au bord de la plage, dans une cabane-atelier secouée par les vents impétueux. Courbet ouvrit ainsi la voie aux impressionnistes qui iront « sur le motif », c'est-à-dire sur les lieux mêmes de leur sujet.

Après quelques toiles de ***l'école de Barbizon,*** proche de Courbet et attirée elle aussi par les extérieurs (Troyon, Daubigny), on entre de plain-pied dans les débuts de l'impressionnisme, avec une amusante série de vaches, signée ***Eugène Boudin.*** Ce dernier, né à Honfleur en 1824, vécut longtemps au Havre, où il fut d'abord papetier, demandant des conseils de débutant aux peintres qu'il exposait (Millet, Courbet...). Grande cimaise où l'on peut constater que, de la Normandie, il peignit beaucoup les vaches, d'accord, mais aussi les plages, les jeux d'enfants dans l'eau, les promenades sur la jetée, les barques échouées à marée basse et les cieux. Toutes ces œuvres de petit format, dont certaines inachevées, préfigurent surtout les débuts de l'impressionnisme... Notez, par exemple, *L'Aiguille creuse* et *Les Falaises et Barques jaunes à Étretat* (où il utilise le noir, contrairement aux futurs impressionnistes), ou encore *L'Entrée des jetées du Havre par gros temps,* peinte à proximité du musée.

La 2e partie de l'étage rassemble la superbe ***donation Senn-Foulds,*** regroupant 205 œuvres, peintures, dessins, pastels, aquarelles et sculptures, dont beaucoup de toiles signées par les plus grands peintres préimpressionnistes, impressionnistes et fauves. Parmi les œuvres marquantes, signalons *Le Loing à Saint-Mammès,* de Sisley, le plus constant des impressionnistes puisqu'il le restera jusqu'au bout, contrairement à nombre de ses confrères !
Et puis on ne peut pas ne pas parler de ***Claude Monet*** au Havre. Sa famille s'y installe quand il a 5 ans. Sa tante (elle s'appelle Lecadre, incroyable, non ?) l'autorise à quitter l'armée en Algérie s'il prend des cours de beaux-arts à l'école du même nom. Il commence par vendre (très bien) des caricatures de ses professeurs et des notables de la ville... Vient ensuite la rencontre avec Eugène Boudin, décisive. Certes, le fameux *Impression, soleil levant,* œuvre fondatrice de l'impressionnisme réalisée au Havre, au retour d'un voyage à Londres et d'une rencontre avec Turner, se trouve au musée Marmottan, à Paris. Mais vous pourrez tout de même admirer le maître, pour ne pas dire le père de l'impressionnisme, avec, par exemple, *La Seine à Vétheuil* (à comparer à *Soleil d'hiver à Lavacourt,* exposé au rez-de-chaussée), dans lequel on retrouve la fameuse vibration de la lumière et des couleurs propres aux impressionnistes. Passons ensuite aux 3 Pissarro de la donation, dont *Carrefour à l'Hermitage Pontoise,* très proche de Cézanne, *Le Quai du Pothuis,* où l'on sent la tentation du pointillisme qui pointe, et *Soleil levant à Éragny,* dans lequel Pissarro revient vers l'impressionnisme sans perdre toute tentation pour son fameux pointillisme.
Ne pas manquer ensuite l'une des pièces maîtresses du musée : le portrait de *Nini Lopez,* signé ***Renoir,*** en 1876, sans doute peint pour se renflouer après le krach boursier de 1875. Il représente un jeune modèle parisien, favorite de Renoir, surnommée à l'époque Nini Gueule-de-Raie ! La suite de la collection aborde ***les Nabis*** (mot signifiant « prophète » en hébreu), un groupe de peintres postimpressionnistes d'avant-garde qui jonglent avec les symboles. Voir notamment *La Valse* de ***Félix Vallotton*** (très Art nouveau, on est en 1893) ou *Le Berger Corydon* de Sérusier, cofondateur du mouvement nabi. On termine l'étage avec ***les fauves,*** héritiers des impressionnistes, en particulier Marquet, dont les toiles prouvent qu'il fut aussi un grand amoureux des ports, Bonnard avec son *Intérieur au balcon,* où la mer semble se répandre sur la table, et Vuillard avec le très délicat *Enfants lisant,* réalisé d'après une photo.

Rez-de-chaussée
On retrouve Monet avec *Les Nymphéas,* de forme carrée, ou encore le fameux *Fécamp, bord de mer* et *Soleil d'hiver à Lavacourt.* Parmi les autres œuvres importantes, signalons *Bateaux au soleil couchant* de Manet ; 2 vues du *Port du Havre* par Pissarro ; *Les tulipes jaunes* de Marie Laurencin, une *étude de deux têtes de femmes* de Degas, *La parisienne de Montmartre, les Cavaliers au bois de Boulogne* et *Le Bouquet* de Van Dongen ; *La Côte de Grâce à Honfleur,* le seul tableau de Braque, originaire du Havre, où l'impressionnisme semble digéré et le cubisme pas encore en vue. Voir encore les 2 bustes du sculpteur Bourdelle (*Beethoven* et *Drame intime*). Enfin, impossible de quitter le musée sans admirer l'un des maîtres du fauvisme, Raoul Dufy, né en 1877 au Havre. Voir notamment le très beau *Jeanne dans les fleurs* (couleurs saturées très fauves), *Les Gymnastes* (cézannesque et cubiste à la fois), *Casino Marie-Christine* (tentation cubiste dans les toitures et les barques hors de l'eau) ou encore *Pêcheurs aux haveneaux* (franchement cubiste). Finir par la série bleue de Dufy : *Baigneuse au Havre* (cubiste), *Les Sirènes* (avec un texte d'Apollinaire) ou encore *La Plage et l'Estacade au Havre* pour son bleu saturé, ses noirs illustrant la cécité que procure la lumière contemplée de face et l'opposition entre le dessin et la couleur.

Port Center *(plan B2) : 47-51, chaussée Kennedy. ☎ 02-32-74-70-49. • lehavreportcenter.com • Ouv ts les w-e, ainsi que mer des vac scol 14h-18h. Expos temporaires régulières. Entrée : 2 € ; gratuit moins de 26 ans et 1er du mois.*

Le Port Center est un espace qui fait office de fenêtre ouverte sur le milieu portuaire et industriel et ses enjeux de développement. Souvent méconnu du grand public, le fonctionnement du port est expliqué à travers une courte expo permanente très bien conçue, à découvrir en famille, consacrée aux métiers du port et au parcours des marchandise ; elle intègre une poignée de manipulations et jeux interactifs. Vraiment intéressant. Dans un autre espace, des casques de réalité virtuelle donnent, en 7 mn, une vision du port sous différents angles.
En prime, d'intéressantes expositions temporaires, toujours en lien avec le milieu portuaire et maritime. Et, le jeudi une fois par mois, plusieurs parcours thématiques de 1h30 à 3h30 sont proposés – sur résa – dans le port, à la rencontre de ceux qui y travaillent : souvent dans des zones inaccessibles au public du navire au conteneur de la station de pilotage ou terminal roulier – ces visites permettent de découvrir les coulisses de la vie portuaire, complétées par des conférences gratuites animées par des professionnels.

La cathédrale Notre-Dame *(plan B2) : rue de Paris.*
Pourtant située au cœur du périmètre le plus dévasté par les bombardements de la Seconde Guerre mondiale, Notre-Dame a curieusement réchappé en partie au désastre. Un miracle ! C'est peut-être ce qui lui valut d'être consacrée cathédrale en 1974...
Beau contraste avec la ville moderne reconstruite par Auguste Perret. C'est justement lui qui pensa à agrandir le parvis de la cathédrale pour la mettre en valeur. Il restait si peu de la ville ancienne ! On note d'ailleurs que la cathédrale est située 80 cm en contrebas de la rue : il s'agit en réalité de l'ancien niveau du Havre, la nouvelle ville ayant été bâtie sur les gravats de l'ancienne !
Originellement édifiée à la fin du XVIe s, Notre-Dame possède une structure gothique, mais de nombreux éléments trahissent une forte influence Renaissance. Noter la façade à colonnes ioniques, inspirée par le style jésuite du XVIIe s et flanquée d'une grosse tour carrée.
À l'intérieur, superbe reconstitution du buffet d'orgue originel (milieu du XVIIe s), offert par Richelieu – alors gouverneur du Havre – et dont on voit les armes au sommet. Retables financés par Henri IV (inscription de 1605), vitraux ornés de frises marines et 2 autres du XIXe s où sont représentés l'église et le quartier au début du XVIIe s. Également un chemin de croix en bois sculpté qui provient de la chapelle du paquebot *Normandie* (1935-1942). Au fond, Vierge ornementée d'attributs marins (cordages) et apôtres en bois réalisés par... un fabricant de figures de proue.

Le Muséum d'histoire naturelle *(plan B2) : pl. du Vieux-Marché. ☎ 02-35-41-37-28. ● museum-lehavre.fr ● (rdc). Tlj sauf lun et jeu mat 10h-12h, 14h-18h. Entrée : 5 € ; réduc ; gratuit moins de 26 ans et pour ts le 1er sam du mois.* Logé dans l'ancien tribunal de la ville du XVIIIe s, ce beau musée est dédié aux expositions temporaires. Les thématiques abordées, en lien avec le monde du vivant et l'ensemble des champs de la culture scientifique, bénéficient généralement d'une scénographie interactive très ludique. Idéal pour les familles ! Le musée possède également une riche collection de dessins du naturaliste havrais Charles-Alexandre Lesueur, réalisés lors de ses expéditions australes et américaines et visibles par roulement.

La maison de l'Armateur *(plan C2) : 3, quai de l'Île (quartier Saint-François). ☎ 02-35-19-09-85. Avr-oct, tlj sauf mar et j. fériés 10h-12h30, 13h45-18h ; hors saison, sur résa slt. Entrée : 7 € ; réduc ; gratuit moins de 26 ans et pour ts le 1er sam du mois. Visite guidée sam à 11h (sauf 1er sam du mois) et 15h30, dim à 11h.* Ancienne propriété du riche armateur Martin-Pierre Foache, c'est l'une des plus vieilles maisons du Havre, **l'une des seules traces du XVIIIe s havrais**, alors, forcément, ici, on y tient.
Superbement restaurée (voir la projection à l'accueil de photos de la restauration), elle est célèbre pour son architecture exceptionnelle, avec sa façade Louis XVI et

son incroyable puits de lumière autour duquel ont été conçues les pièces à vivre sur 5 niveaux, tout en arrondis. La maison, transformée en musée, évoque la vie havraise de 1750 à 1850 à travers les reconstitutions d'intérieur (le cabinet de travail, les chambres, les salons...), les cabinets de curiosités et les nombreux objets présentés au fil des pièces au mobilier d'époque. Noter le bel escalier de service en colimaçon qui double l'escalier principal, les portes arrondies (qui cachaient parfois des toilettes), le piano-forte Miquet de 1791 et les objets de marine du dernier étage. Une visite indispensable.
Si le coin vous inspire, vous pouvez toujours faire vos courses au petit ***marché aux poissons*** (aux prix plus raisonnables que celui des halles dans le centre), juste en face.

🍴 ***Le musée d'Art et d'Histoire de l'hôtel Dubocage de Bléville*** *(plan C2)* ***:*** *1, rue Jérôme-Bellarmato. ☎ 02-35-42-27-90. ♿ (rdc). Avr-oct, tlj sauf mar et j. fériés, 10h-12h30, 13h45-18h ; hors saison, sur résa slt. Visites guidées des salles d'expo dim à 15h30. GRATUIT.* Ce bel hôtel particulier à pans de bois recouvert d'ardoises appartenait à l'armateur, navigateur et corsaire du roi Michel-Joseph Dubocage de Bléville (1676-1727). Quelques salles accueillent à tour de rôle des expositions permanentes (notamment sur le sieur Dubocage) et temporaires (liées à l'histoire du Havre et au négoce maritime). Vaut le coup d'œil.

🍴🍴 👪 ***Le Salon des Navigateurs*** *(plan C2)* ***:*** *1, rue du Petit-Croissant, à l'angle de la rue Jean-de-La-Fontaine. ☎ 02-35-42-12-71. Mar-ven 9h30-12h, 14h-18h30 ; sam 9h30-12h. Fermé dim-lun. Congés : 3 sem en août. GRATUIT car on est chez un vrai coiffeur !* Arrêt obligatoire dans le quartier Saint-François pour découvrir un salon de coiffure pas comme les autres. Car cette perle rare est tenue par Daniel Lecompte, ex-coiffeur sur le paquebot France, qui officie en tenue de marin ! Un vrai passionné qui a réuni une collection impressionnante de matériel ancien, de l'après-guerre jusqu'aux années 1960, et qui a reconstitué 2 salons de coiffure quasiment à l'identique. Bigoudis chauffants pour mises en plis et indéfrisables, moule à gaufres et Babyliss... Quant à la 3e salle, elle accueille le musée de la Marine, un adorable fourre-tout où l'on déniche de belles maquettes de bateaux et des souvenirs, notamment du paquebot *France,* dont le nom, ici, fait toujours rêver... Nostalgie et excellent accueil garantis. La « coupe mode » est à moins de 25 €, alors laissez-vous tenter, et attendez votre tour avec les habitués sur les transats sur le trottoir !

🍴🍴 ***L'hôtel de ville et la rue de Paris*** *(plan B1-2)* ***:*** classique et imposant sans être trop pompeux, l'hôtel de ville est adouci par une grande place rythmée d'espaces verts, de jeux pour enfants et de fontaines. Dans l'axe de l'hôtel de ville, la construction de la rue de Paris s'inspire clairement, avec sa conception du XVIIIe s, des commerces entresolés de la rue de Rivoli, à Paris justement. Seulement ici, la rue débouche sur le port et il n'est pas rare d'apercevoir d'impressionnants bateaux tout au bout. La perspective est ponctuée par les arches colorées de l'artiste contemporain Vincent Ganivet.

🍴🍴 ***L'appartement-témoin Perret*** *(plan B1)* ***:*** *rdv à la Maison du patrimoine, 181, rue de Paris. ☎ 02-35-22-31-22. Visite guidée (50 mn) avr-sept, tlj, lun-ven à 15h30 et 16h30, plus 11h et 14h30 le w-e (juil-août tlj 11h-14h30, 15h30 et 16h30). Oct-mars, mer et ven à 15h30 et 16h30, sam à 14h30, 15h30 et 16h30 et dim à 10h30, 11h30, 14h30 et 15h30. Résa conseillée. Tarif : 5 € ; gratuit moins de 26 ans et pour ts le 1er sam du mois. Visite de l'appartement et de l'église Saint-Joseph : 7 €, réduc.*

Après la guerre, un habitant sur 2 au Havre est sans abri. L'État demande alors à Perret de reconstruire le centre-ville pour y loger la classe moyenne qui demande à être réintégrée rapidement là où elle vivait auparavant. L'autre grand nom envisagé à l'époque pour ce travail est Le Corbusier, mais l'État craint que celui-ci ne parvienne pas à maîtriser les coûts comme Perret, qui a déjà démontré dans le passé qu'il en était capable. Le rationalisme et le fonctionnalisme, maîtres mots de

Perret, révolutionnent la conception de ces nouveaux appartements : circulation de l'air, luminosité optimale, modularité des espaces (portes coulissantes)...
La visite permet de découvrir l'une de ces habitations modèles, au sein d'un îlot résidentiel caractéristique... et entièrement habité, preuve de la pérennité du projet ! Mais une fois la porte de l'appartement poussée, on se retrouve bien en 1950, dans un logement destiné à un officier de marine. L'ensoleillement est optimisé par une double orientation, le chauffage est collectif et à air pulsé, le salon devient un « living », on crée une vraie salle de bains et la cuisine, remodelée pour une maîtresse de maison qui régente toute la maisonnée, devient une sorte de « laboratoire » simplifié. Le tout est équipé de blocs éviers en inox et de rangements prêts à être posés d'un seul tenant, de fenêtres survitrées et de volets galvanisés. Et l'électroménager – américain, plan Marshall oblige – s'invite dans la cuisine. Pour la 1re fois, le mobilier est conçu pour être produit en série et à bas coût. Le mobilier de l'appartement, de 1947, signé René Gabriel et Marcel Gascoin, est droit, avec seulement quelques arrondis très simples et vise une optimisation des espaces (tables escamotables, lits gigogne, vide-ordure...). Une visite intéressante qui permet d'aborder de nombreux sujets traitant du quotidien, de l'architecture ou du règlement des dommages de guerre.

L'espace culturel Oscar-Niemeyer (Le Volcan ; *plan B1-2*) : *à 2 pas de l'hôtel de ville, juste devant le bassin du Commerce.* Conçu par le fameux architecte Oscar Niemeyer (décédé le 5 décembre 2012, 10 jours avant ses 105 ans), célèbre pour avoir créé de toutes pièces Brasilia, la capitale du Brésil construite en plein désert. Ses sympathies communistes n'ayant jamais été un mystère, il s'exila en France sous la junte militaire, au pouvoir au Brésil dans les années 1960, et entreprit la construction de cet édifice au Havre, alors mairie communiste, ainsi que celle du siège du Parti communiste français, place du Colonel-Fabien, à Paris. Baptisé Le Volcan par l'un de ses ex-directeurs (et vite surnommé « le pot de yaourt » par les habitants), ce lieu se résume en 2 mots : courbes et asymétrie. Au béton bouchardé de Perret répond ici la blancheur lisse de l'édifice. Il est vrai qu'avec un beau ciel chargé de nuages l'effet de volcan est convaincant. Le site comprend en réalité 2 espaces distincts : le Grand Volcan, qui accueille une Scène nationale, et le Petit Volcan, où l'on a inauguré en 2015 une bibliothèque hors norme. « Hors norme », parce que le lieu est unique, et parce qu'il a été repensé... après avoir consulté le maître *himself,* l'indéboulonnable Niemeyer, centenaire toujours vaillant lors du lancement du projet !

Les Jardins suspendus et les serres (*hors plan par A1*) : *rue du Fort et rue Albert-Copieux. Bus n° 3, arrêt Cochet, et n° 5, arrêt Copieux. Tlj : 10h30-20h avr-sept ; 10h30-18h oct et mars ; 10h30-17h nov-fév. Accès libre. Horaires un peu plus restreints pour les serres, dont l'accès est payant : 2 € ; gratuit moins de 12 ans.* Aménagés dans un fort militaire du XIXe s, ces jardins profitent d'un superbe panorama sur la ville et l'estuaire. Par beau temps, on aperçoit même Deauville, Trouville et le CHU de Caen ! Sur 17 ha, on part à la découverte des plantes les plus rares, et on voyage aux 4 coins du globe, symbolisés par les 4 bastions : Amérique du Nord, Asie (surtout la Chine), terres australes (Australie, Tasmanie, Chili...) et un bastion consacré aux explorateurs modernes. Un bel hommage aux botanistes qui ont rapporté de leurs voyages des spécimens autrefois méconnus, devenus aujourd'hui familiers. Ici, aucune plante hybride, uniquement des originales. Dans les serres municipales, toutes sortes de cactées, plantes succulentes ou carnivores, et puis le jardin d'essais où l'on teste de nouvelles variétés de plantes à massifs.

Balade le long de quelques maisons et édifices typiques du Havre : si vous redescendez à pied des Jardins suspendus, ce que l'on vous conseille, jetez donc un œil à la *maison des Gadelles* et, sur le front de mer, à la *maison de l'écrivain Armand Salacrou,* plutôt originale avec ses sortes de grottes encastrées dans la construction. Sur le front de mer toujours, vous devriez repérer les ferronneries

Art nouveau de la *maison du père de Georges Braque,* qui date de 1904. Enfin, plus loin, quelques *bâtiments au style paquebot,* plus récents mais très représentatifs de l'architecture havraise moderne.

Les panoramas du Havre et de Sainte-Adresse : superbes vues sur la ville, l'entrée de l'estuaire et « de l'autre côté de l'eau », comme disent les gens d'ici. 1er panorama, avec table d'orientation, dans le quartier du « Nice havrais », boulevard Félix-Faure sur la commune de Sainte-Adresse, et l'autre à l'angle des rues Georges-Lafaurie et du 329e-RI (au Havre), ou depuis le sommet de la tour de l'hôtel de ville (dans le cadre de visites organisées par l'office de tourisme). On peut ensuite se rendre à Sainte-Adresse (voir plus loin) par une agréable balade le long de la plage.

Sur les pas du Havre moderne : on vous conseille de faire cette balade, qui devrait vous mener du quartier de la gare au port du Havre en passant par le quartier des docks, avec le service culturel Ville d'art et d'histoire (voir « Adresses utiles »). Jeter ensuite un œil à l'élégant modernisme du *Novotel,* conçu par l'architecte Jean-Paul Viguier, tout en pensant qu'après la guerre on voyait la mer depuis cet endroit… Ne pas manquer l'original *bâtiment de la chambre de commerce et d'industrie (CCI),* conçu par René Dottelonde et les frères Duflo, très bien éclairé la nuit. Puis aller voir le beau quartier des docks, avec les *Docks Café* et les *Docks Océane,* joliment réhabilités. Pour regarder dans le rétroviseur et saisir un peu du passé havrais des ouvriers dockers, lisez donc, quai de Saône, la *plaque consacrée à Jules Durand,* syndicaliste accusé à tort de meurtre. Défendu par l'avocat René Coty, futur président de la République, son cas fut considéré comme une affaire Dreyfus du monde du travail et racontée par l'écrivain havrais Armand Salacrou dans *Boulevard Durand.*

L'abbaye de Graville (hors plan par D1) **:** *rue de l'Abbaye. ☎ 02-35-42-27-90. Depuis l'hôtel de ville, bus n° 2, arrêt Graville, ou n° 7, arrêt Sainte-Honorine. Ouv de mi-mai à fin oct, tlj sauf mar et j. fériés 10h-12h30, 13h45-18h ; hors saison, slt pr les groupes sur résa. Visites guidées sam et dim à 16h. Entrée : 5 € ; réduc ; gratuit moins de 26 ans et pour ts le 1er sam du mois.*
Sur les hauteurs de la ville, il s'agit du monument le plus ancien du Havre, avec son église du XIe s édifiée par Guillaume Mallet de Graville, porte-drapeau de Guillaume le Conquérant pendant la bataille d'Hasting. Les bâtiments conventuels, eux, datent du XIIIe s. Ils furent largement remaniés au XVIIIe, puis fortement endommagés par un incendie avant la Révolution française : le réfectoire, le cloître et la bibliothèque ne sont plus aujourd'hui qu'une grande terrasse avec une superbe vue panoramique sur Le Havre. Les bombardements de la Seconde Guerre mondiale n'ont pas été non plus sans laisser de traces. L'abbaye mérite quand même une halte pour sa belle salle capitulaire, les salles basses (dont la plus vaste coiffée d'une remarquable voûte en berceau brisée) et ses différentes collections. Plus que la statuaire religieuse et les objets liturgiques qui y sont présentés, c'est l'étonnante collection Gosselin qui a retenu notre attention. Ce Jules Gosselin (1863-1936) développa une véritable passion pour l'architecture après l'Exposition universelle de 1889 et réalisa plus de 200 maquettes de maisons. S'attachant d'abord à ce qu'il connaissait (des maisons à colombages normandes), il laissa de plus en plus de place à son imagination et finit par reproduire les bâtisses de pays où il n'avait jamais mis les pieds. Insolite !
Après avoir visité l'église et avant de quitter le site, jetez un œil à la Vierge noire à l'entrée. Selon la légende, elle aurait été coulée dans le bronze des canons prussiens. Les mères du Havre auraient, en effet, promis d'ériger une statue de la Vierge si Le Havre résistait à l'envahisseur pendant la guerre franco-prussienne… et la ville résista. La statue un peu moins : composée à l'origine de zinc et d'étain, elle commença par noircir (d'où son nom) avant d'être fortement endommagée pendant la Seconde Guerre mondiale et remplacée (les fragments d'origine sont conservés dans l'église).

Le port : port d'escale de croisières (plus d'une centaine d'escales de paquebots internationaux de mars à décembre), mais aussi port de pêche, de plaisance, de commerce...
Aujourd'hui, pour des raisons évidentes de sécurité, le port s'est considérablement barricadé. Néanmoins, pour ***découvrir une partie des installations portuaires,*** et ça vaut le coup, 1 possibilité s'offrent à vous : en bateau, le moyen le plus naturel pour aborder un port en profitant de très beaux points de vue, même si on ne va pas partout.

JEAN VALJEAN ÉTAIT HAVRAIS !

C'est l'une des légendes locales qui a le plus de succès : pour créer Jean Valjean, héros des Misérables, Victor Hugo se serait inspiré d'un certain Régnault, homme d'affaires bien intégré dans la bourgeoisie havraise, qui préféra se suicider après avoir été reconnu par un ancien détenu prêt à dévoiler son passé de bagnard ! Sa tombe est dans le cimetière de Graville, à l'ombre de l'abbaye.

Du centre, l'avenue Lucien-Corbeau longe l'ancienne gare maritime (où l'on embarquait pour New York à l'époque glorieuse des traversées du paquebot *France*) et conduit au Môle central. Ici, c'est le domaine du charbon, déchargé et convoyé jusqu'à la centrale thermique voisine sur des tapis roulants suspendus à bonne hauteur. Les porte-conteneurs sont amarrés quai de l'Atlantique ; quant aux fameux géants, on les retrouve à Port 2000 (visible dans le cadre d'une visite en bateau), un bassin à la mesure de ces colosses de 400 m de long, d'un tirant d'eau de 14 m et d'une capacité de 18 000 conteneurs (ou EVP pour les pros, ce qui signifie Équivalent Vingt Pieds). Avec un peu de chance, vous pourrez y observer les portiques abaissés, tels de grands échassiers guettant leur proie, et le ballet incessant des « cavaliers » qui déchargent les conteneurs à un rythme effréné... En fonction de leur destination, les conteneurs sont chargés sur des camions, des trains, des péniches, ou des bateaux plus petits. C'est ici que l'on prend conscience de la situation stratégique du port, de son importance dans la chaîne de distribution et de traitement des marchandises.
Dans un tout autre registre, repérer sur le parcours entre Port 2000 et le pont de Normandie un ***observatoire à oiseaux*** ! On ne s'en doute pas, mais une grande partie des 27 km du port appartiennent à une réserve naturelle.

■ ***Navigation normande maritimes :*** *06-16-80-24-10.* ● *visiteduport-lehavre.fr* ● *De mi-mars à mi-nov. Embarquement au 125, bd Clemenceau ; digue Olsen (plan A2).* Avec la vedette *Le Havre II* (145 passagers), 2 circuits pour visiter le port intérieur ou Port 2000, avec commentaires. Compter 1h15 de balade *(env 15 €/adulte).* En juillet-août, promenade en mer jusqu'au cap de la Hève *(35 mn ; 8 €/adulte)* ou Étretat *(3h, 30 €/adulte).* Également des traversées vers Deauville-Trouville *sur résa (21 €/adulte A/R).*

À faire

La plage *(plan A1)* **:** *à 500 m du centre-ville, surveillée tlj de mi-juin à mi-sept.* 2 km de plage de galets et de sable, joliment réaménagée par l'architecte Chemetoff. En saison, les heureux propriétaires d'une cabane de plage viennent la remonter pour l'été. Chaque année, de mi-mai à fin septembre, celles-ci se parent d'une expo photo sur un thème différent. Animations estivales. Douches et nombreux restos saisonniers. Grand *skatepark.* Les *Bains maritimes* proposent un accès (payant) à des douches, toilettes et vestiaires.
– ***Point Plage :*** *à côté des Bains maritimes, en été.* ☎ *02-35-41-49-76.* Location de kayaks, *stand-up paddles,* funboard, *skimboard.*

La forêt de Montgeon : ce poumon de la ville, qui s'étend sur 270 ha, abrite une véritable forêt sauvage, avec sentiers de jogging, grandes pelouses, lacs, arboretum, aires de jeux... Le rendez-vous dominical de tous les citadins.

Manifestations

– ***Festival Le Goût des autres :*** *4 j. en janv.* • *legoutdesautres.lehavre.fr* • Festival littéraire au Magic Mirror.
– ***Dixies Days :*** *w-e de la Pentecôte, sur la plage du Havre et à Sainte-Adresse.* Festival de jazz. Belle atmosphère.
– ***Les Prieurales :*** *dernier w-e de juin.* Festival de musique médiévale à l'abbaye de Graville.
– ***Un Été au Havre :*** *juin-sept.* • *uneteauhavre.fr* • Installations, œuvres éphémères ou pérennes, expositions... L'art contemporain est à la fête dans toute la ville ! Plusieurs parcours, une appli... Un grand rendez-vous.
– ***Festival Moz'aique :*** *3-4 j. mi-juil.* • *mozaique.lehavre.fr* • Dans les Jardins suspendus, festival de musiques du monde, tous genres confondus (aussi bien du jazz que du classique ou de la pop).
– ***Corsiflor :*** *le dim suivant le 15 août.* Le plus ancien corso fleuri de France.
– ***Week-end de la Glisse :*** *dernier w-e d'août.*
– ***La Fête de la Mer :*** *1er w-e de sept.*
– ***Ouest Park :*** *oct.* • *ouestpark.com* • Musiques actuelles au Tétris, fort de Tourneville.
– ***Transat Jacques Vabre :*** *ts les 2 ans, une dizaine de j. fin oct-début nov.* • *transatjacquesvabre.org* • Le port et la ville tout entière sont en fête pour célébrer le départ des marins au long cours en route vers l'Amérique du Sud.

DANS LES ENVIRONS DU HAVRE

L'église abbatiale Saint-Sauveur : *à* ***Montivilliers.*** *En plein centre. Tlj 9h-17h.* C'est l'ancienne église de l'abbaye. Façade reconnaissable grâce à sa tour romane agrémentée de tourelles d'angle et à son porche gothique surmonté d'un curieux gable sectionné à mi-hauteur (faute de sous pour le terminer !). L'entrée principale présente un beau portail roman à voussures et frise gothiques. Curieux intérieur composé d'une nef gothique à gauche et d'une nef romane au centre, caractérisée par sa voûte en bois reconstruite au XIXe s, à la suite d'un incendie déclenché par la foudre en 1888. Cette double nef s'explique par le fait qu'il y avait autrefois 2 églises, réunies plus tard.

SAINTE-ADRESSE

(76310) 7 500 hab. *Carte Seine-Maritime, A2*

Le « rocher de Monaco » local, comme le surnomment certains, se trouve juste au bout de la plage du Havre. On peut d'ailleurs s'y rendre à pied en 20 mn. Port de pêche au Moyen Âge, devenu lieu de villégiature des Havrais dès le XVIIIe s. C'est Alphonse Karr, alors directeur du *Figaro,* qui lance la station en 1841, transformant Sainte-Adresse en « Nice havrais ». Très vite, les artistes fréquentent l'endroit : Sarah Bernhardt (on peut encore y voir sa villa gravée des lettres « S » et « B »), Eugène Sue, Raoul Dufy et, bien sûr, l'incontournable Claude Monet, qui y peint la célèbre *Terrasse de*

Sainte-Adresse, détenue par le Metropolitan Museum of Art de New York. Pendant la Première Guerre mondiale, le gouvernement belge, chassé par les Allemands mais accueilli par le gouvernement français, s'exile à Sainte-Adresse. Il emménage dans l'immeuble Dufayel, du nom d'un homme d'affaires parisien qui y a ouvert un complexe balnéaire luxueux, *Le Nice Havrais,* toujours visible. Aujourd'hui, la station se refait une jeunesse : c'est l'un des meilleurs spots de funboard en France...

Info : une application (Baludik ou le QR code sur l'un des 9 panneaux) permet de découvrir Sainte-Adresse, ses anciens bâtiments grâce à des photos d'archives, des images 3D et des vidéos.

SAINTE-ADRESSE, ADRESSE ÉPHÉMÈRE DE LA BELGIQUE

Entre 1914 et 1918, avec l'exil de leur gouvernement, ce sont 15 000 citoyens belges qui s'installèrent à Sainte-Adresse. Le gouvernement disposait même d'un bureau de poste qui utilisait des timbres belges ! Une sainte adresse... postale, donc. Aujourd'hui encore, le drapeau belge flotte à côté du drapeau français, derrière la statue d'Albert Ier et sur le blason de la ville.

Où dormir ? Où manger ? Où boire un verre ?

Hôtel Les Voiles : *3, pl. Clemenceau.* ☎ *02-35-54-68-90.* • *reservation@hotel-lesvoiles.com* • *hotel-lesvoiles.com* • *Doubles env 75-195 €.* C'est le seul hôtel de Sainte-Adresse (et donc du Havre, par extension !) donnant directement sur la mer. Bien sûr, mettre les voiles, ça se paie... Chambres « Cabine 1re classe » (côté rue), « Cabine sous-officier » avec vue sur la mer (avec ou sans balcon) et « Cabine officier » sans ou avec terrasse selon le prix. L'ensemble est assez confortable, mais mériterait d'être rafraîchi. Côté mer, un bar à la cool, *La Petite Rade,* où prendre cocktails et tapas. Ambiance animée certains soirs en fin de semaine.

Le Chat Bleu : *6, rue du Roi-Albert.* ☎ *02-35-47-10-24. Mar-sam 12h-20h (23h jeu-ven, 16h-19h dim). Formule midi 13,50 €.* On adore l'esprit bohème de cette petite adresse chaleureuse. La déco fait dans la brocante, avec un entassement improbable de bibelots et de mobilier hétéroclite, mais la vraie bonne surprise, c'est la terrasse à l'étage, braquée sur la mer. Impeccable pour grignoter sans hâte la quiche du jour, un bon burger et des tapas ou, dans un autre registre, faire une pause goûter. Vraiment sympa, comme l'accueil.

Le Bar du Bout du Monde : *1, bd Foch (au bord de la plage en contrebas du boulevard).* Dès que le soleil pointe son nez, la terrasse de cette ancienne cabane de pêcheurs est LE spot préféré des Dyonisiens et des Havrais. Il faut dire que l'emplacement est imparable : en surplomb du chemin, face au grand large, avec le bruit des vagues en fond sonore. Vraiment top, d'autant que l'on peut étoffer l'apéro avec quelques petits plats bienvenus (plats du jour, tapas...).

À voir. À faire

Petite balade impressionniste : si vous arrivez par la promenade de la plage, côté Havre, plusieurs panneaux reproduisent quelques-uns de leurs chefs-d'œuvre sur le lieu même (« le motif ») où ils ont été peints, tout en donnant des indications. Vous verrez ainsi les reproductions de *La Plage de Sainte-Adresse* et *La Terrasse de Sainte-Adresse,* réalisées par Claude Monet en 1867, à l'âge de 26 ans. À voir également, la repro de *L'Estacade à Sainte-Adresse* (1901), de Raoul Dufy, peinte avant son évolution vers le fauvisme. Un thème d'ailleurs repris un peu plus loin sur la promenade par son ami Marquet, qui recrée le même motif en 1906.

Grimpette jusqu'au Pain de Sucre et Notre-Dame-des-Flots **:** poursuivez donc la balade en grimpant jusqu'au sommet de Sainte-Adresse. De la promenade du front de mer, prenez la sente Alphonse-Karr, qui passe derrière le resto *Les Clapotis,* puis la sente du Pain-de-Sucre, qui grimpe (sec) jusqu'à ce curieux cénotaphe, monument tout blanc en forme de cône érigé par la veuve du général Lefebvre-Desnouettes, cousine de Napoléon. Il servait aussi de point de repère afin d'éviter les naufrages aux navigateurs du secteur (son mari périt en mer sur les côtes d'Irlande en 1822, ceci explique cela). De là, une petite visite s'impose à la charmante chapelle Notre-Dame-des-Flots *(tlj 8h-18h),* un peu plus haut, remplie d'ex-voto marins.

LA CÔTE D'ALBÂTRE

Partie intégrante du pays de Caux (du Havre jusqu'à Dieppe), puis du Petit Caux (de Dieppe au Tréport), la Côte d'Albâtre doit son nom à la blancheur de ses falaises. Paysage unique au monde que ces 120 km de falaises qui courent pratiquement tout le long de la côte, arrêtant à peine leur chevauchée pour reprendre leur souffle au débouché des vallées, avant de repartir plus belles, plus hautes, offrant à chaque fois un superbe panorama.
Seuls 3 fleuves ont eu la force de creuser des brèches suffisantes pour permettre l'établissement de vraies villes : Fécamp s'est installée dans la faille de la Valmont, Dieppe dans celle de l'Arques, tandis que Le Tréport s'est fondu dans les étroites formes de la vallée de la Bresle. La grande magie de cette côte réside dans son accessibilité. Sur une bonne partie du parcours, de petites routes longent la mer au plus près, offrant sans cesse des points de vue grandioses ou intimistes.
Mieux : les amateurs de randonnées comme les marcheurs du dimanche pourront suivre le fabuleux GR 21, qui longe la côte d'Étretat jusqu'à Berneval-le-Grand, à quelques kilomètres au nord de Dieppe. Vous pourrez ainsi profiter à votre rythme des sites qui envoûtèrent tant d'artistes.

FALAISES, GALETS, VALLÉES ET VALLEUSES

Hauts murs de calcaire s'élevant de 60 à 120 m au-dessus de la mer en barres parfaitement verticales, les falaises sont souvent lardées de veines de silex noir. La mer et le vent les attaquent et gagnent du terrain depuis toujours, rongeant le pied des falaises jusqu'à 1 m par an Alors, la partie haute cède, ne s'appuyant plus sur rien. La craie de la falaise se dissout dans les eaux, leur donnant cette couleur gris bronze laiteux, tandis que les parties dures, les morceaux de silex libérés, vont être roulés et érodés par les flots à l'infini, jusqu'à devenir ces merveilleux galets aux formes ovales parfois proches de la perfection. Longtemps considéré comme un métier parmi d'autres, comme le prouve la statue kitsch de Saint-Jouin-Bruneval, le ramassage des galets est désormais interdit depuis 1985, afin de protéger le littoral déjà fragilisé.

ET VOGUE LE GALET

Les galets de la région entrent dans la composition de nombreux produits : dans la porcelaine, l'industrie chimique pour fabriquer du béton, le papier de verre, la peinture des bandes blanches qu'il vaut mieux ne pas franchir sur la route, et même dans l'agent blanchissant du dentifrice ! Rien ne se perd, tout se transforme...

La mer n'est cependant pas la seule à ronger la falaise. Les fleuves côtiers l'ont entaillée aussi, ouvrant à Fécamp, à Dieppe et au Tréport de larges estuaires où les villes se sont développées. Images singulières de la Normandie, les valleuses sont ces petites vallées étroites et sèches où courait autrefois un ruisseau. La falaise, en cédant du terrain sur la mer, les a laissées en quelque sorte suspendues. Au fond, on trouve quelques hameaux et de charmantes petites plages isolées.

ÉTRETAT

(76790) 1 254 hab. *Carte Seine-Maritime, A2*

Presque une légende tant l'arche de craie plongeant dans la mer fait partie des images les plus emblématiques de la côte normande. Sans oublier cette aiguille, juste derrière, dont Arsène Lupin tente de percer le secret dans l'une de ses célèbres aventures… C'est aussi une station balnéaire à l'air vivifiant, et sa plage de galets a été chantée ou couchée sur toile par maints artistes. Mais après les artistes… sont venus les touristes ! Le lecteur avisé, dans la mesure du possible, évitera Étretat en été et durant les week-ends ensoleillés tout au long de l'année. Ainsi, il sera plus tranquille, les prix seront plus doux et les falaises sont tellement romantiques sous la pluie ! Si vous n'avez pas la chance de pouvoir les découvrir hors saison, partez les arpenter tôt le matin ou en fin de journée, pour en apprécier toute la beauté. Enfin, été comme hiver, pensez à réserver votre hébergement à l'avance.

UN JOYEUX NON-ANNIVERSAIRE

La série Lupin, qui a connu un succès mondial, évoque la commémoration de l'anniversaire de Maurice Leblanc (auteur des aventures du célèbre cambrioleur), le 19 décembre, avec la venue de fans costumés pour l'occasion. Cependant, ne vous attendez pas à un tel spectacle : cet événement est purement fictif !

UN PEU D'HISTOIRE

Au début du XIXe s, on parle déjà de la petite ville normande dans les milieux mondains, surtout depuis que ***la reine Hortense et la duchesse de Berry y ont lancé la mode des bains de mer.*** Alphonse Karr, comme à Sainte-Adresse, met aussi le village à la fête. Les Parisiens débarquent, potentiels clients pour les paysagistes qui commencent à s'intéresser aux falaises. Le peintre Isabey y vient en précurseur, sans doute dès 1822. Eugène Le Poittevin, à sa suite, y peint autant les lavandières sur les galets que les élégantes en crinoline, des thèmes bientôt repris par Boudin. ***Courbet*** y réalise une vingtaine de toiles de sa fameuse *Vague,* peinte au couteau en tant que motif unique. De 1883 à 1886, ***Claude Monet*** s'installe à Étretat. Ici, il préfère l'hiver à l'été et les paysages aux cercles mondains importés de Paris. D'ailleurs, à la mort de sa femme Camille, en 1879, les personnages disparaissent de ses tableaux… Seuls le paysage, grandiose, et les éléments, souvent tumultueux, l'inspirent. Grâce à l'invention du tube de peinture, il quitte son atelier et plante son chevalet en plein air, au plus près du motif, quitte à mettre les pieds dans l'eau, à frôler le vide ou à affronter les rafales de vent ! Fasciné par la porte d'Aval et la Manneporte, il y réalisera au moins une soixantaine de toiles.

Et puis il y a ***Maupassant,*** installé à Étretat depuis que sa mère s'est séparée de son père quand il avait 10 ans. Le futur écrivain, qui vit « comme un poulain échappé », selon sa sœur, et fréquente largement tous ces artistes (il est cousin avec Le Poittevin), dépeindra plus tard leur travail dans son roman *Fort* *comme la mort*. Il décrira aussi l'aspect sociologique de la « cohabitation » parfois épineuse entre bourgeois et *péqueux* (« pêcheurs » en cauchois). Les lavandières restent sur leurs galets tandis que les bourgeois se baignent tout habillés à l'autre bout de la plage ! Car, parallèlement à cette vogue artistique, ***la plage devient l'une des plus réputées de France durant la 2e moitié du XIXe s.*** Les villas fleurissent, la bourgeoisie s'installe, attirant tout le gratin parisien : ***Offenbach*** (qui y donne de délirantes fiestas), ou encore ***André Gide*** (qui, homosexuel assumé, y épouse sa... cousine en 1895, dans un petit temple toujours debout)... Inspirant tout ce beau monde, Étretat fera le tour du globe sous forme de cartes postales, de toiles de maîtres, et même, grâce à ***Maurice Leblanc,*** de romans policiers !

MARIUS JACOB, ALIAS ARSÈNE LUPIN

Marius Jacob est né en 1879. Rapidement, il entama une carrière de cambrioleur anarchiste, qui ne volait que les policiers ou les bourgeois. Après maintes aventures rocambolesques et un long séjour au bagne de Cayenne, il se réfugia auprès de sa mère dans le Berry. Il s'y suicida avec son chien en 1954, laissant une lettre pleine d'humour. Maurice Leblanc s'inspira de ce personnage pour créer celui d'Arsène Lupin.

LA SEINE-MARITIME

Arriver – Quitter

En bus

➢ ***Le Havre :*** ligne n° 13. Horaire sur • *transports-lia.fr* •

En train

➢ ***Paris, Rouen, Le Havre :*** *☎ 36-35 (0,40 €/mn).* Ligne Rouen-Le Havre. Arrêt à Bréauté. Tlj en saison, liaison en car Bréauté-Étretat (ligne 17) ; hors saison, seulement w-e. Lignes n° 13 et 24 régulières au départ du Havre.

Adresses et info utiles

ℹ @ ***Office de tourisme :*** *pl. Maurice-Guillard. ☎ 02-35-27-05-21. • lehavre-etretat-tourisme.com • Avr-oct tlj 10h-13h, 14h-18h30 ; nov-mars, mar-sam 10h-12h30, 13h30-17h plus les dim pdt les vac scol.*

■ **Natterra :** *📱 06-82-77-87-55. • natterra.fr • Sur résa.* Sorties nature, balades et randonnées avec un guide nature passionné qui vous accompagne sur les falaises en vous expliquant leur écosystème (oiseaux, effritement de la roche, etc.).

– Le ***stationnement*** est un réel problème à Étretat, en particulier pendant les vacances et week-ends ensoleillés. Parking du Grand Val, rue Guy de Maupassant, à 10 mn à pied de la plage, parking proche de la plage (rue du Mathurin Lenormand), souvent plein, et stationnement payant *(sauf en sem de mi-nov à janv)* dans les ruelles du centre, vite engorgé. Une bonne option : le parking situé à l'extérieur du centre-ville (5-10 mn à pied), sur la D 940 à l'entrée d'Étretat en venant du Havre.

Où dormir ?

Campings

⛺ ***Camping municipal d'Étretat :*** *69, rue Guy-de-Maupassant. ☎ 02-35-27-07-67. • camping.etretat@orange.fr • À l'entrée de la ville, sur la D 39. Ouv d'avr à mi-oct. Env 16,50 € pour 2 en hte saison.* Très simple, sur un espace vert et plat, sans beaucoup d'ombre et à côté de la route. Sanitaires chauffés corrects. Jeux pour enfants, tables de ping-pong, terrain de pétanque et laverie. Bon à savoir : la résa n'est pas possible (1er arrivé, 1er servi !).

Camping L'Aiguille Creuse : *24, résidence de l'Aiguille-Creuse, 76790* **Les Loges.** *☎ 02-35-29-52-10. • camping@aiguillecreuse.com • campingaiguillecreuse.com • ♿. À 6 km d'Étretat. Ouv avr-sept. Compter 20-33 € pour 2 avec tente et voiture ; hébergements locatifs à la sem. 97 empl.* Si l'aiguille chère à Arsène Lupin est creuse, ici, le terrain est plat et vaste, avec des emplacements séparés par des haies, ainsi que des hébergements locatifs. Dans le genre insolite, on peut opter pour un des 2 voiliers aménagés avec couchettes (jusqu'à 4 personnes), terrasse et salon de jardin ! L'ensemble est soigneusement entretenu et bien au calme (groupes refusés et aucune animation). Dépôt de pain et de viennoiseries, bar. Piscine couverte et chauffée, location de vélos.

De prix moyens à chic

Détective Hôtel : *6, av. George-V. ☎ 02-35-27-01-34. • detective.hotel@yahoo.fr • detectivehotel.com • Congés : de mi-nov à fin déc et début janv-mars inclus. Doubles 69-139 €. Apéritif local offert sur présentation du guide de l'année.* Avec ses chambres aux noms, à la décoration et aux accessoires évocateurs, cet hôtel hors norme fait dans l'insolite et le ludique... Serez-vous tenté par les nostalgiques « Miss Marple » et « Nestor Burma », par la « Emma Peel », plus sexy, ou par « Les Experts », plus froide et plus rationnelle ? Et puis essayez donc de trouver la salle de bains dans les chambres « Arsène Lupin » et « Sherlock Holmes », les plus drôles peut-être ! Courette-jardin et petit salon-bibliothèque, jeux d'échecs et bouquins.

Hôtel d'Angleterre : *35, av. George-V. ☎ 02-35-28-84-97. • etretathotelangleterre@gmail.com • etretat-hotel-angleterre.com • Congés : janv. Doubles 79-165 €. Un petit déj/pers offert la 1re nuit (résa directe slt) sur présentation de ce guide.* Petit hôtel de charme à l'ambiance feutrée dans une belle demeure de 1850. Le prix varie selon la taille des chambres, leur situation et le niveau de confort mais, à l'exception de la petite au rez-de-chaussée (située sur un lieu de passage et donc un peu bruyante), toutes sont très agréables. On retrouve partout les mêmes teintes apaisantes, mais à chacune son petit caractère et son thème. Quant à la belle salle de petit déjeuner, elle est agrémentée de maquettes de bateaux. Une bonne adresse.

Hôtel La Résidence : *manoir de la Salamandre, 4, bd René-Coty. ☎ 02-35-27-02-87. • manoirsalamandre@gmail.com • hotel.salamandre.etretat.com • Doubles env 70-125 €. Un petit déj/pers et par nuit offert (résa directe seulement) sur présentation de ce guide.* De l'extérieur, c'est l'un des plus beaux hôtels de Normandie, photogénique à souhait avec ses boiseries sculptées. Il s'agit d'une maison du XIVe s bâtie à Lisieux et remontée en 1912 à Étretat. À l'intérieur, c'est l'éclectisme qui prime. Les chambres sont toutes différentes, à tous les prix et, par conséquent, très inégales. Dans l'idéal, demander à en voir plusieurs. Certaines sont joliment décorées avec lits à baldaquin, alors que d'autres sont mansardées ou ont carrément la douche sur le palier.

De chic à beaucoup plus chic

Hôtel La Villa 10 : *10, av. de Verdun. ☎ 02-35-29-19-20. • resa@lavilladix.com • lavilla10.com • Doubles 148-189 €.* Une des adresses chics d'Étretat, établie dans une superbe demeure d'époque, soigneusement rénovée. Le bâtiment principal et l'annexe abritent des chambres spacieuses à la déco contemporaine (tapisseries et peintures dans les tons bleu canard, rouge, vert amande), certaines avec vue sur le jardin ou la ville, toutes d'un excellent niveau de confort. Chambre familiale également et suite deluxe. Beaucoup de charme dans l'ensemble et divers services pour agrémenter le séjour (balnéo, soirée-étape). Un sans-faute dans cette catégorie.

Hôtel Le Rayon Vert : *7, rue du Général-Leclerc. ☎ 02-35-10-38-90. • hotelrayonvert@gmail.com • hotelrayonvertetretat.com • Doubles 126-295 € selon vue et confort. Sur le front de mer.* Idéalement située, cette belle maison du XIXe s abrite une vingtaine de chambres rénovées en 2021. Certaines assez petites, une dizaine avec vue sur la mer et même un petit balcon. Elles sont toutes impeccables et bien équipées, avec salle de bains moderne (douche ou bain balnéo). Déco sobre et ensemble assez cosy. Brasserie à l'avant avec terrasse.

Chambres d'hôtes et Bateau La Caloge : *7, rue Offenbach, La Caloge. 06-73-78-02-23. Compter 105-115 € la nuit pour 2. Ouv de mi-mars à mi-nov. Parking.* À moins d'1 km du centre-ville et des falaises, dans un cadre verdoyant. Une chambre d'hôtes au rez-de-chaussée de la jolie maison des proprios, avec accès indépendant et salle commune (coin repas). Joli jardin avec transats. Et si vous avez envie d'une nuit insolite, une ancienne embarcation, installée à flanc de coteau, a été transformée en un petit gîte douillet (oui !). Décoration soignée et bon confort (kitchenette équipée, chambre avec 1 lit double, salle de bains). Terrasse et barbecue.

Domaine Saint-Clair – Le Donjon : *chemin de Saint-Clair. ☎ 02-35-27-08-23. • info@hoteletretat.com • hoteletretat.com • Tte l'année. Doubles 90-290 € ; petit déj 20 €.* Petit château posé sur l'un des points culminants d'Étretat. Cet établissement jouit d'une vue plongeante sur la mer, l'Aiguille creuse et le bourg d'Étretat, notamment depuis le jardin, le restaurant et quelques chambres. Réparties entre la maison principale et une villa, toutes ont un décor différent (dédié à une personnalité littéraire), dans un style cosy très XIXe s ou plus moderne. Musique d'ambiance, peignoirs, balnéo dans la plupart ou jacuzzi pour les plus luxueuses. Agréables salons pour bouquiner et se détendre, et piscine chauffée. Restaurant chic sur place (produits du potager et de la mer ; 1er menu abordable).

Où dormir dans les environs ?

Hôtel Saint-Christophe : *rue du Maréchal-Leclerc, 76790* ***Le Tilleul.*** *☎ 02-35-28-84-29. • contact@saintchristophehotel.fr • saintchristophehotel.fr • À 2 km d'Étretat sur la route du Havre. Congés : 2 sem début janv. Doubles 65-70 €.* Un petit établissement convivial tout proche d'Étretat... mais à prix doux ! Du coup, les habitués sont légion, accueillis par une équipe très sympa qui s'efforce de bien faire, à l'image des chambres simples, fonctionnelles et bien tenues. Bar avec terrasse. Quant à la route qui passe à côté, pas de panique, la nuit, c'est le calme plat !

Le Clos des Hautes Loges : *1047, Grande-Rue, 76790* ***Les Loges.*** *06-14-05-58-11. • leclosdeshautesloges@gmail.com • leclosdeshautesloges.fr • À env 6 km à l'est d'Étretat. Doubles 90-100 €.* Ça vaut la peine de s'éloigner d'Étretat : l'environnement verdoyant est paisible, la maison a de l'allure (une demeure du XVIIIe s et ses dépendances), et les chambres décorées avec soin sont cosy à souhait. Également 2 gîtes charmants et tout confort (4-5 personnes). Ajoutez à cela un petit déj copieux et vous obtenez un formidable point de chute.

Étretat Aventure : *1632, route de Gonneville, 76790* ***Les Loges.*** *☎ 02-35-29-84-45. • info@etretat-aventure.fr • etretat-aventure.fr • Nuitée env 55-79 € pr 2 pers ; treecamp (2-3 pers) 89-99 €.* À la fois un parc d'activités en plein air (parcours d'accrobranche, escalade, etc.), et un lieu d'hébergement insolite, cette adresse pourra plaire aux familles qui trouveront ici de quoi satisfaire tout le monde ! Location de chambres (classiques), mais aussi de tentes aménagées, bungalows, dômes (sorte d'igloos en toile) et des *treecamp*, ces derniers étant aménagés dans les arbres, comme une vraie cabane de Robinson !

Où manger ?

Crêperie Lann-Bihoué : *45, rue Notre-Dame. ☎ 02-35-27-04-65. • contact@etretat-lannbihoue.fr • À 2 pas du centre. Tlj pdt vac scol ; sauf mer-jeu hors saison. Congés : 2 sem début janv. Formule enfant 8,90 €, gourmande 15,30 € et carte.* C'est la valeur sûre du secteur dans sa catégorie. Bonnes galettes et crêpes pour tous les goûts, certaines baptisées de noms impressionnistes. Le tout à déguster dans un cadre pimpant, avec une petite terrasse logée dans une cour de poche. Accueil très sympa.

Le Bistretatais : *17, rue Adolphe-Boissaye. ☎ 02-35-28-89-43. • lebistretatais988@orange.fr • Tlj sauf mar-mer hors saison. Congés : 1er-15 janv. Formules et menus déj 18,90-31,90 €.* À 2 pas du front de mer, cette petite brasserie contemporaine s'efforce de bien faire : le cadre est agréable, le service efficace et sympathique et, surtout, la cuisine est élaborée avec des produits frais, au maximum locaux. C'est sans complication (moules-frites, andouillettes, délicieuses rillettes de poisson maison...), mais c'est bien fait et d'un bon rapport qualité-prix.

La Marie-Antoinette : *12, rue Alphonse-Karr. ☎ 09-86-23-88-93. En plein centre. Tlj sauf mer-jeu en hiver. Carte 30-50 €.* L'enseigne comme le décor un peu baroque des très jolies salles de ce bistrot marin rendent hommage à Mme Louis XVI, qui avait son parc à huîtres personnel à Étretat. À la carte, des huîtres normandes, donc, des plateaux de fruits de mer, du poisson (en carpaccio souvent) ; le tout d'une évidente fraîcheur puisqu'il n'y a que la rue à traverser jusqu'à la poissonnerie des proprios. Accueil et service décontractés. Petit bout de terrasse (mais sur la rue).

Restaurant du Golf : *au bord du golf, route du Havre. ☎ 02-35-27-04-56. À la sortie d'Étretat (direction Le Havre), suivre l'indication (très discrète) du golf ; c'est tt en haut (il faut passer la Dormy House). Tlj midi et soir sauf dim-lun soir ; nov-mars, ts les midis sauf mar. Menus 30 € (le midi seulement) et 37-45 €.* Même si vous n'êtes pas un adepte du golf, ce resto vaut le détour, ne serait-ce que pour le cadre et la vue imprenable à travers les baies vitrées. D'un seul coup d'œil, on embrasse toutes les falaises... et son voisin, tellement on est content ! Quant à la cuisine, elle est tout à fait honorable, à base de produits frais, et le menu varie régulièrement. Ambiance sympa qui n'a rien de guindé.

Le Romain d'Étretat : *1, rue Georges-Bureau. ☎ 02-35-28-45-97. • contact@leromaindetretat.com • Tlj sauf mer (et mar hors saison). Menus 14,90-24,90 € et carte env 15-25 €. Café offert sur présentation de ce guide.* Cette petite adresse discrète, tenue par une équipe jeune et très souriante, est une bonne solution pour se restaurer correctement sans se ruiner : les plats (principalement italiens) sont simples et bons, de même que les généreuses pizzas. Quelques tables en terrasse.

LA SEINE-MARITIME

Où manger dans les environs ?

Auberge du Puits Fleuri : *à* ***Vattetot-sur-Mer,*** *à 7 km au nord par la route côtière vers Fécamp (D 211). ☎ 02-35-28-31-02. • puitsfleuri@gmail.com • Tlj sauf lun-mar. Menus 15,90 € (déj en sem), puis 25-35 € ; carte env 35 €.* Face à la jolie mairie de Vattetot, une petite auberge de campagne bâtie en brique et silex, bien sympathique avec son jardin, son puits fleuri (eh oui) et sa véranda pour les beaux jours. Excellente cuisine régionale et superbe plateau de fromages. Et c'est bon dès le 1er menu ! Une vraie bonne adresse.

Le Tilleulais : *759, route du Havre,* ***Le Tilleul.*** *☎ 02-35-27-10-48. • vivilleetbo@gmail.com • À 3 km d'Étretat sur la route du Havre, au centre du village. Tlj sauf dim soir et lun-mar.*

Congés : 3 sem en avr, 1 sem en sept et 15 j. à Noël. Menus 19,90-30,90 €. Carte env 20-25 €. Certes, le resto est sur une rue passante, et le cadre est assez désuet, mais on y mange une bonne cuisine familiale, concoctée par un cuistot breton et servie par une patronne normande. Accueil très nature et cuisine maison de bonne facture, dans tous les sens du terme.

Le Belvédère : *route du Belvédère, 76280* **Saint-Jouin-Bruneval.** *☎ 02-35-20-13-76. À 8 km au sud d'Étretat par la D 940, puis la D 111. Fermé mer soir, jeu, dim soir (ainsi que les soirs lun-mar hors saison). Congés : de mi-déc à mi-janv. Menu-carte env 35-55 €.* Situation exceptionnelle pour ce restaurant chic perché au-dessus des falaises et... du terminal pétrolier d'Antifer ! La salle moderne tout en baies vitrées jouit d'une vue géniale sur la mer, tandis que la cuisine de tradition, élégante et très soignée, garantit un repas des plus savoureux.

Où boire un verre ?

Bar de la Dormy House : *route du Havre. ☎ 02-35-27-07-88. Accessible par la petite route qui monte au golf, mais visible du front de mer. Tlj sauf lun-mar.* Cet hôtel chic, de charme, perché sur sa hauteur, a aussi un bar avec intérieur en bois et fauteuils en cuir ainsi qu'une terrasse offrant une très belle vue.

LA SEINE-MARITIME

À voir. À faire

LES FALAISES

Incontournables, bien sûr ! On ne se lasse pas de les découvrir sous la lumière changeante, de l'aube au crépuscule. Et, à la tombée de la nuit, elles sont éclairées.
– ***Petit avertissement :*** ne vous approchez pas trop près du précipice ! La falaise recule d'année en année et les bords sont friables. Pour se repérer, savoir qu'à gauche de la plage d'Étretat se trouve la falaise d'Aval (avec sa fameuse arche) et à droite la falaise d'Amont... Quant à la balade par le bas, elle est interdite car très dangereuse (fréquents éboulements et marées).

En aval

La falaise d'Aval : on parvient au sommet (71 m) en empruntant un escalier situé à gauche de la digue, puis un sentier. À la fin du XIXe s, une curieuse tour dominait la falaise (on la voit sur d'anciennes cartes postales). Elle fut dynamitée en 1911. À cet endroit se trouvait un fort du XIVe s. Il reste encore quelques vestiges. À l'extrémité, un ancien blockhaus. Cette superbe falaise est bordée d'un chemin de randonnée, le GR 21, qui court du Havre au Tréport. Cette portion est l'une des plus belles. Le vaste espace tout autour est occupé par un golf, face à la mer. Quel charme !

La porte d'Aval : splendeur d'Étretat, considérée comme l'une des merveilles naturelles du monde. C'est une arche à l'incroyable harmonie, à la délicate découpe. Contrairement à ce que l'on pourrait imaginer, c'est principalement une rivière souterraine qui a provoqué cette belle érosion. Certes, aidée par la mer... Et contrairement à ce que l'on colporte généralement, ce n'est pas cette porte de calcaire que Maupassant comparait à un éléphant plongeant sa trompe dans la mer, mais la porte d'Amont !

L'Aiguille : *un peu en retrait, derrière la porte, visible depuis la plage.* Pour mieux l'admirer, ne pas manquer de monter au sommet de la falaise d'Amont.

L'Aiguille mesure 42 m de haut, mais n'est pas creuse, contrairement à ce qu'affirmait Arsène Lupin. Taillée comme un obélisque par la mer et le temps, c'est la dureté de son calcaire qui lui a permis de ne pas disparaître totalement. Symboliquement, c'est le complément parfait de la porte d'Aval : le plein, le creux ; le mâle, la femelle... *Attention, accès uniquement possible à pied ; se garer en ville et prévoir 15-20 min de marche.*

La Manneporte : *à gauche de la falaise d'Aval. Accès en 25 mn depuis le Perrey.* Arche imposante, moins élancée que celle d'Aval et surtout moins connue puisqu'elle est située derrière. Maupassant, toujours lui, affirmait déjà en son temps qu'un navire pouvait passer sans problème sous cette « grande porte » (d'où son nom, dérivé de *Magna Porta*). C'était aussi l'un des « motifs » de prédilection de Claude Monet.

Le Trou à l'homme : *grotte nichée au pied de la falaise d'Aval.* Immense, elle est pavée de pierre blanche et tapissée de mousse. On la surnomme ainsi depuis qu'un matelot, seul survivant du naufrage d'une goélette nordique, y fut retrouvé (vivant) à la fin du XVIIIe s. Un tunnel creusé dans la falaise permettait d'accéder à la plage de Jambourg en la traversant ; aujourd'hui, ***l'accès est interdit*** par arrêté municipal (dangereux à cause des marées). Tout près, on trouve les vestiges de parcs à huîtres (visibles à marée basse), le coquillage y était en effet cultivé et affiné pour être ensuite expédié à Versailles pour la reine Marie-Antoinette.

En amont

La falaise d'Amont : *les courageux grimperont sur la falaise en empruntant un escalier situé à l'extrémité droite de la plage. Pour les autres, petit train avr-sept, tlj 10h-18h. Env 6 € l'A/R.* Là-haut, on trouve un calvaire, une charmante petite chapelle Notre-Dame-de-la-Garde et une flèche blanche pointée vers le ciel, monument dédié aux aviateurs Nungesser et Coli. *L'Oiseau blanc,* leur biplan Levasseur pesant 5 t (dont 4 t de carburant), s'élança sur la piste du Bourget le 8 mai 1927 à 5h22 pour tenter de traverser l'Atlantique nord. La dernière fois qu'on les vit, c'est au large d'Étretat. Certains pensent que leur avion s'est écrasé près de Saint-Pierre-et-Miquelon, d'autres que la mafia américaine (on est à l'époque de la Prohibition) aurait pu dézinguer leur zingue... Charles Lindbergh réussira finalement l'exploit de relier New York à Paris sans escale, 12 jours à peine après la tentative des 2 Français. C'était le 20 mai 1927, à bord du *Spirit of Saint Louis.*
Du bord de la falaise, panorama d'un romantisme absolu sur la ville, bordée par la falaise d'Aval, l'arche et l'Aiguille creuse. Belle brochette d'aiguilles avec le clocher de la chapelle, la flèche du monument et l'Aiguille en enfilade...

GOERING REVANCHARD !

Lors de la Première Guerre mondiale, le pilote de guerre Nungesser sortit vainqueur d'un combat singulier contre un certain Hermann Goering. Plus tard, il croisa de nouveau l'aviateur allemand et, le trouvant particulièrement grossier, le gifla en public. Nungesser disparut en mer peu après, avec Coli. Devenu maréchal au sein du IIIe Reich, Goering vint à Étretat en 1942. Découvrant le monument élevé à la mémoire des 2 aviateurs, il aurait ordonné qu'on le fasse sauter à la dynamite !

Les jardins d'Étretat : *av. Damialaville. ☎ 02-35-27-05-76. • etretatgarden.fr • Tte l'année, mer-dim 10h-17h. Entrée : 12 € ; réduc ; gratuit moins de 7 ans.* Accroché à la pente, créé par un architecte-paysagiste russe tombé amoureux du coin, un petit jardin contemporain où se cachent sculptures et autres installations tout aussi contemporaines. Vues imprenables sur l'aiguille creuse et Étretat. Plaisant (les amateurs de jardins y trouveront sûrement leur compte), mais l'entrée nous a quand même semblé chérot !

La porte d'Amont : *visible depuis la falaise d'Amont.* C'est cette porte de calcaire que Maupassant comparait à une trompe d'éléphant plongée dans la mer.

L'aiguille de Belval : *visible au bout de la falaise d'Amont.* Moins connue que l'aiguille d'Aval, l'aiguille de Belval est pourtant surprenante. On dirait un gigantesque menhir dévoré, à sa base, par les vagues, ou bien une incisive plantée dans la mer !

À voir encore

Les vieilles halles : *au bout du bd René-Coty.* Superbe bâtiment en bois construit avec des matériaux anciens provenant de la ville de Brionne (dans l'Eure), datant de 1926, avec ses boutiques et son étage à galerie.

Le Clos Lupin : *15, rue Guy-de-Maupassant. ☎ 02-35-10-59-53. Avr-sept et vac scol, tlj sauf lun 10h-12h30, 13h30-18h ; hors saison, 10h-12h30, 13h30-17h30. Entrée : 7,50 € ; réduc.* C'est le plus grand des voleurs, oui, mais c'est aussi un gentleman, épaulé par son fidèle Grognard, qui vous accueille dans cette belle villa, où son papa Maurice Leblanc rédigea quelques-unes de ses célèbres aventures. Il vint ici écrire chaque été pendant 20 ans avant de s'exiler à Perpignan pendant la Seconde Guerre mondiale. La visite de 45 mn avec audioguide suit un itinéraire qui, de pièce en pièce, fait vivre les tribulations d'Arsène Lupin. Dans de délicieuses ambiances théâtrales, celui-ci nous conte ses secrets et ses aventures, nous parle de ses amours passionnées, tout en cherchant à élucider la fameuse énigme de l'Aiguille creuse.

PARANOÏA

À la fin de sa vie, Maurice Leblanc était paniqué par cet Arsène Lupin qu'il avait inventé. Il entendait le gentleman-cambrioleur toutes les nuits, tentant de le dévaliser. Impossible de dormir. N'y tenant plus, l'écrivain finit par condamner la porte du jardin – encore cloutée aujourd'hui.

Nombreuses **villas** de la fin du XIXe s et de la Belle Époque, dont le *Clos Lupin,* maison de Maurice Leblanc, au 15, rue Guy-de-Maupassant (voir ci-dessus). Inutile en revanche de pousser jusqu'au nº 57 de cette même rue : on ne voit rien, depuis le trottoir, de la *villa La Guillette,* que l'écrivain avait fait construire. Poussez plutôt jusqu'à la rue Offenbach (à la sortie d'Étretat, direction Fécamp) pour découvrir la *maison de René Coty (La Ramée),* celle d'Offenbach (la *villa Orphée*) ou le superbe *château des Aygues,* où séjournèrent les reines d'Espagne Marie-Christine et Isabelle II au XIXe s. Les hauteurs du bourg, côté falaise d'Amont, cachent également quelques jolies maisons comme la *villa La Chaufferette (10 bis, rue Notre-Dame),* où habitait le peintre Eugène Le Poittevin.

Le musée du Patrimoine : *av. Damilaville, falaise d'Amont. ☎ 02-27-43-58-94. Début avr-début mai, tlj 14h30-18h ; de mi-juin à mi-sept tlj 10h30-12h30, 15h-18h. Tarif : 3 € ; gratuit jusqu'à 14 ans.* Toute l'histoire d'Étretat, des origines à nos jours : formation des falaises, village des pêcheurs, création de la station balnéaire, patrimoine architectural, les Première et Seconde guerres mondiales, les aviateurs Nungesser et Coli... L'ensemble est agrémenté d'objets, photos et documents.

Notre-Dame : *route de Bénouville. Tlj 9h30-17h.* Ancienne dépendance de l'abbaye de Fécamp, datant des XIe et XIIIe s et donc d'architecture romane et gothique. Remarquez la petite tour accrochée au flanc du clocher. Portail roman, assez mal restauré au siècle dernier. À l'intérieur, jolies arcades romanes à motifs géométriques, orgue Cavaillé-Coll du XIXe s classé et, insolite, un... puits.

Manifestations

– ***Festival Hello Birds :*** *juil.* Concerts, balades.
– ***Festival Offenbach :*** *août.*

DANS LES ENVIRONS D'ÉTRETAT

Saint-Jouin-Plage : *sur la commune de* ***Saint-Jouin-Bruneval.*** Si vous voyagez avec des enfants, cette belle plage aménagée a le mérite d'être moins dangereuse que celle d'Étretat, et d'être surveillée en été. Vous y trouverez aussi des tables de pique-nique ou, s'il vous manque le pique-nique, de petites cahutes où casser la croûte. Quelques animations sur place (location de kayaks...).

YPORT (76111) 860 hab. *Carte Seine-Maritime, A2*

À une dizaine de kilomètres au nord-est d'Étretat, c'est une petite station balnéaire familiale, pittoresque, intime et moins chère que sa célèbre voisine. Belles falaises là aussi. Plage de galets avec quelques barques colorées, les fameux doris qui, accrochés aux 3-mâts, servaient à partir à la pêche à Terre-Neuve. Beaucoup de charme dans les ruelles de ce petit bourg grâce à plusieurs villas et jolies maisons de pêcheurs, ainsi qu'une petite église restaurée, avec une voûte en bois, remplie d'ex-voto.
D'où que l'on vienne, on atteint Yport par de charmantes routes sinueuses et vallonnées. Cependant, en direction d'Étretat, la ravissante route côtière D 211 cache de très jolis hameaux, comme celui de Vaucottes-sur-Mer.

ARTISTES ET IMPRESSIONNISTES À YPORT

Boudin, Corot, Gide et bien d'autres aimaient y séjourner. Dans son roman *Une vie,* Maupassant décrit la fameuse descente à Yport et ses odeurs de poisson. Il venait souvent écrire dans la surprenante villa blanche du XIXe s, le *Bordj El-Maboul,* d'influence mauresque (face au *Camping Flower La Chênaie*). En 1883, un certain Alfred Abraham Nunès, cousin de Pissarro, originaire des Antilles et grand amoureux des arts (il sera aussi élu maire d'Yport en 1886), se passionne pour les paysagistes et, en particulier, pour les impressionnistes. C'est ainsi qu'il commande à Renoir non pas un paysage, mais 2 portraits : celui de sa fille Aline, âgée de 8 ans *(Jeune fille à l'ombrelle),* et celui de son fils Robert, 10 ans *(Jeune garçon sur la plage d'Yport).* La même année, Renoir peint *Marée basse à Yport...* aujourd'hui au musée de l'Ermitage à Saint-Pétersbourg.

ÇA CHAUFFE POUR SCHUFF

Les Rochers à Yport sont un tableau de Claude-Émile Schuffenecker (1851-1934). C'est à lui que Gauguin doit sa vocation de peintre, du temps où ils étaient tous 2 agents de change. Et c'est « ce bon ami Schuff » qui poussa Gauguin dans les cours de dessin et les musées, allant jusqu'à le soutenir financièrement. Néanmoins, la réputation de Schuff fut aussi sulfureuse, puisqu'on le soupçonna d'avoir réalisé de faux Van Gogh revendus aux enchères !

Adresse et info utiles

Office de tourisme : *rue Alfred-Nunès. ☎ 02-35-29-77-31. • fecamptourisme.com • Tte l'année, tlj (fermé dim-mar mat hors saison) 9h30-12h30, 14h-18h (14h30-18h30 en été).* L'application *Fécamp Discovery* vous propose 2 itinéraires pour découvrir le village et le chemin des ramendeuses sur les falaises. Expos temporaires.

– **Marché :** *mer mat.*

Où dormir ? Où manger ? Où boire un verre ?

Campings

Camping, chambres d'hôtes et gîtes Le Rivage : *rue Hottière, sur la D 211 (route côtière), direction Vattetot-sur-Mer. ☎ 02-35-27-33-78. • campinglerivage@orange.fr • camping-lerivage.com • Ouv mi-mars à mi-oct. Compter 16-20 € pour 2 avec tente et voiture ; hébergements locatifs à la sem. 90 empl.* Waouh, quelle vue et quel site ! De votre emplacement, le regard embrasse (au propre comme au figuré, tellement c'est beau !) la falaise, la mer, Yport et les toits de ses maisons, ainsi que Fécamp au loin. Le tout dans un espace en terrasses, verdoyant et parfaitement tenu. Pour couronner le tout, un chemin permet de rejoindre la plage en 5 mn (plus dur à la remontée). Sanitaires rénovés.

Camping Flower La Chênaie : *rue Henry-Simon. ☎ 02-35-27-33-56. • camping.yport@flowercampings.com • camping-normandie-yport.com • ♿ À l'entrée d'Yport, à 800 m du centre-ville. Ouv avr-sept. Compter 19 € pour 2 avec tente et voiture ; tentes en dur, chalets et mobile homes 280-825 €/sem. 100 empl.* Camping très bien équipé et très bien tenu, où les campeurs s'installent sur les grandes pelouses, alors que les jolis chalets sont dispersés sous les arbres, sur une petite hauteur. Ambiance familiale, d'autant plus que les enfants ont de quoi s'amuser, entre l'agréable aire de jeux et la belle piscine couverte chauffée.

Aire naturelle de camping La Pâture : *rue André-Toutain. ☎ 02-27-30-68-03. 📱 06-80-13-09-18. • lapature.yport@orange.fr • lapature.fr • Sur la D 211 (route côtière), en direction de Vattetot-sur-Mer. Ouv avr-sept. Compter 22 € pour 2 avec tente et voiture (min 3 nuits). Douche payante. CB refusées. 25 empl.* En pleine nature, au sommet de la falaise mais sans vue spectaculaire. Terrain basique plutôt plat, avec quelques parties plus pentues et parsemées d'arbres. Sanitaires anciens mais corrects. Service boulanger sur place le matin. Simple, paisible et verdoyant.

Prix moyens

Le Nautique : *73, rue Alfred-Nunès. ☎ 02-35-29-76-10. • lenautique.yport76@gmail.com • Face à l'église et à l'office de tourisme. Fermé dim soir hors saison. Menus 22-26 € et carte env 25 €.* « Bistrot de village » avec un zinc en bois, une déco marine et une courette de poche à l'arrière avec vue sur l'église. Au programme : fruits de mer, coquillages, choucroute de la mer, terrine de poisson, etc. Tout simple.

Fête

– ***Feu d'artifice et fête de la Mer et de la Peinture :*** *14-15 août.* Avec messe et bénédiction, procession avec les ex-voto et vente aux enchères des peintures réalisées dans la journée.

FÉCAMP

(76400) 18 400 hab. *Carte Seine-Maritime, A2*

• Plan *p. 177*

Nichée au creux de la Valmont, qui a fendu les falaises, Fécamp est une petite ville industrieuse doublée d'un port de pêche, de commerce et de plaisance. Ville au passé prestigieux, elle fut l'ancienne résidence des ducs de Normandie avant qu'il ne leur prît l'envie de traverser la mer et de bâtir une véritable industrie de la pêche, celle des Terre-Neuvas. Riche de son passé industriel et maritime, la ville séduit le voyageur par sa forte personnalité. Il faut dire qu'elle possède des sites et des musées qui méritent vraiment le détour.

FÉCAMP, BORD DE MER

En 1849, Delacroix s'emballait déjà pour « cette grande ligne bleue, verte, rose, de cette couleur indéfinissable qui est celle de la vaste mer ». Le préimpressionniste Jules Noël, qui peint *Crinolines sur la plage* en 1870, y soigne particulièrement les effets lumineux. L'hyperactif Claude Monet s'attaque aux falaises en 1881, d'où sortira *Fécamp, bord de mer,* visible au musée Malraux du Havre, et une vingtaine d'autres toiles peintes sur les hauteurs de Grainval et du cap Fagnet.

UNE FEMME CHEZ LES IMPRESSIONNISTES

Enfin une femme chez les impressionnistes ! Berthe Morisot, arrière-petite-nièce de Fragonard, étudie avec Corot, apprend le métier en copiant des chefs-d'œuvre au Louvre, où elle rencontre Fantin-Latour, qui lui présente à son tour le très scandaleux Édouard Manet, dont elle devient le modèle favori. Elle expose en 1874 chez Nadar, au fameux Salon des refusés, entrant dans le cercle des impressionnistes. La même année, elle séjourne à Fécamp chez sa tante Boursier, qui possède alors une grande maison sur la falaise. Elle épouse le frère de Manet, Eugène, dont elle a une fille, Julie. Victime d'une pneumonie en 1895, elle confie le destin de son enfant à Mallarmé et à Renoir, léguant ses œuvres à tous ses amis artistes, dont Monet et Degas. Sur son certificat de décès, pourtant, il sera mentionné « sans profession »... Dans ses toiles, Berthe Morisot s'intéresse particulièrement aux scènes familiales, aux femmes et aux enfants, comme dans *Le Berceau* ou *Jeune femme en toilette de bal,* tous 2 visibles au musée d'Orsay, à Paris. Elle va souvent peindre aux Petites-Dalles et à Saint-Pierre-en-Port. Son style, libre et fluide, est qualifié de « légèreté picturale ». C'est tout de même elle qui réussit à convaincre Manet de peindre en plein air et sur le motif...

FÉCAMP, PORT DE PÊCHE

« Fécamp, port de pêche qui entend le rester. » Cette phrase du général de Gaulle est toujours d'actualité. Ici, on ne plaisante pas avec la mer. Du stade artisanal, on passe au fil des siècles à une quasi-industrie puisque, au XVIe s, le port distribue son poisson pratiquement dans tout le pays. C'est à cette époque que les Fécampois traversent l'Atlantique pour aller chercher la morue là où elle abonde : à Terre-Neuve. Au XVIIe s, les chantiers navals et les voileries se multiplient, le port s'organise.

De la 2de moitié du XIXe s jusque dans les années 1970, la ville fut le 1er port français de pêche à la morue et le 4e port national. Puis la situation s'est doucement mais sûrement dégradée. Le choc pétrolier de 1974 et l'augmentation du coût du gasoil, la raréfaction de la morue due à l'industrialisation de la pêche et l'extension des zones de pêche canadiennes après celle des zones islandaises, ont achevé de mettre à terre cette industrie fécampoise de la morue. Du coup, les pêcheurs d'ici se sont reconvertis tant bien que mal dans la pêche hauturière et côtière, qu'en tant que Terre-Neuvas ils dédaignaient jadis, ainsi que dans la salaison et la fumaison du hareng, désormais remplacé par le saumon. Cela permet de continuer à faire tourner quelques saurisseries locales. Aujourd'hui, malgré le petit nombre de bateaux, le port de commerce essaie de rester actif. Mais ce sont surtout l'importation et l'exportation des bois du Nord, d'huiles à vocation cosmétique ou pharmaceutique, la navigation de plaisance et les activités sportives nautiques qui assurent maintenant la survie maritime de Fécamp. Pour en savoir plus sur l'histoire maritime fécampoise, n'hésitez pas à vous promener sur le site • *fecamp-terre-neuve.fr* •

MOUETTE OU GOÉLAND ?

Le goéland est bien plus grand, son bec est jaune et son cri plutôt grave. La mouette a un rire plus aigu et un bec rouge, plus petit, sans oublier une élégance secrète : une petite tache noire derrière l'œil.

Arriver – Quitter

En bus

Horaires sur • *transports.normandie.fr* •

➢ ***Paris :*** liaisons Flixbus.

➢ ***Étretat, Yport, Le Havre :*** liaisons tlj avec la ligne n° 24.

➢ ***Saint-Valery-en-Caux, Dieppe :*** liaisons avec la ligne n° 60. Pour la liaison Fécamp-Dieppe, changement de ligne à Saint-Valery-en-Caux pour la ligne n° 61.

➢ ***Goderville, Le Havre :*** liaisons tlj avec la ligne n° 23.

➢ ***Bolbec :*** liaisons avec la ligne n° 22.

➢ ***Yvetot :*** liaisons avec la ligne n° 25.

Adresses et infos utiles

ℹ ***Office de tourisme*** *(plan B2,* ***1****)* ***:*** *quai Sadi-Carnot.* ☎ *02-35-28-51-01.* • *fecamptourisme.com* • *Juil-août, tlj 9h-18h30. Janv-mars et oct-déc, lun-ven 9h-12h30, 14h-17h30 ; sam 9h-12h30, 14h-17h30 ; dim pdt les vac scol d'hiver 10h-13h. Avr-juin et sept, lun-ven 9h-18h ; w-e et j. fériés 10h-18h.* Consigne à bagages, billetteries, boutique.

ℹ ***Maison du patrimoine*** *(plan B2,* ***2****)* ***:*** *10, rue des Forts.* ☎ *02-35-10-60-96. Installée dans le bâtiment Renaissance de l'ancien* Hôtel du Grand Cerf. Visites guidées de la ville (classée Art et Histoire).

Coffee Bike : *10A, bd Suzanne-Clément.* 📱 *07-67-70-40-65.* • *coffeebike-normandie.com* • *Ouv mer ap-m et jeu-ven 10h-13h15, 14h-18h ; w-e 10h-18h.* Sympathique loueur de vélos qui fait aussi cafétéria. VTT, tandem, vélos à assistance électrique, etc. Sur résa, possibilité de se faire livrer à Fécamp et dans les environs.

– ***Marché*** *(plan B2)* ***:*** *sam mat, pl. Bellet.*

Où dormir ?

Campings

Camping de Reneville *(plan A2,* ***10****)* ***:*** *chemin de Nesmond.* ☎ *02-35-28-20-97.* • *reneville@aliceadsl.fr* • *campingdereneville.com* • ♿ *À 2 km de la gare ferroviaire. Prendre la direction d'Étretat, puis fléché*

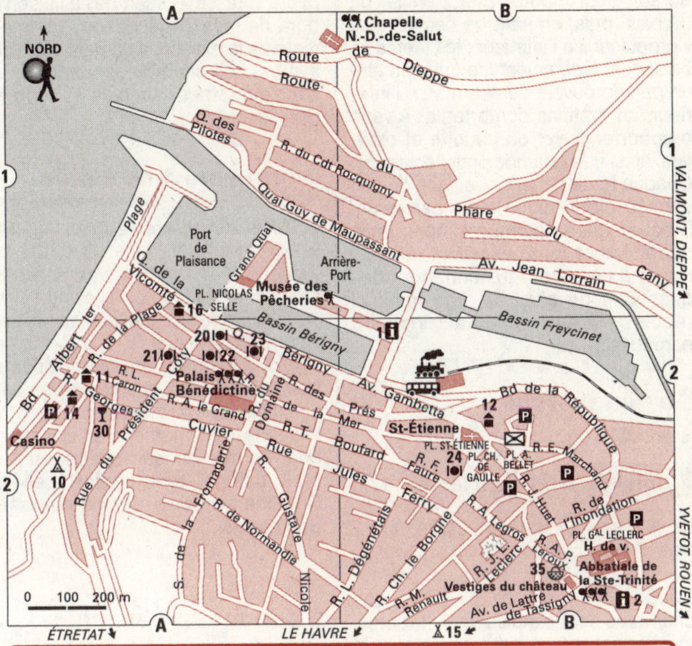

FÉCAMP

Adresses utiles

- 1 Office de tourisme (B2)
- 2 Maison du patrimoine (B2)

Où dormir ?

- 10 Camping de Reneville (A2)
- 11 Hôtel de la Plage (A2)
- 12 Hôtel Normandy (B2)
- 14 Hôtel d'Angleterre (A2)
- 15 Woody Park (hors plan par B2)
- 16 Hôtel Le Grand Pavois (A1)

Où manger ?

- 20 Chez Nounoute (A2)
- 21 Le Vicomté (A2)
- 22 Le Mêle-Anges (A2)
- 23 Le Barbican (A2)
- 24 Le Rex (B2)

Où boire un verre ?

- 30 Onésime (A2)

Où acheter de bons produits ?

- 35 Hautot Chocolatier-pâtissier (B2)

sur la droite. D'avr à mi-nov. Compter 15-26 € pour 2 avec tente et voiture ; hébergements locatifs 4-6 pers loués à la sem. 157 empl. Un beau et confortable camping superbement situé dans une impasse sur les hauteurs de la ville, tel un amphithéâtre naturel offrant une vue formidable sur la mer. Propose aussi des chalets en bois, des mobile homes et des roulottes. Un court sentier mène directement à la mer. Très bon accueil.

Woody Park *(hors plan par B2,* ***15****)* **:** *198, av. du Maréchal-de-Lattre-de-Tassigny. ☎ 02-35-10-84-83. • contact@woody-park.com • woody-park.com • À env 1,5 km du centre-ville ; suivre la direction de l'hôpital et du lycée Guy-de-Maupassant. Ouv avr-oct et pdt vac scol (zone B). Résa indispensable. Compter 60 € pour 2.* Dans un parc accrobranche mais à l'écart des parcours, des tentes suspendues dans les arbres, perchées à 3 ou 6 m au-dessus du sol. Pour monter, il faut enfiler un harnais, puis, en haut de l'échelle, se « propulser » à l'intérieur : les tentes se balancent légèrement (ce qui peut être un peu éprouvant au début...). À l'intérieur, un matelas confortable. À vous d'apporter duvet ou couette et oreillers, ainsi que la lampe pour l'éclairage. Chaque tente bénéficie, au sol, de son espace pique-nique avec barbecue. Bloc sanitaire commun simple, mais parfaitement tenu. Excellent accueil, pro et à l'écoute. Attention, pour des questions de sécurité, âge minimal requis : 16 ans (avec autorisation parentale).

De bon marché à prix moyens

Hôtel de la Plage *(plan A2,* ***11****) : 87, rue de la Plage. ☎ 02-35-29-76-51. • reception@hotel-fecamp.com • hoteldelaplage-fecamp.com • Congés : 3 sem début janv. Résa conseillée. Doubles à partir de 65-78 €.* Les chambres sont simples, mais propres, et chacune a son petit caractère : la patronne a laissé parler son inspiration du moment, et là que je te colle une grande Africaine, ici un vol d'oiseaux ou une grande fleur rougeoyante qui mange tout un mur. C'est gai et charmant, comme l'accueil ! Le prix varie selon la taille des chambres, dont certaines disposent même d'un tout petit bout de vue sur la mer. Également des triples et familiales.

Hôtel Normandy *(plan B2,* ***12****) : 4, av. Gambetta. ☎ 02-35-29-55-11. • info@normandy-fecamp.com • normandy-fecamp.com • Double à partir de 65 €. Parking.* Une gentille petite adresse à l'écart de l'agitation du bord de mer. La réception, comme le resto de la maison, a un petit côté rétro sympa. Les chambres, quant à elles, sont modernes, simples et propres. Bon accueil.

De prix moyens à chic

Hôtel d'Angleterre *(plan A2,* ***14****) : 91-93, rue de la Plage. ☎ 02-35-28-01-60. • contacthotelangleterre@gmail.com • fecamp-hotelangleterre.com • Congés : début déc-début janv. Doubles env 75-130 €. Parking payant.* Un hôtel convivial à 2 pas du front de mer, aux chambres très cosy et colorées, voire fleuries. Les privilégiés auront même droit à un petit bout de mer de leur fenêtre, ou à un petit balcon. Bon confort général. Crêperie sympa au rez-de-chaussée. Bon accueil.

De chic à beaucoup plus chic

Hôtel Le Grand Pavois *(plan A1,* ***16****) : 15, quai de la Vicomté. ☎ 02-35-10-01-01. • contact@hotel-grand-pavois.com • hotel-grand-pavois.com • ♿ Doubles env 120-260 €. Garage payant ; parking extérieur gratuit.* Sur le port de plaisance de Fécamp, dans un bâtiment moderne fonctionnel, de très belles chambres tout confort, spacieuses et lumineuses, dont les larges baies vitrées ouvrent sur des balcons. Déco contemporaine plutôt épurée et très zen. Accueil aussi pro que charmant. Piano-bar.

Où manger ?

De bon marché à prix moyens

Le Barbican *(plan A2,* ***23****) : 97, quai Bérigny. ☎ 02-27-30-59-95. Fermé mer, dim, lun soir (jeu soir slt à emporter). Congés : 24 déc-4 janv. Résa conseillée. Compter 16 € pour la formule déj et menu 23,50 € ; carte env 20-25 €.* Le jeune patron est anglais, et sa spécialité... c'est le *fish & chips* ! Frites maison maousses, bon poisson frais, c'est un must dans le genre. Sinon, c'est l'ardoise du jour, une cuisine 100 % maison : 2 plats au choix (une viande ou un poisson) élaborés avec soin en fonction du marché et de l'humeur. Simple et délicieux. Du coup, c'est vite complet, d'autant que la salle aux couleurs marines n'est pas bien grande.

Chez Nounoute *(plan A2,* ***20****) : 3, pl. Nicolas-Selle. ☎ 02-35-29-38-08. Sur le port, au Bout-Menteux. Tlj sauf mer. Formule déj en sem 18 € ; menu 22 € et carte.* Nounoute est un personnage emblématique à Fécamp... Elle vous accueille avec sa gouaille gentiment maternelle et vous met tout de suite à l'aise. Ex-poissonnière reconvertie, elle propose le meilleur de la pêche fécampoise. Vous ne pouvez rêver mieux pour vous régaler de maquereaux marinés, de harengs fumés, de morue fraîche et on en passe... Terrasse en été qui prolonge une salle toute simple toujours bondée.

Le Vicomté *(plan A2,* ***21****) : 4, rue du Président-Coty. ☎ 02-35-28-47-63. Fermé mer, dim et j. fériés. Congés : 2 sem en déc, à Pâques et en août. Menu unique 23 €.* Un petit bistrot très chaleureux et plein de charme, avec ses nappes à carreaux et ses affiches du *Petit Journal.* Dans cette ambiance rétro très plaisante, les habitués se régalent d'une excellente cuisine de marché, chaque jour différente. Choix entre 2 entrées, 2 plats, fromage et dessert. Un excellent rapport qualité-prix et un service impeccable.

Le Rex *(plan B2,* ***24****) : 17, pl. Charles-de-Gaulle. ☎ 02-35-27-10-42. Tlj sauf dim-lun. Plat du j. 13,90 € ; formules 15,90-19,90 € et carte.* Une brasserie conviviale établie dans l'ancien cinéma. Bonne cuisine maison et une formule à l'ardoise d'un excellent rapport qualité-prix : viande persillée, burgers, poisson du jour, moules, huîtres et coquillages. Desserts goûteux (glaces artisanales) et vins bien choisis. Accueil agréable et service efficace.

Le Mêle-Anges *(plan A2,* ***22****) : 7, rue de la Vicomté. ☎ 09-82-25-20-09. • lemele-anges76@hotmail.fr • Fermé lun-mar. Menus 17,50 € (midi sauf dim et j. fériés), puis 24-38 €.* Il y a une paire d'ailes d'ange accrochée au mur de cette plaisante petite salle (avec terrasse en été). Mais il faut aussi tenir compte du jeu de mots de l'enseigne parce que le chef aime effectivement mélanger épices (ou recettes) d'ailleurs et produits d'ici. Et il le fait fort joliment ! Service aussi discret que charmant.

LA SEINE-MARITIME

Où dormir ? Où manger dans les environs ?

Auberge Les Tonnelles *: 2, chemin des Falaises, Grainval, 76400* ***Saint-Léonard.*** *☎ 02-35-28-77-18. • info@hotel-lestonnelles-etretat.com • hotel-lestonnelles-etretat.com • À env 3 km de Fécamp. Resto fermé mer tte l'année et le midi en sem hors saison. Double à partir de 64 €, familiales 74-84 €. Menus 17-23 € et carte. Parking. Apéritif maison offert sur présentation de ce guide.* Proche de tout mais hors des sentiers battus, cette toute petite auberge tenue par un jeune couple très accueillant est idéale pour se poser au calme. Les chambres se comptent presque sur les doigts de la main. Un peu à l'ancienne, mais confortables, elles se répartissent entre la maison principale et une annexe de plain-pied. Simple et sans chichis, comme le bon petit déj. Au resto, cuisine maison bien amenée et à base de produits aussi frais et locaux que possible. Impeccable... surtout avec le jardin et la mer au bout du chemin !

Où boire un verre ?

Onésime *(plan A2,* ***30****) : 85, rue Georges-Cuvier. 📱 06-51-67-52-51. Tlj sauf lun, 11h-22h.* Heureuse surprise que cette adresse insolite à Fécamp, à la fois boutique d'antiquités avec une sélection extra de vinyles, objets et meubles à chiner, et petit bar convivial en terrasse pour trinquer autour d'une bière artisanale ou d'un verre de vin.

Où acheter de bons produits ?

Hautot Chocolatier-pâtissier (plan B2, **35**) : *7, rue André-Paul-Leroux. ☎ 02-35-28-17-95. Mar-ven 9h-12h30 (jusqu'à 13h sam et dim), 14h30-19h (19h30 sam). Fermé dim ap-m et lun.* Délicieuse boutique où faire le plein de gourmandises : chocolats fins, guimauve enrobée de chocolat (un régal !), pâte à tartiner... mais aussi de savoureuses pâtisseries et des glaces artisanales. *Une autre boutique à la chocolaterie : 851, route de Valmont.*

À voir

Si vous logez sur l'une des communes de Fécamp/Valmont, procurez-vous l'application ***Carte d'hôte Fécamp,*** qui vous donnera des réductions sur les entrées des musées et diverses activités dans la région.

➢ ***Circuits du patrimoine historique :*** les monuments et édifices patrimoniaux de la ville font l'objet d'un balisage avec panneaux explicatifs à la clé. L'application gratuite « Fécamp Discovery » permet d'être guidé dans la ville, à Yport et dans d'autres lieux (circuits adultes et enfants).

L'abbatiale de la Sainte-Trinité (plan B2) : *tlj 9h-17h30. Juil-août, visite guidée hebdomadaire à 15h.*

Sur un édifice construit au VIIe s et abandonné face à la menace des Vikings se sont accumulés des siècles d'architecture et de décoration. Pas d'unité, donc, mais un merveilleux ensemble de pierre dont l'histoire s'étale dans le temps. L'édifice que l'on découvre aujourd'hui a été reconstruit (après un grand incendie) au XIIe s, à l'initiative des ducs de Normandie (à l'époque, rois d'Angleterre). Sur le plan extérieur, il impose son humble dépouillement et son austérité, caractéristiques du 1er style gothique prévalant à l'époque. Sur le flanc sud, le tympan du portail est gothique également. La façade, en revanche, a été largement modifiée au XVIIIe s dans un style jésuite. En entrant, on est frappé par l'ampleur de la nef de plus de 127 m de longueur et 23 m de hauteur. Elle recèle quelques pièces rares : dans le transept de droite, remarquable Dormition de la Vierge du XVIe s ; sur sa droite, une amusante sculpture de pierre en forme de tourelle abrite une scène dite « du Pas de l'Ange ». Transept rehaussé d'une belle *tour-lanterne,* caractéristique des clochers normands. Dans le chœur, voir le beau *baldaquin* (XVIIIe s) en bois doré finement ciselé, que supportent 4 colonnes de marbre.

Les chapelles du déambulatoire sont ceintes de clôtures de pierres sculptées à motifs floraux et fantastiques, du XVIe s. La *chapelle* absidiale *de la Vierge* abrite plusieurs vitraux, du milieu du XIIIe s. Face à cette chapelle, noter le *tabernacle* Renaissance qui contient le *Précieux Sang* du Christ que l'on aurait trouvé dans le tronc d'un figuier échoué à Fécamp. En poursuivant, 2 chapelles romanes dont l'une possède une admirable porte à décor flamboyant. Dans le transept de gauche, levez la tête : intéressante *horloge* du XVIIe s indiquant les marées (disques noirs ou verts selon celles-ci) et les phases de la Lune.

Face à l'abbatiale, vestiges du palais des ducs de Normandie (XIIe s).

UN ABBÉ TRÈS ATTACHÉ AUX FILLETTES DU ROI

Doué d'un charisme extraordinaire, l'abbé de Fécamp, Jean Balue, gravit rapidement les échelons de l'Église, puis devint même le Premier ministre de Louis XI. Cependant, il usait aussi de son charme auprès des femmes et fut compromis dans un complot contre le roi, organisé par Charles le Téméraire... Finalement, Louis XI le fit enfermer près de Blois, pendant 11 ans, dans une petite cage en fer, attaché à de lourdes chaînes appelées « fillettes du roi ». Sans doute pour qu'il médite sur les notions d'attachement et de fidélité !

Le palais, le musée et la distillerie Bénédictine (plan A2) : *110, rue Alexandre-Le-Grand. ☎ 02-35-10-26-10. • benedictinedom.com • ♿ (partiellement). Tlj (le w-e seulement en janv). Fermé 1er janv, 1er mai et 25 déc. Durée de la visite (libre) : env 1h30. Entrée : 14 € ; réduc ; gratuit moins de 12 ans.*

La légende raconte qu'en 1863 Alexandre Le Grand (rien à voir avec l'autre, bien plus grand) retrouve dans la bibliothèque familiale la formule d'une liqueur mise au point par un moine bénédictin de l'abbatiale de Fécamp au XVIe s, égarée pendant la Révolution. Ce moine d'origine vénitienne, dom Bernardo Vincelli, aurait eu la riche idée de concocter un élixir de santé à base de 3 plantes cauchoises : la mélisse, l'angélique et l'hysope, mélangées à des épices orientales. Cette liqueur, composée au total de 27 plantes et épices, devient avec Alexandre Le Grand la Bénédictine, bien connue des amateurs de digestifs (mais dont, aujourd'hui, plus de 90 % de la production sont exportés, notamment vers les États-Unis et l'Asie)... Le Grand est un visionnaire : en 1864, il dépose la marque, et dans la foulée il fait de la publicité dans les journaux ! Enrichi, il fait construire ce vaste palais « romantique » mâtiné de néogothique et de néo-Renaissance, destiné à accueillir à la fois ses unités de production et son musée personnel, car Le Grand était aussi un collectionneur averti.

– ***Le musée :*** on pénètre d'abord dans la *salle gothique* à l'étonnante charpente, véritable coque de navire renversée, réalisée par les charpentiers du port. Parmi les merveilles, dans le désordre : une très belle tête de saint Jacques en pierre du XIVe s, de délicats ivoires de Dieppe, un monumental antiphonaire (recueil de chants religieux) du XVIe s avec un marque-page du XIXe s taillé dans un seul morceau de chêne, des émaux de Limoges et des statues polychromes des XVe-XVIIIe s. La *salle du Dôme* est à signaler pour son amusant vitrail représentant le fondateur confiant sa bouteille de Bénédictine à La Renommée, la main posée sur le globe afin de développer ses exportations ! Plus insolite, la *salle Renaissance* réunit la 5e collection de ferronneries de France provenant de divers châteaux de la Loire. Remarquez les coffres de mariage du XVIe s avec leur incroyable système de verrous. Dans le cabinet des manuscrits, voir les chartes, manuscrits et autres livres d'heures enluminés. Ensuite, l'oratoire avec les vestiges du jubé de l'église abbatiale de Fécamp, d'un gothique absolument flamboyant, la cuve baptismale en plomb du XIIIe s et la Nativité en marbre blanc du XVIe s. Enfin, la *pinacothèque,* avec quelques peintures du XVIe s, dont un polyptyque de l'école de Cologne. Dans la *salle des Abbés,* les 16 principaux sont représentés, dont le cardinal puis archevêque Jean Balue que Louis XI fit enfermer. On notera aussi le vitrail illustrant l'accueil réservé par les abbés à François Ier en 1534.

– La 2e partie de la visite est consacrée à ***l'histoire puis à l'élaboration de la Bénédictine.*** L'histoire est évoquée au gré de différents panneaux thématiques, dans une vaste salle qui abrita jusqu'en 1972 la mise en bouteilles. Parmi les curiosités, noter la vitrine rassemblant les contrefaçons repérées aux 4 coins du globe ! Puis on aborde la fabrication, détaillée dans une vidéo, avant de découvrir quelques-unes des plantes et épices nécessaires à l'élaboration de la liqueur (la recette reste des plus secrète). Vient alors le moment de pénétrer (avec un guide) dans le cœur de la maison : on découvre (derrière des barrières) la distillerie aux alambics de cuivre martelé et une toute petite partie des vastes caves à foudres de chêne centenaire où vieillissent les alcools. La visite s'achève, logiquement, par une dégustation (réservée aux personnes majeures) des différentes expressions Bénédictine, dans les anciennes salles d'embouteillage.

Panorama sur le cap Fagnet (plan A-B1) : *route du Phare, sur la falaise nord.*

C'est le point de vue le plus élevé de la côte d'Albâtre. Il faut y grimper pour découvrir le panorama incroyable sur Fécamp, le cap Fagnet, les falaises s'étirant vers le sud et les blockhaus du Mur de l'Atlantique. Bien sûr, on peut y accéder en voiture et se garer au parking face au parc d'éoliennes, mais il est bien plus agréable d'emprunter, à partir du quai Guy-de-Maupassant (entre les nos 64 et 66), la sente aux Matelots.

La falaise est dominée par la chapelle ***Notre-Dame-de-Salut,*** érigée au XIe s par Robert le Magnifique, duc de Normandie. Rescapé d'un naufrage, il s'était juré de faire édifier 3 chapelles dans la région : celle-ci, la Délivrande à Caen et Notre-Dame-de-Grâce à Honfleur. Reconstruite plusieurs fois et même étayée par des mâts de navire en 1790, elle vaut plus pour le symbole qu'elle représente que pour son architecture lourde et massive. Elle servait de point de repère aux navigateurs et fut de tout temps fréquentée par les marins qui venaient y prier avant de prendre la mer. En 2018, une grosse tempête a dégradé la voûte et la charpente, et la chapelle est fermée à la visite.

TOUT TRAVAIL MÉRITE SALAIRE

En remerciement à Notre-Dame de Salut pour sa miséricorde, des marins rescapés de naufrages passaient commande d'ex-voto auprès de peintres de marines. Le plus célèbre d'entre eux était le « portraitiste de navires » Eugène Grandin. Selon la somme que l'on pouvait payer, le peintre peaufinait plus ou moins son tableau, d'où la qualité très variable des peintures votives de la chapelle Notre-Dame-de-Salut !

Les Pêcheries-Musée de Fécamp *(plan A1) : 3, quai Capitaine-Jean-Recher. ☎ 02-35-28-31-99. Ouv tte l'année, tlj (sauf mar avr-sept) 10h-18h. Entrée : 7 € ; réduc ; gratuit moins de 18 ans et pour ts le 1er dim du mois. Audioguide : 2 €.* Installé dans l'immense espace (d'une ancienne usine de transformation de poissons, ce musée est, comme son nom l'indique, consacré à la pêche en général et aux Terre-Neuvas en particulier, avec notamment un de ces bateaux traditionnels appelés « doris ». Une galerie évoque également l'histoire de Fécamp, des Ducs de Normandie au mur de l'Atlantique ; la partie Beaux-Arts propose, entre autres, des toiles de peintres français du XIXe s comme Jules Noël, Maximilien Luce ou Émile Schuffenecker. Et ce musée abrite aussi des sections autour de l'enfance et des traditions populaires du pays de Caux avec une étonnante collection de... biberons !

Du haut du belvédère (et de la terrasse accessible aux beaux jours), vous aurez une vue imprenable sur le port et sur la ville.

À faire

Promenade à pied sur les estacades : *tt au bout de la digue.* Superbes passerelles de bois, d'où vous pouvez apercevoir Étretat. Jolie vue également sur le port et la plage.

Balade nautique à Étretat : *rens auprès de* La Mer pour tous *(● lamerpourtous.fr ●). En saison, départs à 10h, 14h30 et 17h (6 pers min, 12 max). Env 38 €/pers.* Balade commentée de 2h en bateau rapide (un semi-rigide abrité) jusqu'à Étretat, avec, naturellement, un passage sous les fameuses arches (selon les conditions de navigation) !

Balade en vieux gréement : *avr-oct. Résa à l'office de tourisme. Env 28-49 € selon sortie.* Sorties découverte de 2h (dont une au coucher de soleil) ou croisières jusqu'à l'Aiguille d'Étretat à bord d'un ancien bateau de pêche (à voile !) restauré par des passionnés.

➢ ***Randonnées à pied et à vélo sur Fécamp et sa région :*** il existe une vingtaine de boucles de chemins balisés à faire à pied autour de Fécamp et Valmont, en plus du GR 21 qui longe la côte. Renseignements et dépliants à l'office intercommunal de tourisme. On vous indique aussi un loueur dans la rubrique « Adresses et infos utiles ».

Les ouvrages du mur de l'Atlantique : un circuit randonnée « 39-45 » balisé par des bornes permet de découvrir de nombreux blockhaus et un curieux « hôpital allemand » creusé dans la craie, vestiges du mur de l'Atlantique. *Visite guidée hebdomadaire des ouvrages à 15h en juil-août.*

Fête et manifestations

– ***Le Saint-Pierre des Marins :*** *1er dim de fév.* Célébration datant du XIXe s annonçant le début de la saison morutière (les bateaux partant pour Terre-Neuve en mars). Bénédiction de la mer célébrée dans le port.
– ***Foire aux Harengs :*** *dernier w-e de nov.* Autour de la criée, sur la presqu'île du Grand-Quai, autour des anciennes boucanes. Animations avec chants de marins.
– ***Fécamp Grand Escale 2022 :*** *5 j. début juil.* 1er grand rassemblement festif de vieux gréements, visites, embarquements et navigations, chants de marins et restauration de la pêche locale sur les quais.

VALMONT

(76540) 856 hab. *Carte Seine-Maritime, B2*

L'archétype du gros village de Seine-Maritime dont les racines s'ancrent profondément dans l'histoire de la région. Valmont a connu un certain essor au XIIe s grâce à la famille d'Estouteville, des descendants de Vikings. De ce passé, il reste un château en parfait état (mais qui ne se visite pas...) et le chœur restauré d'une abbaye bénédictine où séjourna Delacroix. Les fidèles s'y pressent encore le dimanche pour la messe chantée en grégorien.
– ***Bon à savoir :*** la ***véloroute du Lin*** est une piste cyclable qui permet de ralier Valmont depuis Fécamp et de poursuivre vers Dieppe. Terrain plat et accessible en famille ; compter max 45 mn (env 11km). Possibilité de louer des vélos à Fécamp (voir « Adresses et infos utiles »).

Où dormir ? Où manger à Valmont et dans les environs ?

Chambres d'hôtes Le Clos des Ifs : *11, rue de la Forge, 76540* ***Thiétreville.*** *☎ 02-35-29-63-31. 06-14-22-92-68. • leclosdesifs@gmail.com • leclosdesifs.com • À 2 km de Valmont. Doubles 65-75 €.* Dans une grande maison de maître du XIXe s tapissée de plantes grimpantes, nichée dans un jardin clos aux massifs bien taillés, 4 chambres avec déco à l'ancienne, sobre et élégante. Bibliothèque, thé et jardin à disposition. Belle salle de petit déj avec une cheminée monumentale et un piano. Accueil courtois.

Le Bec au Cauchois – Restaurant Pierre Caillet : *22, rue André-Fiquet, à Valmont. ☎ 02-35-29-77-56. • contact@pierrecaillet.com • pierrecaillet.com • À 1,5 km de Valmont direction Fécamp. Resto fermé mar-mer (plus dim soir hors saison). Doubles 100-135 €, petit déj 16 €. Formule déj en sem 39 € ; menus 54-98 €.* L'étoilé Pierre Caillet est installé dans cette tranquille bâtisse du XIXe s, joliment restaurée et un brin cossue, avec étang et jardin où il cultive fruits, légumes et herbes aromatiques que l'on retrouve, évidemment, dans l'assiette. C'est d'ailleurs le péché mignon de ce chef talentueux qui ose des mélanges détonants dès le 1er menu. Une vraie fête des sens ! Pour ceux qui ne voudraient plus repartir, 5 chambres impeccables.

À voir

L'abbaye de Valmont, Notre-Dame-du-Pré : *12, rue Raoul-Auvray. ☎ 02-35-27-34-92. • abbaye-valmont.fr • Bâtiments abbatiaux tlj sauf mar 11h-12h, 14h30-17h (sauf chapelle). Chapelle ouv juil-sept tlj 15h-17h. Entrée : 4 €.*
Fondée au XIIe s par un membre de la famille d'Estouteville, anéantie au XIIIe s et reconstruite à la fin du XVe s dans le style gothique. Conséquences de la guerre de Cent Ans : des retards dans la construction et un style Renaissance qui se mêle petit à petit au gothique. Une grande partie de l'édifice est détruite par un incendie au XVIIe s et le toit de chaume est balayé par une tornade au siècle suivant. En 1793, la Révolution met tout le monde dehors. En 1830, les lieux sont rachetés par un certain M. Bataille, puis par M. Bornot. Tous 2 sont des cousins d'Eugène Delacroix, d'où les vitraux de la rosace, que l'artiste dessine en 1832. Il y réalise aussi plusieurs toiles et aquarelles jusqu'en 1850. Malheureusement, les fresques de ce précurseur de l'impressionnisme ne sont plus à l'abbaye. Pendant l'Occupation, les Allemands récupèrent le plomb des toitures des chapelles nord, ce qui provoque l'effondrement des voûtes. Enfin, c'est l'implantation, en 1994, d'une communauté de sœurs bénédictines venue de Lisieux qui a permis la restauration de l'église et la renaissance de Valmont, de nouveau rendue au culte et à la vie monastique.
De toute l'abbatiale, seule la *chapelle de la Vierge* est restée intacte. Les vitraux du XVIe s, d'une grande finesse, retracent la vie de la Vierge. Remarquable retable de pierre ciselée comme un décor de théâtre, illustrant l'Annonciation dans un style Renaissance. Voir les vitraux de la rosace, au-dessus de l'entrée, dessinés par Delacroix. Voûte en forme de fleurs, très élégante.

LE PAYS DE CAUX MARITIME

Décrit avec amour et passion par Maupassant dans les années 1880, le pays de Caux est la plus grande sous-région de Seine-Maritime. Il suit la vallée de la Seine de Rouen jusqu'au Havre et bute contre les falaises de la Côte d'Albâtre jusqu'à Dieppe. Il sinue ensuite de Dieppe à Rouen sur un axe nord-sud. Ce vaste plateau fertile, un des fleurons de l'agriculture française, cultive l'image d'une nature généreuse et d'un bien-vivre champêtre.
Canevas de hameaux, de villages et de bourgades tissant partout une toile régulière, le pays de Caux doit sa fertilité à son sol calcaire recouvert d'argile et de limons. Doucement baignée par une humidité importante et de fortes précipitations annuelles, la région garde sa fraîcheur et sa verdeur en toute saison et, si le soleil est plus rare qu'ailleurs, les vagues de chaleur estivale sont fréquentes. Les hivers humides ont contraint les fermes à se protéger des vents marins par de longues et fières rangées de hêtres dressés sur des levées de terre (les « clos-masures »).

LE PAYS DU LIN

Début juin, nombre de champs du pays de Caux se parent de bleu ou de blanc : c'est la période de floraison du lin, dont, chaque jour, la belle fleur bleue vit et meurt, renaissant le lendemain.
Le pays de Caux, en effet, est le 1er producteur de lin fibre en France, trouvant dans ses sols et son climat humide les conditions idéales pour la culture de cette fibre naturelle de grande qualité, très prisée par le secteur textile, notamment la haute couture. Aujourd'hui, il est aussi utilisé dans les matériaux composites destinés au secteur automobile.

Chaque année, on fête le lin comme lors de la ***fête du Lin de Doudeville*** (qui, normalement, se déroule le 3e week-end de juin) ou du ***festival du Lin et de l'Aiguille*** dans plusieurs communes de la vallée du Dun (le 1er week-end de juillet). Si vous voulez en savoir plus, mettez donc le cap sur Doudeville, la capitale du lin, et son Carrefour du lin (voir « Dans les environs de Saint-Valery-en-Caux »).

? ***Véloroute du Lin :*** cette piste cyclable fait la liaison entre Fécamp et Pourville-sur-Mer, via Valmont et Cany-Barville (env 80 km). Très agréable en particulier en juin, lors de la floraison du lin ; on longe en partie la Valmont et l'ancienne voie ferrée. Infos et carte détaillée auprès des offices de tourisme du pays de Caux.

LA VALLÉE DE LA DURDENT

Histoire d'imiter les saumons, remontons le cours d'une petite rivière, la Durdent, qui rejoint la Manche à Veulettes-sur-Mer. Cette jolie vallée tout en douceur vit au rythme de la rivière, large d'à peine 1 m à certains endroits. Des prairies humides, beaucoup d'arbres le long des berges ombragées, beaucoup de fraîcheur... Un paysage enchanteur jusqu'à Héricourt.

LA SEINE-MARITIME

VEULETTES-SUR-MER

(76450) 330 hab. *Carte Seine-Maritime, B1*

Toute petite station balnéaire, plutôt populaire, au pied d'une falaise. De vastes prés où ruminent de bonnes grosses vaches, une longue jetée, un casino pour vider ses poches et quelques demeures du début du XXe s, qui se dissimulent sur les pentes verdoyantes. Les maisons sur la digue sont en fait d'anciennes cabines de bains, aujourd'hui habitées, donnant à la plage un style « congés payés ».

Où dormir ? Où manger ?

Camping

Maison du Campeur, camping municipal : *8, rue de Greenock. ☎ 02-35-97-53-44. • camping municipal-veulettes-sur-mer@orange.fr • À 2 pas du centre et à 5 mn de la plage. Ouv d'avr à mi-oct. Env 15,60 € pour 2 avec tente et voiture. 115 empl.* Situé dans le creux de la vallée et dominé par de jolies maisons, un camping simple et classique, plutôt bien équipé pour le prix.

De prix moyens à chic

Hôtel Les Frégates : *3, digue Jean-Corruble. ☎ 02-35-97-51-22. • lesfregatesveulettes@gmail.com • les-fregates.com • Resto fermé lun (plus dim soir hors saison). Congés : de mi-déc à mi-fév. Doubles 89-139 €. Menus 23-32 € et carte env 38 €. Kir offert sur présentation du guide de l'année.* Une maison blanche en front de mer, à laquelle ont été accolées des annexes. Les chambres, modernes et agréables, ont pour la majorité vue sur le large. Bon confort général, même si l'insonorisation est parfois un brin déficiente. Bien, mais un peu cher en haute saison quand même. Côté resto, véranda côté mer, salle élégante et service très pro pour une cuisine de tradition bien amenée et plutôt gentiment facturée.

Restaurant de la Mer : *13, digue Jean-Corruble. ☎ 02-35-97-96-28. • restaurantdelamer76@orange.fr • Fermé lun, plus mar hors saison. Congés : de mi-nov à début fév. Menus 26-46 € et carte env 30 €. Apéritif maison offert sur présentation du guide de l'année.* Bar au rez-de-chaussée et belle salle de restaurant au 1er étage, avec vue sur la mer. Le poisson et les fruits de mer de saison tiennent le haut de l'affiche, mais que ce soit eux, les légumes ou les viandes, tout vient de producteurs ou de pêcheurs locaux !

Où dormir dans les environs ?

Camping

Camping municipal Les Mouettes : *76450* ***Saint-Martin-aux-Buneaux.*** *☎ 02-35-97-96-16. • camplesmouettes@orange.fr • saint-martin-aux-buneaux.fr • À 7 km au sud de Veulettes. Ouv avr-sept. Env 11,50 € pour 2 avec tente et voiture. CB refusées. 61 empl.* Un tout petit camping dans le bourg, avec des emplacements délimités par de hautes haies. Sanitaires très bien tenus, une épicerie dans le village, des barbecues, une machine à laver. Bref, tout ce qu'il faut ! Bon accueil familial.

Prix moyens

Chambres d'hôtes Au Gré du Vent : *611, rue de l'Église, 76450* ***Malleville-les-Grès.*** *06-40-19-37-39. • augreduvent76450@gmail.com • augreduvent76.jimdofree.com • À env 4 km au sud de Veulettes. Double 70 €, familiales 85-110 €.* Dans le village, vers l'église et dans les combles d'une maison traditionnelle (à colombages, donc !), 3 chambres agréables et décorées de façon contemporaine. Tout aussi agréable salle commune avec TV et cuisine bien équipée. Label Accueil Vélo.

DANS LES ENVIRONS DE VEULETTES-SUR-MER

Les Petites-Dalles : *à 8 km à l'ouest de Veulettes-sur-Mer.* On adore ce petit bout de village coincé au creux d'une étroite valleuse, avec son charme paisible et ses belles résidences secondaires du début du XXe s. D'ailleurs, les Boudin, Monet, Berthe Morisot et autres Pissarro ne nous ont pas attendus pour s'en inspirer ! Ici se trouve résumé tout l'enchantement de la Côte d'Albâtre. Hors saison, calme parfait.

CANY-BARVILLE (76450) 3 100 hab. *Carte Seine-Maritime, B2*

Jusqu'au XIXe s, Cany-Barville avait le statut de capitale du lin normand. Les riches négociants venaient de Belgique pour y acheter la production locale réputée pour sa qualité. Étonnamment, de ce passé, la ville ne porte plus trace. Si elle ne déborde pas de charme, elle n'en est pas moins plutôt sympathique avec, notamment, ses jolies halles et leur architecture intéressante, ainsi que son château qui, lui, mérite le détour.

Adresse et infos utiles

Office de tourisme : *32, pl. Robert-Gabel. ☎ 02-35-57-17-70. • plateaudecauxmaritime.com • Avr-sept, lun 9h-13h30, mer-ven 14h-17h ;*

hors saison, lun mat et ven-sam. Propose le dépliant du circuit « Cany au fil de l'eau » pour découvrir librement le patrimoine de la ville, et des visites commentées le lundi en juillet-août à 15h *(3,50 € ; réduc).*

– ***Marché :*** *lun mat.* Bons producteurs locaux.

Où dormir ?

Camping

⛺ ***Camping municipal Le Clos des Charmilles :*** *15, route de Barville, à Cany-Barville.* ☎ *02-35-97-70-37.* 📱 *06-17-18-03-46.* • *camping-cany-barville.fr* • ♿ *À la sortie de la ville par la D 268, direction Yvetot. Ouv avr-sept (tte l'année pour les chalets). Env 12 € pour 2 avec tente et voiture. Loc de chalets env 150-300 €/sem. 100 empl.* Un grand camping bien aménagé, avec des emplacements un peu plus bétonnés pour les camping-cars et les caravanes, et plus verts pour les tentes. Certains sont séparés par des haies, d'autres sont dispersés sur les pelouses, sous les arbres. Bien qu'en ville, le site est bien vert et joliment paysagé. Quant à l'équipement et l'entretien, rien à redire, surtout pour le prix.

Où manger un bon gâteau ? Où boire un verre ?

☕ ***Boulangerie-pâtisserie Boinet :*** *57, rue du Général-de-Gaulle.* ☎ *02-35-97-71-86. Tlj sauf mer.* Si vous avez décidé de pécher par gourmandise, poussez la porte de cette pâtisserie, ses gâteaux ne manquent pas d'intérêt, notamment son « camembert ».

🍷 Et ***Le Café des Glaces :*** *9, pl. du 8-Mai.* 📱 *06-29-47-59-53.* • *stephanie.mknoll@gmail.com* • *Tlj sauf mar à partir de 17h, jusqu'à 2h mer-ven, 21h sam et 1h dim ; lun 8h-13h.* Si vous avez envie de vous rafraîchir le gosier, pourquoi ne pas faire un crochet par ce modeste mais étonnant café datant de 1903, avec son petit intérieur Art déco ? On y sert notamment de bonnes bières artisanales et des planches-apéro.

À voir. À faire à Cany-Barville et dans les environs

👥👥 ***Le château de Cany-Barville :*** ☎ *02-35-97-04-60.* ***Fermé pour travaux pour une durée indéterminée.*** Très beau château Louis XIII, édifié en 1640 sur des plans que l'on attribue à Mansart. Il fut construit en 6 ans, encadré par 2 longs corps de bâtiments (écuries et lavanderie). Autour, on creusa des douves alimentées par la Durdent et, à 2 extrémités, on construisit 2 gros pavillons carrés et symétriques, une chapelle et un chartrier. C'est le prototype parfait du bon gros château Louis XIII, sis au milieu d'un grand parc de 50 ha. Pas de visite de l'intérieur pour l'instant, mais rien ne vous empêche d'y jeter un coup d'œil depuis l'entrée du parc.

👥 👨‍👧 ***La base de loisirs du lac de Caniel :*** *au bord du lac de Caniel, 76450* ***Vittefleur.*** ☎ *02-35-97-40-55.* • *lacdecaniel.fr* • *Tte l'année. Activités ouv selon météo début avr-début oct (juil-août, tlj à partir de 11h).* Idéal pour un après-midi en famille. On trouve ici la nature et l'air pur, mais surtout plein d'activités sportives (payantes) : ski nautique, luge d'été, barque, canoë, bowling, embarcations à pédales, location de vélos... D'autres activités sont gratuites, comme la baignade (surveillée en été), le parcours nature, l'espace roller, l'aire de jeux pour les petits... Resto sympa au bord du lac.

DE SAINT-VALERY-EN-CAUX À DIEPPE

De Saint-Valery-en-Caux à Dieppe, la route côtière est plutôt accidentée mais très pittoresque. Elle croise de charmantes valleuses qui se jettent dans la mer. De minuscules cours d'eau creusent le plateau crayeux, et les dénivellations qu'il vous faudra franchir atteignent souvent 100 m. Sur ce magnifique itinéraire, encore quelques maisons à colombages et toits de chaume, mais la brique du Nord fait timidement son apparition.

SAINT-VALERY-EN-CAUX

(76460) 4 650 hab. *Carte Seine-Maritime, B1*

Saint-Valery est une station balnéaire agréable, surtout en saison, quand son port de pêche et de plaisance crée une certaine animation sur les quais. Ce port, en s'enfonçant 800 m dans les terres, sépare la ville en 2 : en aval (comme on dit par ici), ce qui reste de l'ancien Saint-Valery ; en amont, la partie récente, construite après la guerre et composée de petits immeubles dans le style de ceux du Havre, avec une promenade en front de mer. Joliment aménagée, elle est en revanche étonnamment peu exploitée par l'industrie touristique : seuls le casino, assez discrètement posé tout au bout, et un hôtel-restaurant s'y sont installés ; le reste n'est qu'appartements privés et bureaux. De la plage de galets, vue splendide sur les falaises qui s'étirent à perte de vue. À propos de galets, n'en emportez pas avec vous, même un seul ! Ils jouent leur rôle dans la protection de la ville quand la mer s'agite. Quant au nom des habitants, ça ne s'invente pas : les Valériquais.

LA BATAILLE DE SAINT-VALERY

Elle débute le 7 juin 1940. Ce jour-là, un général allemand encore inconnu, Erwin Rommel, perce le front et parcourt tout le département pour atteindre la côte aux Petites-Dalles. Une flottille de navires reçoit l'ordre de rallier Saint-Valery et Veules-les-Roses pour embarquer les troupes écossaises de la 51st Highlanders Division. Mais le 11 juin, Rommel, le futur « Renard du Désert », a déjà pris position sur le plateau dominant le bourg. Un bombardement intense enflamme une grosse moitié de Saint-Valery et l'évacuation devient de plus en plus difficile : environ 3 200 soldats parviennent malgré tout à rallier l'Angleterre. Ceux qui restent sont dépourvus de tout ravitaillement, ont perdu une partie de leur équipement, et le 12 juin au matin, un drapeau blanc est hissé au clocher de l'église. La bataille est terminée, la ville détruite à près de 70 %. Commence alors la longue période de l'Occupation. Mais les Highlanders n'ont pas dit leur dernier mot.
La revanche sonne 4 ans plus tard, presque jour pour jour, quand la 51st Highlanders Division pose le pied en Normandie. Elle participe aux batailles de Caen et de Falaise, avant de se tourner vers la Seine et d'arriver, sans avoir à tirer un coup de feu, à Saint-Valery-en-Caux le 2 septembre. Elle y reçoit un *wonderful welcome* de la part de ces Français qui se souviennent des jours noirs de juin 1940.

JONGKIND, PRÉCURSEUR DE L'IMPRESSIONNISME

Jongkind (1819-1891), paysagiste et postromantique hollandais, venu en France à la demande du peintre Eugène Isabey, tombe d'abord amoureux de Paris.

Puis, à partir de 1850, il s'éprend de la côte normande et accentue son travail de décomposition de la lumière, travaillant de plus en plus par petites touches et renonçant aux ciels bas et sombres de ses débuts. Monet, son élève, dira qu'il lui doit « l'éducation définitive de son œil ». Manet, son ami, tout comme Baudelaire et Zola, encense ce précurseur de l'impressionnisme qui élève l'aquarelle (au début préparatoire à l'œuvre terminée en atelier) au rang d'œuvre à part entière. Il meurt en 1891, sombrant dans l'alcool et la paranoïa. Pourtant, au Salon des refusés de 1879, il était déjà si coté que de faux Jongkind s'y arrachaient comme des petits pains !

Arriver – Quitter

En train

On peut arriver à ***Yvetot***, ***Dieppe*** ou ***Fécamp*** : des bus, dont les horaires de départ sont calés en fonction des horaires d'arrivée des trains, permettent ensuite de rejoindre Le Tréport. Renseignements auprès de la SNCF.

En bus

Horaires sur • *transports.normandie.fr* •

➢ ***Fécamp :*** ligne n° 60.

➢ ***Dieppe :*** ligne n° 61.

Adresses et infos utiles

i ***Office de tourisme :*** *1, quai d'Amont.* ☎ *02-35-97-00-63.* • *plateaudecauxmaritime.com* • *Tlj sauf lun mat 9h30-12h30, 14h-18h (18h30 avr-sept) ; fermé dim oct-mars.*

– ***Point nautique :*** *au bord de la plage. Ouv tlj juil-août, w-e sept, vac Pâques et Toussaint. Loc de paddle (et paddle géant), et de kayaks simples ou doubles.* • *cnvaleriquais.fr* •

– ***Marchés :*** *ven mat tte l'année, ainsi que dim mat de mi-mai à fin sept. Autour de la chapelle, sur la pl. du Marché, comme il se doit.*

Où dormir ?

⛺ ***Camping Etennemare :*** *21, hameau d'Etennemare.* ☎ *02-35-97-15-79.* • *contact@camping-etennemare.com* • *camping-etennemare.com* • ♿ *Ouv Pâques-Toussaint. Compter 18,50-28 € pour 2 électricité incluse, chalets et cottages 4-6 pers. 116 empl.* À une certaine distance du centre mais encore en ville, un camping bien équipé tout indiqué pour les familles : aire de jeux sympa, et surtout un espace aquatique avec toboggan et piscine couverte chauffée. Au snack, baby-foot et cheminée. Quelques animaux de ferme. Emplacements séparés par des haies, mais sans ombre.

🏠 ***Hôtel Henri IV :*** *16, rue du Havre.* ☎ *02-35-97-19-62.* • *hotelhenri.4@orange.fr* • *http://hotel-henri-iv.saint-valery-en-caux.hotels-fr.net/fr/* • ♿ *À 5 mn à pied du port de plaisance. Doubles 49,50-62 € ; chambres familiales.* Haute maison de brique presque cachée derrière une impressionnante vigne vierge. Le genre d'adresse où l'accueil exceptionnel – on refait le monde avec le patron dès la réservation – prime sur les chambres. Elles sont toutefois tout confort, mais la déco est disparate et à l'ancienne. Celles de l'annexe en bois à l'arrière sont plus calmes mais plus sombres. Dans la maison principale, certaines jouissent d'une petite vue sur le port de plaisance ou sur 2 belles propriétés. Garage à vélos. Le couple de propriétaires fait tout lui-même. Comme bien souvent dans les vieilles maisons, insonorisation moyenne. Mais voilà une petite adresse qu'on vous recommande chaudement ! Chiens acceptés gratuitement.

Hôtel du Casino : *14, av. Clemenceau. ☎ 02-35-57-88-00. • contact@hotel-casino-saintvalery.com • hotel-casino-saintvalery.com • Doubles 92-150 € ; familiales ; petit déj 14 €. Parking gratuit.* Malgré son nom, l'hôtel ne se trouve pas à proximité du casino mais au bout du port, à 800 m du front de mer dans un immeuble moderne (et mastoc !). Mais l'intérieur abrite des chambres contemporaines, lumineuses et confortables, les plus chères offrant une superbe vue panoramique sur les bateaux de plaisance. Dans une même catégorie, faible surcoût des chambres vue port. Accueil pro et charmant. Également un hammam (accès payant). Bon resto sur place, *Côté Sud* (lire plus loin).

Où dormir dans les environs ?

Chambres d'hôtes Mer et Campagne : *49, Grande-Rue, 76460 Ingouville-sur-Mer. ☎ 02-35-57-26-45. 06-26-85-75-89. • nathalieouin@aol.com • meretcampagne.free.fr • À env 3 km au sud de Saint-Valery-en-Caux. Doubles 64-68 € ; familiales.* La mer est effectivement toute proche, mais ici, c'est la campagne ! Les animaux paissent dans les champs et cette ancienne et jolie ferme autrefois rattachée au château que vous distinguez à travers les arbres, appartient à un couple charmant et abrite 3 belles chambres modernes dont 2 familiales, soignées et tout confort. Tout aussi contemporain, un vaste et lumineux salon cuisine (bien équipée) est à la disposition des hôtes.

Où manger ?

La Passerelle : *1, promenade Jacques-Couture. ☎ 02-35-57-84-11. • contact@casino-saintvalery.com • Tlj tte l'année. Menu unique 27 €, sinon à la carte 35-45 €.* C'est le resto du casino, avec sa grande baie qui s'avance vers le large. L'occasion de bien manger dans un cadre contemporain et assez chic, mais pas guindé, et avec une superbe vue. Plats classiques, joliment présentés et agrémentés, ici et là, de saveurs qui font traverser les océans. Évidemment, cuisine très axée sur la mer et le poisson (pris chez les pêcheurs du coin), mais les amateurs de viande y trouveront aussi leur compte.

Côté Sud : *14, av. Clemenceau. ☎ 02-35-57-88-00. • contact@hotel-casino-saintvalery.com • Fermé ven et dim en hiver. Menus 24-31 €.* Grande salle élégante et contemporaine, à l'ambiance feutrée, cachée à l'arrière du bâtiment qui abrite l'*Hôtel du Casino*, avec des baies qui donnent sur l'agréable terrasse et le jardinet à l'arrière (bien orienté le soir !). Cuisine soignée, tant dans la préparation que dans la présentation, avec un 1er menu offrant déjà un rapport qualité-prix intéressant. Parmi les spécialités, la marmite de poissons et le foie gras de canard maison. Les plats associent souvent terre et mer, et quelques influences asiatiques s'invitent dans les assiettes. Toujours un plat végétarien. Service agréable, pro et efficace.

Où déjeuner sur le pouce ? où faire une pause sucrée ?

En Cas de Saison : *15, rue Piolaine. ☎ 09-88-39-75-67. • guerillon.marlene@gmail.com • Ouv tlj sauf jeu 10h-19h. Salade env 15 €, burger 15 €.* Marlène, seule à la barre et pâtissière de formation, y propose une poignée de plats simples : salades (hmmm ! celle au jambon cru, noix et croustillants de chèvre, basilic et miel !), burgers, bruschettas... Les becs sucrés ne s'en tiendront pas là et ils auront bien raison ! Difficile de résister au cheesecake, à la tarte au citron meringuée, au fondant au chocolat... qu'on peut accompagner du smoothie du jour. Quant au café, il provient d'un torréfacteur rouennais, et les thés de chez *Dammann*.

Où boire un verre ?

Le bar du casino : *1, promenade Jacques-Couture.* Précisons d'emblée que si le cadre est plutôt classe, l'ambiance de ce casino n'a rien de sélect et le prix des consommations y est tout à fait raisonnable. Il serait donc dommage de bouder une terrasse ensoleillée offrant une telle vue !

Où acheter du bon poisson ?

Que ceux qui louent un gîte ou qui reprennent la route – avec un sac isotherme – ne se privent pas d'***acheter poissons ou coquillages aux pêcheurs quai d'Amont tous les matins,*** tout juste débarqué des petits bateaux ! Sur l'étal : carrelets, soles, cabillauds, tourteaux, bulots...

Achats

Au Pays de Nana : *21, quai du Havre. 06-49-70-64-17. Facebook.* La pétillante Nancy-Rose ensoleille le petit port avec sa boutique qui offre un tour du monde ! Elle a sélectionné des produits d'épicerie en vrac du petit déj à l'apéro, des produits d'hygiène et cosmétiques naturels, mais des articles artisanaux d'ici ou d'ailleurs (Afrique, océan Indien, Caraïbes) : tissus, coussins, bougies végétales, paniers, trousses, de ravissantes poupées qui toutes véhiculent une idée de différence, un joli petit rayon livres pour enfants, d'ouvrages soigneusement sélectionnés. Au-delà du produit lui-même, c'est le travail des artisans que Nancy-Rose valorise. Couleurs, senteurs et matières... Un chouette voyage immobile et une belle rencontre.

À voir. À faire

La maison Henri-IV : *3 bis, quai de la Batellerie. ☎ 02-35-57-14-13. • accueilmaisonhenri4@ville-saint-valery-en-caux.fr • (rdc seulement et fiches malvoyants). Avr-sept, mer-dim (tlj juil-août) 10h15-12h30, 14h-18h15 ; hors saison, seulement w-e, j. fériés et vac scol (mer-dim) 10h-12h30, 14h-16h45. Fermé en janv. Entrée : 2 € ; gratuit moins de 10 ans et expos temporaires. Visites guidées les mer et dim à 11h en juil-août (3-4 €).* C'est la plus belle demeure de Saint-Valery-en-Caux, édifiée en 1540 par l'armateur Guillaume Ladiré, concurrent de Jehan Ango. Henri II aurait été accueilli dans cette maison lors de son séjour en Normandie, en 1550, levant d'ailleurs la taxe sur la gabelle à cette occasion. Quant à Henri IV... peut-être en 1593, mais rien n'est certain ! Quoi qu'il en soit, prenez la peine de détailler la sublime façade en chêne qui évoque le négoce avec le Brésil, alors appelé « France antarctique » (principalement la baie de Rio), dont les forêts de bois rouge (couleur de braise, d'où « Brazil ») faisaient l'objet d'un fructueux commerce. Une partie des sculptures sont d'origine. Au rez-de-chaussée, vous trouverez les saints catholiques puis, en montant, sur les *pigeards* (poutres verticales), divers masques et autres têtes simiesques. À l'étage, un bateau aux voiles relevées, un bûcheron coupant du bois du Brésil, des danseurs sud-américains, ou encore un personnage en extase devant le Soleil (le plus beau peut-être !). Également des rinceaux, frises à décoration florale, ainsi que des sirènes et des guerriers scarifiés. À l'intérieur, intéressant petit musée qui évoque le passé de la ville et de sa région, ses artistes, son activité maritime, un peu de mobilier, la culture et le travail du lin, etc. Également des expos temporaires d'artistes contemporains.

Le quartier autour du quai d'Aval : *un petit itinéraire de balade (2 km) vous est proposé ; voyez le plan à l'entrée de la ruelle qui longe la maison Henri IV à sa droite.* Le quartier des pêcheurs est le seul à avoir été épargné par les bombardements ; un petit parcours fléché vous permet de découvrir. Grimper notamment la *rue des Pénitents* pour jeter un œil à la cour du couvent du même nom, fondé au XVIIe s par l'ordre des Pénitents de saint François d'Assise. Si elle n'est pas toujours ouverte au public, on peut toutefois l'admirer par la grille. Pour l'anecdote : bien que le couvent soit devenu le club des Jacobins à la Révolution, puis une caserne et une prison militaire, un frère obstiné s'accrocha à son poste de jardinier jusqu'à sa mort, en 1816, pour ne jamais quitter les lieux...

La falaise d'Aval : *accès depuis le quai d'Aval, par la sente des Douaniers.* Balade superbe et vue extraordinaire de là-haut sur une bonne partie de la côte. Par beau temps, on aperçoit même Veules et Sotteville et, la nuit, le phare de Varengeville.

La falaise d'Amont : *accès par la sente des Douaniers et le GR 21.* De là-haut, vue sur Saint-Valery. Cela dit, elle est plus jolie à voir d'en bas, depuis le casino ou la plage...

Fêtes et manifestations

- **Fête du Maquereau :** *2e w-e de juil.*
- **Fête de la Mer :** *3 j. autour du 15 août.*
- **Festival de l'Image :** *4 j. autour du 1er w-e d'oct.*
- **Fête du Hareng et du Cidre :** *3e dim de nov.*

DANS LES ENVIRONS DE SAINT-VALERY-EN-CAUX

Le château du Mesnil-Geoffroy : *76740* ***Ermenouville.*** *06-71-07-22-50. • chateau-mesnil-geoffroy.com • À 8 km au sud de Saint-Valery. Mai-sept, roseraie et parc mer-dim 14h-18h, château seulement ven-dim et j. fériés. Entrée : 9,50 € ; réduc ; parc et roseraie seulement 8 €, réduc, gratuit moins de 7 ans. Jeu de piste (gratuit) pour les enfants.* Ce château du XVIIIe s, classé Monument historique – tout comme les jardins –, a appartenu au prince de Montmorency (apparenté à la famille royale) au début du XIXe s, et a accueilli Victor Hugo et Saint-Exupéry, lequel y aurait peut-être écrit *Vol de nuit...* Il est désormais la propriété du couple princier Kayali (d'origine syrienne et cousins de la famille Aga Khan). Très belles boiseries sculptées dans les pièces de réception et beau mobilier familial. Visite -parfois guidée par la propriétaire-centrée sur la vie quotidienne des châtelains au XVIIIe s, les arts de la table ou sur les parfums royaux et historiques (certains, recréés, vendus sur place). Mais le château abrite également l'aquarelle *Les Bateaux au large de Saint-Valery-en-Caux,* de Jongkind, l'un des précurseurs de l'impressionnisme (voir le texte en introduction à la ville). Son parc dessiné par Colinet, le neveu de Le Nôtre, abrite la plus grande roseraie privée de Normandie, soit 2 900 rosiers et près de 2 000 espèces différentes, ornementales ou « à parfum » qui embaument de juin à septembre. Le « jardin des Murmures » abrite quant à lui des vivaces, à découvrir bercé par le son de la musique classique. Ne pas manquer les sculptures des jardins, œuvres de Le Hongre, qui créa une bonne partie des sculptures du parc de Versailles.

VEULES-LES-ROSES

(76980) 550 hab. *Carte Seine-Maritime, B1*

Petite station balnéaire adorable, située dans une vallée verdoyante, qui mérite largement une halte.
Une colonie de peintres russes y séjourna dès la fin du XIXe s. Leurs toiles représentant le pays de Caux sont exposées aujourd'hui en Russie, notamment au musée de l'Ermitage à Saint-Pétersbourg !
Aujourd'hui, le village attire toujours les artistes, nombreux à y avoir élu domicile. Ils sont illustrateurs, écrivains, sculpteurs, photographes, peintres. Le charme de Veules tient autant au village lui-même qu'à sa plage, avec son parc à huîtres situé à l'endroit où le plus petit fleuve du pays (1,1 km) se jette dans la Manche.
Pour découvrir le site, garez-vous dans l'un des parkings que vous trouverez en arrivant. De là, vous aborderez Veules de la plus jolie façon, par les petites rues, où de nombreux panneaux vous content l'histoire des lieux. Au fait, Veules est le seul village du département à bénéficier du label « Plus beau village de France ».

« LE PLUS PETIT FLEUVE DE FRANCE »

Le village est traversé par la Veules, un fleuve né de résurgences de la nappe phréatique. C'est, avec ses 1,15 km de long, comme on aime à le répéter dans la région, le plus petit fleuve de France. Et il est également le plus petit à avoir été autant exploité et à avoir autant contribué à l'économie d'un village : 11 moulins ont en effet été construits sur ses rives.
Veules était initialement un village de pêcheurs auquel s'ajouta l'activité des tisserands de toile de coton (Rouen, la ville drapière, les vendait, y compris au-delà de nos frontières). Certains de ces moulins permettaient de faire fonctionner des métiers à tisser. D'autres étaient utilisés pour la meunerie ou l'extraction d'huile de colza.
Bien que le dernier ait cessé son activité en 1952, on peut encore régulièrement voir la roue de plusieurs d'entre eux tourner. Depuis le XIVe s, c'est aussi aux sources de cette petite Veules que l'on cultive le cresson. Le spectacle de ces cressonnières adossées aux belles chaumières à colombages bâties en grès, silex et recouvertes d'un toit de chaume mérite le coup d'œil ! À cette petite Veules, l'artiste veulais Michel Robakowski consacre un haïku : « Je ne compte pas mon temps, mais plutôt mes centimètres. Ma longueur est source de polémiques, je suis un fleuve arithmétique ».

Adresse et info utiles

ℹ ***Office de tourisme :*** *27, rue Victor-Hugo. ☎ 02-35-97-00-63. • cote-albatre-tourisme.fr • Avr-sept, tlj 10h-12h30, 14h-18h30 ; oct-mars, mer-sam 10h-12h30, 14h-18h.* Propose différents circuits pédestres à Veules et dans les environs. En juillet-août, visite guidée du village *(mar à 10h30 ; payant).* Vente de quelques produits locaux.
– ***Marché :*** *mer mat.*

Où dormir ?

Camping

⛺ ***Les Mouettes :*** *av. Jean-Moulin. ☎ 02-35-97-61-98. • contact@camping-les-mouettes-normandie.com • camping-lesmouettes-normandie.com • ♿ Ouv Pâques-11 oct. Compter 24 € pour 2 en saison, avec* *tente et voiture ; hébergements locatifs. 154 empl.* Un vaste camping bien tenu et bien équipé (piscine couverte et chauffée, espace bien-être, et tout et tout), avec des emplacements semi-ombragés et délimités par des haies. Bon accueil.

De chic à plus chic

Le Moulin des Cressonnières : *chez Chantal de Crépy, 74, voie Charles-de-Gaulle. ☎ 02-35-97-60-27. 06-13-17-34-67. • chantal.decrepy@orange.fr • veulesmoulin.fr • À l'entrée de Veules en venant de Saint-Valery-en-Caux. Doubles 95-115 € (tarifs dégressifs dès la 2e nuit) ; min 2 nuits avr-sept.* Dans 2 dépendances d'une ravissante maison adossée à la Veules et aux cressonnières, 2 chambres. L'une assez sobre mais tout confort, avec plafond cathédrale et une belle salle de bains. Petit bémol sonore puisque la route est proche. L'autre, avec plus de caractère grâce à son mur de pierres apparentes, peut être louée à toute une famille puisqu'elle dispose, en duplex, d'une chambre sous les toits dotée de 4 lits (et petit cabinet de toilette), et d'un petit jardin privé. Une belle adresse tenue avec beaucoup de gentillesse par Chantal, qui, en outre, a les pouces verts et un ravissant jardin.

Résidence Douce France : *13, rue du Dr-Pierre-Girard. ☎ 02-35-57-85-30. • contact@doucefrance.fr • doucefrance.fr • En plein centre. Congés : 13 janv-7 fév. Doubles 102-182 €. Appartements 4 pers. Petit déj en sus 14 €.* Une adresse de caractère située dans un ancien relais de poste du XVIIe s, admirablement restauré. L'immense bâtisse fortifiée en brique et bois vert clair entoure une jolie cour pavée verdoyante, avec, sur le côté, un jardin cloîtré au bord de la Veules. Les chambres (quasiment des suites) sont spacieuses et douillettes, avec kitchenette pour le plus grand nombre. Certaines en duplex et mansardées, d'autres avec vue sur la Veules ! Petit déjeuner dehors si le temps le permet. Salon de thé, bien appréciable pour profiter du cadre.

Où manger ?

Le P'tit Veulais : *1, rue du Docteur-Pierre-Girard. ☎ 02-35-97-59-19. • pascalgarcia69@sfr.fr • Fermé lun, plus mar hors saison. Congés : nov-fév. Compter 30 € à la carte. Café offert sur présentation de ce guide.* Une adresse toute simple qui fait l'unanimité, fréquentée aussi bien par les gens du coin que par ceux de passage. Au menu, une cuisine normande sans chichis mais bonne et copieuse. Ambiance chaleureuse.

Les Galets : *3, rue Victor-Hugo. ☎ 02-35-97-61-33. • restaurantlesgalets-veuleslesroses@orange.fr • Fermé mar, plus mer hors saison. Congés : janv. Formule déj en sem (sauf j. fériés) 35 € ; menus 45-60 €.* C'est le resto gastronomique de Veules-les-Roses. Cadre classique, dans un style feutré contemporain et chic, en harmonie avec une cuisine élégante et soignée élaborée avec de beaux ingrédients locaux.

Où dormir ? Où manger dans les environs ?

Camping

Les Garennes de la Mer : *12, route de Luneray, 76740* **Le Bourg-Dun.** *☎ 02-35-83-10-44. • info@lesgarennes.fr • lesgarennes.fr • À 7 km à l'est de Veules-les-Roses. Ouv avr-début oct. Compter 14-20 € pour 2 ; hébergements locatifs. 80 empl.* En contrebas du terrain de foot et du tennis municipal, un petit camping familial, tranquille et dans un environnement agréable. Les hébergements locatifs, un peu tassés, ont le mérite d'être à l'écart ou retirés dans le fond du site. Terrains de pétanque. L'ensemble est impeccablement tenu. Mini-épicerie (avec entre autres des plats cuisinés qui peuvent être réchauffés sur place). Accueil très gentil.

LA SEINE-MARITIME

De très bon marché à bon marché

Chambres d'hôtes Les Deux Chênes : *8, rue de l'Église, 76740* **Crasville-la-Rocquefort.** *☎ 02-35-97-63-31. • francois.hennetier@wanadoo.fr • chambres-jana.fr • À env 11 km au sud de Veules-les-Roses. Congés : janv-mars. Double 55 €.* Au centre du bourg, dans une maison de maître en brique, 3 chambres simples mais soigneusement tenues, colorées et agréables, et du parquet. Copieux petit déj – avec un généreux choix de confitures maison – servi dans la lumineuse salle à manger. Un joli jardin, une mare, un poulailler. Un rapport qualité-prix étonnant.

Le Champêtre : *321, Grande-Rue, 76740* **La Chapelle-sur-Dun.** *☎ 02-35-97-60-21. • laurelidl@gmail.com • À env 4 km à l'est de Veules-les-Roses. Ouv tlj 7h-20h sauf mer ap-m et dim hors juil-août. Menu déj (complet) 13 € (16 € dim et j. fériés).* D'un côté, il y a l'épicerie très simple, une échoppe qui en a vu d'autres ; de l'autre, le café avec son comptoir sans âge ; et tout au fond, la salle à manger de poche donnant sur une terrasse. Plus qu'un resto, c'est un vrai lieu de vie, vie dont les rênes sont entre les mains de la jeune Laure ; les habitués s'installent sur les tables communes pour profiter d'une cuisine du jour sans chichis (bœuf bourguignon, sauté de veau...), généreuse et maison, y compris les frites ! Génial et champêtre (évidemment) à l'image des w-c dans la cabane au fond de la cour, à l'ancienne !

Prix moyens

Chambres d'hôtes Le Chat chez qui j'habite : *67, hameau de la Saline, 76740* **Saint-Aubin-sur-Mer.** *☎ 02-35-84-43-26. 06-62-48-67-36. • lechatchezquijhabite@orange.fr • lechatchezquijhabite.fr • À 5 km à l'est de Veules. Tte l'année. Doubles 105-120 €. Table d'hôtes 30 €.* Une étonnante maison d'artiste que ce manoir où les chambres entièrement décorées par la propriétaire pourraient être tirées d'un album illustré pour enfants, avec une féerie de couleurs agrémentée de personnages de petites filles ou du fameux chat qui a donné le nom au lieu. Cuisine et véranda à disposition, ainsi qu'un hammam (en supplément) et 2 tennis dans le beau parc bien touffu et orné d'œuvres d'art. Propose aussi des ateliers de méditation et un spa.

DANS LES ENVIRONS DE VEULES-LES-ROSES

Sotteville-sur-Mer : *à 3 km au sud-ouest.* Minuscule village, aux maisons éparpillées sur la falaise. Le calme parfait. À 1 km de l'église, petit parking, puis une sympathique volée de 231 marches qui permettent d'accéder à une petite plage de galets à l'aplomb de la falaise.

La Valé normande : *4B, pl. de la Libération. 06-67-86-45-27. Fermé lun, ainsi que les soirs des dim et mar. Formule déj complète 14 € (3 options possibles à chaque « étape »).* Une cuisine familiale concoctée avec des produits bien choisis, du simple et du bon (dos de julienne, tagliatelles et crème de poivrons, parmentier de canard...), et une équipe sympa pour couronner le tout. La jolie terrasse, les pieds dans l'herbe, donne sur l'agréable place du village.

VARENGEVILLE-SUR-MER

(76119) 1 020 hab. *Carte Seine-Maritime, C1*

Charmant village qui s'étire le long de la route et de la valleuse de Vasterival. Certainement l'endroit de la côte qui recèle le plus de petites merveilles à découvrir. Atmosphère champêtre et bourgeoise à la fois, grâce à de

superbes demeures du début du XXe s bien camouflées derrière des écrans d'arbres. Chance supplémentaire, la terre plutôt acide favoriserait, paraît-il, le développement des plantes rares. Une des raisons expliquant l'existence de jardins d'exception dans le coin. Dans le genre, ne manquez surtout pas le parc du Bois-des-Moutiers (bon, quand vous reviendrez, car il est fermé jusqu'en 2023...) et ses rhododendrons géants, ni la collection Shamrock, la plus grande collection d'hortensias au monde.
Dommage que Varengeville soit un « village-rue », plus agréable – étonnamment – à découvrir en voiture qu'à pied.
Enfin, l'un des plus beaux cimetières marins qui soient, celui où Braque est inhumé, au pied de l'église dont il dessina les vitraux. À l'entrée du cimetière est reproduite une phrase de l'artiste : « J'ai le souci de me mettre à l'unisson de la nature, bien plus que de la copier. »
C'est là tout le charme de Varengeville, un petit bout de Normandie largement célébré par les artistes.

UN AIMANT POUR LES ARTISTES

La liste des artistes ayant séjourné ou travaillé à Varengeville est réellement impressionnante. Côté littérature : Dorgelès, Saint-John Perse, Prévert, Proust, Breton, Cocteau, Gide, Virginia Woolf... Du côté des musiciens : Debussy, Ravel, Satie ou encore Albert Roussel, qui repose au cimetière marin... Et puis une belle palette du côté des peintres : Isabey, Corot, Monet, qui y a peint plus d'une centaine de toiles, Renoir, Pissarro, le portraitiste Jacques-Émile Blanche, Degas, Picasso, Léger et, chez les Anglais, Turner, Whistler, Sickert... Miró, captivé par les cieux étoilés, y séjourna de 1937 à 1940 et s'inspira de ce coin pour réaliser son cycle *Constellations* et ses œuvres *Varengeville 1* et *Varengeville 2*. Enfin, Braque, le seul peintre exposé au Louvre de son vivant, y avait même son atelier. C'est lui qui a dessiné le vitrail de l'*Arbre de Jessé* dans l'église jouxtant le cimetière marin, où il repose face à la mer. Et plus récemment, il y eut Michel Ciry, l'auteur du *Christ rédempteur* exposé dans l'église, qui vivait et travaillait à Varengeville jusqu'à sa mort récente.

Où dormir dans les environs ?

Chambres d'hôtes Le Manoir de Tessy : *route de Gellersen, 76860* ***Ouville-la-Rivière.*** *☎ 02-32-06-34-44. • reservations@manoirdetessy.com • lemanoirdetessy.com • À env 7 km au sud-ouest de Varengeville. Doubles 66-90 €. Vaste chambre familiale. Dîner 20 €.* Au cœur d'un vaste et beau jardin, un manoir du XVIe s restauré et modernisé, dans la famille depuis près de 90 ans. Un colombier en excellent état abrite encore l'échelle mobile permettant de récupérer les œufs. Les déjections – la colombine – sont épandues dans le potager. Également des dépendances de la ferme en pierre et en brique. Impeccables et avenantes, les chambres ont moins de cachet que la bâtisse elle-même, mais leur prix reste tout à fait raisonnable. Toutes donnent sur le grand potager qui alimente des dîners de bonne qualité, tout comme les fruits des arbres du verger. Accueil d'une grande gentillesse.

TER] ***Hôtel de la Plage :*** *1, route de la Mer, 76860* ***Quiberville-sur-Mer.*** *☎ 02-35-83-37-46. • hoteldelaplage76@orange.fr • Facebook • À l'ouest de Varengeville par la D 75. Doubles 85-105 €.* Au bout du front de mer, ce petit hôtel de 8 chambres profite d'un emplacement de choix, face au grand large. Depuis la terrasse ou les jolies chambres – exigües pour certaines-de style sobre et contemporain, toutes avec vue sur la mer Bien agréable d'autant que le front de mer est préservé. Fait aussi resto *(♿).* Accueil inégal, dommage.

Où manger ? Où boire un verre ?

Hôtel-Resto La Terrasse : *route de Vasterival.* ☎ *02-35-85-12-54.* Bien au calme, un bel emplacement où s'offrir une pause sucrée ou prendre un verre en fin de journée, après une balade sur la plage (consultez les horaires de marées !) ; plage à laquelle on accède en 5 minutes de marche par la valleuse de Vasterival. Entre la terrasse et le jardin, on peut se poser tout en étant bien orienté à toute heure de la journée. Un tennis pour les inconditionnels.

Où grignoter sur le pouce ? où faire une pause sucrée ?

Café des Artistes : *24, route de l'Église.* *06-88-06-46-42 • sophie licoys@hotmail.com • Ouv de Pâques à mi-sept 11h-18h. 3 ou 4 tartines au choix (compter 10-11 €), quelques planches dont celle qui varie selon l'humeur du jour (par exemple feuille de vigne, truite et feta), salade du jour. Pas simple de garer sa voiture...* La dynamique Sophie a aménagé sa petite escale au plus près de son lieu de vie : dans son jardin ! Ici – presque – tout se passe dehors (seul un petit espace est protégé). Le café attire les randonneurs et les cyclistes, ravis de s'offrir une petite pause – sûrement – bien méritée : tartine, salade ou planche. Pour la touche sucrée ? Fraises à la chantilly, brioche perdue ou gaufre, au caramel de pomme de Dieppe par exemple ; miam ! Infos touristiques, et concerts occasionnels. Par la même occasion, on peut en profiter pour découvrir le travail de Frédéric Dumouchel, son mari artiste, dont l'atelier donne... de l'autre côté de la maison !

Achats

Lin et l'Autre : *46, pl. des Canadiens.* ☎ *02-35-04-93-37. • linetlautre-normandie.fr • En face de La Maison de Jules. Tte l'année, tlj sauf mer ap-m 10h-13h, 14h-18h (19h en été).* Un lieu de perdition pour les amateurs de ce textile ! Il y est décliné sous toutes ses facettes et ses teintes, unies bien sûr, mais aussi imprimées : des graines de lin à semer, bobines de fil brut aux vêtements, en passant par les tissus au mètre, la toile enduite, le linge de table, plaids, serviettes en éponge nids d'abeille, coussins, mercerie (boutons, rubans, galons...). Bref, du salon à la salle de bains, de quoi revisiter tout votre *sweet home* ! Et un petit espace broc'.

À voir

Le parc du Bois-des-Moutiers : *sur la D 27 vers la mer. • boisdes moutiers.com •* ***La propriété a été rachetée en 2019, et les propriétaires ont depuis entrepris des travaux de grande envergure. Attention, le parc devrait rester fermé pour travaux jusqu'en 2023. Renseignez-vous sur le site***

LA SEINE-MARITIME

internet ou auprès de la mairie (☎ 02-35-85-12-46). En 1898 fut ici construit un chef-d'œuvre de l'école *Arts & Crafts,* l'équivalent anglais de l'Art nouveau. C'est même le seul exemple en Europe occidentale, hors d'Angleterre. Le ***mouvement anglais*** est fortement marqué par le Moyen Âge, et on retrouve dans l'architecture l'aspect massif et quelque peu austère des châteaux forts. Il s'agissait pourtant d'une maison résolument d'avant-garde. Un salon monumental : les plaques de plâtre coloré et les innombrables détails de ferronnerie et d'ébénisterie sont autant de chefs-d'œuvre d'ingéniosité... De nombreux artistes fréquentèrent les lieux : Rodin, Picasso, Miró, Cocteau... On vous conseille vivement la visite guidée de cette merveilleuse demeure, héritage d'une passion familiale.
Et maintenant, passons au jardin... à travers les chemins qui zigzaguent dans de superbes massifs aux couleurs éclatantes. Planté de fleurs et d'arbres provenant de Chine, d'Amérique du Nord, du Chili et du Japon, ce magnifique parc de 12 ha occupe une charmante valleuse débouchant sur la mer, au bout de laquelle Monet a peint *La Maison du douanier à Varengeville.*
La pleine floraison s'étale de mi-mars à mi-novembre. De mi-mai à mi-juin, le parc est certes paradisiaque à l'occasion de l'éclosion des rhododendrons géants, mais l'automne lui sied tout autant, quand le calme revient, et que les arbres se parent de belles couleurs orangées. Prévoir au minimum 1h de visite (3 km de promenade fléchée). Très bien conçu. Des chemins mènent de clairière en clairière, de thème en thème : les odeurs, le bruit d'un ruisseau, les couleurs du feuillage...

LA SEINE-MARITIME

L'église Saint-Valéry et le cimetière marin : *suivre jusqu'au bout la route qui passe devant le parc du Bois-des-Moutiers.*
Petite ***église*** du XIIe s, agrandie au XVIe et presque perchée sur les falaises. À l'intérieur, curieuse double nef, traditionnelle à gauche et en coque de navire renversée à droite. 2 jolies colonnes torses symbolisant le cordage marin, agrémentées de coquilles Saint-Jacques. Sur l'une d'elles apparaissent une sirène et des têtes de marins. Au fond de la nef, sur la droite, un vitrail représentant l'*Arbre de Jessé* (illustre l'ascendance humaine et divine de Jésus), que l'on doit à Braque. Sur l'autel, tabernacle en émaux, de Braque également. À gauche de la porte, *Christ rédempteur* de Michel Ciry, peintre mystique contemporain qui vivait à Varengeville.
L'attachant ***cimetière marin*** qui entoure l'église a servi – avec sa vue époustouflante – de décor à de nombreux films. On y trouvera sans peine les tombes de Braque et du compositeur Albert Roussel ; et celle aussi d'un soldat du Premier Empire à la très patriotique épitaphe : « Il a su défendre le sol qui le recouvre. »
L'église est de longue date menacée par le recul de la falaise, à tel point qu'il est envisagé de... la déplacer. Encore faudrait-il être certain que le terrain supporte le poids des engins de chantier...

Le « Jardin des Hortensias » – Collection Shamrock : *route de la Cayenne (bien fléché). ☎ 02-35-85-14-64. • hortensias-hydrangea.com • De mi-juin à mi-sept, tlj sauf mar 10h-12h, 14h30-18h (dernier accès à 17h15). Entrée : 8 €, 9 € de mi-juil à mi-août ; réduc ; gratuit moins de 15 ans.* Avec plus de 1 200 variétés présentées ici, il s'agit de la plus grande collection d'hortensias du monde, rassemblée par Corinne Mallet, spécialiste passionnée qui a effectué plusieurs expéditions au Japon et aux États-Unis. La collection rassemble les espèces asiatiques et américaines. La période de pleine floraison (de mi-juillet à fin août) est bien sûr le moment idéal pour visiter la collection, mais le début et la fin de la saison offrent des formes et des couleurs assez exceptionnelles.

Le manoir d'Ango : *chemin de la Cayenne. ☎ 02-35-83-61-56. • manoirdango.fr • Mai-sept, tlj 10h-12h30, 14h-18h ; avr et oct, seulement le w-e et j. fériés. Entrée : 5,50 € ; réduc ; gratuit moins de 12 ans. Visite guidée possible (parfois menée par l'un des propriétaires), se renseigner.*
Incendié à la Révolution, transformé un temps en ferme (et même en buvette !), le lieu, pillé et dégradé, est sauvé par Prosper Mérimée en 1862 lorsqu'il l'inscrit

sur la même liste que le Louvre et Notre-Dame de Paris, parmi les 1ers sites classés Monuments historiques en France.
En 1927, André Breton y écrit des pages de *Nadja*, en compagnie d'Aragon qui travaille sur son *Traité de style*. L'édifice a finalement été restauré par une riche famille d'industriels textiles du Nord, en 1928, les Hugot, qui entreprirent sa restauration, aujourd'hui reprise en main par les héritiers. Le frère et les sœurs ont de nombreux souvenirs dans ce manoir qui les a vu grandir aux côtés des 2 générations précédentes. Il y avait du monde autour de la table !

LE VOLEUR VOLÉ

En 1522, Cortés déroba le fabuleux trésor de Moctezuma, le dernier empereur aztèque. Il remplit 3 caravelles destinées à Charles Quint. Mais tout cet or fut ensuite intercepté en mer par le grand armateur dieppois Jehan Ango, ami de François Ier. Outre cette fabuleuse capture, la plus importante de l'histoire maritime, on découvrit alors les cartes des Espagnols qui avaient repéré les Antilles. C'est l'origine de la conquête de la Martinique et de la Guadeloupe... Bonne pêche !

Surnommé le « Médicis dieppois », Jehan Ango, proche de François Ier, se fit bâtir ce palais d'été entre 1530 et 1544, en utilisant les matériaux locaux : grès et silex (la brique ne fut ajoutée qu'ultérieurement). Une véritable marqueterie de pierres par endroits. Ce vaste rectangle qui, à l'origine, trônait sur un domaine de 5 000 ha (contre 28 aujourd'hui), est conçu sur le modèle de la Renaissance italienne, une rareté en Normandie. Au sud, la partie noble autour de la cour d'honneur et, au nord, les communs. Notez les médaillons représentant François Ier, Ango et leurs épouses respectives au-dessus des voûtes d'entrée de l'aile est et le long de la façade sud.
À l'intérieur, on visite les salles en partie meublées du rez-de-chaussée, où figurent des panneaux explicatifs agréables à parcourir, relatant les grandes découvertes de l'armateur. Cheminées Renaissance, petite salle de bains 1900 et loggia avec vue sur la cour. Le clou de la visite reste sans aucun doute le colombier, à l'époque le plus grand de France avec ses 1 600 boulins capables d'abriter autant de couples de pigeons. Sachant que seule la noblesse avait ce droit à l'époque, et qu'on comptait un couple de pigeons par demi-hectare de terre possédée,ça donne une petite idée de la puissance d'Ango ! Superbe architecture, que ce soit la toiture byzantine, la charpente ou les motifs géométriques polychromes.

Le musée Michel-Ciry : *6 bis, rue Marguerite-Rolle. ☎ 02-32-90-01-52. • museemichelciry.com • Mai-sept, tlj sauf mar 14h-18h ; avr et oct, w-e seulement 14h-18h. Entrée : 5 € ; réduc ; gratuit moins de 16 ans. Également des expos temporaires, et des concerts.* Un bâtiment contemporain tout en bois abrite les huiles, aquarelles, dessins et gravures de ce peintre mélomane et écrivain longtemps établi à Varengeville-sur-Mer et dont on peut aussi admirer le Christ rédempteur dans l'église du village. L'artiste s'est éteint en 2018. Le musée propose également des expositions temporaires d'artistes invités ainsi que des concerts.

DIEPPE

(76200) 29 900 hab. *Carte Seine-Maritime, C1*

• Plan *p. 202-203*

L'un des ports les plus actifs de Normandie, et la plage la plus proche de Paris (à 180 km) ! La ville, dont le front de mer a en partie été détruit par les bombardements, ne manque pourtant pas de charme. Il suffit de s'intéresser

un tant soit peu à l'histoire pour trouver dans son petit centre quelques pépites, dont deux belles églises et un passionnant musée.
Enfin, Dieppe possède une longue plage et un bord de mer unique, déjà apprécié des Vikings, qui nommèrent le profond estuaire *djepp,* plus tard transformé en Dieppe. Entre la plage et les immeubles qui la bordent, on trouve aussi 8 ha de pelouses qui s'étirent en longueur. Une aire de calme étonnante avec quelques snacks et restos provisoires, en saison, pour admirer la mer, souvent verte d'ailleurs...

LE CARAMEL DE POMMES DIEPPOIS

Cette pâte à tartiner n'a rien d'une recette ancestrale, mais son histoire est plutôt belle et son goût délicieux ! Le maître chocolatier dieppois Jean-Pierre Roussel avait comme spécialité un chocolat fourré au caramel de pommes. Une fois à la retraite, il décida de transformer ce caramel en pâte à tartiner et d'en confier le secret et la fabrication aux marmitons en difficulté dans un Établissement et service d'aide par le travail (ESAT) en périphérie de Dieppe. Ce caramel rencontre aujourd'hui un succès qui ne se dément pas !

UN PEU D'HISTOIRE

De tout temps, les rois ont compris l'importance stratégique de ce port. En ***1066***, ***Guillaume le Conquérant se considère roi et choisit entre autres Dieppe*** comme base pour ses relations outre-Manche. À la fin du XIIe s, Philippe Auguste, roi de France, incendie la ville, alors sous contrôle du duc de Normandie, donc des Anglais. La Normandie est reprise à l'Angleterre en 1204. Lors de la guerre de Cent Ans, elle passe d'une main à l'autre plusieurs fois. Les Anglais s'en emparent véritablement en 1420 pour la perdre définitivement en ***1443***. Les Dieppois édifient alors ce fier ***château*** – englobant une tour primitive – qui surplombe la ville. C'est ***sous François Ier*** que se développent le port et les échanges commerciaux. ***La pêche au hareng*** va assurer la fortune de la ville pendant plusieurs siècles.

Corsaires et découvreurs en tout genre

Cité de marins, où naît, au courant du XVIe s, ***la plus grande école cartographique d'Europe***, Dieppe voit à cette même époque surgir un bon nombre de ***navigateurs*** et d'***armateurs***, dont le plus célèbre est ***Jehan Ango***. En 1488, déjà, le Dieppois Jean Cousin a sans doute été le 1er à découvrir la pointe sud de l'Afrique et à naviguer dans l'océan Indien. En 1508, Jehan Ango père armait déjà un certain Thomas Aubert, partit, lui, à la découverte de Terre-Neuve et revint avec les premiers Indiens qui poseront le pied en Normandie. Au XVIe s, les corsaires dieppois se battent contre la concurrence espagnole et portugaise. Autorisé à armer ses navires pour la guerre, ***Jehan Ango aide François Ier à lutter contre Charles Quint*** et l'Angleterre. ***Il paie une partie de la rançon du roi***, fait prisonnier à Pavie, en 1525.

SPLENDEUR ET DÉCADENCE DE JEHAN ANGO

Pour remercier Jehan Ango des services rendus, François Ier le nomma gouverneur de Dieppe. L'armateur Ango lança ses navires à la découverte du Brésil, de Terre-Neuve, de l'Afrique et des Antilles... Tombé en disgrâce, il fut emprisonné en 1549 mais sortit l'année suivante pour aider au siège maritime de Boulogne. Endetté et privé de son soutien royal, il mourut néanmoins ruiné à Dieppe en 1551.

Le plus féroce des ***corsaires dieppois***, ***Jean Fleury***, prend de nombreux galions espagnols avant d'être exécuté en 1527 sur ordre de Charles Quint lui-même. D'autres Dieppois partent à l'assaut des îles, comme le marin d'Esnambuc ou le fameux pirate Pierre Legrand. Et puis, toujours armés par Ango, citons encore ***les frères Verrazzano***, qui découvrent la baie de New York (il y a peut-être des galets dieppois dans le pont Verrazzano de New York !) et les côtes du Canada, qu'ils baptisent Nouvelle-France. Ou encore ***les frères Parmentier***, qui débarquent à Sumatra et à Madagascar, et on en passe !

De la Côte-d'Ivoire à la Nouvelle-France

Au XVIe s, les navigateurs dieppois rapportent des côtes de Guinée de l'***ivoire*** et des ***épices***. Le travail des ivoiriers dieppois est tellement remarquable que la ville acquiert une notoriété dépassant largement les frontières françaises. Les artistes affluent de toutes parts. ***La cité s'enrichit, se développe, et le commerce explose.*** Dieppe connaît alors son heure de gloire, qui dure jusqu'au XVIIe s.
À cette époque, la ville est aussi l'un des principaux ports de commerce à destination de la Nouvelle-France, l'actuel ***Canada***, ouvrant la voie à une longue relation avec nos lointains cousins, notamment autour de la pêche et du commerce de la peau de castor. C'est ainsi que l'on retrouve encore au Québec de nombreux noms dieppois, tels Hébert, Bonhomme, Carpentier et autres Lemoyne... Mais, ***en 1668, la peste*** décime une bonne partie de la population, et les activités redoublées des trop actifs corsaires provoquent le ***bombardement de la ville en 1694 par la flotte anglo-hollandaise***, qui détruit Dieppe à 90 %. La ville met 20 ans à s'en remettre. Louis XIV fait appel à ***Vauban*** pour la reconstruire, mais elle ne retrouvera jamais le faste du siècle précédent. Quelques corsaires s'illustrent encore, comme dans un chant du cygne, tandis que le jeune Dieppois Gabriel de Clieu implante le café aux Antilles ; il devient le gouverneur de Guadeloupe...

Les 1ers Anglais et les 1ers bains de mer

Une fois la paix revenue avec l'Angleterre, en 1815, ***la traversée transmanche Dieppe-Newhaven*** (près de Brighton) devient un atout pour la ville. ***Une colonie anglaise investit la ville*** et apporte avec elle le goût du golf et des courses hippiques, mais aussi des infrastructures : elle fait bâtir l'hippodrome, les hôtels, certaines églises, et organise des régates qui attirent parfois jusqu'à 10 000 spectateurs. Si, aujourd'hui, Dieppe ne figure plus au palmarès des stations balnéaires, elle est tout de même la 1re ville à avoir bénéficié de la ***mode des bains de mer***, avec les fameux bains Caroline. Quand les Anglais lancent la mode des bains de mer dans un but curatif, la ***duchesse de Berry***, fille de Charles X, lance véritablement la station en venant tremper ses fesses en « costume de bain » dans la Manche tous les étés à partir de 1824. Ce sont les fameux bains « à la lame » de 13 mn, temps alors prescrit par la Faculté ! On se rend compte que les vagues fouettent le sang et sont vivifiantes. Précisons qu'à l'époque on se baigne encore habillé (non mais !), en se tenant à une corde (car on ne sait pas nager).
L'engouement pour Dieppe est à son comble avec ***l'arrivée des chemins de fer, en 1848***.
Les ***grands peintres*** (Delacroix, Turner), ***puis les impressionnistes***, viennent aussi capturer la lumière éphémère des paysages dieppois. Dans son manoir du Bas Fort Blanc, au bout du front de mer, le portraitiste Jacques-Émile Blanche reçoit Monet, Degas ou Renoir, venu peindre les portraits de la famille Bérard au château de Derchigny-Graincourt. Pissarro loue un appartement et peint *L'Avant-port de Dieppe,* qu'il offre à la Ville. Enfin, Boudin, se sachant déjà atteint d'un cancer, peint ici même *Les Falaises du Pollet.* Ces 2 dernières toiles sont visibles au musée de Dieppe.

■ Adresses utiles

1 Office de tourisme (C3)
2 Animation du patrimoine – Dieppe Ville d'art et d'histoire (C3)

Où dormir ?

10 Hôtel de la Plage (B2)
11 Les Arcades (C2)
12 Au Grand Duquesne (B3)
13 Chambres d'hôtes Atypik (D2)
14 Les Petites Suites dieppoises (B3)

Où manger ?

20 Le Bistrot des Barrières (C3)
21 Le Calvados (B3)
22 Divernet (B3)
23 Le Bistrot du Pollet (C2)
24 Le Comptoir à Huîtres (D4)
25 Le Turbot (C2)
26 La Cale (C3)
27 La Cambuse-Chez Carlotta (C3)

Où boire un verre ? Où grignoter ? Où sortir ?

30 Le Bar O Mètre (A3)
31 L'Epsom (B2)
32 Le Bar des Bains (B3)
33 L'Entrepôt (C3)

■ Où piquer une tête ? Où faire un peu de balnéo ?

40 Les Bains (A3)

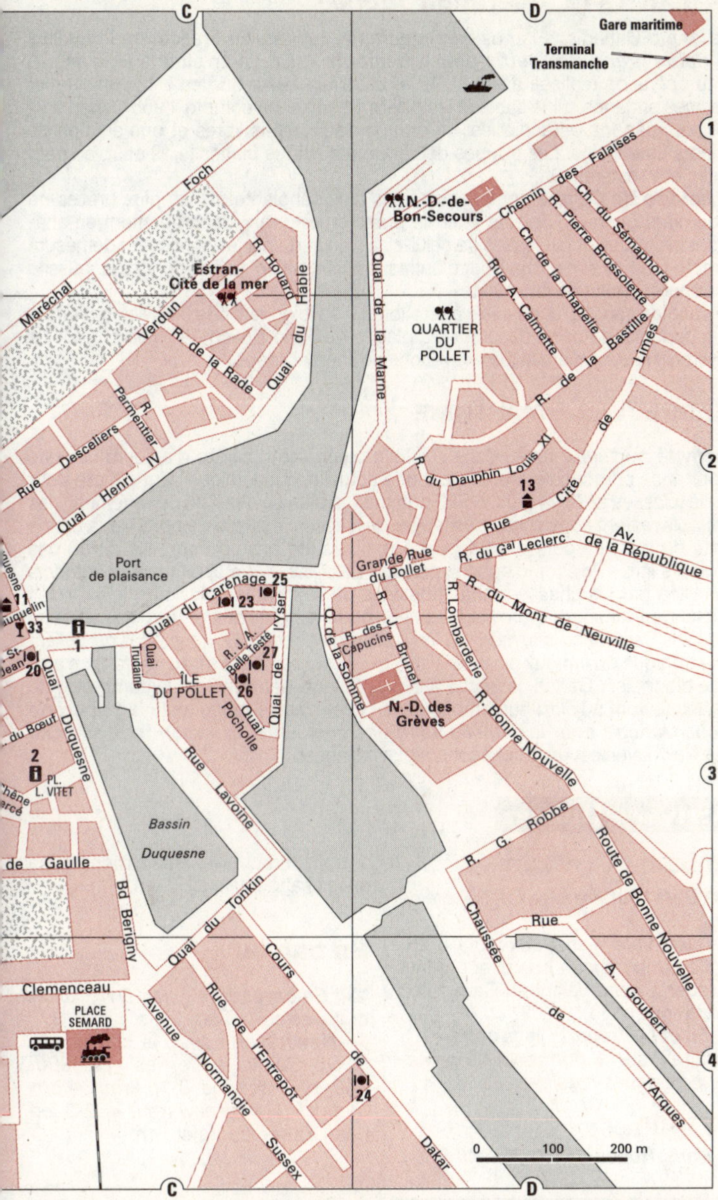
C
D
Gare maritime
Terminal Transmanche
1
2
3
4
N.-D.-de-Bon-Secours
Chemin des Falaises
Ch. du Sémaphore
R. Pierre Brossolette
Ch. de la Chapelle
Rue A. Calmette
R. de la Bastille
Quai de la Marne
QUARTIER DU POLLET
Foch
Maréchal
Verdun
Estran-Cité de la mer
R. Houard
Quai du Hable
R. de la Rade
R. Parmentier
Rue Desceliers
Quai Henri IV
Limes
de
Cité
Rue
R. du Dauphin Louis XI
13
Av. de la République
R. du Gal Leclerc
Grande Rue du Pollet
Port de plaisance
Quai du Carenage
25
23
R. du Mont de Neuville
R. Lombarderie
R. J. Brunel
R. des Capucins
Q. de la Somme
Quai de l'Yser
R. J. A. Belle Teste
27
26
Quai Trudaine
ÎLE DU POLLET
Quai Pocholle
N.-D. des Grèves
R. Bonne Nouvelle
11
33
1
20
Quai Duquesne
2
PL. L. VITET
du Bœuf
de Gaulle
Rue Lavoine
Bassin Duquesne
R. G. Robbe
Route de Bonne Nouvelle
Bd Berigny
Quai du Tonkin
Cours de Dakar
Chaussée de l'Arques
Rue A. Goubert
Clemenceau
PLACE SEMARD
Avenue Normandie Sussex
Rue de l'Entrepôt
24
0
100
200 m

DIEPPE

19 août 1942, opération *Jubilee*

Les Anglo-Canadiens l'appelèrent opération *Jubilee.* En France, on le qualifia du « ***plus grand des petits débarquements*** ». Ce fut en effet la plus importante opération réalisée avant le *D-Day* du 6 juin 1944. Sur les 6 100 officiers et hommes engagés sur le sable et les galets dieppois, on compta 4 965 Canadiens, 250 commandos britanniques, un groupe de Français libres et une section de rangers américains. Les troupes débarquèrent sur les plages le 19 août, au petit matin, et y restèrent 9h.
La ***bataille de Dieppe*** compte parmi les plus sanglantes et les plus brèves de la dernière guerre. L'objectif était de préparer le « vrai » débarquement en analysant les forces et faiblesses de celui-ci. Selon certains, le sacrifice fut démesuré compte tenu de son utilité. Pour d'autres, il contribua en grande partie à la réussite du débarquement de juin 1944.
Ce sont les survivants de cette opération qui se joignirent à la 3e division d'infanterie canadienne débarquée sur les plages de Juno Beach, le 7 juillet 1944. La hiérarchie leur confiera la juste revanche de libérer Dieppe.

DIEPPE, VILLE MARITIME

L'***activité portuaire*** revêt, dans l'histoire dieppoise d'hier et d'aujourd'hui, une importance primordiale. Dans la période actuelle, économiquement difficile pour la ville (classée en 2014 par l'INSEE comme « la plus pauvre » du département), les Dieppois restent convaincus que la voie de la réussite passe d'abord par la bonne santé du port. Le poisson dieppois a toujours été prisé à Paris. Ne dit-on pas d'ailleurs ici : « Poisson dieppois, poisson de choix » ? La capitale était autrefois ravitaillée par les chasse-marée (attelages de 4 chevaux), plusieurs fois relayés et assurant ainsi un approvisionnement parfaitement frais en turbots, soles et coquilles Saint-Jacques, même si les *Lettres* de Mme de Sévigné nous rappellent la fin tragique du fameux cuisinier Vatel, qui se suicida à cause du retard d'un arrivage dieppois... Certes, la pêche à la morue terre-neuvienne et le commerce de la banane sont aujourd'hui tombés dans l'oubli, mais Dieppe reste le ***1er port de pêche français pour la coquille Saint-Jacques***. Enfin, ***la liaison transmanche*** vers Newhaven est un atout économique essentiel.

Arriver – Quitter

En bus

Gare routière *(plan C4)* ***:*** *à côté de la gare SNCF.*
➢ ***Saint-Valery-en-Caux :*** ligne n° 61.
➢ ***Fécamp :*** aucun bus direct, il faut changer à Saint-Valery-en-Caux, d'où part la ligne n° 60.
➢ ***Eu et Le Tréport :*** ligne n° 68.
Horaires sur ● *normandie.fr/seine-maritime-lignes-regulieres* ●

En train

➢ ***Paris, Rouen :*** ☎ *36-35 (0,40 €/mn).* *1* train direct/w-e. Paris-Dieppe, ou avec changement à Rouen.

En bateau

Embarcadère *(plan D1)* ***:*** *sur le quai Gaston-Lalitte.*
➢ ***Newhaven :*** avec la compagnie *DFDS Seaways Ferries* *(☎ 0800-650-100, service 0,15 €/mn + prix d'appel ; ● dfdsseaways.fr ●).* 2-3 ferries/j. Durée du trajet : 4h.

Adresses et infos utiles

Office de tourisme *(plan C3,* ***1****)* ***:*** *pont Jehan-Ango, quai du Carénage.* ☎ *02-32-14-40-60.* ● *dieppetourisme@gmail.com* ● *dieppetourisme.*

com • Mai-juin et sept, lun-sam 9h-13h, 14h-18h (9h-19h juil-août), dim et j. fériés 9h-13h, 14h-17h ; juil-août 9h-13h, 14h-19h, dim et j. fériés 9h-13h, 14h-18h ; le reste de l'année, lun-sam 9h-13h, 14h-17h.

Animation du patrimoine – Dieppe Ville d'art et d'histoire *(plan C3,* ***2****) : pl. Louis-Vitet. ☎ 02-35-06-62-79.* Propose des animations et visites guidées de la ville.

– ***Marchés :*** le grand marché du samedi *(plan B3),* élu « Plus beau marché de France » en 2020, est l'une des manifestations les plus pittoresques de Dieppe *(pour l'alimentaire, sam mat, rue de la Barre, Grande-Rue, rue Saint-Jacques et pl. Nationale ; pour les vêtements et babioles, sam ap-m autour de l'église Saint-Jacques et de la pl. Nationale).* Pour faire le plein de produits de la mer on ne peut plus frais : la vente directe des pêcheurs sur le quai Trudaine *(plan C3 ; mar-sam 8h-12h).*

Où dormir ?

Prix moyens

Les Petites Suites Dieppoises *(plan B3,* ***14****) : 06-88-34-66-59 (lun-sam 9h-12h). • lespetitessuitesdieppoises.fr • Pour 2-3 pers, à partir de 89 €/j. pour 2. Cuisine équipée, linge fourni.* Karine et Mayeul ont aménagé 2 logements très personnels en plein centre-ville « L'Atelier couture » et « Le Petit prince a dit » vous laissent deviner l'univers dans lequel vous serez transporté... Une thématique aboutie dans les moindres détails. L'atelier couture peut également accueillir un ado (attention, l'échelle est raide !). Karine, couturière, s'est investie dans un patient travail de chine d'éléments de déco tandis que Mayeul a tout rénové du sol au plancher, prenant le temps de créer des objets – souvent détournés – et de dessiner quelques aquarelles au passage. 2 univers très différents, et 2 voyages immobiles ! Des projets de très longue haleine, puisque les charmants Mayeul et Karine ont tout fait eux-mêmes. Une œuvre à 4 mains qui d'ailleurs se poursuit puisque d'autres hébergements sont en gestation, voire peut-être aboutis quand vous lirez ces lignes... À suivre !

Au Grand Duquesne *(plan B3,* ***12****) : 15, pl. Saint-Jacques. ☎ 02-32-14-61-10. • augrandduquesne@orange.fr • Double 85 €.* Très bien placé, juste à côté de la belle église Saint-Jacques, un petit hôtel sans prétention tenu par une dynamique équipe. Chambres pas bien grandes mais tout confort et rénovées dans un style moderne agréable.

De prix moyens à chic

Chambres d'hôtes Atypik *(plan D2,* ***13****) : 5, rue de la Cité-de-Limes. 06-89-60-08-19. • isabellel2009@hotmail.fr • À 10 mn à pied du port. Doubles 70-80 €. Faites-vous bien expliquer l'accès. Maison rouge foncé et gris.* Dans une petite maison de brique – un ancien bar – du quartier populaire du Pollet, 3 agréables chambres à la déco dans l'air du temps, pas si atypiques que ça finalement. La chambre « Galets » abrite une alcôve (ancienne cuve à cidre creusée dans la falaise) ! À savoir, cette même chambre n'a pas de fenêtre qui donne directement sur l'extérieur : elle donne sur l'ancienne cour, aujourd'hui couverte, qui offre un espace de vie très sympa. Petite terrasse bien orientée à l'étage. Gâteau maison et jus pressé au petit déj, et accueil décontracté.

Les Arcades *(plan C2,* ***11****) : 1-3, arcades de la Bourse. ☎ 02-35-84-14-12. • contact@lesarcades.fr • lesarcades.fr • Doubles 79-99 €.* Les atouts de cet hôtel sont sa situation, en plein centre, face au port (quelques fenêtres ouvrent de ce côté-là), et le confort de ses chambres à la déco très sobre dans les tons chocolat et crème. Le meilleur rapport qualité-prix : en haute saison puisque les tarifs sont les mêmes toute l'année. Le hic : un petit déj indigent pour le prix.

Chic

Hôtel de la Plage *(plan B2, **10**) : 20, bd de Verdun. ☎ 02-35-84-18-28. • plagehotel@wanadoo.fr • plagehotel-dieppe.com • Doubles 89-179 €.* Hôtel moderne à 2 pas du front de mer, où dès l'entrée on sent la jolie adresse fort bien tenue. Les parties communes sont lumineuses et agréables, à l'image des chambres modernes, élégantes et tout confort (belles salles de bains). Certaines ont vue sur la mer et une terrasse, quand les 3 plus récentes du 5e étage, panoramiques, offrent une double vue mer et ville. Accueil compétent.

Où dormir dans les environs ?

Campings

Camping municipal du Colombier : *parc du Colombier, 453, rue Loucheur, 76550 **Offranville.** ☎ 02-35-85-21-14. • mairie@offranville.fr • offranville.fr • ♿ À 8 km au sud de Dieppe. Ouv avr-sept. Compter 15-18 € pour 2 avec tente et voiture ; 6 bungalows. 100 empl.* La municipalité a eu la riche idée d'ouvrir ce camping dans le superbe parc du Colombier, sur une partie des 8 ha d'un ancien château. Toute une partie du site est réservée aux hébergements locatifs ou à l'année, mais les emplacements destinés aux campeurs de passage sont bien à l'écart. Spacieux, abrités par des haies qui s'étoffent doucement, très verts, très calmes, ils ont tout pour plaire ! En plus, plein d'activités dans le parc : aire de jeux, minigolf, 3 courts de tennis dont 1 couvert, centre équestre, location de vélos, sans compter le parc floral et le musée Jacques-Émile-Blanche pour le côté culturel. Et des poules qui se promènent... Franchement super !

Le Marqueval : *1210, rue de la Mer, Pourville-sur-Mer, 76550 **Hautot-sur-Mer.** ☎ 02-35-82-66-46. 📱 06-32-30-57-98. • contact@campinglemarqueval.com • campinglemarqueval.com • ♿ À 1,2 km de la plage. De mi-mars à mi-oct. Compter 21-30 € pour 2 avec tente et voiture ; hébergements locatifs. 290 empl. Loc de vélos.* Au calme, un beau camping verdoyant et impeccable, avec une rivière qui serpente et des étangs où l'on peut pêcher. Locatifs d'un côté de la route, et le reste des emplacements de l'autre. Sanitaires corrects, espace fitness extérieur et piscine chauffée en saison. Diverses locations : mobile homes, roulottes et bungalows.

De prix moyens à plus chic

Le Château de Miromesnil : *76550 **Tourville-sur-Arques.** ☎ 02-35-85-02-80. • chateaumiromesnil@orange.fr • chateaumiromesnil.com • ♿ À 8 km au sud de Dieppe par la D 927, puis à gauche par la D 70.* Voir plus loin « Dans les environs de Dieppe ».

Chambres d'hôtes Le Manoir de Graincourt : *10, pl. Ludovic-Panel, 76370 **Derchigny-Graincourt.** ☎ 02-35-84-12-88. 📱 06-17-21-36-16. • manoirdegraincourt@gmail.com • manoir-de-graincourt.fr • À 8 km à l'est de Dieppe. Double 125 €. Table d'hôtes env 25 € hors boissons.* Un couple de toulousains venant de l'hôtellerie-restauration y a posé ses valises. Dans ce bel édifice à colombages normands, 5 chambres élégantes, tout confort et donnant sur un agréable parc divisé en petits jardins abrités du vent. L'une d'elles, mansardée, a été aménagée dans les anciennes écuries. On peut profiter d'une petite cuisine, une salle de jeux, un billard, un ping-pong, et un salon de lecture où crépite le feu dans la cheminée. Vélos à disposition. Également un gîte *(max 6 pers).*

Où manger ?

Vous trouverez sur le quai Henri-IV *(plan C2)* toute une brochette de restos proposant globalement le même type de menus, avec les sempiternelles moules-frites servies à toutes les saisons (pour info, la vraie saison des moules normandes, qu'elles soient pêchées en mer – comme la moule de Barfleur – ou d'élevage – comme la moule de bouchot –, c'est l'été, de mai-juin à fin septembre-début octobre). Avantage de ces restos : pas mal d'entre eux sont ouverts le dimanche soir et le lundi.

De bon marché à prix moyens

La Cambuse – Chez Carlotta (plan C3, **27**) : *42, rue J-A-Belle-Teste. ☎ 02-35-84-19-46. • lacambuse@chezcarlotta.fr • Ouv midi lun, mar, jeu, ven, sam, ainsi que soir jeu-sam. Fermé dim et mer. Menu du jour uniquement, 30-35 €, ainsi qu'un menu 40-45 € sam soir. Plats 16-20 €.* Le pep's de Carlotta n'a d'égal que le plaisir que l'on a à s'attabler chez elle, qui vous reçoit comme à la maison ! La famille est originaire des Marche (région d'Ancône), tout comme le chef qui officie. L'ardoise offre 4 entrées, et autant de plats et desserts ; mmmh, les *taglioni* – maison – au ragoût d'agneau et herbes sauvages... Les plats sont simples et goûteux, les glaces artisanales. L'atmosphère est familiale ; on y croise parfois les enfants d'ailleurs, et Germano, son mari, quand il n'est pas en vadrouille à travers l'Europe pour son boulot. Des lampions colorés vitaminent la terrasse en bois, tandis qu'on apprécie les serviettes en tissu, la vaisselle artisanale italienne et le petit bouquet sur la table : le goût et le bon goût, tout y est ! Une pépite et un coup de cœur.

Divernet (plan B3, **22**) : *138, Grande-Rue. ☎ 02-35-84-13-87. • info@divernet-traiteur.com • divernet.fr • Ouv tte l'année, le midi seulement. Fermé lun. Formule 15,50 € ; repas carte env 20 €. Apéritif offert sur présentation du guide de l'année.* Au 1er étage de la pâtisserie-chocolaterie *Divernet*. Le lieu a bien changé depuis qu'Oscar Wilde, en exil, le fréquentait sous le nom de brasserie *Grish*... Aujourd'hui, c'est un agréable salon de thé-brasserie chic style Art déco, qui sied à une clientèle de bureau et d'hommes d'affaires, attirés par l'avantageuse formule déjeuner. Le rapport qualité-prix est indiscutable. Les pâtisseries sont toutes plus appétissantes les unes que les autres ! (et on apprécie qu'une mention indique celles qui sont décongelées). En été, terrasse en bordure de la rue piétonne très commerçante... à moins de préférer s'attabler sur le balcon.

Le Calvados (plan B3, **21**) : *93, Grande-Rue. ☎ 02-35-84-20-11. • lecalvados@orange.fr • ♿ Ouv le midi seulement. Fermé dim hors saison. Formule 18,80 € ; carte 20-25 €.* Un bar-brasserie de quartier à la devanture toute rouge et à la belle terrasse qui, aux beaux jours, prend ses aises dans la large rue piétonne. Cuisine des plus classique (entre plats du jour, très traditionnels, burgers et salades) mais très honnête. Accueil et service sympa.

De prix moyens à chic

Le Bistrot des Barrières (plan C3, **20**) : *5-7, arcades de la Poissonnerie. ☎ 02-35-40-46-83. • hue.francois76@gmail.com • Tlj sauf dim et le soir lun-mar. Congés : 2e quinzaine de juin et oct-début mars. Menu déj en sem 18 € ; le soir, carte seulement, env 30 €. CB refusées.* Un vrai bistrot pour les gourmands-gourmets proposant une cuisine de saison et de marché à la fois simple, goûteuse et pas radine ! À la carte, des classiques comme l'entrecôte et l'andouillette, mais aussi de savoureux poissons selon l'arrivage, car le chef sait comment accommoder la bête pour séduire les palais. Pour ne rien gâcher, le cadre est charmant et convivial et, cerise sur le gâteau, terrasse sous les arcades.

La Cale (plan C3, **26**) : *34, rue Jean-Antoine-Belle-Teste. ☎ 02-35-84-14-93. Fermé dim soir, lun et jeu soir. Formules déj en sem 15-18 € ; autre menu 26 €.* Le lieu se revendique de « l'esprit bistrot ». C'est vrai pour la déco de la jolie petite salle. Mais côté cuisine, on a affaire à un vrai chef qui, au gré du marché et de la pêche locale, propose des plats souvent pleins d'idées derrière leur apparente simplicité. Accueil et service impeccables. Terrasse quand la météo le décide.

Le Bistrot du Pollet *(plan C2, **23**) : 23, rue Tête-de-Bœuf. ☎ 02-35-84-68-57. Tlj sauf dim-lun. Formule déj en sem 23 € ; menu 30 € ; carte env 35-40 €.* Dans la catégorie bistrot marin, c'est une référence. Cuisine de marché soignée et savoureuse, axée sur les produits de la mer selon l'arrivage du jour : foie de lotte, turbot, sole, raie, etc. Pour finir sur une note sucrée, mention spéciale au baba au rhum et au soufflé au calvados ou Grand Marnier.

Le Turbot *(plan C2, **25**) : 12-14, quai de la Cale. ☎ 02-35-82-63-44. Tlj sauf dim-lun. Menus déj 24,90-30 € ; le soir, carte seulement, env 45 €.* Une petite adresse conviviale tenue en famille qui propose un excellent plat du jour (du genre aile de raie et purée maison, ou une viande pour les amateurs) et un bon dessert. Cabillaud à la dieppoise (crème, moules, champignons et crevettes), ou encore la creuille du pêcheur. Un peu cher, mais les poissons sont nobles et toujours issus de la pêche locale. Et pour conclure en beauté, que des desserts maison.

Le Comptoir à Huîtres *(plan D4, **24**) : 12, cours de Dakar. ☎ 02-35-84-19-37. Tlj sauf dim-lun. Formule en sem 22 € ; carte env 40 €.* L'adresse est improbable, dans une zone désolée du port, mais cet ancien café de marin devenu bistrot chic a su conserver un petit quelque chose de l'âme des lieux, et c'est l'un de ses charmes. L'autre, ce sont ses produits d'une extrême fraîcheur et son excellente cuisine de la mer, joliment préparée et accompagnée. Les viandes, plus rares au menu, n'en sont pas moins délicieuses.

Où manger dans les environs ?

Auberge du Vieux Puits : *15, av. Alexandre-Dumas, 76370 **Neuville-lès-Dieppe.** ☎ 02-35-84-47-35. 06-30-39-29-10. À env 5 km au sud-est de Dieppe. Avr-sept, tlj sauf mar, fermé mar-mer hors saison. Menu 28 €, sinon à la carte (compter 23,50-32 €).* Cette auberge coquette et conviviale profite d'un environnement remarquable, en surplomb de la mer. Mais la vue géniale depuis la terrasse ou la jolie salle rustico-chic ne font pas tout ! Ce qui justifie le détour, c'est la cuisine du chef : du classique élégant, parfois revisité avec des saveurs asiatiques, et toujours préparé avec les meilleurs produits du coin selon le marché. Et d'un excellent rapport qualité-prix. On peut aussi dormir sur place.

Le Colombier : *parc du Colombier, 76550 **Offranville.** ☎ 02-35-85-48-50. • lecourski@wanadoo.fr • À 8 km au sud de Dieppe. Fermé mar-mer et dim soir (plus j. fériés hors saison). Formule déj sem 30 € ; menus 38-62 €.* L'une des adresses incontournables du secteur. Un peu pour la belle bâtisse du XVIe s, qui ravira les inconditionnels des maisons normandes à colombages, et beaucoup pour la cuisine ! Vive, élégante et pleine de fraîcheur, elle jongle avec bonheur entre traditions et modernité. Le rapport qualité-prix des 1ers menus est absolument épatant !

Où boire un verre ? Où grignoter ? Où sortir ?

L'Entrepôt *(plan C3, **33**) : 19, arcades de la Poissonnerie. ☎ 02-35-50-06-00. • entrepot.dieppe@gmail.com • Ouv tlj 10h (11h dim-lun)-22h (23h45 ven-sam, 21h30 dim). Formules déj sem (burger + crêpe) 12-16,50 €.* Aux commandes de cet *Entrepôt*, on trouve François, l'ancien disquaire dieppois, qui anime ce lieu qui fait l'unanimité, toutes générations confondues. À la carte, on trouve crêpes et galettes (farines bio), burgers et salades, et, côté liquides, outre les cocktails alcoolisés, un joli choix de jus frais, smoothies et milkshakes. À l'intérieur, un décor brocanto-bohème rétro, dépareillé du sol au plafond, et des phrases plus ou moins inspirées écrites sur les murs. Le soir, au programme, soirées jeux de société, des concerts de jazz, bossa nova... Atmosphère chaleureuse et bon enfant. Et une terrasse sous les arcades.

Le Bar O Mètre (plan A3, **30**) : 51, rue Alexandre-Dumas. 06-47-74-47-08. • depoilly.alain@gmail.com • Ouv de mi-mars à mi-nov, tlj 12h-22h. Un petit bar sur le front de mer pour prendre la température de la Manche. Venir au coucher du soleil pour l'avoir en pleine poire... Musique et ambiance un poil rock, et déco ensoleillée. Tartare ou bruschettas côté solide.

Le Bar des Bains (plan B3, **32**) : 4, rue des Bains. 07-60-81-82-22. • treboutte.n@gmail.com • Tlj sauf dim-lun. Congés : vac scol de la Toussaint et d'hiver. 1 verre de planteur offert sur présentation de ce guide. Le *BDB*, comme on dit par ici, est une aubaine. Patron jeune et très souriant, graph aux murs, bière artisanale et locale (pas chère du tout) à la pression, et fréquents concerts, du jazz manouche au reggae. Des bruschettas pour les estomacs qui crient famine. Ne pas louper la grande terrasse aménagée sur le parvis de l'église Saint-Rémy.

L'Epsom (plan B2, **31**) : 11, bd de Verdun. ☎ 02-35-84-12-27. Tlj 12h-1h (2h ven-sam). Sur l'immense front de mer dieppois, un bar-brasserie décontracté-chic connu pour ses cocktails, ses bruschettas et ses petits concerts (ven ts les 15 j.).

Où piquer une tête ? Où faire un peu de balnéo ?

■ **Les Bains** (plan A3, **40**) : 101, bd de Verdun. ☎ 02-35-82-80-90. • lesbainsdedieppe.fr • Horaires très variables selon saison. Tarif (centre aquatique seulement) : env 6 € ; réduc. Tout près de la mer, un grand centre aquatique avec une piscine extérieure à l'eau de mer (chauffée), des bassins intérieurs avec balnéo et relaxation, une pataugeoire avec jeux, et un jacuzzi. Et un resto pour profiter de la vue dégagée sur le grand large !

À voir. À faire

– ***Animation de l'architecture et du patrimoine – Dieppe Ville d'art et d'histoire*** (plan C3, **2**) : pl. Louis-Vitet. ☎ 02-35-06-62-79. Propose des animations et visites guidées de la ville.

L'église Saint-Jacques (plan B3) : pl. Saint-Jacques.
Édifiée du XIIe au XVIe s selon les proportions d'une cathédrale, elle illustre bien le passage du gothique à la Renaissance. Sur la façade du XIVe s, de style gothique flamboyant, admirez la rosace majestueuse et les tourelles finement travaillées. La tour sur la droite fut ajoutée au XVe s, mais elle ne rompt pas l'harmonie. Jetez un œil aux élégants arcs-boutants ajourés. La tour-lanterne massive et carrée, typique des clochers normands, vient d'être restaurée et remontée.
Dans le chœur, nombreux éléments de style Renaissance, belle nef du XIVe s avec ses colonnes aux chapiteaux ornés de pétales et ses voûtes remarquables.
– *Le mur du Trésor* : dans la nef de gauche, au niveau de l'autel. Ce mur et sa porte donnent accès à la sacristie. Entièrement sculpté dans un style mêlant gothique et Renaissance. Cette petite merveille possède dans sa partie haute (apportez une échelle !) une longue frise évoquant la vie des indigènes d'Amérique, d'Afrique et de l'océan Indien. Rappelons que Dieppe comptait de célèbres armateurs et navigateurs qui ramenèrent de précieuses informations sur les Indiens. En voici un témoignage.

L'église Saint-Rémy (plan B3) : rue Saint-Rémy. Possibilité de visites guidées avec Dieppe Ville d'art et d'histoire (voir « Adresses et infos utiles »). Sa construction a débuté au XVIe s. La façade principale, inspirée à la fois de l'Antiquité et du baroque romain, reflète l'influence de la Contre-Réforme du XVIIe s. À l'intérieur, imposante nef et joli chœur caractéristique du gothique flamboyant. Superbe collection des maîtres verriers du XIXe s et orgue monumental de Parizot (concerts gratuits en été).

– En allant vers la mer par la rue des Bains, voir la *porte des Tourelles (plan B3)* sur le front de mer : 2 tourelles massives en grès et silex avec leurs toits en poivrière, seule porte subsistant des anciens remparts du XVe s.

🎗🎗🎗 🚸 ***Le musée de Dieppe*** *(plan A3) : rue de Chastes. ☎ 02-35-06-61-99. • dieppe.fr • Juin-sept, 10h-18h ; oct-mai, 10h-12h, 14h-17h (18h dim et j. fériés). Fermé lun-mar tte l'année. Entrée : 5 € ; réduc ; gratuit moins de 25 ans. Visites guidées (adulte ou familles) et ateliers : consulter la page Facebook. Livret-jeu pour enfants.*

Depuis les terrasses, beau point de vue sur le front de mer et les pelouses.

Une 1re forteresse, sans doute édifiée au XIIe s, fut détruite par Philippe Auguste. Afin de défendre la ville contre les Anglais pendant la guerre de Cent Ans, on reconstruisit un château au XVe s autour d'un donjon du XIVe s. Il englobe, à l'entrée, une tour, ultime vestige de la 1re église Saint-Rémy. Les tourelles d'angle joufflues et les toits en poivrière donnent du sel à ce gros édifice de grès et de silex. Il changea sans cesse d'affectation : caserne, logis des gouverneurs, prison pendant la Révolution et, enfin, musée à partir de 1923 pour abriter les collections municipales. La visite commence... aux toilettes, à l'entrée de la cour, où de récentes restaurations ont dégagé une fresque du XVIIe s figurant un échiquier ! Puis direction l'accueil et les consignes, pour admirer cette fois les colombages du XVe s et l'intérieur de la tour primitive du château.

Et le musée alors ? Vaste et très riche, il présente d'abord une série de ***peintures des XIXe et XXe s.*** Les amateurs d'impressionnisme ne seront pas déçus ! Selon les accrochages, on peut y admirer des œuvres de Renoir, Pissarro, Boudin, Sisley et Eva Gonzalès. Les prémices de l'impressionnisme se décèlent déjà dans les toiles de Vollon *(Vapeur au large de Dieppe, L'Avant-port de Dieppe)* et dans *Falaises au soleil couchant* de Daubigny (falaise phosphorescente, épaisses couches de peinture brute).

Dans une succession de 3 salles vient ensuite une ***exceptionnelle collection d'objets en ivoire,*** reposant sur un fonds de quelque 2 000 objets. Dès que les Dieppois investirent les côtes africaines, ils en rapportèrent de l'ivoire. Ainsi naquit à Dieppe, au XVIe s, une tradition d'ivoiriers dont le travail d'orfèvre fut rapidement reconnu. La ville en compta jusqu'à 230 ; de 12 au début du XXe s, la ville n'en compte malheureusement plus aujourd'hui. ils sont passés à 2 aujourd'hui (rue Ango) ! Parmi toutes les merveilles proposées, ne ratez pas les bateaux entièrement en ivoire (y compris les voiles, les haubans, les filins et les personnages !), les médaillons délicatement ciselés représentant les ports de Dieppe et de Nantes au XVIIIe s, les cadrans à boussoles des XVIe-XVIIe s, ou encore quelques étonnantes râpes à tabac dotées d'une iconographie paillarde ou religieuse.

On parvient ensuite à la grande salle de marine qui présente ***des peintures du XVIIe au XIXe s et des maquettes anciennes*** évoquant la grande aventure maritime de la Renaissance au Second Empire. Au fond, un salon est dédié au compositeur Camille Saint-Saëns (voir son 1er piano, qu'il offrit au musée). À sa suite, une pièce est consacrée aux œuvres de Pierre-Adrien Graillon, un peintre-sculpteur du XIXe s, né au Pollet (portraits sculptés dans l'os de baleine, la terre crue ou cuite, selon les moyens dont il disposait alors !). Contrairement à la norme académique de l'époque, cet artiste né dans la misère s'attacha à représenter l'autre réalité de Dieppe, bien loin de la bourgeoisie, à savoir celle des travailleurs, des pêcheurs, des mendiants... Remarquez toute la tristesse et la dureté des traits dans l'expression des visages.

Dans l'escalier, impossible de rater *L'Écuyère* de Van Dongen, une pièce maîtresse du musée, réalisée en 1926. Puis on découvre de nombreuses estampes de Braque, notamment sur la thématique des oiseaux, dans une salle dédiée.

À l'étage inférieur, dans un espace consacré à la thématique maritime, quelques natures mortes aux poissons, des écoles française, hollandaise et italienne du XVIIe au XXIe s, côtoient des œuvres modernes et contemporaines, et notamment des portraits d'hommes de mer.
Enfin, au bas du 2e escalier se détache un bâtiment contemporain, destiné aux expositions temporaires.

L'Estran – Cité de la mer *(plan C1-2)* **:** *37, rue de l'Asile-Thomas. ☎ 02-35-06-93-20. • estrancitedelamer.fr • Tlj 9h30-18h (fermeture 12h30-13h30 w-e et j. fériés). Fermé 1er janv et 25 déc. Entrée : 7,50 € ; 4 € 4-16 ans ; gratuit moins de 4 ans. Sur résa, possibilité de visite guidée. Ou balades commentées le long du littoral (payantes).*
Ce vaste et ambitieux espace aborde la mer sous tous (ou presque !) ses aspects. Après une introduction sur la 1re femme océanographe, Anita Conti, marraine du musée, la visite commence par présenter la construction navale et l'évolution des techniques de fabrication des bateaux, du drakkar viking au moteur de chalutier.
Un espace dédié aux énergies marines renouvelables indique les évolutions des projets utilisant le potentiel énergétique des océans (courants, marées, houle et vents).
Les techniques de pêche sont elles aussi évoquées, y compris celles de la pêche industrielle. Projection d'un film sur Dieppe et maquette de la ville.
L'espace suivant est consacrée à l'environnement littoral et marin, à travers une insolite « cabane de la pollution » et l'espace « falaises et galets » (érosion des falaises, faune et flore, industrie du galet). Dans ce même espace, une exposition permanente, *Océan en Danger,* sensibilise le public à la composition et à l'importance de nos océans pour lutter contre le dérèglement climatique.
Enfin, petits et grands peuvent observer les espèces aquatiques locales dans les aquariums (méduses, daurades, syngnathes...). Essayez d'ailleurs d'être là à 10h30 (du lundi au vendredi), c'est l'heure du nourrissage en direct, et le moment de poser des questions aux soigneurs.

Le quartier du Pollet et la chapelle Notre-Dame-de-Bon-Secours *(plan D1-2)* **:** *chapelle ouv tlj 10h-18h (16h nov-mars).*
Le Pollet, c'est le plus ancien quartier de Dieppe, là où est né le 1er village fondé par les Vikings. Si les marins pêcheurs n'en forment plus l'entière population, il est resté des plus populaire. Le Pollet a été coupé en 2 en 1848 par le creusement d'un canal pour donner accès à un nouveau bassin du port. Le pont Colbert (1889) qui le franchit est le dernier grand pont tournant à système hydraulique d'Europe (classé Monument historique en 2017, ce qui a sauvé d'une disparition programmée ses 30 000 rivets !). Par la pittoresque rue du Petit-Fort, pavée et bordée de vieilles maisons de pêcheurs (colombages, briques et silex), on accède à la chapelle Notre-Dame-de-Bon-Secours. De là-haut, point de vue panoramique époustouflant sur la ville, et au loin jusqu'au phare d'Ailly. À l'intérieur de la chapelle, mur d'ex-voto. Une balade que l'on peut prolonger en traversant un quartier résidentiel d'aujourd'hui puis en longeant la falaise (sentier sécurisé par des grilles) par le chemin des douaniers jusqu'à la plage de Puys, rendue célèbre par George Sand et Alexandre Dumas (qui y avait une maison).

QUIQUENGROGNE

Cette toute petite rue (des escaliers, en fait) du quartier du Pollet a repris le cri des corsaires de la Manche au XVe s. Ce mot terrifiant à l'époque signifiait : « Qui s'en plaint ? » Une manière de provoquer ceux qui subissaient leurs exactions.

➢ En été, une fois par semaine, possibilité de **balade commentée le long du littoral.** *Rens auprès de L'Estran – Cité de la mer (voir plus haut). GRATUIT.*

➢ **L'Avenue Verte London-Paris :** *voir l'introduction du pays de Bray plus loin.*

LA SEINE-MARITIME

Manifestations

– ***Festival international de Cerfs-volants :*** *10 j. en sept les années paires.* Le plus grand festival au monde dans son genre. Sur les grandes pelouses du front de mer, spectacle merveilleux durant lequel virevoltent des dizaines de cerfs-volants (une quarantaine de délégations du monde entier). C'est la fête du rêve. Démonstrations époustouflantes de beauté et de technicité. Certains ne s'arrêtent qu'après avoir coupé le fil du concurrent avec leur cerf-volant !
– ***Foire aux harengs et à la coquille Saint-Jacques :*** *le w-e qui suit le 11 nov, face au port de plaisance, quai Henri-IV.* Foire traditionnelle et populaire qui rassemble beaucoup de monde.
– ***Festival du Film canadien :*** *mars.* Comme son nom l'indique...

DANS LES ENVIRONS DE DIEPPE

Le musée Jacques-Émile-Blanche : *parc du Colombier, rue Louis-Loucheur, 76550* ***Offranville.*** *☎ 02-35-85-19-58 ou 02-35-85-40-42 (mairie). À 8 km au sud de Dieppe. Avr-sept, tlj sauf mar 10h30-18h. Entrée : 3 € ; avec le parc floral : 6 € ; gratuit moins de 12 ans.*
Dans un surprenant complexe municipal comprenant un camping, un centre équestre, un golf miniature, le beau parc floral William-Farcy dédié à la rose ancienne et ce musée, le tout disséminé dans les dépendances et les 8 ha de l'ancien château du domaine Fournier (XVIe-XIXe s). Voir notamment les 9 colombiers, surtout celui de 1702, bien restauré et lieu d'expos temporaires, ainsi que le vieux mécanisme en bois du moulin datant de la fin du XVIIIe s. Le petit musée, quant à lui, est installé dans l'ancienne *charretterie* de 1773, où vous trouverez également un bar et une petite brasserie *(ouv tlj en saison, avec des formules bon marché à apprécier en terrasse),* qui organise des apéros-concerts *(1er ven du mois avr-oct).*
Né en 1861 à Paris, Jacques-Émile Blanche vécut 40 ans à Offranville, où il mourut en 1942. Sachant dès l'âge de 18 ans qu'il serait peintre, il devint l'ami et le portraitiste de nombreuses célébrités. Le musée des Beaux-Arts de Rouen expose une vingtaine de ses portraits. Ici, dans cette toute petite salle d'exposition qui lui est consacrée, les sujets sont plus variés : natures mortes, marines, scènes d'intérieur... Impressionniste après l'heure, il peint *La Plage de Dieppe* et *Dieppe, la plage matin orageux,* ou encore *Dieppe, la place du Puits-Salé,* de 1920 à 1934. Dans sa période Fauve, il réalise *Les Roses à Offranville* en 1931. La vraie surprise, c'est peut-être de (re)découvrir sur une affiche que c'est à Blanche que l'on doit le fameux portrait de Proust, dont l'original se trouve à Orsay ! Mais le tableau qui résume le mieux le contexte familial dans lequel il vivait, c'est le portrait de Mme Lemoinne et de ses filles : au centre, la belle-mère de Blanche, avec son regard dur ; à côté d'elle, Rose, son épouse, dont le regard semble presque maternel ; à droite, Catherine, belle-sœur célibataire un peu garce ; et enfin, à gauche, cachée dans l'ombre du tableau, Marie, dite Yoyo, l'autre belle-sœur, vieille fille insupportable pour Jacques-Émile...

Le musée de l'Horlogerie : *48, rue Édouard-Cannevel, 76510* ***Saint-Nicolas-d'Aliermont.*** *☎ 02-35-04-53-98.* *• musee-horlogerie-aliermont.fr • ♿ À 13 km au sud-est de Dieppe. Juin-sept, mar-sam 10h-12h (sauf sam), 14h-18h et dim ap-m ; le reste de l'année, mer-dim 14h30-18h. Fermé de janv à mi-fév et certains j. fériés. Entrée :*

LE RÉVEILLE-MATIN

Antoine Rédier, horloger à Saint-Nicolas-d'Aliermont, déposa le brevet du réveille-matin en 1847. On dit que le tic-tac faisait tellement de boucan... que l'appareil tenait son propriétaire éveillé toute la nuit ! En tout cas, l'invention assura la prospérité de la ville.

4 € ; réduc ; gratuit moins de 14 ans. Audioguide gratuit. En juil-août, visite guidée (comprise dans le prix d'entrée). Chasse au trésor et parcours des 5 sens pour les enfants. Expos temporaires. 1 entrée plein tarif donne 1 entrée gratuite au musée d'Histoire de la vie quotidienne de Petit-Caux. Ce beau musée moderne, dont les extensions de verre intègrent habilement un ancien corps de ferme, abrite une superbe collection d'horloges anciennes, hommage au savoir-faire – inédit en Normandie – des artisans de Saint-Nicolas-d'Aliermont. C'est ici, en effet, que fut inventé au début du XVIIIe s le mouvement à balancier court, dérivé du mouvement de cartel apparu en 1657, année de l'invention du pendule. Plus petit que celui d'une comtoise, son mécanisme plat est constitué de 2 platines de laiton et d'un système de sonnerie simple et robuste. Sa force motrice constante et son moindre poids (2,5 kg contre 4 kg pour la comtoise) demandent moins d'énergie à son balancier pour effectuer son fameux mouvement. Ces horloges sont tout simplement appelées des « saint-Nicolas ». Connaissant un grand succès régional à partir du XVIIIe s, l'activité est relancée en 1807 pour lutter contre le chômage local grâce à Honoré Pons, un jeune maître horloger parisien missionné par un certain Champagny, alors « ministre des Horloges et des Pendules » ! Souvent offertes à l'occasion de mariages, elles sont souvent ornées ou surmontées d'un motif de panier, ou de 2 colombes. Outre la collection d'horloges, vous pourrez admirer des pendulettes de voyage de la fin du XVIIIe s, une superbe série de réveille-matin dont les réveils Bayard des XIXe et XXe s, et enfin l'atelier horloger, où des passionnés œuvrent le mercredi matin et le jeudi matin. Qui dit horlogerie dit aussi chronomètres, pointeuses en entreprises, indicateurs de vitesse... Au fait, savez-vous pourquoi montres et horloges des commerces et musées affichent traditionnellement l'heure de 10h10 ?

Le château de Miromesnil : *76550* ***Tourville-sur-Arques.*** *☎ 02-35-85-02-80. • chateaumiromesnil@orange.fr • chateaumiromesnil.com • ♿ À 8 km au sud de Dieppe par la D 927. Avr-oct, tlj 10h-18h. Entrée : 15 € pour la totale (château, chapelle, parcs et jardins en visite guidée), 7 € pour le parc et le jardin (visite libre) ; réduc ; gratuit moins de 6 ans. Visite parfois guidée par la propriétaire. Pour les enfants, pensez à demander le carnet de l'explorateur. Nombreuses animations, renseignez-vous ! (chasse aux œufs, soirées Cluedo, marché de Noël...).*
C'est dans cette très belle demeure du XVIIe s que naquit Guy de Maupassant. Bâtie à l'emplacement d'un ancien château fort, elle appartint longtemps à la famille de Miromesnil, dont un membre fut président du parlement de Normandie et garde des Sceaux sous Louis XVI. Les Parisiens feront le lien avec la station de métro du même nom !
La visite guidée vaut le détour, puisque cette belle et élégante bâtisse possède l'une des plus pures façades Louis XIII de la région, en brique rose de Varengeville, décorée de guirlandes de fleurs, de masques, de pilastres et de vases sur la corniche. On pénètre d'abord dans le hall où sont regroupés quelques souvenirs de l'écrivain, qui y vécut jusqu'à l'âge de 3 ans. Puis la visite se poursuit dans plusieurs salles et salons, qui sont autant d'occasion d'aborder des thématiques comme le jeu au XVIIIe s, la mode, les repas (à l'image de la table dressée dans la salle à manger). Dans le coquet cabinet de travail, un registre terrier, un bréviaire offert par Louis XVI et des livres de poésie. Sur l'arrière, on découvre la façade sud, très dépouillée, ainsi que le beau parc de 14 ha, son gigantesque cèdre du Liban, et des chèvres qui ont la belle vie !
Dans le beau jardin potager, aménagé à l'anglaise, alternent légumes, arbres fruitiers et fleurs. En traversant une majestueuse forêt de hêtres, on parvient enfin à la chapelle du XVIe s. Extérieur austère, mais, à l'intérieur, quel ravissement ! Boiseries délicatement sculptées, vitraux, voûte en bois, élégante grille de fer forgé...

Nathalie, châtelaine dynamique, propose également 5 ***chambres d'hôtes*** de charme *(doubles 149-189 €),* à l'atmosphère plus ou moins contemporaine. Vastes et très romantiques, avec leur beau mobilier de famille. Et, bien évidemment, la visite guidée est offerte aux hôtes ! Également 2 gîtes *(4 et 10 pers max).*

LA SEINE-MARITIME

ENF] ***Le musée d'Histoire de la vie quotidienne :*** *3, rue de l'Ancienne-Foire, 76370, 76370* ***Petit-Caux.*** *☎ 02-35-86-31-61. • Facebook • À une quinzaine de km au sud-est de Dieppe. Ouv de mi-fév à fin déc, mar-dim 14h-18h ; fermé certains j. fériés. Entrée : 5 € ; réduc. L'entrée plein tarif donne accès gratuitement au musée de l'Horlogerie (intéressant !) de Saint-Nicolas-d'Aliermont.* Un musée d'arts et traditions populaires qui affiche sa différence. D'abord parce que – et même si la visite permet de découvrir un superbe petit manoir à pans de bois du XVIe s – il est installé dans un bâtiment résolument contemporain avec une muséographie dans le même esprit, aérée et ludique (les enfants pourront par exemple s'essayer à taper à la machine à écrire). Ensuite, parce que sa collection évoque la vie quotidienne en France jusqu'aux années 1980. Inutile donc d'être centenaire pour raviver ses souvenirs ! Expos temporaires.

LE PETIT CAUX

La plus petite des sous-régions de Seine-Maritime, bien souvent intégrée au pays de Caux, possède des limites bien définies, en tout cas sur 3 côtés : de Dieppe au Tréport, le Petit Caux s'étend entre la Béthune au sud et la Bresle au nord, qui marque d'ailleurs la limite entre la Normandie et la Somme. C'est un harmonieux plateau sillonné par la vallée de la Bresle, qui abrite la splendide forêt d'Eu, divisée en 3 massifs.

LA VALLÉE DE LA BRESLE

La vallée de la Bresle se plaint souvent d'être oubliée. Sa situation géographique, coincée entre Normandie et Picardie, est la seule explication qui tienne la route. Le Tréport, ville d'ouvriers et de marins, est loin d'avoir le charme de Honfleur, mais en échange, elle reste plus authentique et conserve le caractère désuet des 1res vacances du Front populaire. Grâce à ses forêts qui fournissaient le bois nécessaire, la vallée de la Bresle est aussi – et ce depuis le XVe s – un grand centre artisanal et industriel.

LA VALLÉE DE LA BRESLE : 1ER PÔLE MONDIAL DU FLACONNAGE DE LUXE

La tradition du travail du verre dans la vallée de la Bresle remonte au Moyen Âge, et les usines des environs ont pourvu de nombreuses cathédrales et églises en vitraux. La vallée, qui au XIXe s a commencé à se spécialiser dans les flacons pour les parfums et les cosmétiques, fabrique aujourd'hui plus de 75 % de la production mondiale du flaconnage de luxe (pour la parfumerie, mais aussi pour les spiritueux et l'industrie pharmaceutique). On appelle ce regroupement de 65 entreprises « la Glass Vallée ». Au plus fort de son activité, la vallée a compté jusqu'à une quarantaine de verreries, une ville comme Blangy-sur-Bresle en abritait jusqu'à 4 à elle seule (contre 2 aujourd'hui). L'apparition des machines semi-automatisées dans les années 1920 puis la mécanisation complète ont cependant transformé ce secteur jusqu'alors manuel et artisanal, et de nombreuses verreries ont fermé leurs portes dans les années 1930. S'il ne reste plus aujourd'hui dans la vallée que quelques verreries (dont la dernière en France à travailler en semi-automatique à Blangy-sur-Bresle) et 2 souffleurs de verre, le secteur emploie encore plus de 7 000 personnes.

LE TRÉPORT

(76470) 5 270 hab. *Carte Seine-Maritime, C1*

Avec Dieppe, Le Tréport possède la plage la plus proche de Paris, et si elle reste une ville de pêcheurs, parfois un peu âpre, on s'y attache vite. Certains artistes succombèrent d'ailleurs à son charme, comme le préimpressionniste Antoine Vollon, qui y réalisa de nombreuses toiles, ainsi que Turner, reçu par le roi Louis-Philippe. Chaque été et les week-ends aux beaux jours, des milliers de visiteurs envahissent les ruelles de la cité et les quais de son petit port, avant d'aller profiter des plaisirs de la plage et du centre aquatique sur le front de mer *(• o2falaises.fr •).* **Le Tréport est aussi l'embouchure de la Bresle, qui fait office de frontière entre la Seine-Maritime et la Somme.**

UN PEU D'HISTOIRE

Le Tréport s'est développé grâce à son port, détruit plusieurs fois par les Anglais ainsi que par les protestants de Dieppe au XVIe s. Jamais il ne fut une ville aussi importante que Dieppe, mais il connut son heure de gloire au XIXe s, quand Louis-Philippe, qui résidait régulièrement à Eu, juste à côté, venait y profiter de la plage. La cité devint alors une station balnéaire assez courue, avant de tomber dans l'oubli et d'être ensuite relancée par les 1ers congés payés.
Aujourd'hui, la ville vit toujours de la mer, puisque son littoral accueille 3 ports à vocations différentes : pêche, commerce et plaisance.

Adresses et info utiles

🅸 ***Bureau d'accueil Le Tréport :*** *quai Sadi-Carnot, face au port de plaisance. ☎ 02-35-86-05-69. • destination-letreport-mers.fr • Juil-août, tlj 9h30-19h (18h dim). Avr-juin et sept, lun-dim 10h-12h, 14h-17h. Oct-mars, lun-mer et ven-sam 10h-12h, 14h-17h.*

🅸 ***Bureau du funiculaire :*** *rue du Télécabine, gare haute du funiculaire. Juil-août, tlj 10h-13h et 14h30-17h30 ; avr-juin et sept, vac scol Pâques et Toussaint, 10h-12h et 14h-17h.*

– ***Marché :*** *quai François-Ier. Mar et sam mat.*

Où dormir ?

Camping

⛺ ***Les Boucaniers :*** *rue Pierre-Mendès-France. ☎ 02-35-86-35-47. • camping@ville-le-treport.fr • camping.ville-le-treport.fr • ♿ À 1 km du centre-ville ; sur la route de Mers-les-Bains, près du stade (bien fléché). Ouv avr-sept (tte l'année pour les loc). Compter 18 € pour 2 avec tente et voiture ; chalets 210-560 €/sem. 246 empl.* Grand camping municipal sans vue sur la mer, mais joliment aménagé, bien équipé et très bien entretenu, dans un coin vert. Emplacements plats, herbeux et délimités par des haies. En prime, les jolis chalets se fondent très bien dans le décor et forment comme un agréable petit village sous les arbres.

De prix moyens à chic

🏠 |●| ***La Villa Marine :*** *1, pl. Pierre-Sémard. ☎ 02-35-86-02-22. • infos@hotel-lavillamarine.com • hotel-lavillamarine.com • ♿ Quai nord-est. Resto fermé sam midi, plus dim hors saison. Congés : fin déc. Doubles 79-189 €. Formule déj 30 €, menus 24-42,90 €.* L'hôtel jouit d'un emplacement privilégié, avec vue sur le port et la ville en face. Chambres pas toujours bien grandes, mais les plus récentes sont très plaisantes avec leur belle déco tendance, style bord de mer. Les moins onéreuses ont vue sur l'arrière. Brasserie au goût d'aujourd'hui côté décor comme côté cuisine, bien tournée et au gré du marché. Excellent accueil.

Le Saint-Yves : *7, pl. Pierre-Sémard. ☎ 02-35-86-34-66. 07-82-70-75-29. • hotel.lesaintyves@wanadoo.fr • hotellesaintyves.com • Quai nord-est. Doubles 78-87 €.* Cet hôtel parfaitement tenu propose des chambres très confortables, à la déco classique agrémentée de quelques touches modernes et colorées. Les plus chanceux auront droit à une vue sur le port et la mer. Accueil pro et charmant du duo mère et fille.

Hôtel de Calais : *1, rue de la Commune-de-Paris. ☎ 02-27-28-09-09. • info@hoteldecalais.com • hoteldecalais.com • Doubles 61-95 €. Ascenseur. Parking (1ers arrivés, 1ers servis !).* Un hôtel qui appartient à la même famille depuis plusieurs générations. Perché au-dessus du port depuis près de 2 siècles, cet ancien relais de poste a accueilli bien du monde, de Victor Hugo aux GI du Débarquement ! Il rassemble aujourd'hui 3 bâtiments imbriqués, le tout formant un dédale de couloirs desservant des chambres classiques et colorées (parfois flashy), à l'ancienne, de bon confort... et la plupart avec vue ; chouette vue aussi depuis la salle du petit déj. Accueil très sympa du propriétaire.

Où dormir dans les environs ?

Centre d'hébergement municipal du château de Chantereine : *rue de Chantereine, 76910* ***Criel-sur-Mer.*** *☎ 02-35-50-18-46. • chantereine@criel-sur-mer.fr • chateaudechantereine.fr • En bus, liaison Dieppe-Le Tréport. À 8 km au sud-ouest du Tréport. Fermé entre Noël et le Jour de l'an. Résa conseillée. Nuitée 25,50 €/pers, draps fournis ; petit déj 6 €. Repas 13,60 € sur résa. Parking.* Une sorte d'AJ municipale installée dans un beau château du XVIIIe s. Certes, l'intérieur, rénové de façon « moderne », a perdu de son cachet, mais c'est propre et fonctionnel. Une cinquantaine de chambres ou dortoirs pouvant accueillir 2 à 8 personnes avec douches privées ou communes et toilettes sur le palier. Mer à 800 m. Bref, une super option pour les budgets serrés.

Où manger ?

De bon marché à prix moyens

Le Café Plage : *esplanade de la Plage. 06-31-09-89-41. • florent.chartier41@gmail.com • Ouv avr-oct, 10h30-23h, fermé lun. Repas au déj, tapas le soir. Plats 12-19 €.* Un café-resto de poche très sympa niché en contrebas du casino. Pas de chichis pour le décor et c'est tant mieux. Côté papilles, 2 plats du jour au choix (tournedos de magret frites, filet de maigre jardinière de légumes), ou plus simplement une salade. Les produits sont bien frais, les frites maison. Plus tard, on peut venir siroter un mojito ou un ti punch au plus près de la mer voire du coucher du soleil... L'est pas belle, la vie ?

Le Damali : *6, rue du Duc-de-Penthièvre. ☎ 02-35-04-57-94. • restaurantledamali@outlook.fr • Ouv 12h-14h30 (15h30 dim) et 19h-21h30. Fermé dim soir et lun. Résa conseillée.* Dans son resto d'angle, tout en baies vitrées, Damien Leconte et sa petite équipe proposent une poignée de burgers. Ils officient dans une cuisine toute ouverte sur la salle. Ici, la carte est courte, mais tout est maison : buns, mayo, frites... L'un des burgers, au saumon, a d'ailleurs été primé ; on vous laisse découvrir. Quelques autres options sont possibles : tartare... Du simple et du bon. Quant à la terrasse, elle s'étire dans 2 rues différentes : choisissez la bonne orientation du moment !

Le Saint-Louis : *43, quai François Ier. ☎ 02-35-86-20-70. Tlj midi et soir. Congés 3 sem en nov. Plats env 20 €. Menus 32-48 €.* Avec ses vitraux aux allures Art déco et son style évoquant un intérieur de navire cossu, le *Saint-Louis* est une belle halte culinaire, fidèle au poste depuis fort longtemps, dont la carte pointe vers l'océan, ça va de soi. En figure de proue, la fraîcheur des produits ! Poissons ou coquillages, des arômes d'iode emplissent la confortable salle. Ici, le meilleur de la criée est cuisiné avec beaucoup d'attention. Des prestations de qualité donc, honorées par des serveurs dont la plupart sont là depuis des lustres.

La Calypso : *47, quai François-Ier. ☎ 02-35-86-31-31. • lonat76@wanadoo.fr • Fermé lun soir et mar soir, plus mar midi hors saison. Congés : fin nov. Menus 20,70-32,70 €.* Sur le quai, cette adresse se distingue par son cadre façon années 1940 revues et corrigées, par son service pro et souriant, et surtout par sa bonne cuisine, à prix serrés. Dans l'assiette, de généreuses spécialités normandes et picardes. À moins de se laisser tenter par des moules-frites sans chichis !

La Pile d'Assiettes : *1-3, rue Gambetta. ☎ 02-35-84-65-61. • lapiledassiettes@free.fr • Fermé mer et le soir sauf ven-sam. Congés : vac de la Toussaint et de Noël. Résa conseillée. Menus à l'ardoise 14-26 €.* Dans un décor de bistrot-brocante baigné de lumière, le chef apporte ici une petite touche d'originalité à la restauration locale, avec des plats pleins d'inventivité à base de produits des plus locaux, de légumes oubliés... Dans l'assiette, par exemple, un bon pot-au-feu de poissons dans son bouillon. Chaque plat est accompagné de plusieurs légumes. Le chef travaillant seul, inutile de vous attabler si votre temps est compté.

Chic

Le Goût du Large : *4, pl. Notre-Dame. ☎ 02-35-84-39-87. • legoutdularge76@gmail.com • Ouv midi et soir. Fermé mar. À la carte seulement ; entrées en moyenne 12-14 €, plats (terre et mer) 23-37 € ; desserts 9-10 €. Réserver.* Installé dans des fauteuils, dans un décor contemporain et cosy, on découvre des assiettes minutieusement dressées qu'on dévore déjà des yeux. Les cuissons sont bien maîtrisées, les saveurs raffinées. On reviendra, d'autant que les desserts ne sont pas en reste.

Où acheter du bon poisson ?

Poissonnerie municipale du Tréport : *sur le port. Tlj en saison ; fermé mar hors saison (sauf pdt vac scol).* Un petit édifice en brique qui propose des produits frais de la mer à prix très raisonnables.

À voir. À faire

L'ancien quartier des Cordiers : *derrière le quai François-Ier (celui où s'alignent les restos !).* Les cordiers étaient les pêcheurs pauvres qui, à défaut de pouvoir s'offrir des filets, pêchaient au moyen de cordes garnies d'hameçons. Ils furent les 1ers habitants de ce quartier populaire loti sur une surface gagnée sur la mer, qui commença à se parer de pittoresques villas quand Louis-Philippe « lança » la station balnéaire au XIXe s. On y trouve encore quelques maisons à bow-windows ou à balcons en fer forgé. Au fil de votre déambulation, découvrez les noms des maisons (principalement des prénoms d'ailleurs, ou des jeux de mots), parfois rigolos ! En remontant vers l'église Saint-Jacques, on arrive à l'ancien hôtel de ville (qui abrite le musée du Vieux-Tréport ; lire ci-dessous) avec sa voûte du XVIe s et sa tourelle du XIIIe. Remarquer au passage la grande fresque illustrant l'histoire du Tréport.

Le musée du Tréport : *1, rue de l'Anguainerie. ☎ 02-35-86-13-36. Pâques-fin sept, w-e et j. fériés 10h-12h, 15h-18h. Entrée : 3 € ; réduc.* Installé dans l'ancien hôtel de ville, ce vaste musée tenu par des passionnés regorge de souvenirs et de trésors. La visite commence par les prisons, avec les lits d'origine... et quelques mannequins pour l'ambiance ! Puis, au gré des étages, c'est toute l'histoire du Tréport qui défile : la pêche (matériel ancien, maquettes de bateaux), la vie des gens de mer (étonnants sacs de marin, personnalisés par chaque membre de l'équipage l'univers des scaphandriers) ; le naufrage du Saluto (objets récupérés sur l'épave en 1904), les bains de mer (maillots 1900 hilarants), les activités traditionnelles (l'insolite ramassage de galets, la sculpture sur ivoire) et, bien entendu, quelques sections sur les guerres et la reconstruction. Une belle visite, à la fois nostalgique et émouvante.

L'église Saint-Jacques : *4, pl. de l'Église (évidemment). Tlj 10h-19h (17h en hiver).* Immanquable au-dessus des quais. Belle réalisation du XVIe s, à la façade en damier de grès et de silex. Le porche construit sous Louis-Philippe protège un portail Renaissance assez endommagé et dépouillé de toutes ses statues. À l'intérieur, splendides clés de voûte. À l'entrée de l'église, une Vierge polychrome du XVIe s.

Le funiculaire : *rue de l'Amiral-Courbet. • letreport-tourisme.fr • ♿ De mi-juin à mi-sept, tlj 7h45-0h45 ; hors saison, dim-ven et j. fériés 7h45-20h45 (0h45 sam et veilles de j. fériés). GRATUIT.* Le funiculaire d'origine, inauguré en 1908 et mis hors service après la Seconde Guerre mondiale car trop coûteux à exploiter, a été remplacé en 1960 par une télécabine, puis en 2006 par ces « ascenseurs inclinés », aux formes circulaires presque futuristes, qui grimpent à travers la falaise à l'intérieur de tunnels. La gare haute accueille, dans un bâtiment annexe, l'atelier d'un souffleur de verre : la démonstration vaut le détour *(tlj juil-août, fermé lun le reste de l'année ; 📱 07-85-21-24-23 FB : Atelier du Verre Le Tréport).* Panorama somptueux, ensuite, depuis la table d'orientation. On peut redescendre vers la ville par l'escalier des falaises (365 marches).

Le Kahl Burg : *rue du 8-Mai-1945. ☎ 02-35-86-05-69. • kahl-burg.fr • Visites poss le w-e ; rens auprès de l'office de tourisme. GRATUIT (donation bienvenue). Prévoir de bonnes chaussures (pas de tongs).* L'un des plus vastes ouvrages du mur de l'Atlantique (inachevé) de la 2e Guerre mondiale (construit pour servir de commandement à l'armée allemande). Une poignée de bénévoles passionnés proposent de le découvrir.

Balades commentées en mer : *juil-août, tlj ; selon le temps le reste de l'année.* ***Charles Masson,*** *📱 06-07-23-47-71 ;* ***Gautier Ricque,*** *📱 06-38-69-03-67. Départ pl. de la Poissonnerie municipale. Tarif : 11,50 € (balade de 30 mn) ; réduc ; possibilité de balade d'1h avec passage d'écluse et arrivée au port de pêche.*

Fête et manifestations

– **Pentecôte en kilt et foire aux moules :** *w-e de la Pentecôte, les années impaires.* Animations musicales avec des groupes celtes et dégustation de moules (pardi !) dans une ambiance populaire et bon enfant.
– **Festival américain :** *3e w-e de juin.* Rassemblement de vieilles motos et voitures américaines, concerts de rock, style années 1950-1960.
– **Festival Pirate :** *1er w-e de juil.* Animations sur le thème de la piraterie.
– **Fête de la Mer :** *3e w-e de juil les années paires.* Procession en costumes traditionnels et bénédiction des bateaux, qui vont sur l'eau par dizaines.
– **Foire au hareng :** *1 w-e mi-nov.* Journées festives sur le thème du hareng.

DANS LES ENVIRONS DU TRÉPORT

***Mers-les-Bains** (80350)* **:** c'est la construction du chemin de fer qui, en 1872, a bouleversé la vie et le destin de Mers-les-Bains en faisant de ce village, jouxtant Le Tréport, la station balnéaire la plus proche de Paris. La voie ferrée a amené ici une foule de vacanciers à la recherche d'une villégiature agréable. De nos jours, Mers est plutôt une plage familiale, abritée des vents par une falaise crayeuse moins impressionnante qu'à Étretat mais dominant la mer d'une centaine de mètres. Belle plage de galets de 4,5 km de long. Mers est surtout l'un des rares fronts de mer intacts, avec un alignement admirable de plusieurs dizaines de villas Art nouveau, toutes plus croquignolettes les unes que les autres. Voir notamment *La Fée des Mers,* à l'angle de la promenade, bâtie par Gustave Eiffel lui-même. Nul promoteur ne viendra plus sévir ici, car les façades sont aujourd'hui classées ou protégées.

Office de tourisme Destination Le Tréport-Mers-bureau de Mers : *☎ 02-35-86-05-69. Ouv tlj juil-août (avec pause méridienne) ; le reste de l'année, se renseigner.*

Bistrot Saint-André : *30, esplanade Général-Leclerc. ☎ 02-35-83-24-73. Tlj midi et soir sauf lun. Plats et moules 15-20 €. Plateau de fruits de mer : 20 €. Carte env 30 €.* Un classique du coin, qui offre une cuisine de qualité depuis fort longtemps. Moules à toutes les sauces, bien fraîches et préparées avec soin, tout comme les plats de poissons, cuits à la perfection. Quant au plateau de fruits de mer, il est d'un impeccable rapport qualité-prix. Excellent service.

La cidrerie du Parc et le verger « Les Prés » : *35-37, rue de Chantereine, 76910* ***Criel-sur-Mer.*** *06-66-75-74-05. • 3clos.fr • Boutique ouv fin mars-mai, sam et j. fériés 15h-18h ; juin, w-e et j. fériés 15h-18h30 ; juil-août, tlj sauf mer 15h-18h30 ; sept, w-e 15h-18h ; oct-11 nov, sam 15h-18h ; 12 nov-fin mars, sur rdv, et parc ouv début mai-fin oct aux mêmes horaires que la boutique. Visite (libre) du parc : 7 € ; réduc ; gratuit moins de 12 ans. Visite guidée de la cidrerie avec dégustation sur résa (min 4 adultes) et les jeudis à 16h de mi-juil à fin août : 8 €.* Cette cidrerie artisanale est installée au cœur des prés salés. On peut s'approvisionner en excellents produits à la boutique (comme le délicieux apéritif aux noix et eau-de-vie) ou encore découvrir son beau parc paysager de 9 ha traversé par la rivière Yères, avec potagers, vergers et jardins à thème autour d'un manoir début XXe s qui abrite de jolies chambres d'hôtes (voir plus haut).

EU

(76260) 7 350 hab. *Carte Seine-Maritime, C1*

Tranquille et jolie petite ville, bordée par une ancienne forêt royale plantée de hêtres sur 10 000 ha. En 1845, Turner, invité au château avec la reine Victoria pour un banquet donné par Louis-Philippe, y réalisa une série de ses fameuses aquarelles. Plus prosaïquement, si vous êtes dans le coin dans les environs de la Toussaint, goûtez donc à la spécialité locale : le pâté aux poires de Fisée, une sorte de tourte en pâte feuilletée farcie avec des poires confites.

UN PEU D'HISTOIRE

C'est dans la région d'Eu que se marièrent Guillaume le Conquérant et Mathilde de Flandres. En 1821, à la mort de sa mère, le duc d'Orléans (futur Louis-Philippe) hérite du château. En 1830, il est intronisé roi des Français et le château devient résidence royale. C'est ainsi que l'Entente cordiale qui lie la France à l'Angleterre d'une nouvelle amitié sous la monarchie de Juillet est signée à Eu et que Louis-Philippe invite à 2 reprises la reine Victoria (en 1843 et 1845) en témoignage de ces fraternelles relations.

Adresse utile

Office de tourisme Destination Le Tréport – bureau Mers : *pl. Guillaume-le-Conquérant (au pied de la collégiale). ☎ 02-35-86-05-69. • destination-letreport-mers.fr • Juil-août, lun-sam 9h30-12h30, 14h-17h30 ; avr-juin et sept, mar-sam 10h-12h, 14h-17h ; oct-mars, mer-sam.* Brochures complètes pour des randonnées dans les vallées voisines et *Le Circuit du patrimoine* pour explorer la vieille ville.

Où dormir ? Où manger ?

Camping

Camping municipal du Parc du Château : *☎ 02-35-86-20-04. • camping-du-chateau@ville-eu.fr • ville-eu.fr • Emprunter le chemin qui longe le flanc gauche du parc, à l'arrière du château. Ouv avr-oct. Forfait 13 € pour 2. 75 empl.* En pleine nature, à l'orée de la forêt du parc du château et en bordure de la rivière : bel environnement pour ce camping familial pas mal équipé. Sanitaires bien entretenus.

Bon marché

Auberge de jeunesse Centre des Fontaines : *1, rue des Fontaines. ☎ 02-35-86-05-03. • direction@centredesfontaines.fr • centredesfontaines.fr • ♿ À 10 mn à pied de la gare ferroviaire, au nord-ouest. Congés : vac scol de Noël. Nuitée 18 €/pers draps inclus ; petit déj buffet 4,90 €. Compter 12 € pour 1 dîner. Carte de membre obligatoire (en vente sur place).* Dans les cuisines royales du château voisin : cadre donc plutôt insolite, sous d'imposantes voûtes de brique. Au rez-de-chaussée, 3 grands dortoirs de 11 à 13 lits avec douche et lavabo, et 5 chambres de 5 ou 6 places à l'étage sans ou avec douche privée (et w-c toujours sur le palier). Petit frigo et micro-ondes à disposition. Petit salon TV et 2 pianos pour ceux qui préfèrent Chopin... à la chopine. Chaise haute et lit parapluie disponibles. Veilleur de nuit.

Hôtel-bistrot L'Étoile : *37, bd Thiers. ☎ 02-35-86-14-89. • bistroletoile@gmail.com • lebistrodeletoile.fr • ♿ (resto). Resto fermé ven soir et dim. Doubles 46-60 €. Formules et menus 12,90-14,90 € le midi, 14,90-16,90 € le soir.* À peine excentrée, une petite adresse toute simple aux chambres sobres et bien tenues. Toutes sont équipées d'une douche, mais une chambre a les toilettes sur le palier et, dans les moins onéreuses, la cabine de douche se trouve directement dans la chambre. Les plus chères, quant à elles, sont vraiment spacieuses. Cuisine familiale au resto. Accueil fort sympathique.

Restaurant de la Poste : *5, rue de la Poste. ☎ 02-35-86-10-78. • alex.chrishele@orange.fr • ♿ Ouv le midi seulement plus les soirs sam et et dim basse saison. Fermé lun. Congés : 3 dernières sem de juil-1re sem d'août et 15 j. à Noël. Formule déj en sem 14 € ; menus 22-31 €. Café offert sur présentation de ce guide.* Cadre chaleureux pour cette petite adresse pimpante, appréciée des habitués pour sa cuisine classique, simple et bonne : choucroute de la mer, pintade au pommeau... Très bon accueil.

Prix moyens

Chambres d'hôtes Le Clos Sainte-Anne : *6, rue Sainte-Anne. ☎ 02-35-50-75-56. 📱 06-82-94-95-36. • evelyneduminil@aol.com • leclossainteanne.com • Double 80 €. Table d'hôtes 30 €, tout compris.* Au cœur du centre historique. Derrière l'austère façade de brique se cache une magnifique maison typique du XVIIe s, avec une cour pavée de silex et un jardin de curé superbe, touffu et abondamment fleuri. Dans les étages ou au rez-de-chaussée, 3 charmantes chambres aux couleurs claires, très cosy. La plus chère est agrémentée d'une jolie poutre au beau milieu de l'espace ainsi que d'une grande terrasse privée (ensoleillée l'après-midi). Petit déj au top. Propriétaires vraiment charmants, pour couronner le tout.

Tango Restaurant : *14, pl. Guillaume-le-Conquérant. ☎ 02-32-14-35-12. • tango.restaurant.eu@orange.fr • Fermé dim soir, lun, et mer soir. Formules déj sem 14,50-17,50 €.* Ici, la spécialité, ce sont les grillades, de savoureuses viandes hexagonales bien choisies, principalement limousines, servies sur des tables nappées de blanc. Convivial ; la cuisine est ouverte sur la salle, mais si le thermomètre le permet, s'attabler sur l'agréable terrasse, qui fait face à la collégiale, est une bonne option.

Où faire une bonne pause ?

Passé Simple : *50, rue Paul-Bignon. ☎ 02-35-85-29-33. • contact@passesimple.org • Ouv mer-dim 10h-19h (15h dim) ; fermé lun-mar.* Salon de thé-brocante très sympa ouvert par Pascal et Sébastien, dont ce projet est le fruit d'une passion (et de leurs reconversions). Après avoir passé sa commande, on musarde au milieu d'objets d'un autre temps... qui pour certains reviennent d'ailleurs au goût du jour. La belle surprise, est la petite terrasse couverte et cosy à l'arrière et, au-delà encore, le jardin, qu'on ne devine pas d'entrée. Sous les cloches, le gâteau du jour, des cookies, scones... servis dans de la vaisselle dépareillée, of course ! Des recettes qui ont une histoire. Une petite carte végétarienne pour le déjeuner, et une chambre d'hôtes à l'étage, pour qui voudrait prolonger le plaisir de l'escale.

À voir

Le château d'Eu – musée Louis-Philippe : *au centre de la ville. ☎ 02-27-28-20-76 ou 02-35-04-10-14. • chateau-eu.fr • Jardins tlj 7h (10h w-e)-18h. GRATUIT. Musée de mi-mars à mi-nov, tlj sauf mar et ven mat 10h-12h, 14h-18h. Entrée : 5 € ; réduc ; gratuit moins de 6 ans.* Ce château bâti sous Henri de Guise et Catherine de Clèves au XVIe s fut remanié et agrandi une 1re fois au XVIIe s par la cousine de Louis XIV – qu'on appelait alors la Grande Mademoiselle (ça devait faire chic dans les bals de l'époque) –, puis une 2de fois au XIXe s, sous Louis-Philippe, qui en fit une résidence royale. Le château (meublé) abrite aujourd'hui un musée consacré à Louis-Philippe et à la monarchie de Juillet, et la visite permet de découvrir le quotidien des propriétaires successifs, des Guise aux Orléans : la *galerie des Guise*, ancien salon d'apparat somptueusement restauré, avec 46 portraits de collection d'origine de la famille, le grand salon, l'escalier d'honneur, la salle à manger, la salle de bains, la chambre dorée de la Grande Mademoiselle, etc. Au rez-de-chaussée, dans le portique, vitraux dessinés par Viollet-le-Duc, dont ce fut le dernier chantier et dont on peut voir les talents non seulement d'architecte, mais aussi d'ingénieur et de décorateur. En chemin vers les jolis jardins à la française et leur roseraie (qu'on visite en musique le jeudi), vous pourrez voir la statue équestre de Ferdinand, duc d'Orléans et fils de Louis-Philippe, mort dans un accident de... calèche !

Le théâtre du Château : *☎ 02-35-50-20-97. Mer-jeu 14h30-17h30 ; ven 10h-13h, 14h30-17h30. Juil-août, ts ap-m lun-ven. GRATUIT.* Petit théâtre à l'italienne, typique du XIXe s. Toute une atmosphère ! Un lieu vivant où sont proposés de la musique (pas mal de musique baroque), du cinéma et du théâtre – évidemment ! Consultez le programme ! (Facebook).

La collégiale Notre-Dame-et-Saint-Laurent : *pl. Guillaume-le-Conquérant. Avr-sept, 9h30-12h30, 14h30-17h30 ; oct-mars, 9h30-12h30, 14h-16h30. Fermé dim mat-lun.* Un bâtiment compact et imposant, dans le style caractéristique du gothique primitif. Édifiée aux XIIe et XIIIe s, elle fut profondément remaniée au XIXe s par Viollet-le-Duc. À l'intérieur, la nef, lumineuse et aérienne, l'abside et les chapelles latérales remarquablement meublées méritent que l'on s'y attarde. Beau déambulatoire flamboyant et chaire du XVIIIe s. Ne pas manquer non plus de visiter la crypte du XIIe s, et de s'attarder sur le superbe chemin de croix.

La chapelle du collège des Jésuites : *rue du Collège. Tte l'année, mar-sam 10h-12h, 14h (14h30 dim)-18h30.* Splendide ! Très marquée par l'église du Gesù à Rome, mère du style baroque romain, la chapelle conserve néanmoins un mélange de styles Renaissance et Louis XIII, avec une façade moins dynamique que son illustre modèle. L'utilisation de la brique n'y est pas étrangère. Elle abrite les monuments funéraires de Henri de Guise et de Catherine de Clèves, sa femme. C'est d'ailleurs elle qui fit élever cette chapelle après l'assassinat de son mari par Henri III. Les 2 mausolées de marbre noir et blanc se font face. La chapelle est aujourd'hui désacralisée et accueille des expos temporaires, et un salon des antiquaires annuel *(1er w-e déc, une vingtaine d'exposants).*

Le musée du verre « Traditions verrières » : *ruelle Sémichon, quartier Morris, à côté de la salle M.-Audiard. ☎ 02-35-86-21-91. • traditions-verrieres.com • ♿ Avr-nov, mar, mer, sam, dim et j. fériés (ainsi que mer juil-sept) 14h-17h30. Visite guidée à partir de 14h30, 15h30 et 16h30. Entrée : 6 € ; réduc ; gratuit moins de 10 ans.* Installé dans d'anciennes écuries de cavalerie du XIXe s (les auges sont d'ailleurs toujours en bonne place), ce sympathique musée associatif retrace l'histoire du verre de 4 000 ans avant notre ère jusqu'aux machines automatisées d'aujourd'hui, et notamment celles permettant le flaconnage de parfumerie. Au gré des différentes petites sections, vous apprendrez que l'homme a percé très tôt le secret du verre (sable, soude et chaux chauffés à env 1 400°C) et que si les techniques ont sans cesse évolué, le principe est, lui, resté le même, des 1ers fours égyptiens à l'automatisme du XXe s. Dans une 2nde salle, belle collection de flacons de parfum (allant des miniatures aux factices). Quelques démonstrations de machines et, ponctuellement, de souffleurs de verre, perlière à la flamme, gravure sur verre et vitraillistes (sur demande, pour les groupes), ainsi que des vidéos sur le travail du verre.

Manifestations

– **Feu de la Saint-Jean et fête de la Musique :** *plus ou moins (!) au moment du solstice d'été.*
– **Le Murmure du son :** *début juil.* Festival de musiques actuelles.

DANS LES ENVIRONS D'EU

Renseignez-vous à l'office de tourisme sur les nombreuses possibilités de randonnées dans la forêt d'Eu (qui abrite les fouilles d'un village gallo-romain au lieu-dit Bois l'Abbé) ainsi que dans les belles vallées de la Bresle et de l'Yères.

Le jardin des Sources : *chez Pascal Dumont, hameau de Dragueville, 14, route des Sept-Meules, 76260* ***Saint-Martin-le-Gaillard.*** *☎ 02-35-50-93-44. ♿ Tlj sauf lun et dim ap-m 9h30-12h, 14h30-18h. GRATUIT.* Sur 2 ha, une jolie déambulation au milieu de plusieurs jardins à thème. Également une pépinière, l'activité principale du lieu, produisant entre autres la fameuse poire de Fisée, sévère au premier abord mais délicieuse une fois confite et intégrée dans le pâté aux poires local...

Le musée du Verre : *rue du Manoir, 76340* **Blangy-sur-Bresle.** *☎ 02-35-94-44-79. À 22 km au sud-est d'Eu. Ouv mars- oct, mer-ven 10h-12h, 14h-18h, sam-lun 14h-18h ; visite guidée avec démonstration du souffleur de verre à 10h30, 14h30, 15h30 et 16h30. Entrée : 6 € ; réduc ; gratuit moins de 6 ans. Fête du Verre le 2e w-e d'août.* Assez étonnant ce manoir que la Ville de Blangy a restauré pour y installer lemusée du Verre. Celui de la Verrerie présente toutes les étapes du travail manuel ou semi-automatisé du verre au moyen de petites mises en scène créées à partir de machines et de matériel récupérés dans les entreprises locales. C'est très bien fait et passionnant (surtout si vous pouvez profiter d'une visite guidée). La visite se termine dans la salle consacrée aux expos temporaires dans laquelle est exposé un bel échantillon des pièces fabriquées dans la vallée (le musée en possède quelques milliers, mais elles sont présentées par roulement), et vous ne serez pas sans reconnaître quelques flacons bien connus. Surtout, ne partez pas sans avoir jeté un œil à la boutique, où sont proposées les créations du maître verrier.

LE PAYS DE BRAY

Situé dans le nord-est du département, le pays de Bray couvre les vallées de la Béthune, de l'Andelle et de l'Epte, et ses principales bourgades sont Neufchâtel-en-Bray, Forges-les-Eaux et Gournay-en-Bray. À cheval sur 2 départements (Seine-Maritime et Oise), il offre une singulière diversité de paysages, résultant d'un affaissement crayeux du bassin sédimentaire parisien. Cette cuvette, peu perméable car composée d'argile et de sable, forme une zone humide (« bray » est dérivé d'un mot celte signifiant « boue ») ; une zone classée Zone Natura 2000 faite de vallons souriants, de dépressions abruptes, de bocages paisibles, de bouquets d'arbres touffus sortis de nulle part, tout cela favorisé par cet étrange mélange du sous-sol. La vache normande s'y plaît particulièrement et son lait crémeux a donné naissance à 2 produits fameux : le neufchâtel et le petit-suisse.
Ce beau pays est aussi traversé par l'Avenue Verte London-Paris, paradis pour les cyclistes. De Forges-les-Eaux à Arques-la Bataille (en périphérie de Dieppe), celle-ci a l'avantage d'être uniquement dédiée aux vélos. Aménagée sur l'ancienne voie de chemin de fer Paris-Dieppe, elle est ponctuée de plusieurs étapes sympathiques, aussi bien gourmandes que culturelles.
À ceux qui, au vélo, préféreraient la voiture, il suffit de se procurer dans un office de tourisme le fascicule de la route des Paysages : de beaux points de vue en beaux points de vue, avec à chaque fois une table d'orientation, elle vous amène à découvrir autrement ce coin injustement méconnu.

NEUFCHÂTEL-EN-BRAY

(76270) | 4 965 hab. | *Carte Seine-Maritime, C2*

Une gentille bourgade avec son lot de petits immeubles d'après-guerre, construits après les bombardements de 1940, qui ont récemment valu au centre-ville d'être classé « Patrimoine du XXe siècle ». Rien de véritablement palpitant toutefois, à part l'église, le sympathique Musée municipal... et, bien sûr, le neufchâtel, célèbre fromage dont la ville est le berceau.

LE FROMAGE DE NEUFCHÂTEL

Le plus ancien des fromages normands – 1er fromage normand à avoir été protégé par une AOP – est né au début du XIe s. Eh oui ! 1 000 ans quand même, mais les bons fromages se conservent longtemps. Tout comme ses collègues livarot, camembert et pont-l'évêque, le neufchâtel bénéficie d'une AOP et ne peut donc être fabriqué que dans un rayon d'environ 30 km autour de Neufchâtel. En revanche, il existe sous différentes formes, même si celle du cœur est la plus connue. On dit qu'au Moyen Âge les jeunes filles de la région exprimaient leurs sentiments aux soldats anglais venus batailler dans le coin en le leur offrant... Mais méfiez-vous : sous son allure de tendre, ce fromage au lait de vache peut se révéler relativement puissant. Quant aux habitants de Neufchâtel, ils se nomment les Brayons : ça ne s'invente pas.

Adresse et info utiles

ℹ ***Office de tourisme :*** *6, pl. Notre-Dame. ☎ 02-35-93-22-96. • tourisme.brayeawy.fr • ot-pays-neufchatelois.fr • Face à l'entrée de l'église. 15 juin-15 sept, mar-sam 9h30-12h30, 13h30-18h (jeu-sam jusqu'à 18h30), dim 10h-13h ; le reste de l'année, mar et ven 14h-17h, jeu et sam 10h-12h, 14h-17h.* Propose divers circuits cyclotouristiques pour partir à la découverte de petits producteurs, ainsi que des itinéraires pédestres. Et, bon plan, prêt de vélos électriques à la journée (on laisse pièce d'identité et caution) ! (la voie cyclable ***l'Avenue verte*** passe par Neufchâtel *• avenuevertelondonparis.com •).*

– ***Marchés :*** *sam mat. Dans la halle au beurre pour les produits fermiers. Autres bons marchés à* ***Gournay-en-Bray,*** *mar mat (le plus important, avec un marché aux volailles) et ven mat.*

Où dormir ? Où manger ?

⛺ ***Camping Sainte-Claire :*** *19, rue la Grande-Flandre. ☎ 02-35-93-03-93. • fancelot@wanadoo.fr • camping-sainteclaire.com • Accès par la D 1 en direction de Dieppe. Ouv d'av à mi-oct. Compter 14 € pour 2 avec tente et voiture. 100 empl.* À l'écart du centre-ville mais juste au bord de l'Avenue Verte London-Paris, un camping bien tenu, tranquille, au cadre verdoyant agréable. Dans un corps de ferme de brique rouge, les sanitaires et, en saison, la brasserie dotée d'une jolie terrasse. Impeccable.

🏠 🍴 ☂ ***Côme Inn :*** *9, Grande-Rue-Fausse-Porte. ☎ 02-35-93-00-02. • comeinn.fr • ♿ (resto). Resto fermé sam midi et dim. Réserver. Doubles 68-75 € ; familiales. Petit déj 9,50 € (d'un très bon rapport qualité-prix). Menus 15-24 €.* Un coup de cœur ! Après un séjour dans de grandes maisons londoniennes, Côme Lefrançois est revenu au bercail et est aujourd'hui aux commandes de son propre resto. Une adresse au charme intemporel associé à une déco résolument contemporaine. Les chambres, au confort simple, sont gaies, lumineuses et agréables. Le resto, convivial et informel, est la raison d'être du projet. Le chef et son équipe ne travaillent que des produits frais, locaux et de saison. Cuisine bistronomique franchement réjouissante, tout à la fois créative, copieuse et savoureuse. La carte, courte, est renouvelée toutes les semaines et de nombreux habitués en ont fait leur cantine. Petit bar cosy, *so British. So, welcome in !*

🏠 ***Chambres d'hôtes Le Cellier du Val Boury :*** *3B, rue du Val-Boury. ☎ 02-35-93-26-95. • xv.lefrancois@gmail.com • cellier-val-boury.com • En haut de la rue principale (fléché). Tte l'année. Doubles env 72-89 €.* À 2 pas du centre, une ancienne ferme de caractère du XVIIe s (annexe du château voisin) devant laquelle s'étend une cour verdoyante délicieusement fleurie ! L'ensemble est entretenu au cordeau. 5 chambres sont réparties dans 2 maisonnettes. Toutes sont mansardées et accueillantes, les plus onéreuses se révèlent un peu plus élégantes. Quelques chambres familiales également vraiment spacieuses. Seul inconvénient : il n'est pas rare, le week-end, que les chambres soient occupées par les personnes ayant loué la salle de réception voisine.

Les Airelles : *2, passage Michu. ☎ 02-35-93-14-60. • les-airelles-sarl@wanadoo.fr • les-airelles-neufchatel.com • Face à la pl. Notre-Dame. Hôtel et resto fermés lun midi, plus dim soir et mar midi hors saison. Doubles 70-80 €. Pas d'ascenseur. Menu déj sem 17 €, puis 26-36 € ; carte env 50 €. Apéritif offert sur présentation de ce guide.* Un établissement à la façade élégante et fleurie qui évoque davantage une maison particulière cossue construite après-guerre qu'un hôtel ! L'adresse est très centrale, et pourtant bien au calme, dans un renfoncement par rapport à la rue principale. Chambres doucement rénovées dans un style sans réelle surprise. Côté restauration, une cuisine traditionnelle qui se défend fort bien : cassolette de riz et rognons de veau sauce paysanne, Saint-Jacques en saison... À déguster dans un cadre soigné et élégant. Bref, vraiment une maison sérieuse, qui remporte d'ailleurs tous les suffrages. Aux beaux jours, délicieuse terrasse verdoyante devant.

Les Tables de la Gare : *29, rue de la Gare. ☎ 02-35-94-83-04. • creperie-delagare@orange.fr • Tlj sauf lun-mar 12h-21h30 (18h30 dim). Carte 10-15 €.* Au bord de l'Avenue verte, un lieu sympathique proposant quelques crêpes et galettes, mais aussi de bons desserts de la ferme (riz au lait, flan, yaourt ou tarte du jour). Un piano pour les artistes de passage, 2 canapés... En résumé, l'endroit parfait pour requinquer des mollets un peu ramollos. Belle terrasse donnant sur la piste cyclable. Vente de produits fermiers sur place, dans un distributeur extérieur ; malin !

Où manger ?
Où faire une pause dans les environs ?

Le Relais du Lion d'Or : *4, rue du Général-de-Gaulle, 76660 **Londinières.** ☎ 02-35-93-81-31. • relaisduliondor@orange.fr • relaisduliondor.com • À 15 km au nord de Neufchâtel. Fermé mar et le soir lun et mer. Congés : 2 sem en janv, et 10 j. de début à mi-juil. Formule déj en sem 16 € ; autres menus 24-40,50 €. Café offert sur présentation de ce guide.* Aisément repérable à sa façade à colombages et à son néon rose qui s'illumine en soirée, voici une sympathique petite adresse en dehors des grandes artères touristiques, dont on apprécie la cuisine généreuse, personnelle et joliment présentée. Intérieur rustique avec cheminée et cuivres rutilants aux murs. Le genre d'endroit aussi bien adapté à un repas en tête à tête que pour une tablée plus importante. Accueil à l'image des lieux : simple, pro et agréable.

Au Quai Gourmand : *409, route de Saint-Saire, 76270 **Nesle-Hodeng.** ☎ 02-35-93-49-14. • auquaigourmand@gmail.com • À env 7 km au sud de Neufchâtel. Mer-dim en saison 10h-17h30 à minima, et 23h w-e. Réserver w-e. Hors saison, se renseigner (tél ou FB). Formules déj sem 13,50 (plat)-22 € ; w-e 24-29 €.* Une de ces anciennes gares le long de l'Avenue Verte London-Paris joliment réinvestie par ce café de pays à l'intérieur lumineux et pimpant, avec livres et magazines à disposition. La petite ardoise change tous les jours, mais le principe reste le même : une bonne cuisine maison préparée à base de produits frais ; simple (œuf cocotte au neufchâtel) ou plus élaborée, et une inclination pour les poissons et coquillages. Bien aussi pour une petite pause dans la journée. Également une chambre familiale *(6 pers)* pour ceux qui souhaiteraient prolonger l'escale.

Où boire un verre ?

La Plage de la Guinguette : *hameau de Roville, 210, sente de la Teinturerie, 76680* ***Saint-Saëns.*** *07-71-11-91-34. Facebook. Mer-dim 11h-21h. Fermé lun-mar. À 21 km au sud-ouest de Neufchâtel.* Les dernières centaines de mètres – un étroit chemin – ne sont pas simples pour peu qu'on se retrouve nez à nez avec une voiture ; entraînez-vous à la marche arrière ! Un bar associatif en plein air, délicieusement bohême, qui offre une vue sur la seule nature presque à 360° (bon, le parking des voitures...). Tables de pique-nique ici et là, quelques rosalies, un portique, jeux gonflables... Pétanque, barbecue, des crêpes à acheter au food-truck... et le bar. Pas plus de détails : on vous laisse le plaisir de découvrir l'ensemble par vous-même. Dépaysant, familial, très convivial ; un vrai supplément d'âme !

Où acheter du bon fromage ?

Au Cœur Fromager : *3, grand-rue Saint-Jacques. ☎ 02-32-97-24-60. Ouv mar-sam 9h-12h30 et 14h-18h30 (en continu sam).* Une escale pour les amateurs, et également quelques produits d'épicerie fine. On ne se prive pas, d'autant que la mise sous vide est possible !

À voir. À faire à Neufchâtel et dans les environs

L'église Notre-Dame : *tlj 8h30-12h15, 13h30-18h30.* En grande partie détruite pendant la guerre, elle a été ensuite complètement restaurée. On pénètre par un clocher-porche de style gothique flamboyant. Nef du XVIe s, surtout intéressante pour les chapiteaux Renaissance des piliers du bas-côté gauche. Chœur plus ancien (XIIIe s). Dans le bras droit du transept, Mise au tombeau en pierre sculptée polychrome du XVe s, surmontée d'un dais Renaissance.

Le musée municipal Mathon-Durand : *59, rue Saint-Pierre. ☎ 02-35-93-06-55. De mi-juin à mi-sept, mar-dim 14h-18h ; d'avr à mi-juin et de mi-sept à oct, w-e seulement. Entrée : 4 € ; réduc.* Jolie maison bourgeoise à colombages du XVIe s que l'on visite de la cave (où est, évidemment, évoqué le fromage local) au grenier (maquette sonorisée représentant le Neufchâtel médiéval). Entre les 2, les étages passent en revue le mobilier normand, les guerres mondiales (dont de touchants objets fabriqués dans les tranchées), le fer forgé, les outils liés au travail de la terre, des poteries de Martincamp, de la faïence de Forges-les-Eaux, avec quelques curiosités comme ce matériel d'arracheur de dents ; on découvre aussi l'origine de la carotte comme enseigne des bureaux de tabac, amusant.

Artmazia : *25A, route de Neufchâtel, 76240* ***Massy.*** *À 5,5 km au sud-ouest de Neufchâtel. • labyrinthe-artmazia.com • Ouv juil-août, lun-ven 11h-19h, w-e 10h-20h ; sept-oct, horaires variables selon les jours. Entrée : 8 € ; 6 € 4-11 ans ; tarif famille nombreuse.* Un vaste labyrinthe végétal de hêtres et de charmilles ponctué d'énigmes attend les familles, d'où l'on entend fuser les rires. Mais aussi des jeux traditionnels en bois, et d'adresse... Sur place, de quoi grignoter et boire : planche de fromages, hot-dogs, gaufres, cidre et bière du coin. Les enthousiastes propriétaires, très investis dans leur projet, organisent aussi des concerts.

Fête et manifestation

– ***Fête du Fromage :*** *3e dim de sept, pdt les Journées du patrimoine.*
– ***Foire Saint-Martin :*** *2e dim de nov.*

DANS LES ENVIRONS DE NEUFCHÂTEL-EN-BRAY

Le site de V1 de Val Ygot : *vers* ***Ardouval,*** *à 14 km à l'est de Neufchâtel. 06-84-29-67-05. • valygot@gmail.com • facebook.com/assvya • Accès libre et gratuit. Visite guidée dim ap-m et l'ap-m des j. fériés avr-sept, 14h30 et 16h (durée 1h30).* Au cœur de la forêt d'Eawy, ce sous-bois abrite les nombreux vestiges d'une base de lancement de V1 allemands n'ayant (heureusement) jamais été utilisée car bombardée à partir de Noël 1943. Un parcours mène aux différents points d'intérêt avec, à chaque fois, un bref panneau explicatif.

– Pour accéder au site, pourquoi ne pas passer par ***Mesnières-en-Bray*** et admirer son superbe ***château Renaissance*** ? Lui et son beau parc se visitent l'après-midi en été (durant l'année scolaire, c'est un collège-lycée bouillonnant de vie !). *Rens : ☎ 02-35-93-10-04. • mesnieres-en-bray.fr •*

FORGES-LES-EAUX

(76440) 4 254 hab. *Carte Seine-Maritime, D2*

Si aujourd'hui Forges-les-Eaux doit surtout sa notoriété à son casino qui, après celui d'Enghien, reste le plus proche de la capitale, elle fut d'abord connue pour sa faïence et, surtout, pour ses eaux ferrugineuses (et c'est d'ailleurs afin d'occuper les curistes que le casino fut ouvert au XIXe s). En 1633, c'est Louis XIII qui vint y faire une cure, accompagné d'Anne d'Autriche et de Richelieu. Par la suite, ce fut la Grande Mademoiselle (mademoiselle de Montpensier, nièce de Louis XIII) qui fréquenta la station thermale, entraînant dans son sillage la cour et la haute bourgeoisie.

Avouons qu'aujourd'hui il est un peu difficile d'imaginer que cette petite ville, certes pas vilaine, ait pu être le centre de l'agitation mondaine...

UN PEU D'HISTOIRE

Aux XVe et XVIe s, Forges-les-Eaux vivait du fer extrait de son sol (d'où le nom de Forges). Ce n'est qu'après l'épuisement de ses gisements qu'elle a commencé à exploiter les vertus thérapeutiques de ses eaux ferrugineuses.

Adresse et info utiles

Office de tourisme : *rue Albert-Bochet, à côté de la mairie. ☎ 02-35-90-52-10. • contact@forgesleseaux-tourisme.com • forgesleseaux-tourisme.fr • Avr-sept, lun-sam 9h30-12h30, 14h-18h, dim et j. fériés (à partir de mai) 9h-13h ; oct-mars, mar-sam 9h30-12h30, 14h-17h.* Vidéo sur l'histoire de la station thermale et visites guidées (également un rallye familial).

– ***Marchés :*** *jeu et dim.* ***Marché aux bestiaux*** *jeu (à partir de 7h).*

Où dormir ? Où manger ?

De prix moyens à plus chic

La Robe et le Palais (ex hôtel La Paix) : *15, rue de Neufchâtel. ☎ 02-35-90-51-22. • contact@hotellapaix.fr • hotellapaix.fr • Resto fermé dim soir-mar midi. Double 70 €. Formules déj en sem 16 € ; autres menus 23-49 €. Parking.* Un établissement certes classique et pas vraiment glamour, mais très bien tenu par le jeune couple (lui est au piano) qui en tient désormais les rênes. Chambres simples et bien tenues, et offrant une literie très récente. Côté resto, ambiance et cuisine plutôt traditionnelles, sans esbroufe, mais qui se tient et met les produits du terroir brayon en avant. La petite famille habite sur place, donc on croise aussi les enfants, sympa.

Hôtel Continental : *110, av. des Sources. ☎ 02-32-89-50-50. • hotel-leconti nental@partouche.com • domainedefor ges.com • ♿ Face au casino. Doubles 77-85 €. Parking.* Imposante demeure à colombages, aux chambres globalement spacieuses, simples mais rénovées pour certaines. Déco très sobre et plutôt standard, mais ensemble confortable. Bien que le cadre ne le soit pas, l'ambiance un brin surannée rappelle les anciens hôtels de casino. Accueil pro.

Le 235 : *29, rue de la République. ☎ 02-35-90-52-67. • le235@free.fr • Ouv jeu-dim. Formule et menu 25 € (29,90 € avec fromage et dessert !). Résa obligatoire !* La bonne table bistronomique de Forges. Si la cuisine n'est pas franchement brayonne, le chef mise sur la fraîcheur de ses produits et de ses recettes tout à la fois simples, créatives, gourmandes et légères : gambas frits, burger, *fish & chips*, brochettes de bœuf revisitées... Le menu change très régulièrement, ce qui a pour effet de fidéliser une clientèle d'habitués qui se retrouve ici au coude à coude dans un joyeux brouhaha.

Où dormir dans les environs ?

Chambres d'hôtes Le Coq à l'Âne : *1974, route de la Côte-du-Bastringue, 76440* ***Beaubec-la-Rosière.*** *☎ 02-35-09-17-91. • stebbal@orange.fr • lecoqalane.fr • ♿ À 5 km au nord de Forges-les-Eaux. Double 60 €. Gîte 5 pers.* En pleine campagne, dans une petite bâtisse accolée à la maison des propriétaires, avec entrée et salon indépendant. 2 chambres chaleureuses où matériaux traditionnels et naturels, couleurs vives et clins d'œil plus contemporains font bon ménage. Petit déj bio. Coup de cœur aussi pour le gîte en bois (4-5 personnes), où l'absence de réel salon est compensée par la grande terrasse abritée (orientée ouest) et le charme de ce beau nid confortable. Propose aussi des balades avec des ânes. Accueil charmant.

Chambres d'hôtes La Ferme de Bray : *281, chemin de Bray, 76440* ***Sommery.*** *☎ 02-35-90-57-27. 📱 07-67-69-64-30. • fermedebray@orange.fr • ferme.de.bray.free.fr • À 6 km de Forges sur la route de Dieppe. Tte l'année. Double 62 €.* Depuis les années 1960, le charmant Patrice retape avec amour la ferme de son enfance et de ses aïeux, demeure familiale depuis le XVIIe s ! Magnifique ensemble de bâtiments plusieurs fois centenaires. Les 5 chambres restent vraiment dans leur jus avec vieilles tommettes, moulures, belles cheminées, mobilier de famille. Cuisine à disposition. La ferme, ouverte au public pendant la journée (lire plus bas), redevient très calme à partir de 18h.

Le Relais du Bec Fin : *1090, route de la Cavée, 76440* ***Sommery.*** *☎ 02-35-09-61-30. Ouv ts les midis sauf mer, plus le soir ven-sam ; en été, ouv tlj sauf mar soir, mer et jeu soir. Le midi en sem, formule 14 €, menus 18,50 € (sauf w-e)-36 €.* Posé sur le bord de la route, un restaurant réputé où les locaux ont plaisir à s'arrêter, alléchés par la cuisine traditionnelle et le bon rapport qualité-prix. Tout est fait maison, jusqu'au pain : tartare de langue de bœuf, biscuit de Saint-Jacques, maquereau mariné... Bref, de bons petits plats de terroir et de saison ravivés par la petite touche personnelle du chef qui ose certaines associations originales (lotte à la pastèque...).

À voir

Dans le joli parc de l'hôtel de ville, après être passé sous la voûte, voir ce qui reste de l'***oratoire d'Anne d'Autriche*** et, juste en face, la maison de ses gardes.

Le musée des Maquettes hippomobiles : *dans le parc de l'hôtel de ville. ☎ 02-35-90-78-71. Ouv sur demande auprès de l'office de tourisme. Entrée : 3 € ; réduc ; gratuit moins de 6 ans.* Petit musée composé d'une centaine de maquettes d'engins hippomobiles, machines agricoles ou moyens de transport de la fin du XIXe s, dans un décor qui restitue les paysages du pays de Bray. Également une collection de poupées historiques représentant la venue de Louis XIII à Forges-les-Eaux en 1633...

La collection de faïences de Forges : *hôtel de ville. ☎ 02-35-90-52-10. Dans la salle des mariages de la mairie. Mar-ven, seulement sur résa à l'office de tourisme. Entrée : 2,50 € ; réduc.* C'est George Wood, d'origine anglaise, qui installa la 1re faïencerie à Forges en 1797. Belle collection de 250 pièces du XVIIIe au XIXe s. Certaines sont réalisées avec de l'argile blanche dite *faïence fine,* d'autres avec de l'argile rouge dite *faïence épaisse* ou « culs noirs ». Le sujet des motifs varie selon l'argile utilisée. Là aussi, il y avait une distinction entre les riches et les pauvres ! Pour les connaisseurs.

Le musée de la Résistance et de la Déportation : *rue du Maréchal-Leclerc. ☎ 02-35-90-64-07. (rdc). Oct-mars, mar-sam ; avr-sept, mer-dim, 14h-18h. Entrée : env 5 € ; réduc.* Beaucoup d'objets et de documents consacrés à la Seconde Guerre mondiale, à la Résistance et à la déportation : armes, tenues d'époque, postes à galène, matériel de sabotage et une galerie d'images éprouvantes susceptibles de choquer les enfants.

Fêtes et manifestations

– **Juillet en fête :** *ts les w-e de juil.* Festival de marionnettes, fête du Cheval, rassemblement de voitures anciennes et concours de chant.
– **Fête brévière :** *1er w-e d'oct.* La grande foire annuelle de Forges.
– **Fête du Cidre :** *1er w-e des vac de la Toussaint.* Pour marquer le début du pressage traditionnel et déguster les premiers jus.

DANS LES ENVIRONS DE FORGES-LES-EAUX

La Ferme de Bray : *à* **Sommery.** *☎ 02-35-90-57-27. • ferme.de.bray.free.fr • À 6 km de Forges sur la route de Dieppe ; la ferme est à 2 km à gauche avt Sommery. Pâques-Toussaint, w-e et j. fériés (tlj juil-août) 14h-18h. Entrée : 6 € ; gratuit moins de 12 ans. Fait aussi chambres d'hôtes (voir « Où dormir dans les environs ? »).* Autour du manoir du XVIIe s s'ordonne un magnifique ensemble de bâtiments. Depuis le moulin à eau part une petite rue pavée d'époque, où le proprio a réaménagé la laiterie, la buanderie et la cuisine du meunier. Ne pas manquer non plus le pressoir à cidre du XVIIe s avec sa tour à piler encore en état de marche, le cellier, la cave et la pièce où l'on apprend tout sur la fabrication du breuvage. On accède aussi à l'affinoir à fromage et au pigeonnier. La petite exposition « Une vie à Sommery » est, quant à elle, assez émouvante (la famille est quand même là depuis le XVIIe s !). Les enfants pourront, en outre, pêcher la truite d'élevage dans l'un des étangs, s'essayer au minigolf *(payants)* ou défier leurs proches sur le jeu de damier géant.

LE PAYS ENTRE SEINE ET BRAY

Ce petit coin de Seine-Maritime méconnu, aux portes de Rouen, enclavé entre le pays de Bray, le pays de Caux et la forêt de Lyons dans l'Eure, présente de multiples facettes. Il est, certes, traversé par les autoroutes,

mais les plaines agricoles y alternent aussi avec de très jolis paysages de bocages, de bois et des vallons riants cachant quelques très jolis petits villages.

RY

(76116) 800 hab. *Carte Seine-Maritime, C3*

Cet adorable village serait le lieu où se déroula l'aventure immortalisée par Gustave Flaubert dans *Madame Bovary,* sous le nom de Yonville-l'Abbaye. L'écrivain s'inspira de l'histoire vraie de Delphine Couturier, née en 1822, qui épousa à 17 ans Eugène Delamare, un médecin triste à mourir, alors qu'elle ne rêvait que de Paris et d'amour. Elle prit un amant et se mit à dépenser énormément. Quand elle comprit qu'elle avait ruiné son mari, elle préféra se suicider, à 27 ans. La rue principale de Ry évoque tout à fait celle de Yonville, bordée de jolies maisons normandes. Belle perspective sur la vallée du Crevon et sur le bourg de la route d'Elbeuf-sur-Andelle.

LE SCANDALE BOVARY

En 1856, Madame Bovary fut publié en 6 épisodes dans la Revue de Paris, qui agaçait le régime impérial. Afin de faire couler le journal, un procès lui fut intenté pour atteinte aux bonnes mœurs et à la religion. Ce procès, gagné par Flaubert, contribua au succès inouï du roman paru en librairie l'année suivante.

Adresse et info utiles

i *Office de tourisme :* *pl. Flaubert. ☎ 02-35-23-19-90. • contact@normandie-caux-vexin.com • normandie-caux-vexin.com • Ouv mer ap-m et sam mat ; plus en mai-juin et sept-oct, mer mat, ven ap-m et sam mat , et en juil-août, mer mat, jeu ap-m, ven et sam mat.* Bonne documentation générale. Brochures sur les randonnées et les promenades à faire dans le village et les vallées romantiques des alentours, dont les circuits « Sur les pas d'Emma Bovary ». Également une boutique.

– ***Vente de produits fermiers :*** *lun à* ***Buchy*** *(à 14 km au nord de Ry), dans les superbes halles du XVIIe s ; sam mat à Ry.*

Où dormir ?

|●| ☂ *Auberge Buchoise :* *110, Grande-Rue, 76750* ***Buchy.*** *☎ 02-35-34-41-22. À 14 km au nord de Ry. Fermé mar soir, mer et dim soir. Congés : août. Formule déj en sem 13,90 € ; menus 18,90 € (sauf sam soir, dim midi et j. fériés), puis 32,90-42,70 €.* Bonne cuisine de terroir mais avec des idées d'aujourd'hui. Petite salle à l'ambiance plutôt feutrée et à la déco élégante, mais les tables sont un peu trop collées-serrées. Et la terrasse dans la cour-parking manque un peu de charme... Ne manquez pas de jeter un œil (idéalement le lundi matin, jour de marché) aux superbes halles du village de 1679, inscrites aux Monuments historiques. L'une d'elle abrite étals et crochets de bouchers.

À voir

L'église Saint-Sulpice : édifiée du XIIe au XVIe s. Elle possède une pièce unique : un porche en bois sculpté Renaissance, le plus beau de Normandie. Poutres et panneaux sont décorés de motifs sculptés en arabesque. Sous le porche, magnifique charpente en forme de carène de navire renversée, ornée d'anges et d'emblèmes des évangélistes. À l'intérieur, nombreuses statues anciennes. Chaire et autel du XVIIIe s aux panneaux sculptés.

DANS LES ENVIRONS DE RY

Le Jardin des sculptures, château de Bois-Guilbert : *1108, route d'Héronchelles, à* ***Bois-Guilbert.*** *☎ 02-35-34-86-56. • lejardindessculptures.com • À 15 km de Forges-les-Eaux. Avr-nov, mer-dim et j. fériés, tlj juil-août, vac scol Printemps zone B 10h-13h, 14h-18h et Toussaint 14h-18h. Entrée : 9 € ; réduc ; gratuit moins de 6 ans ; forfait familles. Pour les familles : livret-jeu, parcours d'observation des sculptures, chasse au trésor.* Dans un parc de 7 ha qui entoure un beau château du XVIIIe s, Jean-Marc de Pas, sculpteur et paysagiste, a laissé libre cours à son imagination et à sa créativité pour aménager ce jardin jadis fréquenté par des personnages illustres tels que Pierre Corneille. Le château est dans la famille depuis plus de 4 siècles. Un espace de respiration, de contemplation et de méditation, qui résonne comme un hymne à la nature et à l'art. Plus de 70 œuvres contemporaines de belle facture, mises en scène de manière poétique, jalonnent le parc. Différents espaces symboliques : la mare et son île, le cloître des 4 saisons, le labyrinthe de buis, un espace évoquant les femmes des 5 continents, le pavillon et la chapelle, ces 2 derniers datant du XVIIe s... Le week-end, en fin d'après-midi Jean-Marc de Pas peut parfois accueillir le public dans son atelier. Expos dans la galerie d'art au rez-de-chaussée du château, stages et animations. On peut aussi dormir sur place, se renseigner.

La ferme-brasserie Northmaen : *76780* ***La Chapelle-Saint-Ouen.*** *☎ 02-35-09-21-54. • northmaen.com • À 14 km au nord-est de Ry. Chemin d'accès sur la droite, juste après la mairie. Visite et dégustation gratuites sam à 15h30 ; durée : 45 mn. Brasserie ouv pour la vente lun-ven 9h-12h, 14h-18h, sam 10h-12h. Organise aussi la fête des Vikings, regroupant plus de 3 000 pers un w-e de juin (combats à l'épée, concerts et ripaille de sanglier et de cervoise !).* Voici un brasseur qui fait une bière normande selon le procédé de la recette viking : brassage par infusion, fermentation en cuves ouvertes, filtration sur branches... Il cultive lui-même son orge et produit près de 4 000 l par jour. Distille également un whisky (testé et approuvé par votre fidèle serviteur !) : le *Thor Boyo.*

Le jardin Plume : *le Thil, 76116* ***Auzouville-sur-Ry.*** *☎ 02-35-23-00-01. • lejardinplume.com • À 5 km au sud de Ry. À la sortie du bourg, direction Perruel. Entrée : 9,50 € ; réduc ; gratuit moins de 10 ans. Vente sur place.* Très beau jardin créé par des pépiniéristes, où l'on déambule parmi une grande variété de plantes vivaces, de graminées et de topiaires. Un lieu romantique à souhait où l'on a aménagé de petits espaces enfouis dans la végétation, pour s'asseoir, contempler, rêvasser... Les spécialistes de l'horticulture s'y retrouvent le dernier week-end de juin pour les *Plumes d'été (entrée : 2 €).*

Blainville-Crevon : *à 6 km au nord-ouest de Ry.* Un village digne d'intérêt, avec l'ancienne collégiale Saint-Michel, du XVe s, de style gothique flamboyant. Portail avec porche surmonté d'une rosace derrière une balustre. Sur le côté, belles fenêtres à meneaux et un autre petit porche de style flamboyant. À l'intérieur, une grande statue en bois de l'archange saint Michel terrassant le dragon et une quarantaine de stalles sculptées du XVe s. Dans le chevet, quelques vitraux très anciens. C'est ici que la véritable Emma (Bovary) se maria en 1839. Sur le côté gauche de l'église, la maison d'enfance de Marcel Duchamp, dont le père était le notaire de Blainville-Crevon. Enfin, dominant le village, on peut jeter un coup d'œil aux ruines du ***château de Blainville*** *(route de Buchy ; • chateau-blainville-76.com • ; visite pour les particuliers uniquement le 1er sam du mois ap-m avr-sept),* château féodal du XIe s, d'abord forteresse puis demeure de grands seigneurs jusqu'à la Révolution, où il fut abandonné. Oublié pendant 2 siècles, il resta enseveli sous les ronces jusqu'en 1967, année à partir de laquelle plus de 1 000 bénévoles se sont relayés pour le faire ressortir de terre. Depuis 1977, le site accueille aussi chaque année fin juin le festival ***Archéo-jazz*** *(• archeojazz.com •),* qui a vu passer Dee Dee Bridgewater, Manu Dibango, Cesaria Evora, Stéphane Grappelli, Dizzy Gillespie, Claude Nougaro, Michel Petrucciani, Archie Shepp, Ayo et bien d'autres.

Le château de Martainville : *à 3,5 km de Ry, sur la route de Rouen.* Bâti en 1485 comme résidence secondaire par Jacques Le Pelletier, un armateur rouennais en quête de reconnaissance sociale. Le château possède un charme indéniable, avec ses dimensions modestes et son emplacement au milieu d'une cour fermée de bâtiments, à côté d'un remarquable colombier du XVIe s. Son architecture, marquée par le modèle médiéval du château fort à tours d'angle, se situe au croisement de l'art gothique (fenêtres de la chapelle), du monde flamand (utilisation de la brique, décors du porche, souches de cheminées extérieures) et de la Renaissance (plan intérieur, souci du confort). Malgré les guerres et les modes, il fut assez peu modifié dans son ensemble.

– ***Le musée des Traditions et Arts normands :*** *à l'intérieur du château. ☎ 02-35-23-44-70. • chateaudemartainville.fr • ♿ (rdc). Tlj sauf mar, dim mat et certains j. fériés 10h-12h30, 14h-18h (17h oct-mars). Entrée avec audioguide : 5 € ; réduc ; gratuit moins de 26 ans. Animations enfants payantes.* On y présente, au rez-de-chaussée et au 1er étage, dans de somptueuses salles reconstituées (cuisine, salle à manger, laiterie, cellule de couvent...), l'évolution du mobilier normand et des objets de la vie quotidienne du XVe au XIXe s : beaucoup de superbes armoires, de coffres, de buffets et de dressoirs. Au 2e étage : mobilier de ferme présenté par pays normands, de la poterie de Martincamp, des costumes, de la verrerie de la vallée de la Bresle, de la faïence de Forges-les-Eaux... Au 3e étage, salles présentant le costume normand, l'histoire du textile et une dernière salle dédiée aux instruments de musique régionaux (voir la collection de lutherie miniature de 160 pièces !). Également des expos temporaires et une salle audiovisuelle. Dans les communs, collections de matériel agricole, le four à pain et la charreterie. Un lieu à l'atmosphère particulière, avec de bonnes odeurs de cire... À l'extérieur, jardin d'inspiration Renaissance.

CLÈRES (76690) 1 360 hab. *Carte Seine-Maritime, C2*

Une petite ville agréable, où tout semble organisé autour du château Renaissance entouré de son beau et étonnant parc animalier qui draine les foules en saison.

Adresse utile

ℹ ***Office de tourisme :*** *59, av. du Parc. ☎ 02-35-23-19-90. • contact@normandie-caux-vexin.com • normandie-caux-vexin.com • Se renseigner pour les j. d'ouverture.*

Où manger dans les environs ?

Le Bouche à Oreille : *28, pl. de la République, 76710* ***Montville.*** *☎ 02-35-33-57-57. ♿ À 7 km au sud de Clères. Fermé ts les soirs sauf résa ven-sam et dim-lun. Téléphoner avant. Carte 20-30 €.* Joli et accueillant petit café-brasserie à la déco de briques et de tôles ondulées. Aux fourneaux, frère et sœur se partagent la préparation du sucré et du salé. Le duo propose une bonne cuisine du marché, à base de produits locaux (sauf le gras de bœuf pour cuire les frites en 2 bains, qui vient de... Bruxelles !).

À voir

Le parc animalier et botanique de Clères : *32, av. du Parc. ☎ 02-35-33-23-08. • parcdeclleres.net • Avr-sept, tlj 10h-19h (18h30 sept) ; mars et oct, tlj 10h-12h, 13h30-18h30 ; nov, tlj 13h30-17h30. Fermeture de la billetterie 1h avt. Fermé nov-fév. Entrée : 9 € ; réduc ; pass famille (2 adultes + 3 enfants) 37 € ; gratuit moins de 3 ans.* Un parc animalier peu commun, que l'on doit à l'ornithologue Jean Delacour, qui, en 1919-1920, aménagea le parc du château pour y installer ses collections d'oiseaux et fit créer des terrasses à l'anglaise. Aujourd'hui, ce sont 1 400 oiseaux (dont un certain nombre en volières) qui vivent dans ce magnifique environnement et y évoluent en semi-liberté. Avouons que la vision de cervidés ou, plus encore, de wallabys se promenant sur les pelouses, avec le château et son manoir en toile de fond, a de quoi surprendre ! Sans parler des gibbons bien à l'abri sur leur île ou des paons qui se pavanent au milieu des promeneurs. Il y a même des pandas roux. Autant vous dire que les enfants adorent !

DANS LES ENVIRONS DE CLÈRES

Le centre abbé Pierre - Emmaüs : *route d' Emmaüs, 76690* ***Esteville.*** *☎ 02-35-23-87-76. • centre-abbe-pierre-emmaus.org • À 9,5 km à l'est de Clères. Tlj 10h-18h. Fermé 24, 25, 31 déc et 1er janv. Entrée : 6 € ; gratuit moins de 10 ans. Expos temporaires régulières.* C'est dans ce village qu'aimait vivre le célèbre abbé (« abbé Pierre », de son dernier nom de résistant) et où il a souhaité être enterré aux côtés de ses 1ers compagnons. Cette maison lui a été donnée pour héberger les compagnons malades ou âgés. Dans cet espace de mémoire et de vie, une scénographie contemporaine présente les facettes et le parcours de l'abbé Pierre, son œuvre et l'actualité du mouvement Emmaüs international. On découvre sa chambre en l'état, son atelier, la chapelle. Et des *street artists* ont investi le jardin avec des œuvres qui évoquent les luttes de l'abbé Pierre hier, d'Emmaüs aujourd'hui. Sur place, très jolie librairie (neuf et occasion), buvette et centre d'hébergement pour les plus démunis. Aussi intéressant que touchant.

« MES AMIS, AU SECOURS ! »

L'abbé Pierre lance un appel à la radio – devenu célèbre – le 1er février 1954 en faveur de tous ceux qui survivent à peine dans la rue. À ce moment-là, il gèle à pierre fendre en région parisienne. Les dons affluent alors pendant des semaines, et permettront à l'abbé d'acheter un immeuble à Paris et la création d'une société HLM Emmaüs. Le gouvernement se mobilisera alors à son tour et fera construire 12 000 hébergements d'urgence. Dans la foulée, les expulsions hivernales furent interdites et des stations de métro ouvertes la nuit.

LE CALVADOS

• Carte *p. 236-237*

ABC du Calvados

- ***Superficie :*** 5 548 km².
- ***Préfecture :*** Caen.
- ***Sous-préfectures :*** Bayeux, Lisieux, Vire.
- ***Population :*** 694 000 hab.
- ***Particularités :*** près de 1 million de pommiers dans le Calvados, soit 1,5 pommier par habitant. Un haras tous les 4 km² et 8 hippodromes. Évènement *Equidays* toutes les années impaires (1 sem, vac Toussaint).

Combien d'images se bousculent à la simple évocation de ce nom... D'abord les pommes, symboles du département : sans elles, ni cidre, ni pommeau, ni... calvados, bien sûr. Et sous les pommiers, on trouve les vaches, dont les taches brunes et blanches paraissent indissociables du vert profond des pâturages normands. Qui dit vaches dit crème, incontournable ici, et fromages : pont-l'évêque, livarot, camembert...

Par ailleurs, si nombre de villes, petites ou grandes, ont fortement souffert lors de la Seconde Guerre mondiale, le Calvados compte toujours plus de 900 monuments historiques. Partout, le long des ruisseaux ou au creux des vallons, au détour d'une forêt ou dans les plaines fertiles, on découvre manoirs à colombages, fermes fortifiées, chapelles souriantes et villages d'un autre âge... Sans oublier la côte, qu'elle soit « Fleurie » ou « de Nacre », toujours appréciée pour ses plages presque à perte de vue, ses stations balnéaires ou ses ports de pêche romantiques. Une côte qui fait œuvre de mémoire, tout comme son arrière-pays, en n'oubliant pas ce qui a fait du Calvados, depuis 70 ans, l'un des départements les plus visités de France : les sites du Débarquement et de la bataille de Normandie.

LE 1ER PEOPLE

Mort en exil à Caen en 1840, ruiné par le jeu, George Brummel est aujourd'hui presque oublié. On doit pourtant à ce Londonien l'invention du costume masculin tel qu'on le porte encore aujourd'hui : couleurs sombres et cravate. Ce pionnier du dandysme passait 5h à s'habiller et lustrait ses bottes au champagne. Célèbre sans être vraiment riche, beau ou talentueux, Brummel peut aussi être considéré comme le 1er people de l'histoire.

Adresses utiles

i ***Calvados Attractivité :*** *8, rue Renoir, 14054* ***Caen*** *Cedex 4.* ☎ *02-31-27-90-30.* • *calvados-tourisme.com* • *Lun-ven 8h30-12h30, 13h30-17h.* Pleins de bons conseils ou de pistes pour préparer au mieux son séjour dans le Calvados.

■ ***Gîtes de France :*** *Campus Effiscience, 9, rue Sédar-Senghor, CS 70450, 14461* ***Colombelles*** *Cedex.* ☎ *02-31-82-71-65.* • *gites-de-france-calvados.fr* • *Central d'information et de résa lun-ven 9h-18h, sam 9h30-18h.*

Circuler en bus dans le Calvados

Le réseau *Nomad Car 14* (anciennement *Bus verts*) assurent les liaisons entre toutes les villes du département, avec correspondances dans les gares ou les centres-villes ; guichets dans la plupart des gares routières des villes principales. • *nomadcar14.fr* •

CAEN ET SES ENVIRONS

CAEN (14000) 105 400 hab. *Carte Calvados, B2*

• Plan *p. 238-239*

« Rejoignez notre Caen ! », proclamait naguère un slogan municipal... On n'aura pas trop de mal à lui obéir : préfecture du Calvados, historiquement intéressante, Caen est une étape incontournable pour qui visite la région. Ville martyre au cœur de la sanglante bataille de Normandie, la vieille cité conserve néanmoins des témoignages de son glorieux passé, du temps de Guillaume le Conquérant. Mais elle se tourne aussi vers l'avenir, et vers la mer située à 13 km de là, pour donner vie à une métropole en mutation.

C'est une cité plaisante, vivante, non dénuée de charme pour qui prend le temps de découvrir ses rues médiévales rescapées du désastre ou de parcourir les quais de son port, une bouffée d'air maritime en plein centre-ville. Les quelque 30 000 étudiants que draine son université lui apportent fraîcheur et animation.

Toutefois, malgré la bonhomie ambiante, la ville n'oublie pas le passé : l'incroyable Mémorial de Caen nous rappelle fort à propos que le meilleur moyen de ne pas revivre la guerre reste encore de consolider la paix...

GRANDEUR ET DÉCADENCE

En 1087, les obsèques de Guillaume le Conquérant, pourtant l'un des plus grands rois du Moyen Âge, se déroulèrent dans la confusion la plus totale. Un incendie qui menaçait la ville vida d'abord l'église Saint-Étienne d'une bonne partie des fidèles. Ensuite, il fallut forcer pour faire entrer dans son cercueil un Guillaume devenu obèse. Et son ventre explosa, dégageant une odeur tout simplement insupportable pour ce qui restait de fidèles...

UN PEU D'HISTOIRE

Appelée *Cadomus* dans l'Antiquité (nom dérivé d'un mot signifiant « champ du combat »), Caen semble avoir été prédestinée à essuyer de meurtrières batailles. Il est vrai qu'on s'y est pas mal étripé... La ville prend son essor au XIe s sous

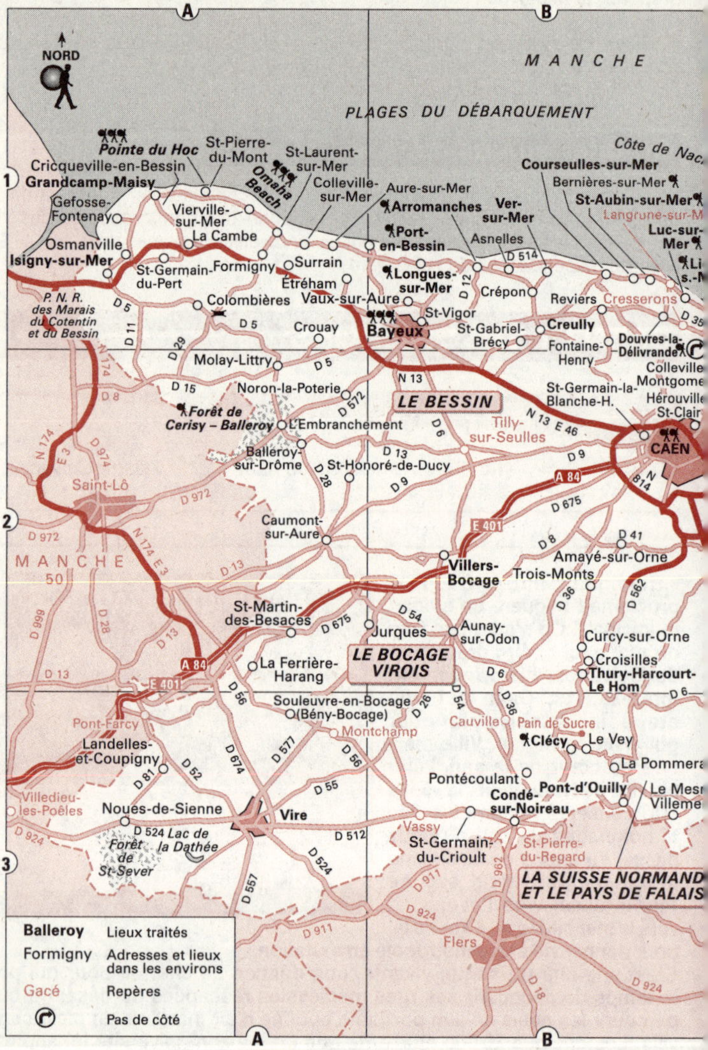

l'impulsion de Guillaume le Bâtard, qui prendra par la suite le pseudo plus flatteur de « Conquérant ». Duc de Normandie, il fait de Caen sa résidence d'élection et, lassé du camping, ordonne qu'on lui construise un château. Marié à Dame Mathilde, une lointaine cousine, Guillaume encourt les foudres papales. Pour racheter leur faute, les époux incestueux fondent respectivement l'abbaye aux Hommes et l'abbaye aux Dames. Le pape ne les embêta plus. Comme quoi, aucun tabou ne résiste à une pieuse offrande...

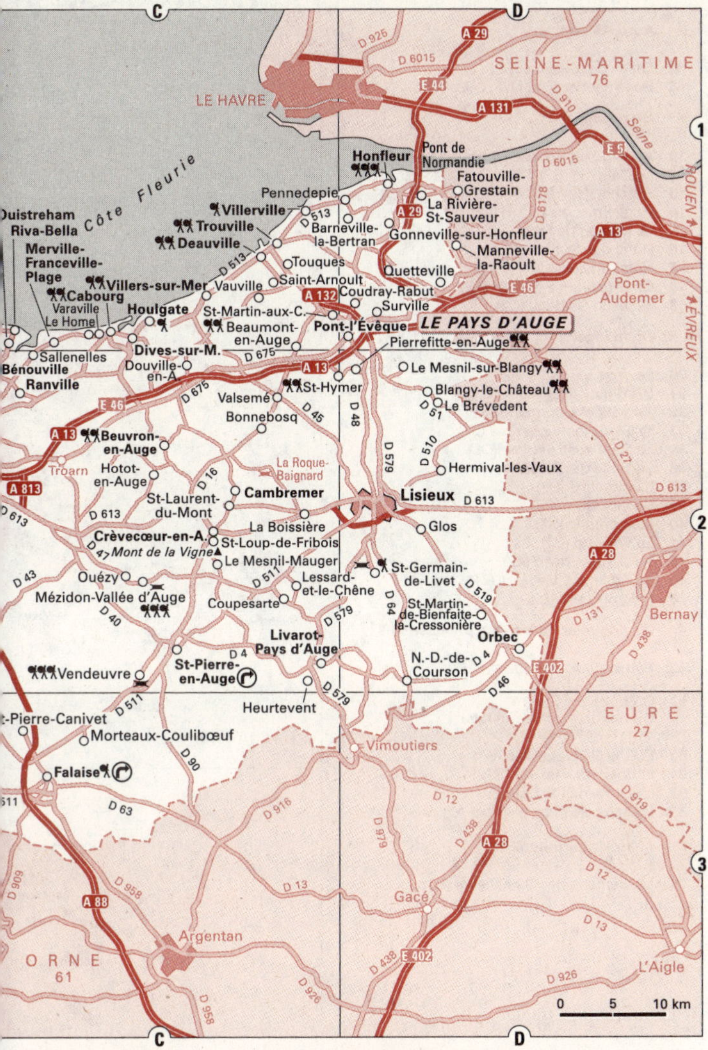

LE CALVADOS

Cité florissante au XIVe s, Caen suscite la convoitise des Anglais. Envahie et pillée en 1346 par les armées du roi Édouard III, puis par celles de Henri V en 1417, elle ne retourne dans le giron français qu'en 1450. Française et... républicaine ! La Révolution trouve une ville acquise à sa cause. Refuge des Girondins luttant contre la Convention en 1793, Caen est aussi le point de départ de l'équipée de Charlotte Corday, qui s'achève dans un bain de sang (celui de Marat).

Adresses utiles

- Office de tourisme (B2)
- **3** Base nautique Au fil de l'Orne (C3)

Où dormir ?

- **10** Auberge de jeunesse (hors plan par C3)
- **12** Le Dauphin (B2)
- **13** Hôtel du Havre (C2)
- **14** Hôtel François d'Ô (B1-2)
- **15** La Maison de Famille (B1-2)
- **16** Hôtel des Quatrans (B2)
- **17** Hôtel Bristol (C3)
- **18** Chez Laurence du Tilly (A2)
- **19** Hôtel du Château (C2)

Où manger ?

- **30** La Vraie Vie (A2)
- **31** L'Aromate (B2)
- **32** Tartines et Gourmandises (B2)
- **33** Ty Gibus (hors plan par C1)
- **34** Le Chef et sa Femme (C3)
- **36** La Table de JF (B2)
- **37** L'Embroche (B1)
- **38** Greedy Guts (B2)
- **40** Memoranda (B2)
- **41** La Véranda (B2)
- **43** Au Double Blanc (A2)
- **44** La Table des Matières (C2)
- **46** Fragments (B1)

Où déguster de bonnes pâtisseries ?

- **50** Pâtisserie Alban Guilmet (B2)

Où boire un verre ? Où écouter de la musique ?

- **60** El Che Guevara Club (B1)
- **61** O'Donnell's Irish Pub (C2)
- **62** L'Écume des Nuits (B2)
- **63** L'Antirouille (hors plan par A2)

Achats gourmands

- **71** La crémerie des Baratineurs (B2)

OURSEULLES
LANGRUNE
33
NORD
HÉROUVILLE-ST-CLAIR, OUISTREHAM, RIVA-BELLA
CABOURG, DEAUVILLE, TROUVILLE
LISIEUX, ROUEN
ALENÇON, LE MANS
10
Université
Université
Av. d'Édimbourg
Rue de la Délivrande
R. L. Lecornu
Rue de la Pigacière
46
Esp. de la Paix
R. du Gaillon
Saint Julien
Rue
Av. G. Clemenceau
PLACE ST-GILLES
Abbaye aux Dames
R. des Cordes
Pte des Champs
Donjon
Château
Musée des Beaux-Arts
Place de la Mare
Salle de l'Échiquier
Musée de Normandie
Église St-Georges
Libération
R. Leroy
Église du St-Sépulcre
PL. DE LA REINE MATHILDE
Église de la Trinité
R. des Chanoines
Rue Haute
Rue Basse
37
QUARTIER DU VAUGUEUX
Rue du Vaugueux
Hôtel de Colomby
15
14
R. des Cordeliers
R. Calibourg
12
16
60
Quatrans
Maison des Quatrans
R. Geôle
R. M. Poissonnerie
Tour Guillaume-le-Roy
PLACE COURTONNE
Quai de la Londe
BASSIN SAINT-PIERRE
71
62
R. des Croisiers
31
R. Gémare
PL. J. LETELLIER
St-Pierre
PL. ST-PIERRE
Bd des Alliés
19
Vieux Saint-Sauveur
40
32
Hôtel d'Escoville
St-Pierre
Saint Pierre
R. Démolombe
R. Vauquelin
Rue Froide
Notre-Dame-de-Froide-Rue
Hôtel de Than
50
R. Neuve Saint Jean
Avenue de Bernières
61
La Presqu'île
44
Rue Bras
38
Leclerc
Rue de Bernières
Bernières
Quai de la Vendeuvre
PL. MALHERBE
R. de Rue
Notre-Dame-de-la-Gloriette
PL. DE LA RÉPUBLIQUE
Boulevard du Mar.
R. du Général Giraud
Rue de l'Oratoire
Rue Saint Jean
R. des Équipes d'Urgence
Résistance
PL. DE LA RÉSISTANCE
Miséricorde
Préfecture
Saint Laurent
Bertrand
PLACE GAMBETTA
Théâtre
41
R. des Carmélites
Saint-Jean
R. des Martyrs
Romain
36
R. des Jacobins
R. D. Huet
Rue Caffarelli
PL. DE L'ANC. COMÉDIE
13
R. du Havre
Rue Saint Jean
6 Juin
PLACE D'ARMES
Quai de Juillet
Scamaroni
Bd Aristide Briand
Av. de Verdun
PLACE FOCH
34
17
R. du 11 Novembre
Cours Gén. de Gaulle
PONT CHURCHILL
3
Quai Hamelin
Les Rives de l'Orne
Quai Amiral
R. de la Gare
Guillou
Prom. de Sévigné
PT DE BIR-HAKEIM
Q. E. Meslin
R. de Vaucelles
Hippodrome
Noé
Cours Maréchal Kœnig
Orne
R. Saint Michel
Rue d'Auge
R. de Falaise
Saint-Michel-de-V.
B
C
1
2
3

CAEN

La bataille de Caen

Après le Débarquement allié en Normandie et le bombardement de Caen, la ville est en flammes. De violents affrontements opposent les occupants aux Alliés, bien décidés à s'emparer de cet important carrefour stratégique. Les Allemands défendent la ville avec détermination, avant de s'enfoncer dans la retraite. Malgré la libération de la cité par les Canadiens, les combats (et le pilonnage) se poursuivront encore au-delà du 20 juillet. Pendant ce temps, une grande partie des habitants se sont réfugiés dans l'abbaye aux Hommes, transformée en hôpital, mais surtout dans les carrières de Fleury, à quelques kilomètres de là. Ils y séjournent durant plus de 1 mois. Il faut attendre la libération totale de la cité par les Canadiens, le 9 juillet 1944, pour qu'ils retrouvent leur ville... détruite à 80 %. 10 000 habitants, parmi les 55 000 que la ville comptait avant la guerre, ont été ensevelis sous les ruines lors des terribles combats.

MÂCHICOULIS

Ces galeries en haut des fortifications étaient percées d'ouvertures. Le mot vient de mâcher, qui signifie « broyer, écraser », et de cou. Le but de ces trous était d'y verser de l'eau bouillante, de la poix ou des pierres afin de broyer le cou des ennemis.

Adresses et infos utiles

ℹ ***Office de tourisme et des Congrès de Caen la mer – Normandie*** *(plan B2)* **:** *12, pl. Saint-Pierre. ☎ 02-31-27-14-14. • caenlamer-tourisme.fr • Avr-juin et sept, lun-sam 9h30 (10h mar)-18h30, dim et j. fériés 9h30-13h30 ; juil-août, lun-sam 9h-19h, dim et j. fériés 10h-13h, 14h-17h ; le reste de l'année, lun-sam 9h30 (11h mar)-13h, 14h-18h.* C'est ici qu'on réserve les visites guidées et autres animations originales proposées pendant la saison estivale.

🚌 ***Gare routière*** *(hors plan par C3)* **:** *à côté de la gare SNCF.* 2 réseaux se partagent le terrain : le réseau *Nomad Car 14* dessert le département *(• nomadcar14.fr •)*, les *Bus Twisto* l'agglomération caennaise *(• twisto.fr •)*. Desservie aussi par les cars longue distance.

– ***Tramway :*** *• twisto.fr •* Une ligne unique (avec 3 ramifications, T1, T2 et T3) traverse Caen du nord au sud et relie Hérouville à Ifs ou Fleury-sur-Orne (soit 15 km).

– ***Navette gratuite*** dans le centre-ville, lun-sam 7h30-20h avec le parking du Parc des expositions.

✈ ***Aéroport de Caen-Carpiquet*** *(hors plan par A2)* **:** *route de Caumont, 14650* ***Carpiquet.*** *• caen.aeroport.fr • À env 10 km à l'ouest du centre-ville. La ligne de bus LIANE 3 rejoint le centre-ville de Caen ttes les 15 mn en sem, 20 mn le sam ; plusieurs passages le dim. En taxi, compter 25-35 €.*

🚗 ***Taxis Abbeilles :*** *☎ 02-31-52-17-89. • taxis-abbeilles-caen.com •*

■ ***Location de voitures :*** ***Hertz*** *(plan C3), 24, rue de la Gare. ☎ 02-31-84-64-50.* ***Avis*** *(hors plan par C3), 44, pl. de la Gare. ☎ 0820-611-681 (0,15 €/mn + prix d'appel).* ***Europcar*** *(hors plan par C3), 36, pl. de la Gare. ☎ 09-77-40-32-74.*

– ***Marchés :*** la ville accueille un marché presque chaque jour de la semaine. Les plus importants et centraux sont ceux du vendredi matin sur la place Saint-Sauveur et le long des fossés Saint-Julien *(plan A2)*, et du dimanche matin place Courtonne et sur le bassin Saint-Pierre *(plan C2)*. Précisons aussi que celui du samedi matin, boulevard Leroy *(hors plan par C3)*, légèrement plus modeste, est lui aussi excellent.

Où dormir ?

Attention : les nuits de veille de marchés (voir « Adresses et infos utiles » plus haut), ne garez surtout pas votre voiture sur la place Saint-Sauveur, le long des fossés Saint-Julien ou sur les parkings du port : fourrière garantie !

Auberge de jeunesse

🏠 ***Auberge de jeunesse*** *(hors plan par C3, **10**) : foyer des jeunes travailleurs Robert-Rème, 68, rue Eustache-Restout. ☎ 02-31-52-19-96. • acahj-caen.fr • Ⓣ Rostand-Fresnel, à 100 m de l'AJ (ligne T3, direction Fleury-Collège Hawking). ♿ À 2 km au sud-ouest de la gare. Ouv tte l'année (capacité de 8 lits en dortoir mixte sept-mai, 52 lits en été) ; accueil 17h-21h. 25 €/nuitée avec petit déj.* Le rez-de-chaussée du foyer des jeunes travailleurs tient lieu d'AJ. Téléphoner avant de débarquer : c'est souvent complet. Chambres de 4 lits, chacune avec douche et placard, et 1 dortoir de 6 lits. Cuisine à disposition.

Prix moyens

🏠 **Hôtel du Château** *(plan C2, **19**) : 5, av. du 6-Juin. ☎ 02-31-86-15-37. • hotel-chateau-caen@orange.fr • hotel-chateau-caen.com • Double 60-80 €.* Un hôtel simple, tout propre sur lui. La déco y est assez standard, mais agréable, et les chambres offrent un bon confort. Accueil soigné et avenant.

🏠 **Hôtel du Havre** *(plan C2, **13**) : 11, rue du Havre. ☎ 02-31-86-19-80. • resa@caen-hotel.fr • caen-hotel.fr • ♿ Congés : sem de Noël et du Nouvel An. Doubles 59-89 €. Parking (payant). Réduc de 10 % sur le prix de la chambre, si résa directe.* Une jolie réception aux couleurs vives et chaudes. Des chambres à la déco plus sobre mais plaisante. Malgré la taille réduite de certaines salles de bains, ensemble de bon confort et impeccablement tenu. Excellent accueil.

🏠 ☂ ***Hôtel François d'Ô*** *(plan B1-2, **14**) : 4, rue des Cordeliers. ☎ 02-31-86-37-15. • hotelfrancoisdo@orange.fr • Dans une ruelle interdite à la circulation (possibilité d'y stationner le temps de déposer ses affaires). Congés : vac de Noël. Doubles 65-99 € ; familiale.* Cette vieille bâtisse abrite un petit hôtel à la déco intérieure de style contemporain. Jolie vue sur les toits et les flèches de l'église pour certaines chambres de la maison. Agréable petite terrasse-jardin dans la cour où se cachent d'autres chambres de plain-pied et bien au calme. Accueil impeccable.

De prix moyens à plus chic

🏠 **Hôtel des Quatrans** *(plan B2, **16**) : 17, rue Gémare. ☎ 02-31-86-25-57. • contact@hotel-des-quatrans.com • hotel-des-quatrans.com • ♿ Doubles 71-111 € ; familiales ; petit déj 12 €.* Derrière une façade quelconque, on découvre des chambres confortables, pas toujours bien grandes mais impeccablement tenues, bien équipées et au calme. La déco, standard, a néanmoins le mérite d'être plutôt classe.

🏠 ***Hôtel Bristol*** *(plan C3, **17**) : 31, rue du 11-Novembre. ☎ 02-31-84-59-76. • hotelbristolcaen@gmail.com • hotelbristolcaen.com • Doubles 85-119 €.* Adresse pile-poil entre la gare et le cœur de ville. Façade tristoune, comme souvent à Caen. L'intérieur se révèle plus riant. Bien que pas toujours très grandes, les chambres sont impeccables, et bien insonorisées par-dessus le marché ! Accueil agréable et souriant.

🏠 ***Le Dauphin*** *(plan B2, **12**) : 29, rue Gémare. ☎ 02-31-86-22-26. • info@le-dauphin-normandie.com • le-dauphin-normandie.fr • ♿ Doubles 110-240 € ; petit déj-buffet de très grande qualité 16 € ou « rapido » 8 €. Parking clos dans la cour de l'hôtel (15 €).* Cet ancien prieuré abrite différents types de chambres : si toutes jouissent d'un réel confort et d'une bonne literie, certaines sont assez impersonnelles, tandis que d'autres, légèrement mansardées, possèdent plus de charme. Spa (payant). C'est aussi l'une des bonnes tables de la ville. Accueil et service pro.

Maisons d'hôtes

🏠 ***La Maison de Famille*** *(plan B1-2, **15**) : 4, rue Élie-de-Beaumont. 📱 06-61-64-88-54. • maisonfamille@yahoo.com • maisondefamille.sitew.com • Doubles 75-110 € (2 nuits min mai-sept) ; familiales. Parking.* Toutes les familles n'ont pas la chance de posséder un élégant hôtel particulier du XVIIIe s, cerné d'un petit jardin ! Les

LE CALVADOS

chambres sont tout simplement charmantes, très maison de famille effectivement avec bibelots et bouquins. Et le tout à des prix aussi gentils que l'accueil.

Chez Laurence du Tilly *(plan A2, **18**) : 9 B, rue Pemagnie. 07-86-23-28-28. • laurence@dutilly.fr • laurencedutilly.fr • Doubles à partir de 150 €.* Laurence a été styliste, ça se voit, mais on se sent étonnamment bien chez elle. Ou du moins dans la maison qu'elle a transformée en appartements d'hôtes, sans tomber dans le piège des magazines de déco. 3 étages, 3 lieux de vie différents, pratiques, drôles, attachants, cocooning, idéaux pour un séjour dans cette ville qu'elle aime et dont elle connaît les bonnes petites adresses. Propose aussi une maisonnette (2-4 personnes) dans un village entre Caen et la mer.

Où manger ?

Ici, pour pouvoir manger ou simplement boire un verre (lire plus loin), il faut choisir son Caen. On plaisante, mais c'est un peu ça. Les habitués vous donneront leurs bonnes adresses cachées dans les rues du centre, d'autres vous inviteront à prendre le large, à aller voir du côté du port, dans des quartiers où les nouveaux restos et bars sortent de terre à un rythme soutenu. Quai Vendeuvre, les amateurs de fruits de mer se régaleront à la terrasse de *La Cave à Huîtres.* Certains encore aimeraient qu'on donne plus de place au quartier du Vaugueux et ses nombreux restos...

Sur le pouce

Tartines et Gourmandises *(plan B2, **32**) : 20, rue Froide. 06-07-81-18-67. Fermé dim-lun. Env 5 €.* La longue file qui se répand dans la rue à l'heure du déjeuner ou du goûter parle d'elle-même. Ce qui a fait la réputation de cette boulangerie, c'est son excellent pain bûcheron, dont la recette semble se transmettre de propriétaire en propriétaire. Mais à la seule vue des viennoiseries, les papilles frémissent. Et le midi, c'est le large choix de sandwichs, tartelettes, grignettes ou autres feuilletés qui attire les foules.

Les adresses du midi et de l'après-midi

Au Double Blanc *(plan A2, **43**) : 7, rue Caponière. ☎ 02-31-86-29-74. Ouv le midi lun-sam. Résa conseillée. Menu 19 € ; carte 13-20 €.* Difficile de ne pas craquer pour ce resto de quartier dont le décor, improbable, pourrait servir de cadre à un épisode de la série *Maigret.* Les prix sont, eux aussi, d'un temps révolu, et cela donne une adresse authentique et touchante. Cuisine de ménage bien dans le ton ; tout est vraiment maison : rillettes, pâtés, tripes, rognons au muscadet, veau Marengo, etc.

Ty Gibus *(hors plan par C1, **33**) : 17 bis, rue des Tilleuls. ☎ 02-31-86-01-33. • olivierbriand.bzh • Ouv midi lun-ven et ven soir 19h-21h. Résa conseillée. Formules déj 25 €, soir menu dégustation 49 €. Un digestif maison offert sur présentation de ce guide.* Une adresse hors des sentiers battus, mais bien connue du personnel de l'université voisine qui en a fait son repaire. Il faut dire qu'on se sent diablement bien dans la salle simplement arrangée, mais chaleureuse et accueillante avec ses murs couleur soleil et son mobilier de bois. Sous un menu d'apparence modeste se cachent des assiettes réjouissantes, sortant, elles aussi, des sentiers battus : les produits locaux de saison y sont travaillés selon l'inspiration du jour, avec imagination et doigté. Le vendredi soir, menu surprise pour tout le monde ! Organise aussi, çà et là, des soirées à thème ou des concerts.

Memoranda *(plan B2, **40**) : 19, rue des Croisiers. ☎ 02-31-86-51-28. • memoranda14@yahoo.com • Repas seulement au déj mar-ven (avt 13h) ; salon de thé l'ap-m (14h30-18h) sauf dim-lun. Menu 12 € ; carte 15-20 €.* Pour une petite pause gourmande et littéraire dans un café-librairie devenu, au fil de plus de 3 décennies d'existence, une véritable institution caennaise. Des murs et des murs et des piles de livres d'occase, et à l'étage quelques tables pour grignoter tartes et gâteaux accompagnés de leur thé ou café.

De bon marché à prix moyens

Greedy Guts *(plan B2, **38**) : 15, rue de Bras. ☎ 02-31-93-38-52 • djediana@hotmail.fr • Mar 12h-15h, 19h mer, jeu-sam 12h-23h. Fermé dim (sauf exception) et lun. Résa conseillée le midi. Carte 15-20 €. Apéritif maison offert sur présentation de ce guide.* Caché au fond d'une venelle, un petit resto végétarien bas de plafond, à la déco sympathiquement dépareillée et décalée, avec une petite terrasse sur l'arrière aux beaux jours. Avant de vous installer, passez votre commande au comptoir. Au menu, chaque jour, selon l'inspiration du moment, une tarte, une soupe, des *wraps*, et pour la pause de l'après-midi des gâteaux, citronnade maison et autres boissons chaudes. Pas donné mais frais, parfumé et goûteux.

La Véranda *(plan B2, **41**) : 30, rue du Général-Giraud. ☎ 02-50-28-08-91. • sarlveranda@gmail.com • Tlj sauf dim-lun, et j. fériés. Congés : déc-début janv, 15 j. en août. Menus midi 20,50 €, soir 22,50 €.* En plein centre-ville mais niché là où personne ne penserait à venir le chercher, ce bistrot aux longues banquettes de moleskine rouge propose une carte qui change toutes les semaines. Sous son apparente simplicité, la cuisine maison et de saison, bien d'aujourd'hui, se révèle inspirée et préparée avec doigté. Les tables très rapprochées ne favorisent pas les discussions intimes, mais l'ambiance se révèle simple et conviviale.

L'Aromate *(plan B2, **31**) : 9, rue Gémare. ☎ 02-31-85-30-30. • contact@laromate-caen.fr • Fermé dim-lun et mar midi. Menus déj en sem 23 €, soir et w-e 29-45 €.* Une fois n'est pas coutume, mais légumes et herbes occupent ici une place à part entière dans le menu et sont travaillés avec autant de respect et de soin que viandes et poissons. Dans le domaine, mention spéciale, le midi, pour le délicieux risotto dont la composition varie selon les végétaux de saison. Et ce n'est pas tout : en plus de régaler les papilles, les assiettes réjouissent et surprennent l'œil, sans tomber dans le superflu ou le chichiteux. Ajoutez à cela une jolie salle aérée, une terrasse plaisante aux beaux jours et un service avenant, et vous tenez un endroit où il fait bon s'attabler !

La Table des Matières *(plan C2, **44**) : 15, quai François-Mitterrand. ☎ 02-31-99-76-25. • ltmcaen@gmail.com • Fermé dim-lun et le soir mar-mer. Congés : 1 sem à Noël et 3 sem en été. Menus déj 19,50 €, puis 25-35 €.* C'est le café-restaurant de la médiathèque Alexis-de-Tocqueville, un espace lumineux et chaleureux, avec une terrasse ensoleillée à l'abri du vent où l'on peut buller, lire, se poser, peinard. Le midi, les entrées et le plat sont servis sur plateau, avec possibilité de choix – selon que l'on est plus terre, mer ou vegan – entre des plats du moment ayant du pep's et du goût, celui du marché et du voyage. Café le matin, carte sucrée-salée décontractée l'après-midi.

La Table de JF *(plan B2, **36**) : 87, rue de l'Oratoire. ☎ 09-81-03-37-68. • latabledejfcaen@gmail.com • Congés : 2 dernières sem août. Lun-mar 12h-14h30, mer-ven jusqu'à 23h30. Menu 11 €, déj 15-20 € ; menu soir 6 plats 30 €.* Après avoir joué les globe-trotteurs, JF, en bon Normand, est revenu se poser chez lui, ou du moins au centre de Caen, à deux pas du théâtre. Déco vintage, service jeune, cuisine fraîcheur. Une cantine d'habitués où l'on peut venir en solo ou à 2 pour profiter des objets et des plats détournés qui font le charme du lieu.

L'Embroche *(plan B1, **37**) : 17, rue Porte-au-Berger. ☎ 02-31-93-71-31. Tlj sauf sam midi et dim-lun. Congés : 1re quinzaine d'oct et vac de Noël. Formule déj en sem 17 € ; menu 28 €. Digestif offert sur présentation du guide de l'année.* Dans ce secteur qui compte de nombreux restos de tous niveaux, en voici un bon. À l'ardoise, belle cuisine de marché, avec de l'imagination à revendre mais sans frime et tout en saveurs. Courte mais intéressante sélection de vins. Service efficace et charmant.

Le Chef et sa Femme *(plan C3, **34**) : 11, rue du 11-Novembre. ☎ 02-31-84-46-53. 06-32-82-43-96. ♿ Fermé dim-lun. Congés : 2 sem en mars et en août. Résa conseillée. Formules déj 16 €, le soir 21-25 €.* Il y a donc un chef dans ce petit restaurant. Un chef qui sait travailler de bons produits, qui respecte la tradition (savoureux cassoulet au magret de canard) mais qui ose y glisser quelques doses d'imagination. Il y a donc aussi sa femme, qui assure un service efficace et souriant dans une salle aux murs de brique blanche. Prix tenus pour ne pas gâcher le plaisir.

De prix moyens à plus chic

La Vraie Vie *(plan A2, **30**) : 102, rue Saint-Martin. ☎ 02-14-40-51-54. • lavraievie.caen@gmail.com • Fermé mar-mer. Menus 35-48 €.* On ne sait pas si c'est la vraie vie, mais un repas ici et votre journée gagne en saveur. Les deux jeunes chefs ont gardé le meilleur de leur formation chez des étoilés : des entrées aux desserts, cuissons, textures et présentation sont parfaitement maîtrisées, les associations pertinentes et réjouissantes. En revanche, ici, rien de guindé ou de trop sophistiqué. Si la carte change régulièrement, quelques plats restent indéboulonnables, tels le soufflé au chocolat, le délicieux œuf à 63 °C, le foie gras, accommodés différemment selon les saisons.

Fragments *(plan B1, **46**) : 4, rue Lecornu. 07-71-69-29-76. • contact@fragments-restaurant.com • Ouv mer-sam (midi et soir) Résa indispensable. Formules déj 23-36 €, menu du soir 46 €.* Une table locavore où l'on met en valeur des produits simples, rustiques, en les traitant avec le même soin que des mets plus nobles. Les assiettes sont ici de ravissants tableaux où chaque saveur valorise le goût des ingrédients voisins. Le soir, c'est menu unique, on suit le chef qui vous apporte vos petits plats et vous en explique la composition. Rien de bien original, nous direz-vous, sauf qu'ici tout se fait avec simplicité, dans un esprit convivial et une véritable envie de partager. Une adresse sincère et bien dans ses baskets !

Où déguster de bonnes pâtisseries ?

Pâtisserie Alban Guilmet *(plan B2, **50**) : 6, rue Saint-Jean. ☎ 02-31-45-36-06. • info@albanguilmet.fr • Mar-sam 9h30-19h, dim 9h30-13h.* Pour les becs sucrés, amateurs de pâtisseries fines, aussi belles aux yeux que délicates en bouche. Mention spéciale pour la pâtisserie qui vous calera et régalera à moindre coût : le flan maison particulièrement onctueux, savoureux... et riche ! Point d'œuf ici, mais de la crème fraîche ! Une tuerie, comme on dit !

Où boire un verre ? Où écouter de la musique ?

La vie nocturne à Caen se répartit principalement entre 2 zones (2 territoires dirions-nous presque, car les adeptes d'un endroit fréquentent rarement l'autre !) : ne restez donc pas à tourner désespérément dans le centre si le temps clément vous incite à prendre l'air du soir en même temps que l'air du large, côté port.

Pour une ambiance plutôt bohème et décalée, vous irez vers les rues Saint-Pierre, Écuyère et Arcisse-de-Caumont *(plan A-B2)* – piétonnes pour les 2 premières –, et leurs brochettes de cafés avec terrasse. Un peu plus loin, rue Caponière *(au nº 29 ; tlj sauf lun 16h-1h),* allez vous ressourcer à ***L'Antirouille*** *(hors plan par A2, **63**),* le bar antistress par excellence. Autour du château, citons sinon le bar de nuit ***L'Écume des Nuits*** *(plan B2,* ***62*** *; 11, rue des Croisiers ; tlj sauf dim-lun 23h-4h ou 5h),* ou encore le très bien caché ***El Che Guevara Club*** *(plan B1,* ***60*** *; 53, rue Geôle ; mar-sam 18h-3h),* beau bar à tapas et cocktails (chers), repaire des trentenaires et des danseurs de salsa.

Sinon, le ***quai Vendeuvre,*** appelé aussi le ***port*** ou le ***bassin Saint-Pierre*** *(plan C2),* abrite une brochette de bars « mode », « frime », diront certains, mais aussi des pubs proposant des concerts, comme le ***O'Donnell's Irish Pub*** *(plan C2,* ***61*** *; 20, quai Vendeuvre).*

Enfin, pendant l'année universitaire, les ***bars de la rue du Gaillon*** *(plan B1),* juste à côté du campus, accueillent les étudiants entre 2 cours ou à l'heure de l'apéro.

Achats gourmands

La crémerie des Baratineurs *(plan B2,* ***71****) : 42, rue de Geôle. ☎ 09-83-23-12-65. Lun-mer 16h-19h, jeu 10h-14h, 16h-20h ; ven 10h-20h, sam 9h-21h, dim 10h-13h30.* Déjà, les produits (crémerie, charcuterie) sont de 1er choix, mais les crémiers affinent eux-mêmes les fromages et proposent un délicieux beurre ainsi qu'une petite sélection de produits du terroir. Leurs assortiments ou plateaux malins remportont aussi un franc succès (d'où la queue régulière) : fondue savoyarde, plateau raclette (à commander) ou plateau apéro. Sans parler du brunch du dimanche matin, lui aussi très couru.

À voir

Malgré les bombardements ravageurs de 1944, Caen conserve de nombreux attraits touristiques. Le centre-ville, peu étendu, regroupe l'essentiel, même si les 2 principales curiosités historiques, l'abbaye aux Hommes et l'abbaye aux Dames, se trouvent de chaque côté du centre proprement dit, et justifient une balade à part. L'idéal étant de pouvoir suivre une des visites guidées, pour en profiter pleinement. Le fameux Mémorial de Caen mérite à lui seul une bonne demi-journée.

PRÉFÉREZ L'ORIGINAL

Pour la restauration des monuments de Caen (château, chemin de ronde...), on utilisa des pierres « comparables » à celles de la construction historique, mais pas issues de la même carrière. Malheureusement, ces pierres de substitution ne vieillissaient ni de la même façon ni au même rythme que la pierre d'origine. Elles engendrèrent de malheureux dégâts avec le temps. Il fallut donc rouvrir, en 1995, la vieille carrière de Cintheaux, au sud de la ville, dont étaient issues les pierres d'origine, afin d'être en harmonie avec l'ADN des pierres historiques.

Dans le centre-ville, au départ du château

Le château *(plan B1) : accès piéton principal face à l'église Saint-Pierre. ☎ 02-31-30-47-60. Château : tlj 6h30-22h30. GRATUIT. Visites guidées en juil-août (infos à l'église Saint-Georges et sur le site internet du musée de Normandie • https://musee-de-normandie.caen.fr/ •).*

Bâti au XIe s pour Guillaume le Conquérant, duc de Normandie, le château fut peu à peu fortifié par ses successeurs. Il devint alors une véritable forteresse et subit plusieurs sièges durant la guerre de Cent Ans. Place forte de la « France anglaise » (1417-1450), on doit aux Anglais la construction de la barbacane Saint-Pierre (l'impressionnante porte d'entrée du site). De 1450 à 1789, le château devint le siège du Gouverneur et de la ville de Caen puis, à la Révolution, une prison pour

réfractaires à la cause révolutionnaire. La Convention donna l'ordre de détruire la forteresse quelques années plus tard, ce qui entraîna la disparition du donjon. Le reste du site fut « sauvé » par Napoléon, qui le transforma en caserne.
Même si, à 1re vue, le château ne recèle que peu d'édifices médiévaux dans son enceinte, excepté la grande salle de l'Échiquier et l'église Saint-Georges, il est une véritable mine archéologique. L'espace libre a été transformé en jardin public dont une partie abrite un sympathique jardin médiéval et un (moins sympathique) parking. On y a, en revanche, édifié le superbe *musée des Beaux-Arts* et le *musée de Normandie.* Le chemin de ronde (escalier à gauche après avoir passé le beau pont-levis de la porte Saint-Pierre) offre un panorama avantageux sur la ville et sur les remparts, d'ailleurs joliment mis en lumière le soir.

★ ***L'église Saint-Georges – Centre d'interprétation du château*** *(plan B1)* **:** *au cœur du château, elle abrite la billetterie des 2 musées du château. ☎ 02-31-30-47-90. Juin-sept lun-ven 9h30-12h30, 13h30-18h ; w-e et j. fériés 11h-18h. Fermé lun oct-mai (sauf Pâques et Pentecôte).* Très mignonne, elle fut édifiée à l'époque romane pour les habitants de la paroisse du château, mais son aspect actuel date des XVe et XVIe s. Portail et chœur flamboyants. Outre les billetteries, elle abrite aussi le centre d'interprétation qui permet de comprendre ce que le château représentait à sa grande époque.

★★ ***Le musée de Normandie*** *(plan B1)* **:** *dans l'enceinte du château, dans le logis des Gouverneurs, à gauche après l'entrée par le pont-levis de la porte Saint-Pierre. ☎ 02-31-30-47-60. • musee-de-normandie.caen.fr • ♿ Ouv tlj juil-août et mar-dim le reste de l'année, aux mêmes horaires que l'église Saint-Georges ci-dessus. Entrée : 3,50-5,50 € selon expo ; billet combiné avec le musée des Beaux-Arts 6-8 € ; gratuit moins de 26 ans et pour ts le 1er w-e du mois ; abonnement pass'Murailles 15 € pour visiter le musée de Normandie et le musée des Beaux-Arts tte l'année. Visites et animations tt au long de l'année.* Ce bâtiment en partie du XVIIe s est dévolu à la conservation du patrimoine historique, archéologique et ethnologique de la région. On l'aborde au travers de collections qui retracent l'évolution culturelle des hommes depuis la préhistoire jusqu'à nos jours. Plusieurs salles permettent également une approche intéressante des paysages et des différents types de fermes ou exploitations que vous rencontrerez en sillonnant la région. Les salles « Costumes et coutumes » sont quant à elles dédiées à la dentelle normande, blonde de Caen, chantilly de Bayeux, ainsi qu'aux vêtements traditionnels. Les *salles du Rempart* accueillent également des expos temporaires et abritent un centre de documentation, une salle de conférence... On peut y observer quelques vestiges du château (une forge, une maison médiévale...).

★ ***La salle de l'Échiquier*** *(plan B1)* **:** *au fond, après le musée de Normandie. Ouv en accès libre du printemps à l'automne.* Beau bâtiment en pierre du XIIe s et exemple peu répandu d'architecture romane non religieuse. C'est le seul vestige du palais ducal. C'est ici que se tenait la cour de justice du duché, appelée Échiquier.

★★★ ***Le musée des Beaux-Arts*** *(plan B1)* **:** *dans l'enceinte du château, à droite après l'entrée piétonne Saint-Pierre. ☎ 02-31-30-47-70. • mba.caen.fr • ♿ Juil-août tlj 9h30-12h30, 13h30-18h ; le reste de l'année mar-ven 9h30-12h30, 13h30-18h, w-e 11h-18h. Entrée : 2,50-5 € selon les expos ; réduc ; gratuit moins de 26 ans et pour ts le 1er dim du mois.*
Situé dans un bâtiment résolument contemporain, le musée des Beaux-Arts, d'abord consacré aux collections de peinture ancienne, s'est ouvert à la création contemporaine, au cœur d'un parc de sculptures. La présentation des collections des XXe et XXIe s est régulièrement renouvelée, grâce à un partenariat avec le Frac de Normandie Caen. Pour se repérer dans le temps et dans l'espace, un plan est distribué à l'entrée, présentant chaque étage. Un œil sur les primitifs, et on passe aux Italiens du XVIe s, avec arrêt obligatoire devant les incontournables Tintoret (poignante *Descente de Croix*) et Véronèse (somptueuse *Tentation de saint*

Antoine). Le XVIIe s est représenté comme il se doit par Rubens et Van Dyck pour les Flamands, Luca Giordano *(L'Enlèvement d'Hélène)* et Andréa Sacchi *(Didon abandonnée)* pour les Italiens, Nicolas Poussin, Simon Vouet et Philippe de Champaigne pour les Français.
En rez-de-jardin, l'Europe du XVIIIe s défile à travers scènes bibliques ou mythologiques, paysages et natures mortes. Les salles consacrées aux XIXe et XXe s permettent de retrouver Géricault, Courbet, Delacroix, Isabey, Corot, Daubigny et l'école de Barbizon. Les paysages de Normandie furent une source d'inspiration inépuisable pour quelques grands peintres (Boudin, Moret, Monet et Dufy). Les fans de cubisme ont aussi de grandes œuvres à se mettre sous les yeux, et les accrochages futurs permettront de retrouver des artistes contemporains de renom. Difficile de donner des noms, puisque la vie de ce musée est un perpétuel renouvellement. Il en va ainsi pour les œuvres présentées par roulement lors d'expositions thématiques ou monographiques dans le cabinet d'art graphique. Pièces de Dürer, Rembrandt, Van Dyck et, bien sûr, Jacques Callot. C'est l'un des fonds les plus importants au monde.
Quant au parc de sculptures, implanté à l'intérieur des remparts, il évolue lui aussi au fil du temps. En 2018, *Lou* de Jaume Plensa est venue rejoindre les œuvres de Jaakko Pernu, François Morellet, Rodin, Bourdelle, Marta Pan et Huang Yong Ping.

Le quartier du Vaugueux *(plan B-C1)* **:** ce vieux quartier populaire (le grand-père d'origine berbère d'Édith Piaf y tenait un bistrot, d'où la présence d'un resto connu, *La Môme*), caché au pied du château, complètement restauré, est devenu un îlot piéton voué au tourisme flâneur. Beaucoup de jolies maisons à admirer, dont une du XVIe s à pans de bois et plusieurs petites demeures en pierre de taille du XVIIIe s.

La maison des Quatrans *(plan B2)* **:** *25, rue de Geôle.* C'est l'une des plus belles maisons à pans de bois de la ville. Façade superbe et généreuse, mais elle seule est à pans de bois. Construite à la fin du XIVe s, elle fut restaurée après les bombardements de la 2e Guerre mondiale.

La rue Froide *(plan B2)* **:** l'une des plus vieilles rues de Caen. C'était la rue des Imprimeurs. Animée et piétonne, elle eut la chance d'échapper aux bombardements et offre de bons exemples de ce qu'il est convenu d'appeler l'« architecture caennaise » : façades en pierre (de Caen), cours intérieures et escaliers typiques. N'hésitez pas à pousser les portes pour jeter un coup d'œil à l'intérieur. Au *no 49,* franchir la porte mitoyenne à celle du salon de coiffure (à droite) pour surprendre un étroit escalier de pierre dans une maison du XVIIe s (au fond du couloir). Au *no 41,* cour intérieure avec puits, escalier à vis du XVIIIe s, tourelle d'angle. Enfin, au *no 10,* dans une cour intérieure, maisons du XVIIe s, dont une jolie à pans de bois.

MAIS QUI ÉTAIT EUGÈNE POUBELLE ?

Né à Caen, il devint préfet de la Seine en 1883. Il prit un arrêté obligeant les propriétaires d'immeubles parisiens à mettre à disposition de leurs locataires des récipients fermés, à format imposé, pour contenir les déchets ménagers communs. Il institua aussi le tri sélectif, qui fut généralisé... en 2000. Il existe une rue Eugène-Poubelle à Paris, qui a la particularité de n'avoir qu'un numéro (le no 2).

L'église Notre-Dame-de-Froide-Rue *(plan B2)* **:** *à l'angle de la rue Froide et de la rue Saint-Pierre.* Elle existerait depuis le VIIe s, même si rien ne subsiste des 1ers édifices, et aurait été reconstruite aux XIVe-XVe s. On l'appelle aussi église Saint-Sauveur. Rue Froide, remarquez le porche (aujourd'hui fermé), avec un beau portail flamboyant du XVe s et ce curieux escalier en spirale (sur la droite de la porte) qui ne conduit plus nulle part. Splendide tour élevée au XIVe s et terminée par une pyramide de trèfles et de rosaces. À l'intérieur, 2 nefs parallèles mais pas symétriques, couvertes de voûtes en bois semblables à des coques de navires. Et des vitraux contemporains. C'est cet ensemble disparate qui finit par la rendre attachante.

La rue Écuyère *(plan A-B2)* **:** moins bien préservée que la rue Froide, cette jolie voie typiquement caennaise conserve encore quelques curieux (et beaux) souvenirs du passé. On aime bien l'atmosphère qui s'en dégage entre boutiques d'antiquités, bars branchés et anciens hôtels particuliers. Remarquer, au *n° 9,* cette maison décorée de colonnes, balcons et lucarnes. Au *n° 42,* l'*hôtel des Écuyers* date de la fin du XVe s. Dans la jolie cour intérieure (la porte s'ouvre parfois dans la journée...), puits et fenêtres gothiques.

La rue aux Fromages *(plan A2)* **:** bel alignement de maisons anciennes, entre les n°s 7 et 11. Elle débouche sur la place Saint-Sauveur.

La place Saint-Sauveur *(plan A2)* **:** ancienne place du pilori, réaménagée au XVIIIe s, elle présente une très belle homogénéité. Au n° 2, coincé entre 2 maisons, se dresse le portail de l'*église du Vieux-Saint-Sauveur.* Complètement détruite par les bombardements, cette église a retrouvé la blondeur de sa pierre, mais elle n'ouvre ses portes qu'à l'occasion des expos et autres manifestations qui s'y tiennent. Transept et tour d'époque romane, chœur du XVe s. La place est également bordée de luxueux hôtels particuliers comme, au n° 20, l'*hôtel Fouet* construit vers 1740, à la déco classique et à l'élégant balcon en fer forgé. Voir aussi, au n° 19, l'*hôtel Canteil-de-Condé.* Marché à ne pas manquer le vendredi matin, dont la tradition remonte au XIe s.

Les quartiers Belle Époque *(plan A1)* **:** quelques rues autour de la place du Canada, sur laquelle fut construite l'ancienne gare où les 1ers amateurs de bains de mer prenaient le train pour la Côte de Nacre. Villas et immeubles offrent d'ailleurs un petit avant-goût architectural des stations balnéaires. Bel immeuble à la façade typiquement Art nouveau à l'angle des rues Isidore-Pierre et Saint-Gabriel. Rue Desmoueux, à deux pas du Jardin des plantes, l'ancien cimetière est un lieu étonnant, hors du temps, où l'on peut errer sans même rencontrer un chat, au milieu de tombes oubliées des vivants.

Le Jardin des plantes *(plan A1)* **:** *5, pl. Blot. Tlj à partir de 8h (10h w-e et j. fériés) ; fermeture variable selon saison. Serre tlj 13h-17h. Accès libre.* Créé au XVIIIe s, il abrite sur 5 ha plus de 5 000 espèces. Serre exotique, flore normande, orangeraie et quelques arbres spectaculaires.
– Une balade à compléter, surtout si vous êtes en voiture, par la découverte du magnifique ***parc floral de la Colline aux Oiseaux*** et de sa splendide roseraie en forme de labyrinthe (bien indiqué à la sortie du Jardin des plantes).

LE CALVADOS

D'une abbaye à l'autre...

L'abbaye aux Hommes *(plan A2)* **:** *entrée des bâtiments conventuels sur l'esplanade Jean-Marie-Louvel, par l'entrée de l'hôtel de ville.*
Comme on l'explique plus haut – et surtout comme vous le découvrirez si vous suivez une des visites –, Guillaume le Conquérant décida la construction de l'abbaye vers 1060 pour se réconcilier avec le Saint-Siège. L'ensemble (église et bâtiments) est, avec l'abbaye aux Dames, l'un des sites les

CROIX ROUGE ET BOMBARDEMENTS

Plusieurs centaines de familles se réfugièrent dans l'abbaye aux Hommes du 6 juin au 9 juillet 1944, date de la libération de la ville par les Canadiens. Lors des bombardements alliés, pour éviter le carnage, une grande croix rouge fut peinte sur le toit afin de signaler aux aviateurs que les lieux abritaient un hôpital. Ainsi fut épargnée, outre les réfugiés, l'abbaye elle-même.

plus intéressants de la ville. Belle harmonie architecturale, même si les bâtiments conventuels, plus classiques, furent reconstruits au XVIIIe s.

– ***L'abbatiale Saint-Étienne*** *(plan A2)* **:** *tlj sauf dim mat et pdt les offices 9h30-12h30, 14h-18h30. Elle est incluse dans l'un des circuits de visite.*

Gracieuse sans paraître imposante, la façade de cette abbaye remarquable, construite assez rapidement pour l'époque (de 1063 à 1077), donne le ton d'emblée : toute la majesté de la pierre taillée est mise en valeur, de même que la finesse des tours et des belles flèches de style gothique, qui inspirèrent nombre d'églises normandes. La même recherche d'harmonie se retrouve dans l'architecture intérieure qui joue là encore sur le dénuement : grandeur et sobriété. Quelques éléments de richesse toutefois : la belle chaire de bois sculpté (XVIIe s) de la nef, sur la droite ; ou encore le marbre du maître-autel et le bronze de son bas-relief. À voir encore, le lutrin en fer forgé et l'énorme support de cierge pascal. Le chœur gothique est l'un des plus anciens de Normandie. Au centre, la tombe de Guillaume le Conquérant (du moins ce qu'il en reste, à savoir bien peu !) porte une inscription latine que l'on traduit pour les mauvais élèves : « Invaincu Guillaume le Conquérant, duc de Normandie, roi d'Angleterre et fondateur de cette maison, mort en 1087 »...

On remarquera encore, sur la gauche, une curieuse horloge dorée du XVIIIe s, coincée entre 2 fenêtres intérieures à petits carreaux, aux belles boiseries sculptées. Les grandes orgues Cavaillé, du XIXe s, comptent près de 3 400 tuyaux. Elles sont soutenues par un monumental buffet dont les atlantes sont des copies d'œuvres de Puget.

– ***Les bâtiments conventuels de l'abbaye*** *(actuel hôtel de ville)* **:** *☎ 02-31-30-42-81. ♿ (pour la quasi-totalité des 2 circuits de visite). Visites guidées de 50 mn : avr-sept, tlj à 10h30, 14h30 et 16h ; oct-mars, pdt les vac scol, lun-ven 10h30 et 14h30, dim et j. fériés 10h30, 14h30 et 16h. Entrée : 6,50 € ou 5,50 € hors période d'expo temporaire.*

Majestueuse façade principale en pierre de Caen, de 105 m de long. Il ne reste plus rien des bâtiments de l'époque romane. Néanmoins subsistent quelques témoignages de la période gothique, dont la salle des gardes du XIVe s (actuelle salle du conseil municipal). L'ensemble fut reconstruit au début du XVIIIe s par un moine architecte. Les moines furent mis à la porte pendant la Révolution, puis Napoléon Ier transforma l'abbaye en lycée. En 1965, la mairie prit possession des lieux. Un des plus beaux hôtels de ville de France (encore plus beau à la tombée de la nuit).

Au cours de la visite guidée, surtout si vous avez la possibilité d'en suivre une contée, par une nuit estivale, on remonte le temps, revivant celui des moines, puis des maires célébrant les mariages dans l'ancienne salle capitulaire. Salles intérieures somptueuses, chacune dans un genre différent. On craque pour la grande salle du réfectoire où, au fond, une toile fait apparaître Guillaume en empereur romain (!). Au passage, vous verrez encore l'escalier des matines, le cloître qui a perdu ses carrés de simples avec, dans un angle, le superbe « tableau des offices », le parloir où les sons résonnent...

– ***L'Artothèque*** *(plan A2)* **:** *dans le palais ducal, impasse du Duc-Rollon. ☎ 02-31-85-69-73. • artotheque-caen.net • Mar-sam 14h-18h. GRATUIT.* Avant d'accueillir des œuvres d'art, cette belle bâtisse du XIVe s ayant miraculeusement survécu aux bombardements de 1944 accueillait les hôtes de marque reçus à l'abbaye aux Hommes. Transformée en écurie et en grenier à blé au XVIIe s, elle abrite ensuite l'École normale de 1862 à 1961. Aujourd'hui, on vient y emprunter des œuvres, mais aussi contempler les expos proposées dans ses belles salles restaurées.

– L'hôtel de ville abrite également un petit ***musée d'initiation à la nature*** *(☎ 02-31-30-43-27 ; ♿ ; vac de Printemps-vac de la Toussaint, lun-ven 14h-18h ; le reste de l'année, mer ap-m seulement ; GRATUIT),* consacré à la faune et à la flore de Normandie.

De l'autre côté de l'esplanade Jean-Marie-Louvel, l'***église Saint-Étienne-le-Vieux*** *(plan A2)* ne se visite pas mais présente un aspect extrêmement émouvant (de nuit, surtout). Romane puis gothique, elle a subi les assauts des obus de la Seconde Guerre mondiale, témoin du sacrifice et du martyre de la ville. Un bout de nef, quelques contreforts et arcades sauvent fièrement l'honneur.

L'église Saint-Nicolas (plan A2) : ouv seulement lors de concerts, spectacles, expos et Journées du patrimoine. Bâtie au XIe s, elle est aujourd'hui désaffectée, mais son intérieur est resté d'une grande pureté. Le cimetière, sur son flanc nord, dégage une poésie toute romantique. Belle vue sur les tours de Saint-Étienne.

La ***rue Saint-Pierre*** *(plan B2)* offre elle aussi un bel alignement de maisons en pierre de pays. Au no 52, 2 splendides maisons à pans de bois. Un peu plus loin, au no 98, la belle façade classée de la *Librairie générale du Calvados.*

L'hôtel d'Escoville *(plan B2) : pl. Saint-Pierre. Il abrite l'office de tourisme.* Construit dans la 1re moitié du XVIe s par « le seigneur le plus opulent de la ville » qui fit fortune dans le commerce des céréales. M. d'Escoville était aussi alchimiste et sa demeure regorge de symboles ésotériques. Cette noble bâtisse passe pour être l'un des exemples les plus accomplis de l'art de la Renaissance en Normandie. Le flanc droit offre de nombreuses statues représentant des personnages mythologiques et bibliques. Lucarnes sculptées. Difficile d'imaginer le massacre qu'a subi le bâtiment pendant les bombardements. La qualité du travail de restauration est remarquable.

L'hôtel de Than *(plan B2) : bd du Maréchal-Leclerc. Ne se visite pas.* Construit peu avant l'hôtel d'Escoville, il marque une période de transition entre les styles gothique flamboyant et Renaissance. Bien observer les lucarnes, décorées de volutes et de bas-reliefs. Pour l'anecdote, les propriétaires de ces 2 hôtels voisins (celui d'Escoville et celui-ci) se détestaient. Au point que celui de l'hôtel de Than, pour bien montrer son mépris, fit sculpter sur sa façade un personnage se déculottant en direction de l'hôtel d'Escoville ! Y a pas de petites bassesses.

L'église Saint-Pierre *(plan B2) : entrée par la pl. Saint-Pierre. Tlj sauf dim ap-m.*
Construite du XIIIe au XVIe s, elle joue elle aussi sur la transition des styles : gothique rayonnant et flamboyant, puis Renaissance. Superbe clocher du XIVe s, de près de 80 m de haut, qui rendit cette église célèbre. En contournant l'église, on remarque la finesse de la façade principale, mais aussi la richesse de l'ornementation du chevet édifié sur pilotis au XVIe s (de style Renaissance particulièrement chargé).
Bel intérieur où la profusion des sculptures impressionne. Très jolie frise ciselée comme de la dentelle, qui court le long du chœur. Les chapelles autour du chœur tranchent avec le reste de l'église : voûtes Renaissance avec clé particulièrement pendantes et fort travaillées. Certains chapiteaux méritent d'être détaillés.

COMMENT SORTIR GRANDI DE LA GUERRE ?

Le clocher de l'église Saint-Pierre fut détruit dans la nuit du 8 au 9 juin 1944, non pas par les bombardements alliés, mais par un obus tiré depuis la côte. Il fut restauré grâce aux bénéfices de la vente des épaves du Débarquement. Et ces bénéfices durent être élevés car la flèche y gagna quelques mètres ! Celle d'origine mesurait en effet 72 m de haut, contre 80 aujourd'hui !

L'abbaye aux Dames *(plan C1) : pl. de la Reine-Mathilde.*
Suivre la rue des Chanoines pour arriver à l'alter ego de l'abbaye aux Hommes, puisque sa construction fut commandée par l'épouse de Guillaume le Conquérant, Mathilde, quelques années avant celle aux Hommes, et pour le même motif (à savoir la validation de leur mariage par le pape). Pourtant, l'aspect d'ensemble diffère totalement de celui de l'abbaye aux Hommes, même si les bâtiments conventuels édifiés bien plus tard, au XVIIIe s, furent conçus par le même architecte, Guillaume de La Tremblaye.

– ***L'église de la Trinité :*** érigée pour l'essentiel au XIe s, comme sa consœur, puis remaniée aux XIIe et XIIIe s, elle fut restaurée au XIXe s. Plus massive d'aspect que l'église Saint-Étienne, c'est tout de même un très bel exemple d'architecture romane normande. Elle était autrefois entièrement recouverte de peinture. Grande nef romane presque blanche, lumineuse, dont la voûte du XIIe s, sur croisée d'ogives, est l'une des 1res réalisées dans la région. À noter, les chapiteaux aux décorations florales ainsi que les représentations animalières de l'abside tirées du bestiaire (centaures, éléphant, lions...). La reine Mathilde (inhumée en 1083) a, elle aussi, droit aux honneurs du chœur : ses restes reposent sous un beau marbre noir de Tournai. Mais le clou de la visite reste la *crypte* (uniquement accessible en visite guidée) : élégantes rangées de colonnes aux chapiteaux finement sculptés, un vrai petit chef-d'œuvre. Observez le 1er chapiteau en entrant. Personnages d'une grande simplicité, dont l'un représente l'archange saint Michel accueillant les morts sortant de leur tombe, évocation du Jugement dernier et de la pesée des âmes, thèmes récurrents au Moyen Âge.

– ***Les bâtiments conventuels de l'abbaye :*** *☎ 02-31-06-98-98. ♿ Visites libres gratuites 8h-12h30, 13h30-18h en sem et 14h-18h le w-e. Visites guidées tlj à 14h30 et 16h. Tarif : 4 € ; réduc ; gratuit moins de 18 ans. Durée : env 1h.*

Reconstruit au XVIIIe s par Guillaume de La Tremblaye, le monastère abrite de nombreux édifices d'une grande sobriété, tous bâtis dans la même pierre de taille (de Caen, bien sûr). Superbe ! Élégant jardin à la française dans la cour du cloître, d'où l'on a un bon aperçu des façades. À la Révolution, les bâtiments furent confisqués et ils devinrent tour à tour caserne militaire, dépôt de mendicité, hôtel-Dieu, puis hospice. On s'y réfugia pendant les bombardements de juin 1944. C'est désormais le siège du Conseil régional de Normandie (d'une abbaye à l'autre, les fonctionnaires à Caen sont joliment traités !).

Cette ancienne abbaye compta, parmi ses pensionnaires, une certaine Charlotte Corday. La visite permet de voir le cloître, le *lavatorium* (curieux lavabos de marbre noir, dans de grosses coquilles qui servaient à se laver les mains avant de passer au réfectoire) et le grand escalier encadré de 2 tableaux représentant des scènes bibliques (*Marthe et Marie* et la *Samaritaine*), peints par Eustache Restout en 1720.

Le parc de l'abbaye : *tlj 8h-18h (20h en été). GRATUIT.* Depuis le cèdre du Liban implanté sur sa partie sud, joli panorama sur la ville.

Au sud de la ville, entre port et hippodrome

Le bassin Saint-Pierre *(plan C2)* **:** c'est l'un des 5 bassins du port de Caen, distincts les uns des autres le long d'un canal qui relie la ville à la mer (voir plus loin). Le long de ce bassin, consacré exclusivement à la plaisance, on se croirait vraiment au bord de la mer, surtout quand de nombreux voiliers y sont amarrés. Agréable promenade le long des quais. Le dimanche s'y tient un grand marché. Le Caen de demain se construit tout autour, sur la ***Presqu'île*** comme on l'appelle, avec la médiathèque Alexis de Tocqueville, le nouveau palais de justice, l'école des Beaux-Arts ou encore le Cargö (la salle de musiques actuelles). Au bord du canal, près du palais de justice, il y a même des petits espaces sympas où se poser, pique-niquer...

UNE ÉGLISE TOUTE DE GUINGOIS !

Ce ne sont pas les bombardements qui sont responsables du surprenant aspect de l'église Saint-Jean, mais le sol marécageux sur lequel elle est bâtie. Avant la Seconde Guerre mondiale, des pilotis formés de chênes entiers s'enfonçaient dans la vase jusqu'au sol ferme. L'église tanguait déjà. Ils furent remplacés par du béton après la guerre. Mais rien n'y fit, l'église continue à bouger et à s'ouvrir, doucement mais sûrement.

LE CALVADOS

L'église Saint-Jean (plan C2) : *rue des Martyrs. En général toujours ouvt dans la journée.* Édifice du XVe s, de style gothique flamboyant (observer les « flammes » des vitraux). À l'intérieur, nef superbe et curieuse tour-lanterne aux parois sculptées, d'époque Renaissance, qui tranchent nettement avec la sobriété de la nef. Une église toute tordue (voir encadré), dont le particularisme se voit très nettement en 2 endroits : à l'extérieur, devant la façade, et à l'intérieur, en se plaçant derrière le chœur, dans le déambulatoire, d'où la nef semble littéralement s'ouvrir ! Clocher-porche légèrement incliné, et arcs du transept complètement déformés. Sincèrement, ça mérite le coup d'œil !

La Prairie (plan A-B3) : *à côté de l'hippodrome.* Une autre originalité de ce centre-ville élargi et plein de surprises qui donne un visage bien particulier à Caen. Ce vaste espace d'herbes sauvages est préservé depuis le Moyen Âge. 2 raisons à cela : l'herbe servait à nourrir les chevaux, et l'emplacement, depuis le XIe s, permettait d'installer les chapiteaux d'une importante foire. Les chevaux sont restés (hippodrome), la foire(-expo) a toujours lieu mais à côté, et le site est désormais classé. Belle promenade le long de l'Orne (au fond de la Prairie, côté est), sous la grande allée de platanes, le long du cours du Maréchal-Kœnig.

Plus loin du centre, au nord-ouest de la ville

Le Mémorial de Caen (Cité de l'histoire pour la paix ; hors plan par A1) : *esplanade du Général-Eisenhower. ☎ 02-31-06-06-45. • memorial-caen.fr • Ⓣ Université, puis bus nos 2 ou 6. Janv-mars, tlj 9h-18h ; avr-sept, tlj 9h-19h ; oct-déc, 9h30-18h (fermé les lun de nov et les 20, 25 et 27 déc). Fermé 3 sem en janv. Entrée : 19,80 € ; tarif famille (2 adultes et nombre d'enfants de 10 à 25 ans illimité) 51 €. Audioguide : 4,50 € (par adulte), 3 € (moins de 18 ans). Vente des derniers billets 2h avt la fermeture du site. Résa conseillée (sur le site).*

– **Spécial enfants :** *visites guidées famille pdt les vac scol.*

Inauguré le 6 juin 1988 par François Mitterrand, le Mémorial de Caen est devenu l'un des passages obligés de Normandie. Il s'agit davantage d'un centre pédagogique que d'un musée, d'un outil de réflexion sur la folie humaine et sur les tentatives de l'empêcher de se traduire par des guerres. C'est à la fois un centre culturel (musée, cinéma, expos...), un forum d'échanges, une banque de données (documentation, librairie spécialisée, bureau de recherches), un « monument » pour la paix, un lieu de rassemblement et de promenades (dans les jardins canadien, américain et britannique).

Sobriété, clarté du propos, intelligence de la mise en scène, rigoureuse sélection des documents font du Mémorial un site unique et passionnant, dont la visite s'avère extrêmement enrichissante pour tous les âges. En tout, plus de 4 500 m² d'espaces consacrés aux XXe et XXIe s à partir de 1918.

Le plus cohérent est de visiter le Mémorial dans l'ordre chronologique et de remonter le temps ; cependant, commencer par la 2de partie (l'après-guerre) permet souvent d'éviter la foule, surtout si vous venez le matin. Mais quand on arrive à l'ouverture, aucun problème.

« ÉPRON, VILLAGE DE LA RADIO »

Telle est l'inscription que l'on peut lire en passant devant cette petite ville juste au nord de Caen, quand on se dirige vers la Côte de Nacre. Mais pourquoi donc, vu qu'il n'y a aucune radio ? Épron fut très endommagé lors du Débarquement. En 1948, l'animateur Jean Nohain fut consterné par les conditions de vie de ses habitants. Il lança à la radio une souscription nationale grâce à laquelle les maisons purent être reconstruites en quelques mois.

– Le ***bâtiment*** proprement dit, construit sur les restes d'un bunker de commandement allemand, est une massive bâtisse en pierre de Caen. 1er symbole : la grande fracture centrale, évoquant la percée opérée par les Alliés dans le mur de l'Atlantique.
– ***La 2e Guerre mondiale :*** la 1re partie présente la situation économique et sociale en Europe, la dégradation des relations internationales de 1918 à 1939 *(Faillite de la paix)* et le conflit lui-même *(La France des années noires ; Guerre mondiale/ Guerre totale).* Puis viennent le retournement et la naissance de l'espoir avec *Le Débarquement et la bataille de Normandie.* L'ensemble s'appuie sur une muséographie exceptionnelle, utilisant des documents d'archives le plus souvent poignants (articles de presse, photos, correspondances, films d'époque), mais aussi des maquettes et des véhicules et uniformes militaires. ***Incontournable « Le Jour J et la Bataille de Normandie »,*** un film de 19 mn (séance toutes les 30 mn). À partir d'images d'archives, ce film retrace le Débarquement jusqu'à la Libération de la ville du Havre. Longue de plus de 100 jours, cette bataille changea l'histoire du monde : elle fut la clé de la libération de la France et de l'Europe occidentale.
Ne ratez pas dans une galerie reliant les 2 bâtiments le nouveau ***film immersif « L'Europe, notre histoire »,*** une expérience visuelle et sonore inédite de 19 mn. Ce film vous permet de remonter le temps et de plonger au cœur de l'histoire de l'Europe du XXe s (séance toutes les 30 mn).
– ***Le monde après 1945 :*** on y aborde la période entre la fin de la guerre et la chute du mur de Berlin, que l'on redécouvre non sans émotion car le lien se fait de manière logique, limpide, entre la situation à la fin de la guerre et les tensions d'aujourd'hui, permettant des discussions intergénérationnelles chez les visiteurs.
– ***Le bunker du général allemand Richter :*** le 6 juin 1944, une partie de l'état-major allemand était entassée dans cette sorte de long tunnel de métro sous la falaise. Aujourd'hui, une scénographie audacieuse y parle de l'Occupation et de la Résistance en Normandie.
Après la visite, on peut s'accorder un instant de détente et de sérénité dans les jardins situés sur l'arrière.

L'abbaye d'Ardenne : *14280* ***Saint-Germain-la-Blanche-Herbe.*** *☎ 02-31-29-37-37. • imec-archives.com • Bus nos 20 ou 21, arrêt Ardenne. À 4 km au nord-ouest du centre. Accès libre aux jardins et aux extérieurs de l'abbaye mar-ven 9h-18h, ainsi que le w-e 14h-18h lors des expos temporaires. Expos temporaires : mer-dim 14h-18h ; Visites guidées à Pâques et juin-sept, lun et jeu à 14h30 et 16h. GRATUIT.* La 3e grande abbaye de Caen. Partiellement détruite au début du XIXe s et transformée en ferme, l'abbaye a souffert des combats de la Seconde Guerre mondiale. Du monastère d'origine (XIIe s), il ne reste plus qu'une solide porte. L'ensemble des bâtiments abrite les collections et les activités de l'IMEC (institut Mémoires de l'édition contemporaine) qui, parmi toutes ses archives, compte celles de Marguerite Duras, Roland Barthes, Michel Foucauld et... du *Routard* ! L'ancienne église abbatiale est ainsi devenue une très contemporaine salle de consultation et de lecture. Et entre ses superbes arcades, l'imposante grange aux dîmes accueille rencontres littéraires, colloques et conférences. Inaugurée en 2016, la nef abrite, tout au long de l'année, d'intéressantes expos temporaires autour de la littérature. Le jardin des Canadiens rend hommage aux soldats exécutés par les Allemands en juin 1944.

À faire

➢ ***Au fil de l'Orne*** *(plan C3,* ***3****) : 10, quai Amiral-Hamelin. 07-49-25-22-62. Tlj 10h30-19h pdt vac scol ; hors vac scol mer 14h-18h et sam-dim 11h-18h.* Une sympathique initiative que cette base nautique en pleine ville. Location d'embarcations à pédales, paddles, canoës, kayaks, petits bateaux électriques, à louer à l'heure ou à la journée pour découvrir la ville sous un autre angle avec un parcours qui s'étend sur une douzaine de kilomètres (aller).

➢ **_Le chemin de halage_** *(ou* ***GR 36****)* **:** belle promenade le long du canal de l'Orne, depuis le port de Caen jusqu'à Ouistreham, à 15 km. Se fait à pied, à vélo *(Vélo Francette)* ou à rollers. En chemin, on croise les célèbres Pegasus Bridge et *Café Gondrée* (voir plus loin « Bénouville »).

➢ ***La voie de la Vélo Francette :*** elle relie Ouistreham à La Rochelle. Depuis Caen, cette jolie voie verte longe l'Orne sur 45 km et relie Clécy (en Suisse normande), sur 45 km.

Manifestations

– ***Concours international de plaidoiries :*** *1 w-e fin janv. Entrée libre.* Au Mémorial de Caen, avocats internationaux et équipes de lycéens viennent plaider en public pour les Droits de l'homme en choisissant un cas concret et d'actualité.
– ***Carnaval étudiant :*** *1 jeu fin mars-début avr.* Le plus grand carnaval étudiant d'Europe.
– ***Éclats de rue :*** *le soir jeu-ven juil-août.* • *eclatsderue.caen.fr* • *GRATUIT.* Les arts de la rue investissent les parcs, jardins et quartiers de la ville.
– ***Les Boréales :*** *nov.* • *lesboreales.com* • Festival consacré aux littératures et cultures nordiques (Scandinavie, Finlande, Islande).

BÉNOUVILLE (14970) 2 040 hab. *Carte Calvados, C2*

À mi-chemin entre Caen et Ouistreham, cette petite cité des bords de l'Orne est célèbre pour son pont, le *Pegasus Bridge.* Ce nom lui fut donné en hommage à la division aéroportée britannique qui le libéra, la 6th Airborne, dont l'écusson était un cheval ailé. Ce pont historique, à la charpente métallique originale, a depuis été démonté pour être remplacé par une copie presque conforme. Le pont basculant d'origine, en effet, ne pouvait pas laisser passer les bateaux de plus en plus gros qui empruntent le canal. Rassurez-vous, vous pourrez voir le « vrai » Pegasus Bridge juste à côté, au *Mémorial-Pegasus* de Ranville.

BOIRE UN CANON

Le patron du Café Gondrée, à Bénouville, pour fêter dignement la libération du village, apporta 3 000 bouteilles de champagne qu'il avait enterrées pour les cacher aux Allemands. Les troupes anglaises ne s'attendaient sans doute pas à un accueil so frenchy !

Où dormir ? Où manger ?
Où boire un verre dans le coin ?

Hôtel-restaurant La Glycine : *11, pl. du Commando-N° 4, 14970* ***Bénouville.*** ☎ *02-31-44-61-94.* • *la-glycine@wanadoo.fr* • *la-glycine.com* • *Au centre-bourg, face à l'église. Resto fermé dim et lun midi. Doubles 90-145 € ; familiales. Menus 19,50 € (en sem), puis 29,50-39,50 €.* Dans une bâtisse en pierre couverte de glycine (évidemment !), cette auberge abrite de jolies chambres à la déco contemporaine. Quelques-unes, tout aussi agréables, se situent dans l'annexe en face. Côté table, une cuisine entre terre et mer, de tradition mais avec un ton d'aujourd'hui.

Le Manoir d'Hastings : *18, av. de la Côte-de-Nacre, 14970*

Bénouville. ☎ 02-31-44-62-43. • *manoirdhastings@orange.fr* • *manoirdhastings.fr* • *Au centre-bourg, face à l'église. Resto fermé lun-mar. Doubles 150-180 €. Menus 22-26 € (midi en sem), puis 33-38 € ; carte 50-62 €. Parking.* Dans un vieux bâtiment en pierre joliment restauré, 4 chambres ultra-confortables et forcément cosy, à thème, spacieuses. Côté resto, on fait dans la sobriété, laissant chacun arroser comme il l'entend les plats savoureux du moment proposés par le chef. Grandes baies vitrées, pas pour vous en mettre plein la vue, juste pour la lumière. Accueil chaleureux.

L'Espérance : *512, rue Abbé-Alix, 14200* ***Hérouville-Saint-Clair.*** *☎ 02-31-44-97-10.* • *contact@esperance-stephanecarbone.fr* • *Tlj sauf lun et le soir des mar et dim. Résa conseillée (possible sur leur site). Formules déj en sem 16-25 € ; menus 33-46 €.* Avec à sa tête le chef étoilé caennais Stéphane Carbone, ce resto propose une cuisine bistronomique raffinée, dans un cadre très agréable, sur les rives un peu sauvages du canal de Caen à la mer. Aux beaux jours, jolie terrasse sur pilotis.

Le Café Gondrée : *dans le village de* ***Bénouville,*** *juste au niveau du Pegasus Bridge. ☎ 02-31-44-62-25. Avr-fin oct, tlj. CB refusées. Photos interdites. Plats 15-20 €.* La 1re maison libérée le jour du Débarquement ! Les lieux furent d'ailleurs transformés en hôpital de campagne dès l'arrivée des Anglais. Bref, un endroit mythique, que l'on pourrait prendre pour un musée tant les souvenirs de l'époque débordent sur les murs : photos de soldats, écussons, mots de souvenirs, drapeau à l'effigie du cheval ailé, etc. Toujours tenu par la même famille, il y règne une sacrée ambiance à chaque anniversaire du *D-Day* ! L'accueil peut être rude, mais l'omelette maison est un régal, la terrasse un grand moment à vivre, comme le passage obligé au comptoir, pour la commande.

DANS LES ENVIRONS DE BÉNOUVILLE

Ornavik : *domaine de Beauregard, 14200* ***Hérouville-Saint-Clair.*** *☎ 02-31-52-40-90.* • *ornavik.fr* • *À 7 km au nord-est de Caen direction Ouistreham, sortie « Beauregard ». Avr-oct (pour les horaires, se renseigner). Entrée : 8-9,50 € ; réduc.*

Dans un joli coin de nature, un parc historique dans l'esprit de celui du château de Guédelon en Bourgogne ; soit, étalée sur une quinzaine d'années, la construction avec les techniques de l'époque d'un village carolingien, des embarcations de la flotte de Guillaume le Conquérant, d'une motte du XIe s... On découvre comment, à partir d'une partie des terres de Neustrie offerte en 911 au chef viking Rollon, s'est construit un territoire riche et structuré qui deviendra en 155 ans un des plus puissants d'Europe : la Normandie.

En 2011, et depuis, chaque été, un campement viking s'installe sur le site ; entre le forgeron qui fabrique des couteaux dans une maison semi-enterrée et la tireuse de runes devant sa tente, on se croirait transporté au IXe s, chez les 1ers Normands !

Bien sûr, difficile de prétendre reconstituer de manière scientifique cette époque. Reste la volonté de « mettre en valeur cette étape importante qui marque le début du métissage des 2 cultures qui ont fait naître la Normandie ». Une Germe, une église, le cimetière, des champs cultivés... Reste la construction du chantier naval et du château à mener à bien. Et cette lente évolution (l'équipe est à 100 % bénévole) n'est pas un des moindres intérêts de cet étonnant endroit.

– ***Grandes Fêtes Vikings :*** *3e w-e de juil.* Animations sur la vie des Vikings. Reconstitutions, contes, combats, spectacles, etc.

– ***Festival de Beauregard :*** *1er w-e de juil, au château (Ornavik fermé durant le festival).* • *festivalbeauregard.com* • Joli cadre et ambiance familiale pour une programmation internationale variée et de qualité (dans le style pop-rock).

RANVILLE

(14860) 1 868 hab. *Carte Calvados, C2*

À une dizaine de kilomètres au nord-est de Caen, à proximité d'un point stratégique (le canal de l'Orne), Ranville reste indissociable de l'histoire du Débarquement : contrairement à ce qui est souvent dit, c'est lui le 1er village de la France continentale à avoir été libéré (vers 2h30) le 6 juin, peu de temps après le largage des paras britanniques, et non Sainte-Mère-Église (libérée vers 6h30 !).
Les éclaireurs de la 6e Airborne furent parachutés par une trentaine d'appareils le long de la route Ranville-Bréville. Équipés de balises radio et de feux de signalisation, ils délimitèrent les aires de largage des 2 000 paras que devaient expédier 30 mn plus tard 110 avions de la Royal Air Force. Le 13e bataillon parachutiste se disposa rapidement autour du bourg, qu'il défendit jusqu'à la libération de Caen.
En souvenir de ses libérateurs, le cimetière du village abrite, au pied de son église du XVIe s, les corps de plus de 2 000 soldats britanniques.

LE CALVADOS

À voir à Ranville et dans les environs

Le Mémorial-Pegasus : *1, av. du Major-Howard. ☎ 02-31-78-19-44. • memorial-pegasus.org • ♿ Le musée, officiellement à Ranville, se situe en fait à la limite de Bénouville, juste à côté du Pegasus Bridge. Avr-sept, tlj 9h30-18h30 ; oct-déc et fév-mars, tlj 10h-17h. Fermé de mi-déc à fin janv. Entrée : 8 €, 6,20 € sur présentation du guide de l'année ; réduc. Visite guidée incluse dans le prix.* Musée consacré tout particulièrement à la 6e division aéroportée britannique, les « Bérets Rouges », 1ers soldats débarqués dans la nuit du 5 au 6 juin 1944. Collection d'objets et de documents authentiques présentés dans une petite muséographie plutôt réussie. Une maquette géante permet de visualiser toutes les zones d'intervention de la 6e division. Le parc du musée abrite le « vrai » Pegasus Bridge, un pont Bailey (un pont provisoire) et la réplique grandeur nature d'un planeur Horsa (unique au monde) ; 352 d'entre eux atterrirent dans la région de Ranville-Bénouville. Expo temporaire à partir de juin dans l'un des baraquements.

La Brasserie des 9 Mondes : *rue de l'Artisanat, dans la ZAC des Capucines, à Ranville. • brasseriedes9mondes.com • Mar-ven 16h-19h, sam 10h-17h. Visite gratuite sur inscription à l'office de tourisme. Visite puis dégustation.* À 2 mn du Pegasus Bridge, cette microbrasserie artisanale est née de la passion de 2 frères, Thomas et Nicolas, qui aiment partager leur passion.

La Poterie du Mesnil de Bavent : *le Mesnil, D 513. ☎ 02-31-84-82-41. • poterie-bavent.com • Tte l'année, lun-sam 9h-12h, 13h30-17h30. Visite libre et gratuite du site, visite guidée juil-août (rens office de tourisme). Ateliers de poterie pdt les vac scol.* Dans ce lieu toujours en activité, on fabrique des épis de faîtage, couronnements de toiture réalisés en terre cuite. On y fabrique également des animaux en céramique ou des décorations architecturales que l'on retrouve dans différentes maisons normandes. Vous pourrez chiner chez les brocanteurs et dans les boutiques des artisans qui font le charme de ce lieu hors du temps.

Les marais de la Dives : près de Bavent, beaux paysages où alternent « îles » et étendues inondables. Baladez-vous sur les chemins le long des canaux délimitant les pâturages. Dès le Moyen Âge, les moines de l'abbaye de Troarn commencent à creuser des canaux et à élever des digues dans les marais de la Dives afin de contenir les crues et d'exploiter les terres. Mais ce n'est qu'au XVIIe s que la 1re « poldérisation » (conquête de terres sur les zones humides) peut être enfin menée à bien par l'administration royale. Inondés à nouveau par l'armée allemande durant la Seconde Guerre mondiale, les marais ont causé la noyade de centaines de parachutistes britanniques venus attaquer la batterie de Merville en 1944.

LES VEAUX MARINS DU CALVADOS

Il n'y a pas que les vaches qui font désormais partie du paysage normand. Un petit groupe de veaux marins – des phoques – a élu domicile dans la baie de Sallenelles. Ils aiment se prélasser au soleil sur les bancs de sable. Mais attention à ne pas les déranger ! Il est impératif de laisser une distance d'au moins 300 m entre le phoque et vous. L'occasion d'emporter ses jumelles...

LA CÔTE FLEURIE

Derrière la poésie du nom, c'est tout le faste des stations normandes les plus renommées (Deauville, Cabourg), mais aussi le charme désuet de la plupart d'entre elles (Houlgate, Trouville), voire le sympathique côté populaire de leurs voisines (Blonville, Villers-sur-Mer) et la modestie touchante des moins connues (Villerville, Cricquebœuf)... sans oublier la grâce du plus mignon des ports : Honfleur. On est ici au paradis des peintres impressionnistes. On marche dans les pas de Proust et de Baudelaire. Le subtil parfum déposé lors de la Belle Époque y flotte encore par moments. La Côte Fleurie semble protégée par 2 remparts naturels : la mer et la campagne (le beau pays d'Auge). Derrière les pommiers... la plage !

Cette côte est principalement dévolue au tourisme (contrairement à la Côte de Nacre, à l'ouest de Caen, plus populaire mais aussi plus habitée à l'année par les Normands eux-mêmes). Ce qui explique le contraste entre la saison et les week-ends, pleins de vie et d'animation, et le reste du temps, où la plupart des villes vous donneront l'impression de vivre au ralenti. Une activité qui explique la politique des prix sur toute cette côte : les prix haute saison sont le plus souvent appliqués aux week-ends, quel que soit le moment de l'année. Par ailleurs, si vous venez justement un week-end, mieux vaut réserver, car lorsque le soleil pointe son nez, l'hébergement dans ce secteur affiche vite complet.

La ligne n° 20 du réseau de bus *Nomad Car 14* (● *nomadcar14.fr* ●) dessert toute l'année Caen, Merville-Franceville-Plage, Cabourg, Dives-sur-Mer, Houlgate, Villers-sur-Mer et Deauville. De là, navette pour Trouville, Honfleur et Le Havre.

MERVILLE-FRANCEVILLE-PLAGE

(14810) 2 170 hab. *Carte Calvados, C1*

On est presque en 1900 et le « Decauville » – petit train touristique Caen-Dives – s'arrête déjà à Merville depuis 6 ans quand Édouard Wattier jette les bases du domaine de « Franceville-Plage » sur les dunes encore vierges. Ses kilomètres de sable fin et sa proximité avec Caen permettent à la petite dernière de la Côte Fleurie d'être aux 1res loges à l'heure des 1ers congés payés

et de jouer, aujourd'hui encore, la carte « famille ». Détruite à 80 % lors des bombardements de 1944, elle s'impose parmi les grandes étapes du circuit du Débarquement avec sa fameuse batterie, cible d'un assaut héroïque aux 1res heures du *D-Day.* Et si elle a renoncé au faste des palaces et des casinos, elle n'en préserve que mieux son environnement naturel : l'estuaire de l'Orne, plus vaste espace naturel protégé du Calvados, avec son site dunaire, sa « redoute » du XVIIIe s, ou encore sa réserve ornithologique.
Si vous faites un petit détour par Gonneville-en-Auge, vous découvrirez un panneau insolite qu'on adore, signalant un authentique passage piéton pour... canards.

Adresses et infos utiles

ℹ ***Bureau d'information touristique :*** *1, av. de Paris. ☎ 02-31-24-23-57. ● merville-franceville-plage-tourisme.fr ● ♿ Juil-août, tlj 10h-13h, 14h-18h ; avr-juin et sept-oct, fermé dim ; nov-mars fermé dim-lun.* Toute l'année, l'office de tourisme propose visites et balades commentées, animations familles et enfants *(sur inscription).*

🚴 ***Location de vélos : Bikeshop14,*** *3, rue Clos-Saint-Olivier. 📱 06-06-75-71-18.* ***Bazar Photos,*** *59, av. de Paris. ☎ 02-31-24-21-05.* ***Camping Le point du jour,*** *route de Cabourg. ☎ 02-31-24-23-34 (avr-oct),* ***Cycle & Sea,*** *route de Cabourg, 📱 06-63-84-73-72).*
– ***Marché :*** *jeu mat tte l'année, sous la halle du marché, pl. de la Plage.*

Où dormir ?

⛺ ***Camping des peupliers :*** *allée des Pins. ☎ 02-31-24-05-07. ● contact@camping-peupliers.com ● camping-peupliers.com ● Ouv avr-fin sept. Emplacements 2 pers 24,50-38 €.* À 400 m de la plage, un site vaste, très bien équipé et entretenu, où locatifs et emplacements de camping se partagent le territoire en bonne entente (les 2ds demeurant plus nombreux que les 1ers). Grandes pelouses où les haies agréablement déstructurées dessinent le terrain et délimitent les emplacements. Autour, des champs et une plaine qui semble s'étendre à l'infini. Parfait pour un séjour en famille, moins si vous êtes un adepte du camping tranquille en pleine nature. Bon accueil.

🏠 ***Hôtel Le Vauban :*** *8, route de Cabourg. ☎ 02-31-24-23-37. ● hotel-levauban14@orange.fr ● hotel-levauban.com ● ♿ Doubles 60-89 €.* Situé au bord de la grande route et à 800 m de la mer, cet hôtel affiche un profil relativement discret. La surprise n'en est que meilleure quand on pénètre à l'intérieur. Certes, les chambres ne sont pas toujours très grandes et leur déco relativement standard, mais l'ensemble est fort bien tenu et la literie de qualité. Une partie d'entre elles se trouve dans la bâtisse principale et une autre dans l'annexe derrière. La plupart de ces dernières bénéficient d'un petit balcon ou d'une terrasse. Sinon, salon de jardin commun pour se poser. Accueil avenant.

Où manger dans les environs ?

🍽 ***Au Pied des Marais :*** *26, av. du Président-René-Coty, le Home, 14390* ***Varaville.*** *☎ 02-31-91-27-55. ● au-pied-des-marais@orange.fr ● À 4 km à l'est de Merville-Franceville, sur la D 514. Tlj sauf mar-mer (ouv le soir en juil-août). Congés : de fin janv à mi-fév, 1 sem en juin, 2 sem en déc. Formule déj sauf dim 24 € ; menus 39-59 € ; carte 45-60 €.* Le chef est bonhomme, tout comme sa cuisine (spécialité de pieds de cochon), qui exprime la douceur et l'amour du travail bien fait. Il choisit ses produits, élabore des recettes pour en dégager le meilleur et les présente avec beaucoup de soin. Et l'homme est aussi à l'aise pour travailler la plume, l'écaille et le poil ! Vraiment une belle adresse.

À voir à Merville-Franceville et dans les environs

La plage : une station balnéaire labellisée « Famille plus », avec ses 7 km de sable fin... À l'ouest de la plage principale, de grandes étendues de dunes préservées de toute construction... hormis les vestiges de bunkers de la dernière guerre : un capital nature très apprécié. Spot prisé des kitesurfeurs.

La réserve ornithologique du gros banc : magnifique réserve au cœur de l'estuaire de l'Orne, qui offre aux oiseaux aquatiques un havre de paix et aux migrateurs une étape idéale. Plan de la réserve et parcours ludique numérique disponible à l'office de tourisme.

La Maison de la nature et de l'estuaire : *14121* ***Sallenelles,*** *à l'embouchure de l'Orne. Fléché sur la D 514. ☎ 02-31-78-71-06. • cpievdo.fr • Juil-août, tlj 10h-18h30 ; mai-juin et sept, tlj sauf lun 10h-12h30, 14h-18h ; oct-avr, tlj sauf lun 14h-18h ; ouv lun fériés et pdt vac scol (zone B). Fermé de mi-déc à fin janv. Entrée : 2 € ; réduc. En été, plusieurs fois/sem, balades guidées (thèmes variés) sur le site naturel de l'estuaire ; tarif : env 4 €, réduc.* À l'embouchure de l'Orne, la maison propose une expo sur la faune et la flore de l'estuaire et sur les activités humaines au fil du temps. Maquette de l'estuaire, explication du phénomène des marées, de la migration des oiseaux... Projection de courtes vidéos où des professionnels (ornithologue, chasseur, garde...) racontent leurs expériences. La visite se poursuit à l'extérieur par quelques panneaux sur les plantes et les animaux de la dune ou du marais.
– Le GR 223 passe juste devant la maison, et d'autres chemins permettent de sillonner ce beau marais. Plan des circuits disponible.

Le port de plaisance : situé au cœur de l'estuaire de l'Orne, ce petit port est tout à fait charmant. Au gré des marées, les bateaux flottent ou s'échouent. Si vous êtes patient et attendez la marée basse, vous aurez peut-être la chance de contempler les restes d'une épave en bois.

La batterie de Merville : *pl. du 9e-Bataillon (au sud du village). ☎ 02-31-91-47-53. • batterie-merville.com • ♿ De mi-mars à mi-nov, tlj 10h-19h (18h30 d'oct à mi-nov) ; dernière admission 1h30 avt. Entrée : 8 € ; réduc ; gratuit moins de 6 ans.* Sur un site de 16 ha protégé de barbelés, de mines et de fosses antitanks, ce dispositif fut l'un des plus impressionnants du mur de l'Atlantique. Dotée de 4 canons de 100 mm, la batterie protégeait tous les environs. Pas étonnant que les Britanniques en aient fait l'un de leurs principaux objectifs avant le débarquement sur les plages de Sword... Ce site préservé est pourvu d'un parcours pédagogique qui vous emmène dans chaque bunker. Expérience unique en « immersion globale » avec une animation sonore et lumineuse reconstituant de façon saisissante la neutralisation héroïque de la batterie. À certaines périodes, vous pourrez également visiter l'avion SNAFU Special, appelé « Dakota » par les Britanniques.

La poterie du Mesnil de Bavent : *Le Mesnil, 14860 Bavent. ☎ 02-31-84-82-41. • poterie-bavent.com • Visite guidée juil-août mar 15h. Entrée : 8 € ; réduc ; compter 40 min. En dehors de ces visites guidées on peut accéder à la petite exposition permanente lun-ven 9h-12h et 13h30-17h30 ; GRATUIT.* Dans cette entreprise créée au milieu du XIXe s., une dizaine d'artisans perpétuent ce savoir-faire ; la création d'éléments d'architecture décoratifs, principalement des épis de faîtage, dans un bien beau bâtiment. L'entreprise est aujourd'hui Labellisée EPV (Entreprise du Patrimoine Vivant). Plusieurs artisans exerçant d'autres savoir-faire sont installés dans le village (bijoutier, maroquinier, tapissier...).

Manifestation

– ***Cidre et Dragon :*** *3e w-e de sept.* L'un des plus grands festivals médiévaux, *fantasy* et *steampunk* en France (plus de 90 000 participants chaque année). La ville entière devient Merravilla le temps d'un week-end rythmé par un grand marché, des jeux et des animations en famille, un concert...

CABOURG

(14390) 3 650 hab. *Carte Calvados, C1*

Lors de sa construction en 1853, Cabourg est essentiellement peuplée de... lapins de garenne ! Un homme d'affaires parisien, séduit par les lieux, souhaite transformer les dunes et créer « la reine des plages ». Dès le début du XXe s, Cabourg prend des airs de station balnéaire mondaine. Marcel Proust en fera une belle promotion en la décrivant sous le nom de Balbec dans *À l'ombre des jeunes filles en fleurs.* C'est d'ailleurs cette époque que se propose de vous faire revivre *La Villa du Temps Retrouvé* *(15, av. du Président-Raymond-Poincaré),* **un espace muséal qui vient d'ouvrir ses portes en 2021. Aujourd'hui, les parterres de fleurs et une belle plage accentuent le charme gentiment décadent de cette petite station jouant la carte du romantisme. Si l'architecture est figée dans le temps par de jolies villas Belle Époque et une longue promenade piétonne (la plus grande d'Europe), la station n'en reste pas moins dynamique avec de nombreuses animations tout au long de l'année. N'oubliez pas de suivre le Méridien de l'Amour, une ligne constituée de 104 clous réalisés par la Monnaie de Paris, qui jalonne le sol de la promenade Marcel-Proust. Le long de la plage de Cabourg, 5 colonnes représentant chacune un continent ponctuent le parcours et déclinent, dans les 104 langues officielles des États du monde, le mot « amour » sous la forme de télégrammes dessinés.** • *meridiendelamour.com* •

À LA RECHERCHE DES MADELEINES

*Selon la 1re ébauche d'*À la recherche du temps perdu, *rédigée en 1907, c'est en trempant du pain grillé dans le miel que le petit Marcel retrouve ses souvenirs d'enfant. Dans la 2e version, il s'agit de biscottes. Finalement, ce sont les fameuses madeleines trempées dans du thé qui entreront dans le patrimoine culinaro-littéraire français.*

LE CALVADOS

Adresses et infos utiles

Office de tourisme : *jardins de l'hôtel de ville.* ☎ *02-31-06-20-00.* • *cabourg-tourisme.fr* • ♿ *Juil-août, tlj 9h30-13h, 14h-18h ; sept-juin, lun-sam 10h-13h, 14h-18h (tlj pdt vac scol).* En été, l'office de tourisme propose diverses visites guidées sur l'histoire et l'architecture de Cabourg *(selon programmation ; env 7 €).*

Gare SNCF de Dives-Cabourg : *à l'entrée de Dives, en venant de Cabourg.* ☎ *36-35.*

Location de vélos : Nomadeshop, *41, bd des Belges.* 📱 *06-61-38-83-35. Tlj pdt vac scol ; fermé lun-mar aux intersaisons ; ouv le w-e seulement Toussaint-Pâques.* Location de VTT, VTC, carrioles, vélos électriques, sièges enfant, rollers, trottinettes...

– **Marchés :** *mer et dim mat tte l'année ; sous les halles ven mat et sam mat ; ts les mat des vac scol de la zone C.* ***Marché nocturne*** *sam juil-août.*

Où dormir ?

Hôtel La Villa Les Mots Passants : *24, av. du Général-Leclerc. ☎ 02-61-45-17-01. • info@hotel-cabourg-lesmotspassants.com • hotel-cabourg-lesmotspassants.com • ♿ Doubles 60-129 €.* Au bord de la route, sans vue mer donc, et très légèrement hors du centre. Cette adresse n'en reste pas moins le meilleur rapport qualité-prix-charme d'une ville qui peine à rajeunir son parc hôtelier. Déco aux couleurs tendres et au mobilier blanc rétro, en accord avec Cabourg la romantique. En revanche, si les nids sont douillets et apprêtés, les moins chers sont vraiment petits. Accueil agréable.

Hôtel de Paris : *39, av. de la Mer. ☎ 02-31-91-31-34. • hotel-paris-cabourg.com • ♿ Dans la rue principale. Ouv tte l'année. Doubles 55-85 €.* Le café-restaurant au rez-de-chaussée, et l'hôtel dans les étages. Chambres pas toujours bien grandes mais relativement plaisantes, même s'il faut avouer que les prix, en haute saison, ne sont pas vraiment en rapport avec le confort proposé. Accueil agréable.

Résidence Odalys Les Dunettes : *29, bd des Belges. ☎ 02-31-93-98-32. • odalys-vacances.com • Congés : janv. À partir de 75 € la nuit pour 2 pers (linge de lit et de toilette fourni, lits faits à l'arrivée).* Une résidence à l'architecture typiquement normande, très bien située, au cœur de Cabourg, face à la place du marché et à 500 m de la plage. Piscine extérieure ouverte de juin à septembre. Accueil souriant.

Bien plus chic

Le Grand Hôtel de Cabourg : *jardins du Casino. ☎ 02-31-91-01-79. • H1282@accor.com • grand-hotel-cabourg.com • Double à partir de 300 € ; petit déj 29 €.* Palace rendu mythique par Marcel Proust qui y avait ses habitudes et sa chambre réservée. Dans ce 5-étoiles faisant face à la mer, les prix sont évidemment très élevés, mais les promotions sur Internet sont aussi nombreuses et, certains week-ends d'hiver, l'hôtel devient abordable. Le reste du temps, vous pourrez profiter de cette ambiance délicieusement surannée, le temps du brunch dominical (cher mais mémorable, avec, entre autres, un buffet de fruits de mer à volonté !) ou le temps d'une pause au salon de thé.

Pour les amateurs de thalasso, un autre établissement face à la mer, au cœur d'un grand parc : l'***Hôtel Thalazur Les Bains de Cabourg*** *(44, av. Charles-de-Gaulle ; • thalazur.fr • ; doubles 145-380 € ; petit déj 21 €).*

LE CALVADOS

Où manger ?

De bon marché à prix moyens

Hôtel de Paris : *39, av. de la Mer. ☎ 02-31-91-31-34. ♿ Formules ou menus 15-23 €.* Resto-bar à la bonne franquette où l'on vient en famille ou entre amis se régaler de moules-frites et autres plats de circonstance.

Le Biquet's : *promenade Marcel-Proust. ☎ 02-31-91-50-66. • lebiquets@gmail.com • Presque à l'extrémité ouest de la promenade, à 10 mn du centre. ♿ Tlj, sauf marmer hors saison. Fermé nov-début fév. Menus 18-29 € ; carte env 30 €.* En surplomb de la plage, avec pareille terrasse vue sur la mer, on se méfierait presque. Et l'on prendrait la friture d'éperlans en se disant qu'au moins il y aura le paysage pour nous consoler... Bonne surprise, la cuisine, entre terre et mer, se tient plutôt bien, et le service est d'une souriante efficacité.

La Champagne-Ardenne : *11, pl. du Marché. ☎ 02-31-91-02-29. • infos-reservations-lachampagne-ardenne@orange.fr • ♿ Tlj, sauf dim soir-lun hors saison. Congés : de fin nov à mi-déc. Formule déj 14,90 € ; menus 24,90-44,90 € (apéro inclus) ; carte env 25 €. Café offert sur présentation du guide de l'année.* Bien placé, tout simple, avec un joli bout de terrasse pour voir passer les gens autour du marché. Cuisine terre-mer savoureuse et pas compliquée, c'est l'essentiel.

Chic

Le Baligan : *8, av. Alfred-Piat. ☎ 02-31-24-10-92. • lebaligan@orange.fr • Tlj, sauf mer hors saison. Congés : déc. Menus déj en sem 21,50 €, puis 33,50-50 € ; carte 35-40 €.* Les produits de la mer sont ici traités avec doigté. Les amoureux de la chose maritime pourront choisir, dans le grand panier d'osier qu'on apportera à leur table, la belle pêche du jour : saint-pierre, sole, raie... On vous les prépare à votre convenance et vous payez au poids. Salle bistrot chic avec fresque sépia terre-mer. Fraîcheur des produits, professionnalisme dans le travail réalisé, bonne humeur dans le service.

Le Bouche à Oreille : *10, av. des Dunettes. ☎ 02-31-91-26-80. • cabourgrestaurant@orange.fr • Tlj sauf lun, plus mar et dim midi hors saison. Congés : janv. Menus 30 € (sauf sam soir, dim midi et j. fériés), puis 40 €.* Au piano de ce *Bouche à Oreille,* père et fils concoctent une cuisine à 4 mains, teintée de modernité, qui ne s'adresse pas aux appétits d'oiseaux. Ici, on fait dans le bon, le beau, le terre-mer réjouissant. On y vient aussi pour la belle ambiance et le service souriant.

LE CALVADOS

Où boire un verre ? Où manger sur le pouce ?

Le Carpedien : *71, av. de la Mer. ☎ 09-54-79-93-13. • carpedien@carpedien.fr • Tlj sauf lun-mer hors saison 10h-1h. Carte 17-27 €.* Ambiance détente, déco moderne et accueil chaleureux. On commence par boire un verre en se posant sur la terrasse intérieure *so cosy* et en commandant une planche, puis on continue car c'est que du bon, ce qu'on vous sert. Belle carte des vins et planches élaborées autour de produits du terroir : terre, mer ou fromages.

Chez Guillou : *4, av. de la Mer. ☎ 02-31-91-31-31. Ven-dim à partir de 18h30 et tlj pdt les vac scol.* Un immanquable de la station pour passer une bonne soirée dans un bar à la déco figée dans le temps ! La spécialité de la maison : les cocktails

À voir

La Villa du Temps retrouvé : *15, av. du Président-Raymond-Poincaré. ☎ 02-31-47-44-44. Ouv du 1er mars à mi-nov tlj (tlj sauf mar) 11h-18h hors saison et 11h-19h juil-août. Entrée : 8 € ; réduc ; gratuit moins de 18 ans.* On y retrouve de nombreuses œuvres, costumes, photographies et décors de la « Belle Époque ».

Manifestations

– ***Cabourg Capitale romantique :*** *mi-fév.* Désormais considérée comme une destination romantique par excellence, Cabourg est LE lieu où l'on célèbre l'amour ! La station se pare de roses le 14 février et propose de nombreuses animations.
– ***Festival du Film romantique de Cabourg :*** *juin (mer-dim).* Un festival à la fois professionnel et grand public avec projections (payantes), pour certaines en plein air. Thème central : l'amour !
– ***Cabourg mon Amour :*** *fin juin.* Festival de musique sur la plage, destiné à faire découvrir de nouveaux talents.
– ***Club Cabourg :*** *juil-août.* Programme de 30 activités hebdomadaires de sport, loisirs et détente pour tous (tarifs préférentiels).

– ***Le Dîner sur la digue :*** *avt-dernier sam d'août.* 5 000 convives partagent un dîner sur 3 km le long de la promenade Marcel-Proust, agrémenté d'animations musicales et d'un feu d'artifice.
– ***Journées musicales Marcel-Proust :*** *ts les 2 ans à l'automne.* • *amisdevinteuil.fr* • 3 journées qui, malgré leur intitulé, ne sont pas entièrement consacrées à la musique. Cabaret, théâtre, conférences et, évidemment, une programmation tournant autour de Proust et son époque.

DIVES-SUR-MER

(14160) 5 940 hab. *Carte Calvados, C1*

Située entre Cabourg et Houlgate, au bord de l'estuaire de la Dives, cette ville est sans doute la plus chargée d'histoire de la Côte Fleurie, puisqu'elle fut jadis un port de mer important.
C'est d'ici que partit un certain Guillaume, qui allait faire pas mal parler de lui par la suite. On retrouve les traces de son épopée en plusieurs endroits de la ville : dans l'église, une liste de 475 de ses compagnons est gravée dans la pierre ; une copie partielle de la tapisserie de Bayeux se trouve dans le village d'art Guillaume-le-Conquérant (salle de l'office de tourisme) ainsi que sur la tour de la capitainerie du port de plaisance.
Essayez de venir un samedi, jour où la ville est transformée par un des marchés les plus vivants de la région.

LE CALVADOS

Adresses et info utiles

Bureau d'information touristique : *dans le village d'art Guillaume-le-Conquérant.* ☎ *02-31-91-24-66.* • *dives-sur-mer.fr* • *Mars-oct, tlj mar-sam 10h-13h, 14h-18h (lun-sam en juil-août) ; nov-fév, mar-sam pdt les vac scol.* Visites commentées (1h30) en juillet-août.

Gare SNCF de Dives-Cabourg : *à l'entrée de Dives, en venant de Cabourg.* ☎ *36-35.*
– ***Marchés :*** *sam mat tte l'année. Un autre marché lun mat en été, à Port-Guillaume. Criée sur le port de pêche le mat tte l'année.*

Où manger ?

À l'Intuition : *64, rue du Général-de-Gaulle.* ☎ *02-31-24-55-61.* • *a-l-intuition1@orange.fr* • *Fermé mar-mer, plus dim soir hors saison. Formules déj 18-20 € ; carte 35-40 €.* Il faut reconnaître que le quartier n'est pas le plus glamour de la Côte Fleurie. Mais qu'importe ? Car la table, elle, se distingue et la salle est accueillante. Quelques plats seulement à la carte, un menu qui puise fortement dans le terroir, mais en mettant à l'honneur des ingrédients que l'on croise assez rarement au détour d'un menu, comme ces délicieuses poêlées de couteaux. Les produits, soigneusement choisis, sont simplement mais habilement travaillés. Ajoutez à cela un accueil aussi pro que charmant, vous comprendrez que l'on ressorte de là l'estomac et le cœur contents.

Où acheter de bons produits ?

La Cave de l'Abbaye : *2, pl. de la République.* ☎ *02-31-28-04-37.* • *caveabbaye.com* • *Juste à côté des vieilles halles. Pâques-déc, mar-sam*

10h-12h30, 15h-19h, et dim mat ; janv-Pâques, fermé dim-mar. Dans les sous-sols de l'ancienne lieutenance, vente et dégustation de calvados et cidre du pays d'Auge et toutes les explications sur la fabrication du calvados et du pommeau.

Ferme de l'Oraille : *chemin de Deraine, 14430 Douville-en-Auge. ☎ 02-31-79-93-43. À env 9 km au sud-est de Dives-sur-Mer. Juil-août : lun-mer 10h30-12h30, 15h30-19h ; jeu-ven 15h30-19h. Sept-juin : mer et ven 16h-19h. Présent aussi sur le marché de Dives-sur-Mer le sam mat.* Il reste 6 producteurs de pont-l'évêque fermier AOP dans le coin, et c'est l'un d'entre eux. Mais on peut aussi acheter dans leur boutique le yaourt, la crème fraîche, le fromage blanc et le pavé d'Auge de la ferme, ainsi que les fromages de quelques autres producteurs et une sélection de produits du terroir.

À voir

Le village d'art Guillaume-le-Conquérant : *entre la rue d'Hastings et celle de la Baronnie, à 2 pas des halles.* Une enfilade de petits commerces, restos, boutiques d'antiquités et d'artisanat. Les bâtiments, restaurés dans le plus pur style normand, donnent sur 4 cours intérieures, dont une (ravissante) de style Louis XIV. Nombreuses sculptures et quelques belles façades anciennes : poutres sculptées, galerie en brique, petit clocher, fenêtres ouvragées, pots de fleurs, grilles en fer forgé, etc.

L'église Notre-Dame : *rue Hélène-Boucher.* Admirable édifice datant du XIe s. Dans le transept, on découvre le Christ Saint-Sauveur (du XVIIe s), reproduction d'une statue trouvée dans la mer au XIe s (l'original ayant été brûlé par les protestants). Placé dans une chapelle, ce christ attira très vite un nombre considérable de pèlerins et il fallut, pour les accueillir, construire cette église (grâce aux dons de Guillaume le Conquérant). En partie détruite, elle fut reconstruite au XIVe s. Elle abrite toujours, gravée à l'intérieur au-dessus de l'entrée sur 24 m, la liste des principaux participants à son expédition. Le style gothique flamboyant domine. À l'intérieur, on est frappé par la lumière émanant des vitraux, d'une grande finesse. Dans le mur de la 1re travée du chœur, le « trou aux lépreux », creusé au XIVe s pour leur permettre de suivre les offices de l'extérieur sans contaminer les autres fidèles ! Riche mobilier : tableaux, Vierge polychrome, lutrin en bois doré du XVIIIe s.

Les halles : *en sortant de l'église, reprendre la rue Gaston-Manneville puis la rue Paul-Canta. Marché sam 8h-13h.* Impressionnantes par les dimensions de leur toiture et leur superbe charpente. Construites au XVe s, elles sont encore utilisées aujourd'hui. Elles ont conservé des stands de bois usé et quelques vieilles enseignes en fer forgé : cochon, cheval, coq... C'est toujours là qu'a lieu le beau marché du samedi.

Manifestation

– ***Festival de la Marionnette :*** *mi-juil.* Plus d'une vingtaine de spectacles présentés pendant 1 semaine.

HOULGATE (14510) 1 870 hab. *Carte Calvados, C1*

Séduisante station construite à la fin du XIXe s le long d'une plage de sable fin. Nichée entre l'estuaire de la Dives et les falaises des Vaches-Noires, la petite ville a conservé l'un des plus beaux échantillons de villas de toute la côte normande, ainsi qu'une très belle plage. Sur le front de mer autant qu'aux flancs des collines, ce ne sont que chalets fantaisistes, manoirs de

la Belle Époque et hôtels somptueux, témoins du passé prestigieux de Houlgate, du temps où banquiers, magistrats et têtes couronnées venaient y prendre l'air. Debussy, Saint-Saëns, Sacha Guitry et toute l'aristocratie européenne visitèrent ou séjournèrent à Houlgate. Zola s'y promenait en fiacre et Proust allait y acheter ses fleurs ! Depuis cette grande époque, Houlgate s'est transformée en station plus familiale, qui s'assoupit hors saison.

Adresses et info utiles

Bureau d'information touristique : *10, bd des Belges. ☎ 02-31-24-34-79. • houlgate-tourisme.fr • Avr-oct, lun-sam 10h-13h, 14h-18h (tlj juil-août) ; nov-mars, mar-sam 10h-13h, 14h-18h.* Pendant les vacances scolaires, propose des visites guidées pour les familles et des rallyes découverte de la ville, ainsi que des promenades commentées *(1h30 ; résa indispensable ; payant).*

Gare SNCF : *av. de la Gare.* La gare accueillant aujourd'hui des expos, les billets s'achètent à la gare de Dives-sur-Mer (voir « Adresses et info utiles » à Dives, plus haut).

– ***Marchés*** : *en plein air les jeu, sous les halles du jeu au dim mat tte l'année ; tlj pdt vac scol.*

LE CALVADOS

Où dormir ?

Campings

Camping Les Chevaliers : *chemin des Chevaliers. ☎ 02-31-24-37-93. • camping.leschevaliers@houlgate.com • campinghoulgate.com • Ouv avr-oct. Emplacement 2 pers 16,50 €.* Juste en périphérie de Houlgate, en bordure d'un quartier résidentiel et adossé à des collines verdoyantes. Enfin un camping de cette côte où tout l'espace n'est pas dévoré par les locatifs. Oui, un certain nombre d'emplacements sont loués au semestre ou à l'année par des camping-cars ou des caravanes, mais il y a aussi plein d'autres rectangles de pelouse destinés aux visiteurs de passage. Installations simples, mais cadre et accueil plaisants.

Camping de la Plage : *59, rue Henri-Dobert. ☎ 02-31-28-73-07. • campingplagehoulgate@orange.fr • camping-houlgate.com • ♿ Ouv avr-début nov. Emplacements 2 pers 13-17 €. 61 empl.* Camping avec vue et accès direct à la plage, tout en étant carrément en ville (mais quand même dans la nature), avec tous les services à portée de pieds. En revanche, équipement et espace limités. Le front de mer est réservé aux camping-cars et quelques sympathiques roulottes. Sur un emplacement en terrasse, seulement 3 places pour les tentes, qui partagent l'espace avec des tipis. Et à flanc de collinette, chalets et mobile homes avec terrasse. Au fond du camping, belle vue sur les falaises des Vaches-Noires.

De prix moyens à plus chic

Hôtel La Maison d'Émilie : *25, av. des Alliés. ☎ 02-31-57-24-15. • lamaisondemilie@yahoo.fr • lamaisondemilie.net • À 100 m de la plage, dans une rue perpendiculaire à la rue principale. Doubles 95-180 € ; familiales. Parking payant (gratuit sur présentation de ce guide).* Dans l'escalier en bois de cette pittoresque villa balnéaire de 1880, on s'attendrait presque à croiser des messieurs à moustaches en maillot de bain rayé. Le salon est lui aussi resté dans son jus avec ses boiseries et une belle curiosité : sa tapisserie peinte d'origine. Les chambres, en revanche, ont subi une complète transformation. Confort d'aujourd'hui et meubles d'hier, elles s'avèrent aussi charmantes que l'accueil.

Hôtel Villa Les Bains : *31, rue des Bains. ☎ 02-31-24-80-40. • info@hotelhoulgate.fr • hotelhoulgate.fr •*

♿ *Dans la rue principale. Congés : 2de quinzaine de nov. Doubles 87-122 € ; familiales ; petit déj 12 €.* Bien bel établissement dans une maison de ville classique, réhabilitée avec intelligence. Atmosphère zen, presque moderne, bien dans les tons du moment. On retrouve ce charme tranquille dans les chambres, pas immenses mais belles et bien équipées. Au choix, dans la bâtisse principale (avec vue sur rue pour le 1er étage, sur mer pour les suivants) ou à l'arrière, dans la courette. Toutes possèdent le même confort. Bout de terrasse sur rue. Accueil très agréable.

Hôtel Les Cabines : *17, rue des Bains. ☎ 02-31-06-08-88. • lescabines.houlgate@gmail.com • lescabineshoulgate.com • Doubles 80-150 € ; petit déj 12 €.* Un établissement cosy et de bon confort proposant 3 catégories de chambres : l'économique a une déco plus sommaire que la supérieure et un bon nombre de mètres carrés en moins. La standard, entre les 2, offre un excellent compromis ! Pour toutes, en revanche, une déco aux couleurs douces teintée de romantisme. Également un appartement *(3 pers)* et une maison d'hôtes dans le jardin. Excellent accueil.

Où manger ?

Bon marché

Restaurant des Halles : *34, rue du Général-Leclerc. ☎ 02-31-24-82-25. • resa.leshalles@gmail.com • Fermé lun en saison, mar-mer hors saison. Formules déj express en sem 18-24 € ; carte 25-30 €.* Une adresse sûre à Houlgate, face au marché couvert. Personnel qui se démène, cadre chaleureux. L'ardoise suit la pêche et les saisons. C'est sain, c'est bon. Que demander de plus ?

Le Royalty : *2, rue des Bains. ☎ 02-31-28-09-15. • leroyaltyhoulgaterestaurant@gmail.com • Tlj sauf mer (et jeu en basse saison) 12h-23h. Congés : en mars et nov. Menu déj en sem 16,90 € ; carte 20-25 €. Digestif offert sur présentation du guide de l'année.* Une brasserie qui fait plutôt du bon boulot : carte variée et bien équilibrée, qualité régulière, cadre agréable, bonne atmosphère et tarifs abordables.

De prix moyens à chic

Les Passantes : *41, rue des Bains. ☎ 02-61-92-39-69. • lespassantes.houlgate@gmail.com • Tlj sauf lun, plus mar hors juil-août. Menu 27 €.* Le menu à l'ardoise change toutes les 3 semaines. Le frère marin-pêcheur à Trouville se charge de l'approvisionnement en poisson, pour ce qui est du reste cela vient des petits producteurs des environs. Et l'équipe aux fourneaux s'emploie à transformer ces produits de saison et d'une grande fraîcheur en une réjouissante cuisine bistronomique. Le tout servi avec le sourire et dans une ambiance décontractée. Très agréable patio sur l'arrière et terrasse donnant dans la rue.

L'Éden : *7, rue Henri-Fouchard. ☎ 02-31-24-84-37. • nicolas.tougard@wanadoo.fr • ♿ Ouv mer-dim, plus mar-dim en août. Congés : début janv-début fév et 1re sem d'oct. Formule déj 29 € (sauf sam, dim et j. fériés), menus 35-47 € ; carte env 50 €.* Une bonne adresse discrètement installée dans une petite rue. Une salle plutôt cossue et un patio fermé, plus décontracté. Produits (de la mer, en général) d'une éclatante fraîcheur, travaillés avec sérieux et joliment présentés.

À voir

La plage : belle étendue de sable, longée par la promenade Roland-Garros. Au bout, le casino aux faux airs d'orangerie du château de Versailles. Derrière, l'ancien *Grand Hôtel,* construit en 1859 et considéré comme le 1er palace de la côte. Transformé en résidence, il conserve son architecture particulière, de brique et de pierre, qui évoquerait presque un château (grande tourelle en rotonde).

LE CALVADOS

Les villas : l'un des attraits essentiels de la station. Houlgate compte près de 500 villas dignes d'intérêt. Belle balade le long de la rue Henri-Dobert (parallèle à la plage) pour découvrir les villas « américaines » *(Tacoma, Juniata Minnehama, Merrimac, Columbia)* et, juste en face, les curieuses villas jumelles *Sirènes* et *Courlis...* Tout en haut de l'avenue du Sporting, juste à côté du très rétro club de tennis (fondé en 1906), on trouve la superbe villa *Le Castel,* à colombages et tourelles. Le fabuleux moulin *Landry* (un peu planqué le long de l'adorable et déjà campagnard chemin de la Cascade) est un ancien moulin agrandi en 1850, puis en 1890 pour devenir une résidence (inaccessible, mais visible)... Circuit découverte disponible à l'office de tourisme.

> **ÉCLECTIQUE**
>
> *Durant la 2de partie du XIXe s, à l'heure où l'architecture était peu imaginative, les bourgeois qui désiraient se faire édifier des demeures en bord de mer, fiers d'afficher leur nouvelle richesse, puisèrent dans des styles variés : cottages anglais, manoirs gothiques, châteaux rococo, chalets suisses, palais médiévaux, maisons mauresques... À cette variété architecturale, on finit par trouver un nom : le style éclectique ! Manière pudique de qualifier un style... très mélangé !*

Point de vue : en partant de la rue des Bains, vers Dives, prendre à gauche la rue de Neufville puis à droite celle de Caumont jusqu'à l'avenue Foucher-de-Careil, où se trouve un château privé, et continuer. De l'autre côté de la butte, la table d'orientation, au bout de la rue Baumier, vous livre un beau panorama.

LE CALVADOS

Manifestations

– ***Houlgate Plein Vent :*** *au printemps.* Festival d'activités (gratuites) liées au vent : cerf-volant, kitesurf, etc. Démonstration et initiation.
– ***Les Kiosqueries estivales :*** *début juil-fin août.* Une série de concerts gratuits proposés au kiosque à musique, dans le parc de loisirs ou sur la plage.
– ***FestiJazz :*** *août.* Concerts gratuits de jazz dans la ville.
– ***Festival du Film européen :*** *7 j. en oct.* Projections (payantes) au cinéma du casino d'une sélection de films européens en avant-première. Également une programmation enfants.
– ***Rencontres d'été théâtre et lecture en Normandie :*** *juil-août.* Lectures et repas-spectacles.
– ***Festival de théâtre et d'humour :*** *début sept.* Théâtre et humour donc, mais aussi théâtre musical ainsi qu'un concours national d'humoristes.

VILLERS-SUR-MER

(14640) 2 640 hab. *Carte Calvados, C1*

Agréable station balnéaire regorgeant de monde en été, qui se distingue par son immense plage, longée sur près de 2 km par une digue-promenade. Son joli petit centre, tout fleuri aux beaux jours, abrite de nombreuses villas balnéaires, belles et d'une autre époque. Il a eu la chance d'être en grande partie épargné par les promoteurs (qui se sont rattrapés ailleurs). Le méridien de Greenwich traverse la ville au niveau de la borne se trouvant sur la digue. Les marcheurs se promèneront avec plaisir sur la plage à marée basse le long des étonnantes falaises des Vaches-Noires, autour de l'île aux oiseaux au marais de Villers ou encore sur le chemin du moulin, au bord d'un ruisseau enchanteur...

Adresses et infos utiles

Office de tourisme : *pl. Jean-Mermoz. ☎ 02-31-14-40-00. • indeauville.fr • Juil-août, tlj 9h30-19h ; le reste de l'année 10h-13h, 14h-18h ; fermé dim nov-mars.* Propose des visites guidées : découverte des falaises et collecte de fossiles, balade architecturale et historique,

Location de vélos : La Villersoise, *av. Jean-Moulin (à côté du Paléospace). 06-15-89-67-38.* Rosalies et vélos « rigolos ». Livraison à domicile.

– **Marchés :** *tlj en saison, jeu, sam, dim mat hors saison, pl. du Marché. Également au centre commercial Villers 2000.*

Où dormir ?

Camping

Camping Bellevue : *route de Dives. ☎ 02-31-87-05-21. • camping-bellevue@wanadoo.fr • camping-bellevue.com • À 1, km du centre-ville, sur les hauteurs de Villers, vers Houlgate. Ouv avr-sept. Emplacements 2 pers 19-26 € ; loc mobile homes. 257 empl.* Camping propre et bien équipé. Le terrain, un peu vallonné, légèrement envahi par les mobile homes, baigne dans la verdure et laisse à chaque emplacement son espace vital privé. Piscine couverte chauffée.

Chambres d'hôtes

Chambres d'hôtes Les Champs Rabats : *567, route de Beaumont. 02-31-87-10-47. • leschampsrabats14@gmail.com • leschampsrabats.com • À env 2 km de Villers, direction Pont-l'Évêque. Congés : vac de Noël. Doubles 79-84 ; familiales.* Dans une ferme en activité, 4 belles chambres, dont certaines familiales. Literie confortable et jolis meubles. Dans la salle à manger, la baie vitrée permet de contempler la mer et Villers de haut. Une gentille adresse, bien au calme.

Chambres d'hôtes Le Montivert : *559, chemin du Château. ☎ 02-31-87-14-84. 06-87-22-58-73. • edith.bidard@gmail.com • lemontivert.com • Sur les hauteurs de Villers (direction Lisieux). Doubles 110-130 € ; familiales.* Une haute gentilhommière de caractère, dotée d'une généreuse pelouse sur le devant. 5 chambres, chacune portant le nom d'une des grands-mères de la famille. L'une d'elles possède une jolie vue sur la mer, au loin. Toutes sont peintes de couleurs douces et chaudes, et meublées à l'ancienne. Petit déj bio nature avec les produits du jardin et de la basse-cour, crêpes et pain maison. Calme total, évidemment, et accueil tout en douceur.

De prix moyens à beaucoup plus chic

Hôtel des Falaises : *15, rue du Maréchal-Foch. ☎ 02-31-88-15-15. • info@hoteldesfalaises.com • hoteldesfalaises.com • Doubles 69-102 € ; familiales.* Un adorable petit hôtel dans le centre (mais sans vue sur la mer) qui a conservé, malgré une rénovation réussie, son charme rétro. Une dizaine de chambres mignonnes, fraîches et pimpantes, tout comme l'accueil. Un bon rapport qualité-prix en toute saison.

Hôtel Outre-Mer : *1, rue du Maréchal-Leclerc. ☎ 02-31-87-04-64. • resa@hoteloutremer.com • hoteloutremer.com • Face à la mer. Doubles 85-350 € ; familiales ; petit déj de qualité 15 €. Parking 12 €.* Dès l'entrée, on tombe sous le charme des couleurs acidulées et des éléments de décoration savamment choisis et agencés. Le rêve en couleurs se poursuit dans les chambres, toutes différentes et toutes réussies ! Certaines d'entre elles ont même une terrasse avec vue sur la mer. Sympathique salon de thé au rez-de-chaussée *(tlj pdt vac scol de la zone C ; seulement sam et dim sinon).*

Où boire un verre ?

🍸 ⛱ ***Hurricane Bar :*** *22, rue du Maréchal-Foch. 📱 06-60-03-54-56. Congés : janv et mars. En saison et pdt vac scol, tlj 11h30-23h ; hors saison 12h-15h, 18h-22h, fermé mer-jeu. Un café et un apéritif maison offerts sur présentation de ce guide.* Un lieu coloré et bohème, décoré façon bric-à-brac et tenu par une équipe sympa. Service à l'arrache, mais on s'en fiche, on s'y sent bien. S'il fait beau, on se met en terrasse ; sinon, on peut profiter des dizaines de jeux mis à la disposition des clients. Bières de toutes provenances et plein de cocktails de fruits. Moules-frites à volonté, pour se caler. Conférences et apéros-concerts réguliers.

À voir

L'église Saint-Martin : *pl. de l'Église.* Imposante construction au clocher néo-gothique. À l'intérieur, ne pas manquer les très beaux vitraux du XIXe s. En contre-bas, presbytère à pans de bois du XVIIIe s.

Voir aussi les ***belles villas d'architecture balnéaire*** sur le front de mer, les petites rues en pente et autres volées de marches, ou encore les hauteurs boisées de Villers. La villa *Durenne* (1854), la plus ancienne de Villers, abrite l'office de tourisme. Le cœur de bourg a lui aussi conservé son charme d'antan avec ses anciens bains publics typiquement Art nouveau, ses voies piétonnes et son marché.

Les falaises des Vaches-Noires : *accès par la plage de Villers à marée basse.* Étonnantes falaises de calcaire et de marnes grises d'une centaine de mètres de haut, qui s'achèvent en chaos dans la mer. Le nom provient de l'aspect des blocs de calcaire tombés dans l'eau puis recouverts par les algues, et qui ressemblent, avec beaucoup d'imagination, à un troupeau de bovidés. Ces falaises datent de 90 à 155 millions d'années et recèlent un gisement de fossiles de renommée mondiale, dont on peut admirer quelques beaux spécimens au Paléospace L'Odyssée.

Le marais de Villers : marais littoral de 110 ha qui constitue le seul espace vert naturel de la Côte Fleurie. Marais d'eau douce alimenté par les cours d'eau, qui abrite une faune et une flore diversifiées et sauvegardées. Chemins aménagés, aires de jeux, ferme pédagogique...

Le Paléospace : *5, av. Jean-Moulin. ☎ 02-31-81-77-60. • paleospace-villers.fr • Au cœur du marais, à la sortie de la ville, direction Deauville. Juil-août, tlj 10h-19h ; avr-juin, tlj 10h-18h ; sept-oct, mer-dim 10h-18h (plus lun en sept) ; nov-déc et fév, w-e et tlj pdt vac scol. Fermé en janv. Entrée : 8,90 € ; réduc ; sur présentation du guide de l'année, tarif adulte 7 € et enfant 5,90 € ; gratuit moins de 4 ans. Visites guidées à 14h30 (vac et w-e). Ateliers pour enfants organisés régulièrement pdt les vac scol.*

Dans un bâtiment tout en légèreté et transparence, moderne et particulièrement lumineux, voici non pas un musée, mais plutôt un espace de compréhension, interactif et original, en lien étroit avec la nature.

Du corail en Normandie ? De grands reptiles marins ? Des dinosaures ? Comment ces êtres vivants sont-ils parvenus jusqu'à nous après 160 millions d'années ? Réponse en découvrant la *galerie jurassique* comprenant les fossiles des falaises des Vaches-Noires. Nombreuses expériences interactives et squelettes de prédateurs du jurassique. Celui d'Anna l'ichthyosaure est d'une grande rareté (yeux gigantesques !). Dans la *salle des dinosaures de Normandie,* 1re région de France où furent découverts des dinosaures, petit topo sur ces prédateurs (avec les grands squelettes des bêtes) : présentation du *Streptospondylus,* le 1er dinosaure à avoir été découvert aux Vaches-Noires. Une salle d'exposition temporaire complète intelligemment les collections.

Le *planétarium* constitue un autre temps fort du Paléospace et propose une découverte du cosmos à 360°. Les séances *(horaires sur le site internet)* sont commentées par des guides passionnés. Pour rester dans le domaine de l'*astronomie,* retrouvez dans le musée une méridienne qui indique 12h au sol lorsque le soleil est au plus haut, grâce à un ingénieux mécanisme. Dans les vitrines, collection d'instruments de mesure marine (fin XVIIIe et XIXe s) : beaux sextants, globe céleste, bâton de Jacob, longue-vue, horloge atomique qui donna l'heure mondiale dans les années 1980.
Le *marais* littoral sur lequel le Paléospace est construit est bien évidemment présent dans le musée : découvertes et jeux interactifs pour observer la diversité des espèces et comprendre le façonnement de la nature par l'homme.
– Par ailleurs, et toujours en complément de la visite, possibilité de faire une balade dans les marais, sur les sentiers aménagés juste derrière le Paléospace. Balades guidées, ludiques et pédagogiques, avec jumelles et épuisette.

La Terrasse du Marais : *av. Jean-Moulin. ☎ 02-31-87-58-42. • laterrassedumarais@hotmail.com • À côté du Paléospace. Tlj sauf lun-mar et dim soir. Congés : janv. Menus 25-30 € ; carte env 25 €.* Jolie terrasse donnant sur le marais, vous l'aviez deviné, forcément. Bonne cuisine soignée, pleine de fraîcheur et servie avec le sourire. Si vous n'avez pas réservé, vous devrez vous contenter de boire un verre, ce qui n'est déjà pas si mal.

Fête et manifestations

– ***Expo Playmobil :*** *w-e de Pâques (sam-lun). À l'espace culturel Le Villare.* L'expo qui cartonne !
– ***Villers Game :*** *en mai.* Un w-e d'animations autour du jeu vidéo, au passé, au présent et au futur, pour toute la famille.
– ***Festival Sable Show :*** *mar et ven à 21h en juil-août.* Musiques actuelles en plein air, face à la mer.
– ***Festival des Nouveaux Talents et Invités :*** *en août.* Concerts quotidiens de musique de chambre par de jeunes musiciens, lauréats de prix de concours internationaux, ainsi que de jeunes artistes remarquables.
– ***Fête de la Coquille Saint-Jacques et des fruits de mer :*** *dernier w-e d'oct.* Fête autour de la coquille Saint-Jacques et des fruits de mer. Animations, concerts, marché de produits, démonstrations culinaires, etc.

DEAUVILLE

(14800) 3 600 hab. *Carte Calvados, C1*

• Plan *p. 273*

« J'aime Deauville car c'est loin de la mer et près de Paris. »
Tristan Bernard

La station balnéaire par excellence, fréquentée depuis ses débuts (sous le Second Empire) par un nombre impressionnant d'artistes. Deauville fut immortalisée au cinéma par Lelouch dans *Un homme et une femme* (chabadabada...). Les causes de son succès ? Sa magnifique plage de sable fin, longue de 2 km, bordée par les célèbres Planches, mais aussi son casino, ses palaces, ses villas et son champ de courses. Ajoutez à cela des événements culturels et sportifs tout au long de l'année, pour faire parler d'elle, et vous comprendrez que certains se damneraient pour passer un

week-end au *Normandy,* assister aux galas et passer la journée à mettre leurs pas sur ceux qui, comme à Hollywood, ont laissé leurs noms sur les Planches...

UN PEU D'HISTOIRE

La station naît en 1860 seulement, à l'emplacement de marais en contrebas d'un petit village fermier. À la tête de l'opération, un triumvirat de promoteurs visionnaires, parmi lesquels un certain duc de Morny, demi-frère de Napoléon III et petit-fils de Talleyrand. On assèche donc les marais et on construit, en 4 ans seulement, « une station balnéaire idéale ».
Vite lancée, Deauville commence à décliner en même temps que le Second Empire... et que la mer, qui recule de plusieurs centaines de mètres, laissant un vaste banc de sable !
La station renaît au début du XXe s, avec l'apparition d'un casino et de 2 immenses hôtels de luxe, le *Normandy* et le *Royal.* Pendant la Première Guerre mondiale, ces hôtels, réquisitionnés par l'armée, servent d'hôpitaux. Après une 2de période de déclin, Deauville explose à nouveau pendant les Années folles.

LA ROUE TOURNE

Un soir d'août 1930, André Citroën, poursuivi par une chance insolente au casino de Deauville, se retrouva en 1h avec une centaine de plaques de 100 000 F devant lui. Du coup, il offrit une 10-CV aux chefs de parties, une 5-CV aux croupiers, et distribua généreusement ses gains aux clochards, aux religieuses et, pour finir, aux filles du quartier de la gare. Puis il se mit à jouer de manière inconsidérée. Un jour de folie, il engagea même ses usines comme mise, toujours avec le sourire... Il perdit tout.

On imagine mal le ***succès de cette station dans les années 1920.*** Tous les continents se donnent rendez-vous sur la côte normande : princes slaves, rajahs indiens, rois de l'industrie américaine, sportifs de tout poil, stars de cinéma, gigolos, artistes et joueurs invétérés. Le jeu fait renaître la ville, car tout ce petit monde se retrouve autour des tables du casino.
Les Planches, véritables Champs-Élysées normands, sont construites en 1923. En 1931, l'aéroport donne à la ville le statut de station internationale, complété par l'extension du port de plaisance. Depuis, malgré des périodes de crise financière, Deauville n'a cessé d'attirer les grands de ce monde. On y vit défiler, entre autres : la Bégum, le roi Farouk, le shah d'Iran, l'Aga Khan, Elizabeth II et Churchill, les peintres impressionnistes (Boudin, Dufy...), les photographes Jacques-Henri Lartigue et les frères Séeberger, Flaubert, Colette et Apollinaire. L'écrivain Françoise Sagan, qui aimait tant Deauville, son casino, sa plage et ses chevaux, était de ceux qui en parlaient aussi très bien. Depuis 1950, plus d'une cinquantaine de films ont été tournés à Deauville. Depuis 1975 surtout, avec le Festival du cinéma américain, les plus grandes stars et metteurs en scène du septième art, à leur tour, ont foulé les Planches de Deauville : Robert De Niro, Elizabeth Taylor, Kirk Douglas, Clint Eastwood, Steven Spielberg, Roger Moore, Harrison Ford, George Clooney, Keanu Reeves, Orlando Bloom, Jessica Chastain...

ELLE GAGNA ET FUT PERDUE

Dans les années 1950, Françoise Sagan, qui avait connu la gloire avec son 1er roman (Bonjour tristesse), louait un vieux manoir normand à Équemauville. Par amour du jeu, elle se rendait souvent au casino de Deauville. Le 8 resta son chiffre fétiche : à l'aube du 8 août 1958, ce 8e mois, elle acheta le manoir qu'elle avait loué pour le mois à 8h précises, avec les 80 000 francs gagnés au casino sur le numéro 8, et la propriété faisait 8 ha ! Sa passion du jeu la ruina.

Adresses et infos utiles

Office de tourisme *(plan B2)* **:** *quai de l'Impératrice-Eugénie. ☎ 02-31-14-40-00. • indeauville.fr • Tlj sauf certains j. fériés : juil-début sept, lun-sam 10h-18h, dim et j. fériés 10h-18h ; le reste de l'année, lun-sam 10h-18h, dim et j. fériés 10h-13h, 14h-18h.* En saison, propose des visites de la ville, ainsi que des visites thématiques *(payantes).*

Gare de Deauville-Trouville et gare routière *(plan B2)* **:** *☎ 36-35.* Jolie petite gare d'un autre temps, avec ses colombages. Consigne pour quelques sacs à dos.

Taxis : *Central Taxis,* *☎ 02-31-87-11-11.* ***AAABN Taxis Jérôme,*** *06-07-84-29-30.*

Location de vélos : *Cycles Lucas* *(plan B2,* ***1****), 92, av. de la République. ☎ 02-31-88-53-55.* ***Cycles Jamme*** *(plan B2,* ***2****), 11 bis, av. de la République. ☎ 02-31-88-40-22.*

– **Marchés** *(plan B2)* **:** *pl. Morny. Tlj mar et ven-sam mat, ainsi que dim fin fév-début nov.* Les beaux produits de la région, avec, en retrait, le marché aux poissons (derrière le passage). ***Marché bio*** *jeu mat au square de l'église Saint-Augustin. Jeu mat.*

– **Stationnement :** quand il est payant à Deauville, il est vraiment cher. Bonne nouvelle, cependant, il suffit de s'éloigner un peu de l'hyper-centre pour qu'il devienne gratuit. Grosso modo, la zone payante s'étend entre la rue du Général-de-Gaulle, l'avenue de la République et le quai de la Touques. Il est aussi payant sur le boulevard de la Mer de juillet à mi-septembre, pendant les vacances scolaires, les jours fériés et le week-end. Pour plus d'infos : *• mairie-deauville.fr/ville/stationnement •*

Où dormir ?

De prix moyens à chic

You are Deauville *(plan B2,* ***10****)* **:** *1, rue Désiré-Le-Hoc. • welcome@you-urbanhome.com • youaredeauville.com • Lits à partir de 27 €/pers, chambre double à partir de 90 €.* Un ovni sur la planète Deauvillaise, mais un très bel ovni, destiné tant aux amoureux en week-end, qu'aux groupes d'amis ou familles et même aux locaux, puisque le bar et les magnifiques espaces de vie sont ouverts à tous (y compris aux travailleurs qui chercheraient un coin où bosser au calme). L'originalité de cet hébergement, outre celui d'être tout connecté ? Il s'adresse à tous les budgets (ou presque) puisqu'il propose 5 chambres *Together* comme ils disent... des dortoirs (8-12 lits) quoi, mais très bien pensés, tout confort, avec lits superposés conçus spécialement pour le lieu et un lit double perché sous le plafond dans chacune d'entre elles. Et sinon, pour plus d'intimité, il y a les chambres doubles et familiales, de type hôtel. Les *Welcome,* les plus petites, font déjà 20 m². Toutes brillent par leur grand confort, ainsi qu'une déco à la fois zen, sobre et originale. Et pour tout ce beau monde, une salle de fitness dernier cri, une cuisine où l'on peut réchauffer les bons petits plats en bocaux vendus sur place, une salle de projection que l'on peut louer...

Le Patio *(plan A2,* ***12****)* **:** *180, av. de la République. ☎ 02-31-88-25-07. • contact@hotel-lepatio.fr • hotel-lepatio.fr • ♿ Congés : 4 sem en janv. Doubles 65-92 €.* Hôtel confortable et coquet installé dans une grande bâtisse blanche dont le patio fleuri et ombragé dispense une fraîcheur agréable. Le tarif des chambres varie selon leur taille et leur situation (patio ou pas patio, là est la question). Les moins chères, même si elles sont étroites, n'en restent pas moins douillettes, et leur déco fraîche et lumineuse. Le tout à des tarifs relativement doux pour la ville.

Hôtel de la Côte Fleurie *(plan B2,* ***14****)* **:** *55, av. de la République. ☎ 02-31-98-47-47. • info@hoteldelacotefleurie.com • hoteldelacotefleurie.com • Congés : janv. Doubles 79-119 € ;*

LE CALVADOS

DEAUVILLE

■ **Adresses utiles**

- 1 Cycles Lucas (B2)
- 2 Cycles Jamme (B2)

Où dormir ?

- 10 You are Deauville (B2)
- 11 Hôtel Le Chantilly (A-B2)
- 12 Le Patio (A2)
- 14 Hôtel de la Côte Fleurie (B2)
- 15 Villa Odette (B2)

Où manger ?

- 20 Le Drakkar (A2)
- 21 Le Comptoir et la Table (B1)
- 22 L'Étoile des Mers (B2)
- 23 La Péniche (A1)
- 24 L'Essentiel (B2)

Où déguster une bonne glace ?

- 30 Martine Lambert (A2)
- 31 Glaces Pompon (hors plan par A2)

Où boire un verre ? Où écouter de la musique ?

- 40 Café Marius (A2)
- 41 Brok Café (A2)

familiales. Un café offert sur présentation de ce guide. Dans une jolie maison, de belles chambres très claires, accueillantes et à la déco personnalisée. Délicieuse courette, fleurie aux beaux jours, où vous pourrez vous prélasser au calme et sur laquelle donne une grande chambre double, un peu plus chère que les autres. Une excellente adresse où l'on se sent plus à la maison qu'à l'hôtel.

Hôtel Le Chantilly *(plan A-B2, **11**) : 120, av. de la République. ☎ 02-31-88-79-75. • hchantilly@orange.fr • hotel-deauville-le-chantilly.fr • Doubles 69-179 €.* Un hôtel faisant peu à peu peau neuve et offrant des chambres pimpantes. Un peu de bruit à prévoir, toutefois, côté rue. Bel accueil.

Villa Odette (plan B2, **15**) : *156, av. de la République. ☎ 02-31-14-15-16. • info@lacloseriedeauville.com • lacloseriedeauville.com • Doubles 99-284 €. Parking payant.* Petite sœur de *La Closerie de Deauville* *(156, av. de la République),* hôtel imposant et classique 4 étoiles. La *Villa Odette* est un havre de paix confidentiel dans une maison traditionnelle normande de seulement 11 chambres, qui permet de profiter du spa (piscine, jacuzzi, hammam et sauna).

Où dormir dans les environs ?

Camping L'orée de Deauville : *lieu-dit Le Lieu Roti, 14800* ***Vauville.*** *☎ 02-31-87-96-22. • contact@camping-normandie-loreedeauville.com • camping-normandie-loreede deauville.com • À 4 km au sud-ouest de Deauville. Emplacement 2 pers 20-26 € ; loc mobile homes. 164 empl.* Si les mobile homes sont un peu trop les uns sur les autres, l'espace central, réservé aux campeurs, se révèle plutôt agréable avec ses grands carrés de pelouse délimités par de hautes haies. Sinon, ensemble simple, pas nécessairement de première jeunesse, mais on apprécie le cadre verdoyant, l'ambiance plutôt familiale, tranquille, les prix raisonnables... soit une denrée rare dans ce coin de Normandie !

LE CALVADOS

Où manger ?

Ici, la bonne cuisine ne manque pas, mais la cuisine bon marché se fait discrète. Heureusement, Trouville est toute proche et permet de se rassasier à des prix un peu plus raisonnables.

De prix moyens à chic

L'Étoile des Mers (plan B2, **22**) : *74, rue Gambetta. ☎ 02-14-63-10-18. Tlj sauf lun-mar en saison (et lun-mer hors saison) 9h-19h, 22h sam, 15h dim. Formule déj en sem 20 € ; carte 35-45 €.* Une poissonnerie-bistrot assez incroyable. Du pur local, sur les étals, dans les assiettes, devant le comptoir aussi, et autour des tables. La patronne est fille et sœur de pêcheurs, ici rien n'est stocké en chambre froide, on choisit en même temps que les habitués, qui viennent chercher plateaux de fruits de mer, soles, rougets... Bon plan : la formule du midi en semaine, qui permet de manger « vite frais » en profitant du petit théâtre de la mer qui se joue ici, avec le Tout-Deauville qui raconte sa vie, entre 2 plats ou 2 achats. Quelques tables hautes sur rue, à réserver, quelques-unes avec vue sur les étals, le reste au fond de la salle, ou au comptoir pour voir le chef travailler.

Le Comptoir et la Table (plan B1, **21**) : *1, quai de la Marine. ☎ 02-31-88-92-51. • lecomptoiretlatable@orange.fr • Tlj 12h-14h, 19h-21h30. Le midi en sem (hors vac scol), menu 22 € ; carte env 60 €.* L'ancien troquet de marins, à l'ambiance populo-chic avec sa terrasse sur le port et ses habitués agglutinés autour du zinc, est devenu un lieu tendance, un de plus. Brasserie chic, avec des formules terre-mer intéressantes au déjeuner.

La Péniche (plan A1, **23**) : *bd de la Mer. ☎ 02-31-98-52-75. • peniche@orange.fr • Tlj, sauf mer hors saison. Congés : janv. Formules déj en sem 19-24 € ; menus 25,90-36,90 €.* Une péniche ancrée dans le port, qui ne vous mène pas en bateau ! Les baies vitrées offrent une vue agréable, tandis que les assiettes proposent des réalisations classiques et pas mal tournées, ou dans la partie poissons. Service pro et rapide.

L'Essentiel (plan B2, **24**) : *29-31, rue Mirabeau. ☎ 02-31-87-22-11. • contact@lessentieldeauville.com • Tlj sauf mar-mer hors juil-août. Formule 34 € le midi ; menu découverte 77 € ; carte 67 €.* Un restaurant à la réputation amplement méritée. Très inventive, la cuisine fraîche et de saison combine intelligemment les saveurs asiatiques et normandes. Passé par la case William Ledeuil *(Ze Kitchen Galery)*, le chef a su tirer l'essentiel de cet enseignement pour livrer une partition précise et riche en goûts surprenants. Décor dans l'air du temps, et très belle terrasse côté cour.

Le Drakkar *(plan A2, **20**) : 77, rue Eugène-Colas. ☎ 02-31-88-71-24. • central-hotel@wanadoo.fr • En principe ouv tlj. Formule déj en sem 21 € ; carte 50-70 €. Digestif maison (le Pointu) offert sur présentation de ce guide.* Une des brasseries institutionnelles de Deauville. Cadre luxueux et clientèle distinguée. Terrasse chauffée. On vient ici avant tout pour le poisson et les fruits de mer, d'une qualité régulière. Mais cela se paie ! On peut, pour faire au plus juste, se contenter d'une copieuse salade ou d'un rôti de bœuf sauté en cocotte.

Où déguster une bonne glace ?

Depuis 1919, les ***Glaces Pompon*** *(hors plan par A2, **31** ; bd de la Mer ; face au Point de Vue, l'espace d'exposition de la ville)* régalent les gourmands sur les Planches. M. Pompon, comme on l'appelle, se fournit chez un maître-artisan glacier qui fabrique ses glaces à la sortie de Deauville avec du pur lait de Normandie. On se laisse tenter par des parfums locaux comme la glace au calvados ou celle au caramel au beurre salé. Une glace artisanale locale à des prix raisonnables et servie avec le sourire.

Martine Lambert *(plan A2, **30**) : 76 bis, rue Eugène-Colas. ☎ 02-31-88-94-04. Juil-août, tlj 10h-23h ; avr-juin et sept, tlj sauf mar-mer 10h-19h30 ; oct-mars, w-e et vac scol 10h-13h, 14h30-19h. Congés : janv-fév.* Une cinquantaine de parfums de glaces et de sorbets, du plus classique au plus créatif et original. Artisanales, on s'en doute, ces glaces sont élaborées à base de bons produits fermiers, de fruits frais et d'arômes naturels. Depuis 1975, une institution.

Où boire un verre ? Où écouter de la musique ?

Café Marius *(plan A2, **40**) : 21, rue Gontaut-Biron (angle rue du Général-Leclerc). ☎ 02-31-98-40-40. Tlj sauf mer-jeu (fermé en août). Fermeture 19h en basse saison.* Ailleurs qu'à Deauville, on aurait hésité à vous faire passer par une boutique de déco aussi chic pour grimper sur son toit afin de profiter, au milieu des habitués, de ce bel endroit presque caché avec vue imprenable. Bonnes tartines, bons cocktails et prix à la hauteur, forcément. Idéal pour un verre en fin de journée, en bonne compagnie.

Brok Café *(plan A2, **41**) : 14, av. du Général-de-Gaulle. ☎ 02-31-81-30-81. Tlj sauf lun 17h30-2h en été, 18h30-2h hors saison.* Pour la déco, c'est La Havane en Normandie ; dans les verres, c'est caïpirinhas, margaritas et mojitos (dont un au champagne, *so chic* !) en place du pommeau et du calva. Musique latino, bien entendu. Un bar sympathique qui s'anime pas mal le week-end, fréquenté par quelques people et les joueurs de polo de l'hippodrome voisin.

LE CALVADOS

À voir

Les Franciscaines *(plan A2) : 143, av. de la République. • indeauville.fr • Tlj sauf lun 10h30-18h30.* Ce nouvel espace culturel aouvert ses portes à Deauville. Aménagé dans l'immense bâtisse qui abritait autrefois la congrégation des sœurs franciscaines, il accueille un musée consacré au peintre de marine figuratif André Hambourg (1909-1999), une médiathèque, un auditorium dans l'ancienne chapelle, un café dans le cloître, un espace consacré à des expos temporaires, des espaces à partager (*co-working, fablab,* cafétéria...). Bref, un véritable lieu de vie.

Les quais et les jetées : en sortant de la gare pour aller à l'office de tourisme, on découvre des quais en pleine transformation. L'esplanade du bassin Morny, le 1er des 2 ports de Deauville, avec ses nombreux voiliers amarrés, offre le 1er contact avec la mer quand on descend du train. Les 2 jetées ont été bombardées mais reconstruites à l'identique après la guerre. C'était l'un des lieux de prédilection d'Eugène Boudin, qui aimait y peindre, y observer la lumière changeante et le va-et-vient des bateaux. La plus grande jetée, mesurant 550 m, se trouve du côté de Deauville ; la plus petite est à Trouville.

La plage *(plan A1)* ***:*** l'une des plus belles de Normandie. Probablement le plus photographié au monde, le ***parasol deauvillais,*** avec ses 5 couleurs uniques, n'est en vente nulle part. Il sort chaque année des ateliers de la Ville qui le fabriquent, le réparent et le bichonnent. ***Les Planches,*** autre symbole marquant, longent la plage sur un peu moins de 1 km. On remarque également le patio fleuri des bains publics, les superbes ***Bains pompéiens,*** le jardin des lais de mer après les Planches etc.

À LA MODE DE HOLLYWOOD

Pastichant Los Angeles, pour remercier les stars hollywoodiennes d'être venues lors du festival du Cinéma américain, Deauville choisit d'inscrire leurs noms sur les cabines de bains situées le long des Planches. Bette Davis, Liz Taylor, Rock Hudson, Clint Eastwood et Kirk Douglas ont été mis à l'honneur. Chez les plus jeunes, Jessica Chastain, Cate Blanchett et Matt Damon. Tiens, on a retiré le nom de Harvey Weinstein.

L'hôtel de ville *(plan A2)* ***:*** *20, rue Robert-Fossorier, au croisement des rues Eugène-Colas et Victor-Hugo.* Sur une ravissante placette fleurie, décorée de pommiers. Charmant bâtiment normand à tourelle, aux colombages sertis de briquettes.

Le casino *(plan A2)* ***:*** *bd Eugène-Cornuché.* Immense et luxueuse bâtisse de style Louis XV, bâtie à partir de 1912. Il fut inauguré par les Ballets russes, Nijinsky et Chaliapine, et a vu défiler depuis bien du beau monde. À découvrir de préférence le soir, quand les guirlandes électriques illuminent la façade. Les machines à sous ont volé la vedette aux tables de jeu.

LE TAUX DE REDISTRIBUTION

Les machines à sous sont programmées pour redistribuer un pourcentage précis (85 % minimum en France). Ce taux est contrôlé par la police des jeux. Intéressant de savoir que certaines machines sont plus généreuses que d'autres, notamment le long des couloirs très fréquentés : les casinos populaires sont plus généreux que les endroits chics !

Les palaces *(plan A2)* ***:*** de chaque côté du casino, les 2 plus beaux fleurons de la chaîne Lucien-Barrière, à savoir le *Royal Barrière* (1913) et le *Normandy Barrière* (1912). Le 1er, somptueux, porte bien son nom. Mais on peut préférer l'architecture du 2d, plus typique avec ses colombages auxquels une rénovation a redonné les couleurs d'origine, soit le blanc et le vert.

Les villas balnéaires : originales ou somptueuses, on en croise à chaque coin de rue ou presque (555 bâtisses ont été recensées, valorisées et protégées), et les découvrir offre aussi l'occasion de croiser les fantômes de tous ceux qui ont fait la légende de Deauville, d'Isadora Duncan à Jean Gabin. Grosse concentration le long du boulevard Eugène-Cornuché *(plan A1-2).* Les plus remarquables : la ***villa***

Griselidis au nº 7, la ***villa Camélia*** au nº 11, dans l'esprit chalet, ou sa voisine Art nouveau, *Les Abeilles,* au nº 9 du boulevard Cornuché. À deux pas, la ***villa Suzanne*** au 2, rue Olliffe (bas-reliefs sur la façade). Au 8, rue Olliffe, la maison à pans de bois, dotée d'un porche, que se fit construire ***Eugène Boudin.*** Le grand peintre s'y est éteint en 1898.

La Villa Strassburger *(hors plan par A2)* ***:*** *en retrait de l'av. Strassburger, derrière l'hippodrome. Visite possible sur résa seulement (☎ 02-31-88-20-44), juil-sept mer-jeu (sauf sept) à 15h, sauf jour de réception. Entrée : 4,50 € ; réduc ; gratuit moins de 12 ans.* L'une des plus belles villas de Deauville, de style normand et à clochetons. Construite en 1907 pour les Rothschild à l'emplacement d'une ferme qui appartenait à la famille de Flaubert, la propriété fut ensuite rachetée en 1924 par un homme de presse américain, Ralph Strassburger, également époux de l'héritière des machines à coudre Singer. Elle fut léguée à la Municipalité, qui en fit un lieu de réception et de visite. Elle est inscrite aux Monuments historiques depuis 1975. On peut découvrir, dans un salon, des œuvres (peintures et sculptures) d'Enrico Campagnola.

L'hippodrome de Deauville-La Touques *(plan A-B2)* ***:*** le long du boulevard Mauger, l'un des 2 hippodromes de Deauville avec celui de Clairefontaine. Il accueille 400 chevaux (600 en été) à l'entraînement chaque matin, de nombreuses courses sur 7 mois de l'année et de prestigieux matchs de polo en août. En 1863, sur la plage reconvertie en piste de galop le temps d'une marée, on sonnait le départ de la toute 1re course hippique deauvillaise... L'histoire de Deauville, depuis sa création, est si étroitement liée au cheval que la ville est aujourd'hui naturellement considérée comme la capitale du cheval en Normandie, entre courses hippiques, ventes aux enchères de pur-sang, polo, compétitions de saut d'obstacles, de dressage, d'attelage et de horse-ball, équitation, balades à cheval sur la plage...

La voie verte de Deauville à Saint-Arnoult : elle part du boulevard Mauger et s'étend sur quelque 3 km. À pied, à vélo ou à cheval (on est à Deauville quand même !), on longe les « spots » de Deauville : l'hippodrome, le parc de loisirs et le Pôle international du cheval.

Manifestations

– ***Le bain du 1er janvier :*** tout le monde se retrouve sur la plage pour le bain du 1er janvier afin d'encourager les baigneurs.
– ***Festival Livres & Musiques :*** *avr-mai.* Célèbre les écrivains inspirés par la musique autour d'un grand thème. Dédicaces, rencontres et concerts bien sûr.
– ***Festival de Pâques :*** *3 sem en avr. • musiqueadeauville.com •* Une douzaine de concerts classiques et baroques.
– ***Triathlon international :*** *juin.* 4 formats d'épreuves pour tous les niveaux.
– ***Courses :*** elles ont fait la célébrité de la station. La saison commence début juillet pour s'achever en octobre et s'étire même en hiver.
– ***Août musical :*** festival de musiques classique et baroque accueillant de jeunes solistes parrainés par les musiciens du Festival de Pâques.
– ***Championnat international de polo :*** *août, sur l'hippodrome de la Touques. • deauvillepoloclub.com •* Toujours intéressant à voir, d'autant que Deauville est la capitale française du polo depuis 1950.
– ***Festival du Cinéma américain de Deauville :*** *début sept. • festival-deauville.com • Ouv au public avec des forfaits à la journée ou pour la durée du festival.* Presque inutile de faire les présentations ! Une centaine de films à l'affiche, dont certains en exclusivité mondiale. À la différence de Cannes, tout le monde peut assister aux projections. Beaucoup de monde (et de stars) : dur de trouver une chambre à cette époque-là !

– ***Planche(s) Contact :*** *oct-janv.* Rendez-vous autour de la photographie, avec des expos d'artistes renommés.
– ***Concours de dressage et de saut d'obstacles :*** ils ont lieu au Pôle international du cheval, lieu entièrement dédié aux sports équestres et à l'équitation. Des concours pour amateurs et professionnels, dont une dizaine de concours internationaux, y sont organisés régulièrement toute l'année.

TROUVILLE (14360) 4 630 hab. *Carte Calvados, C1*

• Plan *p. 279*

Indissociable de Deauville, dont elle n'est séparée que par la Touques, Trouville a pourtant réussi à se créer une identité bien à elle. Ancien village de pêcheurs devenu lieu de villégiature grâce à sa grande et belle plage de sable fin, la station connaît un essor remarquable à la fin du XIXe s, bien avant Deauville. On y découvre les 1ers bains de mer, les joies (et les méfaits) du casino, les chalets puis les villas... Parallèlement, les artistes viennent y faire trempette ou y trouver l'inspiration. On y voit d'abord Alexandre Dumas, puis Flaubert, suivi des impressionnistes, de Maupassant et de Marguerite Duras. Depuis, de nombreuses personnalités ont fait de Trouville leur résidence privilégiée.
Curieusement, après une longue période de décadence, due essentiellement à la concurrence effrénée de Deauville, Trouville est redevenue à la mode. Le charme de son port de pêche et son petit côté familial font de plus en plus d'adeptes chez une certaine bourgeoisie en quête de simplicité. Parce que Trouville a su, semble-t-il, trouver le fragile équilibre entre tourisme et activités traditionnelles. Ici, pas d'enseignes parisiennes trop bling-bling, mais des petits commerces locaux au charme désuet. Dépaysement garanti pour les Parisiens, qui représentent 80 % des visiteurs.

Adresse et infos utiles

Office de tourisme *(plan B3)* ***:*** *32, quai F.-Moureaux.* ☎ *02-31-14-60-70. • trouvillesurmer.org • Juil-août, lun-sam 9h30-19h, dim et j. fériés 10h-18h ; avr-juin et sept-oct, lun-sam 10h-18h, dim et j. fériés 10h-17h ; nov-mars, lun-sam 10h-18h, dim et j. fériés 10h-13h30.* Visites commentées et promenades à thème, animations pour les enfants pendant les vacances scolaires. Randonnée gourmande avec déjeuner champêtre et convivial en été. Et pour découvrir Trouville autrement : les visites *Enigmatik Experience* !
Gare SNCF et gare routière *(plan A-B3)* ***:*** ☎ *36-35.*
– ***Marchés*** *(plan A-B2)* ***:*** *quai F.-Moureaux. Mer mat et dim mat pour le grand marché, et tlj pour le marché aux poissons.* L'un des plus sympa de la côte pour ses coquillages et son poisson frais, mais aussi de bons produits du terroir. ***Marché nocturne*** *jeu juil-août 17h-minuit.* ***Marché bio*** *sam mat.*
– ***Stationnement :*** les rues de Trouville sont étroites et la circulation en saison peut se révéler un peu pénible. Le plus simple est de se garer sur les parkings à l'entrée de la ville, entre le pont des Belges et la Poissonnerie *(plan B2-3)* ; ils sont beaucoup moins chers qu'autour du casino ou même le long du boulevard Moureaux et, de novembre à mars, ils sont carrément gratuits ! Précisons, cependant, que seuls les grands axes sont payants : rien ne vous empêche par conséquent d'aller tenter votre chance dans les petites rues en retrait du centre commerçant.

TROUVILLE

Où dormir ?

1 Hôtel Le Reynita (A2)
2 Hôtel Le Flaubert (A2)
3 La Maison Normande (A-B2)
4 Hôtel Le Fer à Cheval (A2)
5 Hôtel Le Central (A-B2)
6 Hôtel L'Estran (B3)
7 Hôtel Le Trouville (B2)
8 La Maison de la Plage (A2)
9 Hôtel Les 2 Villas (A2)

Où manger ?

5 Brasserie Le Central (A-B2)
9 Dadou (A2)
20 Pipelettes & Co (B2)
21 Les Vapeurs et Les Voiles (A-B2)
22 La Poissonnerie (A2)
23 Tivoli Bistro (A2)
24 Villa Gypsy (B2)
26 La Table du Marché (B2)
27 Les Mouettes (B2)
28 Bistrot Les 4 Chats (B2)
30 La Cabane Perchée (A2)

Où boire un verre ? Où manger sur le pouce ?

20 Bar des 4 Chats (B2)
30 La Cabane Perchée (A2)
41 Les Étiquettes, La Case des Bains et Cave Raymonde Couture (B2)
42 Les Docks (A2)
43 L'Apéro (B3)
44 Jardin d'été (A2)

Où manger d'excellentes glaces et pâtisseries ?

20 L'Atelier de Luc (B2)
50 Pâtisserie Charlotte-Corday (A2)

Où acheter de bons produits ?

22 Halle aux poissons (A2)
60 L'instant Fromages (B2)

Où dormir ?

Prix moyens

Hôtel L'Estran *(plan B3, **6**) : 4, pl. F.-Moureaux. ☎ 02-31-88-35-15. • contact@hotelestran.com • Doubles 61-97 € ; familiales.* Établissement accueillant et bien tenu qui ne cherche pas à jouer dans la cour des grands. Les chambres sont claires et agréables, et les plus spacieuses ont aussi vue sur le port.

Hôtel Le Trouville *(plan B2, **7**) : 1, rue Thiers. ☎ 02-31-98-45-48. • info@hotelletrouville.com • hotelletrouville.com • Doubles 75-110.* Comme bien souvent à Trouville, l'escalier (sans ascenseur) est un peu raide, et la vieille bâtisse relativement sonore. Mais les chambres, simplement arrangées, sont pimpantes et confortables (bonne literie notamment). Le petit salon de la réception donne l'impression de poser son sac à la maison ou chez des amis.

La Maison Normande *(plan A-B2, **3**) : 4, pl. Maréchal-de-Lattre-de-Tassigny. ☎ 02-31-88-12-25. 📱 06-75-14-46-58. • lamaisonnormande@outlook.fr • la-maison-normande.com • Dans un coin tranquille du centre. Doubles 59-99 € (les moins chères avec w-c sur le palier) ; familiales.* Maison... normande, donc à colombages (à l'extérieur, jetez un coup d'œil aux colonnes sculptées). Charme indéniable dès le hall d'entrée, né de la réunion de 2 anciennes boutiques. La maison et les chambres sont tout doucement rénovées, en respectant l'ambiance du lieu.

De prix moyens à chic

La Maison de la Plage *(plan A2, **8**) : 30, rue de la Plage. 📱 07-87-05-13-85. • lamaisondelaplagetrouville@hotmail.com • lamaisondelaplagehotel.com • Doubles 75-120 €.* On a vraiment l'impression ici d'entrer dans une maison de famille, aux parquets bruts, aux couleurs pop et à la déco broc'. Rassurez-vous, cependant, la literie (top !), elle, n'est pas de récup'. Et si, dans certaines chambres, l'espace est assez réduit, l'aménagement, bien pensé, offre un réel confort. Mention spéciale pour le petit déj' de qualité.

Hôtel Le Reynita *(plan A2, **1**) : 29, rue Carnot. ☎ 02-31-88-15-13. • info@hotelreynita.com • hotelreynita.com • Ouv de mi-fév à nov (et Jour de l'an). Doubles 80-110 €.* Belle maison à l'architecture début XXe s assez typique. Chambres de tailles variables, souvent dans un esprit assez cosy (mais rien de contemporain). Atmosphère familiale et accueil très professionnel.

De chic à beaucoup plus chic

Hôtel Les 2 Villas *(plan A2, **9**) : 25, rue Saint-Germain. ☎ 02-31-49-09-19. • contact@les2villas.fr • les2villas.fr • ♿ Doubles 75-132 € ; petit déj 15 €.* Un hôtel qui offre 2 visages différents qu'on le découvre côté pile ou côté face. Eh oui, il s'agit en réalité de 2 villas distinctes réunies en un même établissement, l'une à la façade sobre sur 4 niveaux (avec ascenseur), l'autre faite de briques colorées sur 2 niveaux (sans ascenseur). Pour faire la jonction, un patio intime sur lequel donnent certaines chambres. À l'intérieur, les différences s'estompent : ambiance feutrée pour tout le monde, doux dégradé de gris, un mobilier et des luminaires sobres mais choisis (et pas chez *Ikea* !), des espaces parfaitement pensés et agencés. Une belle adresse et un très bon rapport qualité-prix dans sa catégorie. Excellent accueil.

Hôtel Le Fer à Cheval *(plan A2, **4**) : 11, rue Victor-Hugo. ☎ 02-31-98-30-20. • contact@feracheval-trouville.com • feracheval-trouville.com • ♿ Doubles 85-155 € ; familiales ; petit déj 12,50 €.* Une partie des chambres se trouve dans une belle maison du début du XXe s à l'architecture traditionnelle en brique et l'autre dans une bâtisse dotée d'un joli patio à quelques pas de là. Partout, une déco élégante, accueillante et un bon confort.

Hôtel Le Flaubert *(plan A2, **2**) : rue Gustave-Flaubert. ☎ 02-31-*

LE CALVADOS

88-37-23. 06-22-23-33-81. • hotel@flaubert.fr • flaubert.fr • Congés : nov-début janv. Doubles 139-319 € petit déj compris ; familiales. Parking payant 15 €. Café offert sur présentation de ce guide et remise de 30 % sur le prix de la chambre (lun-jeu en fév, mars et oct hors vac scol et j. fériés) Sur les Planches, quasiment les pieds dans l'eau, un hôtel qui domine le front de mer. Pour un week-end romantique, demandez la chambre en angle, afin de profiter inlassablement de la jetée et du ballet incessant des voiliers qui entrent et sortent du port. Les autres, décorées avec grand soin, sont elles aussi ravissantes.

Hôtel Le Central *(plan A-B2,* ***5****) : 5-7, rue des Bains. ☎ 02-31-88-80-84. • central-hotel@wanadoo.fr • central-trouville.com • Au-dessus de la brasserie du même nom ; entrée dans la petite rue sur le côté, et réception au 1er étage. Fermé 24 déc au soir et 25 déc. Doubles 132-195 € ; petit déj 12 €. Parking à 300 m (15 €).* Belles chambres tout confort, lumineuses et soigneusement décorées. Les plus jolies ont vue sur le port, mais celles donnant sur l'arrière (plus calmes) ne manquent pas non plus de charme. Quant à celles situées au dernier étage, elles sont joliment mansardées. Bon accueil.

Où manger ?

Les adresses du midi et de l'après-midi

La Poissonnerie *(plan A2,* ***22****) : marché aux poissons, bd F.-Moureaux, côté parking. Tlj 9h-19h.* Le long du port de pêche, les 9 étals de cette célèbre poissonnerie (inscrite sur la liste complémentaire des Monuments historiques) mettent à disposition des tables et chaises hautes pour une dégustation de fruits de mer qui continue de faire bien des heureux. On choisit la composition de son plateau selon la pêche du jour, en l'accompagnant d'un petit verre de blanc.

Villa Gypsy *(plan B2,* ***24****) : 65, rue des Bains. ☎ 09-53-83-88-90. Congés : début janv. Tlj 10h30-18h30 (sauf lun-mar en basse saison). Carte env 15 € ; brunch le dim. Lifestyle & coffeeshop,* c'est écrit sur la carte, en langage international car vous allez tomber ici sur un nid de voyageuses (mère et filles) qui ont vu du pays avant d'ouvrir ce salon de thé pas triste, avec son coin boutique du monde, son salon de lecture et, surtout, sa terrasse (presque) cachée dans la seule cour fermée de Trouville. L'après-midi, pâtisseries sans gluten (mais gourmandes).

Dadou *(plan A2,* ***9****) : 26, rue Carnot. 07-89-83-87-12. Tlj sauf mer-jeu 12h-17h. Repas 15-20 €. CB refusées.* Sur la gauche le petit comptoir traiteur, sur la droite la « salle à manger », avec la longue table que l'on partage ou le coin canapé. Le tout dans un esprit à la fois mode, grotte d'Ali Baba, mais surtout très convivial. Chaque jour, à consommer sur place ou à emporter, un plat de poisson différent ou un assortiment d'antipasti, soit une belle assiette composée de légumes royalement traités. Car chez Dadou, ceux qui l'ignorent encore découvriront que les végétaux peuvent se cuisiner, se cuire et s'agrémenter de multiples façons et offrir au palais un bouquet de saveurs réjouissantes. À accompagner de la boisson et de la douceur du jour. Quant au plat de viande, il n'est servi que le week-end et sur commande.

Pipelettes & Co *(plan B2,* ***20****) : 82, rue des Bains. ☎ 02-14-09-28-92. • welcome@pipelettesandco.com • Tlj sauf jeu (tlj pdt vac scol), 9h30-18h. Au déj, carte env 15 €.* On se sent tellement bien dans ce petit salon de thé que l'on pourrait y passer des heures à « pipeletter » autour d'un thé (la sélection est belle et variée) ou café de qualité, accompagné d'une délicieuse douceur ou d'une jolie salade le midi. Le mobilier mêlant styles et époques forme un cadre harmonieux, paisible, chaleureux, complété par un accueil souriant. On peut aussi y acheter thé, café et chocolat.

De bon marché à prix moyens

La Table du Marché *(plan B2, **26**) : 16, rue des Bains. ☎ 02-31-87-54-84. • latabledumarche14@gmail.com • Tlj (sauf mar-mer) 12h-14h et 19h-21h. Menus 19,90 € (midi), puis 32,90-49,90 €.* Le nom n'a rien d'original, mais c'est la belle surprise du moment. Carte courte, avec une ardoise pour les suggestions, qu'on vous conseille de suivre, et bons plats du jour. Service enlevé et sympa, avec un personnel aux petits soins. Grande terrasse côté rue.

La Cabane Perchée *(plan A2, **30**) : bd de la Cahotte. ☎ 02-31-14-88-00. • contact@cabaneperchee.fr • En été, tlj 11h-23h ; hors saison, tlj sauf mar-mer 11h-14h, 19h-22h (en continu le w-e). Carte 11-40 €.* En voilà un endroit relativement inattendu pour percher sa cabane : à touche-touche avec le complexe nautique, en surplomb de la piscine extérieure... mais aussi (et surtout) de la longue plage de sable, du port et, si vous optez pour la terrasse sur le toit, sur les jolies cures marines et les villas. Restauration simple, type brasserie : burger, assiette de fruits de mer, bavette, etc. L'été, c'est aussi l'endroit parfait pour boire un verre autour de planches à partager.

Brasserie Le Central *(plan A-B2, **5**) : 158, bd F.-Moureaux. ☎ 02-31-88-13-68. • central-hotel@wanadoo.fr • ♿ Tlj 8h-minuit. Fermé 24 déc au soir et 25 déc. Carte env 35 €.* Grande salle à l'ancienne avec terrasse face au port. Les serveurs sont speedés mais efficaces, la clientèle est très mélangée et la carte longue comme le bras. On peut s'en tirer à des prix à peu près convenables car les plats sont copieux et un seul peut suffire. Notre péché mignon : la friture de pays encore toute croustillante, qui se mange avec les doigts, accompagnée d'un verre de sancerre... le bonheur !

Les Mouettes *(plan B2, **27**) : 9-11, rue des Bains. ☎ 02-31-98-06-97. • central-hotel@wanadoo.fr • ♿ Tlj jusqu'à 22h. Fermé 24 déc au soir et 25 déc. Menu 17 € ; formule 34,30 € ; carte env 30.* C'est une annexe, en plus intime, de la *Brasserie Le Central*. Accueil cordial, déco de bistrot parisien et, aux beaux jours, agréable terrasse sur une rue piétonne. Les produits de la mer sont de rigueur et de toute fraîcheur. Marguerite Duras aimait fréquenter l'endroit.

De prix moyens à chic

Tivoli Bistro *(plan A2, **23**) : 27, rue Charles-Mozin. ☎ 02-31-98-43-44. 📱 07-88-60-94-78. Tlj sauf mer-jeu. Congés : 3 sem en juin et 3 sem de mi-nov à mi-déc. Formule déj 18,50 € ; menu 33,50 € ; carte env 40 €. Apéritif maison offert sur présentation de ce guide.* Petit bistrot à la décoration hétéroclite, dominée par le bois. Poisson fumé maison et très bons petits plats : filets de maquereau au vin blanc, cassolette de poisson, escalope de veau aux morilles, sole meunière, clafoutis aux fruits de saison, etc.

Bistrot Les 4 Chats *(plan B2, **28**) : 8, rue d'Orléans. ☎ 02-31-88-94-94. • serge.salmon@me.com • ♿ Fermé lun midi, mar-mer, jeu midi hors saison ; en hte saison, ouv ts les soirs et le midi ven-dim. Carte 40-45 €.* Derrière la façade aux tons crème et vert qui se repère de loin se trouve une adresse qui a toujours autant la cote depuis ¼ de siècle ! Salle au décor vieux rose usé, remplie de bouquins, de cartes postales, de photos et de journaux... On y sert des plats classiques auxquels le chef ajoute une ou 2 saveurs étonnantes qui bouleversent les repères. Grands crus servis au verre.

Les Vapeurs et Les Voiles *(plan A-B2, **21**) : 160-162, bd F.-Moureaux. ☎ 02-31-88-15-24. • jmeslin@lesvapeurs.fr • ♿ Tlj (sauf 25 déc) 12h-minuit. Résa indispensable le w-e. Carte 35 €. Les Vapeurs,* c'est sans conteste la brasserie la plus connue de Trouville, fondée en 1927. *Les Voiles*, à côté, c'est l'annexe ! Aujourd'hui, il n'est pas un acteur américain venant au festival de la ville d'en face qui ne s'arrête ici. Et la salle ne désemplit pas, même si le rapport qualité-prix est loin d'être toujours évident. Les spécialités maison : les moules crème normande et les crevettes cuites. Tout est frais : normal, les chalutiers sont à 10 m. Les tripes valent également le coup, surtout avec un petit verre de saumur.

Où boire un verre ? Où manger sur le pouce ?

🍷 Les adresses pour boire un verre et prendre l'apéro se sont multipliées en quelques années à Trouville, vous n'aurez aucun mal à les repérer, à la fraîche. Rue des Bains, d'abord *(plan B2, **41**)* : ***Les Étiquettes,*** un lieu emblématique connu pour ses plateaux-apéros bien garnis, et ***La Case des Bains,*** qu'on aime bien pour sa petite terrasse, son ambiance conviviale et ses produits triés sur le volet. Toujours rue des Bains, la ***Cave Raymonde Couture,*** idéale pour boire un verre de vin ou une bolée de cidre en profitant de l'ambiance.

|●| 🍷 À quelques pas de là, près du bord de mer, un bar à vins et à tapas caché dans une petite rue isolée de l'agitation : ***Les Docks*** *(plan A2, **42** ; 36, rue Carnot).* Sur les quais, boulevard Fernand-Moureaux, ***L'Apéro*** *(plan B3, **43**)* joue la carte tapas traditionnelles et ambiance musicale (concerts en été).

🍷 Si on ne présente plus le bistrot lui-même (voir plus haut), les amateurs de cocktails n'ont, quant à eux, qu'à traverser la rue d'Orléans pour aller au ***Bar des 4 Chats*** *(plan B2, **20** ; 18h-1h),* que l'on peut difficilement rater, lui aussi, avec sa façade aux mêmes couleurs que celles du bistrot mais inversées.

🍷 ⛱ Et n'oublions pas les adresses de bord de mer comme ***La Cabane Perchée*** (voir « Où manger ? ») ou encore le ***Jardin d'été*** *(plan A2, **44** ; promenade Savignac).* Si la 1re s'expose aux vents, le 2d, lui, semble s'en protéger, dans une cour en retrait de la promenade, légèrement incurvée. L'ambiance y est aussi plus chic et cosy. On vient se poser dans ses petits salons de jardin en rotin en journée ou à l'heure de l'apéro, au milieu de parterres touffus plantés de vivaces et plantes aromatiques.

LE CALVADOS

Où manger d'excellentes glaces et pâtisseries ?

🍦 ***L'Atelier de Luc*** *(plan B2, **20**) : 172, rue des Bains. ☎ 02-31-81-51-81. Tlj en saison 9h30-23h.* Les glaces sont fabriquées avec du vrai lait et les sorbets avec de vrais fruits. Ça se sent, et c'est bon !

☕ ***Pâtisserie Charlotte-Corday*** *(plan A2, **50**) : 172, bd F.-Moureaux. ☎ 02-31-88-11-76. Tlj sauf jeu (plus mer hors saison) 8h-19h ; pdt vac scol, tlj. Congés : 1re quinzaine de fév, 2de quinzaine de nov et 2de quinzaine de juin.* C'est ici que vous trouverez de fameux caramels au beurre salé. Également de succulentes tartes Antoine à l'abricot et à la pistache. Un must depuis plus de 35 ans.

Où acheter de bons produits à Trouville ?

🧺 ***Halle aux poissons*** *(plan A2, **22**) : bd F.-Moureaux. Tlj 9h-19h.* Victime d'un incendie en 2006, cette institution de Trouville a été reconstruite à l'identique, dans le style néonormand choisi par ses architectes de 1937. Parmi les étals, passage presque obligé à la *poissonnerie Pillet-Saiter (☎ 02-31-88-02-10)* ouverte depuis 1887 (elle est tenue aujourd'hui par la 7e génération). Pour y faire provision, comme les connaisseurs, de bocaux de la soupe de poisson de la grand-mère Jeannette.

🧺 ***L'instant Fromages*** *(plan B2, **60**) : 50, rue des Bains. ☎ 02-31-98-28-14. Fermé lun.* Une petite boutique offrant une sélection de fromages locaux (ou non), pas nécessairement énorme, mais excellente. Autre atout : l'accueil, charmant et de bon conseil.

À voir

Le musée Villa Montebello (plan B1) : *64, rue du Général-Leclerc. ☎ 02-31-88-16-26. ♿ (expos temporaires). Juin-sept, mer-dim 10h-12h, 14h-17h30 ; oct-mai, mer-ven 14h-17h30, w-e, vac scol et j. fériés 10h-12h, 14h-17h30. Entrée : 5 € (couplé avec la galerie) ; réduc. Le billet donne accès à la galerie du musée, située dans le bâtiment de l'office de tourisme.* Dans une villa balnéaire du Second Empire, typique de la côte normande et visible depuis la plage, les collections de ce musée (tableaux, affiches, dessins, etc.) vous content l'histoire de la station et le développement de la mode des bains de mer. On peut notamment y voir les œuvres du peintre Charles Mozin, qui découvrit Trouville en 1825. Toute l'année, animations culturelles. Accès libre aux jardins : un bon plan pour se reposer et admirer la vue sur la mer, loin de l'agitation du port.

La galerie du musée (plan B3) : *à l'intérieur de l'office de tourisme. ☎ 02-31-88-16-26. Juil-août, lun-sam 9h30-18h30, dim et j. fériés 10h-17h30. Sept-juin, tlj 10h-17h30 (13h dim et j. fériés) ; pdt vac scol, tlj sauf dim et j. fériés 10h-16h30. Entrée : 2,50 € (couplé avec le musée Villa Montebello).* Expos temporaires consacrées à l'affichiste Raymond Savignac qui résida à Trouville les 20 dernières années de sa vie, ou aux arts graphiques en général.

Les villas (plan A2-B1) : Trouville a eu la bonne idée de protéger depuis 1989 son patrimoine architectural balnéaire. On trouve donc ici nombre de ces villas et grands hôtels révélateurs de l'aisance dans laquelle on vivait au XIXe s sur la côte. On peut en découvrir quelques beaux exemples en se baladant le long de la promenade des Planches (rebaptisée promenade Savignac), en partant de l'extravagant mais charmant casino : la très éclectique villa *Sidonia* de 1868 aux médaillons à figure humaine en façade ; à peine plus loin, le manoir *Normand,* dont on aime bien le damier qui habille tout le rez-de-chaussée. La promenade Savignac s'achève avec la villa *Esmeralda* (à colombages), la villa *Persane* (de style oriental) et la tour *Malakoff* accolée à une maison gothique construite pour le peintre Mozin. En grimpant quelques marches, on découvre *Les Roches Noires,* prestigieux palace transformé depuis en résidence. Parmi les anciens pensionnaires, Marguerite Duras, qui y possédait un appartement (le no 105, acheté en 1963) qu'elle conserva jusqu'à sa disparition en 1996 et a écrit là nombre de ses romans.

Le centre historique : peu fréquenté, hormis les quelques rues autour du port (qui ne sont pas, disons-le d'emblée, les plus charmantes), il serait dommage de ne pas partir à sa découverte. Si vous avez arpenté Deauville, vous ne pourrez qu'être frappé par la différence entre les 2 villes, qui s'explique par leur histoire (Trouville était un village de pêcheurs construit à flanc de colline avant de devenir une station balnéaire, alors que Deauville, construite sur le plat, fut conçue dès l'origine comme une station balnéaire) ; autant les rues de Deauville sont plutôt rectilignes et larges, avec d'imposantes villas se déployant tout le long, autant le haut de Trouville est un réseau de ruelles étroites, parfois pentues, et bordées d'un alignement de jolies maisonnettes beaucoup plus modestes. Dans la *rue des Rosiers,* des maisons de pêcheurs aux couleurs pastel. L'*escalier du Serpent,* dit « des 100 marches », offre de belles échappées sur la ville et la mer. La *rue Berthier* et la *rue Mogador* sont, quant à elles, d'anciens quartiers ouvriers.

➢ **La Corniche :** jolie route le long des collines menant vers Honfleur. Beaux panoramas sur Trouville et la mer.

À faire

La plage : longue de 2 km et profonde. Au XIXe s, on en parlait dans les journaux comme de la plus belle de France avec son sable doux et fin, la comparant à un parquet que la mer prend soin de balayer tous les jours. Des planches, comme à Deauville, longent la plage depuis 1867 pour faciliter les promenades.

– **La débarque** *(plan A2)* **:** *en saison et selon les marées, à partir de 17h et sam matin, quai Albert-Ier.* Historiquement, ce sont les femmes des pêcheurs qui vendaient le poisson (maquereaux, soles, bulots, encornets, petite friture...) fraîchement débarqué sur les quais. Aujourd'hui, la tradition se perpétue. Qualité, fraîcheur et pêche locale assurées au meilleur rapport qualité-prix. Un petit spectacle aussi traditionnel qu'emblématique à Trouville ! Attention, lors de la vente à la débarque, les pêcheurs n'ont pas l'autorisation, contrairement aux poissonniers (halle aux poissons), de vider et lever en filets les poissons. À découvrir absolument : le maquereau, labellisé Maquereau de Trouville depuis 2014 (pleine saison l'été).

– **Le casino Barrière** *(plan A2)* **:** *pl. du Maréchal-Foch. ☎ 02-31-87-75-00. • lucienbarriere.com • À l'entrée de la plage. Tlj 9h30-2h (4h ven-sam). Tenue correcte exigée après 21h. Carte d'identité obligatoire.* Les jeux furent autorisés à Trouville à partir de 1808 afin de distraire les riches familles parisiennes venues pour les bains de mer. Depuis, 3 casinos se sont succédé. Et la ville a renoué avec la tradition en ouvrant les *Cures Marines,* un hôtel très chic logé dans l'aile droite du casino. Aller boire un verre au bar de l'hôtel en fin d'après-midi, fait partie des traditions trouvillaises.

Le bac de Trouville-Deauville *(plan A2)* **:** *sur le quai Albert-Ier, vers le casino. 06-83-78-95-94. Tlj 9h-22h en saison ; w-e et vac scol le reste de l'année. Aller : 1,50 €/pers.* Un petit bateau de pêcheur qui, depuis 1889, permet de traverser la Touques en un instant, sans faire à pied le long tour du port. À marée haute, bien sûr. À marée basse, on emprunte une petite passerelle *(0,50 €/pers).*

➢ **Promenades en mer :** *avec la vedette* Gulf Stream II *de M. Perchey, quai Albert-Ier. 06-07-47-14-12. • gulfstream2-trouville.com • Fév-nov. Balade : 8 € ; réduc.* En route pour une promenade le long de la côte entre Trouville et Deauville (30 mn). Départ quai Albert-Ier, juste derrière le casino, à l'heure de la marée, sauf en cas de mauvais temps. *Compter 10 € ; réduc.*

Navette maritime de l'estuaire de la Seine : *infos sur • navigation-normande.fr • Mai-sept. A/R 19,50 € ; 13 € 4-14 ans.* Une heure de traversée pour atteindre Le Havre.

Fête et manifestation

– **Fête de la Mer et du Maquereau :** *fin juil ou début août selon marées.* Bénédiction des bateaux de pêche, pavoisés. Le soir, chants de marins et repas de maquereaux grillés.
– **Festival Off-Courts :** *début sept. ☎ 02-31-14-39-05. • off-courts.com •* Films courts de tous les pays. Projections au Cinémobile, ateliers participatifs, concerts et soirées festives face à la mer, à la guinguette.

VILLERVILLE (14113) 745 hab. *Carte Calvados, C1*

Une station modeste qui a certainement souffert du succès de ses prestigieuses voisines (Honfleur et Trouville), mais aussi de l'étroitesse de sa plage. En effet, celle-ci disparaît presque totalement à marée haute. Cela dit, la tendance est en train de s'inverser, puisque les people sont de plus en plus nombreux à trouver refuge ici, faisant de nouveau de ce village de caractère

une station cotée, voire huppée. Comment ne pas craquer pour l'atmosphère désuète de ce bourg, avec ses vieilles rues, ses maisons colorées, certaines à pans de bois ? Belle église en pierre datant pour partie du XIIe s, dotée d'un clocher en batière.

***Un singe en hiver* y fut tourné en 1962, d'après l'œuvre d'Antoine Blondin, avec Jean Gabin, Jean-Paul Belmondo et Suzanne Flon. Les fans sont nombreux à venir réciter en chœur les dialogues croustillants d'Audiard au zinc du *Cabaret Normand,* toujours ouvert.**

NUIT DE CHINE, NUIT CÂLINE...

Tous les ans, lors du dernier week-end d'octobre, un feu d'artifice est tiré sur la plage de Villerville, comme dans le film Un singe en hiver. *Une fête non répertoriée qui rassemble curieux et fans célébrant toujours, plus de 55 ans après, le tournage d'un film culte comme on en compte peu. Et tout le monde d'entonner en cœur : « Nuit de Chine, nuit câline, nuit d'amour... » Pour les passionnés, des totems signalent les lieux de tournage.*

Adresse utile

i ***Bureau d'information touristique :*** *40, rue du Général-Leclerc. ☎ 02-31-87-77-76. ● indeauville.fr ●*

Où dormir ? Où manger ?

De bon marché à prix moyens

|●| ⛱ *La Crêperie du Coin :* *1, rue du Maréchal-Foch, au carrefour du Singe-en-Hiver, face au Cabaret Normand. ☎ 02-31-98-04-38. 📱 06-93-82-32-11. Tlj (sauf mer soir et jeu en basse saison) 12h-15h, 19h-21h. Congés : janv et 11 nov. Carte env 15 €. CB refusées. Apéritif offert sur présentation du guide de l'année.* Un lieu chaleureux, où les Villervillais et les touristes en quête de souvenirs de films se rencontrent. Crêpes et galettes aussi variées qu'excellentes, servies dans un décor plaisant, ou sur le petit bout de terrasse.

Chic

🏠 |●| ⛱ *Le Bellevue :* *7, allée du Jardin-Madame. ☎ 02-31-87-20-22. ● biendormir@bellevue-hotel.fr ● bellevue-hotel.fr ● ♿ Tlj sauf le midi mar-jeu. Congés : de janv à mi-fév. Résa obligatoire. Doubles 100-260 € ; suites ; petit déj 14 €. Menus 29-49 € ; carte env 45 €.* À deux pas de la plage, cette grande villa fut jadis la propriété de l'ancien directeur de l'Opéra-Comique. De cette belle époque révolue, il reste une atmosphère qui n'est pas sans rappeler les pensions de famille d'antan. Les chambres n'en bénéficient pas moins d'un confort tout ce qu'il y a de plus moderne. La plupart ont vue sur la mer. Petit jardin panoramique. Au resto, une très bonne cuisine du terroir, concoctée par un disciple d'Escoffier.

Où manger ? Où acheter de bons produits dans les environs ?

|●| ⛱ *Le Moulin Saint-Georges :* *chemin de la Mer, route de Trouville, 14600* ***Pennedepie.*** *☎ 02-31-81-48-48. ● info@moulinsaintgeorges.fr ● À env 3,5 km de Villerville, sur la route de Honfleur par la côte. Juil-août, tlj sauf mar-mer ; hors saison, tlj sauf dim soir. Repas env 30-40 €. Un café offert sur présentation de ce guide.* Dans une maison que vient presque frôler la route, salles accueillantes où se mêlent murs de brique et colombages, avec le bar à l'entrée et la terrasse sur l'arrière aux beaux jours. À la carte, belle sélection d'huîtres de la région, et des plats aussi simples que l'entrecôte normande ou les moules (en saison) accompagnées de leurs (bonnes) frites maison. La tradition, oui, mais l'ambiance et l'équipe, elles, ne sont en rien figées dans le terroir et le passé. Service attentif et tout sourire.

Le Manoir d'Apreval et son Pique-nique sous les Pommiers : *14600 **Pennedepie.** ☎ 02-31-14-88-24. • commercial@apreval.com • À 5 km à l'est de Villerville. Pique-nique 14 juil-31 août env 16,90 €/adulte et 11,50 €/enfant. Boutique ouv tte l'année ; tlj de mi-mars à mi-nov ; lun-ven hors saison.* Ce producteur de (délicieux !) jus de pomme, cidres et calvados propose, durant l'été, des paniers au bon goût du pays d'Auge. Tout est prévu, même la nappe à carreaux ! Quelques pas à faire et vous pourrez vous étaler dans les vergers, à l'ombre des pommiers... Un déjeuner sur l'herbe digne de Manet ! Pour couronner le tout : un accueil à la boutique vraiment extra.

HONFLEUR (14600) 7 400 hab. *Carte Calvados, D1*

• Plan *p. 288-289*

Le plus mignon, le plus fou, le plus choucard des petits ports normands... pour ne pas dire français. Depuis le XIXe s, la ville natale d'Alphonse Allais fut le lieu d'élection des écrivains (Baudelaire, Flaubert...), des musiciens (Satie naquit ici) et des peintres (Boudin, autre enfant du pays, mais aussi Monet, Dufy...), séduits par la lumière changeante de l'embouchure de la Seine et par la verdure de la campagne augeronne. Honfleur est en fait une cité à 2 visages : pendant la semaine, avec ses pêcheurs, et le week-end ou pendant les vacances, avec ses touristes. Mais il n'y a pas que la mer, le fleuve, l'arrière-pays et les basses collines de son site, encore vierges (par quel miracle ?) de toute colonisation immobilière... Il y a surtout l'atmosphère si dense d'une petite ville pourtant si fréquentée, et ce cachet unique parmi les ports normands, avec ses bassins intérieurs, ses vieux gréements et ses grosses barques de pêche, ses vieilles maisons aux écailles d'ardoise, son clocher d'opérette et ses ruelles de traviole... « Mais elle est où la plage ? » C'est la 1re question que les touristes posent, paraît-il, quand ils arrivent à l'office de tourisme. Vous savez déjà ce qu'il ne faut pas faire !

Adresse et infos utiles

Office de tourisme *(plan B3)* **:** *quai Lepaulmier. ☎ 02-31-89-23-30. • ot-honfleur.fr • Juil-août, lun-sam 9h30-19h, dim 10h-17h ; Pâques-juin et sept, lun-sam 9h30-12h30, 14h-18h30, dim et j. fériés 10h-12h30, 14h-17h ; oct-Pâques, lun-sam 9h30-12h30, 14h-18h (ouv dim mat pdt vac scol hors saison).* Organise de nombreuses animations dont d'intéressantes visites de nuit avec lampes tempête (« Histoire et Légendes »).

– ***Marchés :*** *ts les sam, sur la pl. Sainte-Catherine (plan B2) et le cours des Fossés (plan B3).* ***Marché nocturne*** *mer juil-août. Également un* ***marché bio*** *mer, pl. Sainte-Catherine (plan B2), et un* ***marché aux poissons*** *jeu-dim, selon arrivages de la pêche, sur le quai de la Quarantaine (plan C2). Voir aussi la rubrique « Achats ».*

– ***Stationnement :*** à Honfleur, il peut se révéler très cher, certains parkings (à proximité de l'office de tourisme et

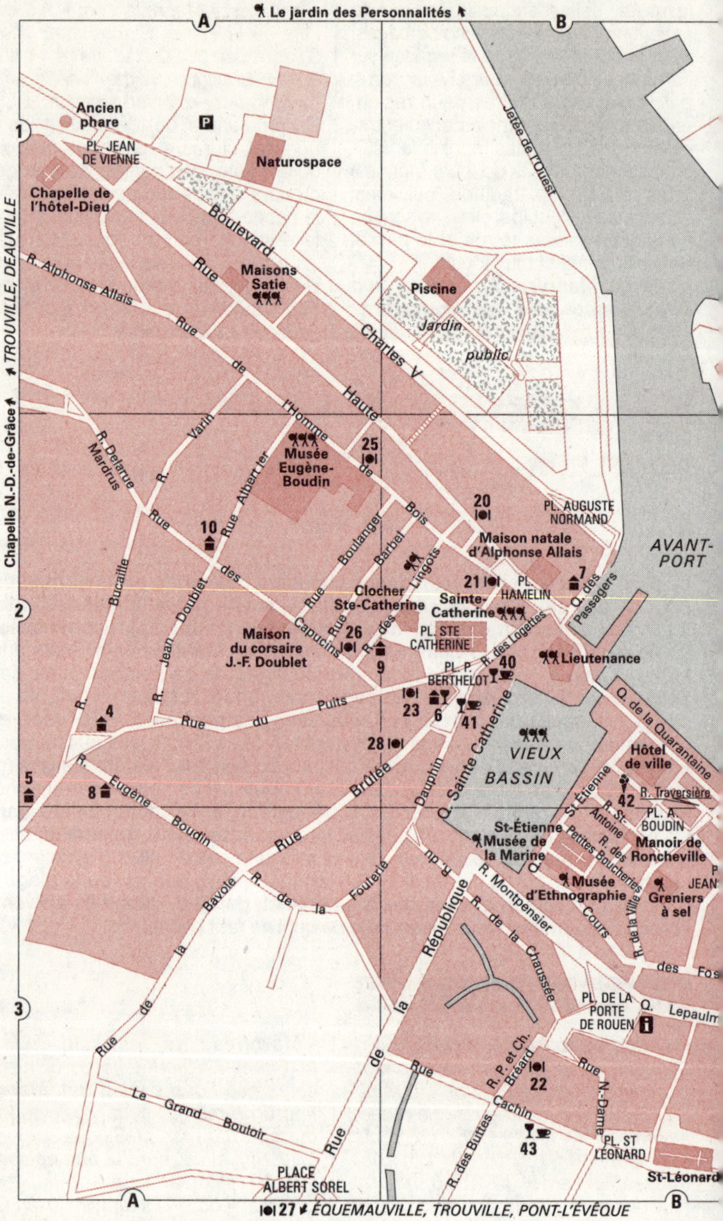

Le jardin des Personnalités
A
B
1
2
3
Ancien phare
PL. JEAN DE VIENNE
Naturospace
Chapelle de l'hôtel-Dieu
Boulevard Charles V
Rue Haute
R. Alphonse Allais
Maisons Satie
Piscine
Jardin public
Jetée de l'Ouest
TROUVILLE, DEAUVILLE
Chapelle N.-D.-de-Grâce
Rue de l'Homme de Bois
R. Delarue Mardrus
R. Varin
Musée Eugène-Boudin
R. Albert Ier
25
20
PL. AUGUSTE NORMAND
Maison natale d'Alphonse Allais
AVANT-PORT
10
Rue des Capucins
Rue Boulanger
R. Barbel
R. des Lingots
21
PL. HAMELIN
7
Q. des Passagers
R. Bucaille
R. Jean Doublet
Clocher Ste-Catherine
Sainte-Catherine
PL. STE CATHERINE
Maison du corsaire J.-F. Doublet
26
9
R. des Logettes
Lieutenance
PL. P. BERTHELOT
40
23
6
41
Q. Sainte Catherine
Rue du Puits
4
VIEUX BASSIN
Q. de la Quarantaine
28
Hôtel de ville
R. Dauphin
R. Eugène Boudin
5
8
Rue Brûlée
R. St-Étienne
42
R. Traversière
PL. A. BOUDIN
R. St-Antoine
St-Étienne
Musée de la Marine
R. des Petites Boucheries
Manoir de Roncheville
Q.
Rue Bavole
R. de la Foulerie
R. du
République
R. Montpensier
Musée d'Ethnographie
Cours des Fossés
Greniers à sel
JEAN
R. de la Ville
R. de la Chaussée
Rue de la
PL. DE LA PORTE DE ROUEN
Q. Lepaulmier
Rue de la
R. P. et Ch. Bréard
22
Rue Cachin
Rue N.-Dame
Le Grand Bouloir
Rue de
43
PL. ST LEONARD
R. des Buttes
PLACE ALBERT SOREL
St-Léonard
27 ÉQUEMAUVILLE, TROUVILLE, PONT-L'ÉVÊQUE

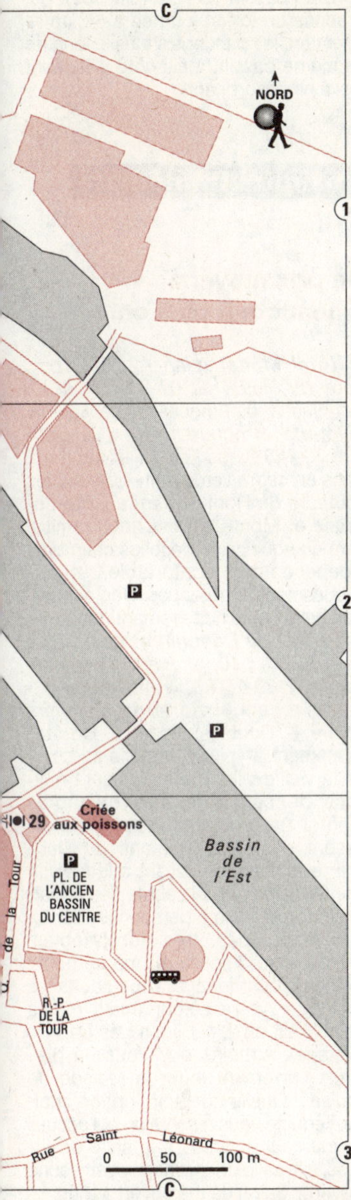

Où dormir ?

1 L'Absinthe (B3)
4 La Cour Sainte-Catherine (A2)
5 Hôtel Monet (A2)
6 Hôtel du Dauphin et des Loges (B2)
7 Hôtel du Cheval Blanc (B2)
8 Le Fond de la Cour (A2)
9 Hôtel Les Maisons de Léa (A-B2)
10 Hôtel La Maison de Lucie (A2)

Où manger ?

20 Au P'tit Mareyeur (B2)
21 La Cidrerie (B2)
22 L'Endroit (B3)
23 Le Bréard (B2)
25 La Tortue (A2)
26 Laurence (A2)
27 Ex-Voto (hors plan par A3)
28 Huître Brûlée (B2)
29 Les Deux Ponts (C3)

Où manger sur le pouce ?
Où déguster une glace ?
Où boire un verre ?

40 Bar L'Albatros (B2)
41 Le Perroquet Vert (B2)
42 Glace de la ferme du Bois Louvet (B2)
43 Bar Chez DD (B3)

HONFLEUR

le long du bassin de l'Est) étant même payants 24h/24. Le plus simple, quand on ne connaît pas la ville, est d'opter pour le parking gratuit à côté du *Naturospace (plan A1)* ou, si vous passez la journée sur place, sur le parking au bord du bassin de l'Est *(plan C2),* qui propose un forfait journée à 4 € (mais attention, les parkings situés le long de ce même bassin, mais côté ville, sont eux à prix exorbitant).

Où dormir au centre et à proximité immédiate de Honfleur ?

Trouver des chambres bon marché à Honfleur semble peine perdue. Autre problème : les hôtels sont vite pleins en été et en général chaque week-end, et ce parfois dans un rayon très étendu...

Chambres d'hôtes

La Cour Sainte-Catherine *(plan A2,* ***4****)* ***:*** *74, rue du Puits. 07-87-04-49-16. • coursaintecatherine@orange.fr • coursaintecatherine.com • Doubles 160-180 € ; familiales. Une bouteille de cidre offerte sur présentation du guide de l'année.* Au calme et pourtant dans la vieille ville, voici une excellente adresse de charme. C'est cosy et chaleureux, avec une touche marine dans les chambres et une atmosphère de brocante chic dans le salon du petit déjeuner : vieux pressoir équipé d'un sympathique comptoir de troquet dans un angle et des fauteuils club dans un autre. Courette très verte, aménagée agréablement, avec tables et quelques transats. Fait également spa et salon de thé avec plat du jour, tartes salées ou sucrées... Simplicité et charme. 2 autres petites maisons entièrement équipées peuvent accueillir 2 à 6 personnes.

Chambres d'hôtes Le Fond de la Cour *(plan A2,* ***8****)* ***:*** *29, rue Eugène-Boudin. 06-72-20-72-98. • amanda.ferguson@orange.fr • lefonddelacour.com • Doubles 110-150 € ; familiales.* Autour d'une cour agréablement fleurie et tranquille, d'agréables chambres d'hôtes, fraîches et pimpantes, aménagées dans une ancienne écurie et dans la maison voisine. Si vous souhaitez rester quelques jours, le studio (avec petite cuisine) ou le cottage peut s'avérer un bon plan (d'autant que ce dernier possède son jardin perso).

De prix moyens à beaucoup plus chic

Hôtel Monet *(plan A2,* ***5****)* ***:*** *charrière du Puits. ☎ 02-31-89-00-90. • contact@hotel-monet-honfleur.com • hotel-monet-honfleur.com • Doubles 70-150 € ; familiales. Parking privé.* Dans un cadre verdoyant, situé sur les hauteurs de Honfleur, entre Côte-de-Grâce et Mont-Joli, cet hôtel familial offre une quinzaine de jolies chambres indépendantes, confortables et soigneusement entretenues. Bon accueil. Une belle petite halte romantique.

Hôtel du Dauphin et des Loges *(plan B2,* ***6****)* ***:*** *10, pl. Pierre-Berthelot. ☎ 02-31-89-15-53. • info@hotel-du-dauphin.com • hotel-du-dauphin.com • Doubles 60-240 €.* Un établissement atypique, installé au cœur de la vieille ville, dans plusieurs maisons de caractère. Les chambres d'hôtel proprement dites se répartissent entre les Maisons du *Dauphin* et des *Loges.* Quant à la *Maison Sainte-Catherine,* elle abrite des appartements pour 2 à 6 personnes, parfaitement équipés, très confortables, avec vue sur l'église du même nom ; l'hébergement idéal si vous souhaitez prolonger votre séjour (mais moins pour 1 nuit ou 2, car il y a des frais de ménage). À moins que vous ne préfériez carrément louer la *Maison de Louise...* Quelle que soit l'option choisie, l'équipe vous réserve un bel accueil et vous aurez accès à la salle de fitness, à la salle de massage et au sauna (payant). Salon de thé ouvert à tous.

Hôtel du Cheval Blanc *(plan B2,* ***7****)* ***:*** *2, quai des Passagers. ☎ 02-31-81-65-00. • info@hotel-honfleur.com • hotel-honfleur.com • Doubles*

89-179 € ; familiales ; petit déj 14 €. Un petit déj/chambre et par nuit offert sur présentation du guide de l'année. Un 3-étoiles merveilleusement situé, au bord du vieux bassin, face à la lieutenance. La maison date du XVe s. La plupart des chambres, d'un excellent confort, donnent sur le port. Également un hammam et une salle de massage.

Hôtel Les Maisons de Léa (plan A-B2, **9**) : *pl. Sainte-Catherine. ☎ 02-31-14-49-49. • contact@lesmaisonsdelea.com • lesmaisonsdelea.com • Doubles 145-540 € ; petits déj 22-26 €.* 3 vieilles maisons et un ancien grenier à sel du XVIe s qui ne font aujourd'hui plus qu'une somptueuse demeure en pierre recouverte de vigne vierge. Pourtant, chacune de ces 4 maisons a un style différent, toujours cosy et raffiné. Et pour la détente, spa *Nuxe*, hammam, cabines de massage... Accueil très attentionné.

Hôtel La Maison de Lucie (plan A2, **10**) : *44, rue des Capucins. ☎ 02-31-14-40-40. • info@lamaisondelucie.com • lamaisondelucie.com • ♿ Congés : 10 j. début janv. Doubles 220-360 € ; petit déj 14 €. Parking payant à 200 m (15 €/nuit). Un apéritif offert sur présentation de ce guide.* Dans l'ancienne maison magnifiquement restaurée de la poétesse Lucie Delarue-Mardrus, un écrin de calme et de volupté sur les hauteurs de Honfleur. Charme des tentures, des carreaux de céramique, des lustres à pampilles, parquets et autres robinets 1930. Sans parler des lits, moelleux à souhait ! Et de cette touche d'exotisme oriental, à l'ombre du palmier, sous les ventilateurs des salons, bien calé dans les canapés Chesterfield, un thé à la menthe à la main, ou dans le spa aux allures de hammam marocain.

L'Absinthe (plan B3, **1**) : *10, quai de la Quarantaine. ☎ 02-31-89-23-23. • reservation@absinthe.fr • absinthe.fr • ♿ Congés : de mi-nov à mi-déc. Doubles 145-235 €, petit déj compris. Menus midi 26 €, puis 42-54 €. Carte env 62 €.* Adorable hôtel de poche qui allie le chic, la chaleur et la modernité. La partie située rue de la Ville (où l'on trouve la réception) est la plus ancienne, alliant les vieilles poutres, un côté très cosy et une baignoire balnéo pour le confort. Les chambres donnant sur le quai sont dans le même esprit mais plus récentes. On perd en charge historique ce qu'on gagne en vue. Du charme et de la discrétion.

LE CALVADOS

Où manger ?

Ce ne sont pas les adresses qui manquent dans un endroit aussi touristique. Revers habituel de la médaille, les prix ne sont pas forcément proportionnels à la qualité de la cuisine, notamment autour du vieux bassin, hélas ! On trouve heureusement quelques bonnes adresses...

De bon marché à prix moyens

Huître Brûlée (plan B2, **28**) : *8, rue Brûlée. ☎ 09-82-57-90-18. • huitrebrulee@gmail.com • Ven-mar 12h-13h30, 19h-21h30. Fermé mer-jeu. Résa conseillée le w-e. Carte 30-35 €.* Planchers en bois clair, murs en pierre, roue de pressoir en guide de table, gravures normandes aux murs et portraits d'aïeux, objets de déco chinés, pour la déco. Une ambiance chaleureuse et conviviale, mais élégante, qui donne le sentiment, dès l'entrée, d'arriver chez des amis. Dans l'assiette, Paul vous sert une cuisine néo-bistrotière, intuitive, créative et très bien menée avec des produits à 90 % bio. Carte courte bien équilibrée, gage de fraîcheur. En salle, Chloé virevolte entre les tables avec efficacité et saura vous conseiller ses vins nature bien sélectionnés.

Laurence (plan A2, **26**) : *46, rue des Lingots ou 8, rue des Capucins. ☎ 02-31-87-11-64. • laurence-tiffay@orange.fr • Le midi tlj, plus le soir le w-e. Résa conseillée. Menu 17 €.* Un incroyable salon de thé-resto-brocante, qui fait dans le décalé joyeux, le bio pas triste. Juste 5 tables. 14 couverts, pas plus. À l'ardoise, 2 entrées, 2 plats, cuisine du marché. Les desserts, on choisit ; on en reprend même, si on est gourmand. Un lieu d'amitié et une cuisine généreuse qui font du bien. Pas de portable ou d'appareil photo dans ce petit restaurant, une règle d'or pour être servi par Laurence.

La Cidrerie *(plan B2, **21**) : 26, pl. Hamelin. ☎ 02-31-89-59-85. • lacidrerie.honfleur@gmail.com • ♿ Service continu à partir de midi pdt les vac scol. Congés : 3 janv-5 fév. Repas env 20 €.* Une salle genre bonne vieille taverne où l'on boit tout ce qu'il est possible de fabriquer avec des pommes (et des poires !). Spécialité de « galichot », sorte de galette à base de froment et de seigle. Galettes et crêpes préparées sous vos yeux.

Ex-Voto *(hors plan par A3, **27**) : 8, pl. Albert-Sorel. ☎ 02-31-89-19-69. • honfleurexvoto@gmail.com • ♿ Tlj (sauf mer hors saison) jusqu'à 19h. Formules 18,50 € ; carte env 16 €.* Authentique petit bistrot de quartier aux banquettes de moleskine. La maîtresse de maison, une véritable Augeronne, mijote avec amour son plat du jour au gré du marché. Également quelques omelettes et salades de saison... Pour notre plus grand bonheur, elle a su constituer une véritable clientèle d'habitués et créer une ambiance conviviale. Pour en profiter, il faut arriver assez tôt, car la salle n'est pas très grande. Petite terrasse en été. 4 chambres au-dessus qui peuvent dépanner.

Les Deux Ponts *(plan C3, **29**) : 20, quai de la Quarantaine. ☎ 02-31-89-58-23. • contact@lesdeuxponts-honfleur.fr • Fermé mer. Menus 19,20-25,90 € ; carte 20-30 €.* La petite brasserie (pas si petite que cela, d'ailleurs, car il y a 2 grandes salles) offrant des plats simples, traditionnels, qui respectent le porte-monnaie. Cadre agréable et lumineux, doublé d'un accueil souriant.

De prix moyens à plus chic

L'Endroit *(plan B3, **22**) : 3, rue P.-et-Ch.-Bréard. ☎ 02-31-88-08-43. • lendroit.honfleur@gmail.com • ♿ Ouv mer-dim 12h15-14h et 19h30-21h30. Formule déj 29 €, menu 35 € ; carte 50-60 €.* Un loft esprit bistrot ou un bistrot esprit loft, au choix, où la table avec nappe à carreaux côtoie la grande table en verre et ses fauteuils Chesterfield, ou encore le comptoir en tôle ondulée. Un mélange des genres mis en valeur par un éclairage étudié. Dans l'assiette, une cuisine aussi belle que savoureuse et bien d'aujourd'hui, où les légumes ne sont en rien négligés.

La Tortue *(plan A2, **25**) : 36, rue de l'Homme-de-Bois. ☎ 02-31-81-24-60. • restaurantlatortue@laposte.net • Juil-août, ts les soirs et fermé le midi lun-mer ; hors saison, selon l'affluence. Congés : janv. Résa conseillée le w-e. Menus 22-42 €.* Dans l'une des rues les plus fréquentées du centre historique, ce resto au cadre raffiné et soigné propose, dans une atmosphère à la fois paisible et musicale, une cuisine traditionnelle de qualité et même un menu végétarien.

Le Bréard *(plan B2, **23**) : 7, rue du Puits. ☎ 02-31-89-53-40. • lebreard@wanadoo.fr • Fermé mer-jeu et lun midi. Congés : 3 sem en janv. Menus 34-65 € ; carte env 50 €.* Fabrice Sébire a travaillé au *Grand Véfour*, à *La Tour d'Argent* ou encore chez *Lucas-Carton*. Voilà qui marque un chef. Il a également rapporté de ses voyages de nombreuses épices et dissidences de goût qui font le plaisir de nos palais. C'est imaginatif, inventif, toujours renouvelé et inspiré. Plats bien présentés, service souriant et agréable jardin d'hiver.

Au P'tit Mareyeur *(plan B2, **20**) : 4, rue Haute. ☎ 02-31-98-84-23. 📱 06-84-33-24-03. • resa.mareyeur@gmail.com • Tlj sauf mar-mer. Congés : janv. Résa en saison. Menus 32 € le midi, 38 € le soir ; carte env 45 €.* Bonne cuisine, fine et recherchée. Le chef met ici un point d'honneur à la préparation et à la présentation de ses plats. Carte renouvelée régulièrement, mais gare aux suppléments ! Endroit chaleureux, à la déco chic et stylée mais pas trop pompeuse. Spécialité à découvrir : la bouillabaisse honfleuraise. Service rapide et souriant.

Où dormir ? Où manger dans les environs ?

Chambres d'hôtes

Le Phare : *27210 **Fatouville-Grestain.** ☎ 02-32-57-66-56. 06-89-23-56-59. • pharedefatouville@orange.fr • pharedefatouville.fr • À 7 km à l'est de Honfleur. Ouv avr-nov. Sur résa, 3 mois à l'avance, uniquement par téléphone. Double 79 € ; familiales. Parking.* 5 chambres dans la maison des gardiens. Seuls les clients peuvent admirer, du haut des 32 m, l'embouchure de la Seine et le pont de Normandie. Adresse exceptionnelle, notamment pour les amoureux... les jours de tempête !

Chambres d'hôtes de la Côte Maillard : *448, la Côte-Maillard, 14600 **Gonneville-sur-Honfleur.** ☎ 02-31-89-06-31. 06-89-04-22-21. Ouv tte l'année. Double 55 €.* Amateurs de verdure, vous ne serez pas en reste... Nichée dans un charmant petit village, cette maison à colombages et pierres apparentes offre 3 chambres mansardées pouvant accueillir 2 ou 3 personnes. L'une est située à l'étage de la maison principale (accès par un escalier extérieur) et les 2 autres dans un bâtiment indépendant, plus récent. Sourire et gentillesse au rendez-vous depuis 35 ans.

La Ferme Saint-Michel : *Les Grueaux, 14130 **Quetteville.** ☎ 02-31-64-89-63. 06-80-43-02-89 • letac.sylvie@orange.fr • fermestmichel.e-monsite.com • Env 14 km au sud-est de Honfleur. Gîte 4 pers 65-70 €/nuit ; 3 nuits min.* Dernière commune du Calvados avant l'Eure ! Isolée dans la campagne, dans une bâtisse un brin atypique pour la région puisque cette ancienne ferme fut construite par l'arrière-grand-père de la charmante propriétaire. Celui-ci venant des Vosges, il s'inspira de l'architecture de ses terres natales : la famille vit aujourd'hui encore dans ce qui, de tout temps, fut l'habitation, tandis que le gîte se trouve dans les anciennes étables bardées de bois attenantes à la maison. À l'étage, 2 chambres coquettes et confortables. Accueil à la fois discret et avenant.

La Cour de Bas : *chez Serge Bunel, 350, chemin de la Moulière, 14600 **Barneville-la-Bertran.** ☎ 02-31-89-03-64. • resacour2bas@yahoo.fr • cour2bas.com • À 4,5 km au sud-ouest de Honfleur. Ouv avr-nov. Doubles 92-115 € ; familiales.* Dans un vieux pressoir joliment restauré où pierres apparentes, brique et colombages se mêlent harmonieusement, 3 chambres à la décoration exotique très réussie. On a une petite préférence pour la « Touareg », vraiment dépaysante, ou pour la chambre « Zen » avec sa baignoire balnéo. Beau jardin verdoyant et fleuri où prendre le petit déj (bio) aux beaux jours. Source d'eau fraîche pour les grandes chaleurs, sentiers GR et forêt à deux pas. Calme assuré et accueil affable.

Ailleurs sous les Étoiles : *616, route de l'Ermitage, la Petite Campagne, 27210 **Manneville-la-Raoult.** ☎ 02-77-18-53-80. • ailleurssouslesetoiles@gmail.com • ailleurssouslesetoiles.com • À 10 km au sud de Honfleur et à 3 km au nord de Beuzeville. Ouv avr-déc. Gîtes 4-6 pers 735-1 225 €/sem. CB acceptées.* Vous rêvez d'un p'tit coin de Normandie avec pommes et vallons verdoyants pour seul horizon ? Que l'agitation et la foule de Honfleur semblent loin quand on pose ses valises dans la maison de maître en brique rouge ou dans ses dépendances en colombages ! Aux beaux jours, possibilité de se prélasser dans le magnifique jardin, ou même, de piquer une tête dans la piscine. Et aussi initiation à la compréhension des étoiles !

Chic

La Fraîchette : *chemin de Crémanville, 14600 **La Rivière-Saint-Sauveur.** ☎ 02-31-89-37-36. • info@lafraichette.com • lafraichette.com • ♿ À 4 km au sud-est de Honfleur. Resto fermé en principe jeu midi en juil-août, mer-jeu midi hors saison. Congés : janv. Résa conseillée. Doubles 110-130 € ; familiales. Petit déj 15 €. Menus 25-29 €. Parking. Un café offert sur présentation de ce guide.* Dans une petite maison noyée dans la végétation, où l'on se sent à des kilomètres de l'animation de Honfleur. Accueil charmant. Salle à manger joliment arrangée. Les repas sont servis près de la cheminée en hiver et sur la terrasse en été. Savoureuse cuisine maison à base de produits frais mettant en valeur goût et qualité. Également 10 chambres, certaines avec terrasse privative. Piscine chauffée couverte et spa.

Où manger sur le pouce ? Où déguster une glace ? Où boire un verre ?

Glace de la ferme du Bois Louvet *(plan B2,* ***42****)* ***:*** *4, pl. de l'Hôtel-de-Ville. ☎ 02-32-57-66-76. • ferme@glaceduboislouvet.fr • Tlj 12h-18h. Ouv Pâques-Toussaint et à Noël.* Qu'on aime la simplicité de cette maison qui tranche avec les adresses si bien léchées de Honfleur ! Et on aime encore plus les glaces faites avec le lait de la ferme et de vrais fruits !

Bar L'Albatros *(plan B2,* ***40****)* ***:*** *32, quai Sainte-Catherine. ☎ 02-31-89-25-30. • martignyr@wanadoo.fr • Ouv tlj 8h-minuit. Petits déj 4,40-18,50 €.* Ce bar de marins, jeune et sympa, est l'endroit favori des amateurs de bonne musique et autres philosophes qui, confortablement installés, refont le monde tout en sirotant une « eau chaude » (façon soft et originale de découvrir le calva)... Quelques tables face aux bateaux.

Le Perroquet Vert *(plan B2,* ***41****)* ***:*** *52, quai Sainte-Catherine. ☎ 02-31-89-14-19. Tlj 8h-2h (1h hors saison).* Situé à tribord de *L'Albatros,* ce bar, ambiance taverne, tenu par un vieux loup de mer, propose d'excellentes mousses (une centaine au catalogue) à déguster sur fond de musique rock. Chaleur humaine assurée le week-end et les soirs de régate. En fin d'après-midi, installez-vous en terrasse et contemplez le ballet permanent des plaisanciers.

Bar Chez DD *(plan B3,* ***43****)* ***:*** *28, rue Cachin. ☎ 02-31-87-17-86. • ddhonfleur@gmail.com • Congés : janv. Tlj sauf lun 11h30-23h (17h-23h hors saison). Planches 10-20 €.* Dans le nouveau quartier branché de Honfleur, un bar à vins sympa, tenu par un ancien photographe avec son épouse, qui aime les bonnes choses à boire et à manger, ça se voit. Ça se sent aussi. Planches de charcuterie et fromages, huîtres, terrines et petits plats tout simples, tout bons.

Achats

Fromages Maître Pennec *(plan B2)* ***:*** *pdt l'été, au marché sam mat, pl. Sainte-Catherine.* L'étal est superbe et l'esprit truculent. Au programme, coup de pied au cul (fromage au calva), cul terreux, vierge folle, puant normand (un panonceau précise : le nez dans le cru !), etc. Sans oublier l'indispensable claquos au calvados. Sinon, on peut acheter ces produits à la ***fromagerie Maître Pennec de Saint-Benoît-d'Hébertot*** *(sur la route D 675,* ***Les Barquets,*** *entre Beuzeville et Pont-l'Évêque ; ☎ 02-31-64-39-49).*

Gribouille *(plan B2)* ***:*** *16, rue de l'Homme-de-Bois (rue Haute). ☎ 02-31-89-29-54. Tlj (sauf mer en hiver) 9h30-12h45, 14h-18h30.* Une jolie boutique où le patron (de bon conseil) propose tout ce que le terroir normand produit de meilleur : cidre fermier, pommeau, calvados (impressionnante sélection !), poiré, tripes en bocal comme confitures et autres gourmandises.

À voir

– Un *pass* (à acheter dans l'un des musées concernés) donne accès aux 4 musées de la ville *(11-13 €/adulte ; réduc).* Intéressant même si vous ne visitez que 2 musées (sauf s'il s'agit des musées d'Ethnographie et de la Marine, pour lesquels il existe un billet jumelé à 5,30 €).

Le quartier Saint-Léonard *(plan B3)* **:** un quartier en pleine mutation, moins fréquenté que celui du port et Sainte-Catherine, idéal pour débuter la balade après avoir fait un tour à l'office de tourisme ou le soir, si vous avez envie de vous changer les idées. Beaucoup de lieux à découvrir entre l'église Saint-Léonard et le jardin du Tripot, et des adresses vraiment sympa pour boire un verre ou se montrer, comme le bar de quartier *Chez DD* ou la Galerie 13.

Les greniers à sel *(plan B3)* **:** *rue de la Ville.* Superbes entrepôts du XVIIe s, aux murs épais édifiés avec les pierres de démolition des remparts, et à la remarquable charpente. On peut les voir pendant les expositions qui s'y tiennent ou lors de visites guidées de la ville.

Le musée de la Marine *(plan B3)* **:** *quai Saint-Étienne.* ☎ *02-31-89-14-12.* ♿ *Avr-sept, tlj sauf lun 10h-12h, 14h-18h30 ; de mi-fév à mars et oct-nov, mar-ven 14h30-17h30, w-e 10h-12h. Entrée : env 4,20 € ; réduc.* Dans la jolie petite église Saint-Étienne, le long du vieux bassin. Des documents et des objets soulignent le rôle des marins de Honfleur dans la découverte et la colonisation du Nouveau Monde : pêche à la morue, à la baleine, traite négrière... Maquettes de bateaux, canons, une figure de proue, coffres de marine, un superbe scaphandre...

Le musée d'Ethnographie *(plan B3)* **:** *rue de la Prison.* ☎ *02-31-89-14-12. Mêmes horaires et tarifs que le musée de la Marine (pour les 2 groupés : 5,50 €).* Dans 9 pièces, reconstitution d'intérieurs normands avec meubles anciens, costumes et faïences. La visite se termine par l'échoppe du mercier, véritable boutique du XIXe s dans une maison du XVIe s. Dans la cour, un curieux puits à roue sous sa charpente en bois, ainsi que la prison et ses cachots.

Le vieux bassin *(plan B2-3)* **:** l'endroit le plus connu de la ville. Créé sous Louis XIV sur ordre de Colbert, il a gardé un cachet tout particulier. Il est bordé par le quai Sainte-Catherine qui aligne ses hautes maisons étroites revêtues d'ardoise, aux étages en saillie, tassées les unes contre les autres. Chacune possède 2 entrées, l'une donnant sur le quai, l'autre, au 3e étage, s'ouvrant sur la rue du Dauphin ou la rue des Logettes. Certaines atteignent 7 niveaux avec seulement 2 fenêtres en façade. Le quai Saint-Étienne lui fait face.

La lieutenance *(plan B2)* **:** cet étonnant bâtiment construit sur le quai, avec des tourelles d'angle, veille sur le vieux bassin. Vestige d'un castel du XVIIe s, c'était la résidence du lieutenant du roi. Enclavée dans la construction, la porte de Caen permettait l'entrée dans la ville. Sur le mur face à la mer, une plaque à la mémoire de Champlain qui partit pour le Canada en 1608 et qui fut à l'origine de la fondation du Québec.

L'église Sainte-Catherine *(plan B2)* **:** *tlj 9h-20h30. Clocher (en fait, une dépendance du musée Eugène-Boudin ; voir plus loin) ouv aux mêmes horaires que le musée ; billet jumelé avec le musée.* Sans doute le monument le plus original de Honfleur. La façade extérieure est recouverte de bardeaux (tuiles de bois). L'ancien clocher, très pittoresque, est séparé de l'église par une petite place. Il était apparemment trop lourd pour cette charpente en bois ; sans compter que, consolidée par des poutres de châtaignier, on craignait aussi qu'un incendie ne se propage en cas de foudre. Sa forme rappelle certaines églises norvégiennes. L'église fut donc reconstruite vers 1468 ; à la fin de ce même siècle, il fallut lui ajouter une 2de nef, car elle était devenue trop petite.

DU PROVISOIRE QUI DURE !

Après le départ des troupes anglaises, il ne restait que des ruines de l'église Sainte-Catherine. Pour la reconstruire à moindre coût, on employa le bois de la région et on fit appel aux charpentiers de marine. Voilà pourquoi l'intérieur fait penser à une immense coque de bateau renversée. Reconstruite à la hâte et de manière provisoire, elle tient le coup depuis plus de... 6 siècles.

L'ensemble fut restauré par un élève de Viollet-le-Duc, puis quelque peu modifié au début du XXe s. À l'intérieur, objets et costumes liturgiques.

La rue des Lingots *(plan A-B2)* **:** derrière le clocher, l'une des rues les plus caractéristiques de la vieille ville. Elle a conservé son pavage, et la plupart de ses maisons de bois sont anciennes. La maison du no 30 accueillit promptement, en 1802, le général Bonaparte, alors 1er consul.

Le musée Eugène-Boudin (plan A2) **:** *pl. Erik-Satie. ☎ 02-31-89-54-00. (en partie). Tlj sauf mar ; juil-août 10h-18h ; avr-sept 10h-12h, 14h-18h ; oct-nov 10h-12h, 14h30-17h30. Fermé en janv. Entrée : 4,50-8 € selon saison ; réduc ; gratuit moins de 16 ans. Audioguide : 2 €. Le billet donne accès au clocher Sainte-Catherine.* Les toiles d'Eugène Boudin sont au 2e étage, dans le fond après la chapelle. En tout, près d'une centaine d'œuvres (peintures et dessins) qui évoquent Honfleur et le pays d'Auge. Boudin y est entouré de ses amis, Courbet, Monet, Jongkind, Cals, Dubourg, Pécrus et Michel-Lévy. Dans une vitrine, les études de ciels (couverts ou couchants, levers de lune...) de Boudin montrent de façon évidente le rôle précurseur de ce peintre dans le mouvement impressionniste. Un escalier permet de gagner une salle largement consacrée à André Hambourg, peintre du XXe s qui affectionnait les marines (et qui bénéficie désormais de son propre musée à Deauville), ainsi qu'un cabinet de dessins et de gravures, avec une centaine d'œuvres à « feuilleter ». Il faut grimper encore pour découvrir les toiles du Nabi Vallotton, des fauves Duby ou Friesz, et de quelques-uns des piliers de l'école de Rouen. Ou continuer pour voir les expos temporaires dans la chapelle. L'occasion de découvrir des œuvres habituellement conservées dans les réserves du musée.

Les maisons Satie (plan A1) **:** *88, rue Haute. ☎ 02-31-89-11-11. Tlj sauf mar 10h-18h. Fermé début janv-début fév. Entrée : 4,80-6,30 € ; réduc ; gratuit moins de 16 ans. Compter 1h de visite.* Muséographie originale, à la hauteur de l'univers personnel et artistique d'un musicien étonnant, né à Honfleur en 1886, précurseur du dadaïsme et du surréalisme. D'abord, il y a la musique (chaque visiteur est muni d'un casque infrarouge) : des célèbres *Gymnopédies* et autres *Gnossiennes* pour piano aux *Musiques d'ameublement,* toute l'œuvre de Satie est donnée à entendre. En même temps, on se balade de pièce en pièce, croisant une poire géante qui s'envole à tire-d'aile, découvrant 100 000 traces de pas au sol d'une chambrette, pédalant sur un bizarre carrousel, assistant sur une banquette à une houleuse représentation du ballet *Parade*... Un lieu qui se vit autant qu'il se visite, et dont on sort en méditant sur les aphorismes et pensées de Satie délivrés par la voix de Michael Lonsdale : « Chérie, si tu trouves mon style décousu, fais-y un point »...

Tout à côté, une 2de maison accueille la boutique du musée et une petite sélection d'œuvres originales de Satie et d'artistes ayant travaillé avec lui : Cocteau, Derain... *Avr-oct, aux mêmes horaires. Accès libre.*

Le jardin des Personnalités (hors plan par A1) **:** *à la sortie de Honfleur ; direction Deauville, à côté du Naturospace (un parc tropical dédié aux papillons) ; entrée piétonne par la jetée ouest et la digue promenade ouest ou par le parking du Naturospace. Mai-août, tlj 8h-21h ; sept-avr, tlj 8h-19h. GRATUIT.* Espace pédagogique de 10 ha avec vue imprenable sur l'estuaire. Ce parc propose une vingtaine de jardins rendant hommage aux illustres personnalités qui sont nées et ont vécu à Honfleur, tels Monet, Baudelaire... À chaque personnage sont associées plantes et essences symbolisant leur caractère, leur vie et leurs œuvres.

À faire

Les plages : *celle de Honfleur,* accessible par la route de la côte et la jetée. À 2 km du centre, la *plage du Butin,* au pied du phare du même nom. Plus loin, à quelques kilomètres, par la corniche en direction de Deauville, la *plage de Vasouy*, un peu moins fréquentée (avec vue imprenable sur les installations du port du Havre !).

➢ ***Promenades en mer :*** *avec la vedette* La Lieutenance, *quai des Passagers. 📱 06-14-96-37-95. Ou avec le* Jolie France *(de l'autre côté du bassin ; 📱 06-71-64-50-46). D'avr à mi-oct, min 4 départs/j. Balade 1h30. Tarif : env 12 €/adulte ; réduc.*

➢ ***Croisière entre Paris et la Côte Fleurie :*** ***CroisiEurope,*** *147, bd du Montparnasse, 75006 Paris. ☎ 01-44-32-06-60. • croisieurope.com • Compter min 5 j. (4 nuits).* Une autre façon de découvrir la côte normande, au fil de l'eau. Au départ de Honfleur, on peut remonter la Seine jusqu'à Paris, en s'arrêtant à Duclair, Rouen et Les Andelys. D'autres parcours sont possibles.

Fêtes et manifestation

– ***Fête des Marins :*** *chaque année, pdt le w-e de la Pentecôte.* Le dimanche, à l'heure de la marée, bénédiction de la mer, face au port. Pêcheurs et plaisanciers décorent leurs bateaux de roses en papier puis forment un cercle dans l'estuaire. Une gerbe pour les personnes ayant péri en mer est jetée d'un avion. Le lendemain à 9h, procession jusqu'à la chapelle de la Côte de Grâce.
– ***Estuaire d'en rire :*** *6 j. fin sept. • estuairedenrire.com •* Festival... comique.
– ***Fête de la Crevette :*** *1 w-e fin sept-début oct. ☎ 02-31-81-88-00 ou 02-31-89-23-30.* Autour du vieux bassin. Célébration d'une pêche traditionnelle du port de Honfleur : celle de la « petite grise ». Rassemblement de vieux gréements et démonstration de techniques anciennes. Concerts de chants de marins.

LE PAYS D'AUGE

Les habitués de la Côte Fleurie connaissent bien le pays augeron, en tout cas dans sa partie nord, plus fréquentée, plus léchée, plus glamour. On y trouve tous les ingrédients du week-end réussi : manoirs de rêve, ruisseaux vagabonds, chemins de traverse (qui semblent avoir été inventés pour le cheval et le VTT), chapelles rafraîchissantes et paisibles hameaux échappés des gravures des siècles passés. Quant aux fromages qui ont fait, avec le cidre et le calva, la renommée du coin, leurs fiefs (Livarot, Pont-l'Évêque) parlent d'eux-mêmes !
Bref, le pays d'Auge, c'est la carte postale de la Normandie, avec ses pâturages d'un vert profond, ses pommiers, ses vaches, ses chaumières ou ses adorables fermettes à pans de bois. Le territoire est vaste, car si la partie la plus grande et la plus connue de celui-ci se trouve dans le Calvados, il s'étend jusque dans l'Eure et l'Orne. Doucement vallonnés, ses paysages contrastent avec les grandes terres céréalières qui l'entourent (la plaine de Caen à l'ouest et le plateau du Roumois à l'est). D'ailleurs, contrairement à eux, il est plutôt une terre d'élevage, bovin, mais aussi équin. Mais si les haras sont très nombreux, ils sont aussi bien cachés, on n'en aperçoit souvent que les barrières.
Dans sa partie calvadosienne, le pays d'Auge est bordé à l'ouest par la Dives et à l'est par la Touques. Suivre cette dernière de Trouville ou Deauville jusqu'au sud de Lisieux, en privilégiant les petites routes. Voici une délicieuse façon de découvrir cette microrégion. Au cours de vos pérégrinations, vous butterez de temps en temps sur l'A 13 (qui suit pratiquement la même trajectoire que la D 675) ou la D 613 reliant Caen et Lisieux – les 2 grandes artères qui tailladent ce territoire d'est en ouest –, avant de replonger avec bonheur dans les méandres des chemins creux.

PONT-L'ÉVÊQUE (14130) 4 660 hab. *Carte Calvados, D1*

La capitale historique du pays d'Auge a réussi à conserver un certain dynamisme, et la proximité de l'autoroute a permis son désenclavement. Le centre offrira quelques surprises à qui prendra la peine de s'y dégourdir un peu les jambes : le quartier de Vaucelles et ses maisons à pans de bois, le joli jardin médiéval du couvent des dominicaines ou celui de la Touques, près de l'église Saint-Michel. Les environs de Pont-l'Évêque recèlent également moult coins intéressants et une campagne pleine de charme.
Mais le pont-l'évêque, c'est aussi une pâte onctueuse, à base de lait provenant principalement de vaches normandes, et qui fait encore fantasmer les adorateurs de fromages. Il est réputé depuis plus de 700 ans – on en parlait déjà dans le *Roman de la rose* ! –, et il est protégé par une AOP. Dommage toutefois que celle-ci accepte l'usage de lait pasteurisé au détriment du lait cru. C'est l'identité même du fromage qui est ainsi remise en cause. Toujours côté papilles, ceux que le Calvados intéresse pourront faire 1 tour du côté de *Calvados Expérience*, route de Trouville *(● calvados-experience.com ●).*

Adresses et infos utiles

Office de tourisme Terre d'Auge : *16 bis, pl. Jean-Bureau. ☎ 02-31-64-12-77. ● terredauge-tourisme.fr ● Lun-sam 10h-12h30, 14h-18h, plus dim 10h-13h mai-sept.* Distribue un dépliant-visite pour découvrir le vieux quartier de Pont-l'Évêque. Dépositaire de tickets de bus du *réseau Nomad 14.*

Gare SNCF : *un peu excentrée, au sud-est du centre-ville. ☎ 36-35. Aucun guichet sur place, juste un distributeur automatique.*

Location de vélos : ***Cycles Jocelyn,*** *1, pl. Robert-de-Flers. ☎ 02-31-65-14-27.*

– ***Marchés :*** grand et beau marché *lun mat, sur la pl. Foch.* ***Marché campagnard à l'ancienne,*** *pl. des Dominicaines, dim 10h-13h à Pâques, à la Pentecôte, ainsi qu'en juil-août :* produits du terroir (fromages, cidre, pommeau, calvados), marchands en costumes traditionnels, danses folkloriques, démonstrations de vieux métiers, etc.

Où dormir à Pont-l'Évêque et dans les environs ?

Campings

Camping Castel camping du Brévedent : *route du Pin, 14130* ***Le Brévedent.*** *☎ 02-31-64-72-88. ● contact@campinglebrevedent.com ● campinglebrevedent.com ● À 13 km au sud-est de Pont-l'Évêque. Ouv de mi-mai à mi-sept. Emplacements 2 pers 18-35 €.* Au détour de toutes petites routes de campagne se cache ce magnifique site, assez atypique dans son genre. D'un côté, le manoir, son bar et l'étonnante biberonnerie (espace pour pouponner les petits). Autour, les emplacements disséminés dans le beau et vaste parc arboré, avec son lac, son petit pont, sa piscine, le potager en permaculture. Ça et là des locatifs (chalets toilés, tentes *glamping,* mobile homes classiques) et quelques poules en vadrouille. Dans des dépendances de caractère, un espace vaisselle et des sanitaires particulièrement beaux (et bien adaptés aux familles avec enfants en bas âge), le restaurant, le café, l'épicerie. Bref, un camping de charme très vert, au propre comme au figuré.

Camping du Lac – Terre d'Auge : *au lac de Pont-l'Évêque. ☎ 02-31-65-47-15. ● contact@terredauge-camping.fr ● terredauge-camping.fr ● ♿ À 3 km au sud de Pont-l'Évêque. Ouv mars-oct. Emplacement 2 pers env 19 € ; loc* *mobile homes. 280 empl.* Près du lac, un terrain vert et arboré. Bien que le cadre soit assez beau, on peut s'y sentir un peu à l'étroit en saison. Plage de sable à deux pas et A 13 à l'horizon (!). Également des lodges 5 personnes et des tentes bivouac pour les cyclistes.

De bon marché à prix moyens

Chambres d'hôtes Le Prieuré Boutefol : *313, route de Rouen, 14130* ***Surville.*** *☎ 02-31-64-39-70. 06-62-26-39-70. • info@prieureboutefol.com • prieureboutefol.com • À 3 km au nord-est de Pont-l'Évêque, direction Rouen. Sur résa seulement. Double 90 € ; familiale.* Dans un écrin de verdure sur 3 ha, un prieuré et ses écuries transformées en chambres d'hôtes. Toiles de Jouy pour tout le monde, mais à chacune sa couleur et sa déco de caractère. La suite familiale est vraiment adaptée aux familles ; à vrai dire, il ne lui manque qu'une cuisine pour ressembler à un petit appartement coquet ! Piscine également dans le parc, où se prélasser en écoutant les gazouillis des oiseaux.

Le Domaine de Geffosses : *route de Saint-Hymer (D 101), 14130 Pont-l'Évêque. ☎ 02-31-64-19-19. • domainedegeffosses@gmail.com • domainedegeffosses.fr • À 3 km au sud du centre-ville de Pont-l'Évêque. Doubles 75-99 €. Gîtes-apparts 4-6 pers 130-150 €/nuit.* À 2 pas de l'autoroute, mais dès la grille franchie, on est en plein campagne, dans une ancienne ferme, celle d'Achille Flaubert, le père de Gustave. Sur 7 ha, plusieurs bâtisses traditionnelles à colombages : le petit manoir qui abrite l'hôtel sur 2 niveaux, avec galerie couverte courant sur tout le long ; 8 chambres seulement, simples et confortables. L'ancienne bouillerie pour sa part abrite un gîte (4-6 personnes). Quant au pressoir, il a été transformé en 5 appartements (de 2 chambres) présentant un excellent rapport qualité-prix. Ces derniers disposent par ailleurs d'un bout de jardin commun, avec un barbecue pour chacun. Et au milieu de tout cela, les 2 ânes, les moutons, les poneys et le maître des lieux : le canard Flaubert. Accueil charmant.

Le Champ-Versant : *manoir du Champ-Versant, 14340* ***Bonnebosq.*** *06-14-28-98-20. • celine.letresor@gmail.com • À 11 km au sud-ouest de Pont-l'Évêque. Résa conseillée. Double 70 € ; familiale. Gîte 4 pers à partir de 100 €/nuit (min 2 nuits).* Le cadre qui entoure ce très beau manoir normand du XVIe s est vraiment magnifique. Les 2 chambres, simples mais confortables, ont conservé leur cachet. Dans l'ancienne charetterie, un joli petit gîte avec salle toute vitrée au rez-de-chaussée donnant sur les champs et, à l'étage, les 2 chambres.

Chambres d'hôtes Les Malis : *Les Malis, 551, route du Fournet (D 264), 14130* ***Bonnebosq.*** *06-86-56-81-90. • christiane.moch@orange.fr • lesmalis.fr • À 14 km au sud-ouest de Pont-l'Évêque. Double 70 €.* Dans un joli bout de campagne augeronne, une maison accueillante où ardoises, colombages et briques se mêlent sans vergogne. Les chambres avenantes, particulièrement bien adaptées aux familles pour 2 d'entre elles, sont fonctionnelles et confortables : le mobilier ancien y côtoie avec bonheur les œuvres contemporaines. Un lieu au vert, où l'on se sent bien, avec poneys à câliner et cabane où jouer pour les plus jeunes.

LE CALVADOS

Où manger à Pont-l'Évêque et dans les environs ?

La Clé de Sole : *36, rue Saint-Michel, à Pont-l'Évêque. 06-31-17-94-91. Tlj sauf lun en saison (ouv jeu-dim hors saison). Formule déj en sem 19 €, menu 26 €.* La jeune équipe aux manettes de ce sympathique restaurant aime jouer avec la cuisine de tradition et les produits du terroir, en les destructurant et en les remaniant à leur sauce. C'est un plaisir, à l'œil et en bouche. Un plaisir que vient encore renforcer l'accueil, charmant.

L'Atelier 110 : *Le Douet de la Taille, 14130* ***Saint-Martin-aux-Chartrains.*** *☎ 02-31-88-75-91. • contact@atelier110-traiteur.fr • À 4 km au* *nord-ouest de Pont-l'Évêque. Tlj sauf dim 11h-15h. Menu du jour 15 €.* Un petit restaurant de bord de route (également traiteur) qui connaît bien ses classiques mais n'hésite pas à exécuter de jolis pas de côté. Point de carte, mais un mini-menu qui change tous les jours. C'est à la fois simple (cadre, assiettes), frais et réjouissant côté saveurs.

Auberge de Valsemé : *51, carrefour de Valsemé, 14340* ***Valsemé.*** *☎ 02-31-65-57-68. • aubergedevalseme@outlook.fr • À 13 km au sud-ouest de Pont-l'Évêque. Fermé mar-mer. Menus déj 13,50 €, sinon 27-35 €.* Tapie au bord de son grand rond-point, cette petite auberge tout en colombages bleu clair constitue une sympathique étape : cuisine locale ou cuisine d'ailleurs revisitée avec les produits du terroir, servie généreusement et avec le sourire.

Où déguster et acheter de bons produits à Pont-l'Évêque et dans les environs ?

Calvados Christian Drouin – Domaine Cœur de Lion : *1895, route de Trouville, 14130* ***Coudray-Rabut.*** *☎ 02-31-64-30-05. • calvados-drouin.com • Visites guidées gratuites pour les particuliers lun-sam 9h-12h, 14h-18h.* Une distillerie artisanale et familiale à l'architecture augeronne typique du XVIIe s. Voir cet alambic à roulettes datant de 1946, qui servait à la distillation dans les fermes, ou bien ces fûts de chêne, aux formes peu conventionnelles dans les chais : la forme ovoïde permettait aux producteurs de tricher quelque peu sur la contenance exacte de leurs tonneaux ! Dégustation gratuite de cidre, pommeau et calvados. À la vente, une gamme unique de vieux millésimes qui remontent jusqu'à 1939.

2 producteurs de pont-l'évêque fermier très recommandables à découvrir sur les marchés, mais aussi sur la route, dans les environs : la ***fromagerie Martin*** *(le Petit Malheur, 14430* ***Bourgeauville*** *; ☎ 02-31-64-83-85 ; après Beaumont-en-Auge ; le mat seulement, fermé dim et j. fériés)* et la ***ferme des Spruytte*** *(la ferme du bourg, 14130* ***Saint-Philbert-des-Champs*** *; ☎ 02-31-64-71-99 ; tlj sauf dim ap-m).*

LE CALVADOS

À voir

La place du Palais de justice : outre le tribunal, elle conserve quelques souvenirs d'antan : une jolie fontaine, des maisons à pans de bois et de beaux bâtiments du XVIe s notamment.

Les Dominicaines – espace culturel et artothèque : *pl. du Palais-de-justice. ☎ 02-31-64-89-33. Juil-août, tlj 10h30-12h30, 14h30-18h ; sept-juin : mer-sam (et dim pdt les vac scol) 14h30-18h. Fermé de mi-déc à mi-fév. Entrée : env 3,50 € ; réduc.* De ce couvent, détruit en grande partie par les révolutionnaires, subsiste une belle bâtisse de style Renaissance à colombages, avec balustrade et escalier de pierre, transformée en espace culturel ; il abrite l'artothèque mais propose aussi des expositions temporaires. Jardin médicinal à l'arrière du couvent *(accès libre).*

LA « JOYEUSE » PRISON

La prison, construite en 1823, de style néoclassique, fut le théâtre de l'arrestation du braqueur René la Canne en 1949. Le geôlier était tellement sympa que les prisonniers participaient à la bonne marche de la maison. Balayages, fiches de paie, etc. D'ailleurs, la porte était toujours ouverte ! Quand René la Canne s'évada plus tard, il scia les barreaux et fit le mur, pour être « en règle » avec son statut de prisonnier. C'eût été trop facile sinon, et surtout, ça aurait porté préjudice à son ami geôlier ! Ce sera le scénario du film La Joyeuse Prison, *d'André Berthomieu avec Michel Simon et Darry Cowl en 1956.*

L'hôtel Montpensier : *à hauteur du 38, rue Saint-Michel.* Anne Marie Louise d'Orléans, duchesse de Montpensier et nièce de Louis XIII, plus connue sous le surnom de la Grande Mademoiselle, n'y a jamais mis les pieds ! Mais cet hôtel présente une belle façade du XVIIe s, de brique rose et de pierre blanche, derrière laquelle s'abrite aujourd'hui la bibliothèque municipale. L'hôtel de ville est lui aussi installé dans un élégant ancien hôtel particulier : l'*hôtel de Brilly.*

L'église Saint-Michel : construite à la fin du XVe s. Curieuse tour carrée, couronnée d'ardoises. Façade gothique et haute nef unique. À l'intérieur, vitraux modernes qui contrastent avec l'ensemble.

Fête et manifestations

– ***Festival du Film d'animation :*** *avr.* Au cinéma de Pont-l'Évêque.
– ***Fête du Fromage :*** *2e w-e de mai.* Concours du meilleur pont-l'évêque, dégustation-vente de produits régionaux.
– ***Foire aux arbres :*** *nov (Sainte-Catherine).* Vente et exposition de nombreux arbres et plantes.

LE CALVADOS

DANS LES ENVIRONS DE PONT-L'ÉVÊQUE

– Pour découvrir les ***ravissants villages*** alentours, comme *Beaumont-en-Auge, Blangy-le-Château* ou *Bonnebosq,* demander à l'office de tourisme les dépliants des « circuits-visite.

Beaumont-en-Auge : *à 6 km à l'ouest de Pont-l'Évêque.* Village mignon comme tout, aux belles maisons anciennes, bâti sur une colline offrant une jolie vue sur la vallée de la Touques. La principale curiosité du village reste l'église. La moitié du bâtiment a disparu, d'où l'étrange impression laissée par la disposition intérieure (pas de chœur, par exemple). Nef bizarrement tronquée mais beau plafond voûté, en pierre. Stalles en bois (à l'entrée), chapiteaux sculptés et vitraux modernes et lumineux. Quant à la statue de Pierre-Simon Laplace, elle rend hommage à ce mathématicien, enfant du pays, qui devint l'un des plus grands géomètres du XIXe s.

Le P'tit Beaumont : *20, rue du Paradis, à Beaumont. ☎ 02-31-64-80-22. • ptit.beaumont@orange.fr • Resto ouv le midi lun-sam, plus le soir ven-sam. Doubles 75-95 €. Menus 17 € le midi en sem, puis 26,90 €.* Un petit bistrot de campagne revu et corrigé. La salle se prend pour un loft modèle réduit, la terrasse dans le jardin est des plus agréable, et la cuisine – entre plats un peu mode et classiques de toujours – s'en sort fort bien. Le rapport qualité-prix est presque stupéfiant pour la région. Évidemment, tout ça se sait dans le coin et pas mal d'artisans en ont fait leur cantine. Résa conseillée, donc (même en semaine, même en hiver...). Une poignée de chambres confortables, plaisantes, pour qui ne souhaiterait plus repartir. En revanche, pour y accéder, il vous faudra gravir un petit escalier bien raide.

Pierrefitte-en-Auge : autre village de carte postale. Bâties à flanc de coteau dans un site vallonné et feuillu, quelques chaumières surplombent la vallée de la Touques. Au milieu du village, église du XIIIe s. Les poutres soutenant la voûte furent peintes au XVIIe s.

Saint-Hymer et son église : *à 5 km au sud de Pont-l'Évêque.* Encore un village tout mignon, niché au creux d'un vallon. En face de l'église, bassin-lavoir et maisons à pans de bois, avec la forêt tout autour. Quant à l'église, elle est d'une richesse surprenante pour un aussi petit village. Chœur du XIVe s, de style gothique rayonnant. Nef tout en longueur (mais pas franchement droite et au plafond très ondulant !). Autel du XVIIIe s et vitraux du XVe s. Statues polychromes du XVIIIe s. Belles stalles sculptées dans le chœur et jolie chaire dans une tourelle intérieure.

« VEDETTE » DU PETIT ÉCRAN

Dans le cimetière que l'on traverse pour entrer dans l'église Saint-Hymer est enterrée une star : la Mère Denis ! Eh oui, la vedette du « Ça c'est vrai, ça ! » de la pub TV des années 1970 qui vantait une machine à laver du même nom a terminé sa vie ici, dans l'ancien prieuré transformé en maison de retraite. L'histoire ne dit pas si elle y faisait la lessive.

Le Mesnil-sur-Blangy : *à 7 km au sud-est de Pont-l'Évêque.* Minuscule village isolé, auquel on accède par une petite route verdoyante. Ne manquez surtout pas l'intérieur de sa très belle *église romane* en pierre et au clocher de brique et d'ardoises. Sa décoration est étonnante. Plafond en arceau, entièrement en bois. La voûte, célèbre dans la région, fut peinte au XIXe s. Les poutres sont décorées de têtes de dragons.

Blangy-le-Château : *à 10 km au sud-est de Pont-l'Évêque.* Ce village de caractère abrite un riche patrimoine qui a bien résisté aux aléas du temps : lavoir, anciennes écoles des filles et des garçons, maisons à pans de bois, vitraux classés Monuments historiques de l'église Notre-Dame, manoir du XVIIe s et ruines du château de Blangy.

Bonnebosq : *à env 14 km au sud-ouest de Pont-l'Évêque.* Encore un de ces villages que l'on découvre au détour de jolies petites routes verdoyantes, avec son église néo-gothique, son lavoir, son ancienne école des garçons. Curiosité : le stade Yul Brynner, en l'honneur de l'acteur américain (1920-1985 ; *Les Dix Commandements* de Cecil B. DeMille, *Les Sept Mercenaires* de John Sturges) qui fut propriétaire, dans les années 1970, du manoir de Criquebœuf.

LISIEUX

(14100) 20 300 hab. *Carte Calvados, D2*

• Plan *p. 303*

Lisieux, sa basilique Sainte-Thérèse : quiconque empreinte le train Caen-Paris connaît l'imposante bâtisse blanche perchée sur son promontoire. De fait, Lisieux est un des plus hauts lieux de pèlerinage en France. Pourtant, l'ambiance de l'actuelle « capitale » du pays d'Auge n'a absolument rien à voir avec celle de Lourdes : ça et là dans la ville, on croise des sites liés à sainte Thérèse et son culte, mais il se fonde dans le tissu urbain. Quant à la basilique, elle est légèrement excentrée ; malgré sa taille, on pourrait presque passer à côté (ce qui serait dommage !).
Rasée par les bombardements de la Seconde Guerre mondiale, Lisieux présente aujourd'hui un visage quelque peu disparate, mais possède encore quelques témoignages d'un passé prestigieux. Et surtout, elle est entourée d'une ravissante campagne.

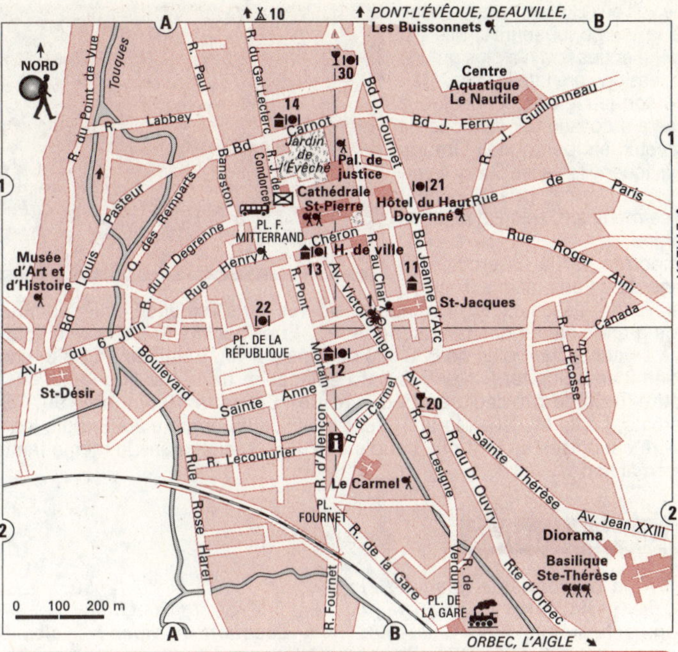

LISIEUX

■ Adresse utile

- 1 Cycles Billette (B1)

Où dormir ?

- **10** Camping de la Vallée (hors plan par A1)
- **11** Hôtel Saint Louis (B1)
- **12** La Coupe d'Or (A-B2)
- **13** Villa des Arts (A1)
- **14** Manoir de l'Évêché (A1)

Où manger ? Où boire un verre ?

- **12** La Coupe d'Or (A-B2)
- **13** Villa des Arts (A1)
- **14** Manoir de l'Évêché (A1)
- **20** Les Sœurs Pinard (B2)
- **21** Au Bistrot gourmand (B1)
- **22** Le Vintage (A1)
- **30** The Guest (B1)

UN PEU D'HISTOIRE « SAINTE »

Depuis les temps les plus reculés, Lisieux semble placée sous le double signe de la guerre et de la religion. Bombardée 13 fois à la Libération, la ville flambe. Indemne, la basilique trône sur des arpents de décombres. La cathédrale Saint-Pierre, elle aussi, est épargnée.
De tout temps, en tout cas, Lisieux fut terre d'élection de l'Église catholique. Les fameux évêques de Lisieux étaient riches et puissants. On les redoutait dans toute la Normandie. À tel point qu'ils firent fortifier le quartier qui leur était dévolu, au Moyen Âge, avant que la ville elle-même n'ait une enceinte pour la protéger des guerres et des épidémies !
Autre camp retranché, le Carmel voit le jour en 1838. ½ siècle plus tard, en 1888, ce couvent d'un genre particulier reçoit la plus célèbre de ses pensionnaires : celle qu'on n'appelle encore que Thérèse Martin. Gravement malade à l'âge de 10 ans,

elle voit aux Buissonnets la statue de la Vierge lui sourire. Elle est guérie et dès lors n'a plus qu'une obsession : prendre le voile. Malgré son jeune âge (15 ans), elle y sera autorisée par l'évêque de Bayeux en personne. Grande mystique, elle passe 9 ans enfermée au Carmel, priant, jeûnant et se mortifiant, selon la règle de l'ordre.

Emportée par la tuberculose à l'âge de 24 ans, sainte Thérèse de l'Enfant-Jésus est aujourd'hui considérée dans le monde entier comme la plus grande sainte des temps modernes. Et évidemment, Lisieux ne l'oublie pas en accueillant plus de 800 000 pèlerins par an. Béatifiée en 1923, canonisée 2 ans plus tard, glorifiée par l'édification de la basilique en 1929, la petite Thérèse fut déclarée docteure de l'Église le 19 octobre 1997. Ses parents, Louis et Zélie Martin, furent béatifiés en octobre 2008, puis les 1ers à être canonisés en tant que couple en 2015. 3 saints dans la même famille, pas mal non ?

VOYAGES EN KIT

Près de 2 000 églises, chapelles ou instituts religieux sont dédiés à sainte Thérèse dans le monde. Pour que chacun puisse rendre hommage à la sainte, depuis 1994, une partie des reliques voyagent à travers le monde : les foules de 35 pays sur les 5 continents ont déjà accueilli quelques pièces de cet étrange puzzle.

Adresses utiles

Office de tourisme *(plan A-B2) : 11, rue d'Alençon. ☎ 02-31-48-18-10. • authenticnormandy.fr • Juin-sept : lun-sam 9h30-12h30, 13h30-18h, dim 9h30-13h30 ; avr-mai et oct : lun-sam 9h30-12h30, 13h30-18h (17h30 oct) ; nov-mars : lun 9h30-12h30, mar-sam 9h30-12h30, 13h30-17h30.*

Location de vélos : Cycles Billette *(plan B1, **1**), 20, rue au Char ; ☎ 02-31-31-45-00.*

Où dormir ?

Camping

Camping de la Vallée *(hors plan par A1, **10**) : 9, rue de la Vallée, au lieu-dit la Vallée. ☎ 02-31-62-00-40. 06-62-91-62-40. • contact@camping-lisieux.fr • camping-lisieux.fr • Bus depuis la pl. François-Mitterrand, arrêt Lycée-Paul-Cornu. Ouv avr-début oct. Emplacement 2 pers 12 €. CB refusées.* À 20 mn à pied du centre, le camping municipal type: un bloc sanitaire au centre, basique, propre. Autour, les grandes pelouses divisées par des haies et dispensant une ombre généreuse. Location également d'une poignée de mobile homes.

Prix moyens

Hôtel Saint-Louis *(plan B1, **11**) : 4, rue Saint-Jacques. ☎ 02-31-62-06-50. • hotelsaintlouislisieux@gmail.com • hotelsaintlouis-lisieux.com • Doubles 67-87 € ; triple ou appart 3-4 pers tout équipé. Café offert sur présentation du guide de l'année.* Un petit hôtel d'après-guerre doté d'un vrai charme et qui parvient, malgré tout, à maintenir des prix doux. La douzaine de chambres, réparties sur 3 étages (sans ascenseur), bénéficie d'une déco personnalisée. Une adresse vraiment sympathique (comme l'accueil) et à taille très humaine, qui tranche résolument avec l'hôtellerie locale. Nouveau studio de 40m² avec terrasse de 100 m²

La Coupe d'Or *(plan A-B2, **12**) : 49, rue Pont-Mortain. ☎ 02-31-31-16-84. • lacoupedor@orange.fr • la-coupe-dor.com • Resto ouv tlj sauf dim et lun midi. Doubles 75-80 € ; familiale. Fermé vac de Noël. Menus déj 18,50 €, puis 20-30 €. Un apéritif* *maison ou 10 % sur le prix de la chambre sur présentation de ce guide.* Un hôtel bien tenu à l'atmosphère conviviale, au cœur de la ville. Chambres à la déco classique, mais agréables et confortables. Au resto, bonne cuisine traditionnelle à base de produits locaux.

De chic à beaucoup plus chic

La Villa des Arts (plan A1, **13**) : *2, av. Victor-Hugo. ☎ 02-61-75-00-65. • reception@villadesarts.fr • villadesarts.fr • Doubles 110-170 €. Resto ouv tlj ; carte 35-40 €. Un digestif maison et une réduc de 10 % sur le prix de la chambre (en basse saison) sur présentation de ce guide.* Si la réception et le resto osent le sol panthère et les sculptures ou œuvres contemporaines pas forcément consensuelles, les chambres affichent un profil un peu plus sobre. On a bien dit un peu, car on reste au royaume de la couleur, vive ou tranchée de préférence, volontiers dorée. Quant au mobilier, de récup', il est revu par des artistes locaux. Ensemble confortable et chaleureux. Resto sur place avec une carte type brasserie fine ; onéreux, mais de qualité.

Manoir de l'Évêché (plan A1, **14**) : *14, bd Carnot. ☎ 09-82-60-26-47. • manoirdeleveche.fr • Doubles 90-150 €.* Dans une bâtisse de 1836, autrefois une école franco-américaine, un bel établissement aux couleurs chaleureuses. Chambres confortables, joliment décorées, où les vieux parquets et poutres côtoient des décors graphiques et modernes. Le petit plus : la cuisine dans chaque chambre. Beau resto avec une superbe terrasse donnant sur le jardin de l'évêché. Vraie piscine et spa pour paresser en paix.

LE CALVADOS

Où dormir dans les environs ?

Chambres d'hôtes Le Manoir : *chez Paul Delort, route des Monceaux, 14340* ***La Boissière.*** *☎ 02-31-32-20-81. À 7 km à l'ouest de Lisieux. Ouv mars-oct. Double 60 €.* Installée dans un petit chef-d'œuvre d'architecture normande, une maison à colombages des XIVe et XVe s, au toit coiffé d'un petit clocheton. Chambres sobres, mais de caractère et au calme (la maison est éloignée de la route) dans un bel environnement.

Chambres d'hôtes chez Mme Caron : *201, chemin de Colandon, le Pont-de-Glos, 14100* ***Glos.*** *☎ 02-31-62-96-33. • caronchambres.free.fr • À 5 km au sud-est de Lisieux ; sur la route d'Orbec, à l'entrée du Pont-de-Glos, prendre la 1re petite route sur la gauche. Double 68 €.* Dans une imposante maison qui domine la route, 3 chambres (dont une familiale). La maison cultive un style plutôt rustique, mais sans lourdeur, avec mobilier de bois, jolies tommettes et des tapisseries discrètement fleuries. Les chambres sont simples, impeccables, spacieuses. On s'y sent bien, d'autant que l'accueil y est sympathique. Salon commun à la disposition des hôtes, ainsi qu'une cuisine. Pour un séjour prolongé, on peut aussi opter pour l'agréable petit gîte, avec sa terrasse et son bout de jardin rien qu'à lui.

Le Domaine des Essarts : *3767, route départementale 182, 14140* ***Lessard-et-le-Chêne.*** *☎ 02-31-63-41-90. 📱 06-09-49-17-94. • dana.lerner.dtsd@gmail.com • le-domaine-des-essarts.com • À 14 km au sud de Lisieux. Doubles 85-90 €. Table d'hôtes possible sur résa.* Sur une exploitation cidricole, d'un côté la maison des proprios, de l'autre la belle cidrerie, dans une construction récente, mais qui respecte le style du pays (brique et colombage). À l'étage de celle-ci, les chambres très spacieuses, confortables, à la déco soignée, mais sans surcharge. À chacune son thème : les oiseaux du monde, l'impressionnisme, la chasse à courre, etc. Et si vous vous demandez quelle peut bien être cette grande bâtisse à l'arrière qui ressemble à une église, c'est juste le hangar ! Accueil charmant.

Où manger ? Où boire un verre ?

De bon marché à prix moyens

Les Sœurs Pinard (plan B2, **20**) : *4, av. Sainte-Thérèse. ☎ 02-31-61-18-49. • lessoeurspinard@gmail.com • Tlj sauf dim soir-lun 12h-15h, 18h-1h. Congés : 1 sem en nov. Formules déj 14,50-17,50 € ; brunch 22,50 €.* Le midi, petite carte proposant des plats maison, type brasserie, simples mais efficaces. On s'installe soit dans l'espace bar et ses tables en hauteur, soit au salon dans les vieux canapés confortables. À moins qu'il ne fasse beau et que la sympathique terrasse à l'arrière soit ouverte (plage tout au fond avec transats, en été). L'après-midi, c'est salon de thé ; le soir, plutôt bar à vins, avec planches de charcuterie, de fromages, de desserts, etc. Un espace vraiment convivial, de bonne taille, à l'ambiance détendue. Concerts réguliers.

Au Bistrot gourmand (plan B1, **21**) : *8, bd Duchesne-Fournet. ☎ 02-31-62-09-66. Ouv ts les midis, et soir jeu-sam. Formules 15-19 €.* À l'ardoise, une cuisine traditionnelle et de saison bien exécutée, à base de bons produits.

Le Vintage (plan A1, **22**) : *26, pl. de la République. ☎ 02-31-63-35-85. Ts les midis, sauf dim. Formules 14,90-17,90 €.* Un café-brasserie qui, aux beaux jours, déploie sa terrasse jusque dans la rue piétonne donnant sur la place. À l'ardoise, une cuisine maison simple et bonne, servie avec le sourire et bonne humeur.

The Guest (plan B1, **30**) : *21, bd Herbet-Fournet. 📱 06-59-98-11-58. • theguestlisieux@gmail.com • Jeu-dim 18h-2h30 (resto 19h-minuit). Menu 27 €.* Installé dans ce qui fut jusque dans les années 1930 la chapelle du manoir voisin, ce n'est pas vraiment le type d'endroit que l'on s'attend à trouver à Lisieux : boule à facettes, dorures, plafond à caissons, tables et comptoir lumineux, ambiance lounge. Bref, on ne se refuse rien côté déco et on l'assume pleinement : c'est ça qui fait le piquant et le charme de l'endroit. Belle carte de cocktails, nombreuses soirées à thème. On peut aussi dîner, sur la petite mezzanine (menu qui change régulièrement).

Voir aussi ***La Coupe d'Or, La Villa des Arts*** et ***Le Manoir de L'Évêché*** dans « Où dormir ? ».

À voir. À faire

Lisieux est connue depuis le début du XXe s pour sainte Thérèse, mais la naissance de la ville remonte à plus de 2 000 ans. De cette longue histoire, elle a conservé un patrimoine riche mais éparpillé, entre hôtels particuliers, maisons à colombages, patrimoine industriel et bien sûr patrimoine de la reconstruction... Un ***plan touristique*** indiquant les points d'intérêt est disponible à l'office de tourisme.

➢ ***Balades à travers la ville :*** *pour ts rens sur les lieux de visite religieux, ☎ 02-31-48-55-08 ; • therese-de-lisieux.com • ; en juil-août (15 août), pèlerinage guidé au départ de la basilique (départ 14h ; gratuit) qui permet de découvrir les 4 lieux emblématiques.*

La basilique Sainte-Thérèse (plan B2) : *1, av. Jean-XXIII. ♿ Tlj 9h30-19h avr-oct, 17h30 nov-mars. Accès libre. Prévoir 3 € pour l'accès au dôme (juil-août, tlj 13h-17h30 ; dernière admission 30 mn avt) et 2 € pour le film sur la vie de sainte Thérèse (projection ttes les heures fixes 10h-16h). Diorama.* Difficile de la rater, vu ses proportions. Elle ressemble au Sacré-Cœur de Paris ! Construite à partir de 1929 dans un style romano-byzantin, elle reste l'une des églises catholiques les plus monumentales du XXe s. Son secret ? L'édifice est en béton armé : ***aucun pilier intérieur,*** une hauteur sous voûte qui culmine à 37 m (seulement 33 m pour

LE CALVADOS

Notre-Dame de Paris) et des dimensions qui laissent bouche bée. À l'intérieur, impressionnantes mosaïques. Le dôme atteint presque 100 m de hauteur (les courageux pourront y grimper – 300 marches jusqu'au sommet). À la droite de la nef, un *reliquaire* (cadeau de Pie XI) cerné de fleurs et de milliers de bougies renferme les os du bras droit de Thérèse ! Ne pas manquer la *crypte* (ressortir et prendre à droite des escaliers) aux superbes mosaïques multicolores qui renferme le reliquaire des parents de Thérèse, Louis et Zélie Martin, canonisés en 2015.

La chapelle du Carmel et le mémorial Sainte-Thérèse *(plan B2)* **:** *35, rue du Carmel. Tlj 7h15 (9h pour la salle d'expo)-19h (18h30 de nov à mi-mars). Accès libre.* C'est dans la chapelle que l'on peut admirer le tombeau de sainte Thérèse. Adjacent à celle-ci, le mémorial est un intéressant petit espace muséographique à l'agencement contemporain. Films, objets personnels de la sainte et documents anciens permettent d'appréhender la vie des carmélites, de l'époque de Thérèse à aujourd'hui.

La cathédrale Saint-Pierre *(plan A-B1)* **:** *pl. François-Mitterrand. ♿ (accès côté sud). Tlj 9h-18h30.* Construite du XIIe au XVIe s, la cathédrale conserve néanmoins un style gothique, comme en témoignent la façade et le chœur, tous 2 du XIIIe s. Grande et haute nef, et plan en croix aux élégantes proportions. Les lieux eurent une certaine importance dans l'histoire religieuse. On prétend qu'Henri II (roi d'Anglerre) et Aliénore d'Aquitaine s'y seraient mariés. En tout cas, c'est bien ici que le fameux évêque Pierre Cauchon (qui mena le procès de Jeanne d'Arc) est enterré. La petite Thérèse aimait s'y recueillir. D'ailleurs, le maître-autel fut offert par son père. L'église possède une décoration intérieure assez riche : nombreux tableaux du XVIIIe s, bas-reliefs du XVe s, quelques vitraux du XIIIe s et, dans les chapelles, statues du XVIIe s. Derrière la cathédrale, joli jardin de l'Évêché. Le palais de justice est juste derrière. Il s'agit en fait de l'ancien palais épiscopal.

SIL2] ***La découverte du centre historique*** *(plan A-B1)* **:** remonter la ***rue au Char*** en passant devant la Halle Saint-Jacques, belle église désaffectée ouverte lors d'expositions temporaires ou autres événements. Au passage, jeter un œil sur l'hôtel de ville (bel hôtel particulier du XVIIIe s) et sur le théâtre, tout à côté, qui date de 1895. Rejoindre la ***rue Henry-Chéron,*** où de vieilles maisons à pans de bois rappellent que par le passé Lisieux était connue pour être la capitale du bois sculpté. Construite au XVIIIe s pour loger le n° 2 de l'épiscopat, une noble bâtisse en brique et en pierre de taille fait montre d'un luxe peu compatible avec le vœu de pauvreté : c'est l'***hôtel du Haut Doyenné*** *(ne se visite pas).* Quant au ***manoir Desmares*** (XVe s), impasse Desmares, en haut de la rue Henry-Chéron, c'est l'un des plus anciens manoirs de la ville. Il abrite une chocolaterie qui organise des ateliers ouverts au public.

Le musée d'Art et d'Histoire *(plan A1)* **:** *38, bd Pasteur. ☎ 02-31-62-07-70. Tlj sauf lun 14h-18h GRATUIT.* Situé dans l'une des rares maisons à pans de bois qui subsistent dans la ville, il présente, suivant un parcours chronologique, l'histoire de la ville des origines à nos jours et aborde la multiplicité de ses visages : la cité gallo-romaine, médiévale et classique, la cité textile, les figures illustres, la reconstruction... 2 parenthèses thématiques sont dédiées aux évêques et à l'habitat lexovien. Une histoire illustrée par plus de 300 objets, tableaux, photographies...

Fêtes et manifestations

- ***Foire aux arbres :*** *début mars.* Une foire qui affiche 560 ans d'existence ! Pépiniéristes et paysagistes y exposent pendant 3 jours.
- ***Festival de Musique ancienne :*** *début juil, dans l'Hôtel du Haut Doyenné.*
- ***Jazzitude :*** *fin août.* Stages, concerts dans toute la ville.
- ***Grandes Fêtes thérésiennes :*** *fin sept.* Conférences, concerts, veillées, processions, messes à la basilique, etc.

DANS LES ENVIRONS DE LISIEUX

Entre Lisieux et Livarot, le pays d'Auge se pare de nombreux châteaux ou fermes-manoirs, le plus souvent à colombages, typiques de l'architecture normande. Même si l'on ne peut pas toujours les visiter, les amateurs du genre se régaleront. Pour les découvrir, se procurer auprès des offices de tourisme du secteur l'excellente carte ***La Route des Manoirs et Châteaux*** qui les recensent, indiquent leurs spécificités et s'ils sont visitables ou non. Quant aux gourmands, ils se procureront ***La Route des Caves*** qui indiquent et situent les producteurs de produits gourmands : cidreries, fromageries, etc.

Le parc zoologique Cerza : *D 143, 14100* ***Herminal-les-Vaux.*** *☎ 02-31-62-15-76. • cerza.com • À 9 km au nord-est de Lisieux. Avr-sept, tlj 9h30-18h30 (19h juil-août) ; oct-mars, tlj 10h-17h30. Fermé déc-janv. Dernière admission 1h avt la fermeture. Entrée : 22 € ; 3-11 ans 15 € ; gratuit moins de 3 ans. Restauration sur place.* Le plus grand zoo de Normandie est une belle surprise. Plus de 1 500 animaux répartis sur 70 ha, où le vert domine. Larges enclos, lieux de vie mieux adaptés d'année en année. Un petit train (qu'on vous conseille de prendre à l'heure du déjeuner, non pas des fauves, mais des autres visiteurs) donne une vue d'ensemble. Pour les vues rapprochées, vous avez l'immersion au milieu des lémuriens, dans un village malgache reconstitué, et les enclos immersifs, qui permettent d'approcher au plus près des girafes et autres animaux d'ordinaire plus sauvages. Prenez du temps et des forces en déjeunant sur place, le parc est très étendu.

LE CALVADOS

Pour prolonger le séjour en famille, plusieurs possibilités : les yourtes, mais aussi les *lodges* équipés pour 4-6 personnes sur le domaine des petits kangourous et cervidés, avec terrasse sur pilotis et vue panoramique, et nos préférés, les « zoobservatoires » en bois pour 4. *Infos sur le site • cerzasafari lodge.com •*

Le château-musée de Saint-Germain-de-Livet : *14100* ***Saint-Germain-de-Livet.*** *☎ 02-31-31-00-03 (ou ☎ 02-31-62-07-70 hors saison). À 6 km au sud de Lisieux. Avr-juin et sept-oct, tlj sauf lun 11h-13h, 14h-18h ; juil-août, tlj 11h-18h. Visite guidée (1h) ; dernier départ 1h avt la fermeture. Entrée : 7 € ; réduc ; gratuit moins de 14 ans et pour ts le 1er dim du mois. Accès au parc gratuit.* Véritable joyau du pays d'Auge, ce château se distingue par son architecture. Entouré de douves, il réunit un manoir à pans de bois de la fin du XVe s et une construction en pierre et brique vernissée du Pré-d'Auge, de la fin du XVIe s. À l'intérieur, la salle des offices a conservé de superbes fresques de la fin du XVIe s. Le château-musée présente l'ameublement et les collections de la famille Riesener-Pillaut, qui fit don du domaine à la Ville de Lisieux en 1957. Conjuguant mobilier et œuvres d'art, l'intérieur témoigne du raffinement et de l'art de vivre au XIXe s, et nous fait découvrir le parcours artistique et personnel du peintre Léon Riesener (1808-1878), petit-fils de Jean-Henri Riesener (ébéniste de Marie-Antoinette) et cousin d'Eugène Delacroix. Et pour clore la visite, rien de tel qu'une promenade dans le beau parc fleuri et arboré.

– Pour avoir un aperçu d'ensemble du site, après la visite, prendre à gauche la petite route qui conduit sur les hauteurs du vallon (direction Le Mesnil-Germain, puis Saint-Germain-Mairie). Cadre enchanteur avec ses collines, ses fermes et ses champs. Au milieu, le château, ses douves et ses jardins, la grosse ferme et l'église du village, mignonne comme tout, avec tout à côté le cimetière remis « en herbes ».

Aux 3 Gourmands du Château : *cours du Château. ☎ 02-31-62-83-50. • contact@aux3gourmandsduchateau.fr • aux3gourmandsduchateau.fr • Resto : tlj sauf lun 11h30-18h30. Double 140 €,* *petit déj inclus. Repas env 15 €.* Chaleureux salon de thé-crêperie installé dans une maison ancienne, au bord des douves en eau. Déco raffinée. Terrasse avec vue sur la forteresse. Un endroit en marge du temps. Également une très belle chambre d'hôtes sur place avec la maison pour soi tout seul. Le rêve !

ORBEC

(14290) 2 010 hab. *Carte Calvados, D2*

Charmante petite cité un peu assoupie mais empreinte de souvenirs historiques. Ses vieilles rues offrent à la contemplation de ceux qui sauront descendre de leur voiture de ravissantes maisons à pans de bois et des hôtels particuliers. Un charme qui inspire, puisque Racine a choisi Orbec comme cadre à sa pièce *Les Plaideurs* et que Debussy y a composé *Jardins sous la pluie...* Aujourd'hui, Orbec est également réputée pour sa marque de fromages *Lanquetot.*

LE CALVADOS

Adresse utile

Office de tourisme : *6, rue Grande. ☎ 02-31-48-18-10. • authenticnormandy.fr • Avr-sept, lun-sam 9h30-12h30, 14h-18h ; le reste de l'année 9h30-12h30, 13h30-17h30 (lun-ven en oct ; lun mat et mar-sam nov-mars).*

Où dormir ?

Camping Les Capucins : *13, av. du Bois, stade des Capucins. ☎ 02-31-48-18-10. • camping.sivom@orange.fr • ♿ Ouv de mi-mai à mi-sept. Emplacement pour 2 pers env 10 €.* Près d'une forêt, petit camping municipal tout simple et propre, situé, comme souvent, juste à côté du stade municipal. Tennis et centre équestre à proximité.

Où manger à Orbec et dans les environs ?

L'Orbecquoise : *60, rue Grande, à Orbec. ☎ 02-31-62-44-99. • herve.doual@wanadoo.fr • ♿ Tlj sauf mar-mer. Formule déj en sem 20 € ; menus 20 € (sauf dim et j. fériés), puis 26,50-39 € ; carte 45 €.* Une adresse discrète mais élégante offrant une généreuse cuisine du terroir, sincère et pleine de saveur. Service souriant et aux petits soins.

Le Moulin du Fossard : *route de Lisieux, 14290* ***Saint-Martin-de-Bienfaite-la-Cressonnière.*** *☎ 02-31-31-46-77. • lemoulindufossard@orange.fr • À 5 km au nord-ouest d'Orbec. Tlj sauf dim soir et lun (plus mer oct-mars). Formule déj en sem 17,50 €, menus 27-44 €.* Bien que la bâtisse soit grande, en bord de route, le resto est discret. Donc, ouvrez l'œil, car il serait dommage de le rater ! À la seule lecture du menu, les papilles frémissent de curiosité : le terroir y est bien présent, à travers des produits locaux et de saison, mais les associations sont moins traditionnelles, et heureuses. Quant aux légumes qui viennent du maraîcher voisin, ils occupent une vraie place dans l'assiette. Présentation soignée, comme le cadre, avec la roue de l'ancien moulin joliment mise en valeur. Accueil en douceur et service attentif. Jolie terrasse à l'arrière, avec vue sur la campagne.

Où déguster et acheter de bons produits ?

Les Biscuits d'Orbec : *73, rue Grande. ☎ 02-31-32-83-41. • contact@biscuits-orbec.com • Jeu-sam 10h-17h30 (plus mer en hte saison), dim 10h-13h. Dégustation de produits offerte sur présentation du guide de l'année.* Une pâtisserie fondée en 1880, qui n'a pas beaucoup changé depuis les années 1920. Longtemps tenue par la famille Domer (pâtissier à l'hôtel *George-V*, s'il vous plaît), cette bonbonnière accueille aujourd'hui un pâtissier qui travaille en famille et justifie à lui seul le détour par Orbec. Succulentes douceurs qui s'inscrivent dans l'histoire du lieu : tartelette au citron comme sablés au beurre d'Isigny, chocolats (hmm ! le *Bouchon normand* et le *Diamant d'Orbec* !) ou pâtes de fruits. Le samedi, ne pas manquer le mille-feuille maison à la vanille bourbon. Salon de thé à l'étage et petit mais fabuleux musée sur la pâtisserie. Terrasse côté rue.

À voir

Le Vieux Manoir : *107, rue Grande. ☎ 02-31-32-58-89. À l'angle de la rue Guillonnière. Avr-nov, mar-dim 14h-18h. GRATUIT.* On ne peut pas le rater : c'est une superbe maison à colombages, toute de travers ! Cet étonnant manoir fut construit au XVIe s avec des poutres sculptées, de petites briques et des pierres triangulaires. On y a installé le *Musée du vieux Manoir* (collections sur l'histoire locale). Expositions temporaires chaque année.

Un peu plus loin, l'***hôtel-Dieu Saint-Rémy*** fondé en 1290 et sa chapelle du XVe s, immanquable avec son clocher de brique. Jeter un œil en remontant la rue Grande sur l'***hôtel de l'Équerre,*** ancienne auberge du XVIe s, aux beaux colombages et en encorbellement. De l'***hôtel de Croisy,*** au no 7, on ne verra que le mur d'enceinte... Dommage pour l'élégante façade du XVIIe s et le jardin décoré à la française.

L'église Notre-Dame : *au bout de la rue Grande.* Dominée par sa haute tour Renaissance, elle fut construite du XVe au XVIe s. Ne pas manquer le très bel intérieur, aux fières colonnes de pierre supportant une voûte de bois peinte « à pénétration directe » (sic !). Remarquer les « rageurs », ces têtes de dragons peintes placées de chaque côté des poutres. Beaux vitraux Renaissance et riche mobilier.

Il faut aussi se glisser dans quelques (charmantes) ***ruelles*** perpendiculaires (cours, passages pavés, etc.), comme la *rue des Osiers* ou la *rue des Religieuses,* qui cache l'ancien couvent des Augustines (désormais centre culturel) et la maison du Bailliage, du XVe s. Faufilez-vous aussi dans la *rue de Geôle* en longeant la venelle du vieux château, sans manquer la *rue de la Rigole,* originale avec son bassin. Il y a même une ***champignonnière,*** cachée dans d'anciennes grottes ayant servi de refuge pendant la Seconde Guerre mondiale. *Vente directe le ven 14h-16h sept-fin juin et visite guidée le 1er dim du mois à 14h sept-juin. Entrée : 5 €. Rens et résa au 📱 06-73-59-51-17.*

LIVAROT-PAYS-D'AUGE

(14140) 2 050 hab. *Carte Calvados, C2*

Bourgade mondialement connue pour son fromage. L'usine *Graindorge* (pub gratuite) en produit à elle seule près de 80 000 par jour. Figurez-vous qu'il faut 5 l de lait pour en fabriquer un. Sa mise au point est des plus complexe, et il faut attendre plus de 3 mois pour qu'il soit à point...

Adresse utile

- ***Bureau d'information touristique :*** *1, pl. Georges-Bisson. ☎ 02-31-63-47-39. • authenticnormandy.fr • Juin-sept, mar-sam 9h30-12h30, 14h-18h (13h30-17h30 sam) ; oct-mai, fermé lun ap-m et sam-dim.*

Où dormir ? Où manger dans les environs ?

Chambres d'hôtes La Boursaie : *789, chemin de la Boursaie, la Croix-Bougon, 14140* ***Heurtevent.*** *☎ 02-31-63-14-20. • laboursaie@gmail.com • laboursaie.com • À 6 km au sud-ouest de Livarot. Env 1,5 km après Heurtevent, prendre à gauche (« La Boursaie » est peint sur la petite maison en brique et à colombages qui fait l'angle). À env 600 m, prendre à droite, puis faire 500 m en forêt (chemin un peu délicat par endroits). Doubles 88-125 € ; familiale. Table d'hôtes 32 € sur résa plusieurs j. à l'avance ; sur place, également 4 gîtes.* Cette ancienne cidrerie du XVIe s genre cottage à l'anglaise (les proprios sont d'ailleurs un couple anglo-allemand), au milieu des prairies, dans une vallée magnifique, est un petit îlot de paix perdu dans la belle campagne normande. Chambres d'esprit champêtre, aménagées dans les anciennes écuries et entourées d'un jardin un peu fou.

Le Tourne-Broche : *14140* ***Notre-Dame-de-Courson.*** *☎ 02-31-32-31-65. • letournebroche@yahoo.fr • ♿ À 11 km au sud-est de Livarot. Dans le village. Fermé mer tte l'année (plus lun-mar hors saison). Menus 18-33 €.* La bonne auberge de campagne dans un village hors des circuits touristiques, que l'on découvre si l'on a eu la bonne idée de remonter la Touques jusqu'ici. Au programme, un accueil chaleureux, un service dans la tradition et des plats de toujours: tripes à la mode de Caen et la fameuse *teurgoule.*

LE CALVADOS

À voir

Le Village Fromager – Fromagerie E. Graindorge : *42, rue du Général-Leclerc. ☎ 02-31-48-20-10. • graindorge.fr • ♿ Avr-juin et sept-oct, lun-sam 9h30-13h, 14h-17h30 ; juil-août, lun-sam 9h30 (10h30 dim)-17h30 ; nov-mars, lun-ven 10h-12h30, 14h30-17h30, sam 10h-13h ; dernière visite 30 mn avt fermeture. GRATUIT (avec vidéoguide) ; visite conseillée le mat (sauf ven) pour voir le max d'ateliers en fonctionnement.* Une visite instructive de la fromagerie pour tout apprendre de la fabrication des 4 AOP régionales : Livarot, bien sûr, mais aussi Pont-l'Évêque, Neufchâtel et Camembert de Normandie. On passe au-dessus des lignes de production, de l'arrivée du lait (130 producteurs !) au conditionnement, tout en suivant un parcours audiovisuel. Cette entreprise (autrefois familiale, mais rachetée par Lactalis en 2020) travaille avec du lait cru et joue la carte du développement durable. Tout cela est habilement mis en scène avant d'arriver... à la belle boutique du terroir.

À VOS ORDRES, MON COLONEL !

Le livarot, une des 3 gloires normandes avec le camembert et le pont-l'évêque, est communément surnommé « colonel » parce que son pourtour est serti de 5 fines lanières de roseau, rappelant les 5 galons d'un colonel.

Manifestation

– ***Foire aux fromages :*** *1er w-e d'août.* Livarot fête son fromage, mais aussi tous les autres fromages normands ou d'autres régions françaises (et les vins qui vont avec !). Plus d'une centaine d'exposants !

SAINT-PIERRE-EN-AUGE (ex-Saint-Pierre-sur-Dives) (14170) 7 670 hab. *Carte Calvados, C2*

Dernière étape avant de quitter le pays d'Auge et d'entrer dans le pays de Falaise et la plaine de Caen. Ce changement de territoire se remarque notamment à travers un paysage qui s'aplanit et le bâti : dans un pays plutôt abonné aux colombages et aux briques, les maisons sont ici presque toutes en pierre. Ce qui n'empêche pas Saint-Pierre-en-Auge, qui fut un centre religieux important (comme en atteste sa belle abbaye), d'être une plaisante bourgade commerçante, dynamique et empreinte d'un charme certain.
Les environs, là aussi, sont riches en somptueux châteaux. Et en surprises, puisqu'on peut même visiter une safranière (La Venelle du Moulin, à Jort).

Adresse et infos utiles

Office de tourisme : *23, rue Saint-Benoist. ☎ 02-31-48-18-10. • authenticnormandy.fr • Installé dans les superbes bâtiments conventuels de l'abbaye. Tlj sauf dim 8h30-12h30 et 14h-18h (17h lun).* Organise des visites de l'abbaye et des halles.

– ***Marchés :*** *lun mat sous la halle et pl. du Marché. Grande brocante 1er dim du mois sous les halles.*

Où dormir ? Où manger dans le coin ?

Les Agriculteurs : *118, rue de Falaise, à Saint-Pierre-en-Auge. ☎ 02-31-20-72-78. • info@lesagriculteurs.com • lesagriculteurs.com • Resto fermé ven et dim soir. Congés : vac scol d'hiver. Doubles 53-59 € ; familiales. Formule en sem 15 €, menus 19-27 €. Parking privé. Café offert sur présentation du guide de l'année.* Petit hôtel proposant une dizaine de chambres simples mais pas désagréables et bien tenues. Au resto, une très honnête cuisine du terroir. Saumons fumés maison pour les amateurs.

Hôtel Saint-Pierre : *74, pl. Charles-de-Gaulle, 14270* ***Mézidon-Vallée-d'Auge.*** *☎ 02-31-40-47-94. • hotel.saint-pierre-mezidon@orange.fr • lesaint-pierre.fr • À 8 km au nord-ouest de Saint-Pierre-en-Auge. Resto fermé lun, sam midi et dim soir. Double 76 €. Menus déj en sem 16 €, puis 25-33 €.* Jolie surprise que cet hôtel qui cache, derrière une façade assez banale, un intérieur qui ne manque pas de peps : chambres d'un vrai confort, design et couleurs acidulées côté bar et resto. Cuisine plutôt enlevée, avec de l'idée (sinon quelques audaces).

À voir

La halle : *pl. du Marché. Tlj 8h30-18h (sauf manifestation spéciale).* Magnifique bâtiment en pierre du XIe s, d'une originalité architecturale certaine. Imposante charpente. Pittoresque marché le lundi.

L'église abbatiale : *tlj 9h30-18h (sauf pdt les offices).* Bâtie au début du XIe s puis reconstruite aux XIIe et XIIIe s, elle conserve de nombreux éléments de cette période, malgré des modifications au XVIe s. Beaucoup d'allure, notamment grâce à ses hautes tours typiquement normandes. À l'intérieur, stalles sculptées (Renaissance), maître-autel doré (du XVIIe s) et fresques murales de l'une des chapelles. Admirer dans le chœur le pavement médiéval en terre cuite émaillée, joyau de l'ornementation au XIIIe s.

Les bâtiments conventuels de l'abbaye : *entrée rue Saint-Benoist (derrière l'église). Mêmes horaires que l'office de tourisme (9h-18h), situé dans les mêmes bâtiments.* La particularité de ces bâtiments est qu'à la suite de la Révolution, ils furent vendus en « pièces détachées » à des particuliers et devinrent des logements privés, d'où une étonnante impression de patchwork. Ils sont aujourd'hui peu à peu rachetés par la municipalité qui les restaurent. À voir : la salle capitulaire du XIIIe s et le joli cloître du XVIIIe s.

Le jardin conservatoire : *rue Saint-Benoist, à l'emplacement des anciens jardins de l'abbaye. ☎ 02-31-20-41-84. Mai-sept, lun-ven 10h-12h30 et 14h-18h (17h sam), fermé dim.. GRATUIT. Visite guidée sur rdv (3 €).* Le chou-fleur, vous connaissez. Mais le chou canne, le chou à moelle, le chou grappu de Normandie ? Autant de légumes oubliés qu'on découvre dans ce potager où ils ont été plantés selon leurs utilisations en cuisine. Plus de 450 variétés de fleurs et de légumes, traditionnellement cultivées en pays d'Auge.

DANS LES ENVIRONS DE SAINT-PIERRE-EN-AUGE

Le musée et le jardin du château de Vendeuvre : *☎ 02-31-40-93-83. • vendeuvre.com • ♿ (musée et cuisines). À 6 km au sud de Saint-Pierre-en-Auge vers Falaise. Fermé nov-mars. Mai-juin, sept et vac de la Toussaint, tlj 14h-18h ; juil-août tlj 12h30-18h30. Entrée : 13,50 € la visite complète ; 4 visites : 11 € ; 3 visites : 10 € ; réduc.*
Élégante demeure du XVIIIe s dans un joli parc de 14 ha avec jardins à la française et jeux d'eau « surprises », qui jaillissent du bec des colombes ou de la gueule des tortues ! Gare à Cléanthe... Une grotte aux coquillages, de splendides topiaires, un pont chinois, un jardin psychologique comme au XVIIIe s où l'on se perdait dans un labyrinthe pour oublier ses soucis. Mieux qu'une séance de thérapie ! Les enfants peuvent même partir à la recherche d'un lapin caché. Sans oublier un ***jardin exotique*** avec plus de 150 plantes tropicales venues d'Afrique du Sud, d'Australie et de Chine (à voir surtout en juillet-août).
Dans le château, salons au mobilier d'époque, qui reconstituent, à l'aide d'automates, la vie d'une famille aristocratique du XVIIIe s. Ne pas manquer le lustre de la salle des pastels avec son poisson rouge. Au sous-sol, une cuisine d'époque.
– Originale collection de niches à chien et ***musée des Meubles miniatures*** (situé dans l'orangerie du château), unique en son genre : plus de 700 chefs-d'œuvre de meubles miniatures du monde entier.
– Une exposition, « À table au XVIIIe s », présente les différentes tables selon le repas ou l'occasion.

Le parc et les jardins du château de Canon : *à* ***Mézidon-Vallée-d'Auge.*** *☎ 02-31-20-65-17. 📱 06-64-65-13-83. • chateaudecanon.com • ♿ À 10 km au nord-ouest de Saint-Pierre-en-Auge. Mai-juin et sept, tlj sauf mar 14h-19h ; juil-août, tlj 10h30-13h, 14h-19h ; avr et oct, w-e et j. fériés 14h-18h. Entrée : 8 € ; réduc ; gratuit moins de 6 ans. En juil-août, visite guidée de l'intérieur du château tlj à 15h et et à 15h en juin et sept (supplément 4 €). Animation famille château « les clés du château » (supplément 4 €) Jolie boutique-salon de thé, point restauration, jeu-enquête à résoudre pour les 7-12 escape game (supplément 4 €). En déc, propose la très sympathique animation pour tte la famille « Noël au* *château ».* Classée Monument historique, cette belle propriété typique du XVIIIe s fut conçue pour un ami de Voltaire, l'avocat Jean-Baptiste-Élie de Beaumont, qui désirait appliquer à la lettre les théories économiques des physiocrates (la terre comme source essentielle de richesse). Habité jusqu'en 2007, il reste et demeure un château de famille. Sur un site de 15 ha, un splendide parc de transition, à la fois à la française et à l'anglaise, avec miroir d'eau, « fabriques » (temples, kiosque chinois), avenues, vergers, ribambelle de statues ainsi que de superbes chartreuses, soit une enfilade de ***jardins clos fleuris*** unique en son genre. L'une d'entre elles abrite un jardin plus contemporain, avec une belle roseraie recréée en 2020. Une étonnante *Cour des abeilles* également, avec dans les murs, les trous qui constituaient autrefois les ruches. Et une quinzaine de platanes d'orient classés arbres remarquables. Enfin, pour ceux qui éprouveraient le besoin de se ressourcer, possibilité aussi de profiter du parcours bien-être (sophrologie ou yoga) en suivant les instructions disséminées çà et là dans le parc.

Ferme pédagogique du domaine de Ouézy : *22, rue Auguste-Lemonnier, 14270* ***Ouézy.*** *• ferme-pedagogique.fr • À côté du château de Canon. Tlj 10h-18h30. Entrée : 6 €.* Sur une ferme de 15 ha (qui, historiquement, était la ferme du château de Canon), un parcours de 2 km permet de découvrir les animaux de la ferme. Sur place également (et inclus dans le prix), un petit parcours aventure dans les arbres et au-dessus de l'eau.

LE CALVADOS

Le manoir de Coupesarte : *à 8 km au nord-est de Saint-Pierre-en-Auge, indiqué à partir de Saint-Julien-le-Faucon. L'intérieur ne se visite pas, mais les propriétaires autorisent les visites extérieures jusqu'à 21h. GRATUIT.* Coupesarte est le plus typique, le plus romantique et sans doute le plus attachant des manoirs du pays d'Auge. Tout le charme de cette admirable demeure, aux colombages sertis de fines briquettes entrecroisées, réside dans ses imperfections : murs de guingois, dessin irrégulier, poutres difformes, etc. Contournez-la par le côté gauche : un sentier longe les douves jusqu'à une petite écluse d'où l'on peut voir le manoir se refléter dans l'eau. Adorables petites tourelles en encorbellement.

CRÈVECŒUR-EN-AUGE

(14340) 9 750 hab. *Carte Calvados, C2*

Village-carrefour, célèbre pour son château. On est ici au cœur du pays d'Auge, à mi-chemin entre Caen et Lisieux, dans une région vallonnée aux petites départementales de rêve.

Où dormir ? Où manger dans le coin ?

Auberge du Cheval Blanc : *44, rue Saint-Pierre. ☎ 02-31-63-03-28. • aubergechevalblanc14@orange.fr • Dans le village. Congés : janv et dernière sem de juin. Tlj sauf lun et dim soir. Double 63 €. Menus 15,50 €, puis 30-42 €.* Un tout petit hôtel dans une maison traditionnelle, avec seulement 5 chambres, simples, à l'insonorisation un peu légère, mais pas désagréables, d'autant que les lits sont confortables. Côté table, une belle surprise, avec une cuisine traditionnelle renouvelée par un chef qui connaît son métier et ses produits. Accueil frais et charmant.

Le Presbytère : *12, route de Mézidon,* ***Saint-Loup-de-Fribois, 14340 Belle-Vie-en-Auge.*** *☎ 02-31-48-80-32. 06-12-73-51-30. • sylvaine.decleves@hotmail.fr • chambresdhoteslepresbytere.com • À env 1 km au sud de Crèvecœur. Doubles 110-130 € (2 nuits min).* Un presbytère qui, sous sa forme actuelle, pourrait presque susciter des vocations ecclésiastiques tellement il est beau ! Ambiance douce et apaisée dans cette élégante demeure bourgeoise avec 4 chambres élégantes, douillettes et spacieuses (surtout les suites, sous les toits). Joli jardin, avec piscine.

À voir dans le coin

Le château de Crèvecœur : ☎ 02-31-63-02-45. • chateaudecrevecoeur.com • ♿ (partiel). *Dernier w-e de mars-fin sept, tlj 11h-18h (19h juil-août) ; oct, dim seulement 14h-18h (et tlj pdt les vac de la Toussaint). Entrée : 8 € (hors animations) ; 7 € sur présentation du guide de l'année (hors animation) ; réduc ; gratuit moins de 7 ans. Audioguide : 2 € à télécharger gratuitement via l'application* izi-travel. *Parcours avec livret pour enfants (gratuit). Consultez le site Internet du château, car de nombreuses et très belles animations sont proposées tout au long de la saison.*
Ce site classé, dont les origines remontent au XIe s, fut patiemment restauré et remis en valeur par la famille Schlumberger pour devenir un lieu culturel actif. Il a conservé son plan d'origine en 2 parties : le château proprement dit (une petite forteresse en pierre, entourée de douves) et les dépendances à pans de bois disposées en cercle, dont chaque bâtiment est consacré à un thème précis.
– Grande *ferme* du XVe s, avec ses grosses poutres et sa monumentale cheminée. Expo sur la vie rurale au moyen âge et sur l'architecture à pans de bois.
– À côté, *colombier* carré du XVe s également, à la curieuse toiture, qui contient 1 500 niches : une par couple ! Cette double toiture (ou essentage) avait 2 buts : protéger le bois et le torchis de l'eau, mais aussi les œufs de pigeons des rongeurs !
– Dans une *grange* du XVIe s, le ***musée Schlumberger*** a ouvert en 2021. Une expérience immersive appelée « Ma vie d'ingénieur » invite les visiteurs à participer à une aventure scientifique et à se mettre dans la peau d'un ingénieur de 1911 à aujourd'hui, dans les pas des frères Schlumberger, qui ont mis au point la première technique de prospection pétrolière.
– Au pied de la motte du château, charmante *chapelle* en pierre du XIIe s. Portail roman et voûte en arc, rappelant la carène d'un bateau. Expo sur la vie religieuse au Moyen Âge.
– Enfin, le *logis seigneurial,* posé sur une motte. Remparts en partie ruinés. Dans le corps principal, du XVe s, exposition sur la reconstitution historique.
– Dans le verger, 27 variétés de pommiers représentatifs du pays d'Auge et, dans la cour, reconstitution d'une bergerie, d'un four de potier, d'un potager, d'un jardin des simples et d'un four à pain.

Le Haras d'Écajeul : *14270* **Le Mesnil-Mauger.** ☎ 02-31-63-47-34. • harasdecajeul.wordpress.com • *À 8 km au sud-ouest de Crèvecœur. Visite sur résa (à partir de 2 pers) : 10 €/pers.* Si les haras sont très nombreux dans le pays d'Auge, rares sont ceux à ouvrir leur porte au public et à proposer des visites guidées. Pour ceux qui voudrait prolonger l'expérience, possibilité aussi de dormir sur place en chambre d'hôtes (1 seule chambre... ou plutôt, un seul hébergement, à la fois simple, un peu bohème, mais chaleureux, réservé à des gens qui se connaissent, avec 2 chambres doubles et 4 lits simples ; double 80 €).

CAMBREMER

(14340) 1 170 hab. *Carte Calvados, C2*

La capitale du cidre et du calvados se présente comme un paisible bourg non dénué de charme et de bonhomie, d'autant qu'en toute saison, elle garde une certaine animation. Église massive à la jolie tour romane.

LE CIDRE, VOUS CONNAISSEZ ?

On fait le cidre en combinant les qualités de plusieurs variétés de pommes que l'on mélange le plus harmonieusement possible. Les fruits, recueillis à parfaite maturité, sont triés, lavés, brassés puis pressés : 100 kg de pommes donnent environ 70 l de jus. La fermentation se déroule en caves fraîches et transforme le sucre en alcool. Si cette fermentation est arrêtée lorsque le jus atteint 3° d'alcool, on obtient du cidre doux. Au contraire, en prolongeant la fermentation, le cidre sera demi-sec ou brut. Il existe ***2 types de cidre*** : le cidre (industriel ou de marque), gazéifié et stabilisé par pasteurisation, qui représente environ 85 % de la production, et le cidre fermier à prise de mousse en bouteille, qui peut revendiquer une AOC et la mention « cidre de Cambremer », à acheter directement au producteur.

Adresse et infos utiles

ℹ ***Bureau d'information touristique :*** *2, pl. de la Mairie.* ☎ *02-31-63-08-87.* ● *authenticnormandy.fr* ● *Face à la poste. Tte l'année, mar-sam 9h-12h30, 14h-18h.*

– ***Marchés :*** *ven mat.* ***Marché à l'ancienne,*** *dim mat à partir de 10h à Pâques, le 1er dim de mai, à la Pentecôte et en juil-août.*

Où dormir dans le coin ?

Chambres d'hôtes

☗ ***Les Marronniers :*** *4235, route d'Englesqueville, à Cambremer.* ☎ *02-31-63-08-28.* 📱 *06-18-99-44-68.* ● *contact@les-marronniers.com* ● *les-marronniers.com* ● *À env 6 km au nord-ouest de Cambremer. Congés : vac de Noël. Doubles 71-121 € ; familiale.* Dans un manoir du XVIIe s, 5 chambres de charme (dont 2 familiales), aménagées dans une ancienne écurie. La « Deauville » dispose d'une terrasse privative, d'une baignoire balnéo et d'un sauna. Depuis la chambre « Honfleur », belle vue sur la vallée de la Dives avec au loin, par temps très découvert, un petit morceau de mer (si, si !). Un endroit bien au calme, au cœur de la campagne normande. Et pour finir de se détendre, possibilité de soins relaxants et énergétiques sur place.

☗ ***La Vignerie :*** *chemin d'Englesqueville, 14340* ***Saint-Laurent-du-Mont.*** ☎ *02-31-48-93-82.* ● *mfhuet@club-internet.fr* ● *lavignerie.free.fr* ● *À 1,5 km au sud de Cambremer. En saison, tlj ; Toussaint-Pâques, seulement w-e. Double 55 € ; familiale.* Dans un très bel environnement, 5 chambres aménagées dans un beau pressoir du XVIIe s. C'est très simple, sans fioriture, mais les chambres sont spacieuses et l'accueil charmant.

De chic à beaucoup plus chic

☗ ***Domaine Le Coq Enchanté :*** *impasse du Lavoir, à Cambremer.* ☎ *02-31-31-90-37.* ● *reservation@le-coq-enchante.com* ● *le-coq-enchante.com* ● *Roulotte 154 € pour 2 pers ; maisonnettes pour 5 pers 275 €/nuit ; maison 15 pers 480-630 € ; séjours de 2 nuits min.* Avec pareil domaine, le coq serait bien culotté de ne pas être enchanté ! On est en plein village, mais avec l'impression d'être en pleine campagne. Sur une ancienne ferme (à laquelle les descendants ont entrepris d'offrir une seconde vie) et dans le verger de pommiers, plusieurs types d'hébergements, tous jouissant de la plus grande tranquillité. La magnifique « Pommeraie » est une grande maison abritant 6 chambres avec salon, salle de billard, cuisine et terrasse dotée d'un spa et d'un étonnant sauna (entre la bulle et le tonneau). Plus modestes, mais non moins ravissantes, 3 maisonnettes avec 2 chambres, un salon, une cheminée, une cuisine et une terrasse.

Et partout, un mobilier choisi, élégant et des matériaux de qualité offrant tout le confort pour un séjour cocooning. D'avril à septembre, possibilité également de louer une bulle pour 2 *(juil-août)*, une roulotte pour 4 *(mars-oct)*. Et pour prendre de la hauteur, une salle de soins dans une cabane perchée et une bulle pour le yoga.

Où manger ?

Au P'tit Normand : *pl. de l'Église, à Cambremer. ☎ 02-31-32-03-20. • huguette.besnard@orange.fr • Tlj sauf dim soir-lun. Congés : du 20 déc à mi-fév. Formule déj en sem 16 € ; menu 28 € ; carte env 35 €.* En plein centre de Cambremer, une jolie petite salle beige proposant une cuisine normande goûteuse et copieuse. Entre autres spécialités, l'entrecôte sauce camembert, préparée par maman, qui œuvre aux fourneaux tandis que sa fille s'occupe de la salle.

Où acheter de bons produits ?

Fromages de chèvre de la ferme de la Mimarnel : *Le Petit Motte, Le Cadran, 14340 Cambremer. ☎ 02-31-63-00-50. • lamimarnel.motte@laposte.net • Sur la D 50. Lun-ven 9h-12h (éventuellement, passer un petit coup de fil avt d'y aller).* De très bons produits.

L'Épicerie : *pl. de l'Église. ☎ 02-31-32-08-99. Tlj sauf lun et dim ap-m 9h-13h, 15h-19h.* Propose une belle sélection saisonnière de produits de Normandie.

À voir. À faire

Les jardins du Pays d'Auge et leur écomusée : *av. des Tilleuls. 06-84-43-59-29 ou 06-08-92-99-07. • lesjardinsdupaysdauge.com • Mai-sept, tlj 10h-18h30 (dernière entrée) ; oct, lun-ven 10h-17h. Entrée : 9 €.* Sur une prairie de 3 ha, les propriétaires, pépiniéristes, ont créé ce bel ensemble labellisé « Jardin remarquable ». Parallèlement, ils « récupèrent » dans la région les bâtisses traditionnelles abandonnées qu'ils rapatrient sur leur terrain et restaurent, reconstituant de fil en aiguille un village d'antan. On peut actuellement voir la boulangerie, le musée des Outils anciens, la forge, la bouillerie, la vieille grange et la ferme des animaux. Chapeau !

Sur place, crêperie et saladerie, au cas où la visite vous aurait creusé l'appétit.

La Route du cidre : voici un circuit fléché très prisé, parmi les plus séduisants de Normandie. On peut se procurer la petite brochure dans les offices de tourisme. Cet itinéraire d'une quarantaine de kilomètres est ponctué de ravissants villages (Beuvron, Cambremer), de petites églises, de châteaux (Victot, La Roque-Baignard) et d'étapes gourmandes. Certaines fermes sont signalées par un panneau « Cru de Cambremer » : on peut y acheter cidre (bien sûr), calvados, pommeau et autres produits du terroir.

Manifestation

– ***Les Rencontres de Cambremer – Festival des AOC et AOP en Normandie :*** *début mai.* Concours de cidres du pays. Visites de caves, randonnées gourmandes, etc. 6 produits augerons AOC-AOP à l'honneur : calvados, cidre, pommeau, camembert, pont-l'évêque et livarot. « 3 pour la pomme, 3 pour le lait, pas mal pour un seul terroir ! »

BEUVRON-EN-AUGE

(14430) 190 hab. *Carte Calvados, C2*

Certainement l'un des plus jolis villages de la région... et c'est pour cette raison qu'il est aussi devenu l'un des plus touristiques ! La place principale avec ses halles et leur curieuse allure est si typique qu'on l'imagine sortie d'un décor de cinéma. Elle est entourée de maisons fort bien restaurées et fleuries avec soin. La plus connue, appelée *Vieux Manoir,* est ornée de poutres sculptées (XVe s). L'ancienne école communale (avenue de la Gare) accueille, quant à elle, un espace de métiers d'art (ouvert toute l'année, mais chaque atelier a ses propres horaires) où sont regroupés des ateliers d'artisans : un ébéniste, une galerie de photographe, un céramiste et un décorateur sur porcelaine que l'on peut voir à l'œuvre.

De Beuvron, les amateurs de randonnée pourront grimper jusqu'à la *chapelle de Clermont-en-Auge* et profiter du superbe panorama sur les vallées alentour.

UN MONUMENT PAS TRÈS HISTORIQUE !

Les halles d'origine de Beuvron, qui dataient du XVIIIe s, furent détruites en 1958 afin de construire un parking sur la place... Un nouveau maire s'émut de ce scandale. Aussi, profitant de la toute nouvelle autoroute qui passait non loin, il récupéra toutes sortes de matériaux anciens, provenant des nombreux bâtiments, maisons, granges, etc., détruits par les bulldozers. C'est ainsi que de nouvelles halles, plus vraies que nature, virent le jour en 1975.

LE CALVADOS

Adresse utile

i ***Bureau d'information touristique de Beuvron-en-Auge :*** *2, pl. Woolsery. ☎ 02-31-39-59-14. Juil-août, tlj 10h-13h, 14h-18h ; mars-juin et sept-oct, mar-sam, mêmes horaires ; nov-janv, ouv seulement pdt vac scol, mar-sam.*

Où dormir ? Où manger ?

Chambres d'hôtes Le Clos Fleuri : *23, pl. M.-Vermugnen. ☎ 02-31-39-00-62. • hamelinmonique@wanadoo.fr • leclosfleuri-14.fr • Double 75 €.* Sur la place du village. Ancienne ferme à pans de bois, superbement restaurée, séparée de la rue par un haut mur de pierre. Jardin intérieur adorable. Accueil d'une grande gentillesse. Les chambres, douillettes comme tout, sont installées dans l'ancien cellier et la bouillerie. L'une des 2 dispose même d'une kitchenette.

Le Pavé d'Auge : *le Bourg. ☎ 02-31-79-26-71. • info@pavedauge.com • Tlj sauf lun (plus mar hors saison). Congés : vac scol d'hiver et fin nov-fin déc. Menus 42,50-74 €.* Une des meilleures tables du département. Le chef a les pieds ancrés dans le terroir normand et, du produit le plus rustique, il fait une merveille de délicatesse. Son « petit » menu, avec sa farandole de mises en bouche et de mignardises, est un véritable enchantement. Atmosphère un peu bourgeoise et compassée. Propose également des chambres d'hôtes.

Où dormir dans les environs ?

Chambres d'hôtes

Les Vignes : *les Vignes, 14430 Hotot-en-Auge.* ☎ *02-31-79-22-89.* *06-16-33-26-42.* • *contact@chambreslesvignes.fr* • *chambreslesvignes.fr* • *À env 5 km à l'ouest de Beuvron. Doubles 68-85 € ; loc gîte 5 pers.* Quel plaisir de passer quelques jours dans cette ferme typique du coin dans un bel environnement boisé et tout vert ! 3 des chambres se trouvent à l'étage de la maison des propriétaires. Sobres, fraîches et coquettes avec, dans les espaces communs, le vieux parquet qui craque. L'une d'entre elles a ses toilettes sur le palier et les autres ont la douche directement dans la chambre. La 4e chambre, tout aussi agréable mais en rez-de-chaussée, fait bande à part. Loue également un petit gîte. Accueil direct et agréable.

Fête et manifestations

– ***Festival de Boogie-woogie :*** *1 soirée au printemps et 1 soirée à l'automne. Au haras de Sens.* • *manoirdesens.com* •

– ***Foire aux géraniums :*** *1er dim de mai.*

– ***Fête du Cidre et Grand Marché :*** *1 journée en oct.* Marché à l'ancienne et démonstration de la fabrication du cidre.

LA CÔTE DE NACRE ET LES PLAGES DU DÉBARQUEMENT

• Carte *p. 320-321*

Entre Ouistreham et Courseulles-sur-Mer s'étend la Côte de Nacre. Cette dernière abrite 9 petites stations balnéaires, plus populaires et moins glamours que celles de la Côte Fleurie, mais aussi moins lisses et plus familiales.

Certaines, comme Lion-sur-Mer ou Saint-Aubin, vous charmeront par leur front de mer coquet, habillé de vieilles et belles villas qui ont plutôt bien résisté lors du Débarquement. D'autres, en revanche, ont sacrément souffert et le front de mer en lui-même ne présente que peu d'attraits.

Surtout, ne vous arrêtez pas à cette 1re impression et partez explorer les villages eux-mêmes, souvent situés plus à l'intérieur des terres. Des petites bourgades telles Hermanville, Colleville, Bernières ou Langrune, par exemple, réservent de très belles surprises à qui prend le temps de les arpenter. On découvre alors de magnifiques corps de ferme ceints de très hauts murs de pierre calcaire caractéristiques de ce coin du Calvados (et du Bessin) ou de charmantes demeures que l'on entraperçoit derrière de belles et imposantes grilles blanches.

LES PLAGES DU DÉBARQUEMENT

Sur des dizaines de kilomètres, des étendues de sable clair dont tout le monde connaît les images, ponctuées de-ci de-là par des falaises de craie. Des plages que l'occupant tenta de noyer dans le béton : ces sites, superbes pour certains, sont désormais associés aux centaines de blockhaus, casemates et autres batteries...

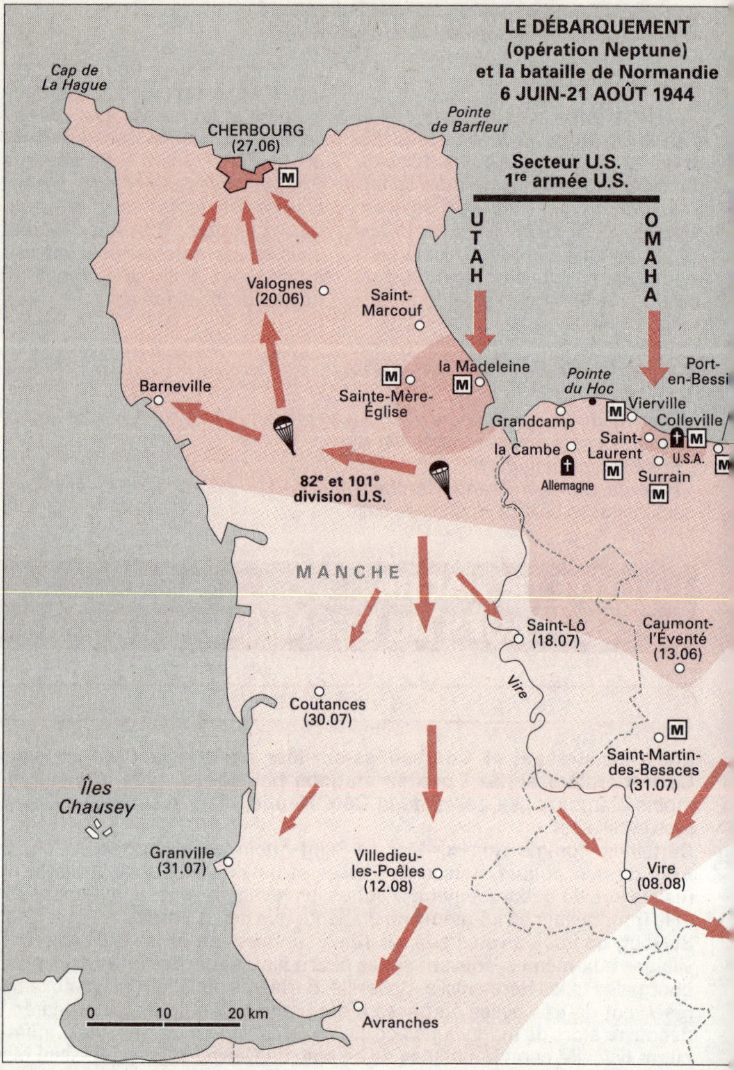

Ici se déroulèrent des combats sans merci pour la libération de l'Europe. Des moments d'héroïsme, comme la fameuse prise de la pointe du Hoc. Des exploits techniques tels que la construction du port artificiel d'Arromanches. Des catastrophes militaires, comme l'hécatombe des soldats américains à Omaha Beach. Près de 75 ans après le Débarquement, ces plages ont conservé leurs cicatrices : cratères de bombes, blocs de béton armé, abris souterrains inexpugnables... Des

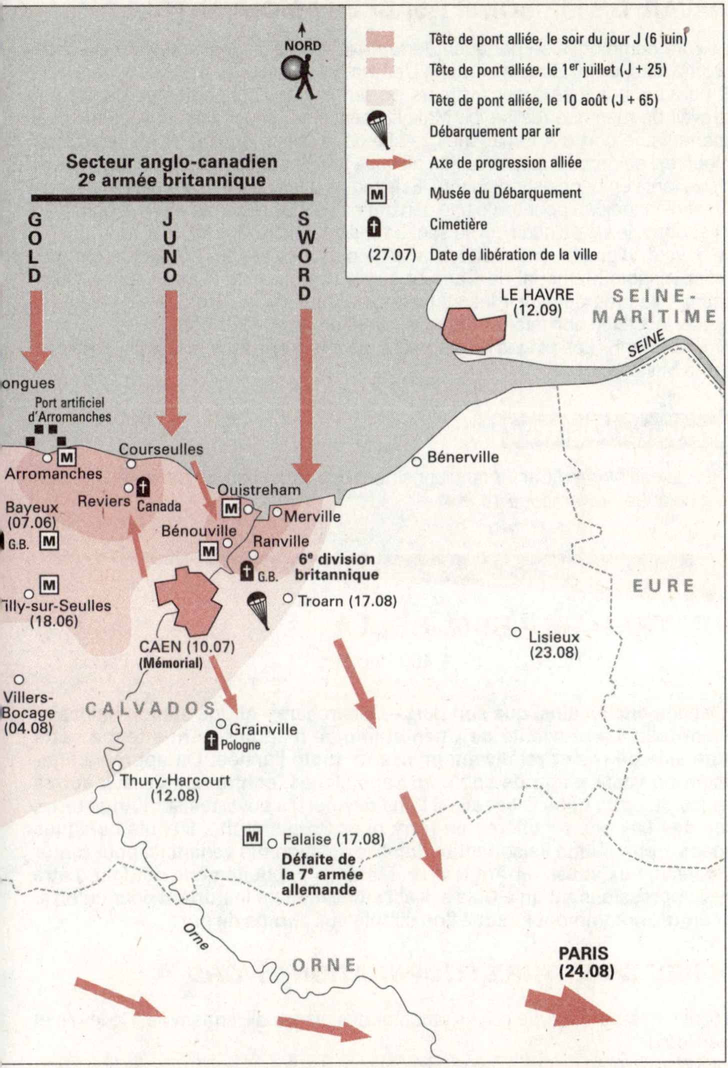

LES PLAGES DU DÉBARQUEMENT

chars alliés, sortis des eaux, ont été transformés en glorieux monuments. Plus parlantes encore – si l'on peut dire, car le silence ici est de rigueur –, les tombes de dizaines de milliers de victimes, des 2 camps. Le sable nettoyé des champs de combat, les bunkers transformés en musées et les villes reconstruites n'ont plus grand-chose à voir avec ces journées terribles de notre histoire. Mais les cimetières nous rappellent l'essentiel.

TRAVAIL DE MÉMOIRE : SABLES ÉMOUVANTS

Plusieurs communes se partagent le territoire des 5 plages aux noms de code (Sword, Juno, Gold, Omaha et Utah). L'ensemble de la visite, soyons francs, pourrait paraître indigeste à des visiteurs se sentant peu concernés au départ par le travail de mémoire réalisé ici. Mais l'essentiel du circuit (les musées les plus importants, le port d'Arromanches, le site de la pointe du Hoc et les principaux cimetières) se déroule sans que l'on ait vu le temps passer, seul, en couple ou en famille, tant l'émotion est poignante. Et le temps qui a passé, justement, n'est nullement un handicap pour toute une génération qui désire comprendre le quotidien de l'époque, la vie de ceux qui se sont battus pour notre liberté.
Mieux vaut, bien sûr, commencer la visite des sites liés au Débarquement par l'indispensable Mémorial de Caen et suivre l'estuaire de l'Orne jusqu'à Ouistreham, avant de découvrir les stations balnéaires de la côte dite « de Nacre ». Ensuite, incursion obligatoire à Bayeux, avant de retrouver la côte.
Voir également « Les plages du Débarquement (suite) » dans le Bessin, ainsi que dans la Manche.

Arriver – Quitter

➢ Le réseau *Nomad Car 14* (anciennement *Bus verts*) permet de se rendre d'un site à un autre. ● *nomadcar14.fr* ●

OUISTREHAM – RIVA-BELLA

(14150) 9 460 hab. *Carte Calvados, C1*

Un village ancien ainsi que son port – Ouistreham – et une station balnéaire – Riva-Bella. La proximité de Caen et la gare maritime permettent à cette petite ville de rester relativement vivante toute l'année. On apprécie également sa vaste plage de sable fin sans algues, contrairement aux autres rivages de cette côte. C'est aussi l'une des portes ouvertes sur l'Angleterre, avec des liaisons régulières en ferry pour Portsmouth... Depuis quelques années, cette même liaison attire nombre de migrants venant ici pour tenter de passer, eux aussi, en Angleterre. Même si le phénomène est loin d'être aussi impressionnant qu'à Calais, il est suffisamment important pour qu'on le remarque, notamment lorsque l'on circule aux abords du port.

UN PEU D'HISTOIRE : L'OPÉRATION *SWORD*

Le 6 juin, l'assaut fut rude pour s'emparer des plages d'Hermanville, Colleville et Riva-Bella !
Ces 3 plages (nom de code *Sword Beach*) sont les plus à l'est de l'opération *Overlord*. Les forces alliées y débarquent à 7h25. L'unité de commandos de lord Lovat compte parmi ses rangs les 177 Bérets verts français du commandant Philippe Kieffer, qui sont courtoisement invités à débarquer les 1ers, histoire de ne pas blesser l'orgueil national. Les hommes bondissent de leurs barges devant Colleville de manière à contourner par la route de l'intérieur les 60 ouvrages bétonnés de Ouistreham, le long du boulevard Aristide-Briand. 1er objectif : attaquer les blockhaus qui ont remplacé le casino. Une fois la ville nettoyée, la troupe réussit à assurer la jonction, à 13h30, avec les paras qui attendent à Pegasus Bridge...
À Colleville même, dans les 1res minutes du débarquement, le 2nd East Yorkshire perd près de 200 hommes. Des chars amphibies sont en flammes dès l'abord de la

plage. Les obstacles en bois, surmontés de mines (selon la méthode des « asperges » mise au point par Rommel), entravent la marche vers Riva-Bella. La marée monte et recouvre bientôt les véhicules, désorganise les plans et compromet, pour 33 jours, la libération de Caen. À Hermanville, la 1st South Lancashire (dernière unité à avoir évacué Dunkerque en juin 1940) débarque au même moment, en proie au mal de mer et trempée jusqu'à l'os par les embruns déferlant dans les chalands. Ses hommes se ruent jusqu'à l'actuelle rue du Havre, appuyés par les chars lance-flammes et les chars-mortiers. Par le 1er chenal neutralisé, ils atteindront Hermanville à 9h30.

Adresses et infos utiles

Bureau d'information touristique : *esplanade Lofi. ☎ 02-31-97-18-63. • caen-lamer-tourisme.fr • À Riva-Bella, juste à côté du casino. Avr-sept, tlj ; hors saison, fermé mar.* Nombreuses activités et loisirs (équitation, minigolf, char à voile, kayak, *paddle*). Organise toute l'année des visites guidées payantes de la ville et du phare en été. Belles « balades découverte nature » (payantes), organisées de mai à mi-septembre.

Bus Twisto : *• twisto.fr •* Ligne nº 12, liaisons régulières avec Caen. Arrêts soit dans le bourg (près de l'église), soit à la gare maritime, au port ou près de la plage. Billets en vente au bureau d'information touristique.

Gare maritime : *rue des Dunes.* On y trouve un bar-brasserie-comptoir, un bureau de change et, bien sûr, un stand *Brittany Ferries*.

Brittany Ferries : *à la gare maritime. ☎ 02-98-24-47-01. • brittany-ferries.fr •* 3 départs/j. dans les 2 sens entre Ouistreham et Portsmouth. Traversée : 5-6h.

Location de vélos : ***Riva Loisirs,*** *77, av. Foch. ☎ 02-31-97-19-04.* Location de vélos de ville, VTT, vélos enfant. *Au **circuit de karting,** bd Maritime. ☎ 02-31-96-65-62. Également au **Bureau d'information touristique,** esplanade Lofi.*

– **Marchés :** *mar et sam dans le bourg, pl. de la Grange-aux-Dîmes ; à Riva-Bella, pl. du Marché : ven tte l'année ; mer et dim juil-août.* ***Marché aux poissons*** *tlj sur le port, dans la halle aux poissons.* ***Marché nocturne*** *mar juil-août, à l'entrée de la plage.*

Où dormir ? Où manger ?

De prix moyens à chic

La Table d'Hôtes : *10, av. du Général-Leclerc. ☎ 02-31-97-18-44. • latabledhotes@orange.fr • Fermé mar soir, mer et dim soir. Menus 22 € (midi en sem), puis 34-52 €.* Derrière une longue baie vitrée, *La Table d'Hôtes* est une salle zen aux teintes claires. La carte est courte et bien équilibrée terre-mer, et le chef, passé dans de belles cuisines, propose quelques associations audacieuses, sans en faire pour autant une religion. Goûteux et raffiné, et une présentation d'une grande délicatesse. Service pro et discret.

Hôtel de la Plage : *39-41, av. Pasteur. ☎ 02-31-96-85-16. • info@hotel-ouistreham.com • hotel-ouistreham.com • À Riva-Bella ; à 100 m de la plage. Congés : 3 sem fin nov-début déc. Doubles 65-89 € ; familiales. Parking gratuit.* Hôtel installé dans une ancienne villa balnéaire du XIXe s à la façade fleurie de géraniums. Un certain charme, donc. Chambres claires, à la déco discrète mais coquette. Aux beaux jours, petit déj servi sur la terrasse.

Où manger dans les environs ?

La Cabane du Vivier : *16, rue Georges-Lelong, 14800* ***Colleville-Montgomery.*** *☎ 02-31-97-13-38. À 3 km à l'ouest de Ouistreham ; sur le* *front de mer. Mer-dim, à partir de 12h et 19h. Carte 20-30 €. Résa conseillée.* En contrebas, la poissonnerie (excellente) et sur la rue, en angle, le joli bar à huîtres tout vitré. La mer a beau se trouver de l'autre côté de la rue, de la piste cyclable et de la dunette, elle vous en met plein les mirettes. Amateur d'huîtres, l'heure est venue de découvrir les différents « crus » qu'offre la Normandie. On vient aussi là pour se régaler d'une assiette de bulots ou de crevettes... ou quelques plats de poissons plus raffinés. Et pour finir sur une note sucrée dans ce monde iodé, la carte propose même quelques belles douceurs. Quant aux plateaux de fruits de mer, vous pouvez aussi les acheter à la poissonnerie.

À voir

Le Grand Bunker – Musée du Mur de l'Atlantique : *av. du 6-Juin. ☎ 02-31-97-28-69. Avr-sept, tlj 9h-19h (dernier accès 1h avt) ; oct-mars, tlj 10h-18h. Fermé janv-début fév. Entrée : 8 € ; réduc ; gratuit moins de 6 ans.* Sur 5 niveaux, dans une impressionnante tour-blockhaus ayant servi de poste de direction de tir aux Allemands. On visite la salle des filtres anti-gaz, le poste de direction des batteries, puis l'infirmerie (nombreux souvenirs sur la vie quotidienne des soldats). Dans la salle radio, expo sur l'assaut des Alliés et la libération de Ouistreham. Au dernier étage, le poste d'observation avec son télémètre géant. On imagine un peu mieux, d'ici, le choc qu'ont dû ressentir les Allemands en voyant foncer sur eux les milliers de navires alliés. Devant le musée, une péniche restaurée pour le film *Il faut sauver le soldat Ryan.*

L'église Saint-Samson : *pl. Lemarignier, dans le bourg.* Belle et vaste, elle fut édifiée par les seigneurs normands aux XIIe et XIIIe s, témoignant de la richesse du bourg à cette époque. Clocher massif, typique des débuts du gothique dans la région. Sa hauteur ainsi que ses contreforts (rares dans les petites villes), qui lui ont valu l'appellation d'église-forteresse, s'expliquent par le fait qu'elle devait à la fois guider (comme un phare) et protéger les marins. Elle témoigne également de la prospérité du bourg dans le trafic maritime au Moyen Âge, grâce à l'exportation de la « pierre de Caen ». Façade remarquable pour ses rangées de piliers imposants, surmontés de chapiteaux, aux voûtes en partie boisées. Originale aussi, la galerie intérieure creusée dans le mur.

À faire

Le chemin de halage (ou **GR 36**) **:** belle promenade le long du canal de l'Orne, du port jusqu'à Caen, à 15 km. Se fait à pied, à rollers ou à vélo. C'est le début de la véloroute ***Vélo Francette,*** qui relie Ouistreham à La Rochelle.

La pointe du Siège : à l'est du port de plaisance, une avancée de bancs de sable bordée par l'estuaire de l'Orne, rendez-vous des eaux marines et fluviales. Le site, riche en oiseaux, est une réserve naturelle. Cette très belle promenade (compter 2h) permet d'apercevoir échassiers (curieuses avocettes au bec effilé), canards (notamment des tadornes colorés), oiseaux migrateurs et mouettes rieuses (oui, comme dans *Gaston Lagaffe* !). Flore également originale, grâce à la haute teneur en sel : arbousiers et salicornes, surnommées ici « cornichons de la mer ». Une tour d'observation offre une très belle vue sur l'estuaire.
– On peut compléter cette visite par les autres sites naturels de l'estuaire de l'Orne, à ***Merville-Franceville-Plage*** et à ***Sallenelles*** *(Maison de la nature et de l'estuaire ; lire plus haut « À voir à Ranville et dans les environs »).*

LE CALVADOS

LION-SUR-MER (14780) 2 420 hab. *Carte Calvados, B1*

L'une des plus anciennes stations balnéaires de Normandie, que fréquentèrent en leur temps Anatole France et Émile Littré pour sa longue plage et son air chargé d'iode. Sa longue digue piétonne est bordée de jolies villas. Et surtout, prolongez le plaisir en arpentant les petites rues derrière celle-ci : vous découvrirez alors les villas côté pile et côté face, le contraste se révèle parfois surprenant.
L'office de tourisme propose une « balade sonore » par audioguide *(La Délicate)* pour découvrir les villas anglo-normandes. Au fil de votre promenade, via une ombrelle géolocalisée, les bandes sonores s'activent automatiquement à l'approche d'un point d'intérêt.

Où manger ?

|●| ***La Taverne :*** *15, pl. Clemenceau. ☎ 02-31-96-27-05. • latavernesp@orange.fr • Hors saison, fermé dim soir-lun et mer soir. Congés : 3 sem en mars et 3 sem en oct. Menus 14 € (en sem), puis 22-37,50 €.* C'est la cantine du village depuis plus de 30 ans. Ambiance conviviale, plats traditionnels et bons produits. Si vous voulez goûter au dessert de la maison, la fameuse île flottante, n'arrivez pas trop tard car elle passe rarement l'étape du 1er service !

LUC-SUR-MER (14530) 3 065 hab. *Carte Calvados, B1*

Bienvenue chez les Lutins ! C'est en effet ainsi que se nomment les habitants de cette agréable station balnéaire réputée pour la pureté de son air iodé. En 1885, la plus grande baleine trouvée en Europe vint s'échouer sur sa belle plage. Son squelette trône désormais dans le parc municipal.
Quant à son front de mer, il a retrouvé un visage plus riant grâce à la création du joli square Gordon Hemming qui rend hommage au 46e Royal Marine Commando (qui libéra Luc le 7 juin) et, surtout, à une sérieuse restructuration de la place du Petit-Enfer.

UN PEU D'HISTOIRE

Le 6 juin 1944, le bourg est resté entre 2 secteurs d'assaut alliés : *Sword* (à l'est) et *Juno* (à l'ouest). C'est dans cette brèche que réussirent à s'infiltrer des chars allemands de la 21e division de panzers, le soir du 6 juin. Mais ils seront obligés de faire demi-tour, faute de renforts ! Dans la soirée du 7, un commando britannique débarqué à Saint-Aubin le matin même libère Luc-sur-Mer après avoir triomphé des résistances de la Wehrmacht, au lieu-dit Petit-Enfer (qui portait bien son nom), recueillant une soixantaine de prisonniers, sans subir la moindre perte.
Par la suite, la station s'organisa en base de détente et de convalescence pour permissionnaires et blessés.

Adresse utile

Office de tourisme : *pl. du Petit-Enfer. ☎ 02-31-97-33-25. • terresdenacre.com • Avr-sept, tlj 10h-12h30, 14h-18h ; oct, fermé mar et jeu ; nov-mars fermé mar, jeu et dim.* Visite guidée en saison de Pascal Lamy, passionné d'histoire et Lutin de longue date. Distribue aussi la fiche *(0,50 € ; possibilité aussi de la décharger sur le site)* d'une rando-patrimoine sympa à faire dans Luc.

Où dormir ? Où manger ?

De prix moyens à chic

Hôtel Beau Rivage : *1, rue du Docteur-Charcot. ☎ 02-31-96-49-51. • beau.rivage@sfr.fr • hotel-beaurivage-lucsurmer.fr • Doubles 69-99 € ; familiales. Menus 25-35 € (en sem)-26,90 €.* Grande bâtisse face à la mer. Chambres classiques, pas désagréables, confortables, certaines avec vue sur l'eau. Au resto, très bonne cuisine de tradition, soignée comme on dit. Excellent accueil et atmosphère toute familiale.

Hôtel des Thermes et du Casino : *5, rue Guynemer. ☎ 02-31-97-32-37. • hotelresto@hotelresto-lesthermes.com • hotelresto-lesthermes.com • Ouv de mi-mars à oct. Doubles 90-150 €, petit déj 12 €.* Extérieurement, la haute bâtisse ne déborde pas de charme, mais la vue sur la mer qu'elle offre depuis un certain nombre de ses chambres à grande baie, si ! Déco plutôt chic et jeune, et bon confort général, même si les prix sont tout de même un peu élevés. En revanche, on apprécie le jardin à l'arrière et sa piscine chauffée (et couverte) ainsi que l'accueil, très avenant et disponible.

Où boire un verre ?

Les Terrasses du mini-golf : *rue du Docteur-Charcot. ☎ 02-31-36-05-52.* Pas la peine de s'adonner au mini-golf pour profiter, autour d'un verre, des jolies terrasses (abritées ou non) de ce café-resto offrant une très belle vue sur la mer.

À voir. À faire

Le parc de l'Hôtel-de-Ville et la Maison de la baleine : *45, rue de la Mer. Tlj 9h-19h (18h oct-mars). Accès libre.* Joli petit parc fleuri et ombragé, avec jeux pour enfants et bancs pour amoureux. On y a également installé quelques oiseaux et animaux (volailles, chèvres et paons en liberté). C'est ici que l'on peut admirer le squelette de la baleine venue s'échouer à Luc en 1885. Petit musée de la Baleine à côté, évoquant l'univers des cétacés : *☎ 02-31-97-32-71. Juil-août, tlj sauf dim mat 10h-12h, 14h-18h ; avr-juin, w-e, j. fériés et tlj pdt vac scol 14h30-17h30. Entrée : env 3 € ; 1,50 € enfant.*

La Thalasso des 3 Mondes : *2, rue Guynemer, sur le front de mer. ☎ 02-31-97-32-22. • thalassodes3mondes.com • Tlj 9h-18h30.* La seule de la région à proposer des bains japonais et un vrai hammam oriental. Des cures dépaysantes, zen, saines, dans un cadre qui vaut le détour à lui seul. Soins à base d'algues de Luc pêchées sur la plage, face à l'institut. Une tradition qui remonte à 1858. Au début, l'établissement n'était constitué que de quelques cabanes en bois reliées à un réservoir d'eau...

DOUVRES-LA-DÉLIVRANDE

(14440) 5 060 hab. *Carte Calvados, B1*

Cette jolie cité dans les terres, à seulement 3 km de Luc-sur-Mer, est un peu la porte d'entrée de la côte de Nacre quand on vient de Caen. Elle est en réalité constituée de 2 « quartiers » encore aujourd'hui bien distincts, mais qui devinrent une seule et même commune au XIXe s : la partie la plus connue (celle que l'on traverse ou contourne quand on se rend à Luc-sur-Mer ou Saint-Aubin depuis Caen) est *La Délivrande,* réputée dans tout le Calvados pour son pèlerinage et sa *basilique Notre-Dame.*
L'autre, celui de Douvres, au milieu duquel trône l'*église Saint-Rémi,* il faut aller le chercher, car il n'y a aucune évidence à le traverser, or il ne manque vraiment pas de cachet. Il recèle quelques belles demeures et une superbe *baronnie* (ancienne résidence de campagne des évêques de Bayeux) qui se ne visite pas mais entourée d'un beau parc où viennent jouer les enfants.

Où dormir ? Où manger ? Où faire ses achats ?

Chambres d'hôtes La Maison de Nacre : *19, route de Caen. ☎ 02-31-77-16-83. 📱 06-27-99-10-39. • lamaisondenacre@gmail.com • Ouv juin-sept. Doubles 80-105 €.* À l'entrée de Douvres, à côté d'un rond-point très passager. Heureusement, tapie à côté de la grande demeure des propriétaires, la maisonnette d'hôtes jouit d'une bonne insonorisation. Pas très grandes, les chambres sont néanmoins bien conçues et accueillantes. Si la *Plume* souffre un peu de n'avoir qu'une petite fenêtre, elle a la chance de donner sur le jardin à l'arrière.

L'Otoktone : *26, pl. Lesage. ☎ 09-62-53-58-77. Lun et mer 12h-14h ; mar, jeu et ven 12h-14h, 18h30-20h30. Env 12 € sur place. Un café offert sur présentation de ce guide.* Au cœur de Douvres, sur une placette, dans une bâtisse contemporaine à la façade métallique très florale, la jeune équipe qui tient les lieux vous propose un « *home made snacking* », autrement dit une restauration rapide maison et de qualité ! Burger, nuggets, frites dorées et croustillantes, 2 ou 3 propositions du jour (soupe, cake ou salade). L'endroit parfait pour une pause sur le pouce, à emporter ou à consommer sur place, soit en terrasse, soit à une des quelques tables du petit local tout pimpant.

Le Bocal Normand : *8, pl. Lesage. ☎ 02-31-77-37-50. Tlj sauf dim-lun.* Petit épicerie de vrac et zéro déchet qui propose un certain nombre de produits locaux et notamment, les cosmétiques *Les Savons de Joya,* une petite entreprise de Douvres qui fabrique, entre autres, d'excellents shampoings solides, déodorants ou savons. Sur cette même place Lesage, la sympathique librairie ***Place 26*** fait aussi salon de thé l'après-midi et certains soirs, proposent des apéros-concerts *(• place26.com •).*

À voir. À faire

Pour partir à la découverte de Douvres-la-Délivrande et son patrimoine, se procurer auprès des offices de tourisme de Luc ou Saint-Aubin, la fiche d'une ***sympathique petite rando*** *(0,50 € ; ou à télécharger sur le site).*

Basilique Notre-Dame : *10, pl. de la Basilique.* Construite pendant la 2de moitié du XIXe s, cette église aux vastes proportions abrite une Vierge noire sculptée en 1580. Nef aux volumes harmonieux et vitraux aux couleurs originales. Bonne

pâtisserie en face (aucun rapport, mais on la signale tout de même) et, à 30 m de la basilique, au 78, rue du Général-de-Gaulle, remarquez l'extraordinaire ***façade Art nouveau de la pharmacie,*** décorée par Guimard (eh oui ! celui du métro parisien). Belle découpe en courbe des fenêtres, grille ouvragée et ardoises peintes, le tout dans un vert éclatant.
Encore plus surprenant, la ***chapelle Notre-Dame-de-Fidélité*** *(40, rue du Bout-Varin ; un peu à l'écart du centre),* aux splendides verrières en pâte de verre immaculée signées René Lalique, tout simplement ! Les sœurs sont très fières de ce cadeau fait par l'artiste à leur communauté, et elles vous ouvriront gentiment les portes de la chapelle (contre rémunération, quand même, et en dehors des messes).

SAINT-AUBIN-SUR-MER

(14750) 2 190 hab. *Carte Calvados, B1*

Ancien village de pêcheurs, autrefois simple quartier de Langrune, qui s'est transformé en station balnéaire familiale au charme indéniable, avec un lacis de venelles qui servaient autrefois à étendre les filets, et une belle promenade bordée de jolies villas, le long de la grande plage. Ici aussi, tout est prévu pour des séjours de détente : hôtels, camping, commerces, casino, tennis...

LE *D-DAY* À SAINT-AUBIN

Englobée sous l'appellation *Juno,* c'est la plus orientale des plages affectées aux unités de la 3e DI canadienne. L'objectif du major-général Keller est d'occuper le soir même du 6 juin une position dominante à Putot-en-Bessin (entre Caen et Bayeux). Le North Shore Regiment débarque à 7h40 pour s'en prendre essentiellement à l'abri bétonné que l'on peut encore voir aujourd'hui à l'extrémité ouest de la plage. Le site sera nettoyé à 11h30, mais les escarmouches se prolongeront jusqu'en fin de journée.

Adresse et info utiles

ℹ ***Office de tourisme :*** *digue Favreau. ☎ 02-31-97-30-41. • terresdenacre.com • ♿ Juil-août, tlj 10h-12h30, 14h-18h ; avr-juin et sept, tlj 10h-12h, 14h-18h ; le reste de l'année, ouv mar, jeu-sam.* Dans un rigolo petit pavillon sur le front de mer. Location de vélos en saison.

– Pour partir à la découverte de Saint-Aubin (mais aussi de Bernières-sur-Mer ou Langrune, dans les environs), l'office de tourisme propose la fiche d'une belle petite balade patrimoniale *(0,50 € ; ou à télécharger sur le site).*

Où dormir ? Où manger ?

De bon marché à prix moyens

🍽 ☕ ⛱ ***Côté Sable :*** *20, rue Pasteur. ☎ 02-31-97-55-59. • provot.nico@gmail.com • Devant la promenade, face à l'office de tourisme. En saison, tlj ; hors saison, fermé lun-mar. Ouv de fév à mi-nov. Formules déj en sem 13,40-14,40 € ; menus 17-18 € ; carte 20-25 €. Apéritif maison offert sur présentation du guide de l'année.* Une coquette petite adresse qui sert crêpes, burgers, moules-frites et salades de bon aloi. Fait salon de thé dans l'après-midi. Le grand plus : la terrasse couverte face à la mer.

Les Gourmands Disent : *95, rue Pasteur. ☎ 02-31-96-49-94. • creperie@lesgourmandsdisent-14.fr • Mai-sept, tlj en continu ; hors saison, ouv mer-dim. Fermé nov-janv. Repas 16-22 €.* Un peu caché à l'angle du grand parking face à la mer, cette discrète crêperie privilégie les produits issus du terroir local, notamment les très bonnes glaces de La Haizerie. Un atout non négligeable : l'ouverture en continu qui permet de caler les faims, petites ou grandes, de salé ou de sucré, à toutes heures.

De prix moyens à chic

Hôtel Saint-Aubin : *26, rue de Verdun. ☎ 02-31-97-30-39. • hotelsaintaubin@wanadoo.fr • hotelsaintaubin.com • Au bout de la digue, face à la plage. Congés : 2 sem en janv. En saison, resto fermé dim soir-lun midi et mar midi. Doubles 50-80 € ; familiales. Menus 23-41 €. Parking dans l'enceinte de l'hôtel.* En quelques années, cet hôtel de bord de mer est devenu l'un des plus confortables de la Côte de Nacre, avec, sur le côté, une terrasse en bois qui casse l'aspect cubique du bâtiment, des chambres fonctionnelles bien pensées, et une équipe en cuisine qui assure joliment. Et privilège pour les chambres du 1er étage côté mer : de belles terrasses.

Le Clos Normand : *89, rue Louis-Pasteur. ☎ 02-31-97-30-47. • clos-normand@wanadoo.fr • closnormandhotel.com • Ouv mars-Toussaint. Doubles 78-118 € ; menus 23,90-31,90 €, carte 20-25 €.* Peu d'hôtels sur la côte bénéficient d'une telle situation : plantée sur la digue piétonne, vraiment face à la mer. Sur la trentaine de chambres, seules 2 lui tournent le dos, mais toutes celles donnant sur le parking n'ont qu'une vue latérale. Chambres pas très grandes mais lumineuses, avec une déco sobre bien de son temps. Au rez-de-chaussée, le bar-resto aux grandes baies, avec terrasse côté mer ou côté cour. Cuisine simple, type snacking ou moules-frites.

À voir. À faire

En saison, des visites et des randonnées commentées sont organisées par des « mémoires vivantes » de la commune, ne les manquez pas. On part ainsi, sourire aux lèvres, à la ***découverte des passages et des venelles*** si typiques de Saint-Aubin, où les pêcheurs faisaient sécher leurs filets. Une curiosité parmi d'autres : les ***poteaux reliés par des cordes sur la plage.*** À l'époque des bains de mer, les médecins préconisaient aux jeunes femmes et jeunes hommes de la bonne société d'aller dans les stations balnéaires pour soigner toutes sortes de maux (asthme, rage, règles douloureuses...). Comme on ne savait pas nager, on faisait appel à des guides baigneurs. De simples pêcheurs du coin qui, pour arrondir leur fin de mois, faisaient « prendre la lame » aux touristes : ils prenaient dans leurs bras le baigneur et le plongeaient précipitamment dans l'eau froide et dans les vagues avant de le ramener sur la plage. Petit à petit, les guides baigneurs ont disparu et ont été remplacés sur la plage par des cordes reliées à ces fameux poteaux que l'on voit à Saint-Aubin. Les cordes permettaient aux baigneurs d'aller dans l'eau par eux-mêmes, sans risque et sans guide-baigneur.

DANS LES ENVIRONS DE SAINT-AUBIN-SUR-MER

Bernières-sur-Mer *(14990) : à 3 km à l'est de Saint-Aubin-sur-Mer.* Un lieu important pour les Canadiens puisque c'est là que fut libérée l'une des 1res maisons par la mer. Une ***application (Remem'Bernières)*** permet d'ailleurs, à travers 2 circuits, de revivre le Débarquement sur place. On la recommande d'autant plus chaudement que si la guerre n'a pas laissé grand-chose du front de mer, l'intérieur du village, lui, se révèle plutôt charmant (et assez étendu). À voir, notamment, son église classée aux Monuments historiques, et plus particulièrement son clocher, le plus haut de la Côte de Nacre. Remarquable retable de pierre du XVIIe s surmonté de grandes statues d'anges polychromes. C'est l'un des plus monumentaux du Calvados. Belle balade aussi reliant Bernières à Courseulles par les marais du Platon.

L'Auberge de la Luzerne : *727, rue du Maréchal-Montgomery, 14990 Bernières-sur-Mer. • contact@auberge-luzerne.fr • auberge-luzerne.fr • Congés : janv. Resto fermé le midi lun-mer. Double hôtel 80 €, chambre d'hôtes (petit déj en sus) 70 € ; petit déj 8,50 €. Menus 16-23 € ; carte 15-30 €.* Une adresse discrète, car bien cachée derrière ses hauts murs ! D'un côté la belle bâtisse en pierre apparente avec le resto et sa dizaine de chambres dans les étages, une partie d'entre elles pouvant accueillir jusqu'à 3-4 personnes avec des couchages en mezzanine. Sinon dans toutes, on a su allier sobriété, confort et charme avec une déco légère et gaie, tout en conservant le caractère des lieux. Et bien que sous les toits, les pièces sont aérées et lumineuses. Quant aux chambres d'hôtes, elles se situent dans la grande maison annexe (dotée d'un superbe escalier à vis). Plus simples, elles restent pimpantes. Sinon, il y a aussi un studio en rez-de-chaussée. Au centre de tout cela, la jolie cour avec sa mare photogénique, son magnifique colombier. Côté table, cuisine type brasserie ou traditionnelle. Là encore, on fait simple, mais bien ! Oups, dans tout ça, on allait oublier : la piscine intérieure chauffée et l'accueil, engagé, attentionné. Bref, une adresse rare dans son genre, d'un excellent qualité-prix en toute saison. Son seul inconvénient éventuel : aux beaux jours, ses attraits en font un lieu très apprécié pour les mariages et autres rassemblements familiaux.

Au Père Tranquille : *rue Victor-Tesnière, cale du Platon, 14990 Bernières-sur-Mer. 06-76-79-84-48. • aupere tranquilleplage@yahoo.fr • Tlj 12h-15h, 19h-23h (fermé mar hors saison). Congés : de janv à mi-fév. Carte 30-40 €. Brunch le dim 35 €.* On vient profiter de la vue et de l'ambiance de ce resto de plage assez unique en son genre, avec sa grande terrasse extérieure dans les tons blancs, son accueil ô combien décontracté, ses tapas et petits plats à partager sans chipoter, comme les crevettes sautées. Un lieu idéal au moins pour prendre un verre et attendre le coucher de soleil, si les prix à la carte vous affolent.

COURSEULLES-SUR-MER

(14470) 4 200 hab. *Carte Calvados, B1*

Dernière étape de la Côte de Nacre avant d'entrer dans le Bessin et ses plages sauvages !
De toutes les stations balnéaires de cette côte, Courseulles n'est certainement pas la plus séduisante et pourtant, c'est la plus vivante et la mieux équipée pour le tourisme. Un dynamisme qu'elle doit principalement à ses ports de pêche et, surtout, de plaisance. Le week-end, ce sont autant les habitants de la région caennaise que les touristes qui viennent s'y promener. On vient faire un tour sur un manège de chevaux de bois qui semble avoir toujours été là, tout comme le marchand de gui-gui, bonbon gluant et collant aux saveurs sucrées. Les gens des environs savent aussi que, toute l'année, tous les jours, ils trouveront un ou plusieurs étals sur le port où assouvir une subite envie de fruits de mer ou de poisson.

LE CALVADOS

JUIN 1944 : UNE PETITE VILLE AU CŒUR DES ÉVÉNEMENTS

Les Courseullais auront du mal à oublier ce mois de juin. Tout y a défilé, du modeste homme de troupe aux grands de ce monde ! Ça commence, bien entendu, le 6 au matin. Le port, protégé par 26 constructions bétonnées surarmées, nécessite 2 attaques. Après d'épuisants combats de rues, les Allemands cèdent vers 10h. Mais les pertes humaines sont lourdes. Une des compagnies ne compte plus qu'un capitaine et une poignée d'hommes. Le port de Courseulles, en attendant que celui d'Arromanches soit prêt, voit défiler quantité d'hommes et de matériel.

« WHO'S WHO »

En quelques jours, les habitants de Courseulles furent épatés. Imaginez un peu : le 12 juin 1944, sidérés, ils voient débarquer Winston Churchill, venu vérifier les 1ers résultats du Débarquement. 2 jours plus tard, c'est au tour du général de Gaulle, qui prononce son 1er discours à Bayeux. Puis, le 16 juin, apothéose, Sa Majesté le roi d'Angleterre, George VI en personne, débarque sur la plage pour féliciter ses hommes. Une folle semaine.

Adresse et info utiles

Office de tourisme : *5, rue du 11-Novembre. ☎ 02-31-37-46-80. • terresdenacre.com • ♿ Avr-oct, tlj 10h-12h30, 14h-18h ; reste de l'année, fermé le dim.* Propose la fiche *(0,50 € ; ou à télécharger gratuitement sur le site)* d'une petite rando pour découvrir le patrimoine de Courseulles ou de Reviers, à quelques kilomètres.

– **Marchés :** *mar et ven, pl. du Marché.* Important, et très bien approvisionné en saison. *En juil-août, également dim mat sur le port.* ***Marché aux poissons*** *le long du port : tlj, tte l'année selon arrivage.* ***Marché nocturne*** *sam juil-août, sur le port.*

Où dormir ? Où manger ?

De bon marché à prix moyens

Les Alizés : *4, quai Ouest. ☎ 02-31-36-14-14. ♿ Sur le port. Résa conseillée. Double 55 €. Formules 12,50-19,50 € ; menus 18,50-26,50 € ; le soir ven-sam, buffet de la mer à volonté avec fromage et dessert env 27 €.* 3 chambres, seulement, à la déco un peu bricolo mais bien tenues et d'un honorable confort. Gentille cuisine d'inspiration régionale principalement axée sur le poisson et les fruits de mer, déclinée au travers de multiples formules à prix tenus. Terrasse sur la rue et face au port. Excellent accueil.

Les Embruns : *6, pl. du 6-Juin. ☎ 02-31-37-46-81. Tlj (sauf lun-mar hors saison). Congés : janv. Menus 13-29 €.* Une gentille petite adresse qu'on remarquerait à peine tant le style du lieu est passe-partout. Mais l'habit ne fait pas le moine : copieuse choucroute de la mer, joli panaché de poissons fumés et des moules à toutes les sauces.

De prix moyens à plus chic

Restaurant Dégustation de L'Île : *route de Ver-sur-Mer. ☎ 02-31-77-35-16. • contact@restaurant-degustationdelile.fr • Fermé lun-mar soir. Menus déj en sem 22,50 € ; assiette ou plateau de fruits de mer 20-34 €.* On peut acheter les fruits de mer à la boutique ou s'attabler dans le restaurant juste à côté. Tout vitré, il offre une jolie vue sur les anciens parcs à huîtres au milieu desquels il se situe. Un univers tout de gris vêtu, réchauffé de touches orangées, pour une cuisine qui, elle, n'est pas grise. On peut la choisir « brute » avec les assiettes ou plateaux de fruits de mer de qualité ou joliment et finement travaillée avec des plats qui, évidemment, mettent les produits de la mer à l'honneur (sans leur laisser le monopole de la carte). Agréable terrasse aux beaux jours.

La Pêcherie : *7, pl. du 6-Juin. ☎ 02-31-37-45-84. • pecherie@wanadoo.fr • la-pecherie.fr • Congés : janv. Doubles 110-180 € ; petit déj 12 € ; loue aussi des petits gîtes 2 pers. Formule déj en sem 16,50 € ; menus 26,50-35 € ; carte 35-40 €.* Petit hôtel (7 chambres) assez chic, avec une déco évoluant autour du thème de la cabine de bateau, et quelques objets en série, comme ces pendules arrêtées dans la salle de resto ou ces anciens postes de radio à l'accueil. Les 6 autres chambres de l'annexe (une villa du XIXe s) sont dans un style plus baroque-design. Ensemble plaisant, même si les chambres ne sont pas bien grandes. Au resto, verrière à l'ancienne et cuisine qui respire l'air du large, mais on a failli boire la tasse en lisant le prix des boissons.

La Crémaillère : *av. de la Combattante. ☎ 02-31-37-46-73. • la-cremaillere.com • Doubles à partir de 70 € côté jardin, 100 € côté mer ; petit déj 12 € (trop cher pour la qualité).* Commençons par une petite mise en garde : la maison a 2 établissements. L'un posé sur la digue face à la mer. L'autre à 100 m de là, « Côté jardin » comme ils disent, dans une annexe au fond d'une impasse et sans vue sur mer. Extérieurement, aucun des 2 établissements ne brille par son charme. Le « Côté jardin » semble même un peu tassé sur son terrain au milieu d'un quartier résidentiel. Pourtant, si les chambres ne sont pas toujours très grandes, elles offrent un réel confort, la plupart d'entre elles ont leur petite terrasse privative et le jardin tout autour se révèle bien agréable. Dans la maison mère côté mer, le confort est lui aussi au rendez-vous, mais la vue sur l'eau se paie cher.

Où dormir dans les environs ?

Chambres d'hôtes Chez les Fras : *6, rue des Moulins, 14470 **Reviers**. ☎ 02-31-37-85-62. 06-81-31-87-48. • fraslaurence@orange.fr • fermefras.com • À 5 km au sud de Courseulles. Double 70 €. Participation à un atelier de fabrication de beurre offerte sur présentation de ce guide.* Au cœur d'un village joliment préservé, un beau corps de ferme où l'on vous accueille avec convivialité et simplicité. 3 chambres, dont une familiale vraiment spacieuse. Si l'une d'entre elles a une toute petite salle de bains, pour les autres, c'est plutôt le contraire ! Sinon belle atmosphère de maison de famille dans un cadre très champêtre. On aime particulièrement la cour avec son jardin verdoyant, arboré, un rien bohème.

À voir. À faire

Le centre Juno Beach : *voie des Français-Libres. ☎ 02-31-37-32-17. • junobeach.org • Avr-juin et sept-oct, tlj 10h-18h ; juil-août, tlj 9h30-19h ; nov-mars, tlj 10h-17h. Avr-juin et sept-oct, visite guidée du parc Juno sur la plage à 11h30 et 15h30 ; juil-août, tlj à 11h30, 12h30, 15h30, 16h30. Fermé en janv et 25 déc. Entrée : 7,50 € (12 € avec la visite guidée du parc Juno) ; réduc ; forfait famille ; gratuit moins de 8 ans ; sur présentation du guide de l'année, entrée adulte à 6 €, 10 € avec la visite guidée du parc Juno, pour les 8-18 ans à 4,50 € (10 € avec parc).* Musée fort bien conçu, en grande partie financé par des fonds privés canadiens (les donateurs ont tous leur petite plaque sur les colonnes devant le bâtiment). L'accueil est lui aussi assuré par des jeunes à l'accent chantant. Ce vaste bâtiment de titane en forme de feuille d'érable fut d'abord construit en souvenir des 45 000 soldats canadiens morts durant la Seconde Guerre mondiale. Dans la partie muséographique, présentation très parlante du Canada au XXe s, son entrée dans la guerre aux côtés des Alliés, sa position, son action et les influences de cette guerre sur la société. Imaginez : l'armée canadienne ne comptait que 8 000 hommes en 1939 ! Suite à la déclaration de guerre, des milliers de jeunes s'engagèrent et, en 1945, 1 million d'hommes et de femmes avaient revêtu l'uniforme de l'armée. Grâce à des modules interactifs et des écrans tactiles, le parcours jeune public *Explore Juno* rend la découverte du musée particulièrement sympa en famille. L'intéressante visite du parc Juno Beach permet, elle, de revivre les événements du débarquement sur la plage et de visiter un blockhaus d'observation allemand. Expos temporaires. Boutique avec pas mal de produits canadiens.

Les anciens parcs à huîtres : *route d'Arromanches, juste après le petit pont à la sortie de la ville vers Graye-sur-Mer (et non le pont tournant sur le port). Visites possibles (inscriptions et rens au ☎ 02-31-37-46-80).* Ces parcs à huîtres, qui couvraient autrefois 10 ha, étaient au XIXe s un vrai parc d'attractions avec balançoires et chevaux de bois. Détruits par les bombardements, ils furent de nouveau exploités à partir de 1955 par Gilles Benoist, mais sur un domaine de 2 ha seulement. Aujourd'hui, si la famille perpétue la tradition et si l'on trouve sur place un espace de vente et un restaurant, les huîtres, elles, sont élevées à Asnelles. Seul l'affinage est désormais réalisé à Courseulles.

LE BESSIN

Le Bessin s'étend à l'ouest de la plaine caennaise et au nord du bocage virois. Moins homogène que le pays d'Auge, le Bessin est un pays à la fois côtier et rural. D'où la diversité des produits qui ont fait sa réputation, dont le beurre et la crème (Isigny), les fruits de mer (Port-en-Bessin), sans oublier le cochon (Bayeux), qui a d'ailleurs bien failli disparaître. Le Bessin a, comme le pays d'Auge, sa propre production de cidre. On y trouve peu de villes, si ce n'est Bayeux, mais une ribambelle de jolis villages dotés de superbes fermes fortifiées, des stations balnéaires, des forêts et, bien sûr, des prés (93 % dans la région d'Isigny !).

BAYEUX

(14400) 13 120 hab. *Carte Calvados, B1*

• Plan *p. 335*

Voici une ville gâtée. D'abord, c'est l'une des très rares dans ce coin de Normandie à ne pas avoir souffert des destructions de la Seconde Guerre mondiale. La vieille ville est donc restée intacte, on se croirait presque au XVIIIe s ! Par ailleurs, la capitale du Bessin attire beaucoup de touristes, ne serait-ce que pour sa fameuse tapisserie et sa fastueuse cathédrale. Mais ne vous contentez pas de ces 2 trésors : le centre-ville abrite un nombre considérable de vieilles maisons médiévales et de superbes hôtels particuliers, ainsi que le passionnant musée d'Art et d'Histoire Baron-Gérard, et celui consacré à la bataille de Normandie. Et, cerise sur le gâteau, l'Aure, qui la traverse nonchalamment (et dont les rives sont aménagées en promenade), lui donne un petit cachet supplémentaire.

UN PEU D'HISTOIRE

« Ici Londres... » Non, l'appel du 18-Juin n'a pas été lancé de Bayeux ! Mais la capitale du Bessin reste associée dans l'histoire à l'un des plus fameux discours du général de Gaulle et... à l'Angleterre.

La ville fut d'abord gauloise : ici se réunissaient les *Bajocasses,* dont les natifs de Bayeux ont gardé le nom. Au Xe s, c'est au tour des Vikings de s'y intéresser.

Mais l'Angleterre dans tout ça ? Bayeux est la ville de l'évêque Odon, demi-frère de William (pardon, Guillaume) qui, comme on le sait, conquit la perfide Albion en 1066. Aux mains des Anglais pendant la guerre de Cent Ans, la ville ne redevient française qu'en 1450. Elle se remet à prospérer jusqu'au XVIIIe s, époque où le classicisme y triomphe : la noblesse se fait construire de somptueux hôtels particuliers en pierre. L'Angleterre renoue avec l'histoire de la ville le 7 juin 1944, lorsque les troupes britanniques y entrent pour la libérer.

Mais ***de Gaulle*** dans tout ça ? Débarqué... d'Angleterre, le 14 juin, le chef de la France combattante fait à Bayeux l'honneur de son 1er discours sur le sol reconquis, au milieu d'une foule en liesse dont on imagine l'émotion. Cette ville symbole lui sert à nouveau de théâtre en ***juin 1946*** : il y prononce un discours devenu célèbre, dans lequel il énonce pour la 1re fois les ***fondements de la Ve République,*** qui ne verra le jour que 12 ans plus tard ! Mais pour les Bajocasses, cet événement manifeste aussi ce jour-là l'attachement du général de Gaulle à leur ville...

LE 1er PÉRIPHÉRIQUE FRANÇAIS

En juin 1944, les milliers de véhicules alliés ne pouvant passer dans la cité médiévale aux rues étroites, le génie britannique construisit en 3 semaines le bypass (le « bipass » dans la bouche des habitants de Bayeux), une route contournant la ville... soit le 1er périphérique français, une route toujours utilisée aujourd'hui.

Adresses et infos utiles

Office de tourisme *(plan B2) : pont Saint-Jean.* ☎ *02-31-51-28-28.* • *bayeux-bessin-tourisme.com* • *Juil-août, lun-sam 9h-19h, dim et j. fériés 9h-13h, 14h-18h ; avr-juin et sept-oct, lun-sam 9h30-12h30, 14h-18h (dim et j. fériés 10h-13h, 14h-18h ; nov-mars, fermeture à 17h30).* Programme détaillé des visites guidées et des animations estivales.

■ ***Location de voitures : Hertz,*** *station Total, route de Cherbourg.* ☎ *02-31-92-03-26.*

Location de vélos : Vélos Location, *impasse de l'Islet, face à l'office de tourisme.* ☎ *02-31-92-89-16. Loc à la journée à partir de 10 €.* ***Loc Vélo,*** *multiples points de distribution.* 📱 *06-46-34-37-21. Loc à la journée à partir de 13 €.*

– ***Marchés :*** *pl. Saint-Patrice sam mat, et* ***petit marché*** *rue Saint-Jean mer mat.*

Où dormir ?

Camping

Camping des Bords de l'Aure *(plan B1,* ***10****) : bd d'Eindhoven.* ☎ *02-31-92-08-43.* • *campingmunicipal@mairie-bayeux.fr* • *camping-bayeux.fr* • *Ouv avr-début nov. Emplacement pour 2 : 22,20-24,20 € ; loc mobile homes. 140 empl. Réduc de 10 % sur présentation de ce guide.* Un camping de qualité, tout simple, bien ombragé et propre. Dommage que la route passe aussi près. Centre aquatique attenant.

Chambres d'hôtes

Logis de Saint-Jean *(plan B2,* ***11****) : 77, rue Saint-Jean.* 📱 *06-60-31-32-29.*

LE CALVADOS

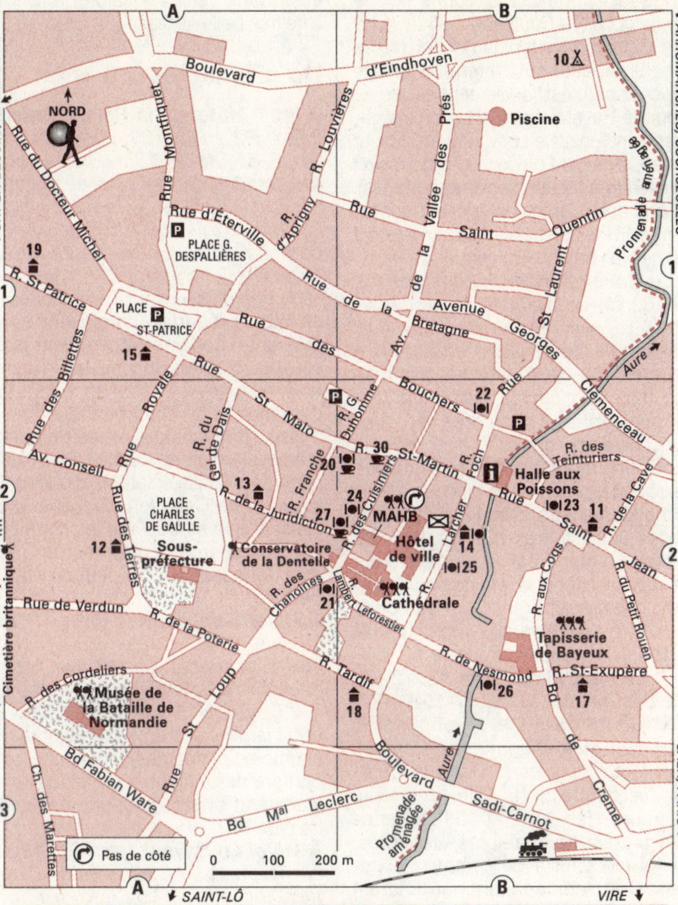

BAYEUX

Où dormir ?

- **10** Camping des Bords de l'Aure (B1)
- **11** Logis de Saint-Jean (B2)
- **12** Le Petit Matin (A2)
- **13** Le Manoir Sainte-Victoire (A2)
- **14** Hôtel de la Reine Mathilde (B2)
- **15** Hôtel d'Argouges (A1)
- **17** La Colline (B2)
- **18** Hôtel Le Bayeux (B2)
- **19** Hôtel Saint-Patrice (A1)

Où manger ?

- **20** Café Inn' (B2)
- **21** L'Assiette Normande (A2)
- **22** L'Angle Saint-Laurent (B2)
- **23** L'Alchimie (B2)
- **24** Le Pommier (B2)
- **25** Au Ptit Bistrot (B2)
- **26** Le Moulin de la Galette (B2)
- **27** Chez Paulette (A-B2)

Salons de thé

- **20** Café Inn' (B2)
- **27** Chez Paulette (A-B2)
- **30** La Reine Mathilde (B2)

• *logisdesaintjean@gmail.com* • *logisdesaintjean.com* • *Doubles 70-95 € ; familiale.* Cette maison typique tout en pierre, avec une petite cour intérieure et une dépendance, est idéalement située au cœur de Bayeux. Les 4 chambres rénovées dans un style cosy au goût du jour ont aussi réussi à préserver le charme de l'ancien (poutres et pierres apparentes). La chambre duplex est idéale pour les familles. Une adresse agréable, vraiment calme bien qu'en plein centre.

Le Manoir Sainte-Victoire (*plan A2*, **13**) **:** *32, rue de la Juridiction.* ☎ *02-31-22-74-69.* • *contact@manoirsaintevictoire.com* • *manoirsaintevictoire.com* • *Doubles 125-135 €.* Intégrée à la maison des propriétaires, l'ancienne tour de guet abrite 3 chambres réparties sur 3 niveaux, chacune avec double exposition et arrangée avec beaucoup de soin. La plus grande dispose même d'une kitchenette avec frigo et micro-ondes (les 2 autres aussi, mais plus petite). Le grand calme en plein cœur de la ville historique, et une cour-jardin avec palmier et figuier, qui semblent bien s'y plaire ! Accueil sympathique et sans chichis. Une belle escale.

Le Petit Matin (*plan A2*, **12**) **:** *9, rue des Terres.* ☎ *02-31-10-09-27.* *06-08-28-65-59.* • *lepetitmatin@hotmail.fr* • *lepetitmatin.fr* • *Doubles 85-140 € ; familiales.* Dans le quartier historique de la ville, très belle demeure des XVIIe et XVIIIe s abritant 5 grandes chambres élégantes, contemporaines et délicatement décorées. Certaines donnent sur le jardin avec terrasse pour les hôtes. Accueil souriant et soigné.

La Colline (*plan B2*, **17**) **:** *14, rue Saint-Exupère.* ☎ *02-31-22-55-78.* *07-86-18-80-26.* • *contactlacolline@gmail.com* • *bayeux-la-colline.fr* • *Doubles 110-140 €.* Passé le portail, on est immédiatement séduit par le jardin central à l'allure zen, la demeure fin XIXe s et, de l'autre côté, l'annexe chic bardée de bois qui abrite les 4 chambres. Toutes différentes (2 en duplex, 2 avec kitchenette et terrasse), spacieuses et très confortables, elles affichent une déco contemporaine et raffinée, aux tons sobres et chaleureux. Le petit déjeuner est à la hauteur et servi dans l'élégant salon de la villa. Une très belle adresse !

De prix moyens à chic

Hôtel de la Reine Mathilde (*plan B2*, **14**) **:** *23, rue Larcher.* ☎ *02-31-92-08-13.* • *info@hotelreinemathilde.fr* • *hotel-bayeux-reinemathilde.fr* • *Fermé 24 (soir)-25 déc. Doubles 65-185 € ; familiales ; petit déj 12 €. Formules et menus 14,50 € (midi en sem)-27 € ; carte env 30 €.* Pas d'ascenseur. 3 catégories de chambres réparties dans 3 bâtiments différents, certaines légèrement mansardées, d'autres donnant sur la cathédrale ou côté Aure. Jolie déco dans l'air du temps et un coup de cœur pour la Maison de Mathilde, maison d'origine médiévale bien au calme, dont l'aménagement laisse éclater la blondeur de la pierre de Caen (en revanche, c'est aussi là que se trouvent les chambres les plus chères). Également un resto avec terrasse, où l'on peut prendre le petit déj.

Hôtel Saint-Patrice (*plan A1*, **19**) **:** *30, rue Saint-Patrice.* ☎ *09-51-30-26-06.* • *contact@hotelbayeux-saintpatrice.fr* • *hotelbayeux-saintpatrice.fr* • *Doubles 70-90 € ; familiales.* Un hôtel familial et bien tenu qui offre des chambres pimpantes, fonctionnelles et confortables. Ajoutez un accueil chaleureux et dynamique ; que demander de plus ?

Hôtel Le Bayeux (*plan B2*, **18**) **:** *9, rue Tardif.* ☎ *02-31-92-70-08.* • *reception@hotellebayeux.com* • *hotellebayeux.com* • *Doubles 50-140 € ; familiales. Parking payant.* Un hôtel accueillant, très bien tenu, avec notamment de grandes chambres, pratiques pour un petit groupe d'amis (lits superposés) ou pour les familles. Quelle que soit leur taille, toutes se révèlent pimpantes et confortables. Accueil particulièrement serviable.

Plus chic

Hôtel d'Argouges (*plan A1*, **15**) **:** *21, rue Saint-Patrice.* ☎ *02-31-92-88-86.* • *hotel.dargouges@gmail.com* • *hotel-dargouges.com* • *Congés : déc-début fév Doubles 85-169 € ;*

familiales et 2 apparts 4 pers. Petit déj 15 €. Parking gratuit. Un ancien hôtel particulier du XVIIIe s, en plein centre mais au calme, au fond d'une grande cour pavée. Boiseries, cheminées anciennes : les chambres sont franchement réussies. Une partie des chambres dites « standard » se trouvent dans les 2 annexes. Et, pour une fois, il ne s'agit pas de bâtiments anodins mais d'une vieille et belle bâtisse dévorée par le lierre pour l'un et une maison de caractère pour l'autre. Salle à manger somptueuse mais, quand il fait beau, prendre le petit déj dans le jardin fait partie de ces petits bonheurs qu'on ne se refuse pas. Une adresse chic, quelque peu guindée.

Où manger ?

Voir aussi plus loin nos adresses de la rubrique « Où dormir ? Où manger ? Où s'offrir d'excellentes glaces dans les environs ? », vraiment toute proches du centre-ville de Bayeux.

Bon marché

|●| ☕ ⛱ *Chez Paulette* *(plan A-B2, **27**) : 44, rue des Cuisiniers. ☎ 09-80-32-03-94. • chezpaulette@outlook.fr • Fermé dim, plus lun hors saison. Congés : 2 sem en nov. Compter 15-20 €.* Une adresse d'angle tout en baies vitrées, presque en face de la cathédrale. Le décor vintage acidulé et chargé détonne au milieu des maisons moyenâgeuses environnantes. Mobilier dépareillé, objets – et matériaux ! – du quotidien d'un autre temps que les moins de 20 ans ne peuvent pas connaître... « Les Paulettes » ont créé une atmosphère conviviale et proposent une restauration sur le pouce (feuilletés, bagels, salades, tartes, clafoutis...), version salon de thé l'après-midi. Bon et très sympa !

|●| ☕ *Café Inn'* *(plan B2, **20**) : 67, rue Saint-Martin. ☎ 02-31-21-11-37. • eric.evelyne.julliard@wanadoo.fr • Tlj sauf dim et lun 10h-18h. Formule 10,50 € ; carte 12-15 €.* Petits plats chauds, omelettes, salades, sandwichs ou délicieux gâteaux, tout est fait maison. Cette boutique vendant thés et cafés sert aussi les petits déj le matin et devient salon de thé au déjeuner et l'après-midi. L'endroit est reposant, parfait pour une petite pause.

|●| ⛱ *Le Moulin de la Galette* *(plan B2, **26**) : 38, rue Nesmond. ☎ 02-31-22-47-75. • moulindelagalette@hotmail.fr • Fermé mer, plus mar oct-mars. Résa conseillée. Repas 20-25 €.* Les galettes sont originales, de qualité (produits locaux, vins bio), et, cerise sur le gâteau, l'endroit bénéficie d'une très charmante terrasse, en surplomb de l'Aure. La petite salle avec baies vitrées est bien agréable aussi. Tout cela mérite un arrêt, non ?

De prix moyens à chic

|●| *Au Ptit Bistrot* *(plan B2, **25**) : 31, rue Larcher. ☎ 02-31-92-30-08. • auptitbistrot-bayeux@outlook.fr • Fermé dim-lun. Congés : 15 j. à Noël. Résa conseillée. Menus 18-20 € le midi, 32-35 € le soir.* En contrebas de la cathédrale, un p'tit bistrot qui a tout d'un grand, tenu par un jeune couple qui privilégie la qualité de l'assiette au nombre de couverts. Contemporaine, sobre et élégante, la déco s'harmonise naturellement avec la cuisine, moderne, fraîche et créative. Des saveurs méditerranéennes ou plus lointaines accompagnent les produits terre et mer, sélectionnés et présentés avec soin. Carte courte mais efficace, belles propositions de vins et un rapport qualité-prix convaincant pour un succès bien mérité ! Accueil charmant.

|●| ⛱ *L'Alchimie* *(plan B2, **23**) : 49, rue Saint-Jean. ☎ 02-14-08-03-97. • lalchimie.bayeux@gmail.com • Fermé jeu et dim. Congés : fév et nov. Formules déj en sem 16,90-21 € ; carte et menus 31-41 €.* L'ardoise égrène des plats bien tournés et bien dans leur époque : les classiques sont volontiers revisités et relevés d'une petite touche d'exotisme. La formule du midi change toutes les semaines, les menus tous les 3 mois, histoire de ne pas lasser les nombreux habitués qui se donnent rendez-vous ici autour d'une cuisine pleine de saveurs, à base de bons produits.

L'Angle Saint-Laurent (plan B2, **22**) : *4, rue des Bouchers. ☎ 02-31-92-03-01. • langlesaintlaurent@gmail.com • Fermé sam midi et dim-lun. Congés : 15 j. en fév et 15 j. en nov. Formule déj en sem 19 €, menus 34-46 €.* Jolie cuisine d'époque qui accompagne de saveurs nouvelles les produits du terroir comme le cochon de Bayeux, le veau normand, sans oublier les huîtres ni le poisson. De belles trouvailles dans la carte des vins, un accueil et un service qui savent trouver le juste équilibre entre élégance et décontraction, et une salle entre hier et aujourd'hui où l'on se sent tout simplement bien.

Le Pommier (plan B2, **24**) : *40, rue des Cuisiniers. ☎ 02-31-21-52-10. • pommier14@orange.fr • Tlj. Menus déj 20 €, autres menus 28-38 € ; carte 45 €.* Des produits normands soigneusement sélectionnés et bien cuisinés. À la belle saison, pour les déguster, vous aurez le choix entre la terrasse sur le trottoir au pied de la cathédrale, celle dans la courette intérieure, ou encore les 2 salles à la déco harmonieuse et intemporelle.

L'Assiette Normande (plan A2, **21**) : *3, rue des Chanoines. ☎ 02-31-22-04-61. Fermé dim-lun hors saison. Congés : janv et 15 j. en nov. Formule déj en sem 11 € ; menus 17,90-26,90 €.* Au pied de la cathédrale, une auberge traditionnelle qui offre une cuisine de terroir sans prétention ni complications. À signaler tout de même, le menu mettant à l'honneur le cochon de Bayeux, et un rapport qualité-prix indéniable.

Salons de thé

La Reine Mathilde (plan B2, **30**) : *47, rue Saint-Martin. ☎ 02-31-92-00-59. Tlj sauf lun 9h-19h30 (13h dim nov-mars).* Pour une pause sucrée dans un cadre chic et coquet où plafond peint, lustres et petites tables blanches caressent votre œil, tandis que tartes, gâteaux et confiseries font soupirer de contentement le palais et l'estomac des becs sucrés.

Chez Paulette (plan A-B2, **27**) : *voir « Où manger ? ».*

Café Inn' (plan B2, **20**) : *voir « Où manger ? ».*

Où dormir ? Où manger ? Où s'offrir d'excellentes glaces dans les environs ?

Côté Campagne : *le Lieu-Aubin, 14400* ***Vaux-sur-Aure.*** *06-17-39-13-56. • cote.campagne@wanadoo.fr • campagneennormandie.com • À 5 km de Bayeux par la D 6 direction Port-en-Bessin. Double 70 € ; familiale.* Autour de la cour-jardin fleurie d'une ferme, 5 chambres au charme simple et confortables (lit en 160) ; on aime particulièrement celle avec baies vitrées et balconnet. Petit déj servi sous une agréable véranda, le nez dans la verdure. Cuisine et salon (un peu tristounets) à disposition. Accueil attentionné.

Les Chaufourniers : *la Calverie, 14400* ***Crouay.*** *☎ 02-31-21-31-65. 06-13-75-21-90. • info@leschaufourniers.com • leschaufourniers.com • À env 9 km de Bayeux. Congés : de janv à fin mars. Double 90-98 € ; familiale. Table d'hôtes sur résa 30 €. Une bouteille de cidre offerte sur présentation du guide de l'année.* Dans un hameau en pleine campagne, un ancien corps de ferme du XIXe s à la maison principale recouverte de vigne vierge. Celle-ci abrite 3 belles chambres et 1 superbe suite familiale, tout en longueur, sous les toits. Confort douillet, ambiance paisible, couleurs sereines et, par petites touches, les souvenirs de voyage des propriétaires. Loue également 2 beaux gîtes, dans le même ton.

Le Quarante-Neuf : *49, route de Courseulles, 14400* ***Saint-Vigor-le-Grand.*** *06-08-16-70-06. • auberge.le49@gmail.com • auberge-le49.fr •*

Fermé dim-lun. Congés : de fin déc à mi-janv. Formules et menus déj en sem 16-20 € ; le soir, menus 34-39 €. Doubles 90-110 € ; familiales. Dans un ancien corps de ferme, la salle aux murs de pierre est assez dépouillée mais les couleurs éclatent dans les assiettes. Ici, monsieur s'occupe du service tandis que madame assure aux fourneaux, après une reconversion réussie. Légumes d'hier et d'aujourd'hui délicieusement croquants, poissons et viandes aux cuissons parfaites, la cuisine est délicate et élaborée à base de produits locaux de qualité, travaillés à la commande. Terrasse. Sur place aussi, des chambres, suffisamment grandes pour accueillir jusqu'à 4 personnes, ainsi que jacuzzi extérieur et sauna.

Les Glaces de la Ferme de la Haizerie : *la Fosse, 14400* ***Vaux-sur-Aure.*** *☎ 02-31-92-46-44. À env 5 km de Bayeux. Avr-sept, mer-dim 14h-18h30 ; oct-mars, mer-sam 14h-17h30.* Le concept est simple : les glaces, sans conservateur, sont préparées à base de fruits frais dans la mesure du possible, avec du lait et de la crème de l'exploitation. Le résultat ? Délicieux !

À voir. À faire

LE CALVADOS

– Si vous prévoyez de visiter plusieurs musées, sachez qu'il existe un billet combiné pour la tapisserie, le MAHB et le musée-mémorial de la Bataille de Normandie : *compter 12 € pour la visite de 2 musées et 15 € pour les 3 ; réduc.* • bayeuxmuseum.com •

La tapisserie de Bayeux *(plan B2) : centre Guillaume-le-Conquérant, 13 bis, rue de Nesmond. ☎ 02-31-51-25-50. Mars-oct, tlj 9h-18h30 (19h mai-sept) ; le reste de l'année, tlj 9h30-12h30, 14h-18h. Fermeture de la billetterie 45 mn avt. Fermé en janv. Entrée : 11 € ; réduc ; gratuit moins de 10 ans. Excellent audioguide inclus dans le billet, dont un spécialement destiné aux enfants ; durée : 25 mn.*

LEÇON DE COUTURE

Un rectificatif s'impose. Communément appelé « tapisserie », le chef-d'œuvre de Bayeux n'en est pourtant pas une, car il n'est pas tissé. C'est plus exactement une broderie réalisée sur une toile de lin. Nous ferons cependant comme tout le monde et l'appellerons « tapisserie » !

Incroyable bande dessinée brodée, longue de 70 m, inscrite au registre de la Mémoire du monde établi par l'Unesco.

La ville de Bayeux est, depuis longtemps, associée à la fameuse ***tapisserie de la reine Mathilde.*** Contrairement à ce que l'on pense souvent, on ne la doit pas, selon les historiens, à la reine Mathilde (épouse de Guillaume le Conquérant), mais à l'évêque Odon, qui la commanda en 1066 à des ateliers anglais pour décorer sa cathédrale ! ***Longue de 70 m*** (sur 50 cm de hauteur) et brodée avec du fil de laine sur un bandeau de lin, cette incroyable fresque relate la ***conquête de l'Angleterre*** par le fameux Guillaume. Elle fut exécutée après son accession au trône et inaugurée en 1077 (un 14 juillet !) en même temps que la cathédrale de Bayeux.

Reprenons les faits tels qu'ils sont racontés par la *Telle du Conquest* (autre nom donné à la tapisserie) : le vieux roi d'Angleterre, ***Édouard le Confesseur,*** doit choisir un ***successeur.*** Ayant du sang normand, il songe à ***Guillaume, bâtard de Normandie.*** Il envoie donc un émissaire le chercher. Un certain Harold, chouchou de la Cour, est choisi pour cette périlleuse mission. Mais son bateau est dévié de sa course et échoue sur les côtes picardes. Un seigneur local le capture et exige une rançon. Guillaume, apprenant que l'envoyé du roi Édouard est aux mains de son voisin, parvient à le faire libérer. Il emmène ensuite Harold au Mont-Saint-Michel (Normandie), puis en Bretagne pour guerroyer (l'un des plaisirs de l'époque) : les Normands prennent Dinan et Rennes. En hommage au courage de Harold sur les champs de bataille, Guillaume le fait chevalier.

Pour le remercier, ***Harold jure de l'aider à obtenir la couronne d'Angleterre.*** Il rentre alors faire son rapport au vieux roi Édouard, qui meurt peu après. Mais ensuite, renversement de situation : la Cour propose à Harold de devenir lui-même roi ! Le félon accepte. Cependant, après son couronnement, le ciel envoie un signe de mauvais augure : la comète de Halley (on voit le passage de l'étoile sur la tapisserie) !
Guillaume, trahi, ne va pas se laisser faire : il fait construire 450 vaisseaux de guerre et, à la mi-juillet 1066, quelque 7 000 hommes et 700 navires quittent l'estuaire de la Dives (Dives-sur-Mer aujourd'hui) pour Saint-Valéry-sur-Somme, d'où ***l'armée de Guillaume au complet va traverser la Manche***. Le camp est établi à Hastings, puis les combats ont lieu. Les cavaliers normands ont vite le dessus sur les fantassins anglais. Harold, le traître, meurt après avoir reçu une flèche dans l'œil... Ainsi s'achève la conquête.
Si vous souhaitez avoir un autre regard sur Guillaume le Conquérant et en apprendre davantage sur ses jeunes années, regardez le film *Guillaume, la jeunesse du Conquérant,* de Fabien Drugeon *(plus d'infos sur • william-the-conqueror.weebly.com •).*
La salle, plongée dans la pénombre, met parfaitement en valeur la grande broderie, protégée par une vitre blindée et éclairée de l'intérieur. En suivant cette bande lumineuse, on croirait presque assister à un dessin animé. Les coloris (intacts), le relief donné aux dessins par les « points », le mouvement de certaines scènes (de combat notamment), entretiennent l'illusion. La naïveté des traits et la déformation des proportions expliquent la comparaison, souvent faite, avec la bande dessinée. On trouve même des textes tout au long de la broderie, que les forts en latin pourront décrypter sans trop de mal ! Mais il s'agit avant tout d'un chef-d'œuvre pictural. La force et l'originalité de l'ensemble sont évidentes, ainsi que la qualité des matériaux (qui ont résisté plus de 900 ans) et l'impressionnant travail fourni, digne de Pénélope... Les détails dans les costumes, la robe des chevaux, sans oublier le fabuleux bestiaire imaginaire et l'incroyable comète de Halley, sont absolument époustouflants ; surtout si l'on songe que seuls 3 colorants végétaux ont donné quelque 10 teintes de fil !
La tapisserie fut pourtant plusieurs fois rapiécée au cours des siècles. Il aurait même été prévu de s'en servir comme d'une vulgaire bâche pendant la Révolution... En tout cas, l'œuvre semble inachevée : il manque apparemment une partie à la fin, celle censée représenter le couronnement du duc Guillaume, devenu roi d'Angleterre. Sachez que la visite se fait au rythme de ***l'audioguide,*** que l'on ne peut pas stopper...
Les salles situées aux étages donnent les clés de ce fabuleux récit, en le restituant dans son contexte historique (lire la rubrique « La plus grande B.D. du monde » dans l'intro à la ville). Des maquettes, des outils, des costumes, une maquette de navire d'inspiration viking (échelle 1) et des infos sur la vie quotidienne de l'époque plongent le visiteur dans l'Angleterre au temps de Guillaume. Également une borne tactile permettant de zoomer sur des scènes numérisées de la tapisserie. On peut compléter la visite en allant voir l'excellent film pédagogique de 15 mn consacré à l'histoire relatée par la tapisserie (projection toutes les 40 mn).

La cathédrale *(plan B2) : entrée rue du Bienvenu. Tlj, juil-sept 9h-19h ; oct-déc 9h-18h ; janv-mars 9h-17h ; avr-juin 8h30-18h, sauf pdt les offices. Visites guidées en juil-août et vac scol (5 €, réduc, gratuit moins de 10 ans ; rens auprès de l'office de tourisme).*
– Rendez-vous à la cathédrale : de mi-juil à août, mar, jeu et sam ; GRATUIT. Mise en lumière et projections d'images monumentales sur la cathédrale et l'arbre de la Liberté. Très réussi.
Cette cathédrale, l'une des plus belles de France, fut élevée au XIe s. On en doit l'essentiel à Odon, évêque de Bayeux et accessoirement demi-frère de Guillaume le Conquérant. Très belle façade principale avec ses 5 portails décorés de sculptures. On est saisi dès l'entrée par les vastes proportions de la nef (102 m de

long, tout de même). Remarquables sculptures aux murs, caractéristiques de l'art roman mais remplies de réminiscences anglo-saxonnes, scandinaves et même orientales. Dans la nef, bel exemple de juxtaposition architecturale avec des arcades romanes en plein cintre et, au-dessus, des fenêtres hautes ouvertes par des arcs brisés. Outre les frises, on remarque des motifs décorant les chapiteaux : personnages grimaçants, animaux fantastiques, trèfles à 4 feuilles, etc. C'est sous les grandes arcades que l'évêque Odon avait décidé d'installer la tapisserie. Elle y était accrochée une fois par an (et cela pendant 4 siècles). Chœur d'une grande luminosité, sur 3 niveaux, d'époque gothique. Au plafond, peintures du XIIIe s. Dans les chapelles du déambulatoire, fresques restaurées des XIIIe et XVe s. Riche mobilier un peu partout. Dans la nef, jolie chaire sculptée (XVIIIe s) ; dans le chœur, une cinquantaine de stalles Renaissance et un maître-autel très travaillé du XVIIIe s. Dans l'une des chapelles (côté gauche) subsistent des vitraux du XIIIe s.
– *La crypte :* sous le chœur. Les 3 petites nefs sont séparées par des colonnes peintes aux chapiteaux sculptés (art roman là aussi). Fresque du XVe s au plafond. À l'occasion des visites guidées proposées par l'office de tourisme, vous pourrez accéder à la salle du Trésor et à la salle du Chapitre.

***Le MAHB** (musée d'Art et d'Histoire Baron-Gérard ; plan B2) : 37, rue du Bienvenu, attenant à la cathédrale. ☎ 02-31-51-25-50. Mai-sept, tlj 9h30-18h30 ; le reste de l'année, tlj 10h-12h30, 14h-18h. Fermeture de la billetterie 45 mn avt. Fermé en janv. Entrée : 7,50 € ; réduc ; gratuit moins de 10 ans.*
Un bien beau musée. Depuis l'entrée par la plus ancienne chapelle du palais épiscopal (XIIIe s), la visite chronologique fait voyager le visiteur dans différentes périodes de l'art européen, de la préhistoire au XXe s, et dans différentes ambiances. Au rez-de-chaussée, décors peints de plusieurs pièces d'une villa gallo-romaine de Bayeux au IIe s. L'escalier d'honneur avec ses grilles en fer forgé mène à l'étage où la dentelle fait son défilé ! Ensuite tribunal, chapelle épiscopale et verrière présentent les peintures et estampes du XVe au XXe s, dont le superbe *Portraits à la campagne* de Caillebotte, et les pièces de porcelaine de Bayeux, mises en valeur par un jeu de vitrine et de lumière. D'ailleurs, si vous êtes séduit par cette porcelaine, allez découvrir comment Aline Gineste *(AG Création, 7, rue des Cuisiniers ; ☎ 02-31-21-98-00)* s'inspire de ces motifs aujourd'hui. De nombreuses bornes tactiles présentent virtuellement environ 20 000 œuvres numérisées.

***Le musée-mémorial de la Bataille de Normandie** (plan A2) : bd Fabian-Ware. ☎ 02-31-51-25-50. Mai-sept, tlj 9h30-18h30 ; le reste de l'année, tlj 10h-12h30, 14h-18h. Dernière visite 45 mn avt la fermeture. Fermé en janv. Entrée : 7,50 € ; réduc ; gratuit moins de 10 ans.*
Ce vaste bâtiment moderne présente un panorama complet et passionnant des opérations militaires de 1944. La scénographie met l'accent sur la tactique, la logistique, la stratégie et le déroulement de cette grande bataille de Normandie, le tout à grand renfort de couleurs et de cartes. On y trouve également des archives, des photos, des témoignages. Un vibrant hommage est aussi rendu au général de Gaulle, chef de la France combattante, « visionnaire rebelle » qui lui-même rendit de nombreux hommages à la ville. On apprend qu'il revint en France libérée à bord du destroyer *La Combattante.* Puis qu'il prononça à Bayeux (sur la place qui porte aujourd'hui son nom) un discours qui enflamma les esprits : « Nous allons tous ensemble, bouleversés et fraternels, [...] remonter du fond des abîmes... » Il revint dans la ville en 1945 pour accueillir les déportés, mais c'est son passage du 14 juin 1944 qui aura le plus de portée historique.
Le choix de Bayeux pour ce musée était évident : 1re ville (continentale) libérée, elle fut choisie par le général de Gaulle comme « capitale territoriale du gouvernement provisoire de la République ». C'est également ici (juste en face du musée) que reposent le plus grand nombre de combattants de la couronne britannique morts en Normandie.

Le cimetière britannique *(hors plan par A2)* **:** *de l'autre côté de la route, quasiment face au musée de la Bataille de Normandie.* Sous de sobres stèles blanches reposent près de 4 700 soldats du Commonwealth morts pour libérer la France. Un monument entretient la mémoire de quelque 2 000 disparus.

ET TOC !

Décidément, ces Anglais ne manquent pas d'humour, y compris dans les endroits où on l'attendrait le moins. Sur le monument juste en face du cimetière britannique, on peut ainsi lire l'inscription suivante (en latin) : Nos a Gulielmo victi victoris patriam liberavimus, *soit « Nous, vaincus par Guillaume, avons libéré la patrie du vainqueur »... Ou comment mettre en boîte « l'ennemi » héréditaire avec la plus grande élégance !*

Le mémorial des Reporters *(hors plan par A2)* **:** *à côté du cimetière britannique.* Ce lieu, entièrement dédié aux reporters et à la liberté de la presse, en collaboration avec « Reporters sans frontières », est le seul de ce genre en Europe. Le site est constitué d'une promenade paysagère ponctuée de pierres blanches sur lesquelles seront gravés les noms de plus de 2 000 journalistes tués sur la planète dans l'exercice de leur fonction depuis 1944. La ville de Bayeux organise d'ailleurs chaque année une rencontre des correspondants de guerre (voir « Fêtes et manifestations »).

LE CALVADOS

Le conservatoire de la Dentelle de Bayeux *(plan A2)* **:** *maison Adam et Ève, 6, rue du Bienvenu. ☎ 02-31-92-73-80. • dentellesbayeux.com • Tlj sauf jeu et dim 9h30-12h30, 14h-18h (17h lun). Démonstration du travail. GRATUIT.* Tout sur la célèbre dentelle de Bayeux, presque aussi connue que la tapisserie. Un art qui remonte à la 2de moitié du XVIIe s, apparu chez les sœurs de la Providence. Dans les années 1950, Bayeux assiste à la disparition des dernières dentellières... Seule subsista, jusque dans les années 1970, l'école de dentelle. Aujourd'hui, dans cet atelier de travail, on peut y observer les dentellières professionnelles ou élèves, et les passionnés peuvent à nouveau s'initier à la fabrication de la dentelle traditionnelle pour apprendre à faire de somptueux napperons ou motifs décoratifs !

La vieille ville

➢ Des maisons médiévales à pans de bois au classicisme des hôtels particuliers du XVIIIe s, il y en a pour tous les amateurs d'architecture ! Sachez que l'office de tourisme propose un plan-circuit, jalonné de bornes explicatives pour découvrir ce précieux patrimoine qui mérite vraiment le coup d'œil.

➢ ***Flâner sur les rives de l'Aure*** qui traverse la ville, grâce à une jolie balade pédestre, aménagée et pavée. Compter 15-20 mn de marche depuis l'office de tourisme jusqu'au boulevard d'Eindhoven. Cette balade le long de l'Aure interrompue en plein centre-ville, reprend sur un tronçon aménagé vers le sud cette fois, à partir du rond-point à l'intersection des boulevards Sadi-Carnot et du Maréchal-Leclerc (à 2 mn à pied de la cathédrale). Cheminement et passerelles en bois, quelques animaux dans les champs... une immersion dans un espace sensible aux portes de la ville très réussie.

Fêtes et manifestations à Bayeux et dans les environs

– ***D-Day Festival Normandy :*** *autour du 6 juin.* Un programme complet de manifestations festives à Bayeux et sur l'ensemble des plages du Débarquement célèbre la libération de la ville.

– ***Fêtes médiévales :*** *1er w-e de juil.* Animations et Salon du livre médiéval. Ambiance vraiment festive et conviviale.
– ***Rendez-vous à la cathédrale :*** *de mi-juil à fin août, les mar, jeu et sam.* Fabuleux son et lumière, avec projection à 360°.
– ***Soirs d'été à l'abbaye de Juaye Mondaye :*** *chaque mer de mi-juil à mi-août.* D'originales soirées qui associent musiques anciennes et folklore normand dans un bien bel environnement.
– ***Prix Bayeux-Calvados des correspondants de guerre :*** *2e sem d'oct.*
– ***Cathédrale de Guillaume :*** *déc-début janv.* Retour virtuel de la Tapisserie dans la cathédrale, projetée sur les murs.

CREULLY

(14480) 1 760 hab. *Carte Calvados, B1*

Ce vieux bourg situé dans un beau coin de verdure, à environ 12 km à l'est de Bayeux, est surtout connu pour son château. À l'abri de l'agitation du bord de mer ou des villes, il constitue une bonne base pour explorer les plages du Débarquement, Bayeux et sa campagne, ou même Caen.

Où dormir ? Où manger ?

Camping

Camping Les 3 Rivières : *route de Tierceville. ☎ 02-31-80-90-17. • contact@camping-les-3-rivieres.com • camping-les-3-rivieres.com • Ouv de mi-mars à mi-nov. Emplacement 2 pers env 16,50 € ; loc mobile homes 4-6 pers.* Un sympathique endroit en pleine campagne, joliment arboré, modeste mais bien tenu. Tennis, pétanque, billard... Le château est à 800 m.

De prix moyens à plus chic

Hostellerie Saint-Martin : *6, pl. Paillaud. ☎ 02-31-80-10-11. • hostellerie.st.martin@wanadoo.fr • hostelleriesaintmartin.com • Congés : 3 sem fin déc-début janv. Double 67 € ; familiale. Formules et menus 13 € (midi), 16,50-19,50 € (sauf sam soir et dim midi), puis 25,50-38 € ; carte 20 €.* Une auberge traditionnelle accueillante. Construite au XVIe s, la maison servit d'abord de halle. 12 chambres simples, plutôt conventionnelles mais bien tenues. Dans la superbe salle à manger (voûte en pierre du pays, cheminée, vieux dallage...), de délicieuses spécialités proposées à la carte : feuilleté d'andouille, escalope de foie gras au pommeau...

À voir

Le château : *en plein centre. ☎ 02-31-80-10-61. Juin-août, lun 14h-17h30, mar-jeu 9h30-12h, 14h-17h30, ven 9h30-12h30. Visites guidées de 45 mn. Entrée : 6 € ; réduc ; gratuit moins de 12 ans. Tte l'année, accès libre au parc (jusqu'à 19h).*
Fief de Hamon le Dentu, l'un des puissants chefs normands qui, à la mort du duc Robert le Magnifique au début du XIe s, se liguèrent contre celui qu'il avait désigné comme héritier : son fils Guillaume dit « le Bâtard », futur Guillaume le Conquérant, alors enfant. Cela n'empêcha point Robert Fitz Haimon, fils de Hamon le Dentu, de se rallier à la cause de Guillaume et de l'accompagner à la bataille d'Hastings.

La construction, à mi-chemin entre le manoir et la forteresse, est des plus originale. À l'arrière, terrasse donnant sur la campagne environnante. Différents styles marquent l'architecture générale, des remparts du XIIIe s (longés par des fossés) à la tour du XVIe s, en passant par une tour du XVe s et un donjon du XIVe s. À l'intérieur, belle salle aux voûtes romanes. Le château compta, parmi ses propriétaires, un certain Colbert... Après le Débarquement, les correspondants de guerre de la *BBC* s'y installèrent pour transmettre les nouvelles du Front. Leur studio y a été reconstitué et un petit musée de la radio rappelle également cette aventure.

DANS LES ENVIRONS DE CREULLY

H$_2$O Parapluies : *7, route de Creully, 14480* ***Crépon.*** *☎ 02-31-92-89-61. • h2oparapluies.fr • Tte l'année. Visite libre lun-sam 10h30-18h.* Fabrication artisanale de parapluies. Label EPV (Entreprise du Patrimoine Vivant). Apprécier les 2 créations maison : le *Passvent* et la *Canapluie* !

Le château de Fontaine-Henry : *3, pl. du Château, 14610* ***Fontaine-Henry.*** *☎ 02-31-26-93-67. • chateaudefontainehenry.com • De mi-juin à mi-sept, mer-lun 14h-18h30 ; d'avr à mi-juin et 2de quinzaine de sept, w-e et j. fériés 14h30-18h30. Visite guidée : 8,50 € (intérieur uniquement ; env 45 mn) ; 6,50 € (4 pers max) sur présentation du guide de l'année ; réduc ; gratuit moins de 7 ans ; visite du parc et des dépendances : 5,50 €. Également des animations de mi-juil à août et parfois pdt les vac scol.* Ce château Renaissance a fière allure. Ses toits sont considérés comme les plus hauts et les plus pentus de France. Remarquez cette curieuse tourelle au chapeau pointu incroyablement effilé. Agencement vraiment original. Les sculptures de la façade principale sont également remarquables. À l'intérieur, tableaux et mobilier ancien. Dans le parc, intéressante chapelle du XIIIe s, jeux anciens, labyrinthe et salles basses gothiques.

Les jardins du château de Brécy : *☎ 02-31-80-11-48. À env 4 km au sud-ouest de Creully. Visite Pâques-Toussaint mar, jeu, dim et j. fériés 14h30-18h30. Entrée : 9 € ; gratuit moins de 12 ans.* Sans doute la plus belle propriété de la région, grâce à ses jardins en terrasses (créés vers 1660), décorés de sculptures. Le site enchanta, entre autres, La Varende et Jacques de Lacretelle. Le château, de la fin du XVIIe s (ne se visite pas), rappelle le style de Mansart. Portail sculpté exceptionnel.

LES PLAGES DU DÉBARQUEMENT (SUITE)

• Carte *p. 320-321*

VER-SUR-MER (14114) 1 620 hab. *Carte Calvados, B1*

Ver-sur-Mer, avec les hameaux de la Rivière et du Hamel, constitue, à l'aube du 6 juin 1944, l'entité stratégique du secteur Gold Beach. L'opération est confiée aux unités de la 50e division d'infanterie britannique. Objectif : prendre la crête de Saint-Léger, entre Caen et Bayeux. La Rivière, sévèrement bombardée, est complètement détruite lorsque débarquent les fusiliers.

Il faut faire appel à l'artillerie navale pour pilonner les ouvrages camouflés. Après plusieurs heures, le site sera nettoyé au prix de nombreuses victimes. Les soldats débarqués à Ver rencontrent moins d'obstacles : ils s'emparent tout de suite des canons de la Mare-Fontaine, les artilleurs allemands ayant quitté leur poste pour se rendre, traumatisés par des heures de bombardements. Au Hamel, le 1st Hampshire ne s'empare du site qu'à 16h, après s'être heurté à des retranchements protégés et diverses fortifications. L'église d'Asnelles servira d'hôpital ce jour-là.
Si, aujourd'hui, la plage de Ver ne présente rien d'exceptionnel, le petit village, en retrait dans les terres, a en revanche beaucoup de charme.

Adresse utile

***Office de tourisme :** 2, pl. Amiral-Byrd. ☎ 02-31-22-58-58. • versurmer.fr • Juin-août, tlj 10h-13h et 14h-18h ; mars-mai et sept-oct, fermé dim.*

Où dormir ?

Chambres d'hôtes

***Le Mas Normand :** 8, impasse de la Rivière. ☎ 02-31-21-97-75. 06-95-58-30-81. • lemasnormand@wanadoo.fr • lemasnormand.com • Doubles 75-130 €. Possibilité de restauration le soir.* Au fond d'une impasse, dans un secteur assez résidentiel et bordé par un ru, 4 chambres de 2 à 4 personnes. La maison principale en pierre abrite la plus grande, mansardée, à l'étage, et la plus petite, cosy, en rez-de-chaussée. Dans l'annexe se trouve la plus contemporaine. Et la plus originale, la roulotte, style cottage avec terrasse, est posée dans le grand jardin. Belle véranda à partager pour le petit déj. Le charme de la campagne à 400 m de la mer.

À voir

***Le musée America Gold Beach :** 2, pl. Amiral-Byrd. ☎ 02-31-22-58-58. • goldbeachmusee.fr • Dans les mêmes locaux que l'office de tourisme. Ouv de mi-mars à oct, 10h30-13h, 14h-18h ; tlj juin-août ; fermé lun en mai, sept et oct ; fermé dim-lun mars-avr, ouv dim pdt vac scol, 11h-13h, 14h-17h. Entrée : 4,50 € ; réduc.*
Un petit musée intéressant surtout pour son espace consacré aux traversées aériennes transatlantiques. Il rappelle aussi toute la fabuleuse histoire de l'Aéropostale à travers quelques figures célèbres (Daurat et Saint-Exupéry).
L'espace « Gold Beach » évoque, bien sûr, les moyens mis en œuvre par l'*Intelligence Service* britannique pour préparer le Débarquement et rend hommage aux soldats anglais qui débarquèrent à Ver-sur-Mer pour libérer la 1re ville continentale française (Bayeux). Diorama sur un soldat anglais débarquant et un autre sur la prise de la batterie allemande du Mont Fleury. Modèles de chars amphibies et de chars lance-flammes.

TIMBRÉS, CES AVIATEURS !

Le 29 juin 1927 (peu après le 1er record de Lindbergh), 4 aviateurs décollèrent de New York pour tenter d'assurer la 1re liaison aéropostale entre les États-Unis et la France. À bord d'un Fokker, ils réussirent à traverser l'Atlantique mais, en panne d'essence, perdus dans le brouillard, ils achevèrent leur aventure par un amerrissage forcé au large de Ver-sur-Mer. On récupéra tout de même, outre les hommes, le tout 1er sac postal qui traversa l'Atlantique... bien qu'un peu mouillé.

ARROMANCHES

(14117) 490 hab. *Carte Calvados, B1*

Cette toute petite station de la côte normande n'est pas une plage du Débarquement à proprement parler, comme on l'imagine souvent à tort. Elle fut libérée... par voie terrestre le soir du 6 juin, mais la garnison allemande sur place continua de résister quelque temps.
Arromanches est devenue l'un des hauts lieux de l'espace historique de la bataille de Normandie grâce à l'inimaginable port flottant qui y fut installé, considéré comme la plus grande prouesse technique de la guerre, et au débarquement qui s'ensuivit. On découvre ce qu'il en reste depuis la route côtière, avant d'entrer dans le bourg.

L'INCROYABLE HISTOIRE DU PORT ARTIFICIEL

« Qui tient les ports tient l'Europe », disaient les Allemands. Le Havre, Brest, Cherbourg étant entre leurs mains, un quelconque débarquement en France ne pouvait être longtemps tenable faute d'approvisionnement... Malins comme tout, Churchill et lord Mountbatten avaient trouvé la parade : ***on ne peut pas prendre les ports, trop bien gardés, alors autant en apporter un !*** Le *Mulberry B*, vaste port flottant préfabriqué, est construit en Angleterre en 1943, dans le plus grand secret. Le projet est à la mesure de l'enjeu : 146 caissons géants en béton armé (appelés Phoenix), pesant chacun environ 7 000 t, serviront de brise-lames sur 8 km de long ; 22 plateformes métalliques supportées par des béquilles accrochées au fond de la mer feront office de quais de déchargement ; d'immenses routes sur flotteurs (dont une de 1 200 m), reliées aux plages par éléments télescopiques, permettront de faire circuler le matériel et les troupes. En même temps, 60 navires seront volontairement sabordés au large d'Arromanches, pour former un abri contre la houle. Le 9 juin, les éléments arrivent, tirés par 200 remorqueurs...
Si le port d'Arromanches est une merveille de technologie, son rôle réel pendant la guerre est en revanche à nuancer. Celui joué par les ports de Courseulles ou de Port-en-Bessin, par exemple, fut en effet plus important, tout comme celui d'Omaha Beach. Ce dernier, également temporaire et beaucoup moins sophistiqué mais plus efficace que celui d'Arromanches, assura 30 % du trafic allié contre 17 % pour Arromanches.

LA JEEP, VÉHICULE À TOUT FAIRE

*Sortie en 1941, la GP (*General Purpose, *« à tout faire », prononcez « jeep ») fut fabriquée par Bantam, petit constructeur inconnu qui remporta le marché. Comme il ne pouvait suivre la cadence de production, elle fut fabriquée en parallèle par Ford. Son écart de roues réduit lui permettait de circuler sur les rails, une fois les pneus démontés. Chaque véhicule avait un format cubique pour être transportable dans une caisse.*

Adresse et infos utiles

Office de tourisme : *2, rue du Maréchal-Joffre. ☎ 02-31-22-36-45. • bayeux-bessin-tourisme.com • Juil-août, lun-sam 9h30-19h, dim et j. fériés 9h30-13h, 14h-18h30 ; mars-juin et sept-oct, tlj 10h-13h, 14h-18h (17h en mars) ; nov-fév, sam-dim et tlj pdt vac scol.*

– ***Le stationnement à Arromanches :*** en haute saison, le stationnement et la circulation dans le centre, aux rues étroites, peuvent être pénibles. Des vacances de printemps au 11 novembre, un parking payant *(env 3 €/j.)* sur les hauteurs du village, juste à côté du cinéma circulaire *Arromanches 360*, permet d'éviter d'entrer dans le centre en voiture.

Où dormir ? Où manger ? Où boire un verre ?

De prix moyens à beaucoup plus chic

Hôtel Le Mulberry – Restaurant Les P'tites Assiettes : *6, rue Maurice-Lithare. ☎ 02-31-22-36-05. • lemulberry.fr • Resto ouv le soir seulement, fermé dim. Congés : janv. Doubles 57-99 € ; familiales. Formules 21-29 €.* Petit établissement proposant un bouquet de chambres bien tenues et fonctionnelles. Certaines donnent sur la rue mais restent calmes. Les autres, à l'arrière et entièrement rénovées, se trouvent au pied de l'église. La vue sur les cloches a beaucoup de charme, bien qu'elles s'agitent dès 7h ! Petit déj servi dans la jolie salle du resto, qui propose une cuisine simple, de qualité et copieuse.

Hôtel-restaurant La Marine : *quai du Canada. ☎ 02-31-22-34-19. • hotel.de.la.marine@wanadoo.fr • hotel-de-la-marine.fr • Ouv mars-oct. Doubles 116-145 € ; familiales ; petit déj 12 €. Menus 30-38 € ; carte 45 €.* Grosse maison blanche à l'ambiance un brin huppée, posée sur la digue, face à la mer. Un tiers des jolies (mais petites pour certaines) chambres donnent de ce côté-là, comme les tables installées près des grandes baies vitrées d'où l'on voit la plage jalonnée par les pontons du port artificiel. La terrasse jouit aussi de la vue, l'une des plus belles de toute la région ! Dans l'assiette, des produits de qualité bien travaillés. Sympa aussi pour prendre un verre. Propose également une maison d'hôtes au cœur du village, avec 4 chambres luxueuses.

D-Day Aviators : *9, rue Louis-Hudebert. ☎ 09-81-20-59-55. 📱 06-78-80-50-78. • ddayaviators@gmail.com • ddayaviators.com • Congés : de nov à mi-déc. Doubles 90-135 €, petit déj 15 €.* Les proprios partagent leur maison et leur passion pour l'aviation. La déco s'inspire largement de ce thème et de nombreux objets collectionnés au fil du temps (photos d'archives, pièces aéronautiques...) se mêlent aux meubles anciens. Les 4 chambres, impeccablement tenues, disposent d'une kitchenette. Le tout dans le quartier piétonnier, à moins d'une encablure de la mer. Accueil enjoué. À 200 m, un 2e établissement sur la même thématique a été ouvert.

Où dormir ? Où manger dans les environs ?

Chambres d'hôtes Le Pressoir d'Asnelles : *chez Catherine et Patrick Reverdi, 1, rue de l'Église, 14960* ***Asnelles.*** *☎ 09-50-32-70-46. 📱 06-82-81-91-22. • revve14@gmail.com • ♿ À 4 km d'Arromanches. Double 110 €.* En plein village, mais avec la mer qui danse tout au bout de la rue. Dans cette belle ferme en U typique de ce coin de Normandie, on ne presse plus les pommes, pas plus qu'on n'élève des bêtes, mais on cultive un réel art de vivre : les 3 chambres, installées dans l'ancienne étable, mêlent avec bonheur l'ancien et le contemporain, tant au niveau des matériaux que du mobilier. Et pour se rafraîchir : une jolie petite piscine extérieure, elle aussi ceinte de murs.

La Cale : *28, rue de Southampton, 14960* ***Asnelles.*** *☎ 02-31-21-48-78. • lacale3@gmail.com • Tlj sauf lun. Congés : janv-fév. Formule déj en sem 14 €, menus 35 € ; carte env 40 €. Un café offert sur présentation de ce guide.* « Cuisine d'hier et d'aujourd'hui », annonce la carte. Effectivement. Moderne et décontractée, voici une vraie réussite culinaire que le bouche-à-oreille suffit à remplir. Inutile de jouer sur la présentation, les goûts sont dans les plats et les saveurs dans la bouche. Que du bon, servi avec le sourire.

Où acheter de bons sablés dans les environs ?

Les Sablés d'Asnelles : *2, pl. Alexander-Stanier, 14960* ***Asnelles.*** *☎ 02-31-22-18-57. Juil-août, lun-sam 9h-12h30, 14h-19h, dim 9h-13h ; le reste de l'année, mar-sam 9h30-12h30, 14h-18h.* Un détour pour des sablés ? Oui, mais quels sablés ! Et des recettes supplémentaires en été : tarte aux fruits rouges, rochers, cookies... Fait aussi salon de thé.

LE CALVADOS

À voir

Le port artificiel : ou ce qu'il en reste, une partie ayant été démontée juste après la guerre et la mer se chargeant, peu à peu, d'engloutir le reste. Les vestiges, léchés par les flots depuis plus de 70 ans, témoignent tout de même de la solidité du système. Les caissons les plus éloignés (à 2 km du rivage !) montrent à quel point le port pouvait être étendu... On se rend mieux compte du dispositif de l'époque après avoir vu les maquettes exposées au musée de la ville.

Le musée du Débarquement : *pl. du 6-Juin. ☎ 02-31-22-34-31. • musee-arromanches.fr • Mai-sept, tlj 9h-19h (18h sept) ; mars-avr et oct, tlj 9h30 (9h avr)-12h30, 13h30-17h30 ; le reste de l'année, tlj 10h-12h30, 13h30-17h. Fermé en janv, nov et déc. Entrée : 8,20 € ; réduc de 1 € sur présentation du guide de l'année ; réduc. Visite guidée 1h15. Arriver tôt, car les visiteurs sont nombreux !* Dans des dizaines de vitrines, le musée présente des souvenirs d'époque, rares pour certains. Encore plus intéressante, l'animation 3D du port, alignement de maquettes, très bien faites, sur le fonctionnement du port artificiel. Le personnel commente la visite et fait fonctionner routes et quais flottants miniatures. Ensuite, un diorama de 7 mn relate très clairement les 1res manœuvres du Débarquement. Puis un film d'archives de 15 mn, produit à l'époque par l'armée britannique, sur la construction du port. Passionnant.

DES CHARS QUI NE MANQUENT PAS D'AIR

Pour ne pas compromettre la réussite du Débarquement, les Alliés lancèrent une vaste opération d'intoxication – Fortitude – dont le but était de laisser croire aux Allemands que le Débarquement aurait lieu dans le Pas-de-Calais. Les Britanniques s'employèrent donc, dans les mois qui précédèrent le jour J, à fabriquer chars gonflables et camions en contreplaqué qu'ils laissèrent bien en vue autour de Douvres pour tromper la reconnaissance de l'aviation ennemie. Les Allemands mordirent à l'hameçon et concentrèrent leurs divisions dans le Pas-de-Calais.

Arromanches 360 : *cinéma circulaire sur les hauteurs d'Arromanches, en venant d'Asnelles. ☎ 02-31-06-06-45. • arromanches360.com • Attention, le parking (payant) à côté n'est pas celui du musée. Ouv tlj fév, mars et oct 10h-17h ; avr et sept 10h-18h ; mai-août 9h30-18h ; nov-déc, tlj sauf lun 10h-17h ; fermé 25 déc et 3 sem en janv. Entrée : 7 € ; réduc ; gratuit moins de 10 ans ; possibilité de billet combiné avec le Mémorial de Caen. Attention, les images projetées et, surtout, le niveau sonore ne sont pas adaptés aux plus jeunes enfants.* Film de 20 mn racontant les 100 jours de la bataille de Normandie à partir d'images d'archives, la plupart inédites, parmi lesquelles on retrouve les 11 photos du Débarquement de Robert Capa. Le tout projeté sur 9 écrans. Les images sont d'un réel intérêt. Dommage cependant qu'on ne réussisse pas forcément à les relier entre elles et, surtout, que les possibilités techniques qu'offre le cinéma circulaire ne soient guère plus exploitées. Cela dit, la montée jusqu'au cinéma vaut ne serait-ce que pour la vue plongeante qu'elle offre sur Arromanches !

LONGUES-SUR-MER (14400) 610 hab. *Carte Calvados, B1*

Charmant village construit autour de sa vieille abbaye, en retrait de la mer (malgré son nom). Ici, pas de plage, mais de jolies criques au milieu de hautes falaises dans un site sauvage battu par les vents, où les Allemands construisirent une redoutable batterie. Ce fut l'une des rares de la côte normande à tirer sur la marine alliée. Aujourd'hui, elle est aussi la seule de la région à avoir conservé ses canons.

HISTOIRE DE CANONS

Édifiée en septembre 1943, la batterie de Longues aurait pu nuire au bon déroulement du Débarquement si elle avait été achevée. Mais l'aviation alliée troubla fortement la fin des travaux, et les bombardements sur le site redoublèrent peu avant le *D-Day*. Les artilleurs de Longues furent pourtant les seuls à répondre à l'artillerie de marine à l'aube du 6 juin : ils manquèrent d'ailleurs de peu le navire transportant le commandant du corps d'armée allié ! La batterie fut réduite au silence par les canons de l'*Ajax* après 20 mn de duel. Mais ses 4 pièces de 152 reprirent ensuite le feu, jusqu'à ce qu'un croiseur français mette 2 coups au but. Le 7 juin, toute la garnison allemande de Longues se rendit aux Britanniques venus d'Arromanches. Et les habitants retrouvèrent le sommeil...

Adresse utile

Office de tourisme : *site de la Batterie. ☎ 02-31-21-46-87. • bayeux-bessin-tourisme.com • Se renseigner pour les horaires.*

À voir

La Batterie : *à la sortie du village, vers la mer. ☎ 02-31-21-46-87 ou 02-31-51-28-28. GRATUIT. Visite libre. Possibilité de visite guidée (se renseigner à l'office de tourisme)*. Il s'agit de 4 casemates en béton et de leur poste de commandement. La 1re est en ruine, mais les autres conservent leurs longs canons. Impressionnant. Plus loin, en continuant vers la mer, un chemin mène à une petite crique de galets, au pied d'une falaise surnommée « le Chaos ». Joli cadre de verdure.

L'ancienne abbaye de Sainte-Marie : *en contrebas du village. ☎ 02-31-21-78-41. • bayeux-gite.com • Propriété privée. De mai à mi-août, visite mar-sam 14h-18h. Entrée : 5 € ; gratuit moins de 18 ans.* Bâtiments conventuels bien restaurés. Au fond du jardin monastique, chapelle en ruine, dont subsistent un beau portail normand et quelques frises. Fondée au XIIe s, l'abbaye fut plusieurs fois remaniée. Dans la salle du chapitre, superbes carreaux de pavement du XIIIe s et fresques du XVIe s. Grâce au Loto du Patrimoine de Stéphane Bern, d'importants travaux ont pu être faits : la recréation de la charpente et de la toiture.

Manifestations

– ***D-Day Festival :*** *5 juin au soir.* Au-delà des cérémonies commémoratives et pour que le 6 juin ne tombe jamais dans l'oubli, festivités populaires et gratuites pour tous les publics : concerts, spectacles, sons et lumières, bals, animations, cinéma.
– Sur le site de la Batterie, ***feu d'artifice*** (gratuit) : « La nuit où ils sont arrivés ».

PORT-EN-BESSIN (14520) 1 940 hab. *Carte Calvados, A-B1*

1er port de pêche artisanale du Calvados, 3e de Normandie. Presque toute la population active vit du poisson. Le nombre de pêcheurs qu'on voit parfois réparer les filets sur le port permet de s'en rendre compte. Son site vaut le coup d'œil, port naturel niché entre 2 hautes falaises érodées, couvertes d'un velours vert (ça doit être de l'herbe) ; il inspira plusieurs néo-impressionnistes, dont Seurat et Signac. Spécialisée, entre autres, dans la coquille Saint-Jacques (Label rouge de baie de Seine), la ville connaît une activité économique importante au regard de sa modeste taille. La criée a été informatisée : un vrai *Wall Street* de la pêche !

L'HISTOIRE DE PORT PENDANT LE DÉBARQUEMENT

Port-en-Bessin est libéré le 7 juin au soir par le 47th Royal Marine Commando. Avant d'entrer dans la ville, les soldats anglais durent livrer de durs combats entre Le Hamel et les collines est de Port. Ils peuvent enfin établir un contact avec le 5e corps US, ce qui offre aux Alliés une bande littorale continue sur 56 km. En attendant une autre liaison avec les Américains débarqués à Utah Beach, qui n'aura lieu que le 12 juin, à Carentan.
Une fois libéré, le port est transformé en terminal pétrolier, pour alimenter en carburant les forces alliées. Avant l'ancrage du Pluto (1er oléoduc sous-marin de l'histoire), Port-en-Bessin est donc un centre important de l'intendance alliée où sont déchargés des bidons et des bidons de gasoil. Il servira jusqu'en octobre 1944.

Adresses et infos utiles

Office de tourisme : *quai Baron-Gérard. ☎ 02-31-22-45-80. • bayeux-bessin-tourisme.com • Avr-oct, tlj 10h-13h, 14h-18h ; nov-mars, w-e 10h-13h, 14h-17h.* D'avril à octobre, les plaisanciers en escale y trouveront aussi douches, sanitaires et kitchenette à disposition (payant).

Centre culturel Léopold-Sédar-Senghor : *2, rue du Croiseur-Montcalm. ☎ 02-31-21-92-33. • visites@portenbessin-huppain.fr • Mar-ven 10h-12h30, 14h-18h ; sam 10h-12h30. Tarif adulte 5 €.* Propose des visites guidées thématiques payantes *(résa obligatoire)* : « Le port de pêche », « Faune et flore du bord de mer », « Le chantier naval », « Le port de Signac et Seurat » et « Le port en juin 44 ». Billetterie au centre culturel et office de tourisme.

– **Marchés :** *marché traditionnel dim mat.* **Marché aux poissons** *ts les mat (sauf lun hors saison). Marché nocturne les ven soir juil-août.*

Où dormir ? Où manger ?

Une fois n'est pas coutume, on vous propose aussi d'aller voir les gîtes *Les Filles du Bord de Mer (● lesfillesdu borddemer.com ● ; studio, appart ou maison 2-6 pers à partir de 85 €/nuit – 2 nuits min).* Vraiment top.

Camping

⛺ **Camping Port'Land :** *chemin du Castel. ☎ 02-31-51-07-06. ● info@camping-portland.fr ● camping-portland.com ● ♿ À la sortie de Port-en-Bessin, direction Grandcamp-Maisy. Ouv avr-début nov. Emplacements 2 pers 24-43 € ; loc cottages ou mobile homes 4-8 pers. 256 empl.* Propre et accueillant, ce camping nage dans la verdure, avec de petits étangs (dont un avec une plage). L'avantage : on peut rejoindre le centre de Port-en-Bessin à pied, à 600 m de là. Piscines, dont 1 couverte. Et désormais, des cabanons conçus pour les cyclistes.

De prix moyens à chic

🏠 |●| **Le 6.3 Resto Home :** *63, rue de Bayeux. ☎ 02-31-92-17-66. ● le6.3restohome@orange.fr ● Juin-août, resto ouv ts les soirs sauf lun, plus le midi dim ; hors saison, ouv ven-sam, plus le midi dim et j. fériés (nov-mars, ouv seulement ven-dim soir). Doubles 80-100 €, petit déj inclus ; familiales. Formules 25-36 €. Parking gratuit.* Une très jolie petite structure, à cheval entre la chambre d'hôtes et l'hôtel, où les 5 chambres confortables jouissent d'une déco pimpante et moderne. Côté table, la qualité de la cuisine et le professionnalisme sont bien ceux d'un vrai resto, et pour cause : le chef a déjà fait ses preuves ailleurs. Les produits de 1re fraîcheur y sont finement travaillés, la présentation soignée, comme le service, pro et attentionné.

|●| ☂ **Le Bistrot d'à Côté :** *12, rue Lefournier. ☎ 02-31-51-79-12. ● le.bistrot@barque-bleue.fr ● Fermé lun, plus dim soir hors saison. Congés : déc-janv. Menus 21,90-29,50 €.* Cadre de bistrot réussi, avec une salle réservée aux enfants. Cuisine pleine de saveurs iodées, poissons et fruits de mer au menu. Maîtrise dans les préparations ainsi que dans le choix des produits. L'ardoise évolue presque quotidiennement en fonction des arrivées à la criée.

🏠 |●| **Hôtel de la Marine :** *quai Letourneur. ☎ 02-31-21-70-08. ● hoteldelamarine14@wanadoo.fr ● hoteldelamarine.fr ● Congés : de mi-janv à fin fév. Doubles 70-110 €. Menus 25-38 € ; carte env 35 €.* Posé sur le quai, le prix des chambres varie, évidemment, en fonction de leur situation : les plus belles, les plus confortables et les plus chères, ont vue directe sur le port. Prix intermédiaire pour celle avec vue partielle. Quant aux moins onéreuses, à la déco plus datée, elles donnent sur la cour. Côté resto, une cuisine fine faisant honneur aux poissons, à la mer et à ses fruits ! Pas donné, mais le cadre élégant est agréable et la vue superbe !

Où camper dans les environs ?

Nombreux campings sur la route de Colleville. En voici un côté mer et un côté campagne.

⛺ **Camping L'Hypo'Camp :** *60, route d'Omaha-Beach, 14520* ***Aure-sur-Mer.*** *☎ 02-31-21-77-24. ● lhypocamp@orange.fr ● lhypocamp.com ● Ouv d'avr à mi-nov. Emplacements 2 pers 14-18 € ; loc Coco Sweet (chouette et économique) et mobile homes 4-6 pers. 65 empl.* Petit camping familial, très bien tenu, calme et verdoyant. Emplacements de bonne taille, bien ombragés, et mer toute proche. Bon accueil.

Camping Reine Mathilde : *route de Sainte-Honorine, lieu-dit le Marais, 14400 **Étréham.** ☎ 02-31-21-76-55. 06-12-73-50-92. • campingreinemathilde@gmail.com • camping-normandie-reinemathilde.com • Ouv avr-fin sept. Emplacements 2 pers 16-30 € ; loc mobile homes, chalets, bungalows toilés ou pod. 115 empl.* Paumé en pleine campagne, ce camping s'organise autour d'une belle maison couverte de lierre. Confortable, bien équipé, joliment aménagé, il jouit d'un cadre verdoyant et a même une piscine chauffée.

À voir. À faire

Les falaises : visibles de la jetée, elles semblent protéger le port de chaque côté. À certains endroits, ces monstres de calcaire atteignent 70 m. *Attention :* il arrive que des couches d'argile s'effondrent dans la mer ! L'accès est donc interdit par arrêté. Pour votre sécurité, respectez le tracé de la randonnée « Autour de Port-en-Bessin-Huppain » (fiche disponible à l'office de tourisme).

La tour Vauban : elle veille sur le port, du haut de son monticule. Construite à la fin du XVIIe s par Descombe, assistant de Vauban, elle permettait de protéger le port contre les corsaires et les incursions anglaises. C'est au pied de cette tour que Zanuck tourna la scène de l'attaque du casino de... Ouistreham dans *Le Jour le plus long.* Cherchez-en les vestiges...

La débarque sous criée : *quai du Général-de-Gaulle, au fond du port. Résa (obligatoire) et rens au centre culturel Senghor (voir « Adresses et infos utiles »). Mar ts les 15 j. (ts les mar juil-août), en soirée (min 10 pers). Visite : 5,50 € ; réduc ; gratuit moins de 10 ans.* C'est tard le soir que l'on peut venir assister à ce spectacle, toujours pittoresque, du tri des poissons et crustacés. Ambiance garantie. Environ 8 000 t sont débarquées ici chaque année !

Le musée des Épaves sous-marines : *route de Bayeux. ☎ 02-31-21-17-06. Accès par la D 514 (fléché). Juin-sept, tlj 10h-13h et 14h-19h. Fermé le reste de l'année. Entrée : 7,50 € ; réduc ; gratuit moins de 7 ans.* Une foule d'objets collectés au cours de 25 ans d'explorations sous-marines. Évidemment, beaucoup de vestiges du Débarquement, souvent encore couverts de coquillages, du char d'assaut (à l'extérieur) au paquet de rations d'un soldat dont la trace avait été retrouvée aux États-Unis par le plongeur fondateur de ce musée. On y découvre aussi ce qui a été récupéré d'un cargo coulé pendant la Première Guerre mondiale, d'un trois-mâts du XIXe s...

➢ ***Pêche en mer :*** *06-03-02-00-42 (Régis). Compter 30 € pour 2h, 40 € pour 3h et 50 € pour 4h (matériel en supplément).* Sorties suivant les heures de marées (disponibles à l'office de tourisme).

Manifestations

– ***Feux d'artifice de la tour Vauban :*** *ts les ven en juil-août.* Près de 5 000 personnes se massent sur les quais pour profiter du spectacle.
– ***Bénédiction de la mer :*** *ts les 5 ans, autour du 15 août ; prochaine édition en 2023.* Une des plus importantes manifestations de ce genre en France, avec 25 000 participants en moyenne. Pour cette fête qui existe depuis 1908, rues et maisons se parent de filets multicolores. Une procession grimpe jusqu'à la statue de la Vierge Notre-Dame des Flots, puis les bateaux décorés de milliers de roses de papier confectionnées par les habitants sortent en mer pour se recueillir autour d'un catafalque flottant, symbolisant les disparus en mer.

– ***Festival Le Goût du large :*** *2e w-e de nov.* Fête de la coquille Saint-Jacques et des produits de la pêche, et festival Musique sous les embruns. Seul moment de l'année où la criée s'ouvre à la vente aux particuliers.

OMAHA BEACH

Carte Calvados, A1

« Il n'y a que 2 sortes d'hommes qui vont rester sur cette plage : ceux qui ont déjà été tués et ceux qui vont se faire tuer. »

Brigadier Cota, Le Jour le plus long

LE BOUCHER D'OMAHA BEACH

Avec 3 000 soldats américains tués le 1er jour du débarquement, Omaha Beach reste le symbole de l'horreur. Ce n'est qu'en l'an 2000 qu'on apprit que le soldat allemand Severloh en tua plus de 1 000 à lui seul avec sa mitrailleuse. Jamais inquiété mais rongé de remords, il révéla cette horreur en publiant ses Mémoires.

Sous le nom de code d'Omaha, entré dans la légende, les plages de 3 villages paisibles (d'ouest en est) : Vierville-sur-Mer, Saint-Laurent-sur-Mer et Colleville-sur-Mer. Les Américains qui débarquèrent ici connurent les pires conditions : mer agitée, obstacles meurtriers dressés partout (mines, barbelés...), site quasi imprenable (falaises truffées de bunkers, dunes fortifiées), ennemis plus nombreux que prévu, etc. Omaha, seule plage où le réembarquement fut envisagé (au risque de compromettre les opérations futures), reste le symbole de la détermination des militaires américains. Mais aussi, avec le bilan le plus catastrophique du *D-Day* (on estime le nombre de blessés, tués et disparus à environ 3 000), le symbole du prix payé pour libérer l'Europe. Ce n'est pas pour rien que le site qui surplombe la plage (concession américaine à perpétuité) fut choisi pour accueillir le cimetière : ici reposent les corps de plus de 9 000 Américains tués sur les champs de bataille normands... Aucune construction entre le cimetière, en surplomb, et la plage, qui en est d'autant plus superbe. Et sur la plage de Saint-Laurent, les flots vient aujourd'hui lécher la base des voiles d'acier et d'inox *des Braves,* la sculpture créée par Anilore Banon en hommage aux 35 000 soldats alliés qui débarquèrent en ces lieux.

Le plus étrange : ces plages au passé tragique sont certainement aussi parmi les plus belles du Calvados. Au pied de collines verdoyantes, du sable fin à perte de vue. Méfiance, cependant, elles peuvent être dangereuses pour les baigneurs du fait des baïnes qui se créent à marée montante. Heureusement en juillet-août, elles sont – partiellement – surveillées tous les jours de 10h-19h.

Adresse utile

– ***Éolia Normandie :*** *Le Cavey, 14710* ***Colleville-sur-Mer.*** *☎ 02-31-22-26-21. ● eolia-normandie.com ● Ouv tte l'année.* Vous y trouverez quantité d'activités à faire sur le secteur : char à voile, catamaran, kayak, stand-up paddle, cerf-volant, longe-côte, marche nordique, randonnée pédestre, sorties en fat bike électrique... On peut même y boire un verre ou grignoter un bout !

Où dormir ? Où manger dans les environs ?

Chambres d'hôtes

La Ferme du Mouchel : *14710* ***Formigny.*** *☎ 02-31-22-53-79* *📱 06-15-37-50-20. • odile.lenourichel@orange.fr • ferme-du-mouchel.com • Doubles 75-85 € ; familiale.* Environnement paisible et, dans une belle maison en pierre, 3 chambres (1 familiale) confortables à la déco rustique égayée par quelques touches de couleur. Petit déj super. Plein de conseils fournis par Odile, toujours souriante. Un accueil sincère et bien sympathique.

Le Château de Saint-Pierre-du-Mont : *chez Jean Beck, 14450* ***Saint-Pierre-du-Mont.*** *☎ 02-31-22-63-79. 📱 06-62-07-05-03. • chateaustpierre@orange.fr • chambresdhotes-bayeuxarromanchesgrandcamp.com • Fermé de mi-déc à mi-fév. Doubles 85-98 € ; familiale. CB acceptées.* C'est un superbe petit château, fermé par une muraille, avec sa haute tour et sa façade un rien austère. Vos hôtes, eux, ne le sont pas du tout. Souriants et accueillants, ils proposent de vastes et confortables chambres, aux larges fenêtres qui ouvrent sur la campagne. Celle tout en haut, mansardée, offre même un double panorama, côté champs et côté mer.

Chic

La Sapinière : *100, rue de la 2e-Infanterie-US, 14710* ***Saint-Laurent-sur-Mer.*** *☎ 02-31-92-71-72. • sci-thierry@wanadoo.fr • lasapiniere.com • ♿ Ouv de mi-mars à mi-nov. Résa conseillée le w-e et le soir en saison. Doubles 100-135 € ; familiales 140-174 € ; petit déj 14 €. Formule déj en sem 20 € (hors vac scol) ; carte 30-35 €. Parking.* Idéalement située à deux pas de la plage, une adresse accueillante. Les chambres, aménagées dans de petits chalets modernes en bois, sont grandes, lumineuses, sobrement décorées, les lits confortables. Toutes disposent d'une terrasse. Salle du resto, très conviviale, avec ses baies vitrées, la cheminée et la terrasse aux beaux jours. Les prix, en revanche, sont élevés pour une carte somme toute assez simple, de type brasserie (moules-frites, belles salades, etc.). En été, sandwichs et gaufres (16h-18h en principe ; extra les gaufres !) à emporter. Terrasse et jardin avec transats, pétanque et table de ping-pong très prisés en été pour l'apéro en famille après la plage.

Où acheter de bons produits dans les environs ?

Cosmhana – producteur de plantes aromatiques et médicinales : *Le Hamel, ferme de RenéSens, 14710 Surrain. 📱 06-07-88-93-35. Ouv sam 16h-19h tte l'année, ainsi que jeu 17h-19h mai-sept.* C'est en permaculture que Valéria et François, paysans-herboristes, accompagnent la croissance de leurs plantes, toutes certifiées agriculture biologique. Leur passion pour les plantes normandes se lit dans les saveurs des tisanes, vinaigres et moutardes qui font partie de leur gamme « cuisine d'herboriste » tandis qu'une jolie gamme agro-cosmétique aux plantes (savons, crèmes et huiles) s'étoffe petit à petit. Tout leur travail est exclusivement manuel, du semis jusqu'à la transformation sur place ; difficile d'assurer un circuit plus court et une meilleure traçabilité ! Le couple travaille d'arrache-pied, avec passion et rigueur. Charmante boutique de poche aménagée dans l'ancien poulailler. À consommer sans modération.

La ferme de la Sapinière : *12, route de Port-en-Bessin, 14710* ***Saint-Laurent-sur-Mer.*** *☎ 02-31-22-40-51. • producteur-cidre.com • Boutique ouv lun-sam 9h30-18h30 (10h-17h en basse saison). Visites possibles de l'exploitation (3,50 €) : d'avr à mi-nov lun-sam 10h45 et 15h30.* Ferme cidricole en bio dans la même famille depuis 6 générations ! On vient s'approvisionner en bon cidre bien sûr

(6 cuvées sont produites), mais aussi en pommeau ou en calvados. On peut en profiter pour visiter l'exploitation et découvrir le processus de fabrication, la diversité des variétés de pommes utilisées... À partir de septembre, vente de pommes. On y trouve aussi une belle gamme de produits normands : andouille de Vire, sablés, soupes de poisson, fromages, confitures...

La Ferme du Lavoir : *chez Guillaume Capelle, 14710* ***Formigny.*** *☎ 02-31-22-56-89. • fermedulavoir.fr • Avr-oct, tlj sauf dim 9h-19h (ouv tlj juil-août) ; nov-mars, tlj sauf dim 17h-19h.* Les 15 ha de vergers bio de la ferme permettent au propriétaire de produire cidre (demi-sec ou brut) et jus de pomme, mais aussi du calvados, du formignon (jus de pomme et calva), du vinaigre de cidre et de la gelée de pomme. Et puis, *last but not least,* Guillaume Capelle a fait une infidélité à ses pommes, en lançant une gamme de bières maison, très appréciées dans le secteur et à juste titre !

À voir dans le coin

Le cimetière américain : *à* ***Colleville-sur-Mer,*** *au bord de la falaise. ☎ 02-31-51-62-00. • abmc.gov • Prêt de fauteuils roulants. Tlj 9h-17h (18h avr-sept). GRATUIT. Tenue correcte exigée (et chiens interdits).*

Le site se compose en fait de 4 parties : le *Visitor Center* ; le *mémorial,* hommage solennel aux soldats ; le *cimetière* proprement dit et, enfin, les *falaises,* depuis lesquelles la vue se prolonge sur la plage et la mer. Ne pas hésiter à consacrer du temps à cet ensemble, sorte de point d'orgue à la compréhension humaine de ce qui se joua ici.

IL FAUT SAUVER LE SOLDAT NILAND

Le nom de Ryan est gravé sur nombre de croix blanches du cimetière américain de Colleville. Ryan, comme le soldat qu'il fallait sauver dans le film de Steven Spielberg. Dans la réalité, ce soldat s'appelait Frederick Niland. Ses frères Robert et Preston, tombés les 2 premiers jours du Débarquement, reposent côte à côte à Colleville. Un autre de ses frères, Edward, qu'on pensait à l'époque disparu, était en fait prisonnier des Japonais.

– ***Visitor Center :*** *situé en sous-sol.* L'exposition a l'intelligence de mettre de la vie dans ce lieu de mémoire et de mort. S'y rendre avant la visite proprement dite du cimetière donne un éclairage plus humain et poignant à ces milliers de croix blanches qui semblent si présentes. On a alors le sentiment que tout s'est joué hier. Juste hier. Un excellent film (diffusé en permanence dans le grand auditorium) met l'accent sur quelques jeunes militaires embringués dans l'aventure du Débarquement et qui ne revinrent jamais. Par ailleurs, une vaste salle à l'éclairage doux présente, par le biais d'une muséographie de qualité, l'enchaînement des événements. Un film d'époque rappelle le difficile choix de la date du Débarquement par Eisenhower (le 5 ou le 6 ?). Pour finir, on traverse un couloir de béton où les noms de tous les jeunes Américains morts sur le sol français sont égrenés. Quand on retourne à la lumière, les croix blanches du cimetière prennent vie.

– ***Le mémorial :*** composé d'un monumental péristyle néogrec, d'une statue de bronze de 7 m de haut (symbolisant l'*Âme de la jeunesse américaine*), d'un « jardin des Disparus » et d'un plan d'eau. Sur les murs encadrant le portique, d'immenses cartes sculptées retracent les opérations du Débarquement.

– ***Le cimetière :*** le plus grand, le plus connu et le plus émouvant des cimetières du Débarquement. Cette vaste nécropole, étendue sur environ 70 ha, fut achevée en 1956 pour qu'y soient réunis les corps des soldats initialement enterrés dans les différents cimetières temporaires. Le cimetière, avec sa majestueuse esplanade de gazon verdoyant, donne accès aux alignements de croix blanches (9 388, dont celles de 307 soldats inconnus) et d'étoiles de David (pour les soldats juifs). Il faut vraiment prendre le temps de se promener sur ce vaste espace où règne aujourd'hui une étrange quiétude. Pour finir, allez vous balader du côté des *falaises*, où une table d'orientation indique l'emplacement des différentes plages attaquées le 6 juin. Du parking extérieur, un chemin conduit à un monument commémoratif avant de mener à la plage.

Overlord Museum : *rond-point d'accès au cimetière américain, 14710* ***Colleville-sur-Mer.*** *☎ 02-31-22-00-55. ● overlordmuseum.com ● Juin-août, tlj 9h30-19h ; avr-mai et sept, tlj 10h-18h30 ; oct-mars, tlj 10h-17h30. Fermé de janv à mi-fév. Entrée : 9 € ; réduc ; gratuit moins de 10 ans.* L'ouverture de ce musée, en 2013, est l'aboutissement du projet familial de la famille Leloup et d'une passion dont on vous laisse découvrir la genèse. Des effets de soldats jusqu'aux plus gros blindés de l'époque, les 6 armées en présence en Normandie y sont présentées au travers de décors et de scènes reconstitués avec le déploiement de 40 véhicules, chars et canons. Les mannequins, aux postures plus mobiles que ce qu'on peut voir habituellement, donnent vie à ces scènes. La plupart des pièces exposées ont été retrouvées dans la région, où le gros matériel avait souvent été adapté pour servir aux travaux agricoles, ce qui l'a préservé de la dégradation. Cheminement fluide et sans surcharge muséographique. On regrette juste que si peu de photos soient légendées.

CÉLÈBRE GRÂCE À UN LIVRE

Eisenhower publie ses mémoires de guerre (Croisade en Europe) *en 1946. Un succès inouï. Il devient alors vraiment connu et riche. Cette notoriété inattendue l'incite à annoncer sa candidature à la présidentielle en 1952. Il sera élu 2 fois.*

Le musée-mémorial Omaha Beach : *les Moulins, av. de la Libération, 14710* ***Saint-Laurent-sur-Mer.*** *☎ 02-31-21-97-44. ● musee-memorial-omaha.com ● ♿ Ouv tlj de mi-fév à mi-nov. Fév, tlj 10h-17h ; mars, tlj 10h-18h ; avr-mai et sept, tlj 9h30-18h30 ; juin-août, 9h30-19h ; oct-nov, 9h30-18h. Entrée : 7,20 € ; 6,20 € sur présentation du guide de l'année (pour 2 pers max) ; réduc.* Sur 1 400 m², le musée vous plonge au cœur de l'histoire du 6 juin 1944 avec la mise en scène de véhicules militaires, de mannequins en uniforme, mais aussi une foule de souvenirs et de documents rares, certains passionnants (comme ce drapeau nazi pris par les Américains le jour du Débarquement), des véhicules, des armes, amassés pendant des années. Côté militaire, une importante collection de mines, obus, bombes et autres engins de mort allemands. Un film documentaire de 25 mn accompagné de témoignages de vétérans américains retrace le débarquement sur Omaha et la pointe du Hoc. Sur le parking, des canons, un char, une barrière belge et une péniche pour compléter l'ensemble.

À ***Saint-Laurent-sur-Mer,*** pas un musée classique mais une rencontre authentique avec Sébastien Olar à la ***Maison de la Libération*** *(27, rue du Val ; 📱 06-87-40-35-63, sur résa).* D'une famille de résistants, Sébastien Olar est intarissable sur l'époque du Débarquement.

À ***Vierville-sur-Mer*** et à ***Saint-Laurent-sur-Mer,*** on peut remarquer (à marée basse seulement) les ***vestiges du 1er port artificiel.*** Il devait avoir la même fonction que celui d'Arromanches, mais, suite à la grosse tempête du 19 au 21 juin 1944, celui-ci ne fonctionna pas à plein temps ; cependant, 600 000 hommes réussirent à débarquer jusqu'en février 1945. Une partie est exposée à Vierville, le long de la route qui mène à la plage.

Le musée D-Day Omaha : *route de Grandcamp, 14710* ***Vierville-sur-Mer.*** *☎ 02-31-21-71-80. Juin-août, tlj 10h30-18h ; avr-mai et sept, tlj 10h30-18h. Fermé oct-mars. Entrée : 6,50 € ; réduit : 5 € ; gratuit moins de 8 ans.* Installé dans un ancien baraquement qui servit d'hôpital aux Américains pendant le Débarquement, il fut transformé en cinéma par les habitants du village après-guerre. Ce qu'il resta jusque dans les années 1950. Il abrite aujourd'hui une collection unique de pièces extrêmement rares réunies pendant plus de 50 ans par une famille de passionnés qui perpétue le devoir de mémoire. On peut admirer une fameuse machine de déchiffrement Enigma ou encore cette moto pliante avec son caisson ou, dans le même genre, le scooter rétractable. Ces engins étaient largués avec les parachutistes anglais. Également un Goliath, mini char allemand filoguidé qui déposait à l'endroit voulu les charges explosives et dont il ne reste aujourd'hui que très peu d'exemplaires (soit l'engin s'autodétruisait en explosant, soit les alliés les détruisaient systématiquement).

L'Embusqué : sur place, possibilité de se restaurer d'une cuisine simple à base de produits locaux de qualité, et notamment de bons hamburgers.

LA POINTE DU HOC

Carte Calvados, A1

L'un des plus beaux sites naturels de la côte normande. Imaginez une falaise abrupte, atteignant 35 m de haut à certains endroits, constamment battue par les vents. Ce lieu sublime, qui permettait une bonne surveillance de la côte ouest et est, fut choisi par les Allemands pour l'implantation d'une puissante batterie de canons, particulièrement bien gardée. L'héroïque prise du site par les rangers américains allait faire de l'assaut de la pointe du Hoc l'une des pages les plus lues de l'histoire du Débarquement.

UNE ATTAQUE AU GRAPPIN

La délicate mission de prendre ce site réputé imprenable fut confiée à un Texan, le colonel James Rudder, ancien entraîneur de foot d'un lycée ! Il existe en Angleterre une falaise comparable à celle du Hoc. Les 225 rangers américains, durant des semaines, vont y simuler des attaques, tout en mettant au point un équipement spécial : lance-grappin, échelles emboîtables et cordes à nœuds. Le 6 juin, peu de choses se passent comme prévu. Le débarquement est retardé à cause du brouillard, puis une erreur de navigation oblige la troupe à passer sous le nez de l'ennemi ! Les vagues de 1 m de haut coulent même l'une des péniches. À 7h10, les hommes de Rudder mettent enfin pied à terre et il suffit de quelques minutes à la plupart des soldats pour atteindre le sommet de la falaise. Mais le plus dur reste à faire : déloger l'ennemi, replié dans ses casemates de béton armé. Il faudra plus de 2 jours pour y parvenir. Le 7 juin, le poste de direction de tir est dégagé au lance-flammes. Le commandant, caché dans une position antiaérienne, résistera jusqu'au lendemain. Une fois le site en main, les rangers ne comptent plus parmi eux que 90 hommes valides.

LA MISSION LA PLUS PÉRILLEUSE

Escalader une falaise de 35 m pour mettre hors d'état 6 dangereux canons de 150 mm relevait de l'héroïsme. Cette batterie mettait en péril les débarquements d'Omaha et d'Utah. L'échec était inenvisageable. Après de lourdes pertes, on se rendit compte que les canons étaient inopérants puisque cachés dans les champs, par crainte des bombardements !

Adresse utile

■ ***Accueil (Visitor Center) :*** *à la pointe du Hoc, 14450* ***Cricqueville-en-Bessin.*** *☎ 02-31-51-62-00 (cimetière américain d'Omaha). • abmc.gov • Normalement, mêmes horaires que le cimetière américain, tlj 9h-17h (18h avr-sept).* Un court documentaire réunit les témoignages de vétérans de l'assaut de la pointe.

À voir

Le site de la pointe du Hoc : *à 5 km à l'est de Grandcamp. GRATUIT. Beaucoup de monde en saison ; arriver tôt (ou tard). Application smartphone « Pointe du Hoc by ABMC » disponible pour mieux découvrir le site.* Entièrement protégé et balisé, le site est une concession à perpétuité, propriété des États-Unis. Cas suffisamment rare dans l'histoire du Débarquement pour être souligné, il est resté en grande partie intact, c'est-à-dire dans l'état même où il avait été laissé par les rangers le 8 juin 1944. Exception faite, bien sûr, du monument élevé à la gloire des héroïques rangers, des sentiers de promenade, des panneaux explicatifs, et un bâtiment d'accueil (*Visitor Center* ; lire plus haut). On visite donc un champ de bataille où se mêlent bunkers en ruine et cratères de bombes, barbelés et amas de rocaille, et béton criblé de balles. Certains des bunkers, restés intacts, peuvent être visités, notamment le grand poste de direction de tir. On vous conseille de venir tôt le matin ou en fin d'après-midi, quand le site retrouve sa tranquillité (et que l'on y croise plus de lapins que de touristes !). Beau panorama même si l'accès à la pointe proprement dite est interdit.

ON NE PEUT PAS TOUT PRÉVOIR...

On le sait, lors de la prise de la pointe du Hoc, rien ne se passa comme prévu. Les soldats s'étaient entraînés avec leur lance-grappin à escalader une falaise comparable. Mais durant le « vrai » combat, ils eurent la cruelle surprise de s'apercevoir que les cordes des grappins, alourdies par l'eau de mer (ce qu'ils n'avaient pas prévu), ne pouvaient atteindre le haut de la falaise, compliquant encore, s'il le fallait, la terrible ascension.

GRANDCAMP-MAISY

(14450) 1 560 hab. *Carte Calvados, A1*

Petite station animée, sans charme évident, mais à l'atmosphère plaisante, grâce à son port de pêche bien vivant, un petit marché au poisson tous les matins et sa longue plage. Ici, en hiver, les pêcheurs traquent poissons et coquilles Saint-Jacques. De juillet à février, c'est aussi un haut lieu de la pêche à pied au bouquet. Sans parler de l'activité ostréicole et conchylicole dans la baie des Veys, entre Grandcamp et Isigny, où sont produites les huîtres d'appellation « spéciales d'Isigny », particulièrement charnues et adaptées aux recettes cuites.

Cette même baie des Veys abrite par ailleurs la 2e plus importante colonie de phoques de France ; on peut les y admirer qui se prélassent sur le sable, surtout en été. Le sentier du littoral offre par ailleurs de belles promenades.

Et comme l'histoire colle à la peau dans la région, sachez qu'au cimetière de la ville repose le commandant Philippe Kieffer, Compagnon de la Libération. Ce fondateur des commandos français était à la tête des seules troupes françaises ayant participé au Débarquement.

Adresse et infos utiles

Office de tourisme : *26, quai Crampon. ☎ 02-31-21-46-00. • isigny-omaha-tourisme.com • De juin à mi-sept, tlj (fermé dim ap-m juin et sept) 10h-13h, 14h-18h ; variable le reste de l'année.* Location de vélos. Réservation pour la visite de parcs à huîtres, pêche et promenade en mer... et vente des billets pour les bus du réseau *Nomad Car 14.*

– ***Marché aux poissons :*** *tte l'année, tlj 8h-11h30, sous la halle.*

Où dormir dans les environs ?

Camping

Aire naturelle de camping Le Pont du Hable : *route de Vierville, le Hable, à Grandcamp. ☎ 02-31-22-62-31. 06-87-85-39-62. • contact@campinglepontduhable.fr • campinglepontduhable.fr • Par la D 514, à la sortie de Grandcamp, en direction de la pointe du Hoc. Ouv de mi-avr à mi-oct. Emplacement 2 pers env 16 €. 25 empl. CB refusées.* Pour les amateurs de camping (presque) sauvage ! Ce petit camping situé en bord de mer offre en effet un confort rudimentaire, mais cultive une ambiance conviviale, le soir notamment, autour des feux de camp. En revanche, les jours de grand vent, ça souffle ! Sur place, à disposition : micro-ondes, barbecue, pain frais, sèche-cheveux et douches chaudes. Avis aux randonneurs : le GR du littoral passe juste devant.

Chambres d'hôtes

Chambres d'hôtes La Ferme de Savigny : *chez Régine et Jacques Ledevin, lieu-dit Savigny, 14230* ***La Cambe.*** *☎ 02-31-21-12-33. 06-50-56-23-16. • info@ferme-de-savigny.fr • ferme-de-savigny.fr • À 4,5 km au sud de Grandcamp. Congés : vac de Noël. Doubles 70-85 € ; suites familiales ; loc gîtes 4-10 pers.* Ferme-manoir bien située pour découvrir le coin ; très beaux corps de bâtiments du XVIIIe s s'articulant autour d'une cour verdoyante. Accessibles par un escalier du XVIe s, les 4 chambres soigneusement tenues ont une surface qui varie du simple au quadruple, avec des prix en conséquence. À vous de voir si vous préférez privilégier votre porte-monnaie ou disposer d'une chambre plus contemporaine et plus confortable. Jacuzzi et piscine extérieurs, coin cuisine. Un beau tableau que viennent compléter le paisible chien Volcan et les quelques animaux de basse-cour.

Le Manoir de l'Hermerel : *14230* ***Géfosse-Fontenay.*** *☎ 02-31-22-64-12. 06-79-44-58-24. • hermerel@orange.fr • manoir-hermerel.com • À env 5 km au sud-ouest de Grandcamp. Ouv avr-nov. Doubles 95-105 € (2 nuits min) ; familiale.* Dans un manoir du XVIIe s, ravissantes chambres d'hôtes, chacune dans un style différent : l'une fort belle, en mezzanine et mansardée, l'autre petite, dans les tons rose pâle et aux jolis pavés de pierre blanche... Dans la cour, un vieux pigeonnier et une sublime petite chapelle du XVe s (dans laquelle est installé un salon d'été) ! L'endroit ne manque ni de charme ni de caractère.

Où manger ?

La Trinquette : *7, route du Joncal. ☎ 02-31-22-64-90. • restaurant-la-trinquette@wanadoo.fr • Congés : 8 déc-22 janv. Fermé* *lun-mar. Résa conseillée. Menus 29,50-48 €.* Un p'tit resto dont la réputation ne s'est pas démentie depuis la cabane de bois qui l'accueillait à la fin des années 1960. La salle est aujourd'hui plaisante, dans l'air du temps, et les produits toujours d'une éclatante fraîcheur. La mer, évidemment, est à l'honneur. Quelques tables en terrasse aux beaux jours.

La Marée : *5, quai Henry-Chéron. ☎ 02-31-21-41-00. • contact@restolamaree.com • Tlj sauf dim soir (hors vac scol). Congés : janv. Menus 18-30 €.* Déco marine et vue imprenable sur le port. Fruits de mer et poissons y ont la part belle, bien sûr, mais les plats plus continentaux ne sont pas oubliés. Un classique qui tient ses promesses et satisfait les habitués, comme les visiteurs de passage.

La Belle Marinière : *9, rue du Petit-Maisy. ☎ 02-31-22-61-23. Dans une petite rue, à 50 m du port. Congés : janv. Tlj (sauf dim soir hors saison). Menu déj 20 €, autres menus 25-35 €. Un café offert sur présentation de ce guide.* En été, quelques tables dans la petite cour, ou dans la salle rustique toute simple, où le temps semble s'être arrêté. Mais la cuisine traditionnelle, à base de bons produits, s'avère goûteuse et le rapport qualité-prix correct.

DANS LES ENVIRONS DE GRANDCAMP-MAISY

Le cimetière militaire allemand : *à* **La Cambe.** *☎ 02-31-22-70-76. Tlj 8h (9h w-e)-17h (19h avr-oct). À 7 km au sud de Grandcamp.* L'un des plus grands cimetières allemands de France. Près de 21 300 soldats, issus de 1 400 communes d'outre-Rhin, sont enterrés ici. Site poignant, dans un genre radicalement différent de celui de Colleville (lire plus haut « À voir dans le coin » à Omaha Beach). Pleine de sagesse, la devise du cimetière est *Réconciliation par-dessus les tombes...*

DES SOLDATS CAMÉS

Pendant la 2e Guerre mondiale, l'armée allemande distribua des millions de doses de méthamphétamine à ses soldats. Cette drogue de synthèse, particulièrement dangereuse, donne un sentiment de puissance, d'euphorie... et d'inconscience. La phase descendante provoque paranoïa et, parfois, tentative de suicide. Hitler en était un fervent utilisateur.

ISIGNY-SUR-MER

(14230) 3 640 hab. *Carte Calvados, A1*

Voici un nom qui évoque immédiatement le beurre, et pas n'importe lequel, puisque l'appellation *Isigny* regroupe l'essentiel des productions laitières du Bessin. On est d'ailleurs accueilli, en arrivant, par l'immense laiterie d'Isigny-Sainte-Mère. Située au confluent de la Vire et de l'Aure, la petite bourgade a su tirer parti de ses marais et polders en y faisant paître ses vaches, profitant ainsi de l'herbe bien grasse donnant toute son identité au terroir d'Isigny. Bombardée à 60 % en juin 1944, elle ne conserve aujourd'hui que peu de témoins du passé, à l'exception d'un ancien palais transformé en mairie et des petites maisons de pêcheurs du quartier des Hogues.

C'est aussi dans l'arrière-pays d'Isigny que commence le parc naturel régional des Marais du Cotentin et du Bessin, un beau terrain de promenade qui s'étend jusqu'à Trévières à l'est (pour plus d'infos, se reporter au début du chapitre Cotentin, dans la Manche).

Adresse utile

Office de tourisme : *16, rue Émile-Demagny. ☎ 02-31-21-46-00. • isigny-omaha-tourisme.com • Juil-août, tlj sauf dim ap-m 9h30h-13h, 14h-18h30 ; oct-mars, mar mat et mer-sam 9h30-12h30, 14h-17h (18h et dim 9h30-12h30 en avr-mai et sept).* Nombreuses animations pour découvrir le territoire en été et pendant les vacances scolaires : visite en attelage des parcs à huîtres, dans les bois, les belles demeures du marais, à Omaha Beach, des sorties en forêt, en kayak dans les marais, etc.

Où dormir ? Où manger ?

Camping

Camping Le Fanal : *rue du Fanal. ☎ 02-31-21-33-20. • info@camping-lefanal.com • camping-normandie-fanal.fr • Ouv avr-sept. Emplacements 2 pers 17-35 €. 240 empl.* Un camping qui, mine de rien, bénéficie d'un environnement agréable (plan d'eau) et d'un bon équipement (2 piscines dont 1 avec toboggans et 1 petite couverte). Les tarifs sont donc assez élevés en haute saison mais c'est plutôt justifié. Location de mobile homes.

Prix moyens

Hôtel de France : *13, rue Émile-Demagny. ☎ 02-31-22-00-33. • hotel-france-isigny.fr • Doubles 80-89 € ; familiale. Formule déj en sem à partir de 14,50 € ; carte 25-30 €. Parking.* Quelques chambres classiques dans la maison principale, à l'étage ; d'autres plus modernes, plus claires, dans l'annexe, ou encore des standard de plain-pied dans un petit bâtiment style motel ; à chacun de choisir ! Au restaurant, cuisine traditionnelle à base de produits frais locaux.

Où dormir dans les environs ?

Chambres d'hôtes

Chambres d'hôtes Baie et Bocage : *2, rue de l'Olivet, Chefdeville, 14230* ***Osmanville.*** *06-07-56-52-13. • contact@gite-normandie-baie-bocage.com • gite-normandie-baie-bocage.com • À 5 km au nord-est d'Isigny. Emplacement 2 pers 15 €, doubles 60-80 € ; gîte 2-6 pers.* En pleine campagne, 2 chambres aux beaux volumes à l'étage de cette ancienne ferme laitière en pierre de Caen. L'une d'entre elles peut d'ailleurs accueillir 4 personnes. Derrière les écuries (monsieur est un passionné de cheval), un champ pouvant accueillir 5 tentes, avec petit bloc sanitaire et cuisine impeccable à disposition. Et sinon, il y a le gîte, dans l'ancienne laiterie, avec un bel espace de vie en rez-de-chaussée et 4 couchages à l'étage.

À voir. À faire

La laiterie Isigny-Sainte-Mère : *2, rue du Docteur-Boutrois. ☎ 02-31-10-12-06. • isigny-ste-mere.com • Magasin ouv lun-sam 10h-13h, 14h-19h. La laiterie elle-même ne se visite pas.* Avec 4 produits AOP et 2 Label rouge, *Isigny-Sainte-Mère* vend ses 70 ans de savoir-faire, ses vaches normandes qui broutent de la vraie herbe et ses camemberts moulés à la louche. Cela dit, si certains sont moulés à la main, la plus grande partie de la production est automatisée (eh oui ! un brevet fut déposé en 1985 pour robotiser le louchage). Le magasin vend toute l'année les produits de la maison et, en été, ne vous étonnez pas d'y

LE CALVADOS

voir la queue : les locaux sont légion à venir en famille se délecter de glaces à l'italienne élaborées avec la crème fraîche d'Isigny.

Société Caramels d'Isigny : *zone artisanale Isypôle, rue du 19-Mars-1962. ☎ 02-31-51-39-89. Les Halles ouv tte l'année, tlj (sauf dim janv-mars) 9h-19h. Pour les visites (préférable de venir le mat en sem si vous voulez voir les machines tourner) : juin-août, tlj 9h-18h ; avr-mai et sept, lun-sam 9h-18h ; oct-mars, lun-ven et j. fériés 9h-17h. Entrée : 3,30 € ; réduc.* Ici, on fabrique le vrai caramel d'Isigny au lait entier et au beurre doux ou salé. D'un côté, vous avez les Halles (magasin de vente). De l'autre, sur 350 m², tout un espace pédagogique et ludique dédié à l'histoire d'Isigny, à la coopérative d'Isigny-Sainte-Mère, mais surtout aux délicieux produits maison, avec la découverte des ateliers de fabrication à travers des baies vitrées. Dans les années 1930 et jusque dans les années 1990, 2 entreprises se partageaient le marché du caramel à Isigny : les Galliot et la société Dupont-d'Isigny. Quand, en 1994, cette dernière partit s'installer à Carentan, la chambre de commerce et la coopérative laitière œuvrèrent pour que la production de caramel ne cesse pas. C'est ainsi que naquit l'entreprise *Caramels d'Isigny* qui, aujourd'hui encore, travaille main dans la main avec la laiterie.

Espace muséal Walt d'Isigny : *à l'hôtel de ville, aile gauche, rez-de-chaussée. ☎ 02-31-51-24-00. Mer 14h-17h ; pdt vac scol mar, jeu-sam. GRATUIT.* Petite expo sur la vie de Walt Disney et la façon dont ont été créés ses personnages, avec plus de 600 objets à l'effigie de Mickey. Une étonnante collection qu'une habitante d'Isigny, fan de Mickey mais sans aucun lien de parenté avec le fameux Walt, légua à sa mort à la ville.

WALT D'ISIGNY !

Disney n'est autre que la déformation américaine « d'Isigny ». Les aïeux du célèbre créateur de Mickey sont en effet originaires de la ville : 2 frères, partis avec Guillaume le Conquérant à l'assaut de l'Angleterre en 1066, avant d'émigrer en Irlande puis en Amérique. D'ailleurs, le descendant des seigneurs d'Isigny donne aujourd'hui son nom au jardin de l'hôtel de ville.

DANS LES ENVIRONS D'ISIGNY-SUR-MER

Les Vergers de Romilly : *14230* ***Saint-Germain-du-Pert.*** *☎ 02-31-22-71-77. • vergersderomilly.com • Juste derrière le cimetière militaire allemand. Dégustation et vente tlj sauf dim 9h30-18h30. GRATUIT. Visite guidée mer à 14h30.* Une trentaine de pommes différentes poussent ici en bio sur des pommiers basse tige ou haute tige. On poursuit la visite dans la cave. Les divers modes de culture du pommier sont présentés, la fabrication du cidre, du pommeau et du calvados est également abordée à l'aide d'un petit film. À noter : la visite d'un alambic (rare dans les parages). Dégustation des liqueurs 44 et de vieux garçon, ainsi que du confit de cidre, des confitures au pommeau...

Le château fort de Colombières : *14710* ***Colombières.*** *☎ 02-31-22-51-65. • chateau-colombieres.fr • À 10 km à l'est d'Isigny. Juil-août, lun-jeu 14h-19h ; sept, w-e 14h-19h. Visites guidées seulement : 6 € ; réduc ; gratuit moins de 12 ans.* Une superbe forteresse médiévale édifiée à la fin du XIVe s, flanquée de tours et de douves toujours en eau. La visite est limitée puisque le château est habité par la même famille depuis 300 ans. On découvre les douves, la chapelle, la salle à manger, la cuisine, sa cheminée monumentale et son four à pain, et le très bel escalier à vis du XVIe s.

LA FORÊT DE CERISY-BALLEROY

(14490) *Carte Calvados, A2*

La forêt domaniale de Cerisy, plus connue localement sous le nom de forêt de Balleroy, à cheval sur le Calvados et la Manche, s'étend sur plus de 2 000 ha. Elle ne date pas d'hier, puisqu'elle appartint en son temps à Guillaume Le Conquérant ! Principalement plantée de hêtres, c'est un beau terrain de jeu pour les randonnées à pied, à VTT ou même à cheval. Et à l'automne, les cueilleurs de champignons s'en donnent à cœur joie !
Elle est bordée au sud par la commune de Balleroy-sur-Drôme qui n'est pas sans rappeler... Versailles ! Toutes proportions gardées, bien sûr. Les plans du bourg furent tracés uniquement en fonction de son important château. D'où cette étrange impression quand on pénètre dans cette petite bourgade : les maisons semblent n'avoir été construites que pour mettre en valeur l'imposante avenue qui mène au parc du château... Une belle perspective architecturale, unique en son genre en Normandie. Le château, où régnèrent pendant 300 ans les marquis de Balleroy, fut construit par Mansart dans la 1re moitié du XVIIe s pour le conseiller du roi, Jean de Choisy, qui demanda évidemment à Le Nôtre de dessiner les jardins (remaniés depuis par Henri Duchêne).
Dans les années 1970, la somptueuse propriété fut acquise par un personnage haut en couleur, le milliardaire américain Malcom Forbes (1919-1990), éditeur de *Fortune* et fana de montgolfières. Il y créa un musée consacré à sa passion et organisa, dans l'immense parc, des festivals de dirigeables qui firent de Balleroy la rivale d'Albuquerque (aux États-Unis) ! En 2020, le château a été racheté par un ami de la famille Forbes, un riche entrepreneur, lui aussi américain.

LE CALVADOS

Adresse utile

ℹ ***La Maison de la Forêt :*** *L'Embranchement, 14490 Montfiquet. ☎ 02-31-21-46-00. • isigny-omaha-tourisme.com •* Location de vélos, espace muséographique gratuit, petite boutique et plein de bons conseils pour explorer la forêt. Propose aussi des sorties ou animations, « promenons-nous dans les bois » ou la « sortie cueillette de champignons » à l'automne, ou un « rallye-jeu autour de Balleroy-sur-Drôme » à effectuer en famille.

Où dormir dans les environs ?

Chambres d'hôtes du Manoir du Pont Senot : *11, route de Juaye-Mondaye, 14490* ***Noron-la-Poterie.*** *📱 06-61-83-58-14. • lemanoirdupontsenot@outlook.com • Ouv mars-nov. Doubles 120-280 €.* Un magnifique petit manoir que les accueillants propriétaires ont restauré avec patience. Une fois les enfants partis, ils ont choisi d'ouvrir leur chaleureuse demeure aux visiteurs de passage. On accède aux chambres par un bel escalier à vis du XVe s. Et là-haut, que d'espace, notamment dans la familiale où les enfants ont leur propre coin, avec lit superposé. Sinon, cheminée ornementale pour tout le monde, belles poutres, des meubles indiens ou d'ailleurs qui se mêlent avec bonheur au mobilier de famille. Le tout dans une séduisante campagne avec pour plus proches voisins les poules, les poneys...

Domaine de la Fauvrière : *La Fauvrière, 14240* ***Saint-Honoré-de-Ducy.*** *☎ 02-31-96-75-97. • domainedelafauvriere.com • Doubles 90-100 €, éco-lodges 100-125 €. Réduc de 10 % sur le prix de la chambre sur présentation* *de ce guide (en basse saison).* En pleine campagne bocagère, une maison bourgeoise du XIXe s abritant 4 belles chambres d'hôtes, dont une pouvant accueillir jusqu'à 5 personnes. Et dans le parc de 5 ha, 5 écolodges (2-4 personnes) confortables et coquets. Sur place également, un spa. Bref, l'endroit idéal pour déconnecter et s'offrir un bon bain de nature.

Où manger ?

Chez Louisette : *35, rue de Bayeux, 14330* ***Le Molay-Littry.*** *☎ 02-31-22-95-38. • chezlouisette@orange.fr • Lun-ven 8h-14h (21h ven). Résa conseillée. Formule 14 €, carte 18-23 €.* C'est accueillant chez Louisette, tant le cadre des 2 salles que le service. Déco lumineuse et chaleureuse avec meubles de bois clair, le coin canapé, les tables hautes ou normales. À l'ardoise, une cuisine simple et de saison, à base de produits locaux. Agréable aussi pour une pause gourmande ou caféinée. Et le mercredi, c'est après-midi jeux de société.

L'Hirondelle : *32, route de Balleroy, 14330* ***Le Molay-Littry.*** *☎ 02-31-16-63-01. • restaurant-lhirondelle.com • Ouv jeu soir, ven-sam, dim midi. Menu 25 €.* Un apéritif maison offert sur présentation de ce guide. Une cuisine soignée qui s'inspire de la tradition. Ici tout est fait maison, y compris les glaces et les sorbets.

À voir

Le château et le musée : *à* ***Balleroy-sur-Drôme.*** *☎ 02-31-21-06-76. • chateau-balleroy.fr • ♿ (parc et musée des Ballons). Avr-oct et vac de la Toussaint, mer-dim (tlj juil-août) 10h45-18h ; dernière admission 1h avt la fermeture. Billet combiné musée + château + parc : 9 € ; réduc. Billet château : 7 € ; réduc. Billet musée : 4,50 € ; réduc. Billet parc : 3 €. Réduc de 1 € sur chacune de ces formules sur présentation du guide de l'année.*

– ***Le château :*** cette construction en pierre, aux proportions harmonieuses, passe pour être un exemple typique du style Louis XIII. Elle est la 3e œuvre de l'architecte François Mansart. Beau parterre à la française encadré par les communs et des douves. On peut admirer une importante collection d'œuvres des plus grands maîtres (Baudry, Juste d'Egmont, Vignon...). Magnifique salle à manger décorée de boiseries représentant les *Fables* de La Fontaine. Dans le fumoir, Forbes, en son temps, fit poser au plafond une toile tendue décorée de ballons. Ça contraste un peu avec le mobilier d'époque ! Au 1er étage, très beau salon d'honneur connu pour ses tableaux de rois et son plafond peint, celui-ci, au XVIIe s. On peut aussi découvrir les jardins à la française et le parc à l'anglaise, ainsi que le colombier.

– ***Le musée des Ballons :*** *dans le pavillon d'entrée du château.* C'est, paraît-il, le seul au monde dans son genre. À l'étage, l'histoire des ballons à air chaud et à gaz, depuis le 1er vol (1783) jusqu'aux différents records, aux expéditions phares et à l'utilisation des dirigeables pendant les guerres. On y apprend que, pendant la Seconde Guerre mondiale, Londres fut protégée des bombardements par un bouclier de 444 ballons ! Forbes n'est pas absent du musée qu'il créa : il fut le 1er à traverser les États-Unis en ballon.

DANS LES ENVIRONS DE BALLEROY

Le musée de la Mine : *rue de la Fosse-Frandemiche, 14330* ***Le Molay-Littry.*** *☎ 02-31-22-89-10. • ville-molay-littry.fr • ♿ De mi-avr à oct, mer-dim (tlj sauf mar en juil-août) 14h-18h. Entrée : 5 € ; réduc ; gratuit moins de 6 ans. Visite audioguidée.* Situé sur l'unique bassin houiller de Normandie, qui fonctionna jusqu'au milieu du XXe s, ce musée est particulièrement intéressant. D'abord parce que, à l'aide d'outils, d'objets et de documents anciens, on y découvre la vie quotidienne des « gueules noires du bocage », quand la mine était une vraie ville avec son monument au directeur (!) et sa société philharmonique. Ensuite, on s'y balade dans une reconstitution très réussie de galerie qui permet d'appréhender l'évolution (considérable !) des techniques d'extraction depuis 1740. Enfin, sont exposées ici quelques pièces exceptionnelles : une machine à vapeur de 1800 servant à l'extraction de la houille, unique en France, et une maquette au 1/10 du carreau de mine de la fosse n° 5 de Bruay-en-Artois (dans le Pas-de-Calais), construite pour l'Exposition universelle de 1900.

LE BOCAGE VIROIS

Nous voici aux confins du Calvados, là où on ne sait jamais trop si on est déjà dans l'Orne ou la Manche. Si l'andouille de Vire jouit de sa petite notoriété, le territoire, lui, reste méconnu, y compris de nombre de Normands... au contraire des Anglais qui, de toute évidence, trouvent cette campagne bocagère à leur goût !
Villers-Bocage et Aunay-sur-Odon marquent le début de la fin de la plaine de Caen. On entre dans le pré-bocage. Le terrain peu à peu gagne en relief, se vallonne, devient plus arboré. Si Aunay-sur-Odon, détruite à 100 % en juin 1944, fut en grande partie reconstruite en pierre de Caen et arbore, par conséquent, des façades de couleur claire et lumineuse, c'est ici plutôt l'ardoise et le granit (Vire, Saint-Sever) ou le schiste qui dominent.
Amoureux de la nature : c'est un paysage varié qui s'ouvre à vous, alternant des vallons bordés de haies, de remarquables massifs forestiers, de nombreux chemins creux ou encore les gorges encaissées de la Vire. Bonne nouvelle, pour l'explorer, il existe un très beau réseau de circuits VTT ou de randonnées (topoguides disponibles dans les offices de tourisme ou parcours téléchargeables gratuitement sur leur site).

VILLERS-BOCAGE (14310) 3100 hab. *Carte Calvados, B2*

Villers-Bocage est en fait ce qu'on appelle un village-rue, détruit à 90 % pendant la Seconde Guerre mondiale (une maquette, dans le hall de l'hôtel de ville, montre le bourg avant sa destruction). Connue pour la bataille de chars de juin 1944 qui y eut lieu, la ville arbore aujourd'hui une architecture dite « de la Reconstruction ». On ne vous cachera pas que, de prime abord, ce n'est pas la ville la plus séduisante, mais c'est une des plus vivantes du secteur. Pour la parcourir, se procurer le dépliant *Promenades dans la ville* distribué par l'office de tourisme. Et tant que vous êtes là, partez donc à 8 kilomètres plus au sud, découvrir *Aunay-sur-Odon,* petite ville entièrement rasée lors de la bataille de Normandie et reconstruite de façon totalement différente.

Adresse utile

i ***Office de tourisme :*** *pl. Charles-de-Gaulle.* ☎ *02-31-77-16-14.* • *paysdevire-normandie-tourisme.fr* • *Juil-août, tlj sauf dim 9h30-13h, 14h-18h (17h le sam) ; nov-mars, mar-ven 9h30-12h30 et 13h30-17h30 ; le reste de l'année, tlj sauf dim 9h30-12h30, 13h30-17h30 (12h30 sam).* Livrets de promenades dans la ville, *pass* découverte avec des réductions en été.

Où dormir dans les environs ?

Sous les étoiles : *La Groudière, rue Slaugham, 14350* ***Saint-Martin-des-Besaces.*** *06-37-87-99-53. • info@sous-les-etoiles.camp • sous-les-etoiles.camp • À 18 km au sud-ouest de Villers-Bocage. Ouv tte l'année. Emplacements 2 pers 10-18 €.* « *What a lovely place !* » se sont certainement dit les charmants propriétaires en découvrant ce site où, bien qu'en lisière du village et non loin de l'autoroute, on a vraiment le sentiment d'être en pleine campagne. Du vert, du vert et encore du vert sur cette ancienne ferme. Au milieu, une jolie maison de pays. Celle des propriétaires. À côté, dans les dépendances, un préau, un très beau bloc sanitaire et une salle de jeux. Ainsi, en saison, que le petit café et ses tables dans la cour. Et dispatchés sur le terrain légèrement vallonné et à la belle végétation, les grands emplacements herbus. Un site qui ravira les amateurs de camping au naturel.

Où manger ?

Le P'tit Zinc : *44, rue Georges-Clemenceau. ☎ 02-31-77-82-22. Tlj sauf dim. Formule déj env 13 €, carte 20-25 €.* Une adresse que l'on est heureux de trouver sur sa route et mieux vaut arriver tôt le midi pour avoir une table, en salle ou en terrasse. Ambiance conviviale dans cette brasserie prisée par les travailleurs du coin (une centaine de couverts, impressionnant !). Service rapide et aimable. Frais, bon et copieux, à prix doux.

La Soupape : *6, pl. Leclerc. 06-71-32-36-49. • lasoupapevillersbocage@gmail.com • Fermé dim-lun. Repas 15-20 €.* Une bonne petite crêperie-grill où le chef a réuni ses 2 dadas : la cuisine et son amour des vieilles voitures. D'où la sympathique déco très « garagière », entre vieux bidons d'huile et plaques anciennes... sans parler du combi décapité en guise de comptoir ! Jolie terrasse aux beaux jours.

Les 3 Rois by YY : *2, pl. Jeanne-d'Arc. ☎ 02-31-37-56-06. • les3roisyy@orange.fr • Fermé dim soir et jeu. Formules déj 18-25 €, menus 33-49 €.* Une salle élégante, un service pro et charmant et un chef inspiré qui aime jouer avec les bons produits du terroir.

À voir à Villers-Bocage et dans les environs

L'église Saint-Martin : construite en 1947, un bel exemple de l'architecture moderne de la Reconstruction. Les vitraux de Pierre Gaudin et la mosaïque de Jean Barillet valent la visite, ainsi que les lustres en fer forgé longtemps décriés par la population pour leur modernisme.

Souterroscope des ardoisières : *route de Saint-Lô, 14290* ***Caumont-sur-Aure.*** *☎ 09-71-56-76-97. • souterroscope-ardoisieres.fr • À 13 km à l'ouest de Villers-Bocage. Juil-août, tlj 10h-18h ; mars-juin et sept-oct, tlj sauf lun (tlj avr-juin) 11h-17h ; nov, tlj sauf lun 11h-16h. Fermé de déc jusqu'aux vac d'hiver. Entrée : 10,50 € ; 4-12 ans 5,50 €. Visite audioguidée (1h-1h30).* Un casque sur la tête, une bonne laine sur le dos, on parcourt les 400 m de galeries souterraines de cette ancienne ardoisière exploitée de 1850 à 1890. L'audioguide n'est pas toujours simple à suivre (il faut trouver le rythme et suivre les lumières), mais le site se révèle assez impressionnant, voire d'une grande beauté par endroits. De plus, la visite se veut aussi instructive et pédagogique avec, notamment, un intéressant volet sur le cycle de l'eau (les galeries se trouvent au niveau des nappes phréatiques).

Zoo de Jurques : *La Butte, Jurques, 14260* ***Dialan-sur-Chaîne.*** *☎ 02-31-77-80-58. • zoodejurques.fr • À 13 km au sud-ouest de*

Villers-Bocage. Juil-août, tlj 10h-19h ; juin, sept et vac Toussaint, tlj 10h-18h ; horaires plus réduits hors saison ; dernière admission 2h avt. Fermé de nov aux vac d'hiver. Un zoo familial accueillant nombre d'animaux (tous capables de s'acclimater à l'environnement normand). Loups, kangourous, girafes, zèbres, mais surtout de nombreux et magnifiques félins : lion brun, lion blanc, guépard, tigre blanc, tigre de Sibérie, panthère des neiges et on en passe. Un endroit sympa en famille, pas trop grand pour avoir le temps de se promener tranquillement (prévoir au moins 3h quand même !), mais suffisamment pour que les bêtes aient de l'espace (d'ailleurs, on a parfois du mal à les voir quand elles sont d'humeur à se cacher).

VIRE

(14500) 17 170 hab. *Carte Calvados, A3*

Capitale du bocage virois, Vire est une sous-préfecture paisible et construite dans un joli site. La ville fut, hélas, on n'a pas fini de l'écrire, détruite en grande partie en 1944. Il reste toutefois quelques monuments, parmi lesquels sa curieuse porte-horloge. Vire est surtout connue pour son andouille, grande rivale de celle de Guémené (Morbihan). Sa fabrication remonte au moins au XVIe s et la recette a peu varié depuis.

VIRE ET SON ANDOUILLE

L'origine de l'andouille se perd dans la nuit de l'histoire. Qu'importe, elle est toujours bonne, fumée à souhait. Car tout le secret réside dans le fumage de cette charcuterie composée de l'estomac, de l'intestin grêle et du gros intestin du porc. Pas moins de 1 mois passé dans une cheminée alimentée de bois de hêtre est indispensable. L'andouille perd alors plus de 50 % de son poids et de son volume. Heureusement, on trouve encore des artisans à avoir conservé ce savoir-faire séculaire de l'andouille. Et tous les ans, au mois de novembre, lors d'une énorme foire, Vire rend hommage à cette spécialité qui a fait sa réputation dans les ventres du monde entier.

VIRE OU GUÉMENÉ ?

Faudrait tout de même pas confondre ! Sachez que l'andouille de Vire semble toute chiffonnée quand on la tranche. C'est parce qu'on enfile les bouts d'intestins (le gros, le grêle et la panse) à l'intérieur les uns des autres et qu'on tire l'ensemble par une ficelle pour le placer dans un boyau plus large ! Tandis qu'à Guémené (Bretagne) on utilise uniquement les gros intestins, qu'on enroule les uns sur les autres. Maintenant, tentez le CAP de charcutier (comme Alain Delon) !

Adresses et infos utiles

Office de tourisme : *sq. de la Résistance.* ☎ *02-31-66-28-50.* ● *paysdevire-normandie-tourisme.fr* ● *Juil-août, tlj (sauf dim) 9h30-13h et 14h-18h (17h sam) ; nov-mars, mar-ven 9h30-12h30 et 13h30-17h30 ; le reste de l'année, tlj sauf dim 9h30-12h30 et 13h30-18h (sam 17h).* Petit livret de promenades dans la ville.

Gare SNCF : *rue de la Gare.* ☎ *36-35.* Vire se trouve sur la ligne Paris-Granville, à quelque 2h30 de la capitale.

– **Marché :** *ven mat dans le centre-ville.* Très sympa.

Où dormir ? Où manger à Vire et dans les environs ?

L'Étape en Forêt : *route du Vieux-Château –* ***Saint-Sever,*** *14380* ***Noues-de-Sienne.*** *☎ 02-31-09-12-11. • contact@etape-en-foret.com • etape-en-foret.com • À 13 km à l'ouest de Vire. Ouv avr-oct. Emplacements 2 pers 15-18 €. Cabanes 576-802 €/sem.* Qu'il s'agisse des emplacements de camping, éparpillés sur le site, ou des hébergements insolites, c'est avec bonheur que l'on pose ses sacs pour une jolie étape dans ce bout de forêt convivial, ingénieusement et joliment aménagé. Point de mobile homes ici, mais, çà et là, des lodges en bois, au ras du sol ou perchés sur pilotis, d'étonnants gîtes semi-enterrés, des cabanes dans les arbres... ou plutôt conçues pour les tutoyer au plus près mais sans les abîmer. Et pour tous ces hébergements, des lignes élégantes, originales, en harmonie avec leur environnement. L'aménagement intérieur est simple, sans chichi, dans l'esprit cabane. Tous possèdent leur terrasse, certains disposent de bains nordiques. Pour les campeurs, bloc sanitaire commun, mais accès (payant) à l'espace bien-être (bains nordiques et sauna). Les voitures, quant à elles, restent au parking. Sur place : un resto privilégiant les produits locaux et de saison et organisant des concerts en saison, un parc accrobranche, des sentiers qui combleront VTTistes et randonneurs. Bref, vous l'aurez compris, l'endroit parfait pour s'offrir une belle parenthèse au vert, en famille ou entre amis.

Le Paradis Normand : *la Bruyère-Montchauvet, 14350* ***Souleuvre-en-Bocage.*** *☎ 02-31-69-39-58. 📱 07-87-85-66-07. • manuttin@hotmail.com • leparadisnormand.fr • Double 60 € ; familiale. Repas sur résa 25 €. Une bouteille de cidre offerte sur présentation du guide de l'année.* Au cœur du Bocage, une halte bienvenue et reposante dans une ancienne longère simplement mais joliment restaurée, dans le respect d'un environnement qui le méritait. 2 chambres dont une familiale. Propriétaires passionnés et passionnants qui proposent ateliers en cuisine ou randonnée nature. Une vraie douceur de vivre règne sur les lieux.

La Maison de la Fontaine : *16, pl. du Docteur-Jean-Maugeais, Le Bény-Bocage, 14350* ***Souleuvre-en-Bocage.*** *☎ 02-31-09-25-22. • lamaisondelafontaine@orange.fr • lamaisondelafontaine.com • Double 75 €. Table d'hôtes 22,50 €. Un café offert sur présentation de ce guide.* Au cœur du village, dans une grande et haute maison, 5 belles chambres confortables. Déco soignée et une agréable impression d'espace. Accueil souriant.

Au Vrai Normand : *14, rue Armand-Gasté, à Vire (dans le centre). ☎ 02-31-67-90-99. • restaurant@auvrainormand.com • Tlj sauf mar soir, mer et dim soir. Formules déj en sem 17,50-19,50 € ; menus 28-38 €.* Une belle maison sympathique, à la salle élégante, où l'on sert depuis 30 ans une bonne cuisine régionale avec quelques petites surprises, comme cette andouille chaude sur fondue de poireaux, le fameux ris de veau à la vanille et la tarte fine aux pommes et sorbet à la figue.

The Irish Corner – Cave du Bénit : *23, rue des Bruyères, Le Bény-Bocage, 14350* ***Souleuvre-en-Bocage.*** *☎ 02-31-69-82-98. • dma.normandie@orange.fr • Mar-sam 10h-19h. Repas 15-20 €.* D'un côté la cave, de l'autre le pub avec sa salle tout en hauteur aux murs vert irlandais et à la déco brute (on soupçonne un certain nombre de bancs d'église d'avoir trouvé ici une nouvelle vocation !). Le midi, c'est *fish & chips* (avec, éventuellement, un ou 2 autres plats proposés). Simple, bon, généreux. Et sinon, on vient là pour boire un verre ou assister à un concert ou à une soirée quiz...

Où acheter de bons produits à Vire et dans les environs ?

Ferme Naturellement Normande : *14380* ***Landelles-et-Coupigny.*** *☎ 02-31-67-58-20. • naturellement-normande.com • À 12 km au nord-ouest de Vire. Boutique en libre-service lun-sam 7h-19h.* Ils ne sont plus que 3 producteurs de camembert fermier AOP en Normandie, et c'est l'un d'eux. Les vaches sont nourries au foin et à l'herbe, et ça se sent en bouche. Propose aussi d'autres bons produits laitiers (crème, beurre, yaourts, glaces maisons), un bon *fudge* (une sorte de caramel, mais en plus granuleux) ou encore des colis de viande de bœuf.

Cidrerie Mette : *Le Bourg,* ***Le Mesnil-Caussois,*** *14380* ***Noues-de-Sienne.*** *07-77-25-38-59. Juin-sept, lun-sam 14h-18h ; sur rdv hors saison.* Une petite entreprise familiale proposant d'excellents produits... ainsi qu'une très intéressante visite en saison *(3,50 € ; appeler avt).*

Magasin d'usine Guy Degrenne : *rue Guy-Degrenne. ☎ 02-31-66-45-55. Tlj sauf dim 10h-12h30, 14h-18h30.* C'est à Vire que s'est installée une des 1res usines Guy Degrenne. Vous trouverez dans ce magasin d'usine les dernières collections de vaisselle à prix normal, les fins de série et les produits très légèrement défectueux vendus à des prix intéressants.

LE CALVADOS

À voir

La porte-horloge : *entre la rue du Général-Leclerc et l'église Notre-Dame. Ouv seulement en été pour présenter les expos à thème qu'elle abrite chaque année.* Porte fortifiée construite au XIIIe s. Entre les 2 grosses tours crénelées, un clocher d'une trentaine de mètres de haut, ajouté au XVe s. Beau point de vue.

L'église Notre-Dame : bel édifice construit du XIIIe au XVIe s. Portail du XIVe s. À l'intérieur, nef aux voûtes élégantes, décorée de colonnes et de chapiteaux.

Le donjon : *pl. du Château (derrière l'église).* Construit au XIIe s par les Normands, le château fort qui dominait la vallée de la Vire fut rasé par la suite. Le donjon résista plus longtemps et il en reste de belles ruines.

Le musée de Vire : *2, pl. Sainte-Anne. ☎ 02-31-66-66-50. • museedevire.blogspot.fr •* Installé dans l'hôtel-Dieu du XVIIIe s, il s'agit à la fois d'un musée des beaux-arts, d'histoire et d'ethnographie. Les belles collections évoquent surtout la vie domestique, professionnelle et culturelle dans le bocage virois.

À voir. À faire dans les environs

La route des gorges de la Vire : cette route touristique fléchée de 35 km permet de découvrir un pays sauvage, infiniment secret et plein de charme (qui se prête très bien aux randos ou aux balades à vélo). La Vire, petit fleuve dont le cours musarde, lent et sinueux, se gonfle dans le Bocage d'un tas d'affluents et de ruisseaux vagabonds. Elle dévale furieusement dans un corridor de granit – les gorges proprement dites –, avant d'aller se jeter dans la Manche.

Le viaduc de la Souleuvre : *à* ***La Ferrière-Harang.*** Surplombant d'une soixantaine de mètres une gorge, une passerelle de 140 m de long, construite en 1889 selon les plans de Gustave Eiffel. Ancien viaduc ferroviaire de la ligne Vire-Caen, le site fut abandonné en 1964, avant d'être redécouvert par des dingues de *saut à l'élastique,* qui le réaménagèrent en 1990 pour en faire le premier endroit au monde spécialement conçu pour ce sport. Aujourd'hui, en plus d'être un très beau terrain de randos (à pied ou à VTT), c'est un lieu d'activités pour toute la famille : balançoire géante, tyrolienne, accrobranche, luge sur rails, jardin pieds nus... On peut même y boire un verre ou se restaurer (● viaducdelasouleuvre.com ● ou ● normandie-luge.com ●).

Le lac de la Dathée : *à 8 km de Vire.* Un chemin fait le tour de ce plan d'eau de 43 ha où seuls les canards ont le droit de se baigner. La réserve est gérée par le Groupe ornithologique normand. Près de 90 espèces d'oiseaux (canards, bécassines...) ; à vous d'ouvrir l'œil ! Une balade agréable et sans difficulté (6 km). Activités nautiques sur place (embarcations à pédales, planches à voile, kayaks).

Manifestations

– ***Les Virevoltés :*** *1 sem début juil.* ● *lesvirevoltes.org* ● Festival de spectacles de rue qui anime toute la ville. Un événement très sympa et populaire dans toute la région qui attire du monde.
– ***Foire à l'andouille et produits du terroir :*** *w-e de la Toussaint.*

CONDÉ-SUR-NOIREAU

(14110) 6 630 hab. *Carte Calvados, B3*

Entre Vire et Pont-d'Ouilly, Condé est la patrie de Dumont d'Urville, explorateur qui découvrit la terre Adélie et qui rapporta en France l'*Aphrodite* de Milos, connue surtout sous son pseudo : la *Vénus de Milo.* Shakespeare s'inspira également d'une figure locale de Condé : John Falstolf, qui fut gouverneur de la ville sous l'occupation anglaise pendant la guerre de Cent Ans. Et le bon William fit de lui Falstaff, évidemment. Complètement rasée pendant la guerre, la ville a heureusement été reconstruite en respectant l'architecture du pays. On peut la découvrir en retirant à l'office de tourisme le dépliant *Promenade dans la ville.*

Adresse utile

Office de tourisme : *27, av. de Verdun. ☎ 02-31-69-27-64.* ● *paysdevire-normandie-tourisme.fr* ● *Tlj sauf dim-lun 9h30-12h30, 13h30-17h30.*

À voir à Condé et dans les environs

L'espace-musée Charles-Léandre : *9, rue Saint-Martin, à Condé. ☎ 02-31-69-41-16.* ● *musee-charles-leandre.fr* ● *Mar-ven 9h30-12h15, 14h-18h30 ; sam 10h-17h ; 1 dim du mois en principe 14h30-18h. GRATUIT.* Sur 3 niveaux, un excellent musée consacré à la mémoire locale et à l'une de ses gloires, le peintre caricaturiste Charles Léandre. Belle atmosphère intimiste d'entrée pour présenter les portraits et les scènes de genre de ce peintre touche-à-tout. La partie consacrée à la carrière de caricaturiste de Léandre permet de découvrir un artiste moqueur mais jamais cynique. Dans les étages, présentation des œuvres d'Eduardo-Leon Garrido (1856-1949) et de son fils Louis-Édouard (1893-1982). Paysages et marines témoignent de l'attachement à la Normandie de ces peintres postimpressionnistes. Une salle est consacrée au peintre contemporain paysagiste Jack Mutel (1935-2016). Au dernier étage, découverte de l'histoire et de l'évolution de la ville sous forme de documents et petits films d'archives. Une grande maquette représente Condé avant les bombardements du 6 juin 1944.

Le château de Pontécoulant : *14110* ***Pontécoulant.*** *☎ 02-31-69-62-54. À 6 km au nord-ouest de Condé-sur-Noireau par la D 105. Mai-sept, tlj 10h-12h, 14h30-18h ; de mi-mars à avr, tlj 14h30-17h30 ; oct à mi-nov, tlj 14h30-17h. Fermé de mi-nov à mi-mars. Entrée : 6 € ; réduc ; gratuit moins de 7 ans.* Belle demeure des XVIe et XVIIIe s, complétée par 2 pavillons d'entrée et un colombier ; un domaine qui engloba jusqu'à 343 ha de terres ! La dernière descendante de la famille Pontécoulant a légué la propriété et l'ensemble de son mobilier en 1896 au département, sous réserve de l'ouvrir au public. Mobilier représentatif de différentes époques, de Louis XV à l'Empire, et une pièce au mobilier asiatique. L'ensemble est impeccablement entretenu, même si, n'étant plus habité depuis longtemps, il y manque bien sûr un peu de vie. Salon de thé en haute saison. Très beau parc à l'anglaise, tables de pique-nique. Possibilité de faire une balade familiale en boucle.

LA SUISSE NORMANDE ET LE PAYS DE FALAISE

Nous voilà tout au sud du Calvados, à la limite de l'Orne. D'ailleurs, on ne sait jamais trop si l'on est dans l'un ou l'autre département, puisqu'au cours d'une même promenade, il suffit de traverser un cours d'eau pour passer de l'un à l'autre.

LA SUISSE NORMANDE

Carte Calvados, B3

Cette région s'étend le long de l'Orne (le fleuve), à cheval sur les départements du Calvados et de l'Orne. Paysage évidemment verdoyant, parsemé de cours d'eau et ponctué de falaises, certaines impressionnantes, comme le fameux Pain de Sucre. Rendez-vous des varappeurs, des randonneurs et des pêcheurs, la Suisse normande est une région d'autant plus attachante qu'on n'en finit pas d'apprécier la gentillesse de ses habitants, les charmes de ses petits villages, la découverte des routes pittoresques trop discrètement signalées, sans parler, bien sûr, de toutes les activités nécessaires aux vacanciers. Très fréquentée en plein été ou le week-end par ceux qui aiment profiter des guinguettes au fil de l'Orne.

Adresses utiles

Office de tourisme de la Suisse normande : *2, pl. Saint-Sauveur, 14220* ***Thury-Harcourt.*** *☎ 02-31-79-70-45. • suisse-normande-tourisme.com • Tte l'année, mar-sam et dim mat (tlj juil-août) 10h-12h30, 14h-17h (18h mai-sept).*

Office de tourisme de la Suisse normande : *pl. du Tripot, 14570* ***Clécy.*** *☎ 02-31-79-70-45. • suisse-normande-tourisme.com • Fermé janv-mars. Pâques-Toussaint : mar-sam et dim mat (tlj juil-août) 10h-12h30, 14h-18h.* Vous trouverez dans les offices de tourisme toutes les informations sur les nombreuses activités sportives, ainsi que des topoguides pour la randonnée pédestre, le VTT et l'escalade.

À faire

La Suisse normande est un petit paradis pour les promeneurs et les sportifs. Vous pourrez y pratiquer diverses activités.

– ***Canoë-kayak :*** les villes de Thury-Harcourt et Pont-d'Ouilly sont réputées pour leurs très bonnes équipes de kayak-polo et leur club « fournisseurs officiels de l'équipe de France, championne du monde », comme disent certains en plaisantant. Des balades sur l'Orne très sympa sont à faire entre ces 2 villes. À Clécy, guinguettes en tout genre et beaux sites (Rochers des Parcs, le Pain de Sucre, l'Éminence...) pour clore la balade. Quelques adresses où vous trouverez encadrement et location de matériel :

– **Bases de plein air :** *à* ***Pont-d'Ouilly,*** *• pontdouilly-loisirs.com • ;* ***Thury Plein Air*** *à* ***Thury-Harcourt-Le Hom,*** *• thury-plein-air.fr • ;* ***Centre de pleine nature Lionel Terray,*** *Le Viaduc, à Clécy, • centredepleinenature.com • ;* ***Capa'Venture,*** *La Faverie, à Clécy • capaclecy.fr • Plusieurs boutiques louent également ces petites embarcations à* ***Clécy.***

– ***VTT :*** tout un réseau de circuits s'étend de Saint-Laurent-de-Condel à la Roche d'Oëtre. Topoguide d'une trentaine de circuits labellisés FFC en vente dans les offices de tourisme de la Suisse normande.

Locations de vélos en Suisse normande : *au kayak club de Thury-Harcourt et à la base nautique.* Important pour qui aurait envie de suivre la Vélo Francette, et notamment reliant la côte normande (Ouistreham) à la Suisse Normande (Clécy)

Vélorail : ***Vélorail des Collines Normandes,*** *gare de* ***Pont-Érambourg à Saint-Pierre-du-Regard.*** *Lire « À voir. À faire » dans la partie consacrée à la Suisse normande de l'Orne plus loin.*

➢ ***Randonnée pédestre :*** de nombreux sentiers pour muscler vos petits mollets. Topoguide en vente dans les offices de tourisme (randos de 5 à 16 km).

– **Locarox :** *rue Camille-Blaisot, 14210* ***Évrecy.*** *06-62-18-57-02. • Facebook • Ouv tte l'année 10h-12h, 14-18h. À partir de 85 €.* Avis à ceux qui arriveraient dans le coin à vélo et souhaiteraient s'offrir une pause et un retour dans le passé, en découvrant la Suisse normande au volant d'une Renault4 (une 4L, quoi !). On vous propose même des itinéraires pour vous aider.

CLÉCY (14570)

Petite « capitale de la Suisse normande », Clécy est un charmant village, construit dans un site superbe. Une partie de la ville (la plus touristique) borde les rives de l'Orne et jouxte le hameau du Vey. Le « centre-ville » proprement dit est à l'écart, un peu plus haut. Animé le dimanche matin, jour de marché.

Adresse utile

Office de tourisme de la Suisse normande : *pl. du Tripot. Voir plus haut la rubrique « Adresses utiles » au début de « La Suisse normande ».* Propose 4 circuits patrimoine pour découvrir la ville et ses trésors cachés. À l'étage, ***joli petit musée Hardy,*** en hommage à un attachant peintre du pays.

Où dormir ?
Où manger à Clécy et dans les environs ?

Camping

▲ ***Camping Les Rochers des Parcs :*** *8, rue du Viaduc, la Cour, 14570* ***Le Vey.*** *☎ 02-31-69-70-36. • camping.normandie@gmail.com • camping-normandie-clecy.fr • ♿ Ouv avr-sept. Emplacements 2 pers 19-22,50 €.* Petit camping juste au bord de l'eau. Au menu des locations : chalets, mobile homes et caravanes. Le site est bien aménagé (notamment l'espace accueil-café, très sympa), on vous y reçoit avec le sourire et puis on aime beaucoup l'ambiance, très familiale.

Sur le pouce

La Suisse Gourmande : *2, pl. du Tripot. ☎ 02-31-66-23-58. • lasuissegourmande@hotmail.fr • Congés : 3 sem en janv. Mar-dim 9h30-19h (13h dim). Planche de fromages env 6 €.* Petite épicerie de produits locaux qui peut aussi, à toute heure, vous composer une planche de fromages ou de charcuterie qu'on peut consommer sur place, en terrasse, en buvant un verre. En sous-sol, petite cave à vins (naturels) et à l'étage, artisanat local (ou d'Amérique du Sud en commerce équitable).

Bon marché

Chambres d'hôtes La Ferme du Vey : *Isabelle et Pierre Brisset, 90, route de Saint-Laurent, le Bas-du-Vey, 14570* ***Le Vey.*** *☎ 02-31-69-71-02. 06-18-47-45-74. • fermeduvey@gmail.com • fermeduvey.fr • Double 50 €.* Dans une ferme cidricole à quelques minutes à pied de Clécy, 3 chambres simples, au calme, à prix doux.

Aux Rochers : *La Cambronnerie, 14570 Clécy. ☎ 02-31-69-72-94. • restaurant.rochers@wanadoo.fr • Ouv tlj de mi-mars à fin nov. Menu 18,90 €, carte 20-25 €.* Sur les bords de l'Orne. Galettes, viandes, petits plats traditionnels : c'est simple, mais bon et fait maison.

De prix moyens à chic

Au Site Normand : *2, rue des Châtelets, à Clécy. ☎ 02-31-69-71-05. • sitenormand@orange.fr • hotel-clecy.com • ♿ Congés : 15 déc-fin janv. Doubles 85-125 € ; familiale. Resto fermé dim-lun. Menus-carte 19,50-36 €, dégustation 53-67 €.* Métamorphose réussie d'une maison de village à colombages et aux couloirs étroits en un lieu de vie éclatant de couleurs, à l'ambiance et au confort d'aujourd'hui. Bonne table, surtout, avec, en cuisine, un chef autodidacte devenu l'un des meilleurs de la région. Pas de carte, on choisit juste la formule et le nombre de plats, ce qui permet chaque jour, au fil du marché, de proposer les meilleurs produits des petits producteurs locaux. Accueil véritablement charmant.

LE CALVADOS

À voir à Clécy et dans les environs

Les bords de l'Orne : *en contrebas de Clécy-centre, à env 800 m.* Ça rappelle curieusement les bords de la Marne. Ambiance de week-end champêtre avec guinguettes et embarcations à pédales. Terrasses agréables pour prendre l'air du temps ou des moules-frites. *Via ferrata tyrolienne (w-e en juil-août)* et luge d'été.

Le Chemin de fer miniature : *Les Fours à Chaux, rue d'Ermington. ☎ 02-31-69-07-13. • chemin-fer-miniature-clecy.com • ♿ Pâques-oct ; juil-août tlj 10h30-18h ; sinon voir les horaires détaillés sur le site. Entrée : 9,50 € ; 7 € 3-12 ans.* C'est un bien joli voyage en petit train qui vous attend. Pas celui qui fait le tour du site, que vous pourrez prendre à la sortie, non ! Celui que l'on recommande se trouve dans une salle et complète par un fils aimant l'univers mis en place par son père, il y a déjà quelques décennies de cela. Sur plus de 300 m², l'une des plus grandes maquettes d'Europe, avec des centaines de wagons, locos, maisonnettes et décors divers, pour faire rêver petits et grands. Beaucoup d'émotion, surtout si le groupe est réceptif, devant cet univers entretenu avec soin, qui s'éclaire quand la nuit tombe dans la pièce, alors que chaque élément du décor se met en marche, tour à tour. Également donc un petit tour en train le long des anciennes carrières, la visite libre des fours à chaux et, pour finir, d'énormes jeux gonflables pour les enfants, et des crêpes pour les grands, ou vice versa.

Cave de la Loterie : *4, hameau de la Loterie, à Clécy. ☎ 02-31-69-74-38. • cavedelaloterie.fr • À 5 km au sud de Clécy. Lun-sam 9h-12h30, 13h30-19h, plus avr-sept dim et j. fériés 10h-12h30, 15h-18h. Visite (1h30) à 14h30 mar-sam en juil-août ; sur rdv le reste de l'année ; prix : 3 €.* Belle cave cidricole où vous trouverez de délicieux jus de pomme, poire, du calva, du poiré, du cidre (4 gammes différentes, aux assemblages et durées de fermentation différents) et un produit original : le R'Eve de Poire (soit un pommeau, mais à base de poiré). Le tout issu des 25 ha de verger en bio (21 ha de pomme et 4 ha de poire). Mention spéciale pour la visite, vraiment intéressante, qui vous raconte tout sur la production de la maison, de la plantation de l'arbre jusqu'à sa dégustation. Et pour compléter votre panier (ou repas !) : on vend aussi les gourmandises d'autres producteurs.

THURY-HARCOURT-LE HOM *(14220)*

Petite cité des bords de l'Orne et porte d'entrée de la Suisse normande. Son bourg a conservé une ***église*** du XIIIe s et les souvenirs de son ancien ***château.*** Belles balades à faire dans les environs.
Pour découvrir, dans les environs, des villages ou sites méconnus mais dignes d'intérêt, retirer à l'office de tourisme les dépliants « Parcours patrimoine » : « Boulon au Moyen Âge », « Moulins et tanneries de la Laise », « La mine et l'industrie », « Tournebu et son bâti médiéval ».

Où dormir ? Où manger à Thury-Harcourt et dans les environs ?

Chambres d'hôtes Aux Logis de Trois Monts : *145, rue du Vieux-Château, 14210* ***Trois-Monts.*** *☎ 02-31-79-78-98. 📱 06-09-92-18-51. • bernard.more@free.fr • auxlogisdetroismonts.fr • À 7 km au nord de Thury-Harcourt. Double 70 € (tarif dégressif la 2e nuit) ; gîte 2-4 pers.* Dans un joli paysage vallonné, avec l'église en contrebas, la maison et ses dépendances sont disposées autour d'une cour toute fleurie en saison. Une bâtisse accolée à la maison principale abrite 2 chambres d'hôtes pimpantes pouvant accueillir 2 à 4 personnes.

Chambres d'hôtes Le Haras du Courtemot : *Le Petit-Courtemot, 14220* ***Croisilles.*** *📱 06-11-81-01-37. • sylviedecourtemot@gmail.com • harasducourtemot.e-monsite.com • À 3 km au nord-est de Thury-Harcourt. Doubles 65-80 €.* Au 1er étage, 2 chambres pour les familles ou entre amis puisqu'elles partagent une même salle de bains. Un étage plus haut, sous les toits, une autre chambre, spacieuse, chaleureuse. Le tout relié par un bel escalier de pierre. Déco sobre mais chaleureuse avec çà et là quelques discrètes touches de fantaisie (une peluche, une salle de bains pêchue). Et pour vous accueillir, tout en simplicité et gentillesse, une charmante hôtesse qui élève vaches allaitantes et chevaux de course trotteurs.

Le Marronnier : *pont du Coudray, 14210* ***Amayé-sur-Orne.*** *☎ 02-31-80-53-55. • contact@restaurant-le-marronnier.fr • À 16 km au nord de Thury-Harcourt. Fermé lun, mar soir et dim soir. Menu déj 18 €, autres menus 25-30 €. Un apéritif offert sur présentation de ce guide.* Une auberge de campagne proposant une belle cuisine de saison ouverte aux influences extérieures, à savourer dans un cadre agréable : soit en salle, avec les grandes fenêtres et un intérieur soigné, ou sur la vaste terrasse.

Le P'tit Cardinal : *le Hom, 14220* ***Curcy-sur-Orne.*** *☎ 02-31-93-37-12. À env 2 km au nord de Thury-Harcourt. Tlj sauf lun-mar. Formule en sem env 13 € ; menu env 25 €.* Un établissement où l'on passe un bon moment, tout le monde étant au taquet pour servir dans les temps. Carte courte, ardoise succincte. Terrasse ensoleillée (enfin, on est en Normandie, quand même !).

Où faire une pause ? Où s'approvisionner ?

Le Quai d'Harcourt : *juin-sept, tlj 11h-18h30 ; oct-mai, lun-ven 13h-18h30, sam 11h-18h30, dim 11h-17h.* Au bord de la voie verte, dans l'ancienne gare de Thury-Harcourt, une petite épicerie travaillant uniquement avec les producteurs locaux et faisant aussi café pour une pause en journée. Propose également des crêpes sucrées pour caler les petites faims.

PONT-D'OUILLY (14690)

Traversée par l'Orne, c'est la dernière étape avant de pénétrer dans le département voisin.

Où dormir dans le coin ?

Kotaventure : *chemin de Surosne, La Fouillerie, 14690* ***Le Mesnil-Villement.*** *06-98-24-34-16 ou 06-66-51-87-94. • contact@kotaventure.com • kotaventure.com • À 4 km au sud de Pont-d'Ouilly. Ouv avr-oct. Emplacement tente 2 pers, 12-16 € ; kota 2 pers 80-140 €/nuit ; pods 2 pers 40-60 €. Apéritif offert sur présentation de ce guide.* Sur un site en terrasse surplombant la rivière, un petit village de logements insolites, à savoir des *kota* venus tout droit de Finlande, soit de jolis petits chalets en bois de forme octogonale. Parmi les 5 *kota* (2-4 personnes), 2 sont plus romantiques avec baignoire au centre pour l'un et lit rond pour l'autre. Chacune des maisonnettes dispose de son propre espace extérieur. Plus rustiques, les 3 *pods* (2 ou 4 personnes), soit l'équivalent d'une tente, mais en bois et au sec ! Également 3 espaces où planter sa tente et, sur le grand terrain voisin, l'aire réservée aux camping-cars. Et pour tout ce beau monde : un sauna (payant), un sympathique espace barbecue (à la finlandaise, toujours), le petit bar-resto-snack, ainsi que le terrain de Mölkky et autres jeux familiaux.

Le camping de la Rouvre : *8, chemin du Cul-de-Rouvre, 61430* ***Ménil-Hubert-sur-Orne.*** Voir le chapitre Suisse normande dans l'Orne.

Où s'approvisionner ? Où manger dans le coin ?

L'Épicerie du Coing : *8, rue du Stade-René-Vallée, 14690* ***Pont-d'Ouilly.*** *06-20-99-26-12. Lun-sam 9h-12h30, 15h-19h, dim 9h-12h30 ; fermé mer.* Une petite épicerie qui travaille avec près d'une cinquantaine de producteurs locaux (et volontiers bio) : fruits, légumes, fromages... bref tout ce qu'il faut pour préparer une pique-nique si vous randonnez dans le coin.

La Route des Crêpes : *Le Mesnil, 14690* ***La Pommeraye.*** *☎ 02-31-69-15-88. • gitelecurie@gmail.com • Ouv tlj sauf mer et dim. Résa conseillée. Carte env 20 €.* Installée dans d'anciennes écuries joliment réaménagées, cette excellente petite crêperie propose crêpes et galettes gourmandes à base de bons produits.

LE CALVADOS

À voir. À faire dans le coin

Le Château Ganne : *D 23, 14690* ***La Pommeraye.*** *Accès libre et gratuit.* En fait de château, c'est une forteresse médiévale des XI et XIIe s... ou plutôt ses quelques vestiges. Ces derniers permettent cependant de comprendre comment était constituée une fortification médiévale. C'est aussi un lieu de promenade sympathique en famille (3 parcours de 3-4 km autour). Tous les 2 ans, en juin, le site revit lors des ***Médiévales.***

Domaine de La Pommeraie : *lieu-dit La Couture, 14690* ***La Pommeraye.*** *• pommeraye.fr • Sur résa.* Une adresse pour se faire du bien : outre les belles chambres et séduisants appartements, le domaine abrite un magnifique espace bien-être où se faire bichonner avec des soins et produits de qualité, avant de se ressourcer dans la petite piscine, le sauna ou hammam privatisés pour chaque client.

FALAISE (14700) 8 190 hab. *Carte Calvados, C3*

Située en plein cœur de la Normandie, Falaise bénéficie d'une position géographique favorable, entre pays d'Auge et Suisse normande, et aux portes de l'Orne. La ville naît au Moyen Âge et se développe autour de son château fort. Cité natale de Guillaume le Conquérant, duc de Normandie et roi d'Angleterre, elle joua un rôle économique important grâce à ses activités artisanales telles que la pelleterie, la draperie, la bonneterie ou encore la tannerie. La ville, durant tout le Moyen Âge, profita de la grande renommée que lui apportèrent ses célèbres foires qui se tenaient dans le quartier de Guibray.
De cette époque prospère, Falaise conserve un beau patrimoine : hôtels particuliers, édifices religieux et, bien sûr, son incontournable château fort. 90 % de l'enceinte médiévale de la ville s'étend aujourd'hui encore sur 2 km (mais elle est discrète, et il faut parfois ouvrir l'œil pour la voir). Un patrimoine préservé en dépit de l'importante destruction subie lors de la 2e Guerre mondiale, dont témoigne aujourd'hui un remarquable musée, le Mémorial des civils dans la guerre. Un musée fort, émouvant, qui redonne aux victimes civiles la 1re place, celle qu'elles ont occupée à l'issue de la 2e Guerre mondiale dans les statistiques.

UN PEU D'HISTOIRE PAILLARDE, POUR CHANGER !

À l'âge de 17 ans, le jeune duc Robert traînait souvent au pied du donjon familial dans le seul but de reluquer en douce la jolie Arlette, la fille du tanneur du village, qui venait régulièrement y laver son linge. Fou d'amour, le futur Robert le Magnifique parvint à faire entrer la jeune fille au château. Selon la légende, Arlette eut par la suite un rêve étrange : elle accouchait d'une forêt, qui envahissait la Normandie et l'Angleterre ! En réalité, à Noël, elle

UNE JUSTICE BIEN BÊTE

À l'époque médiévale, les animaux coupables d'homicides ou d'agressions devaient subir la justice des hommes. En 1386, à Falaise, on condamna une truie qui avait mutilé un bébé de 3 mois. On la supplicia devant le peuple en la suspendant par les pattes arrière, puis on l'étrangla.

enfanta un petit bâtard, dans la cellule du donjon... On l'appela Guillaume (avant le Conquérant, on le surnomma le Bâtard). D'abord élevé au château, il fut contraint, une fois son père mort, de se réfugier dans les environs. Mais en lui bouillonnait un sang ducal : il finit par s'emparer de force du château paternel et restaura sa qualité de duc de Normandie. Cet instinct de conquête le poursuivra jusqu'à celle de l'Angleterre.

LA « POCHE » DE FALAISE-CHAMBOIS

En 1944, après le Débarquement et la percée du bocage, les Alliés, soutenus par l'armée de Patton, arrivent dans la région de Falaise début août. Les panzers allemands contre-attaquent mais, en quelques jours, les voilà coincés par les Anglais et les Canadiens au nord, par les Américains à l'ouest et bientôt par les Français (la 2e DB de Leclerc) et les Polonais au sud ! Cet étau allié forme alors une poche, dans laquelle les Allemands ne tardent pas à étouffer... Mais ça, c'est une autre histoire, qu'on vous raconte dans le paragraphe consacré à Chambois et au mont Ormel (voir le chapitre « L'Orne »). La ville de Falaise, elle, n'est libérée que le 17 août par les Canadiens, au prix de destructions massives (80 % de la ville). Une histoire que vous allez pouvoir revivre, au sens strict, en découvrant le Mémorial des civils dans la guerre, temps fort de votre visite à Falaise.

Adresse utile

Office de tourisme du pays de Falaise : *5, pl. Guillaume-le-Conquérant. ☎ 02-31-90-17-26. • falaise-tourisme.com • Juste à côté du château. Mai-sept, lun-sam 9h30-12h30, 13h30-18h30 (plus dim et j. fériés 10h-13h) ; oct-avr, mar-mer 9h30-12h30, 13h30-17h30 (plus sam 10h-13h).* Pour les randonneurs et les VTTistes, cartes et topoguides en vente. Propose aussi des visites guidées, balades musicales et gourmandes.

Où dormir ?

Camping

Camping du Château : *au Val-d'Ante. ☎ 02-31-90-16-55. • camping@falaise.fr • camping-falaise.com • Au pied du château ; fléché. Ouv avr-oct. Emplacements 2 pers 20-24 €.* Un camping municipal qui ne manque pas d'atouts : situé dans un site verdoyant et calme, bien aménagé, juste au pied du château de Guillaume le Conquérant et dans un vieux quartier de la ville qui a eu la chance de ne pas être entièrement détruit en 1944. Du charme, donc, mais aussi un bon confort, avec un bloc sanitaire impeccable et, très appréciable, un espace pour jouer ou bouquiner au chaud quand le ciel déverse ses trombes d'eau. Et tout ça, à 2 mn à pied du centre-ville.

Chambres d'hôtes

Chambres d'hôtes Les Prémontrés : *rue des Prémontrés. 📱 07-81-34-52-45. • lespremontres@gmail.com • lespremontres.fr • Doubles 90-130 €. 2 gîtes 6 pers.* Une adresse offrant un cadre très douillet et soigné, avec une jolie pointe d'originalité. Nous sommes là dans un ancien haras (mais presque en plein centre-ville !) et les chambres sont installées à l'étage des anciennes écuries. Au rez-de-chaussée, on a conservé (mais un rien réaménagé !) les box : à chaque chambre le sien, pour le petit déjeuner. À moins qu'il ne fasse beau, on peut alors profiter de l'agréable terrasse. Autre curiosité : la piscine intérieure chauffée (mai-Toussaint), dans un ancien hangar, avec mezzanine et beaux murs de pierre.

Castel Saint-Léonard : *12, rue Victor-Hugo. 06-16-94-45-59. • info@castelsaintleonard.fr • castelsaintleonard.com • Doubles 130-160 €.* Un hôtel particulier du XVIIIe s resté dans la même famille de sa construction jusqu'en 2008 et qui n'a, au fil des siècles, subi que peu de transformations. Ce lieu est donc, en lui-même, une rareté (à l'image du niveau en rez-de-jardin avec les anciennes cuisines). Le grand salon en rotonde et la salle à manger sont d'ailleurs classés aux Monuments historiques et l'actuel propriétaire des lieux a à cœur de préserver le style des lieux, y compris dans les belles chambres spacieuses. Situées à l'étages, leurs grandes fenêtres donnent sur les arbres et le parc du château de la Fresnaye voisin. Du caractère, beaucoup, mais un caractère léger et lumineux. La seule touche plus contemporaine (et encore, toujours dans l'esprit des lieux) : les grandes salles de bains.

Où manger ?

Boulangerie-pâtisserie Serais : *5, pl. du Docteur-Cailloué. 02-31-90-15-57. • boulangerieserais@orange.fr • Tlj sauf lun-mar.* Outre le bon choix de sandwichs le midi, propose d'excellents sablés et, surtout, de délicieux *bourdelots* (tarte à pâte fine avec d'épais quartiers de pomme dessus).

Le Vauquelin : *2, rue Vauquelin. 02-31-42-66-26. • levauquelinfalaise@gmail.com • Tlj sauf dim-lun. Résa conseillée. Formules déj 17,90-24,90 €, dîner 24,90 €.* Une petite adresse dynamique qui, chaque semaine, propose une ardoise différente. Au menu, une cuisine maison à base de bons produits du terroir et de saison qui allie simplicité, légèreté, maîtrise des cuissons et beaucoup de fraîcheur. Bel accueil.

Hôtel de la Poste – Restaurant Ô Saveurs : *38, rue Georges-Clemenceau. 02-31-90-13-14. • hotel.delaposte@orange.fr • hotelrestaurantosaveurs.com • (resto). Resto fermé sam midi, dim soir et lun. Doubles 70-100 € ; familiales. Menus déj en sem 28 €, puis 43-75 €.* Côté hôtel, les chambres restent assez classiques. Sobres, pas très grandes, elles sont néanmoins agréables. Côté table, le chef refuse la facilité, il aime les bons produits, les travailler, les mettre en scène, jouer avec toute une palette de saveurs et de textures. Les cuissons sont à point, et même les touches de déco ont du goût ! Quant aux desserts, ils permettent de finir le repas en beauté. Le tout à savourer dans de jolies salles illuminées par de grandes baies pour mieux profiter de la vue sur le château de la Fresnaye, de l'autre côté de la route.

Où dormir dans les environs ?

Chambres d'hôtes Domaine de la Tour : *la Tour, 14700* ***Saint-Pierre-Canivet****. 02-31-20-53-07. 06-73-43-66-18. • domainedelatour.fr • À env 4 km au nord-ouest de Falaise (ne pas entrer dans Saint-Pierre-Canivet). Doubles 79-129 € ; familiales.* Seule au milieu des champs, dans une très belle campagne, cette magnifique propriété du XVIIIe s joliment restaurée abrite 5 chambres claires et accueillantes, dont une suite. Toutes ont gardé leur parquet et de jolis meubles de style plutôt rustique ou ancien. Un endroit vraiment reposant et à l'accueil souriant. Un jacuzzi vient d'être installé. Également de beaux gîtes sur place et dans un village voisin (*• chateauturgot.net •*).

Chambres d'hôtes chez Thierry et Delphine Bisson : *3, route de Saint-Pierre-sur-Dives, 14620* ***Morteaux-Coulibœuf****. 02-31-90-37-62. 06-04-40-37-10. • thierrybisson@neuf.fr • gitebisson.fr • Double 70 € ; familiale. Table d'hôte sur résa 20 €.* 3 chambres bien exposées, chacune avec un petit étage mansardé (2 lits supplémentaires). Cuisine impeccable à disposition. Petit balcon filant qui longe les chambres, avec table et chaises. Lève-tôt et lève-tard seront heureux puisque le – copieux – petit déj est proposé de 7h à 12h ! Chien et animaux de basse-cour ; quant aux vaches élevées par la famille, elles sont plus loin dans le village. Accueil convivial.

À voir

Le château : *☎ 02-31-41-61-44. • chateau-guillaume-leconquerant.fr • ♿ (seulement le bâtiment d'accueil et visite virtuelle avec la tablette numérique). Tlj 10h-18h (19h juil-août) ; billetterie fermée 1h avt. Fermé en janv. Entrée : 8,50 € ; réduc et forfait famille (21 €). Visite guidée (sans supplément) à 15h30 w-e, vac scol et j. fériés ; à 10h30, 15h30 et 17h en été. Parcours avec tablette numérique inclus dans le prix. Compter 1h15 de visite. Nombreuses animations en saison.*
Sur un éperon rocheux se dresse une imposante forteresse construite dès le Xe s et agrandie au XIIe s par les descendants de Guillaume le Conquérant à l'emplacement de l'ancien château. Celle-ci fut transformée et agrandie au siècle suivant sous Philippe Auguste, puis faiblement remaniée pendant la guerre de Cent Ans (un film, à l'entrée du site, permet de suivre l'évolution de la fortification).
Abandonné au XVIIe s, le château était dans un état de délabrement avancé à la fin du XIXe s quand il fut classé aux Monuments historiques. Quand le site a rouvert ses portes au public dans les années 1990, les travaux entrepris par l'architecte Bruno Decaris étaient loin de faire l'unanimité, notamment les énormes blocs de béton disposés sur la façade (qui rappellent plus le mur de l'Atlantique que l'esthétique médiévale !). Les 3 donjons sont protégés par la dizaine de tours encore visibles de l'enceinte castrale. Hautes murailles, épaisses de 4 m à certains endroits. Un immense donjon se distingue du reste des remparts.
La scénographie réussie associe textes, objets sous vitrines, courtes séquences filmées projetées sur les murs des différentes pièces... Des tablettes tactiles offrent au visiteur un voyage dans le temps, vivant, animé, grâce aux merveilles de la réalité augmentée. Également une petite chasse au trésor pour les enfants.

Les églises : la ville en compte 4. La plus importante, celle de la *Sainte-Trinité* (dans le centre-ville), possède un beau porche flamboyant, représentatif des débuts de la Renaissance. Si vous faites le tour de cette église du XIIIe s dont la nef et le chœur furent reconstruits entre 1438 et 1510, vous découvrirez qu'une petite rue passe sous une partie de celle-ci : ce *passage dessous l'arche,* comme on l'appelle, est unique en Normandie (et il n'en existerait que 2 en France). Il date de l'époque où l'on voulut agrandir l'édifice : pour éviter de bloquer la rue qui bordait l'édifice, on décida de l'enjamber. L'église *Notre-Dame-de-Guibray* est connue pour son orgue de Parizot du XVIIIe s, superbe. L'église *Saint-Gervais,* au nord-est du centre, illustre l'évolution de l'architecture religieuse normande des XIe et XVIe s. Édifiée sous Guillaume-le-Conquérant, sa construction dura si longtemps qu'il n'en vit pas l'aboutissement. Enfin, l'église *Saint-Laurent* offre un bel exemple de l'art roman normand au XIe s.

UN LIEU BÉNI DES DIEUX !

En levant le nez, vous noterez que l'église de la Sainte-Trinité n'a plus de clocher. Celui-ci fut abattu par 2 bombardiers en 1944. Sous la violence du choc, le clocher tomba, les vitraux explosèrent et l'orgue fondit. Par miracle, parmi les quelque 300 Falaisiens réfugiées sous l'église, personne ne fut ni blessé ni touché. Et double miracle : ils sont même ressortis plus nombreux qu'ils n'étaient entrés, puisqu'il y a eu une naissance !

Le Mémorial de Falaise – la guerre des civils : *pl. Guillaume-le-Conquérant. ☎ 02-31-06-06-45. • memorial-falaise.fr • ♿ Ouv avr-sept. Tlj sauf*

LE CALVADOS

lun 11h-13h, 14h-17h30 ; juil-août, tlj 10h-18h. Entrée : 7,50 € ; réduc. Audioguide 3 € ; réduc. Mémopass à 29 € (Mémorial de Falaise + Mémorial de Caen + Arromanches 360).

Ce mémorial porte un regard inédit sur le 2d conflit mondial. Une guerre totale et moderne qui, pour la 1re fois, fit davantage de victimes civiles que militaires ; une donnée méconnue et un véritable tournant dans l'histoire.

Le Mémorial restitue ce que fut le quotidien des Normands, à l'aide de nombreux témoignages et archives ; des réalités personnelles à portée universelle. Durant l'Occupation, si le quotidien est considérablement dégradé, la vie ordinaire continue, et il faut (sur)vivre en attendant la libération. La mémoire collective se souvient de la fin de la guerre comme d'un événement heureux et a occulté la violence des derniers mois de conflit et l'origine alliée de la majorité des bombardements. La ville de Falaise a été détruite à plus de 80 % et le nombre de victimes fut considérable.

La 1re guerre à avoir anéanti plus de civils que de militaires

La visite débute par le 2d étage, consacré à la vie quotidienne. Se nourrir, se vêtir, se déplacer, se distraire, se protéger aussi. Pénurie de carburant, tickets de rationnement, marché noir, ligne de démarcation, répression, résistance... Tout est dit, en peu de mots, en quelques images, fixes ou restituées par des tablettes tactiles qui permettent d'aller chaque fois plus loin, dans la réflexion comme dans l'émotion. Petit ou grand, chacun est libre d'établir son propre avis avec les affiches, les images de propagande de l'époque, les discours véhiculés par les postes de radio.

On redescend ensuite d'un étage pour revivre la Libération, les bombardements, les reconstructions. Des images fortes, poignantes, illustrent la complexité des rapports entre les civils et les soldats alliés. On découvre la place des femmes, leur courage, et le regard qu'elles portent sur ce monde en ruine, qu'elles vont permettre de rebâtir.

La visite se termine par une immersion dans une salle de cinéma qui n'a pas besoin d'utiliser de grands moyens pour plonger les spectateurs dans la réalité de l'époque. Sous un plancher de verre apparaît le sol de l'ancienne maison, détruite en juin 1944, tandis que sur l'écran défilent des images extraites de films d'archives racontant les étapes successives d'un bombardement aérien. La peur, la colère, la résignation surgissent en écoutant et en regardant tomber les bombes. Le retour à la réalité, au rez-de-chaussée, est facilité par la traversée de la librairie-boutique qui permet de prendre ses distances avec le drame pour s'intéresser à des livres, des objets ou des films sur le sujet.

***Automates Avenue :** bd de la Libération. ☎ 02-31-90-02-43. • automates-avenue.fr • ♿ Près du Forum. Avr-sept et déc, tlj 10h-12h30, 13h30-18h ; oct-nov et janv-mars, w-e, j. fériés et vac scol 10h-12h30, 13h30-18h (tlj en déc et pdt vac scol). Fermé 25 déc, 1er janv et 2de quinzaine de janv + 1re sem de fév. Entrée : 8 € ; réduc ; pass famille 22 €.* Depuis qu'un fabricant d'automates a proposé au *Bon Marché* de créer une vitrine animée pour rendre hommage à Peary, 1er homme à atteindre le pôle Nord en 1909, des générations de gamins ont collé leur nez aux vitrines des grands magasins parisiens. Ce musée en a récupéré une dizaine (créées du début du XXe s aux années 1950). Ces vitrines animées mettaient à contribution, outre les fabricants d'automates, les grands illustrateurs de l'époque. La *Sérénade à la fée* signée Peynet (oui, celui des Amoureux) avec un crabe qui se fait les ongles (pardon, les pinces !), la poétique *Naissance des poupées* de Jean Effel, ou encore la très rafraîchissante scénette du printemps à l'étage s'adressent à ceux qui ont gardé une âme d'enfant. Un petit musée magique !

***Le musée Lemaître :** bd de la Libération. ♿ Dans le même bâtiment qu'*Automates Avenue *(mêmes horaires). Entrée : 5 € ; gratuit moins de 12 ans.* Expose environ 90 œuvres de ce peintre normand né à Falaise. Nombreux paysages normands et des nus.

Fêtes et manifestations

– ***Festival Danse de tous les sens :*** *mai.* Spectacles de danse contemporaine dans le pays de Falaise.
– ***Festival d'Orgue baroque :*** *juil-sept, dim ap-m.* Concerts gratuits à l'église Notre-Dame-de-Guibray.
– ***Festival Musique en pays de Falaise :*** *juil.* Stages de musique qui se concluent tous les soirs par des spectacles et concerts gratuits.
– ***Grande Fête médiévale de Falaise :*** *août.* Fête médiévale avec spectacles équestres, jeux d'adresse et de stratégie, campement médiéval, marché artisanal.
– ***Les Hivernales de Falaise :*** *déc.* Spectacles, marché de Noël, feu d'artifice, expositions, etc.

LA MANCHE

• Cartes de la Manche : partie nord *p. 384-385* et partie sud *p. 386-387*

ABC de la Manche

- ***Superficie :*** 5 938 km².
- ***Préfecture :*** Saint-Lô.
- ***Sous-préfectures :*** Avranches, Cherbourg-en-Cotentin, Coutances.
- ***Population :*** 518 000 hab.

La Manche est un département trop méconnu et c'est bien dommage, mais la tendance semble s'inverser ! Qui sait que Cherbourg-en-Cotentin en est la ville principale ? Quant à Saint-Lô, la préfecture... ! Sans parler du Mont-Saint-Michel, pourtant le monument le plus visité de France, que tout le monde (sauf les Normands !) situe en Bretagne, alors que l'adage dit bien « le Couesnon en sa folie mit le Mont en Normandie » !
Quelques souvenirs reviennent pourtant lorsqu'on évoque le débarquement du 6 juin 1944. Il a eu lieu en Normandie, mais où ? Pas grand-monde sait situer Utah Beach, Sainte-Mère-Église, hauts lieux de ce *D-Day.* En fait, beaucoup associent la Normandie à Deauville, Honfleur, Rouen et ses églises, Étretat et ses falaises, la tapisserie de Bayeux... mais pas à la Manche. Ils ne savent pas ce qu'ils ratent !
Des plages qui s'étendent souvent à perte de vue, sous des ciels admirables, et 350 km de côtes (le plus maritime des départements de France métropolitaine) très bien préservés (le Conservatoire du littoral y a racheté l'un des plus grands nombres de côtes au niveau national).
Ce pays maritime est aussi profondément rural et détient d'ailleurs le plus grand nombre d'exploitations agricoles de Normandie. Un pays qui n'est jamais complètement plat ni réellement vallonné. Des clos entourés de haies vives où poussent, bien sûr, des pommiers ; de vertes prairies où paissent les meilleures laitières de France, des chevaux presque partout. Car oui, cela aussi on l'ignore : le sud de la Manche est, depuis le XIXᵉ s, une terre d'élevage équin. Si ces élevages ne sont pas de taille très importante, ils sont en revanche très nombreux et se transmettent de génération en génération. On peut voir les trotteurs s'entraîner sur les plages du Cotentin et d'Utah Beach, l'iode et la mer ont des bienfaits irremplaçables pour les équidés. Les galopeurs s'entraînent sur les plages du côté de Saint-Jean-le-Thomas et Dragey-Ronthon, de l'autre côté de la presqu'île.

L'HABITANT DE LA MANCHE, MANCHOIS OU MANCHOT ?

Vous entendrez les 2. Le terme « Manchot », régulièrement utilisé par les locaux eux-mêmes, serait plus ancien que « Manchois », mais le Larousse et nombre de textes officiels préfèrent ce dernier... peut-être plus politiquement correct ?

Question climat, la Manche est aussi le pays de l'équilibre : il n'y gèle quasiment jamais, ce qui permet la culture maraîchère, dans le Val de Saire notamment. Le soleil est bien plus présent que ce que prétendent les mauvaises langues. Certes il y pleut, mais rarement très longtemps. Presqu'île effilée lancée dans la mer en travers des vents dominants d'ouest, la Manche n'arrête pas longtemps les gros nuages.
Sachez, enfin, que le département est en fait l'addition de microrégions aux charmes différents. Au centre, un petit pays de tradition qui, le long de la vallée de la Vire et de ses affluents, comme autour de Coutances, incarne une certaine douceur de vivre. Au nord pointe le Cotentin. De la Hougue à la Hague, de Carentan à Cherbourg, c'est la véritable presqu'île. Au sens propre du mot, car le pied du Cotentin n'est qu'un vaste marais qu'il suffit d'inonder pour le couper du reste du pays. Le spectacle de ces terres marécageuses, qui « blanchissent » en hiver lorsqu'elles sont recouvertes d'eau, est somptueux. Même s'il est très divers, des petits murets de pierre sèche de la Hague aux plages de Barneville-Carteret en passant par le bocage et la côte du Plain, le Cotentin a une unité. C'est, en dehors du Mont-Saint-Michel, la partie la plus touristique du département ; c'est aussi la plus originale. Le sud du département, enfin, avec à l'ouest la baie du Mont-Saint-Michel et à l'est le Mortainais, qui appartient déjà à la Normandie armoricaine. Arpentez donc tous ces pays à pied ou à vélo, les sentiers balisés abondent.
Et puis, côté papilles, le terroir regorge de produits de qualité ; passer à côté serait dommage...

Adresses et infos utiles

i ***Latitude Manche – Comité départemental du tourisme :*** *Centre d'Affaires Le Phénix, 1283, av de Paris, 50000* ***Saint-Lô****. ☎ 02-33-05-98-70. • manchetourisme.com •* Brochures touristiques disponibles sur demande.

Relais des Gîtes de France et locations Clévacances : *Centre d'affaires le Phénix, 1283, av de Paris, 50000* ***Saint-Lô****. ☎ 02-33-56-28-80 (résas) ; rens : 02-33-05-97-69 (Gîtes de France Label Manche) ou 02-33-05-99-01 (Clévacances Label Manche). • gites-de-france-manche.com • clevacances-manche.com • Rens et central de résa lun-ven 9h-17h30 (17h ven), permanence tél sam.*

Nomad : *• transports.manche.fr • normandie.fr/manche-lignes-regulieres •* Compagnie de transports assurant les liaisons en autocar dans le département. Billet à l'unité : 2,30 €.

– *• tevi.tv •* Une TV exclusivement consultable sur Internet. Pour être au plus près de toutes les actualités du département.

Un service de location de vélos constitué de plus d'une vingtaine de loueurs partenaires, les *E-Stations*, donne la possibilité de louer 1 vélo (vélo, VTT, VAE, vélo enfant...) à 1 endroit, et de le déposer ailleurs dans le département. Pratique, non ? *• manchetourisme.com/stations-location-bicyclette •*

– Une ***véloroute*** de 230 km relie les plages du Débarquement au Mont-Saint-Michel. 3 points de départ (ou d'arrivée) : Utah Beach (via Carentan, Saint-Lô et Pont-Farcy), Port-en-Bessin ou Arromanches (via Bayeux et Villers-Bocage). Les 3 routes se rejoignent avant Vire, au niveau des superbes paysages des gorges de la Vire, et cheminent ensuite jusqu'au Mont-Saint-Michel.

– ***Le Kit'M,*** *• appi.kit-m.fr •* Application culturelle et touristique sur tout le département, à télécharger gratuitement. Visites culturelles et nombreuses thématiques : environnement, 2e Guerre mondiale, balades, visites guidées, itinéraires... Une fois l'appli installée, télécharger son ou ses parcours pour pouvoir effectuer les visites hors accès Internet.

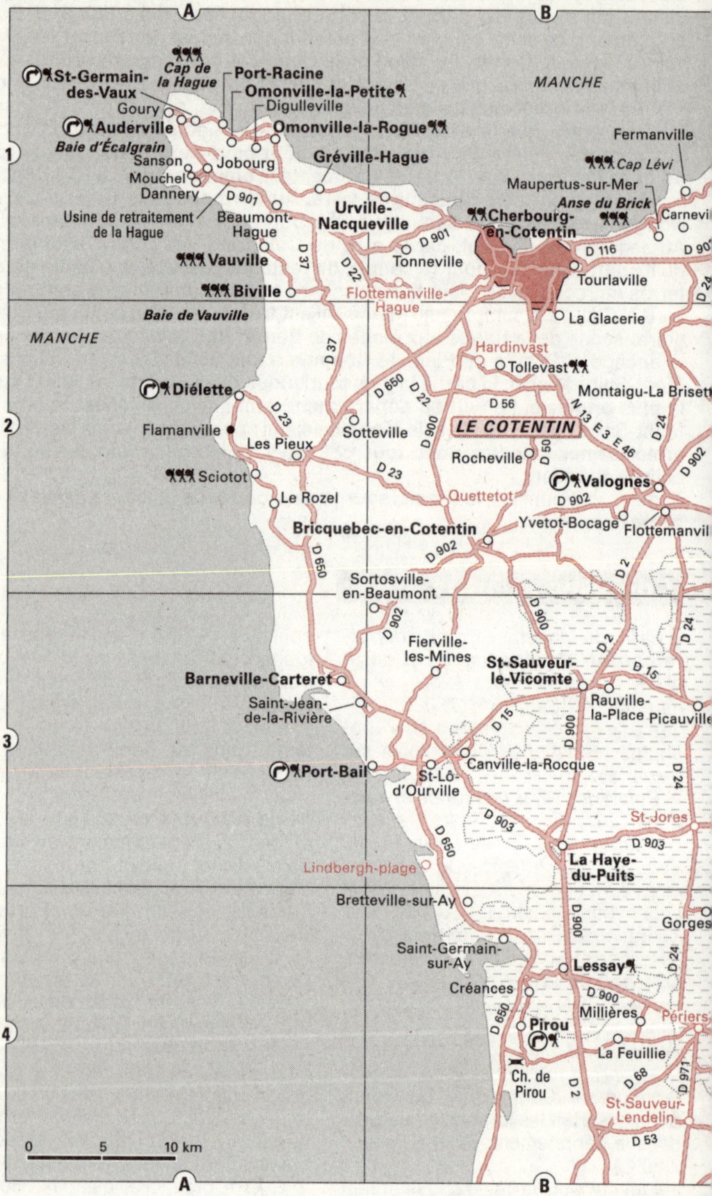
A
B
1
2
3
4
MANCHE
Cap de la Hague
St-Germain-des-Vaux
Port-Racine
Omonville-la-Petite
Digulleville
Goury
Auderville
Omonville-la-Rogue
Baie d'Écalgrain
Sanson
Jobourg
Gréville-Hague
Mouchel
Dannery
D 901
Usine de retraitement de la Hague
Beaumont-Hague
Urville-Nacqueville
Fermanville
Cap Lévi
Maupertus-sur-Mer
Anse du Brick
Carnevi
Cherbourg-en-Cotentin
D 116
D 90
Tourlaville
D 24
Vauville
D 37
D 22
Tonneville
Flottemanville-Hague
Biville
Baie de Vauville
La Glacerie
MANCHE
Hardinvast
Tollevast
D 37
Diélette
D 650
D 22
D 56
Montaigu-La Brisett
N 13
E 3
E 46
D 23
Flamanville
Sotteville
D 900
LE COTENTIN
D 24
Les Pieux
Rocheville
D 50
D 902
Sciotot
D 23
Valognes
Quettetot
D 902
Le Rozel
Yvetot-Bocage
Flottemanvil
Bricquebec-en-Cotentin
D 902
D 650
D 2
Sortosville-en-Beaumont
D 900
D 902
D 24
Fierville-les-Mines
D 2
St-Sauveur-le-Vicomte
D 15
Barneville-Carteret
Rauville-la-Place
Picauville
Saint-Jean-de-la-Rivière
D 15
D 900
Port-Bail
Canville-la-Rocque
St-Lô-d'Ourville
D 24
D 903
St-Jores
D 650
D 903
La Haye-du-Puits
Lindbergh-plage
Bretteville-sur-Ay
D 900
Gorges
Saint-Germain-sur-Ay
Lessay
D 24
Créances
D 900
Millières
Périers
D 650
Pirou
La Feuillie
Ch. de Pirou
D 2
D 68
D 971
St-Sauveur-Lendelin
D 53
0
5
10 km

MANCHE – Partie nord

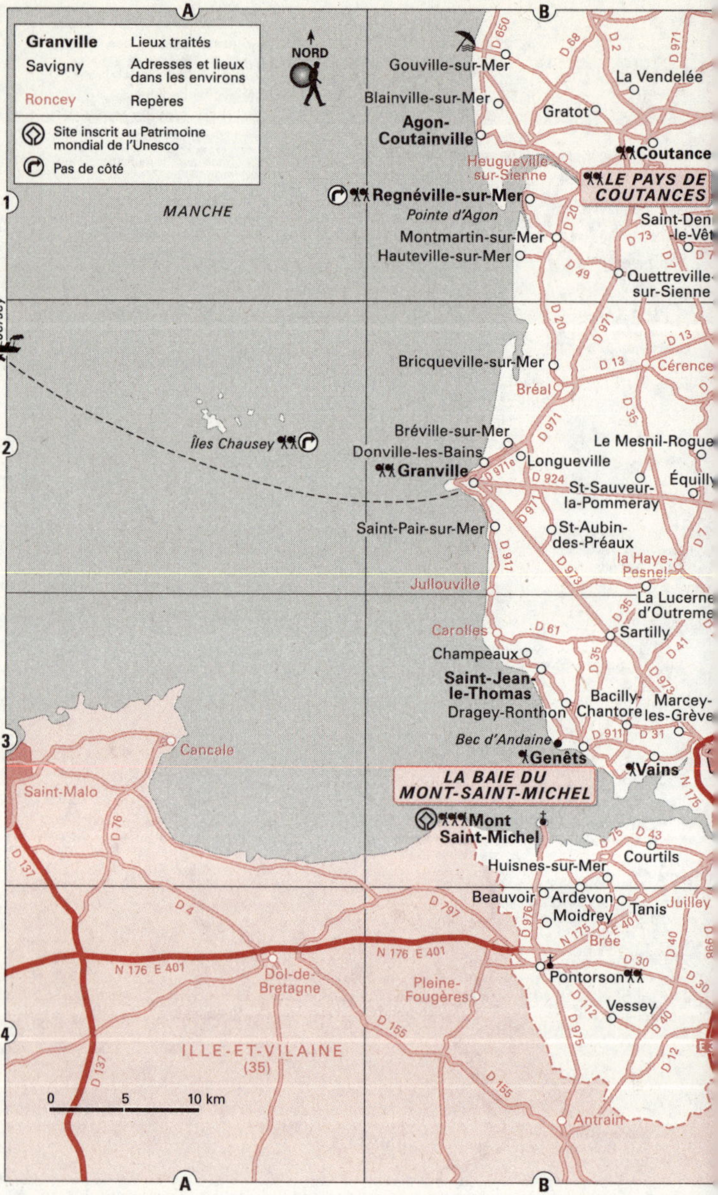
Granville Lieux traités
Savigny Adresses et lieux dans les environs
Roncey Repères
Site inscrit au Patrimoine mondial de l'Unesco
Pas de côté
NORD
MANCHE
Jersey
Îles Chausey
Gouville-sur-Mer
Blainville-sur-Mer
Agon-Coutainville
Gratot
La Vendelée
Coutance
Heugueville-sur-Sienne
LE PAYS DE COUTANCES
Regnéville-sur-Mer
Pointe d'Agon
Montmartin-sur-Mer
Hauteville-sur-Mer
Quettreville-sur-Sienne
Bricqueville-sur-Mer
Bréal
Cérence
Bréville-sur-Mer
Donville-les-Bains
Granville
Longueville
Le Mesnil-Rogue
St-Sauveur-la-Pommeray
Saint-Pair-sur-Mer
St-Aubin-des-Préaux
la Haye-Pesnel
Jullouville
La Lucerne d'Outreme
Carolles
Champeaux
Sartilly
Saint-Jean-le-Thomas
Dragey-Ronthon
Bacilly-Chantore
Marcey-les-Grève
Bec d'Andaine
Genêts
Vains
LA BAIE DU MONT-SAINT-MICHEL
Mont Saint-Michel
Courtils
Huisnes-sur-Mer
Beauvoir
Ardevon
Tanis
Juilley
Moidrey
Brée
Pontorson
Vessey
Cancale
Saint-Malo
Dol-de-Bretagne
Pleine-Fougères
Antrain
ILLE-ET-VILAINE (35)
N 176 E 401
0 5 10 km

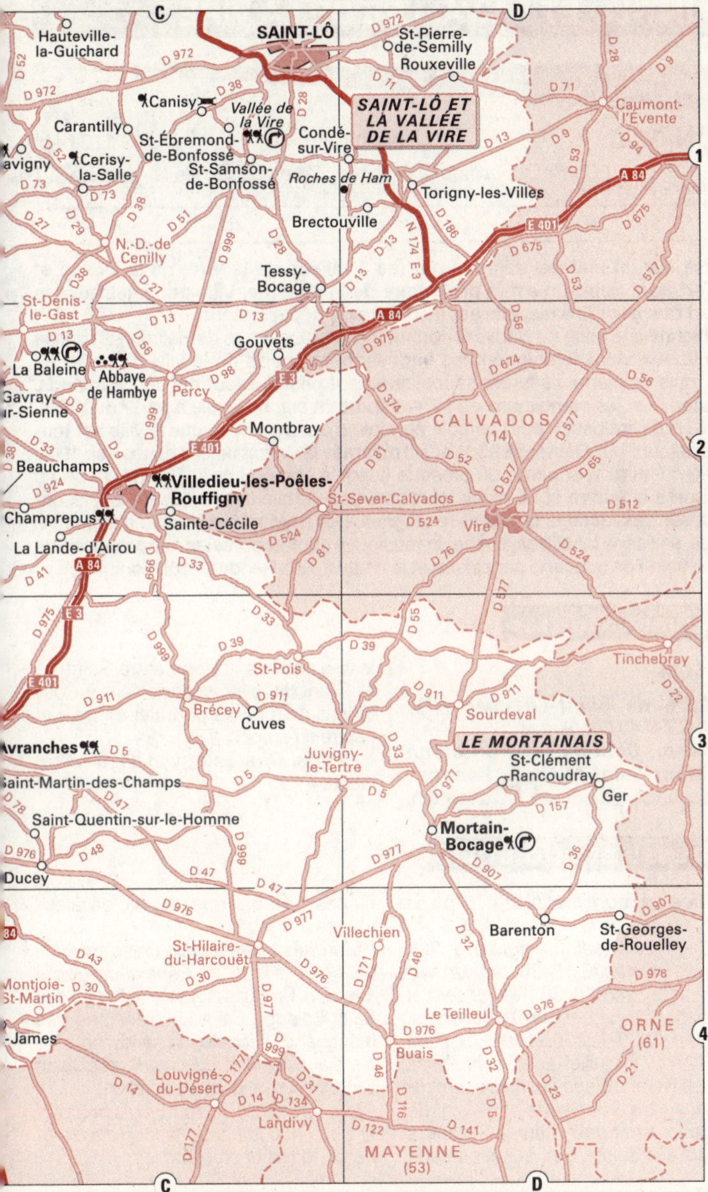

MANCHE – Partie sud

SAINT-LÔ ET LA VALLÉE DE LA VIRE

SAINT-LÔ

(50000) 19 173 hab.

Carte Le nord de la Manche, C4 et Le sud de la Manche, C1

• Plan *p. 389*

Assise sur un plateau délimité par les 3 vallées de la Vire, de la Dollée et du Torteron, Saint-Lô est la préfecture de la Manche. Ville administrative, à l'écart des grands axes, elle est au centre du département.
L'ancienne cité celte de *Briovère* connut jusqu'aux guerres de Religion un passé tumultueux, dont témoignent les imposants remparts de la ville. D'abord en bois, puis en pierre, ils furent successivement pris d'assaut par les Normands, Édouard III et les catholiques en 1574. Important centre textile à partir du XIIIe s, Saint-Lô devint petit à petit un pôle agricole d'envergure, ce que la ville est toujours aujourd'hui. Détruite à 95 % et surnommée la « capitale des ruines » en 1944, la ville qui avait tout perdu ou presque (jusqu'à son état civil...) se releva peu à peu après la guerre et se révèle plus vivante et chaleureuse que ne le laissent supposer ses façades grises et rectilignes. Devenue ville culturelle avec, entre autres, sa scène labellisée, scène de musiques contemporaines, qui propose une quarantaine de concerts par saison et le festival « les Rendez-vous Soniques ».

LA MANCHE

Arriver – Quitter

En train

Gare de Saint-Lô *(plan A1) :* ☎ *36-35 (0,40 €/mn).*
➢ ***Caen, Coutances, Pontorson (Le Mont-Saint-Michel), Rennes :*** 3-4 départs/j. en sem et 2-3 départs/j. le w-e ; autres liaisons entre Saint-Lô et Granville, avec changement à Coutances (une partie du trajet en train et l'autre en autocar TER).
➢ ***Paris, Cherbourg :*** changement à Lison.

Adresse et info utiles

Office de tourisme *(plan A1) : plage Verte, 60, rue de la Poterne. ☎ 02-14-29-00-17. • ot-saintloagglo.fr • Avr-sept, lun-sam 9h30-12h30 (sauf lun avr-juin et sept), 14h-18h30 (18h en sem et 17h sam, avr-juin et sept) ; oct-mars, mar-ven 9h30-12h30, 14h-17h, sam 10h-12h30.* En juillet-août, animations familles (livret à disposition). Documentation sur la voie verte (chemin de halage) et livret gratuit sur la 2e Guerre mondiale à Saint-Lô et ses alentours. Fiches rando. Loue des vélos électriques à la journée.

– ***Marchés :*** *ven-sam (le grand marché) 9h-13h, sur la pl. du Général-de-Gaulle (plan B1).* Produits du terroir. À l'instar des Saint-Lois (ou Saint-Laudiens), ne pas manquer d'y acheter un sandwich saucisse aux oignons, que 5 ou 6 grilleurs ne vendent que là. Bonne animation.

– ***Les Virées du Terroir :*** *jeu soir à partir de 16h30 juil-août, le long des remparts.* Terroir et artisanat.

Où dormir ?

Hôtel Le Petit Poucet *(plan A1, **10**) : 10, rue de la Chancellerie. ☎ 02-33-57-14-68. 📱 06-28-72-01-73. • hotel.petitpoucet@gmail.com •*

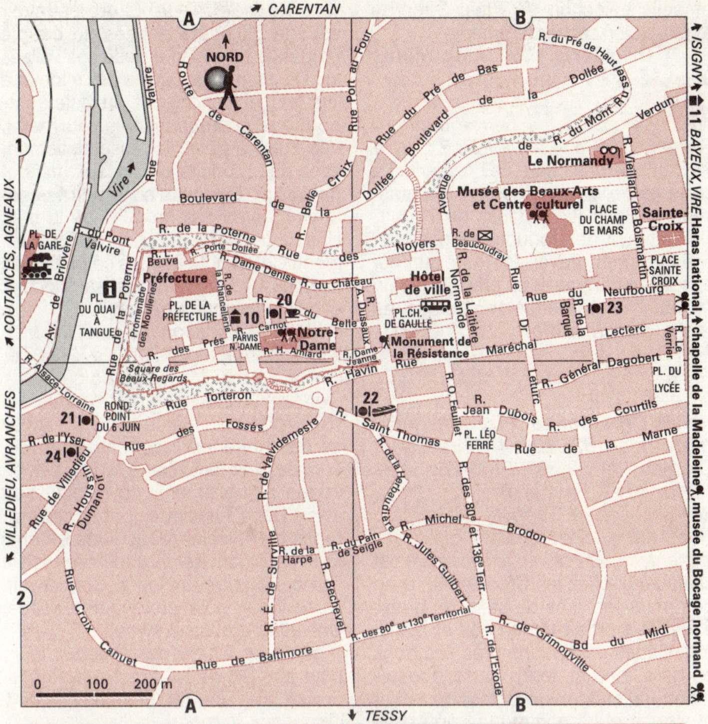

SAINT-LÔ

Où dormir ?	**21** Brasserie Les Capucines et Intuition (A2)
10 Hôtel Le Petit Poucet (A1)	**22** Crocoleone Pizzeria-ristorante (B2)
11 Chambres d'hôtes La Clé des Champs (hors plan par B1)	**23** Aux Potions Magiques (B1)
Où manger ? Où grignoter un bout ?	**24** La Maison (A2)
20 Oh Happy Thé (A1)	

Réception ouv à partir de 18h. Doubles 68-102 €, petit déj 8 €. En plein centre, face à la préfecture. Petit hôtel aux chambres rénovées, toutes pimpantes et colorées. Elles ne sont pas bien grandes mais fonctionnelles et impeccables.

Où manger ? Où grignoter un bout ?

De bon marché à prix moyens

Oh Happy Thé *(plan A1, **20**) : 12, rue Carnot. ☎ 02-33-56-36-22. Tlj sauf dim-lun juin-août et sauf lun-mar hors saison. Resto 12h-14h puis salon de thé jusqu'à 18h30. Repas env 12-15 €. Résa conseillée.* Un petit salon de thé à l'intérieur très *girly* mais vraiment accueillant. L'endroit idéal pour une pause gourmande dans la journée ou pour un déjeuner léger. Délicieux gâteaux maison et belle sélection de thés. Superbe terrasse bien cachée à l'arrière.

Brasserie Les Capucines (plan A2, **21**) : 1, rue Alsace-Lorraine. ☎ 02-33-05-15-36. • brasserielescapucines@orange.fr • Fermé dim-lun. Formules déj en sem 21,50 € ; carte 30-50 €. Un vrai cadre de brasserie. La carte est, elle aussi, celle d'une brasserie, mais ici les produits de 1re qualité viennent de producteurs locaux et sont finement travaillés. Pour grimper encore en gamme et en prix (celui d'un étoilé), il suffit de monter à l'étage, au restaurant **Intuition** (☎ 02-33-05-14-91 ; jeu-sam, midi et soir ; menu découverte jeu-ven 44 €, puis 58-77 € ; 4-6 plats).

Crocoleone Pizzeria-ristorante (plan B2, **22**) : 18, rue Saint-Thomas. ☎ 02-33-05-03-76. • lecroco.fr • Fermé dim et j. fériés. Résa conseillée. Formule déj en sem 16 € ; carte 20-25 €. Café offert sur présentation de ce guide. Le cadre est chaleureux chez les Crocoleone, avec des murs tapissés de stars du grand écran au portrait tiré en noir et blanc. À quelques exceptions près (les bons burgers, notamment), carte d'inspiration italienne avec pâtes, pizzas et quelques plats comme les boulettes de Georges Abitbol ou le gravlax. Une adresse où se presse le Tout-Saint-Lô, toutes générations confondues. On peut aussi y acheter de quoi se concocter un pique-nique au comptoir de l'espace épicerie où sont vendus antipasti, charcuteries, fromages et d'excellentes *pizzette*.

Aux Potions Magiques (plan B1, **23**) : 42, rue du Neufbourg. ☎ 09-75-96-06-34. • info@auxpotionsmagiques.com • Ouv mer-sam midi, plus jeu-sam soir. Formule 14,90 €. Après avoir voyagé plusieurs années, le couple uruguayo-normand a posé ses valises ici. Dans un cadre qu'ils ont relooké à leur image, leur objectif, un restaurant-boutique écoresponsable. Au menu, une cuisine travaillée essentiellement avec des produits bio, locaux, frais et de saison. Les plats sont plutôt végétariens, avec des produits de la mer. Une carte courte qui change régulièrement. Côté boutique, des cosmétiques naturels, des produits d'artisans locaux et des articles zéro déchet !

La Maison (plan A2, **24**) : 10, route de Villedieu. ☎ 02-33-72-24-76. • la-maison50@hotmail.com • Ouv mer-sam. Fermé dim-mar. Menus déj 15 €, formule express env 10 €. Avec sa déco intérieure comme à la maison, ce petit resto-bar à tapas, très en vogue actuellement, porte bien son nom. Dans l'assiette, petits plats et tapas bien ficelés, avec juste ce qu'il faut de créativité. Grande terrasse à l'arrière aux beaux jours. Concerts le samedi soir pour prolonger la soirée. Une équipe jeune et sympa.

Le Chant des Oiseaux (hors plan par B1) : 224, rue de la Petite-Suisse. 07-88-37-87-34. • isa1406@orange.fr • Vallon de la Dollée, dans la vallée derrière le haras. Ouv mar-ven 10h30-18h, sam 14h-18h. Fermé dim-lun. Carte 8-10 €. Un adorable petit salon de thé dans une petite maison en bois cosy comme tout avec ses meubles chinés et sa vaisselle vintage. Petits plats du jour au déjeuner, bien préparés. Thés et délicieux gâteaux toute la journée. Aux beaux jours, on profite de la terrasse au bord de l'étang de la Petite Suisse. Un cadre champêtre à 2 pas du centre.

Où dormir ? Où manger dans les environs ?

Chambres d'hôtes La Clé des Champs (hors plan par B1, **11**) : chez Nadine Chouquais 150, chemin des Pénitents, 50000 Saint-Lô. ☎ 02-33-57-02-74. 06-62-10-80-46. • nadinechouquais@gmail.com • cle-des-champs.jimdo.com • À env 4 km à l'est du centre-ville. Double 65 €. Juste en périphérie de Saint-Lô mais déjà en pleine campagne, dans une jolie nature verdoyante et ondoyante. La maison, couverte de lierre et entourée d'un jardin soigné, abrite 2 chambres formant une suite familiale. Lumineuses, gaies et à la déco bien d'aujourd'hui, elles constituent un parfait petit nid pour partir à la découverte des environs.

La Ferme du Château : *av. Sainte-Marie, La Basse-Cour, 50180* ***Agneaux.*** *☎ 02-33-74-20-14. • contact@lfdca.fr • lafermeduchateaudagneaux.fr • À 3 km à l'ouest de Saint-Lô. Fermé lun, mar et dim soir. Formules déj en sem 24 € ; menu 34,50 €. Café offert sur présentation de ce guide.* En périphérie de Saint-Lô, dans une zone pavillonnaire sans grand charme, un étroit chemin et hop ! vous voilà plongé dans un autre monde, celui d'un petit château et ses dépendances (où se trouve le resto), dans un cadre bucolique. La carte, courte, picore volontiers dans les gastronomies d'ici et d'ailleurs, tout en jouant habilement avec les classiques, quitte à les détourner ou les déstructurer. Service efficace et avenant.

Bistrot Lambs : *21, pl. de la Palière, 50180* ***Agneaux.*** *☎ 02-33-57-69-93. À 3 km à l'ouest de Saint-Lô. Fermé dim-lun. Ouv au déj, mar-sam, plus ven-sam soir sur résa. Menus 20-29 €.* Ne pas se fier à l'environnement, pas terrible (sur le parking du *Carrefour Market*), car dans l'assiette vous ne serez pas déçu. Le chef propose une cuisine bistronomique délicieuse, une vraie belle surprise. Les produits locaux et de saison sont sublimés. Et, une fois n'est pas coutume, ici c'est madame la cheffe et monsieur en salle. Excellent rapport qualité-prix-accueil.

La Cantine d'Eugène : *1, rue Georges-Laisney, 50810* ***Saint-Pierre-de-Semilly.*** *☎ 02-33-57-83-84. À env 6 km à l'est de Saint-Lô. Fermé mar-mer, dim soir, lun soir. Ouv au déj, jeu-lun, le soir jeu-sam. Menus 20-25 €.* Au cœur du village, cette petite adresse n'a de cantine que le nom. Le chef propose une très bonne cuisine de marché, du traditionnel revisité, et c'est plutôt réussi. Également des grillades au feu de bois. Selon la saison, on se régale aussi bien de ris de veau, que de d'un homard bleu à la cuisson parfaite. Service sans chichis, chaleureux et souriant.

La Cocotte Gourmande : *12, la Mazure, 50570* ***Carantilly.*** *☎ 02-33-57-39-13. • restaurant-lacocotte-gourmande.fr • À 15 km à l'ouest de Saint-Lô. Resto fermé dim soir, lun et mar. Menus, déj en sem 18-29 €, puis 38-56 €. Double 80 €.* Une bâtisse récente, au centre du village, mélange de brique et de bois. Grande salle de restaurant, dans un décor chic et moderne. Une cuisine traditionnelle de saison sur le thème de la Cocotte. Telle la Cocotte du braconnier qui marie avec délicatesse pêche et cueillette. Une desserte de fromages, avant de conclure avec le dessert, tourné vers un large choix de produits normands. Tout est rondement mené, les cuissons parfaites et le tout délicieux. Cerise sur le gâteau, le service est charmant. Et si on ne souhaite pas reprendre la route, les 5 chambres spacieuses, – au confort de qualité, avec douche à l'italienne et petite terrasse-patio accessible pour chacune d'entre elles –, sont une aubaine.

À voir. À faire

L'église Notre-Dame (plan A1) **:** *parvis Notre-Dame.* Construite aux XVe et XVIe s, elle fut sévèrement endommagée lors de la Seconde Guerre mondiale, et sa façade mutilée le rappelle de façon poignante. Émotion renforcée par les façades modernes de la reconstruction s'effaçant volontairement derrière les vestiges du bâtiment ancien, dont il subsiste l'élégante chaire extérieure gothique. À l'intérieur, beaux vitraux du XVe s, dont le grand vitrail royal. Plusieurs autres vitraux contemporains signés Max Ingrand ou Jean Couturat. Sur une poutre de gloire traversant le chœur, impressionnant christ, miraculeusement rescapé des destructions de 1944. Petit musée lapidaire, dans le bas-côté nord : pierres, statues, objets retrouvés dans les décombres et impressionnantes photos de l'« avant ».

Les remparts (plan A1-2) **:** *fascicule « Le guide des remparts » à l'office de tourisme, avec un parcours intéressant qui fait le tour des remparts.* On en a une belle vision d'ensemble depuis les quais, sur les bords de la Vire. De l'église Notre-Dame, on peut pousser jusqu'au square des Beaux-Regards. Joliment aménagé, ce jardin public a conservé une vieille tour ronde qui offre une vue sympa sur la ville basse et la vallée de la Vire.

UN HÔPITAL CLASSÉ

À l'origine des bombardements dévastateurs qui ont pilonné Saint-Lô en 1944, les Américains collectèrent après la guerre des dons pour reconstruire un hôpital. Inauguré en 1956, celui-ci était couramment désigné par les spécialistes comme « l'hôpital le plus moderne de France, voire d'Europe » ; une monumentale mosaïque de Fernand Léger à la mémoire des soldats américains tombés lors de la libération de la ville orne un mur proche de l'entrée. Le peintre bas-normand avait été associé à la décoration de l'hôpital par l'architecte franco-américain Paul Nelson, d'où les fenêtres multicolores du bâtiment classé Monument historique.

Le musée d'Art et d'Histoire *(plan B1)* **:** *La Source, pl. du Champ-de-Mars. ☎ 02-33-72-52-55. Tlj sauf lun : juil-août 10h-12h, 14h-18h, sept-juin 14h-18h. Entrée : 5,50 € ; réduc ; gratuit moins de 4 ans, pour ts le 1er dim du mois (oct-mai) et 14 juil ; pass avec le musée du Bocage normand 7,50 €.* Moderne et intéressant. Tout d'abord, remonter le temps en se promenant dans les vieilles ruelles de Saint-Lô. Pour ensuite revivre les moments effrayants de la destruction de la ville à la suite des bombardements de la 2e Guerre mondiale. Puis, une petite section historique sur l'histoire de la reconstruction de Saint-Lô, donation Octave Feuillet (un cabinet de curiosités du XIXe s, avec miniatures, manuscrits, etc.), espace consacré au poète Jean Follain. Au détour des salles, vous tomberez immanquablement sur la tenture des *Amours de Gombault et* de sa femme, *Macée,* tapisserie de Bruges des XVIe-XVIIe s. 8 panneaux qui racontent, façon bande dessinée, et avec un humour certain, l'histoire de 2 bergers (Molière, impressionné, y fit référence dans *L'Avare*). Pour rester dans la tapisserie, étonnantes œuvres de Jean Lurçat (refondateur de la tapisserie), sorte d'anachronisme dans l'évolution de l'art contemporain. Peintres des écoles françaises : *Académie masculine,* de Jean-François Millet, *Le Havre, coucher de soleil à marée basse,* d'Eugène Boudin, *Paysage de rivière,* de Théodore Rousseau, *Homère et les Bergers* et *L'Étang,* de Corot, *La Mort de Sapho,* exquis petit Gustave Moreau. Cabinet des dessins : Géricault, Fernand Léger, Jacques Callot... Enfin, une galerie de portraits de la famille des Matignon rappelle que les Grimaldi, princes de Monaco, sont toujours barons de Saint-Lô ! Plusieurs expos temporaires par an.

Le Haras national *(hors plan par B1)* **:** *437, rue du Maréchal-Juin. ☎ 02-14-29-00-17 (office de tourisme) ou 02-33-55-29-09. À env 2 km du centre-ville.* ***Une partie du haras (2 écuries abritant les chevaux de race normande et le labo) ayant été ravagée par un violent incendie en juil 2019, les visites guidées sont actuellement suspendues.*** *Ouv au public 10h-18h, visites libres et commentaires avec livret gratuit dans l'enceinte GRATUIT.* Le 1er dépôt (complètement détruit pendant la Seconde Guerre mondiale) fut créé en centre-ville en 1806. Le haras que vous visiterez est le 2e dépôt, ouvert en 1886. Plus particulièrement spécialisé dans le selle français (expert en concours hippiques), il abrite différentes races dont le cob normand (très apprécié des amateurs d'attelage), le trotteur français ou le percheron. Le Haras national, appelé aussi Pôle hippique de Saint-Lô, a pour mission de favoriser l'équitation de haut niveau, il est un centre de commercialisation de jeunes chevaux. La reproduction y est privatisée depuis 2013. Également une belle collection de voitures hippomobiles, un manège automatique où sont entraînés les chevaux, le manège couvert avec sa charpente métallique. L'écurie no 5, est quant à elle un lieu d'exposition estival ; thème différent chaque année *(tlj 14h-18h).* Boutique.

La chapelle de la Madeleine *(mémorial américain ; hors plan par B1)* **:** *square des Victimes-du-11-Septembre-2001. À env 3 km du centre-ville. De juil à mi-sept,* *w-e 14h30-18h30.* Étonnamment enchâssée dans un lotissement et dernier vestige d'une léproserie du XIVe s, cette chapelle est aujourd'hui un mémorial en l'honneur des soldats des 29e et 35e divisions qui ont libéré la ville.

La porte de la prison *(monument de la Résistance ; plan B1) : pl. du Général-de-Gaulle.* Un des symboles de la ville. Cette imposante porte est tout ce qui subsiste de la prison du XIXe s, détruite dans la nuit du 6 au 7 juin 1944. Les troupes allemandes y avaient laissé enfermées près de 150 personnes, dont beaucoup de résistants. Cet unique vestige, volontairement conservé, est devenu monument départemental de la Résistance et mémorial en l'honneur des victimes de la répression nazie. Au pied de la porte est scellée une urne contenant les cendres de déportés. Juste à côté, couronné de l'emblématique licorne de Saint-Lô, un *beffroi* moderne symbolise quant à lui la reconstruction de la ville.

LA VALLÉE DE LA VIRE

Autour de Saint-Lô, une jolie campagne bocagère où de petites rivières (la Vire bien sûr et ses affluents comme l'Elle) ont dessiné de gentilles vallées qui, ici ou là, s'escarpent franchement. Une paisible microrégion à découvrir au fil de discrètes départementales, ou, mieux, des anciens chemins de halage, joliment réhabilités.

Où dormir ?

Chambres d'hôtes

La Rhétorerie : *chez Marie-Thérèse Osmond, 2271, rue de la Vire, 50750* ***Saint-Ébremond-de-Bonfossé-Canisy.*** *☎ 02-33-56-62-98. • rogerosmond@orange.fr • À 4 km au sud-ouest de Saint-Lô. Double avec douche (w-c sur le palier) 45-57 € (min 2-3 nuits).* Dans une sympathique ferme typique du bocage, chez des agriculteurs à la retraite hauts en couleur, chaleureux et à l'accueil attentionné, 2 chambres simples et confortables, et un copieux petit déj. Mise à disposition d'une salle de séjour avec coin cuisine. Accueil adorable de Marie-Thérèse.

Le Manoir des Arts : *chez Myriam et Michel De Aranjo, 2, Le hameau Bernard,* ***Saint-Samson-de-Bonfossé, 50750 Bourgvallées.*** *☎ 02-33-56-52-92. • michel.aranjo@wanadoo.fr • À 9 km au sud de Saint-Lô. Double 65 € ; familiale.* Le hameau à lui seul mérite le coup d'œil, rien que pour son ancienne et imposante fromagerie aujourd'hui en friche. Les patrons de celle-ci vivaient dans la curieuse demeure du XVIIIe s aux 2 tours à colombages rouges où Michel et Myriam vous reçoivent aujourd'hui. Les chambres, de taille très modeste pour certaines, n'en sont pas moins des petits nids soignés tout colorés. Et quel calme !

Maison d'Hôtes Les Rochers : *chez M. et Mme Falk, lieu-dit Les Rochers, 50680* ***Cerisy-la-Forêt.*** *📱 06-74-82-80-68. • contact.lesrochers@orange.fr • lesrochers.online • À 16 km au nord-est de Saint-Lô. Doubles env 110-190 € ; familiale.* Dès l'arrivée, on tombe sous le charme de ce superbe manoir du XVIe s, magnifiquement rénové, décoré d'œuvres d'art contemporain, de meubles Art déco au design moderne, tout en ayant pris soin de conserver vielles pierres et matériaux anciens lors de la rénovation des lieux. 4 chambres et 1 cottage, très spacieux à la déco moderne et recherchée. Poêle à bois ou cheminée dans tous les hébergements. Charme et déco différente pour chacun, en rez-de-jardin ou à l'étage ; sur 1 où 2 niveaux. Les petits déj sont servis à l'auberge, installée dans une ancienne grange, immense et superbe salle à manger. Le vendredi soir, plateaux de fruits de mer (sur résa le mercredi précédent). Cuisine accessible aux hôtes pour cuisiner sur place.

La Minoterie : *1, chemin de la Minoterie, 50420* ***Tessy-Bocage.*** *☎ 02-33-56-98-55. • derache-brigitte@orange.fr • la-minoterie.com • À 20 km au sud de Saint-Lô. En face de l'Usine UTOPIK. Double 69 € (dégressif à partir de la 2e nuit).* Cette belle longère abrite 3 chambres confortables, bien tenues et équipées de salle de bains privées. En rez-de-jardin, avec accès indépendant, elles s'ouvrent toutes directement sur le grand jardin arboré, au calme. À 2 pas du chemin de halage.

Le Clos Minotte : *chez Marie-Claire et Didier Mourocq, 7, route du Pont-Farcy, 50420* ***Tessy-Bocage.*** *☎ 02-33-56-98-55. • clos.minotte@orange.fr • Juste à côté de* La Minoterie *(voir ci-dessus). Doubles 65-70 €. Gîte 6-8 pers 310-510 €/sem. Table d'hôte sur résa 23 €.* Dans une belle maison ancienne, donnant sur un grand jardin arboré, 2 chambres d'hôtes, confortables et agréables, avec vue sur le jardin. Également un gîte avec 3 chambres, tout confort. Idéalement placé, à deux pas de la Vire, pour des randonnées, des balades à vélo ou à pied sur le chemin de halage. Vélos à disposition.

LA MANCHE

Où manger ?

Crêperie Les Roches de Ham : *les Roches-de-Ham, Brectouville, 50160* ***Torigny-les-Villes.*** *☎ 02-33-56-51-57. • catherine.marie.leo@orange.fr • On y accède par une volée d'escaliers creusés dans la roche, au bout à droite du parking des Roches de Ham (lire « À voir. À faire » plus bas. Tlj avr-sept et vac de la Toussaint, sauf dim, en continu 12h-18h, parfois plus tard en été (le soir, passer un petit coup de fil pour réserver ou vérifier que c'est bien ouvert). Congés : oct-mars. Repas env 8-10 €.* Sur un petit replat, noyée dans la verdure, juste au-dessus de la falaise. Très joli cadre naturel et une terrasse afin de bien en profiter de cette vue magnifique sur la vallée de la Vire, pour cette sympathique petite crêperie, spécialisée dans les vraies galettes du pays. Le cidre maison est, lui aussi, bien normand ! C'est tout simple et bon.

À voir. À faire

L'abbaye bénédictine Saint-Vigor : *rue Sangles, 50680* ***Cerisy-la-Forêt.*** *☎ 02-33-57-34-63. • abbaye-cerisy.fr • ♿ (église abbatiale seulement). À env 17 km au nord-est de Saint-Lô. Mai-août, tlj 10h-18h ; avr et sept, tlj sauf lun (en avr) 11h-18h ; oct, w-e seulement 12h-18h. Visites guidées mai-août sur résa, mer à 15h. Fermé lors des cérémonies religieuses. Visite libre : 6 € ; guidée : 8 € ; réduc ; réduc de 1 € offerte sur présentation du guide de l'année.*
L'un des chefs-d'œuvre de l'art normand roman, en bordure de la forêt de Cerisy. Abbaye fondée en 1032 par le duc Robert le Magnifique, père de Guillaume le Conquérant. Elle perdit au début du XIXe s ses 4 premières travées ainsi que son porche gothique. Ne pas manquer le point de vue sur l'abside exprimant tout à la fois solidité, harmonie et équilibre. Chœur remarquable avec ses 15 baies romanes réparties sur 3 niveaux d'élévation, les plafonds droits charpentés ont été restitués à la configuration d'origine. Anges musiciens à la retombée des arches. Stalles du début du XVe s.
À l'extérieur, ravissante chapelle gothique de l'Abbé du XIIIe s (une miniature de la Sainte-Chapelle selon certains), ornée d'une fresque au-dessus de l'autel du XVe s. Enfin, l'ancienne salle de justice préserve la mémoire d'un lieu que les moines ont quitté en 1791 et expose quelques meubles, objets, dessins, livres. Petit musée lapidaire. Expo permanente sur les siècles romans en Normandie, ainsi que des expos temporaires. Promenade autour de l'étang des moines en contrebas de l'abbaye offrant un très joli point de vue sur le site.

À 50 m de l'abbaye en contrebas, ***Le parc des Sculptures*** (gratuit). Une soixantaine d'œuvres de sculpteurs exposées en plein air. Un sympathique voyage artistique.

À deux pas, entre Manche et Calvados, la ***forêt de Cerisy*** est un superbe lieu de balades *(infos et carte à télécharger sur le site • onf.fr •).*

Le château de la Rivière : *lieu-dit La Rivière, 50620* ***Saint-Fromond.*** *À env 16 km au nord de Saint-Lô, près de Saint-Jean-de-Daye. Visite libre.* Les ruines imposantes de ce château du XIe s, ancienne fortification médiévale, construite par Odon de Conteville, demi-frère de Guillaume le Conquérant, pour protéger l'est de la vallée de la Vire, a malheureusement été victime des bombardements alliés. Mais le malheur des uns fait le bonheur des autres. C'est devenu le paradis des cigognes qui y ont élu domicile, attirées par le climat doux et la richesse aquatique qu'offrent les marais. On peut donc y observer de nombreux nids toute l'année.

Le château de Montfort : *50160* ***Rémilly-les-Marais.*** *06-58-96-04-21. • chateaudecanisy.com • À env 20 km au nord-ouest de Saint-Lô, en allant vers Périers. Ouv juil-août mer-dim et dim ; en juin et sept 14h30-18h30. Entrée : 4 € ; réduc : gratuit moins de 12 ans.* Construit à partir de la fin du XVe s et habité jusqu'au XVIIIe s. On peut aujourd'hui découvrir ses ruines restaurées par l'association Les Amis du Château de Montfort. En plein marais, on peut admirer sa porterie (logement du portier) et visiter la maison de garde et les communs, ainsi que le pigeonnier, la boulangerie et la maison seigneuriale en ruine.

Le parc des sources d'Elle : *50180* ***Rouxeville.*** *☎ 02-33-56-17-90. 07-62-89-55-39 ou 06-71-57-49-05. • sourcesdelle.com • À 12 km à l'est de Saint-Lô. Fév-oct, tlj 7h30 (8h fév)-18h45 (18h fév). Entrée : 2 €/véhicule. Visite libre.* Joli parc privé situé en plein bocage, parcouru de sources (eh oui, qui donnent naissance à l'Elle) et d'étangs entourés de prairies et de bois. Avant tout, paradis des pêcheurs qui viennent y taquiner la truite dans l'un des 8 étangs qui parsèment le parc, c'est aussi un très agréable lieu de balade familiale. Des sentiers aménagés parcourent ce domaine de 35 ha planté de nombreuses espèces arboricoles, et notamment de splendides massifs de rhododendrons. Aires de pique-nique.

Les roches de Ham : *Brectouville, 50160* ***Torigny-les-Villes.*** *À env 13 km au sud de Saint-Lô.* Falaises saisissantes et tourmentées dominant les gorges de la Vire d'une centaine de mètres. Du belvédère, la vue sur la rivière qui serpente en contrebas et le bocage environnant mérite franchement le détour. Outre la simple beauté du site, il y a ici de belles balades à faire et une sympathique crêperie aux beaux jours.

Le château de Canisy : *8, rue de Kergorlay, 50750* ***Canisy.*** *☎ 01-44-05-09-81. • chateaudecanisy.com • À env 10 km au sud-ouest de Saint-Lô. Visite sur résa pour les groupes, mais parc accessible aux individuels, tlj 10h-18h (2 €).* Du XIe s, remodelé à la fin du XVIe s par François Gabriel, ancêtre de la fameuse famille d'architectes. Il en émane une impression de solidité et d'élégance tout à la fois, et ses murs avec une alternance de pierre de calcaire blanc et de poudingue rouge violacé et les encadrements de fenêtres en pierres à bossages de couleur améthyste. Très beau parc abritant, entre autres, un jardin botanique et un parc animalier.

Usine UTOPIK : *à* ***Tessy-Bocage.*** *☎ 02-33-06-01-67. • usine-utopik.com • usine-utopik@yahoo.fr • Entrée libre mer, sam et dim 14h30-18h. Expos, ateliers, cours du soir.* Implanté dans les anciennes serres horticoles, ce relais culturel offre un espace de travail privilégié pour accueillir des artistes en résidence (plasticiens et écrivains). Cet espace leur permet de réaliser un projet spécifique, donnant lieu à une exposition. Ainsi, le processus de création est restitué au public. Un lieu incontournable de la création contemporaine en Normandie. De nombreux évènements culturels y sont organisés (expo, soirées thématiques, lectures publiques), ainsi que des actions pédagogiques (visites commentées, rencontres avec les artistes...). UTOPIK a créé le Festival des Bords de Vire, création d'œuvres éphémères réalisées sur place et disséminées le long de la voie verte des bords de Vire. Certaines œuvres seront pérennes, et créent un parcours artistique tout au long de l'année, de Tessy-Bocage, jusqu'au parc régional des Marais du Cotentin... Sacré projet !

Balade le long du chemin de halage : *le chemin de halage – voie verte – dans son intégralité va de la baie des Veys (près de Carentan) à Pont-Farcy et s'étend sur 65 km. On peut le prendre à partir de* ***Tessy-Bocage,*** *et descendre la Vire jusqu'à Saint-Lô (26 km).* Un chemin agréable, accessible aux piétons, aux cyclistes et aux cavaliers. À Saint-Lô, le chemin prend naissance au pied du pont Merveilleux-du-Vigneaux, à deux pas de la gare SNCF. Autre accès à la base de canoës de Condé-sur-Vire et à la Chapelle-sur-Vire à Troisgots (aire de loisirs et de pique-nique). *Festival des Bords de Vire* (œuvres artistiques in situ). Carte du chemin de halage à l'office de tourisme.

Balade sur la Vire en canoë ou kayak : *base de loisirs, route de la base de canoë, Le-Mesnil-Raoult, 50420* ***Condé-sur-Vire.*** *☎ 02-33-57-33-66. 📱 06-58-21-17-22. • base.loisirs.conde@gmail.com • Mai-sept, w-e 9h-12h, 14h-17h (9h-18h juil-août). Location 7-12 €/h ou 11-18 € la ½ j., descente de la Vire 25-39 € pour 2 pers. Loc de VTT 9 €/h à 19 €/j.* Dynamique base de loisirs de l'Écluse, où l'on peut louer des canoës, des kayaks et des *paddles* pour découvrir les roches de Ham par le bas. Plusieurs parcours, de 4 à 12 km. Location de VTT également.

LE COTENTIN

LE PARC NATUREL RÉGIONAL DES MARAIS DU COTENTIN ET DU BESSIN

Côté Manche, le parc naturel régional des Marais du Cotentin et du Bessin est compris grosso modo dans un triangle Quinéville/Lessay/Pont-Hébert (il s'étend jusqu'à Trévières dans le Calvados). Paysage de bocages et de vastes prairies, sillonnés par une multitude de rivières et d'étroits canaux, le parc naturel régional s'ouvre de part et d'autre sur la mer. Le marais du Cotentin, c'est la région la plus basse de la Manche. Si le niveau de la mer s'élevait de 1 m, le Cotentin serait vraiment une île. D'ailleurs, les hivers très pluvieux, plus de 14 000 ha de terres se retrouvent complètement inondés (on parle alors de marais blanc). 30 communes autour de Saint-Sauveur-le-Vicomte, Marchésieux, Rémilly-sur-Lozon, Graignes ou encore Carentan ont régulièrement en hiver le marais blanc sous leurs yeux. Une région pittoresque qui offre une palette variée de paysages, une intéressante architecture rurale et de nombreuses occasions de randonnées. On y pratique encore, à Rémilly-sur-Lozon, la vannerie artisanale à partir de l'osier qui pousse dans les marais.

UN GRAND PATCHWORK !

En fait, les marais se révèlent plutôt comme un grand patchwork. Du bocage à perte de vue et des tourbières. Des haies coupe-vent, mais surtout les « limes » (petits canaux pour drainer l'eau) délimitent les parcelles, remplissant la fonction des talus dans le bocage. Ici, le remembrement fut brillamment évité, pour le plus grand plaisir des yeux. En effet, compte tenu de la platitude de la région et de son exposition aux vents à la fois d'ouest et d'est, conserver les haies reste la seule façon de protéger le bétail et les plantations du vent.

LE DÉBARQUEMENT DES CIGOGNES

Dans le parc naturel régional des Marais du Cotentin et du Bessin, la prolifération de grenouilles attesterait que la pollution des terrains est en train de disparaître. Or ces batraciens sont un mets très prisé des cigognes, qui arrivent désormais de plus en plus fréquemment par colonies, notamment entre Marchésieux et Tribehou, pour faire ripaille.

Le parc abrite des dizaines d'espèces animales et végétales originales. Des millions d'oiseaux migrateurs choisissent le marais du Cotentin pour se reposer ou comme zone d'hivernage et de nidification. Mais c'est aussi une colonie de veaux marins (la plus importante après celle de la baie de Somme, sorte de phoque, qui attire l'attention du côté de la baie des Veys).

Autre intérêt du parc, l'habitat. Le parc comprend plus de 10 000 édifices construits en terre crue (technique de la bauge). L'utilisation de la terre trouvée sur place est non seulement économique, mais aussi profondément respectueuse de l'environnement. Les belles nuances rouges, ocre, orange, mordorées de la terre réchauffent le paysage. Autour de Graignes (au sud de Carentan), on trouve plus de 50 % de demeures en terre. Dans les environs du Mesnilbus, de nombreuses fermes proposent un intéressant mélange granit-terre.

Adresse et info utiles

ℹ ***Maison du parc des Marais du Cotentin et du Bessin :*** *3, village Ponts-d'Ouve,* ***Saint-Côme-du-Mont,*** *50500 Carentan-les-Marais. ☎ 02-33-71-65-30. • parc-cotentin-bessin.fr • À 3 km au nord de Carentan. Fermé lun ; avr-juin et sept, 10h-13h, 14h-18h30 ; juil-août, tlj 10h-18h30. Oct-mars, 9h30-13h, 14h-17h30 ; fermé lun, et mar hors vac scol. Fermeture : 10 derniers jours de sept et 3 premières sem de déc. Ouverture anticipée sur demande pour les photographes ornithologiques.* On peut y consulter (ou acheter) une documentation sur la faune, la flore, l'histoire et les traditions des marais, mais aussi se renseigner sur les multiples sentiers de randonnée (large choix de cartes et topoguides à la boutique), sur les promenades en bateau, les activités découverte, les sites culturels ou encore les possibilités d'hébergement et de restauration à l'intérieur du parc. Abrite également un espace de découverte. À l'extérieur, 1 parcours ludique et sensoriel de 2 à 6 km selon la saison, est aménagé au cœur des marais *(payant avr-nov : 5 € en visite libre ; 7 € en visite guidée ; gratuit janv-mars).* Location de vélos, classiques ou électriques en saison *(• ouibike.net • ☎ 02-33-71-65-30 ; 12-25 € la ½ journée, 19-35 €/j).* Location de jumelles.

– La Manche et, particulièrement, le Cotentin et le parc des Marais sont propices aux ***randonnées pédestres, à vélo ou à cheval*** : GR 223 (superbe !) qui longe les côtes, plus de 250 km de voies vertes plus familiales qui empruntent les anciennes voies de chemin de fer ou chemins de halage, randos thématiques accompagnées...

CARENTAN-LES-MARAIS

(50500) 10 000 hab. *Carte Le nord de la Manche, C3*

Porte d'entrée des marais du Cotentin, port de plaisance et cité commerçante, à un important carrefour de routes. Carentan a payé un lourd tribut à la libération du pays. La ville fut prise le 12 juin après un assaut à la baïonnette des parachutistes américains.

Arriver – Quitter

Gare SNCF : *bd de Verdun.* ☎ *36-35.* Carentan se trouve sur la ligne Cherbourg-Bayeux-Caen : une dizaine de trains/j. ; quelques directs/j. avec Paris.

Nomad : *arrêt des bus à la gare SNCF ou à la mairie selon destination.* Carentan se trouve sur les 2 lignes LN1 (Cherbourg/Valognes/Sainte-Mère-Église/Carentan) et LN2 Carentan/Saint-Lô.

Adresse utile

Office de tourisme de la Baie du Cotentin : *24, pl. de la République.* ☎ *02-33-71-23-50.* • *ot-baieducotentin.fr* • *encotentin.fr* • *Juil-août, lun-sam 9h-18h30, dim et j. fériés 10h-16h ; avr-juin et sept, lun-sam 9h30-12h30, 14h-18h et j. fériés (sauf 1er mai) 9h30-13h30 ; oct-mars, lun-ven 9h30-12h30, 14h-18h, fermé w-e.* Billetterie pour l'île Chausey, la Cité de la mer, réservation pour la promenade fluviale sur la Taute, et location de barques électriques sur la Douve. Également réservations pour les promenades en mer dans la baie des Veys, les îles Saint-Marcouf ou la Pointe du Hoc. Vente du *Pass' Baie du Cotentin (1 €)* avec des réductions. Pour les familles, des randos jeux, rallyes découverte, parcours ludique et instructif sous forme de jeu ; 2 livrets disponibles sur la ville de Carentan et la baie du Cotentin, gratuits. Enfin, topoguide de 13 randos et 4 circuits à vélo, sous forme de fiches *(0,50 € la fiche ou 5 € l'ensemble).*

LA MANCHE

Où dormir ? Où manger ?

Camping

Flower Camping Le Haut Dick : *30, chemin du Grand-Bas-Pays.* ☎ *02-33-42-16-89.* • *contact@camping-lehautdick.com* • *camping-lehautdick.com* • ♿ *À 400 m du centre-ville. Ouv avr-sept. Compter 16-28 € pour 2 avec tente et voiture. Locatifs 2-6 pers. 100 empl.* Un beau site, assez vaste, situé entre la ville, la campagne et le port (le canal passe juste derrière le camping). Les tentes se partagent les grandes pelouses sous les arbres, et les camping-cars les emplacements entre 2 haies. Location de mobile homes, tous avec un petit coin de verdure privé. Également des hébergements insolites. Barbecues à disposition. Piscine chauffée et location de vélos ou VTT. Espace jeux pour enfants, ping-pong, terrain de pétanque. Épicerie et snack-bar. Espace bébé. Animations en juillet-août.

De bon marché à prix moyens

Hôtel Le Vauban : *7, rue Sébline (pl. Vauban).* ☎ *02-33-71-00-20.* • *hotel-vauban@hotmail.com* • *Doubles 65-75 €.* Situé en plein centre, ce petit hôtel propose des chambres pas immenses, mais récemment rénovées, avenantes et parfaitement tenues. Bon rapport qualité-prix et très bon accueil.

L'Auberge Normande : *11, bd de Verdun. ☎ 02-33-42-28-28. • auberge-normande@wanadoo.fr • aubergenormande.com • À 2 pas de la gare. Doubles 45-89 € ; familiales. Plat 19 € ; menus 22,90-33 €.* Une poignée de chambres dispersées dans de petites maisons autour d'une courette enfouie sous les fleurs. Les moins onéreuses donnent directement sur une petite galerie, c'est assez bruyant ! Sinon, toutes offrent une déco moderne, mais elles ne sont pas toujours bien entretenues. Fait également resto.

La Clé du Bonheur : *21, rue Sébline. ☎ 09-54-83-28-75. • lcb.carentan@gmail.com • Ouv mar-sam 8h30-14h30. Formules déj 11,50-13 €, plat du jour 10 €.* Situé en plein centre, ce petit resto offre une cuisine essentiellement végétarienne et végétalienne, plutôt créative. Cuisine, bien entendu à base de produits frais, locaux et le plus possible bio, inspirée par les cuisines du monde. Dès l'ouverture, petit déj avec jus de fruits frais et produits maison. Résa conseillée au déj. Déco sympa comme tout, de meubles chinés.

Où dormir dans les environs de Carentan ?

Manoir de Beaucron : *chez Anne-Laure Guerche, 1, rue de l'Église, Brucheville, 50480* ***Carentan-les-Marais.*** *☎ 02-33-42-40-25. • manoirdebeaucron@orange.fr • manoirdebeaucron.com • À 13 km au nord-est de Carentan. Doubles 78-90 € ; familiale. Gîtes 4-6 pers, 395-680 €/sem.* D'emblée, la majesté de cet ensemble architectural et de ses dépendances, organisés autour d'un manoir du XVIe s superbement restauré, vous saisit. À l'intérieur, 4 belles chambres fraîches, minutieusement et joliment arrangées, et relativement lumineuses malgré les petites fenêtres d'origine. Accueil posé et très aimable.

Où déguster une glace dans les environs ?

Glaces de la Ferme Les délices d'Antain : *8, rue des Croix,* ***Saint-Côme-du-Mont,*** *50500 Carentan-les-Marais. 06-37-36-26-55. • lesdélicesdantain.fr • À 5 km au nord de Carentan. De mi-mai à début sept, mer-sam 14h30-19h, dim et j. fériés 15h30-18h30 ; reste de l'année, uniquement ven 14h30-19h. et distributeur 24h/24.* Dans un petit chalet en bois, au bord de la route, l'occasion de se régaler de bonnes glaces à base de fruits frais et préparées avec le lait et la crème de la ferme située juste derrière. Également vente d'œufs, lait et crème. Distributeur sur le côté du chalet 24h/24 (pots de 120 à 600 g).

À voir. À faire

➢ **Balade dans le vieux Carentan :** *départ de l'office de tourisme. Un plan « À pied dans l'histoire » est disponible à l'office de tourisme. Place de la République,* 9 belles arcades gothiques, vestiges d'un marché couvert du XIVe s. Avec la *ruelle Saint-Germain* (qui possède toujours son tracé original), elle constitue le cœur de la ville médiévale. *Rue du Château,* quelques demeures en pierre du XVIe s, mais très restaurées. *Rue de l'Église,* côté impair, un ensemble de nobles et sobres demeures. La dernière, au nº 7 (juste devant l'église), servit de cadre en 1836 à une nouvelle de Balzac (il y logeait), *Le Réquisitionnaire.*

L'église Notre-Dame : bâtie sur l'emplacement d'un ancien sanctuaire romain, elle a gardé des XIIe et XIIIe s quelques gros piliers à partir desquels l'édifice gothique du XVe s fut édifié. Architecture assez originale. Sur le flanc sud (façade principale), pignons et pinacles créent un certain rythme. Sur les pignons, des anges musiciens. Au milieu, le transept et sa grande baie flamboyante. Côté chœur, 3 amusantes gargouilles. Remarquable clocher de 60 m de haut. Tour carrée surmontée d'une élégante flèche octogonale. Petits clochetons renforçant sa « mise en orbite ». Sur la façade ouest (à gauche quand on tourne le dos à la rue de l'Église), porche finement sculpté du XIIe s. La grande baie au-dessus fut percée tardivement. À droite du porche, restes d'une chaire extérieure (aujourd'hui murée). À l'intérieur, 3 nefs avec dans le chœur une belle envolée de voûtes ogivales. Vitraux anciens dont seuls les rouges et bleus ont résisté au temps et un autre, plus récent, dédié aux parachutistes de la 101e Airborne. Poutre de gloire de 1816. Stalles sculptées. Autel baroque aux ors bien patinés. Curieuses figures sculptées entre les arcades du chœur. Et un déambulatoire copieusement graffité par les visiteurs d'aujourd'hui (du boulot pour les archéologues du futur)...

Le circuit historique 44 : *possibilité de télécharger gratuitement le circuit sur l'application Kit'M (voir « Adresses et infos utiles » en début du chapitre « Manche »).*

➢ ***La mer en drakkar :*** le *Dreknor,* réplique historique d'un des plus grands navires de guerre vikings du haut Moyen Âge, est la copie de ceux qui abordaient les côtes de Neustrie au IXe s pour y fonder la Normandie. L'association qui le gère organise des sorties en mer, entre autres, dans la baie des Veys. *Sur résa de mi-juin à mi-sept. 06-85-48-04-13. • dreknor.fr • Compter env 15 € ; 10 € moins de 12 ans. Durée : env 3h30.*

➢ ***Balades en mer Belle de Carentan :*** *résa à l'office du tourisme. Chenal (2h), 25 €/pers, 12 € moins de 12 ans ; Pointe-du-Hoc ou Saint-Marcouf (3h), 40 €/pers, 15 € moins de 12 ans, réduc 12-17 ans. Mini-croisières de 4-5h ou 8-9h, 60-100 €/ pers ; réduc.*
Vous embarquez à bord de la vedette « Belle de Carentan » entièrement rénovée, réplique d'un torpilleur allemand de la 2e Guerre mondiale. Au cours des différentes balades on croise phoques (ou veaux marins) qui vivent dans la baie et oiseaux migrateurs.

➢ ***Escape Game « Le Blockhaus » :*** *27, rue 101e-Airborne. Résa en ligne : • leblockhaus-escape.fr • Compter 21-35 €/pers, dégressif selon le nombre de joueurs (1 à 6-5 pour l'une des salles). Dans un grand bâtiment en béton qui ressemble étrangement à un blockhaus.* 3 salles avec 3 thèmes différents sur l'univers de la 2e Guerre mondiale. Salles de qualité et très immersives. On plonge dans l'histoire pendant 1h, pour mener à bien la mission et surmonter les embûches par le biais d'une série d'énigmes,. Les intrigues sont en lien direct avec différents épisodes historiques du Débarquement de 1944. Une façon ludique d'apprendre. Jeunes gérants dynamiques et accueillants.

Manifestation

– ***Anniversaire du Débarquement :*** *3 j. autour du 6 juin.* Reconstitution de camps militaires, de parachutages, de l'exode, expositions de véhicules, bal des années 1940... Nombreuses festivités ou animations prévues en juin 2022, à l'occasion du 78e anniversaire.

DANS LES ENVIRONS DE CARENTAN-LES-MARAIS

D-Day Experience : *2, village de l'Amont,* ***Saint-Côme-du-Mont,*** *50500 Carentan-les-Marais. ☎ 02-33-23-61-95. • dday-experience.com • ♿ À env 4 km au nord de Carentan. Oct-fin mars, tlj 10h-18h ; avr-fin sept, tlj 9h30-19h ;*

fermeture de la billetterie 1h avt. Billet musée + simulateur de vol : 13 € ; 9 € 6-17 ans ; pass famille (2 adultes et 2-3 enfants) 40 €. Billet musée + cinéma + simulateur de vol : 19 € ; 15 € 6-17 ans ; pass famille (2 adultes et 2-3 enfants) 60 €. Gratuit moins de 6 ans. Cinéma seul : 9 € ; 7 € 6-17 ans. Séances 45 mn (avr-sept) ttes les heures 11h-17h, séances d'1h (oct-mars) 11h30, 14h et 16h. Prévoir 2h-2h30 de visite.
6 juin 1944 : la 101ᵉ Airborne, division américaine aéroportée, doit s'emparer des accès à la plage et du nœud de communication que constitue Carentan pour appuyer le débarquement à Utah Beach. Les paras sautent sur la zone de saut « D » : Saint-Côme-du-Mont (Beaumont). Parmi eux, le peloton le plus légendaire de toute l'armée des États-Unis, les célèbres « 13 salopards » à coupe iroquoise et peintures de guerre, une unité de démolition chargée de faire sauter ponts et écluses. Pour un de ces bataillons, sous le commandement du lieutenant-colonel Wolverton, le parachutage est un carnage.
C'est l'épopée – finalement victorieuse, mais à quel prix – de ces parachutistes qui est mise en scène grâce à une importante collection d'objets originaux. Une scénographie moderne et accessible, des photos impressionnantes, et du matériel qui semble tout juste rapporté du champ de bataille, un *briefing* virtuel : tout est là pour s'immerger dans cette nuit cruciale. Point d'orgue, on embarque dans un véritable C47 (avion de transport de troupes) pour une simulation de vol, depuis le départ aux États-Unis jusqu'au largage dans la « Drop Zone maudite »...
On continue la visite au ***Dead Man's Corner Museum,*** maison carentaise qui abritait le pendant allemand de la 101ᵉ Airborne, les « diables verts ». Même principe : des scènes minutieusement reconstituées, du matériel original. Et pour qui en redemande, « circuit historique 1944 » dans les environs, qui reconstitue la bataille atroce que livrèrent les Américains pour déloger les Allemands de Carentan.
Éventuellement, pour compléter la visite on peut prendre le forfait incluant les séances cinéma en 3D sur écran géant (45 mn l'été, 1h l'hiver) avec, entre autres, un film sur le débarquement et un autre sur la bataille et la libération de Carentan. Dans le même bâtiment, à l'étage, également un espace muséographique consacré à la bataille de Carentan et aux parachutistes américains durant cette bataille.

Normandy Victory Museum : *parc d'activités La Fourchette, Catz, 50500* ***Carentan-les-Marais.*** *☎ 02-33-71-74-94. • normandy-victory-museum.fr • À 4 km à l'est de Carentan. Ouv tlj, avr-fin août 9h30-19h, sept 10h-18h30 ; le reste de l'année, slt w-e et vac scol. Fermé en janv. Entrée : 9 € ; 6 € 7-18 ans ; pass famille 30 €.* Installé sur le site du terrain d'aviation A10 Airfield construit par les Américains entre le 15 et le 18 juin 1944, ce musée présente les collections de 3 passionnés qui, à travers plusieurs tableaux, s'emploient à vous replonger dans l'ambiance de la bataille de Normandie (et plus particulièrement à travers la bataille des haies), tant côté militaire que civil. À chaque fois des textes vous resitue bien la scène et le contexte. Reconstitution de 3 blockhaus qui permettent de mieux comprendre la défense allemande, et des baraquements des prisonniers français. De nouvelles vidéos et témoignages de civils pendant la bataille de Normandie et expo thématique sur le rôle des femmes pendant la guerre. Parmi les curiosités exposées, chaque année de nouveaux objets, comme la véritable machine Enigma (qui servait à coder les messages secrets allemands) ; mention spéciale pour les objets militaires détournés après-guerre par les civils : casques devenant jardinière, écope, ou encore les grenades transformées en lampe à huile ! Quelques activités immersives comme le baptême en blindé, parcours du combattant...

Le manoir de Donville : *50500* ***Méautis.*** *☎ 02-33-42-03-22. 📱 06-47-51-02-69. • museebloodygulch.com • À 3 km au sud-ouest de Carentan. Tlj avr-vac de la Toussaint ; w-e et vac scol le reste de l'année, sauf Noël et Jour de l'an. Visite guidée seulement. Entrée : 10 € ; réduc et gratuit moins de 6 ans ; 8 € sur présentation de ce guide. Compter 45 mn à 1h15.* Un manoir en bauge dont l'origine remonte au XIe s, largement remanié au XVIIIe s et restauré par les propriétaires (avec meubles d'époque et souvenirs de famille). Il est aujourd'hui possible de le visiter, et de façon plutôt originale, en optant pour l'une des thématiques proposées : histoire du manoir depuis le Moyen Âge ou bataille de Bloody Gulch. Sur place également, le ***mémorial de Bloody Gulch,*** un musée archéologique de la 2e Guerre mondiale « in situ ». Le propriétaire, un passionné, passionnant, riche de nombreuses anecdotes, vous racontera, entre autres, la nuit du 5 au 6 juin 1944 telle qu'elle fut vécue d'après les notes manuscrites du couple qui vivait dans le manoir, ainsi que les violents combats qui eurent lieu sur place. Chaque année, en juin, reconstitution d'un camp américain pour commémorer la bataille de Normandie avec diverses animations. Mais également d'autres spectacles de qualité en juin et à l'automne, parfois à d'autres périodes.

➢ ***Barques du Marais :*** *embarcadère de la Douve, village Ponts-d'Ouve, Saint-Côme-du-Mont, 50500* ***Carentan-les-Marais.*** *☎ 02-33-71-65-30. 📱 06-83-60-08-12. • decouvertemarais.com • À côté du parc naturel régional des Marais. Tlj juil-août 10h-18h. Seulement le w-e, vac scol et j. fériés avr-juin et sept. Possibilités de nocturnes en été. Barques 5-9 places, 39-120 € de 1h à 3h et selon la taille. Balade privilège 25 €/pers (8 pers max). Pas de permis nécessaire, gilet de sauvetage fourni.* Découverte inédite des marais à bord d'une barque électrique. On embarque pour une balade en toute autonomie dans les marais de la Douve, au milieu des prairies, afin d'observer hérons, cigognes ou martins-pêcheurs. La navigation sans bruit permet de surprendre et de découvrir au plus près, la faune très riche, des marais du Cotentin. Également des balades commentées avec un guide nature, tôt le matin ou en soirée *(max 8 pers).*

SAINTE-MÈRE-ÉGLISE

(50480) 3 016 hab. *Carte Le nord de la Manche, C3*

Une des villes symboles du Débarquement, popularisée par le film *Le Jour le plus long* et l'aventure de John Steele, le parachutiste américain glorieusement entré dans l'histoire pour être resté accroché par son parachute au clocher de l'église. Devant l'hôtel de ville, la borne 0 de la voie de la Liberté.

UN PEU D'HISTOIRE

C'est à partir de 0h15, le mardi 6 juin 1944, que les parachutistes des 82e et 101e divisions sautent au-dessus du Cotentin, précédés par quelques éclaireurs. Ils ont pour objectif de s'emparer de la zone comprise entre la côte est du Cotentin et les marais d'Amfreville, et de préparer ainsi le terrain aux troupes débarquant à Utah Beach. Malgré des largages très imprécis qui éparpillent les paras sur un périmètre de près de 60 km de large, quelques groupes isolés arrivent à s'emparer de points stratégiques importants. Parmi eux, le 3e bataillon du 505e régiment qui atterrit sur la place centrale de Sainte-Mère-Église et qui, dès 4h30, hisse le 1er drapeau américain de la journée.

LE CRIQUET DU D-DAY

Les parachutistes américains disposaient chacun d'un criquet. Le clic-clac leur permettait de se retrouver sans être repérés par les Allemands. L'état-major n'a pas eu le bon déclic : il n'y a jamais eu de criquets en Normandie, ces insectes préférant les zones plus sèches.

Adresse et info utiles

🛈 ***Office de tourisme de la Baie du Cotentin :*** *6, rue Eisenhower. ☎ 02-33-21-00-33. ● ot-baieducotentin.fr ● Avr-juin et sept, lun-sam 9h-13h, 14h-18h, dim et j. fériés 9h30-13h30 ; juil-août, lun-sam 9h-18h30, dim et j. fériés 10h-16h ; oct-mars, lun-ven 9h30-12h30, 13h30-17h, plus sam pdt vac scol 10h-13h, 14h-17h. Fermé les 19, 25-26 déc et 1er janv.* Même billetterie qu'à Carentan et vente du *Pass' Baie du Cotentin (1 €)* avec des réductions. Et mêmes propositions que le bureau de Carentan (voir plus haut « Office de tourisme de de la Baie du Cotentin à Carentan »).

– ***Marchés :*** *jeu mat.* ***Marché du terroir et de l'artisanat*** *mar 16h30-19h juil-août.*

Où dormir ? Où manger ?

Camping

⛺ ***Camping Sainte-Mère :*** *6, rue 505e-Airborne. ☎ 02-33-41-35-22. ● smecamping@gmail.com ● camping-sainte-mere.fr ● ♿ Ouv avr-début sept. Env 15-20 € pour 2 avec tente et voiture. Locatifs 4-6 pers. 80 empl.* Un petit camping aux emplacements bien plats ; calme, tout simple et bien tenu. Une belle pelouse à fouler et l'ombre des pommiers pour se reposer. Hébergements insolites (caravanes vintage, camions militaires). Aire de jeux. Également une salle de massages, boutique. Bon accueil.

De bon marché à prix moyens

Auberge Le John Steele : *4, rue du Cap-de-Laine. ☎ 02-33-41-41-16. ● auberge-lejohnsteele@orange.fr ● auberge-john-steele.com ● Fermé dim-lun hors juil-août ; ven en juil-août. Double 70 € ; familiales. Suggestions à l'ardoise 13,50-19 € ; menus 33-36 €.* Une vraie auberge de campagne, à l'intérieur rustique. 2 chambres au-dessus du resto (un peu vieillottes et mal insonorisées) les autres dans le bâtiment annexe, toutes fraîches, confortables et modernes. Au resto, une cuisine régionale de qualité, dans un cadre plaisant. Équipe professionnelle et bon accueil.

Chez Jeanne : *1, rue Division-Leclerc. ☎ 02-14-14-13-60. ● chezjeannecreperie@gmail.com ● chezjeannecreperie.com ● ♿ Tlj sauf mar (et mer hors juin-sept). Repas 15-20 €.* Du frais et encore du frais pour cette bonne crêperie à la déco rétro, où les propriétaires s'approvisionnent chez les producteurs des environs. Également quelques salades, omelettes ou entrecôte pour ceux que les crêpes ne tenteraient pas.

The Field Kitchen : *10, rue Eisenhower. Résa en ligne sur ● thefieldkitchen.fr ● Tlj 1er mai-30 sept, 12h-22h. Sandwichs et planches au déj env 5-17 € (pour les planches à partager). Le soir, barbecue env 12-18 €.* Dans le jardin d'une belle maison de la place de l'église, reconstitution d'une base militaire et de sa cantine, avec tous les accessoires d'époque, tentes militaires et tables installées à même la pelouse. Décor amusant et équipe sympathique.

Restaurant-salon de thé de la Biscuiterie : *5, rue de la Division-Leclerc. ☎ 02-33-93-36-50. ♿ Tlj 9h-19h ; plus ven-sam soir en juil-août. Plat du jour 10,90 €, formules 14,90-18 €, menus 22,50-29,50 €.* Accolée à la biscuiterie, sorte de grande brasserie avec sa salle, son coin bar et son salon lounge-bar. Une déco moderne, plutôt agréable. Dans l'assiette une cuisine de brasserie, tout à fait honnête et bonne. En prime, le service est presque continu, parfait quand le temps dont on dispose entre 2 visites ne permet pas de s'attabler à un horaire « classique ».

Où dormir dans les environs ?

Chambres d'hôtes

Manoir de Magneville : *chez Murielle et Philippe Bazillou-Cabras, 6, rte de Magneville, 50310* ***Fresville.*** *☎ 02-33-01-02-24. 07-80-41-12-13. • murfil@wanadoo.fr • manoirdemagneville.fr • À 7 km au nord de Sainte-Mère-Église. Doubles 85-100 € ; familiale. Table d'hôtes 25 €.* Dans un ravissant manoir des XVe et XVIe s, vivant et chaleureux. De beaux volumes pour les pièces et une déco éclectique. Espace détente avec spa et sauna sont à votre disposition pour finir de faire de cette maison un lieu de détente et de repos (gratuit pour ceux qui optent pour la table d'hôtes ou qui restent plusieurs jours). Accueil ouvert et souriant. Cavaliers et leurs montures sont également bienvenus.

Achats

Biscuiterie de Sainte-Mère-Église : *5, rue de la Division-Leclerc. ☎ 02-33-93-95-06. • biscuit-sainte-mere-eglise.com • Tlj 9h-19h.* Immense boutique où l'on trouve tous les produits de la biscuiterie artisanale de Sainte-Mère. Mais également de nombreux produits de la région et toutes sorte de petits cadeaux, objets et souvenirs.

Brasserie Artisanale de Sainte-Mère-Église : *33, rue du Général-de-Gaulle (pl. de l'Église). 06-88-35-75-60 ou 06-12-18-55-94. • biere-sainte-mere-eglise.com • Tlj sauf lun mat et dim ap-midi, 10h30-18h30. Visite de la brasserie en juil-août ; s'inscrire en ligne.* Que vous aimiez la bière brune, blonde ou rousse, vous trouverez ici votre bonheur. Avec des noms évocateurs tels que Utah Beer, Diamond Lilly ou encore Liberty Road. Toutes sont fabriquées dans la brasserie artisanale de Sainte-Mère, que l'on peut visiter en été.

Les Bouilles de Cauquigny : *2, Le Hameau Flaux, Amfreville, 50480* ***Picauville.*** *06-64-65-10-74. • lesbouillesdecauquigny.fr • Ouv mer 15h-19h et sam 10h-13h.* Christelle et Valéry ont repris l'exploitation familiale et leurs vaches donnent du lait de qualité, avec lequel ils préparent fromages frais, crème fermière, fromages blancs, yaourts ; délicieux ! Fabriqués le mardi matin, à consommer rapidement car il n'y a aucun additif. Natures, sucrés, au coulis de fruits, ou brassés, au lait entier ou écrémé... il y en a pour tout le monde.

LA MANCHE

À voir. À faire

Le circuit « Musée à ciel ouvert » : *loc d'iPad à l'office de tourisme de Sainte-Mère (8 €/appareil à la journée, 250 € de caution et pièce d'identité). Prévoir ½ journée. Circuit également disponible sur Kit'M (voir les informations dans la rubrique « Adresses et infos utiles » au début du chapitre « Manche »).* Il vous emmène à travers un itinéraire de 50 km autour de Sainte-Mère-Église et Utah Beach, sur les sites stratégiques, et ceux, moins connus, du Débarquement, le tout à votre rythme. Diaporama, repérages cartographiques, commentaires audio et témoignages aident à comprendre les évènements.

L'église : édifiée aux XIIe et XVe s. S'attarder sur le portail. Sur les chapiteaux, lapin, feuillages sculptés. Archivoltes tombant sur des modillons bizarres, presque obscènes... L'une des figures, à droite, semble se tenir les testicules. À gauche, on jurerait qu'une autre exhibe ses fesses ! Chaire et retable du XVIIIe s. Le lutrin, du XVIIIe s également, est l'un des plus beaux du département. Vitraux dédiés aux libérateurs américains et à la 82e Airborne.

Airborne Museum : *14, rue Eisenhower, dans le bourg. ☎ 02-33-41-41-35. • airborne-museum.org • Mai-août, tlj 9h-19h ; avr et sept, tlj 9h30-18h30 ; oct-mars, tlj 10h-18h. Fermé en déc-janv sauf pdt vac scol. Entrée : 9,90 € ; réduc ; gratuit moins de 6 ans. Billet famille : 28 € (2 adultes et 2 enfants). Durée : env 2h.* Le musée a fait peau neuve, la scénographie moderne et les nouvelles thématiques font revivre au visiteur l'histoire du parachutage sur Sainte-Mère-Église et sa libération. De la naissance des parachutistes américains à la préparation du Débarquement en Angleterre, jusqu'aux combats qui menèrent à la liberté. Importante collection d'objets historiques (documents, photos, armes, uniformes...). Parmi les pièces exposées : char Sherman, half-track, jeeps, etc., mais, le plus spectaculaire, un C-47 « Dakota » transport de troupes, l'un des 512 planeurs Waco qui participèrent à l'attaque, entouré de parachutes accrochés au plafond et de soldats statufiés. L'hologramme d'un officier américain présente les futures missions des divisions aéroportées et vous permet de vivre et d'être acteur du jour J, au côté des parachutistes américains des 82e et 101e Airborne. On porte l'équipement et on enfile un parachute pour vivre un saut virtuellement. Dans la salle de cinéma, le grand écran incurvé projette un film retraçant tous les faits marquants de cette grande opération militaire. Un « *touch wall* » qu'il suffit de toucher sur des zones dédiées laisse apparaître des animations qui facilitent la compréhension des opérations de désinformation utilisées pour tromper l'ennemi, comme l'opération « *Fortitude* » (comment les alliés ont réussi à dissimuler aux Allemands le lieu du Débarquement en France). Une partie du musée est consacrée aux grands hommes de l'opération « *Overlord* », avec l'écoute de témoignages de ces hommes qui ont fait l'histoire (les généraux Ridgway et Taylor, Georges Wood ou encore Charles Young, pilote de C-47). Puis on assiste à une scène d'embarquement le 5 juin en Angleterre et on s'immerge à l'intérieur d'un blockhaus reconstitué. La visite se termine par l'histoire des C-47 et plus particulièrement celle de l'avion « *Argonia* » présenté ici. . Un parcours à destination des plus jeunes leur permet de comprendre les faits marquants du D-Day. L'*histopad (tablette numérique),* inclus dans le prix d'entrée, complète et enrichit la visite (même si le nez rivé sur l'écran, on en oublie presque de regarder autour de soi !).

GUERRE ET PAIX

2 vitraux inhabituels dans l'église de Sainte-Mère-Église attirent l'attention : l'un représente des parachutistes avec les écussons, symboles des troupes Airborne, et saint Michel, patron des paras. L'autre, qui honore le Débarquement, est probablement le seul vitrail au monde avec une Vierge à l'Enfant entourée d'avions et de parachutistes... Une vraie B.D. !

La ferme-musée du Cotentin : *chemin de Beauvais. ☎ 02-33-95-40-20. • patrimoine.manche.fr • Avr-juin, sept et pdt vac scol de Printemps et de la Toussaint, tlj sauf sam 14h-18h ; juil-août, tlj sauf sam 11h-19h ; dernière entrée 1h avt la fermeture. Fermé le 1er mai. Entrée : 5 € ; réduc ; gratuit moins de 7 ans ; supplément activités 1,80 €.* Coup de cœur pour ce musée installé dans une belle ferme des XVIIe et XVIIIe s. L'expo qui revoit tous les clichés sur la Normandie (on y apprend notamment que, jusqu'au XIXe s, ce coin de France vivotait grâce

OH, LA VACHE !

Le saviez-vous ? La fameuse « vache normande » est en fait un « animal de laboratoire », issu du croisement de différentes races et destiné à obtenir la meilleure laitière possible. Par ailleurs, les recherches et expériences ont permis d'accroître la productivité de ces laitières : en 1852, une vache produisait 900 l de lait par an, en 1882, 1 500 l, et aujourd'hui... 5 500 à 6 000 l ! Et toujours avec un pis seulement !

à la culture des céréales et que l'« avènement de la vache » ne date que de la fin du XIXe s). Également une reconstitution visuelle, sonore et olfactive d'intérieurs du XIXe et du début du XXe s. Expo de matériel et outils agricoles, mobilier paysan, objets domestiques divers. Nombreuses activités découvertes, sur réservation, au printemps et l'été.

➢ ***Kayapic :*** *site de Longuerac, les Moitiers-en-Bauptois, 50360* ***Picauville.*** *06-44-31-84-72 ou 06-77-45-88-21. • contact@kayapic.fr • Tlj de mi-avr à mi-oct, 10h-18h, semi-nocturnes occasionnels jusqu'à 21h l'été ; hors saison, ouv w-e et vac scol. Résa préférable. Compter 9-24 € pour 1h à 3h.* Location de kayaks et paddles pour une balade sur la Douve.

Manifestation

– ***Anniversaire du Débarquement :*** *3 j. autour du 6 juin.* Reconstitutions de camps militaires, parachutages, bourses militaires, exposition de véhicules militaires... Nombreuses festivités ou animations prévues en 2022 à l'occasion du 78e anniversaire.

DANS LES ENVIRONS DE SAINTE-MÈRE-ÉGLISE

LA MANCHE

La batterie d'Azeville : *la Rue, 50310* ***Azeville.*** *☎ 02-33-40-63-05. • patrimoine.manche.fr • À 7 km au nord de Sainte-Mère-Église. Juin-août, tlj 10h-19h ; avr-mai et 1er-19 sept, tlj sauf le 1er mai, 10h-18h ; 20 sept-11 nov, tlj sauf sam (hors vac scol d'oct) 13h-18h ; dernier billet 1h avt la fermeture. Entrée avec audioguide : 7 € ; réduc ; 7-18 ans : 3,50 € ; gratuit moins de 7 ans.*
Cette batterie, édifiée pour défendre la côte dès 1942, abritait une troupe de 170 hommes, dont 60 vivaient en permanence sur le site, tandis que le reste logeait chez les villageois d'Azeville (qui ne comptait à l'époque qu'une centaine d'habitants...). Atteinte de plein fouet par un obus du navire *Nevada* dans la nuit du 8 au 9 juin 1944, la batterie d'Azeville rendit les armes le lendemain.
On visite aujourd'hui les casemates où se trouvaient les canons et les souterrains (environ 800 m), que l'on soupçonne à peine de l'extérieur et qui servaient de base logistique à la batterie. Les longs couloirs étroits sont particulièrement impressionnants (et anxiogènes pour les claustrophobes), et l'audioguide permet de reconstituer et d'imaginer ce que pouvaient contenir les pièces désormais vides (soutes à munitions, dortoirs, puits). Le camouflage en trompe l'œil des casemates, refait comme à l'époque, est lui aussi surprenant : pour tromper l'ennemi, celles-ci étaient en effet « déguisées » en fermes normandes détruites avec faux murs de pierre peints, etc. Pour clore la visite, film de 20 mn avec le témoignage des habitants d'Azeville (des enfants pour la plupart à l'époque) ayant vécu cette cohabitation avec les Allemands.

La batterie de Crisbecq : *route de Crisbecq, 50310* ***Saint-Marcouf.*** *06-68-41-09-04. • batterie-marcouf.com • À 11 km au nord de Sainte-Mère-Église. Juil-août, tlj 10h-19h ; avr-juin et sept-11 nov, tlj 10h-18h ; fermeture de la caisse 1h avt. Fermé 12 nov-mars. Entrée : 10,50 € ; 6,50 € 6-14 ans ; réduc. Visites guidées en juil-août sur résa, en principe mer ; quelques nocturnes en été sur résa.*
La batterie de Crisbecq était la plus importante position d'artillerie allemande de tout le secteur d'Utah Beach, s'étendant sur 1,6 km de longueur et 900 m de profondeur. On soupçonne à peine tout ce qui se trouve ici (et c'est bien là l'intérêt de la chose !). Dominant la côte de Saint-Vaast jusqu'à la baie des Veys, avec une portée de tir allant jusqu'à 33 km, la batterie de Crisbecq constituait un réel danger pour le débarquement sur la plage d'Utah. C'est pour cette raison que les Alliés bombardèrent le site sans discontinuer depuis le

printemps 1944 jusqu'au Débarquement, faisant à l'occasion d'importants « dégâts collatéraux » parmi la population du petit village voisin de Saint-Marcouf-les-Gougins (32 morts dans la nuit du 5 au 6 juin). À plusieurs reprises, du 6 au 11 juin, les Américains tentèrent de s'emparer de Crisbecq. Peine perdue : ils durent renoncer à chaque fois devant l'opiniâtreté des défenseurs, ces derniers demandant même à leurs camarades d'Azeville de leur tirer dessus pour déloger les GI qui étaient parvenus sur le toit des casemates de Crisbecq. Dans la nuit du 11 au 12 juin, le commandant abandonna finalement sa position avec 78 hommes pour se retirer vers Cherbourg, laissant ses blessés aux bons soins des Américains.
Aujourd'hui, on déambule sur un site de 5 ha, à travers un surprenant complexe de tranchées et galeries pour découvrir les 22 blockhaus avec, parfois à l'intérieur, des scènes reconstituées pour mieux comprendre. Un vrai village, avec le poste de commandement, les chambrées, les soutes à munitions, l'infirmerie, la cuisine, la réserve à eau... sans oublier les canons de Saint-Marcouf.

Le hangar à dirigeables d'Écausseville : *La Bazirerie, 50310* ***Écausseville.*** *☎ 02-33-08-56-02. • contact@aerobase.fr • aerobase.fr • À 9 km au nord de Sainte-Mère-Église. Juil-août, tlj 10h-18h ; avr-juin et sept-oct, tlj 14h-18h ; nov et fév, vac scol 14h-18h. Entrée : 6 € ; 2,50 € enfants 8-14 ans ; gratuit moins de 8 ans ; pass famille. Aire de pique-nique et petite restauration sur place.* Ce bâtiment militaire désaffecté est classé monument historique depuis 2003. Immense cathédrale de fer et de béton de 150 m de long qui fut un ancien hangar à dirigeables. C'est l'unique survivant des 12 centres construits par la Marine nationale pendant la 1re Guerre mondiale, pour abriter des dirigeables chargés de combattre les sous-marins allemands. Utilisé par l'armée allemande pendant la 2e Guerre mondiale pour entreposer du matériel, puis comme centre d'entretien des véhicules de l'US Army et à nouveau de dépôt de matériel jusqu'à la fin de la guerre. Au cours de la visite à la découverte de 100 ans d'histoire, documents, photographies d'époque, projection de film et maquettes sur son histoire et sa construction. Simulateur de vol accessible à tous. Évènements, meetings, parachutages, expo et démonstrations diverses (les contacter pour le programme).

World War II Museum : *18, av. de la Plage, 50310* ***Quinéville.*** *☎ 02-33-95-95-95. • worldwar2-museum.com • À 15 km au nord de Sainte-Mère-Église. Avr-août, tlj 10h-19h (18h sept-oct et vac scol de la Toussaint) ; fermeture de la caisse 1h avt. Entrée : 9 € ; réduc ; gratuit moins de 6 ans. Visite env 1h.* Quinéville, objectif le plus au nord de la zone du Débarquement. Avec la chute de Cherbourg le 19 juin 1940, l'Occupation commence ! Présentation chronologique des événements de l'Exode, de 1940 à juin 1944. Évocation de la vie sous l'Occupation à travers une muséologie classique (scènes reconstituées, photos, affiches, musique, objets du quotidien), jusqu'à ce que les alliés débarquent. Après le passage par la casemate d'origine, c'est à ce débarquement, et plus particulièrement dans les environs de Quinéville, que se consacre la 2e partie du musée, toujours à travers des scènes reconstituées, le plus souvent à partir de modèles réduits que l'on doit aux fondateurs du musée. Étonnamment, ces scénettes offrent une meilleure vue d'ensemble qu'avec les objets en grandeur nature et l'œil s'attarde davantage sur les détails ! À l'extérieur du musée, sur la plage, un impressionnant mur anti-débarquement de 900 m de long.

Biscuiterie artisanale de Quinéville : *6, rue du Port-Sinope, 50310* ***Quinéville.*** *☎ 02-33-42-64-96. • biscuiterie-quineville.com • Mar-dim 9h-12h45, 14h-19h, tlj en juil-août. Congés : 1 sem fin sept-début oct, 3 sem en janv.* À la fois une biscuiterie, probablement la meilleure de la région, c'est aussi une pâtisserie qui propose des tartes délicieuses et une agréable pause gourmande pour boire un thé, sur la terrasse en été. Également une boutique : *3 bis, rue Verrüe, à Saint-Vaast la Hougue* (voir plus loin).

UTAH BEACH

Carte Le nord de la Manche, C2-3

Le 6 juin 1944 à 6h25. Ils sont les premiers parmi les premiers à surgir de la mer pour poser pied sur le sol de France. Une plage dont ils ne connaissent que le nom de code – Utah –, voire une section de plage nommée « Uncle Red » ou encore « Tare Green ». En Normandie, on l'appelait la Madeleine : dunes, marécages et tarets (ruisseaux débouchant sur la mer). 20 péniches de débarquement transportent l'avant-garde du 8e régiment d'infanterie américain du colonel James A. Van Fleet, et de la 4e DI du général Barton. Derrière suivent les compagnies A et B du 70e bataillon de chars Sherman. Le Débarquement proprement dit a vraiment débuté. Et pourtant, ils avaient débarqué à 2 km au sud du site prévu. Pendant ce temps-là, 2 divisions américaines de parachutistes et la division britannique de Bérets rouges assurent la protection du front (80 km de plages d'assaut). Le soir du 6 juin, ils seront 23 250 à avoir pris pied sur Utah. Pour l'heure, l'adjoint au commandant de la 4e DI, le général Theodore Roosevelt, cousin éloigné du président des États-Unis, se promène de long en large sur la dune « comme s'il cherchait un terrain à acheter » et plante sa canne dans le sol en criant d'une voix rauque : « On commence ici ! » Le général ne se doute pas qu'il vient de désigner l'emplacement de la borne 00 de la voie de la Liberté.

Où dormir ? Où manger dans le coin ?

Camping

Camping de la Baie des Veys : *le Grand-Vey, 50480 **Sainte-Marie-du-Mont.** ☎ 02-33-71-56-90. • la.bdv50@gmail.com • campinglabaiedesveys.com • À 7 km au sud-est d'Utah Beach. Ouv avr-sept. Env 18-28 € pour 2 avec tente et voiture. Locatifs 4-6 pers. 58 empl.* À deux pas d'un hameau, dans la nature, face à la mer (mais une mer cachée derrière une grande haie et pas vraiment propice à la baignade à cet endroit-là), un petit camping où hébergements locatifs et emplacements pour campeurs cohabitent gentiment. L'endroit est simple et bien tenu, avec un petit potager au milieu. Chalet pour 4 à 6 personnes avec une agréable terrasse et un bout de verdure. Également quelques hébergements insolites : tentes prêtes à camper, des cabanes des marais pour 4 personnes, une tente viking, etc. Piscine chauffée et location de vélos. Accueil vraiment adorable et atmosphère familiale.

Chambres d'hôtes

Le Manoir de Juganville : *39, les Mézières, 50480 **Saint-Martin-de-Varreville.** 06-60-63-46-22. • contact@juganville.com • juganville.com • À 8 km à l'ouest d'Utah Beach. Congés : Noël-janv. Double à partir de 99 € (2 nuits min w-e prolongés et vac scol) ; familiale.* Dans une très belle demeure du XVIIIe s, au milieu d'un grand parc, de ravissantes chambres d'hôtes, chacune avec sa propre ambiance. S'il faut choisir, avouons un faible pour la « Baldaquin », baignée de lumière, ou encore celle de la Tour, mansardée, avec ses poutres apparentes. Possibilité de table d'hôte pour le dîner.

Bon marché

Crêperie Montoise : *52, pl. de l'Église, 50480 **Sainte-Marie-du-Mont.** ☎ 02-33-71-90-28. Tlj sauf lun et dim soir. Congés : sept-avr. Repas 15-20 €. Café ou apéritif maison offert sur présentation de ce guide de* *l'année.* Petite crêperie sympathique et fraîche, avec sa devanture bleu azur et crème. Des crêpes très honnêtes et des salades. Également des moules marinières ou normandes, en direct d'Utah Beach. Le tout servi avec le sourire... voire en terrasse (avec le sourire aussi).

De prix moyens à chic

Le Domaine d'Utah Beach – restaurant chez Arsène : *14, la Rivière, 50480* ***Sainte-Marie-du-Mont.*** *☎ 02-33-71-25-74. • contact@domaine-utah-beach.com • domaine-utah-beach.com • À 6 km à l'ouest d'Utah Beach. D'avr à mi-nov, tlj. Doubles 95-195 € ; familiales ; gîtes pour 4 pers (tte l'année). Resto, menu 38 € ; carte env 50 €. Résa conseillée.* En pleine campagne, une ancienne propriété agricole magnifiquement restaurée et un vaste domaine équestre entouré de prairies. Cadre enchanteur pour 4 chambres, 2 duplex et 4 gîtes de grand confort, répartis dans les différentes dépendances. Hôtel de charme, chambres spacieuses pour la plupart, personnalisées et meublées à l'ancienne. Cuisine inventive. Salon, bar, billard, terrasse et jardin avec étang pour la détente, terrain de pétanque, location de vélos et randonnées pour les actifs.

À voir dans le coin

Le musée du Débarquement d'Utah Beach : *50480* ***Sainte-Marie-du-Mont.*** *☎ 02-33-71-53-35. • musee@utah-beach.com • utah-beach.com • Juin-sept, tlj 9h30-19h ; oct-mai, tlj 10h-18h ; dernière entrée 1h avt la fermeture. Fermé 1er-25 déc, 31 déc et 1er janv. Entrée : 8 € ; réduc ; 6-15 ans 5 € ; gratuit moins de 6 ans. Sur résa, visite guidée du musée (1,50 €), musée plus site d'Utah (4 €).*

Construit sur la dune autour d'un blockhaus allemand, à l'endroit même où les troupes américaines ont débarqué, ce musée est consacré au débarquement sur la plage d'Utah et aux événements du jour J, depuis sa préparation jusqu'à son aboutissement et son succès (de justesse !). Sa grande superficie (3 000 m^2) permet d'abriter une barge d'assaut et un chenillé amphibie restauré (pièce unique en Europe). Sous un énorme hangar de verre et d'acier, on peut observer l'un des 5 modèles restants du bombardier B26 Marauder qui participa à l'opération *Overlord,* et ce grâce à l'initiative et à la générosité de 2 frères texans, fils d'un vétéran et héros du *D-Day.* Au travers de panneaux, témoignages et films d'archives, le musée propose un parcours scénographique suivant un cheminement chronologique complet qui vous plonge dans l'histoire du Débarquement. Après 10 séquences, le visiteur « débarque » sur la plage dans une salle panoramique.

À l'extérieur, monuments commémoratifs et engins. Les routes et chemins autour du musée portent les noms de soldats morts le 6 juin, donnés par leurs camarades de combat. Sur place, en se connectant au réseau du musée, on peut suivre la visite avec son propre téléphone ou tablette, en accédant à « Utah Inside » (sans téléchargement). On sélectionne les espaces qui nous intéressent pour écouter les commentaires, plutôt que de les lire. Accès également au plan du musée et à des vues à 360° de l'intérieur du B26 Marauder (du cockpit à la queue), comme si on y était.

LE BOCAGE

Petite région de transition entre le parc naturel régional des Marais et le val de Saire. On rencontre bien évidemment d'autres bocages en Normandie, mais cette appellation est, ici, historique. Dès le Moyen Âge, le terme

désignait le « pays des bois », cette grande forêt remontant à l'époque gallo-romaine qui s'étendait au centre de la presqu'île du Cotentin. Une forêt sérieusement entamée dès le XVIe s par les besoins en bois de la construction navale et des verreries installées dans le secteur.

SAINT-SAUVEUR-LE-VICOMTE

(50390) 2 130 hab. *Carte Le nord de la Manche, B3*

Gros bourg tranquille dont on situe la place dans l'histoire dès que pointent les tours du château médiéval. Aux XIe et XIIe s, la ville fut le siège de la vicomté du Cotentin, titre attribué à la famille Néel de Saint-Sauveur par les ducs de Normandie, consistant en une délégation de l'administration du Cotentin. En participant à la tentative d'assassinat de Guillaume le Bâtard en 1047, Néel II trahit son seigneur et perdit sa charge de vicomte, faisant du même coup perdre son influence à Saint-Sauveur. Pourtant, la ville resta longtemps une place stratégique à la frontière du bocage et du marais, et l'imposant château construit au Xe s en fit souvent les frais. Saint-Sauveur est également la patrie de l'écrivain Jules Barbey d'Aurevilly, qui y naquit en 1808.

Adresse utile

Office de tourisme : *à la billetterie du musée Barbey d'Aurevilly, mêmes horaires que le musée (voir plus loin).* Brochure pour faire une visite intéressante de la ville et du château.

Où dormir ? Où manger ? Où boire un verre ?

Camping

Camping municipal du Vieux Château : *av. Division-Leclerc. ☎ 02-33-41-72-04 ou 02-33-41-79-06 (hors saison). • basedeloisirs@sslv.fr • campingssv@gmail.com • basedeloisirs.fr • ville-saint-sauveur-le-vicomte.fr • Ouv de mi-mai à mi-sept. Env 17 € pour 2 avec tente et voiture. CB refusées. 57 empl.* Petit camping tout simple et bien tenu, blotti au pied de la butte du château, en plein centre-ville, donc, dans un joli cadre de verdure. On entend un peu la route, mais vraiment rien d'affolant.

De bon marché à prix moyens

Auberge du Vieux Château : *9, av. Division-Leclerc. ☎ 02-33-41-60-15. • contact@auberge-vieux-chateau.com • auberge-vieux-chateau.com • Resto fermé lun midi en été, sam midi et dim soir hors saison. Congés : 3 sem fév-mars. Doubles 65-80 €. Formules déj en sem 11-13,80 €, plat du jour env 9 €, menu servi seulement le soir 23 € ; carte env 25 €. Café offert sur présentation du guide de l'année.* Derrière une façade dévorée par le lierre, face au château et dos aux marais, l'hôtel du bourg propose une poignée de chambres lumineuses et dominées par des teintes taupe et chocolat. Bonne cuisine, servie dans une agréable salle à manger baignée de lumière. Accueil charmant.

Le Rideau Cramoisi : *31, rue Bottin-Desylles, pl. de l'Église. ☎ 02-33-41-62-37. Resto ouv seulement le midi lun-sam et soir ven-sam ; bar lun-sam. Congés : 2 sem fin août, dernière sem de déc. Menus déj tlj sauf dim 13,50-14,50 €.* Déco iconoclaste et chaleureuse pour ce bistrot, QG du fan-club de Dionysos et d'Épicure, à l'ambiance de vieille auberge de village. Le nom du resto est le titre d'une nouvelle du recueil *Les Diaboliques* de Barbey d'Aurevilly. La déco de bric et de broc invite, tout un tas d'objets chinés, insolites, comme la vieille balance ou le vieux tricycle. Pour l'assiette, c'est du simple, comme à la maison, et du solide, à déguster sur la terrasse si le temps le permet. Pizzas à consommer sur place ou à emporter *(le ven soir).*

Où dormir ? Où manger dans les environs ?

Chambres d'hôtes La Cour : *chez Monique Tardif, la Cour, 50390* **Rauville-la-Place.** *☎ 02-33-41-65-07. • mt.lacour@wanadoo.fr • chambres-lacour.com • À 3 km au nord de Saint-Sauveur-le-Vicomte. Doubles 65-75 € ; familiale.* Dans un beau manoir du XVe s restauré avec soin, 5 chambres de belle taille, même si la « Pivoine » et l'« Hirondelle », au 2e étage, sont mansardées et un rien plus petites, mais se révèlent plutôt lumineuses. On ne vient pas ici pour mener la vie de château, car l'ensemble est sobre, mais pour profiter d'un lieu de caractère et de lits bien fermes pour des nuits dans le silence le plus complet. Beau jardin, avec pièce d'eau et... ânes ! Idéal pour les familles. Accueil doux et discret.

Où acheter de bons produits ?

Lait Douceur de Normandie : *24, route d'Auréville. ☎ 02-33-41-07-11. • lait-douceur.com • Tte l'année, jeu-sam (vac scol et de mi-avr à mi-sept, lun-sam ; déc, tlj) 10h-12h30, 14h-19h.* Un ancien corps de ferme qui abrite atelier et production : confiture de lait, de fruits, confits (oignons, figues...), bonbons, chocolats et salon de thé.

LA MANCHE

À voir

Château médiéval de Saint-Sauveur-Le-Vicomte : *visite libre des extérieurs tte l'année. Visites guidées de l'intérieur juil-août, mer et ven à 15h sur résa avec le Pays d'Art et d'Histoire (☎ 02-33-95-01-26) ; hors saison, sur résa, selon les possibilités. Entrée : 4 € ; gratuit moins de 18 ans. Se procurer le petit dépliant à l'office de tourisme (les essentiels, Clos du Cotentin) intéressant pour la visite.* Endommagé lors de la dernière guerre, il impressionne pourtant toujours, avec ses imposantes tours rondes de 4 m d'épaisseur à la base, ses hautes meurtrières et son donjon carré de 25 m de haut. Au milieu, une élégante porterie. À sa droite part un chemin menant au tout petit cimetière où repose Barbey d'Aurevilly. Devant le château, son buste par Rodin.

Le musée Barbey d'Aurevilly : *64, rue Bottin-Desylles. ☎ 02-33-41-65-18. Juil-août, tlj 13h-19h ; juin et sept, mer-dim. Entrée : 5 € ; gratuit moins de 18 ans et étudiants. Abrite également l'office de tourisme à la billetterie du musée (mêmes horaires).* Installé dans la maison familiale de l'écrivain. Manuscrits, autographes, souvenirs, vêtements. On y découvre surtout la *Disjecta Membra,* grosse compilation de 200 pages de poèmes, notes et réflexions diverses, ainsi qu'un intéressant travail photographique illustrant des passages de ses œuvres dont l'action se situe dans la région. Le soir en été, lectures d'extraits d'œuvres de Barbey d'Aurevilly.

L'abbaye : *à peine à l'écart du centre (c'est fléché). ☎ 02-33-21-63-20. • mmpostel.com • Abbaye ouv au public tlj 10h-12h, 14h-18h. GRATUIT.* Construite au XIe s et en grande partie détruite au XIXe s, l'abbaye connut bien des vicissitudes (guerre de Cent Ans, Révolution française, bombardements de 1944...) mais se releva toujours. Toujours en activité, elle abrite la maison mère de la congrégation Sainte-Marie-Postel et un collège. Seule l'église abbatiale se visite.

BRICQUEBEC-EN-COTENTIN

(50260) 5 852 hab. *Carte Le nord de la Manche, B2*

Petite ville commerçante on ne peut plus tranquille, qui cache bien son jeu. Son fier château fort, l'un des mieux préservés de la Manche, est la seule trace d'un passé nettement moins paisible. Le 1er seigneur de Bricquebec était Anslek de Bastembourg, le petit-neveu de Rollon le Viking, autrement dit pas du sang d'endormi ! Parmi ses descendants, Robert Bertrand Ier, dit le Tors, débarqua en Angleterre avec Guillaume le Conquérant ; un autre s'empara de Jérusalem lors de la 1re croisade, avec Robert Courteheuse... Quelques lustres plus tard, un autre de ses rejetons, Robert Bertrand, le 7e du nom (comme quoi, l'instinct guerrier...), conquit l'île de Guernesey pendant la guerre de Cent Ans. En 1418, le château fut pris par les Anglais et attribué à Guillaume de la Polle, comte de Suffolk, lequel fut fait prisonnier par Jeanne d'Arc en 1429 (quelle aventure...) !

Adresse et info utiles

i *Office de tourisme du Cotentin :* *13, pl. Sainte-Anne. ☎ 02-33-52-21-65. ● encotentin.fr ● Ouv juin-sept, ven-mar 10h-12h30, 14h-18h.*

– ***Marché :*** *lun.* L'un des plus réputés de la région.

Où dormir ? Où manger ?

Hôtel-restaurant Le Donjon : *2-4, pl. Sainte-Anne. ☎ 02-33-52-23-15. ● hotelrestaurantledonjon@orange.fr ● hotel-le-donjon.fr ● ♿ (au resto seulement). Resto fermé dim. Congés : 20 déc-15 janv. Doubles 45-50 €. Formule déj en sem 13,80 €, menu 19,50 € ; carte env 25-30 €.* Le bar-hôtel-resto de village, avec une sympathique terrasse donnant sur le château. À l'intérieur, salle de resto claire et soignée, aux tables nappées. Un petit cadre tout simple pour goûter à une bonne cuisine traditionnelle. Les chambres, à l'écart du bistrot-resto, sont calmes et, sous leur air modeste, plutôt confortables.

L'Hostellerie du Château de Bricquebec : *4, cours du Château. ☎ 02-33-52-24-49. 📱 07-69-79-26-72. Resto : 📱 06-65-18-78-81. ● lechateaudebricquebec@gmail.com ● Dans l'enceinte du château. Doubles 79-129 € ; familiale ; petit déj 10 €. Resto ouv le soir mar-sam tte l'année, plus dim midi avr-sept. Congés : de janv à mi-fév. Repas env 20-30 €.* Envie de passer une nuit dans l'enceinte d'un château médiéval ? Atmosphère douillette dans toutes les chambres et, si certaines n'ont pas de caractère particulier, d'autres (plus spacieuses, dans l'ancienne partie du château) sont vraiment charmantes (surtout celle avec ses voûtes apparentes, où séjourna la reine Victoria) ; certaines salles de bains, en revanche, sont vraiment petites. Bonne cuisine traditionnelle au restaurant, que l'on déguste dans un cadre superbe.

Achats dans les environs

La Maison du Biscuit : *hameau Costard, 50270* ***Sortosville-en-Beaumont.*** *☎ 02-33-04-09-04. Au bord de la D 902, direction Barneville-Carteret. Tlj 8h30-19h. Congés : 1 sem en sept et janv.* Assez surprenantes, ces reconstitutions de façades de boutiques anciennes un peu au milieu de nulle part ! Les bâtisses abritent une grande épicerie fine, mais *La Maison du Biscuit,* c'est surtout des biscuits et petits gâteaux à se damner, notamment les financiers ! On peut les savourer sur place, dans le salon de thé *(fermé lun et 12h30-14h)* adjacent.

À voir. À faire

Le château : *pour les visites guidées, contacter le Pays d'Art et d'Histoire (☎ 02-33-95-01-26).* Construit au XIIe s, le château en a vu passer, des barbares en armes... Il possède encore son enceinte, 8 tours et un énorme donjon polygonal. Accès par la ravissante tour de l'Horloge. Abrite un petit musée ethnographique et archéologique (accessible à l'occasion de visites guidées). Seule la cour est en accès libre.

➢ À 6 km au nord de Bricquebec, à ***Rocheville,*** l'*ancienne voie ferrée* qui reliait Cherbourg à Coutances est devenue une ***voie verte*** de 68 km, accessible aux randonneurs (à pied, à vélo, à cheval). Elle va jusqu'à Cambernon, au nord-est de Coutances, via Bricquebec, Saint-Sauveur, La Haye-du-Puits, Lessay et Périers.

Fête

– ***Fête de Sainte-Anne :*** *dernier w-e de juil.* Fête foraine, défilé degroupes et feu d'artifice. Le tout sur un thème en rapport avec l'histoire régionale.

VALOGNES (50700) 6 830 hab. *Carte Le nord de la Manche, B2*

À l'épicentre du Cotentin (pas moins de 7 routes importantes s'y croisent), cette ville historique un peu assoupie a souffert pendant la dernière la guerre. Elle n'en abrite pas moins un nombre important de très belles bâtisses.

UN PEU D'HISTOIRE

D'abord importante cité romaine sous le nom d'*Alauna,* pour surveiller les turbulentes tribus unelles. Puis, au Moyen Âge, la ville accueille les nombreux séjours des ducs de Normandie ; en 1046, le jeune Guillaume le Bâtard, le futur conquérant de l'Angleterre, y échappe de justesse à une conjuration de barons révoltés. Au lendemain de la guerre de Cent Ans, les artisanats du drap et du cuir y prospèrent, et Valognes compte un hôtel-Dieu et un couvent de cordeliers. Au cours des XVIIe et XVIIIe s, la ville devient un centre administratif et religieux important. De nombreux hôtels particuliers d'aristocrates y sont édifiés et plusieurs abbayes s'y établissent.
Véritable petite capitale à vie culturelle active, Valognes y gagne le surnom de « petit Paris » (elle est encore couramment qualifiée aujourd'hui de « Versailles

normand »). Profondément marquée par la Révolution française, Valognes devient au XIXe s « la ville des spectres », chère aux rêveries de l'écrivain Jules Barbey d'Aurevilly. Sous le Premier Empire, elle accueille une fabrique, éphémère, de porcelaine et envoie à l'Assemblée nationale l'un de ses plus illustres députés, Alexis de Tocqueville. Les cruels bombardements en 1944 détruisent tout le centre-ville et de nombreux hôtels particuliers. Mais la reconstruction dans le matériau du pays (la belle pierre blanche de Valognes) ainsi que le respect des proportions antérieures ont permis à la ville de retrouver une grande partie de sa physionomie d'antan.

Adresses et info utiles

Office de tourisme du Cotentin : *25, rue de l'Église. ☎ 02-33-40-11-55. • encotentin.fr • Ouv 15 juin-15 sept, lun-sam, 9h30-12h30, 13h30-18h30 ; 1er avr-14 juin et 16 sept-31 oct, mar-sam, 9h30-12h30, 13h30-18h ; 1er nov-31 mars, mar-sam, 10h-12h30, 13h30-17h.* Pas mal de doc. Topoguides rando en vente.

Pays d'art et d'histoire du Clos du Cotentin : *21, rue du Grand-Moulin. ☎ 02-33-95-01-26 (en sem). • closducotentin.over-blog.fr •* ♿ Installé dans une ancienne parcheminerie du XVIe s. Propose toute l'année des visites menées par des guides conférenciers.

– **Marché :** *ven mat.* Superbe marché, très animé.

Où dormir ? Où manger ? Où boire un verre ?

Hôtel-restaurant L'Épicurien : *16, rue Léopold-Delisle. ☎ 02-33-95-02-02. • epicurienvalognes@gmail.com • epicurienvalognes.com • Resto fermé dim-lun. Double 80 € ; familiales. Menus 27-38,50 € ; carte 30-40 €.* Derrière une belle façade couverte de vigne vierge, un bel hôtel aux chambres en grande partie rénovées, toutes de tailles différentes. Celles déjà rénovées ont de belles salles de bains, douche à l'italienne (3 avec baignoire). Une déco actuelle avec des thèmes différents. Les 3 belles salles à manger aux pierres apparentes, ont conservé leurs cheminées, ce qui leur confère un certain charme. On y déguste une cuisine de tradition bien amenée. Bon accueil.

La Cour Sarrasine : *53, rue des Religieuses. ☎ 02-33-95-19-07. • contact@cour-sarrasine.fr • cour-sarrasine.fr •* ♿ *Fermé lun. Repas 16-20 €. Apéritif maison offert sur présentation du guide de l'année.* Installée dans une demeure du XVIIe s, cette crêperie offre un menu succinct, mais complété par les délicieuses suggestions du jour. Sinon, on compose sa galette idéale en piochant parmi les ingrédients proposés. On vous prévient : ici, quand on parle de légumes, ce n'est pas une vulgaire ratatouille fraîchement sortie de sa boîte que l'on vous sert, mais des petits légumes de saison, volontiers peu connus et mitonnés par le chef ! Même les glaces sont faites maison. Le tout à savourer dans un cadre intime et chaleureux, avec cheminée, grandes dalles anciennes, un coin salon sous verrière ou sur une belle petite terrasse à l'arrière.

Le Grimoire : *18, rue Léopold-Delisle. ☎ 07-52-38-60-69. Juste à côté de* L'Épicurien. *Ouv mar-sam 18h-minuit en sem et 1h le sam.* C'est le bar lounge de l'hôtel *L'Épicurien,* tenu par le fils, et très vite devenu le lieu branché de Valognes. Une déco à la fois très cosy et design, plutôt originale avec son immense bar central en carré et la grosse cheminée. Banquette et canapés confortables pour goûter les cocktails, ou choisir dans la belle sélection de whiskies, champagnes, vins. On peut grignoter quelques planches pour éponger le tout. Billard à l'étage. Soirées à thème et musicales.

Où dormir ? Où manger dans les environs ?

Chambres d'hôtes

Manoir de Savigny : *chez Corinne et Éric Bonnifet,* ***Savigny,*** *50700 Valognes. 06-84-81-23-94. • reservation@manoir-de-savigny.com • manoir-de-savigny.com • À 4 km au sud de Valognes. Doubles 90-130 €. Loc 2 gîtes 3-4 pers, 336-750 €/sem.* Loin du bruit, ce magnifique manoir du XVIe s superbement restauré abrite des chambres de charme (dont une suite familiale). Quelle que soit leur inspiration – africaine, marocaine ou romantique –, elles dégagent la même chaleur, sous les vieilles poutres, dans les meubles de style. Un grand jardin paysager (et fleuri en saison) complète l'ensemble. Accueil charmant.

De bon marché à prix moyens

L'Auberge du Pont Cochon – La Route des Pâtes : *158, la Croix-des-Frênes, 50700* ***Flottemanville.*** *02-33-04-46-08. • sylvain.lebas50@orange.fr • À 5 km au sud de Valognes. Fermé lun et dim soir. Congés : de mi-sept à début oct et fin déc. Menus déj en sem 14-16,50 €, grillades et cocottes 16,50-24 € ; carte env 35 €.* C'est dans une salle, tout en longueur, avec ses tables de bistrot en bois, que l'on déguste une cuisine italo-normande (entre autres, pâtes fraîches, crustacés...) absolument délicieuse, offrant un rapport qualité-quantité-prix indéniable. Accueil distant.

Crêperie du Moulin de la Haulle : *lieu-dit le Moulin-de-la-Haulle, 50700* ***Yvetot-Bocage.*** *02-33-40-21-37. À 2 km à l'ouest de Valognes. Tte l'année, tlj. En saison ou w-e, résa conseillée. Repas 20-30 €.* Dans un ancien moulin à eau, au bord d'un petit étang, on vient ici déguster des galettes et crêpes de qualité (avec de la farine de châtaigne pour les crêpes) ou une belle entrecôte normande grillée. Aux beaux jours, on profite de la jolie terrasse dans un cadre délicieusement bucolique, au bord d'une mare. Il y a même un espace jeux pour les enfants dans le jardin.

À voir

L'hôtel de Beaumont : *11, rue Barbey-d'Aurevilly. 02-33-40-12-30. 06-69-07-02-91. • hoteldebeaumont.fr • Visite guidée seulement. De juil aux Journées du patrimoine, tlj sauf dim mat 10h30-12h, 14h30-18h30 ; ouv également w-e de Pâques, 1er mai, Ascension et Pentecôte 14h30-18h30 ; dernière entrée à 17h30. Entrée : 8 € ; jardins seuls 4 € (visite libre) ; réduc.* Le plus bel hôtel particulier de la ville, d'un grand raffinement, construit au XVIIIe s. Longue façade avec avant-corps à colonnes qui ondule. Élégant balcon en fer forgé et fronton triangulaire blasonné. À l'intérieur, un magnifique escalier à double révolution d'une prouesse inégalée et des pièces vivantes, abritant beaux meubles et objets d'art. Très belle visite !

L'église Saint-Malo : *pl. Vicq-d'Azir.* Symbole des villes martyres. Elle fut en grande partie détruite par les bombardements de 1944 et pourtant, on a l'émotion de découvrir son chœur intact ! Parti pris de reconstruction d'une nef moderne d'un grand dépouillement. La transition architecturale s'effectue d'ailleurs en douceur grâce à la tour-lanterne. Belle lumière quand le soleil y pénètre. Remarquer le chevet en gothique fleuri avec gargouilles, pinacles et balustrade ajourée.

Le musée régional du Cidre : *rue du Petit-Versailles. 06-75-89-89-52. Avr-juin, sept et vac de la Toussaint, mer-dim 14h-18h15 ; juil-août, tlj 11h (14h dim)-18h15. Entrée : 4,50 € ; réduc. Gratuit moins de 18 ans et pour ts le 1er dim du mois.* Situé en face de l'hôtel de Beaumont, le musée occupe la superbe maison dite « du Grand Quartier », bel exemple d'architecture Renaissance du XVIe s. Bâtie

en bord de rivière, elle abrite une teinturerie dans les années 1550, activité dont elle a gardé les traces. Elle sera convertie en caserne de 1733 à 1848, puis hébergera, après la Seconde Guerre mondiale, des familles victimes de la crise du logement. Ses façades, toitures et cheminées sont aujourd'hui protégées au titre des Monuments historiques. Le musée décrit les étapes de la production du cidre et du calvados, depuis le ramassage des pommes jusqu'à la distillation.
Au rez-de-chaussée sont exposés de colossaux pressoirs à cidre des XVIIe et XVIIIe s ainsi qu'un magnifique et rare tour en bois du XVIIIe s (pour broyer les pommes). Dans les étages sont expliqués les principes et subtilités de la production du cidre avant l'ère de l'industrialisation. Une salle est dévolue au transport des tonneaux à cidre qui se faisait grâce à d'ingénieux systèmes. La consommation du cidre est évoquée au travers de recettes de cuisine traditionnelles et de poteries des plus étonnantes.
Ne pas manquer la vidéo (13 mn) au 1er étage, contant l'histoire de « l'or blond des Normands » qui s'écoule de l'Antiquité à nos jours. La visite s'achève avec le fameux lit « Croque la pomme », sculpté dans un tonneau, sur lequel des motifs naïfs proposent une interprétation érotisée du thème biblique de la création du monde. Bel exemple d'art brut !

Circuits dans la ville : *brochure « les essentiels, Clos du Cotentin » à prendre à l'office de tourisme.* 4 circuits thématiques de 30 à 45 mn à parcourir à pied dans la ville ; parfait pour une belle découverte du petit Versailles normand.

La rue de Poterie : elle donne une bonne idée de ce que fut le Valognes riche et prospère des XVIIe et XVIIIe s. Succession de demeures à la fois élégantes et d'une certaine sobriété architecturale, édifiées dans le beau calcaire de Valognes. D'autres maisons intéressantes rues de l'Hôtel-Dieu et Weleat, rues des Religieuses et des Capucins.

VOUS REPRENDREZ BIEN UN P'TIT CANON ?!

Au musée de l'Eau-de-Vie et des Vieux Métiers (fermé en 2019), on trouve une impressionnante colonne de distillation. Capable de traiter 36 000 l de cidre en 24h et de produire 2 000 l d'alcool pur, cette colonne ne servait pas à la fabrication du calva mais à celle... de la poudre à canon. En effet, pendant la Première Guerre mondiale, les champs de betteraves (dont le sucre fournissait l'alcool) étant situés pour la plupart sur les lieux de combat, on se rabattit en catastrophe sur le cidre et le vin pour produire l'alcool nécessaire à la production de la poudre.

L'abbaye Notre-Dame de Protection : *8, rue des Capucins.* ☎ *02-33-21-62-84. Vente de pâtes de fruits, juil-août et déc, tlj 15h20-17h30 ; le reste de l'année, mar-sam 15h20-17h30, dim 11h30-12h15. Accès gratuit à la chapelle (sauf pdt les messes).* Initialement construite pour une communauté de moines capucins, l'abbaye Notre-Dame-de-Protection est aujourd'hui le lieu de travail et de prière d'une communauté de sœurs bénédictines. À la suite des destructions occasionnées par les bombardements de 1944, une partie de l'abbaye fut reconstruite dans un style assez moderne, tout en respectant une certaine sobriété monastique. L'église se visite. Dans celle-ci, des sculptures et des vitraux du Grand Siècle côtoient des œuvres plus contemporaines. Selon la règle de saint Benoît : « Tous les hôtes qui surviennent au monastère doivent être reçus comme le Christ. » Allez donc profiter de cet accueil ; les sœurs en profiteront, elles, pour vous vanter les mérites de leurs pâtes de fruits.

Les thermes romains d'Alauna : *rue Pierre-de-Coubertin, accès libre.* Les imposants vestiges des thermes de l'ancienne cité antique d'Alauna, élevés au Ier s de notre ère, témoignent de l'importance de Valognes à l'époque romaine. Conçu selon un plan symétrique, l'édifice possédait une dizaine de salles, dont une étuve, une piscine chaude et une piscine froide. Les maçonneries sont conservées en élévation sur une douzaine de mètres et montrent une mise en œuvre soignée, associant des assises de petits blocs de pierre cubiques et des lits de brique.

L'ancien hôtel-Dieu : *rue de l'Hôtel-Dieu.* La création de l'hôtel-Dieu de Valognes remonte à 1497. Le fondateur, Jean Lenepveu, « prestre, bourgeois et habitant de Vallongnes », obtint à cet effet le soutien de Jeanne de France, dame de Valognes, fille naturelle de Louis XI. La fondation, placée sous la tutelle de l'ordre des hospitaliers du Saint-Esprit, fonctionna jusqu'en 1687, date de la construction d'un nouvel hôpital. Passé la Révolution, l'édifice devint un casernement militaire puis, peu avant 1880, fut affecté à un haras. La chapelle gothique était accolée, côté sud, au bâtiment des malades, avec lequel elle communiquait par un portail latéral. Les vestiges de l'ancien hôtel-Dieu abritent désormais l'*Espace loisirs-culture* (expos temporaires, spectacles...).

L'ancienne abbaye bénédictine royale (actuel hôpital) **:** *rue du 8-Mai-1945. L'abbaye et le cloître se visitent uniquement pendant les Journées du Patrimoine.* Chassées de Cherbourg par la peste en 1626, les bénédictines trouvent à Valognes un accueil enthousiaste, y compris financier (nombreuses donations). L'église fut consacrée en 1648. Sa façade s'agrémente d'un surprenant portail baroque, orné de 2 ordres superposés à pilastres. Le logis de l'abbesse est un bel édifice régulièrement ordonnancé par des chaînes harpées et de longs bandeaux horizontaux. Les autres bâtiments conventuels s'organisent autour d'un cloître à galerie d'arcades. Confisquée à la Révolution, l'ancienne abbaye bénédictine abrite depuis 1810 l'hôpital de Valognes.

LE VAL DE SAIRE

Le pendant, en Cotentin, du cap de la Hague ! Autant la Hague apparaît sauvage, tourmentée, accidentée, souvent austère, autant la presqu'île du val de Saire donne une impression de quiétude et de bonhomie rurale. Vous y découvrirez un des plus beaux petits ports du Cotentin. Du phare de Gatteville à l'anse du Brick, la côte granitique offre son lot de pittoresque et quelques points de vue saisissants. En retrait, nombre de châteaux et manoirs se cachent dans un paysage étonnamment préservé et des villages tranquilles s'entourent d'herbages et de cultures maraîchères.

SAINT-VAAST-LA-HOUGUE

(50550) 1 729 hab. *Carte Le nord de la Manche, C2*

Avant tout et pour faire local, prononcer « Saint-Va ». Important port de plaisance et de pêche et centre ostréicole renommé (une huître au goût de noisette, absolument délicieuse, à déguster comme un écureuil !), tout autant que lieu de villégiature très prisé. Normal, le microclimat local favorise l'éclosion des fuchsias et mimosas, et les palmiers n'y sont pas rares. L'histoire y est particulièrement présente également puisque y débarqua, en 1346, Édouard III d'Angleterre en route pour vaincre les Français à la fameuse bataille de Crécy. En 1692, avec la bataille de la Hougue, la baie connut l'un des plus grands désastres navals de l'histoire de la marine française. Jacques II, roi déchu d'Angleterre, alors allié de Louis XIV en bisbille avec Guillaume d'Orange, y assista. Cela incita Louis XIV et Vauban à construire les forts de la Hougue et de Tatihou. En 1944, ce fut le 1er port libéré.

Adresse utile

Bureau d'information Touristique du Cotentin : *1, pl. du Général-de-Gaulle. ☎ 02-33-71-99-71. • encotentin.fr • Ouv 15 juin-15 sept lun-dim, 9h30-12h30, 13h30-19h ; d'avr à mi-juin et de mi-sept à fin oct, lun-sam 9h30-12h30, 13h30-18h ; nov-mars, lun-sam, 10h-12h30, 13h30-17h.* Nombreuses infos et services (billetterie SNCF, pour les îles Anglo-Normandes).

Bureau d'information Île de Tatihou : *6, pl. Belle-Isle (angle quai Vauban). ☎ 02-14-29-03-30. • tatihou.manche.fr • Ouv 9h-12h, 13h15-17h (18h juil-août). Informations, horaires et résa pour Tatihou.*

Où dormir ? Où manger ?

De prix moyens à plus chic

Hôtel de France – Restaurant Les Fuchsias : *20, rue du Maréchal-Foch. ☎ 02-33-54-40-41. • reception@hotel-fuchsias.com • hotel-fuchsias.com • Resto fermé lun et mar midi, plus soir dim et j. fériés hors saison. Congés : janv-début fév. Doubles 67-178 €. Formule déj sauf dim et j. fériés 28 €, menus 35-52 €. Parking. Café offert sur présentation du guide de l'année.* Jolies chambres, de confort et de taille très différents, réparties sur 3 bâtiments dont le « Pavillon fantaisie » et les « Feuillantines » au fond du grand jardin édénique qui abrite eucalyptus, bananiers, palmiers, mimosas et fuchsias centenaires. Beaucoup de charme, donc, pour cet ancien relais de poste dont la table propose une gastronomie subtile et créative, qui met en évidence les produits de la mer et les huîtres de Saint-Vaast.

La Granitière : *74, rue du Maréchal-Foch. ☎ 02-33-44-89-50. ou 02-33-54-09-62. • contact@hotel-la-granitiere.com • hotel-la-granitiere.com • Doubles env 79-125 €. Petit déj 11 €.* Une maison traditionnelle cossue en granit, précédée d'un agréable jardin. Les chambres, à la déco bourgeoise et vieille France, ne manquent pas de charme et offrent un bon confort.

La Criée du Tomahawk : *3 bis, quai Tourville. ☎ 02-33-54-09-08. • lacrieedutomahawk@gmail.com • Avr-nov, mar-dim 12h-14h, 19h-21h ; juil-août, tlj sauf mar. Congés : Toussaint-Pâques.* Fish & chips *env 14 €, plateau de fruits de mer 30 €, douzaine d'huîtres 16 €, filet* a la plancha *18-24 €.* 2 rangées de tables bien alignées, ou une terrasse fermée. Dans l'assiette, poissons entiers ou en filets, préparés *a la plancha* ou en matelote, *fish & chips*, soupe de poisson ou plateau de fruits de mer. Simplicité et fraîcheur, et une poignée de desserts maison pour conclure. Accueil aimable, même si le service est parfois débordé en saison. Juste à côté, poissonnerie du même nom, mais pas la même maison.

Où dormir ? Où manger ? Où boire un verre dans les environs ?

Camping

Camping Le Rivage : *75, route de Sainte-Marie, 50630* ***Quettehou.*** *☎ 02-33-54-13-76. • camping.lerivage@wanadoo.fr • camping-lerivage.fr • À 5 km à l'ouest de Saint-Vaast. Ouv avr-sept. Env 16-25 € pour 2 avec tente et voiture ; cottages 4-6 pers 200-820 €/sem. 140 empl.* À 400 m de la plage, un site pas très grand, tout simple, offrant de grands emplacements délimités par de hautes haies de chaque côté. Location de cottages plutôt coquets, avec quelques fleurs ici et là pour égayer leur petit espace vert équipé d'un barbecue. Miniferme, jeux pour enfants, ping-pong, pétanque. Piscine couverte chauffée.

Bon marché

Le Saint-Michel : *13, pl. Georges-Clemenceau, 50630* ***Quettehou.*** *☎ 02-33-20-52-51. • lestmichel50@gmail.com • À 2,5 km à l'ouest de Saint-Vaast. Ouv lun-ven 7h30-15h30, 17h30-21h (bar uniquement en basse saison). Fermé sam soir, dim et j. fériés. Congés : 15 déc-5 janv. Formule déj 13,90 €. Repas env 20-25 €.* Cette adresse de village, reprise par Xavier, ancien catering dans le cinéma, ne désemplit plus. Il faut dire que son menu déj est vraiment parfait. Un buffet d'entrées et 2 plats du jour au choix, sans oublier le dessert. Le tout fait maison, avec des produits de saison qu'il va chercher chez les producteurs locaux. Que demander de plus ?

Le Goéland 1951 : *82, route du Phare, pointe de Jonville, 50760* ***Réville.*** *Tout au bout de la plage de Jonville. 06-20-88-44-69. Ouv de mi-avr à fin sept et vac scol, tlj 12h-1h.* Cet ancien blockhaus, prolongé par une jolie cabane, transformé en restaurant-bar de plage, est le lieu branché du coin. Toutes générations confondues, en famille ou entre amis. Directement les pieds dans le sable, sur la terrasse, où dans la salle à l'intérieur les jours plus gris. Déco de bric et broc très sympa. Petite restauration, boissons, glaces. Le soir ce sont les cocktails qui font la Une. Service jeune, ambiance décontractée et chaleureuse. Un lieu vraiment sympa, avec vue sur la mer.

La Chaumière : *6, pl. du Général-de-Gaulle, 50630* ***Quettehou.*** *☎ 02-33-54-14-94. • philippe.lefaudeux@orange.fr • chaumiere-normandie.com • (resto). À 2,5 km à l'ouest de Saint-Vaast. Resto tlj sauf mer de juil à mi-sept ; hors saison fermé mar soir et mer. Congés : 2 sem fin nov et 1re sem de déc. Doubles 38-43 €, les moins chères avec w-c sur le palier. Formules 14,50 € (en sem), puis 20-26,50 €. Café offert sur présentation du guide de l'année.* 5 chambres simples, un poil, vieillottes mais plutôt agréables et à prix doux. Au restaurant, spécialités marines comme la choucroute de la mer. En dessert, goûtez donc à la spécialité : le *quettois* (ganache chocolat, crème anglaise et pain d'épices).

De prix moyens à plus chic

Au Moyne de Saire : *15, rue du Général-de-Gaulle, 50760* ***Réville.*** *☎ 02-33-54-46-06. • au.moyne.de.saire@orange.fr • au-moyne-de-saire.com • À env 5 km au nord de Saint-Vaast. Resto ouv tlj en saison ; fermé lun midi, jeu midi et dim soir oct-mars. Doubles 65-120 €, petit déj 11 €. Formule et menus 31,50-44 €.* Un établissement offrant des chambres fonctionnelles et plutôt agréables. Les plus onéreuses sont situées dans une bâtisse à l'arrière ; celles du rez-de-chaussée bénéficient de leur terrasse privée. Au resto, une cuisine saisonnière de bonne qualité, très « mer » et normande.

Le Panoramique : *1, village de l'Église, 50630* ***La Pernelle.*** *☎ 02-33-54-13-79. • info@le-panoramique.fr • À 6 km au nord de Saint-Vaast. Ouv mer-dim, midi et soir ; hors saison fermé le soir sauf ven-sam. Fermé lun-mar. Congés : 3 sem en janv et 2 sem en nov. Carte env 30-60 €. Apéritif maison offert sur présentation du guide de l'année.* Déjà, pour commencer, on ne se lasse pas de cette vue superbe, à 360°, qui s'étend du phare de Gatteville à Saint-Vaast. Vue que l'on a de la terrasse, tout comme de la superbe salle tout en baie vitrée. À l'honneur : les produits de la région (huîtres de Saint-Vaast, pêche locale, filet de bœuf, canard...), venant en direct des producteurs locaux. Le tout servi par une équipe pro.

La Villa Gervaiserie : *17, route des Monts, 50760* ***Réville.*** *☎ 06-58-85-67-71. • la.gervaiserie@wanadoo.fr • lagervaiserie.com • À 4 km au nord de Saint-Vaast. Fermé oct-mars. Doubles 100-164 €, petit déj 10 € ; familiale.* Conçu de façon à vous offrir la plus jolie des vues, où que vous soyez, ce bâtiment à l'architecture moderne

LA MANCHE

tranche avec l'habitat traditionnel du pays, tout en s'intégrant discrètement dans le paysage. Les chambres au confort sobre et élégant, au design contemporain, ont toutes baie vitrée et terrasse avec vue imprenable sur la plage (la seule de Normandie orientée au sud !) et, au loin, Tatihou et Saint-Vaast. Celles du rez-de-jardin baignent en plus dans une belle végétation. Les proprios possèdent aussi une ancienne ferme équestre, où vous pourrez faire dormir votre cheval en box si vous ne pouvez pas voyager sans lui.

La Maison Gervaiserie : *7, route du Martinet, 50760* ***Réville.*** *☎ 02-33-22-74-29. • lagervaiserie@hotmail.com • lagervaiserie.com • À 4 km au nord de Saint-Vaast. Fermé oct-mars. Doubles 110-160 € ; familiale ; gîtes 4-5 pers 665-875 €/sem.* Hélène Travert a entièrement rénové l'ancienne ferme familiale, avec beaucoup de goût. Elle abrite aujourd'hui 4 superbes chambres spacieuses à l'étage de la bâtisse principale et 2 gîtes dans les anciens bâtiments du corps de ferme. Salle à manger et salon bibliothèque à disposition des hôtes. Petit déj copieux, dans le jardin quand le temps le permet. Le tout entouré d'un verger et de prés avec des chevaux. La plage de Réville est à 300 m, accessible à pied par un petit chemin privatif. Excellent accueil.

LA MANCHE

Où acheter de bons produits à Saint-Vaast et dans les environs ?

Épicerie Gosselin : *27, rue de Verrüe. ☎ 02-33-54-40-06. • maison-gosselin.fr • Tlj sauf dim ap-m et lun (ouv lun en été) 9h-12h30, 14h30-19h (15h-19h30 sam).* Une belle affaire de famille, fondée il y a plus de 100 ans. La maison torréfie elle-même son café, propose des spécialités régionales (calvados, caramels, cidres...), sélectionne ses thés, ses épices, ses whiskies (très beau choix !), ses chocolats fins, ses fromages, ses fruits et légumes... Mais *Gosselin,* c'est aussi une cave exceptionnelle pour la qualité des vins. Évidemment, les prix sont à la hauteur de la qualité et du choix que l'on y trouve.

La Boulangerie du Vast : *27, hameau des Fours, 50630* ***Le Vast.*** *☎ 02-33-54-13-56. • boulangerie-du-vast.com • Tlj sauf lun, 7h30-19h (18h30 dim). Congés : 2 dernières sem de juin et vac de Noël.* Boulangerie artisanale dont la spécialité est la fameuse brioche du Vast, de Stéphane Revelle, cuite dans le vieux four à bois. Mais son pain est également très bon et les cuissons toujours au feu de bois.

À voir

Le port de pêche : 3e en importance en Normandie après Granville et Cherbourg. On peut y voir encore une dizaine de bateaux traditionnels de la baie de Saint-Vaast. Du port, jolie balade sur la grande jetée vers le phare. En chemin, s'arrêter à la charmante chapelle des marins, vestige du chœur roman de l'ancienne église paroissiale.

La Chapelle des Marins : cette adorable chapelle, inscrite aux Monuments historiques, est ce qui subsiste du cœur et de l'abside circulaire de l'église romane du XIe s démolie au XIXe s. Elle est dédiée aux marins péris en mer.

Le musée Paul-José-Gosselin : *1, rue des Thins. ☎ 02-33-54-45-22. Tte l'année, tlj 10h-12h, 15h-18h. Entrée : 2,50 €.* Paul-José Gosselin a ouvert sous son atelier ce musée (ou cet antimusée !) pour présenter son œuvre. Artiste engagé, il sait retranscrire les lumières de sa région dans un style issu de l'impressionnisme, mais aussi, et surtout, on revisite l'histoire au travers de gigantesques

fresques, flamboyantes, lyriques, humoristiques et parfois même choquantes. Ne manquez pas de rencontrer ce personnage original !
– Enfin, partez à la découverte de l'***église de Rideauville*** *(de Quettehou, prendre la D 902 vers Barfleur ; puis la D 216, à droite ; entrée libre).* Cette église à ciel ouvert, sans chapeau ni vitraux (d'autres parleraient de ruines... si ce n'est que les murs de celle-ci ont été remis en état !), plantée seule au milieu des champs, dégage une belle atmosphère, à laquelle l'artiste n'a pas résisté ! Certains étés, sur un thème différent, ses toiles habillent et animent l'intérieur.

Le fort de la Hougue : *à 1,5 km du port de Saint-Vaast. Mai-oct w-e et j. fériés ; avr, tlj sauf lun-mar ; juil-août tlj 13h30-18h30.* Sa tour Vauban est inscrite au Patrimoine mondial de l'Humanité par l'Unesco. Avec ses 20 m de hauteur (d'où on admire toute la baie environnante) et ses murs d'une épaisseur de 3 m, la tour de la Hougue est, comme celle de Tatihou, un très bel exemple d'architecture du XVIIe s. Au sous-sol, une citerne, au rez-de-chaussée, 4 magasins à poudre et à vivres puis un étage pour les soldats et un étage pour les officiers. Superbe balade à faire tout autour (balisée) le long des remparts.

À faire dans les environs

Le Parc animalier : *50700* ***Montaigu-la-Brisette****. ☎ 02-33-40-40-98. • zoo montaigu.fr • À env 12 km de Saint-Vaast, par la D 902 en direction de Valognes, indiqué sur la droite. Ouv avr-juin tlj 14h-18h (11h-18h30 dim et j. fériés) ; de juil à mi-sept, tlj 11h-18h30 (18h sept) ; de mi-sept à mi-oct, ts les dim 14h-18h ; vac scol de la Toussaint et d'hiver, tlj 14h-18h. Fermeture de la billetterie 2h avt. Fermé de la Toussaint au début des vac d'hiver. Entrée : 10,50 € ; 3-12 ans 8 €.* Installé dans un parc boisé de 15 ha, bordé d'étangs, où l'on croise de nombreux animaux venus des 5 continents : lamas, zébus, babouins, perroquets, wallabies, loups, zèbres, lémuriens et bien d'autres. Petits jeux pédagogiques à faire faire aux enfants sur le parcours (demander à la billetterie). Après 2 bonnes heures de marche, la récompense pour les moins de 10 ans : un petit tour à poney (2,50 €).

LA MANCHE

Manifestations

– ***Festival Ancre et Encre :*** *mi-juil. • festivaldulivresaintvaastlahougue-ancrese tencres.com •* Expos, dédicaces, projections de films, etc., dans le cadre exceptionnel du fort de la Hougue (lire ci-dessus).
– ***Festival Terre de Marin :*** *2 j. en mai ou juin.* Chants de marins du monde.

L'ÎLE TATIHOU

Carte Le nord de la Manche, C2

Après la défaite de 1692 (voir plus haut l'introduction de Saint-Vaast), Vauban décide de fortifier l'île Tatihou. Dans les siècles qui suivent, elle abrite une garnison, un lieu de quarantaine pour des marins suspectés d'être porteurs de maladies (jusqu'en 1880, on les isolera dans le lazaret – un établissement dans lequel s'effectuent la quarantaine et le traitement des malades contagieux – construit lors de la grande peste de Marseille de 1720), des prisonniers allemands pendant la guerre de 1914-1918, des titis parisiens à la santé délicate pendant l'entre-deux-guerres et, enfin, des adolescents difficiles. Le laboratoire de biologie marine du Muséum national d'histoire naturelle s'installe même à demeure de 1887 à 1925. Après plusieurs années

d'abandon, l'île est rachetée par le Conservatoire du littoral et sa gestion est confiée au conseil départemental de la Manche, qui la transforme en un vaste et intelligent espace culturel et festif dédié à la mer.

Arriver – Quitter

En bateau amphibie : *rens et billetterie à l'accueil Tatihou, quai Vauban. ☎ 02-14-29-03-30.* ***Résa conseillée, car l'accès de l'île est limité à 500 pers/j. pour protéger l'environnement.*** *Billets en ligne • tatihou-manche.fr • Chiens interdits sur l'île. Début avr-début nov 1 aller ttes les heures à marée haute, tlj 10h-16h (17h de mi-juil au 19 août) pour les départs et jusqu'à 18h pour les retours (19h, juil-août, sauf pendant le festival des « Traversées de Tatihou », env 11-16 août 2022). Prix (comprend le bateau A/R, l'entrée à la tour et celle au musée) : 11,50 € ; réduc sur présentation du guide de l'année ; 5 € 3-11 ans. Se présenter 15 mn avant le départ du bateau.* Ne soyez pas surpris si vous trouvez le bateau pour Tatihou campé sur ses gros pneus sur le quai. Ce surprenant véhicule vous prend et vous dépose à pied sec dans un vacarme étonnant.

➢ **À pied :** *se renseigner impérativement pour les marées (compter bien 30 mn de marche ; 2-3h au total sur l'île). Dans ce cas, entrée payante au musée (6,50 € ; réduc).* À marée basse, vous aviez deviné ! C'est-à-dire si le coefficient de marée est supérieur ou égal à 65.

Où dormir ? Où manger ?

Les Maisons de Tatihou : *☎ 02-33-69-26-30. • resa.tatihou@manche.fr • manche.fr/tatihou • Ouv avr-1er nov. En raison des contraintes d'accès à l'île, séjours en pens complète 83-91 €/pers ; ½ pens 59-67 €/pers ; formule plateau de fruits de mer (mar-sam) 86-94 €/pers, réduc enfants, boissons non comprises. Bateau 8 € pour les résidents (4 € 3-11 ans) incluant accès au musée, jardin et fort.* Le charme d'une nuit sur l'île Tatihou. Une trentaine de chambres très agréables et tout confort ont, en effet, été aménagées au sein même du ***lazaret.***

La découverte de l'île

Le lazaret : construit en 1722. Dans un environnement ravissant, joliment planté d'arbres, de fleurs et de plantes diverses. Noter les grandes ouvertures à arcades qui devaient permettre la circulation rapide de l'air. Après les « suspects » et les scientifiques, il accueille aujourd'hui les classes de mer, où les enfants s'initient à tout ce qui touche la culture maritime.

Le musée maritime : *tlj 6 avr-3 nov, 10h15-17h45, 18h30 juil-août (sauf pdt le festival des « Traversées de Tatihou », env 11-16 août 2022). Billet A/R bateau + accueil au musée : 11,50 € ; musée seul 6,50 € ; réduc.* Inauguré en 1992 pour le tricentenaire de la bataille de la Hougue, ce musée superbement aménagé témoigne du patrimoine maritime de l'île. Une salle est dédiée aux vestiges des vaisseaux de Louis XIV coulés dans la rade de Saint-Vaast-la-Hougue en 1692. Une galerie d'histoire naturelle présente les habitats naturels de Tatihou de la dune vers la haute mer. Depuis peu, on accède au hangar de restauration du *Sainte-Thérèse-Souvenez-Vous,* bateau emblématique de la pêche aux cordes (palangres) dans le Val de Saire. Un peu plus loin, un abri à bateaux conserve plus de trente unités de pêche ou de plaisance des côtes de Normandie. Enfin, un espace est dédié à toute l'histoire de Tatihou, depuis l'homme de Néandertal jusqu'aux activités d'aujourd'hui.

La tour Vauban : du même modèle que celle de la Hougue. Également inscrite au Patrimoine mondial de l'Unesco depuis 2008. Grimper les 84 marches dans une atmosphère de mystère. Étage des petits matelots soldats, celui des officiers et, en bas, magasin à munitions et vivres ainsi que les anciens cachots. Au sommet, par beau temps, à découvrir entre les créneaux, un splendide tour d'horizon à 360°.
La cour recèle encore les découvertes réalisées lors des fouilles de la maison du gardien et de la tour d'angle en juillet 2010. La mise en valeur de ce fort et des vestiges des bâtiments qui le bordaient autrefois (avec restitution au sol, sans élévation) a été réalisée.

La balade vous mènera encore à un ***jardin botanique*** et à un ***observatoire pour oiseaux*** : goélands bruns, tadornes, rouges-queues noirs, bécasseaux violets, sternes pierregarin, eiders à duvet, huîtriers-pies... La plupart installés sur l'îlet, le fort carré jouxtant l'île.

– De très agréables ***week-ends thématiques*** sont également organisés sur Tatihou, autour de la découverte de l'île. *Rens :* ☎ *02-14-29-03-30.* • *manche.fr/tatihou* •

Manifestation

– ***Festival Les Traversées Tatihou :*** *en août selon grandes marées.* • *manche.fr/tatihou* • Une belle idée devenue un rendez-vous incontournable... Un *festival de musiques du large,* venues du monde celte, de la Réunion, du Québec, de Scandinavie ou d'ailleurs. Les « fidèles » et amateurs de tout poil sont invités à traverser les grèves séparant Saint-Vaast de Tatihou pour passer la soirée sur l'île, au rythme de chants de marins et de mélodies inspirées de l'air du large. Une nuit de bal et de concerts à terre ou sur l'île, selon les années.

BARFLEUR (50760) 640 hab. *Carte Le nord de la Manche, C1*

Ce ravissant petit port, classé parmi « Les Plus Beaux Villages de France », fut aussi le chouchou des peintres (Paul Signac y vécut longtemps). L'église et son petit écrin de nobles demeures de granit et toits de lauzes composent un ensemble architectural austère mais ravissant. Et tout cela a fort bien résisté, à travers les siècles, aux furieuses tempêtes et coups de vent assassins.
Mais cette vision de carte postale ne doit pas faire oublier que Barfleur est aussi un important port de pêche, sans mareyeurs ni criée, mais extrêmement actif. En dehors de la pêche traditionnelle des coquilles Saint-Jacques, poissons et autres crustacés, Barfleur s'est aussi longtemps classé comme le 1er port moulier de France : 8 000 t de « Blondes de Barfleur », moules sauvages de haute mer réputées pour leur qualité gustative, sortaient des chalutiers chaque année ! Aujourd'hui le gisement tend malheureusement à s'épuiser.

UN PEU D'HISTOIRE

Dur à croire, mais Barfleur fut l'un des ports les plus importants de la Manche au Moyen Âge. Selon la légende, le bateau du duc Guillaume fut construit ici ; piloté par un Barfleurais, Guillaume le Conquérant est monté à bord à Dives-sur-Mer (Calvados). Et c'est toujours de Barfleur que, par la suite, les chevaliers normands embarquaient pour aller administrer leurs fiefs anglais. En 1120 cependant, la réputation de Barfleur prend un sacré coup : sur le rocher de Quillebœuf, à quelques encablures du port, la *Blanche Nef* fait naufrage, emportant dans les flots les 2 petits-fils de Guillaume et toute leur suite. En 1346, nouveau coup du sort : Édouard III rase Barfleur, dont la population est ensuite décimée par la peste noire. Ça fait beaucoup pour une petite ville, non ?

Après cette chevauchée médiévale, Barfleur retombe dans un anonymat tranquille, long de plusieurs siècles, même pas troublé par les visites régulières que lui fait Jules Renard, qui y écrit la suite de *Poil de Carotte, L'Écornifleur,* dont les personnages et les décors lui sont inspirés par Barfleur. Comme nous, l'homme est sûrement tombé sous le charme du port « bleu d'eau de Javel, comme si un peuple de blanchisseuses venaient d'y laver leur linge » (*Journal* de Jules Renard, 1890).

Adresse utile

Bureau d'information Touristique du Cotentin : *39, rue Thomas-Becket. ☎ 02-33-71-99-71. • encotentin.fr • Ouv 15 juin-15 sept, lun-sam 9h30-12h30, 13h30-19h ; d'avr à mi-juin et de mi-sept à fin oct, lun-sam 9h30-12h30, 13h30-18h ; nov-mars, lun-sam 10h-12h30, 13h30-17h.* En été, propose des visites commentées à travers le village (le port, l'église, l'architecture civile, etc.).

Où dormir ?

Camping

La Blanche Nef : *12, chemin de la Masse. ☎ 02-33-23-15-40. • lablanchenefY@wanadoo.fr • camping-barfleur.fr • Ouv de mi-fév à mi-nov. Env 14-17 € pour 2 avec tente et voiture ; bungalows toilés et mobile homes. 92 empl.* Camping tout juste assez en hauteur pour avoir une vue sur la mer, qui se trouve de l'autre côté de la route, et un bel aperçu du village de Barfleur. Très simple, de grandes pelouses où l'on s'installe à sa guise. Sans l'ombre d'un arbre et ouvert au vent, certes, mais quelle vue ! Très bien tenu et fleuri. Location de vélos mécaniques et électriques, petite épicerie et ateliers enfants. À proximité, tennis et une base nautique. Très bon accueil.

De chic à plus chic

Hôtel Le Conquérant : *16-18, rue Saint-Thomas-Becket. ☎ 02-33-54-00-82. • contact@hotel-leconquerant.com • hotel-leconquerant.com • Congés : oct-mars. Doubles 95-135 € ; petits déj inclus. Parking payant.* Pas de vue sur la mer, mais cette belle demeure du XVIIe s nous a néanmoins conquis. Derrière la sobre façade de granit se cache un vaste et magnifique jardin à la française où est servi le petit déj aux beaux jours. Une dizaine de chambres confortables, pleines de cachet et donnant sur le jardin pour la plupart. Dans tout l'hôtel, des objets de déco chinés par les propriétaires, qui sont à vendre. Et, une fois n'est pas coutume, différentes formules pour le petit déjeuner.

Où dormir dans les environs ?

Chambres d'hôtes

La Laiterie : *15, rue de la Gare, 50330* ***Tocqueville.*** *☎ 02-14-14-42-21. • contact@laiterie-tocqueville.com • laiterie-tocqueville.com • À 5 km à l'ouest de Barfleur. Doubles 85-130 € ; 3 beaux gîtes 2-8 pers.* La laiterie a fermé ses portes en 1978, elle est alors devenue un garage à camions avant d'être transformée en une magnifique chambre d'hôtes. Que dire ? Si ce n'est que certaines personnes ont le coup de patte pour redonner vie et beauté à un lieu, tout en conservant ce qui fait son caractère : les magnifiques volumes ont ainsi été préservés, comme certains carrelages ou vieux parquets. Pour le mobilier, chiné, il mélange avec bonheur les styles et les époques. Ajouter à cela la charmante campagne alentour, l'accueil simple et chaleureux, et vous obtenez ce qu'on l'on appelle une vraie adresse de charme !

🏠 ***Fleur et Mer :*** *chez Dominique et Patrick Gancel, 49, rue de la Grandville, 50760* ***Montfarville.*** *☎ 02-33-54-02-51. • fleuretmer@gmail.com • fleuretmer.fr • À 2 km au sud de Barfleur. Doubles 90-120 €.* Ancienne ferme tout en granit, au cœur du village, dont les origines remontent au XVIIe s. Si l'extérieur a conservé son caractère originel, l'intérieur se révèle plus contemporain et lumineux. 4 chambres sobres et élégantes, avec mezzanine et sanitaires privés, pouvant accueillir 3 ou 4 personnes.

🏠 ***Manoir de la Fèvrerie :*** *chez Marie-France Caillet, 4, route d'Arville, 50760* ***Sainte-Geneviève.*** *☎ 02-33-54-33-53. 📱 06-80-85-89-01. • lafevrerie@orange.fr • lafevrerie.fr • À 4 km à l'ouest de Barfleur. Doubles 75-85 € ; gîte 5 pers 340-530 €/sem. Réduc sur le prix de la chambre, hors vac scol, à partir de 3 nuits, sur présentation du guide de l'année.* Maison de famille des XVIe et XVIIe s. Toute de granit jusqu'au solide escalier en pierre qui grimpe vers des chambres plus que confortables et décorées avec beaucoup de soin de façon très cosy, un peu campagne à l'anglaise. Accueil des plus charmant, et petit déj de rêve au coin de la cheminée...

Où manger ? Où boire un verre ?

🍽 ***Restaurant du Phare :*** *42, rue Saint-Thomas-Becket. ☎ 02-33-54-10-33. • bkl@wanadoo.fr • ♿ Tlj sauf dim soir et lun hors saison. Plats du jour 10-15 €, menu 24,50 € ; carte 20-30 €.* La table des habitués et des familles qui viennent profiter ici d'une bonne cuisine traditionnelle tournée vers la mer et de saison. Également des pizzas. Épicerie fine et, au milieu des tables, la cave à vins et les whiskies en vrac. Petite terrasse sur la rue, et côté jardin.

🍽 🍸 ⛱ ***Café de France :*** *12, quai Henri-Chardon. ☎ 02-33-54-00-38. 📱 06-87-99-36-65. • cafedefrance-50@orange.fr • Tlj vac de Printemps, grands w-e de mai et juil-août ; hors saison, fermé mer et le soir. Congés : janv. Plats du jour 12,90-14,90 €, menus 16,50-26,90 € ; carte 30 €.* Un café-brasserie un peu rétro (avec terrasse en saison), sans éclat avec le comptoir en zinc et les petits pavés, mais attachant et à l'ambiance chaleureuse, où se mêlent locaux, habitués et touristes de passage. La cuisine est basique mais généreuse (les petits appétits éviteront les menus !).

🍽 ⛱ ***Le Safran :*** *16, quai Henri-Chardon. ☎ 02-33-20-02-18. Tlj d'avr à mi-nov et vac de Noël. Seulement le w-e janv-mars. Congés : 3 sem à partir de mi-nov. Repas env 20-35 €.* Du chalutier à l'assiette, il n'y a que le quai qui les sépare ! Le patron, pêcheur barfleurais, rêvait d'ouvrir un resto à 2 pas de son chalutier, c'est chose faite ! Une carte réduite, tournée évidement vers la mer, avec des poissons frais du jour et on suit les saisons. Grande salle et terrasse ouverte sur le port. Très bon accueil. Moules au cidre et frites excellentes.

🍽 ⛱ ***La Bohème :*** *1, rue Saint-Thomas-Becket. ☎ 02-14-14-43-18. Tlj sauf mer au déj, plus jeu-dim soir. Congés : 3 sem en oct. Repas env 20-30 €.* Originale crêperie-bar à huîtres. Déco claire et épurée avec vue sur le port, 2 espaces à l'intérieur avec l'agréable salle et le salon à l'étage pour prendre le thé l'après-midi, sans oublier la terrasse. Crêpes et galettes sont réalisées avec des produits de la région. On peut opter pour « l'artiste », la galette avec les ingrédients que l'on choisit soit même ! Les huîtres se dégustent nature ou cuisinées (délicieuses huîtres chaudes), sur place ou à emporter (commander à l'avance), mais également, bulots, crevettes ... Accueil chaleureux et bon rapport qualité-prix.

À voir. À faire

L'église Saint-Nicolas : construite du XVIIe au XIXe s. Son aspect ramassé et trapu est renforcé par l'absence de clocher, celui-ci ayant été modifié à la fin du XVIIIe s à la suite d'une très forte tempête. Superbes toits de lauzes. À l'intérieur, belle pietà du XVIe s et une *Visitation* de Maertens de Vos, superbe tableau de l'école flamande, du XVIe s.

➢ ***Balade dans le bourg :*** le charme de Barfleur réside avant tout dans sa simplicité, ses lignes rigoureuses, la beauté des matériaux utilisés (schiste et granit). Dans la pittoresque ***rue Saint-Nicolas,*** parallèle au port, la 1re maison, sur la droite, face à l'église, est celle où séjourna Paul Signac de 1930 à 1935. Dans la ***rue Saint-Thomas-Becket*** s'alignent quelques-unes des plus belles demeures de Barfleur, comme la maison Alexandre (au nº 3). À la hauteur du nº 14, sur le port, à proximité de la rue des Jardins, jeter un œil sur la cour Sainte-Catherine, une cour médiévale typique. Au nº 18, très belle maison du XVIIe s devenue aujourd'hui l'hôtel *Le Conquérant.*

DANS LES ENVIRONS DE BARFLEUR

L'église de Montfarville : *à 2 km au sud de Barfleur.* Du XVIIIe s. Revêtue à l'intérieur de pierres très claires qui procurent une luminosité particulière, elle abrite une étonnante suite de peintures de Guillaume Fouace, surtout connu pour ses natures mortes, qui représentent des scènes de la vie du Christ. Chapelle et clocher du XIIIe s. Belle Vierge polychrome du XIVe s.

Le phare de Gatteville : ***Gatteville-le-Phare.*** *☎ 02-33-23-17-97. À 4 km au nord de Barfleur. Tlj 10h-12h, 14h-19h mai-août, 19h avr et sept, 18h mars et oct, 17h le reste de l'année. Fermé janv, 1er mai, de mi-nov à mi-déc et 25 déc, et en cas de vent fort. Entrée : 3 €. Compter 30 mn de visite.*
Au bout du Val de Saire, au bout de Gatteville, au bout de sa digue, le phare fascine par sa haute silhouette solitaire. Ce n'est certainement pas pour rien que Jean-Jacques Beineix y tourna une scène de son film *Diva.* Construit de 1829 à 1834, il a pour particularité ses 365 marches, 52 ouvertures et 12 niveaux. Ça ne vous rappelle rien ? D'en haut, à 75 m au-dessus de la mer, le paysage est à couper le souffle (pour ceux qui en ont encore ou qui n'ont pas le vertige) : par temps clair, la vue porte jusqu'à Grandcamp (50 km). Devant le phare actuel se trouve l'ancien phare construit au XVIIIe s, désormais sémaphore de la Marine nationale.
En sortant, continuer vers le petit port de Roubary, le contourner et suivre la route côtière pour profiter de la mer... à deux-roues ou à pied (de nombreux pêcheurs et camping-cars squattent les lieux).
En repartant par le village de Gatteville, arrêtez-vous dans la charmante chapelle des marins, Notre-Dame-de-Bon-Secours.

SAINT-PIERRE-ÉGLISE

(50330) 1 800 hab. *Carte Le nord de la Manche, C1*

Comme Tocqueville, Saint-Pierre-Église a aussi son penseur, en la personne de l'abbé de Saint-Pierre (1658-1743). Moins connu que les grands philosophes de l'époque, il peut cependant être considéré comme l'un des pionniers du Siècle des lumières. Scientifique, humaniste, partisan d'une Europe unie, il

rédige un *Projet de paix perpétuelle pour l'Europe*, toujours d'actualité... Cela valait bien une statue, à voir sur la place du village, superbe de simplicité. L'église présente un étonnant beffroi du XVIIe s, avec balustrade et tourelles carrées sur encorbellement. À 800 m du village, au bout d'une longue et élégante allée, beau château du XVIIIe s.

Où dormir dans les environs ?

Camping

Camping de l'Anse du Brick : *18, anse du Brick, 50330* ***Maupertus-sur-Mer.*** *☎ 02-33-54-33-57. • welcome@anse-du-brick.com • anse-du-brick.com • À 9 km à l'ouest de Saint-Pierre-Église. Ouv d'avr à mi-sept. Env 28-97 € pour 2 avec tente et voiture ; hébergements locatifs 4-6 pers. 230 empl.* Un magnifique site paysagé dominant l'adorable anse du Brick qui, tout en offrant l'équipement haut de gamme d'un petit village fort bien tenu, réussit à conserver une ambiance vraiment bucolique. Plusieurs forfaits camping (un avec barbecue, transats...) ; certains emplacements sont en lisière de forêt. Les hébergements locatifs, du cottage au chalet en passant par la villa, sont à l'écart, eux aussi dans un bel environnement, avec une très, très belle vue sur la mer pour certains. Piscine, club enfants, tennis, kart, fitness, miniferme... Accès à la plage par une passerelle. Très bon accueil.

Chambres d'hôtes

Les Deux Caps : *chez Carine Heurtevent, 2, la Brasserie, 50330* ***Carneville.*** *☎ 02-33-54-13-81. 06-12-28-36-19. • carine@gitedesdeuxcaps.com • gitedesdeuxcaps.com • À 5 km à l'ouest de Saint-Pierre-Église. Double 67 € ; familiale. Table d'hôtes 17,50 €.* Dans un joli corps de bâtiment, dans le même jardin que la maison des propriétaires, des chambres sobrement mais joliment décorées. Également une cuisine-salle à manger à disposition. Petit déj et table d'hôtes dans une vaste et chaleureuse salle à manger tout en baies vitrées qui donne dans le jardin. Et du jardin justement, bien belle vue sur la mer. Accueil aimable, posé, et atmosphère familiale.

Fort du Cap Lévi : *7, le cap Lévi, 50840* ***Fermanville.*** *☎ 02-33-23-68-68. 06-80-44-33-27. • fortducaplevi@orange.fr • fortducaplevi.com • À 7 km au nord-ouest de Saint-Pierre-Église. Résa indispensable. Doubles env 65-85 € ; familiale.* Dans un cadre un peu austère, à l'abri des gros murs de granit de ce fortin construit sous Napoléon, désormais propriété du Conservatoire du littoral, 5 chambres simples, mais confortables avec leur déco simili marine surannée. Seule la chambre familiale se situe à l'étage et offre une vue sur la mer. Vous vous consolerez en allant prendre le petit déj (tout simple) dans la salle à manger qui surplombe la mer : vue imprenable sur le cap Lévi, son phare et la rade de Cherbourg. Et le sentier côtier qui peut guider vos balades.

Où manger dans les environs ?

La Maison Rouge : *16, anse du Brick, 50330* ***Maupertus-sur-Mer.*** *☎ 02-33-43-34-05. • restomaisonrouge@orange.fr • À 9 km à l'ouest de Saint-Pierre-Église. Tlj sauf lun. Congés : janv. Formule déj en sem 18 € (ou 13 € à emporter) ; menus 28-40 €.* Resto aménagé dans une belle maison du XIXe s, qui surplombe l'anse du Brick. Cadre chicos, lumineux, chaises confortables et tables nappées, et, dans l'assiette, des plats soignés et réussis. Pour compléter le tableau, une vaste véranda avec une bien belle vue sur la mer, ce qui ne gâche rien.

DANS LES ENVIRONS DE SAINT-PIERRE-ÉGLISE

Le moulin à eau Marie Ravenel : *la Coudrerie, 50330* ***Réthoville.*** *☎ 02-33-54-56-18. • moulinmarieravenel.fr •* *À 7 km au nord-est de Saint-Pierre-Église. Avr-sept, dim-jeu 10h30-13h, 14h-18h. Fermé 1er mai. Entrée : 4 €.* Ce moulin du XVIIIe s tient son nom de la poétesse Marie Ravenel, qui y vécut 31 années durant. Fermé en 1935, mais aujourd'hui entièrement restauré, on peut y admirer sa grande roue à auget et l'ensemble de son système d'engrenage ainsi que ses 2 paires de meules d'origine. L'une d'entre elles fabrique encore quotidiennement de la farine. À voir également, une salle de classe des années 1950. Nombreuses animations autour du pain. Expos et concerts l'été.

➢ ***La vallée des Moulins :*** *50840* ***Fermanville.*** Site historique, écologique et point de départ d'une belle balade en boucle de 5 km, accessible à tous. Liaison également avec le GR. Plusieurs options s'offrent à vous, l'une d'entre elles vous fera passer le long du viaduc ferroviaire désaffecté, tout en granit, avec ses 20 arches qui surplombe le ruisseau le Poults du haut de ses 32 m, puis la chèvrerie, la forêt et une ferme d'élevage d'escargots.

Le cap Lévi : *à 7 km au nord-ouest de Saint-Pierre-Église.* Magnifique balade jusqu'au phare, à travers les landes surplombant la mer. Devant le phare, on comprend ce qu'est l'angoisse d'une côte « mal pavée » pour un marin : ces rochers affleurants, au ras de l'eau, en ont coulé plus d'un...
Derrière le cap, ***Fermanville,*** beau village aux nombreux hameaux et aux nombreux moulins.

L'anse du Brick : *à 9 km à l'ouest de Saint-Pierre-Église.* Le nom réveille immédiatement tout un imaginaire : pavillon à tête de mort, bandeau noir sur l'œil et coffre débordant d'or... Et le paysage de cette adorable petite baie ne déçoit pas : une eau presque turquoise qui ourle une langue de sable... On oublie les Caraïbes et les îles au trésor en découvrant ces gros rochers granitiques polis par les flots, qui parsèment la plage. C'est de ce même granit que sont faits les pavés sur lesquels les coureurs cyclistes du Paris-Roubaix suent sang et eau.

CHERBOURG-EN-COTENTIN

(50100) 80 000 hab. *Carte Le nord de la Manche, B1*

• Plan *p. 430-431*

Au fond de sa rade artificielle, la plus grande du monde, c'est depuis toujours un grand port grâce à sa position stratégique au bout du monde occidental. La montagne du Roule, qui surplombe Cherbourg, a fourni les milliers de blocs de « roule » (le grès brut) qui servirent à édifier les longues digues qui ferment le port (il fallut près de 1 siècle pour l'achever !). Aujourd'hui, c'est le port français couvrant le plus d'activités : port

LES PARAPLUIES DE CHERBOURG

On se souvient du film de Jacques Demy, mais la fabrique de parapluies est née... après le film. L'usine est aujourd'hui célèbre pour son Parapactum : ce parapluie avec sa toile en Kevlar protège les personnalités, notamment le locataire de l'Élysée. Bon, 6 000 € quand même ! Est-il efficace contre la pluie ?

militaire, port de commerce, port de pêche, port de voyageurs (avec l'Irlande et l'Angleterre) et port de plaisance (le 2e de France, après Cannes). Cette ville ne vous séduira peut-être pas au 1er coup d'œil, mais elle dégage une ambiance vraiment particulière et de très belles surprises vous attendent au détour des rues de son centre-ville animé ou dans ses proches environs : d'ancienne demeures pleines de charme, de ravissants jardins, un musée d'art qui mérite la visite...
En 2016, Cherbourg-Octeville est devenu Cherbourg-en-Cotentin, né de la fusion de Cherbourg et de ses 4 communes voisines : Équeurdreville, Hainneville, Tourlaville, La Glacerie et Querqueville. Un sacré pas de franchi, qui a fait passer la ville de 38 000 habitants à... 83 000 !
Au moment de la conquête viking (IXe s), la ville devint l'un des importants points de colonisation des Northmen, puis ville normande stratégique. Construction d'un château au début de l'an 1000. Dès cette époque, tous les pouvoirs n'auront de cesse de faire de Cherbourg une place défensive. Pendant la guerre de Cent Ans, elle fut rarement prise. Même Du Guesclin, après 6 mois de siège, échoua. Idem pour Montgomery, le célèbre chef huguenot pendant les guerres de Religion.
Pour la construction de la grande digue, entreprise en 1783, Louis XVI vint lui-même assister au début des travaux. Un ingénieur avait imaginé construire d'immenses structures en bois en forme de cônes, remorquées en mer, chargées de milliers de blocs de pierre et qui devaient servir d'assises à la digue. Puis le port connut un va-et-vient incessant de personnalités et d'événements : Napoléon ordonna la militarisation de Cherbourg et vint lui-même en 1811, Marie-Louise lui succéda en 1813, le duc de Berry y rentra d'exil l'année suivante. Quant à Charles X, il l'utilisa pour son propre exil en 1830. En 1840, la rade vit le retour des cendres de Napoléon Ier de Sainte-Hélène.

CHERBOURG DANS LA BATAILLE DE NORMANDIE

Cherbourg fut, dans le plan du débarquement de juin 1944, l'un des éléments stratégiques. En effet, dans le choix des plages pour débarquer, il fallait nécessairement un port en eau profonde à proximité, pour remplacer rapidement les ports artificiels. Après d'âpres combats, la ville fut prise par le 7e corps américain les 26 et 27 juin. Aussitôt, avec l'aide de la Royal Navy, le port fut déminé et dégagé de ses épaves en un temps record pour permettre une remise en fonctionnement. 1er port libéré de France, Cherbourg fut pendant quelques mois le plus grand port du monde, avec quelque 25 000 t de matériel débarqué quotidiennement, et un flot ininterrompu d'hommes.
Un pipe-line (resté dans l'histoire sous le nom de Pluto), installé entre l'île de Wight et Cherbourg, commença début août 1944 à fournir une grande partie de l'essence nécessaire aux armées de libération. Puis la ville connut une incroyable activité portuaire.

Arriver – Quitter

En train et en bus

Gare ferroviaire *(plan B-C3)* : *av. Jean-François-Millet.* ☎ *36-35.* Cherbourg est le terminus de la ligne Paris-Saint-Lazare, Caen, Bayeux, Lison, Carentan, Valognes. À Lison, correspondance pour Saint-Lô et Coutances.
Gare routière *(plan B-C3)* : *av. Jean-François-Millet.* • *normandie.fr/manche* • Liaisons avec Valognes, Carentan, Coutances, puis correspondances pour, Saint-Lô, Granville, Avranches, Lison, Vire et le Mont Saint-Michel (en desservant toutes les villes intermédiaires), assurées par la compagnie *Nomad (Réseau de mobilité Normand).*

A
B
1
2
3
NORD
Port militaire
LA HAGUE Abbaye du Vœu
PORT DE PLAISANCE
PETITE RADE
PORT CHANTEREYNE
Allée du Président Menut
Capitainerie
24
Avenue Cessart
R. de l'Abbaye
10
R. de l'Onglet
R. de la Paix
Rue J. d'Arc
R. de l'Union
Hôtel de ville
16
PL. NAPOLÉON
Basilique Ste-Trinité
Museum Emmanuel-Liais
R. Grande Vallée
PL. DE LA RÉPUBLIQUE
15
Q. de Caligny
AVANT-PORT
Parc E.-Liais
Rue Bonhomme
R. de la Comédie
Rue Emmanuel Liais
12
R. Paul Talluau
40
21
28
R. Tour Carrée
26
PL. DE LA RÉVOLUTION
Rue de la Bucaille
Rue Dujardin
R. Fr. La Vieille
25
22
27
R. de la Marine
R. Christine
R. au Blé
30
R. du Fourdray
23
Grande Rue
R. du Port
35
R. des Fossés
Dame
13
29
Rue de la Polle
Rue Asselin
Rue de la Duché
R. du Commerce
R. N.-Dame
41
17
PT TOURNANT
Q. Gal Lawton Collins
R. du Chau
R. A. Mahieu
R. des Portes
R. Mal Foch
Théâtre
R. G. Fouacé
PL. DU GD CARREFOUR
R. Gambetta
R. des Tribunaux
Rue de la Montebello
Manufacture de Parapluies de Cherbourg
11
Quasar
Bd Guillaume le Conquérant
R. Émile Zola
R. V. Grignard
R. de l'Alma
Schuman
PL. DIVETTE
BASSIN DU COMMERCE
Quai de l'Entrepôt
R. du Leclerc Maréchal
RD-POINT DE POOLE
N.-D. du Vœu
Bd Robert
Av. Delaville
Quai Alexandre III
Bd Pierre Mendès-France
Rue Beauregard
Rue du Président Loubet
Rue Bouillon
R. de France
R. M. Paul
PL. J. JAURÈS
Av. Jean-François Millet
R. Henri Menut
R. A. Macé
R. de Russie
R. de la Ceinture
R. des Tanneries
Rue du Roule
0
50
100 m
Rue Saint Sauveur
BARNEVILLE-CARTERET, COUTANCES

Où dormir ?

10 Auberge de jeunesse (A1)
11 Hôtel de la Croix de Malte (B2-3)
12 Hôtel d'Angleterre (A2)
13 Hôtel Ambassadeur (B2)
14 Chambres d'hôtes Les Lilas (C2)
15 Hôtel de la Renaissance (B2)
16 Hôtel Le Cercle (B2)
17 La Régence (B2)

Où manger ?

21 Club Dînette (B2)
22 Le Plouc 2 (B2)
23 Le Melting Pot (B2)
24 L'Armoire à Délices (B1)
25 L'Antidote (B2)
26 Brasserie Le Commerce (B2)
27 Le Carabot (plan B2)
28 Bistrot Bouche (B2)
29 Café de Paris (B2)
30 Le Pily (B2)

Où faire une pause sucrée ?

24 L'Armoire à Délices (B1)
35 Pâtissier-chocolatier Foucher (B2)

Où boire un verre ? Où sortir ?

40 L'Eldorado (B2)
41 Kraken (B2)

CHERBOURG-EN-COTENTIN

En bateau

➢ **De/vers Dublin** (Irlande) **:** avec *Irish Ferries* (☎ 02-33-23-44-44 ; ● irishferries.com ●) et *Stena Line* (☎ 02-33-43-23-87 ; ● stenaline.fr ●).
➢ **De/vers Portsmouth** (Angleterre) **:** avec *Brittany Ferries*. (☎ 02-33-88-44-88 ; ● brittanyferries.com ●). 1 départ/j. Durée : 3h.
■ ***Location de voitures :*** **Hertz,** 43, rue du Val-de-Saire, ☎ 02-33-23-41-41. **Avis,** à la gare, ☎ 02-72-56-94-00. **Europcar,** 4, rue des Tanneries, ☎ 02-33-44-53-85.

Adresse et infos utiles

ℹ ***Office de tourisme*** *(plan B3)* **:** *14, quai Alexandre-III. ☎ 02-33-93-52-02. ● encotentin.fr ● Ouv 15 juin-15 sept lun-dim, 9h30-12h30, 13h30-19h (jusqu'au 30 juin dim mat uniquement) ; d'avr à mi-juin et de mi-sept à fin oct, lun-sam 9h30-12h30, 13h30-18h ; nov-mars, lun-sam 10h-12h30, 13h30-17h.* Propose des visites guidées du centre-ville et des randonnées. Nombreuses brochures. Distribue aussi un dépliant qui permet aux inconditionnels des *Parapluies de Cherbourg* de faire un pèlerinage sur les différents lieux du tournage du film de Jacques Demy, ainsi qu'un rando-jeu pour découvrir Cherbourg de façon ludique et originale *(2 €).* Boutique et billetterie pour les sites touristiques, croisières, spectacles, etc.
– ***Marchés :*** *mar et jeu, 9h-13h devant le théâtre et dans les rues avoisinantes ; jeu-sam pl. Centrale. Mar et sam, marché aux fruits, fleurs, légumes et produits du terroir ; jeu, grand marché ts produits confondus.* ***Marché aux puces*** *1er sam du mois, pl. des Moulins. Dim mat, le marché (av. de Normandie, sur les hauteurs de Cherbourg, 9h-13h) vaut aussi le déplacement.*

LA MANCHE

Où dormir ?

Auberge de jeunesse

🏠 ***Auberge de jeunesse*** *(plan A1,* ***10****)* **:** *55, rue de l'Abbaye. ☎ 02-33-78-15-15. ● cherbourg@hifrance.org ● En bus, ligne nos 3 ou 5, arrêt Chantier. ♿ Fermé de mi-déc à début janv. Avec la carte FUAJ (obligatoire et vendue sur place), nuitée 26 €, petit déj et draps inclus. Parking gratuit et local vélo à disposition.* Installée dans d'anciens bâtiments de la Marine nationale, intelligemment rénovés. Locaux impeccables et chambres nickel de 2 à 5 lits, avec sanitaires privés et parfois même une mezzanine. L'endroit est vraiment agréable (bien que légèrement bruyant côté boulevard). En plus, l'accueil est efficace et souriant. Possibilité de restauration sur place (sur résa) et cuisine pour les « ajistes » cordons bleus.

De bon marché à prix moyens

🏠 ***Hôtel de la Croix de Malte*** *(plan B2-3,* ***11****)* **:** *5, rue des Halles. ☎ 02-33-43-19-16. ● hotel.croix.malte@wanadoo.fr ● hotelcroixmalte.com ● Doubles env 50-60 €, familiales.* Dans une petite rue piétonne, l'hôtel abrite plus d'une vingtaine de chambres de bon confort, agréables, très calmes. Les moins onéreuses ne sont pas bien grandes, leur salle de bains non plus, mais elles demeurent impeccables et avenantes. Les patrons vous accueillent personnellement, de façon charmante. Un excellent rapport qualité-prix.
🏠 ***Hôtel d'Angleterre*** *(plan A2,* ***12****)* **:** *8, rue Paul-Talluau. ☎ 02-33-53-70-06. ● contact@hotelangleterre-fr.com ● hotelangleterre-fr.com ● Doubles*

61-71 € ; familiales. Grosse bâtisse au calme abritant des chambres au confort et à la décoration d'aujourd'hui, pas immenses mais plaisantes. Accueil agréable.

Hôtel Ambassadeur (plan B2, **13**) : *22, quai de Caligny.* ☎ *02-33-43-10-00.* • *contact@ambassadeurhotel.com* • *ambassadeurhotel.com* • *Doubles 57-77 €.* Il y avait là à l'origine 3 immeubles, transformés dans les années 1990 en un hôtel, ce qui explique le côté un peu labyrinthique des lieux. La quarantaine de chambres, de tailles variables, donnent soit sur le port, soit sur la cour intérieure ou le parking. Du blanc beaucoup, des couleurs qui claquent souvent, pour un ensemble lumineux, confortable et impeccablement tenu. Salle de sport. Accueil charmant. Un beau rapport qualité-prix, très bien placé pour sillonner la ville à pied.

Chambres d'hôtes Les Lilas (plan C2, **14**) : *163, rue du Val-de-Saire.* ☎ *02-33-43-06-93.* 📱 *06-31-93-27-64.* • *maripier@laposte.net* • *les-lilas-cherbourg.com* • *Double 72 € ; familiale.* Dans une jolie maison de maître du XIXe s, toute rose pâle, offrant des chambres spacieuses et confortables (dont une familiale qui en réunit 2 autour d'une salle de bains), baignées de lumière, au mobilier chinois rapporté d'un long séjour là-bas... et ailleurs. Agréable jardin fleuri, clos de murs, au cœur de la ville. Accueil charmant.

Hôtel de la Renaissance (plan B2, **15**) : *4, rue de l'Église.* ☎ *02-33-43-23-90.* • *renaissance-cherbourg@hotmail.fr* • *hotel-renaissance-cherbourg.com* • *Congés : vac de Noël. Doubles 55-75 €.* Très bien situé, avec des chambres avenantes et confortables, bien qu'assez petites pour certaines. Malgré une bonne insonorisation, faire « patte de velours » : les planchers, même « moquettés » ou « linoléumisés », ça grince !

De chic à plus chic

Hôtel Le Cercle (plan B2, **16**) : *13, pl. de la République.* ☎ *02-33-01-44-60.* • *reception@hotel-lecercle.com* • *hotel-lecercle.com* • *Doubles 65-135 € ; petit déj 13,50 €. Cercle naval,* est-il écrit sur la façade. Jusqu'en 2014, cette bâtisse construite en 1945 appartenait à la Marine nationale ; elle abritait le restaurant des officiers et servait à accueillir leur famille. Depuis, la maison a fait peau neuve. Si l'extérieur du bâtiment demeure austère, c'est une déco lumineuse et délicate qui vous accueille à l'intérieur. Le prix des chambres varie avant tout en fonction de leur taille. Certaines disposent de très hautes fenêtres avec vue sur la cour, d'autres de fenêtres plus petites avec vue sur le port. Mais partout, confort et atmosphère apaisée sont au rendez-vous. Excellent accueil.

Hôtel La Régence (plan B2, **17**) : *42-44, quai de Caligny.* ☎ *02-33-43-05-16.* • *contact@laregence.com* • *laregence.com* • ♿ *Congés : de fin déc à mi-janv. Doubles 98-110 € ; familiales ; ½ pens à partir de 150 € pour 2 pers.* Face au port, un établissement à la déco *so British* avec beaucoup de boiseries et de petits salons cosy. Chambres pour la plupart douillettes, pas toujours très grandes (au 3e sans ascenseur), mais au confort moderne, dans un labyrinthe d'étroits couloirs feutrés... en tout cas pour celles dans la bâtisse principale. Car si celles situées dans l'annexe à l'arrière (côté parking, les moins onéreuses) demeurent très confortables, l'ambiance y est beaucoup plus neutre (voire froide). Bel accueil.

LA MANCHE

Où dormir dans les environs ?

Manoir de la Fieffe (hors plan par B3) : *chez Emmanuel de La Fonchais, la Fieffe, 50470* ***La Glacerie*** *(Tourlaville).* ☎ *02-33-20-81-45.* 📱 *06-15-06-83-42.* • *accueil@manoirdelafieffe.com* • *manoirdelafieffe.com* • *À 3,5 km du centre de Cherbourg. Doubles 115-170 € (min 2 ou 3 nuits selon période).* Sur les hauteurs de Cherbourg, au milieu des champs et des bois, un manoir où il fait bon vivre. Un cadre historique, un ravissant manoir du XVIe s, un accueil des plus charmant par des passionnés de botanique. D'ailleurs, les motifs floraux égaient chambres et pièces communes. Très belle adresse pour voyager encore... plus loin.

Où manger ?

De bon marché à prix moyens

🍽 ☕ 🍸 ***Club Dînette*** *(plan B2, **21**) : 27, rue Tour-Carrée. ☎ 09-86-51-98-72. • fxoliveri@gmail.com • clubdinette.fr • Mer-sam 12h-0h30, dim 12h-18h. Repas 15-20 €. Brunch du dim 21 €.* Voici une charmante cantine-café qui sait prendre le militantisme par le bon bout : celui de la convivialité et de la preuve par l'exemple. La dînette s'articule autour de 2 plats et 2 desserts qui changent toutes les semaines. Produits au maximum bio, circuits courts (et à défaut, commerce équitable) pour des plats volontiers végétariens, mais pas que. C'est simple, parfumé, frais, goûteux. Et pour éviter le gaspillage, chacun va chercher ses couverts, son pichet d'eau et se servir en pain. Et tous les prétextes sont bons pour s'y retrouver : à l'heure du repas, de l'apéro, pour un café ou le fameux brunch du dimanche, ou encore les différents ateliers ou soirée proposés.

🍽 ⛱ ***Le Plouc 2*** *(plan B2, **22**) : 59, rue au Blé. ☎ 02-33-01-06-46. • leplouc2@orange.fr • Fermé sam midi, dim soir et lun midi (plus dim midi juin-août). Congés : 3 sem en fév-mars et 3 sem en août-sept. Formules déj en sem 17,50-23,90 € ; menus 28,90-36,90 € ; carte env 30-40 €. Café offert sur présentation du guide de l'année.* Une valeur sûre à Cherbourg, qui vous propose une carte plutôt courte, soignée et alléchante, et quelques associations de saveurs originales dans un cadre chaleureux et rustique, avec poutres apparentes. La cuisine est réussie, et le service aimable et pro. Et une petite terrasse pour couronner le tout.

🍽 ***Le Melting Pot*** *(plan B2, **23**) : 17, rue du Port. ☎ 02-33-01-24-09. • lemeltingpotcherbourg@sfr.fr • Tlj sauf dim. Repas 12-20 €.* Petit resto proposant de bons plats à consommer sur place ou à emporter. La carte est courte, et des saveurs d'ailleurs s'invitent au menu : cela peut aller de la cuisine indienne ou thaïe à la cuisine antillaise ou d'Europe centrale. Plats copieux, que l'on accompagne ou non d'un dessert. Atmosphère vraiment conviviale et service sympa comme tout.

🍽 ☕ ⛱ ***L'Armoire à Délices*** *(plan B1, **24**) : port Chantereyne. ☎ 02-33-95-23-02. • larmoireadelices@gmail.com • Mar-sam 9h (10h jeu-sam)-1h. Formules déj en sem 17,90-21,90 € ; menu 32 €.* Quand on est gourmand, avec un nom aussi prometteur, difficile de résister à la tentation d'ouvrir la porte de la fameuse armoire. Au déjeuner, au goûter, au dîner, que l'on soit amateur de thé, de bons petits plats ou bec sucré (la spécialité du lieu, précisons), on trouve là de quoi assouvir ses envies. Y a même une grande terrasse, ainsi qu'une épicerie fine bien achalandée.

🍽 ⛱ ***L'Antidote*** *(plan B2, **25**) : 41, rue au Blé. ☎ 02-33-78-01-28. • restaurantantidote@gmail.com • ♿ Tlj en juil-août ; fermé dim-lun hors saison. Formules déj 10,40-14,40 € et plat du jour 9,50 € ; menus 22,90-32,90 € ; carte 25-30 €. Apéritif maison offert sur présentation de ce guide.* Au menu, des petits plats plaisants et copieux que vous pouvez accompagner du verre de vin que le patron vous conseille dans la bonne humeur. Blottie dans l'enfilade de cours derrière les maisons de la rue au Blé, cette adresse abrite aux beaux jours une paisible et jolie terrasse.

🍽 ⛱ ***Brasserie Le Commerce*** *(plan B2, **26**) : 42, rue François-Lavieille. ☎ 02-33-53-18-20. • lecommerce2@wanadoo.fr • ♿ Tlj sauf dim 8h-minuit. Résa conseillée. Formule déj express en sem 11,90 € ; menu duo servi midi et soir lun-ven midi 14,20 € ; carte env 20-25 €.* Cette grande brasserie comblera les appétits insatiables. Portions généreuses pour des classiques de brasserie et autres plats normands,

LA MANCHE

simples mais plutôt de qualité. Service efficace, atmosphère agréable et décontractée. Résultat : c'est souvent bondé.

De prix moyens à chic

Le Carabot (plan B2, **27**) : *pl. de la Révolution. ☎ 02-33-04-78-26. • carabot.cherbourg@gmail.com • Ouv mer soir-sam soir. Fermé dim-mer midi. Carte env 20-25 €.* Brice Moncuit a réalisé son rêve, ouvrir son restaurant à Cherbourg. Une déco sympa, mélange de tables en bois et formica, pour une salle en angle ouverte sur la rue par de grande baies, style atelier, avec cuisine ouverte. À la carte (pas de menu), des produits frais travaillés au jour le jour. À chaque service, 3 entrées, un plat et 2 desserts sont proposés, quelques plats en plus le soir. La carte courte garantit la fraîcheur et la philosophie du chef (du bio, du local, de la créativité et une belle ambiance conviviale) fait le reste. Et c'est très réussi, tant dans l'assiette que dans la salle. Belle terrasse aux beaux jours.

Bistro Bouche (plan B2, **28**) : *25, rue Tour-Carrée. ☎ 02-33-04-25-04. • fredsergent@aol.com • Tlj sauf dim-lun midi. Formule déj1,50 € ; carte env 25-35 €.* L'âme du *Bistrot Bouche* : une cuisine traditionnelle. Une cuisine que Fred fait évoluer à travers une grosse poignée de plats classiques (bourguignon, blanquette, pot-au-feu, foie gras poêlé...). Ses ris de veau aux morilles sont à se damner ! *Le Faitout* mijote dans sa belle cuisine, tendance un rien fusion avec ses notes d'épices bien dosées. Le 1er menu change plusieurs fois par semaine. 2 salles dont 1 au sous-sol. Service gentil, aimable et sans chichis.

Café de Paris (plan B2, **29**) : *40, quai de Caligny. ☎ 02-33-43-12-36. • cafedeparis.res@wanadoo.fr • restaurantcafedeparis.com • ♿ Tlj sauf lun midi, dim et j. fériés. Congés : 3 sem en nov et 3 sem en mars. Menus 22,50 € (midi en sem), puis 25,50-41,50 €.* L'adresse est depuis longtemps l'institution cherbourgeoise et bourgeoise (navrés pour le vilain jeu de mots), et reste aujourd'hui une référence en matière de restaurant de fruits de mer de la ville, les produits étant assurément d'une très grande fraîcheur.

Le Pily (plan B2, **30**) : *39, Grande-Rue. ☎ 02-33-10-19-29. • le-pily.com • Tlj sauf dim-lun midi plus lun soir hors saison. Congés : 1 sem en janv et 4 sem en sept. Résa conseillée. Formule déj mar-ven 32 €, menus 59-75 €.* Dans un décor cosy et *lounge*, une cuisine gastronomique inventive et créative à base de produits du marché. La courte carte, renouvelée chaque mois, assure qualité et rigueur. Le résultat dans l'assiette le prouve, un vrai bonheur pour le palais et les yeux. Saveurs et goûts sublimés par l'utilisation subtile d'épices variées, connues et moins connues, comme le *chizo* (une algue séchée qui vient du Japon). Si le poisson est à l'honneur, les viandes ne sont pas en reste. Pierre Marion, le chef étoilé, rayonne sur Cherbourg et le Cotentin !

Où bien goûter ?

Pâtissier-chocolatier Foucher *(plan B2, **35**) : 12, rue au Fourdray. ☎ 02-33-94-82-35. Tlj 9h (14h lun)-19h (13h dim).* Une adresse incontournable pour les becs sucrés. Le chocolat chaud est divinement bon et accompagne parfaitement les pâtisseries originales ou plus classiques. Également des chocolats et des glaces. Du bien beau et du bien bon.

L'Armoire à Délices (plan B1, **24**) : *voir « Où manger ? ».*

Où boire un verre ? Où sortir ?

Les « rues de la Soif » locales sont traditionnellement les ***rue de la Paix*** et ***rue de l'Union,*** ou encore ***rue Tour-Carrée*** (près de la place de la

République ; *plan B1-2*). Les lieux changent vite et les découvertes se font au gré des balades dans le cœur de la ville qui bat parfois bien tôt le week-end.

🍸 ♪ ***Microbrasserie L'Eldorado*** *(plan B2,* ***40****)* **:** *52, rue François-Lavieille.* ☎ *02-33-53-08-68.* ● *leldo.fr* ● *Tlj 10h-1h (2h juin-sept).* De confortables banquettes, une mezzanine (sur réservation), des salles de billard et une musique qui monte parfois en décibels ! On y vient pour l'ambiance et pour goûter aux bières maison à la pression ou pour piocher dans la belle collection de houblons bretons, français et belges. En cas d'abus de dégustation, la maison torréfie aussi d'excellents cafés, dans la grande tradition des torréfacteurs de ports.

🍸 ♪ ***Kraken*** *(plan B2,* ***41****)* **:** *20, rue des Fossés.* 📱 *06-79-67-20-14. Mar-sam 18h-1h (2h jeu-sam).* Ce bar tout gainé de noir est un peu l'antre de la pop culture. Alors étonnez-vous d'être accueilli dès la 1re salle par un *stormtrooper* et un requin évoquant fortement les *Dents de la mer* ! Ces clins d'œil mis à part, le bel intérieur aux murs de brique rouge, sombre et élégant, est plutôt *trendy.* Un endroit dynamique où il fait bon se retrouver autour d'un verre ou pour assister aux concerts régulièrement organisés.

LA MANCHE

À voir

– Pass *musées : valable 1 an dans les musées de la ville (musée Thomas Henry, muséum Emmanuel Liais et musée de la Libération) et pour un nombre illimité de visites. Prix : 10 €.*

UN MAUVAIS TOUR...

La tour de la basilique Sainte-Trinité ne fut jamais achevée : l'argent qui lui était destiné partit en effet à Madrid pour la rançon des enfants de François Ier (prisonniers à la place du roi). Les enfants, ça coûte cher.

La basilique Sainte-Trinité *(plan B2)* **:** *pl. Napoléon, face à la mer. Tlj 8h30-19h (sauf événement exceptionnel).*
Bâtie par Guillaume de Normandie en 1035. En 1820, on remplaça la façade ouest et sa tour inachevée par le clocher-porche actuel, dans le style bien disgracieux de l'époque. Heureusement, il reste la remarquable façade sud avec sa baie et son portail, flamboyants, surmontée de sa petite forêt de pinacles en gothique fleuri, les dentelles des balustrades, les gargouilles.
À l'intérieur, nef aux piliers ronds peints au XIXe s. De chaque côté de la nef, sur la galerie supérieure, ne pas manquer les bas-reliefs représentant une danse macabre d'un côté et des scènes de la Passion de l'autre. Beaux fonts baptismaux du XIVe s. La chaire, œuvre de Pierre Fréret (1758-1816), mérite l'attention, ainsi que le retable du maître-autel. Dans les tons gris, baptême du Christ éclairé par un puits de lumière. Enfin, à l'entrée du chœur, discrets mais superbes bas-reliefs en albâtre de Nottingham, du XVe s.

➢ ***Balade dans le vieux Cherbourg*** *(plan B2)* **:** voici quelques pistes pour découvrir le charme de certaines demeures et des rues parfois d'une belle homogénéité.
– ***La rue du Port*** *(plan B2)* **:** c'est dans cette rue que se situe la boutique (au n° 13) qui servit de décor principal au film *Les Parapluies de Cherbourg.* Elle abrite désormais une boutique de patchworks.
– ***La Grande-Rue*** *(plan B2)* **:** au n° 7, cour intérieure s'ouvrant sur un ancien grenier à sel du XVIe s. Porte basse sur un pittoresque escalier à vis. Parallèlement à la Grande-Rue, la rue des Fossés avec des impasses du XVIe s. Bel escalier à vis de la même époque au n° 3.
– ***La rue des Portes*** *(plan B2)* **:** au n° 18, entrée pour la cour Marie, bel ensemble architectural. Façades en schiste avec appareillages de pierre différents. Sur l'une d'elles, énormes linteaux de granit. Débouche sur l'impasse Aubry. Élégante demeure au-dessus du porche.

– ***La rue au Blé*** *(plan B2)* **:** du nº 41 au nº 65, l'ensemble médiéval le plus significatif de la ville. Joliment restauré. Les maisons possèdent souvent une façade XVIIIe s, mais dans les cours subsistent des bâtiments plus anciens (XVIe et XVIIe s). Tours, tourelles, escaliers à vis que l'on déniche en arpentant couloirs, passages, courettes, qui tous communiquent entre eux. Au nº 63, enfilade de cours et placettes avec arbres. Au nº 65, superbe cour avec tours. Au nº 31, le passage Digard avec son entrée voûtée et ses quelques demeures du XVIIIe s. Au 32, rue au Fourdray, curieuse inscription datant de 1569.
– ***La place de la Révolution*** *(plan B2)* **:** à l'angle avec la Grande-Rue, aux nos 20-22, élégant édifice en schiste du XVIe s. Au nº 18, façade avec arcades et encorbellement. Continuer rue des Moulins, rue d'Espagne, avec d'autres maisons du XVIIIe s. Rue Tour-Carrée, au nº 14, l'hôtel de Garantot du XVIIe s, précédé d'un porche (cour pavée avec ancre de marine), fut une prison pendant la Terreur.
– ***La rue de la Marine*** *(plan B2)* **:** c'était la rue des armateurs. Beaux hôtels particuliers, même si certains sont encore recouverts de crépi. Au nº 9, noter les flèches et carquois en fer forgé des balcons. Intéressant appareillage de schiste dans toutes les nuances de vert et bleu.
– ***La rue Grande-Vallée*** *(plan B1-2)* **:** si d'aventure vous passez par là (en chemin vers le Jardin botanique, par exemple), jetez un coup d'œil aux nos 40 et 44, où habita Marie-Louise Giraud. Jusqu'à son arrestation par la police en octobre 1942, cette « faiseuse d'anges » procéda à 27 avortements. Condamnée à mort par le régime de Vichy, elle fut exécutée « pour l'exemple » le 30 juillet 1943 dans la cour de la prison de la Roquette. De cette histoire, Claude Chabrol a tiré son superbe film *Une affaire de femmes.*

LA MANCHE

Le théâtre (plan B2) **:** *pl. du Général-de-Gaulle. Se visite (sur résa auprès de l'office de tourisme uniquement) en juil-août et à l'occasion des Journées du Patrimoine : ☎ 02-33-93-52-02. Visite 4 €, gratuit moins de 18 ans.* Construit entre 1879 et 1882 par Charles de Lalande, élève de Garnier (celui de l'Opéra de Paris), c'est l'un des très rares théâtres à l'italienne de l'Hexagone. Superbe façade en calcaire, ornée de colonnes, chapiteaux et autres cariatides. À l'intérieur, imposant lustre de cristal, plafond peint par Georges Clairin, balcons et baignoires richement décorés.

Le musée Thomas-Henry (plan B2) **:** *centre culturel Le Quasar, esplanade de la Laïcité. ☎ 02-33-23-39-33. Mar-ven 10h-12h30, 14h-18h ; w-e 13h-18h. Entrée : 5 € ; réduc ; gratuit moins de 26 ans et pour ts mer. Expos temporaires.* Traverser l'esplanade qui mène au musée, c'est déjà se préparer à sa visite : un espace serein où la pierre répond à la terre cuite, la légèreté du bambou à la densité du bronze. De ce bronze émergent de puissants bustes de gloires normandes, comme Barbey d'Aurevilly ou Tocqueville (magnifiques œuvres de Christine Larivière). Un musée qui doit son existence à Thomas Henry (1766-1836), marchand d'art, mécène et lui-même artiste respectable, qui fit don de sa collection dans un but clairement pédagogique : il souhaitait « allumer le flambeau des arts » dans sa ville natale.
La donation de 164 œuvres (sur fond de murs gris), courant du XVe au XIXe s, représente les principaux courants de l'art européen. Pari réussi : un certain Jean-François Millet, né à Gréville-Hague, par exemple, fréquenta le musée pour y copier des toiles de maître ! Un espace permanent est d'ailleurs dédié au fonds de cet artiste, le 2e de France. On y observe l'évolution de ses œuvres, des commandes alimentaires à sa veine personnelle.
Au 2e étage, la collection de peinture française du XVIIe au XIXe s, dont un très beau *Patrocle* de David. Appel aux graines de routards, le thème du voyage initiatique des jeunes bourgeois au XIXe se fait jour. Mention spéciale pour *L'Atelier de Houdon* peint par Louis Léopold Boilly ; certains des bustes, œuvres du sculpteur, peuvent toujours être vus aujourd'hui, comme une *Diane chasseresse* au Louvre ! Belle salle de marines et d'iconographie régionale, qui permet d'imaginer la vie normande au XIXe s – scènes de pêche – et l'arsenal de Cherbourg. Des peintures d'Armand-Auguste Frénet émanent force, lumière et paix.

Un condensé d'histoire de la peinture intelligemment conçu et agréablement accroché dans un bâtiment neuf sur mesure. Un plaisir des sens et de l'esprit. En face, un vaste mur consacré au *street art,* support temporaire offert à différents artistes successifs. Une bouffée de modernité absolue qui complète la perspective historique du musée.

Le parc Emmanuel-Liais *(plan A-B1-2)* **:** *tlj. Accès libre.* Balade fort agréable parmi les essences rares, les rhododendrons, les magnolias et les actinidias de Chine. Au passage, vous croiserez l'ancienne tour d'observation. La visite des serres n'est plus possible pour le moment.

Le jardin public *(plan C3)* **:** *av. de Paris.* Au pied de la montagne de la Roule, riche d'essences nouvelles, d'arbres remarquables et de pièces d'eau. Parc animalier et aire de jeux pour enfants. Abrite aussi le dernier kiosque à musique de la ville ainsi qu'une roseraie.

La Cité de la mer *(plan C1)* **:** ☎ *02-33-20-26-69.* • *citedelamer.com* • ♿ *(accès limité dans le sous-marin). Juil-août, tlj 9h30-19h ; mai-juin et sept, tlj 9h30-18h ; le reste de l'année et pour les périodes de congés annuels, consulter le site internet. Fermeture des caisses 1h30 avt. Congés : 4 sem en janv, certains lun de mars, nov et déc, ainsi que 25 déc. Tarifs : 19 € ; 14 € 5-17 ans ; réduc ; gratuit moins de 5 ans ; pass à l'année. Billet valable à la journée. Attention, pour des raisons de sécurité, les moins de 5 ans n'ont pas accès au* Redoutable. *Compter env 4h de visite (mais il faudrait au moins la journée pour tt voir, tt lire). Parking gratuit.*
Le bâtiment était autrefois l'ancienne gare maritime transatlantique, construite pour répondre à l'énorme émigration des Européens vers les Amériques. Plusieurs trains quotidiens en provenance de Paris s'arrêtaient en face des paquebots à quai. Inaugurée en 1933, la gare était considérée à l'époque comme l'un des plus beaux bâtiments Art déco de France, accueillant les plus prestigieux paquebots, et constituait le plus vaste bâtiment de l'Hexagone après le château de Versailles ! Fortement endommagée par les Allemands en 1944, la gare transatlantique fut reconstruite après-guerre et inaugurée à nouveau en 1952, pour revivre quelques années de rêve pendant lesquelles les grandes stars de Hollywood y défilèrent, avant que les vols commerciaux ne prennent le pas sur les traversées transatlantiques. Un temps menacé, l'édifice fut inscrit à l'inventaire des Monuments historiques en 1989, et abrite depuis 2002 la Cité de la mer.
Ce parc à thème a pour vocation d'expliquer et de faire partager l'aventure de l'homme sous la mer, depuis les mythes et légendes jusqu'aux sous-marins et aux techniques océanographiques les plus modernes.
On entre par l'ancien hall ferroviaire, devenu la « Grande Galerie des Engins et des Hommes », qui retrace l'épopée internationale de la découverte des grands fonds : engins, maquettes et témoignages inédits. On y découvre par exemple le bathyscaphe *Archimède,* qui réalisa en 1962 une plongée à 9 545 m dans la fosse des Kouriles au Japon, et la maquette du *Nautile,* l'un des sous-marins qui a découvert l'épave du *Titanic* en 1987.
La Cité de la mer s'articule ensuite autour de plusieurs espaces.
– ***L'Océan du futur* :** c'est à une plongée dans les abysses que vous convie cette partie à travers 18 espaces interactifs thématisés et 17 aquariums, dont l'incroyable aquarium abyssal de 10,70 m (pour résister à la pression des 350 000 l d'eau de mer, les vitres font 33 cm d'épaisseur !). L'exploration part de la surface puis descend peu à peu vers les profondeurs. Une expérience autant sonore que visuelle et sensitive au cours de laquelle sont évoqués les témoignages des 1ers océanautes, l'archéologie sous-marine, le monde de Jules Verne et tout ce que peuvent nous apporter les océans, tant au niveau de la nourriture que dans le domaine médical, pharmaceutique ou cosmétique. Bref, un monde encore largement méconnu, d'une extrême richesse et plein de promesses pour l'avenir, mais aussi très fragile d'où l'urgence et l'importance de le protéger.

– Un ***pôle sous-marin,*** dont la vedette incontestée est *Le Redoutable,* 1er sous-marin nucléaire français (pour les accros, il s'agit d'un SNLE, sous-marin nucléaire lanceur d'engins), lancé à l'arsenal de Cherbourg en 1967 par Charles de Gaulle et désarmé en 1991. En 45 mn, équipé d'un audioguide, on arpente les 128 m du bâtiment pour revivre de façon très réaliste le quotidien d'une patrouille en mer. Il existe 2 versions d'audioguides ; la « familiale » a le mérite d'être plus vivante et, surtout, beaucoup plus abordable pour ceux que les explications techniques rebutent. Même les bruits et l'odeur sont au rendez-vous. Incroyable d'imaginer que 135 personnes cohabitaient là-dedans pendant 70 jours ! À la sortie du *Redoutable,* une section sur l'histoire, les techniques de fabrication et la vie quotidienne à bord des sous-marins. En sortant du bâtiment, on peut aussi accéder au ***parcours photo en extérieur « À bord des géants sous-marins »*** : sur la passerelle longeant le *Redoutable,* des panneaux permettent de mieux visualiser ce qu'est la vie à bord.
– ***On a marché sous la mer :*** l'animation virtuelle entraîne ses passagers dans les abysses, à bord de simulateurs de pilotage. Découverte des créatures prodigieuses des abysses pendant près de 1h. Accessible à tous (inscription à l'accueil). Ludique.
– ***L'espace Titanic :*** en 2012, Cherbourg a fêté le centenaire de la 1re escale continentale du célèbre paquebot dans la ville. La salle des Bagages de la gare transatlantique présente désormais une expo consacrée à l'histoire de l'émigration entre l'Europe et l'Amérique aux XIXe et XXe s. Des tablettes interactives et des films d'archives projetés sur les murs permettent de mieux saisir la diversité des candidats à l'émigration. Puis on s'immerge dans ce qu'était la vie à bord du légendaire paquebot, des 1res aux 3es classes : film de synthèse reconstituant le dernier voyage du géant des mers, témoignages audio, images en relief, reconstitutions d'espaces, projection du grand escalier et de sa coupole, manipulation d'instruments de navigation. Très réussi.
– Enfin, à l'occasion du 75e anniversaire du Débarquement, une exposition et un film sont consacrés aux 20 jours qu'il aura fallu pour libérer le port de Cherbourg (au lieu des 3-4 jours initialement prévus).

Le port militaire de Cherbourg *(plan A-B1)* **:** *accès par la porte du Redan. Ne se visite pas.* Composé de 3 bassins, d'une multitude d'ateliers, de bureaux et de gigantesques nefs de construction et d'assemblage des sous-marins, l'arsenal de Cherbourg est une véritable ville dans la ville, qui emploie encore près de 4 000 personnes. Depuis 1797, plus de 400 navires y ont été construits et lancés. L'arsenal est spécialisé depuis 1899 dans la construction des sous-marins.

L'abbaye du Vœu *(hors plan par A1)* **:** *rue de l'Abbaye. Juil-août, mar-dim 13h30-18h30 ; rens et résa à l'office de tourisme pour les j. de visites guidées. Ouv pour les expos temporaires juil-août.* Fondée au XIIe s par Mathilde, fille de Henri Ier roi d'Angleterre et petite-fille de Guillaume le Conquérant, gravement endommagée lors de la Seconde Guerre mondiale, elle est classée aux Monuments historiques. Seule la visite guidée en juillet-août et lors des Journées du patrimoine donne accès à la ravissante salle capitulaire et à l'aile méridionale avec son cellier roman du XIIe s resté intact, ainsi qu'au vaste réfectoire du XIIIe s au 1er étage.

Le musée de la Libération – Fort du Roule *(plan C3)* **:** *montée des Résistants. ☎ 02-33-20-14-12. Au sommet (117 m d'altitude) de la montagne du Roule ; accès par le rond-point Thémis. Mar-ven 10h-12h30, 14h-18h ; w-e 13h-18h. Fermé nov-fév. Entrée : env 4 € ; réduc ; gratuit moins de 26 ans et pour ts mer.*
Construit de 1852 à 1857 pour résister à une éventuelle attaque anglaise, le fort du Roule servit d'abord de prison (à des communards en 1871, à des Allemands en 1914-1918). En 1940, il fut l'un des derniers bastions de la ville à tomber aux mains de Rommel. De là-haut, la vue imprenable sur la ville et le port permet de vérifier la véracité de l'adage local : « Qui tient le Roule tient Cherbourg. »
Le musée raconte l'étonnante épopée du port de Cherbourg lors de la Libération. Ce port, que les Allemands prirent soin d'anéantir avant leur reddition,

LA MANCHE

fut pourtant réhabilité en quelques mois par les Américains, au point de devenir le 1er port au monde en octobre-novembre 1944 ! Au 1er niveau, des affiches, photos, cartes, objets divers et petites mises en scène évoquent la vie quotidienne pendant l'Occupation, les préparatifs du Débarquement et la période de la reconstruction, tant du côté des Alliés que des Allemands. À noter, la présence d'un poste de TSF branché alternativement sur la BBC et Radio-Paris : la guerre des ondes en direct ! Le 2e niveau est consacré au Débarquement, à la progression des troupes américaines dans le Nord-Cotentin, et rappelle le rôle crucial que joua le port de Cherbourg dans la suite des opérations à base d'archives audiovisuelles et d'un dispositif multimédia tactile « Cherbourg 1944. Les lieux stratégiques de la Libération ».

La Manufacture de parapluies de Cherbourg *(plan B2)* ***:*** *quai Alexandre-III. ☎ 02-33-93-66-60. • parapluiedecherbourg.com • Ouv lun-sam 10h-12h, 14h-19h. Visite libre 5 € ; visite guidée sur résa, le mat, lun-ven (pas de visite guidée sam) adulte : 8 € ; réduc. Accès libre à la boutique.* La visite permet de découvrir les différentes étapes de la fabrication d'un *Véritable Cherbourg* avec également, sur place, une boutique et un musée relatant l'histoire du fameux parapluie et son évolution.

Le Point du Jour *(plan C3)* ***:*** *107, av. de Paris. ☎ 02-33-22-99-23. • lepointdujour.eu • Mer-ven (et mar en été) 14h-18h, sam-dim 14h-19h.* 1er centre d'art tourné vers la photographie proposant des exposant temporaires.

LA MANCHE

En dehors du centre-ville, ou un peu plus loin

Le château des Ravalet : *387, av. du Château-des-Ravalet, à* ***Tourlaville.*** *☎ 02-33-87-88-28. À 6 km du centre-ville. Parc tlj, tte l'année, horaires variables : 8h-20h mai-août (8h30 nov-fév ; 19h avr et sept ; 18h30 mars et oct ; 18h fév et 17h nov-janv). Pdt la saison estivale, l'intérieur du château et les communs accueillent des expos temporaires (tlj sauf lun 14h-19h ; GRATUIT). Pendant l'été, visite guidée (infos à l'office de tourisme).* Quel contraste de découvrir, à quelques centaines de mètres d'un ensemble de HLM sans grâce, dans un écrin de verdure romantique, ce ravissant château Renaissance construit de 1560 à 1575 par Jean II de Ravalet, seigneur de Tourlaville ! Jolies fenêtres à meneaux, encadrées de pilastres corinthiens, festival de cheminées et élégantes lucarnes. Le château fut, de 1777 à 1906, propriété de la famille Tocqueville. Achetés par la Ville de Cherbourg en 1935, le château et le parc ne furent classés Monuments historiques qu'en 1995. Il était temps, car le château a beaucoup souffert des différents usages qui en furent faits (salle de réception, etc.). Le superbe parc paysager de 17 ha, labellisé « Jardin remarquable », avec 2 jardins créés par Gilles Clément, est bichonné par les jardiniers. On l'adore, non seulement pour sa beauté, mais aussi pour la vie qui y règne, son ambiance de jardin public où les pelouses accueillent les siestes et les 1ers pas des tout-petits... Des balades attelées vous sont même proposées autour du château les week-ends en juillet et août ainsi que des balades contées sur l'histoire de Marguerite et Julien.

Le musée Connaissance du Cotentin : *25, rue du Pontil, hameau Luce, à* ***La Glacerie.*** *☎ 02-33-20-33-33. Avr-juin et sept-oct, dim et j. fériés 14h30-18h ; juil-août, tlj sauf lun mêmes horaires. Entrée : 4 € ; réduc ; gratuit moins de 12 ans.* Musée d'ethnographie régionale, installé dans des bâtiments de ferme du XIXe s. Collection de coiffes normandes, bonnettes et dentelles. Expo sur les vieux métiers du Cotentin. Témoignages sur l'activité de l'ancienne Manufacture royale des glaces créée par Colbert et Louis XIV. Une salle est consacrée aux techniques de construction de l'habitat traditionnel. Une exposition temporaire à thème y est également présentée chaque année.

L'église de Tollevast : *à env 10 km au sud de Cherbourg.* L'une des plus belles églises romanes du Cotentin. Édifiée au XIIe s. Clocher en bâtière et portail complètement usé. Détailler avec attention la remarquable frise de modillons qui court tout le long du toit, particulièrement sur l'abside (animaux fantastiques, boucs, dragons ailés). On retrouve les mêmes représentations sur les consoles supportant les ogives du chœur avec, de plus, des visages grimaçants ou truculents (l'homme aux moustaches) et des figures géométriques. Riche statuaire, dont un beau saint Sébastien du XVIe s, un saint Hubert du XVIIe s et une Vierge à l'Enfant du XVIIIe s.

Les digues de Cherbourg : elles constituent la plus grande rade artificielle du monde. On peut la découvrir depuis la digue du ***Homet*** (au bout du port de plaisance), de la passe de ***Collignon*** à ***Tourlaville*** ou de la digue de ***Querqueville.*** Pour cette dernière, suivre le front de mer vers la Hague ; à Querqueville, tourner à droite vers l'école des Fourriers de la Marine et se garer au petit port de Querqueville. Bien que propriété de la Marine nationale, on peut aller à pied jusqu'au bout de la digue ouest, laquelle, mine de rien, approche les 2 km. C'est là qu'on se rend compte de l'énormité de l'ouvrage et de l'immensité de la rade. Attention aux jours de tempête : ça souffle très fort.

LA MANCHE

À faire

➢ ***Le tour de la rade de Cherbourg :*** ceux qui ont le pied marin pourront avoir un bel aperçu de la rade en embarquant à bord du bateau *Adèle* pour une sympathique balade commentée d'environ 1h-1h15, selon le point d'embarquement. Organise aussi des sorties découverte des côtes de la Hague et des sorties en mer commentées. *06-61-14-03-32 ; • hagueapart.com • Départ de la Cité de la mer et du pont tournant (port centre-ville), avr-sept.*

➢ ***Tour de la rade de Cherbourg en voilier avec Skipper Aventure :*** *sorties de 3h en rade mai-oct sur rdv. Possibilité également de loc à quai du voilier pour une nuit insolite. 06-48-82-97-08. • skipper-aventure.com •*

– ***Voile :*** pour rester côté mer (il est difficile de passer outre, tellement celle-ci fait intimement partie de la culture de cette ville), signalons que Cherbourg est l'un des meilleurs camps de base pour « voileux » en Manche. Le port accueille régulièrement les grands classiques de la course au large : Course de l'Europe (open UAP), Tour de France à la voile, Solitaire Le Figaro, Tall Ships' Race (ancienne Cutty Sark)... D'excellents marins sont des enfants du pays, comme Halvard Mabire ou Thierry Lacour. La Grande Rade, parfaitement abritée de la houle du large, permet aux voiliers de petite taille de sortir dans les conditions de vent les plus difficiles. Le port de plaisance de Cherbourg (Chantereyne) accueille chaque année plus de 10 000 voiliers et bateaux (c'est le 1er port français par le nombre d'escales). Si, avec ça, vous n'avez pas envie de goûter l'air du large... Les petits rusés sauront qu'en allant traîner leurs guêtres du côté de la capitainerie du port il est toujours possible de trouver un embarquement... Chaque jour, des bateaux restent au port par manque d'équipiers (même peu qualifiés).

■ ***Base nautique Albert-Livory :*** *port Chantereyne. ☎ 02-33-94-99-00.* École de voile de Cherbourg, l'une des plus importantes de la région.

Fêtes et manifestations

– ***Festival du Livre de jeunesse et de la B.D. :*** *en mai.*
– ***Fastnet :*** *en mai.* Course de bateaux entre l'Angleterre et Cherbourg.
– ***Les bouchées cherbourgeoises :*** *pdt 3 j. fin sept.* Les restaurateurs de la ville présentent leurs spécialités en bouchées. Un tour de ville de ces gourmandises pour 2 € la bouchée.
– ***Plantes et saveurs d'automne :*** *début sept.* Le rendez-vous des amateurs de jardins et de gastronomie.
– Très nombreuses manifestations chaque année à Cherbourg et dans sa communauté urbaine. Se renseigner à l'office de tourisme, car ils n'ont pas tous lieu chaque année. Citons : le ***Festival des cultures hispaniques*** *(janv),* le ***Mois de la photo*** *(mai),* ***Presqu'île en fleurs*** *(mai),* ***DRHEAM CUP*** *(juil),* et la ***fête des Produits de la mer et du terroir*** *(nov).*

LA POINTE DE LA HAGUE

On a coutume de la comparer à une Irlande en miniature ! C'est vrai qu'elle en possède bien des traits. Au contraire du val de Saire, plat ou légèrement vallonné, la Hague est une terre déchirée, une longue échine décharnée entourée d'écueils. C'est un morceau d'Armorique évadé, Finistère le plus proche de Paris, véritable bout du monde tombant abruptement dans le raz Blanchard (le courant le plus violent de la Manche). Tiens, il faudrait presque qu'il bruine, qu'il vente. Par beau temps, à marée basse, son côté dramatique risque d'être estompé.
Est-ce cela qui incita les pouvoirs publics à y implanter l'usine de retraitement de déchets nucléaires de Beaumont-Hague dans les années 1960, puis la centrale nucléaire de *Flamanville* à la fin des années 1970 ? Même si ces 2 horreurs réapparaissent régulièrement (la construction du nouvel EPR de la centrale nucléaire défigurant même désormais un magnifique bout de falaise), le treillis de routes étroites qui les entourent plonge sans cesse dans les terres et les efface du paysage. Comme la mer, d'ailleurs, qu'on sent plus souvent qu'on ne la voit... Vous découvrirez alors ces petites vallées riantes entaillant l'austère plateau de la Hague. En prime, des villages de cartes postales, une superbe architecture rurale à découvrir le long de sauvages sentiers des douaniers.

Adresse utile

ℹ ***Office de tourisme du Cotentin :*** *Port de Goury,* ***Auderville****, 50440* ***La Hague.*** *☎ 02-33-52-74-94. • encotentin.fr • Ouv 15 juin-15 sept, tlj 9h30-12h30, 13h30-19h ; d'avr à mi-juin et de mi-sept à fin oct, lun-sam 9h30-12h30, 13h30-18h ; nov-mars, lun-sam 10h-12h30, 13h30-17h.* Propose des services de billetterie (sites de visite), ainsi que topoguides, cartes de rando, livres, produits locaux...

URVILLE-NACQUEVILLE

(50460) 2 170 hab. *Carte Le nord de la Manche, B1*

2 communes qui n'en font plus qu'une depuis le milieu des années 1960. Dès le XIXe s, elle devint la station balnéaire de prédilection des Cherbourgeois. Si le tramway qui amenait les citadins à la plage n'existe plus, le coin a conservé

un charmant petit côté « bains de mer ». Jolie plage, souvent bousculée par des vents qui font le bonheur des amateurs de nouvelles glisses. Et jolie plongée vers la mer sur la route de Gréville à Landemer. Certes touristique, mais tellement beau sous la palette du peintre Jean-François Millet !

Où dormir ? Où manger ?

Camping Les Dunes : *426, route du Fort. ☎ 02-33-94-81-25. 06-15-90-58-50. • campinglesdunes50@orange.fr • Ouv tte l'année. Pour 2 avec tente et voiture env 21 €. Locatifs 2-8 pers. 115 empl.* Tranquille, légèrement à l'écart du village, mais tout près de la plage, puisque celle-ci est de l'autre côté de la route, derrière une petite dune. C'est simple, tout plat, mais le site est agréable avec ses grands morceaux de pelouses plantés de pins et autres arbres.

Le Landemer : *2, rue des Douanes. ☎ 02-33-04-05-10. Fermé lun, mar et mer midi. Menus 47-69 €.* Avant même que l'assiette ne soit posée sur la table, c'est la vue que l'on savoure. Par bonheur, le chef néerlandais s'emploie à ce que vos papilles se régalent autant que vos yeux : avec une belle touche de créativité et un excellent tour de main, ils subliment les produits locaux avec, ici, l'épice qui tombe à pic, là, l'herbe sauvage qui fait la différence...

Où observer les étoiles dans les environs ?

Planétarium Ludiver : *1700, rue de la Libération,* ***Tonneville,*** *50460 La Hague. ☎ 02-33-78-13-80. • ludiver.com • À 10 km au sud d'Urville-Nacqueville. Juil-août, tlj 10h30-18h30 ; hors saison, tlj sauf sam (hors vac scol) 14h-18h (dernière entrée 1h avant la fermeture). Fermé 1er mai, 1er et 11 nov, 25 déc et 1er janv. 1-3 séances/j. de planétarium selon saison (11h30, 15h et 16h30). Congés : janv. Entrée musée : 4,60 € ; réduc ; gratuit moins de 7 ans. Billet musée + planétarium ou observation de nuit (horaires variables selon saison) : 8,80 € ; 6,70 € enfant ; pass famille 24 €.* Prêt pour un voyage ludique et interactif au cœur de l'univers ? Les météorites, la Terre, la Lune, les marées, la météo, la conquête spatiale, ces questions sont ici abordées de façon que chaque membre de la famille puisse les comprendre. Et si jamais les explications demeurent obscures, des animateurs sont là pour vous éclairer.

GRÉVILLE-HAGUE

(50440) 770 hab. *Carte Le nord de la Manche, A1*

Village pittoresque où naquit le peintre Jean-François Millet, plus précisément au hameau de Gruchy.

Où dormir ?

Chambres d'hôtes Les Ricochets : *9, hameau Néel. ☎ 02-33-94-21-45. • jnguerin50@gmail.com • lesricochets-hague.com • Congés : déc-mars. Doubles 50-60 € (dégressif).* Dans un hameau très tranquille, 3 chambres toute simples dans une maison en pierre, typique du pays. 2 d'entre elles, en mezzanine, peuvent accueillir jusqu'à 4 personnes. Accueil à l'image des lieux : nature, simple et souriant.

À voir

★ ***L'église Sainte-Colombe :*** intéressante petite église trapue, du XIIe s, modifiée au XVIe s. Chapelle à droite reliée au chœur par une double arcade. Voûtes d'ogives retombant sur les bustes des 4 évangélistes. Dans la chapelle de gauche, saint Michel terrassant le dragon. Juste avant, traces de fresques du XIVe s. Tout au fond, les fonts baptismaux où fut baptisé Millet, le 5 octobre 1814. À côté, Vierge à l'Enfant en calcaire.

★★ ***La maison natale Jean-François Millet :*** *19, hameau **Gruchy.** ☎ 02-33-01-81-91. À 1 km au nord du bourg (parking à 150 m). Avr-juin, sept et vac scol (sauf Noël), tlj sauf lun 14h-18h) ; juil-août, tlj 11h-18h (dernière entrée à 17h. Fermé le 1er mai. Entrée : 4,50 € ; réduc, gratuit moins de 7 ans.* Le parcours qui mêle objets ethnographiques, audiovisuels et dérivés, permet de découvrir la vie et l'œuvre du peintre des réalités paysannes. De la salle commune, où est évoquée l'enfance de Jean-François Millet en passant par les paysages, les travaux agricoles et domestiques, on part à la recherche des grands événements qui ont marqué le XIXe s et la vie artistique de l'époque. Le Cabinet d'arts graphiques présente une dizaine de dessins originaux de l'artiste. Enfin, revivez l'épopée incroyable de son plus célèbre tableau, *L'Angélus.* De belles expos temporaires également.
– Une agréable balade à pied vous conduit sur les lieux immortalisés par l'artiste – *Le Rocher du Castel Vendon, Le Bout du Village, L'Église de Gréville...*

OMONVILLE-LA-ROGUE

(50440) 510 hab. *Carte Le nord de la Manche, A1*

L'un des plus beaux villages de la Manche, niché dans une toute petite vallée verdoyante, bien protégée du vent. Dans le bourg à la remarquable architecture villageoise, les demeures en granit et grès aux toits de schiste composent un ensemble particulièrement homogène. Quelques passerelles devant les maisons enjambent un ru. En contrebas, l'adorable petit port du Hâble, en eau profonde, fondé à l'époque romaine.

Où dormir ? Où manger dans le coin ?

Camping

Le camping du Hâble : *4, route de la Hague, à Ommonville. ☎ 02-33-52-86-15. • campingomonvillelarogue@wanadoo.fr • omonvillelarogue.fr • Ouv avr-sept. Pour 2 avec tente et voiture 10,10 €. Chalet 4-6 pers 288-450 €/sem. 50 empl.* Un camping aux emplacements de bonne taille, délimités soit par des haies touffues, soit par de simples barrières en bois. La plupart disposent de leur table de pique-nique. Peu d'ombre, en revanche... mais ici, l'important, c'est d'être protégé du vent (d'où l'intérêt des haies !). C'est simple, agréable, avec un bloc sanitaires nickel et des prix très doux. Petit groupe de chalets au fond du camping lui aussi plaisant.

De bon marché à prix moyens

Gîtes du Sémaphore Jardeheu : *pointe Jardeheu, à **Digulleville.** 06-33-62-05-56. • gite@digulleville.fr • digulleville.fr • Entre Omonville-la-Rogue (2 km) et Omonville-la-Petite, sur la D 45 ; fléché. Gîtes env 315-740 €/sem ; w-e et midweek possible hors vac scol. Quant aux studios, nuitée possible toute l'année.* Un site exceptionnel ! Une vue exceptionnelle ! Un calme que seul le ressac ou la tempête peuvent troubler... Les 2 gîtes familiaux (2 chambres chacun), « Esquinandra » ou « La Gravette », se situent de part et d'autre de la vigie. Les studios, quant à eux, ont un grand lit pour l'un et un lit superposé pour l'autre. Les logements, simplement meublés et bien équipés, sont avant tout fonctionnels, mais on vient dans ce sémaphore daté de 1860 pour le site lui-même. Précisons que la mairie loue également, non loin de là, d'autres beaux gîtes à la situation moins impressionnante, mais plus douillets.

Le Café du Port : *55, rue du Hable, le Port, à Omonville. ☎ 02-33-52-74-13. • b.leclerc588@laposte.net • Mer-dim midi et soir ; juil-août fermé seulement lun. Congés : janv. Menus 29 € ; carte env 35 €. Café offert sur présentation du guide de l'année.* L'endroit parfait pour se régaler d'une cuisine piochant dans les produits locaux et les bateaux de pêche voisins, mâtinée de saveurs plus exotiques. Quant à la vue... on ne s'en lasse pas.

À voir

L'église : édifiée au XIIIe s. À l'intérieur, un très rare et curieux trône d'abbé à baldaquin du XVIe s, décoré d'une bande dessinée sculptée polychrome d'un joyeux style primitif. À côté, reliques de saints rapportées des croisades dans de petits médaillons. Cuve baptismale en pierre sculptée avec sa vénérable cloche en bois.

Le Manoir du Tourp : *☎ 02-33-01-85-89. • letourp.com • À 2 km d'Omonville-la-Rogue, sur la route de Gréville. Accessible en bus depuis Cherbourg, infos-horaires • capcotentin.fr • Tte l'année, mar-dim 14h-18h (tlj 10h30-19h juil-août ; tlj 10h30-18h pdt vac scol Toussaint et Printemps). Congés : janv. Expos temporaires gratuites (certaines sur réservation). Animations et ateliers réguliers, mer et certains sam le reste de l'année (poterie, cuir, vannerie, tissage, peinture, laine feutrée etc. ; programme en ligne) compter 3-9 € selon l'atelier.* Une belle ferme seigneuriale du XVIIe s, propriété du Conservatoire du littoral depuis 1994. Remarquablement restaurée, elle propose des expos (en intérieur et extérieur) régulièrement renouvelées, ainsi que l'excellent et touchant parcours « Un trésor au bout du monde », qui vous entraîne à la découverte de la Hague, sa culture, ses habitants. Pour cela, il suffit de suivre un guide facétieux, mais délicieux (les bonnes oreilles reconnaîtront-elles la voix du comédien ? Un indice : il est originaire de la Manche, et même de Granville !). Pendant une heure, c'est un peu comme de s'asseoir dans une salle de théâtre, mis à part que la scène change régulièrement. Sur place également, une médiathèque ouverte à tous, avec 2 fonds : l'un dédié au Cotentin et plus particulièrement à la Hague, l'autre consacré aux mondes rural et maritime. Si le film vous a rendu curieux, sachez qu'un certain nombre de magazines peuvent être empruntés.

OMONVILLE-LA-PETITE

(50440) 140 hab. *Carte Le nord de la Manche, A1*

Très joli village divisé en hameaux aux délicieuses maisons et fermes de schiste. C'est là que résidait Alexandre Trauner, le grand décorateur de cinéma *(Les Enfants du paradis, Les Portes de la nuit...)*, décédé en 1993. C'est là aussi qu'est enterré, dans le petit cimetière, son grand copain Jacques Prévert (1900-1977). Tombe simple, fleurie et poétique, ça va de soi ! À côté, sa femme, Janine, et sa fille, Michèle.

Où dormir ?

Hôtel La Roche du Marais : *1, hameau Mesnil. ☎ 02-33-01-87-87. • larochedumarais@orange.fr • larochedumarais.fr • Doubles 68-98 € ; petit déj 12 €. Apéritif maison offert sur présentation de ce guide.* Une grande maison en bord de route, entourée d'une douce campagne et d'un joli jardin. Au loin, la mer ; d'ailleurs, sur la vingtaine de chambres, 5 ont vue sur l'anse Saint-Martin. Derrière la vieille demeure fringante, une annexe dans une maison en pierre du pays, mais datant des années 1980. Chambres de bon confort (même si certaines sont un poil sonores). Salon de thé en saison et espace boutique. Location de VTT. Accueil gentil.

Chambres d'hôtes Maison du Chevalier de Rantot : *chez Yuiko et Jean-Marie Laneelle, 1-3, rue Alexandre-Trauner. ☎ 02-33-93-23-27. • maison.de.rantot@orange.fr • maisonduchevalierderantot.com • Ouv Pâques-Toussaint. Doubles 65-85 € ; familiale. Gîte 2 pers.* Il souffle dans cette solide maison traditionnelle du XVIIe s l'air délicat du Japon, importé là par petites touches discrètes : de belles poteries japonaises, le thé à disposition dans les chambres, les lits. Délicat mais pas précieux pour 2 sous : les chambres sont vastes mais extrêmement sobres. D'ailleurs, on serait tenté de parler de gîte (sans cuisine) plutôt que de chambres, puisque, à chaque fois, les hôtes ont droit à leur bout de maison avec un salon et 2 chambres se partageant la salle de bains. L'une d'entre elles, sous les toits, a vue sur la mer au loin et la salle de bains un étage plus bas, tandis que l'autre dispose d'une superbe terrasse privée avec, elle aussi, une fort jolie vue. Également un beau gîte, dans le même esprit. Accueil discret et charmant.

À voir

La maison Jacques Prévert : *3, hameau du Val. ☎ 02-33-52-72-38. Avr-mai et vac scol de la Toussaint, tlj 14h-18h ; juin-sept, tlj sauf lun 11h-18h. Parking obligatoire près de l'église ; accès à pied (env 10 mn). Entrée : 5 € ; réduc ; gratuit moins de 7 ans. Visite virtuelle à disposition pour les personnes à mobilité réduite.* En 1970, Janine et Jacques Prévert, amoureux de la région, achètent une adorable maison dans ce petit coin de paradis. Couverte de lierre, respirant la modestie et l'humanité, à l'image du poète, la maison est aujourd'hui ouverte au public. Au 1er étage, on peut retrouver intacte l'atmosphère qui fut celle de la famille Prévert. Au rez-de-chaussée, des expositions tournant autour de l'œuvre de Prévert approfondissent l'une ou l'autre de ses multiples collaborations artistiques.

l'église Saint-Martin : avec clocher-campanile. Au-dessus du porche, pietà du XVIe s, encadrée de 2 statues dont l'une au visage érodé par le temps. À l'intérieur, une seule nef d'origine romane. Transept et chapelles latérales du XVIe s. Chœur reconstruit au XVIIIe s. Fonts baptismaux en pierre sculptée avec décor végétal et traces de polychromie sur 4 pieds. Dans le transept gauche, jolie sainte Hélène en bois.

SAINT-GERMAIN-DES-VAUX

(50440) 323 hab. *Carte Le nord de la Manche, A1*

Un bijou que cet adorable village, lové dans un écrin de verdure, où les maisons tapies au coude à coude dans des rues étroites sont séparées de la mer par les champs !

Avis à ceux qui dégainent leur téléphone portable plus vite que leur ombre : nos opérateurs hexagonaux n'ayant pas jugé bon de s'installer dans ce magnifique bout de monde, le réseau est... anglais ! Attention, selon votre forfait ou opérateur, il se peut que vous receviez une facture qui donnerait un vilain arrière-goût à votre séjour dans cette belle contrée ! Le mieux est d'éteindre la bête.

Où dormir ? Où manger ? Où grignoter ?

Hôtel L'Erguillère : *Port-Racine. ☎ 02-33-52-75-31. • contact@hotel-lerguillere.com • hotel-lerguillere.com • ♿ Congés : vac scol de fév. Doubles 100-160 € ; petit déj 16,50 €.* Discrètement niché en léger contrebas de la route, ce petit hôtel (une dizaine de chambres, la plupart avec vue sur la mer) s'impose comme une adresse de charme : sobriété, luminosité, couleurs naturelles et beaux matériaux s'y mêlent avec élégance. Insonorisation moyenne en revanche. Même sans y résider, faites-y une pause sucrée : l'endroit est aussi un salon de thé *(ouv tlj juin-sept ; le w-e hors saison ; 16h-19h),* où la vue vaut à elle seule tous les gâteaux de la terre (ou presque)... Un vrai régal ! De plus, quand la météo est clémente, elle se dévore – tout comme le délicieux petit déj, d'ailleurs – depuis la belle terrasse. Dommage que les prix des chambres s'envolent en haute saison.

À voir

Port-Racine : *sur la D 46 entre Omonville-la-Petite et Saint-Germain-des-Vaux.* Considéré comme le plus petit port de France, adorable. Un jour, un congre en a vraiment bouché l'entrée ! Il tient son nom de François Médard Racine, un solide corsaire (rien à voir, donc, avec le dramaturge) qui se planquait ici avant de fondre sur les navires anglais.

Les jardins en hommage à Jacques Prévert : *Pâques-juin et sept, tlj sauf ven 14h-19h ; juil-août, tlj 11h-19h. Entrée : 5 € ; réduc.* ♿ Une petite vallée où la famille et ses proches aimaient passer du temps, sinon faire la fête. Gérard Fusberti était de ceux-là. À la mort du poète, il eut, avec Janine, sa veuve, et Yves Montand, l'idée d'aménager ici un jardin où chaque arbre serait planté par un ami de Prévert : un thuya bleu pour Arletty, un tilleul pour Doisneau, des pins pour Montand... Ces arbres ont aujourd'hui poussé, ombrageant ce jardin un peu fantaisiste, parsemé de citations de Prévert et d'œuvres d'art...

AUDERVILLE (50440) 235 hab. *Carte Le nord de la Manche, A1*

Au bout, presque tout au bout de la presqu'île. Ravissante bourgade fleurie à l'architecture haguaise traditionnelle. Les demeures, d'apparence modeste, se révèlent être de solides constructions de grès et granit au style ramassé, serrées les unes contre les autres, le long de ruelles étroites et pentues pour mieux se protéger des vents marins violents assommant parfois ce Finistère bis. Afin de mieux leur résister, les fenêtres sont d'ailleurs petites. L'église et certaines maisons possèdent un toit de schiste.

Où dormir ? Où manger à Auderville et dans les environs ?

De bon marché à prix moyens

La Buhôtellerie Backpacker : *3, La Buhôtellerie, 50440* ***Jobourg.*** *☎ 02-50-79-74-59. 06-63-82-55-85. • labuhotellerie@gmail.com • labuhotellerie.com • À env 3 km au nord de Jobourg et au sud d'Auderville. Congés : nov-mars. Lits 25 €/pers, couette et draps compris, doubles 56 € avec salle de bains commune et 68 € salle de bains privée. Petit déj env 4 €.* Blottie au milieu des champs, dans un très beau corps de ferme typique, voici le type d'adresse que tout routard rêve de trouver au fil de ses pérégrinations. Normal : le charmant jeune couple aux manettes a lui-même pas mal voyagé avant de revenir au village. Dans la maison, un nid pour 2 sous les toits et 2 dortoirs de 4 et 6 lits. Sanitaires partagés pour tout le monde (sauf 1 chambre double), y compris pour les veinards qui logeront dans le sympathique chalet (avec un lit double) installé dans le délicieux jardin en pente avec ses biquettes et sa mare. Au rez-de-chaussée, la superbe cuisine, parfaitement équipée et très conviviale, une épicerie de secours, une machine à laver, une salle commune chaleureuse et une sympathique terrasse à l'arrière pour les barbecues, les apéros et les soirées qui se prolongent.

Chambres d'hôtes Au bout du Monde, chez Delphine Lecouvey : *67, rue de l'Église-Saint-Gilles, à Auderville. ☎ 02-33-01-56-39. • contact@gitehague.fr • gitehague.fr • Doubles 55-68 € ; triple.* Une poignée de chambres, dont 3 dans la maison des propriétaires, auxquelles on accède en grimpant un vieil escalier de pierre, et 2 dans la dépendance, en rez-de-jardin (les plus chères, mais elles disposent de leur propre petite terrasse et d'un bout de verdure). Mention spéciale pour la familiale, en mezzanine, à prix tout doux. C'est simple, agréable, très bien tenu, et l'accueil s'avère gentil comme tout.

La Gravelette : *6, rue des Falaises, hameau Dannery, 50440* ***Jobourg.*** *☎ 02-33-01-25-77. • contact@lagravelette.com • De mi-mars à mi-nov, tlj sauf mar (tlj en hte saison). Repas 15-20 €.* Le pavillon ne paie pas de mine, mais l'intérieur aux murs de pierre se révèle chaleureux, comme l'accueil. Les crêpes, à base de bons produits locaux, occupent bien sûr une large part du menu, mais on peut aussi y déguster huîtres et bulots en introduction. À l'étage, une boutique bien approvisionnée en produits du terroir.

La Bruyère : *5, rue de l'Église, 50440* ***Jobourg.*** *☎ 02-33-52-78-24. Ouv le midi mar-ven, dim et j. fériés, plus le soir ven-sam ; juil-août, tlj sauf lun et sam midi. Formule déj en sem 14 € ; menus 23-33 € ; carte env 31-40 €.* Des plats soignés, inspirés, frais, à savourer dans l'une de 2 salles, la plus bourgeoise ayant même une cheminée.

De prix moyens à chic

Hôtel du Cap : *63, rue de l'Église, à Auderville. ☎ 02-33-52-73-46. • contact@hotelducap.net • hotelducap.net • ♿ Doubles 80-125 €. Pique-nique sur demande.* Dans le haut du bourg, dans un jardin ceint de son mur de pierre, cette maison ancienne abrite une douzaine de chambres, toutes avec plus ou moins vue sur la mer (sauf celle du rez-de-chaussée, équipée pour les personnes handicapées). Bien nettes et confortables, leur déco s'avère plutôt classique, mais différente pour chacune d'entre elles. Petit déj parfois servi sur la terrasse ou dans une agréable salle bénéficiant d'une jolie vue. Accueil sympathique.

La Malle aux Épices : *71, rue de l'Église, à Auderville. ☎ 02-33-03-19-60. • contact@lamalleauxepices.fr • Ouv mar soir-dim midi. Fermé dim soir, lun et mar midi. Menu découverte 26 € ; carte 30-40 €.* Il s'agit en réalité du resto de l'*Hôtel du Cap,* à quelques pas de là. Intéressante formule « découverte » avec, en entrée et en plat de résistance, un assortiment de plusieurs propositions afin de varier les saveurs. Également quelques plats à la carte.

DANS LES ENVIRONS D'AUDERVILLE

D'Auderville, rayonnez alentour, à l'inspiration, le nez au vent, dans l'adorable treillis de routes entre Saint-Germain-des-Vaux, Omonville-la-Petite et Jobourg. Sûr que des hameaux réussiront à vous échapper. Voici quand même une jolie balade possible.

D'abord un petit tour à ***Goury,*** devant le phare et le fameux *Gros du Raz.* Ici, le Cotentin se prend pour le Kerry. Cultures et pâturages viennent lécher la mer et confient leur protection à des murets de pierre sèche couverts de mousses et de lichens. Les amoureux d'humeur marine pourront observer, surtout au moment des grandes marées et à mi-marée, l'un des plus saisissants spectacles qui soient : les courants du ***raz Blanchard*** soulèvent souvent de véritables barrières d'écume, infranchissables pour beaucoup de bateaux. Le courant est ici l'un des plus puissants au monde (plus de 10 nœuds par coefficient de marée de 110). Pour la plupart des marins, franchir le raz Blanchard est toujours un moment d'émotion (ici ont péri des centaines d'embarcations...). À contre-courant, c'est le plus souvent impossible (pour les voiliers en tout cas). Par tempête d'équinoxe, le spectacle est total.
Tout au bout, le phare veillant sur ces méchants courants. Dans un édifice octogonal des années 1920, l'une des stations de sauvetage les plus modernes de l'Ouest. Impressionnant bateau tournant, prêt à s'élancer sur l'une des 2 rampes. En quittant Goury, prendre à droite la route minuscule qui va à ***La Roche,*** délicieux petit hameau à découvrir sur la pointe des pieds. Ou suivre le sentier du littoral...

La baie d'Écalgrain : suspendue entre nuages et vagues, la baie préside, dans son cadre éternel et romantique, à l'affrontement traditionnellement acharné de la mer et de la terre. En bas, une des plus belles plages qui soient. Les points de vue sont encore plus somptueux quand on arpente un bout du sentier des douaniers, le long des bruyères, des prairies, des massifs d'ajoncs...

➢ Et si vous avez (encore) des fourmis dans les jambes ou si vous voulez vous lancer sur les traces des contrebandiers, contactez ***Explorations Sports Environnements – Exspen*** : 06-31-45-25-80. • *exspen.com* • *Tte l'année, résa indispensable, et selon horaires, variables en fonction des marées, randos pédestres et sportives. Tarifs : plus de 18 ans à partir de 40-50 € selon type de sortie (2-7h) et nombre de participants ; réduc.* Propose plusieurs parcours sportifs mais de difficulté variable : dont le creux du Mauvais-Argent, les grottes de Jobourg *(seulement de mi-juil à mi-fév),* le passage du bec de l'Âne et le Grand Crapahut.

Le nez de Jobourg : après avoir traversé les pittoresques hameaux ***Mouchel, Sanson*** et ***Dannery,*** on parvient à ce qui, du haut de ses quelque 128 m, correspond aux falaises les plus hautes d'Europe continentale. Par beau temps, on aperçoit l'île d'Aurigny. Au village de ***Jobourg,*** ne pas manquer la belle église du XIIe s avec son clocher haguais typique. Basse et trapue pour donner le moins de prise au vent. Millet disait d'elle : « On dirait que le temps s'est assis dessus. »

ANDRA, centre de stockage des déchets radioactifs de la Manche : *zone industrielle de Digulleville. ☎ 0810-120-172 (service 0,60 €/mn + prix d'appel). • marie-pierre.germain@andra.fr • Juste à côté de l'usine de retraitement. Accès par la D 901. Tte l'année, lun-ven (sauf j. fériés) 9h-18h. Résa indispensable (pièce d'identité indispensable pour les personnes majeures, pour accéder au site). GRATUIT. Compter env 2h.* De 1969 à 1994, 527 000 m^3 de déchets radioactifs à durées de vie courte et moyenne ont été enterrés là, confinés dans des blocs de béton et d'acier, puis recouverts de plusieurs couches de matériaux divers. Parcours découverte accessible dès 10 ans. Cette gigantesque décharge est censée perdre sa radioactivité dans 300 ans (au moins). Qu'y a-t-il à voir ? Rien, hormis une immense pelouse de 14 ha, les installations assurant la surveillance du site, et des expositions périodiquement organisées dans le bâtiment d'accueil, dont le sujet n'a en général pas grand-chose de commun avec ce qui dort à quelques pas.

LA BAIE DE VAUVILLE

Carte Le nord de la Manche, A1-2

Après le petit moment de déprime de l'usine de la Hague, on aurait tendance à vous conseiller d'aller vous décontaminer les mirettes au contact des superbes paysages que déroule cette ample baie, de Vauville jusqu'au cap de Flamanville.

VAUVILLE *(50440 ; 188 hab.)*

On y accède depuis Beaumont-Hague par une ravissante vallée. Veloutée et verdoyante, elle ondule en pente douce vers l'une des plus belles plages de l'Ouest et ce superbe petit village de bord de mer plus que préservé de la gangrène touristique.

Où camper ? Où manger ? Où boire un verre ?

Camping municipal de la Devise : *☎ 02-33-52-64-69 ou 09-67-19-87-29 (mairie). • mairie.vauville@wanadoo.fr • lahague-tourisme.com • ♿ Ouv de mi-juin à mi-sept. Env 12,80 € pour 2 avec tente et voiture. CB refusées. 57 empl.* Dans une cuvette, au milieu de nulle part, ce petit camping, entouré de sa maigre haie, se protège, comme il peut, du vent marin. Spartiate avec sa pelouse sans ombre, il a néanmoins des sanitaires tout à fait corrects et même une laverie et un fil à linge ! Le cadre : d'un côté, juste derrière la haie, une magnifique plage non surveillée et, de l'autre, des collines de verdure où paissent les vaches, au milieu desquelles apparaît le toit du château de Vauville (et les rabat-joie ne sont pas non plus obligés de scruter l'horizon pour distinguer, sur leur droite, l'usine de retraitement de la Hague et, de l'autre, la centrale nucléaire de Flamanville).

Les Tamarins : *2, Belle-Rive. ☎ 02-33-04-74-04. • lestamarins.com • Fermé lun. Mar-dim au déj (sauf sam), plus ven-sam soir. Midi et soir juil-août et vac scol. Plats env 12-20 €, pizza 7,50-16-50 €.* On est tout de suite attiré par la belle terrasse, mais elle est vite prise d'assaut, mieux vaut donc réserver. Dans l'assiette, une cuisine sans chichis, grillades et pizza au feu de bois, mais aussi des moules et quelques spécialités cuisinées. Élaboré avec de bons produits locaux, du simple et du bon. Halte sympa et ambiance conviviale. De la terrasse, très belle vue panoramique sur la mer et la Hague.

La Cabane des Tamarins : *4, Belle-Rive. ☎ 02-33-04-52-03 • lestamarins.com • Fermé lun. Mar-dim en continu 12h-19h. Petite restauration 3-13 €.* Juste à côté, la *Cabane* est la version « beach bar » des *Tamarins*. Délicieux cocktails que l'on peut accompagner de choses à grignoter (huîtres, crevettes, tapas, planches, salades, croques...). Pour les gourmands, glaces, sorbets et pâtisseries. Déco très sympa où le bois clair s'inscrit en vedette, et terrasse avec vue, tout aussi chouette qu'au restaurant.

À voir

Le jardin botanique de Vauville : *château de Vauville. ☎ 02-33-10-00-00. • jardin-vauville.fr • Avr-sept, tlj 14h-18h (19h juil-août) ; oct, w-e seulement 14h-17h30 et Toussaint selon météo. Entrée : 9,50 € ou 13,50 € (jardin + ferme) ; réduc ; jardin gratuit moins de 18 ans (accompagnés d'un adulte), 5 € ferme du jardin dès 2 ans. Visite avec appli ou audioguide gratuit et plan (dont 1 version en braille). En été, possibilité de visites guidées (ou tte l'année sur résa) et de grignoter une pâtisserie et une boisson au salon de thé. Vente de plantes des pépinières du jardin et boutique sur le même thème.* Face à la mer, ce petit bijou de végétation (pas si petit que ça : 40 000 m²) abrite plus de 1 000 espèces, toujours à feuillage persistant et souvent de l'hémisphère austral. Tantôt une petite palmeraie (la plus au nord d'Europe, merci le Gulf Stream !), tantôt un délicieux et surprenant jardin d'eau, le tout ondulant paisiblement vers la mer. Amaryllis, théâtre de bambous, aloès, étonnante collection d'hydrangeas... Le contraste avec les landes déchirées de la Hague est saisissant. Mais comment a-t-on réussi à faire pousser tout ça ? En créant (depuis 1950) des barrières végétales protégeant les espèces exotiques, comme les palmiers, des tempêtes de l'hiver. Un dépaysement à ne rater sous aucun prétexte. En plus, les enfants apprécieront la ferme-conservatoire qui réunit des races anciennes et en voie de disparition (mouton Roussin La Hague, porc de Bayeux, poule Cotentine, etc.).

Le prieuré de Saint-Hermel : *au nord-est de Vauville.* Perché sur la colline (superbe point de vue), cet étonnant prieuré médiéval dépendait de l'abbaye de Cerisy-la-Forêt.

Le Grand-Thot : *au sud de Vauville, on y monte par une route (D 237).* Panorama remarquable sur la mare de Vauville, réserve naturelle. Prairies qui se déroulent en bandes étroites vers la mer. Superbes nuances de vert, ourlées de l'immense plage déserte. Paysage serein, tout à fait unique en Normandie.

BIVILLE ET SES DUNES *(50440 ; 530 hab.)*

Petit village paisible, un peu perché au-dessus d'un stupéfiant massif dunaire. Vaste (environ 700 ha et s'étend sur 8 km de long) et désertique, borné au nord par les falaises de la Hague et au sud par le cap de Flamanville, il offre une des visions les plus fascinantes du département, surtout par une fin d'après-midi ensoleillée, lorsque les dunes prennent du relief grâce aux ombres rasantes (le point culminant du site atteint 111 m !). C'est aujourd'hui une zone naturelle protégée. Pendant une quarantaine d'années, une partie des dunes était un champ de tir appartenant au ministère de la Défense, et par conséquent interdit d'accès, ce qui explique grandement sa préservation. Étape ou lieu de résidence de nombreux oiseaux, il abrite une faune et une flore intéressantes, notamment de nombreuses espèces d'amphibiens. Saisissant point de vue sur le massif depuis le calvaire des Dunes ; compter 45 mn à pied ; accès fléché depuis la rue longeant l'église.

LE PORT DE DIÉLETTE

Le seul où les bateaux peuvent faire relâche entre Goury et Carteret. Joli point de vue depuis la D 4 sur ce pittoresque port au pied d'une falaise. Incroyable mais vrai ! Dans ce coin perdu, une mine de fer fut exploitée (par à-coups) de 1855 à 1962. Encore plus incroyable mais toujours aussi véridique, les galeries de la mine étaient situées sous la mer ! L'un des seuls vestiges encore visibles de toute cette activité est le *wharf* de chargement, situé à plusieurs centaines de mètres de la côte, près duquel venaient s'amarrer les cargos chargés d'emporter le minerai

vers les hauts-fourneaux d'Allemagne et d'Angleterre (le minerai de Diélette était réputé pour sa très haute teneur en fer : 600 g de fer pur par bloc de 1 kg).
Il y avait aussi, juste à côté, sur le cap de Flamanville, une carrière de granit... aujourd'hui remplacée par une fameuse centrale nucléaire. Nous conseillons fortement de descendre jusqu'à ***l'anse de Sciotot*** et sa magnifique plage qui s'étend à perte de vue, puis de passer par le ravissant ***hameau du Rozel,*** son château et ses petites maisons traditionnelles accolées les unes aux autres, comme pour se tenir chaud et faire corps contre les intempéries.

Où dormir ? Où manger ? Où acheter du cidre dans le coin ?

🏠 |●| ***Le Sémaphore de Flamanville :*** *1, chasse de la Houe, 50340* ***Flamanville.*** *☎ 02-33-52-18-98. 📱 06-61-27-15-08. • lesemaphore2@orange.fr • restaurantlesemaphore.fr • De Flamanville, indiqué après le château de Flamanville à droite, en allant vers Barneville-Carteret. Doubles 60-70 € ; dortoirs 5 pers 25 €/pers. Resto tlj sauf mer, midi et soir. Fermé fêtes de fin d'année. Formules déj en sem 16,50-23 €, menus 21-33 €.* Cet ancien sémaphore au milieu de nulle part, abrite un restaurant et 4 chambres d'hôtes simples, mais très bien tenues. De la grande terrasse vitrée du restaurant, on a évidemment une vue magnifique sur les îles, la mer et parfois... les dauphins qui « résident » dans le coin ! Cuisine simple, mais bonne, bien préparée, à base de produits frais et de saison. Bon accueil.

🏠 |●| ***Le Château du Rozel :*** *Le Château, 50340* ***Le Rozel.*** *☎ 02-33-52-95-08. • château-du-rozel.fr • Doubles 95-140 € ; familiales. Gîtes 4-6 pers 320-880 €/sem.* Ce magnifique château, qui nous fait voyager du XIe au XVIIIe s, offre 5 spacieuses chambres d'hôtes (certaines familiales) et 4 gîtes disséminés dans les dépendances, au milieu d'un parc de 6 ha, le tout à 2 km de la magnifique plage de Sciotot. Les chambres sont d'un grand confort, avec de belles salles de bains modernes. 4 d'entre elles se trouvent à l'étage du château, et une indépendante « les Jardiniers », dans une petite dépendance à l'orée de la forêt. On se promène librement pour visiter l'ancienne étable, l'écurie et le pressoir. Un petit chemin de randonnée a été balisé dans le parc. Dans le château, salon et salle de billard sont accessibles aux hôtes, tout comme la belle salle à manger pour le petit déjeuner. Une belle étape.

|●| ☂ ***Crêperie La Rozelie :*** *Le Château. 50340* ***Le Rozel.*** *☎ 02-33-01-18-39. • château-du-rozel.fr • Ouv jeu midi-lun soir. Repas env 15-20 €. Résa recommandée.* En rez-de-jardin, belle salle chaleureuse dans les anciennes cuisines du château. Crêpes et galettes garnies de beaux produits locaux, certains légumes proviennent directement du potager du château. C'est simple et très bon. Quelques planches sympas pour accompagner l'apéro. En été c'est sur la terrasse que l'on s'installe, au cœur du château, dans ce cadre magnifique.

|●| ☂ ***Le Sauve qui pleut :*** *1, route du Fort,* ***Sciotot,*** *Les Pieux. ☎ 02-33-94-33-85. • le.sauve.qui.pleut@gmail.com • lesauvequipleut.fr • ♿ Avr-juin et sept-nov, tlj sauf dim soir, lun tte la journée et mar soir ; Juil-août mar soir-dim-soir ; nov-av tlj au déj sauf lun, plus ven-sam soir. Congés : fév. Carte 25-30 €.* Ici la salade est volontiers thaïe, les moules aux saveurs de l'Asie, les calamars en beignets, le poisson en *ceviche* et les tartares à l'argentine... Bref, non seulement vous êtes face à une plage magnifique (avec une route et un parking entre les 2, certes !), mais, en plus, un petit tour dans ce resto tout vitré au cadre chaleureux, et vous embarquez pour un tour de monde gustatif ! Aire de jeux pour les enfants dans le jardin.

🍸 ☂ ***Le Barasol,*** pour une ambiance plus *lounge* *(ouv mai-sept),* la paillote du resto, fera l'affaire, juste pour siroter un cocktail et grignoter. Entre autres, sandwichs (qui eux aussi vous font voyager), quelques tapas et planches, toujours avec une pointe d'exotisme. Le tout confortablement installé dans les transats.

Restaurant le Pois Gourmand : *6, pl. du Petit-Bourg, **Les Pieux.** ☎ 02-33-03-23-84. • restaurantlepoisgourmand@gmail.com • lepoisgourmand.fr • Mar-sam midi et soir. Fermé dim. Menus déj 14,50-18 € ; dîner 27-32 €.* Le jeune chef Adrien Fautrel, seul en cuisine, met à l'honneur les produits en circuits courts. Dans l'assiette, les plats sont travaillés avec une belle créativité, des cuissons parfaites et une présentation soignée. En bouche, c'est une belle surprise, qui donne envie de revenir. D'autant plus, que le menu déjeuner s'improvise chaque jour en fonction du marché et l'autre menu change tous les 15 jours. Une belle adresse, dont les 2 salles à la déco épurée se remplissent vite, mieux vaut donc réserver.

Cidrerie Théo Capelle : *1, le Haut-de-la-Lande, à **Sotteville.** ☎ 02-33-04-41-17. • theo-capelle.com • Tlj sauf dim 9h-12h30, 14h-19h. Visite sur résa à 11h, 15h et 17h ; tarif : 2,50 €, gratuit moins de 15 ans.* Une exploitation cidricole fondée en 1981 par Théo Capelle et reprise depuis 2007 par son fils Ludovic. Nombreux cidres, apéritifs, liqueurs, calvados AOC en vente, et possibilité de se promener dans les jardins, d'y pique-niquer, d'y faire une sieste ou de la balançoire sous un pommier.

À voir. À faire dans le coin

➢ Le GR 223 de la Hague fait tout le tour du cap de Flamanville depuis Diélette. Au passage, dolmen de la Pierre-au-Roy, et l'inévitable centrale nucléaire...

La Ferme aux 5 Saisons : *rue de Moliers, 50340 **Flamanville.** ☎ 02-33-04-56-84. • lafermeaux5saisons.fr • Juil-août, lun-ven visite-spectacle à 14h (sur résa). Avr-oct, tlj 10h-17h golf paysan (sur résa). Le reste de l'année, ouvertures exceptionnelles. Entrée enfant (moins de 12 ans) 12 €, adulte 10 €. Golf paysan 12 € adulte, 7 € enfant.* François Thiébot a tout quitté pour faire revivre la ferme familiale et l'ouvrir à tous. Rejoint par sa fille et son frère, ils ont mis en place des activités autour de la ferme, des animaux, de la fabrication du pain (réalisé avec leur propre farine). Il fait vivre la visite au fil de contes et de magie. Puis on termine par un goûter avec les produits de la ferme et un spectacle. Original, l'autre activité consiste, muni de clubs en bois et de grosses balles, à suivre un parcours de golf original au milieu des champs et des animaux (vaches, ânes, moutons et chèvres). Un parcours de 9 trous qui s'étend sur 5 ha (compter 2h). Petit club-house pour se rafraîchir et grignoter sur place, ainsi qu'un petit camping à la ferme avec quelques caravanes vintage, une cabane dans la nature *(env 32-42 € pour 2 pers)* et quelques emplacements libres pour planter sa tente *(env 20 € pour 1 tente et 2 pers).* Excellent accueil.

LA CÔTE DES ISLES

BARNEVILLE-CARTERET

(50270) 2 290 hab. *Carte Le nord de la Manche, A3*

L'une des plus anciennes stations balnéaires françaises. Elle est « divisée » en 3 parties : Carteret (port pour Jersey et Sercq), Barneville (le bourg) et Barneville-Plage. Le 1er touriste fut, en 1820, l'écrivain Jules Barbey d'Aurevilly.

En 1842, on notait déjà la présence de plus de 20 familles en vacances et la visite de Chateaubriand. En 1881, ouverture d'une ligne avec Jersey et, en 1889, le chemin de fer relie Paris à Carteret !

Arriver – Quitter

Liaisons assurées par la compagnie de bus *Nomad*.

Adresses et info utiles

Office de tourisme : *3, av. de la République. ☎ 02-33-04-90-58. ● encotentin.fr ● 15 juin-15 sept, tlj 9h30-12h30, 13h30-19h ; d'avr à mi-juin et de mi-sept à fin oct, lun-sam 9h30-12h30, 13h30-18h ; nov-mars, lun-sam, 10h-12h30, 13h30-17h.* Toutes les infos sur les randos et des topoguides. Possibilité de réserver un hébergement, des billets pour les îles Anglo-Normandes, la Cité de la mer à Cherbourg, le train touristique, des concerts...

Location de vélos : ***Le Suroît****, 14, rue de Paris. ☎ 02-33-53-84-93.*

– ***Marchés :*** *sam mat, dans le bourg de* ***Barneville.*** À recommander pour sa belle ambiance. *À* ***Barneville-Plage,*** *marché dim mat en juil-août. À* ***Carteret,*** *jeu mat, pl. Terminus.*

Où dormir ? Où manger ?

Campings

Camping La Gerfleur : *2, rue Guillaume-le-Conquérant. ☎ 02-33-04-38-41. ● lagerfleur.fr ● Ouv avr-oct. Pour 2 avec tente et voiture 22,80 € ; locatifs jusqu'à 5 pers 220-620 €/sem. 90 empl.* Un étang de pêche d'un calme impérial, un tapis de verdure, la touche pointilliste colorée des fleurs épanouies... et des bancs disposés autour de l'étang. Les mobile homes sont habilement dissimulés au regard. Et, bien sûr, tous les équipements qu'on peut attendre d'un tel lieu (aire de jeux, piscine chauffée, bar avec baby-foot, terrain de pétanque et billard...). Le tout à 5 mn en voiture du centre-ville. Accueil décontracté et efficace.

Camping Les Bosquets : *rue du Capitaine-Quenault, à Barneville-Plage. ☎ 02-33-04-73-62. 06-83-19-78-90. ● campinglesbosquetsbarneville@orange.fr ● camping-lesbosquets.com ● Ouv d'avr à mi-oct. Env 24,40-25,70 € pour 2 avec tente et voiture ; mobile homes 2-6 pers 200-770 €/sem. 331 empl.* À 400 m de la plage, un beau site, vaste, espacé et aux paysages assez variés : ici, ce sont des haies qui séparent les terrains, sans vraiment procurer d'ombre. Bien équipé avec, de surcroît, une jolie piscine. Location de mobile homes qui, s'ils ne bénéficient pas de l'endroit le plus agréable du camping, sont relativement espacés avec, pour chacun, un sympathique bout de pelouse et une table de pique-nique. Un bon rapport prix-confort.

De bon marché à prix moyens

Hôtel Jersey : *4, rue de la Sablière, à Barneville. ☎ 02-33-04-91-23. ● hoteljersey@orange.fr ● hotel-jersey.fr ● Doubles 55-99 € ; familiales.* Un hôtel très gentiment tenu, dans un bâtiment récent, proposant une quinzaine de chambres sobres et contemporaines. Petit déj avec salade de fruits frais servi dans la salle à manger baignée de lumière ou sur la terrasse. Accueil aux petits soins.

Chambres d'hôtes La Tourelle : *chez Gérard Lebourgeois, 5, rue du Pic-Mallet, à Barneville-Bourg. ☎ 02-33-04-90-22. 06-88-71-97-97. Congés : janv. Doubles 64-68 €.* Une jolie petite maison de pierre du XVIe s avec tout le charme de l'ancien : des parquets qui craquent, des meubles qui doivent bien être de famille. Une poignée de chambres adorables (dont 3 dans un autre bâtiment, à quelques dizaines de mètres) qui donnent sur un jardin. Et, pour vous accueillir, un propriétaire attentionné.

Hôtel de Paris : *8, pl. de l'Église, à Barneville-Bourg. ☎ 02-33-93-17-60. • hoteldeparis@barnevillecarteret.com • hoteldeparis.barnevillecarteret.com • Congés : vac de Noël. Doubles 75-126 € ; familiales. Parking privé gratuit.* Hôtel proposant des chambres modernes confortables, même si celles de l'annexe et quelques-unes donnant sur la place sont un peu moins bien insonorisées. Petite préférence pour celles dont la vue se perd vers la campagne, comme la 2e salle de resto ! Une belle adresse.

Hôtel Le Cap : *6, rue du Port, à Carteret. ☎ 02-33-53-85-89. • hotel-le-cap@orange.fr • hotel-le-cap.fr • Congés : début janv-début fév. Doubles 56-90 €. Menus 19,90 € (sauf w-e et j. fériés), puis 27,80-43,80 €.* Des chambres confortables, à la déco un peu surannée, certaines (plus onéreuses) avec vue sur le chenal et la mer, petites pour d'autres ; préférer si possible celles du 2e étage. Mais c'est surtout pour la très bonne table que l'on vient, avec sa cuisine basée sur les produits ultra-frais de la mer et du marché. Spécialité : l'incontournable – au propre comme au figuré – plateau de fruits de mer et le homard grillé au feu de bois. Belle terrasse au soleil, alternative à la salle à manger classique et cossue, avec ses banquettes et ses petits salons. Service prévenant et agréable.

Le Russel : *2, rue du Port, à Carteret. ☎ 02-33-53-84-90. Fermé dim soir et lun. Repas 20-25 €.* Serait-ce à force de lorgner en direction des îles anglo-normandes ? En tout cas, ce bar à vins et « cave à manger » n'est pas sans rappeler ce que l'on peut trouver de mieux en matière de pub anglais, avec le grand comptoir, les salles basses de plafond, une ambiance chaleureuse et animée. Petits plats maison à l'ardoise, simples, mais bons : tartare, cassolette, *fish & chips,* club sandwich, ça varie en fonction de l'humeur en cuisine. À toute heure aussi, et ça c'est précieux, possibilité d'accompagner son verre d'une gourmandise de la mer (coquillages, terrines... et aussi de bonnes huîtres de Saint-Vaast) ou de la terre.

De chic à beaucoup plus chic

Hôtel des Ormes : *quai Barbey-d'Aurevilly, à Carteret. ☎ 02-33-52-23-50. • hoteldesormes@wanadoo.fr • hotel-restaurant-les-ormes.fr • ♿ Doubles 88-164 € ; petit déj 14 €. Resto fermé dim (plus lun hors juil-août). Menus déj 27-33 € ; le soir 42 €.* Dans une belle maison du XIXe s, face au port de plaisance, un hôtel des plus agréable, à l'atmosphère cosy. Certaines chambres sont petites mais très joliment décorées, et l'accueil est charmant. Les chambres dans l'annexe *Le Rivage* (une ravissante maisonnette) sont particulièrement belles et spacieuses. Le jardin et le petit salon-bar très agréable ont achevé de nous séduire. Au restaurant, le chef qui officiait auparavant à l'*hôtel de la Marine.*

Hôtel de la Marine : *11, rue de Paris, à Carteret. ☎ 02-33-53-83-31. • infos@hotelmarine.com • hotelmarine.com • ♿ Resto fermé lun-mar (seulement lun en juil-août). Doubles 123-314 € ; petit déj 19 €. Menus 56-76 €, le soir uniquement 96 €. Parking gratuit et garage payant.* La grande bâtisse blanche domine le port, et sa vocation maritime se retrouve dans les couloirs évoquant les coursives d'un bateau. On vous rassure, la taille des chambres et leur déco n'ont rien de celles d'une cabine. Ces élégantes pièces au design frais sont en tout point confortables. Les plus chères ont de magnifiques terrasses. Bref, une adresse chic sans être guindée, tenue de main de maître, et vous y serez traité comme un roi. Quant à la table, c'est le chef étoilé Cyril Boulais qui y exerce ses talents. Une cuisine bien d'aujourd'hui qui jongle avec terroir, mer, épices et saveurs d'ailleurs... Salles à manger « transatlantiques » élégantes et modernes, ouvertes largement sur la mer pour un moment d'exception.

À voir. À faire

L'église de Barneville : construite au XIIe s et classée Monument historique. Clocher fortifié. Belle frise de modillons tout autour. Dans la nef, intéressantes arches sculptées (motifs carrés ou en chevron). Beaux chapiteaux ciselés. Entre autres, côté chaire, le pittoresque décor végétal, les entrelacs, les divers personnages, monstres, animaux, ainsi que quelques chapiteaux historiés.

Le phare : 58 marches permettent d'atteindre le pied de la lanterne qui guide les bateaux entre les îles Anglo-Normandes et la côte. Visites guidées, diurnes et nocturnes, proposées par l'office de tourisme.

Circuit du cap de Carteret : *départ du port de plaisance (pour effectuer une boucle) ou, pour allonger, de l'église de Barneville (bourg). Boucle de 10 km (env 3h).* Port de plaisance, port de pêche, corniche (vue sur Jersey et plage de Barneville) et sentier des douaniers, « ancienne batterie des 24 » au passage (les boulets pesaient 24 livres). Ensuite, traversée des dunes d'Hatainville (respecter les fermetures des portillons) et du village... Une belle sortie vivifiante !

Les plages : celle de *Barneville* est relativement peu urbanisée, avec des villas et hôtels de taille et hauteur très mesurées. Longue plage, familiale et très fréquentée en saison (mais il y a de la place pour tout le monde). Petite plage à *Carteret,* également, avec ses cabines de bain au pied du cap. De Carteret, les amateurs d'espaces plus sauvages emprunteront le sentier des douaniers pour, au-delà du cap de Carteret, gagner l'immense *plage de la Vieille-Église.* Attention, la baignade peut s'y avérer très dangereuse (courants traîtres...). Pour les prudents : la *plage de la Potinière* est surveillée en juillet-août.

➢ **Le train touristique du Cotentin :** *juil-août, mar, jeu et dim. En été, on peut aussi se rendre au marché de Port-Bail en partant de Carteret (mar à env 10h) ou aller au marché de Carteret en partant de Port-Bail (jeu à env 10h). Tarif adulte : 10 € A/R, réduc. Rens, horaires et résas à l'office de tourisme.* Les nostalgiques des petits trains de campagne monteront à bord de ce train des années 1930, sympathique tortillard qui relie Barneville-Carteret à Port-Bail.

Balades en mer

À bord de la goélette Neire Maôve : ☎ *02-33-04-90-58 (à Barneville) ou 02-33-04-03-07 (à Portbail). Balade en mer ou à la journée. Rens et infos à l'office de tourisme. À partir de 30 €/pers la ½ journée.* Reconstruit à l'identique, *La Mouette noire,* cet ancien bateau de pêche de Carteret et des îles Anglo-Normandes, propose des excursions au large des côtes du Cotentin. En été, avec un peu de chance, on peut même apercevoir des dauphins...

À bord du Long John Silver : *8, chemin du Tôt.* 📱 *06-12-26-95-11.* ● *long-john-silver.com* ● Ceux qui préfèrent écumer la côte ouest du Cotentin sur un bateau beaucoup plus moderne pourront poser leur sac à bord du voilier de Jean Guérin, qui propose des sorties à la journée, de 2 jours ou plus.

– **École de voile :** *au Pôle nautique, 2, promenade Barbey-d'Aurevilly.* ☎ *02-33-04-83-54. Ouv de mi-mars à mi-nov.* Stages d'initiation ou de perfectionnement sur Optimist, planche à voile, dériveur, *paddleboard,* catamaran.

Manifestations

– **Course à l'aviron Jersey-Carteret :** *en juil.* Une traversée de 28 km (sans compter la dérive) qui se termine en apothéose au port de Carteret. Impressionnant.

– ***Festival de la glisse :*** *en juil.* Mélange de démonstrations de très haut niveau et d'initiations grand public.
– ***Fête de la Mer :*** *début août. Sur le port de Carteret.* Une fête qui célèbre les marins décédés en mer, avec messe, repas et animations sur le thème du nautisme.

PORT-BAIL-SUR-MER

(50580) 2 567 hab. Carte Le nord de la Manche, A-B3

Chantée par Souchon, une gentille bourgade qui s'étire agréablement le long d'un petit estuaire, dont la forme semble adresser un sourire aux oiseaux et au ciel. Pas mal de charme, donc. Petit port de plaisance et 2 plages de sable en bord de mer, reliés au bourg par un pont de 1860.

Adresse et info utiles

Office de tourisme : *26, rue Philippe-Lebel. ☎ 02-33-04-03-07. • encotentin.fr • Ouv 15 juin-15 sept, lun-dim 9h30-12h30, 13h30-19h (fermé dim jusqu'au 30 juin) ; d'avr à mi-juin et de mi-sept à fin oct, lun-sam 9h30-12h30, 13h30-18h ; nov-mars, lun-sam 10h-12h30, 13h30-17h.* Infos sur les randos (topoguides). Résa hébergements et billetterie (Cité de la mer à Cherbourg, concerts, spectacles, visites guidées, sorties...). Renseignements également pour *Le train touristique du Cotentin* (voir aussi plus haut à Barneville-Carteret « À voir. À faire »).
– ***Marchés :*** *mar mat tte l'année (incontournable en saison !), plus dim mat de juil à mi-sept.*

Où dormir ? Où manger ?

Chambres d'hôtes La Rocque de Gouey : *chez Bernadette Vasselin, 16, rue Gilles-Poërier. ☎ 02-33-04-80-27. 07-66-05-85-88. • vasselin.portbail@orange.fr • Doubles avec sdb 65-85 € ; familiale. Apéritif maison, offert sur présentation du guide de l'année.* Une grande longère en pierre, bien retapée, tranquille derrière sa cour fermée ; d'autant plus tranquille que les 4 chambres – dont 1 familiale –, impeccables, joliment et soigneusement décorées, donnent sur un jardin ravissant et bien fleuri qui ressemble déjà à la campagne. Chacune dispose d'une entrée indépendante. Cuisine à disposition. Accueil charmant.

Aux 13 Arches : *9, pl. Castel. ☎ 02-33-04-87-90. • laprodhomme@orange.fr • 13arches.com • Tlj sauf dim-lun. Doubles 84-152 € ; petit déj 10 €. Menus 22-43 €.* Des moules, des salades, des poissons ou des viandes, tout le monde trouve son bonheur *Aux 13 Arches.* L'endroit est familial, le service sympathique, l'assiette généreuse et tout à fait honnête. La cuisine fait souvent voyager (poissons locaux cuisinés aux épices...). Pour ne rien gâcher, le cadre (2 salles : l'une en rez-de-chaussée, au bar, et l'autre à l'étage) est très plaisant. Que dire de la terrasse en bord de havre ! Le tableau est aussi flatteur côté hébergement, pour les très jolies chambres à la déco moderne, différente et recherchée pour chacune. Les 5 chambres super bien équipées, dont certaines ont vue mer (sur le havre de Port-Bail) ou une terrasse privative (pour celle du rez-de-chaussée), mais toutes d'un grand confort et très agréables.

Où manger ?
Où boire un verre dans les environs ?

Le Bac à Sable : *route de la Mer, plage de Lindbergh, 50580* ***Saint-Lô-d'Ourville.*** *☎ 02-33-21-05-33. • stephrenouvin@yahoo.fr • À 5 km au sud de Portbail. Juin-sept, tlj sauf lun ; le reste de l'année, jeu-dim midi. Congés : de mi-oct à mi-mars. Repas 15-20 €.* Contrairement à ce que le nom et l'adresse pourraient laisser entendre, on n'a pas de vue sur la mer ni les pieds dans le sable, mais l'un et l'autre sont attenants, rassurez-vous ! Dans l'assiette : *fish & chips,* moules-frites (en saison), pavé de rumsteck ou salade qu'on avale sur fond de pop anglaise (l'origine du patron). Rien de mémorable, mais le vrai plaisir est ailleurs : cadre chaleureux de bric et de broc, avec plein de photos punaisées de copains, des jeux, des bouquins et des magazines, un filet de badminton tendu dehors, et des initiatives estivales sympathiques : tournoi de pétanque, soirée quiz, concerts... Idéal pour l'apéro, sous le soleil ou la grisaille.

LA MANCHE

À voir. À faire

L'église Notre-Dame : superbement située au bord du havre. Son emplacement explique probablement son côté fortifié. D'une belle sobriété, significative des 1ers frémissements de l'art roman. À l'intérieur, voûte normande en bois et chapiteaux sculptés du XIIe s, de style primitif. Dans le chœur, animaux, bête en dévorant une autre, feuillages et entrelacs. Dans le transept droit, les évangélistes. La restauration de l'église a également mis au jour une litre funéraire extrêmement bien préservée. À chaque heure, le carillon « dialogue » avec la cloche de l'église Saint-Martin, située dans le centre-ville. L'église, qui n'est plus dédiée au culte, accueille de juin à septembre des expos et des concerts.

Le baptistère gallo-romain : *à deux pas de l'église, derrière la mairie. Ne se visite pas, mais on peut le voir de l'extérieur.* À toute heure, on peut admirer les vestiges de ce baptistère à piscine, de forme hexagonale, très ancien (VIe s). En effet, à travers les grilles du petit bâtiment moderne qui les protège, une lumière se déclenche quand vous approchez. Celle-ci schématise l'arrivée de l'eau dans le bassin.

Les dunes de Lindbergh et la mer : *balade d'env 8 km (notamment sur le GR 223). Plan avec fiche pour la balade en vente (1 €) à l'office de tourisme.* Du centre-ville aux dunes de Lindbergh, de l'autre côté du havre, avec traversée par la passerelle submersible. Très belle balade, parfois venteuse ! Mais le brushing en vaut la chandelle !

– ***Char à voile :*** *base nautique de Port-Bail. ☎ 02-33-03-69-11 (juil-août).* Location, baptêmes, stages de 1 semaine. Pour ceux qui rêvent depuis toujours de goûter aux sports de vent mais qui ne savent pas nager, voilà un sport qui décoiffe et qui demande un minimum de technique. L'école de voile (située à proximité de la base) propose également d'autres activités telles que catamaran, planche à voile, kayak de mer, etc. *(☎ 02-33-10-10-96).*

Fêtes

– ***Grande fête de la Terre :*** *1er dim d'août.* Démonstration de battage à l'ancienne, expo de vieux matériel agricole, repas paysans...
– ***Fête du Port et/ou de la Plage :*** *15 août.* Animations sur le port : sauvetage, groupes folkloriques et musicaux, bateaux décorés... sur le thème de la mer !

DANS LES ENVIRONS DE PORT-BAIL

Canville-la-Rocque : *à deux pas de la D 903 et de la D 15.* Dans ce petit village avec son pressoir à pommes, allez admirer les pittoresques *fresques* de l'église, découvertes en 1983 seulement. Datant de la 1re moitié du XVIe s, l'une d'elles illustre l'histoire du *pendu dépendu,* légende célèbre qui avait cours à la même époque dans de nombreux pays européens, comme à Santo Domingo de la Calzada en Espagne. Elle met en scène un jeune pèlerin de Saint-Jacques-de-Compostelle, injustement accusé de vol, condamné à mort et exécuté par pendaison. Son père, convaincu de son innocence, provoqua un miracle (un poulet en train de rôtir redevint un coq triomphant et emplumé) ainsi que le retour à la vie de son fils. La légende dut être véhiculée par les nombreux pèlerins de Saint-Jacques. À signaler que Canville se trouvait sur la portion Barfleur/Mont-Saint-Michel du pèlerinage (qui rejoignait ensuite Tours). Dans l'église *(ouv en principe, 9h-12h, 14h-17h ; panneaux explicatifs pour la visite),* également de belles statues et pierres tombales anciennes.

Le moulin à vent du Cotentin : *23, rue de La Lande, à* ***Fierville-les-Mines.*** *☎ 02-33-53-38-04. • encotentin.fr • Vac d'été, tlj 10h30-12h30, 14h-19h ; mai-juin et sept, plus vac scol hors été, tlj sauf lun non férié 14h-18h30 (18h vac scol) ; horaires très variables le reste de l'année ; dernière visite 1h avt la fermeture. Entrée : 5 € ; réduc. Visite commentée 30-40 mn. En été et vac scol, animations et ateliers pour tt le monde. Boutique de produits du terroir et vente de farines diverses. Sur résa, possibilité de visite virtuelle pour les personnes à mobilité réduite.* Sur une butte située à 120 m d'altitude se dresse fièrement un superbe moulin-tour datant de 1744, restauré et réhabilité en 1997. À l'intérieur du moulin, toute la machinerie a été reconstituée, et les explications claires du guide permettent de comprendre son fonctionnement. Petit plus : on peut repartir avec son sac de farine (de sarrasin, d'épeautre ou de blé) moyennant quelques euros. Sortez les crêpières !

ATTENTION, MOULIN MALIN !

Conçu comme un voilier, le moulin à vent du Cotentin avec toit pivotant à 360° peut prendre le vent d'où qu'il vienne. Et grâce au système d'ailes articulées en bois (un système inventé en 1848), le meunier peut réduire ou augmenter la surface des ailes en fonction de la puissance du vent.

LA MANCHE

LA CÔTE DES HAVRES

De Port-Bail à Granville s'étend une immense et superbe plage de sable fin ourlée d'un cordon de dunes, interrompue de temps à autre par des « havres », sortes de petits ports naturels creusés par le lit paisible d'un fleuve cherchant à prendre l'air du large, et formant ainsi de petits estuaires où se mélangent eau douce et eau salée. Se succèdent sur la côte les havres de Surville (le plus petit), Saint-Germain-sur-Ay, Geffosses, Blainville et Regnéville. L'idéal est de les parcourir avec un guide. Quoi qu'il en soit, de belles balades en perspective, longeant la mer – et notamment le fameux GR 223 –, rythmées par quelques petites stations balnéaires très familiales. Puis, pour peu que l'on s'aventure à l'intérieur des terres, on retrouve les beaux paysages du parc naturel des marais du Cotentin.

LESSAY

(50430) 2 231 hab. *Carte Le nord de la Manche, B4*

Sympathique bourgade construite autour d'une abbaye bénédictine. En septembre, grande foire, l'une des plus anciennes de Normandie.

Adresses utiles

Office de tourisme : *11, pl. Saint-Cloud. ☎ 02-33-45-14-34. • tourisme-cocm.fr • Juil-août, lun-sam 9h30-12h30, 14h30-18h ; hors saison, lun-ven 9h30-12h30, 14h-17h30.* Organise chaque été des animations autour du patrimoine architectural et de l'environnement. 6 circuits de randonnées (de faciles à moyens et 7-16 km) à faire pour découvrir les différents paysages (monts, marais, landes, havres, bords de mer...) ; brochures disponibles à l'office ou à télécharger sur le site.

Centre permanent d'initiatives pour l'environnement du Cotentin : *30, rue de l'Hippodrome. ☎ 02-33-46-37-06. • cpiecotentin.com • Lun-ven 9h-12h, 14h-18h.* Des passionnés de la nature et de la région organisent diverses activités et balades axées sur la découverte des équilibres écologiques locaux, faune et flore et activités humaines. Hébergement possible pour les groupes.

Où dormir ? Où manger dans les environs ?

Chambres d'hôtes Le Tertre : *chez Chantal Lebrun, 3, rue de la Mer, 50190* **La Feuillie.** *☎ 02-33-47-94-39. 📱 06-80-25-00-99. • gerard.lebrun8@wanadoo.fr • le-tertre.fr • ♿ À 7 km au sud-est de Lessay. Doubles 65-75 € ; familiales. Table d'hôtes 25 €.* D'un côté, la maison en pierre du XVIIIe s, à la façade mangée par le lierre, aux parquets bien cirés, aux beaux volumes et aux grandes fenêtres, et de l'autre, le beau corps de bâtiment dans le grand jardin avec verger entretenus au cordeau. Les jolies chambres sont réparties entre les 2. Côté table d'hôtes, Chantal vous régale de bons produits fermiers. Sinon, des petits plus non négligeables, comme la cuisine et la machine à laver le linge à disposition.

Chambres d'hôtes L'Biao Cotentin : *19, rue de la Tirelière, 50430* **Bretteville-sur-Ay.** *☎ 02-33-45-87-90. 📱 06-60-04-17-71. • biao.cotentin@orange.fr • biao-cotentin.fr • À 11 km au nord-ouest de Lessay. Doubles 66-70 € ; familiale. Table d'hôtes 22 €. Loc gîte 6 pers.* Un lieu charmant, militant, dont les proprios sont adeptes de la permaculture. Chaleureux et écolo, l'intérieur est meublé dans un style campagnard épuré. Espaces communs cosy, comme le salon et sa bibliothèque, la cuisine avec sa cheminée où peuvent rôtir poulets et gigots. Logiquement, la table d'hôtes est fournie en produits du verger, du potager, bio ou locavores.

Escale dans les Dunes : *829, bd de la Mer, 50710* **Créances.** *☎ 02-33-45-90-25. 📱 07-67-31-73-07. • escaledanslesdunes.com • ♿ À env 8 km au sud-ouest de Lessay. Congés : 3 sem en janv. Doubles 60-70 € ; familiale. Table d'hôtes sur demande (menus à partir de 15 €).* Dans une grande maison en bois posée sur la dune, dont une partie, accolée à la maison des propriétaires, abrite 5 chambres d'hôtes. Toutes de bonne taille, bien équipées et arrangées avec soin. Grande cuisine à la disposition des hôtes. Petite salle à manger pour le petit déj, où les objets exposés, d'artisans locaux, sont en vente. Seulement 80 m vous séparent de la plage. Et Estelle se met en 4 pour rendre votre séjour agréable.

La Cabane Wooden : *40 bis, chemin Pouillat, 50430* **Bretteville-sur-Ay.**

06-05-37-00-17. • cabanewooden@gmail.com • À env 12 km au nord-ouest de Lessay. Env 93-198 €/nuit ; 560-860 €/sem pour 6 pers. À 50 m de la plage, cette superbe cabane, tout en bois comme son nom l'indique, est une belle invitation à un retour en enfance. Un hébergement insolite comme on les aime, avec tout le confort nécessaire et une déco faites de tout un tas de chouettes objets vintages. Une chambre et une mezzanine avec lit double, puis 1 chambre avec 2 lits simples. Équipement et confort parfait pour l'ensemble. Poêle à bois pour les soirées fraîches. Joli jardin, aménagé avec le même soin que la maison et sa mini cabane en bois. Un coup de cœur bucolique et charmant.

La Ferme des Mares : *26, rue des Mares, 50430* ***Saint-Germain-sur-Ay*** *(bourg). ☎ 02-33-17-01-02. • contact@la-ferme-des-mares.com • la-ferme-des-mares.com • À 8 km au nord-ouest de Lessay. Ouv le soir tlj, plus le midi dim. Congés : de mi-déc à mi-janv. Doubles 90-153 €. Menus 30-45 € ; carte env 45 €.* Cette adresse possède nombre d'atouts pour elle. Le très beau cadre d'une ancienne ferme (cercle équestre), d'une part, mais aussi le calme et le confort moderne de chambres spacieuses et coquettes aux touches design. La table offre qualité et fraîcheur pour se hisser au niveau du décor, élégant et classique. Idéal pour des soirées cocooning au retour de belles balades. Accueil charmant.

À voir

L'église abbatiale Sainte-Trinité de Lessay : *☎ 02-33-45-14-34 (office de tourisme). Tlj 9h30-18h30. Visite libre. Visites guidées (payantes) proposées pdt vac scol (elles permettent d'accéder aux parties privées de l'abbaye – cloître, jardins) ; intéressant, d'autant que, sinon, depuis l'église abbatiale, on ne peut même pas les apercevoir, puisque depuis la Révolution française les anciens bâtiments conventuels sont une propriété privée. De larges panneaux très bien faits retracent l'histoire de l'abbaye.*

L'un des chefs-d'œuvre de l'art roman en Normandie. Fondée en 1056 par les barons de La Haye-du-Puits, elle connut les ravages de la guerre de Cent Ans et des guerres de Religion. Des siècles plus tard, les bombardements de 1944 et les mines allemandes la ravagèrent cruellement, au point qu'il fut presque envisagé de la laisser en l'état, toute restauration semblant impossible. Sensible aux vœux de la population de Lessay et à l'intérêt architectural de l'abbatiale, la commission supérieure des Monuments historiques décida finalement de sa reconstruction. Celle-ci dura 13 ans (1945-1958), sous la direction de l'architecte en chef Y.-M. Froidevaux. Les nombreux documents iconographiques existants aidèrent à remettre chaque chapiteau, clé de voûte, modillon à sa place. On alla jusqu'à reproduire scrupuleusement les défauts architecturaux de la construction initiale. Extraordinaire harmonie des proportions. Se mettre dans l'axe du chevet pour s'en convaincre. À l'intérieur, très grande rigueur architecturale, totale pureté des lignes, équilibre des volumes, volonté de dépouillement propre à transcender les âmes les plus endurcies.

Chapiteaux stylisés pour ne pas altérer la simplicité de l'architecture bénédictine. En même temps, l'impression de rigoureuse austérité est tempérée par le chaud calcaire blond qui prend des tons mordorés lorsque le soleil pénètre l'abbatiale. Triforium surmonté d'une galerie courant tout au long.

– Durant la saison estivale, l'abbaye accueille les *Heures musicales,* un festival de musique classique.

La fromagerie Réo : *1, rue des Planquettes. ☎ 02-33-46-41-33. Boutique : juil-août, lun-ven 9h-15h ; le reste de l'année, ven 10h-12h. Visites : juil-août, lun-ven (sauf j. fériés) ttes les heures 9h-13h (résa fortement conseillée). Uniquement sur résa pour les groupes le reste de l'année. Entrée : 3,30 € ; gratuit moins de 14 ans.* Depuis sa fondation par Théodore Réaux en 1931, cette petite fromagerie fabrique une merveille de camembert au lait cru moulé à la louche. Autrement dit, une espèce en voie de disparition ! De l'emprésurage à l'emballage, on assiste en 1h (en réalité, il faut 14 jours) à toute la série d'opérations nécessaires à la fabrication d'un camembert digne de ce nom. La dégustation est au bout, et vous comprendrez alors pourquoi le camembert Réo a atteint le record historique de 9 médailles d'or aux Salons de l'agriculture 1992, 1993, 1994, 1998, 1999, 2004, 2006, 2008 et 2009 !

Les jambons de Lessay : *10, espace Fernand-Finel. ☎ 02-33-47-91-12. • jambons-lessay.com • Boutique : lun-sam 9h-12h30, 14h-18h30. Visite le jeu juil-août, résa recommandée. Uniquement sur résa pour les groupes le reste de l'année. Entrée : 3,50 € (visite guidée) ; gratuit moins de 18 ans.* Tout sur la fabrication ancestrale du jambon fumé (salage, fumage au feu de bois avec des bûches de hêtre). Même procédé de fumaison, pour tous les produits élaborés ici.

DANS LES ENVIRONS DE LESSAY

Le lac des Bruyères : *à* ***Millières.*** *À env 9 km de Lessay, direction Périers, par la D 900 (accès sur la gauche).* Jolie reconversion pour cette ancienne sablière en activité jusqu'en 2005. 2 sentiers, l'un de 700 m (accessible aux personnes handicapées) et l'autre de 3 km. Tous 2 sont jalonnés de panneaux sur la flore et la faune. Ce n'est pas tant le lac qui est remarquable, mais les landes qui l'entourent. Très bien aussi pour les pique-niques, il y a les tables pour cela (sous abris, même, pour certaines !).

LA MANCHE

Gorges : *à 16 km au nord-est de Lessay.* Ne pas manquer l'***église*** et son retable, symbole du catholicisme triomphant au XVIe s (au moment de la Contre-Réforme). Il rappelle la coupole des Invalides. Jolie pietà du XVe s (noter, à genoux, le donateur). À mentionner aussi, la charmante ***petite chapelle Sainte-Anne,*** au milieu des champs. Au nord de Gorges, la ***tourbière de Baupte,*** où l'on peut observer la cigogne blanche, des hérons ou autres échassiers (vanneau huppé, bécassine des marais...).

Marchésieux : *la porte d'entrée sud des marais du Cotentin, à 20 km à l'est de Lessay.* Son ***église*** appartient à un prieuré fondé au XIe s. L'édifice actuel remonte au XIIIe s. Le chœur propose un ensemble exceptionnel de peintures murales du XIVe s. Notamment, sur fond rouge, une présentation du Christ au Temple. Au-dessus et en dessous, la *Fuite en Égypte* et le *Massacre des Innocents.* On y trouve aussi la ***Maison des marais*** *(rue Chardin ; 📱 07-81-69-69-73),* soit une bâtisse traditionnelle de 1773 à l'intérieur de laquelle est présentée la « vraie » vie dans les marais jusqu'au début du XXe s. Malheureusement, elle est ***fermée pour travaux jusqu'en 2023,*** mais on peut se promener autour, et un sympathique sentier de découverte du marais Saint-Clair démarre juste à côté.

La Maison de la brique : *3, la Briqueterie, 50190* ***Saint-Martin-d'Aubigny.*** *☎ 02-33-07-61-95 ou 73-92 (mairie). À 15 km au sud-est de Lessay. Juil-août, tlj sauf mar, 14h30-18h30 ; avr-fin juin et sept-oct, dim 14h30-18h30. Vac scol de printemps et de la Toussaint, ouv mer, ven (uniquement printemps), sam et dim 14h30-18h30. Entrée : env 3 € ; réduc ; gratuit moins de 8 ans. Expos et animations temporaires. Visite avec l'application Kit'M et livret jeu pour les 6-12 ans.* Cette ancienne fabrique de briques du début du XXe s, entièrement réhabilitée, propose un circuit de découverte des différentes étapes de fabrication (extraction de l'argile, séchage, cuisson, etc.), mais aussi de l'utilisation de la brique à travers les âges... Présentation intéressante et très didactique, avec un film témoignage du dernier briquetier.

Le havre de Saint-Germain (dit havre de Lessay) et son corps de garde : *parking sur la D 306 à la sortie de Saint-Germain-sur-Ay, à env 6 km de Lessay.*

L'un des plus grands de la côte des havres, et aussi le plus sauvage. Belle balade à faire en empruntant le chemin des Douaniers jusqu'au corps de garde. De là, la vue sur l'étendue du havre est totale. Idéal pour observer les grandes marées. À marée basse, il s'étend à perte de vue. On observe les célèbres moutons de prés-salés. À marée haute, le corps de garde est encerclé par la mer. ***La traversée du havre se fait uniquement avec un guide qualifié,*** ne surtout pas s'y aventurer seul. S'adresser à l'office du tourisme pour les traversées.

Manifestations

– ***La Sainte-Croix :*** *2e w-e de sept.* Créée au XIIe s par les moines bénédictins de l'abbaye, cette foire presque millénaire est l'une des plus importantes et populaires de l'Ouest, sinon de France. Elle accueille près de 400 000 visiteurs et rassemble paysans et forains pendant 3 jours. Plus de 50 rôtisseurs et 1 500 « déballeurs », feu d'artifice. Vente de chevaux et de chiens. Attention à la circulation dans les environs (embouteillages).
– ***La Saint-Thomas :*** *1er dim de mai.* Une mini foire de la Sainte-Croix.

PIROU (50770) 1 430 hab. *Carte Le nord de la Manche, B4*

Mini station balnéaire dotée d'une longue plage de 6 km et d'un étonnant château. C'est aussi le début d'une grande zone de maraîchage, où l'on cultive, entre autres, les carottes et poireaux de Créances, qui sont aux légumes ce que l'agneau de pré salé est à la viande ! (Ils poussent, en effet, dans les terres très sableuses du bord de mer.)
À *Pirou-Plage,* joli spectacle des bateaux de pêche, au mouillage devant l'estran, ou tentant de rejoindre l'eau à marée basse, tirés par des tracteurs. Une bonne partie de ces embarcations sont des « bulotiers », bien que l'on pêche aussi une jolie palette de fruits de mer : étrilles, tourteaux, araignées, homards, seiches... Et sinon, on est également là dans une zone de production de moules et d'huîtres : il y a même un distributeur automatique sur la place principale de Pirou-Plage (dans une maisonnette bleue) ! Ventes directes chez les producteurs à Pirou et Saint-Germain-sur-Ay.

Adresse utile

Bureau d'information touristique : *8, rue Fernand-Desplanques. ☎ 02-33-46-30-47 ou 02-33-45-14-34 (Lessay). • tourisme-cocm.fr • Tlj sauf lun juil-août.* Circuits de randonnées disponibles pour découvrir les différents paysages (monts, marais, landes, havres, bord de mer...) brochures disponibles à l'office ou à télécharger sur le site. Guide nature pour découvrir la mytiliculture et l'ostréiculture en été avec l'office de tourisme.

Où dormir ? Où manger ?

Campings

Camping à la ferme : *1, la Morinière. ☎ 02-33-07-87-15. 06-81-64-89-79. • marie.massu@wanadoo.fr • Ouv d'avr à mi-sept. Env 14-18 € pour 2 avec tente et voiture. CB refusées. 25 empl.* Camping bien éloigné de la route et à 800 m de la mer à travers champs et dunes. Très grand terrain herbu et arboré à côté de la ferme. Sanitaires impeccables. Possibilité d'acheter œufs et cidre bouché. Bon accueil.

Le Clos Marin : *2, rue des Bergeronnettes. ☎ 02-33-46-30-36. • le-clos-marin.pirou@orange.fr • ville-pirou.fr • ♿ Dans le village, en bord de mer ; bien fléché. Ouv avr-fin oct. Env 20-24 € pour 2 avec tente et voiture ; mobile homes 4-6 pers. 250 empl.* À touche-touche avec la plage, un grand terrain tout simple, aux pelouses qui ondulent légèrement. Plantez bien vos sardines, car le vent souffle généreusement sur ce lieu peu abrité. Et préparez votre crème solaire (ou un parapluie bien costaud !). En effet, à l'exception d'un petit espace sous les arbres, l'ombre est très rare. Sanitaires bien tenus. Mobile homes en location. Piscine, mini-golf, ping-pong, volley et tennis sur place.

Chic

Restaurant de la Mer : *2, av. Fernand-Desplanques, Pirou-Plage. ☎ 02-33-46-43-36. • restaurantdelamer-pirou@orange.fr • Face à la mer. Tlj sauf mer, plus lun soir et mar et jeu soir hors saison. Congés : fin déc-fin janv. Carte env 30-50 €.* Excellentes spécialités de fruits de mer. Cuisine de qualité et produits frais, mais service parfois longuet. La salle profite d'une belle vue surplombant la mer.

LA MANCHE

À voir

Le château de Pirou : *3, Le Château. ☎ 02-33-46-34-71. Avr-sept, vac de la Toussaint et de Noël, tlj sauf mar et sam en déc 10h-12h, 14h-18h ; ferme à 17h à la Toussaint et à Noël. Entrée : 7 € ; réduc ; gratuit moins de 7 ans ; forfait famille 22 €. Panneaux explicatifs le long du parcours et livret jeux pour les enfants à l'accueil.*
Construit au XIIe s (à l'emplacement d'un camp viking, semblerait-il), un adorable petit château sur une île au milieu d'un étang. Couvert de lierre, transformé en bâtiment agricole, il fut tout à fait oublié jusqu'en 1966. Il s'agit d'une des très rares forteresses médiévales encore visibles dans la Manche. Elle fut prise en 1370 par les Anglo-Navarrais et occupée par les Anglais de 1418 à 1449.
Étonnante bâtisse : on passe d'abord 3 portes fortifiées (il y en eut 5 par le passé), puis on la découvre effectivement toute petite, râblée, bien proportionnée. On distingue encore les 2 rainures du pont-levis. Une des tours possède une forme originale (supportée en partie par une trompe). À l'intérieur, à droite, le vieux logis datant de Henri IV. Beau corps de bâtiment avec lucarnes ouvragées. Devant, puits vénérable. Salles avec hautes cheminées à tablier de granit ou cheminées géantes. De mai à septembre, expo d'une tapisserie inspirée par celle de Bayeux. Elle raconte l'épopée des Tancrède en Italie du Sud et en Sicile (voir le musée Tancrède-de-Hauteville dans les environs de Coutances).
En face de l'entrée du château, les longs bâtiments des communs à l'appareillage de pierre serré. On y trouve la boulangerie, le pressoir, la chapelle, la salle des plaids et, en retour d'équerre, la charreterie avec 3 belles arches.

À faire

– **Avis aux amateurs de pêche :** Pirou possède des eaux qui permettent de pratiquer des types de pêche plus que variés : le *surf casting*, à l'entrée des estuaires, tous types de pêche en bateau... Bars, plies, soles, mulets...
– **La foire aux Bulots :** *dernier w-e d'avr.* C'est la fête pour les amateurs de fruit de mer. Dégustation tout le week-end, en plus des bulots.
– **La fête de la Carotte de sable :** *1er ou 2e sam d'août à Créances.* Organisée par la confrérie des « Maougous de carotte », les mangeurs de carottes. La carotte de sable est beaucoup plus sucrée. Un délice.

LA HAYE-DU-PUITS (commune nouvelle : La Haye) (50250) 1 468 hab. *Carte Le nord de la Manche, B3*

Célèbre pour son bourg très commerçant qui défie toutes les statistiques avec plus de 60 commerces pour moins de 2 000 habitants. Entouré des monts, de la mer et des marais, c'est le point de départ idéal pour plusieurs randonnées. Le bourg est aussi connu aussi pour les violents combats de 1944 – au cœur de la Guerre des Haies. L'église en conserve les traces avec une flèche en moins.

Adresse et info utiles

Bureau d'information touristique de La Haye : 5, rue Émile-Poirier. ☎ 02-33-46-01-42 • tourisme-cocm.fr • Avr-juin et sept-oct, mar-ven sauf jeu mat 9h30-12h30, 14h-17h30. Juil-août, tlj sauf jeu et dim, 9h30-12h30, 14h30-18h. Circuits et sentiers de randonnée disponibles, pour découvrir les différents paysages (monts du Cotentin, marais, landes, havres, bords de mer...). Kit'M (voir « Adresses et infos utiles » au début du chapitre « Manche ») avec 2 circuits historiques, à pied dans la ville et en voiture dans les environs, relatant «L'enfer des haies », les rudes combats qui ont eu lieu ici en 1944. Bon accueil, efficace.

– ***Marché :*** *mer.*

LA MANCHE

Où dormir ? Où manger ?

Camping Étang des Haizes : *43, rue Cauticotte, Saint-Symphorien-Le-Valois, La Haye-du-Puits. ☎ 02-33-46-01-16. • info@campingetangdeshaizes.com • campingetangdeshaizes.com • À 1 km de la Haye. ♿ Ouv de mi-avr à fin sept. Compter 21-42 € (selon la saison) pour 2 avec tente et voiture. Locatifs 2-5 pers. 160 empl.* Grand camping (4,5 ha) très bien aménagé, avec un grand étang au milieu. Beaux espaces séparés par des haies et bien ombragés par les arbres en quantité généreuse. Nombreuses activités comme, le tir à l'arc, la pétanque et la pêche à la carpe pour les amateurs, dans l'étang du camping. Piscine chauffée avec ses 3 supers toboggans aquatiques.

Restaurant Pom'Cannelle : *10, pl. du Général-Leclerc. ☎ 02-33-46-45-57. Tlj sauf lun et mer soir. Menu du marché au déj 19,90 € ; autres menus 26,90-32,50 €.* Petite maison grise juste à côté de la poste. Bonne cuisine réalisée avec les produits du terroir, côté mer et côté terre. Belle et agréable terrasse à l'arrière aux beaux jours.

Le Commerce : *11, pl. Patton. ☎ 02-33-46-02-44. Tlj midi et soir. Formules déj en sem 12,50-13,50 €, 15,50 € le soir.* L'authentique café du village à l'ancienne, qui possède également des chambres, juste en face de l'église. C'est le rendez-vous des habitués et il y a foule le jour du marché. Une cuisine de brasserie, simple et bonne, grillades au feu de bois. On s'installe confortablement dans l'une des salles, parfois devant la cheminée.

Les Popines : *16, rue du Docteur-Callegari. ☎ 02-33-46-23-61. Tlj sauf dim-lun, 8h30-18h. Plats du jour 9,50-10,50 €.* Adorable petit salon de thé, à la déco fraîche, charmante et minimaliste. Délicieux plats du jour à déguster sur place, dans la salle ou en terrasse. Pâtisseries maison pour les gourmands à toute heure. Accueil charmant, comme le lieu.

À voir. À faire

L'église : au cœur du bourg, construite au XIXe s de style néogothique. Amputée d'une flèche sur la tour sud, lors des combats de la Haye en 1944. Elle abrite un tombeau du XVIe s, en marbre noir sculpté (style Renaissance) et classé. Sépulture d'Arthur de Magneville, seigneur de la Haye du Puits, à l'origine de la rénovation du château médiéval, dont ne subsiste que le donjon du XIe s (que l'on peut voir uniquement de l'extérieur).

Le mont Castre et son étang : sentier de découverte autour de cette ancienne carrière avec les ruines du château, de l'ancienne église, l'allée néolithique (compter 1h). Beau panorama. Tables de pique-nique et aires de jeux. En été, buvette et pédalos sur l'étang.

Le mont de Doville : sentier autour du mont (1h30 de balade) en passant par l'ancien moulin, une chapelle et le corps de garde qui permettaient de voir venir les Anglais. De là, vue imprenable sur le bocage, la mer et les îles anglo-normandes. Tables de pique-nique.

Havre de Surville : à 12 km à l'ouest de La Haye. Le plus petit havre de la côte ouest. Permet de bien comprendre ce qu'est un havre. Important massif dunaire offrant une belle diversité de flore (pelouses, fourrés, conifères...) et de variation du paysage avec la marée. Sorties nature proposées par le *Centre Permanent d'Initiatives pour l'Environnement du Cotentin* (☎ 02-33-46-37-06 ; ● cpiecotentin.com/agenda-sorties ● accueil@cpiecotentin.com ●

LA MANCHE

LE PAYS DE COUTANCES

Au centre de la Manche, l'un des plus délicieux bocages de l'Hexagone, et peut-être l'un des plus variés. Ainsi se termine-t-il parfois le nez dans l'océan, comme à Regnéville, où les moutons paissent dans des prés plus que salés ! Vers Cerisy-la-Salle et La Baleine, les rivières Soulles et Sienne l'entaillent profondément et lui donnent presque l'aspect de vallée. Une région essentiellement rurale, donc, et de nombreuses petites routes balisées de manoirs de poche, châteaux, charmantes églises et abbayes. Au milieu émergent les « flèches vers Dieu » de Coutances, petite capitale de l'un de nos coins préférés de la Manche...

LE BORD DE MER DU PAYS DE COUTANCES

Des havres, encore, et une plage de sable fin qui continue à se dérouler sur des kilomètres et des kilomètres, jusqu'à Granville. La côte est ponctuée ici et là de quelques petites stations balnéaires très familiales, à l'architecture pas toujours heureuse, mais sympathique. D'autant que parmi les quelques zones pavillonnaires, ou plus à l'intérieur des terres, se cachent souvent de ravissants hameaux que l'on découvre au hasard des routes étroites, tel celui de Grouchy à Blainville-sur-Mer.
Entre Gouville-sur-Mer, Blainville-sur-Mer et Agon-Coutainville, vous êtes aussi au cœur d'une grande zone conchylicole.

AGON-COUTAINVILLE

(50230) 2 790 hab. *Carte Le sud de la Manche, B1*

Créée sous Napoléon III, la plus ancienne station balnéaire de la Manche et LA plage des Coutançais. Villas du XIXe s, maisons carrément contemporaines ou encore années 1950 qui, comme dans *Mon oncle,* s'alignent familièrement le long d'une dune surplombant la plage de Coutainville. Finalement, on aime bien le côté désuet et très hétérogène de cette station pas trop bétonnée.

Adresse et info utiles

i ***Office de tourisme :*** *pl. du 28-Juillet. ☎ 02-33-19-08-10. • tourisme-coutances.fr • Juil-août, tlj ; hors saison, mar-sam, 9h30-12h30, 14h-18h (sauf mar).* Vente de billets pour l'île de Chausey, visites à thème (balade nocturne, architecture balnéaire, initiation à la pêche à pied...).

– ***Marchés :*** *mar et sam à l'hippodrome de* ***Coutainville*** *; petit marché jeu au* ***Passous.***

Où dormir ? Où manger ?

Camping

Camping Le Casrouge : *77, le Casrouge. ☎ 02-33-46-84-70. 06-32-74-59-09. • fermebecsplats@wanadoo.fr • fermebecsplats.com • Ouv de juil à mi-sept. Env 20 € pour 2 avec tente et voiture. 15 empl.* Dans un beau champ planté d'arbres, un camping tranquille, très agréable, avec de vastes emplacements individuels, des sanitaires propres et l'eau chaude à volonté. Découverte de la pêche à pied une fois par mois lors des grandes marées. Sur place, épicerie et vente de produits bio : fruits, légumes et produits locaux (yaourts fermiers, lait, cidre...). Le genre d'endroit où l'on passe de bonnes vacances !

Prix moyens

Hôtel Les Coutainvillaises : *9, rue de l'Amiral-Tourville. ☎ 02-33-47-05-77. • contact@lescoutainvillaises.fr • lescoutainvillaises.fr • Doubles 66-92 €. Petit déj 10,90 €/pers.* Au rez-de-chaussée, un bar à l'ancienne, tout en boiseries et atmosphère, où l'on prend le petit déj le matin (sauf si le temps permet de s'installer en terrasse). Dans les étages, des chambres, récemment rénovées, pas immenses mais pimpantes, voire élégantes, et de très bon confort. Certaines avec petit balconnet. Bon accueil, qui plus est, souriant.

Hôtel La Villa Julia : *5, rue du Docteur-Viaud, le Passous. ☎ 02-33-76-67-50. • la.villa.julia@orange.fr • lavillajulia.fr • À 100 m de la plage du Passous. Doubles 69-120 € ; familiales.* Un petit hôtel familial où la déco plutôt design de la réception, des espaces communs et des salles de bains tranche avec le charme désuet et romantique des boutis, meubles patinés et teintes grises des jolies chambres. De taille variable, toutes sont néanmoins confortables. Accueil souriant.

La Salicorne : *38, rue de l'Amiral-Tourville. ☎ 09-73-21-29-29. • contact@salicorne.fr • Fermé dim soir-mar (ouv tlj juil-août). Menus déj (sauf dim) 19-24 €, puis 33 €.* La devanture mise à part, difficile de deviner l'ancien garage dans les lieux investis par cette belle adresse. Certes il y a l'espace, les grandes fenêtres latérales, les murs blanchis, la cuisine en partie ouverte sur la grande salle façon atelier. Aux beaux, jours la grande terrasse ombragée par de grandes toiles est très agréable. Une adresse très dans l'air du temps ? Oui, mais rassurez-vous tout n'est pas que dans l'apparence ! La cuisine remplit toutes ses promesses. Tout est fait pour mettre en valeur des produits de belle qualité : la cuisson, leur texture, leur accompagnement, leur présentation. Un régal, et à un prix juste !

Où dormir ? Où manger dans les environs ?

De bon marché à prix moyens

Chambres d'hôtes Les Roses 1680 : *chez Nicoles Tardy, 11, rue du Vieux-Lavoir, 50560* ***Blainville-sur-Mer.*** *☎ 02-33-47-20-31. 06-42-66-85-85. • contact@lesroses1680.com • lesroses1680.com • À 4 km au nord d'Agon-Coutainville. Doubles 75-125 € ; familiale.* Au cœur du village, dans une impasse au calme, jolie petite maison du XVIIe s en pierre et granit. Au 1er étage, 5 chambres parfaitement tenues, dont 3 ouvrent sur le jardin, avec le golf en arrière-plan. Déco sobre et élégante. Cuisine d'été à disposition.

La Cale : *la Plage, 50560* ***Blainville-sur-Mer.*** *☎ 02-33-47-22-72. 06-85-05-69-95. • remi voisin@orange.fr • À 4 km au nord d'Agon-Coutainville, en bord de mer. De mi-juin à mi-sept, tlj ; hors saison, seulement vac scol, ven-dim et j. fériés. Congés : nov-avr. Moules-frites env 14,50 €. Repas env 20-25 €. CB refusées (pour le moment). Apéritif maison ou café offert sur présentation de ce guide.* Salle entre le hangar à bateaux et l'entrepôt *Emmaüs*. Cuisine simplissime, comme la définit son patron haut en couleur. Carte qui tient sur une feuille de papier à cigarette : grillades, moules (du coin)-frites, douzaine d'huîtres (du coin aussi)... On note sa commande sur un papier et on va s'assoir avec ses boissons après être passé par la caisse. C'est sympa comme tout, et on vient là pour caler une petite fringale en terrasse, les pieds dans le sable, avec une vue géniale sur la dune et le ballet des pêcheurs de la zone conchylicole. Atmosphère iodée à souhait.

L'Athome : *1, route du Hutrel, 50560* ***Blainville-sur-Mer.*** *☎ 02-33-47-19-61. À 5 km au nord d'Agon-Coutainville. Ouv mer-sam midi, plus ven-sam soir. Résa conseillée. Menus déj (sauf dim) 29 € (3 plats), puis 36-50 €.* Avant d'accéder au restaurant, on passe par la petite boutique (cave à vin, traiteur), puis à la salle chaleureuse avec son bar en bois. Un nouveau concept pour les habitués qui ont connu leur restaurant d'Heugueville, mais la qualité est toujours là. À table ou au comptoir, une cuisine de marché créative et sans cesse revisitée. L'attachement du chef aux produits frais, locaux et de saison, est sans faille. Les vendredi et samedi soir, c'est bar à vin et uniquement tapas, sushis, accras de poissons et planches de charcuterie ibérique. Le tout accompagné de bons verres de vin de la cave.

De plus chic à beaucoup plus chic

Chambres d'hôtes Le Clos des Pommiers : *5, rue de Bas, 50560* ***Blainville-sur-Mer.*** *06-09-01-10-20. • leclosdespommiers1@gmail.com • leclosdespommiers.com • À 5 km au nord d'Agon-Coutainville. Double 150 € ; gîte 4 pers 700-1 000 €/sem.* Au cœur d'un vrai et grand parc, une cousine de la splendide villa Strassburger de Deauville, soit un superbe échantillon d'architecture balnéaire. Vastes espaces, belles hauteurs sous plafonds, parquets et boiseries... Mais la maison n'est pas figée dans le XIXe s : chambres plutôt design, avec plein d'idées déco qu'on repiquerait volontiers. Sympathique petit gîte rural dans une dépendance. Accueil des plus agréable.

Le Mascaret : *1, rue de Bas, 50560* ***Blainville-sur-Mer.*** *☎ 02-33-45-86-09. • le.mascaret@wanadoo.fr • lemascaret.fr • À 5 km au nord d'Agon-Coutainville. Fermé lun ainsi que dim soir hors saison. Doubles ou*

LA MANCHE

appart 125-250 €. Formule déj (mar-sam) 26 € menus 45-106 €. Restaurant, maison d'hôtes et de beauté : cette maison de maître au cœur du village ne manque pas d'atouts pour séduire sa clientèle. À commencer par la déco très personnelle des 5 chambres-studios qui reflète l'identité slave et surtout l'esprit créatif de Nadia, ancienne danseuse étoile au Ballet de Sofia : à l'heure où la mode serait plutôt à la sobriété, celle-ci n'est pas la principale caractéristique des lieux ! Des couleurs franches, des lustres, des tapisseries à motifs, des salles de bains surprenantes... Au restaurant, le chef cuisine avec une imagination féconde les produits du pays en y associant légumes de son potager, fleurs, épices et herbes sauvages. Excessivement bon. Tentez donc l'étonnant macaron à l'azote liquide. Vend aussi des condiments frais préparés à la minute (pistou, pâte de curry, etc.) et des « sablés affinés ». Une adresse qui en fait presque trop, mais qui reste une exception.

DANS LES ENVIRONS D'AGON-COUTAINVILLE

La pointe d'Agon : le havre de la Sienne constitue une virgule en échancrure dans le littoral normand. Terres et plages se fondent et se confondent, et la route s'achève quasiment dans la mer. Le regard embrasse les immenses étendues de sable découvertes à marée basse. Quelques bateaux, à flot ou échoués, dessinent leurs silhouettes fantomatiques sur le dégradé ininterrompu du bleu au blanc, entre ciel, sable et océan. Un paysage de tout 1er matin du monde ! De la pointe d'Agon, on peut observer périodiquement le mascaret, immense vague moutonnante spécifique aux grandes marées, qui entre dans la baie et passe sous le pont de la Roque. À marée basse, le havre de Sienne (dit de Regnéville) peut se traverser à pied (accompagné), de Regnéville à la pointe d'Agon. *Association Lùndi, 07-81-73-45-46. • lundi-asso.jimdo.fr • (voir détails plus bas à Regnéville).*

La plage de Gouville-sur-Mer : vu du ciel, un sachet de Smarties renversé sur la clarté mate du sable et des joncs... C'est ici que sont établies les adorables cabines de plage blanches aux toits multicolores qui constituent une des images les plus connues de la Côte des Havres. Pour le plaisir de l'œil et de la baignade, pour le plaisir de tous, car des fauteuils amphibies pour les personnes à mobilité réduite sont disponibles au poste des sauveteurs en été. Vent parfait pour le cerf-volant également.

Bar de plage Le Boa : *place publique René-K'Dual, la plage, 50560* ***Gouville-sur-Mer.*** *07-69-27-76-34. Mai-juin et sept, jeu-lun ; juil-août, tlj en continu 10h-23h, variable selon la météo. Petit déj env 10 €, tapas 4-6 €, plats du jour env 10 €.* Un concept de bar original : un container installé à même le sable, ouvert sur une grande et belle terrasse extérieure, abrite la cuisine. Petite restauration, tapas, sandwichs et planches à base de produits frais, locaux et si possible bio. Également un plat du jour. Ambiance décontractée et sympathique, du petit déj au dîner, où simplement pour boire un verre face à la mer.

REGNÉVILLE-SUR-MER

(50590) 738 hab. *Carte Le sud de la Manche, B1*

Charmant petit port d'échouage bordant le havre de la Sienne, face à la pointe d'Agon. Vu la quiétude de l'endroit, comment pourrait-on deviner que Regnéville fut l'un des ports les plus importants du Cotentin au Moyen Âge et qu'il prospéra aux XIXe et XXe s grâce à l'industrie de la chaux ? La jetée naturelle formée par

la presqu'île d'Agon y est évidemment pour quelque chose. Port stratégique pendant l'occupation anglaise au début du XIVᵉ s, l'endroit a conservé de ce passé prospère quelques traces de pierre : les murets séparant les parcelles (au lieu des traditionnels talus du bocage coutançais), des traces d'anciens hôtels, et de solides demeures, sans parler bien sûr du château. Aujourd'hui, ce village fort peu urbanisé, au charme gentiment désuet, livre de belles possibilités de balades sur ses grèves. L'occasion de le dire : un havre de tranquillité !

Adresse utile

Lùndi : *8, route du Prey. 07-81-73-45-46. • lundi-asso.jimdo.com • Adultes 8 € ; réduc ; gratuit moins de 6 ans. Inscription obligatoire sur le site ou par téléphone.* Cette association organise, **à marée basse,** des visites guidées (avec des spécialistes) du havre de Sienne (dit de *Regnéville*), qui couvre 860 ha. Déclinées en 3 domaines : historique, géomorphologique (l'importance de la Sienne et des mouvements de sable) et écologique (la faune et la flore). La marche s'effectue de l'ancienne gare de Regnéville, longe le canal du *Passevin* et traverse la Sienne pour s'achever au phare d'Agon (2h30-3h en tout).

Où dormir ? Où manger ?

Camping

Camping du Havre de Regnéville : *8, rue du Port. ☎ 02-33-45-88-71. 06-80-74-99-68. • camping.du.havre.de.regneville@gmail.com • Ouv avr-oct. Env 17 € pour 2 avec tente, électricité et voiture. Tipi-dortoir randonneurs 22 €. Locatifs 2-4 pers. 50 empl.* D'une extrême simplicité, ce camping a pour atout majeur sa situation, en bordure de l'adorable baie de Sienne avec une vue imprenable et magnifique sur le havre de Regnéville et la pointe d'Agon. Emplacements sur une pelouse, avec quelques arbres. À cela s'ajoute le « glamping » (contraction de « glamour » et « camping ») avec 2 belles tentes aménagées et 3 caravanes vintage. Sanitaires simples, propres.

Bon marché

Le Jules Gommès : *34, rue de Vaudredoux. ☎ 02-33-45-32-04. • le-jules-gommes.com • Ouv mer midi-dim. Fermé lun-mar. Congés : de mi-nov à mi-déc. Formules déj en sem 15 €, puis 22-32 €. Café offert sur présentation du guide de l'année.* Un endroit à mi-chemin entre le resto et le pub irlandais. Une déco douillette, des meubles au quart de poil et des murs chargés d'aquarelles inspirées par la beauté de la région, ainsi qu'une belle terrasse à la végétation généreuse. Ce que vous aurez dans l'assiette est tout aussi agréable : de bons petits plats concoctés avec des produits locaux.

Où dormir ? Où manger dans les environs ?

Camping

Camping des Gravelets : *3, rue du Rey, 50590* ***Montmartin-sur-Mer.*** *☎ 02-33-47-70-20. 06-43-57-78-70. • gravelets@wanadoo.fr • camping-montmartin.com • À 3 km au sud de Regnéville. Ouv avr-sept. Env 15 € pour 2 avec tente et voiture. Locatifs 2-5 pers. 95 empl.* Lové dans une ancienne carrière dont les parois sont couvertes d'une envahissante végétation. Ravissant, le genre amphithéâtre verdoyant, protégé et très paisible. À disposition, barbecue, salle commune avec jeux de société, livres, billard, flipper, baby-foot et ping-pong. Tennis à proximité (gratuit pour les campeurs). Pour les amateurs de campings nature et simples, un coup de cœur !

De prix moyens à chic

Au Manoir des Loges : *10, rue des Loges, 50660* ***Quettreville-sur-Sienne.*** *☎ 02-33-07-15-11. 06-72-09-91-83. • contact@manoir-loges.fr • À env 10 km au sud-est de Regnéville et 7 km des plages. Ouv toute l'année. Doubles 90-120 € ; familiales. Réduc de 10 % à partir de la 4e nuit. Table d'hôtes le soir 25 €.* Superbe et authentique manoir et ses dépendances du XVIe s, superbement restauré et rénové avec soin et qualité pour le choix des matériaux. 5 chambres aux volumes généreux, d'un grand confort, alliant authenticité et modernité. L'hiver on prend son petit déj dans la l'agréable cuisine-salle à manger à l'ancienne, avec feu de cheminée. Grand salon avec son poêle à bois et belle véranda sont à la disposition des hôtes. Tout autour, le magnifique jardin d'inspiration médiévale avec son verger, son potager et ses fleurs. Belle piscine.

Couleurs Saveurs : *2, route de la Bretonnière, 50290* ***Bricqueville-sur-Mer.*** *☎ 02-33-61-65-62. • couleurs-saveurs@orange.fr • Tlj sauf mer, ainsi que dim soir et lun soir hors saison. Congés : 15 j. en janv et 2de quinzaine d'oct. Formule déj en sem 17 € ; menus 29-40 €.* Dans une maison de maître un peu perdue en rase campagne, une belle adresse où la cuisine de monsieur s'inspire du terroir et de la mer toute proche, tout en restant diablement personnalisée et créative. Quant au décor des 2 belles salles, il est contemporain, sobre et élégant, tout en discrétion, comme le service de madame.

La Mer Ô Vent : *1, av de L'Aumesle, à* ***Hauteville-sur-Mer (Plage).*** *☎ 02-33-76-41-84. Juil-août, tlj dès 9h30, en continu jusqu'à 22h. Fermé mar-mer hors saison. Repas 20-30 €.* Une salle à la déco contemporaine avec de grandes ouvertures qui offrent une vue superbe sur la mer. On profite surtout d'une belle terrasse, les pieds dans le sable aux beaux jours. Cuisine traditionnelle toujours avec des produits locaux, ou la part belle revient aux poissons et fruits de mer. Concerts en été.

LA MANCHE

À voir

Le Musée maritime de Regnéville et le parc des fours à chaux du Rey : *☎ 02-33-46-82-18 ou 02-33-45-31-28 (mairie). À 800 m de l'église. Musée : fin juin-fin sept, tlj sauf mar 10h30-12h30, 14h-18h (fermeture du guichet 30 mn avt). Entrée : 2,50 €, gratuit moins de 16 ans. Parc des fours à chaux : gratuit, accessible toute l'année.*

Petit musée sur la vie maritime de la région du temps où Regnéville était encore un port important : maquettes et « portraits » de caboteurs à voile (bricks et goélettes à huniers), instruments de navigation, grenier de capitaine. Reconstitution de la dernière corderie (fermée en 1925), vestiges de bateaux qui transportaient les pierres, doris du coin, instruments de pêche à pied, charrette à tangue, beau tableau de Charles Jourdan, *Le Brûlage du varech.* Dans le parcours, des tableaux de nœuds pour s'entraîner au matelotage.

– ***Les fours à chaux du Rey :*** *à l'extérieur.* Un parcours balisé d'intéressants panneaux sur les différents aspects du procédé de production vous promène du château aux fours à chaux. Ces fours à chaux sont un exemple impressionnant et assez exceptionnel d'architecture industrielle du XIXe s. L'imposant appareillage de pierres leur donne un air de fortification. Il s'agit de l'un des très rares exemples européens de four à chaux mixte (fonctionnant à la fois au charbon et au bois). Le charbon venait d'Angleterre et le calcaire de Montmartin. La chaux ainsi obtenue servait à amender (améliorer) le sol du littoral breton et des îles Anglo-Normandes.

L'église Notre-Dame : classée aux Monuments historiques, elle date du XIIe s. Le clocher orné de 4 clochetons a perdu sa flèche. À l'intérieur, ensemble remarquable d'une dizaine de statues en bois ou pierre polychrome, dont une ravissante pietà du XVe s (à droite de la nef). À noter, la maquette de bateau ex-voto qui fait office de baromètre-hygromètre (la suspension en corde tressée se resserre ou se détend selon l'humidité !).

Le château : probablement élevé au XIVe s, il fut détruit sur ordre de Richelieu après le siège de La Rochelle (religions, quand vous nous tenez...). Classé aux Monuments historiques, il n'en reste que le donjon carré (qui était constitué de 4 étages voûtés) et le flanc ouest, doté d'un escalier en spirale et de murs plutôt imposants : pas moins de 3 m d'épaisseur ! Malgré les destructions, l'endroit a encore belle allure et on peut faire librement le tour des douves, où plusieurs panneaux vous content l'histoire des lieux. Accueille également des expos temporaires.

COUTANCES

(50200) 9 310 hab. *Carte Le sud de la Manche, B1*

• Plan *p. 473*

Ancienne cité gauloise puis capitale du Cotentin sous le règne des ducs normands, Coutances ne fut dépossédée de sa suprématie régionale qu'après la Révolution, en 1796, lorsque Saint-Lô devint chef-lieu du département.
Quand on arrive de loin, seules apparaissent les 3 églises, éclipsant totalement les demeures qui les entourent. Puis s'impose la cathédrale, merveille d'élégance gothique qui domine toute la ville. Mais Coutances est également devenue une sorte de capitale culturelle du département, avec en particulier le fameux festival Jazz sous les pommiers, considéré comme l'un des plus sympathiques festivals de jazz européen.

Adresses et infos utiles

Office de tourisme *(plan B1) : 6, rue Milon. ☎ 02-33-19-08-10. • tourisme-coutances.fr • Juil-août, lun-sam 9h30-13h, 14h-18h ; dim 9h30-13h30. Le reste de l'année, 9h30-12h30, 14h-18h et fermé dim. Fermé 1er janv, 1er et 11 nov, et 25 déc.* Circuit (avec plan) très bien fait, des incontournables de la ville disponible gratuitement. Visite également de la ville avec l'appli ***Kit'M*** *(• appi.kit-m.fr •).* Voir « Adresses et infos utiles Manche » plus haut.

– ***Pays d'art et d'histoire du Coutançais :*** *2, rue Quesnel-Morinière. ☎ 02-72-88-14-25. Brochures et informations sur le site • coutancesmeretbocage.fr/accueil/actu-11-rdv-pahc •* Pour connaître les dates et horaires des visites guidées de la ville ou de la cathédrale, mais aussi du Pays de Coutances.

Gare SNCF *(plan B3) : ☎ 36-35.* Liaisons directes ou avec changement, en bus ou en car (avec le réseau *Nomad*), ***de/vers Caen, Bayeux, Lison*** (correspondance pour Paris et Cherbourg), ***Saint-Lô, Avranches, Pontorson (Le Mont-Saint-Michel), Rennes.***

Gare routière *(plan B3) : pl. de la Gare.* Avec le réseau de mobilité *Nomad (☎ 02-22-55-00-10.).*

– ***Marché :*** *jeu mat, place du Parvis, face à la cathédrale (plan A-B1).* Ne pas manquer d'y acheter le coutances, délicieux fromage local qui cache sous une fine croûte un gros cœur très crémeux.

Où dormir ?

Camping

Camping municipal Les Vignettes *(hors plan par A1,* ***11****) : 27, route de Saint-Malo. ☎ 02-33-45-43-13. 06-30-27-60-12. • camping@ville-coutances.fr • ♿ À la sortie de la ville, direction Agon-Coutainville. Ouv tte*

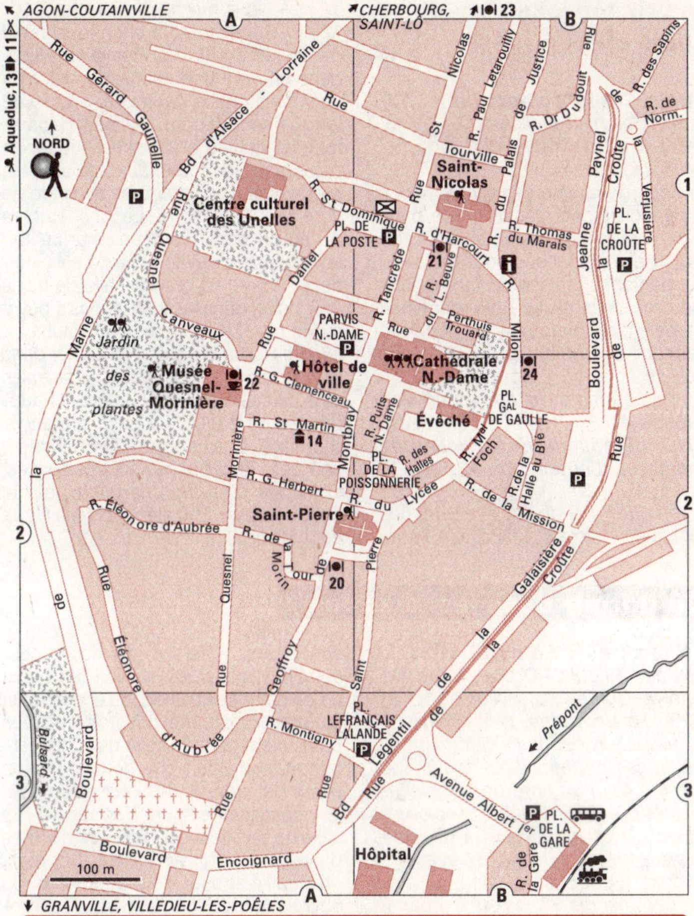

COUTANCES

Où dormir ?	Où manger ?
11 Camping municipal Les Vignettes (hors plan par A1)	**20** Restaurant Côté Saint-Pierre (A2)
13 Hôtel Cositel (hors plan par A1)	**21** Don Camillo (B1)
14 Chambres d'hôtes Hôtel Tanquerey de la Rochaisière (A2)	**22** Les Pipelettes (A2)
	23 À 3 Pas (hors plan par B1)
	24 Kalamansi (B2)

l'année. Env 16 € pour 2 avec tente et voiture. Locatifs. CB refusées. 80 empl. Petit camping en bord de route mais dans un agréable espace verdoyant doté de haies et d'arbres, au creux d'un joli vallon pour la partie la plus agréable. Dans 2 petites maisons, 2 bons blocs sanitaires propres. Équipements sportifs à côté (dont une piscine et un tennis, gratuits pour les campeurs).

De prix moyens à plus chic

Hôtel Cositel *(hors plan par A1, **13**) : 29, rue Gérard-Gaunelle. ☎ 02-33-19-15-00. • accueil@cositel.fr • cositel.fr • ♿ Doubles 60-100 € ; familiales.* Un hôtel de chaîne très fonctionnel et pas spécialement séduisant de prime abord. Les chambres se révèlent toutefois très spacieuses pour certaines, et indéniablement confortables. Bien que près de la route, l'environnement est paisible, verdoyant (le jardin est vraiment agréable), et l'accueil, très pro, se met en 4 pour répondre à vos demandes et rendre votre séjour agréable.

Hôtel Tanquerey de la Rochaisière Chambres d'hôtes *(plan A2, **14**) : 13, rue Saint-Martin. 📱 06-50-57-22-55. • contacttr@bandb-hotel-coutances.fr • bandb-hotel-coutances.fr • Fermé de mi-déc à mi-mars. Doubles 110-125 €.* Superbe et authentique hôtel particulier du XVIIe s, idéalement situé dans une rue très calme, au cœur du centre historique de la ville. Après une longue rénovation, réalisée dans le respect du lieu et de son époque, en préservant les matériaux anciens, les propriétaires ont offert une seconde vie à ce lieu magnifique. Les 2 chambres à l'étage possèdent un charme fou en adéquation avec le lieu. La « Guernesey » avec sa grande salle de bains (baignoire) dans les tons jaunes s'ouvre sur la rue. Tandis que la « Chausey », avec sa salle de bains (douche) dans les tons brique, moins spacieuse, mais plus intime, ouvre sur l'arrière et l'adorable cour pavée. La salle à manger d'origine, avec sa grande cheminée, son plafond bas et ses poutres peintes, constitue un écrin charmant pour le petit déjeuner. Excellent accueil. Notre coup de cœur !

Où dormir dans les environs ?

Chambres d'hôtes et gîtes Le Clos des Tilleuls – D Day Home *: 37, route de Coutances, village au Pelley, 50200 **La Vendelée.** 📱 06-33-07-00-23. • leclosdestilleuls.dday@gmail.com • leclosdestilleuls-ddayhome.com • À 4 km au nord de Coutances. Doubles 80-100 € ; 3 suites avec sauna, balnéo ou jacuzzi 135-250 €. Services plateau apéritif ou dessert avec des produits de bons artisans du coin sur commande 39 ou 49 € pour 2.* 5 chambres et suites, installées dans une belle maison ancienne. Toutes sont spacieuses, voire très grandes et pour certaines, équipées, ici d'un sauna, là d'une baignoire balnéo, ou encore d'un jacuzzi. Passionné d'histoire et plus particulièrement de celle de la dernière guerre mondiale, votre hôte se fera un plaisir de partager des informations sur le débarquement en Normandie. La salle du petit-déj est d'ailleurs décorée d'objets qui s'y rapportent. Sur résa, on peut disposer de plateau salé ou sucré, confectionné avec des produits d'artisans locaux, choisis par les propriétaires.

Où manger ?

De bon marché à prix moyens

Restaurant Côté Saint-Pierre *(plan A2, **20**) : 55, rue Geoffroy-de-Montbray. ☎ 02-33-47-94-78. • cotesaintpierre@orange.fr • Tlj sauf dim-lun. Résa conseillée. Formules déj mar-ven, 16-19 €, 22-39 € le soir.* Dans une toute petite salle basse de plafond aux lourdes poutres de bois, une poignée de tables seulement. Le midi comme le soir, le menu se réduit à 2 ou 3 propositions. Le chef s'approvisionne auprès des producteurs locaux, et sa carte change tous les mois. Grand soin apporté à la présentation, sans pour autant négliger les saveurs (fines et parfumées) et la quantité.

Don Camillo *(plan B1, **21**) : 4, rue Harcourt. ☎ 02-33-45-00-67.*

• *doncamillo@outlook.fr* • *Ouv le midi mar-sam, plus le soir mer-sam (tlj sauf dim-lun pdt vac scol). Congés : vac d'hiver (zone B, sauf fév) et 3 premières sem de juil. Formules déj, express 11,30 €, puis 13,90-17,40 € ; carte env 20-25 €.* Une adresse polyvalente proposant des plats bien cuisinés, à base de produits bien choisis et à des prix plus que raisonnables au vu de la qualité : plats du jour, pizzas, salades, chacun devrait trouver ici mets à son goût ! Et, pour ne rien gâcher, le cadre et le service sont agréables.

Les Pipelettes *(plan A2, **22**) : 3, rue Quesnel-Canveaux. ☎ 09-82-41-45-89. Tlj sauf sam-dim 10h-18h (jusqu'à la fin des stocks). Repas env 15 €.* Chez *Les Pipelettes,* c'est mignon, coloré, plein de fantaisie et d'humour. On s'y retrouve autour d'un bon petit plat maison le midi, pour un thé accompagné d'une douceur ou pour goûter différents cidres. Tout est bon. Vous l'aurez compris : l'ambiance y est plus atelier couture ou tricot que match de foot devant l'écran géant !

À 3 Pas *(hors plan par B1, **23**) : 1, rue du Maréchal-Joffre. ☎ 02-33-47-99-51.* • *restaurant@a3pas.com* • *Ouv mar-dim midi, plus ven-sam soir. Fermé lun. Formules déj en sem 15-19 €. Plats 16-18 € le soir et w-e.* Après plusieurs années au *Bréard* à Honfleur, la jeune cheffe a posé ses fourneaux et ustensiles ici, non loin de ses origines. « À 3 Pas » pour la passion, le partage et les papilles, mais aussi pour la cuisine à partir de produits locaux et de saison, provenant de circuits courts. Dans l'assiette, c'est innovant et bon, tant pour la cuisine de bistrot au menu déjeuner, que pour les plats un peu plus travaillés le soir.

De prix moyens à plus chic

Kalamansi *(plan B2, **24**) : 10, pl. du Général-de-Gaulle. ☎ 02-33-17-41-45.* • *contact@kalamansi.fr* • *Jeu-lun, midi et soir. Fermé mar-mer. Formules déj en sem 17,50-21 €, menus 34-51 €.* Une déco contemporaine épurée. Après plusieurs années dans les cuisines de grands chefs (comme Alain Passard), Frédéric Michel excelle à présent ici, chez lui. Le kalamansi est un agrume exotique, de petite taille (un peu l'apparence du citron, mais pas son goût), acidulé et piquant. Dans sa cuisine le chef utilise beaucoup d'agrumes pour relever ses plats. Dans l'assiette, toutes les promesses sont tenues pour mettre en valeur le produit, uniquement local. Cuissons parfaites, textures, saveurs et créativité. Le menu du déjeuner est d'un rapport qualité-prix incroyable, pour un BIB gourmand (Michelin) bien mérité. Une excellente adresse.

À voir. À faire

La cathédrale Notre-Dame *(plan B1-2) : tlj 9h-19h. Pour les visites guidées, contacter le bureau de Pays d'art et d'histoire en Coutançais (☎ 02-72-88-14-25).* Voir en particulier les parties hautes. Un miracle... cette merveille fut épargnée par les bombardements de juin 1944 ! Initialement construite par l'évêque Geoffroy de Montbray au XIe s, elle fut remplacée par un nouvel édifice (de style gothique, celui-ci) au début du XIIIe s. De la cathédrale romane, on conserva les structures de la nef et les tours de façade qui furent chemisées d'un parement gothique. Chaque flèche est entourée de clochetons effilés qui semblent jaillir comme des fusées et tirent l'ensemble vers le ciel. Prodigieuse sensation de verticalité, d'ailleurs renforcée par les longues arcatures aveugles. Au centre de la façade, ravissante galerie ajourée du XIVe s au-dessus d'une large baie en tiers-point. Admirable abside, chef-d'œuvre d'harmonie alliant l'équilibre des volumes à la romane et la verticalité du gothique. Toutes les lignes convergent vers la tour et semblent là aussi partir à l'assaut du ciel.

À l'intérieur, on retrouve les mêmes proportions harmonieuses. À la croisée du transept, la tour-lanterne avec son puissant jeu de lignes et de colonnettes inspire un fort sentiment d'aspiration vers le haut. S'attarder sur les vitraux, notamment

celui du Jugement dernier du XVe s. On y retrouve les 12 apôtres et, en dessous, saint Michel pesant les âmes. De chaque côté, ange et démon s'emparant de leur dû. Autre fascinante verrière, du XIIIe s celle-là, *Les Trois Martyrs,* qui se lit de droite à gauche et de bas en haut, et qui met en scène saint Blaise, saint Georges et saint Thomas Becket. Chœur entouré d'un large déambulatoire. Pour résoudre le problème de la faible hauteur de la nef (prisonnière des structures romanes), on a joué ici sur les phénomènes optiques : fenêtres, baies, faux triforium sont sciemment étirés. Effet assez réussi ! Dans les chapelles, quelques verrières du XIIIe s.
– Derrière la cathédrale, l'évêché du XVIIIe s.

Le musée Quesnel-Morinière *(plan A2)* **:** *2, rue Quesnel-Morinière. ☎ 02-33-07-07-88. Tlj sauf mar, dim mat et j. fériés 10h-12h, 14h-17h (18h juil-août). Fermé 19 déc-3 janv. Entrée : 2,50 € ; réduc ; gratuit moins de 18 ans, étudiants et pour ts dim ap-m. Expo temporaire gratuite.* Dans l'ancien hôtel particulier Quesnel-Morinière, un fonds d'intérêt régional. Très belle collection de céramiques normandes anciennes, des estampes et quelques peintures du XVIIe au XXe s, ainsi que des sculptures (dont plusieurs religieuses) du XVe au XXe s. Les amateurs d'histoire régionale y trouveront aussi des œuvres du « pou qui grimpe », fameux groupe de peintres imagiers coutançais du début du XXe s. Le musée propose également des expos temporaires (gratuites).

Le Jardin des plantes *(plan A1-2)* **:** *accès par le musée ou par la rue Quesnel-Morinière. Oct-mars, tlj 9h-17h ; avr-juin et sept, tlj 9h-20h ; juil-août, 9h-21h30 (avec illuminations en musique). GRATUIT.* Splendide jardin bâti en terrasses, jadis propriété de la famille Quesnel-Morinière, qui le légua à la Ville en 1850, avec comme exigence « qu'on y cultivât des plantes officinales à l'usage gratuit des indigents ». Syncrétisme réussi de la grâce des jardins anglais, de la symétrie rigoureuse des jardins à la française et du charme des terrasses italiennes. Au milieu, l'obélisque du généreux donateur. Partez maintenant à la découverte des 47 000 plantes et essences rares qui le composent, pins de l'Himalaya, savonniers, séquoia géant, cryptomeria du Japon, araucaria, *Ginkgo biloba,* tulipiers de Virginie, chicots du Canada, etc. En été, les senteurs des héliotropes et autres lantanas vous accompagnent. À l'entrée principale, sur la gauche, face au musée, l'immense pressoir à cidre du XVIIIe s (appelé « à longue étreinte ») et, tout en bas, à gauche, le labyrinthe pour les enfants.

➢ ***Balade dans le vieux Coutances*** **:** la *rue Quesnel-Morinière* donne une bonne idée de ce que fut la ville jadis. Bien reconstruite après les bombardements de la Seconde Guerre mondiale, en partie grâce aux efforts de l'architecte Louis Arretche. Au n° 10, linteau sculpté. Belle demeure au n° 18. Au n° 24, porche voûté et poutres vénérables menant à une cour entourée d'édifices à l'élégante sobriété. Quelques ouvertures en accolade. Au n° 40, ancien hôtel particulier. Rue Geoffroy-Herbert, maison avec tourelle à encorbellement en brique. La *rue Saint-Pierre,* qui descend en pente raide derrière l'église, offre également un intéressant visage du vieux Coutances : fenêtres en accolade, porches donnant accès à de pittoresques ruelles pavées.

L'église Saint-Pierre *(plan A-B2)* **:** *rue Geoffroy-de-Montbray.* Plus discrète que la cathédrale, elle n'en présente pas moins une remarquable architecture. Le très riche décor de la tour-lanterne de style Renaissance contraste avec la sobriété intérieure. Sa forme rappelle vaguement une tiare et évoquerait l'aide apportée par le pape Alexandre VI à son édification. À l'intérieur, belles stalles du XVIIe s sculptées d'entrelacs. Dans le transept gauche, quelques vitraux anciens (scène de baptême). Élégantes arches à quadruples voussures. Espace intérieur particulièrement lumineux.

Espace Saint-Nicolas (ex église Saint-Nicolas) *(plan B1)* **:** *cette église désacralisée est fermée au culte et accueille des expos temporaires. Tlj sauf dim en juil-août, horaires variables selon l'expo. L'Espace Saint-Nicolas accueille également les marchés de Noël en déc et le festival de la BD en juin.* Fondée au

XIIIe s, maintes fois victime des vicissitudes des guerres, elle fut complètement reconstruite de la fin du XVIe s au XVIIIe s dans le style gothique. Le chœur, élevé vers 1620, est particulièrement élégant.

L'hôtel de ville *(plan A1-2) : visite de quelques salles possible durant les heures d'ouverture de la mairie.* Il occupe l'ancien hôtel de Cussy (XVIIe-XVIIIe s) depuis 1819, mais la façade principale date du début du XXe s. Dans la cour, élégant perron avec sa rampe en fer forgé. À l'intérieur, jeter un œil sur les peintures murales de la salle des mariages, réalisées par Charles Rocher de Gérigné dans les années 1930. Elles racontent les péripéties de la vie d'un couple de paysans normands au XIXe s. Dans le hall d'entrée, autre peinture assez cocardière.

L'aqueduc *(hors plan par A1) : rue de Saint-Malo (vers Agon-Coutainville).* Pittoresques vestiges d'un aqueduc gothique construit au XIIIe s. Détruit par les huguenots 3 siècles plus tard puis réparé, il fut complètement abandonné à partir du XVIIe s.

DANS LES ENVIRONS DE COUTANCES

Le château de Gratot :** 80, rue d'Argouges, 50200* ***Gratot. *☎ 02-33-45-18-49. • chateaugratot.com • À 5 km au nord-ouest de Coutances. Tlj 10h-19h (dernière entrée 18h). Entrée : 4 € ; réduc ; gratuit moins de 12 ans. Pour les visites guidées, contacter le bureau de Pays d'art et d'histoire du Coutançais (☎ 02-72-88-14-25).* Les ruines superbement restaurées d'un château construit entre le XIIIe et le XVIIIe s. Ses murs de pierre blonde parlent toujours de la fée Andaine, qui un jour disparut de la fenêtre de la tour... Magique pour méditer, et une très belle aventure humaine : déjà plus de 20 ans de travail bénévole ont permis d'en arriver là. Petite expo permanente qui retrace l'histoire du château dans les communs. Expos et animations de l'Ascension à la fin de l'été. Notamment le 1er week-end d'août, « À propos de jardin », des exposants sur le thème du jardin dans le parc pendant 2 jours (plantes, outils, déco, mobiliers et conseils...).

Le musée Tancrède-de-Hauteville :** ancien presbytère, 50570* ***Hauteville-la-Guichard. *☎ 02-33-47-88-86. À 15 km au nord-est de Coutances. Juin-sept, tlj sauf lun-mar et dim mat 10h-12h30, 14h-18h (17h juin et sept) ; hors saison, chaque dernier dim du mois, plus tous les dim des vac scol 14h-18h. Fermé en déc-janv. Entrée : 3 € ; réduc. Toute l'année, visites guidées avec Pays d'Art et d'Histoire de Coutances ☎ 02-72-88-14-25.*
Un petit musée pas tape-à-l'œil, qui retrace la fantastique épopée de Tancrède de Hauteville et de sa nombreuse descendance. De manière un peu austère et ardue, malgré les couleurs vives des salles ! Une mine d'or pourtant pour les passionnés.
Né à Hauteville aux environs de l'an 1000, Tancrède est un modeste seigneur normand, qui n'a pratiquement aucune fortune à léguer à ses 15 enfants. Quelques-uns de ses fils (ils étaient 12 !) cherchent alors gloire et puissance en se faisant embaucher comme mercenaires dans les armées qui font route, en cette époque de croisades, vers Jérusalem. Points de passage obligés des croisés : l'Italie du Sud et la Sicile, où les fils de Tancrède finissent par s'installer. En 30 ans, ils deviennent les maîtres de la région, composant intelligemment avec les autochtones et tirant parti des connaissances des différentes civilisations implantées à ce carrefour méditerranéen : juristes, géographes, artistes arabes et byzantins rejoignent la cour de ce qui devient bientôt le plus solide royaume de la Méditerranée. Une puissance fondée sur la richesse économique (la Sicile est un grenier à blé), une stabilité politique à faire pâlir d'envie (le ***royaume normand de Sicile*** restera en place jusqu'en 1266), et une intense vie culturelle.
Jardin d'inspiration médiévale où flâner parmi les plantes aromatiques, médicinales et les fleurs... Expos temporaires l'été. Et tout au long de l'année, ateliers de broderie au point de Bayeux, d'enluminure et de vitrail.

Festival

– ***Jazz sous les pommiers :*** *mai, sem de l'Ascension (pas bête, il n'y a pas encore de pommes !).* • *jazzsouslespommiers.com* • L'un des festivals majeurs de l'Hexagone et l'un des meilleurs publics que l'on connaisse. Depuis 1982, date de sa création, Jazz sous les pommiers s'offre une programmation sans œillères et une atmosphère unique... La musique déborde bien entendu largement dans la rue, le jardin des plantes et les cafés, terrains de prédilection des groupes normands et bretons mis à l'honneur pour l'occasion. Réserver ses places et son hébergement bien à l'avance. Pour pallier le manque d'hébergements, mise en place d'un sympathique réseau de chambres chez l'habitant avec *Jazz in Couette* (toutes les infos sur le site de l'office de tourisme).

LE SUD DU PAYS DE COUTANCES

Superbe pays de bocage où il faut se perdre dans le lacis des petites routes. Comme ça, au hasard, pour découvrir le château de Cerisy-la-Salle, l'abbaye de Hambye... Juste quelques suggestions, pour aiguiser votre appétit.

Où dormir ? Où manger ? Où boire un verre ?

De bon marché à prix moyens

🍽 ⛱ ***La Baratte :*** *1, route du Pont, 50210* ***Saint-Denis-le-Vêtu.*** *☎ 02-33-45-45-49.* • *gilles.labaratte@outlook.fr* • *restaurant-labaratte.fr* • *♿ À env 10 km au sud de Coutances. Fermé mar-mer, plus le soir dim et lun. Congés : vac de la Toussaint, d'hiver et de printemps. Formule déj (sauf dim) 14,50 €, menu 24,50-38 €.* Les environs regorgent de délicieux produits bio, et c'est eux que le chef travaille avec brio en cuisine. On aime ce type d'endroit où l'on sent le sérieux, une réelle recherche de la qualité, mais sans faire dans le tape-à-l'œil. Et le service y est à la fois très pro et tellement gentil qu'on ne peut que s'y sentir bien accueilli. Pour parfaire le tout, jolie terrasse aux beaux jours.

🏠 🍽 ***Auberge de l'Abbaye d'Hambye :*** *5, route de l'Abbaye, 50450* ***Hambye.*** *☎ 02-33-61-42-19.* • *aubergedelabbaye@wanadoo.fr* • *aubergedelabbayehambye.com* • *À 100 m de l'abbaye, sur la D 51. Resto fermé lun (plus dim soir hors saison). Congés : 3 sem fin fév-début mars, vac de la Toussaint. Double à partir de 75 €. Menus 29-80 €.* Au bord d'une jolie route, cette grosse maison de pierre et son annexe abritent des chambres sobres, pas très grandes, mais confortables, plutôt élégantes et bien tenues. Côté table, les tarifs sont un peu élevés le soir à notre goût, mais on retrouve le même souci de bien faire en cuisine qu'à l'hôtel, avec un chef qui aime travailler les produits en y apportant sa petite touche de créativité. Accueil très gentil.

🍽 🍸 ⛱ ***Le Krill :*** *le Bourg, 50450* ***La Baleine.*** *☎ 02-33-51-39-42.* • *labaleine.lekrill@gmail.com* • *♿ Tlj sauf dim soir-lun, plus mar soir et sam soir hors saison. Menus 13,50 € (midi en sem sauf j. fériés), puis env 24-30 €.* Dans un adorable bout de campagne, la petite adresse genre bistrot du coin, avec une très agréable terrasse, où l'on vous sert de bons produits locaux bien troussés.

🍽 ***Restaurant du Délice :*** *9, pl. du Docteur-Beck, 50450* ***Gavray-sur-Sienne.*** *☎ 02-33-51-61-14.* • *restaurantdudelice50450@gmail.com* • *restaurant-du-delice.com* • *Tlj sauf dim soir-lun-mar. Menus 25-33 €. Résa conseillée.* Totalement relookée, avec une déco bien contemporaine, la table du chef Emmanuel Heusser ne désemplit pas et c'est bien mérité. Il faut dire qu'il a quelques atouts, notamment le prix national de la coquille

Saint-Jacques. Dans l'assiette, une cuisine de saison qui allie les plaisirs du palais et des yeux, avec une carte courte bien équilibrée. Cuissons précises et justes pour une cuisine créative et gourmande. Une belle découverte d'un excellent rapport qualité-prix.

Où acheter de la bonne andouille dans le coin ?

L'Andouillerie de la Baleine : *route de Coutances, 50450* ***Gavray.*** *☎ 02-33-61-44-20. Boutique : juil-août, tlj sauf dim 9h (10h lun)-12h30, 14h-19h ; hors saison, mar-sam. Congés : vac scol de fév, 1 sem fin juin et 2 sem fin sept-début oct.* C'est l'un des derniers artisans à fumer l'andouille de façon traditionnelle. Ça prend du temps (au moins 3 semaines), mais quelle réussite ! L'une des meilleures que l'on n'ait jamais goûtées. Parfumée, pas grasse pour un sou, emballée sous vide pour le voyage. En plus, durant l'été, vous pouvez visiter l'andouillerie *(visites guidées juil-août, tlj sauf sam mat, dim et j. fériés à 11h, 15h30 et 16h30 ; entrée 2,50 €, gratuit moins de 14 ans).* Vous saurez tout de la fabrication : le nettoyage, le salage, le fumage au feu de bois, la cuisson...

À voir

LA MANCHE

L'église de Savigny : *route du manoir, 50210* ***Savigny.*** *Tlj 9h-18h (17h nov-avr). Visites guidées sur demande auprès de l'association pour la sauvegarde de l'église : ☎ 02-33-45-35-53.* Ne pas rater cette petite église édifiée en 1128. À l'intérieur, dans l'abside en cul-de-four, petites arcades de facture assez primitive, rythmées par des colonnettes doubles et d'exquises fresques du XIVe s. Dans le cycle de sainte Barbe, les 3 hommes s'apprêtant à supplicier la sainte affichent le profil de vrais méchants de western spaghetti ! Autre curiosité dans la remarquable *Cène* sur le mur de la nef : il y a 14 convives (la Cène n'en comporte traditionnellement que 13). L'artiste a pris la liberté d'y ajouter saint Paul ! Également une belle statue de sainte Barbe du XVIe s dans le transept nord.

Le château de Cerisy-la-Salle *(50210) : ☎ 02-33-46-91-66. ● ccic-cerisy.asso.fr ● Visites guidées juil-août (jeu-ven et sam-dim 11h et 15h, sur résa uniquement. Entrée : 6 € ; réduc ; gratuit moins de 10 ans.*

À l'entrée sud du village, vous découvrirez le château, en surplomb d'un petit affluent de la Soulles. Il fut construit au début du XVIIe s par Jean Richier, un grand seigneur huguenot, ce qui explique l'architecture sévère, rigoureuse, de ce logis flanqué de pavillons d'angle aux hauts toits. Seule fantaisie, quelques lucarnes sculptées. Certaines fenêtres longilignes semblent même plus proches des meurtrières médiévales que des ouvertures Renaissance. En ces temps troublés, en terre protestante, on conservait un état d'esprit défensif.

Le château abrite aujourd'hui les ***colloques de Cerisy,*** organisés par l'Association des amis de Pontigny-Cerisy. Ils se déroulent de mai à début octobre et visent à favoriser les échanges entre intellectuels, chercheurs, artistes, savants de tous les horizons et pays. Les thèmes abordés sont extrêmement variés.

L'abbaye d'Hambye : *sur la D 51, au sud de Hambye. ☎ 02-33-61-76-92. Avr-juin et sept, tlj sauf mar 10h-12h, 14h-18h ; juil-août, tlj 10h-18h ; vac de la Toussaint, tlj sauf mar 10h-12h, 14h-17h30 ; oct, hors vac scol de la Toussaint, ouv mer-ven 14h-17h30. Visite guidée (juin-sept) à 11h, 14h30 et 16h30 ; vac scol de la Toussaint à 15h. Entrée : 5,50 € (+ 1,50 € pour les visites commentées) ; réduc ; gratuit moins de 7 ans.*

Comme à leur habitude, les moines surent choisir leur site : un vallon verdoyant arrosé par la Sienne. Calme et recueillement, assurés pour méditer sur les malheurs de l'époque. Fondée au XIIe s par Guillaume Paisnel, seigneur de Hambye, l'abbaye accueillit une communauté de moines bénédictins à partir du XIIe s. Les papes, les rois d'Angleterre et les ducs normands contribuèrent à son essor. Elle connut une grande prospérité à la fin du XIIe s et au XIIIe s, avant de décliner lentement. Au XVIIe s, il ne restait ainsi plus qu'une poignée de moines sans moyens, et, à la Révolution, elle n'était plus habitée. L'église est vendue en 1810 comme carrière de pierre et l'abbaye est divisée en 2 fermes... on vous laisse imaginer les dégâts.

JE T'AIME, MOI NON PLUS !

L'abbaye de Hambye fut rachetée en 1956 par M. Beck, à l'insu de sa femme, furieuse qu'il ait dû vendre une villa de bord de mer pour cet achat. Elle jura de ne jamais mettre les pieds dans cette ferme. Elle tint sa promesse pendant 2 ans, jusqu'au jour où des architectes du patrimoine lui rendirent visite et s'extasièrent, tout en s'horrifiant de son entretien. Piquée au vif, Mme Beck décida de parer au plus urgent (refaire les toitures, combler les fissures)... et finit par consacrer toute sa vie et son énergie à la réhabilitation des lieux.

– *La salle de la Porterie :* elle accueille une expo sur les toiles de Hambye (typiques de l'artisanat local de la 1re moitié du XIXe s).
– *L'église abbatiale :* elle avait réussi à passer la tourmente révolutionnaire, mais elle servit ensuite de carrière. Aujourd'hui très mutilée, elle continue cependant à susciter l'admiration. Grand squelette de pierre majestueux dégageant une impression d'élévation, de grâce, de légèreté sans limite, avec ses voûtes à ciel ouvert. L'ensemble dégage beaucoup de grandeur romantique.
– *La maison des convers :* ces gens qui servaient dans un monastère tout en restant laïcs étaient affectés aux tâches manuelles. L'ancien dortoir, qui abrite une exposition permanente sur l'histoire de l'abbaye et une maquette de celle-ci au Moyen Âge, présente une très belle charpente en bois. L'ancien réfectoire au rez-de-chaussée présente des expositions temporaires.
Les autres bâtisses sont privées, mais visitables, et vous y verrez les bâtiments agricoles, la cuisine, le chauffoir (ou scriptorium ; cette pièce servit aussi de cuisine et de salle à manger aux derniers moines), le parloir, la sacristie et, enfin, la salle capitulaire à l'architecture harmonieuse.

L'église Saint-Pierre d'Hambye : reconstruite au XVIIe s, elle possède toujours son porche du XVe s en accolade. À l'intérieur, superbe retable baroque polychrome, expression typique du catholicisme triomphant.

La Baleine : à 5 km à l'ouest de Hambye. Adorable hameau lové dans la vallée de la Sienne. Il abrite la *chapelle Notre-Dame,* du XVIIe s, à l'intérieur de laquelle se trouve un os de baleine en guise d'ex-voto !

LA BAIE DU MONT-SAINT-MICHEL

VILLEDIEU-LES-POÊLES-ROUFFIGNY

(50800) 3 5500 hab. *Carte Le sud de la Manche, C2*

Villedieu, une des villes les plus anciennes de Normandie, est spécialisée depuis le XIIIe s dans l'industrie du cuivre, de l'étain et dans la fonderie de cloches. C'est le martelage dû à leur activité qui valut d'ailleurs à ses habitants d'être appelés les Sourdins. Rabelais rapporte que les poêliers de Villedieu participèrent à la fabrication d'un réchauffoir à bouillie pour Pantagruel.

Aujourd'hui, casseroles et poêles sont cependant toujours produites ici, par la fameuse entreprise Mauviel. De plus, la visite des musées et des ateliers de Villedieu se révèle extrêmement enrichissante. D'ailleurs, comparée à d'autres petites cités de même importance, Villedieu possède une animation touristique inhabituelle. Il faut dire, aussi, que la ville, grandement épargnée par les bombardements de 1944, a conservé son joli petit centre-ville. Par ailleurs, si la rue du Cuivre n'existe plus, la ville abrite en revanche un certain nombre d'épiceries fines, caves ou adresses de bouche. Serait-on fine gueule à Villedieu ?

UN BASTION DE CHEVALIERS

Depuis le XIIe s, Villedieu-les-Poêles entretient un lien étroit avec les chevaliers hospitaliers. Ces ascendants des chevaliers de l'ordre de Malte héritèrent de ce territoire grâce au roi Henri Ier. Du fait de cette tutelle, les habitants sont dispensés de payer l'impôt. Tous les 4 ans, lors de la Fête-Dieu, la plus ancienne commanderie accueille les chevaliers de l'ordre pour le Grand Sacre.

Adresse et info utiles

Office de tourisme : *8, pl. des Costils. ☎ 02-33-61-05-69. • contact@ot-villedieu.fr • ot-villedieu.fr • Juin-sept, tlj 9h30-13h, 14h-18h ; le reste de l'année, lun-sam 10h-12h30, 14h-17h30 (fermé lun mat et jeu ap-m oct-janv).* Le bâtiment est en lui-même une curiosité : il symbolise une roule de cuivre, emblème de l'art local. Véritable vitrine des métiers d'art de la région, il abrite toute l'année des expositions-vente de créations contemporaines. Vous y trouverez aussi de nombreuses brochures sur la région et une billetterie.

– **Marchés :** *mar mat grand marché ; plus petit ven mat.*

LA MANCHE

Où dormir ? Où manger ? Où boire un verre ?

Camping

Camping Les Chevaliers de Malte : *2, impasse du Pré-de-la-Rose. ☎ 02-33-59-49-04. • campinglescheva liersdemalte@gmail.com • camping-deschevaliers.com • Ouv avr-fin oct. Pour 2 pers avec tente et voiture 21-29 €. Locatifs 2-6 pers. 78 empl.* À 2 pas du centre-ville, au calme, entre un quartier résidentiel et la rivière. Le site est simple, mais agréablement aménagé, avec des emplacements de bonne taille (dont 5 avec sanitaires privés) et de beaux arbres à l'ombre généreuse. Bien tenu, bien équipé, jeux pour enfants, snack, il y a même une piscine !

Bon marché

La Cuisine de Léonie : *6, pl. des Chevaliers-de-Malte. ☎ 02-33-61-07-94. Fermé dim soir et lun. Menus 11,70-15,90 € ; plats env 8-16 €.* Bonnes crêpes et galettes, salades ou autres andouillettes et saucisses grillées à savourer dans une salle agréable, entre murs de pierre apparente, poutres et abat-jour colorés. Terrasse sur la place.

Le Jardin Samovar : *95, rue du Docteur-Havard. ☎ 09-81-87-47-95. • le.samovar@yahoo.fr • Tlj sauf dim-lun, plus ven soir (jusqu'à 21h). Congés : fin mai-début juin. Formules déj 8,50-15,50 € ; carte env 20 €.* Une adresse où il fait bon se poser dans un cadre décontracté : grande cheminée, jazz en fond sonore, vieilles pierres et poutres en bois égayés par une déco aux couleurs chaudes et vives. Bons plats du jour à l'ardoise, produits locaux frais (le plus souvent bio) et garantis maison. Tout comme les pâtisseries ou le chocolat chaud, délicieux à l'heure du goûter. Également des bières artisanales, jus de fruit et thé bio (en vente sur place). Ambiance cosy et accueil charmant. 2 tables en terrasse aux beaux jours.

De prix moyens à chic

Hôtel Saint-Pierre : *12, pl. de la République. ☎ 02-33-61-00-11. • st.pierre.hotel@wanadoo.fr • st-pierre-hotel.com • ♿ Resto fermé dim soir. Doubles 60-80 €, familiales. Menus midi et soir (sauf dim) 15-24 €.* Des couloirs étroits, sombres, mais des chambres de bonne tenue. Toutes assez coquettes, certaines classiques et d'autres plus fraîches, parquetées et à la déco plus épurée. Dans la maison voisine, 3 belles chambres design un peu plus chères. Le resto, quant à lui, propose une honnête cuisine de terroir. Bon accueil.

Le Fruitier – Restaurant L'Atelier : *3, rue Jules-Ferry, pl. des Costils. ☎ 02-33-90-51-00. • accueil@le-fruitier.com • le-fruitier.com • ♿ Congés : de fin déc à mi-janv pour le resto. Doubles 57-98 €, familiales. Formules déj en sem 16,50-25 €, soir et w-e 17,50-35 €. Petit déj 10,60 €. Garage payant. Réduc de 10 % sur le prix de la chambre (janv-mars et nov-déc, hors longs w-e) sur présentation du guide de l'année.* Hôtel moderne proposant des chambres agréables, de bonne tenue et joliment arrangées. Leur prix varie selon la déco (contemporaine ou un peu plus ancienne) et la taille (les plus chères sont en duplex). Côté fourneaux, *L'Atelier* propose un menu de type bistrot très abordable, avec des spécialités traditionnelles, revisitées et soignées, élaborées avec des produits de saison en circuit court. Et aussi quelques plats « signature » comme le burger Atelier et la plancha de poisson. À déguster dans une ambiance contemporaine. Fait aussi bar lounge pour boire un café, un cocktail, picorer une assiette de tapas... Pour les rêves de repos et de luxe absolu, la maison propose aussi, à quelques rues de là, une annexe de 3 suites avec vue sur la campagne, piscine, sauna et hammam : ***Le Domaine des Chevaliers de Malte*** *(doubles env 124-145 €).*

LA MANCHE

Où dormir ? Où manger dans les environs ?

Les Goubelins : *3, La Grande Pièce, 50800* ***La Lande-d'Airou.*** *☎ 02-33-49-98-53. 📱 06-76-41-35-83. • dom@lesgoubelins.com • lesgoubelins.com • À 7 km à l'ouest de Villedieu. Doubles 63-73 €.* La maison en pierre du XIXᵉ s est charmante, avec son beau jardin fleuri. Les lieux ne manquent pas de charme et de caractère ! À commencer par les chambres, sobrement, mais élégamment et très confortablement aménagées : poutres, parquets d'origine en chêne superbes, mobilier choisi, literie de qualité, salles de bains modernes... Et le bon accueil des propriétaires.

Chambre d'hôtes Le Val Borel – Normandy Inn : *Le Val Borel, 50140* ***Montbray.*** *☎ 09-82-27-15-41. 📱 06-44-84-64-74. • info@levalborel.fr • levalborel.fr • À env 14 km au nord-est de Villedieu. Doubles env 80-90 €. 10 % de remise sur le prix de la chambre toute l'année, sur présentation de ce guide.* Perdue dans un joli paysage vallonné, cette ancienne grange restaurée abrite des chambres de belle taille et joliment aménagées. Ensemble frais, lumineux, très nature, à l'image de l'accueil des proprios anglais, absolument charmants. Salle commune et cuisine à disposition, ainsi qu'un jardin avec ses petits étangs, où se promènent l'âne, la chèvre, les chats, les canards...

Manoir de l'Acherie : *37, rue Michel-de-l'Epiney, 50800* ***Sainte-Cécile.*** *☎ 02-33-51-13-87. • manoir@manoir-acherie.fr • manoir-acherie.fr • À 3 km au nord-est de Villedieu. Resto fermé lun. Doubles 72-120 € ; petit déj 13 €. Menus 24-52 €.* Niché en pleine campagne, cet hôtel-restaurant est une vraie adresse traditionnelle, tant dans la cuisine que dans le style des chambres, plutôt rustique. Elles sont réparties entre la maison principale, les dépendances et la chapelle, et leur prix varie selon leur taille. Au restaurant, une vraie bonne cuisine du terroir, que l'on déguste dans la salle à manger près de sa grosse cheminée en pierre. Une adresse qui ne cherche pas à vous en mettre plein la vue, mais à vous offrir un beau moment, au calme, dans un cadre champêtre.

Les Bruyères : *50420 Gouvets. ☎ 02-33-51-69-82. • contact@lesbruyeresrestaurant.com • À 12 km au nord-est de Villedieu. Ouv le midi tlj sauf mer, plus le soir ven-sam. Formules déj en sem 16-20 €, autres menus 35-45 € ; carte env 30-40 €.* En bord de route, dans une construction récente. L'accueil, l'atmosphère printanière et surtout l'excellent rapport qualité-prix méritent bien le déplacement. Les plats proposés à l'ardoise varient en fonction des arrivages du marché, des producteurs et des produits de saison. À partir de recettes traditionnelles, le talent et la créativité du chef vous font voyager toujours un peu plus loin, plutôt vers l'Asie.

Où acheter de bons et beaux produits ?

Aux Délices de Campagne : *3, rue du Général-de-Gaulle. ☎ 02-33-91-99-46. Mar-sam et dim mat, 9h (9h30)-12h30, 14h-18h. Les horaires peuvent varier, ce sont des bénévoles.* Des producteurs, des fermiers et des artisans locaux qui font boutique commune, et voilà de quoi se faire un bon repas ou pique-nique (viandes, volailles, produits laitiers, légumes et quelques spécialités maison).

Mauviel 1830-In Situ : *47, rue de Caen. ☎ 02-33-61-00-31. • mauviel.com • Lun-ven 9h-12h30, 13h30-18h plus sam mat. Congés : Noël-Nouvel An et 2 sem en août.* C'est la boutique du célèbre fabricant d'ustensiles de cuisine, reconnu par les chefs du monde entier pour son savoir-faire presque bicentenaire. Des articles en cuivre, bien sûr, mais aussi en inox et en aluminium pour répondre aux tendances modernes. Une véritable caverne d'Ali Baba pour les intéressés, mais les prix sont élevés, à moins de trouver son bonheur parmi les quelques produits déclassés.

LA MANCHE

À voir. À faire

L'église Notre-Dame : construite en 1460 dans le plus pur style gothique flamboyant. Superbe clocher. À l'intérieur, nef basse avec d'énormes piliers et une atmosphère sombre favorable à la méditation. Remarquable mobilier : dans le chœur, joli tabernacle en bois doré du XVIIIe s. Magnifique devant d'autel figurant des anges avec encensoirs, corbeilles de fruits et de fleurs. À gauche du chœur, fonts baptismaux du XVe s en granit. Tout autour, une exquise broderie chinoise en soie. Vierge à l'Enfant en pierre. À droite du chœur, belle statuaire de 1656. Petit autel bricolé avec des devants de stalles. Dans le chœur, lutrin en forme d'aigle du XVIIe s. À côté, lampe du sanctuaire en cuivre repoussé du XVIIIe s, œuvre d'un artisan de la ville. Dans le transept droit, intéressante statuaire là aussi. Sur l'autel, à droite, sainte Barbe, patronne des fondeurs, des plombiers, des pompiers et des artilleurs (les arts du feu). Dans le transept gauche, belle chaire de 1683.

LES ÉGLISES AUSSI PEUVENT AVOIR LE CHŒUR À GAUCHE !

L'église Notre-Dame possède un curieux détail de construction : le chœur part vers la gauche. C'est une caractéristique que l'on trouve dans certaines églises et qui symboliserait la tête penchée du Christ sur la croix (ou alors l'architecte avait trop bien arrosé l'achèvement du transept !).

Derrière un pilier (près de la porte latérale), statue polychrome de Notre-Dame-de-Pitié (de la fin du XVe s). Vénérée par les fidèles de la région, elle frappe par la disproportion du corps du Christ. Probablement pas une pietà, mais une Vierge à l'Enfant dont l'avenir est déjà symboliquement représenté : notez la tête de mort dans les plis de la robe !

La fonderie de cloches Cornille-Havard : *11, rue du Pont-Chignon. ☎ 02-33-61-00-56. ● cornille-havard.com ● À 2 pas de l'église (bien indiqué). Vac de fév-11 nov, mar-sam 10h-12h30, 14h-17h30 (tlj 9h30-18h30 de mi-juil à fin août). Fermé 12 nov-vac scol de fév. Visite guidée uniquement (1h30). Entrée : 8,50 € ; réduc ; gratuit moins de 6 ans.*
Visite à ne pas manquer, pour tous ceux qui apprécient la noblesse des vieux métiers, et pour tous les amateurs d'artisanat en général ! Visite en outre exceptionnelle vu le très faible nombre de fonderies de cloches en France (il n'en reste plus que 2 en France). Celle-ci, brillamment reprise en main en 1981 par un couple de passionnés et rachetée par leur fils en 2012, peut se vanter d'avoir à son palmarès récent de fort belles cloches : les nouvelles cloches de Notre-Dame de Paris, les cloches de la cathédrale de Bayeux pour le 70e anniversaire du Débarquement, les cloches de la cathédrale de Sées en 2015, les cloches de la cathédrale de Saint-Malo en 2019 ou, dans un autre genre, celles de la frégate *L'Hermione* ou du *Queen Mary 2*.
En tout cas, la maison Cornille-Havard a le goût des traditions artisanales. Cet atelier, construit en 1865, a conservé son aspect d'origine. Ce qui donne un cachet, un certain charme même à la visite (sol en terre battue, pavés de bois de bout, outils traditionnels en cuivre). La fonderie a fêté les 150 ans de son atelier historique en 2015, mais c'est en fait plus de 9 siècles de tradition que l'on découvre au cours de la visite. Essayez d'effectuer celle-ci en semaine pour admirer le travail des compagnons fondeurs et les voir « mouler au trousseau » d'énormes cloches à partir d'argile, de poil animal et de crottin de cheval. Imposant four-réverbère à double voûte de 13 t. Également pittoresques : les fosses à mouler, les bois sculptés pour les décors en cire. Aujourd'hui, une centaine de cloches sont fabriquées chaque année. Autres productions de l'atelier : les paratonnerres, coqs de clocher, plaques commémoratives en bronze, médaillons en bas relief, etc. Boutique à « prix d'atelier ». Avant de repartir, les enfants (ainsi que les grands !) pourront jouer *Frère Jacques* ou *Le Bon Roi Dagobert* sur de petites cloches à l'aide d'un maillet ou s'effrayer gentiment en sonnant une cloche de plus de 1 t dans la cour.

Le musée de la Poeslerie et la Maison de la dentellière : *cour du Foyer, 25, rue du Général-Huard. ☎ 02-33-69-33-44. ● museesvilledieu.sitew.com ● Avr-juin et sept-vac scol de la Toussaint, tlj sauf dim 10h-12h30, 14h-18h ; juil-août, tlj 10h (14h dim et j. fériés)-13h, 14h-18h. Entrée : 5 € ; réduc ; gratuit moins de 10 ans.*
Très intéressant musée situé dans la cour du Foyer, là même où se travaillait le cuivre et où se développa l'artisanat de la poeslerie durant des siècles. Aujourd'hui, cette cour n'a pratiquement pas changé d'aspect. Notez les escaliers extérieurs en granit. Vous découvrirez dans un atelier les outils en bois (orme et buis) servant à marteler le cuivre sur les différents postes de travail traditionnels. Vieille forge, soufflet, expo d'alambics, etc. Chaque marteau donnait un son différent. Un ouvrier pouvait ainsi, de l'extérieur, déterminer exactement l'objet que l'on fabriquait et aussi celui qui battait le cuivre. À la longue, beaucoup de travailleurs devenaient fatalement sourds.
Au 1er étage, un intérieur reconstitué : turbotières, curieux couverts à 2 têtes (pour gagner du métal), cuillères à bouillie personnelles (qu'on gardait toute sa vie). Notez que la façon de manger donnait au fil des années une forme particulière à la cuillère ! Vous trouverez aussi des « cannes à lait » (pour recueillir le lait des vaches), bassinoires, chauffe-bain, fontaines à eau, etc.

Salle consacrée à la dentelle, l'une des autres grandes activités de Villedieu. Anciens métiers, fuseaux servant à cet art. À la fin de la visite, démonstration de dentelle aux fuseaux dans l'atelier d'une dentelière.

L'Atelier du cuivre : *54, rue du Général-Huard. ☎ 02-33-51-31-85. Tlj sauf sam-dim, 9h-12h, 13h30-17h30 ; départ des visites accompagnées (obligatoire) à 10h, 11h, 14h, 15h et 16h l'été, une seule à 15h hors saison. Entrée : 8,50 € ; réduc.* L'un des plus anciens ateliers du cuivre de Villedieu encore en activité. La visite commence par la projection d'un film d'une vingtaine de minutes, puis vous observerez dans l'atelier le savoir-faire des artisans locaux avec la fabrication d'objets courants ou décoratifs (moins de personnel le samedi, donc moins d'activité).

➢ **Balade dans la ville :** découvrir surtout les anciennes petites cours et les passages étroits coupant la *rue du Docteur-Havard* (la principale rue piétonne). Au *n° 41,* adorable petite cour de la Luzerne. Au *n° 42,* élégante demeure aristocratique avec fenêtres à accolade et à meneaux. Au *n° 81,* un porche voûté mène à la cour des Hauts-Bois. Au *n° 83,* maison avec des fenêtres à meneaux. Au *n° 87,* cours Bataille et de l'Enfer. Au *17, rue du Général-Huard,* long passage voûté pour parvenir à la cour des Moines, toute fleurie, puis au bord de la sienne bucolique à souhait. Au *n° 25,* la cour du Foyer (qui abrite le musée de la Poeslerie et la Maison de la dentellière). Ne pas manquer la jolie petite place du Pussoir-Fidèle. On peut aussi suivre les marquages au sol, pour la visite du quartier des métiers d'art.

DANS LES ENVIRONS DE VILLEDIEU-LES-POÊLES

Le parc zoologique de Champrepus : *à 8 km à l'ouest de Villedieu sur la D 924, direction Granville. ☎ 02-33-61-30-74. • infos@zoo-champrepus.com • zoo-champrepus.com • ♿ Avr-août, tlj 10h-19h ; le reste de l'année, 11h-18h, tlj 1er-26 sept, vac scol de la Toussaint et d'hiver, plus les w-e en mars et du 27 sept à mi-oct. Fermeture de la billetterie 2h avt la fermeture du parc. Fermé des vac scol de la Toussaint à celles d'hiver. Entrée : 19 € ; 13 € 3-11 ans ; tarifs préférentiels pour les internautes et pass saison illimité. Prévoir min 3h30 de visite.* Fondé en 1957 grâce à la passion de Lucien Lebreton ce parc animalier est aujourd'hui l'une des plus belles attractions du genre dans le département. Loin du concept du zoo-exhibition, la philosophie de la famille Lebreton était de favoriser le bien-être de ses hôtes et de contribuer à la préservation d'espèces en voie d'extinction. Les nouveaux propriétaires continuent dans le même sens. Ainsi, ce très joli parc paysager de 10 ha accueille une soixantaine d'espèces animales, domestiques ou exotiques, à travers plusieurs espaces ponctués de panneaux pédagogiques et informatifs vraiment bien faits. Un certain nombre de ces espèces participe à un programme d'élevage en vue de leur conservation : baudets du Poitou, ânes du Cotentin, moutons d'Ouessant, qui peuplaient autrefois nos campagnes françaises, mais aussi tigres de Sumatra, panthères de Perse, gibbons, lémuriens de Madagascar sont quelques-uns de ces hôtes particulièrement choyés. Dans quelques parties du parc, on passe même au milieu des animaux en liberté (les chèvres naines, les lémuriens). Ne pas manquer enfin, d'avril à août, les différentes animations (goûter des tigres, pandas roux, gibbons, lémuriens, loutres, girafes et autres manchots). Une appli (gratuite) à télécharger sur place propose des jeux tout au long du parcours, à faire en famille.

Possibilité de se restaurer sur place, soit dans l'un des nombreux abris pique-nique couverts, soit dans un resto au cadre agréable où sont servis des plats simples mais à base de bons produits.

GRANVILLE (50400) 12 567 hab. *Carte Le sud de la Manche, B2*

• Plan *p. 488-489*

3e ville du département, port de pêche, port de commerce, port de plaisance et célèbre plage, c'est aujourd'hui l'un des poumons économiques de la Manche. La haute ville s'étire spectaculairement sur son promontoire rocheux et offre une superbe balade tout au long de ses vieilles demeures de granit. Pour ajouter la culture à l'esthétique, des musées intéressants devraient achever de vous convaincre de ne pas manquer Granville...

UN PEU D'HISTOIRE

Personne n'est vraiment sûr de l'origine viking de Granville, aussi nous rabattrons-nous sur ce qui ne fait aucun doute, c'est-à-dire la création de la ville par les Anglais au XVe s pour surveiller le Mont-Saint-Michel (toujours pas conquis). Essor économique reposant sur la pêche à la morue, la guerre de course et... la pêche aux huîtres. La ville basse fut d'ailleurs édifiée sur une montagne de coquilles. Armateurs et corsaires se firent élever de beaux hôtels particuliers. En 1793, la ville fut républicaine et résista aux milliers de Vendéens dirigés par La Rochejaquelein. L'activité des terre-neuvas cessa en 1930. C'est le tourisme qui prit alors le relais. Dans la 2de moitié du XIXe s, les bains de mer de Granville étaient renommés, et une ligne de chemin de fer fut même construite pour y conduire les vacanciers. Michelet, Stendhal, comme toujours amoureux, et Victor Hugo ne furent pas les derniers à apprécier la station.

Aujourd'hui, outre le tourisme, la ville perpétue sa vocation maritime grâce à la pêche côtière (Granville étant le 1er port coquillier en France, et sa baie la plus grande zone de pêche de bulots en Europe) et un certain nombre de petites industries liées à la mer, ainsi qu'une petite activité de port de fret et de passagers, avec les îles Anglo-Normandes et les îles Chausey, notamment.

INCROYABLE MAIS VRAI !

Granville fut libérée le 31 juillet 1944 par Patton. Mais on oublia qu'il y avait une garnison allemande basée à Jersey : dans la nuit du 8 au 9 mars 1945 (oui, 9 mois après le Débarquement), fortement équipée, celle-ci s'inventa son propre petit débarquement, avec bateaux, péniches de commandos et chalutiers armés. Un déluge d'obus s'abattit sur le port de Granville, causant de sérieux dégâts aux bateaux, aux bâtiments et une vingtaine de morts !

Arriver – Quitter

Gare routière *(plan D2)* **:** *av. de la Gare.* Liaisons assurées par *Nomad* *(☎ 02-22-55-00-10 ; • normandie.fr/manche •)*, avec le Mont-Saint-Michel, Saint-Lô et Avranches notamment.

Gare SNCF *(plan D2)* **:** *pl. Pierre-Sémard. ☎ 36-35.* Liaisons avec ***Caen*** et ***Saint-Lô*** avec changement à Coutances, ***Pontorson (Le Mont-Saint-Michel)*** et ***Rennes*** avec changement à Folligny. Dans les 2 cas, fin du trajet en car. Également des liaisons directes avec ***Argentan, L'Aigle*** et ***Paris-Montparnasse*** (via Villedieu, Vire et Flers).

Pour ***les îles Chausey,*** lire plus bas « Dans les environs de Granville ».

LA MANCHE

Adresse et info utiles

🅘 ***Office de tourisme Granville Terre et Mer*** *(plan C2)* **:** *2, rue Lecampion.* ☎ *02-33-91-30-03.* • *information@otgtm.fr* • *tourisme-granville-terre-mer.com* • *Avr-fin des vac scol de la Toussaint, lun-sam 9h30-12h30, 14h-18h ; dim 9h-13h. Juil-août, lun-sam 9h30-18h30, dim 10h30-13h, 14h-17h. Fin des vac scol de la Toussaint-mars, lun-sam 9h30-12h30, 14h-17h30.* Pendant l'été, propose plusieurs parcours commentés dans la ville et les communes alentours *(5 €/adulte).*

– ***Marchés :*** ***grand marché*** *sam mat, cours Jonville, et dans les halles (rue Ernest-Lefrant).* ***Petit marché*** *mer mat, pl. du 11-Novembre-1918 (quartier Saint-Nicolas), et* ***petit marché bio*** *mar 16h30-19h30, cours Jonville.*

Où dormir ?

Camping

Si Granville est la station balnéaire connue, c'est plutôt dans les petites villes voisines que l'on va pour camper ou se baigner (à Saint-Pair et dans la ribambelle de petites villes au sud ou à Donville-les-Bains au nord).

⛺ ***O2 Camping :*** *lieu-dit La Bretonnière, 50290* ***Longueville.*** ☎ *02-33-51-27-19.* • *contact@O2camping.fr* • *o2camping.fr* • *À env 7 km au nord-est de Granville. Fermé de mi-déc à mi-janv. Pour 2 avec tente et voiture 17-33 €. Locatifs 2-6 pers. 90 empl.* À quelques kilomètres seulement de la mer, mais en pleine campagne, au milieu des champs, avec ici le petit carré de potager, là, l'enclos que se partagent poules et biquettes. Tout est fait pour que vous vous sentiez bien, avec de grands emplacements pour les campeurs, et un environnement un peu plus sauvage pour les hébergements locatifs (surtout les toilés). Très pratiques aussi, les « nichoirs » pour 2, soit des cabanes en bois avec lits séparés ou double et mini-terrasse (sanitaires communs), qui se louent à la nuit. En revanche, en raison du jeune âge du site, les arbres manquent encore d'étoffe pour dispenser un peu d'ombre. Heureusement, pour se rafraîchir, il y a la grande piscine couverte *(avr-oct).* Bar littéraire en haute saison. Accueil adorable.

⛺ ***Camping de l'Ermitage :*** *rue de l'Ermitage, 50350* ***Donville-les-Bains.*** ☎ *02-33-50-09-01.* • *camping-ermitage@wanadoo.fr* • *camping-ermitage.com* • ♿ *À env 1,5 km au nord de Granville (qui se rejoint aisément à pied). Ouv avr-oct. Env 22-24 € pour 2 avec tente et voiture. Locatifs. 300 empl.* Un vrai camping de bord de mer, familial, avec accès direct à la grande et belle plage. Le terrain est vaste, bien équipé, les emplacements délimités par des haies, et l'ensemble bien tenu. On y trouve en été le bar-restaurant, l'épicerie, la boulangerie, pétanque, aire de jeux et aussi des animations.

⛺ ***Camping du Château de Lez-Eaux :*** *240, av de Lez-Eaux, 50380* ***Saint-Aubin-des-Préaux.*** ☎ *02-33-51-66-09.* • *bonjour@lez-eaux.com* • *lez-eaux.com* • *À 7 km env au sud-est de Granville, en direction d'Avranches. Ouv de mi-mai à fin sept. Env 26-46 € pour 2 avec tente et voiture. Locatifs 2-8 pers. 229 empl.* Camping 5 étoiles au cœur du parc de 12 ha d'un manoir du XVIIIe s, à 4 km de la mer. De vastes emplacements très bien équipés et ombragés. Des cabanes dans les arbres pour 3 personnes qui n'ont pas le vertige. Un immense parc aquatique couvert et chauffé, piscine, bassin de nage à contre-courant, pataugeoire avec jeux d'eau, toboggans aquatiques. Aires de jeux, salle de jeux, location de vélo, terrain de sport, tennis, mini-ferme, poney... Tout un tas d'animations en été. Bar et épicerie sur place. Et club pour les enfants avec animatrice.

Où dormir ?

- **10** Auberge de jeunesse (C3)
- **11** Chambres d'hôtes Le Logis du Roc (B2)
- **12** Chambres d'hôtes La Maison de Juliette (B2)
- **13** Hôtel du Bout du Quai (D2)
- **14** Hôtel des Bains (C2)

Où manger ?

- **20** Picorette (C3)
- **21** Le P'tit Fourbi (C-D2)
- **22** Pizz'à Bruno (hors plan par D2)
- **23** Le Comptoir de l'Atelier Gourmet (hors plan par D2-3)
- **24** Au P'tit Mareyeur (B2-3)
- **25** La Citadelle (B3)
- **26** Le Bistro'Nomik (B3)
- **27** La Contremarche (B2)
- **28** Loca café (plan B2)

Où boire un verre ?

- **35** Bar La Rafale (plan B2)

Où acheter des gourmandises ?

- **40** Yver Chocolatier (hors plan par D2)
- **41** À la Marquise de Presles (C2)
- **42** Glacier Yver (C2)

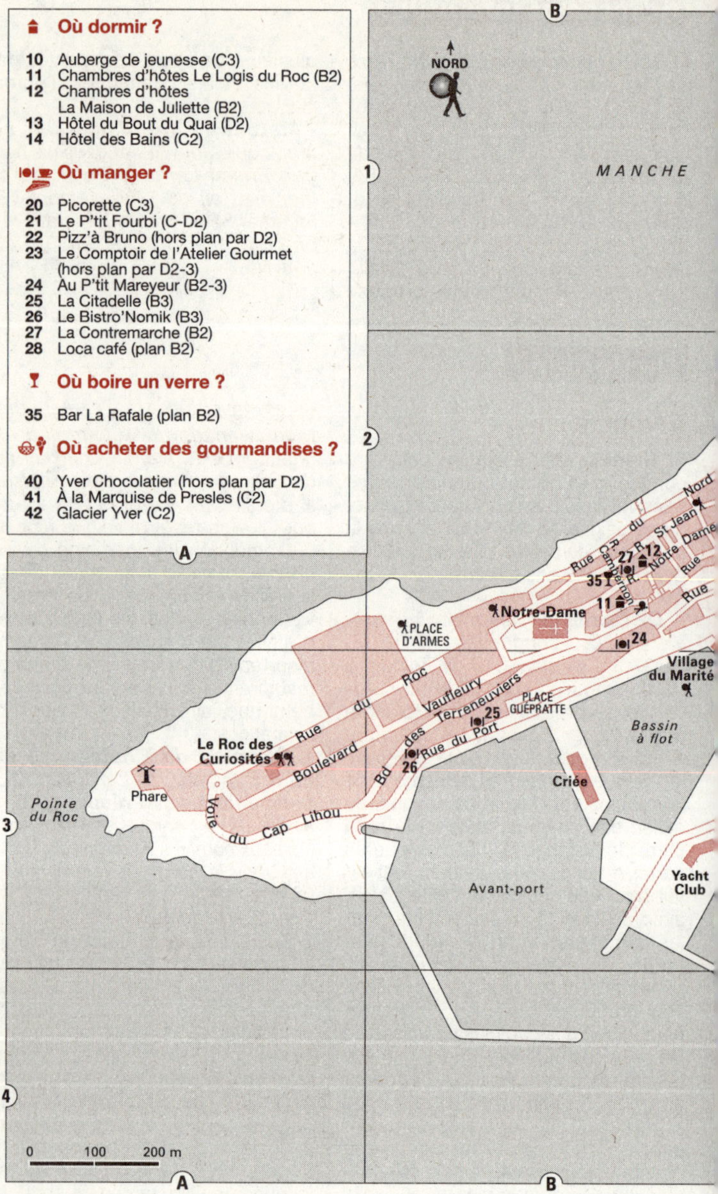

C
D
1
2
3
4
Pointe du Lude
COUTANCES
DONVILLE-LES-BAINS
VILLEDIEU-LES-POÊLES
AVRANCHES
CAROLLES
Musée et jardin Christian-Dior
R. d'Estouteville
R. du Dr Ollivier
Avenue de la Libération
R. de la Falaise
R. de Verdun
Bd Girard Desprairies
Casino
PL. DU Mal FOCH
42
Musée R.-Anacréon
14
Av. de la Libération
R. Gal Patton
R. des Moulins
Bd Louis Dior
Avenue de la Gare
28
R. P. Poirier
Juifs
des
R. des Corsaires
PL. DU Gal DE GAULLE
Crs Jonville
41
R. Lecampion
PL. D'ORLÉANS
Hôtel de ville
21
13
Rue Couraye
Av. Mal Leclerc
22
40
23
R. d'Orléans
Bd des Amiraux
R. Cl. Desmaisons
R. Valory
R. St Sauveur
20
R. Ste Geneviève
Rue St Gaud
R. de la Fonderie
R. Ste Marie
Rue Saint Paul
des Isles
10
Rue Granvillais
Centre régional de nautisme
Rue de Hérel
Bd St Gaud
Rue St Gaud
Port de plaisance
Pointe Gautier

GRANVILLE

Auberge de jeunesse

■ |●| ***Auberge de jeunesse*** *(plan C3,* ***10****) : dans le Centre régional de nautisme, bd des Amiraux-Granvillais (port du Hérel). ☎ 02-33-91-22-60. ● hebergement@crng.fr ● crng.fr ● ♿ Mars-oct, tlj ; hors saison, se renseigner. Pour les non-adhérents, env 22,70-35,70 €/pers ; petit déj 4,90 €. Pour les adhérents 20,60-30,90 €/pers ; petit déj 4,40 €. Possibilité de repas au self sur résa, env 13,20 € (12 € adhérents).* Le charme de cet édifice des années 1970 (qui s'est offert une nouvelle jeunesse en 2013) ne saute pas immédiatement aux yeux, mais, une fois à l'intérieur, force est de constater que les architectes de l'époque ont fort bien exploité la superbe situation du lieu : rares sont les AJ dotées d'une salle commune avec une telle vue sur la mer et le port. Les 160 lits sont répartis en chambres doubles ou quadruples, simples mais propres, avec salle de bains privée ou partagée. Nombreuses activités : voile, planche à voile, kayak de mer, etc.

Chambres d'hôtes

■ ***Chambres d'hôtes Le Logis du Roc*** *(plan B2,* ***11****) : 13, rue Saint-Michel. ☎ 02-33-50-75-71. 📱 06-18-35-87-42. ● eric.perotin@wanadoo.fr ● lelogisduroc.com ● Doubles 57-62 € ; loue également une maisonnette dans la haute ville pour 3 pers (min 2 nuits), 130-140 € pour 2 nuits ; 280-465 €/sem. 10 % de remise sur le prix de la chambre (hors vac scol et avr-sept) sur présentation de ce guide.* Derrière la devanture rouge et fleurie de cette ancienne boucherie de la haute ville se cache une agréable petite adresse tout en hauteur avec, à chaque palier de l'escalier raide et bien étroit, une chambre.

■ ***Chambres d'hôtes La Maison de Juliette*** *(plan B2,* ***12****) : 41, rue Notre-Dame. ☎ 02-33-58-14-12. 📱 06-73-18-28-89. Double 80 €.* Cette très jolie maison particulière, lovée dans une petite rue de la Ville-Haute et rénovée avec goût, abrite 4 grandes chambres très agréables aux 1er et 2e étages de la maison. Une couleur dominante pour chacune d'elle, et de belles salles de bains modernes. Chaleureuse salle à manger pour le petit déj, au rez-de-chaussée.

De prix moyens à plus chic

■ ⛱ ***Hôtel Au Bout du Quai*** *(plan D2,* ***13****) : 5, pl. Pierre-Sémard. ☎ 02-33-50-02-05. ● hotelauboutduquai@free.fr ● hotelauboutduquai.free.fr ● Doubles 65-75 €.* Tous les hôtels de la gare ne se ressemblent pas, preuve en est celui-ci ! Cette imposante demeure couleur saumon se révèle en effet très avenante, avec son bel escalier et son intérieur en dégradé de gris doux à l'œil. Dans les chambres confortables, les couettes blanches viennent encore illuminer l'ensemble. Accueil charmant et attentionné. Et une belle terrasse aux beaux jours pour le petit déj, ou pour boire un verre. Bref, un excellent rapport qualité-prix pour cette ville !

■ ***Hôtel des Bains*** *(plan C2,* ***14****) : 19, rue Georges-Clemenceau. ☎ 02-33-50-17-31. ● hoteldbains@yahoo.fr ● hoteldesbains-granville.com ● ♿ Doubles 79-170 €. Parking payant.* Cette vaste bâtisse du début du XXe s, idéalement placée, abrite des chambres dont le prix varie selon leur situation : côté rue, cour ou mer, quelques-unes avec balcon. Certaines côté rue sont un peu sombres et étroites, mais le problème est surtout que la rue en question est très passante ; au bruit des mouettes risque donc de s'ajouter celui des voitures. À part cela, jolies chambres, de bon confort, et un accueil pro et agréable.

Où manger ?

Bon marché

|●| ☕ ⛱ ***Picorette*** *(plan C3,* ***20****) : 24, rue Saint-Sauveur. ☎ 02-33-59-93-49. ● adam-picorette@orange.fr ● picorette.fr ● ♿ Mar-sam (tlj juil-août) 10h-19h (restauration 12h-15h). Congés : 1 sem en fév et avr ; 2 sem*

fin sept-début oct. Formule déj 20 € ; repas à la carte env 20-25 € ; goûter env 10 €. Café offert sur présentation du guide de l'année. Chez *Picorette*, il serait dommage de ne faire que picorer, tellement c'est bon ! Le midi, petit choix de plats maison, et toute la journée des gâteaux à se rouler par terre. Quant aux amateurs de thé, ils seront servis : l'excellente carte est extrêmement fournie. Cadre et accueil adorables.

Le P'tit Fourbi *(plan C-D2,* ***21****) : 35, rue Couraye. ☎ 02-14-13-67-47. • celine-pinel@hotmail.fr • Fermé dim midi, lun tte la journée et mar midi. Formule déj 10 €. Repas env 20 €. Topette (digestif maison) offerte sur présentation du guide de l'année.* Un endroit convivial où l'on se sent bien. La carte est simple : pizzas, burgers ou autres petits plats du jour. Mais c'est maison, et c'est bon !

Pizz'à Bruno *(hors plan par D2,* ***22****) : 35, av. des Matignons. ☎ 02-33-91-92-30. • bruno.mathurin@hotmail.fr • Tlj sauf mar-mer et dim midi. Congés : 15 j. en juin et 15 j. en sept. Pizzas 9-13 €.* À l'écart du centre, petit local avec 3 tables pour poser une fesse devant la télé, et un comptoir ouvert sur la cuisine et le four. Dans l'assiette, de délicieuses pizzas généreusement garnies. Une adresse d'habitués qui marche fort avec ses *pizze* à emporter.

De prix moyens à plus chic

Le Comptoir de l'Atelier Gourmet *(hors plan par D2-3,* ***23****) : 13, av. A.-Briand. ☎ 02-14-13-64-32. • lateliergourmet@sfr.fr • Tlj sauf dim-lun (mar-mer à midi seulement). Résa très conseillée. Menu 29,50 €.* À la carte, juste quelques petits plats orientés saveurs, et troussés de quelques pointes d'exotismes. Le tout en prise directe sur les petits producteurs du terroir ou les pêcheurs du cru. Bref, une cuisine bistronomique joliment présentée, qui change tous les jours selon les arrivages saisonniers et l'humeur du chef talentueux. À déguster dans une salle moderne, à la fois chaleureuse et cosy.

Au P'tit Mareyeur *(plan B2-3,* ***24****) : 64, rue du Port. ☎ 02-33-90-46-76. • contact@ptitmareyeur.com • Tlj 8h-18h30. Huîtres et son verre de blanc 9 € (6) et 13 € (12) avec un verre de champagne 18 €. Repas env 25 € ; plateaux à emporter (à commander 24h à l'avance) 24-39 €/pers.* Le concept est simple : c'est une poissonnerie devant laquelle on a eu l'idée d'installer une terrasse sur la rue. Il suffit donc de faire son choix parmi les produits vendus au comptoir et les petits accompagnements, puis de s'attabler ! Grande fraîcheur, moins cher qu'au resto (attention, quand même, ça grimpe vite), mais l'endroit étant passant, on vient là plus pour assouvir une profonde envie de fruits de mer que pour un dîner en tête à tête. C'est aussi une conserverie artisanale (soupes, rillettes de poisson, etc.).

La Citadelle *(plan B3,* ***25****) : 34, rue du Port. ☎ 02-33-50-34-10. • citadell@club-internet.fr • restaurant-la-citadelle.fr • ♿ Fermé mar-mer. Menus 42-90 € ; carte env 30-45 €. Café offert sur présentation du guide de l'année.* Le grand classique de Granville, et pour cause. La cuisine de la mer (surtout) y est bonne et soignée, tant dans la présentation que dans le travail des produits. Et le service et le cadre sont agréables... Que demander de plus ?

Le Bistro'Nomik *(plan B3,* ***26****) : 12, rue du Port. ☎ 02-33-59-60-37. • bistronomik@gmail.com • Fermé dim soir, mer soir et jeu. Formule 26 € (sauf sam soir et dim midi), menu 33 € ; carte 40-45 €.* Tout est dit dans le nom ! Du noir, du blanc, une déco très sobre, mais l'important est dans l'assiette ! Et là, présentation et saveurs sont bien au rendez-vous !

La Contremarche *(plan B2,* ***27****) : 9, pl. Cambernon. ☎ 02-33-50-31-94. • accueil@lacontremarche.fr • Dans la Ville-Haute. Tlj sauf lun midi et soir. Formules déj en sem 17,50-20,50 €. Menus 29-36 €, plats 22 €.* Installé dans un superbe bâtiment du XIXe s, l'ancienne halle au poisson de la Ville Haute, ce restaurant est vite devenu un lieu de rendez-vous des Granvillais. Le lieu est superbe, restauré tout en conservant les matériaux d'origine. Une carte courte, mais bien équilibrée entre poissons, viandes et légumes (pour les végétariens). Les plats sont élaborés avec des produits frais, locaux et de saison.

Loca Café *(plan C2, **28**) : 24B, rue Georges-Clemenceau. ☎ 02-33-69-03-12. En face de l'*Hôtel des Bains. *Tlj sauf mer midi et soir. Menus déj lun-ven 15-20 €, le soir 30 €.* Après 25 ans d'une cuisine étoilée à travers le monde, Stéphane Haissant s'est installé ici, chez lui. Charmante déco fraîche et moderne pour le cadre. Dans l'assiette, le chef a plus d'un tour d'inspiration et de créativité dans ses casseroles. La cuisine française est la base, mais le voyage est permanent. Les produits, issus de petits producteurs locaux, sont de qualité et rigoureusement sélectionnés. Quelques tables à l'extérieur. Accueil paisible et pro.

Où dormir ? Où manger dans les environs ?

Chambres d'hôtes

***Outremer & Terre :** chez Éliane et Gérard Legoupil, village Grandin, 50320 **La Lucerne-d'Outremer.** ☎ 02-33-59-80-20. 06-07-84-07-81. • legoupil1@hotmail.com • outremer-et-terre.com • À env 15 km au sud-est de Granville. Double 80 €. Apéritif maison offert sur présentation du guide de l'année.* Dans une belle campagne qui vous séduit en douceur, l'ancienne auberge du XVIIe s est devenue une maison d'hôtes où il fait bon séjourner. Déco sobre, élégante, dans des matériaux que l'on sent robustes et de qualité. Pour le petit déj, c'est dans la jolie cuisine, où les grandes baies vitrées vous donnent presque l'impression de sentir l'herbe sous vos pieds.

***Le Logis d'Équilly :** Le Château, 50320 **Équilly.** ☎ 02-33-61-04-71. • contact@lelogisdequilly.fr • lelogisdequilly.fr • À env 15 km de Granville. Double 160 €. Gîte 5-6 pers. Table d'hôtes 35 €.* Les accueillants propriétaires de cette seigneurie du XIIIe s lui ont redonné l'ambiance et l'élégance des grandes demeures (escaliers de pierre et cheminées qui en imposent, grand parc avec plan d'eau, belles chambres toutes personnalisées et élégantes, salles de bains neuves), tout en conservant son caractère rustique et médiéval. Ici, pas de TV écran plasma, on vient avant tout profiter du cadre et du calme.

***Graines de Rêves :** 1, route de L'Église, 50510 **Saint-Sauveur-la-Pommeraye**. 06-12-30-77-24. • carine@grainedereves.fr • grainedereves.fr • À env 15 km de Granville. Doubles 80-125 €. Familiale. Table d'hôtes 24 € (sur résa).* Une belle longère du XVIIIe s, ancienne ferme du manoir, s'est refait une beauté avec de belles ouvertures vitrées sur le jardin. Elle abrite 4 belles chambres d'hôtes (3 à l'étage et 1 au rez-de-chaussée) de grand confort. Une belle salle à manger pour les petit déj et table d'hôte et 2 salons à disposition. Les repas sont préparés entre autres avec les fruits et légumes du jardin. Sauna et bain nordique (payant) pour les hôtes.

***Auberge du Mesnil-Rogues :** 2, rue de l'Auberge, 50450 **Le Mesnil-Rogues.** ☎ 02-33-61-37-12. • auberge-mesnilrogues@orange.fr • À 16 km à l'est de Granville. Ouv mar-dim au déj, plus le soir ven-sam (également jeu et dim de mi-juil à mi-août). Fermé lun. Résa impérative. Formule déj sem 13,50 €. Menus 25-35 €.* Une sympathique auberge de campagne, dans un ancien presbytère, au cœur d'un paisible village. On vient là pour la viande grillée au feu de bois (entrecôte, carré d'agneau et surtout le cochon de lait) et les superbes assiettes de terroir (poêlée d'andouille sur lit de pommes de terre, magret de canard sauce camembert). Hautement roboratif ! Aux beaux jours, agréable terrasse dans le jardin et jeux d'enfants.

Bon marché

***L'Auberge des Casse-croûte :** 2, rue de l'Église, 50290 **Bréville-sur-Mer.** ☎ 02-33-91-91-83. À 5 km au nord de Granville. Fermé mer tte la journée et sam midi, plus mar soir hors saison. Menu déj en sem 14 € ; carte env 20-26 €.* Dans une maison qui ne

LA MANCHE

paie pas de mine, en bord de route. Un intérieur chaleureux, entre auberge de campagne et pub. Au menu, des plats simples, plutôt traditionnels, bien préparés et qui tiennent au corps.

Le Jardin de Léontine : *37, Le Grand Chemin, à* ***Bréville-sur-Mer.*** *☎ 02-33-50-47-28. • lejardindeleontine@orange.fr • restaurant-jardindeleontine.com • À 5 km au nord de Granville. Fermé dim soir, lun, plus soir mar-mer nov-avr. Formule déj (mar-ven) 14 €, plat du jour 11 €, menus 25-34 €. Apéritif maison offert sur présentation du guide de l'année.* Certes, la situation, en bord de route, n'est pas des plus séduisante, mais la cuisine de marché – de la mer et de la terre – est maîtrisée, pleine de goûts et présentée avec soin. Plusieurs salles agréables et plutôt cosy.

Poissonnerie Rocavi-Bar à Huîtres : *71, pl. Charles-de-Gaulle, 50380* ***Saint-Pair-sur-Mer.*** *☎ 09-77-78-49-88. • endirectdubateau.rocavi@gmail.com • poissonnerie-rocavi.fr • Tlj en continu 8h30-19h l'été, fermé dim ap-m hors saison. Compter 12-25 €.* Évidemment, c'est d'une grande fraîcheur et moins cher qu'au resto. C'est simple, une belle poissonnerie flambant neuve, devant laquelle on a eu l'idée d'installer une belle terrasse, en surplomb de la place. Il suffit donc de faire son choix parmi les produits vendus au comptoir et les petits accompagnements, puis de s'attabler ! Également quelques plats cuisinés. Et l'été, c'est en continu tous les jours, accueil très sympathique, qui plus est !

La Table du Scion : *8, le Scion, 50320* ***Beauchamps.*** *☎ 02-33-68-91-04. • latableduscion@orange.fr • Ouv ven-mar midi et soir Fermé mer-jeu. Menus 23-29 €. Plat unique 17 €.* Directement sur la route, mais on l'oublie dès que l'on passe la porte. Plusieurs salles agréables et soigneusement décorées et jolie petite terrasse à l'abri des regards à l'arrière. Une belle carte courte et bien équilibrée, qui évolue au fil des saisons. Dans l'assiette, c'est les cuissons sont parfaites, les produits sont bien travaillés avec une attention toute particulière à la présentation et c'est bon, que demander de plus. Bon accueil.

LA MANCHE

Où boire un verre ?

Bar La Rafale *(plan B2,* ***35****) : 6, pl. Cambernon. ☎ 02-33-50-10-01. Tlj 10h-2h juin-aout. Le reste de l'année, mer-dim 10h-1h (2h ven-sam) ; fermé lun-mar.* Un petit bar devenu un genre d'incontournable pour les Granvillais. Une terrasse généreuse installée aux beaux jours sur la place piétonne. Une cave à bières avec plus de 90 références, mais aussi une sélection de cocktails et de vins au verre. En période estivale, de nombreux concerts sont organisés sur la place (jazz, rock, reggae, électro...).

Où acheter des gourmandises ?
Où acheter une gaufre ? Où déguster une glace ?

Yver Chocolatier *(hors plan par D2,* ***40****) : 189, route de Villedieu. ☎ 02-33-91-85-11. • atelier@yverchocolatier.com • yverchocolatier.com • Sur la D 924 en direction de Villedieu. Parking juste devant.* Jean-Louis Yver, maître chocolatier, a choisi les abords commerciaux de la ville pour installer son temple du chocolat. Pour commencer, et consommer utile, le tout petit musée : un espace pédagogique consacré à la saga du chocolat et à ses méthodes de fabrication à travers une sélection d'objets et d'anecdotes. Pour suivre, le vaste espace de vente, lieu de perdition ! On retrouve ces créations au centre-ville ***À La Marquise de Presles*** *(26, rue Lecampion ; plan C2* ***41****).* Également un kiosque ***Le Glacier Yver*** *(plan C2,* ***42****),* sur la place du casino, où sont vendues, entre autres douceurs (glaces, crêpes...), de très bonnes gaufres.

À voir

La haute ville

La rue des Juifs *(plan B-C2)* **:** elle abrite ateliers, galeries, antiquaires et brocantes. Ce petit bout de rue grimpe en direction de la haute ville. Très active pendant des siècles (avec l'arrivée des commerçants juifs), cette rue est aujourd'hui à l'écart des mouvements de masse et possède une âme de quartier bohème, où il fait bon flâner.

La rue Lecarpentier *(plan B-C2)* **:** Lecarpentier fut le défenseur de la ville contre les Vendéens en 1793. Les grandes dalles des marches proviennent des anciens remparts. Noter les ruelles coupant à angle droit et permettant aux défenseurs de passer d'une muraille à l'autre rapidement. Beau panorama sur la ville basse. Possibilité de passer par le square Marland pour profiter d'un cadre verdoyant. Arrivée place de l'Isthme. Table d'orientation. Escalier pour rejoindre le casino et la ville basse.

Le musée d'Art moderne Richard-Anacréon *(plan C2)* **:** *pl. de l'Isthme. ☎ 02-33-51-02-94. Juin-sept et pdt vac scol (ttes zones), tlj sauf lun ; le reste de l'année, ven-dim. Fermé de mi-nov à janv. Entrée : env 5 € ; réduc ; gratuit moins de 26 ans.* Un musée d'art moderne tenant une place à part, né grâce aux collections léguées par Richard Anacréon, l'un des plus grands libraires parisiens du XXe s, originaire de Granville. Il fut tout d'abord le grand ami de Colette, Paul Valéry et Claude Farrère, qui l'encouragèrent à ouvrir une librairie. Il côtoya alors dans sa boutique, *L'Originale,* toute l'élite intellectuelle et artistique de la 1re moitié du XXe s : Utrillo, Picasso, Léautaud, Cendrars, Cocteau, Prévert, Claudel, Dufy et tant d'autres. Dans le même temps, intuitif et collectionneur, il accumula les œuvres des uns et des autres, sollicitant dédicaces originales et dessins. Ainsi, aujourd'hui, visiterez-vous un étonnant chassé-croisé d'artistes et d'écrivains ayant chacun à sa manière parlé des autres peintres ou graveurs, et non une accumulation ordinaire d'œuvres. Quelques œuvres et artistes présentés de façon permanente, comme André Derain, Maurice de Vlaminck, Kees Van Dongen... L'endroit mérite aussi vraiment la visite pour la qualité régulière de ses expos temporaires.

La rue Saint-Jean *(plan B-C2)* **:** continuation de notre promenade dans cette haute ville à l'architecture grise, dure, d'une austérité empreinte de noblesse. Peu d'ostentation dans la richesse chez les armateurs et corsaires ayant réussi « socialement ». Elle s'exprime seulement par la sobre élégance des façades et quelques détails architecturaux marginaux. Au *n° 105,* un curieux linteau *Vive Jésus* et *Marie Joseph 1672.* Vieilles venelles transversales, comme la rue Saint-Denis et ses bornes anti-carrosses. La *rue Étroite* mérite bien son nom. Les rues *Marché-au-Pain, des Plâtriers,* etc., témoignent des petits métiers qu'elles abritaient. Au *n° 45,* hôtel Ganne-Destouches. Élégante bâtisse de granit. On y arrêta en 1798 Destouches (immortalisé par Barbey d'Aurevilly dans *Le Chevalier Des Touches*). Au *n° 39,* maison de Fortuné de Boisgobey, écrivain fameux au XIXe s pour ses romans-feuilletons. À côté, au *n° 37,* l'une des plus anciennes demeures de la ville. Elle appartint au XVIIIe s au proprio des îles Chausey (d'où provenait le granit de tous ces édifices). Dans ses caves se déroulaient les messes clandestines sous la Terreur (elles accueillent aujourd'hui une plus tranquille crêperie). Au *n° 19,* linteau gravé *1622 Poe.* Au *n° 4,* belle maison avec encadrement de granit et encorbellement. Au *n° 3,* curieux haut-relief en terre cuite dans la façade.

La rue Cambernon *(plan B2)* **:** d'abord un petit détour par la *rue Notre-Dame* pour découvrir au *n° 14 bis* l'une des plus vieilles demeures (XVIe s) de Granville. Dans la rue Notre-Dame toujours, au *n° 3,* hôtel des comtes de Matignon. Au *n° 43,* hôtel du Val-ès-Fleurs de 1635. Au *n° 54,* hôtel Le Mengnonnet, un peu en retrait, au style élégant. Au *n° 76,* hôtel de l'Amirauté et son fronton triangulaire avec massive lucarne de granit. De la place Cambernon, descendre la petite rue des Égouts (un nom bien mérité vu ce qui la ponctue...) et admirer... elle n'est pas belle, cette vue ?

L'église Notre-Dame *(plan B2)* **:** les Anglais commencèrent sa construction en 1441, mais à peine les fondations creusées, ils furent boutés hors de France. C'est malin, elle mit ensuite 3 siècles à être achevée ! Elle donne l'impression d'une minicathédrale complètement ramassée sur elle-même, comme pour mieux résister aux tempêtes. Imposante façade du XVIIIe s. À l'intérieur, arches de la nef en plein cintre, tandis que celles du déambulatoire sont ogivales. Beau buffet d'orgues de 1660. Chaire et stalles du XVIIIe s, ainsi que le tabernacle en bois sculpté et doré. Au rond-point du chœur, chapiteaux sculptés. À gauche, grand bénitier en granit du XVe s (ancienne cuve baptismale). Pittoresques fonts baptismaux (grille du XVIIIe s).

La place d'Armes *(plan B2-3)* **:** *on y accède par la porte Saint-Jean.* Vaste esplanade bordée d'anciennes casernes (qui abritent aujourd'hui des administrations diverses...), à la remarquable architecture du XVIIIe s. Plus loin, rue du Roc, l'ancienne *halle au blé* qui accueille, en été, des expositions (renseignements au musée du Vieux-Granville). Plus loin, rue du Roc, l'ancienne *halle au blé.*

Le Roc des Curiosités *(plan A3)* **:** *le Roc.* ☎ *02-33-50-19-83.* • *aquarium-du-roc.com* • *Tt au bout de la haute ville. Avr-sept, tlj 10h-19h ; oct-mars, tlj 10h-12h30, 14h-18h30. Fermé 1er janv et 25 déc. Entrée : 9 € ; réduc.* En route pour une réelle mise en scène du patrimoine naturel et pour une visite accompagnée par Jules Verne et quelques citations de ses œuvres dans un site hors du commun (pour le meilleur et pour le pire !). La visite commence par le ***jardin des Papillons,*** où l'univers des papillons et des insectes est présenté dans des tableaux originaux. Suit l'***aquarium*** et son bel éventail de poissons multicolores des mers tropicales. Dans le ***palais des Minéraux,*** on est encore une fois surpris de découvrir avec quel sérieux (et quel sens artistique tout à la fois) les bois silicifiés, séquoias minéralisés, énormes géodes d'améthyste, cristaux de toutes sortes, ont été mis en valeur, parfois même superbement mis en scène. Mais le plus incroyable (et le terme n'est pas galvaudé !) reste à venir avec la ***Féerie des coquillages.*** Vous n'imaginez pas tout ce qu'on peut faire avec des coquillages. Ça frôle parfois le chef-d'œuvre, aux frontières ténues du kitsch et du sublime.

La ville basse

La plage *(plan C-D1-2)* **:** *entre le casino et la pointe du Lude.* Bordée par la fameuse digue-promenade du Plat-Gousset, et parfois assaillie par de furieuses vagues en hiver.

Le musée et le jardin Christian-Dior *(plan D1)* **:** *villa Les Rhumbs.* ☎ *02-33-61-48-21.* • *musee-dior-granville.com* • *Ouv 5 juin-30 sept, tlj 10h-18h30 (dernière entrée 18h) ; oct-mai, mar-dim (tlj pdt vac scol) 10h-12h30, 14h-18h (dernière entrée 30 mn avant la fermeture). Entrée : 9 € ; réduc ; gratuit moins de 12 ans. Jardin ouv tte l'année 9h-17h janv-fév, 18h mars et oct-déc, 20h avr-mai et sept, 21h juin-août.* Devant la plage, en haut de l'escalier du bout de la promenade du Plat-Gousset, la maison d'enfance de Christian Dior, *Les Rhumbs,* se cache au cœur d'un splendide jardin de falaise, qui retrouve peu à peu la superbe que lui connaissait Dior. Face à la mer, cette villa couleur rose sorbet (le couturier s'inspirera de sa couleur pour certaines de ses créations), construite par un armateur à la fin du XIXe s, accueille désormais un musée, où chaque année une exposition thématique différente est proposée. L'occasion de découvrir, à travers accessoires, dessins, tableaux, flacons de parfum et nombre de modèles de haute couture, tout le talent et l'œuvre de Christian Dior et de ses successeurs.

Le village du Marité (plan B-C2-3) : *quai d'Orléans. ☎ 02-33-50-17-03. Sur le port, face au Marité. Tlj juil-août 10h-12h, 14h-17h ; de Pâques à juin et sept-oct, en fonction de la présence du navire. GRATUIT.* Dernier des terre-neuviers français, le *Marité* aura connu 5 vies depuis son lancement à Fécamp en 1923 et sa victoire dans la course des grands voiliers en 1992. Avec ses 47 m de longueur, le plus grand trois-mâts du patrimoine français a subi à Granville une restauration complète et repris du service en mer. Toutefois, il reste de ce vaste chantier ce « village », où de grands panneaux vous racontent l'histoire du bateau et de « sa remise en forme ».

À faire

Granville est un haut lieu de la voile, avec une bonne activité de régates, allant du dériveur au croiseur, en passant par la planche à voile, le catamaran de sport, etc. Et pour cause : s'ouvre devant vous l'un des plus beaux plans d'eau qui soient, avec la baie du Mont-Saint-Michel, les îles Anglo-Normandes, des courants et des marées en veux-tu en voilà, juste ce qu'il faut pour régaler les vrais amateurs, pas les poules mouillées genre « bronzing » méditerranéen...

■ **Centre régional de nautisme** (plan C3) : *bd des Amiraux-Granvillais, port du Hérel. ☎ 02-33-91-22-60. • crng.fr •* Base régionale de la Fédération française de voile. Planche, dériveur, catamaran, kayak de mer, *stand-up paddle*, aviron, char à voile... Stages d'initiation ou de perfectionnement, cours particuliers, locations, pratique libre...

■ **Yacht Club de Granville** (plan B3) : *quai de Hérel. ☎ 02-33-50-04-25. • yachtclubgranville.com •* Fondé en 1933. L'un des clubs les plus actifs en France, organisateur d'une impressionnante brochette de belles régates (pratiquement tous les week-ends). Son *clubhouse* est le sympathique rendez-vous de tous les mordus de mer, du pêcheur au coureur océanique, en passant par le simple plaisancier.

Sorties en mer à bord de vieux gréements

La Bisquine La Granvillaise : *rens à l'Association des vieux gréements granvillais, maison de La Bisquine, 43, bd des Amiraux. ☎ 02-33-90-07-51. • lagranvillaise.org • Sorties avr-oct, à la ½ journée (env 35-45 €/pers), à la journée (57-72 €), au w-e ou plus... selon vos envies. Forfaits famille également.* Légendaire bateau de pêche du XIXᵉ s, typique de la baie du Mont-Saint-Michel, doté d'une imposante voilure (293 m², et 340 m² en régate !) ; la star locale avec le *Marité*.

Le Marité : *quai d'Orléans. ☎ 02-33-50-17-03. • lemarite.com •* Le *Marité* (lire aussi plus haut, dans « À voir »), vous emmène découvrir la baie de Granville *(env 3h ; 43 €/pers, réduc)* ou naviguer dans l'archipel des îles Chausey *(env 10h ; 79, 50 €/pers, réduc).* Pour ceux qui n'auraient que les moyens de rêver, possibilité ponctuellement de visiter le célèbre bateau quand il est à quai *(5 €/pers).*

Le Courrier des Îles : *☎ 02-33-61-48-79. • lecourrierdesiles.fr • Visite de l'archipel des îles Chausey à la journée. Peut accueillir jusqu'à 15 pers.*

Le Charles Marie : *☎ 02-33-46-69-54. • espritgrandlarge.com • De mi-avr à mi-nov.*

Manifestations

– **Carnaval :** *5 j. à partir du ven qui précède Mardi gras. • carnaval-de-granville.fr •* Un vrai carnaval traditionnel, qui a perduré grâce à l'habitude qu'avaient les terre-neuvas de se déguiser pour dépenser une partie de leur solde dans une terrible

LA MANCHE

bamboula, avant de partir pour de longs mois en mer. Défilés de chars, bals, et une habitude populaire, les « intrigues » : les habitants, petits et grands (surtout les grands d'ailleurs), s'affublent des plus invraisemblables costumes et vont rendre visite à leurs connaissances... Fin des réjouissances avec l'embrasement du bonhomme Carnaval dans le bassin du port de pêche.
– ***Sorties de bain :*** *4 j. début juil. ☎ 02-33-69-27-30. ● sortiesdebain.com ●* Festival des arts de rue réunissant plus d'une trentaine de compagnies et offrant une centaine de représentations.
– ***Festival des Voiles de travail :*** *5 j. fin août. ● festivaldesvoilesdetravail.com ●* Parades nautiques et embarquements à bord de bateaux anciens, expositions, mises en scène, cinéma de plein air, concerts, dégustation, etc.
– ***La Ferme en Folie :*** *vac de la Toussaint. ● fermeenfolie.fr ●* Festival s'adressant aux enfants de 2 à 12 ans et à leur famille, avec des animations autour des thématiques de la ferme et de l'éco-citoyenneté.
– ***Festi Récré :*** *vac de Printemps. ● festi-recre.fr ●* Comme le précédent, c'est un festival qui s'adresse aux enfants de 2 à 12 ans et à leur famille, avec des animations sur les thématiques de l'éveil des sens.

DANS LES ENVIRONS DE GRANVILLE

👁👁 ***L'abbaye de La Lucerne :*** *50320* ***La Lucerne-d'Outremer.*** *☎ 02-33-60-58-98. ● accueil@abbaye-lucerne.fr ● abbaye-lucerne.fr ● À env 15 km au sud-est de Granville. Avr-sept, tlj sauf dim mat 10h-18h (17h vac de la Toussaint et de Noël) ; fermé dim matin et j. de fêtes religieuses, ainsi que jan-mars, 2-20 oct, 6-10 oct et 13 nov-15 déc 2023. Fermé le reste de l'année, le 1er janv et 25 déc. Entrée : 8 € ; réduc ; gratuit moins de 7 ans ; forfait famille 26 €.* Cette abbaye, construite au XIIe s et restaurée aux XVe et XVIIe s, mérite le détour, ne serait-ce que pour le bel environnement boisé dans lequel elle se niche. Le régal des yeux se poursuit en découvrant l'église abbatiale romane, la tour anglo-normande annonciatrice du style gothique, le cloître, le lavabo roman, le réfectoire, le colombier... Et dire que tout cela revient de loin ! Comme toute bonne abbaye qui se respecte, en effet, celle de La Lucerne souffrit fort de la Révolution. Vendue comme bien national, elle devint une filature, puis une scierie de pierre, avant d'être plus ou moins laissée à l'abandon. Classée Monument historique en 1928, ce n'est que grâce aux énormes travaux de restauration entrepris depuis 1959 qu'elle a pu retrouver de sa superbe. En 2021, la mission Bern a sélectionné l'abbaye et finance actuellement la restauration de la toiture des transepts et du chœur de l'église.

LES ÎLES CHAUSEY

👁👁 Seul archipel normand resté français malgré le traité de Brétigny (1360), il s'étend sur environ 5 000 ha maritimes et se situe à 17 km de Granville. À marée haute, 52 îles et îlots, reliés par de vastes étendues de sable et de vase. À marée basse, il y en a presque autant que de jours dans l'année (parmi les îlots, bien sûr, beaucoup de simples rochers). Grâce à l'énorme amplitude des marées (plus de 14 m), la surface des îles à marée basse est multipliée par 70 ! D'origine granitique, elles fournirent la pierre utilisée pour construire le Mont-Saint-Michel, Saint-Malo et une partie des trottoirs de Paris et de Londres. Plus de 300 espèces végétales attirent une grande variété d'oiseaux, dont le fou de Bassan, le tadorne de Belon ou les sternes pierregarin et caugek. L'archipel est en grande majorité privé, le reste étant la propriété du Conservatoire du littoral. De nos jours, à peine une dizaine de personnes vivent à Chausey en hiver. Un grand moment d'harmonie et de paix, pour qui veut réellement se défaire de sa névrose urbaine, mais on vous prévient : pas facile d'éviter les hordes de touristes pique-niqueurs et plagistes en juillet et août.

La ***Grande-Île*** (la seule à être habitée et la seule visitable) mesure 2 km de long sur 200 à 700 m de large. L'économie repose sur la pêche au casier (homards, crabes, crevettes roses, congres...) et sur la culture des moules, des huîtres et des palourdes. Çà et là, sur les plages, des squelettes de bateaux en décomposition. Histoire de nous rappeler qu'ici, en hiver, la mer n'est pas qu'une toile de fond pour dépliant touristique : elle ne plaisante pas.

Un peu d'histoire

Des monuments mégalithiques attestent la présence de l'homme à Chausey dès la préhistoire. Au XIe s, l'archipel est cédé à l'abbaye du Mont-Saint-Michel par Richard II, duc de Normandie. Les moines vont extraire des îles le granit nécessaire à la construction de l'abbaye. Au XVIe s, le roi Henri II fait édifier sur la Grande-Île un château fort, avant de confier l'archipel aux comtes de Matignon, ancêtres de l'actuelle famille princière de Monaco. Après avoir été pris par les Anglais en 1756, l'archipel est rattaché à la commune de Granville en 1804.
En 1949, les carrières de granit furent rouvertes, pour reconstruire la vieille ville de Saint-Malo, détruite par les bombardements.

Comment y aller ?

Vedettes Jolie France, Jolie France I, et Douce France : *gare maritime de Granville. ☎ 02-33-50-31-81. • vedettejoliefrance.com •* Ouv tte l'année : avr-sept, 1-5 départs/j. ; oct-mars, mer, w-e et jours de grande marée ; fév-déc, mer, sam et jours de grandes marées. Résa obligatoire. Durée de la traversée : 45 mn-1h. Prix : env 28,60 €/adulte A/R. Possibilité aussi de faire, en plus, le tour de l'archipel en bateau (env 10,20 €/adulte).

Également quelques traversées proposées par la compagnie *Corsaire* au départ de Saint-Malo et Dinard. *☎ 0825-138-100 (service 0,18 €/mn + prix appel). • compagniecorsaire.com •* Prix : env 35 € A/R. Traversée : 1h15.

Où dormir ? Où manger ?

– ***Quelques infos pratiques :*** à côté du débarcadère, de l'*Hôtel du Fort et des Îles* et accolé au restaurant *Contre Vents et Marées* (c'est la même maison en fait), la petite ***boutique-épicerie-brasserie*** de l'île vend des boissons, quelques légumes et les produits de base pour cuisiner (si vous dormez sur place) ou de quoi vous constituer un pique-nique au cas où ce « détail » vous aurait échappé.

Gîte rural La Ferme de Chausey : *chez M. et Mme Lair. ☎ 02-33-90-90-53. • la.ferme.chausey@orange.fr • ileschausey.com • Résa indispensable. Ouv tte l'année. Studios ou appart 2-9 pers 184-484 €/w-e (hors juil-août) ; pour 2-4 pers 426-840 €/sem, pour 6-9 pers 720-1 728 €/sem selon nombre de pers et saison.* Dans une ancienne ferme rénovée, une vingtaine de gîtes bien aménagés et fonctionnels. Du studio pour 2 à 4 personnes jusqu'au duplex 4 pièces pour 6 à 9 personnes. Le cadre est vraiment très sympa avec le très grand jardin dans la cour fermée, ses tables de pique-nique, ses barbecues. En revanche, on vient davantage à Chausey pour profiter du site et, s'ils sont fonctionnels, ces gîtes ne sont pas vraiment de petits nids douillets. Accueil très convivial.

Gîtes communaux : *rens et résas à la mairie de Granville. • gitedechausey@ville-granville.fr • ville-granville.fr • Congés : janv-vac d'hiver. Loc à la sem seulement avr-sept ; selon les vedettes le reste de l'année. Compter 305-1 060 €/sem pour 4-7 pers.* Dans l'ancien presbytère et l'ancienne école de l'île, 5 gîtes superbement situés près d'une jolie plage. Prix peu élevés, mais confort très minimaliste : seul le plus grand possède une salle d'eau, et les douches (payantes) sont dans un bâtiment annexe à côté du presbytère.

Hôtel du Fort et des Îles : *☎ 02-33-50-25-02. • contact@hotel-chausey.com • hotel-chausey.com • À 100 m à gauche au-dessus du débarcadère. Tlj début avr-fin sept ; fermé le reste de l'année. Résa conseillée. Doubles env 80-130 € ; familiales. Formules à partir de 30 € environ.* Le seul hôtel de l'île. Côté chambres, celles-ci donnent, au choix, sur la campagne ou sur le dédale d'îlots. Petite déco balnéaire, elles sont simples, pas très grandes, mais néanmoins confortables. Côté resto : la plupart des poissons et crustacés que vous aurez dans votre assiette sont pêchés dans les eaux de Chausey. Difficile de faire plus frais, donc. Il fait aussi bon boire un verre ou un café dans le très joli jardin qui entoure l'établissement.

Restaurant Contre Vents et Marées : *☎ 02-33-59-83-36. Ouv tlj avr-début nov. Repas env 25-35 €. Résa fortement conseillée.* Beaucoup de produits de la mer, évidemment (le contraire serait regrettable !), mais aussi des salades et des plats de viande. Les plus chanceux, ceux assis aux premières loges, près des grandes fenêtres, les dégusteront en profitant de la belle vue sur la baie. À moins que le temps ne permette de profiter de la terrasse. Service efficace et très agréable.

LA MANCHE

À voir. À faire

➢ ***Précisons que l'archipel est un paradis de la pêche à pied :*** on trouve, selon les saisons, des coques, des palourdes, des huîtres, des praires, et on en passe. Évidemment, tout cela est réglementé (petite brochure disponible au débarcadère ou infos sur *• cpagranville.net •* Comité des pêcheurs amateurs de Granville). Les îles Chausey constituent aussi une superbe ***réserve ornithologique.*** Huîtriers-pies, goélands, cormorans, tadornes de Belon, sternes et consorts s'ébattent ici en paix ; alors, en période de nidification (au printemps), allez-y sur la pointe des pieds...

➢ ***Balade à pied*** (qui ne vous épuisera pas) **:** hors saison, cure de calme, de repos, d'authentique. Voir le ***phare*** haut de 37 m et d'une portée de 43 km, le ***fort*** (construit en 1860 pour se défendre contre les Anglais et qui ne servit jamais) et la ***chapelle des Pêcheurs*** (de 1840). ***Les Blainvillais,*** un microvillage qui tient son nom de la commune de Blainville, d'où venaient chaque été les « soudiers », employés à brûler le varech pour en extraire la soude exploitée dans les verreries. ***L'ancien sémaphore,*** désaffecté depuis 1939, qui fait désormais le bonheur des ornithologues. ***Le château Renault*** *(ne se visite pas).* En 1928, sur les ruines du château bâti par les Matignon en 1558, dominant la superbe grève de Port-Homard, Louis Renault (le constructeur automobile) fit bâtir, d'après ses propres plans, cet étonnant petit château taillé dans le granit, qui dégage une impression de sobriété et de puissance paisible. Vous, on ne sait pas, mais nous, on est franchement jaloux des actuels propriétaires...

Belles ***plages de Port-Homard, Port-Marie*** et ***la Grande Grève.*** Possibilité, à marée basse, de rejoindre les îlots graniteux de l'Éléphant et des Moines.

– On peut également découvrir l'île avec ***Olivier Ribeyrolles,*** guide géographe *(📱 06-82-67-87-19).*

– Ou encore tenter l'excursion en kayak de mer avec ***Chausey Kayak*** : *port de Hérel à Granville. 📱 06-17-92-71-50. De juil à mi-sept, tlj. Horaires de sorties selon les horaires des marées et navettes. Compter 35 € la ½ j. et 65 € la journée.* Au départ de Granville pour découvrir l'archipel de Chausey d'une autre manière. ***Excursions à effectuer uniquement encadré par un guide*** (brevet d'état de canoë-kayak). On ne plaisante pas avec la sécurité dans le coin.

DE GRANVILLE À AVRANCHES PAR LA CÔTE

De Granville à Saint-Jean-le-Thomas, la côte même alterne entre les stations balnéaires témoins de la grande époque des premiers bains de mer (opulentes villas, casino Art déco de Jullouville, cabines de plage...) et les villes où s'alignent des constructions modernes manquant singulièrement de grâce et de charme, le tout bordé de jolies plages. Plusieurs agréables chemins de randonnée pédestre dans le coin.

SAINT-JEAN-LE-THOMAS (50530)

Ce village abrite une petite station balnéaire tranquille. Son église possède une nef et un chœur appartenant à la période préromane. Vestiges de fresques. Près de la porte, saint Michel terrassant le dragon. Fonts baptismaux en granit du XVIIe s. Dans la nef, à gauche, statue de Moïse (ancien lutrin). Vierge à l'Enfant et sainte Anne du XVe s. Pierre tombale très ancienne (fils de Jehan du Bé – 1589). Sous le porche, pietà du XVe s.

UN AMÉRICAIN EN FRANCE

En août 1944, Eisenhower, commandant en chef des forces alliées, s'installa à la villa Montgomery, près de Saint-Jean-le-Thomas, afin de préparer au calme l'avancée alliée. De la terrasse, la vue sur la côte escarpée et le Mont-Saint-Michel est époustouflante. Un spectacle qui varie à chaque heure suivant la marée et la météo. Il déclara alors être devant le plus beau panorama de France.

Comme d'autres villages voisins dont Dragey, Saint-Jean-le-Thomas s'est fait une spécialité de l'élevage de chevaux de course. C'est à Saint-Jean que s'entraînait le célébrissime *Idéal du Gazeau. Dragey,* quant à elle, compte plus de chevaux que d'habitants et abrite un important complexe équin ! On peut y voir les athlètes équins s'entraîner sur des pistes en plein champ ou sur la plage, avec le Mont en toile de fond (l'office de tourisme de Mont-Saint-Michel – Normandie y organise aussi des visites guidées l'été). Les immenses étendues de sable qui se découvrent à marée basse constituent en effet d'excellents terrains d'entraînement.

LA MANCHE

Où dormir ? Où manger dans le coin ?

Chambres d'hôtes

■ ***Chez Vic :*** *chez Vic et Nadine Lemonnier, 17, route des Telliers, 50530* ***Champeaux.*** *☎ 02-33-51-40-13. ● lemonniervi@west-telecom.com ● chez-vic.com ● Double 52 € ; familiale. Réduc de 10 % sur le prix de la chambre à partir de la 4e nuit consécutive sur présentation du guide de l'année.* Elle en a, du cachet, cette ancienne ferme du XVIIIe s retapée avec soin dans le goût normand ! L'étape est aussi paisible que chaleureuse, à l'écart du tumulte du Mont-Saint-Michel. 2 chambres avec coin salon, dont une familiale. Mais dès qu'il fait beau, c'est dans le jardin qu'on est le mieux, pour prendre son petit déj ou se détendre à l'ombre des arbres. Accueil plein de naturel.

■ ***Le Jardin de Dragey :*** *chez Martine Guienne, 6, rue Puits-Vignon, 50530* ***Dragey-Ronthon.*** *☎ 02-33-48-38-69. 📱 06-84-57-21-83. ● lejardindedragey@yahoo.fr ● lejardindedragey.com ● À Dragey. Congés : de mi-nov à mi-mars. Double 98 € pour la chambre principale, 58 € pour la chambre d'amis ; 25 €/enfant. CB refusées.* Cette charmante maisonnette offre un joli compromis entre le gîte et la chambre d'hôtes puisque les différentes chambres ne sont louées qu'à des personnes qui se connaissent, et les hôtes ont à leur disposition un salon avec cheminée. Par conséquent, si vous n'êtes que 2, vous serez logés dans la chambre principale. Mais une autre petite chambre peut accueillir 2 enfants, et une 3e un autre couple. Si, de l'extérieur, la maison semble un peu à l'étroit entre ses voisines, rassurez-vous : l'intérieur est beau et lumineux, et vous pourrez prendre vos aises dans le joli jardin à l'arrière.

Domaine de Belleville : *chez Florence et Olivier Brasme, 11, route de Saint-Marc, 50530* ***Dragey-Ronthon.*** *☎ 02-33-48-93-96. 06-11-25-71-05. • belleville@mt-st-michel.net • mt-st-michel.net • Doubles 135-145 € ; gîtes 2-4 pers 580-690 €/sem. Réduc de 10 % sur le prix des chambres, hors w-e et vac scol sur présentation du guide de l'année.* Dans une ravissante maison de maître du XVIIe s, accueil des plus sympathique de madame, pendant que monsieur élève ses chevaux de course alentour. Des chambres d'hôtes très spacieuses, avec juste ce qu'il faut d'élégance et de distinction. Copieux petit déj servi dans une agréable salle à manger.

Chambres d'hôtes La Cotentine : *26, rue de la Chapelle-Saint-Anne, 50380* ***Saint-Pair-sur-Mer.*** *06-63-31-46-01. • contact.lacotentine@gmail.com • chambres-lacotentine-manche.com • Doubles 150-235 €.* Dans la partie la plus séduisante de Saint-Pair, celle des belles demeures, dont celles-ci fait partie. Mélange de pierre et de brique pour cette maison très soignée aux volets gris. Belle surprise en franchissant le seuil et l'impression d'espace que procure le beau salon (et salle de petit déjeuner) donnant sur le charmant jardin. Idem dans les 4 vastes chambres et la suite (avec cuisine), toutes lumineuses, belle hauteur sous plafond et grandes fenêtres ! Ensemble très soigné, avec un choix de matériaux haut de gamme (literie, déco ...) et une hôtesse dotée d'un véritable sens de l'accueil, qui fait tout pour rendre votre séjour mémorable. Sans oublier l'adorable maison de pêcheur, avec jardin et terrasse privative. Et, cerise sur le gâteau, on est à 200 m de la mer.

Chambres d'hôtes du château de Chantore : *lieu-dit Chantore, 50530* ***Bacilly.*** *☎ 09-60-52-82-73. 06-74-30-66-64. • contact@chateaudechantore.com • chateaudechantore.com • Doubles 180-270 €, gîte 2-5 pers 690-990 €/sem.* Après plusieurs années de rénovation, les actuels propriétaires, passionnés du XVIIIe s, ont redonné vie et tous ses atours au château, en respectant à la lettre les éléments de décoration de son siècle. Un plongeon dans le XVIIIe s très réussi. Les 2 suites et 3 chambres installées dans le château sont superbes, de taille très généreuse, tout comme les salles de bains. La suite Saint-Michel, ancienne chambre du seigneur de Chantore, offre une vue magnifique sur le mont Saint-Michel au loin. Dans l'ancienne orangerie, superbe gîte indépendant avec son jardin privatif, avec quelques éléments plus modernes comme la cuisine. La salle à manger du petit déj est une merveille, quant au parc... on peut visiter l'ensemble, faute d'y dormir (voir plus bas).

De prix moyens à chic

Hôtel Restaurant des Bains *(et ses « adresses sœurs ») :* *8, allée Clemenceau. ☎ 02-33-48-84-20. 06-30-95-24-85. • hdbains@orange.fr • hdbains.com • Hors juil-août, fermé midi lun-sam et jeu soir. Congés : nov-mars. Doubles 69-80 € ; familiales ; en chambre d'hôtes dans la maison d'en face* À l'Abri des Vents *(☎ 02-33-60-97-31), doubles 65-75 €, petit déj inclus ; dans la villa* Les Dunes *(06-37-82-65-50), doubles 60-120 €. Au resto de l'hôtel, formules déj en sem 17,50-24,90 €, moules-frites 13 € ; carte env 25-30 €. Parking privé gratuit. CB refusées.* À l'hôtel, chambres simples, toutes différentes et confortables. Si c'est complet, on vous renvoie vers la chambre d'hôtes juste en face, tenue par une des sœurs et d'un confort équivalent. Et si ce que vous souhaitez, c'est vraiment le bord de l'eau, une autre sœur encore tient la villa *Les Dunes*. La grande salle de restaurant distille une ambiance France profonde

LA MANCHE

sympathique et rassurante. Cuisine de terroir traditionnelle. Jardin-terrasse et piscine à l'arrière.

Le Pont Bleu : *6, rue du Pont-Bleu, Kairon-plage, 50380* ***Saint-Pair-sur-Mer.*** *☎ 02-33-51-88-30. • leboucher.franck@wanadoo.fr • De mi-juil à août, tlj ; le reste de l'année, fermé mer-jeu sauf j. fériés. Formules en sem à partir de 23,50 € ; menus 30,50-40,50 € et menu végétarien 25 €. Résa recommandée.* Beaucoup de poisson au menu, bien sûr, finement travaillé, délicatement présenté. On apprécie la recherche autour du goût et le réel souci de la qualité dont fait preuve cette maison. Pour ne rien gâcher, la salle pavée de rouge, aérée et aux couleurs fraîches et la terrasse ombragée se révèlent très agréables.

À voir

Le château de Chantore : *50530* ***Bacilly.*** *☎ 09-60-52-82-73. 06-74-30-66-64. • contact@chateaudechantore.com • chateaudechantore.com • Parc seul, entrée 7 € ; gratuit moins de 16 ans. Visite guidée du château, tlj juil-août à 15h (entrée parc + château : 10 €).* Bâti en 1780 par le seigneur de Chantore dont le souhait premier était d'avoir la vue sur le mont Saint-Michel. La visite s'effectue avec l'un des 2 propriétaires actuels qui vous raconte l'histoire du château et son siècle avec passion. Meubles d'époque (XVII-XVIIIe s), tableaux et antiquités dont un certain nombre ont été acquis au cours des années par les propriétaires, afin de réaliser leur rêve et redonner vie au château. Le parc, dont le dessin et les plantations riches en arbres exotiques sont l'œuvre de M. Angot, député d'Avranches et l'un des propriétaires du château au XIXe s, est une merveille.

GENÊTS (50530)

Un gros village à l'architecture bien particulière. Rues étroites bordées de maisons à un étage se serrant les unes contre les autres. Murs de schiste ou de grès avec encadrements de fenêtres en granit. Urbanisme harmonieux, à l'aspect un peu austère. Qui pourrait croire que Genêts, aujourd'hui complètement ensablé et envahi par les herbes, fut, au Moyen Âge, le principal port de départ vers le Mont-Saint-Michel ? Les pèlerins partaient également d'ici à marée basse, à pied ou en maringotte (voiture à cheval), accompagnés de guides locaux pour éviter de s'enliser. Une traversée que vous pourrez vous-même vivre, accompagné d'un guide (voir plus loin). On profite d'ailleurs d'un superbe point de vue sur le Mont et les prés salés, en fin de journée (au soleil déclinant), en se dirigeant vers la plage à la hauteur du petit pont.

Adresses utiles

Office de tourisme : *4, pl. des Halles. ☎ 02-33-89-64-00. • ot-montsaintmichel.com • Derrière la mairie, dans une ancienne chapelle. Nov-mars, mar-sam 14h-17h. Avr-oct, lun-sam 9h45-13h, 14h-17h45 ; juil-août, lun-sam 9h30-13h, 14h-18h.*

Découverte de la Baie : ***Maison du guide,*** *1, rue Montoise. ☎ 02-33-70-83-49. • decouvertebaie.com • Avr-oct, tlj et nov-mars, lun-ven, 9h-12h30, 13h30-18h.* Une des principales sociétés organisant les traversées de la baie.

Les Chemins de la Baie : *34, rue de l'Ortillon. ☎ 02-33-89-80-88. • cheminsdelabaie.com • Avr-oct, tlj 9h-18h (10h-17h sam-dim) ; nov-mars, lun-ven 9h30-17h30 (fermé sam-dim). Compter 10-22 € adulte, 4-9 € enfant, certaines gratuites moins de 6 ans.* Les guides (une dizaine) proposent des traversées à pied traditionnelles, mais également des sorties découverte du patrimoine (faune, flore...) de la baie (départ du Bec d'Andaine, de Saint-Léonard ou du Mont) ou de l'arrière-pays.

Également des parcours adaptés aux enfants.

■ ***Guides indépendants pour les traversées de la baie au départ du bec d'Andaine :*** *Didier Lavadoux,* *☎ 02-33-70-84-19, 06-75-08-84-69, ● traversee-baie.com ● ;* ***Jacky Gromberg,*** *06-83-29-78-10, ● aventure-et-vous.fr ● ;* ***Stéphane Guéno*** *(Sports Évasion à Avranches), 06-14-70-55-14, ● sport-evasion-fr.com ● ;* ***Olivier Ribeyrolles,*** *06-82-67-87-19, ● lespasduguide.com ● (propose également des sorties découverte dans les îles Chausey).* Pour les traversées au départ du Mont-Saint-Michel, se reporter aux « Adresses et infos utiles » du Mont.

Où dormir ? Où manger ?

Camping

Camping Côté Ô, village et club : *14, route du Bec-d'Andaine. ☎ 02-33-70-82-57. ● contact@campinglescoquesdor.com ● campinglescoquesdor.com ● Ouv avr-fin sept. Compter 22-46 € pour 2 avec tente et voiture ; hébergements locatifs 280-565 €/sem (2 pers), 4-10 pers 355-2 250 €/sem. 225 empl.* Une adresse que nous indiquons surtout parce qu'elle a le mérite d'être à proximité des départs pour les traversées de la baie. Les emplacements sont spacieux et délimités par de hautes haies, mais les arbres sont très rares. Malheureusement, les mobile homes ont tendance à grignoter de plus en plus d'espace, ôtant son charme à ce site très bien équipé. Piscine, toboggans aquatiques. Location de vélo, jeux, etc.

De bon marché à prix moyens

Auberge de jeunesse : *28, rue de l'Ortillon. ☎ 02-33-58-40-16. ● genets@hifrance.org ● hifrance.org ● Accès avec la ligne n° 4 (Granville-Avranches par la côte) des cars Manéo. Dans l'ancienne gare-école. Ouv mars-oct. Accueil 9h-12h, 17h-20h. Avec la carte FUAJ (obligatoire et vendue sur place), nuitée env 23,30-25,80 €, petit déj et draps inclus ; camping env 10 €/pers.* Une sympathique petite AJ comptant une cinquantaine de lits répartis en 15 chambres de 2 à 6 personnes. Propre, ambiance conviviale et, en plus, une petite cuisine à disposition. Possibilité aussi de planter sa tente dans le jardin et d'avoir accès aux sanitaires de l'AJ.

Chez François : *2, rue Jérémie. ☎ 02-33-70-83-98. ● resto@chezfrancois.fr ● chezfrancois.fr ● Fermé mer-jeu. Résa impérative. Congés : 15 j. début oct et Noël-Nouvel An. Double (w-c sur le palier) 50 €. Repas env 20-28 €. Résa très recommandée (la salle est petite).* Une très sympathique adresse menée par une équipe dynamique. La cheminée trône dans cette petite salle de bistrot de campagne (ils font même tabac) encombrée de grandes tables rustiques. Maligne petite cuisine : entrées au fil des saisons, viandes cuites au feu de bois sous vos yeux, avec une prédilection pour le cochon (pied de cochon ou groin farci au boudin noir) quant aux oreilles, elles sont pour les premiers arrivés, desserts de la grand-mère. À l'étage, 5 chambres seulement, pas très grandes (c'est eux qui l'disent !), mais simples et fraîches, avec cabine de douche dans la chambre et w-c sur le palier.

La Pause des Genêts, restaurant-boutique : *11, rue de l'Entrepont. ☎ 02-33-89-72-38. Tte l'année, jeu soir-dim soir (mar-dim de mi-juin à mi-sept). Menu 23 € ; carte 20-35 €.* Jolie petite salle cosy avec sa cheminée massive et ses vieux cadres aux murs, sous de vénérables poutres. À la fois boutique-brocante-déco et restaurant. Dans l'assiette, les standards de la cuisine empruntent des chemins originaux, au fil des produits de saison dénichés dans le bocage local. Agréable jardin sur l'arrière. Bon rapport qualité-prix-accueil. Une caverne d'Ali Baba d'objets à vendre, mais aussi des lampes, créations du maître des lieux.

À voir. À faire

¶¶¶ ⇐ ***La traversée de la baie :*** elle **ne se fait pas seul**, un **guide compétent est absolument nécessaire**. Les traversées partent le plus souvent du bec d'Andaine à Genêts, de Saint-Léonard (près de Vains) ou du Mont-Saint-Michel. 2 sociétés se partagent le gros du boulot (*Découverte de la Baie* et *Les Chemins de la Baie*), mais vous pouvez aussi vous adresser à des guides indépendants (dont plusieurs travaillent aussi pour les sociétés ci-dessus). Nous indiquons les coordonnées de ceux-ci dans les adresses utiles ci-dessus à Genêts et plus loin, celles du Mont Saint-Michel. Il existe différents types de traversées, commentées ou non, suivant différents itinéraires (certains avec retour ou aller en navette), de jour ou de nuit, certaines thématiques. Bien sûr, leurs horaires dépendent des marées. En saison, vus de l'extérieur, les groupes peuvent sembler impressionnants (les 2 sociétés, par exemple, ont un minimum de 4 personnes pour les départs, mais aucun maximum pour les traversées non commentées, et de 50 personnes pour les commentées...). Mais une fois sur le sable, les gens se dispersent et on oublie le monde. Si, toutefois, vous préférez une traversée en comité plus restreint, adressez-vous plutôt à des guides indépendants et demandez-leur la taille du groupe. *Compter 5h30 A/R (avec 1h au Mont Saint-Michel) pour la visite non commentée et env 6h pour la commentée. Prix : 10-27 €/pers selon type de traversée et moyen de locomotion au retour (à pied ou en navette). Départ du bec d'Andaine : 13-16 km A/R (avec Tombelaine à mi-chemin). Marche dans la tangue (sorte de vase) et traversée des rivières (comme les pèlerins d'autrefois). Excursion qui se fait pieds nus ou en chaussons Néoprène et en short avr-oct (mais emporter des chaussures pour le Mont, ainsi qu'un bon coupe-vent et un vêtement chaud, de la crème solaire, un chapeau et de l'eau) ; nov-mars, se renseigner en amont auprès du guide pour savoir quels sont les chaussures les plus adaptées.*

¶ ***L'église :*** construite au XIIe s. Clocher modifié au XVIe s avec baies géminées, balcons ajourés et gargouilles. Chœur révélant le début de l'ogive. Autel du XVIIIe s avec baldaquin. Derrière, vitrail en grande partie du XIIIe s. Croisée de transept originale reposant sur 4 puissants piliers entourés de colonnes à chapiteaux de style primitif. De part et d'autre de la nef, un saint Sébastien du XVIe s et une Vierge en pierre du XIVe s. Baptistère et bénitier en granit très anciens.

¶¶ ***Le bec d'Andaine :*** *accès par la D 35e, bien fléché depuis Genêts.* Que de beauté sur ces immenses plages de sable fin, face au spectacle incessant de la baie et du Mont-Saint-Michel ! On est ici à 800 m du point de départ des traversées à pied pour le Mont-Saint-Michel. Le site, qui commençait à souffrir de sa fréquentation (300 000 visiteurs par an, près de 80 000 départs de traversées...), a bénéficié d'un des 1ers aménagements de l'opération « Grand Site de la baie ». Les voitures ont déserté les dunes pour un parking paysager (payant en saison), un peu à l'écart, où se trouvent aussi les billetteries pour les traversées de la baie. Impossible d'y manquer la nouvelle signalétique sur les dangers des fameux « lâchers » du nouveau barrage, dont les effets se font sentir 5 à 6h après la pleine mer. Autrement dit, ne pas s'aventurer tout seul. Autour du bec, la nature reprend peu à peu ses droits...

VAINS (50300)

Petit village paisible qui n'a guère changé d'aspect (à part la perte de ses toits de chaume) avec ses demeures modestes aux murs de schiste. C'est là qu'habitaient beaucoup de sauniers travaillant dans les petites salines. Voir surtout le petit prieuré datant de 1087 et fondé par Guillaume le Conquérant (une partie est habitée, mais la chapelle accueille souvent des expositions en été). Belle tour avec toit en bâtière. C'est à proximité de Saint-Léonard que Guillaume s'élança pour combattre Conan le Breton. Enfin et surtout, ne pas manquer de faire un détour par le Grouin du Sud pour la vue et par la Maison de la baie pour découvrir tous les aspects de la vie dans la baie du Mont-Saint-Michel.

Où dormir ? Où manger ?

Le Coin à la Carelle : *chez Évelyne Bourée, 17, route de la Carelle. ☎ 02-33-48-50-34. 06-78-29-20-44. • lecoinalacarelle@outlook.fr • Doubles 75-82 € ; familiale.* Une maison en pierre, égayée par la foisonnante végétation du jardin soigné où embaument chèvrefeuille, sauge... 2 chambres impeccables et l'une d'elles offre une vue entièrement dégagée sur la baie du Mont-Saint-Michel. Même panorama depuis la véranda où est servi un petit déj mémorable : produits bio, pain aussi maison que les confitures et autres petites douceurs. Accueil fait de mille et une petites attentions.

Crêperie des Grèves : *2, route de la Côte. ☎ 02-33-70-98-77. Au bord de la D 911, direction Avranches. Tlj en été ; reste de l'année, jeu-lun 12h-14h, 19h-21h. Menu 27,50 € ; carte 15-20 €.* Une maison de pays en pierre, au cadre coloré, soigné et chaleureux ; le tout doublé d'une véranda en bord de route (seul bémol). On y sert de délicieuses crêpes généreusement garnies et présentées avec une fantaisie qui nous plaît bien. Bref, un concept revisité avec talent, bravo !

À voir. À faire

L'écomusée de la Baie du Mont Saint-Michel : *route du Grouin-du-Sud. ☎ 02-33-89-06-06. Juil-sept, tlj 10h-18h ; avr-juin et pdt vac scol (sauf Noël), tlj 14h-18h ; dernière entrée 1h avt la fermeture. Fermé les sam vac d'hiver et de la Toussaint, plus le 1er mai. Entrée : 5 € ; réduc.* Installée dans un site majestueux avec vue sur le Mont-Saint-Michel et Tombelaine, une ancienne longère superbement restaurée présente, dans un bel espace muséographique, moderne et ludique, une exposition permanente sur la vie, au sens large, dans la baie : son écosystème, son environnement animal et végétal, ses activités humaines passées et présentes... Intéressants documents, notamment sur les petites salines, une activité qui a profondément marqué l'histoire de la baie (et de Vains en particulier) jusqu'au milieu du XIXe s.

Observation des marées : pour cela, l'un des meilleurs endroits est le ***Grouin du Sud,*** petit éperon rocheux situé à quelques centaines de mètres de l'écomusée. La montée du flot dans les lits de la Sée et de la Sélune est très spectaculaire (surtout à l'époque des vives-eaux), avec le fameux phénomène du mascaret, cette vague déferlante provoquée par la puissance du courant de marée. Ce Grouin du Sud offre par ailleurs l'un des plus beaux points de vue qui soient sur la baie du Mont-Saint-Michel, ainsi que sur les îles Chausey (par temps dégagé) et la côte normande. Absolument magique au coucher du soleil ! Tables de pique-nique sur place, avec vue !

AVRANCHES

(50300) 10 034 hab. *Carte Le sud de la Manche, B-C3*

• Plan *p. 507*

Les noms d'Avranches et du Mont-Saint-Michel sont indissociables. En effet, c'est l'évêque d'Avranches qui fut à l'origine de la fondation du 1er oratoire sur le mont Tombe (appelé plus tard mont Saint-Michel). Capitale

administrative de la Manche-Sud, ville commerçante, marché agricole avec également de petites industries, Avranches est une cité animée plutôt plaisante, et son musée *Le Scriptorial,* qui abrite les manuscrits du Mont Saint-Michel, fait d'elle une étape quasi incontournable avant (ou après) la visite du Mont.

UN PEU D'HISTOIRE

Pendant 3 siècles, importante cité romaine. Évangélisation à partir du IVe s. Règne de saint Aubert, évêque de la ville au VIIIe s, 1er promoteur, sur le mont Saint-Michel.
Au XIe s, Avranches brille d'un éclat particulier. Les ducs de Normandie en font une place forte à la frontière de leur domaine face aux Bretons. Après la conquête de l'Angleterre en 1066, elle obtient de nombreuses possessions outre-Manche. La ville est reconstruite au XIIIe s par Saint Louis après les destructions liées au rattachement de la Normandie à la France en 1204. Au cours de la guerre de Cent Ans, les habitants connaissent les occupations anglaises et des libérations successives. Louis de Bourbon, évêque autour de 1500, fait construire le palais épiscopal (aujourd'hui palais de justice) et restaurer la cathédrale Saint-André.
En 1639, révolte des Nu-Pieds, les sauniers de la baie du Mont-Saint-Michel, contre l'édit de Richelieu supprimant les privilèges des salines et imposant la gabelle. Répression féroce, mais l'édit ne fut pas appliqué. Pendant la Révolution, Avranches voit passer l'armée vendéenne qui marche sur Granville. Les campagnes alentour sont acquises à la cause royaliste. Barbey d'Aurevilly y situe l'emprisonnement de son chevalier Des Touches. En 1794, elle perd sa cathédrale. Paisible XIXe s. Aménagement du fonds ancien. En 1944, la percée d'Avranches sonne l'heure de la liberté pour l'Europe. Bien sûr, la ville souffre beaucoup des bombardements, mais elle n'est pas totalement rasée et conserve encore aujourd'hui des traces de son prestigieux passé.

Adresse et info utiles

i *Office de tourisme* *(plan A1) : 2, rue du Général-de-Gaulle. ☎ 02-33-58-00-22. • tourisme.avranches@msm-normandie.fr • ot-montsaintmichel.com • Nov-mars, lun-sam 9h30-12h30, 14h-17h45. Avr-oct, lun-sam 9h30-12h30, 14h-18h et dim (sauf oct) 9h-13h. Juil-août, lun-sam 9h30-18h30, dim 9h30-17h30.* Intéressant dépliant avec un itinéraire pour faire le tour de la vieille ville. Avr-sept, possibilité de louer des vélos.

– ***Marché :*** *sam mat, pl. des Halles (ou pl. du Marché).*

Où dormir ?

De bon marché à prix moyens

⌂ *Chambre d'hôtes chez Mme Poullain* *(plan B1,* ***10****) : 19, rue des Halles. ☎ 02-33-48-69-73. 📱 06-30-44-48-83. • j.pouturq@orange.fr • Résa indispensable. Double en chambre d'hôtes 55 € ; familiale.* Cette maison croquignolette avec son toit en brique de bois abrite un très joli nid, en plein centre avec vue sur la campagne. Une seule – grande – chambre, mais celle-ci peut être complétée d'une plus petite (pouvant accueillir un enfant) et d'une autre encore, avec 1 lit double en mezzanine. L'ensemble a conservé cheminée et poutres. Le parquet, les beaux meubles de famille, la superbe vue sur la vallée (et l'A 84, diront les grincheux) et l'étroit jardin tout fleuri achèvent de rendre l'endroit craquant. Un accueil absolument charmant, à la fois doux et déterminé.

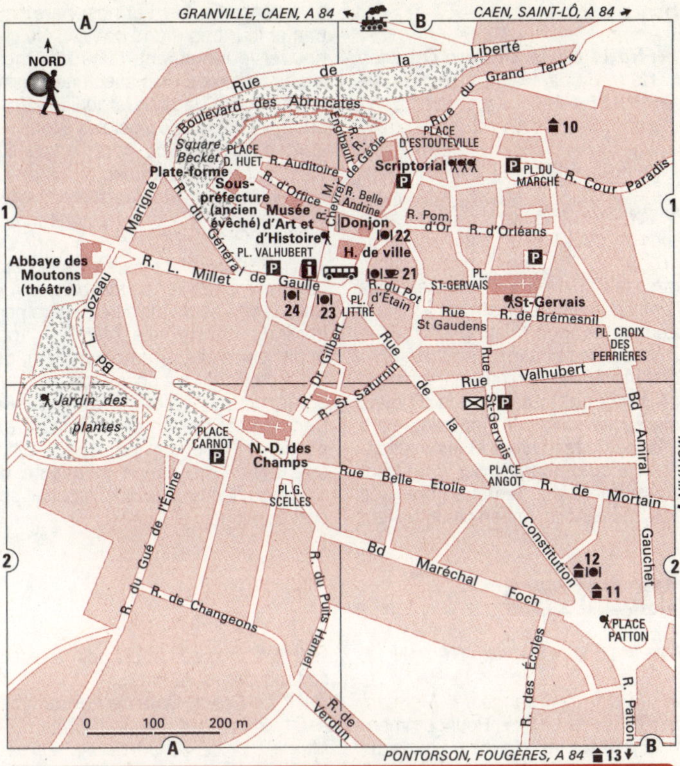

AVRANCHES

Où dormir ?	Où manger ? Où boire un verre ?
10 Chambre d'hôtes chez Mme Poullain (B1)	**12** Hôtel de la Croix d'Or (B2)
11 Hôtel Patton (B2)	**21** La Dînette (B1)
12 Hôtel de la Croix d'Or (B2)	**22** Fench Burger Club (plan B1)
13 Altos Hôtel et Spa (hors plan par B2)	**23** Le Grand Café de l'Union (A-B1)
	24 Le Bistrot de Pierre (A1)

Hôtel Patton *(plan B2,* ***11****)* **:** *93, rue de la Constitution. ☎ 02-33-48-52-52. 06-85-24-01-41. • hotelpatton@orange.fr • hotel-patton-avranches.fr • Congés : 3 sem en nov. Doubles 59-85 € ; familiales et 1 appartement pour 9 pers. Parking gratuit sur présentation du guide de l'année.* Dans un immeuble d'après-guerre, un hôtel plaisant et bien tenu, où les chambres pimpantes (de toutes tailles) mêlent plutôt habilement une déco bien d'aujourd'hui et des éléments d'une autre époque. L'appartement (dans l'hôtel) peut convenir à une famille ou amis (3 chambres de 3 lits) grande pièce à vivre avec cuisine super équipée. Un bon rapport qualité-prix, en tout cas pour les chambres standard. Très bon accueil.

Chic

Hôtel de la Croix d'Or *(plan B2, **12**) : 83, rue de la Constitution. ☎ 02-33-58-04-88. • hotelcroixdor@wanadoo.fr • hotel-restaurant-avranches-croix-dor.com • Fermé dim soir de mi-oct à mars. Congés : 2 sem en janv. Doubles 85-135 € ; familiales ; petit déj 12,30 €. Resto tlj sauf mar-mer. Menus déj 16,90-19,90 €, autres menus 29-67,50 €. Parking fermé gratuit.* L'adresse chic de la ville, installée dans un ancien relais de poste du XVIIe s à l'intérieur arrangé comme un musée normand : pierre patinée, poutres, cheminée monumentale, cuivres, faïences sur les murs et toutes sortes d'objets anciens mis en valeur. Réparties entre la bâtisse du restaurant et les maisonnettes à colombages qui entourent le ravissant jardin, les chambres, de tailles très variées, ont en commun leur excellente tenue, l'atmosphère feutrée et leur très grand confort. Ne pas bouder le restaurant, l'une des meilleures tables du coin avec une cuisine traditionnelle de grande qualité et des premiers menus accessibles à tous.

Atos Hôtel et Spa *(hors plan par B2, **13**) : 37, bd du Luxembourg. ☎ 02-33-58-66-64. • hotelaltos@orange.fr • hotel-normandie-mont-saint-michel.com • Doubles 80-169 € ; petit déj 14 €. Parking privé payant, mais stationnement aisé (et gratuit) dans la rue.* Dans la ville haute mais très légèrement hors du centre-ville (celui-ci, toutefois, se rejoint aisément à pied), cet hôtel propose des chambres vraiment confortables, gaies et lumineuses. Déco plutôt design aux couleurs qui pétillent. Également un espace bien-être avec spa, sauna et cabine de massage. Dommage que l'accueil soit parfois mitigé.

LA MANCHE

Où manger ?

La Dînette *(plan B1, **21**) : 11, rue du Pot-d'Étain. ☎ 02-33-89-77-10. • sarl-la-dinette@orange.fr • Mar-sam 12h-18h. Carte 12-20 €.* Pour commencer la journée en douceur, dans un intérieur où le bois clair se mêle harmonieusement au rose tendre du mobilier et le dégradé de gris qui l'accompagne. Ou reprendre son souffle à l'heure de la pause déjeuner ou goûter. Au menu, une bonne petite cuisine maison traditionnelle, à base de produits frais et bio, à moins que l'on n'opte pour la salade, la quiche du jour. Et pour les pauses gourmandes : pâtisseries, jus de fruit frais, café, thés. Agréable petite terrasse chauffée à l'arrière. Vente à emporter également.

French Burger Club *(plan B1, **22**) : 7, rue des Fossés. ☎ 02-33-48-57-86. Tlj sauf mar, dim midi et lun midi, 12h-14h, 18h30 (18h dim-lun)-22h30 (23h ven-sam). Menus 10-11 €, burger seul 7-8 €.* Le nouveau petit fast-food branché, avec une gamme variée de burger maison. Il faut dire que le chef met un point d'honneur à acheter chaque jour des produits frais qu'il sélectionne chez des producteurs locaux, des viandes 100 % françaises et du pain artisanal cuit tous les jours.

Le Grand Café de l'Union *(plan A-B1, **23**) : 2, pl. Littré (en face de la Mairie). ☎ 02-33-58-00-44. Tlj sauf dim, 8h-19h. Formule déj env 12 €. Repas 15-20 €.* C'est la brasserie de la place, qui a comme avantages d'être ouverte en continu, de proposer une bonne cuisine de brasserie et d'avoir une grande terrasse sous les arbres de la place. Bref, une pause agréable.

Le Bistrot de Pierre *(plan A1, **24**) : 5, rue du Général-de-Gaulle. ☎ 02-33-58-07-66. Fermé mer et dim. Congés : 10 j. fin août-début sept. Formules déj 15,10-17,60 €, menus 21-26 €.* À part les plats inscrits à l'ardoise, rien de bien bistrotier dans ce bistrot : 2 jolies petites salles de bistrot en enfilade, l'une bien dans son temps, l'autre plus classique, et une honorable petite cuisine plutôt traditionnelle et efficace. L'avantage : la carte est suffisamment étoffée pour que chacun y trouve plat à son goût (et à son budget).

Voir aussi plus haut « Où dormir ? Chic » le restaurant de l'***Hôtel de la Croix d'Or***.

Où dormir ? Où manger dans les environs ?

Chambres d'hôtes Jardin Secret** : 42, route de Granville, 50300* ***Marcey-les-Grèves. *☎ 02-33-51-92-47. 06-81-02-45-43. • contact@jardin-secret-manche.fr • jardin-secret-manche.fr • À la sortie d'Avranches, sur la route de Granville. Double 95 € ; familiale.* C'est derrière un haut mur et une discrète grille que se cache ce magnifique jardin secret de 1 ha avec de nombreux coins intimistes. On se sent bien dans cette demeure du XIXe s richement décorée de meubles chinés et de gravures. 2 chambres doubles, en rez-de-jardin ; superbe.

Hôtel Villa La Ramade, Villa Madile** : 2, rue de la Côte,* ***Marcey-les-Grèves. *☎ 02-33-58-27-40. • hotel@lamarade.fr • lamarade.fr • À 2 km d'Avranches sur la route de Vains. Doubles 79-186 €, petit déj inclus. Parking privé.* Ce sont 2 villas. D'un côté une maison de maître, construite après-guerre en granit, *La Ramade*, avec son grand jardin et sa grande véranda d'époque. 10 chambres confortables et soignées aux noms de fleurs. De l'autre, une énorme et imposante villa moderne, façon belles villas de famille en bord de mer. Beau jardin à l'arrière avec son grand bassin et des chambres plus contemporaines, plus spacieuses et aussi plus calmes (un peu plus à l'écart). L'ensemble est plutôt bien situé pour sillonner la région, à la croisée de plusieurs chemins. Accueil pro.

Hôtel Auberge de la Sélune** : 2, rue Saint-Germain, à* ***Ducey. *☎ 02-33-48-53-62. • info@selune.com • hotel-restaurant-mont-saint-michel.fr • À 10 km au sud d'Avranches. Resto tlj sauf lun-mar en basse saison. Doubles 79-169 €. Formule déj 19 € ; menus 32-53 €. Réduc de 10 % sur le prix de la chambre (uniquement sur réservation en direct) sur présentation du guide de l'année.* Un hôtel familial, vieille demeure bordée d'un joli jardin au fil de la bucolique Sélune. Chambres tout confort, aménagées, de façon inégale, sur une note moderne sage et colorée, dont certaines avec vue sur la rivière. Côté fourneaux, belle et fine cuisine de terroir, totalement revisitée par un chef talentueux, et autant de saveurs subtiles.

Hôtel Restaurant Le Gué du Holme** : 14, rue des Estuaires, à* ***Saint-Quentin-sur-le-Homme. *☎ 02-33-60-63-76. • gue.holme@wanadoo.fr • le-gue-du-holme.com • À 6 km au sud d'Avranches. Resto tlj sauf lun, sam midi et dim soir. Congés : 3 sem en nov et 1 sem en mars. Doubles 78-128 €. Formule déj 24 €, menus 28-39,50 €. Un verre de calvados/pers 3 ans d'âge offert sur présentation du guide de l'année.* Installé dans un charmant village tranquille lové autour de sa belle petite église romane, hôtel d'une dizaine de chambres confortables – plus ou moins grandes selon le prix – et donnant toutes sur le jardin. Déco contemporaine sage. Bon resto sur place, mijotant une cuisine raffinée et originale, qui puise son inspiration et ses ingrédients dans le terroir local. Accueil sympa et pro.

La Toque aux Vins** : 8, rue de la Mairie, 50300* ***Saint-Martin-des-Champs. *☎ 02-33-79-28-00. • contact@latoqueauxvins.fr • latoqueauxvins.fr • À 4 km au sud-est d'Avranches. Fermé dim-lun. Formules déj en sem 18 €, puis « le toqué de la semaine » 22 € (midi et soir en sem seulement), menus 43-67 € ; carte env 50 €.* Maison ancienne enrichie d'une extension moderne plaisante, pour un cadre aéré et sagement contemporain avec vue sur la campagne à travers les baies vitrées. Juste quelques plats de saison à la carte, pour une cuisine de terroir raffinée, et revisitée par un chef ouvert sur de nouveaux horizons sans jamais perdre ses racines. Mais l'autre attrait du lieu, c'est sa généreuse cave à vins. Terrasse « les yeux dans le vert » aux beaux jours. Accueil aimable et pro.

LA MANCHE

À voir. À faire

Le Scriptorial d'Avranches (plan B1) : *pl. d'Estouteville. ☎ 02-33-79-57-00. • scriptorial.fr • Avr-sept, tlj sauf lun 10h-13h, 14h-18h (19h juil-août) ;*

oct-mars, tlj sauf dim-lun 14h-18h ; derniers billets 1h avt la fermeture. Fermé en janv, 1er mai, 1er nov et 25 déc. Entrée : 8 € ; réduc ; gratuit moins de 18 ans et pour tous les 1er dim du mois avr-sept.

La bâtisse triangulaire, insérée dans les vestiges des fortifications médiévales, sert d'écrin aux ***manuscrits du Mont-Saint-Michel.*** Pour la petite histoire, Avranches reçut en 1791, à titre de dépôt littéraire, 4 000 volumes provenant de l'abbaye du Mont-Saint-Michel. Parmi eux, 203 manuscrits réalisés du IXe au XVe s, dont près de 70 étaient l'œuvre du scriptorium montois. Vous ne verrez dans le « Trésor » (la salle des manuscrits) qu'une quinzaine de manuscrits, ces derniers, pour des raisons de conservation, étant présentés dans une salle très sombre et par roulement tous les 3 mois.

La visite commence par l'histoire d'Avranches, du Mont-Saint-Michel et des liens qui les unissent. Arrêtez-vous sur les films vraiment bien faits, notamment sur l'évolution du Mont-Saint-Michel jusqu'à aujourd'hui.

En introduction de la section consacrée aux manuscrits eux-mêmes, d'excellents petits films sur la restauration d'un manuscrit, l'art de la calligraphie, l'enluminure, la reliure, le papier et l'imprimerie... ces derniers pourraient bien faire naître quelques vocations. On découvre ensuite toute ***la richesse des manuscrits, leur histoire, le processus de fabrication... et le Trésor : les manuscrits eux-mêmes,*** dont la finesse et la délicatesse laissent coi. La fin du parcours retrace brièvement l'histoire du livre de la révolution de l'imprimerie à l'écriture informatique, et la visite se conclut par une expo temporaire de qualité. Un musée passionnant, qui utilise au mieux les technologies modernes de la muséographie sans que cela devienne gadget. Non seulement il constitue un parfait complément à la visite du Mont, mais il conviendra aussi bien aux novices (et aux enfants, puisqu'ils ont leur propre parcours), qui découvriront tout un univers, qu'aux initiés, qui fileront directement vers le Trésor. Conférences et animations dans le cadre des expositions temporaires régulièrement proposés.

LA MANCHE

Le musée d'Art et d'Histoire *(plan A1)* **:** *pl. Jean-de-Saint-Avit. ☎ 02-33-79-57-01. Installé dans le tribunal de l'officialité, dépendance de l'ancien palais épiscopal. Ouv juin-sept, mer-dim 10h-12h30, 14h-18h. Entrée : 3 € ; gratuit moins de 18 ans.* Belle architecture médiévale, plutôt austère. Petite ***section archéologique*** dans la salle voûtée, exposant une partie de ce qui fut retrouvé à Avranches et dans les environs, et une ***section ethnographique*** : coiffes normandes, armoire de mariée, meubles traditionnels, rouet, armoires à claies pour réfrigérer lait et beurre, gravures. Reconstitution d'une habitation campagnarde de l'Avranchin. Également des œuvres de peintres comme Jean de La Hougue, Jacques Simon ou encore Albert Bergevin. Ce dernier vivait à Avranches pendant la guerre et c'est en partie sur le journal qu'il écrivit alors que s'appuie le contenu des salles consacrées à la ville durant la 2e Guerre mondiale et à la percée d'Avranches.

Balade dans la vieille ville *(plan A-B1)* **:** *dépliant avec plan et commentaires gratuit, disponible à l'office de tourisme.* Départ de la « ***plateforme*** » (à côté de l'ancien évêché), emplacement de la cathédrale démolie à la Révolution. C'est là que Henri II Plantagenêt fit amende honorable le 22 mai 1172 pour le meurtre de Thomas Becket, archevêque de Canterbury. De là, rejoindre la *rue Engibault,* qui a conservé son caractère médiéval avec sa rigole au milieu, ses gros pavés, ses jardins secrets qu'on devine derrière de hauts murs. Au bas de cette rue, minuscule maison à encorbellement face à une élégante demeure d'angle.

Par la cour au *15, rue Geôle,* accès au donjon et à son joli jardin bipartite « *l'Hortus* » d'inspiration médiévale et le « Jardin des passeurs » dédié aux donneurs d'organes et de tissus, ainsi qu'à la maison Bergevin, intéressant exemple d'édifice bourgeois du XVIIIe s. Au no 32, maison à pans de bois et encorbellement. Puis on pénètre dans l'ancien quartier médiéval commerçant, dont les rues ont conservé leur dénomination d'antan : *rues Pomme-d'Or, du Pot-d'Étain, des Chapeliers.* Dans cette dernière, quelques boutiques avec les entablements d'époque. *Place du Marché* s'élève une superbe demeure à colombages du XVe s. Au no 12 de la place, élégante bâtisse du XVIIIe s. Retour *place Littré* (par la *place Saint-Gervais*), où se concentre une partie de la vie nocturne avranchinaise.

La basilique Saint-Gervais *(plan B1)* **:** *ne pas manquer de visiter le trésor. Tlj 10h-18h sauf pdt les offices. Accès libre.* Édifiée en 1843 avec un élégant clocher néo-Renaissance en granit de 74 m de haut. Vous y découvrirez le célèbre crâne de saint Aubert avec le trou dedans, provoqué par le doigt de saint Michel (lorsqu'il lui ordonna de construire le sanctuaire sur le Mont). Orfèvrerie religieuse, ostensoirs, pyxide, vêtements, etc. Belle statuaire, lutrin imposant, armoire normande avec chapes. Superbe ostensoir du Second Empire en argent doré, émaux et lapis-lazuli. Bannière de Saint-Gervais-Saint-Protais.

La place Patton *(plan B2)* **:** à pied, par la (longue) rue de la Constitution, on parvient à la place Patton et à son monument qui commémore la percée d'Avranches le 31 juillet 1944. La terre et les arbres furent apportés des États-Unis.

Le Jardin des plantes *(plan A1-2)* **:** *devant l'église Notre-Dame-des-Champs (édifice néogothique, non intéressant en soi, mais voir la chaire polychrome du XVIIIe s ; tlj 10h-18h sauf pdt les offices). Tte l'année, tlj de 8h à la tombée de la nuit.* Bel espace vert avec plusieurs parties thématiques et, surtout, tout au bout, un ***remarquable panorama*** sur la baie du Mont-Saint-Michel. Au passage, noter le portail roman, vestige d'une ancienne chapelle du XIe s.

LE MONT-SAINT-MICHEL

(50170) 23 hab. *Carte Le sud de la Manche, B3*

• Plan *p. 513*

On savoure déjà avec enchantement la vue sur le Mont depuis les prés verdoyants et les côtes qui l'entourent. Un vrai mirage, quelles que soient l'heure, la couleur du ciel, de la mer et leur humeur. Pour vous éviter « quelques » déceptions, sachez cependant que cette petite merveille draine les foules en saison. L'idéal serait de passer la nuit sur le rocher et de profiter du lieu à l'aube ou le soir, quand il se vide et s'apaise... mais les prix pratiqués n'encouragent guère cette solution.

UN PEU D'HISTOIRE

Le Mont naît d'une apparition ; celle de l'archange saint Michel ordonnant en 708 à Aubert, évêque d'Avranches, la construction d'un sanctuaire sur le mont Tombe. Mais Aubert n'y croit d'abord pas. Et probablement un peu exaspéré, saint Michel apparaît de nouveau dans le sommeil de l'évêque, et insiste jusqu'à faire un trou dans son crâne têtu avec son doigt de lumière ! Ce crâne étonnant est d'ailleurs exposé dans le trésor de la basilique Saint-Gervais à Avranches (voir plus haut)...

RABELAIS, TROUBLION DE LA LÉGENDE !

Au XVIe s, Rabelais raconte que son géant Gargantua, se promenant dans la baie, sentit quelque chose qui le gênait dans sa botte. L'enlevant et la secouant, il en tomba 3 « cailloux » : le Mont-Saint-Michel, le rocher de Tombelaine et le Mont-Dol !

Ainsi débute la construction du Mont, par une modeste chapelle attirant les pèlerins. Dans la foulée – au Xe s –, le duc de Normandie Richard Ier installe *in situ* une communauté de moines bénédictins qui construisent progressivement – à l'emplacement du petit sanctuaire d'origine – une immense et magnifique abbaye en granit des îles Chausey. Elle est finalement achevée en 1523, tandis qu'un village s'est développé jusqu'au pied du rocher, derrière d'épais remparts. Forteresse imprenable durant la guerre de Cent Ans, le Mont demeure aussi un bel exemple d'architecture militaire. Il résiste sans faillir aux assauts anglais et devient ainsi un symbole de l'identité nationale... À la Révolution, la communauté religieuse est chassée, et l'abbaye devient une prison jusqu'en 1863, avant d'être classée Monument historique en 1874 et restaurée sans répit. Ouvert aux visites touristiques dès la fin du XIXe s – facilitées par la construction d'une digue-route reliant le continent –, le Mont-Saint-Michel accueille de nouveau des moines bénédictins dans les années 1960. Mais faute de tranquillité, ceux-ci cèdent la place en 2001 à une petite communauté des Fraternités monastiques de Jérusalem... Inscrit au Patrimoine mondial de l'Unesco en 1979, le Mont demeure toujours un lieu de pèlerinage. En 2015, après 10 ans de travaux qui ont vu la disparition de la digue-route historique et la construction d'ouvrages d'art ambitieux, le Mont est redevenu une île, retrouvant ainsi le bel écrin maritime de ses origines.

LE MONT EN QUELQUES CHIFFRES

Une douzaine de moines et moniales et moins de 10 résidents, telle est la population montoise qui vit à l'année sur le Mont. En saison, près de 500 salariés y travaillent quotidiennement pour 3 principaux employeurs. Ajouter à cela une vingtaine d'habitants dans les fermes des polders. Le Mont est public à 80 % (rocher, remparts, abbaye et voiries communales). Pour le reste, il est privé avec quelques habitations dans le village et la rue commerçante appelée « Grande-Rue », bordée de boutiques et hôtels-restaurants.

À LA VITESSE D'UN CHEVAL AU GALOP ?

C'est ce brave Victor Hugo qui popularisa cette fausse rumeur. En fait, la marée avance à 5,5 km/h, voire 10 km/h, alors qu'un cheval galope à plus de 20 km/h. Néanmoins, cette montée des eaux coûta la vie à bien des imprudents pris dans les sables...

Le Mont connaît les plus fortes marées d'Europe : environ 15 m d'amplitude pendant les équinoxes. Et quand la mer se retire, elle libère 25 000 ha de tangue, de sable, d'herbes et de rivières, pour s'éloigner jusqu'à 18 km du fond de la baie !
Près de 2,5 millions de visiteurs par an font de ce rocher le 3e site touristique le plus fréquenté de France, à la croisée de 1 200 ans d'histoire !
Pour la petite histoire, on l'associe parfois à son double japonais, Miyajima, qui tout comme le Mont-Saint-Michel est une île abritant un édifice religieux dont l'histoire est millénaire, et un site touristique emblématique ! Tous 2 inscrits au patrimoine mondial de l'Unesco, ils sont jumelés depuis 2009.

Arriver – Quitter

– ***Infos :*** *☎ 02-14-13-20-15. ● bienvenueaumontsaintmichel.com ●*

À pied ou à vélo

Par les fameuses ***voies vertes*** et ***véloroutes*** qui sillonnent la Manche, dont certaines aboutissent directement au Mont en empruntant dans les derniers kilomètres les anciens chemins de halage des bords de la rivière Couesnon.

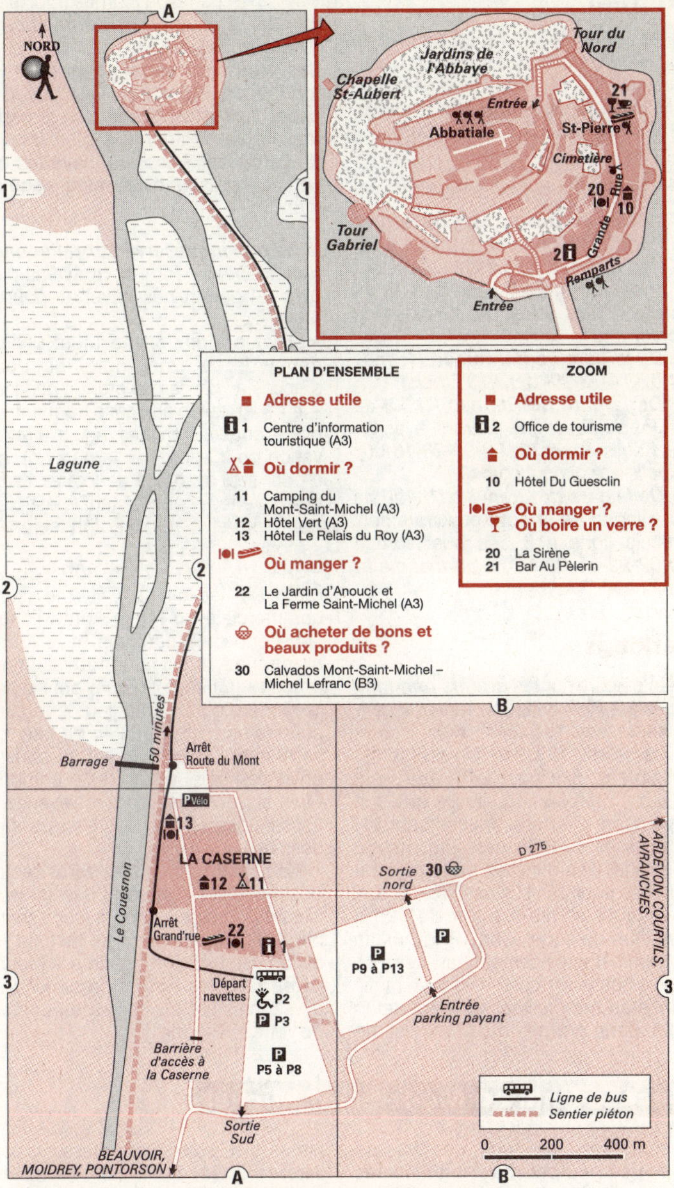

LE MONT-SAINT-MICHEL

En train

La gare SNCF la plus proche se trouve à ***Pontorson,*** sur la ligne Caen-Rennes. Mais des cars rejoignent aussi le Mont depuis les ***gares de Granville, de Rennes*** et ***de Dol-de-Bretagne.***

En bus

Seuls les bus partant de la gare de ***Pontorson*** ont leur terminus juste au pied du Mont. Les autres s'arrêtent au niveau des *grands parkings* (à 3 km du Mont, puis accès par navettes ou à pied).

➢ ***De la gare de Pontorson*** *(15 mn), (☎ 02-14-13-20-15 ; 3,10 €/pers).*

➢ ***De la gare de Rennes*** *(1h30)* ou de ***Dol-de-Bretagne*** *(30 mn),* avec les bus *Keolis Armor (☎ 02-99-26-16-00 ; ● keolis-armor.com.com ●).*

➢ ***De la gare de Granville*** *(1h40),* via les villages de la côte et *Avranches,* avec la ligne n° 8 des bus *Nomad (☎ 02-22-55-00-10 ; ● normandie.fr/manche ●).*

Parkings

P On se gare sur les ***grands parkings*** situés à 2,7 km du Mont. Tarifs : 1er avr-30 sept : env 15 €/24h ; puis 1er oct-31 mars : env 10 €/24h. Un seul forfait possible et fixe pour 24h, que vous restiez 15 mn ou 24h, quelle que soit votre heure d'arrivée. Vraiment abusif ! ***Attention,*** au-delà des 24h, même pour quelques minutes, vous payez à nouveau pour 24h ! Offre soirée, 5,10 € pour toute entrée à partir de 19h à condition de sortir avant 1h du matin (le jour même évidement), au-delà, on paye à nouveau pour 24h le plein tarif.
Bon plan : le meilleur moment selon nous pour profiter du Mont est de venir en 2e partie de journée (moins de monde), d'autant qu'en été l'abbaye ferme tard le soir.
Les plus chanceux tenteront le P5 (quand on entre dans aucune des cases suivantes), surtout en 2e partie de journée ! Parking le plus proche de l'arrêt des *Passeurs* (navettes qui vous conduisent du parking jusqu'au mont).

♿ Le ***parking réservé aux personnes handicapées – P2*** – se trouve au plus près du départ des navettes pour le Mont.

– Si vous logez sur le Mont, il faut demander à votre hôtel un code d'accès à l'un de ces grands parkings – ***le P3*** – réservé aux gens dormant sur place (code à 6 chiffres reçu à la réservation pour entrer sur le parking), qui a pour seul avantage de jouxter l'arrêt des navettes ; car côté tarif, c'est plein pot (soit env 10-15 €/24h selon la saison) !

– Si vous réservez un hôtel ou un resto au lieu-dit *La Caserne* (zone commerciale du Mont-Saint-Michel), situé entre les parkings et le Mont, demandez aussi à l'établissement un code (à usage unique) pour ouvrir la barrière d'accès au lieu. Il vous en coûtera env 5,50- 0 €/24h de plus sur votre note ; stationnement au parking privé de l'hôtel ou du resto compris. Mais si vous ressortez et revenez, il vous faudra repayer ; toute sortie étant définitive !

– ***Plan malin :*** quelques rares restos et commerces proposent à leurs seuls clients un accès gratuit à leur parking privé (remboursé sur votre facture) ; et de là, il est facile de rejoindre le Mont...
Attention : les tickets de parking se démagnétisent facilement au contact de votre téléphone.

L'accès final au Mont-Saint-Michel

– ***Important :*** de forts coefficients de marée peuvent réduire les heures d'accès au Mont, qui redevient alors une île à marée haute (se renseigner).

Des ***navettes gratuites*** (« les passeurs ») relient en boucle les grands parkings et le Mont (terminus sur la passerelle à 300 m de l'entrée), via un arrêt au lieu-dit *La Caserne* (zone commerciale Mont-Saint-Michel, où se trouvent nombre d'hôtels, de restos, de commerces, et même un petit supermarché), et un autre au niveau du *barrage* (début du

pont-passerelle, beau point de vue sur le Mont, et parking à vélos). En service tlj 7h30-0h45 (23h oct-mars), ttes les 5-10 mn en période d'affluence ; durée du trajet : 10 mn. Parfois de l'attente en hte saison.
– Également des ***navettes tractées par des chevaux*** (les « maringotes ») assurant aussi la liaison entre les grands parkings et le Mont. Prix : env 6,70 €/pers le trajet (13,40 € A/R) ; gratuit moins de 4 ans ; durée du trajet : 25 mn.
– On peut aussi décider de rejoindre le Mont ***à pied*** depuis les grands parkings. On a alors le choix entre 3 itinéraires différents (panneaux). Compter 30-40 mn de marche.
– Enfin, pour les ***vélos*** : possibilité de se garer gratuitement sur le parking prévu à cet effet au niveau du barrage. On peut aussi pédaler jusqu'au Mont pour l'admirer de plus près librement oct-fin avr ; puis mai-oct sauf 10h-18h, mais il est interdit pour l'instant de se garer au pied de celui-ci.

Adresses et info utiles

ℹ ***Centre d'information touristique*** *(plan A3,* ***1****)* ***:*** *au niveau des parkings, devant le départ des navettes.* ☎ *02-14-13-20-15. • bienvenueaumontsaintmichel.com • Tlj 9h-19h (10h-18h oct-Pâques).* Dans une belle et longue structure de verre, on y trouve les infos pratiques, mais aussi une présentation du Mont, des travaux effectués pour créer le barrage et les infrastructures récentes, des environs, ainsi qu'un survol de ce que la Bretagne et la Normandie ont à vous offrir. Toilettes ; espace bébé ; chenil *(8,50 €/j. ; car* ***les chiens sont interdits sur le mont****).*
ℹ ***Office de tourisme*** *(zoom,* ***2****)* ***:*** *dans le bâtiment de la poste, sur la Grande-Rue.* ☎ *02-33-60-14-30. • ot-montsaintmichel.com • Nov-mars, lun-dim, 10h-17h (9h-30-18h en mars et 17h30 vac scol). Avr-oct, lun-sam, 9h30-18h30 (17h30 oct) et dim 9h30-18h (17h oct). Juil-août, lun-sam, 9h30-19h. Fermé 1er janv et 25 déc.* Infos sur les traversées de la baie à pied, liste des guides privés agréés pour la visite de l'abbaye (compter env 150 € pour 2h) et possibilité d'acheter un billet coupe-file. Se procurer le plan « guide de visite du Mont » incluant les incontournables. Personnel pro et hyper efficace.
ℹ @ ***Office de tourisme Mont-Saint-Michel – Normandie/Bureau de Pontorson :*** *pl. de l'Hôtel-de-Ville, à* ***Pontorson.*** ☎ *02-33-60-20-65. • ot-monsaintmichel.com • À 9 km au sud du Mont. Juil-août, lun-sam 9h-13h, 14h-18h30, dim 9h-13h, 14h-17h. Sept-juin, lun-sam 9h15-12h30, 14h-17h30 ; plus dim avr-sept 9h-13h.* Infos transports (trains et bus), liste de guides agréés pour la traversée de la baie et autres balades à pied autour du Mont-Saint-Michel…
■ ***Traversées des grèves à pied :*** outre les sociétés ***Chemins de la Baie*** *(☎ 02-33-89-80-88 ; • cheminsdelabaie.com •)* et ***Découverte de la Baie*** *(☎ 02-33-70-83-49 ; • decouvertebaie.com • ; voir plus haut à Genêts),* des guides proposent des traversées au départ du Mont ou du rivage (bec d'Andaine, Genêts…). Parmi eux, ***Romain Pilon*** *(📱 06-74-28-95-41 ; • labaiecderomain.fr •),* ***Arnaud Jugan*** *(📱 06-87-41-80-26 ; • arnaud-jugan.fr •),* ***Julien Avril*** *(📱 06-64-28-54-40 ; • gambettes-enbaie.fr •)* et ***Pierre-Gilles Thouret*** *(📱 06-78-78-96-52 ; • guide-passeur-saint-michel.com •).*

Où dormir ? Où manger ?

– ***Important :*** dormir sur le Mont est un rêve qui a un prix (fort) ! À l'extérieur, le choix des hébergements est plus important, la qualité et l'accueil sont meilleurs, et les tarifs sensiblement plus bas. Côté restos, la vue demeure le plus souvent l'unique chose à savourer, ***au détriment*** du contenu de l'assiette, que l'on vous fait pourtant payer fort cher !

LA MANCHE

– Si vous avez opté pour une nuit sur le Mont, n'oubliez pas de demander à votre hôtel le code d'accès au parking réservé aux gens dormant sur place (voir « Arriver – Quitter / En voiture »). Par ailleurs, voyagez très léger, car il y a un peu de marche à faire entre les parkings, les navettes et le Mont, et une fois dans celui-ci, ça monte. Autre « détail » : les sons résonnent fort dans les rues étroites du Mont, et il n'est pas dit que vous ne serez pas réveillé de très bonne heure par un groupe partant à l'aube ou par les livraisons.
– Si vous envisagez de visiter le Mont à l'heure du déjeuner ou du dîner et de pique-niquer, surtout anticipez ! Car une fois sur place, outre le choix médiocre et les prix prohibitifs, vous perdrez un temps précieux à devoir retourner ne serait-ce que dans les boutiques de la zone commerciale située entre le rocher et les parkings. Le mieux est donc d'avoir déjà son casse-croûte avant même de garer sa voiture !

Sur le Mont

Tradition d'accueil des pèlerins oblige (les 1ers routards sont arrivés au IXe s !), une dizaine d'établissements sont répartis le long de la Grande-Rue.

Bon marché

La Sirène (zoom, **20**) : *Grande-Rue.* ☎ *02-33-60-08-60.* • *nicolas lochet50@gmail.com* • *Sur la gauche en montant, à l'étage d'une boutique de souvenirs. Tlj sauf jeu-ven 11h45-17h (juil-août), réduits hors saison. Congés : janv et de mi-nov à mi-déc. Repas env 15 €.* Toute petite salle aux murs de pierre, boiseries et jolies fenêtres à vitraux. Plus spontanément, les affamés se dirigent vers les restos « avec vue » (ceux de l'autre côté de la rue), cette crêperie fait cependant vite le plein : parce qu'elle n'a que quelques tables, certes, mais aussi parce que crêpes et prix y tiennent plutôt bien la route. Le service, malheureusement, est vite débordé.

Bar Au Pèlerin (zoom, **21**) : *Grande-Rue. Sur la droite en montant.* C'est le bar des habitués du Mont. On y croise Monsieur le curé de retour de son sermon, les guides qui s'hydratent le gosier entre 2 visites guidées, des touristes en balade et quelques bonnes sœurs en goguette ! Petite restauration, genre croque-monsieur... Un lieu amusant et plutôt authentique.

Chic

Hôtel Du Guesclin (zoom, **10**) : *Grande-Rue.* ☎ *02-33-60-14-10.* • *hotel.duguesclin@orange.fr* • *hotel duguesclin.com* • *Congés : du 4 nov à mi-mars. Doubles 110-145 €, petit déj 10 €.* Un établissement bien tenu, proposant des chambres confortables dans l'ensemble, et avec vue sur la mer pour certaines. Excellent accueil.

Au lieu-dit « La Caserne » (zone commerciale du Mont-Saint-Michel ; 50170 Beauvoir)

Camping

Camping du Mont Saint-Michel (plan A3, **11**) : *à l'Hôtel Vert.* ☎ *02-33-60-22-10.* • *camping@le-mont-saint-michel.com* • *camping-montsaintmi chel.com* • *Ouv mai-fin sept. Réception à l'Hôtel Vert (voir ci-dessous). Env 16-20 € pour 2 (droit d'accès à la zone commerciale Mont-Saint-Michel inclus pour une entrée, mais il faut ajouter le droit d'entrée pour la 2e pers). 94 empl.* Ce camping, bien en retrait de la route, est protégé par l'*Hôtel Vert*, dont il dépend. Cadre verdoyant, arboré, bien tenu, et emplacements spacieux. Parfait pour une étape et pour être le 1er à arpenter le Mont au petit jour, mais peut-être moins adapté aux séjours prolongés à cause de ce système de barrière, onéreux à force.

De bon marché à prix moyens

Le Jardin d'Anouck et La Ferme Saint-Michel (plan A3, **22**) : *route du Mont-Saint-Michel, La*

Caserne. ☎ 02-33-58-46-79. 06-13-13-35-03. • reservation@restaurantfermesaintmichel.com • restaurantfermesaintmichel.com • ♿ Tlj sauf dim hors saison. Congés : 24, 25 déc et 1er janv. Formule moules-frites 19,90 €, menu de la ferme en sem 25 € (avec supplément le w-e) ; carte env 30 € ; panier d'Anouck (pique-nique) 15 €. Parking indépendant réservé à la clientèle, 2 € la journée (droit de passage à la commune, voir plus haut). CB refusées. Café offert sur présentation de ce guide. Juste à côté des parkings et en face du départ des navettes, mais au milieu d'un jardin, dans une ancienne ferme des polders. Belle salle, très vaste, aux murs de pierre avec une charpente en bois haut, très haut, au-dessus de vos têtes. L'espace et le cadre sont vraiment appréciables, et dans l'assiette, c'est correct et généreux, avec le fameux agneau des prés salés cuit au feu de bois dans un four à pain. Dans le jardin, pour ne pas se ruiner, ***Le Jardin d'Anouck*** propose sandwichs, galettes ou panier pique-nique à prix doux (hors saison, le snack est transféré dans le resto).

De prix moyens à plus chic

Hôtel Vert *(plan A3, **12**) : ☎ 02-33-60-09-33. • stmichel@le-mont-saint-michel.com • le-mont-saint-michel.com • Congés : nov-début fév. Doubles 93-96 €.* Les petites chambres sont standard mais confortables et bien tenues, et l'ensemble s'avère agréable, tout comme l'accueil. *Fait également réception pour le camping du Mont-Saint-Michel (ci-dessus).*

Hôtel Le Relais du Roy *(plan A3, **13**) : ☎ 02-33-60-14-25. • reservation@le-relais-du-roy.com • le-relais-du-roy.com • Congés : 3 sem en fév-mars. Doubles 90-137 €. Formule déj en sem 14-16 €, menus 25-38 €.* *Le Relais du Roy* a greffé des bâtiments plus modernes à une petite maison dont les parties anciennes remontent au XVe s. Chambres bien tenues et plutôt confortables, avec leur lit vêtu d'une couette douillette. Certaines ont vue à l'arrière sur le Couesnon et disposent d'un tout petit balcon. Au resto, salle très spacieuse au décor rustico-médiéval chaleureux, pour une cuisine plaisante, avec ici et là une petite touche d'originalité. Bon accueil et service pro.

Dans la campagne alentour

Camping

Camping Aux Pommiers : *28, route du Mont-Saint-Michel, 50170 **Beauvoir.** ☎ 02-33-60-11-36. 06-20-15-25-14. • campingauxpommiers@gmail.com • camping-auxpommiers.com • ♿ À env 5 km du Mont-Saint-Michel. Ouv début mai-début nov. Compter env 24-33 € pour 2 avec tente et voiture ; hébergements locatifs. 106 empl.* Camping confortable installé sur un site tout en longueur, partiellement ombragé et bien tenu, où les chalets en bois et les mobile homes s'alignent – un peu trop près les uns des autres – parmi les tentes et les camping-cars. Belle piscine couverte, jeux pour enfants, location de vélos. Accueil charmant.

De bon marché à prix moyens

Le Manoir au Court : *11, le Manoir au Court, à **Vessey.** ☎ 02-33-60-33-67. 06-70-31-79-60. • contact@fermedelaprovostiere.com • lemanoiraucourt.fr • À env 15 km au sud-est du Mont-Saint-Michel. Appart (2-8 pers) 210-435 €/sem. Accueil à l'entrée sur la droite, dans un petit chalet qui fait également office de boutique.* Ce beau petit hameau de campagne livre 5 appartements pratiques, tout confort et nickel, aménagés dans un corps de ferme traditionnel avec pierres apparentes. Cuisine, terrasse privée fleurie, quiétude du bocage ; l'accueil souriant et aux petits soins en prime ! Ici, on confectionne aussi confitures, pommeau, calvados... Accueil adorable.

Chambres d'hôtes La Bourdatière : *chez Arnaud Hamon, 8, rue Maurice-Desfeux, 50170 **Beauvoir.***

☎ 02-33-68-11-17. 📱 06-72-98-97-99. • labourdatiere@orange.fr • la-bourdatiere.com • À env 5 km au sud du Mont-Saint-Michel. Congés : nov-Pâques. Doubles 45-75 € ; familiale. Dans une maison agréable et très au calme, 5 chambres spacieuses et confortables, à des prix très discrets. La plus chère se trouve au rez-de-chaussée et possède un séjour. Un petit chemin à proximité permet d'accéder à pied (ou à vélo) aux parkings du Mont. Bon plan pour éviter de payer le parking. Accueil très sympathique.

Le Marquis de la Guintre : *75, route du Mont-Saint-Michel, à* ***Courtils.*** *📱 06-60-84-39-62. Sur la gauche après Courtils en direction du Mont. Avr-début sept midi et soir, sauf dim avr-fin juin. Formule à 10 €. Plats 10-14 €, agneau de pré salé 22 €.* Une adresse familiale comme on les aime bien, toute simple et sans chichis. Ce marquis-là fait griller son agneau de pré salé dans son auberge de bord de route, comme personne. On ne peut pas le louper, le barbecue est à l'extérieur. La qualité de la viande, l'accueil et le service vous feront oublier très vite le bord de route. Idéal avant d'affronter la marche pour visiter le Mont.

L'Archange : *3, rue du Pont Landais, route du Mont, Polder Saint-Avit, à* ***Huisnes-Sur-Mer.*** *☎ 02-33-58-70-41. Tlj en continu 11h-21h30. Formule 13 €, moules 11,50 €. Menu 20,90 €.* Ce n'est pas l'endroit le plus glamour, en bord de route, mais c'est une bonne alternative, pour le service en continu, quand on a une petite faim et une petite soif. Et tout compte fait, c'est franchement honnête. D'autant qu'il n'y a pas grand-chose à proximité. En prime, vue sur le Mont, de la grande terrasse.

Chambres d'hôtes Les Prés Salés : *chez Damien et Sylvie Lemoine, 82, rue du Mont-Saint-Michel, 50220* ***Courtils.*** *☎ 02-33-60-06-02. 📱 06-64-16-16-35. • sylvie.lemoine90@orange.fr • lespres-sales.fr • ♿ À 9 km à l'est du Mont-Saint-Michel. Double 48 € ; familiale.* Un jeune couple tient cette adresse aux chambres simples, mais bien tenues. Presque toutes ont une splendide vue sur les prés salés et, tenez-vous bien, sur le Mont-Saint-Michel ! Petit coin cuisine à disposition. Accueil agréable.

LA MANCHE

De prix moyens à chic

Chambres d'hôtes et gîtes Ferme Saint-Joseph : *polder Saint-Joseph, à* ***Beauvoir.*** *☎ 02-33-60-09-04. 📱 06-43-41-37-63. • mbfaguais@wanadoo.fr • ferme-saint-joseph.fr • À 6 km du Mont-Saint-Michel. Double et studio 83 €. Gîtes 2-10 pers, 300-700 €/sem. Réduc sur le prix de la chambre à partir de 3 nuits.* Cernée par les polders avec vue directe sur le Mont-Saint-Michel, cette ancienne ferme rénovée bénéficie d'une situation plus qu'exceptionnelle avec comme unique point d'horizon, le Mont. Elle abrite des chambres et appartements confortables, propres et décorés avec attention. Petite terrasse avec vue pour certains. Piscine couverte chauffée. Accueil souriant. Et accès par le chemin le long de la ferme, directement au barrage et au Mont-Saint-Michel de l'autre côté, à pied ou à vélo.

Aux Chambres du Mont : *8, rue de la Grange-à-Dîme, à* ***Huisnes-sur-Mer.*** *☎ 02-33-60-33-40. • auxchambresdumont@outlook.fr • auxchambresdumont.fr • À 10 km à l'est du Mont-Saint-Michel. Doubles 65-75 € ; petit déj 9 €/pers. Table d'hôtes parfois possible sur demande.* Juste sous l'église, 4 petites chambres soignées, offrant toutes une jolie petite vue sur le Mont.

La Salicorne et le Rhinocéros : *7, rue de la Ferme, à* ***Huisnes-sur-Mer.*** *À 10 km à l'est du Mont-Saint-Michel. Ouv 15h-19h mar-mer et sam.* Un insolite café, épicerie, papeterie, librairie dans ce village très paisible. Quelques tables à l'extérieur pour boire un verre, un café, grignoter, manger une glace le tout bio. Mais aussi, acheter son pain, des jeux de société, des livres...

Auberge de la Baie : *44, route de la Rive, 50170* ***Ardevon.*** *☎ 02-33-68-26-70. • reservations@aubergedelabaie.fr • aubergedelabaie.fr • ♿ À 4 km au sud-est du Mont-Saint-Michel. Congés : sept-fin mars. Doubles 66-85 €.* Planté en bord de route passante, un bâtiment principal flanqué d'une annexe à l'arrière, et des prix abordables. Chambres plutôt petites, à la déco assez standard ; mais celles-ci s'avèrent plaisantes et confortables. Fait aussi resto.

Le Sillon de Bretagne : *14, RN, Brée, 50170* ***Tanis.*** *☎ 02-33-60-13-04. ● lesillondebretagne@hotmail.fr ● sillondebretagne.free.fr ● ♿ À 10 km du Mont-Saint-Michel et 2 km de Tanis, au bord de la nationale, au carrefour avec la D 80. En saison, fermé mar soir-mer et dim soir (ouv tlj en août) ; hors saison, ouv seulement ven-dim midi. Congés : janv. Menus 24,50-48 €.* Certes l'emplacement n'est pas très glamour, avec beaucoup de passage, mais au resto c'est l'assiette qui compte, non ? La maison s'approvisionne chez les producteurs locaux, volontiers bio, et la chef n'hésite pas à « retoucher » avec succès des produits bien du terroir en y ajoutant une pointe « d'ailleurs ».

L'Antre Terre et Baie : *39, rue du Mont-Saint-Michel, à* ***Beauvoir.*** *☎ 02-33-68-84-59. ● lantreterreetbaie.eatbu.com ● À 6 km du Mont-Saint-Michel. Tlj sauf lun midi et soir. Menus 25-35 € (sauf j. fériés).* Ne pas se fier à l'extérieur et l'environnement à l'arrivée, car le cadre moderne et épuré est plutôt réussi. Et la vue de la salle, ou du balcon terrasse qui l'entoure, est absolument imprenable sur le Mont et le Couesnon. Les menus sont élaborés avec des produits locaux et de saison qui mettent en valeur les produits de la mer et de la terre. Des fruits de mer (langoustines, homard, huîtres, araignées, crevettes, etc.) à l'agneau de prés salés de la baie du Mont, il n'y a qu'un pas et c'est très bon. Même si on paie un peu la vue. Service charmant, mais un peu débordé.

À Pontorson

(50170 ; à 9 km du Mont)

Ce bourg commerçant sur les rives du Couesnon demeure – avec sa gare – un carrefour entre la Normandie, la Bretagne et le Mont-Saint-Michel. Édifié vers 1030 par Robert le Magnifique, père de Guillaume le Conquérant, afin de protéger la Normandie contre le voisin breton ; de son prestigieux passé médiéval, Pontorson conserve quelques beaux édifices... Enfin, perturbé dans la journée par le trafic routier, il redevient tranquille le soir, et c'est ici que vous trouverez certainement à vous loger si tout est complet vers le Mont ; et sans casser le petit cochon !

Bon marché

Le Grillon : *37, rue du Couesnon. ☎ 02-33-60-17-80. ● legrillonpontorson@gmail.com ● Tlj sauf jeu-ven midi, plus mer soir et ven midi hors saison. Doubles 47-72 €. Formule déj (en sem) 12,50 € ; menu (hors vac scol) 23 €. Café offert sur présentation du guide de l'année.* Une bonne crêperie à l'accueil vraiment charmant. Également des salades et quelques plats très honnêtes. Loue aussi quelques chambres simples, mais pas chères.

La Casa de Quentin : *102, rue Saint-Michel. ☎ 02-33-48-61-95. ● franck.manchon@wanadoo.fr ● ♿ Tlj sauf dim soir-lun. Menus 23-32,50 €.* Un excellent resto d'habitués, qui font bombance dans une agréable salle au goût du jour, sous de vieilles poutres. Dans l'assiette : crêpes et salades ; mais aussi de bons petits plats simples, bien tournés et pleins de goût. Service aimable et dynamique.

Chic

Hôtel Best Western Montgomery : *13, rue Couesnon. ☎ 02-33-60-00-09. ● info@hotel-montgomery.com ● hotel-montgomery.com ● Dans la rue principale. Congés : de mi-nov à mi-déc. Doubles 75-129 € ; petit déj 12 €. Apéritif maison, offert sur présentation de ce guide.* L'hôtel est tout simplement installé dans l'ancienne demeure du XVIe s des comtes de Montgomery, de belles chambres, dotées d'un mobilier exceptionnel pour certaines et plus contemporain pour d'autres, mais confort optimal pour toutes. Sympathique cour-jardin sur l'arrière.

Chambres d'hôtes Les Belles de Mai : *35, rue Saint-Michel. ☎ 02-33-58-47-79. 📱 06-74-60-58-76. ● contact@bellesdemai.com ● bellesdemai.com ● Doubles 75-105 €. Gîte (3 pers) 595-700 €/sem.* Cette maison ancienne rutilante a décidément

LA MANCHE

beaucoup de cachet : vieux parquets, cheminées en marbre et meubles vintage. En tout 5 chambres tout confort et spacieuses. Belle déco rehaussée de quelques meubles anciens. Également un appartement indépendant donnant sur le gentil jardin où il fait bon musarder entre 2 visites. Accueil sympa.

Où acheter de bons et beaux produits ?

Atelier d'art de la Rive : *31, route de la Rive, à **Ardevon.** ☎ 02-33-60-08-01. À 4 km à l'est du Mont, par la D 275. Ouv uniquement sur rdv.* C'est en creusant dans leur jardin que les proprios de ce petit atelier de bijoux artisanal – à quelques encablures du Mont – ont découvert de vieux moules servant à fondre des figurines représentant saint Michel terrassant le Dragon, épée à la main ; emblème du pèlerinage, fièrement arboré par les pèlerins du XVe s. Ils en exposent et vendent des tirages en différents métaux et fabriquent aussi d'autres bijoux, copies d'anciens et créations contemporaines évoquant le Mont et son pèlerinage. Accueil adorable et passionné. Leurs créations sont en vente dans les boutiques sur le Mont.

Calvados Mont-Saint-Michel – Michel Lefranc *(plan B3, **30**) :* *La Jacotière, à **Ardevon.** ☎ 02-33-68-24-57. • calvados-montsaintmichel.com • À 2 km à l'est de « La Caserne » par la D 275. Ouv tlj 10h-19h. Parking gratuit réservé à la clientèle.* À proximité des parkings du Mont, cette maisonnette isolée demeure la boutique d'un petit producteur de calvados fermier basé à la Lucerne-d'Outremer (derrière Granville, dans la Manche). Également cidre, jus de pomme, pommeau, etc., et bien d'autres produits goûteux du terroir...

À voir

Pour info, le Mont est parfait pour entretenir sa condition physique, mais pénible pour les gens qui se déplacent avec difficulté. En effet, c'est pentu et il y a toujours un escalier à grimper (ou à redescendre).

Le bourg

La Grande-Rue : grimpant à l'assaut du rocher, entre 2 haies d'hôtels-restos et de magasins de souvenirs, cette ruelle commerçante fait partie de l'identité du Mont. Déjà au Moyen Âge, elle répondait aux besoins des pèlerins pour trouver le gîte, le couvert, et s'acheter un petit souvenir. Là, malgré un essor des constructions en granit au tournant des XIXe-XXe s, il subsiste quelques maisons vraiment anciennes qui aident à imaginer le décor d'origine : la ***maison La Sirène*** (XVe s) à pans de bois, la ***maison de l'Artichaut*** (ex-Hôstellerie de la Lycorne ; XVIe s) aux murs et toits recouverts de tuiles, la ***maison du Four banal,*** et la ***maison de la Truye qui file*** (XIVe s) tout en haut du village... Et n'hésitez pas à vous « éloigner »

OMELETTE GRATIS !

Arrivée sur le Mont dans les années 1870 comme femme de chambre de l'architecte en charge de la restauration de l'abbaye, Annette Boutiaut épouse bientôt Victor Poulard, le fils du boulanger. Ils ouvrent alors un resto qui devient rapidement célèbre pour son omelette, servie gratuitement à leurs clients – arrivant à n'importe quelle heure au gré des marées – dans l'attente d'un repas plus conséquent. La « Mère Poulard » était née ! Sa fameuse omelette existe toujours aujourd'hui, mais elle n'est plus gratuite...

de la Grande-Rue – en montant par les venelles attenantes –, vous tomberez sur de délicieux jardinets intimistes et autres points de vue pittoresques.

Les remparts : édifiés aux XIVe-XVe s pour protéger le Mont et son abbaye contre les Anglais lors de la guerre de Cent Ans. Subtilisé aux Anglais lors d'une attaque, l'énorme canon primitif posé à côté de l'entrée principale demeure un témoin de cette époque, et mériterait sa place dans un musée plutôt que sous la pluie... Bref, le Mont ne fut jamais pris, et les Anglais durent se contenter du rocher de Tombelaine, son frère jumeau, à 3 km. Certains pensent que la protection de l'archange saint Michel y est pour beaucoup ; ce même archange qui apparut à Jeanne d'Arc, lui ordonnant de « bouter les Anglais hors de France » ! En faisant le tour des remparts, on embrasse la vue splendide sur toute la baie, en dégustant l'air marin à pleins poumons !

L'église paroissiale Saint-Pierre : négligée des visiteurs du Mont qui foncent – bille en tête – à l'abbatiale, cette petite église mérite pourtant une courte halte. Depuis la Grande-Rue, on la rejoint par la fameuse ***ruelle des Cocus,*** une venelle raide et étroite ; si étroite qu'on ne peut y passer avec... des cornes sur la tête ! L'église Saint-Pierre – flanquée d'un minuscule ***cimetière*** où repose notamment la mère Poulard – conserve quelques piliers de sa construction d'origine du XIe s. Remaniée aux XVe-XVIe s, elle demeure le lieu de culte officiel du pèlerinage depuis le XIXe s ; culte qui s'y accomplit notamment devant une statue monumentale de saint Michel terrassant un dragon, épée en pogne !

LE DEMI-FANTASME DES SABLES MOUVANTS

Une personne ne peut être entièrement ensevelie car la densité de son corps est inférieure à celle des sables mouvants. Si les pieds commencent à s'enfoncer, il faut agir vite : couchez-vous et roulez sur le côté ! Dans le cas où les jambes resteraient coincées, on réalise des mouvements de rotation afin que l'eau puisse s'infiltrer... Du coup, c'est au moment de la marée montante que quelqu'un pris dans les sables mouvants risque la noyade. Aussi, les traversées de la baie se font-elles en toute sécurité avec un guide agréé.

➢ Pour clore la visite du bourg, il faut ***s'y promener le soir,*** lorsque les remparts sont déserts et que les marchands du Temple ont tiré le rideau de fer sur toute leur quincaillerie. Les murs de l'abbatiale, illuminés, surgissent alors dans la nuit comme une armure de pierre et l'archange aux ailes dorées se dresse au milieu des étoiles. Magique...

L'abbaye

– ***Infos :*** *☎ 02-33-89-80-00. • abbaye-mont-saint-michel.fr •*
– ***Horaires d'ouverture :*** *sous réserve de modif, mai-août, tlj 9h-19h ; sept-avr, tlj 9h30-18h ; dernière entrée 1h avt. Fermé 1er janv, 1er mai et 25 déc. Messe tlj sauf lun à 12h15 ; rdv à 12h (dim, messe à 11h30, rdv à 11h15).* Retenez que les visites fonctionnent aussi en hiver, loin des hordes de touristes. Les guides vous bichonneront et vous pourrez découvrir en toute

UNE CLOCHE DANS LA BRUME

Par temps brumeux, pour aider les pêcheurs de la baie à s'orienter et retrouver leur chemin vers le Mont, on sonnait à toute volée les cloches de l'abbaye. À la Révolution, ces cloches furent fondues, sauf une que les pêcheurs demandèrent à conserver pour leur sécurité.

tranquillité la véritable magie et le dépouillement du lieu (le granit et l'hiver font assez bon ménage, pour qui sait se munir d'un bon gros pull !). ***En été, l'idéal est de venir après 19h pour profiter du calme, du parking moins onéreux et de l'ouverture tardive de l'abbaye !*** Hors juillet et août (quand il n'est pas possible de visiter l'abbaye tard le soir), si vous souhaitez éviter la cohue, le mieux est de venir tôt le matin et dès l'ouverture de l'abbaye.

➢ ***Pendant la journée, 5 types de visites possibles...*** Nous indiquons les pleins tarifs (susceptibles d'être augmentés) ; réduc ; gratuit moins de 18 ans accompagnés de leurs parents, et moins de 26 ans citoyens de l'Union européenne.

– ***La visite libre*** *(30 mn-1h30)* **:** *11 €.* ***En réservant vos billets coupe-file sur*** *• abbaye-mont-saint-michel.fr •*, ***vous éviterez de perdre votre temps dans les queues*** *en été ou pdt les vac scol.* On fait la visite soi-même, à l'aide d'un plan-dépliant gratuit.

– ***La visite commentée*** *(45mn) : gratuite, car comprise dans le prix d'entrée.* Des commentaires intéressants et animés pour une immersion dans la vie de l'abbaye et du Mont à travers les siècles. Nous recommandons fortement cette visite sans supplément !

– ***La visite « conférence »*** *(2h)* **:** *tlj pdt les vac scol, sinon, seulement les w-e et j. fériés. Résa sur le site. Prix : 18 €.* Ici, le guide vous ouvre des endroits généralement fermés au public, notamment l'église préromane : Notre-Dame-sous-Terre...

– ***L'audioguide*** *(1h15)* **:** *en supplément de 3 € au tarif de la visite libre.* Ceux qui n'ont pas le goût des guides en chair et en os explorent l'abbaye à leur rythme avec les commentaires « interactifs »...

– ***La visite famille*** *(1h30)* **:** *compter 1-5 visites/mois. Prix : 18 €. Résa obligatoire.* Le conférencier raconte l'histoire du monument avec un discours adapté aux enfants de 7-12 ans, tout en poussant des portes interdites...

➢ ***Les nocturnes de l'abbaye :*** *en juil-août, tlj sauf dim 19h30-minuit (dernière entrée à 23h) ; visite libre ponctuée d'une scénographie son et lumière qui change tous les 3 ans. Prix : env 15 € ; réduc ; gratuit moins de 7 ans.* Une découverte insolite de l'abbaye, un peu plus au calme...

➢ ***Les offices :*** *☎ 02-33-58-31-71. • abbaye-montsaintmichel.com • Laudes : mar-ven à 6h50, sam-dim, j. fériés et en août à 7h50 ; vêpres : mar-sam à 18h20 ; messes : mar-sam à 12h, dim à 11h15 ; pas d'office dim soir et lun (jours de solitude pour la communauté). Se présenter à la croix de Jérusalem 15 mn avt l'heure ; un moine ou une moniale viendra vous chercher. Accès gratuit, mais qui ne permet pas la visite complète de l'abbaye...* Pour une immersion totale dans l'ambiance religieuse de l'abbaye. La communauté propose aussi des retraites.

Visite de l'abbatiale

Pour des raisons esthétiques (et symboliques), les bâtisseurs de l'époque ont voulu donner à l'église la même dimension en longueur que la hauteur du rocher, soit 80 m, ce qui nécessita la construction d'infrastructures complexes dans lesquelles se trouve enchâssée l'église préromane du Xe s (visible seulement lors de la visite « conférence »). C'est à Chausey – alors propriété de l'abbaye – qu'on est allé chercher les blocs de granit qui servirent à la construction. Embarqués sur des bateaux à fond plat, il fallait ensuite composer avec les marées !

LE ROCHER SACRÉ

Les 1res reliques du sanctuaire du Mont provenaient d'Italie, car il n'était pas concevable, au Moyen Âge, qu'un lieu de pèlerinage n'en soit pas pourvu. Mais, progressivement, la dévotion populaire se reporta sur le rocher en granit lui-même, dès lors vénéré. Les nouvelles constructions l'enveloppèrent sans jamais le tailler...

LA MANCHE

– ***L'abbatiale :*** lieu central dans la vie des moines, car ils assistaient 7 fois par jour aux offices. La ***nef*** est un bel exemple du roman normand du XIe s. Destinée à l'accueil des pèlerins, elle s'étendait à l'origine plus loin vers l'ouest. Le chœur roman s'effondra en 1421 et fut remplacé par un ***chœur*** gothique flamboyant, achevé vers 1520. Les constructeurs avaient enfin réussi, après des siècles d'expérience, à vaincre les poussées de la voûte et à percer les murs d'ouvertures laissant pénétrer le soleil.

– Sortant de l'abbatiale, on gagne la ***Merveille,*** c'est-à-dire un ensemble de 6 salles réparties sur 3 niveaux, construites à partir de 1211, et achevées 17 ans plus tard... Là, suspendu entre le ciel et la mer, le charmant ***cloître*** se montre comme un balcon ouvert sur l'infini. Tous les murs étant en porte-à-faux, il était indispensable de construire quelque chose de léger, ce qui explique la disposition en quinconce des 137 colonnettes. Lieu de méditation et de prière, le cloître a retrouvé son jardin de buis et une toiture en schiste du Cotentin. Ici, tout est à la mesure de l'homme, contrairement aux autres parties du monastère.

– Avec sa voûte en berceau, l'immense ***réfectoire*** surprend par sa démesure. Ne communiquant que selon un code de gestes, les moines y prenaient en silence leur frugal repas en écoutant la lecture de la vie des saints. Noter l'extraordinaire technique utilisée par l'architecte pour capter un maximum de lumière sans affaiblir la solidité des murs. En outre, jeu optique subtil au niveau symbolique : on s'enferme, mais on laisse la lumière pénétrer quand même. Espace superbement maîtrisé. Cette salle résume bien toute la spiritualité bénédictine.

– ***La salle des Hôtes :*** réservée aux pèlerins nobles et aux rois, elle a perdu son revêtement de couleur, mais conserve son architecture élégante et majestueuse, correspondant à son rang. Poussée maintenue par des contreforts intérieurs. La fameuse abbaye de Royaumont copia cette salle, et la technique des contreforts fut aussi utilisée à la Sainte-Chapelle de Paris... Cette pièce était pourvue de latrines et de 2 gigantesques cheminées où l'on faisait rôtir la viande destinée à ses hôtes de marque ; bref, tout le confort du XIIIe s ! Également une chapelle attenante.

– ***La crypte des gros piliers,*** impressionnante et même assez oppressante, soutient le chœur de l'abbatiale. Les piliers romans d'origine furent renforcés lors de la construction du nouveau chœur gothique, mesurant ainsi chacun 5,50 m de circonférence !

– ***La crypte Saint-Martin :*** sous le bras sud du transept, très belle voûte en berceau de 9 m de haut. Un exploit technique pour supporter tout le poids de l'église au-dessus !

– ***La salle de la roue :*** utilisée pour l'approvisionnement de la prison (XIXe s), elle fonctionnait avec 6 hommes, dit-on, sur le principe de la cage à écureuil. Les dalles du sol recouvrent l'ancien cimetière des moines...

– ***La chapelle Saint-Étienne*** était le lieu où l'on veillait les morts avant leur enterrement dans le cimetière voisin, aujourd'hui inaccessible (sous la salle de la roue). Il y subsiste l'un des derniers fragments de peinture murale de l'abbaye (XIIIe s). Cette chapelle communiquait avec l'infirmerie...

– ***L'infirmerie,*** aujourd'hui effondrée, était le seul endroit où les moines pouvaient manger de la viande pour se refaire une petite santé et se lever quand bon leur semblait ! Et vu l'ambiance générale, il devait être tentant de se faire porter pâle ! Toutefois, l'organisation fonctionnelle de ces 3 dernières salles demeure imparable : l'infirmerie s'ouvre sur la chapelle mortuaire, puis sur le cimetière.

« LA BASTILLE DES MERS »

À la Révolution, les bénédictins chassés, le Mont devint une prison et abrita jusqu'à 700 détenus de droit commun et quelques prisonniers politiques. Après la révolution de 1848, Blanqui, Barbès et Raspail, entre autres, y furent internés... Victor Hugo s'en indigna, surnommant cette prison de « crapaud dans le reliquaire » ! Napoléon III la ferma définitivement en 1863.

– On traverse ensuite le ***promenoir des moines,*** où l'on voit bien le rocher originel en granit – considéré comme relique à part entière – pour atteindre la ***salle des chevaliers,*** située juste sous le cloître, et parsemée de colonnes pour le soutenir (XIIIe s). Là, des livres étaient posés sur de grandes tables, et les moines bénédictins y étudiaient les savoirs médiévaux (théologie, littérature, sciences...). C'était une salle confortable pour l'époque, chauffée par une cheminée – conservation des livres oblige – et munie de latrines.
– La visite se termine par l'***aumônerie*** (billetterie), jadis destinée aux pèlerins de condition modeste. Il s'y trouve le modèle d'atelier de la statue de la flèche de l'abbaye, réalisée par Fremiet (XIXe s). Puis on sort en passant par l'ancien ***cellier*** (boutique).

Fête et manifestation

– ***Marathon de la baie du Mont-Saint-Michel :*** *en mai.* • *runinmontsaintmichel.com* • Départ de Cancale. Une cinquantaine de nations et quelque 8 000 coureurs participent à ce marathon qui a fêté sa 20e édition en 2017.
– ***La Saint-Michel d'automne :*** *fin sept, le dim le plus proche de la fête du saint.*

LA MANCHE

AUTOUR DU MONT-SAINT-MICHEL

Le Moulin de Moidrey : *35, route des Moulins, à* ***Moidrey.*** *06-46-36-18-82. À 3 km au nord de Pontorson. Visites guidées : de fév à mi-mars, tlj 9h30-12h30, 14h-18h ; d'avr à mi-nov, tlj 9h-12h30, 14h-19h ; juil-août, tlj 9h-20h. Entrée : 4 € ; 6-18 ans 2,50 € ; gratuit moins de 6 ans.* Ce moulin à vent de 1806 a repris du service après plus de 1 siècle d'abandon et une restauration totale, pour finalement être classé au Patrimoine mondial de l'Unesco en 2007. Aux commandes, un vrai meunier – passionné et plein d'humour – qui fabrique des farines de sarrasin, blé, seigle, etc. (en vente), et assure les visites guidées très intéressantes. Une fois de plus, une belle vue sur le Mont, mais on ne s'en lasse pas !

Survol du Mont en ULM : *avec* ***Didier Hulin,*** ☎ *02-33-48-67-48, 06-07-54-91-92,* • *ulm-mont-saint-michel.com* • *;* ***Régis Mao,*** ☎ *02-33-58-10-13, 06-81-99-24-79,* • *normandie-ulm.com* • *;* ***Laurent Papillon,*** ☎ *02-33-60-59-29, 06-68-28-02-83,* • *manche-ulm-evasion.com* • *Fonctionnent à la demande tte l'année selon météo. Résa obligatoire. Décollage de l'aérodrome du Val-Saint-Père, au sud d'Avranches. Compter 100-250 € pour une balade de 20 mn-1h dont vous vous souviendrez longtemps.* Une façon fantastique de découvrir le Mont-Saint-Michel par les airs ! ***Moment assez exceptionnel,*** surtout en y allant tôt le matin, vers 7h. Au lever du soleil, c'est magique.

L'église Notre-Dame à Pontorson *(50170) : tlj 10h-18h.* Date du XIe s pour ses parties les plus anciennes. Tour bâtière avec galerie à l'aspect trapu. Contreforts puissants. Côté place, porche roman complètement usé. Au tympan, une image énigmatique. Côté façade, triples voussures avec décor à chevrons. À l'intérieur, le granit gris lui donne un côté austère. Sur le sol, pierres tombales du XVIIe s. Voir le *retable des Saints cassés,* montrant la vie du Christ en 22 compartiments. Réalisé au XVe s et très mutilé pendant les guerres de Religion et la Révolution française, il exprime cependant encore beaucoup de noblesse. À côté, le retable de l'*Ascension* (12 apôtres entourant la Vierge) et un grand christ du XVIIIe s. Lutrin de la même époque. Également une belle Vierge en bois du XVIIe s à côté du baptistère et son curieux couvercle en bois sculpté (du XVIIIe s).

Tricots Saint-James : *Z.I. route d'Antrain, 50240 Saint-James. À 16 km est de Pontorson.* ☎ *02-33-89-15-55. Visite possible lun-ven, sur résa uniquement par tél ou mail* • *visite@saint-james.fr* • *Entrée : 5 €.* On peut découvrir le travail textile des artisans qui perpétuent un savoir-faire plus que séculaire de confection des fameux pulls marins et marinières. L'entreprise est labellisée Entreprise du Patrimoine Vivant (EPV).

LE MORTAINAIS

À l'est du Mont-Saint-Michel s'étend une région méconnue, moins touristique, très bucolique et idéale pour la randonnée. Symbolisée par la vallée de la Sélune et le Mortainais, région typique du bocage normand, on y trouve de nombreux témoignages de la vie rurale passée. Habitat utilisant le matériau local, complètement adapté au paysage : granit de l'Avranchin, schiste de Sourdeval, pierre blanche du Mortainais. Parfois de longues crêtes rocheuses livrent de jolis panoramas ; ailleurs, la paisible vallée de la Sélune vous invite à de tranquilles balades au fil de l'eau...

MORTAIN-BOCAGE

(50140) 2 940 hab. *Carte Le sud de la Manche, D3*

Importante ville carrefour, au point de jonction de la Bretagne, du Maine et de la Normandie. Dernier soubresaut au cœur des « montagnes de Normandie », et fort joli soubresaut ! La région présente un relief accidenté. Mortain elle-même est bâtie sur les flancs d'une colline qui culmine à 327 m. On peut y admirer une belle abbaye et collégiale. Géricault, Courbet et Corot n'ont pas résisté à l'envie de venir peindre les paysages alentour, c'est un signe, non ?
L'origine de la ville remonte au Bas-Empire romain. Mais c'est à partir du Xe s que Mortain entre réellement dans l'histoire : les Normands en font une forteresse se dressant face à la Bretagne et au Maine. Le demi-frère de Guillaume le Conquérant, Robert, comte de Mortain (que l'on voit figurant à côté de Guillaume sur la tapisserie de Bayeux), donne au comté une stature politique, voire artistique.
Un petit millénaire plus tard (navré pour la brutalité de la transition), la ville fut le cadre de l'un des épisodes les plus dramatiques de la bataille de Normandie...

L'OPÉRATION *LÜTTICH* À MORTAIN

À Mortain se déroula une offensive allemande décisive qui aurait pu retarder considérablement la victoire. Hitler donna l'ordre au maréchal von Kluge d'attaquer vers l'ouest pour couper l'armée américaine en 2 dans le goulet d'Avranches (l'opération *Lüttich*). Par chance, le 2 août 1944, son message fut intercepté par hasard et décodé par une simple radio de l'armée américaine. L'offensive allemande était fixée le 6 août. L'info parut suffisamment importante pour être transmise à Churchill au 10 Downing Street et au quartier général d'Eisenhower. Et c'est là que se situe un gag incroyable : les doutes sur l'efficacité de l'offensive émis par von Kluge et les réponses cinglantes de Hitler furent tous, par la suite, interceptés par les Alliés. Ils purent suivre en direct les contradictions de l'état-major ennemi.
L'attaque allemande se révéla particulièrement brutale, et Mortain fut prise. Les éléments avancés des panzers arrivèrent même à moins de 2 km du PC du général Hobbs, commandant de la 30e division d'infanterie américaine. L'offensive allemande fut à un cheveu de réussir. Mais la brume matinale finit par s'estomper et permit aux

avions alliés de bombarder les colonnes allemandes. Incroyable, le général Gerhardt, chef de la 116e Panzer, refusa de s'engager dans l'attaque ; ce dernier, impliqué dans le complot du 20 juillet contre Hitler, ne croyait plus à la victoire.
Von Kluge décréta l'arrêt de l'opération. Hitler ordonna de la reprendre. L'armée allemande, alors étirée dans une poche pénétrant profondément les lignes alliées, était totalement prise en tenaille. Hitler, finalement, ordonna la retraite. La tenaille pouvait se refermer. Ce fut le piège de la « trouée de Falaise », suivi du « Stalingrad » en Normandie, à Chambois (feuilleton à suivre aux chapitres « Le Calvados » et « L'Orne »).

Adresse utile

Office de tourisme : *rue du Bourglopin. ☎ 02-33-59-19-74. • tourisme.mortainbocage@msm-normandie.fr • ot-montsaintmichel.com • mortainais-tourisme.org • Juil-août, tlj 9h30-12h30, 14h-18h, avr-oct, mar-sam 9h30-12h30, 14h-17h30 (fermé sam ap-m). Nov-mars, mar-ven 9h30-12h30, 14h-17h.* Toute la doc pour découvrir les environs, et notamment un topoguide contenant des itinéraires de balades dans le Mortainais. Brochures sur les petits circuits pédestres reliant les 10 points d'intérêt de Mortain ; et sur la véloroute de la Normandie historique qui relie Mortain au Mont-Saint-Michel et aux plages du Débarquement. Propose aussi des sorties nature et autres animations festives toute l'année.

Où dormir ?

Camping municipal Les Cascades : *pl. du Château. ☎ 02-33-79-30-30. • mortain-bocage.fr • Ouv Pâques-sept. Env 7 € pour 2 avec tente et voiture. CB refusées. 16 empl.* Minuscule camping retiré dans un coin de la ville, à deux pas du centre, sur un petit bout de pelouse bien ombragé et calme. Au bord d'un parking, mais avec un côté déjà très nature. Idéalement placé pour rayonner dans ce paisible coin de la Manche. Seul petit inconvénient, le site n'est pas gardé en journée.

Où dormir ? Où manger dans les environs ?

L'Abbaye Hôtel : *8, route de la Gare, au* ***Neufbourg.*** *☎ 02-33-51-21-63. • labbayehotel@gmail.com • labbayehotel.fr • À 1 km au nord de Mortain. Resto fermé lun-mar et mer soir. Doubles 45-55 €. Menus 22-28 € ; plats 10-19 €.* Une longue maison ancienne, élégante et fleurie, donnant sur un terre-plein gazonné, planté de quelques arbres. Au choix : plusieurs petites chambres bien équipées, agréables et soignées. Au resto, cuisine sans fioritures mais bien ficelée, spécialisée dans la viande, mais également, *fish & chips,* burger végétarien...

Le Saint-Georges : *33, Grand-Rue, à* ***Saint-Georges-de-Rouelley.*** *☎ 02-33-49-78-49. • lesaintgeorges50@gmail.com • À 15 km à l'est de Mortain. Ts les midi lun-ven. Fermé le soir et le w-e. Congés : 2 sem mi-août. Formule déj 10-13 €.* Oh la belle adresse que voilà ! Un petit resto de campagne souriant, qui fait aussi bar de pays avec ses habitués scotchés au comptoir. Dans l'assiette, délicieuse cuisine de terroir, simple et copieuse, qui cajole les bons produits frais du bocage. À dévorer dans une longue salle soignée avec sa cheminée en pierre.

Le Moulin de Jean : *la Lande, à* ***Cuves.*** *☎ 02-33-48-39-29. • reservations@lemoulindejean.com • À 18 km au nord-ouest de Mortain (et 8 km à l'est de Brécey). Tlj sauf dim soir et lun (plus le soir mar et mer hors saison). Formules déj en sem 19-25 €, carte compter 35-45 €.* Belle ferme ancienne flanquée d'une extension moderne ; le tout niché au fond d'un petit vallon verdoyant où serpente un ruisseau. Salles chaleureuses, élégantes et cosy, aux pierres apparentes sous de vénérables poutres et belle terrasse dans le jardin. Côté fourneaux, savoureuse cuisine de terroir aux envolées inventives, en lien direct avec les petits producteurs du bocage.

|●| *Le Relais du Parc :* *46, rue Pierre-Crestey, 50720* ***Barenton.*** *☎ 02-33-59-51-38. ● lerelaisduparc@orange.fr ● ♿ À 9 km au sud de Mortain. Ouv le midi tlj, plus le sam soir uniquement sur résa. Congés : fêtes de fin d'année. Formule déj express en sem 12,50 € ; menus 15,50-30 € plus 42 € sur résa ; carte env 25 €.* Petit resto de village au cadre un peu Années folles. On est entre de bonnes mains : le chef fait partie de la Confrérie des Vikings du Bocage. Fichtre ! Dès le très heureux 1er menu, on s'offre des produits de terroir cuisinés avec imagination, tels les œufs pochés au camembert ! Un bon repas que vous prendrez entre la cheminée et l'horloge de grand-mère.

À voir. À faire

★★ *La collégiale Saint-Évroult :* *ouv tte l'année. Visite libre.*
Fondée en 1082, la collégiale fut reconstruite au XIIIe s à la suite des destructions causées par Philippe Auguste. De la 1re période reste notamment le somptueux portail au décor en chevron, côté sud. Massive tour assez impressionnante. Hautes baies particulièrement filiformes évoquant de longues meurtrières. À l'intérieur, belles stalles du XVIe s (s'attarder sur les miséricordes) et buffet d'orgues du XVIIIe s.
Dans la tour, le trésor de l'église possède un chef-d'œuvre : un *chrismale,* coffret du VIIe s qui aurait servi à des moines irlandais à transporter les hosties, pendant leurs campagnes d'évangélisation. En hêtre recouvert de cuivre doré. Orné de 38 signes runiques en vieux saxon et de représentations assez primitives du Christ et des archanges Michel et Gabriel, il aurait servi de modèle au fameux Graal de l'épopée de Chrétien de Troyes. On peut voir sa copie dans le bas-côté nord.

★ *L'Abbaye blanche :* *à la sortie du bourg, direction Sourdeval. Propriété privée, ne se visite pas.* L'abbaye tient son nom de l'habit de bure blanche propre à l'ordre de Cîteaux, ordre auquel les sœurs de Mortain se rallièrent en 1147. La construction s'étala de 1150 à 1205, et fut richement dotée par les comtes de Mortain, dont Henri II Plantagenêt. Bel exemple d'architecture cistercienne. Clocher tout en bois.

★★ *La Grande Cascade :* *peu avt l'Abbaye blanche.* Elle plonge d'une vingtaine de mètres dans un défilé rocheux. C'est la plus importante de l'Ouest. Courbet (qui devait y retrouver quelque chose de sa Franche-Comté natale) aimait la peindre. Environnement agréable, d'une grande fraîcheur. Couvert de rhododendrons en fleur et de lauriers-roses en mai et début juin. Voir aussi la ***Petite Cascade,*** romantique et secrète, au cœur de la ville. Les eaux du Cançon s'écoulent en cascatelles pour rejoindre la Cance au pied du rocher de l'Aiguille.

★ *La petite chapelle Saint-Michel :* *parfois ouverte, se renseigner à l'office de tourisme.* Perchée à 314 m, sur une colline d'où, par beau temps, on peut embrasser l'horizon sur 40 km et apercevoir le Mont-Saint-Michel. Au bout d'une longue et belle allée d'arbres, la petite chapelle. Son existence remonte au XVIIe s, mais elle fut détruite et rebâtie à plusieurs reprises. À côté, le mémorial de la bataille de Mortain, en hommage aux 700 hommes qui tinrent la colline, complètement encerclée pendant 7 jours (la fameuse cote 314) en août 1944. Seuls 300 en revinrent vivants.

★ *Balade le long de la voie verte (ancienne voie de chemin de fer) :* nos lecteurs parisiens et les amateurs d'histoire des transports en commun vont retrouver ici une vieille connaissance, Fulgence Bienvenüe, constructeur du métro (le Bienvenüe de la station « Montparnasse-Bienvenüe », c'est lui). Ce polytechnicien est aussi l'ingénieur qui a dirigé les travaux de construction de la voie de chemin de fer qui reliait, jusqu'en 1939, Vire à Fougères et Domfront, via Mortain. La voie a été débarrassée de ses rails et traverses, mais le tracé et les gares sont restés. Et un sentier de rando accessible aux marcheurs, aux VTTistes et aux cavaliers a été aménagé. Au carrefour des lignes venant de Vire, Fougères et Domfront, Mortain est le point de départ idéal de la promenade.

DANS LES ENVIRONS DE MORTAIN

Le musée du Poiré : *50720* ***Barenton.*** *☎ 02-33-59-56-22. À env 10 km au sud-est de Mortain. Avr-oct, tlj 10h-13h, 14h-18h (18h30 juil-août). Fermé 1er mai. GRATUIT.* Installé dans une ancienne ferme du bocage. Vous y apprendrez tout sur les techniques de fabrication du cidre, du poiré et du calva. Sympathique plongeon dans la pomologie (sic !) et la cidriculture, qui constituait jusqu'au début du XXe s l'une des toutes 1res ressources économiques de l'ouest de la France. Avis aux écluseurs : dégustation gratuite de poiré, cidre, jus de pomme ou de poire. Intéressante visite d'un verger de poiriers et pommiers, après laquelle on pénètre dans un ancien atelier d'écrasage et de brassage, avec son vieux pressoir à levier, héritier des techniques de l'Antiquité, mais aussi des outils plus récents pour comprendre les techniques de transformation actuelle. Une salle accueille également des expos temporaires. Pour clore la visite, boutique de produits cidricoles et autres produits locaux... On peut aussi la prolonger en profitant des ateliers et démonstrations régulièrement proposés.

La Fosse-Arthour : *50720* ***Saint-Georges-de-Rouelley.*** *À 18 km à l'est de Mortain.* Un joli endroit, appuyé sur une belle légende : il s'agit encore de l'indépassable roi Arthur, héros du cycle de la Table ronde, roi des Bretons (pas les nôtres, ceux d'outre-Manche, ou plutôt du sud de l'Écosse). Le génie des lieux n'aurait autorisé Arthur à rendre visite à son épouse qu'au coucher du soleil. Comme cet effronté tenta évidemment de la voir avant, il fut noyé dans le torrent, dans lequel sa belle se jeta elle aussi. Mais la légende semble hésiter : est-ce Arthur, ou Merlin l'Enchanteur, qui repose en ces lieux ? Quoi qu'il en soit, le doux mélange de rivière mélodieuse, de relief accidenté et de forêt ondoyante fait de la Fosse-Arthour un endroit bucolique. Et d'ailleurs le lieu ne s'adresse pas qu'aux poètes : on vient ici aussi pour l'escalade (170 voies répertoriées !), la randonnée et le VTT.

Le musée de la Céramique : *Le Placître, 3-5, rue du Musée, 50850* ***Ger.*** *☎ 02-33-79-35-36. • musee.ger@manche.fr • À 10 km au nord-est de Mortain. Juil-août, tlj 10h-13h, 14h-18h ; avr-juin et sept plus vac de la Toussaint, mer, dim et j. fériés 14h-18h, sinon sur rdv. Entrée : 5 € ; réduc ; gratuit moins de 7 ans.*

UN VILLAGE QUI A DU CHIEN !

Au sud de Mortain, Villechien est un petit village de 200 habitants, souvent oublié des voyageurs de passage. Et pourtant, il a une particularité bien surprenante : ses habitants sont appelés les Toutouvillais !

Au cœur du bocage, dès le XVe s, plusieurs dynasties de maîtres potiers ont fabriqué des pots en grès, connus pour leurs qualités d'imperméabilité. Ils étaient vendus comme poterie servant à transporter et à conserver le beurre, la viande, la confiture, l'eau, le vinaigre, etc., dans tout l'ouest de la France et même au Canada.

Ateliers, habitations et fours de cuisson de cet ancien hameau potier ont été restaurés pour faire découvrir la vie et le travail des potiers de Ger. Des modules ludiques et interactifs, des maquettes et un parcours muséographique très documenté rendent la visite attractive et instructive. La collection de céramiques contemporaines, la boutique de productions régionales et les animations régulières permettent d'aborder un métier encore bien vivant. Un marché de potiers a lieu le dernier dimanche d'août, précédé le samedi de la *soirée du feu* avec la construction de fours éphémères permettant la cuisson de pièces.

La tourbière de la Lande Mouton : *Les Marettes, 50140* ***Saint-Clément-Rancoudray.*** *À 8 km au nord-est de Mortain et 2 km du village. GRATUIT.* Ce site fait partie des « espaces naturels sensibles » mis en valeur par le conseil général de la Manche. Un parcours aménagé sur pilotis permet d'accéder au cœur de la zone humide et de « visiter » la tourbière (ou du moins de la parcourir sans y laisser ses chaussures !). Le long du sentier (accessible aux personnes handicapées), de petits panneaux illustrés présentent l'environnement, les plantes et les fleurs que vous avez sous les yeux. Un lieu instructif et hors du temps... et puis on adore le look des vaches dans les champs à l'entrée (des vaches Highland à la coiffure improbable et aux longues cornes pointues) ! Un sentier secondaire, de 1,8 km, permet d'allonger la balade.

L'ORNE

• Carte *p. 532-533*

ABC de l'Orne

- ❑ ***Superficie :*** 6 103 km^2.
- ❑ ***Préfecture :*** Alençon.
- ❑ ***Sous-préfectures :*** Mortagne-au-Perche, Argentan.
- ❑ ***Population :*** 289 700 hab.
- ❑ ***Densité :*** 47,1 hab./km^2.
- ❑ ***Particularité :*** 1er département français pour l'élevage des trotteurs, l'Orne abrite plus de 200 haras privés, dont un centre de balnéothérapie pour chevaux !

Loin de la côte, voici la Normandie côté jardin, un département mosaïque, méconnu, réfugié derrière ses collines et ses forêts profondes. Un peu d'Armorique à l'ouest vers Flers et Domfront, un morceau escarpé de pays d'Auge au nord-ouest, un coin du pays d'Ouche vers L'Aigle, ajoutez à cela les collines et les manoirs du Perche (à l'est), les maisons à colombages, en grison ou en granit, les eaux vives et poissonneuses de la Suisse normande, et vous aurez déjà une petite idée de la variété des paysages, des traditions et des gens de ce pays. Sans oublier le cœur de l'Orne, entre Argentan et Le Merlerault, où les herbages sont considérés comme les plus riches de France. Si riches qu'ils nourrissent des ribambelles de chevaux de course, abrités dans des haras dont le fleuron reste le haras du Pin.
Cette terre constitue un véritable paradis pour les amateurs de rando, d'équitation ou de vélo, mais aussi pour les mycologues et les pêcheurs. Les gourmets ne s'y tromperont pas non plus, au pays du camembert et du boudin noir de Mortagne, les repas s'arrosent de calva, de cidre ou de poiré.
Ce pays brodé comme une dentelle nous plaît vraiment : rustique mais élégant, opiniâtre, bon vivant, paisible dans le bon sens du terme, une sorte de jardin anglais à la sauce normande...

LES PARCS NATURELS RÉGIONAUX

2 parcs naturels régionaux couvrent une grande partie du département. Le parc Normandie-Maine, créé en 1975, se trouve à cheval sur l'Orne, la Manche, la Mayenne et la Sarthe. Le parc du Perche, quant à lui, créé en 1998, s'étend sur les départements de l'Orne et de l'Eure-et-Loir.
Ces parcs ont le mérite de former des entités historiques, naturelles et culturelles, passant outre les découpages administratifs actuels. Une visite à la Maison du parc de Carrouges pour le Normandie-Maine et une autre à celle de Noocé pour le Perche vous donneront une multitude de clés pour explorer et comprendre ces très belles régions, où les sentiers ne sont pas encore surchargés.

Adresse et infos utiles

i *Conseil départemental de l'Orne-Service Tourisme 61 :* *☎ 02-33-28-88-71. • ornetourisme.com • Pour les résas : ☎ 02-33-28-*

07-00. • *normandie-weekend.com* • Pas d'accueil sur place. Informations diverses (hôtels, restauration...) sur le département, que l'on peut vous envoyer. Également service de réservation des *Gîtes de France* (chambres d'hôtes, fermes-auberges, campings à la ferme...). Petit guide ***Orne Terroirs,*** disponible dans les offices de tourisme. Il recense les artisans de produits fermiers, réalisés dans des conditions conformes aux traditions de la ferme. • *orne-terroirs.fr* •

– ***Septembre musical de l'Orne :*** *pdt 4 w-e en sept-oct (parfois en août-sept).* ☎ *02-33-26-99-99.* • *septembre-musical.com* • *Résa conseillée.* L'Orne vit au rythme de la musique (classique, opéra, piano, récital, quartet...) à travers les plus beaux sites du département.

– ***Les greeters :*** les *greeters* sont des bénévoles passionnés qui vous font découvrir autrement, à travers des balades (gratuites), leur ville, leur quartier ou leur région. Vous en trouverez un peu partout dans l'Orne. • *greeters-orne-normandie.com* •

ALENÇON ET SES ENVIRONS

Le titre de duc ou duchesse d'Alençon était octroyé aux cadets de la royauté. Aujourd'hui, la préfecture et son pays demeurent une des forces économiques du département. Fer de lance de la dentelle autrefois et de la plasturgie aujourd'hui, le pays d'Alençon recèle encore quelques beaux exemples de châteaux de ducs et d'églises romanes et gothiques.

L'ORNE

ALENÇON (61000) 27 161 hab. *Carte Orne, C2-3*

• Plan *p. 535*

Historiquement, la préfecture de l'Orne est avant tout connue pour la dentelle et son fameux « Point d'Alençon », dont le savoir-faire est inscrit au Patrimoine culturel immatériel de l'Unesco (unique au monde dans son genre !), mais aussi pour être le berceau de sainte Thérèse de l'enfant Jésus (1873-1897). C'est également une cité qui abrite de beaux espaces verts, un grand pôle universitaire et qui sait développer son industrie (notamment dans la plasturgie). Elle bénéficie par ailleurs d'une situation géographique la plaçant à 1h de la mer et à quelques encablures de sites en pleine forêt. Avec ce bel équilibre entre tranquillité et dynamisme, Alençon est indéniablement une ville où il fait bon vivre, tout simplement.
Plus provinciale que nature, c'est une cité est un peu moins normande que prévu. Pas de colombages ni de fromage dans ce coin de l'Orne. Du granit et des toitures d'ardoises pour rappeler que l'on est bel et bien sur la vieille route de Paris à la Bretagne, celle des diligences d'autrefois. Aujourd'hui, c'est avec plaisir que l'on déambule dans son charmant centre-ville pavé et restauré.

UNE DENTELLE UNIQUE AU MONDE

Alençon sans sa dentelle, c'est comme Reims sans son champagne. La plus élégante et la plus fine de toutes les dentelles d'Europe, dont le Grand Siècle (XVIIᵉ s) reste l'âge d'or, est entièrement réalisée à l'aiguille avec des

fils de lin extrêmement fins. Une finesse qui explique son succès foudroyant au lendemain de son invention, vers 1650.

En 1655, Colbert choisit la ville pour y créer une manufacture royale, chargée de produire des dentelles au point de France (c'est-à-dire au point d'Alençon). Et la dentelle d'Alençon devint la référence absolue en matière d'élégance vestimentaire et de finesse, partout en Europe, où elle était considérée comme un véritable bijou que les nobles portaient avec ostentation.

Aujourd'hui, l'activité dentellière de la ville se réduit à l'Atelier national du point d'Alençon, conservatoire où l'on cultive ce merveilleux savoir-faire que l'on peut découvrir au musée des Beaux-Arts et de la Dentelle.

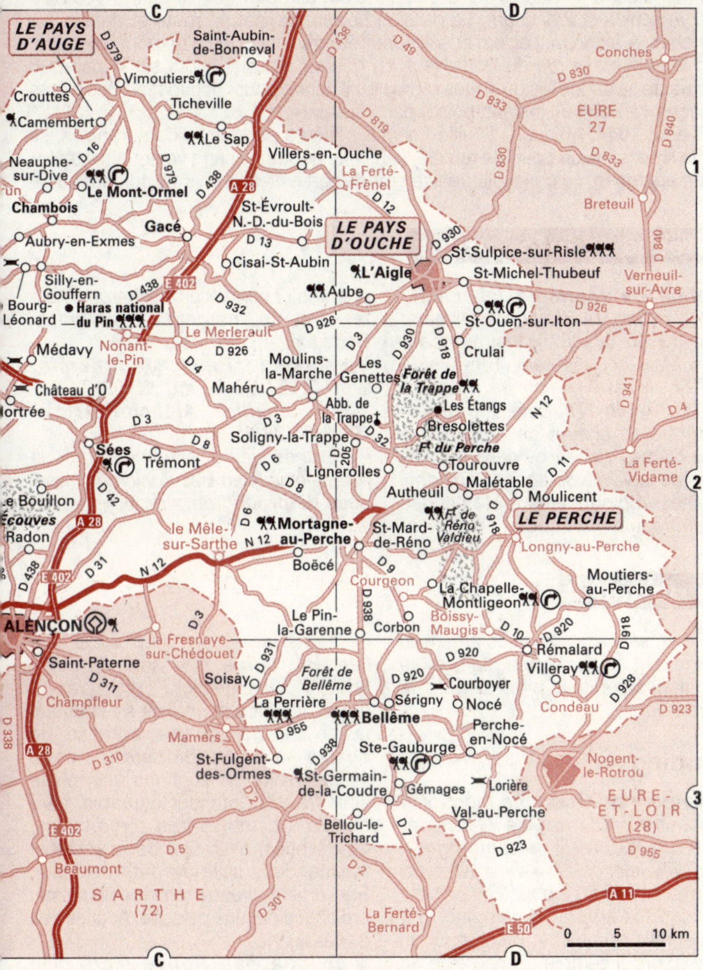

L'ORNE

LA 2ᵉ DIVISION BLINDÉE DU GÉNÉRAL LECLERC LIBÈRE ALENÇON

Le 12 août 1944 : libération de la ville par la 1ʳᵉ pour la 2ᵉ DB (division blindée). Au-delà de cet événement, voici le point de départ de la plus célèbre offensive pour la libération de la France. Le 1ᵉʳ août, le général Leclerc et sa 2ᵉ DB débarquent à Saint-Martin-de-Varreville (Manche), au lendemain même de la célèbre percée d'Avranches. Sa mission : contribuer à l'encerclement de la VIIᵉ armée allemande par le sud de la Normandie. La 2ᵉ DB se compose de 15 000 hommes, souvent

volontaires de la 1re heure, qui ont auparavant combattu en Afrique. Avec eux, 4 000 véhicules et 242 chars. La division Leclerc se met en route et déferle sur Avranches. À Alençon, Leclerc et ses hommes arrivent en vue d'un pont inoccupé. C'est le pont de la rue du Pont-Neuf. Le général s'assied alors sur le parapet, ponctue de sa canne les quelques ordres qu'il donne pour l'occupation des autres passages, réfléchit un instant, puis repart sans hâte.
Le 12 août 1944, Alençon, 1re ville française libérée par des soldats français, se réveille libre, sans un coup de feu tiré, sans une goutte de sang versé. Ainsi, Alençon fut épargnée, ce qui explique une grande partie de son charme aujourd'hui.

Adresse et infos utiles

Office de tourisme *(plan B2) : maison d'Ozé, pl. de la Magdeleine. ☎ 02-33-80-66-33. • visitalencon.com • Mars-oct, lun-sam, 10h-12h30, 14h-18h ; le reste de l'année, mar-sam 10h-12h30, 14h-17h.* Dans une maison historique au chevet de la basilique Notre-Dame. Visites guidées thématiques de la ville (voir agenda en ligne) et visites audioguidées toute l'année *(3 €/audioguide).* Propose également une appli *Legendr* à télécharger. Pour les enfants, parcours à énigmes. Boutique.

Taxis : Taxis Jacquemin, *06-07-54-65-26 ou ☎ 02-33-31-11-19.* **Abeilles Alençon Artaxi,** *☎ 02-33-28-05-06.*

– **Marchés :** *jeu et sam mat, pl. de la Magdeleine (plan B2). Également* **marchés de producteurs de pays** *le ven ap-m.*

Où dormir ?

Pour info, sachez que si nos adresses se trouvent toutes hors plan, elles sont accessibles à pied depuis le centre-ville.

Camping

Camping de Guéramé *(hors plan par A2,* **10***) : 65, rue de Guéramé. ☎ 02-33-26-34-95. • campinggueramé@ville-alencon.fr • Ouv avr-sept. Compter env 16,50 € pour 2 avec tente et voiture. 54 empl.* Un camping tout simple mais de qualité. En effet, si de prime abord il semble un peu trop au bord de la route, le cadre se révèle en réalité champêtre et agréable, avec des emplacements de bonne taille sur d'épaisses pelouses, bien délimités par des haies taillées avec soin, et dans l'ensemble ombragés. Laverie, jeux pour enfants, terrain de pétanque, ping-pong...

De prix moyens à chic

Hôtel des Ducs *(hors plan par B1,* **11***) : 50, av. Wilson. ☎ 02-33-29-03-93. • hoteldesducs@orange.fr • hoteldesducs-alencon.fr • Tte l'année ; fermé dim soir. Doubles 86-98 € ; familiales. Parking fermé gratuit.* La façade, malgré sa sobriété, laisse deviner qu'une adresse de qualité se cache derrière, et cette 1re impression se confirme une fois le seuil franchi. Intérieur agréable, aéré et frais. Chambres très confortables, bien tenues, avec une déco sobre et fraîche. Jolie salle de petit déjeuner. Sur l'arrière, grande terrasse au calme, prolongée par une pelouse. Accueil très professionnel.

Le Chapeau Rouge *(hors plan par A1,* **12***) : 3, bd Duchamps. ☎ 02-33-29-49-37. • hotel.lechapeaurouge.alencon@gmail.com • lechapeaurouge.net • Au croisement avec la rue de Bretagne. Doubles 69-77 € ; familiales. Parking.* Rassurez-vous : si l'hôtel se situe à un carrefour assez important, la plupart des chambres donnent sur l'arrière. Elles ne sont pas très grandes, mais leur tenue est impeccable. Pas de charme particulier, mais la literie est de qualité. Un ensemble confortable.

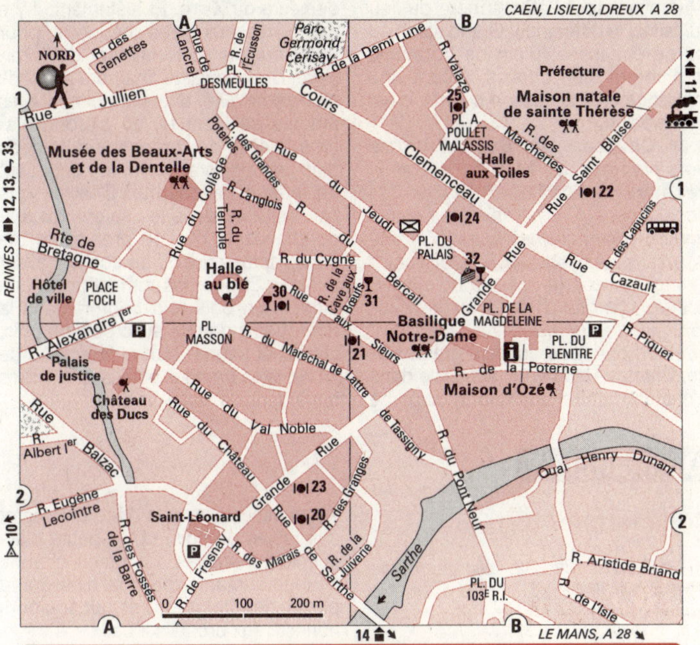

ALENÇON

Où dormir ?

- **10** Camping de Guéramé (hors plan par A2)
- **11** Hôtel des Ducs (hors plan par B1)
- **12** Le Chapeau Rouge (hors plan par A1)
- **13** Chambres d'hôtes Le Manoir de la Chapelle (hors plan par A1)
- **14** Château de Saint-Paterne (hors plan par B2)

Où manger ?

- **20** Le Bistrot (A2)
- **21** Le Bio en Herbe (A-B2)
- **22** Chez Fano (B1)
- **23** La Fabrique (A2)
- **24** Coco Vins (B1)
- **25** La Suite (B1)

Où prendre un thé ?
Où boire un verre ?
Où écouter de la musique ?

- **30** Café du Théâtre (A1)
- **31** Le Be'Bar (B1)
- **32** L'Atelier du Biscuit (B1)
- **33** La Luciole (hors plan par A1)

Où dormir dans les proches environs ?

Chambres d'hôtes le Manoir de la Chapelle *(hors plan par A1,* ***13****) : 1, rue des Alpes-Mancelles, 61250* ***Condé-sur-Sarthe.*** *☎ 07-86-67-95-26. • frederic.maltete@hotmail.fr • À 4 km du centre d'Alençon. Tte l'année. Doubles 70-80 €.* Frédéric gère avec passion son beau petit manoir du XVe s, avec sa fière tourelle, cerné par un jardin clos et tranquille. 4 chambres de tailles différentes, notre préférée allant sans conteste à la « Marie-Antoinette », vraiment spacieuse et qui dégage beaucoup de charme. Certaines salles de bains sont un peu bricolées, mais outre le confort,

L'ORNE

c'est avant tout l'atmosphère du lieu qui fait ici la différence. Grand salon au rez-de-chaussée, plein de bouquins et d'objets bien choisis, créant une ambiance chaleureuse. À ce prix, c'est une aubaine.

Château de Saint-Paterne *(hors plan par B2, **14**) : 72610 **Saint-Paterne.** ☎ 02-33-27-54-71. • contact@chateau-saintpaterne.com • chateau-saintpaterne.com • Petite incursion dans la Sarthe voisine, à 2 km d'Alençon, au centre du village. Congés : fin déc-fin fév. Doubles 150-265 €. Menu unique 49 €, apéritif et café compris.* Une adresse grand siècle. Charles-Henri vous accueille dans le château familial des Valbray, superbe demeure du XVe s. Et justement, il y a des suites meublées d'époque, pour un séjour qui sort vraiment de l'ordinaire. Chaque vaste chambre possède sa personnalité, de celle qui abrita les amours de Henri IV, au plafond historié, à celle de l'orangerie, à la déco plus contemporaine. Toutes dégagent un indéniable charme. Charme que l'on retrouve dans les salons du rez-de-chaussée, où l'on prendra le thé dans l'après-midi ou un cocktail avant le dîner. Et pour les romantiques, une cabane en bois tout confort dans la forêt, genre datcha avec poêle à bois, jacuzzi et sauna. Tout autour, parc de 10 ha, avec grandes pelouses et arbres remarquables. Jolie piscine.

Où manger ?

Bon marché

Le Bistrot *(plan A2, **20**) : 21, rue de Sarthe. ☎ 02-33-26-51-69. • lebistrotalencon@orange.fr • Lun-ven midi et soir. Fermé le w-e. Formules 15,10-17,30 €. Carte 25-30 €.* Une atmosphère bistrotière chaleureuse pour ce bouchon normand, où l'on se presse depuis fort longtemps pour déguster des plats francs du collier, soignés, goûteux, présentés de manière impeccable. Les prix tenus et la convivialité du lieu ont achevé de nous convaincre. Service pro.

Le Bio en Herbe *(plan A-B2, **21**) : 27, rue aux Sieurs. 07-50-01-87-27. Mar-sam 12h-14h30. Plats 9,50-12 €.* On aime bien cette petite salle colorée aux tables dépareillées, où se niche ce restaurant associatif qui travaille les produits frais en circuit court. C'est tout simple, tout bon et... tout bio, évidemment. Et toujours un plat végétarien.

De bon marché à prix moyens

Chez Fano *(plan B1, **22**) : 22, rue Saint-Blaise. ☎ 02-33-32-16-84. • chezfano@orange.fr • Tlj sauf sam-dim. Menus 18 € (midi en sem), puis 23-28 € ; carte 25-30 €. Brunch le sam.* On aime bien le cadre (plusieurs salles minuscules à la déco colorée et aux tables de bois) et les petits plats joliment travaillés. Le menu change chaque semaine, pour le plus grand plaisir des habitués, et fait toujours honneur aux produits locaux.

La Fabrique *(plan A2, **23**) : 161, Grande-Rue. ☎ 09-53-73-88-53. Tlj sauf lun, sam-dim et j. fériés. Formules midi 11-15 € et plats 14-17 €. Carte 20-25 €.* Une salle agréable, tout en longueur, égayée par des chaises jaunes. Les viandes occupent une place prépondérante dans la petite carte (tartare, confit de canard, pavé de bœuf), mais des salades pleines de fraîcheur équilibrent habillement la carte. L'ensemble est très correct et bon marché, c'est là l'essentiel. Ambiance simple et conviviale.

Coco Vins *(plan B1, **24**) : 8, rue de la Halle-aux-Toiles. ☎ 02-33-82-96-50. • cocovins@orange.fr • Tlj sauf dim-lun, le midi seulement. Congés : 3 sem début août. Résa conseillée. Formule le midi 16-20 €. Carte env 25 €.* Bar à vins, salon de thé et restaurant dans lequel on peut entendre la patronne s'affairer dans la cuisine ouverte sur la salle lilliputienne. Le choix se limite à 4 entrées et 4 plats. Plats de résistance que l'on peut accompagner de l'entrée du jour et d'un dessert pioché dans la petite sélection. Voilà, que du frais et fait maison, qui évolue chaque jour. Quasiment en face, la même maison possède la cave et l'épicerie fine *Vins et Tradition.*

Un peu plus chic

La Suite *(plan B1,* ***25****) : 19, pl. Poulet-Malassis. ☎ 02-33-29-70-85. • lasuite61@orange.fr • Lun-ven midi et soir. Fermé le w-e. Congés : 1 sem en fin d'année et 2 sem en août. Formules midi 20-24 € et soir 28,50-33 €.* Si l'extérieur est banal, la salle offre un design contemporain plein d'élégance. Cet agencement moderne et réussi donne le ton de l'assiette, avec une cuisine inventive et sans contrainte géographique. Car si les produits sont locaux, leur traitement dépasse largement les frontières, pour le plus grand plaisir des papilles voyageuses.

Où prendre un thé ? Où boire un verre ? Où écouter de la musique ?

Café du Théâtre *(plan A1,* ***30****) : 78, pl. de la Halle-au-Blé. ☎ 02-33-26-05-13. Tlj sauf dim ap-m et lun, 8h30-20h. Restauration seulement le midi.* Petit troquet accueillant, avec son comptoir en bois, sa vieille pompe à bière et sa terrasse sur rue. Bien pour boire un verre ou grignoter un petit morceau (omelette, salade, croque...). Petit menu en semaine. Ambiance conviviale et rétro.

Le Be'Bar *(plan B1,* ***31****) : 10 bis, rue de la Cave aux Bœufs. ☎ 02-33-26-71-85. Mer-dim 17h à 2h du mat.* L'adresse mode de la ville, nichée dans une maison ancienne. Terrasse sur la rue piétonne et petite arrière-cour. Le soir (vers 22h) un DJ fait tourner les platines. Bonne atmosphère.

L'Atelier du Biscuit *(plan B1,* ***32****) : 6, rue du Jeudi. ☎ 02-33-29-18-18. Mar-sam 8h30-18h30.* Du maison pur beurre ! Voici la devise de cette pâtisserie-salon-de-thé-biscuiterie. Et tout est fait maison ! Alors faisons-nous plaisir un instant, oublions les contraintes pondérales et dégustons comme il se doit le beurré d'Alençon ou la galette Sainte-Thérèse. Non, ce n'est pas un péché !

La Luciole *(hors plan par A1,* ***33****) : 171, route de Bretagne. ☎ 02-33-32-83-33. • laluciole.org • ♿ Du centre, suivre le fléchage « Parc des expositions ». Congés : de mi-juil à mi-août. Entrée : de gratuit à env 35 € selon programmation.* Connue pour la qualité de sa programmation (entre valeurs confirmées et nouveaux talents, styles jazz, rock, reggae, électro...), cette « scène des musiques actuelles » propose plusieurs concerts par semaine.

L'ORNE

À voir

La maison d'Ozé *(plan B2) : pl. de la Magdeleine.* Siège de l'office de tourisme. Construite en 1449 par le gouverneur de la ville, Jehan du Mesnil, cette maison fut habitée par Charles de Valois, duc d'Alençon. Au fond du jardin, accès aux anciens remparts, qui offrent une jolie vue sur la ville.

La basilique Notre-Dame *(plan B2) :* pour y entrer, on passe sous un remarquable porche gothique flamboyant. Encore une belle dentelle, mais en pierre très finement sculptée cette fois et datant des XVe et XVIe s. Au-dessus de l'arcade centrale,

UN SAINT HOMME SOUS LE CLOCHER

Durant la guerre, l'abbé Poulain avait installé une officine de faux-papiers dans le clocher de la basilique Notre-Dame, destinée à faciliter le passage en zone libre aux personnes traquées par la Gestapo. Arrêté par les Allemands, il parvint à s'échapper en 1943. Dans la basilique, une chapelle rappelle l'histoire de la résistance locale et rend hommage à ce curé engagé.

7 statues (chiffre biblique de la perfection) représentent la Transfiguration. Au milieu du XVIIIe s, un incendie provoqué par la foudre anéantit une bonne partie de l'édifice, d'où la présence de ce dôme (plutôt incongru) élevé pour réunir ce qui restait de l'église et les parties reconstruites. Intéressants arcs-boutants tout autour. À l'intérieur, on découvre un ensemble à 3 nefs, parfaitement équilibré. Le généreux chœur est fermé par une grille de fer forgé. Beau buffet d'orgue et vitraux du XVIe s. Un superbe réseau de nervures gothiques couvre la voûte de la nef centrale. C'est ici que fut baptisée sainte Thérèse.

☞☞ *La maison de la famille Martin – Maison natale de sainte Thérèse* *(plan B1)* ***:*** *50, rue Saint-Blaise. ☎ 02-33-26-09-87. Fermé dim mat tte l'année, et tt le mois de janv. Avr-oct 9h30-12h, 14h-18h ; nov-mars (sauf lun) 10h-12h, 14h-17h. Visite libre dans la galerie, la chapelle et le petit jardin ; visite guidée dans la maison. Participation libre.* Cette maison qui vit naître Thérèse Martin (1873-1897), plus connue au calendrier des saints sous le nom de sainte Thérèse de l'Enfant-Jésus, est la seule où les Martin vécurent tous réunis. À la mort de la mère, la famille partit en effet s'installer à Lisieux. Louis et Zélie Martin, les parents, eurent 9 enfants, mais 4 périrent en bas âge et les 5 autres (des filles uniquement) devinrent toutes religieuses. Il faut dire que les 2 parents, dans leur jeunesse, avaient eux-mêmes envisagé d'intégrer les ordres ! Ils furent d'ailleurs béatifiés en 2008 et canonisés en 2015. Même si la maison peut aujourd'hui sembler modeste (en taille surtout), les Martin étaient des artisans commerçants aisés : lui travaillait comme horloger et elle comme dentellière, avec une quinzaine d'ouvrières sous sa direction.

Dans ***la galerie*** à l'entrée, panneaux sur l'histoire de la famille et plusieurs vitrines d'objets personnels, fort bien conservés. On y trouve les outils liés aux professions des deux époux (horlogerie et dentelle), mais aussi des objets plus touchants, tels la bague de mariage des Martin ou les poupées de la petite Thérèse. Ensuite, film intéressant (20 mn) qui s'appuie sur la correspondance de la mère et qui raconte l'histoire de la famille durant les 6 années où elle vécut ici. On pénètre ensuite dans ***la maison*** (partie guidée), où bruitages et petites animations font revivre les lieux (salon, salle à manger, bureau, chambre nuptiale où Thérèse vit le jour...). Enfin ***la chapelle*** adjacente à la maison, édifiée en 1925, année de la canonisation de sainte Thérèse. Des fresques un peu naïves témoignent des étapes de la vie de la sainte. Pour poursuivre le pèlerinage, rendez-vous rue du Pont-Neuf, 1er lieu de demeure des Martin.

☞☞ *Le musée des Beaux-Arts et de la Dentelle* *(plan A1)* ***:*** *cour carrée de la Dentelle. ☎ 02-33-32-40-07. • museedentelle.cu-alencon.fr • ♿ Entrée par la rue du Collège, la rue Charles-Aveline ou la rue Jullien (parking gratuit). Tlj lun-ven 10h-12h, 14h-18h ; sam-dim 10h-12h30, 13h30-18h. Entrée : 4,10 € ; réduc ; gratuit moins de 26 ans et pour ts le 1er dim du mois. Visites guidées juil-août lun et ven à 14h30 (gratuit). Animations et expos temporaires. En été, lun, mer et ven ap-m, démonstrations par des dentelières de l'atelier conservatoire national du point d'Alençon.*

DENTELLE EN POINT

L'atelier national du point d'Alençon est le dernier au monde à fabriquer cette dentelle à l'aiguille, unique par sa finesse et pour laquelle il faut 6 semaines de travail minutieux pour réaliser, à la main, une dentelle de la taille d'un livre de poche. La petite dizaine de dentellières en activité réalise une vingtaine de pièces par an, en vente au musée des Beaux-Arts et de la Dentelle uniquement.

Installé dans l'ancien collège des Jésuites (1620). On ne peut pas rater, dès l'entrée, l'ancienne chapelle qui abrite aujourd'hui la superbe médiathèque et ***la bibliothèque***, avec sa toiture en forme de carène de navire renversée à l'impériale et ses boiseries du XVIIIe s. Riche collection de manuscrits anciens et d'incunables

(ouvrages réalisés entre l'invention de l'imprimerie en 1438 et le début du XVIe s). Ne manquez pas les magnifiques salles de lecture accessibles au public, avec ce contraste entre les boiseries des chartreux du Val-Dieu et ce mobilier moderne, les feuilles d'acanthe et les médaillons. Superbe meuble original, créé pour les planches de *La Description d'Égypte.*
Au musée, belle collection d'œuvres de ***peintres français, italiens, flamands et hollandais du XVe au XXe s*** : Jouvenet, Champaigne, Ribera, Massone, Courbet, Largillière, Viger et Fantin-Latour, mais aussi des peintres de l'Orne tels que Monanteuil, Léandre, Landon, Lacombe ou René Brô. N'oublions pas ***André Mare, créateur de l'Art déco,*** dont l'enfance passée dans ce département du cheval influença la peinture : belle vue du *Haras du Pin* (1924). Au chapitre impressionniste, 2 œuvres remarquables d'Eugène Boudin : *Bœufs au marais* et *Rochers de l'Islette à Antibes.* Voir aussi l'étonnant *Adieu de Napoléon à Joséphine* de Baader (fruit de l'imagination de l'artiste).
Au 2[d] étage, la salle ***d'ethnographie cambodgienne,*** don d'Adhémard Leclère, spécialiste de la culture cambodgienne, administrateur de Phnom Penh en 1908, et originaire d'Alençon. Ce legs nous transporte au XIX[e] s et à l'autre bout du monde parmi les bouddhas, les bijoux, les bas-reliefs, les sculptures, les coiffures, les armes du peuple khmer. Enfin, au même étage, une splendide section consacrée à la ***dentelle*** qui vaut assurément le détour : histoire du Point d'Alençon (dont le savoir-faire est inscrit sur la liste représentative du Patrimoine culturel immatériel de l'Humanité par l'Unesco depuis 2010), et son lien avec les plus grandes dentelles européennes. Vidéo de 10 mn présentant la technique du Point d'Alençon, réalisé uniquement à l'aiguille. Peut-on vraiment imaginer qu'il fallait 7h de boulot pour réaliser 1 cm^2 ? Des panneaux racontent, avec pédagogie, l'histoire de cette dentelle, de ses débuts à aujourd'hui, passant en revue la montée en puissance de cet art (création d'un style à la française, évolution du goût au XVIIIe s...), puis le lent déclin et enfin sa renaissance. On comptait avant la Révolution 6 000 à 7 000 femmes travaillant pour près de 80 fabriques. Le travail était si minutieux et difficile qu'autrefois on travaillait à la chaîne. Afin de ne pas dévoiler les secrets de fabrication, chaque vélineuse avait sa spécialité, et seule la maîtresse dentellière était habilitée à réunir les différentes parties. Le taylorisme avant l'heure ! Il faut observer de près ***les vitrines*** pour admirer les remarquables bas d'aube, fichus, mouchoirs, volants et surtout, pièce maîtresse du musée, l'incroyable ***voile de mariée*** de la fin du XIXe s, dont on ne connaît pas l'origine. On estime qu'il fallut plus de 350 000 heures de travail pour le réaliser.

La halle au blé *(plan A1)* **:** un vaste bâtiment rond comme un O éclairé par une verrière et joliment restauré. Ce lieu culturel accueille régulièrement des expos temporaires. Dans la journée, une porte ouverte permet d'admirer l'intérieur et sa belle verrière. Essayez, si vous le pouvez, de vous placer en son centre, c'est confondant de beauté.

Le château des Ducs *(plan A2)* **:** *rue du Château. Ne se visite pas.* Ce bel édifice du XVe s aux 2 tours à mâchicoulis superposées n'est en fait que le pavillon d'entrée de l'ancien château d'Alençon. Jusqu'en 2010, il abrita la maison d'arrêt. Au pied du château, ***le parc Simone Veil,*** dans l'ancienne cour de la prison, permet de découvrir grâce à une borne holographique, les étapes de la construction du château.

Manifestations

– ***Le Printemps des poètes :*** *courant mars (et plus si affinités).* Comme dans plusieurs autres villes de France, les devantures des commerces se parent de poèmes. Le moins que l'on puisse dire, c'est qu'Alençon se montre particulièrement lyrique !

– ***Alençon-Médavy :*** *1 dim fin mars ou début avr.* Course pédestre entre Alençon et le carrefour de la croix Médavy (15 km environ).
– ***Les Folklores du monde :*** *2e sem de juil.*
– ***Les Échappées belles :*** *de mi-juil à fin juil. ☎ 02-33-29-16-96.* Spectacles en plein air (cirque, théâtre, danse...) à Alençon et dans ses environs.
– ***Les Beaux-jours :*** *en août.* Activités sportives et ludiques, concerts, cinéma en plein air.

SAINT-CÉNERI-LE-GÉREI

(61250) 129 hab. *Carte Orne, B3*

Après avoir exploré dans les Alpes mancelles, belle région encaissée aux confins de la Sarthe, de l'Orne et de la Mayenne, la Sarthe, petite rivière tranquille, décrit ici un large méandre au pied d'une colline verte. Au sommet de celle-ci, quelques belles maisons d'allure armoricaine, une jolie église perchée, un petit pont, un paysage vallonné, un site romantique, voici Saint-Céneri, remarquable village de charme. L'endroit inspira de nombreux peintres qui laissèrent un souvenir insolite à l'*auberge des sœurs Moisy.* Cette « Petite Cité de caractère » figure également parmi les « Plus Beaux Villages de France ». Il faut dire que le site est effectivement adorable.
Pour se garer, 2 parkings bien fléchés, l'un en contrebas du village, l'autre à la sortie.

Adresse utile

ℹ ***Bureau d'information :*** *à l'Auberge des Sœurs Moisy, au cœur du village. Pas de tél. • visitalencon.com • Avr-sept, mer-dim 14h-18h. Visite guidée du village et de l'Auberge des sœurs Moisy avr-sept sam-dim (2 visites/j.).*

Où manger ?

Plusieurs restaurants-saladeries-tartineries au village. 2 petites haltes agréables.

🍴 ***L'Auberge des Peintres :*** *au centre. ☎ 02-33-26-49-18. Tlj sauf mar. Plats 14-18 €.* Une salle à l'ancienne, pour une cuisine traditionnelle de bon aloi, simple et honnête. Rien de bouleversant, mais l'endroit est historique. C'est là que se réunissaient les peintres entre 1845 et 1969, payant parfois leur repas en peignant sur le murs.

🍴 ***L'Échoppe Gourmande :*** *au centre. ☎ 02-33-81-91-21. Tlj 12h-18h30. Salades, quiches, galettes 7,50-14,50 €.* Une salle de poche et un bout de terrasse pour grignoter une salade ou une galette le midi ou pour le goûter.

À voir

★★★ ***L'Auberge des sœurs Moisy :*** *dans le centre-bourg, là où se situe le bureau d'informations touristiques. Avr-sept, mer-dim, visite guidée uniquement à 17h (30 mn). Entrée : 3 € ; réduc.* Ce site unique est la véritable perle de Saint-Céneri, pour sa valeur historique autant qu'artistique. Car les nombreux peintres de passage dans le village dînaient logiquement dans cette auberge. Jusqu'ici, rien d'extraordinaire. Mais un jour, l'un d'entre eux eut l'idée de dessiner son profil sur le mur de la salle à manger. C'est devenu un jeu, une coutume, et, de 1880 à environ 1920, plus de 60 profils (parmi lesquels on distingue également certains habitants du village, et même un profil de chien !) sont venus étoffer cette collection insolite.

👣👣 ***L'église romane :*** *en haut du village. Tlj 10h-18h.* Chef-d'œuvre roman, avec son beau clocher à baies géminées, c'est-à-dire groupées par paire. Superbes fresques du XIIe s (Christ en majesté dans la chapelle à côté de l'autel en bois peint) à la 2de moitié du XIVe s (saint Céneri, l'ermite fondateur). Chemin de croix contemporain, œuvre de Christian Malézieux.

👣👣 En contrebas de l'église s'amorce une prairie en pente douce jalonnée de frênes. Un sentier mène à une discrète mais délicieuse ***chapelle*** du XVe s *(tlj 10h-18h en hiver, 20h en été),* toute proche de la Sarthe. Un endroit délicieux, on s'y ferait presque ermite (elle aurait d'ailleurs été construite à l'emplacement de l'ermitage de saint Céneri) ! À l'intérieur, vous noterez la statue de saint Céneri et le bas de sa robe où nombre de jeunes filles en quête de l'âme sœur viennent planter une aiguille ; il est dit que si celle-ci reste accrochée, la jeune fille verra son vœu exaucé dans l'année.

👣👣 ***Les jardins de la Mansonière :*** *en haut du village, en direction de Saint-Denis-sur-Sarthon. ☎ 02-33-26-73-24. • mansoniere.fr • De mi-avr à fin mai ven-dim et j. fériés 14h30-18h30 ; et 1re quinzaine de sept, w-e 14h30-18h30 ; juin-août, jeu-dim et j. fériés 14h30-18h30. Entrée : 7 € ; réduc.* Roseraie, jardin lunaire, jardin oriental, jardin de senteurs, patio, potager gothique... Une quinzaine d'espaces clos se succèdent sur 1,5 ha. Ravissant ! Visites illuminées par 1 000 bougies et concert nocturne le dernier samedi du mois de juillet et août. Expositions artistiques à l'accueil. Fête des Plantes le 3e dimanche de mai.

👣 Nombreux ***ateliers d'artistes*** à découvrir au hasard des ruelles du bourg. Certains perpétuent la tradition picturale du village, comme Alexandre Gosse et Amélie Romet *(• amelierometpeintre.jimdofree.com •),* dont les ateliers se visitent. Durant le week-end de la Pentecôte, à l'occasion de ***La Rencontre des peintres,*** les habitants ouvrent leurs portes pour exposer les œuvres des artistes de la région.

L'ORNE

CARROUGES (61320) 730 hab. *Carte Orne, B2*

Lieu de passage (*Carrouges* signifie « carrefour ») sur la route du Mont-Saint-Michel, l'endroit mérite vraiment une halte, et ce pour 2 raisons : son imposant château et la Maison du parc naturel régional Normandie-Maine.
Pour rejoindre (ou quitter) Carrouges, la plus jolie route demeure la D 908, qui traverse la grande tache verte de la forêt d'Écouves, pleine de gibier et de champignons.

Adresse et info utiles

■ ***Maison du parc naturel régional Normandie-Maine :*** *☎ 02-33-81-13-33. • parc-naturel-normandie-maine.fr • 200 m avt le château, sur la gauche. Avr-oct, tlj sauf 1er mai 10h-13h, 14h-18h (18h30 juil-août).* Superbe, cette maison du Parc ! Installée dans les beaux bâtiments de l'ancienne chanoinerie (XVe s) du château, elle est une véritable mine d'infos pour qui souhaite découvrir la région. Librairie avec topoguides, belle sélection de livres pour petits et grands. Abrite également une boutique de produits du terroir et une terrasse pour pique-niquer. Location de vélos électriques.

– **Marché :** mer mat.

Où dormir dans les environs ?

Chambres d'hôtes chez les Desfrièches : *lieu-dit l'Aunay, 61320* ***Sainte-Marguerite-de-Carrouges.*** *☎ 02-33-26-39-86. 06-32-58-12-05. • hugues.desfrieches@orange.fr • Congés : vac d'hiver. Double 69 € ; familiale. Boutique tlj 10h-12h30 et 14h-19h ; visite de la ferme sur rdv (env 3,50 €).* Dans une ferme cidricole bio, réputée pour l'excellence de ses cidres et calvados et joliment isolée au cœur d'une campagne vallonnée et boisée, 2 petites chambres dans une ancienne dépendance ; l'une au rez-de-chaussée, assez grande, peut accueillir une famille ; la 2de, sous les toits, est un peu plus étroite mais tout aussi séduisante. C'est simple, mais il suffit parfois d'une veille poutre, d'un vieux mur de pierre et d'un entretien méticuleux pour rendre un endroit charmant ! Et d'autant plus quand l'accueil l'est lui aussi.

Chambres d'hôtes La Cage aux Oiseaux: *Lieu-dit la Perdrière, 61320* ***La Lande-de-Goult.*** *06-86-80-61-84. • perdriere2000@yahoo.fr • coco eugenelacroix.fr • Doubles 105-195 € ; familiale. Table d'hôtes sur résa 25 € ; possibilité de panier-repas.* Dans un hameau verdoyant, quelques maisons plus ou moins mitoyennes abritent la maison familiale, un atelier de céramique, les chambres d'hôtes et gîte. On aime beaucoup l'accueil bohème, la décoration originale, les hébergements insolites (roulotte, dortoir-grenier, chambre-cabine, cabane etc.) et les espaces modulables (que l'on peut privatiser jusqu'à 15 personnes). Certaines chambres avec bain nordique ou bains à remous (privatif mais en supplément). Citons la *suite nordique*, en duplex, *larguez les amarres* ou *la cabane de Léo*. Sans compter le petit déj bio ! Stages de céramique et location de vélos.

L'ORNE

À voir. À faire

Le château de Carrouges : *☎ 02-33-27-20-32. • carrouges.monuments-nationaux.fr • (accès partiel). Tlj sauf 1er janv, 1er mai, 1er et 11 nov, et 25 déc : mai-août, 10h-12h45, 14h-18h ; sept-avr, 10h-12h30, 14h-17h ; dernière accès, 1h avt la fermeture. Entrée : 6 € ; réduc ; gratuit moins de 26 ans. Visite libre du parc (journée continue). Visite guidée possible (se renseigner sur place).*

Le château sans doute ***le plus marquant de l'Orne.*** Il a gardé de l'époque de sa construction, du XIVe au XVIe s, l'aspect défensif d'une forteresse, entourée de douves en eau profonde, du plus bel effet. Pourquoi un ouvrage de cette ampleur dans ce secteur ? L'une des raisons est la proximité de la limite historique entre la Normandie et le Maine, provinces naguère en conflit. Avant de pénétrer dans le château, admirer le très élégant pavillon d'entrée, en brique, avec ses jolies tourelles pointues, couvertes d'ardoises, son linteau en accolade et ses fenêtres superposées.

L'intérieur du château, qui a conservé son mobilier d'origine, témoigne des étapes successives de sa construction. On visite 8 salles ainsi que les cuisines. Du centre de la cour d'honneur, on distingue parfaitement le donjon du XIVe s, l'aile des Blosset du XVe s et les 2 dernières ailes du XVIe s. Quant aux appartements, ils sont d'autant plus intéressants qu'ils ont conservé le charme d'une maison encore habitée. La plupart des pièces possèdent un mobilier de la Renaissance à la Restauration. Outre la chambre « Louis XI » (belle cheminée et décor boisé), où il passa une nuit, le grand salon nord (avec portrait des dames Le Veneur), la belle antichambre (tapisseries des Gobelins et coffres Renaissance) et la salle à

manger. Noter encore le salon XVIIIe s (salon d'été avec ses tables de jeux). La salle des fêtes abrite de belles expos temporaires. On visite ensuite les cuisines avec leurs belles casseroles en cuivre et le salon des Portraits, qui abrite une série de tableaux représentant la famille Le Veneur, dont les armes sont encore en bonne place au-dessus de la cheminée. Le château lui a appartenu de 1450 à 1936, soit près de ½ millénaire ! Un record de longévité. Il est aujourd'hui la propriété de l'État.
Pour terminer la visite, superbe promenade (surtout au printemps) dans le parc de 10 ha, sous les arbres et dans les jardins fleuris de rosiers. Tables de pique-nique.
– ***Visite nocturne :*** *certains soirs d'été (env 1h30).*

L'espace découverte de la Maison du parc naturel régional Normandie-Maine : *GRATUIT.* Miniconférences et animations variées sur la découverte de l'environnement et du patrimoine. Espace muséographique sur le parc. À l'extérieur, verger conservatoire (pommiers et poiriers). Également une jolie collégiale.

Manifestation

– ***Autour d'un piano :*** *5 j. fin juil.* Festival de piano au château de Carrouges.

LA FORÊT D'ÉCOUVES

Carte Orne, B-C2

L'ORNE

Située dans le triangle Alençon-Sées-Carrouges, sur 12 000 ha, voici l'une des plus grandes forêts de l'Orne avec celles des Andaines, du Perche et de Bellême. Peuplée de hêtres, de chênes ainsi que de pins sylvestres, elle se rapprocherait assez bien des forêts bretonnes. D'ailleurs, ce n'est pas un hasard si elle recouvre l'un des derniers contreforts du Massif armoricain et si elle cache le plus haut point de l'ouest de la France, le signal d'Écouves, monticule culminant à 417 m. Frontière ancestrale entre le duché de Normandie et le royaume de France, ce site fut l'objet de toutes les convoitises. Fournissant bois et minerai à foison, il fut un haut lieu de la sidérurgie, industrialisé dès le XVIIe s. Un bel endroit pour les promeneurs et amateurs de nature de tout poil.

PLANTES CARNIVORES

Les tourbières des Petits Riaux sont tellement pauvres en nutriments que certaines plantes sont obligées de se nourrir d'insectes. C'est le cas du drosera qui, avec ses poils gluants, semble recouvert de gouttes de rosée. Il s'agit de sucs sur lesquels les insectes viennent s'engluer. Les bestioles sont digérées lentement et alimentent la plante.

Où dormir ?

Camping et gîte d'Écouves : *les Noyers, 61250* ***Radon.*** *☎ 02-33-28-75-02 📱 06-08-70-14-63. • contact@ecouves.net • ecouves.net • À env 7 km d'Alençon sur la D 26 en direction de Mortrée. Ouv mai-sept pour les tentes, tte l'année pour les chalets et la roulotte. Compter env 17 € pour 2 avec tente et voiture. Nuit en gîte d'étape 20 €/pers. CB refusées. Accueil vélos et chevaux.* Déjà, on aime le site en lui-même, aux portes de la forêt d'Écouves, avec vastes pelouses et grands sapins pour le décor. Sanitaires un peu rustiques certes, mais beaux emplacements, ceinturés de hautes haies, avec un étang à proximité. Quelques petits chalets, de confort variable et dispersés ici et là dans la nature. Également une roulotte et une cabane sur pilotis, avec ses petits hublots. Jeux pour enfants, terrain de pétanque et de volley.

Chambres d'hôtes de la Verrerie du Gast : *61500* ***Tanville.*** *☎ 02-33-31-14-14. • hediger.valerie@orange.fr • laverreriedugast.fr • Doubles 90-110 € ; gîte 12 pers.* En pleine forêt d'Écouves, sur le site tout vert d'une ancienne verrerie, les 3 chambres se trouvent à l'étage de ce qui était autrefois la demeure du maître verrier. Les styles et époques qui se mélangent dans la déco montrent que l'on est bien là dans une maison habitée au quotidien. Les chambres sont cependant très soignées et avenantes, avec une petite préférence pour la « Boissière », la plus grande (et la plus chère !), avec son lit à baldaquin.

Chambres d'hôtes Au pré des Ânes (Mélisâne) : *chez Philippe et Christine Brand, lieu-dit la Place, route de la Vielle, 61500* ***Le Bouillon.*** *☎ 02-33-82-02-35. 06-06-41-47-62. • contact@melisane.fr • Doubles 57-63 €.* Ce corps de ferme parfaitement au calme abrite en sous-pente 2 chambres avec sanitaires, petites, coquettes et agréables, donnant sur la cour. C'est aussi un chouette lieu à visiter (lire la rubrique « À voir »).

Chambres d'hôtes Au Fer à Cheval : *chez Romain Camus, à* ***Gandelain.*** *06-20-99-51-78. Compter 80 €. Table d'hôtes 18 € (sur résa) et plateau-repas 16 €.* 2 chambres impeccables à proximité du GR22. Piscine.

À voir. À faire

L'ORNE

– Le topoguide *Au fil des chemins à pied, à cheval, à VTT Écouves* propose 23 circuits de rando pour explorer cette belle forêt.

Le char « Valois » de la 2e DB de Leclerc : *à 14,5 km au nord d'Alençon.* On ne peut pas le rater. Il n'a pas changé de place depuis sa neutralisation par les obus d'un panzer allemand le 13 août 1944.

Le parc animalier d'Écouves : *61500* ***Le Bouillon.*** *☎ 02-33-82-04-63. • parc-animalier-ecouves.com • Vac d'été et Pâques, tlj 10h-19h ; vac d'hiver et Toussaint, tlj 14h-17h ; hors vac scol, mer et w-e 14h-17h. Entrée : 12 € ; 8 € moins de 12 ans. Sur résa, possibilité d'être « Soigneur d'un jour » (dès 12 ans).* Sur 12 ha, dans un paysage vert et vallonné, quelque 400 animaux d'une quarantaine d'espèces de chez nous, mais aussi d'autres plus exotiques, évoluent tout à leur aise dans de vastes enclos. Chameaux, grues du Japon, autruches, wallabies, bisons d'Amérique...). Le parcours est jalonné de panneaux expliquant l'origine de chaque espèce, son histoire, son alimentation, ou encore la menace qui peut peser sur elle.

Mélisâne *(lait d'ânesse bio)* **:** *chez Philippe et Christine Brand, la Place, 61500* ***Le Bouillon.*** *☎ 02-33-82-02-35. 06-06-41-47-62. • contact@melisane.fr • melisane.fr • Boutique ouv tlj sur simple appel. Visite de l'asinerie sur résa, seulement durant les vac de Pâques et d'été ; 3 €. Un savon offert sur présentation du guide de l'année.* Le lait d'ânesse, très doux pour la peau et hydratant, est un tenseur naturel. Ces éleveurs proposent une gamme de produits artisanaux bio à base de ce lait (savons, laits, crèmes de soin). La visite guidée permet d'approcher le troupeau d'ânes et d'assister à la traite (manuelle). Un endroit nature et sympathique. Sur place, 2 chambres agréables (voir « Où dormir ? »).

Station de trail d'Écouves : départ de Radon. 7 circuits balisés (7 à 31 km). Idéal aussi bien pour les *trailers* que pour les simples randonneurs.

Outre les nombreuses randos ou balades à vélo, possibilité de faire des ***balades accompagnées à cheval*** dans la forêt (tous niveaux). Renseignements : ***Romain Camus*** *(à* ***Gandelain*** *; 06-20-99-51-78).* Loue également 2 chambres.

SÉES

(61500) 4 673 hab. *Carte Orne, C2*

Un peu comme à Chartres, les flèches élancées de la cathédrale se distinguent à des kilomètres à la ronde. Puis, en flânant dans les ruelles du centre ancien de cette agréable ville animée en été et bien commerçante – surtout le samedi, jour de marché –, on est surpris par le nombre et la taille des bâtiments religieux (anciens couvents, séminaires, écoles privées catholiques). La raison ? Depuis son évangélisation au Ve s par saint Latuin, 1er évêque du diocèse, Sées est toujours restée le siège de l'évêché, un titre presque un peu démesuré au regard de la taille de cette belle bourgade labélisée « Petite Cité de caractère ».

MINE DE RIEN...

Sées est non seulement le pays de Louis Forton, le dessinateur des Pieds Nickelés, mais aussi de Nicolas-Jacques Conté, scientifique qui participa à l'expédition napoléonienne en Égypte. 1er homme à mesurer la hauteur de la Grande Pyramide (139 m), il est aussi l'inventeur de la mine de crayon. Une célèbre marque porte d'ailleurs encore son nom.

Adresse et info utiles

Office de tourisme des sources de l'Orne : *pl. du Général-de-Gaulle (rdc de la mairie). ☎ 02-33-28-74-79. • tourisme-sourcesdelorne.fr • Avr-sept, mar-sam 9h30-12h30, 14h-18h ; juil-août 9h30-13h, 14h30-18h30 ; hors saison, tlj sauf sam ap-m et dim-lun 9h30-12h30, 14h-18h.* Plan gratuit pour visiter la ville en suivant un parcours historique.

– **Marché :** *sam mat, cours Mazeline.*

Où dormir ? Où manger ?

Camping

Camping Le Clos Normand : *rue du 8-Mai-1945. ☎ 02-33-28-87-37. • campingdesees@orange.fr • camping-sees.fr • Ouv 15 avr-30 sept. Compter env 11 € pour 2 ; hébergements locatifs 2-4 pers. 45 empl.* Emplacements bien tenus (ombragés pour certains), sur un terrain fleuri agréable, bien qu'un peu près de la route. Sanitaires propres. Simple et sans prétention.

De prix moyens à plus chic

Chez David : *45, rue Billy. ☎ 02-33-29-89-74. Tlj midi et soir sauf lun, mar soir et dim. Menu midi en sem 12,50 €. Galettes 6-12,50 €.* À la façon d'un bistrot d'avant-guerre revisité avec humour et finesse (plein de vieux portraits en noir et blanc et d'objets anciens), David soigne son resto comme ses assiettes. Dans ses délicieuses et copieuses galettes, rien que du frais ! Elles portent des noms romantiques, bien à l'image du lieu. Et le service est raccord, bienveillant et souriant. On a a-do-ré. Bravo David !

Chambres d'hôtes chez M. et Mme Maurice : *26, rue du Docteur-Hommey. ☎ 02-33-26-17-02. 06-84-29-21-95. • maurice.pg@wanadoo.fr • Double 72 €. Réduc de 15 % sur le prix de la chambre à partir de 3 nuits sur présentation de ce guide.* Jolie maison de ville du XVIIIe s, avec jardin clos, soigné et coquet, abritant 2 chambres avenantes et confortables : « 1792 » et « Pivoines ». La plus charmante est sans conteste cette dernière (poutres, parquet, déco chaleureuse, vue sur le jardin et immense salle de bains). L'autre est sympa aussi mais donne sur rue. Aux beaux jours, le délicieux jardin est un plaisir supplémentaire. Accueil charmant, tout en douceur.

Chambres d'hôtes La Maison du Jardinier (M. Dubuisson) : *39, rue Saint-Martin. ☎ 02-33-26-73-09. 06-87-44-30-01. • philippedubuisson61@orange.fr • lamaisondujardinier.fr • Double 69 €.* Une maison de ville prolongée par un grand carré de pelouse ceint de hauts murs de pierre. À l'intérieur, 2 chambres (au rez-de-chaussée et à l'étage) classiques et chaleureuses. Calme et agréable.

Le Dauphin : *31, pl. des Anciennes-Halles. ☎ 02-33-80-80-70. • info@hotelrestaurantsees.com • hotelrestaurantsees.com • Congés : dernière sem de nov et 10 premiers j. de mars. Doubles 100-150 €. Formule le midi en sem 22 €, puis menus 26-37 € et d'autres plus chers.* On se croirait revenu à l'époque de Maupassant ! À l'étage de la maison, 7 chambres, revisitées de manière moderne et confortable. Certaines sont un peu petites et l'ensemble est à des tarifs un poil élevés. Accueil adorable. Côté cuisine, c'est du classique, servi dans un salon aussi bourgeois que feutré.

Où dormir dans les environs ?

L'ORNE

Chambres d'hôtes

La Folêterie : *61390 **Trémont**. ☎ 02-33-28-72-15. • yl.ledemay@orange.fr • lafoleterie.fr • À 9 km à l'est de Sées ; suivre Mortagne, puis tourner au panneau indiquant La Folêterie (après l'indication pour Trémont). Double 65 € ; familiales. Table d'hôtes tlj sauf dim 20 €.* Coquette maison de pierre, offrant des chambres bien aménagées, où l'on se sent vite chez soi (l'une pour 2 avec kitchenette, l'autre pouvant accueillir jusqu'à 5 personnes), s'ouvrant directement sur le remarquable jardin. On est en pleine campagne, au calme, avec vue sur les vastes espaces verts foisonnant de fleurs magnifiques, de plantes et d'arbustes, soignés avec amour. Une balade tranquille s'impose dans cet univers tout en harmonie. Et l'accueil : sincère et chaleureux, à l'image des repas préparés avec les produits... du jardin, évidemment. Carton plein !

Chambre d'hôtes et Gîte la Doucine : *la Noise, 61390 **Trémont**. ☎ 02-33-27-21-27. 06-42-56-88-23. • friboulet.anne-marie@ozone.net • gite-maisondhoteslanoise.com • ♿ À 7 km à l'est de Sées. Double 70 € ; familiales. Table d'hôtes 23 €.* Dans un corps de ferme un peu perdu au milieu des champs, 3 chambres toutes simples, au nom de fleurs, dont 2 en sous-pente, avec salon commun et petite cuisine à disposition. S'il n'est pas occupé, le gîte accolé (tout aussi agréable) peut être loué à la nuit. Barbecue, terrain de pétanque... Grande gentillesse de l'accueil.

À voir. À faire

– Un parcours historique de 3 km jalonné de panneaux explicatifs permet de découvrir la ville.

La cathédrale : ce fleuron de l'architecture gothique en Normandie date des XIIIe et XIVe s. Les 2 flèches des clochers s'élèvent à 70 m (les gratte-ciel du Moyen Âge !). La façade est fermée par une élégante grille de fer forgé et le grand portail central présente des sculptures mutilées par les guerres de religions et celle de Cent ans (tympan). À l'intérieur, on est frappé par l'équilibre architectural parfait. Le chœur gothique et le transept sont particulièrement intéressants. Très belles verrières et magnifiques rosaces du XIIIe s. La plus belle est au sud, toute rouge et or, le Christ au centre et les apôtres au-dessous. Splendide ! Certains chapiteaux des piliers sont également remarquables. Prendre le temps de faire le tour du déambulatoire pour observer les différentes chapelles et leurs nervures gothiques et armoriées.

Le musée départemental d'Art religieux : *7, pl. du Général-de-Gaulle. ☎ 02-33-28-59-73. Près de la cathédrale, dans l'un des rares vestiges du quartier des chanoines. Juil-sept, tlj sauf mar 12h-18h. GRATUIT.* Ce bâtiment du XIVe s, remanié au XVIIIe s, abrite des expos temporaires ainsi qu'une collection intéressante d'objets liturgiques répartis de façon chronologique (la salle médiévale, celle de la Réforme, et celle consacrée aux XIXe et XXe s). Quelques pièces rares (chasuble du XVIIe s en soie brodée, peigne liturgique de Thomas Becket, croix de procession des XIIe et XVe s avec un christ très byzantin, ou cet étonnant jeu de messe offert par les parents désireux de préparer leurs enfants à la prêtrise). Mobilier et statues provenant de petites églises rurales de l'Orne. Un musée assez unique en son genre.

Les bords de l'Orne : petite (mais alors toute petite) balade en descendant la rue du Vivier. L'Orne, qui prend sa source à 2 pas, n'est encore ici qu'un gros ruisseau (lavoir du XVIIIe s). À côté, joli parc tranquille pour un moment de repos.

Manifestations

- ***Les Musilumières :*** *tous les soirs juil-sept, à la nuit tombée. ☎ 02-33-28-74-79. ● musilumieres.org ● Résa à l'office de tourisme.* Spectacle son et lumière dans la cathédrale.
- ***Concerts gratuits :*** *bord de l'Orne, ts les dim d'août à 21h.* Jazz, folk, guinguette, chanson française.
- ***Foire aux dindes :*** *2e w-e de déc.* À la Sainte-Lucie, un grand marché autour de la dinde (le samedi matin), unique dans le Grand Ouest.

LE PAYS D'ANDAINE ET LE DOMFRONTAIS

Poiré « domfrontais » AOP, calvados « domfrontais » AOC : pour sûr, cette région est fière de son terroir, qui le lui rend bien ! Du passage vers la Bretagne restent les dolmens et l'adorable ville médiévale de Domfront, suspendue sur sa motte, dernière épine du Massif armoricain, entourée de forêts riches en gibier, cours d'eau et champignons. Un paradis pour randonneurs et gourmands !

BAGNOLES-DE-L'ORNE

(61140) 2 769 hab. *Carte Orne, B2*

Une station thermale ancienne et toujours très fréquentée, dans un pays de douces collines, de forêts profondes, de bocages et de pommiers. Bagnoles est la seule station thermale du Grand Ouest. Beaucoup de choses nous plaisent bien ici : le côté rétro des maisons et des hôtels, l'air particulièrement bon à respirer, les nombreuses activités et randonnées (y compris la marche nordique, avec même des initiations de mars à novembre). Enfin, sachez que

la ville est constituée de 3 quartiers bien distincts : le quartier Belle Époque sur la rive droite avec ses jolies villas et son lac, le quartier de Tessé sur la rive droite, avec son château, et plus au nord *Saint-Michel-des-Andaines.* À noter que la ville est une *station de trails.* Nombreux circuits à partir de l'office de tourisme ou depuis Saint-Michel-des-Andaines.

Adresse et info utiles

Office de tourisme : *pl. du Marché. ☎ 02-33-37-85-66. • bagnolesdelorne.com • Avr-oct, lun-sam 9h30-13h, 14h-18h30 (18h oct) ; dim et j. fériés mat. Nov-mars, mar-sam 10h30-12h30, 14h-17h. Visites guidées thématiques chaque sam mars-nov, à 14h30 (appeler pour réserver) ; prix 5 € ; durée 1h30-2h.* Ceux munis d'un smartphone pourront emprunter librement un parcours découverte (20 étapes) en suivant les flashcodes dispersés à travers toute la ville (itinéraire à l'office de tourisme et en téléchargement sur leur site). Infos sur les randos et le cyclotourisme.

– **Marchés :** *mar mat et sam mat, pl. du Marché ; mer mat et ven mat, allée des Anciens-Combattants.*

Où dormir ?

L'ORNE

Camping

Camping municipal de la Vée : *5, rue du Président-Coty. ☎ 02-33-37-87-45. • camping@bagnolesdelorne.com • campingbagnolesdelorne.com • Quartier Bagnoles-Château (bien indiqué). Ouv mars-nov. Compter 12,90-14,30 € pour 2 avec tente et voiture ; mobile homes, tentes et coco sweet à la sem. 250 empl.* Sur 3 ha, des emplacements délimités par des haies dans un camping bien ombragé et bien équipé mais très fréquenté. Jeux pour enfants, pétanque, baby-foot...

De prix moyens à chic

Ô Gayot : *2, av. de La Ferté-Macé. ☎ 02-33-38-44-01. • contact@ogayot.com • ogayot.fr • Près de l'office de tourisme. Fermé jeu (plus dim soir-lun midi hors saison). Doubles 75-85 € ; familiales. Formules et menus lun-sam midi 23-28 € ; carte env 35 €.* Une adresse bien dans son temps, que ce soit côté dodo ou côté resto. Chambres sobres, déclinées en bleu, vert ou marron, mais douillettes à souhait. Mention spéciale pour le petit déj, copieux, gourmand et de terroir. Côté resto, c'est frais, inspiré et réalisé avec de bonnes viandes normandes qui sortent de la rôtisserie. Quant aux poissons, ils sont d'une impeccable fraîcheur. Fait également épicerie fine avec une belle petite sélection de produits du terroir.

Nouvel Hôtel : *8, av. Pierre-Noal (Bagnoles-Château). ☎ 02-33-30-75-00. • nouvel.hotel@wanadoo.fr • nouvel-hotel-bagnoles.fr • Près de l'église. Ouv avr-oct. Doubles 65-120 € ; familiale. Menus 21-25 €, et même un menu végétarien. Parking.* Une belle façade blanche rappelant la Belle Époque et, à l'arrière, un jardinet agréable pour bouquiner au calme. Du caractère, donc, qui se poursuit au rez-de-chaussée, lumineux et aéré. L'ambiance change dans les étages où la déco, plus standard, se décline dans des tons doux. Les chambres les moins chères ont beau être petites, confort et qualité restent au rendez-vous. Au resto, une cuisine de terroir classique.

Hôtel Le Roc au Chien : *10-12, rue du Pr.-Louvel. ☎ 02-33-37-97-33. • info@hotelrocauchien.fr • hotelrocauchien.fr • Doubles 55-113 €. Menus 26-47 €.* Immanquable édifice Belle Époque, très belle époque même, en forme de lame de couteau, alternance de briques blanches et rouges, où préside une haute tourelle d'angle, coiffée d'un chapeau pointu couvert d'ardoises. De la gueule, l'édifice en a à revendre, c'est sûr ! Les chambres s'avèrent plus sages, allant de la standard à la prestige, toutes avec un très bon niveau de confort et distribuées soit dans la demeure principale, soit dans un édifice annexe. Certaines avec un bout de balcon. Bon accueil de toute la famille et resto à la hauteur, où l'on travaille les produits locaux avec respect.

Beaucoup plus chic

Manoir du Lys : *la Croix-Gauthier, route de Juvigny. ☎ 02-33-37-80-69. • contact@manoir-du-lys.fr • manoir-du-lys.fr • Congés : de janv à mi-fév. Doubles 145-255 € ; familiales. Menus 75-120 €. Parking. 1 petit déj/chambre pour un séjour, offert sur présentation de ce guide.* Niché dans la forêt des Andaines, un adorable manoir, naguère relais de chasse, où le coucou chante et où les biches traversent le jardin... Les chambres sont situées soient dans la bâtisse principale, soit juste à côté dans des pavillons sur pilotis. Elle arbore une déco allant du plus classique au plus contemporain, avec plus ou moins de fantaisie dans les formes et les couleurs. Agréable piscine. L'accueil et la cuisine sont quant à eux tout aussi délicieux que le cadre est soigné (superbes tableaux, piano dans le salon très cosy). Dans l'assiette, des produits frais du terroir et de subtiles saveurs qui se mêlent avec intelligence.

Où manger ?

Rappelons que des adresses citées ci-dessus font aussi restaurant : ***Ô Gayot, Nouvel Hôtel, Le Roc au Chien*** et le ***Manoir du Lys.***

Bistrot Gourmand : *6, pl. de la République. ☎ 02-33-37-86-79. • bhbgbagnoles@orange.fr • Au rond-point à la fontaine. Ouv tlj midi et soir. Congés : 1 sem fin janv. Formules déj 20-27 € ; carte 30-35 €.* Une cuisine bien d'aujourd'hui qui se nourrit des influences extérieures. C'est goûteux, frais, et les produits sont de qualité, de la lotte grillée au tartare de bœuf, en passant par le pavé de saumon. Salle assez banale, mais aux beaux jours, la terrasse prend le relais, en surplomb du petit rond-point (mais on n'est pas gêné).

La Potinière du Lac : *2, rue des Casinos. ☎ 02-33-30-65-00. Mer-dim, midi et soir. Formules 18,60-23,80 € ; menu savoyard 20 €.* Des recettes simples, bien dans la tradition locale, et pour ceux qui veulent revoir... leur Savoie, le menu savoyard leur tend la fourchette. Choisir une table le long des fenêtres, donnant sur le lac.

Resto de l'hôtel O'Gayot : *voir le commentaire sur le resto de cet établissement dans la rubrique « Où dormir ? ».* Une bonne table, assurément.

L'ORNE

Où dormir ? Où manger dans les environs ?

La Ferme de la Prémoudière : *61330 Saint-Denis-de-Villenette (commune de* ***Juvigny-Val-d'Andaine****). ☎ 02-33-37-23-27. • lapremoudiere@orange.fr • lapremoudiere.com • À env 13 km au sud-ouest de Bagnoles. Double 60 € (8 €/pers en plus).* 5 chambres toute nettes aux couleurs tendres sont aménagées joliment et simplement dans l'une des dépendances de cette belle ferme du Domfrontais sise dans un environnement de choix. L'une d'entre elles est un petit studio avec cuisine équipée, les autres se partagent celle mise à la disposition des hôtes dans la grande salle commune. La boutique de la ferme regorge de petits trésors issus de la production de cette exploitation cidricole (poiré, calvados domfrontais, cidre, jus de pomme, mais aussi de délicieuses confitures).

Au Bon Accueil : *23, pl. Saint-Michel, 61140* ***Juvigny-sous-Andaine.*** *☎ 02-33-38-10-04. • hotel.bonaccueil@wanadoo.fr • aubonaccueil-normand.com • Tlj sauf dim soir-lun. Doubles 62-72 €. Formule déj*

18 € ; menus 23-26 €, puis 34-60 €. Gaëtan Crespin est l'un des chefs qui font parler d'eux dans le secteur. Il tient l'hôtel-restaurant de village et, tout en en préservant l'esprit intemporel, il lui a insufflé une jolie modernité que l'on retrouve dans sa cuisine privilégiant les beaux et bons produits d'ici ou d'ailleurs, traités avec délicatesse. 4 chambres pimpantes pour y faire étape.

La Crêperie du Bonvouloir : *lieu-dit La Tour Bonvouloir, 61140 Juvigny-sous-Andaine. ☎ 02-33-37-74-81. Tlj, en continu (en général), mais résa vivement conseillée. Formule déj 9 € ; galettes 6-12,50 €.* Juste à côté de cette étrange et belle tour (rubrique « À voir »), une petite maison de pierre dans un cadre champêtre parfaitement au calme, pour déguster de copieuses galettes et de belles crêpes. Un bout de terrasse aux beaux jours. Et pour digérer, rien de mieux que de s'allonger sur la grande pelouse au pied de la tour.

Où boire un verre ?

La terrasse du casino : *☎ 02-33-37-84-00. Tlj sauf lun midi.* C'est évidemment la plus belle, car la seule au bord de l'eau. Bonne carte de cocktails (assez chers).

Où acheter de bons produits ?

Casati : *4 bis, rue des Casinos. ☎ 02-33-37-82-74. Fermé en janv ; tlj 9h30-12h30, 14h-19h.* Cette jolie boutique est surtout réputée pour les célèbres macarons *Lenoir,* absolument délicieux. Et même si ce ne sont plus les Lenoir qui tiennent l'affaire, la recette des macarons a été conservée. Et ne négligez pas les chocolats maison, eux aussi savoureux.

L'ORNE

À voir. À faire

Le parc du château : *accès libre en permanence.* Cette demeure néo-Renaissance appartenait à la famille Goupil, avant d'être cédée, dans les années 1920, à une Parisienne excentrique, qui y vivait seule entourée de mannequins d'osier vêtus de costumes Louis XVI et Premier Empire ! Hôtel de ville depuis 2000, le château ne se visite pas, mais la balade dans le parc et son arboretum est un véritable plaisir.

Le casino et le lac : *Ouv tlj.* Immanquables. Cette petite touche rétro de plus dans le paysage bagnolesque date de 1927. Le casino fut construit grâce au financement d'un milliardaire américain, passionné de jeu, à qui on avait refusé l'achat du château. Côté ambiance, on n'est ni à Deauville ni à Nice, mais l'endroit est parfois noir de monde pendant le week-end. Agréable promenade autour du lac, auquel Bagnoles doit aussi beaucoup de son charme.

L'établissement thermal B'O Resort : *☎ 0811-90-22-33. • bo-spathermal.com • Soins à partir de 45 €.* En arrivant à Bagnoles (et même si on n'est pas en voiture !), on remarque immédiatement cette belle résidence des Thermes, longue bâtisse du début du XIXe, agrandie au début du XXe s, qui offre un bel exemple de l'architecture dite « thermale ». L'espace bien-être est ouvert à tous. Soins aux actifs de pommes à cidre, à la chlorophylle, aux actifs de la forêt...

Les villas de caractère : *balades guidées organisées régulièrement par l'office de tourisme.* En se baladant, on ne compte plus le nombre de tourelles en poivrière (et de balcons en salière !), de lucarnes en forme de campaniles, de terrasses de bois et de vérandas où l'on s'abrite sous une marquise. C'est ça, Bagnoles ! Un style qui mêle la charmante exubérance de la Belle Époque et un on-ne-sait-quoi des films de Jacques Tati dans les Vacances de M. Hulot. Dans le centre, jeter un coup d'œil à l'hôtel *La Potinière du Lac,* couvert de faux colombages et d'un curieux damier blanc et brun. Autre hôtel à l'architecture loufoque, *Le Roc au Chien,* à droite sur la route de l'établissement thermal, sous le roc au Chien justement. Dans le quartier Belle Époque, où trône en hauteur l'église, quelques belles pièces d'architecture dont le *Chalet suédois* (à côté de l'église), ancien pavillon suédois de la grande Exposition universelle de Paris de 1889, et de nombreuses autres villas toutes aussi spécifiques les unes que les autres, massives ou colorées.

Le Jardin retiré : *14, av. Robert-Cousin. ☎ 02-33-37-92-04. • lejardinretire.fr • Mai-août, ven-dim et j. fériés 10h-18h ; de mi-avr à fin avr et début à mi-sept, sam-dim 14h-18h. Fermé le reste de l'année. Entrée : 5 € ; réduc.* Classé « Jardin remarquable », il est intime et romantique. Une surface de 2 500 m² où fleurissent roses, géraniums et clématites.

– ***Parcours Trail et Voie verte :*** au départ de l'office de tourisme, 12 parcours en boucle de tous niveaux (5 à 58 km), accessible à tous (à pied, en course ou à VTT). Pour plus d'infos, télécharger l'appli *Stations de trail*. Par ailleurs, une ***Voie verte*** reliera sous peu Bagnoles à Briouze. 20 km accessible à vélo, à pied ou en poussette. Départ de l'ancienne gare de Bagnoles.

Fêtes et manifestations

– ***Festival d'humour Les Andain'Ries :*** *en avr, sur 10 j.*
– ***Fête Belle Époque :*** *dernie w-e de juin.*
– ***Les Vendredis de l'été :*** *chaque ven à 21h en juil-août. ☎ 02-33-37-85-66. Gratuit.* Spectacles de rue, théâtre, musique, art du cirque...
– ***Les Clés de Bagnoles :*** *chaque dim à 17h en juil-août. GRATUIT.* Concerts.

DANS LES ENVIRONS DE BAGNOLES-DE-L'ORNE

➢ ***La forêt des Andaines :*** l'une des 3 grandes forêts de l'Orne (7 000 ha). Vestige d'une immense forêt primitive qui formait une zone de transition entre la Bretagne et la Normandie, elle enveloppe Bagnoles-de-l'Orne telle une écharpe verte, et fait office de poumon vert. Forêt de fées et d'ermites, de ruisseaux et de fougères, de myrtilles, de champignons et de chênes, de brigands et de chevaliers, de chouans et de résistants, elle est aujourd'hui le refuge d'un gibier abondant et du chêne Hippolyte. Baptisé d'après le nom d'un ancien garde forestier, ce dernier a pour particularité d'avoir une circonférence de plus de 5 m à seulement 1,30 m du sol ! Un ***circuit vélorail*** de 5 km traverse la forêt, départ de l'ancienne gare de Bagnoles jusqu'à la Ferté Macé.

La tour de Bonvouloir : *à* ***Juvigny-sous-Andaine.*** *À env 7 km au sud-ouest de Bagnoles. 2 km après le Manoir du Lys, prendre une petite route sur la droite. Site accessible tte l'année, mais entrée dans la tour interdite. GRATUIT. Tables de pique-nique et grandes pelouses au pied de la tour.* Dans un paysage de carte postale, mince et haute tourelle en pierre du XVe s jaillissant d'une tour trapue, ultime vestige d'un château médiéval dont on voit encore le colombier, la chapelle et la tour de guet.

La Michaudière – La ferme du Cheval de trait : *61140* ***Juvigny-Val-d'Andaine.*** *☎ 02-33-38-27-78. • lamichaudiere.fr • ♿ Suivre le fléchage. Ouv avr-oct. Juil-août, spectacle mer-jeu et w-e à 15h30 ; autres périodes, spectacles à 15h15 (calendrier sur leur site). Tarif : 14,50 € (incluant la visite du site) ; réduc ;*

gratuit moins de 5 ans. Visite libre (mais payante) de la ferme les j. de spectacle (11h-14h30) : 3,50 € et possibilité de repas sur résa (38 € avec le spectacle). CB refusées. Un site touristique de premier plan ! D'abord, pour la ferme elle-même, dont les dépendances abritent de petites expos, un film, une sellerie et une auberge rustique où l'on sert des repas traditionnels (sur résa). Ensuite, pour le spectacle pittoresque (course de chars à la Ben Hur, voltige, attelage...) qui met en scène une trentaine de percherons et le plus grand cheval du monde, le *Shire*. Et tout cela dans la bonne humeur, à l'image du pot offert en fin de spectacle pour se remettre de ses émotions !

Les gorges de Villiers : *à* ***Saint-Ouen-le-Brisoult.*** *À 11 km au sud-est de Bagnoles.* Au cœur d'un espace naturel sensible, petit circuit permettant de découvrir la faune, la flore, mais aussi l'histoire et les légendes attachées au lieu. Circuit en 9 étapes à parcourir librement. L'occasion d'un arrêt à la *Ferme des Gorges de Villiers,* pour son élevage de chèvres et sa production de fromages *(traite tlj à 18h ; vente à la boutique tlj 11h-13h, 17h-19h30).*

DOMFRONT

(61700) 4 360 hab. *Carte Orne, A2*

L'ORNE

Cette petite cité médiévale, assise sur un promontoire, domine toute la région avec ses tours et ses maisons qui semblent suspendues dans l'air. Et au bout de ce promontoire, les restes d'une forteresse du XIIe s, qui abrita naguère l'une des cours les plus brillantes d'Europe, celle d'Aliénor d'Aquitaine (mariée à Henri II Plantagenêt). Les routards qui débarquaient vers l'an 1150 dans ce patelin de l'Ouest n'étaient pas en France mais quasiment en Angleterre, du moins dans un poste stratégique de cet immense territoire qui était sous le joug des Plantagenêt vers la moitié du XIIe s et qui s'étendait de l'Écosse aux Pyrénées !
Le pays de Domfront est aussi connu pour son fameux *poiré,* une boisson fruitée et pétillante à base de poire appelée aussi « champagne normand ». Les poiriers qui, dit-on, vivent 3 siècles (un pour grandir, un pour produire et un pour mourir...) offrent un superbe spectacle en avril, quand ils sont en fleur. Autre produit notoire, le calvados domfrontais, issu de la distillation de cidre et de poiré. Poiré, cidre et calvados ont valu à Domfront d'être reconnue « Site remarquable du goût » et ont été inscrits au Patrimoine immatériel culturel de l'humanité en 2019.
– *Avis aux amateurs de cyclotourisme :* Domfront se situe à la jonction de 2 itinéraires nationaux à vélo ; la Véloscénie (Paris/Le Mont-Saint-Michel) et la Vélo Francette (Ouistreham/La Rochelle), qui utilisent les voies vertes entre Flers et Ceaucé, et Domfront et Le Mont-Saint-Michel.

Adresse et info utiles

Office de tourisme : *12, pl. de la Roirie.* ☎ *02-33-38-53-97.* • *ot-domfront.com* • *Avr-sept, lun-sam et j. fériés 10h-12h, 14h-18h ; oct-mars, fermé dim-lun.* Office dynamique et personnel vraiment sympa. Infos sur la ville, ses environs, les voies vertes et les itinéraires à pied et à vélo. Livrets *Jeux et énigmes.* Nombreuses visites guidées de la ville, du site du château, de l'église Notre-Dame-sur-l'Eau et du tertre Sainte-Anne *(de mi-juin à mi-sept ; durée 1-2h ; 2-5 € ; appeler pour prendre rdv).* Liste des producteurs et des chambres d'hôtes.

– ***Marché :*** *ven mat, pl. du Général-de-Gaulle.*

Où dormir ?

Campings

⛺ ***Camping municipal du Champ Passais :*** *4, rue du Champ-Passais. ☎ 02-33-37-37-66. • camping@villededomfront.fr • ville-domfront.fr • ♿ En contrebas du village médiéval (indiqué). Ouv avr-sept. Compter env 7 € pour 2. 34 empl.* Dans la verdure, un joli petit camping simple et bien tenu, installé en terrasses verdoyantes et convenablement équipé. Espaces bien délimités et ombragés. Préférer la partie basse du camping, plus au calme. Également 2 petites cabanes *(3 pers)*, toute simple et sans sanitaires. Atmosphère bucolique. Sanitaires propres.

⛺ ***Ferme de la Touche :*** *la Touche. ☎ 02-33-37-03-99. • adele.tanguy@hotmail.fr • ferme-de-la-touche.fr • Forfait tente pour 2 pers 10 € ; yourtes 56-160 €/nuit pour 2-6 pers ; tiny house (sans sanitaires) 75 €.* Joli camping à la ferme à l'ambiance champêtre et bucolique comme il se doit. Épicerie, pain et légumes bio. Pour un séjour au plus près de la nature. Autre avantage, il se situe exactement sur le tracé de la Véloscénie. Très sympa !

Chambres d'hôtes

🏠 ***Chambres d'hôtes au N° 5 :*** *5, rue de Montgomery, juste en bordure des remparts. 📱 06-89-93-99-63. • jaciec@hotmail.com • Doubles 75-80 €.* Accueil adorable et très british dans cette petite maison tout en hauteur. Les chambres, coquettes, soignées et bien agréables, se situent les unes au-dessus des autres, aux 1er, 2e et 3e étage, que l'on gagne par un escalier étroit. Voici une des rares possibilités de loger dans la partie médiévale de la ville, avec vue sur la vallée.

🏠 🍽 ***Belle Vallée :*** *chez Richard et Victoria Hobson-Cossey, Belle-Vallée. ☎ 02-33-37-05-71. • info@belle-vallee.net • belle-vallee.net • Suivre la direction de La Ferté-Macé puis, à la sortie de Domfront, prendre la D 21 direction Dompierre et La Ferrière-aux-Étangs ; c'est 500 m plus loin, sur la gauche. Doubles 75-95 €. Repas 18 € (vin compris).* Nichée au creux d'une paisible vallée, cette belle maison de maître du XIXe s abrite 5 chambres. Très confortables et pleines de charme, elles cultivent un style soit très *British,* soit très campagne. La suite familiale sous les toits est superbe, avec 2 chambres bien séparées l'une de l'autre. Salon cosy avec cheminée et bouquins à dispo, et superbe jardin, entretenu à l'anglaise, c'est dire ! Petit déj pantagruélique, avec les fruits du jardin. Également un gîte pour 2 personnes, à côté de la maison. Accueil adorable.

De bon marché à prix moyens

🏠 ***Gîte d'étape et gîte de groupe Le Relais Saint-Michel :*** *5, rte du Mont-Saint-Michel. ☎ 02-33-38-51-44. • reservation@hoteldefrance-fr.com • Lit en dortoir 20 € et chambre double 48 €.* Une adresse pratique et fonctionnelle, idéale pour les marcheurs et les cyclistes, puisque située au croisement de la Véloscénie et de la Vélo Francette, ainsi que sur le chemin du Mont-Saint-Michel. Quelques chambres doubles toute simple et un dortoir de 6 personnes. Mêmes proprios que l'*Hôtel de France* voisin.

🏠 🍽 ***Hôtel de France :*** *7, rte du Mont-Saint-Michel. ☎ 02-33-38-51-44. • reservation@hoteldefrance-fr.com • hoteldefrance-fr.com • ♿ Dans le quartier Notre-Dame, au pied de la ville, au bord de la route principale. Doubles 78-90 € ; familiales. Formule déj en sem 10,90 € ; menus 19,80-29 €. Congés : 6-20 janv. Café offert sur présentation de ce guide.* Un hôtel classique et efficace. Les chambres donnent sur route ou sur jardin. L'aménagement et la déco sont confortables et modernes, sans rien qui dépasse. Du fonctionnel très agréable. À table, formule « grill » ou cuisine traditionnelle normande (bœuf braisé au pommeau ou fricassée de volaille au poiré) proposée dans une salle à manger au charme plaisant.

Où manger ? Où boire un verre ?

Le Bistrot Saint-Julien : *2, pl. Saint-Julien. ☎ 02-33-37-14-60. Congés : vac scol de Pâques et de Toussaint. Tlj sauf mer et dim soir (plus mar soir, dim midi et j. fériés hors saison). Formule déj en sem 12,50 € ; tartines 10-12,50 € ; menu 22,50 € soir et w-e ; carte env 25 €.* Un endroit agréable où se poser, soit en terrasse pour admirer la jolie façade à colombages, soit dans la petite salle. Selon l'heure, possibilité d'y boire un simple café ou de s'y restaurer d'une bonne salade, mais surtout d'une des nombreuses tartines (la spécialité). Les tartines (ou tranchoirs) étaient un peu le plat du pauvre au Moyen Âge. Il s'agissait d'une épaisse tranche de pain sur lequel on mettait un peu tout ce qu'on avait sous la main. D'autres petits plats maison bien préparés sont présents sur l'ardoise.

L'Auberge du Grand Gousier : *1, pl. de la Liberté. ☎ 02-33-38-37-25. • info@restaurant-grandgousier.com • Tlj sauf dim soir-lun et jeu soir. Menus 16 € (midi en sem) ; galettes et planches 6-16 € ; puis menu 30 €.* Une petite adresse dont on apprécie le sérieux et la gentillesse. La cuisine, plutôt traditionnelle, met l'accent sur les produits locaux, bien choisis, frais et de saison. Quant aux desserts, le chariot de pâtisseries maison fera se pâmer les gourmands : saint-honoré, paris-brest, millefeuille, et surtout le gros macaron coupé en parts, comme un gâteau... Le cadre, lui, est celui d'une auberge de campagne un peu chic et feutrée, fort agréable. Terrasse aux beaux jours. Le tout est joliment mis en valeur par un service d'une grande gentillesse. Au fait, faut-il rappeler que le Grand Gousier était le père de Gargantua ?

L'Échaugette : *12, Grande Rue. ☎ 02-33-37-71-71. Mar-dim midi et soir. Pizzas 11-14 €. Carte env 20 €.* Pizzas italiennes, réalisées par un Sicilien, utilisant intelligemment les produits domfrontais et normands au sens large (pizzas à l'andouille ou au camembert...). Goûtez donc les pizzas *rotolos*, sorte de roulés, ou les *bocca*, qui évoquent les *calzone* mais avec une partie ouverte sur le dessus. Une autre manière d'envisager la pizza. Petite terrasse extérieure aux beaux jours et service gentil comme tout.

L'ORNE

Où dormir ? Où manger dans les environs ?

Camping

Camping à la ferme La Bonelière : *chez Mathieu Chopin, la Bonelière, 61350* ***Saint-Mars-d'Égrenne.*** *06-03-57-46-73. • laboneliere@gmail.com • gitecampinglaboneliere.com • Sur la D 976, direction Passais, tourner à gauche (fléché, mais sortie un peu raide). Ouv mai-oct. Compter 10 € pour 2. Gîte 6 pers. CB refusées. 6 empl.* Sous les poiriers et les pommiers, un beau terrain de camping atypique aux sanitaires rustiques mais avec toutes sortes de petits plus : four à pizzas, tonnelles, et même une grange aménagée en cas de pluie. Une super ambiance, très familiale. Et des animaux en pagaille (âne, chèvres, poules, lapins...). Production de poiré.

De bon marché à prix moyens

Auberge, chambres et gîte de groupe La Nocherie : *61700* ***Saint-Bômer-les-Forges.*** *☎ 02-33-37-60-36. • patrice.mottier@laposte.net • aubergelanocherie.fr • À env 7 km au nord de Domfront. Auberge fermée dim soir-lun. Double en chambre d'hôtes 62 €. Petit déj inclus. Camping 15,20 € pour 2. Repas possible sur résa 20 €.* Dans les dépendances de cette demeure champêtre, vous avez, d'un côté, 2 chambres d'hôtes simples et agréables avec salle de bains, et, de l'autre, 6 chambres pour 2 avec sanitaires privés. L'espace ravissant réservé au camping s'étale sur un tapis verdoyant, sous les pommiers, et dispose d'un abri où manger en cas de pluie. Quant à l'auberge, elle occupe l'ancienne boulangerie du manoir (XVIe s) et les dépendances de la ferme. Ambiance conviviale, dans une campagne belle et attachante. Cuisine préparée dans le vieux four à pain, avec des spécialités comme les terrines maison, les grillades au feu de bois et le riz à la palette. Possibilité de rejoindre des sentiers de petite et moyenne randonnées. Pour les cyclistes et les marcheurs circuits Véloscénie et Vélo Francette passe à proximité.

Plus chic

Auberge de la Mine : *le Gué-Plat, 61450* ***La Ferrière-aux-Étangs.*** *☎ 02-33-66-91-10. • aubergedelamine@orange.fr • aubergedelamine.com • À 14 km au nord-est de Domfront. Tlj sauf dim soir et lun-mar. Congés : 3 sem en janv et 3 sem en juil. Formule 39 €, puis 44-79 €.* Partout dans le coin, le souvenir des mines est encore présent et cette grande maison en brique, couverte de lierre, était autrefois la cantine des mineurs. Les temps ont changé, radicalement, même : la déco de cette délicate bonbonnière en fait aujourd'hui une adresse chic et l'une des meilleures du département. Grande qualité des produits du terroir, sélectionnés chaque jour en fonction du marché, puis traités avec finesse et créativité. Pas de doute, le chef est un artiste, et les plats flattent tout autant l'œil que le palais. Accueil aux petits oignons.

Où acheter de bons produits dans les environs ?

Le Camembert du Champ Secret : *la Novère, 61700* ***Champsecret.*** *☎ 02-33-37-60-19. Sur la D 360 entre Dompierre et Saint-Bômer-les-Forges ; près des forges de Varenne. Vente en libre-service tlj sauf dim 8h-20h.* Il ne reste plus, en Normandie, et a fortiori dans le monde, que 3 fermiers à produire du camembert de Normandie AOP ! L'occasion de vous rappeler que le fermier n'utilise que du lait cru (de vaches normandes) issu de son exploitation. Celui-ci est en outre biologique et moulé à la louche ! Alors, forcément, c'est bon, délicieux même ! Un petit bout de Normandie qui a du caractère !

À voir

La ville : *visites guidées du château et de la cité médiévale possible avec l'office de tourisme (appeler pour infos ou voir le calendrier des visites en ligne).* Domfront est une jolie petite ville ! Se promener dans ses petites rues pavées et étroites, au milieu de ses maisons parfois en colombages ou revêtues d'essentes (petites tuiles en bois), est un vrai plaisir. Dans la rue Saint-Julien, un passage débouche sur la jolie ***cour Marie-du-Rocher.*** À l'angle des rues, des panneaux d'information vous immergent dans la vie quotidienne du Moyen Âge.

L'église Saint-Julien : *pl. du Commerce. Tlj 9h-19h. Visite guidée (2 fois/sem sur rdv à l'office de tourisme) avec accès au clocher en été (penser aux jumelles !).* Construite entre 1924 et 1926 en remplacement de l'église précédente endommagée et trop petite, elle détonne dans le paysage ! Un lieu qui mérite vraiment le coup d'œil car il est assez unique, et ce pour 3 raisons : son plan, les matériaux utilisés et sa déco intérieure. En effet, pour une question de place, on choisit un plan carré byzantin afin qu'elle puisse accueillir un nombre suffisant de personnes. Puis, par souci d'économie, elle fut construite en béton armé. L'intérieur, quant à lui, est un mélange de style néobyzantin et Art déco, avec d'étonnantes mosaïques (de Godin, notamment). Dans le chœur, observer l'immense Christ en majesté et en mosaïque, dans les tons sépia.

Les ruines du château : *à l'extrémité ouest du promontoire de Domfront.* Immanquable, cette très importante forteresse contrôlait toutes les régions voisines. Fondée vers 1010 par Guillaume de Bellême, mais les ruines qui subsistent aujourd'hui auraient été bâties au XIe s par Henri Ier Beauclerc, fils de Guillaume le Conquérant. Cet ensemble possédait l'un des donjons les plus puissants de France. On accède aux ruines, et à ce qui est devenu un joli parc, par un pont qui enjambe les anciennes douves. De là, jeter un coup d'œil aux courtines aménagées au XIIIe s pour défendre la face est de cette forteresse. À côté, quelques jeux pour enfants, des tables de pique-nique et, plus haut, un ***magnifique point de vue*** sur le bocage, avec table d'orientation et vision à 180°.
Dans les remparts du château, on a mis au jour la *chapelle Saint-Symphorien,* où Aliénor d'Aquitaine aurait fait baptiser sa fille, Aliénor de Castille, la future grand-mère de Saint Louis, en septembre 1161.

Les tanneries : *un tt petit quartier pittoresque au pied de la cité médiévale.* De là, possibilité de partir pour le « circuit pittoresque », une promenade de 4 km dans la verdure autour de Domfront. Les plus courageux reviendront à pied par l'itinéraire des « 100 marches » jusqu'au château (un étroit sentier ombragé se transforme en marches pas très régulières). C'était autrefois par là que l'on remontait l'eau de la rivière jusqu'au château.

La Cluse et le tertre Sainte-Anne : *fléché à la sortie de Domfront. Visite guidée en été avec l'office de tourisme (sur rendez-vous).* Entre pins et genêts, roche et rivière, patrimoine industriel et ermitage, la Cluse et le tertre Sainte-Anne forment un site naturel classé, assez impressionnant, où peuvent se pratiquer la randonnée sur les sentiers balisés en forêt (jaune), le VTT et le vélo sur la voie verte, le canoë sur la Varenne, l'orientation, l'escalade sur le grès armoricain (70 voies) ou l'équitation. Au sommet du tertre (80 m de dénivelée), le point de vue sur le château est différent et on prend la mesure de la forteresse qu'elle était.

L'église Notre-Dame-sur-l'Eau : *située tt en bas de la colline de Domfront, au bord de la grand-route. Visites guidées en été avec l'office de tourisme (sur rdv).* Voici l'une des plus belles églises romanes de l'Orne. Construite à la fin du XIe s, elle se distingue par son chœur et ses absides, merveilleux témoins de l'art roman normand. Dans le transept, un gisant, unique dans le département, repose dans son armure sous un dais gothique. C'est celui du gouverneur de Domfront à la fin du XVIe s, un dénommé Pierre Ledin de La Chaslerie. Les quelques pierres tombales à l'intérieur et toutes les autres à l'extérieur (37 au total), des XVIe et XVIIe s, rappellent que cette église fut la nécropole des seigneurs du Passais.

ET VAS-Y QUE JE TE COUPE !

La situation de l'église Notre-Dame-sur-l'Eau, juste en bord de route, peut étonner, tout comme sa taille très réduite. Elle les doit à la route du Mont-Saint-Michel, pour la construction de laquelle, en 1836, on rasa ses bas-côtés et 4 travées de sa nef ! En 1840, Prosper Mérimée, qui s'était farouchement opposé à sa mutilation, s'empressa de l'inscrire à la 1re liste des Monuments historiques pour la protéger.

Manifestation

– **Les Médiévales :** *1er w-e d'août, tous les 2 ans.* ☎ *02-33-38-56-66.* ● *domfront-medievales.com* ● Domfront vit à l'heure médiévale pendant 2 jours.

DANS LES ENVIRONS DE DOMFRONT

➢ Suivre la ***route du Poiré.*** *• poire-domfront.fr •* Itinéraire disponible auprès de l'office de tourisme ; il se termine au musée du Poiré à Barenton (voir « Dans les environs de Mortain » plus haut, dans le chapitre « La Manche »).

Gaec des Grimaux : *famille Pacory, les Grimaux, 61350* ***Mantilly.*** *☎ 02-33-30-12-06. • pacory.eu • Dans Mantilly, suivre la direction de Saint-Mars puis tourner à gauche à env 3 km. Tlj sauf dim. Visite sur résa.* Des nombreux producteurs du Domfrontais, cette exploitation familiale nous a séduits par sa large gamme de produits (poiré, cidre, calvados, pommeau, jus, vinaigre...) et son accueil chaleureux. Délicieux ! Également d'autres produits comme le *Costaud,* relevé au calvados.

La Maison du fer : *le Bourg, 61700* ***Dompierre.*** *☎ 02-33-38-03-25. • lesavoiretlefer.fr • Mai-sept, lun-ven 10h-12h, 14h30-18h ; dim 14h30-18h. Ouv le reste de l'année, mais mieux vaut téléphoner avt. GRATUIT.*
Le fer fut exploité dans le bocage ornais du XIVe s à 1978. Les 1res mines étaient à ciel ouvert, et l'on transformait le minerai en fer dans les forges. Puis, de 1901 à 1978, l'exploitation devint souterraine ; le minerai était alors enrichi en fer dans les fours de calcination des alentours avant d'être envoyé dans les hauts-fourneaux du Nord-Pas-de-Calais pour être transformé en métal. Vous y trouverez toutes les informations sur les anciens sites d'exploitation du secteur (tous en visite libre).
Le « circuit des forges et des mines » vous permet de faire en voiture le tour de tous ces sites et d'en observer l'évolution au fil des siècles. Ne pas manquer par exemple les ***forges de Varenne*** *(☎ 02-33-37-76-88 ; ouv en saison de manière aléatoire – se renseigner ; entrée : 5 €, réduc).* Ce site de production du fer datant du XVIe s resta en activité jusqu'au XIXe s. Il s'agit de l'ensemble le plus complet et le mieux conservé de forges à bois en Europe. Classé Monument historique, on peut y voir le haut-fourneau, les forges d'affinerie, les maisons de forgerons, les halles à charbon et à fer, la chapelle des forgerons, le moulin à céréales, etc. Aussi impressionnant que magnifique !

L'ORNE

Lonlay-l'Abbaye *(61700) : à 8 km au nord de Domfront. • lonlaylabbaye.com • Tlj 9h-19h. Visite guidée par l'office de tourisme de Domfront, sur rdv.* En pleine campagne, un petit village et son abbaye bénédictine fondée au XIe s. Joli site. L'abbaye connut un rayonnement important jusqu'en Angleterre, où elle posséda 3 prieurés. Suite à des mésaventures historiques (incendies, pillages, Révolution...), elle tomba dans l'oubli. Elle est aujourd'hui restaurée. Chœur gothique à 3 étages, transept roman avec chapiteaux du XIe s et superbes stalles du XVIIe s.

Le village de Saint-Fraimbault : *à une quinzaine de km au sud de Domfront.* Un village typique de Normandie, labellisé « 4 fleurs », avec son lavoir, son four à pain, sa forge... Possibilité de faire le tour du joli plan d'eau et de louer des embarcations à pédales. Nombreuses activités sur place pour les petits.

La Biscuiterie de l'Abbaye : *route du Val. ☎ 02-33-30-64-64. • biscuiterie-abbaye.com • Magasin d'usine avr-sept, lun-sam 9h-12h30, 14h-18h ; hors saison, lun-ven 8h30-12h, 13h30-17h ; à ces mêmes horaires, visite guidée sur résa. GRATUIT.* La maison emploie plus de 200 personnes et produit tous les jours sablés, galettes et cookies.

Le Château de la Bière : *le Fay, route de Rouellé. ☎ 02-33-38-07-86. • chateau-de-la-biere.com • Boutique et visite lun-sam sur rdv (10 €).* Pascale et Donatien se sont lancés en 2015 dans la production de bière. Pour cela, ils ont fait construire un château tout en bois dans lequel ils vous proposent de visiter la brasserie et de déguster leur dizaine de bières.

Autre escale gourmande, ***Les Glaces de la Ferme Bidard*** : *la Guerche-Carrée. 📱 06-48-99-63-98. Mer ap-m et sam, ou sur rdv.* Des glaces artisanales, avec le lait de la ferme et pour certaines des produits très locaux, comme celle au calvados ou le sorbet au poiré.

FLERS

(61100) 14 500 hab. *Carte Orne, A1*

Ville-étape à mi-chemin entre la forêt des Andaines et la Suisse normande, Flers fut libérée le 17 août 1944 par la 11e division blindée britannique après le passage de Rommel, mais elle dut payer le prix fort : 70 % environ de la ville furent complètement détruits par les bombardements américains. Ce serait mentir que de la qualifier de ville touristique, car elle demeure avant tout un bassin économique avec un centre industriel lié à l'automobile et à l'agroalimentaire. Elle mérite cependant un arrêt pour son parc et son château qui abrite un musée. Pour info, on ne prononce pas le S de Flers.

Adresse et info utiles

Montagnes de Normandie Tourisme : *4, pl. du Docteur-Vayssières. ☎ 02-33-65-06-75. • flerstourisme.fr • ♿ En plein centre-ville. Avr-sept, tlj sauf dim, lun et j. fériés 10h-12h30, 14h-18h (17h sam) ; oct-mars, tlj sauf dim, lun et mar mat 10h-12h30, 14h-17h30.* Visites de la ville et des environs le 3e dimanche de chaque mois et des randonnées le 4e dim du mois. Brochures et plan pour découvrir la ville.

– ***Marchés :*** *mer mat et sam mat, pl. Paulette-Duhalde (la place devant l'office de tourisme). Et ven, pl. Saint-Jean.*

L'ORNE

Où dormir ?

Camping

Camping municipal La Fouquerie : *145, rue de la Fouquerie. ☎ 02-33-65-35-00. • campingflers@flers-agglo.fr • flers-agglo.fr • ♿ À la sortie de Flers, vers Argentan. Ouv de mi-mai à mi-sept. Compter env 14 € pour 2 ; cabane (minuscule) 25 € pour 2-3 pers ; 1 mobile home 6 pers. 50 empl.* Calme, convenablement ombragé (sous les peupliers) et fort bien tenu. Emplacements sur de belles pelouses, bien délimités par des haies. Un bel endroit, en vérité, bien en retrait de la route.

Prix moyens

Hôtel Le Galion : *5, rue Victor-Hugo. ☎ 02-33-64-47-47. • le.galion.hotel@orange.fr • hotel-le-galion-flers.fr • ♿ Fermé à Noël. Résa conseillée en sem. Doubles 72-77 €. Parking gratuit.* Cet hôtel moderne et fonctionnel de taille moyenne ne déborde pas de charme de prime abord, mais les chambres se révèlent agréables et l'établissement offre le trio gagnant : bon confort, bon entretien, bon accueil. En plus, il est central tout en étant vraiment au calme !

Où dormir dans les environs ?

Chambres d'hôtes Le Clos d'Ulysse : *5, pl. du Marché, 61100* ***La Carneille.*** *📱 06-61-15-16-41. Congés : janv. Double 70 €.* Une maison de ville, donnant sur la place du marché, juste devant une petite halle. Les chambres sont à l'étage, bien agréables, mais partagent la salle de bains. Les hôtes peuvent profiter du jardin à l'arrière. Cuisine à disposition.

Où manger ?

De prix moyens à chic

Le Bouillon Flers : *60, rue de la Gare. ☎ 02-33-65-31-53. Tlj sauf mer et dim soir. Carte seulement, compter 25 €. Plats 11-15 €.* L'adresse se veut à l'image des bouillons à l'ancienne, simple et traditionnelle. Rouge et blanc pour le décor, classique et élégant, et dans l'assiette, une cuisine franche et nette, sans inventivité particulière mais agréable. Bon service.

Où manger dans les environs ?

Auberge des Vieilles Pierres : *à 3 km de Flers, 61100* ***Le Buisson-Corblin.*** *☎ 02-33-65-06-96. • aubergedesvieillespierres@wanadoo.fr • Tlj sauf dim soir, lun et mar soir. Congés : vac d'hiver et 3 sem en août. Formules en sem 20-36 € et menu végétarien 27 € ; puis menus gourmands 33-57 €.* Salles à manger agréables et élégantes (comme la terrasse aux beaux jours), égayées ici et là de touches plus personnelles ou colorées, pour profiter pleinement de la délicate cuisine de la maison. Terrasse aux beaux jours. Le chef a un penchant pour les poissons et les crustacés (comme en atteste le vivier), mais pas seulement : les fruits s'invitent régulièrement dans les salades ou aux côtés des poissons et des viandes.

L'ORNE

À voir

Le château : *av. du Château. Parc du château ouv en accès libre, tlj 7h30-18h30 (20h ou 21h en été).* Ouf ! Il a été épargné par les bombardements américains de juin 1944. Une sorte de rescapé du vieux Flers. Belle demeure entourée de 2 étangs, d'un parc planté de beaux hêtres avec ses promenades en sous-bois, et des jeux en plein air pour les enfants. Construit au XVIe s, agrandi au XVIIIe s, il est encadré de tours bien joufflues. Pendant la période révolutionnaire, ce fut le QG de la chouannerie locale. Il abrite actuellement un musée d'art et d'histoire.

– **Le musée-château de Flers :** *☎ 02-33-64-66-49. Ouv de mi-mai à mi-nov, mar-dim 14h-18h. Gratuit.* Le musée présente des collections très éclectiques : au rez-de-chaussée, une salle avec écrans tactiles pour découvrir l'histoire de nombreux tableaux. Puis quelques salles meublées dans un style XVIII-XIXe s. Une pièce est dédiée à Rousaud (dessins et sculptures), qui travailla dans l'atelier de Rodin. Belle section consacrée à la peinture qui comprend des œuvres des écoles italienne et hollandaise. Admirer le célèbre *Boulevard Haussmann* de Caillebotte, un Courbet, un Boudin, un Corot, plusieurs toiles ou dessins de Charles Léandre, originaire de Champsecret, et de surprenantes céramiques signées Jean Cocteau. Au sous-sol, les cuisines et la vie domestique. Une pièce est également dédiée au peintre Schnetz, à la peinture très classique.

Manifestations

– **Festival Les Bichoiseries :** *2 j. de concerts fin juin (ven-sam).*
– **Les Rendez-vous de l'été :** *juil-août.* Randonnées, visites curieuses, concerts et spectacles de rue.
– **Les Rendez-vous de l'hiver :** *déc.* Marché de Noël avec concerts, spectacles de rue et projection d'un film sur l'église Saint-Germain.

DANS LES ENVIRONS DE FLERS

Jardin Intérieur à ciel ouvert : *6, chemin du Lavoir, à* ***Athis-de-l'Orne*** *(61430), à env 10 km au nord de Flers. ☎ 02-33-65-70-38. • jardin-interieuraciel ouvert.net • Mai-juin, ven-dim et j. fériés 11h-19h ; juil-20 sept, tlj sauf lun 11h-19h. Entrée : 6 €. Gratuit moins de 12 ans.* Créé par des artistes-plasticiens, ce grand jardin poétique et intime, jalonné d'œuvres contemporaines, invite à une promenade réjouissante qui traverse des univers variés. Bassins, bambouseraie, graminées, arbustes, fontaines, bosquets, potager... le tout tantôt sauvage, tantôt organisé de savante manière. Une balade champêtre.

LA SUISSE NORMANDE DE L'ORNE

Explorant cette partie mal connue de la Normandie, à la fin du XIXe s, un journaliste britannique tomba sur ce joli coin très verdoyant, à l'aspect particulièrement accidenté. Stupéfait de trouver des paysages aussi mouvementés après la relative platitude du bocage, il eut l'idée de nommer ce terroir « Suisse normande ». Rien de montagneux pourtant dans cette succession harmonieuse de collines vertes et de vallons douillets où des fermes à vaches (et à cidre) se nichent discrètement. Les monts oscillent de 200 à 250 m d'altitude. On est bien loin des Alpes ! De merveilleuses petites rivières, comme les méandres de la Rouvre, vont se jeter dans l'Orne, chemin liquide, naguère royaume des meuniers, aujourd'hui lieu de prédilection des randonneurs, des kayakistes et des pêcheurs. Un formidable bol d'air.
Pays des sources, des rus, des ruisseaux et des rivières, la Suisse normande ornaise se distingue de sa partie calvadosienne par son caractère plus sauvage. En tout cas, on vous encourage vivement à partir à la découverte de ce superbe coin encore assez méconnu, soit en voiture, en suivant le circuit fléché de la Suisse normande (environ 120 km), soit à pied ou à vélo en explorant les chemins creux et les vallons verts.

Adresses et infos utiles

Bureau d'information touristique de la Roche d'Oëtre : ***Saint-Philbert-sur-Orne.*** *☎ 02-31-59-13-13. • flerstourisme.fr • Mars, mar-ven 14h-17h ; avr-sept, tlj 10h-18h (19h juil-août ; 17h oct et fermé lun). Fermé le reste de l'année.* Un très bel office et un accueil de qualité. Toutes les infos sur la Suisse normande. Vente de topoguides (dont celui pour la région d'Athis et la Roche d'Oëtre) pédestres et VTT. Espace galerie, boutique terroir et parcours d'orientation.
– Juste à côté, beau ***parc acrobatique en hauteur*** (avec un parcours pour les tout-petits) : ***Roche d'Oëtre Orne Aventure,*** *06-17-05-09-60. Ouv avr-nov.*
– À 2 pas encore, ***4 Pat'Balad*** propose des balades à dos de vache (si, si !) ou, plus commun, de cheval ou de poney. *Rens : 07-82-34-05-34. • 4patbalad.fr •*

Où dormir ? Où manger dans les environs ?

Chambres d'hôtes

Gîtes et Chambres d'hôtes La Bergerie : *chez Frédéric et Sylvie Leblond, 61100* ***Sainte-Opportune.*** *☎ 02-33-66-04-28. 06-88-88-61-00. • gite.labergerie.orne@orange.fr • gite-caractere-normandie.com • Tte l'année. Double 65 €. Gîtes 2-6 pers, 320-480 €. Repas sur résa 25 € ;*

assiette gourmande env 15 €. En pleine campagne bocagère, dans un environnement diablement bucolique et fleuri, 4 chambres coquettes installées dans des maisonnettes restaurées de façon écologique (matériaux anciens, utilisation du chanvre, de la chaux, etc.) et 3 gîtes plein de charme dans le jardin. Certaines chambres sont carrément des petits duplex. Toutes équipées d'un petit frigo, micro-ondes et machine à café. Les 2 du rez-de-chaussée ont un accès direct au jardin. Vous verrez aussi, dans la cour, un étonnant taxi anglais. Sylvie, ancienne guide touristique, peut vous donner plein d'infos sur la région. Quant au jardin justement, il est superbe, bohème et soigné tout à la fois. Un véritable enchantement.

Gîte et Roulotte de la Fontaine Secrète : *lieu-dit la Rue, 61100* ***Ségrie-Fontaine.*** *06-84-13-65-35. • bertoli.christiane@gmail.com • gites-fontainesecrete.com • Roulottes 40-70 € pour 2 (prix dégressif dès la 2e nuit), avec ou sans sanitaires. Gîtes également (2 ou 3 nuits min). CB refusées. Apéritif normand offert sur présentation de ce guide.* Au détour de routes ravissantes, dans un vallon, la maison des proprios, toute fleurie, veille sur leurs 2 roulottes d'inspiration manouche, dans le jardin en contrebas. Fabriquées maison, colorées, l'une d'elles possède une kitchenette et une mini sa salle de bains. L'autre est sans sanitaires (accès à une douche possible). À l'extérieur, petit feu de camp pour un dîner sous les arbres, éclairé aux lampions ! Également 2 beaux gîtes, l'un pour 2 personnes, un ancien four à pain, et l'autre pour 4, dans une ancienne longère joliment décorée. Pour chacun des hébergements, petite terrasse au calme. Accueil charmant.

Chambres d'hôtes Le Domaine de l'Être : *1, rue de l'Être, 61790* ***Saint-Pierre-du-Regard.*** *02-31-69-09-59. • bernard.buffard@laposte.net • domainedeletre.com • Ouv avr-oct. Doubles 57-65 €. Réduc de 10 % sur le prix de la chambre sur présentation de ce guide.* Une maison au vert, dans un hameau très paisible. 3 chambres en tout, dont 2 sous les toits, à l'aménagement sobre mais frais et avenant. Accueil vélo (situé sur la Vélo Francette).

De bon marché à prix moyens

Hôtel Sophie : *5, pl. Albert-Ier, 61220* ***Briouze.*** *02-33-62-82-82. • info@hotelsophienormandie.com • hotelsophienormandie.com • Congés : 2 sem en août et pdt vac de Noël. Resto fermé sam et dim soir. Doubles 50-70 €. Formule 16 € midi et soir (lun-ven). Resto fermé sam-dim.* Un petit hôtel de bourg dynamiquement et gentiment tenu par la famille Excellent (un joli présage !). Le frère est aux fourneaux, la sœur à la réception. Les chambres sont petites, refaites au goût du jour, et l'ensemble est bien tenu. Au resto, cuisine plutôt traditionnelle.

Café Le Caillou : ***La Roche d'Oëtre*** *(sur la commune de Saint-Philibert-de-l'Orne). 02-31-09-12-67. 07-84-22-22-28. Juil-août, tlj 10h30-22h ; le reste de l'année, fermé lun-mar et ouv midi et soir. Salades, pizzas et burgers 11,50-13,50 €. Ne pas confondre avec le resto du même nom, ouv seulement le soir et proposant des tarifs plus élevés.* À 50 m de l'office de tourisme, on aime vraiment bien cette halte bohème et sympathique, avec sa salle aux fauteuils et canapés de récup, son atmosphère de troquet d'antan, sa terrasse sous les arbres et ses chaises longues pour *chiller* relax. On commande au bar un petit plat tout simple, réalisé avec sérieux, et on n'est pas déçus, loin de là. L'après-midi, y venir pour un thé et une part de gâteau renouvelle le plaisir. Une jolie petite adresse.

L'ORNE

À voir. À faire

Athis-de-l'Orne et les villages alentour : parmi les beaux villages alentour, citons ***La Carneille*** avec ses petites ruelles, ***Berjou*** et son sympathique petit ***musée de la Libération*** *(ouv dim ap-m mai-sept),* ***Taillebois*** et son manoir (ne se visite pas), le site naturel du ***Chant des Cailloux*** ou encore ***Ménil-Hubert-sur-Orne.*** À Athis, on prendra le temps de visiter le joli ***jardin « intérieur à ciel ouvert ».***

La vallée de la Vère : *de Flers, par la D 962 (direction Condé-sur-Noireau), puis à droite par la D 17 qui épouse les méandres de la rivière.* Une petite vallée encaissée et pittoresque qui, au bout de quelques kilomètres, s'avère être une véritable « rue d'usines ». Témoignage de l'importance de l'industrie textile au XIXe s dans la région de Flers, où l'on travaillait le coton importé des États-Unis ou de Martinique.

JUSQU'AU DERNIER SANGLOT, DÉGUSTEZ LE BOURDELOT !

Telle est la devise des habitants d'Athis-de-l'Orne, et particulièrement de la Confrérie des goustes bourdelots du bocage athisien. Non, ce n'est pas une secte, mais un club de gastronomes dont l'objectif est la promotion du bourdelot, un dessert typiquement normand, que l'on réalise avec une pâte à pain, du sucre, du beurre et une certaine variété de pommes, la calville. On le servait autrefois au repas à la fin des moissons.

➢ ***Les Vélorails de la Suisse normande*** *(Amicale pour la mise en valeur de la voie ferrée Caen-Flers)* **:** *gare de* ***Pont-Érambourg.*** *☎ 02-31-69-39-30. • railscollinesnormandes.fr • En venant d'Athis, une fois à Pont-Érambourg, passer le pont direction Saint-Pierre (indiqué). Départs tlj et ttes les heures en juil-août, 10h30-17h ; avr-oct, mêmes horaires les w-e et j. fériés, plus mer à 14h30 et 15h30. Résa conseillée. Prix : 22 € la balade de 13 km A/R dans un vélorail (4 pers) ; env 1h45 l'A/R.* Une balade facile sur un petit tronçon d'une ancienne voie ferrée, qui plaît à toutes les générations : on longe le Noireau, des falaises, une vallée, on passe des ponts, des viaducs, et on voit même un des derniers pontons américains amovibles datant de la Seconde Guerre mondiale fixé sur la rivière. Pique-nique possible sur place et expositions de vieilles photos dans d'anciens wagons de tri postal désaffectés.

Le CPIE des Collines Normandes – La Maison du paysage : *61100* ***Ségrie-Fontaine.*** *☎ 02-33-62-34-65. • cpie61.fr • Accès par la D 43 ; fléché depuis Ségrie-Fontaine. Tte l'année, lun-ven 11h-12h30, 13h30-17h (17h30 juil-août) ; ouv aussi sam-dim et j. fériés juil-août 13h30-18h30 (également le dim après-midi avr-juin et sept). Sorties de 2h-2h30 ; 2,50 €/pers.* Organise des sorties nature thématiques intéressantes (programme sur leur site), presque tous les jours en été. L'association propose aussi un accueil touristique à la Maison du paysage (moulin de Bréel), qui abrite un ***café-nature*** (très bonnes glaces de la *Ferme Bidard)*, une boutique et un parcours pêche. Animations familiales à pratiquer librement sur le site. C'est également une étape de la Vélo Francette et labellisée Accueil Vélo.

La Roche d'Oëtre : *sur une hauteur, à 5 km de* ***Pont-d'Ouilly.*** *De Rouvrou, accès par la D 301 (bien fléché).* Certainement le site naturel le plus curieux (et le plus beau) de toute la Suisse normande. Avec la clairière de Brésolettes dans la forêt du Perche et les arbres remarquables de la forêt de Réno-Valdieu (Perche toujours), c'est le 3e paysage classé de l'Orne. Ici, la roche en tant que telle n'a pas d'importance, mais c'est la vue que l'on a de son sommet qui impressionne. 118 m de hauteur ! Il s'agit d'une sorte de cuvette profonde, noyée dans les arbres à perte de vue, où la Rouvre, petit affluent de l'Orne, a réussi à se frayer un chemin. La rivière est elle aussi protégée, si bien qu'aujourd'hui les saumons la remontent et des loutres se cachent à nouveau sur ses rives. Un sentier mène à l'éperon rocheux (en 2 mn).

– ***Petite rando de la Roche D'Oëtre à la Rouvre :*** après avoir admiré la vue, un sentier balisé mène à la rivière en 20 mn environ (un peu plus pour remonter). Attention aux rochers, glissants les jours de pluie.

L'église de Ménil-Gondouin : *sur la D 15, en direction de Putanges-Pont-Écrépin.* Sa façade colorée détonne dans ce coin tranquille de la campagne ornaise. On la doit au farfelu abbé Paysant, qui avait pour habitude de recouvrir son église d'inscriptions et de dessins religieux en souvenir de ses pèlerinages. À sa mort en 1921, l'évêché décida de tout effacer. Restauré aujourd'hui, l'édifice, sorte de bande dessinée sainte, renoue avec le vœu de l'abbé qui souhaitait une église « vivante et parlante », accessible à tous. Certaines citations seraient des inventions du saint homme... les reconnaîtrez-vous ?

Cerisy-Belle-Étoile : à env 15 km à l'ouest de la Roche d'Oëtre, un autre site remarquable et apprécié des familles pour la balade et le pique-nique, avec sentiers et nombreuses activités. Sur le mont de Cerisy, recouvert de rhododendrons en saison, les ruines majestueuses d'un manoir du XIXe s, bombardé en 1944. Du haut de la tour, vaste panorama sur le bocage. En contrebas, les ruines d'une abbaye des Prémontrés du XIIIe s dont les souterrains jamais révélés continuent de faire rêver les curieux. Également, depuis le ***mont de Cerisy,*** 2 itinéraires pédestres, 4 itinéraires pour VTT et 1 sentier pédagogique.

On en profitera pour faire le plein de cidre et de calvados à la ***Distillerie de la Monnerie*** : *☎ 02-33-66-39-07. 06-98-42-09-33. • distillerie-monnerie.com • Visite et dégustation sur demande (45 mn ; 6 €/adulte ; gratuit moins de 18 ans).*

LA RÉGION DES HARAS ET DES CHÂTEAUX

L'Orne est le 1er département français d'élevage de trotteurs, principalement entre Argentan et Le Merlerault (petite commune à l'est d'Argentan, sur la route de L'Aigle) ; ils sont bichonnés, entraînés et promis aux plus beaux destins...

ARGENTAN

(61200) 14 605 hab. *Carte Orne, B1*

On a vraiment du mal à imaginer ce que fut le décor d'Argentan autrefois, à l'époque où cette ancienne ville fortifiée vivait de la dentelle, et plus particulièrement du point d'Argentan.
Ancien lieu de résidence des rois d'Angleterre et des ducs de Normandie (aux XIIe et XIIIe s), Argentan fut pilonnée sans relâche de juin à août 1944, au point d'être presque totalement détruite (à 87 %), puis reconstruite, comme de nombreuses cités normandes. Heureusement, on trouve encore quelques beaux témoignages du passé dans son petit centre, notamment l'église Saint-Germain et un certain nombre d'hôtels particuliers miraculeusement épargnés.

Adresse et info utiles

Office de tourisme : *chapelle Saint-Nicolas, pl. du Marché, près du château et de l'église Saint-Germain. ☎ 02-33-67-12-48. • tourisme-argentan-intercom.fr • Avr-sept, lun-sam 9h-12h30, 13h30-18h. Oct-mars, mar-sam 9h-12h30, 14h-17h. Fermé dim et j. fériés.* Visites guidées du vieil Argentan *(en été, 1 fois/sem ; 1h30 ; 2 €),* balades en calèche en été et pendant les vacances scolaires. Brochure gratuite sur la ville.
– ***Marchés :*** *mar mat, ven mat et dim mat, pl. Saint-Germain.*

Où dormir ? Où manger ?

Camping

⛺ ***Camping municipal de la Noë :*** *34, rue de la Noë. ☎ 02-33-36-05-69. • camping@argentan.info • argentan.fr • À 800 m du centre-ville, vers le sud, à côté de la Maison des dentelles. Ouv avr-sept. Compter env 10 € pour 2. 23 empl. CB refusées.* Un camping intime et agréable : emplacements à proximité d'un étang, dans un parc bien entretenu avec massifs de fleurs et allées bucoliques. Vente sur place de tickets de pêche pour le plan d'eau.

Prix moyens

🏠 🍽 ***Sure Hôtel by Best Western*** *(ex-Les Voyageurs)* ***:*** *6, bd Carnot. ☎ 02-33-67-11-72. • vielhv@orange.fr • bestwestern.fr • Tte l'année (hôtel fermé dim soir). Doubles 63-79 €. Plats 11-14 €.* Établissement résolument tourné vers la modernité, avec une gamme chromatique allant du vert pomme au rose malabar en passant par le bleu canard. Mais tout ça n'a rien de criard, bien au contraire. Tonalités et style dégagent plutôt un certain chic, jouant avec réussite la carte du design à petits prix. Chambres accueillantes, de tailles variées, toutes d'un bon niveau de confort. Possibilité de se restaurer sur place, grâce aux nombreux bocaux (vendus à l'épicerie fine sur place) que l'on pourra vous faire réchauffer.

🍽 ⛱ ***Bistrot de l'Abbaye :*** *25, rue Saint-Martin. ☎ 02-33-39-37-42. • bistrotdelabbaye@orange.fr • ♿ Dans le logis d'une abbaye de sœurs bénédictines ; entrée par la rue de la République, juste à l'angle. Tlj sauf lun soir, mar soir et dim. Menus déj 16,50-18,50 € ; autres menus 26-45 €.* Un petit bistrot sympa comme tout, avec ses nombreux habitués le midi qui profite du menu pas cher, parfaitement ficelé. Spécialités françaises classiques, servies avec efficacité et qui tournent sans arrêt sur l'ardoise. Petit bout de terrasse.

🍽 ***La Table de Fernand :*** *7, rue Aristide-Briand. ☎ 09-81-78-51-51. Formules midi au déj 15-18 € ; autres menus 28-36 €. Ouv lun, puis jeu-sam et dim midi. Fermé mar-mer.* Une cuisine enlevée avec une carte courte et évolutive, où l'on retrouve les produits du pays, avec toujours une viande et un poisson, préparés avec soin, où les saveurs sont toujours bien présentes. Une adresse recommandable, sans hésiter, où se retrouvent locaux et touristes.

De chic à beaucoup plus chic

🏠 ***Chambres d'hôtes Le Manoir de Coulandon :*** *5, rue de Coulandon, lieu-dit Coulandon. ☎ 02-33-39-18-22. 📱 06-81-71-39-92. • info@manoir-de-coulandon.com • manoir-de-coulandon.com • ♿ Du centre d'Argentan, suivre la route d'Alençon, puis prendre à gauche à la sortie de la ville vers le quartier Coulandon. Doubles 75-105 € ; familiales. 2 nuits min.* À deux pas de la ville mais déjà en pleine campagne, c'est l'adresse idéale pour qui souhaite dormir au calme. Ce petit manoir du XVe s avec son escalier à vis et ses cheminées de bonne taille offre une étape sympathique et de charme. Les chambres pleines de caractère et coquettes se partagent entre la maison principale (les plus charmantes) et le pressoir (les plus simples). Pour tout le monde, cuisine équipée à disposition dans le pressoir.

🏠 🍽 ***Hostellerie de la Renaissance :*** *20, av. de la 2e-D.B. ☎ 02-33-36-14-20. • larenaissance.viel@wanadoo.fr • arnaudviel.com • ♿ Hôtel fermé dim soir ; resto fermé lun, et dim. Doubles 101-140 € ; familiales. Menus 29-38 € (midi en sem pour le moins cher), puis 38-68 €.* Des goûts et des combinaisons novatrices : Arnaud Viel maîtrise sa palette de saveurs. Ici, les assiettes s'égaient d'un agneau de pays ou d'un foie gras de la ferme, qui envoûtent littéralement le palais. Du bocage au littoral, le chef connaît la musique. Malgré sa situation en bord d'une route passante, l'hôtel abrite des chambres

L'ORNE

tout confort et bien insonorisées, à la déco soit classique (dans la maison principale), soit plus contemporaine, donnant directement le long de la jolie piscine. Ces dernières sont les plus agréables et les plus tranquilles, qui s'ouvrent sur les champs à l'arrière. Une belle adresse donc, et si vous n'y dormez pas, faire halte au resto, vous ne serez pas déçu.

Où dormir ? Où manger dans les environs ?

Chambres d'hôtes

Chambres d'hôtes au manoir de la Queurie : _61150_ **La Courbe.** _☎ 02-33-12-85-68 ou 06-29-70-46-33. • thekla.benevello@gmail.com • laqueurie.wordpress.com • Tte l'année. Double 150 €. Assiette froide (et verre de vin) 20 €._ Au milieu de nulle part, un manoir du XVe s magnifiquement réhabilité. Le corps de ferme confère un charme indéniable à l'ensemble, tandis qu'en contrebas du jardin coule une rivière où l'on peut se baigner ou s'adonner au kayak. Assurément, à l'intérieur du corps de ferme, la déco résolument contemporaine et design. Mais les modules suspendus mettent en valeur les beaux volumes, et le choix de matériaux nobles, renouvelables et écologiques apporte à l'unique chambre confort et douceur. Une très belle adresse pour amoureux en quête d'élégance et de quiétude. Accueil discret et adorable.

Prix moyens

La Table de Catherine au Faisan Doré : _sur la D 924, 61200_ **Fontenai-sur-Orne.** _☎ 02-33-67-18-11. • lefaisandore@viaorne.fr • Tlj sauf dim-lun. Formules déj en sem 15-19 € ; carte 35-40 €. Kir normand offert sur présentation du guide de l'année._ Tandis que monsieur assure le service en salle, madame (la fameuse Catherine) s'active aux fourneaux. Très à son aise sur les viandes comme sur les poissons. La cuisine s'inspire fortement du terroir (cidre et pommes sont des ingrédients qui réapparaissent régulièrement au détour des plats) mais s'enrichit aussi de parfums ou de goûts plus méditerranéens ou exotiques. Assiette végétarienne également. Et ça fait plus de 30 ans que ça dure ! Le tout servi dans une déco gaie, avec tapisseries à fleurs très épanouies et couleurs explosives.

À voir

L'église Saint-Germain : _ouv tte l'année, tlj en général._ Cette église, comme tant d'autres bâtisses de la ville, fut gravement endommagée par les bombardements de 1944. Commencée vers 1410, achevée vers le milieu du XVIIe s, elle possède un porche latéral du XVe s, finement sculpté, et une tour-lanterne de 53 m légèrement penchée. À l'intérieur, voûtes du déambulatoire très ouvragées. Détail curieux : l'église possède 2 tours, ce qui, à l'époque, était réservé aux cathédrales.

La chapelle Saint-Nicolas : _sur la pl. du Marché. Mêmes horaires que l'office de tourisme._ Construite en 1378 et réduite à ses murs en 1944, elle est finalement restaurée en 1952 pour accueillir, en 1966, un beau retable en chêne du XVIIIe s provenant d'une église voisine, visible à l'étage de l'office de tourisme. Elle abrite aujourd'hui l'office de tourisme.

Le musée Fernand-Léger – André-Mare : _☎ 02-33-16-55-97. • musees-argentan.fr • Tte l'année, mar-dim, 13h30-18h 10h-12h30 et 13h30-18h (uniquement l'ap-m dim) en juil-août. Entrée : 5 € ; réduc ; gratuit moins de 12 ans. Billet couplé avec la Maison des Dentelles, 6 €._ Ce petit musée s'organise sur 4 niveaux et 7 espaces thématiques : la jeunesse à Argentan, la Grande guerre, Mare le décorateur, les années 1920, 1930-40 et 1940-50... Il retrace le parcours artistique de 2 enfants du pays, artistes et amis, dans la maison d'enfance de Fernand

Léger. Un court film de quelques minutes présente l'amitié entre les 2 hommes en associant aux œuvres des éléments d'animation ; très bien fait. Léger et Mare partageront 1 atelier à Paris, et seront source d'émulation l'un pour l'autre tout au long de leur vie, même si l'évolution de leur art et la guerre – la Grande – les éloigneront, ainsi que la mort prématurée de Mare, à 47 ans.
Incontournable figure de la peinture moderne, l'œuvre foisonnante de Fernand Léger se rapproche rapidement de l'influence cubiste. Mare se révèle quant à lui excellent dessinateur et deviendra un artiste fondateur de l'Art déco. On y découvre des lithos, gouaches, aquarelles bien sûr, mais aussi des objets décoratifs imaginés par André Mare, ainsi que des dessins de guerre et fac-similé de ses *Carnets de guerre,* ou des toiles comme *Les Cueilleuses* ou *Les Chevaux.* Tout comme la scénographie du musée, son architecture intérieure est largement inspirée d'une œuvre majeure et colorée de Fernand Léger, *Les Constructeurs,* reproduite sur un très vaste pan de mur. Cette œuvre regroupe tous les principes que le cubiste a développés au cours de sa carrière de peintre. Le joli jardin de curé reproduit le tableau *Le Jardin de ma mère* de Léger.

La Maison des dentelles : *34, rue de la Noë. ☎ 02-33-67-50-78. ♿ Juil-août, mar-sam 10h-12h30, 13h30-18h, dim 13h30-18h. Le reste du temps, tlj sauf lun, seulement l'ap-m. Fermé certains j. fériés. Entrée : 3,50 € ; réduc ; gratuit le 1er dim du mois. Billet couplé avec le musée Fernand-Léger, 6 €. Si vous le souhaitez, visite guidée comprise dans le prix.* Au bord du plan d'eau de la Noë, cette charmante maison bourgeoise du XIXe s abrite une riche collection de dentelles (à l'aiguille, aux fuseaux...) et retrace le passé dentellier d'Argentan, qui fut sous Louis XIV l'un des grands centres dentelliers du pays. Après avoir évoqué le fameux point d'Argentan – les bénédictines voisines sont les seules à le produire aujourd'hui –, la visite s'attarde sur les créations récentes afin que l'on puisse apprécier les évolutions de cet art. Expos temporaires régulières.

L'ORNE

Le donjon : *fermé pour restauration.* Un des derniers vestiges de la fortification. Construit en 1120 par Henri Ier Beauclerc.

L'église Saint-Martin : *rue Saint-Martin. Ouverture aléatoire. Malheureusement, ouv seulement ven en juil-août.* Remarquable par ses proportions et par la finition de sa maçonnerie. Commencée vers 1450, elle ne fut terminée qu'au début du XVIe s. À l'intérieur, dans le déambulatoire, un beau vitrail représente la mort de saint Martin qui évangélisa la région au IVe s. Le chœur est la partie la plus sculptée. Belle nef élancée.

La tour Marguerite : *rue de la Vicomté. Juin-sept, lun-ven 10h-17h, le w-e 13h30-18h. GRATUIT.* Promenade sur le chemin de ronde très sympa.

Autour de l'église s'étend la ***basse ville,*** petit quartier épargné par les bombardements : une bonne vingtaine d'anciens hôtels particuliers (rue Pierre-Ozenne, rue Saint-Martin) et jolie place des Vieilles-Halles.

Fête et manifestation

– ***Festival des Arts J'entends :*** *autour du 14 juil, durant 3 j.* Spectacles de rues, concerts...
– ***Concert d'orgue à l'église Saint-Germain :*** *mar à 17h, de mi-juil à mi-août. GRATUIT.*

DANS LES ENVIRONS D'ARGENTAN

La boucle des châteaux de l'Orne : au départ d'Argentan, une sympathique boucle permet de découvrir quelques merveilles architecturales et historiques. Nombre de propriétés sont privées et donc fermées au public, voire impossibles à observer depuis la route. D'autres s'ouvrent à la visite. On peut organiser un petit circuit dans le sens présenté ci-dessous.

– **Le château du Bourg-Saint-Léonard :** *à la sortie du Bourg-Saint-Léonard vers Trun et Chambois. ☎ 02-33-36-68-68. Visite guidée uniquement. Juil-août, tlj 14h30-17h30 ; mai-juin et sept, le w-e seulement et j. fériés 14h30-16h30. Entrée : 5 €.* Le château entouré d'un parc superbe et flanqué d'une orangerie et d'écuries est une belle construction du XVIIIe s. Datant de l'Ancien Régime, il abrite un vrai petit musée de la décoration du Siècle des lumières. Il rassemble une intéressante collection de meubles et boiseries d'époque, d'objets autour de l'art de la table et quelques tapisseries de Flandres et une d'Aubusson. Le parc paysager et son beau plan d'eau sont libres d'accès.

– **Haras national du Pin :** *voir la rubrique entière que nous lui consacrons plus loin.*

– **Le château de Médavy :** *près d'Almenêches, à 12 km au sud-est d'Argentan. ☎ 02-33-35-05-09. • chateau-medavy.com • Parc accessible librement et château tlj de mi-juin à mi-sept, 13h-19h et les w-e début juin et fin sept. Visite guidée : 6 € pour le château, 3 € pour le parc, la chapelle et le colombier ; visite guidée de la tour Saint-Pierre, 9 € sur rdv.* Construit du XVe au XVIIIe s, il en impose avec ses 2 tours coiffées en dôme et ses douves qui rappellent son enceinte fortifiée. À l'intérieur, beau parquet en soleil, cartons de tapisseries, boiseries, chaises à porteur, collection d'atlas. Également de l'art contemporain présenté dans la tour Saint-Pierre.

– **Le château et le jardin à la française de Sassy :** *à Saint-Christophe-le-Jajolet. ☎ 02-33-35-32-66. À 6 km à l'est du château d'O. Mi-juin à mi-sept, tlj 10h30-12h30, 14h-18h. Avr-mai, w-e et j. fériés seulement, 15h-18h. Visite guidée (obligatoire) du château, 7 €. Accès au jardin seulement (visite libre), 2 €. Réduc.* Surplombant la campagne environnante et un sublime « Jardin remarquable » étagé à la française, le château date de la fin du XVIIIe s. L'intérieur abrite de belles tapisseries, ainsi que les souvenirs et la bibliothèque du chancelier Pasquier, figure politique majeure de la 1re partie du XIXe s. Dans la petite chapelle perdue sous les hortensias, ne pas rater le beau retable en bois du XVe s, remarquable par le nombre des personnages sculptés. Délicieux cidre produit sur la propriété.

EN VOITURE, PRÉFÉREZ L'EAU BÉNITE AU VIN DE MESSE !

Le village de Saint-Christophe-le-Jajolet est l'un des rares lieux en France où se déroule chaque année, le dernier dimanche de juillet et le 1er dimanche d'octobre, un grand pèlerinage d'automobilistes. Saint Christophe étant le patron des automobilistes (et des routards !), ils viennent faire bénir leur voiture sur la place de l'église.

LE HARAS NATIONAL DU PIN (LE PIN-AU-HARAS)

(61310) 330 hab. *Carte Orne, C1*

Soudain, dans un virage, surgit cette sorte de palais royal, entièrement voué à « la plus noble conquête de l'homme ». Le cheval a trouvé ici son « Versailles », c'est l'écrivain et auteur de *Nez-de-cuir,* Jean de La Varende,

qui l'a dit à la fin du XIXe s. Colbert en avait décidé la construction, Mansart dessiné les plans et les élèves de Le Nôtre imaginé le jardin. Enfin, ce fut pendant très longtemps l'histoire officielle du haras. Mais aujourd'hui, on sait qu'en 1715, quand les terres du haras du Pin furent achetées, ces 3-là étaient déjà morts ! Alors, à défaut des maîtres, le haras a eu les élèves : des nommés Robert de Cotte et Pierre le Mousseux. Une chose est sûre : on n'a pas lésiné sur les moyens. Les bâtiments ne font pas injure au style Grand Siècle, et le parc présente une merveilleuse alternance d'allées forestières et de tapis d'herbe grasse.
On est ici au cœur du pays du Merlerault, dont l'herbe, considérée comme l'une des meilleures de France (sinon d'Europe), sert de pâture à des milliers de chevaux. Près de 20 % de l'élevage des pur-sang, des trotteurs de France, se concentrent dans ce triangle magique formé par Argentan, Gacé et le village du Merlerault. Rien qu'entre Nonant-le-Pin et Argentan, on compte plus de 20 haras.

LE ROYAUME DES DADAS LES PLUS BEAUX

Pour éviter la fuite des capitaux à l'étranger et l'achat de chevaux allemands pour les besoins de ses guerres, Louis XIV demanda à Colbert de prendre une mesure urgente en faveur des chevaux français. C'est ainsi qu'en 1665 fut fondé un 1er haras à Saint-Léger-en-Yvelines. Fiasco. En 1715, le roi, à qui on avait vanté la qualité des herbages ornais, décida l'achat des terres de la seigneurie du Pin. La construction du haras du Pin ne sera achevée qu'en 1730. À la Révolution, il devint haras national. Jusqu'en 2014, les haras nationaux avaient pour principales missions l'étalonnage public (vente de saillies d'étalons), l'aide à la conservation des races de chevaux de trait et l'accueil de manifestations hippiques (épreuves des Jeux équestres mondiaux en 2014). Depuis 2016, ce domaine de 1 112 ha (dont 250 ha de forêt et 680 ha de pâturages) est géré conjointement par le département de l'Orne, la région Normandie et l'État pour développer l'organisation d'événements, de concours, et l'offre touristique et culturelle. On trouve également sur le domaine un centre de formation aux métiers du cheval et aux techniques de reproduction.
Dans les bâtiments du XVIIIe s, le cœur historique du haras, on peut voir une superbe collection de voitures hippomobiles, la sellerie d'honneur (visite en plus) et des chevaux de différentes races dont les célèbres percherons.

Où dormir ? Où manger dans les environs ?

La Maison de Silly :** chez Martine et Claude Lainé, les Fieffes, 61310* ***Silly-en-Gouffern. *06-63-00-39-94. • laine.martine@gmail.com • lamaisondesilly.com • Suivre la D 926 vers Méguillaume puis prendre à droite sur la D 16, la maison est sur la gauche. Doubles 55-70 €.* Ce qui frappe d'emblée quand on entre dans cette maison de maître en bordure de forêt, c'est sa luminosité. Celle-ci est encore accentuée par la déco dans des teintes naturelles et douces. Les chambres, quant à elles, ont du caractère sans être figées dans les siècles passés (2 sont équipées de kitchenette). Location de vélos.

Le Bistrot de Fernand :** 10, pl. du Maréchal-Leclerc, 61570* ***Almenêches. *☎ 09-61-60-53-20. Ouv midi mar, jeu, sam et dim. Le soir, seulement ven-sam. Fermé lun et mer. Menu midi en sem 14 € ; un peu plus cher le soir.* Un chouette bistrot planté sur la place de ce petit village, avec quelques tables en terrasse et une salle rappelant les bons vieux bistrots d'antan. La cuisine est fraîche et simple, servie avec gentillesse. Il n'en a pas fallu plus pour nous contenter, et l'on a compris pourquoi le bistrot fait le plein tous les jours avec les habitués.

La visite du haras

– ***Informations :*** *☎ 02-33-36-68-68. • haras-national-du-pin.com •*
– ***Horaires :*** *avr-sept, tlj 10h-18h ; fév-mars et d'oct à mi-nov, pdt petites vac scol seulement, tlj 10h30-12h, 14h-17h. Compter 1h30 de visite. Congés : de mi-nov à mi-déc et janv-début fév.*
– ***Tarifs :*** *à partir de 9 € (visite guidée du haras). En été, visites possibles en plus (ticket séparé) de la maréchalerie, de l'atelier de sellerie, du château et promenade en attelage. Baptême de poney pour enfants.*
– ***Spectacles équestres :*** *ts les w-e et j. fériés avr-sept et petites vac scol plus mer et ven juil-août à 15h (en général). Tarif : 12 € ; réduc.* Les artistes vous dévoilent leurs méthodes de dressage lors des coulisses du spectacle *(tlj à 15h avr-sept – sauf j. de spectacle).*

Les écuries : *accès à plusieurs ensembles d'écuries où l'on peut observer plusieurs types de chevaux et poneys.* Si vous avez choisi la ***visite guidée*** du haras, accès aux écuries secondaires. Construites dans la 2de moitié du XVIIIe s, elles sont très belles, et particulièrement rétro. Les bâtiments jouent joyeusement du contraste brique rouge-calcaire blanc. Et les chevaux ont l'air ravis d'être là.

BOUTE-EN-TRAIN

À l'origine, ce n'est pas un rigolo mais un cheval qui « excite l'arrière » ! Il s'agit de celui qu'on place auprès des femelles afin de repérer si elles sont en chaleur ou non. À ces périodes-là, leur attitude change (elles urinent fréquemment). Au dernier moment, on le remplace par l'étalon qui les fécondera. C'est injuste.

La sellerie d'honneur : *inclus dans la visite normale.* Une toute petite pièce présente une série de beaux harnais et superbes selles.

Le musée : l'écurie n° 1, qui date de 1715, autrefois dédiée aux percherons, abrite un vaste ***espace muséographique*** moderne et bien conçu. On apprend tout sur ces équidés, de l'anatomie aux races en passant par les allures, mais également sur les différents métiers qui en découlent. À l'étage, historique intéressant sur les haras. Films, tableaux, bornes interactives, théâtre optique... Importance des chevaux durant la guerre, l'émergence des courses, les nouvelles races... Abrite également des expos temporaires l'été.

La collection de calèches : voici bel et bien les ancêtres de nos voitures actuelles : milord, phaéton, *grand break, road coach*... D'ailleurs, au XIXe s, on les appelait déjà des voitures (hippomobiles). Il n'y en a que 5, mais elles sont superbes.

Le château : *1 visite guidée/j. ; tlj avr-sept (appeler pour infos sur les horaires). Compter 9 € pour le château seul et 14 € pour le château et le haras.* Tapisseries, mobilier, objets d'art, tableaux...

Manifestations

Voir le programme complet des manifestations sur le site.

– ***Spectacle équestre dans le manège :*** *ts les w-e avr-fin sept, plus mer et ven en juil-août à 15h (mais aussi pdt les vac de la Toussaint et de Noël). Entrée : 12 €.*
– ***Courses à l'hippodrome de la Bergerie :*** *début mai et mi-oct. Entrée : 5 €.*
– ***Animation spéciale « Les Jeudis du Pin » :*** *de juin à mi-sept, jeu à 15h. Entrée : 12 €.* Dans la carrière à côté du haras, sympathique présentation commentée de chevaux et d'attelages, ponctuée par des numéros équestres exécutés par des artistes en résidence.

– ***Concours international d'attelage :*** *fin juil.*
– ***Concours complet international :*** *début août.*
– ***Championnat de France de la race percheronne :*** *dernier w-e de sept.*

LE PAYS D'AUGE ORNAIS

C'est sur cette terre de vallons verdoyants plantés de pommiers, avec vaches et maisons à colombages en arrière-plan, qu'est fabriqué l'un des produits phares de la Normandie : le camembert. Le coin vit aussi naître Charlotte Corday, aux Champeaux-en-Auge exactement. C'est aussi là, pendant la Seconde Guerre mondiale, que s'est jouée une phase décisive pour la libération de la France.

CHAMBOIS ET LE MONT ORMEL

(61160) *Carte Orne, C1*

C'est dans les haies du bocage de la partie sud-ouest du pays d'Auge que s'est joué le dernier acte de la bataille de Normandie, du 16 au 22 août 1944. Bien qu'on évoque plus souvent la poche de Falaise-Chambois, c'est dans l'Orne que l'armée allemande fut encerclée et les soldats pris en tenaille par les troupes alliées. Le dénouement de la bataille eut lieu dans un tout petit territoire (5 x 5 km environ), en forme de triangle, délimité par Chambois (au sud), Trun (à l'ouest) et la colline du mont Ormel (au nord). C'est là que les plus féroces combats firent rage.
Pour le général Dwight Eisenhower, commandant suprême des Alliés, ce fut « le plus grand champ de tuerie qu'aucun secteur de la guerre eut jamais connu ». Plus de 50 000 Allemands démoralisés y furent tués ou capturés. Dans ce véritable piège, les soldats de la VIIe armée allemande furent contraints à la retraite et se retrouvèrent enfermés dans le célèbre « couloir de la Mort », où la plupart périrent. En face d'eux, des Américains, des Canadiens, des Britanniques, des Français, mais aussi des Polonais déterminés qui tinrent jusqu'au bout le site stratégique du mont Ormel.
« Bien que la bataille de la poche de Falaise-Chambois n'eût pas réalisé la totale extermination des armées allemandes en Normandie, leur puissance utile de combat était brisée et notre route à travers la France ouverte », estimera Eisenhower.

Où dormir dans les environs ?

Chambres d'hôtes de La Cour-Bonnet : *chez Martine et Régis Bodé, 61160* ***Neauphe-sur-Dive.*** *☎ 02-33-36-64-91. 07-87-86-42-11. • regis.martine.bode@orange.fr • la-cour-bonnet-gite-chambre-hotes.com • ♿ Congés : de mi-nov à mi-déc. Doubles 72-85 €.* Vous logerez ici dans une des dépendances de la maison des propriétaires, qui servait auparavant d'étable, de poulailler et de grenier à foin. Non seulement la petite bâtisse joliment située au bord d'un plan d'eau ne manque pas de caractère avec ses colombages, mais les chambres sont fraîches, lumineuses et soigneusement apprêtées. 3 chambres, toutes avec sanitaires. Une en rez-de-chaussée, les autres à l'étage. L'une avec petit balcon. Cuisine à disposition pour les séjours de plusieurs nuits.

À voir

Chambois : rien de particulier à voir, hormis le superbe donjon carré du XIIe s, élevé sur 3 étages, et, au carrefour de la Victoire, la stèle commémorative de la bataille de Chambois et 1 monument qui rend hommage aux troupes cannadiennes. Le soir du 19 août 1944, les soldats américains font, avec les Polonais, la jonction à Chambois, tandis que les troupes allemandes jettent leurs dernières forces dans la bataille. Pour la 1re fois depuis le Débarquement, des hommes s'affrontent à la baïonnette et au poignard. Ne pas louper la belle église inscrite aux Monuments historiques, ouverte tous les jours. Une épicerie *(fermée jeu)* et une boulangerie *(fermée lun)* donnent la possibilité de grignoter à Chambois (tables de pique-nique devant le donjon).

Le mont Ormel : *à 6 km au nord-est de Chambois par la D 16.* Sur la droite de la route en allant vers Chambois, un petit chemin conduit au mémorial de Coudehard-Montormel, au sommet d'une colline de 262 m d'où l'on a une vue très étendue sur la cuvette de la Dives, qui fut le tombeau de l'armée allemande. Là se dresse un grand mur de pierre portant des inscriptions en français, en anglais et en polonais.

➢ ***Le circuit Août 44 :*** *petite brochure disponible auprès du mémorial de Montormel.* Parcours en 10 étapes (soit environ 20 km), avec panneaux et photos montrant l'avant et l'après, pour découvrir les points clés de la poche de Falaise-Chambois. Un intérêt historique évident et, en plus, le coin est superbe. Possibilité d'ailleurs d'effectuer ce parcours à vélo, mais préparez-vous à grimper quelques très belles côtes !

Le mémorial de Montormel : *☎ 02-33-67-38-61. • memorial-montormel.org • ♿ Mai-août, tlj 9h30-18h ; avr et sept-oct, tlj 10h-16h30 (dernière visite) ; le reste de l'année, mer et w-e 10h-16h30 (dernière visite). Visite guidée seulement (env 1h, départ ttes les 30 mn). Entrée : 6 € ; réduc.* Une halte indispensable pour comprendre ce qui se déroula ici en août 1944. La visite se divise en 4 temps : tout d'abord une riche ***série de vitrines*** présente le matériel trouvé sur le champ de bataille (casques, masques à gaz, médailles, matériel de morse utilisé par un curé de la vallée...). Noter l'espèce de planche à roulettes confectionnée par des mômes avec de la récup sur place. Puis ***une présentation vidéo*** historique sur la poche de Falaise. Ensuite, à travers une large baie vitrée, face au site, un guide fournit des explications sur ***la mise en œuvre de bataille.*** Nombreuses anecdotes, malheureusement pas toujours drôles. Enfin ***un autre film*** offre de passionnants témoignages de vétérans. Expos temporaires, rencontres, films, théâtre, sorties sur le site et lectures de poèmes pour ne pas oublier.

Le couloir de la Mort : *entre Chambois et Saint-Lambert-sur-Dives, sur la route D 13, vers Trun, sur la droite, une petite route débouche au lieu-dit Gué-de-Moissy.* C'est le site historique de la bataille de la poche de Chambois-Montormel, où plus de 100 000 soldats de l'armée allemande en retraite se retrouvèrent pris au piège et encerclés par les troupes alliées (10 000 morts environ, 30 000 à 50 000 prisonniers). De septembre à décembre 1944, une brigade britannique « nettoya » le site, mais encore aujourd'hui on retrouve régulièrement des ossements.

LA ROUTE DU CAMEMBERT

Une très belle balade, à faire de préférence au printemps, quand les pommiers sont en fleur et la campagne bien verte. Par d'adorables petites routes,

on explore ainsi le pays d'Auge ornais, subtil bocage où alternent de douces collines et des vallons douillets. Un pays béni par les dieux de la terre, une terre nourricière avec des vaches sommeillant dans les prés, des villages de poupée, de craquantes maisons à colombages.

CAMEMBERT (61120)

Minuscule village accroché au flanc d'une colline, mais un nom qui a fait plusieurs fois le tour du monde. Et les habitants de ce trou normand ont un dieu, le camembert, et une déesse, Marie Harel. Pendant la période révolutionnaire, cette jeune fermière aurait caché un prêtre réfractaire dans sa ferme de Beaumoncel. En guise de remerciement, le brave homme pourchassé lui aurait délivré le secret de fabrication du fameux fromage. En 1791, elle aurait ainsi élaboré un fromage nouveau, mélange de l'ancien camembert (ce fromage est déjà cité en 1702 par Thomas Corneille, frère du grand poète dramatique) et du fromage de Brie, autre fromage créé par des prêtres. Puis elle transmit son savoir-faire à sa fille. Un jour où Napoléon III inaugurait la ligne de chemin de fer Paris-Granville (à Surdon), on lui en fit goûter un. L'empereur fut conquis. Le 9 août 1863 au haras du Pin, il décida de confier à Victor Paynel, petit-fils de Marie Harel, le privilège d'en fournir désormais la table impériale. L'aventure commença. Et un emballage de minces rubans de peupliers (d'où une bonne conservation) permit son exportation à travers le monde, jusqu'à devenir l'un des porte-étendards du pays.

Où acheter un camembert fermier ?

Fromagerie Durand : *chez M. et Mme Durand. ☎ 02-33-39-08-08. • camembertdurand.fr • Du centre de Camembert, prendre la direction Trun sur la D 246, c'est à 3 km à droite. Tte l'année, tlj sauf dim 9h-17h.* Il s'agit du dernier fermier à fabriquer du camembert à Camembert ! D'appellation d'origine protégée bien sûr ! Il serait donc dommage de ne pas en profiter, surtout qu'il est absolument délicieux... Boutique, panneaux explicatifs succincts à l'extérieur, et possibilité d'assister à la fabrication.

À voir

La Maison du camembert – Le musée : *au village (on ne peut pas le louper !). ☎ 02-33-36-06-60. • maisonducamembert.com • ♿ Mars-avr et oct, mer-dim 10h-11h30, 14h-16h30 ; mai, tlj ; juin-sept, tlj 10h-11h45, 14h-17h45 (dernière entrée) ; sinon, téléphoner avt pour préciser les horaires. Entrée : 4 € ; réduc ; gratuit moins de 10 ans. Dégustation incluse dans la visite (3 types de camembert).* C'est le groupe Lactalis, propriétaire de la marque Président et de 2 camemberts AOP (Moulin de Carel et Jort) qui a ouvert cette vitrine du célèbre fromage. Il ne s'agit pas d'un site de production mais d'un musée pédagogique bien conçu, expliquant la fabrication et l'histoire du fameux fromage de façon vivante et originale en 9 salles. On découvre les anciennes techniques, les outils d'autrefois et toutes les étapes nécessaires en amont de la production (la traite, la collecte, etc.). Vidéos intéressantes.

Maison du camembert-La boutique : *juste en face du musée. ☎ 02-33-12-10-37. ♿ Mars-avr et oct, mer-dim 9h30-12h30, 14h-17h30 ; mai-juin, tlj 9h45-18h ; juil-août, tlj 10h-18h30 ; sept, lun-mar 9h45-12h30, 13h45-17h30, mer-dim 9h30-17h30. Après la visite du musée, on vient ici pour la dégustation (incluse dans le billet d'entrée). Assiette de 4 fromages :*

9 € ; camembert rôti : 8 €. Une boutique et une petite terrasse où l'on peut faire le plein de camembert, avec des marques fabriquées mécaniquement ou de façon artisanale, et les 4 AOC de Normandie : le pont-l'évêque, le livarot, le neufchâtel et naturellement le camembert. Assiettes de dégustation, camemberts rôtis, etc.

VIMOUTIERS (61120)

La « capitale » du pays du Camembert fut lourdement bombardée par les Américains pendant la Seconde Guerre mondiale. Paradoxalement, c'est à ce carnage que l'église doit aujourd'hui ses bien jolis vitraux.

Où manger ?

Le Binôme : *3, rue du Quatorze-Juin. ☎ 02-33-12-93-44. • lebinome.vimoutiers@gmail.com • Midi et soir mer-sam et dim midi. Plat du jour 10,50 €. Formule midi en sem 14-18 €. Menus 19-30 €.* La bonne petite adresse pas bégueule, que l'on est ravi de trouver dans ce coin qui n'en compte pas tant. Le jeune couple aux commandes se met en 4 pour satisfaire une clientèle d'habitués. Produits frais, une carte qui tourne au fil des saisons, des plats tournés avec malice, le tout à prix doux et servi avec un large sourire. Petit bout de terrasse sympa sur la rue.

À voir

Le musée du Camembert : *10, av. du Général-de-Gaulle. ☎ 02-33-39-30-29. • museeducamembert.fr • Avr-oct, tlj 14h-18h ; juil-août, tlj 10h-18h. Entrée : 3 € ; gratuit moins de 11 ans. Dégustations pour 1 ou 2 €.* Musée entièrement consacré au plus renommé des fromages. On y explique les différentes étapes de la fabrication du camembert, de la collecte du lait à sa commercialisation, en passant par l'emprésurage, le moulage, le salage, le séchage et l'affinage, etc. Outils à fabriquer la crème et le beurre (barattes, les tapettes à crème, les moules...). Les yeux des tyrosémiophiles (collectionneurs d'étiquettes... de camembert) loucheront sur les belles étiquettes exposées. Voir les curieuses étiquettes étrangères, puisque le mot « camembert » n'est pas déposé, mais que seule la recette est protégée (AOP de 1986). À noter qu'il ne reste plus qu'une douzaine de producteurs (dont seulement 2 fermiers !) dans la région à faire du camembert AOP, répondant donc aux critères stricts du cahier des charges de l'appellation. Finalement, le calendos devient un produit rare... En été, ateliers (fabrication du beurre, recettes, jeux enfants...).

CAMEMBERT, UN FROMAGE AVEC BEAUCOUP... D'AGES

Caillage, tranchage, moulage, égouttage, démoulage, salage, ressuyage, jevaizalaplage, affinage, emballage... Ami lecteur, une erreur malencontreuse s'est glissée dans la liste ci-dessus. Sauras-tu la découvrir ?

Les statues de Marie Harel, l'inventrice du camembert : *à 2 pas de l'église Notre-Dame, sur la petite place de Mackau.* La 1re statue, inaugurée en 1928 par le président Millerand, fut décapitée dans les bombardements. Pour la remplacer, en 1953, les ouvriers d'une très importante fromagerie de l'Ohio, la *Borden's Cheese Company*, se cotisèrent afin de financer celle située square Bosworth, près des halles. Le plus drôle : les remous que provoqua l'inscription au bas de celle-ci. Les généreux donateurs avaient écrit : « À Marie Harel, statue offerte par la fabrique de camemberts Borden (Ohio). » Ce qui provoqua l'ire du syndicat des fromagers de Normandie, pour qui un camembert ne pouvait décemment pas être fabriqué aux États-Unis (qui depuis 1951 interdisaient l'entrée de tous produits laitiers non pasteurisés sur le territoire américain) ! On finit par opter pour un consensuel : « Cette statue a été offerte par 400 hommes et femmes faisant du fromage à Van Wert (Ohio), avec la coopération de Vimoutiers ». De la belle langue de bois diplomatique ! La statue put ainsi être inaugurée à Vimoutiers en 1956. Ouf !

Les vitraux de l'église Notre-Dame de Vimoutiers : *au bout de la place de Mackau.* En juin 1944, en 30 mn, un raid aérien pulvérise la ville. Parmi les quelques bâtiments rescapés de ce carnage : l'église, mais privée de ses vitraux, qui ont explosé. Après la guerre, la ville décide de les refaire. Leur réalisation est confiée à Gabriel Loire, grand maître verrier français dont on peut admirer les œuvres dans le monde entier. Les vitraux, quant à eux, retracent non seulement la vie du Christ, mais aussi l'histoire de la Normandie (évocation de Jeanne d'Arc, de l'abbaye de Jumièges...).

ARRÊTE TON CHAR !

Le 19 août 1944, des chars allemands rejoignirent un dépôt d'essence au château de l'Horloge à Ticheville. La Résistance ayant coupé les routes d'accès les plus directes, ils furent obligés de faire un détour, et nombre d'entre eux tombèrent en panne d'essence ou furent incapables de franchir les montées trop raides. 60 chars allemands furent ainsi abandonnés. Celui de Vimoutiers s'immobilisa sur la chaussée à la sortie de la ville. Ses occupants l'abandonnèrent, et des bulldozers américains le poussèrent ensuite dans le fossé, près de l'emplacement qui est encore le sien aujourd'hui.

Le char Tigre : *à la sortie de la ville, sur la D 979 en direction de Gacé.* Classé Monument historique en 1975, c'est l'un des 2 seuls chars Tigre de ce type restant en France.

CROUTTES (61120)

Petit village à 6 km à l'ouest de Vimoutiers (par la D 916), au nom adapté à la région ! Quelques habitations troglodytiques et un superbe prieuré.

Où acheter de bons produits fermiers... et faire une balade en tracteur ?

La Galotière : *au lieu-dit La Galotière, famille Olivier. ☎ 02-33-39-05-98. • lagalotiere.fr • ♿ À 5 km à l'ouest de Vimoutiers. Tlj sauf dim 9h-12h30, 14h-18h. En été, visite des vergers en tracteur le lun à 15h (à vérifier) ; env 45 mn ; 2 €. Compter 6 € si on prend un goûter sur place.* Une vraie carte postale : cette adorable ferme normande, à la manière d'un hameau avec ses maisons à colombages, sa petite mare, ses prairies grasses nichée au creux d'une vallée est environnée de vergers, où les vaches paissent paisiblement. Possibilité de déguster (gratuitement) et d'acheter le jus de pomme, le cidre (et sa variante glacée), le poiré, le pommeau et le calvados de la maison, le tout réalisé en bio. Ils proposent aussi 3 gîtes à la location *(6-8 pers)* à louer pour le week-end ou la semaine. À partir de la Galotière, sentier balisé en boucle de 30 mn à travers les vergers.

LE SAP *(61470)*

Le Sap n'a subi aucun bombardement durant la guerre, c'est pourquoi cette « Petite cité de caractère » a conservé ses belles et vénérables maisons de briques ou à colombages. On ne vous mentira pas, toutefois : le village n'est pas le plus vivant qui soit.

Où dormir ? Où manger dans le coin ?

Chambres d'hôtes La Hérissonnière : *61470* ***Saint-Aubin-de-Bonneval.*** *☎ 09-82-30-76-48. • pommenial@herissonniere.fr • herissonniere.fr • À env 10 km au nord du Sap. Tte l'année. Doubles 65-95 € ; familiales.* Dans une belle propriété de 65 ha appartenant à la même famille depuis 7 générations, quelques belles chambres au charme rustique et raffiné. Celle du pigeonnier peut à la demande se transformer en suite familiale ou en petit appartement. À signaler également, 2 beaux gîtes dans les dépendances. Pour un séjour parfaitement bucolique, des soins à base de pomme ou de foin sont proposés au *Spom*, un spa 100 % normand (payant).

Hôtel et restaurant La Maison du Vert : *61120* ***Ticheville.*** *☎ 02-33-36-95-84. • mail@maisonduvert.com • À 6 km à l'ouest du Sap. De Pâques à mi-sept. Fermé le midi lun-jeu et le soir lun-mar. Résa conseillée. Doubles 70-85 € ; familiale. Carte 30-35 €. CB refusées.* Ce n'est pas banal, ça, un resto tenu par des Anglais qui mettent un point d'honneur à servir une cuisine inventive, fine et parfumée, mais uniquement végétarienne et préparée à partir des légumes du potager bio, des fruits du jardin et des œufs de leurs poules. Même le pain est fait maison ! L'autre grand attrait de l'endroit, et presque aussi délicieux que la cuisine : le jardin, où l'on s'attable quand le temps le permet, sur de belles pelouses entourées de gracieuses plantations. Quelques transats pour l'après-repas. Les salles dans la maison ont, en revanche, un peu moins de charme. D'autres chambres toutes simples à l'étage permettent de dépanner.

Restaurant Les Glycines : *2, rue Hubert-Laniel. Au centre de Sap, à 2 pas de la mairie. ☎ 02-33-16-50-23. • restolesglycines@orange.fr • Mer soir-dim midi. Formule midi et soir 21-27 €.* Une cuisine familiale et sincère, française mais pas particulièrement normande. La salle ne manque pas d'humour.

L'ORNE

À voir

Le centre-ville : de magnifiques maisons à colombages le long de ruelles typiquement normandes, une gendarmerie plus que centenaire et surtout ses vieilles halles en brique datant de l'époque où le textile était florissant. Près de l'église, face à l'écomusée, à l'angle de la rue Raoul-Heurgault et de la place, pan de mur original où sont dispersés quelques carreaux de ***céramique du pays d'Auge*** très colorés et des lambrequins tout aussi incongrus. Aucune explication historique, le tout n'est qu'esthétique !

LES POMMES NE COMPTENT PAS POUR DES PRUNES

La pomme se décline en plusieurs milliers de variétés (7 500 selon certains scientifiques, 11 324 pour les plus précis, ou plus de 20 000 pour les extrêmes). Elle est le fruit que l'on rencontre le plus souvent dans les expressions de la langue française : « tomber dans les pommes », « haut comme 3 pommes », « ma pomme », « la pomme de discorde », « la pomme d'Adam »...

L'écomusée « De la Pomme au Calvados » : *rue du Grand-Jardin. ☎ 02-33-35-25-89. ● le-grand-jardin.asso.fr ● Juil-août, tlj sauf lun 10h30-12h30, 14h-18h ; juin et sept, mer-dim 14h-18h ; avr-mai et oct-nov, w-e 14h-17h, plus le ven en mai. Fermé janv-mars. Entrée : 3,50 € en visite libre et 4 € en visite guidée ; réduc ; gratuit moins de 12 ans.* Petit écomusée idéalement situé... dans une ancienne cidrerie, avec un bel espace vert autour. Belles cuves en ciment-verre (prévues pour le vin à l'origine, d'où les fissures visibles à l'intérieur sous la pression du cidre). Tout le nécessaire à la fabrication : gadage (avant de presser les pommes), pressoir à longue étreinte (du XVIIIe s) et, à l'extérieur, l'alambic pour la double distillation du calva. Verger conservatoire.

GACÉ (61230) 1 966 hab. *Carte Orne, C1*

Une petite ville aux confins du pays d'Auge et du pays d'Ouche, depuis laquelle on a une jolie vue de la route de Chambois (la D 13). Rien de particulier à voir sauf le château, où se trouve un musée consacré à l'héroïne du pays : la Dame aux camélias (quand il est ouvert !).

L'INCROYABLE ET VÉRIDIQUE HISTOIRE DE LA DAME AUX CAMÉLIAS

Extraordinaire et tragique destin que celui d'Alphonsine Plessis, dite « Marie Duplessis », petite Normande inculte, née en 1824 à Nonant-le-Pin et devenue à 21 ans une grande courtisane, séduisante et adulée par les hommes de son temps. Une vraie mangeuse d'amants (on dit qu'elle en aurait eu plus de 1 000 en 5 ans !) dans le Paris riche et galant du milieu du XIXe s. Un jour, l'écrivain Alexandre Dumas (fils) fait sa connaissance et en tombe follement amoureux. Amour impossible. Ils se séparent, la mort dans l'âme. Envoûté, il décide d'écrire un roman sur elle : *La Dame aux camélias.* Succès immédiat du livre, qui devient une pièce de théâtre. Le Tout-Paris se bouscule pour la voir. Le musicien Verdi s'en inspire pour écrire *La Traviata.* Résultat : voilà une gamine inconnue dont la vie fait encore pleurer les foules, d'Aurillac à Tokyo, de Grande-Bretagne jusqu'au Brésil ! Un mythe ? Une énigme ?

DITES-LE AVEC DES FLEURS...

Ami lecteur, savez-vous pourquoi la jeune courtisane (ou ce qu'on appellerait une escort aujourd'hui) Alphonsine Plessis fut surnommée la Dame aux camélias ? Tout simplement parce qu'elle ne sortait jamais dans Paris sans un bouquet de camélias blancs (sauf quelques jours par mois où le bouquet était rouge pour avertir qu'elle était indisposée).

Revenons un peu à ses origines. Son père ? Une sorte de colporteur très beau, violent et buveur (il était le fils reconnu du curé d'un village des environs). Sa mère était d'une grande beauté. Alphonsine erre sur les chemins de son pays natal. Très jeune encore, elle est jetée en pâture au libertinage d'un septuagénaire... Sa mère meurt. Alphonsine vend, pendant quelque temps, des parapluies à Gacé, puis elle monte à Paris. Elle a 14 ans, ne sait ni lire ni écrire. Mais elle possède une beauté du diable : « 1,67 m, les cheveux châtains, les yeux noirs, le front moyen, les sourcils bruns, le nez bien fait, la bouche petite, le menton rond, le visage ovale, le teint pâle... » En l'espace de 2 ans, elle se transforme, sous l'effet des innombrables galants et amants, dont le musicien Liszt, qui la courtisent. Tous les hommes (riches) craqueront pour elle, jeunes et vieux ! Sa vie fut brève : elle disparaît à

23 ans, victime d'une violente tuberculose, dans une sorte d'agonie-rédemption qui impressionnera Dumas. Au cimetière de Montmartre à Paris, sa tombe est toujours fleurie par d'anonymes et fervents admirateurs.

Où dormir ? Où manger à Gacé et dans les environs ?

Maison d'hôtes, le Domaine des Thomins : *Lieu-dit Le Choisel, 61230* ***Çisai-Saint-Aubin****. À 4 km de Gacé. 06-01-63-51-75. • jfcmrx@gmail.com • lesthomins.fr • Tte l'année. Doubles 69-109 €. Résa 2 nuits min en juil-août ; table d'hôtes 25 € (apéro et vin compris).* Une bien belle et haute demeure en vérité, que l'on découvre au fond d'un jardin à la française, soigné à l'anglaise. Les faux colombages, la grande terrasse, les pignons travaillés, tout cela a de la gueule, indéniablement. Les 5 chambres (dans les étages), dégagent un vrai charme au style éclectique (la plus grande avec terrasse). Le mobilier du XIXe s (armoires, lits, commodes...) se mêle sans heurts aux salles de bains des années 1970. On se sent vite à l'aise ici, grâce notamment au proprio, Jean-François, qui concocte une bonne cuisine familiale, ce qui évite de ressortir le soir.

Le 23 Grande-Rue : *23, Grande-Rue, à Gacé. ☎ 02-33-67-14-28. • le23restaurant@gmail.com • Tlj, sauf mar-mer, le midi seulement mais jusqu'à 16h. Congés : 2 sem fin janv, 1 sem en mai et 2 sem en sept. Plats et galettes 8-12,50 €. Café offert à nos lecteurs sur présentation de ce guide.* La carte n'est pas bien longue : quelques plats de saison bien réalisés (tête de veau sauce gribiche, bar au beurre blanc, burger normand...), tout fait maison, mais aussi quelques galettes et crêpes. Simple, donc, mais du simple qui se tient. Également un petit coin épicerie fine (produits locaux). Un petit coup de cœur !

L'Antre-Mets : *pl. de la Libération, à Gacé. ☎ 02-33-36-18-91. Tlj midi et soir sauf dim-lun et mer soir. Menu midi et sem 15 €, le soir 25 €. Carte 25-30 €.* Sympathique petite adresse au cadre sans chichi, offrant un service frais et souriant, à l'image de la cuisine, sincère et à base de produits bien choisis. Sur la carte courte, une salade, un burger revisité, un plat de viande... Un bon rapport qualité-prix-sympathie.

À voir (ou pas)

Le musée de la Dame aux camélias : *dans le château. ☎ 02-33-35-50-24 (mairie de Gacé). Officiellement visitable, ce musée n'a pas d'horaires fixes et il est très peu ouvert .* Un petit musée consacré à la vie de la Dame aux camélias à travers des objets personnels d'Alphonsine : 2 de ses passeports portant des informations divergentes (elle change son âge et déclare qu'elle est rentière...), bijoux, petit lézard porte-bonheur, bref, peu de choses finalement pour une dame aussi adorée. Quel dommage !

LE PAYS D'OUCHE

Les Petites Filles modèles, Un bon petit diable, Les Malheurs de Sophie... **Autant de titres qui ont rythmé notre enfance, imaginés par la comtesse de Ségur, qui vivait au cœur de ce pays d'Ouche et des vieilles forges. Un petit air romantique avec ses nombreux cours d'eau rieurs et ses ruines de l'abbaye de Saint-Évroult-Notre-Dame-des-Bois.**

– Pour plus d'infos : • *ornetourisme.com* •

L'AIGLE

(61300) 8 240 hab. Carte Orne, D1

La ville est ainsi baptisée car on a trouvé un nid d'aigle dans les communs de son château. Qu'y a-t-il de commun entre des aiguilles, du grison, du cervelas et la comtesse de Ségur ? Apparemment rien. Et pourtant... Ce bric-à-brac surréaliste fait bel et bien partie de la réalité de L'Aigle. Les aiguilles ? Le dernier fabricant d'aiguilles en France (les établissements Bohin) se trouve sur la commune, et l'entreprise se visite. Le grison ? À cause des nombreuses maisons construites avec cette étrange pierre. Le cervelas ? Il est depuis toujours la spécialité aiglonne. La comtesse de Ségur ? Elle a longtemps vécu près de L'Aigle, dans un château où elle écrivit la plupart de ses ouvrages. Au-delà de tout ça, on y trouve aussi l'un des plus importants marchés de Normandie, de bons petits restos, des coins pour la rando et un centre-ville commerçant et agréable. Bonne promenade dans cette jolie petite ville du pays d'Ouche !

Adresses et info utiles

Office de tourisme : *pl. Fulbert-de-Beina. ☎ 02-33-24-12-40. • contact@ouche-normandie.fr • ouche-normandie.fr • Lun-sam 9h-12h, 14h-18h. Fermé le dim.* Installé dans les communs du château du XVIIe s dessiné par Mansart. Support gratuit disponible pour une visite de la ville et une brochure proposant un circuit touristique sur la communauté de communes des pays de L'Aigle.

Club Canaoë-Kayak-Caf Risl Adventure et location de vélos : *base de* ***Saint-Sulpice-sur-Risle.*** *06-47-98-50-10. • risleadventure.jimdo.com • Direction Rugles. Sur résa seulement.* Randonnées et initiation au canoë-kayak sur la Risle. Loc de vélos, VTT et VAE également.

– ***Marché :*** *mar mat, dans tt le centre-ville.* Un grand et beau marché traditionnel. Incontournable dans la région.

Où dormir ? Où manger ?

Hôtel O'Château : *11, pl. Saint-Martin. ☎ 02-33-24-00-97. • info@chambre-hote-orne.com • chambre-hote-orne.com • ♿ (resto). Resto ouv le midi lun-sam, et le soir ven-sam. Double env 55 €. Au resto : formules midi 12-16 € ; carte 15-30 €.* En plein centre, en face de l'office de tourisme, une adresse qui réunit sous la même enseigne un petit pub tranquille, un bistrot et 5 chambres. 3 d'entre elles sont vastes (notamment la 1 et la 5), et le style est bourgeois très vieille France. Les 2 autres, très bien elles aussi, sont sous les toits, plus petites, et leur déco plus récente. Bref, un lieu vraiment insolite et bien tenu. Côté bistrot, cuisine traditionnelle correcte. Clientèle d'habitués, vite installée soit en terrasse, soit dans l'arrière-salle fort coquette. Accueil charmant.

Le Marmiton : *la Croix-Lamirault, à 3,5 km de l'Aigle. ☎ 02-33-84-10-36. • jeanju.lemarmiton@gmail.com • À la sortie de L'Aigle, sur la route d'Argentan. Ouv le midi lun-ven. Congés : 1 sem en mai, 2 sem en août et 1 sem à Noël. Formule 12 € ; menus 14-19 €.* Une adresse de bord de route simplissime mais qui fait plaisir au portefeuille et dont vous ressortirez repu. Assiette d'entrées pour commencer, suivi de plats de résistance simples mais bien préparés. Même le cadre n'est pas désagréable, avec le bar à l'entrée et les 3 petites salles derrière, très fréquentées par les habitués et les gens de passage. Service efficace.

Hotel Le Dauphin-restaurant, brasserie La Renaissance : *pl. de la Halle. ☎ 02-33-84-18-00. • reservation@hotel-dauphin.fr • hotel-dauphin.fr • Ouv tte l'année. Resto fermé dim soir ; brasserie ouv tlj midi et soir. Doubles 78-88 € ; familiales. Au resto, menu 45 € ; à la brasserie, menu 14,50 €, carte 20-30 €.* Cette vieille institution cumule les facettes. Côté face, la belle façade d'un ancien relais de diligence du XVIIe s, naguère fréquenté par les voyageurs se rendant de Paris à Granville ; il abrite des chambres de bon confort, jolies quand elles ont été refaites, et de bonne taille. Côté pile, une bâtisse beaucoup plus récente : chambres standard, sans caractère particulier, aux couettes douces mais pas merveilleusement insonorisées. Côté table, la brasserie a pour elle son menu pas cher, ses plats classiques et bien ficelés, tandis que le restaurant, plus chic, réserve de belles surprises aux gourmets (cuisine de terroir revisitée avec la manière). Pour l'une comme pour l'autre, cadre contemporain soigné. Accueil impeccable.

Où dormir ? Où manger dans les environs ?

Camping

Camping municipal les Étangs des Saints-Pères : *le Bourg, 61550* ***Saint-Évroult-Notre-Dame-du-Bois.*** *06-78-33-04-94 ou 06-58-06-14-60. • stbase-loisirs@orange.fr • st-evroult-nd-du-bois.fr • Face au lac. Ouv 15 avr-fin oct. Compter 11,50 € pour 2 avec tente et voiture. CB refusées. 27 empl.* Emplacements bien ombragés en bordure de lac et sanitaires propres. Idéal pour les familles en raison de la proximité de la base de loisirs : embarcations à pédales, petit bout de plage (mais baignade interdite), jeux gonflables, filets dans les arbres, pêche...

Chambres d'hôtes

Chambres d'Hôtes Le Jardin des Violettes : *le Champs-Mesliers, 61380* ***Mahéru.*** *06-19-64-51-22. • gouffault.jf@orange.fr • chambresjardindesviolettes.fr • Double 66 € ; familiale. Table d'hôtes 20 €.* Certes, la maison est un peu en bord de route, mais un beau rempart de verdure l'en protège et elle possède à l'arrière un superbe jardin fermier avec potager, verger et animaux. 2 chambres au rez-de-chaussée, très simples mais correctes et s'ouvrant sur le jardin. À l'étage, belle suite familiale aux parquets peints de couleurs claires se partageant salle de bains et toilettes sur le palier. Joli petit déjeuner et bon accueil. N'hésitez pas à faire un tour dans le beau jardin, soigné avec amour. Petite cuisine à disposition.

La Bourdinière : *chez Cécile Talpe, 61300* ***Crulai.*** *☎ 02-33-24-70-91. • talpe.labourdiniere@orange.fr • À 9 km au sud de L'Aigle, direction Longny-au-Perche. À Crulai, tourner à gauche vers Beaulieu. C'est indiqué sur la droite à 1 km. Double 65 € ; familiale. Table d'hôtes 20 €.* Dans une bonne grosse bâtisse classique, cernée par un jardin bien entretenu, au milieu des champs. À l'étage, 2 chambres spacieuses, lumineuses et agréables, avec chacune une grande salle de bains. À table, produits du jardin et viande de la ferme. Accueil très souriant.

De bon marché à prix moyens

Auberge Saint-Michel : *3, le Lesme, 61300* ***Saint-Michel-Thubeuf.*** *☎ 02-33-34-15-75. • auberge.saintmichel61300@gmail.com • À env 4 km à l'est de L'Aigle, direction Chandai et Verneuil-sur-Avre. Ouv midi et soir, sauf dim soir-lun. Menu normand 21-41 € et menu auberge 32-52 €.* Une petite auberge en léger retrait de la grande route passante qui régale les habitués. Pas de la grande gastronomie mais un joli travail à la qualité régulière, qui respecte les produits et présentés avec soin. Pommes, pommeau et autres merveilles du terroir occupent une belle place dans les menus qui suivent le fil des saisons.

Plusieurs salles de tailles différentes et plaisante terrasse à l'arrière.

Hôtel Le Dauphin : *66, Grande-Rue, 61380* ***Moulins-la-Marche.*** *☎ 02-33-34-50-55. hotel-ledauphin.fr • Idéalement situé pour découvrir la région, à cheval entre le pays d'Ouche et le Perche, ainsi qu'entre Sées et L'Aigle. Doubles 68-85 €, familiale. Resto fermé dim soir, lun et mar soir. Menu le midi en sem 13,50 €, le soir compter 30 €.* Dans une jolie petite ville à proximité de laquelle Jean Gabin avait une ferme ; c'est aussi à lui que l'on doit l'hippodrome qui porte son nom. 7 chambres seulement, simples et correctes, au-dessus du resto de ce gentil petit hôtel. Certaines possèdent encore une cheminée, les couleurs sont douces, et la plus chère est vraiment grande. Pas de chichi par ici, mais c'est agréable, tout comme le resto, à l'ambiance familiale.

À voir. À faire

L'église Saint-Martin : on remarque immédiatement son clocher-tour du XVe s gothique flamboyant, dominant la vieille ville. Superbement ouvragé et gorgé de sculptures. Le mur extérieur de l'abside ainsi que la tour sud de la façade avec son carillon et sa flèche en charpente datent de l'époque romane (XIIe s). Le reste de l'église est de la Renaissance. En face de l'église, sur la place Saint-Martin, amusante maison des Poulies, dite « de Marie Stuart », la plus vieille de la ville, avec sa façade de bois et de brique. Noter le grand linteau avalé par 2 têtes de dragons.

➢ Petite balade ***quai Catel,*** le long de la Risle. Des passerelles permettent l'accès aux maisons.

L'ORNE

Le musée Juin-1944 : *pl. Fulbert-de-Beina. ☎ 02-33-84-44-44 (service Patrimoine). Juin-sept, mar-mer et w-e 14h-18h. Entrée : 3,60 € ; réduc.* Ce fut le 1er musée de France utilisant un système audio. Inauguré en 1953 par Mme la maréchale Leclerc de Hautecloque, il rappelle les grandes étapes de la Seconde Guerre mondiale à travers 10 tableaux mettant en scène les principaux protagonistes (reconstitutions de l'appel du 18 Juin, de l'arrivée de Leclerc sur le pont d'Alençon...). La bataille de Normandie est au cœur du sujet, du Débarquement jusqu'à la reddition allemande dans la poche de Chambois (une carte stratégique de 36 m^2 détaille les opérations).

Le musée des Instruments de musique : *à la mairie. Lun-ven 8h30-12h, 13h30-17h30 (16h45 ven). GRATUIT.* Dans un bureau à l'étage, une vitrine présente la donation de Marcel Angot : 92 instruments de musique anciens, certains bizarres, d'autres exotiques et plusieurs fort rares (signés par des luthiers célèbres).

DANS LES ENVIRONS DE L'AIGLE

La Manufacture Bohin : *le Bourg, 61300* ***Saint-Sulpice-sur-Risle.*** *☎ 02-33-24-89-38. • bohin.fr • À 3,5 km au nord-est de L'Aigle, en direction d'Évreux. Mars-oct, tlj sauf dim et 1er mai 10h-13h, 14h-18h, w-e. Entrée visite atelier + musée + expo temporaire 12 € ; réduc (réduc de 1 € sam et j. fériés) ; gratuit moins de 6 ans. Visites guidées régulières en été (infos sur le site).* Bohin est le dernier fabricant d'aiguilles et d'épingles en France. Tout simplement. C'est donc un vrai patrimoine industriel qui mérite le détour ! D'autant que le musée créé autour de la manufacture elle-même est superbe.

Dans un 1er temps, ***une galerie pédagogique*** explique, grâce à des panneaux intéressants, tout le processus de fabrication des aiguilles (imaginez, une simple aiguille nécessite 27 opérations successives, échelonnées sur 2 mois). On découvre avec surprise que certaines étapes n'ont pas changé depuis le XIXe s, comme la technique pour ranger les aiguilles à l'horizontale ! Idem pour les machines. On pénètre ensuite ***au cœur de l'entreprise*** en empruntant une allée centrale où de

part et d'autre, machines et ouvriers sont en action. Des écrans vidéo complètent les excellentes explications. Et chacun peut communiquer avec les ouvriers, qui seront ravis de répondre à vos questions. Cette passionnante section est magnifiquement complétée par ***le musée*** lui-même, qui vous entraîne encore plus loin dans le monde de l'aiguille, mais aussi de la Risle et de toutes les industries que cette rivière a fait naître. Sans parler de l'espace consacré au fondateur de cette usine, ***Benjamin Bohin***, un personnage à l'étonnant destin, croyant en l'industrie, mais mettant l'humain au cœur de celle-ci ! Vraiment, chapeau pour cette belle entreprise où explications didactiques, poésie, bel ouvrage, technique et art se mêlent avec élégance et vous entraînent dans un autre monde durant 2h !
En sortant, laissez-vous épingler par ***la belle boutique*** !

Saint-Ouen-sur-Iton : *à 6 km au sud-est de L'Aigle.* Curieux petit village dont toutes les cheminées, ou presque, ont une forme torsadée. Sur la place, une colonne de 14 m raconte les merveilles de Désiré Guillemare, qui fut maire de Saint-Ouen pendant 57 ans. Un long texte explique « comment la commune fut transformée » par cet élu philanthrope. Parmi ses nombreux bienfaits, il fit don d'une cloche de 47,5 kg à condition que celle-ci sonne à toutes les inhumations, pour les riches comme pour les pauvres.

Aube : *à 7 km de L'Aigle, sur la route d'Argentan.* Précisons que le château des Nouettes, l'ancienne demeure de la comtesse de Ségur, **ne se visite pas**.

Le musée de la Grosse Forge : *rue de Vieille-Forge, à* ***Aube.*** *☎ 02-33-34-14-93. • forgeaube.fr • Bien indiqué à l'entrée de la ville en venant de L'Aigle. De mi-juin à mi-sept, tlj 14h-18h. Entrée : 4 €. Billet couplé avec le musée de la Comtesse de Ségur : 6 €.* Dans une vieille et belle bâtisse de brique au bord de la rivière, voici toute l'histoire de l'activité métallurgique dans le pays d'Ouche, du XVIe au milieu du XXe s (cette forge cessa de fonctionner en 1939). Remarquable roue à aubes à l'extérieur, et à l'intérieur, la forge, dont on comprend facilement le mécanisme (génial pour les enfants). Voir les soufflets géants, les fours d'affinerie, et surtout l'impressionnant marteau hydraulique actionné par un système de clapets mus par une roue à aubes. Étonnant ! Et encore le *bocambre,* qui permettait de concasser les différents minerais pour en extraire le fer. Également une exposition sur le travail du fer (maquettes).

Le musée de la Comtesse de Ségur : *3, rue de l'Abbé-Roger-Derry, à* ***Aube.*** *☎ 02-33-24-60-09. • musee-comtessedesegur.com • (rdc). De mi-juin à mi-sept, tlj sauf mar 14h-18h. Entrée : 4 € ; réduc ; gratuit moins de 18 ans. Billet couplé avec le musée de la Grosse Forge : 6 €.* Née en Russie tsariste, Sophie Rostopchine émigra en France à 18 ans (en 1817) et devint, en se mariant, la comtesse de Ségur. Elle ne commença à écrire ses contes pour enfants qu'à partir de l'âge de 57 ans. Installée au château des Nouettes à Aube, entourée de ses petits-enfants, elle y écrivit pour eux la plupart de ses bouquins. Tous furent des succès d'édition (chez Hachette !) durant le Second Empire. Ce musée bien modeste tente de retracer la vie de la Comtesse (gravures, évocation des petites filles modèles, photos de sa descendance...).
– Précisons que le château des Nouettes, à ***Aube,*** ancienne demeure de la comtesse de Ségur, ***ne se visite pas.***

L'ORNE

LE PERCHE ORNAIS

Il règne sur ce territoire au sud-est du département une ambiance hors du temps. Des monts herbeux perdus sous la brume au petit matin, des chapelles croquignolettes qui abritent des fresques colorées, des chemins creux de randonnée dans le parc naturel régional, survolé par les cigognes noires

ou les grues cendrées, des villages d'opérette où l'on chine à loisir, et ces manoirs aux murs blanchis à la chaux... autant d'images à portée de main.
La beauté de cet endroit et sa qualité de vie le prédestinaient à devenir un véritable nid à résidences secondaires. Et tous les week-ends, c'est en nombre que les Parisiens (et autres visiteurs) débarquent. Voilà pourquoi, selon le moment de votre visite, l'ambiance dans les villes et les villages peut changer du tout au tout : ainsi Mortagne-au-Perche ou Bellême, qui pourront vous sembler gentiment assoupies et désertes un jour de semaine, s'animent brusquement du vendredi au dimanche. Sans compter la ruée vers l'or vert que le confinement de 2020 a déclenché ! Le Perche est devenu furieusement tendance.

ON VOUS TEND LE PERCHE : IL Y A PERCHERON ET PERCHERON...

Tous 2 peuvent mesurer entre 1,60 et 1,85 m, mais l'un pèse entre 500 et 1 200 kg, ce qu'on ne souhaite pas à l'autre ! Le Percheron est l'habitant du Perche, le percheron un cheval de trait pouvant tracter jusqu'à 3 fois son poids. Menacé de disparition avec la motorisation des véhicules et la mécanisation de l'agriculture, cet ancien employé des postes n'est plus élevé que pour sa viande dans les années 1970. Son élevage ne redécolle que dans les années 1990. Aujourd'hui, il est surtout utilisé pour le débardage, l'attelage de loisir... ou pour le ramassage scolaire, comme il fut un temps encore récemment à Saint-Pierre-sur-Dives (Calvados) !

Adresse utile

■ ***Maison du parc naturel régional du Perche :*** *manoir de Courboyer, 61340* ***Noce.*** *☎ 02-33-25-70-10.* *• parc-naturel-perche.fr • À 3 km au nord de Nocé. Avr-oct, 10h30-12h30, 13h30-18h (en continu en juil-août). Horaires variables le reste de l'année. Voir aussi plus loin la rubrique « À voir » à Nocé dans « La route des manoirs du Perche ».* Procurez-vous la carte touristique et le guide découverte (à télécharger sur le site). Il y en a pour tous les goûts dans ce parc : sentiers de randonnées pédestres avec topoguides (payants), mais aussi sentiers VTT, balades en attelage (en été)... Loc de vélos électriques en été. Boutique avec produits du terroir et librairie.

MORTAGNE-AU-PERCHE

(61400) 4 200 hab. *Carte Orne, D2*

Perchée sur une colline qui domine la région, cette petite ville cache des trésors : rues et ruelles dignes de l'Ancien Régime, nombreuses maisons et hôtels particuliers patinés par le temps et témoins de l'époque où la ville était la capitale des comtes du Perche. Cité médiévale qui vit naître le philosophe Alain, elle est surtout célèbre pour le percheron, ce cheval « costaud » qui fit les grandes heures des omnibus parisiens et qui s'exporta jusqu'en Amérique, autant au Canada qu'aux États-Unis.
L'autre trésor de la ville est le boudin noir, qu'on trouve au marché fermier. On dit qu'il s'en vend 4 à 5 km chaque année à la foire au boudin ! Attention, ici, uniquement du boudin frais artisanal, rien d'industriel.

Adresse et info utiles

Office de tourisme : *36, pl. du Général-de-Gaulle. ☎ 02-33-83-34-37. • ot-mortagneauperche.fr • À côté de la mairie. Juil-sept, tlj 10h-18h (13h dim) ; sinon horaires variables.* Propose des visites commentées en été (2 fois/semaine), un plan détaillé avec un circuit patrimonial et la location de vélo à assistance électrique.

– **Marché fermier :** *sam mat.*

Où dormir ? Où manger à Mortagne et dans les environs ?

Chambres d'hôtes

Le Gros Chêne : *61400* ***Saint-Germain-de-Loisé.*** *☎ 02-33-25-02-72. 06-30-69-53-42. • brigitte.pasquert@wanadoo.fr • fermedugroschene.com • Tte l'année. Double 80 € ; roulotte (2 pers) 130 € ; familiale. Bains à remous et hammam compris dans le tarif. Table d'hôtes sur résa 25 €.* Dans un environnement champêtre et au calme, une ferme en activité où les écuries n'ont plus rien de rustique depuis que les propriétaires les ont entièrement rénovées pour y accueillir leurs hôtes. Belle pièce à vivre (avec une cuisine à dispo), un coin détente avec spa et hammam, ainsi que 5 chambres, dont une familiale au rez-de-chaussée (les autres sont à l'étage), très confortables, joliment décorées selon des thématiques florales. Un bon point de chute, d'autant que le petit déj est fameux : brioche maison, yaourt fermier... Tout autour, des prés et des champs. Également une roulotte posée dans un grand pré (pour 2 personnes), avec petite salle d'eau et coin cuisine. Et même un bain à remous et un hammam !

La Maison Pervenche : *1, rue du Petit-Boëcé, 61560* ***Boëcé.*** *☎ 02-33-83-05-16. • maisonpervenche@hotmail.com • Sur la D 912 entre Mortagne-au-Perche et Alençon. Ouv avr-nov. Double 70 € ; familiale. Table d'hôtes 25 €.* Un vrai havre de paix : les bâtiments de caractère encadrent un beau jardin paysager, le tout prolongé par un pré bien vert. La carte postale ! Dans l'une des maisons, 4 chambres sous les toits, dont une familiale. Toutes sont joliment décorées. Grande salle commune pour le petit déj. Sourire, accueil et gentillesse ont achevé de nous séduire...

Chambres d'Hôtes La Porte Rouge : *4, rue du Mail, à* ***Mortagne.*** *☎ 02-33-25-39-95. • jetc.kirk@wanadoo.fr • laporterouge.fr • Salon de thé tlj sauf jeu (16h-19h, voir plus loin). Congés : 20 oct-20 nov et 10 j. en avr. Doubles 65-75 €. Table d'hôtes 15 € (midi)-25 € (soir).* Dans le centre de Mortagne, une maison discrète et son joli jardin caché par de hauts murs. À l'intérieur, 2 petites chambres agréables et sans chichis, une bonne table d'hôtes végétarienne et bio, ainsi qu'un délicieux petit salon de thé dans le jardin à l'heure du *tea time*.

Café de France : *19, rue de la République, à* ***Mortagne.*** *☎ 02-33-85-58-03. Mar-sam 9h30-20h. Repas seulement le midi, 12h-14h, puis bar. Plat du jour env 10-14 €.* On a failli le louper ce troquet-resto discret, qui draine pourtant son lot d'habitués. L'ardoise est courte (elle change tous les jours), les produits sont frais, cuisinés avec soin et l'atmosphère copain-copain. Que du bon !

De prix moyens à chic

Hôtel du Tribunal : *4, pl. du Palais, à Mortagne. ☎ 02-33-25-04-77. • hotel.du.tribunal@orange.fr • hotel-tribunal.fr • En centre-ville. Tlj midi et soir. Congés : 25 déc-5 janv. Doubles 79-135 € ; familiales. Menus 17,50 € (midi en sem), 34-39 €, puis 59 €. Kir normand offert sur présentation du guide de l'année.* Une belle maison percheronne du XVIe s, près d'une petite place qui vous donne presque l'impression d'être de retour au XIXe s. La façade semble d'ailleurs

L'ORNE

n'avoir pas changé depuis l'époque où cette auberge était à l'enseigne « Jean qui rit, Jean qui pleure » parce que située à la sortie du tribunal. Les chambres sont à l'inverse plus contemporaines, avec une déco très réussie, alliant un vrai chic design et un brin de fantaisie. Une autre partie de l'hôtel est située à l'arrière, avec des chambres ouvrant sur une petite cour fleurie. Certaines disposent d'une terrasse, ou de la vue sur le jardin intérieur. Dans la chaleureuse salle à manger, classique d'un côté, moderne juste comme il faut de l'autre, les menus affichent une cuisine de terroir élaborée et délicieusement revisitée, toujours à base de beaux produits. On adore la formule du déjeuner, déjà un véritable bonheur pour les papilles. Accueil pro et souriant.

Où prendre un thé ? Où boire un verre ? Où écouter de la musique ?

Salon de thé La Porte Rouge : *4, rue du Mail. ☎ 02-33-25-39-95. Mai-sept, tlj sauf jeu 16h-19h.* Dans un jardin copieusement fleuri et joliment entretenu, les tables sont disposées au milieu des fleurs pour un *tea-time* à l'anglaise, ça va de soi. Gâteaux maison (*cheese cake, carrot cake*, gâteau au gingembre...). Sans oublier la citronnade concoctée par la maîtresse des lieux.

Les Vins Diou-Bar à vins : *5-7, rue des Halles. 06-32-44-77-32. Tlj sauf dim-lun, jusqu'à 23h.* LE bar sympa de Mortagne ! Avec son grand zinc et sa bonne zic... Beaucoup d'habitués. Concerts de temps en temps et un bout de terrasse sur le trottoir pour siffler un vin bien choisi.

L'ORNE

À voir

L'ancienne halle aux grains : *sur la pl. du Général-de-Gaulle, centre animé de la ville.* Date de 1825. Elle abrite aujourd'hui une médiathèque et un cinéma d'art et d'essai (Cinéma Étoile). Juste à côté, au n° 9, remarquer la maison à tourelle d'angle, surmontée d'un cadran solaire. Autour de la place du Palais-de-justice, cœur du vieux Mortagne, on trouve un quartier qui a conservé tout son charme.

L'église Notre-Dame : de style gothique flamboyant. Reconstruite à la fin du XVe s, elle abrite des boiseries du XVIIIe s (dans le chœur). Un vitrail rappelle le rôle joué par les gens de Mortagne, Pierre Boucher de Boucherville notamment, dans la conquête du Canada au XVIIe s. À l'extérieur, la rue du Portail-Saint-Denis. Elle est extraordinairement bien conservée avec son arc brisé du XVe s et la tour qui la surmonte, finement sculptée sur son fronton.

Le musée Alain : *8, rue du Portail-Saint-Denis, dans la maison des comtes du Perche. Pas de tél. • amusalain@gmail.com • De mi-mai aux Journées du patrimoine, jeu-sam 14h30-18h. GRATUIT. Journée annuelle Alain, 1er w-e d'oct.* Beaucoup ont peut-être encore en tête quelques bribes philosophiques de cet auteur au programme des classes de terminale. Né en 1868 à Mortagne, dans une maison située au 3, rue de la Comédie, Émile-Auguste Chartier (de son vrai nom) était percheron avant tout. « Je suis percheron, c'est-à-dire autre que normand. » Au travers de ce petit musée rétro (3 pièces en tout), on découvre l'autre facette d'Alain, journaliste éclairé, poète subtil et parfois virulent, qui inventa les *Propos*, la forme d'expression qui lui convenait le mieux et dans laquelle il excella. On visite également son cabinet de travail provenant de la demeure du Vésinet où il mourut en 1951.

Manifestations

– ***Foire au boudin et aux produits du terroir :*** *3e w-e de mars.* La capitale du boudin noir est soucieuse d'entretenir la qualité et la tradition culinaire du « sang cuit » ; la Confrérie des chevaliers du « goûte-boudin » organise depuis 1963 le concours international du meilleur boudin.

– ***Salon des véhicules anciens :*** *avt dernier w-e de sept.* Défilé de voitures anciennes le matin dans les rues de la ville, suivi de l'exposition des véhicules et de la rencontre avec leurs propriétaires dans l'après-midi.

– ***Festival Les Musicales :*** *fin juin-début juil.* Festival de musique classique dans certaines églises du Perche.

LE BOUDIN, C'EST BIEN !

Afin de sauvegarder ce plat rustique à base de sang de cochon, d'oignons et de lard, la Confrérie des chevaliers du « goûte-boudin » de Mortagne organise chaque année, en mars, une foire où le boudin se vend au kilomètre (de 4 à 5 km). Quand on aime, on ne compte pas ! Et pour prouver sa passion, chaque confrère doit jurer solennellement de manger du boudin une fois par semaine !

DANS LES ENVIRONS DE MORTAGNE-AU-PERCHE

Circuit des collines du Perche

★★ ***La forêt de Réno-Valdieu :*** l'une des plus belles forêts de Normandie, avec celles de Bellême et du Perche. Cet océan de verdure fut sauvé de justesse par Colbert, qui pensait que la France périrait faute de bois. Il oublia le Canada, auquel il ne croyait plus, mais défendit avec véhémence la forêt de Réno-Valdieu. Ici, près de 70 % des arbres sont des chênes. Dans la forêt, voir la « Série artistique des *chênes de la Gautrie* » (comme on les appelle), Parmi ceux-ci, 3 chênes tricentenaires et majestueux qui s'élèvent à plus de 45 m dans le ciel. Des monuments de bois et de chlorophylle !

★★★ ***Le village de La Chapelle-Montligeon :*** *à l'orée sud-ouest de la forêt de Réno et à 11 km de Mortagne.* Dans le village, véritable « Lourdes du Perche », voir ***l'immense basilique,*** un peu surréaliste en pleine campagne (on la surnomme également la cathédrale des champs), qui crève le ciel de ses 2 flèches. De style néogothique, sa construction demanda 17 ans de travaux (1894-1911). Plus gigantesque que véritablement séduisante (elle manque de finesse), on verra tout de même dans le chœur, l'impressionnante statue de Marie, ainsi que le sol, composé d'une élégante mosaïque dans les tons pastel. À l'origine, l'abbé Buguet, curé du village, fonda en 1884 une association de prière pour les morts. Celle-ci connut un tel succès qu'elle donna naissance à un pèlerinage très suivi encore de nos jours *(Ascension, 15 août et 2e dim de nov).* Alors que le village, victime de l'exode rural, se dépeuplait, le même abbé décida de créer des ateliers (de broderie, de ganterie, etc.) afin d'inciter les habitants à rester. Incapables de résister à la concurrence, ceux-ci périclitèrent rapidement. Il décida alors, en 1886, d'ouvrir une imprimerie qui ferma à son tour en 2013.

PAYSAN DANS L'ÂME

Star colossale au cinéma, Jean Gabin n'avait en fait qu'une passion : la terre. Il acheta une ferme de 150 ha à Bonnefoi, au nord de Mortagne-au-Perche, pour élever bovins et chevaux. En 1962, plus de 700 paysans envahirent sa propriété pour dénoncer les « cumulards ». Il en resta meurtri à jamais.

Brasserie La Vertueuse (Les Ateliers Buguet) : *26, rue Principale. En bas de la grande allée menant à la basilique, prendre à droite vers l'ancienne friche industrielle. 06-72-73-94-39. Visite seulement sur rendez-vous (appeler avant). GRATUIT.* Une micro-brasserie créée en 2016 par une équipe de passionnés. Si vous visitez la basilique, faites donc un tour juste à côté dans ce grand hangar pour vous faire expliquer le processus de fabrication de la Vertueuse (proximité de la basilique oblige !), nom de cette excellente bière déclinée en toutes les teintes. Achat possible sur place.

Hôtel-restaurant Le Montligeon : *14, rue Principale, 61400* ***La Chapelle-Montligeon.*** *☎ 02-33-83-81-19. • info@hotellemontligeon.fr • hotelmontligeon.fr • (resto). Dans le centre du village, face à la pl. de l'Église. Resto fermé dim soir et lun-mar. Congés : 15 j. début juil et 20 déc-10 janv. Doubles 62-85 € ; familiales. Formule déj en sem 12-15 € ; carte 25-35 €.* Un petit hôtel de campagne, aux chambres sans prétention mais agréables et d'un bon rapport qualité-prix, surtout celles refaites. Mention spéciale pour la chambre « charme », à la déco contemporaine, située sous les toits. Belle salle à manger, classique et moderne à la fois, coquette et chaleureuse. Cuisine de terroir, généreuse et goûteuse, préparée avec soin et joliment présentée, mettant en avant les producteurs percherons. On adore !

➢ **La ferme de l'Absoudière :** *l'Absoudière, 61400* ***Corbon.*** *☎ 02-33-83-91-40. 06-27-02-35-26. • attelagenaturedansleperche.blogspot.com • Balade en attelage : 15 €/pers (2h), 6 € moins de 14 ans ; visite de l'élevage : 8 €/pers, réduc.* Cet élevage de percherons se visite (sur réservation seulement), mais on peut aussi partir pour une promenade de 1h à 2h en attelage, au cours de laquelle vous apprendrez bien des choses sur le percheron, la faune, la flore et l'histoire locales !

LES FORÊTS DU PERCHE ET DE LA TRAPPE

Carte Orne, D2

Enfin une vraie forêt gauloise ! Dans la forêt du Perche, le chêne rouvre et le hêtre sont rois, représentant plus de 80 % du peuplement. De longues routes forestières, bien ombragées et très vertes, partent du carrefour de l'Étoile et rayonnent aux 4 coins du massif. L'Avre y prend sa source et le traverse en diagonale. Le sentier GR 22 reste, pour les randonneurs, la meilleure façon de découvrir cette « petite mer verte » où il fait bon vagabonder au printemps comme en automne. Vous êtes au cœur du parc naturel.

Différente, peuplée de 60 % de résineux, la forêt de la Trappe fut longtemps le domaine du monastère et des moines cisterciens venus y chercher la solitude et le silence nécessaires à la prière. Ces hommes-là y trouvèrent un refuge. D'autres s'en sont détachés : des milliers d'habitants des villages proches de la forêt émigrèrent au Canada au XVIIe s. On retrouve leurs traces sur les vitraux de l'église et au musée.

TOUROUVRE (61190 ; 1 580 hab.)

Un gros bourg à 2 km de l'orée de la forêt du Perche. L'origine de son nom atteste qu'il a toujours été marié avec les chênes : *Tourouvre* vient en effet du latin *tortum robur,* « force tordue », en souvenir d'un énorme chêne rouvre, au bois très dur,

dont la belle ramure aurait été tordue par la force de la nature et par l'âge. Détruit en quasi-totalité le 13 août 1944 par un incendie, le village n'a plus le charme d'autrefois.
Tourouvre est étroitement lié à l'histoire du Canada, car 80 familles firent le choix difficile de l'émigration pour tenter leur chance dans les colonies en 1650. Un ensemble muséographique rappelle ce lien unique.

MARQUÉ AU FER... DE TOUROUVRE !

Tourouvre bénéficie d'un sol riche en minerai de fer, la région a donc développé très tôt une activité métallurgique. C'est au lieu-dit (prédestiné) la Fonte qu'ont été fondues, en 1803, les arches du pont des Arts à Paris, 1er pont métallique de France.

Adresse et info utiles

Office de tourisme des Hauts du Perche : *37, rue du 13-Août-1944. ☎ 02-33-73-83-25. • tourismehautsduperche.fr • Avr-sept, mar-sam 10h-12h30, 14h30-17h (seulement le mat le jeu). Ouv dim mat de mi-juil à mi-août. Excellent accueil.*
– **Marché :** *ven mat, sur la place de l'église.*

Où dormir à Tourouvre et dans les environs ?

Hôtel-restaurant de France : *19, rue du 13-Août-1944, à Tourouvre. ☎ 02-33-25-73-55. • info@hoteldefrance-tourouvre.com • hoteldefrance-tourouvre.com • Double 60 € ; menus 13-15 € (midi en sem), puis 24 € (soir et w-e).* Le petit hôtel tranquille d'une bourgade de province qui ne l'est pas moins. Chambres colorées, fonctionnelles et propres, sans rien qui dépasse. Sympathique menu le midi et plus élaboré le soir. Une bonne adresse dans le secteur, à prix doux.

Chambres d'hôtes

Chambres d'hôtes La Pause Champêtre : *lieu-dit Champvillon, 61190 La Poterie-au-Perche. ☎ 02-33-73-61-00. 06-25-03-31-51. • virginie@pausechampetre.fr • pausechampetre.fr • Tte l'année. Doubles 70 €. Assiette gourmande 18 €.* Dans une ancienne bâtisse en pleine nature, 3 jolies chambres accueillantes, dont 2 au rez-de-chaussée, accessibles aux personnes en situation de handicap visuel et auditif. Salon commun avec kitchenette. L'ensemble est parfaitement au calme, entouré de belles pelouses. Assiette gourmande sur demande.

Le Bois Gerboux : *chez M. et Mme Buxtorf, route du Lavoir, 61190 Lignerolles. ☎ 02-33-83-68-43. 06-72-14-37-11. • buxtorfgerboux@yahoo.fr • leboisgerboux.com • En pleine nature, à 250 m du village par la D 273. Doubles 70-80 € (tarif dégressif à partir de 3 nuits).* Le petit chemin débouche sur une belle ferme percheronne, dont la grange a été réaménagée pour accueillir 2 chambres toute simple à l'étage, avec vue sur les champs. Piscine isolée de la maison, entourée de verdure et billard à dispo dans une grange aux beaux jours. Accueil délicieux.

À voir à Tourouvre et dans les environs

Les Muséales – musée de l'Émigration française au Canada et musée des Commerces et des Marques : *15, rue Québec. ☎ 02-33-25-55-55. • musealesdetourouvre.fr • Avr-déc, mar-dim 10h-12h30, 14h-18h. Fermé janv-mars.*

Entrée : 5 € pour le musée du Canada, 5 € pour le musée des Commerces (réduc 3 €) ; 7 € pour l'ensemble des 2 musées (réduc 5 €) ; gratuit moins de 10 ans. Ce bel espace contemporain abrite 3 musées.

– ***Le musée de l'Émigration française au Canada :*** il présente l'aventure des pionniers au Canada. On y apprend pourquoi 30 000 Français partirent pour le Nouveau Monde du XVIIe au XVIIIe s (l'espoir d'une vie meilleure pour certains, la gloire pour d'autres). Panneaux pédagogiques, fac-similé, reproductions de tableaux, maquettes... On y évoque les conditions difficiles de la traversée (tempêtes, maladies...), on y découvre enfin la réalité du quotidien (climat redoutable, conflits avec le voisin anglais, traites des peaux...) et les alliances, les unions contractées par ces colons. Un centre de documentation permet de procéder à des recherches généalogiques.

– ***Le musée des commerces et des marques :*** aussi ludique qu'intéressant et bien fait, retrace le chemin parcouru depuis l'épicerie d'antan jusqu'à l'hypermarché d'aujourd'hui, en insistant sur le rôle croissant de la publicité, du marketing et de la com'... À la sortie, on se surprend à fredonner « On se lève tous pour Daaaa-nette ! », tout est dit ! Pour appuyer le propos, reconstitutions de nombreuses boutiques : l'ancienne épicerie, le troquet, le magasin de jouets, le coiffeur... Puis un rayon de supermarché prend le relais, un caddy rempli de denrées... Incroyable collection de vieilles affiches et de publicités anciennes, plaques émaillées ainsi que de nombreux documents d'époque. Voir l'étonnante affiche pour une marque de réglisse, où l'empereur Napoléon, désabusé, déguste la sucrerie pour oublier la déroute. Un musée bien intéressant et qui, mine de rien, incite à la réflexion.

– ***La Maison Cano :*** *juste à côté du grand musée (même billet).* Dans les années 1950, Antoine Cano, la vingtaine, part pour le Canada. Lorsque des années plus tard, en l'an 2000, il rentre en France, il dépose bagages et mobilier aux Muséales de Tourouvre. Aujourd'hui, ces objets sont mis en scène et reconstituent sa maison, témoignant de l'ascension sociale d'un émigrant français au milieu du XXe s.

👁👁 ***L'église Saint-Aubin :*** intéressantes église à 2 nefs. Les 2 derniers vitraux proches du cœur, dans le bas-côté droit de la nef, datent de 1892. L'un d'eux évoque l'émigration des Tourouvrains en 1650 vers la Nouvelle-France, notamment l'histoire de Julien Mercier, le plus connu des émigrants du village. Le vitrail d'à côté décrit la visite à Tourouvre, en 1891, de son arrière-petit-fils, Honoré Mercier, devenu 1er ministre du Québec. Il fit halte dans cette église, précisément. Noter la devise « N'oubliez, jamais, ni Dieu, ni la France ».

UNE IDÉE LUMINEUSE

En décembre 2016 fut inauguré sur la D 5 le 1er tronçon d'une route solaire photovoltaïque capable de générer de l'électricité... Le but, fournir à terme près de 800 kwh, soit l'équivalent de l'éclairage public d'une ville de 5 000 habitants. L'avenir décidera du succès de cette technologie pionnière !

👁👁 ***Musée de L'Inzolite :*** *le Bourg, 61190* ***Lignerolles.*** *☎ 02-33-25-91-07. • musee-de-linzolite.fr • Pâques-Toussaint, w-e (tlj sauf lun juil-août) 14h-18h. Entrée : 5 € ; réduc ; gratuit moins de 12 ans.* Les belles collections que vous pouvez admirer aujourd'hui aux Muséales de Tourouvre dans la partie consacrée à la consommation avaient été rassemblées par Pierre Marzorati, le fondateur de ce drôle d'endroit, aménagé dans un ancien café-hôtel-restaurant. Il lui restait suffisamment de curiosités dans ses tiroirs de collectionneur pour remplir les 13 salles qui constituent ce passionnant « voyage du curieux ». Les différents espaces sont conçus par ambiance : jouets et divertissements, calculettes et machines à écrire, planches pédagogiques, la vie rurale, la taxidermie... Des objets assez dingues parfois, insolites toujours, mis en scène avec un brin de folie et une bonne dose d'humour qu'on adore.

AUTHEUIL *(61190)*

À 2 km au sud de Tourouvre, en direction de Malétable.
Sur une butte verdoyante, l'***église Notre-Dame d'Autheuil*** *(de mi-avr à mi-nov, tlj 10h-18h)* est l'une des rares à ne pas avoir souffert de la guerre de Cent Ans. Édifice roman presque pur, véritable joyau dans le genre, elle abrite une fresque, des chapiteaux sculptés et une plaque en hommage à Robert Giffard, chef de file de l'émigration des Percherons au Canada au XVIIe s. Il lança et organisa le mouvement, aidé des frères Juchereau.

MALÉTABLE *(61290)*

À mi-chemin entre Longny-au-Perche et Tourouvre. Jolie route qui traverse un vallon verdoyant, lorsque l'on vient de Brochard et de la forêt de Réno-Valdieu. Jeter un œil à l'étrange ***tour de l'église Notre-Dame-de-la-Salette,*** qui se termine un peu à la façon d'un phare. Cette église et sa tour furent bâties au XIXe s à l'initiative du curé du village, l'abbé Migorel, qui finança une partie de sa construction sur ses propres deniers.

VOUS N'AURIEZ PAS VU L'ARCHANGE, PAR HASARD ?

L'œil observateur notera qu'il manque un archange sur un des 4 angles de la tour de l'église de Malétable. Moult explications ont été données à cette absence : pour certains, l'ange se serait envolé (c'est celle qu'on préfère !), pour d'autres un soldat allemand lui aurait tiré dessus pendant la guerre et il serait tombé. La véritable raison est beaucoup plus prosaïque : le forgeron qui le fabriqua, craignant de ne pas être payé, ne le livra pas, tout simplement.

L'ORNE

Où dormir chic dans les environs ?

Les Cabanes de la Grande Noë : *61290* ***Moulicent.*** *06-58-54-21-24. • grandenoe@gmail.com • lagrandenoe.com • À côté du château de la Grande Noë. Ouv d'avr à mi-oct. Selon cabane, 144-182 € pour 2 (avec petit déj) et 45 €/pers en plus. Pas de wifi. Dîner possible sur résa, qu'on vous apporte à votre cabane. Compter 22 €. ♿ (pour 1 cabane au ras du sol). Jus de pomme maison offert sur présentation du guide de l'année.* L'heure serait-elle venue de réaliser un rêve d'enfant ? Au total, 8 cabanes sont dispersées dans le petit bois du château, soit au-dessus des champs cultivés, avec une vue dégagée pour celles-là. À chaque cabane son arbre. À noter que l'une d'elles, très grande, est fixée sur pilotis, tandis qu'une autre est au sol, devant une petite pièce d'eau. Accès par des systèmes d'escaliers, de passerelles et même de ponts suspendus. L'intérieur des maisonnettes, tout en bois évidemment, est mignon et ingénieusement aménagé, mais c'est rustique. Pas d'eau courante ni électricité là-haut, uniquement des toilettes sèches (hyper tendance !) et un éclairage à la lanterne. Bagages, panier du petit déj et réserve d'eau sont hissés par un système de poulie, et douches communes sur la terre ferme, au poulailler, mais un poulailler de luxe !

Le Petit Bistrot des Loups : *19, pl. de l'Hôtel-de-Ville, 61190* ***Longny-au-Perche.*** *☎ 02-14-21-50-06. Lun-sam, midi seulement, puis bar jusqu'à env 20h. Formule 12-16 €, carte 20-30 €.* Angélique et Jean-Loup sont aux commandes de ce bistrot à l'ancienne, bardé de bois, plein de vie et de bonnes vibrations. Du cousu main, sur mesure, à base de produits frais et impeccables. La carte change en permanence. Penser à réserver car l'adresse est connue et l'on s'y presse dès midi.

BRESOLETTES (61110)

Perdu dans un océan d'arbres, ce minuscule et adorable village compte à peine 24 habitants : c'est la plus petite commune de Normandie. Quelques maisons blotties autour d'une église du XVIe s. Un village de conte pour enfants. De nombreux étangs alimentés par les eaux de la forêt (de l'Avre notamment) donnent à la ***clairière de Bresolettes*** une indéniable touche écolo-romantique qui envoûtera randonneurs et poètes. De belles balades en perspective.

SOLIGNY-LA-TRAPPE (61380)

L'abbaye de la Trappe : *à 1 km à l'ouest de la route L'Aigle-Mortagne.* Le monastère est habité par une communauté de moines trappistes appartenant à l'ordre cistercien de la stricte observance, obéissant à la très vieille règle de saint Benoît (VIe s). Ne se visite pas.

– ***La fontaine Saint-Bernard :*** située près du magasin de l'abbaye. Utilisée depuis toujours par les gens de la région, elle donne une eau de source, lentement filtrée à travers d'épaisses couches de sable fin du Perche. On voit même les gens du coin faire la queue, le bidon à la main.

– ***Le monastère :*** les bâtiments que l'on aperçoit, de styles néogothique et néo-roman, datent de la fin du XIXe s et ne rappellent en rien (hormis le bâtiment du XIIIe s) l'abbaye fondée en 1140 par un comte du Perche en mémoire d'une épouse qu'il chérissait, décédée lors d'un naufrage en mer.

L'ORNE

Boutique : ☎ *02-33-84-17-00. Ouv au public en sem 10h30-12h, 14h45-17h45 ; dim 11h45 (après la messe !)-13h, 14h45-18h30.* On peut y acheter des livres, des souvenirs religieux (icônes), ainsi que des produits fabriqués par les moines de diverses abbayes : pâtes de fruits, fromages, confiture de lait, etc.

BELLÊME

(61130) 1 653 hab. *Carte Orne, D3*

Bellême, dont le nom viendrait de celui de la déesse celte *Belisama,* ou tout simplement du latin *bellissima,* c'est d'abord une forêt magique, dernier lambeau du monde gaulois, que l'on aime pour la beauté centenaire de ses chênes. Quant à la ville, labellisée « Petite Cité de caractère », vraiment charmante, elle surplombe toute cette immensité verte. Tranquille en semaine, elle se réveille le week-end avec la venue des Parisiens. Cette partie sud du Perche, pays des collines, des ruisseaux et des vieux manoirs enfouis dans la magie des arbres, est un véritable ravissement.

Adresse et info utiles

Office du tourisme du Perche en Normandie : *bd Bansard-des-Bois.* ☎ *02-33-73-09-69. • perchenormand.fr • Juil-août, tlj 10h-12h30, 14h-19h ; avr-juin et sept, et vac de Noël, mar-dim 10h-12h30, 14h-18h. Le reste de l'année horaires très variables.* Visite guidée de la ville sur demande en été. Vente de produits du terroir, de topo-guides (randonnées pédestres et cyclo) et de livrets découverte pour enfants. Borne d'information 24h/24. Loue aussi les clubs pour le minigolf voisin.

– ***Marché :*** *jeu mat.*

Où dormir ? Où manger ? Où boire un verre ?

Camping

⛺ ***Camping du Perche Bellêmois :*** *route de Mamers. 📱 06-24-70-55-17. • campingduperchebellemois.com • ♿ Sur la route de Mamers et Alençon, tourner à gauche et traverser un lotissement (indiqué). Ouv Pâques-fin oct. Compter 20,50 € pour 2 ; mobile homes 4-6 pers (à louer à la sem) et 1 tente lodge. 42 empl.* À la lisière du bourg, dans un coin paisible profitant d'un bel environnement vallonné et ombragé, un petit camping tout simple et bien tenu, aux emplacements agréables. Certains sont délimités par des haies, d'autres sont en hauteur et bénéficient de la vue. Belles pelouses soignées et sanitaires impeccables. Également quelques mobile homes, un peu coincés à l'entrée du camping. Piscine communale à proximité.

Prix moyens

La Verticale : *9, pl. de la République. ☎ 02-33-25-67-16. • la-verticale@hotmail.com • Ouv midi mer-dim et soir jeu-dim. Tapas env 4 € ; planches 10-20 € ; carte 20-25 €.* Au pied du porche, un lieu chaleureux et convivial où l'on peut profiter à toute heure des conseils éclairés de Jean-Alexandre, passionné de vins et de bons produits. Jus de pomme fermier ou de raisin fermenté, il saura toujours vous trouver la bonne bouteille ! Pour accompagner le tout, quelques tapas et tartines à grignoter, mais aussi de bons petits plats plus conséquents. Bonne atmosphère.

Le Relais Saint-Louis : *1, bd Bansard-des-Bois. ☎ 02-33-73-12-21. • info@relais-saint-louis.com • relais-saint-louis.com • ♿ À côté de l'office de tourisme. Tlj sauf le midi lun-mar et le soir des dim et j. fériés. Doubles 90-100 €. Menus 29,50-39,50 €. Resto fermé dim soir, lun-mar.* En contrebas de la cité médiévale, un ancien relais de diligence datant du XVIIIe s très joliment rénové. 10 chambres confortables et sans chichi (bonne literie), qui cultivent une ambiance douce et champêtre. La salle à manger a conservé sa cheminée monumentale où crépite un bon feu dès les 1ers frimas. Au resto, cuisine privilégiant les producteurs locaux.

À la Dînette Gourmande : *pl. du Général-Leclerc. ☎ 02-33-25-99-32. • aladinettegourmande@orange.fr • ♿ Au rond-point à l'entrée de Bellême en venant de Mortagne-au-Perche. Fermé le soir mer et dim. Formules 12-17 € (midi en sem) ; menu 30 €.* L'aspect avenant du lieu compense largement sa situation peu avantageuse autour du rond-point. L'ardoise du marché du midi en semaine offre un bon rapport qualité-prix, d'autant que le chef met un point d'honneur à proposer des petits plats qui sortent un peu de l'ordinaire, à base de produits locaux. Terrasse.

L'ORNE

Où manger dans les environs ?

Restaurant La Croix d'Or : *6, rue de La Herse, 61400* ***Le Pin-la-Garenne.*** *☎ 02-33-83-80-33. • lacroixdor@free.fr • À env 8 km au nord de Bellême, vers Mortagne-au-Perche. Tlj sauf lun soir, mar-mer. Congés : 3 sem en fév et 2 sem à la Toussaint. Formules déj en sem 14,50-17,50 € ; menus 29,50-39,50 €.* Lui est chef, elle sommelière. Ensemble, ils tiennent d'une main de maître cette petite adresse vraiment sérieuse, qui offre un beau rapport qualité-prix, et ce dès les 1ers menus. Cuisine plutôt fine, bien de son époque, à partir de bons produits du terroir joliment travaillés et de légumes de saison. Terrasse aux beaux jours, salle bourgeoise ou petit salon moderne, au choix.

Où acheter de bons produits dans les environs ?

La Ferme des Champs-Romet : *Champs-Romet, 61130* ***Saint-Fulgent-des-Ormes.*** *☎ 02-43-97-70-06. • fermedeschampsromet.fr • À env*

12 km au sud-ouest de Bellême. Fléché depuis Saint-Fulgent. Ven-sam 9h15-12h15, 14h30-18h30 ; dim 9h15-12h15. Ici, on élève et transforme porcs, bœufs, agneaux et volailles, et l'on vend les produits directement sur l'exploitation. Également des légumes de saison et des produits laitiers, boissons et pains d'autres producteurs. Mention spéciale pour la saucisse au couteau. En saison, possibilité de venir cueillir soi-même ses fraises.

À voir. À faire

L'église Saint-Sauveur : *ouv en général tlj.* Elle date des Xe et XVe s, mais fut reconstruite de 1675 à 1710 dans un pur style classique. La chapelle du Rosaire fut offerte par Aristide Boucicaut, l'enfant du pays, fondateur du *Bon Marché* à Paris.

Le cadran solaire de la place Liégeard : entre 2 fenêtres, peint au XIXe s. Une trace de l'artisanat percheron.

Le porche Saint-Sauveur : du XVe s. Quand on vient de la place de la République où se trouve l'église Saint-Sauveur, il marque l'entrée de la rue de la Ville-Close. Une plaque (sur la droite) rappelle le siège de Bellême et indique que Blanche de Castille, accompagnée de son fils, le futur Saint Louis, prit la ville en 1229 au baron rebelle Pierre de Dreux, dit Mauclerc.

La rue de la Ville-Close : bordée de beaux hôtels particuliers des XVIIe et XVIIIe s, à observer le nez en l'air.

L'ORNE

Manifestations

– **Salon des antiquaires :** *1er dim d'août, pl. de l'Europe. Entrée payante.*
– **Mycologiades internationales de Bellême :** *le 1er w-e d'oct (jeu-dim). • mycologiades.com •* Une manifestation réputée. C'est que la forêt de Bellême est riche de plus de 500 espèces de champignons et attire des mycologues prestigieux, venus de toute l'Europe.

DANS LES ENVIRONS DE BELLÊME

LE CHÂTEAU DU TERTRE

Route de Mauves (D 5), 61130 ***Sérigny.*** *☎ 02-33-73-18-30. • letertre-rogermartindugard.fr • Juste en périphérie de Bellême. Visite des extérieurs de juil à mi-sept, tlj 13h-19h ; visite de la bibliothèque et du bureau seulement, sur rdv. GRATUIT.* Si vous l'admirez depuis la cour carrée, la sobre façade de cette bâtisse du XVIIe s en brique et pierre évoque un manoir, mais, depuis le parc, les 2 ailes construites par le 2e propriétaire lui donnent vraiment l'allure d'un château. Ce qui n'était à l'origine qu'un rendez-vous de chasse fut pendant plus de 30 ans la demeure de Roger Martin du Gard (1881-1958), Prix Nobel de littérature en 1937, qui en fit un lieu d'écriture et d'échanges littéraires. Une tradition entretenue par ses descendants qui y organisent, de mars à novembre, de nombreuses manifestations et rencontres artistiques et culturelles.

LA FORÊT DE BELLÊME

Elle commence juste à la sortie nord de la ville, formant sur 18 km de long et 9 km de large une merveilleuse mer d'arbres dans les douces collines du Perche. Voilà sans doute ce qui fut la plus belle forêt du Perche (jusqu'à ce qu'elle soit ravagée par une tempête), peuplée de chênes majestueux dont le ***chêne de l'École,*** situé dans la partie ouest de la forêt, particulièrement beau (planté en 1666 et haut de 42 m). À quelques km, toujours dans la forêt, ***la fontaine de la Herse*** aurait des eaux dites « miraculeuses ». Environ 2 400 ha archi-protégés, qu'il faut découvrir à pied ou à vélo, à travers le sentier GR 22. Topos des sentiers pédestres auprès de la Maison du tourisme ou sur • *rando-perche.fr* •

LA PERRIÈRE (61360 ; 290 hab.)

Un village plein de charme pris d'assaut en été, lieu de résidence de nombreux artistes. De Bellême, la plus jolie route pour y arriver passe par Le Gué-de-la-Chaîne. De là, prendre à droite une adorable route de campagne qui longe (en la surplombant) à flanc de colline la forêt de Bellême : haies touffues, talus fleuris, échappées secrètes sur l'orée des bois, hameaux éparpillés, par monts et par vaux. La Perrière, village millénaire labellisé « Petite Cité de caractère », perché au sommet d'un éperon, eut son heure de gloire au XIXe s grâce à la broderie sur filet et au filet perlé. Sur la place centrale : une belle maison couverte de vigne vierge, une vieille balance à chevaux, et, un peu plus loin, l'épicerie du village. Mais la partie la plus intéressante de ce bourg minuscule est située entre la place centrale (en fait le petit carrefour) et l'église perché sur une colline *(ouv tte l'année).* Là, plusieurs ruelles (dont la ruelle Puante !), aux murs couverts de glycine, cachent de croquignolets petits jardins. Plus haut encore, de l'église, superbe vue sur le bocage et 17 clochers de la région. Le site de l'éperon, classé depuis 1932, est bordé de pins qui lui donnent un air méditerranéen. Nombreuses demeures de caractère des XVIe et XVIIe s.

L'ORNE

Adresse utile

Office de tourisme : *derrière la mairie. ☎ 02-33-73-09-69. • perche normand.fr • Vac de Pâques, mer-dim 14h-18h ; mai-juin et sept, w-e 14h-18h ; juil-août, mer-dim 10h30-12h30, 14h-18h.* Excellent accueil et petite expo consacrée aux filets autrefois fabriqués à La Perrière. Visites guidées *(mer à 10h30 de mi-juil à mi-août ; 3 €)* qui permettent de franchir quelques portes normalement fermées aux visiteurs.

Où dormir ? Où manger ?

De prix moyens à chic

Hôtel-restaurant Le Relais d'Horbé : *Grande-Place. ☎ 02-33-25-95-44. • contact@lerelaisdhorbe.fr • lerelaisdhorbe.fr • Doubles 90-120 €. Au resto, plats 19-22 € et menu 35 €.* Plus grand chose ne subsiste cet ancien relais de poste, si ce n'est la convivialité. Les chambres se sont habillées de moderne et de design, tout en conservant beaucoup de chaleur grâce à la présence de parquet. Un ensemble contemporain de grand confort (machine à café, frigo, bouilloire...). Celles du 1er étage sont les plus grandes. Au resto, sur la grande terrasse aux beaux jours, on déguste une cuisine franche et bien faite, préparée au barbecue en été. Service de qualité.

La Maison d'Horbé : *Grande-Place. ☎ 02-33-73-18-41. • info@lamaisondhorbe.com • Fermé lun-mar plus mer-jeu hors saison. Congés : janv. Plats 19-24 €. Carte 40-45 €.* En poussant la porte de cette adorable brocante divisée en plusieurs petits salons surchargé d'objets, de beaux bibelots et de tableaux, on est aussitôt submergé par les bonnes odeurs échappées de la cuisine ouverte. Car c'est également un bon restaurant le midi et un salon de thé soigné (excellents produits) le reste de la journée. Terrasse mignonne comme tout, bien protégée de la rue. À côté, la boutique propose des pâtisseries, préparées par le pâtissier du resto, évidemment. Goûtez donc aux pleugères, moelleux à la crème de châtaignes et à la fleur d'oranger.

Le Fournil à Crêpes : *Grande-Place. ☎ 02-33-83-55-86. Tlj le midi sauf mer ; le soir sur résa seulement. Galettes 7-11 €.* Les petits budgets seront ravis de trouver cette crêperie et sa terrasse, parfaite pour se caler l'estomac d'une galette gourmande sans se ruiner.

À voir. À faire dans le coin

Le manoir de Soisay : *sur la D 931 vers Mamers, 2 km avt Suré sur la droite (panneau). 06-61-42-51-87. • soisay.fr • Visite début juil-fin août, lun-ven 11h-17h. Entrée : 4 € ; réduc.* Isolé en pleine campagne, ce manoir ravissant des XVIe et XVIIe s possède un pigeonnier, une chapelle, un four à pain et des jardins cultivés en bio. Parcours de sculptures dans les champs. En été, c'est un surprenant lieu de vie culturel, avec des artistes en résidence qui exposent leur travail et vous guideront dans le manoir et les communs.

Fête et manifestations

– **Marché d'art :** *dim-lun de la Pentecôte. ☎ 02-33-73-09-69 (Maison du tourisme). • marchedart.com •* Le village accueille des dizaines de peintres, photographes ou sculpteurs. Tous les ateliers et les maisons où sont exposées des œuvres sont ouverts au public pour l'occasion.

– **Fête du Rosaire :** *1er dim d'oct.* Fête du village et, surtout, un grand vide-grenier/brocante.

LA ROUTE DES MANOIRS DU PERCHE

Carte Orne, D3

On ne dira jamais assez la beauté d'un manoir percheron caché derrière son bouquet d'arbres ou niché dans un pli du relief, à l'endroit même où il fallait qu'il soit. Point d'arrogance dans ces vieux corps de bâtiments couverts de tuiles et d'ardoises. Les châtelains du XVIe s y menaient une existence assez rustique, entre l'opulence du seigneur et le dépouillement du paysan. Environ 500 manoirs furent construits entre le XVe et le XVIIe s ; il n'en reste plus qu'une centaine aujourd'hui. Restaurés, certains d'entre eux accueillent hébergement de charme ou musées de la vie locale. D'autres, parmi ceux que nous citons sur cet itinéraire, ne sont pas ouverts à la visite. Très souvent, cependant, on peut les admirer depuis la route.

➢ Notre itinéraire recoupe les excellents circuits du petit fascicule *Routes tranquilles du Perche* (payant), disponible dans les offices de tourisme, qui présente 9 itinéraires pour musarder, chiner ou grignoter.

RÉMALARD *(61110)*

À 18 km au nord-est de Bellême.

Gros bourg percheron où naquit Octave Mirbeau, l'auteur du *Journal d'une femme de chambre,* adapté au cinéma par Buñuel. L'actuelle mairie est installée dans la gentilhommière où il passa ses tendres années. Jolie église Saint-Germain-d'Auxerre (portail et abside romans) sur un tertre verdoyant.

Où dormir ?
Où manger dans les environs de Rémalard ?

D'Une Île – Hôtel de Campagne : *Lieu-dit L'Aunay, 61110 Rémalard. ☎ 02-33-83-01-47. • info@duneile.com • duneile.com • Congés : janv-mars. Resto tlj midi et soir juil-août ; jeu-dim le reste du temps. Chambres 85-144 € et suites plus chères (jusqu'à 6 pers). Petit déj en plus. Au resto, carte de tapas le midi et menu 44 € le soir (résa impérative).* En pleine campagne, à l'écart d'une petite départementale et au creux d'un vallon, cette ancienne ferme du XVIIe s toute de pierre blonde revêtue est un véritable miracle. Sous la houlette de restaurateurs aussi parisiens que talentueux, on y trouve plusieurs corps de ferme et de charme qui accueillent la dizaine de chambres. Elles ont conservé une certaine rusticité, rehaussées d'une literie de grande qualité et d'un confort hors pair. Du rustique-design quoi (si, si, ça existe) ! La ferme s'ouvre sur un verger où quelques hamacs s'en balancent. Et le potager offre ses produits au resto. Formule tapas tout simple à midi, et le soir, le menu sort le grand jeu. L'inspiration du chef change toutes les semaines, tournant joliment autour des produits du jardin ou du marché. La cuisine joue sur les couleurs et les saveurs, sublimée par des cuissons impeccables.

À voir à Rémalard et dans les environs

Les jardins de la Petite-Rochelle : *22, rue du Prieuré. ☎ 02-33-73-85-38. • lapetite-rochelle.com • À proximité de l'église. Ouv 2 sem en juillet et en août seulement, tlj 14h-18h. Entrée : 7 € ; gratuit moins de 12 ans.* Créé en 1976 par Hélène d'Andlau et repris par sa fille, le site s'étend sur 1,5 ha. On s'y promène parmi 10 jardins différents avec bassins et plantés d'arbres, d'arbustes et vivaces fleuris.

Villeray : ce joli hameau escarpé (commune de Condeau), pourrait concourir au titre des « Plus Beaux Village de France »... Protégé, il offre un exemple remarquable d'architecture rurale percheronne.
– **Spa Pom :** *☎ 02-33-83-11-01. • spapom.com • Résa conseillée, surtout le w-e. Nombreuses formules de soins à tous les prix.* Dans les dépendances du château, un espace bien-être proposant des soins de grande qualité reposant sur les bienfaits de la pomme.

L'ORNE

MOUTIERS-AU-PERCHE (61110)

Bien s'enfoncer dans le village pour découvrir ses maisons qui s'accrochent à un versant de colline, le long d'une rue pentue qui mène à l'église du Mont-Harou (XIIe-XVIe s) aux gargouilles démesurément grandes. À l'intérieur, une musique douce, un superbe vieux carrelage, une large nef, des voûtes en bois et une charpente lambrissée en berceau. Ne pas manquer les fresques érodées par le temps. De là-haut, belle vue sur la vallée.

Où dormir ? Où manger ?

De chic à beaucoup plus chic

Villa Fol Avril : *2, rue des Fers-Chauds. ☎ 02-33-83-22-67. • contact@villafolavril.fr • villafolavril.fr • Congés : janv-fév. Doubles 100-180 €, familiale. Menus 33 € ; carte env 45 €.* Dans un ancien relais de poste ocre jaune, des chambres rétro-chic de charme aux teintes chaleureuses. Elles sont toutes très différentes, certaines donnant sur la rue (très calme), d'autres s'ouvrant sur le jardin ou sur une terrasse. Toutes de très bon goût, offrant des tonalités chaleureuses, mélange de mobilier ancien et moderne, sans oublier les lits bien douillets. Belle piscine, tout en longueur, cernée par une pelouse soignée. Au resto, une cuisine (produits frais et locaux) revisitant le terroir percheron et mettant en avant les producteurs fermiers locaux.

À faire

➢ ***Perch'orizon :*** *au lieu-dit Launay. 📱 06-82-41-42-88. • perchorizon.fr • Tte l'année, tlj sauf lun, 9h-18h. Balade de 1h, 25 €/pers.* Ce club d'équitation pleine nature propose des balades de 30 mn à 2h à dos de percheron, mais aussi de poneys, fjords, etc. Fait aussi gîte d'étape (3 doubles et 1 dortoir de 5 personnes) pour randonneur.

NOCÉ *(61340)*

À 8 km à l'est de Bellême.
2 beaux manoirs visibles de la route. Le ***manoir de Courboyer,*** à 3 km au nord, est l'une des plus remarquables gentilhommières construites dans le Perche à la fin du XVe s, qui abrite également la Maison du parc. À la sortie de Nocé, sur la route de Berd'huis, ***manoir de Lormarin*** (XVIe s), avec 3 tours rondes. Suivre la route jusqu'à Préaux-du-Perche. Voir le ***manoir de la Lubinière,*** élégante demeure du XVIe s abritant de belles cheminées de la Renaissance et de grandes caves voûtées.
– Le ***Parc naturel régional du Perche,*** d'une superficie de plus de 194 000 ha, est une succession de forêts et de bocages ; les paysages percherons possèdent un rare pouvoir de séduction, pleins de charme et de rusticité qu'ils sont.

L'ORNE

Où manger ?

|●| ***Auberge des 3 J :*** *1, pl. du Docteur-Gireaux. ☎ 02-33-73-41-03. • aubergedestroisj@gmail.com • ♿ Fermé dim soir-lun-mar. Congés : 15 j. début janv, 15 j. en sept et 1 sem en oct. Menus 29-40 € ; puis menu dégustation 50 €.* Au cœur du charmant village de Nocé. Dans cet ancien relais de poste joliment décoré, Stéphan Joly (un ancien de *La Tour d'Argent*) et ses acolytes s'amusent des codes gourmands du terroir normand et s'en échappent pour voyager au loin à travers les plats qu'ils inventent. Cuisine magnifiquement présentée et pleine de surprises gustatives, servie dans une salle chaleureuse (poutres et murs de pierre).

À voir

🏰🏰 ***Le manoir de Courboyer :*** *à 3 km au nord de Nocé. ☎ 02-33-25-70-10. ♿ (dans le domaine). Juil-août, tlj 10h30-18h30, 18h avr-juin et sept-oct, 17h30 en hiver. Fermé 1er janv et 25 déc. Visite du manoir libre (2 €) ; gratuit moins de 16 ans et pour ts le dernier dim du mois. Accès libre au domaine. Rens à la Maison du parc.* Un séduisant manoir du XVe s – et ses dépendances –, qui héberge juste à côté la ***Maison du parc naturel régional du Perche*** sur un site de 65 ha. Le manoir, vide, abrite surtout des expos temporaires. Ces grandes et nobles demeures, construites au sortir de la guerre de Cent Ans, représentaient le pouvoir au XVe s et étaient toujours situés près d'un cours d'eau, car ils devaient se suffire à eux-mêmes. Or l'eau était indispensable à l'agriculture ou pour alimenter les moulins qui permettaient de moudre le blé. Ces gentilhommières, souvent de style Renaissance dans le Perche, sont ornées de belles fenêtres croisées. De là, partez à la découverte du domaine par de nombreux sentiers bien tracés. Patrimoine naturel unique. Sentier découverte, potager, jeux, animations et manifestations.

SAINTE-GAUBURGE (61130)

Situé sur la commune de *Saint-Cyr-la-Rosière,* un hameau percheron miraculeusement préservé et magnifiquement restauré. Un coup de cœur !

À voir

L'écomusée du Perche et le prieuré : *au cœur du hameau. ☎ 02-33-73-48-06. • ecomuseeduperche.fr • ♿ (rdc). À env 2 km au sud-est de Saint-Cyr-la-Rosière. Écomusée : avr-sept, tlj 10h30-18h30 ; oct-mars, tlj 10h30 (14h w-e)-17h30. Musée, expo et accès au prieuré : 6 € ; gratuit moins de 18 ans.*
Sur 2 niveaux, un écomusée bien conçu qui passe en revue tout l'univers percheron au travers des vieux métiers d'autrefois. Au rez-de-chaussée, voir l'impressionnant pressoir à pomme à « longue étreinte », ainsi que l'alambic, des herses et autres outils agricoles. À l'étage, on retrouve tous les métiers d'autrefois : le bourrelier, le tisserand... et aussi l'élevage du cheval, la culture du chanvre et de la pomme. Puis le sabotier qui vivait et travaillait en pleine forêt, souvent considéré comme un marginal sinon comme un sorcier, les bouilleurs de cru « irrégulièrement honnêtes », le maréchal-ferrant, le tonnelier... Boutique, avec notamment le jus de pomme et le miel, produits par l'écomusée. On peut également acheter des produits régionaux.
– **Le prieuré :** *à côté du musée (même billet).* ♿ Fondé au XIe s, ce prieuré servit de ferme et de maison d'habitation jusqu'en 1993. Dans *le logis du Prieur,* voir Adam et Ève qui apparaissent sans tête sur le linteau de la cheminée. Puis *salle de l'Annonciation* avec son plafond d'origine et sa cheminée de la fin du XVe s. ***L'église,*** quant à elle accueille des expos temporaires. Belles salles voûtées d'ogives, « lavabos » gothiques et Renaissance et chapiteaux feuillagés.

PERCHE-EN-NOCÉ (61340)

Une halte indispensable pour visiter un jardin pas comme les autres.

À voir

Le jardin François : *lieu-dit les Clos, à env 8 km de* ***Perche-en-Nocé.*** *☎ 02-37-49-64-19. • ferme-et-jardin-francois.com • ♿ Tte l'année, du lever au coucher du soleil. Entrée : 6 € ; réduc ; gratuit moins de 12 ans. Visite libre, compter env 1h30.* Sur 2 ha, Gérard François, horticulteur passionné, a voulu recréer dans le pays de son enfance un jardin « Carnets de voyages » qui raconterait de petits morceaux de ses nombreux voyages : jardin japonais, fontaine irlandaise, plantes exotiques, pont en « bambou », roseaux... Ce jardin a le mérite de pouvoir se visiter en toute saison. Nombreuses bruyères d'hiver, feuillage, collection de camélias, rosiers anciens, rhododendrons, azalées, hortensias... Un autre jardin « Surprenant », plus petit, se découvre au bout du sentier sous les arbres avec ses cerisiers et pruniers sauvages. Un bien bel endroit en vérité. On verra encore une galerie d'art proposant des expos d'art moderne, ainsi qu'une salle de concert (de temps en temps).

Pour prolonger ce plaisir bucolique et se réveiller au milieu des fleurs, 4 belles ***chambres d'hôtes*** et 1 studio dans une jolie ferme restaurée *(60-110 € pour 2, 2 nuits min le w-e ; tarif dégressif ; panier d'accueil offert aux hôtes, ainsi que l'entrée au jardin).*

SAINT-GERMAIN-DE-LA-COUDRE (61130)

Belle crypte dans l'église Saint-Germain sur les hauteurs de la ville et un des plus anciens manoirs percherons, le ***manoir de la Fresnaye,*** impressionnant avec son donjon et ses 2 tours. Il date de la guerre de Cent Ans !

Où dormir ? Où manger dans le coin ?

Chambres d'hôtes et gîte du Moulin de Gémages : *chez Anna Iannaccone, le Moulin, 61130* ***Gémages.*** *☎ 02-33-25-15-72. • info@lemoulindegemages.com • lemoulindegemages.com • Tlj sauf dim soir-lun. Doubles 100-110 € ; familiales.* Une affaire familiale qui roule. Il faut reconnaître qu'elle ne manque pas de bons arguments : l'ancien moulin est bourré de charme, et sa propriété de 15 ha avec plans d'eau et parcours de pêche à la mouche fera le bonheur des amateurs avertis. Les autres ne manqueront pas d'y faire des balades revigorantes. Et les chambres ? Confortables et séduisantes, toutes de plain-pied, et mansardées pour certaines. Déco chaleureuse (mobilier ancien et tommettes au sol). Également un gîte (6 pers) dans l'ancienne habitation du minotier, qui a su conserver le cachet de l'époque. Bons plats de terroir et de saison.

Perché dans le Perche : *la Renardière, 61130* ***Bellou-le-Trichard.*** *06-24-84-98-25. • perchedansleperche@gmail.com • perchedansleperche.com • Congés : déc-janv. Compter 160 €/nuit pour 2 pers pour la cabane perchée (2 nuits min w-e, ponts et pdt vac scol), et 25 €/pers en plus. Pour la maison perchée, compter 350 € pour 2 pers et pour 2 nuits (durée minimum de séjour 2 nuits durant l'année, 3 nuits en juil-août). Supplément par pers en plus.* Le rêve pour les romantiques, ou pour les grands enfants ! On trouve ici une cabane perchée et une maison perchée qui garantissent une jolie escapade dans un bel environnement naturel. La cabane perchée, construite autour d'un châtaignier séculaire, avec sa grande terrasse, ne manque ni de charme (vue magnifique sur la campagne depuis la terrasse) ni de confort (salle de bains, coin cuisine, système hi-fi). Quant à la maison perchée *(jusqu'à 6 pers),* elle est également tout en bois et construite sur pilotis. Bon équipement et jolie terrasse là encore.

L'ORNE

À voir dans les environs

L'Hermitière – Cidrerie traditionnelle du Perche : *Tronas, 61260* ***Val-au-Perche.*** *☎ 02-37-49-67-30. • cidrerie-traditionnelle-du-perche.fr • Avr-oct, lun-sam 10h-12h, 15h-20h et dim mat ; nov-mars, lun-sam 10h-12h, 15h-19h. GRATUIT.* Film de 20 mn qui passe en revue ttes les étapes de la fabrication du cidre, mais aussi du calvados ou plus simplement du jus de pomme ; suivi d'une dégustation. Cette exploitation produit du cidre de façon traditionnelle, dans des installations bien d'aujourd'hui. On y trouve l'unité de production et un bel espace vente (de leurs produits, mais aussi de plusieurs autres entreprises locales).

HOMMES, CULTURE, ENVIRONNEMENT

ARCHITECTURE

D'où vient l'expression « art roman » ? Au XIXe s, les artistes et les intellectuels qui veulent rompre avec le classicisme du siècle précédent redécouvrent les vertus du Moyen Âge. Aux portes de Paris, la Normandie, avec ses abbayes et châteaux médiévaux, leur apparaît comme un nouvel éden, où ils pourront puiser leur inspiration. Théophile Gautier, par exemple, tombe en pâmoison devant le château de Tourlaville, datant pourtant de la Renaissance, mais « ruiné juste à point pour être pittoresque » ! Mais comment dénommer cet art du Moyen Âge ? Les archéologues anglais utilisent le terme « normand » : en bon français, cela donnera « roman ». « L'art normand » est mort, vive « l'art roman »... et le romantisme !

Après avoir mis à feu et à sang toute la Neustrie carolingienne à partir des années 840 et s'être rendus maîtres de la région, les *Northmen* finissent par s'installer en érigeant d'abord des châteaux à la mode de chez eux : des constructions claires, logiques, sobres, aux donjons rectangulaires (Falaise), polygonaux (Gisors) ou circulaires (Conches). Mais, pas fous, les Normands ont rapidement rappelé les moines pour s'appuyer sur leur puissance économique et spirituelle. Il faut reconstruire les abbayes détruites. Bâties sur les mêmes principes que les châteaux des seigneurs vikings, celles-ci refleurissent bientôt dans toute la Normandie (Fécamp, Saint-Sauveur-le-Vicomte, Bernay, Cerisy-la-Forêt, Jumièges, Le Bec-Hellouin, Lessay).

Cet élan spirituel et architectural atteint son apogée sous le règne de Guillaume le Conquérant (1035-1087). Les grands préceptes : rigueur, sobriété du décor, grandeur des volumes et netteté des lignes, lumière inondant le chœur depuis la tour-lanterne (encore une invention normande).

La prise de Château-Gaillard en 1204 par Philippe Auguste signe l'arrêt de mort de la Normandie indépendante et, par là même, la fin de l'architecture normande proprement dite. Mentionnons quand même au passage quelques belles réussites gothiques avec les cathédrales de Rouen et de Coutances. Et n'oublions pas les chefs-d'œuvre Renaissance : dans aucune autre région de France on ne retrouve cette architecture d'époque mariant le bois et la pierre, et c'est en Normandie que le style Renaissance a fait, en France, sa 1re apparition.

De retour d'Italie, où il a accompagné François Ier, le cardinal Georges d'Amboise s'installe à Gaillon et fait retaper le château par des artistes transalpins. À sa mort, les Italiens restent dans la région, laquelle va profiter de leurs compétences (châteaux de Fontaine-Henry et d'O) : bientôt, tout le pays se mettra au diapason. Sans oublier quelques beaux manoirs de seigneurs locaux, aspirant au pouvoir dans leurs tours et donjons. Quelques beaux spécimens subsistent d'ailleurs encore du côté du Perche ou du Calvados. Avec l'avènement de Louis XIV et de la puissance royale, « la pensée unique » en termes d'architecture châtelaine s'installe. Un modèle : Versailles. Un homme : l'architecte François Mansart, à qui l'on doit, entre autres, Balleroy ou le haras du Pin.

Finalement, il faudra attendre la fin du XIXe s, et l'édification des 1res villas dans les stations balnéaires à la mode, pour voir émerger à nouveau dans la région un style architectural original. La seule villa Strassburger de Deauville en est la preuve !

BOISSONS ET ALCOOLS

BÉNÉD'HIC ! TINE, À BOIRE RELIGIEUSEMENT

La composition de la bénédictine, une des spécialités normandes à boire, reste floue. Créée, raconte la légende, en 1510 par un bénédictin vénitien qui séjourna à l'abbaye de Fécamp, cette liqueur médicinale disparut pendant 1 siècle. En 1863, un négociant local retrouva la recette et se lança dans la fabrication de ce digestif baptisé dès lors « bénédictine » et composé de 27 plantes et épices, macérées et/ou distillées.

Si, au cours d'un repas, vous criez grâce, le ***trou normand*** se charge de raviver votre appétit : un petit verre de calva jeune bu cul sec ou, en version stylée, avec un sorbet à la pomme. Le calvados ? Du cidre distillé. Le cidre ? Du jus de pomme fermenté. Comme quoi le raisin n'est pas indispensable.

Le ***cidre*** normand est plus « complexe », plus « vineux » que son copain breton. C'est le 1er alcool qu'on a le droit de boire quand on est petit. Tout l'art est de choisir entre les 1 000 variétés de pommes, bedan ou pied court, rougette ou bisquet, etc. Amères, acidulées ou douces-amères, toutes se donnent la main pour composer l'assemblage idéal des jus, qui fermente ensuite au moins 1 mois en cuve. Puis on le soutire (en lune descendante, s'il vous plaît) et on le filtre.

Parmi les cidres, on peut choisir le brut (le moins sucré) ou le demi-sec, le « pur jus » (sans eau, ni concentré), ou celui d'appellation (la fermentation est lente et naturelle, sans adjonction de gaz, ni pasteurisation). Cidre du Cotentin et cidre du pays d'Auge bénéficient d'une AOP (l'équivalent de l'AOC en droit européen), à l'instar de leur voisin breton, le cidre de Cornouaille.

N'oubliez pas son frère, le ***poiré Domfront,*** ce « champagne normand » né dans les poiriers tricentenaires du Domfrontais, dans l'Orne (et lui aussi protégé par une AOP). Vous trouverez aussi en apéritif le ***pommeau,*** jus de pomme additionné de calvados et vieilli en fûts de chêne.

Le ***calvados*** est quant à lui un alcool détonnant. Inventée en 1553 par un gentilhomme gastronome, l'eau-de-vie fabriquée à partir du cidre (et souvent aussi de poires à poiré) attendit la fin du XIXe s pour s'appeler calvados. Héros des tranchées de 1914, puis du café-calva prolétaire, le calvados se distille tantôt comme l'armagnac, tantôt comme le cognac et accède progressivement au statut de spiritueux. Le calvados a 3 AOC : le « calvados », le « calvados pays d'Auge » et le « calvados domfrontais ». Malgré son nom, il peut aussi être produit dans les départements voisins, à l'image du calvados domfrontais, qui est produit surtout dans l'Orne et dans la Manche. Les puristes ne boivent rien de moins de 15 ans d'âge, mais ce n'est pas le même budget ! VS ou 3 pommes indiquent un calva d'au moins 2 ans d'âge (idéal pour les cocktails !) ; vieux ou réserve : 3 ans ; VSOP, 4 ans ; après 6 ans, c'est XO, hors d'âge, etc. ; l'âge indiqué étant celui du plus jeune des composants.

CUISINE

La vache normande est la nourrice de Paris. Ses mamelles sont proverbiales. Il en sort des camemberts de Normandie AOP, des petits-suisses, de la crème fleurette et du beurre d'Isigny. La *crème* est un baume qui console du temps gris ; elle est de tous les plats (en compagnie d'un brin de beurre demi-sel fondu, la recette s'appelle « vallée d'Auge ») : viande, coquillages, poisson, desserts. Outre la crème d'Isigny (ce bourg du Bessin la chouchoute depuis le XVIIe s, à tel point qu'elle a obtenu une AOP), nous vous recommandons de l'acheter au marché, auprès d'un

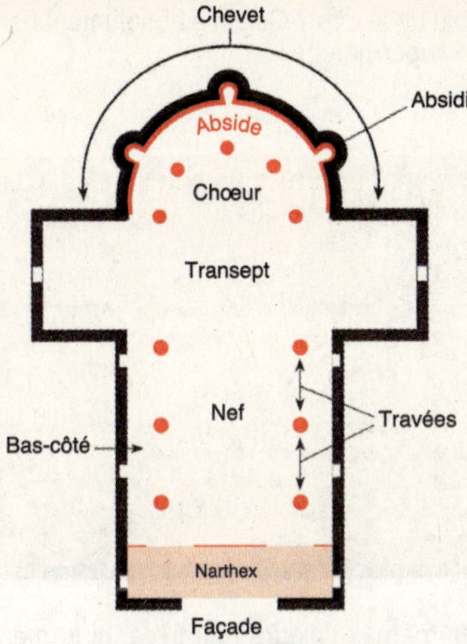

PLAN D'UNE ÉGLISE ROMANE

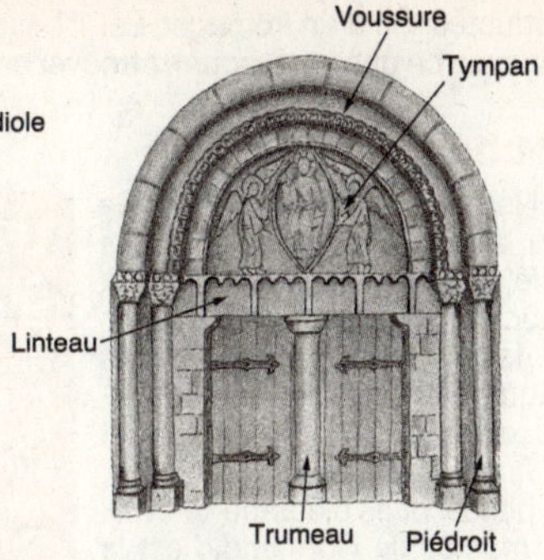

PORTAIL D'ÉGLISE ROMANE

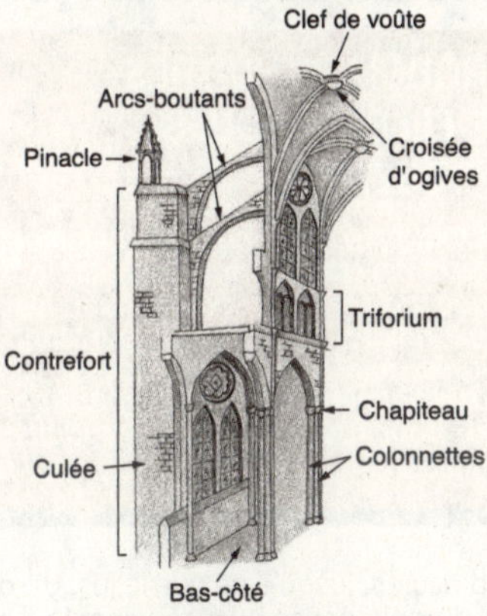

COUPE TRANSVERSALE D'UNE ÉGLISE GOTHIQUE

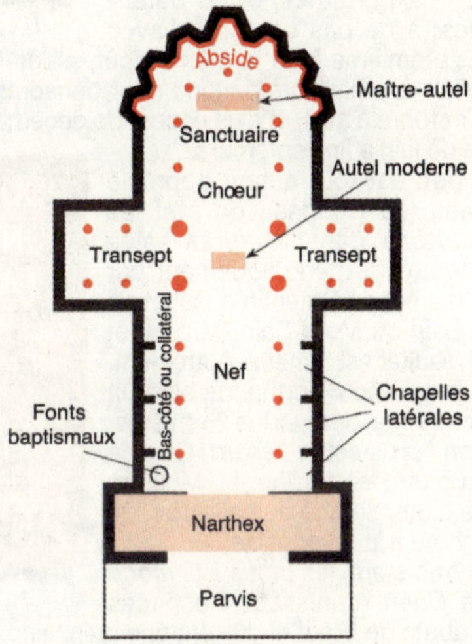

PLAN D'UNE ÉGLISE GOTHIQUE

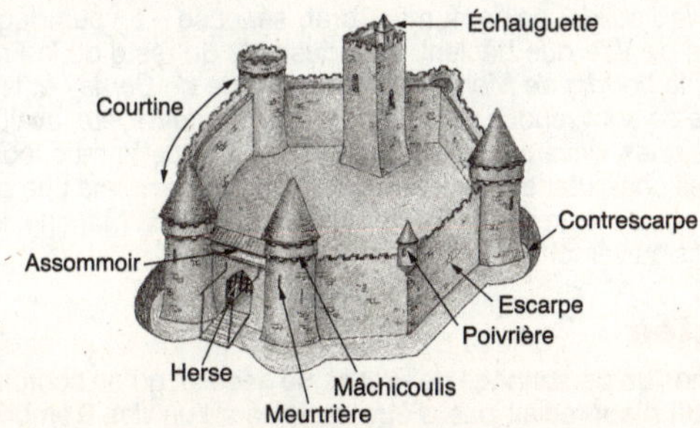

CHÂTEAU FORT

producteur ou d'un fromager. Est-il besoin de le dire ? Cela n'a absolument rien à voir avec ce que vous pourrez trouver en supermarché !

Péchés de chère

Le Normand est très protéiné. Sa mer abonde en *poissons plats* (sole, limande, plie, et le fameux turbot, coqueluche des grands chefs...), *lisettes* (les petits maquereaux de Dieppe), *crustacés,* quantité de coquillages, dont les *huîtres* du Cotentin (un must : les plates, dites pieds-de-cheval), les *moules* (la Normandie est la 1re productrice au monde de moules de bouchot), les *coquilles Saint-Jacques* (la Normandie est la 1re exportatrice) et les *pétoncles,* à ne pas confondre avec les premières (pas le même goût, ni les mêmes valeurs nutritives, ni le même prix !). La meilleure période pour consommer les huîtres et les coquilles s'étend d'octobre à avril, et plus encore de décembre à mars, tandis que celle des moules va de juin à fin septembre.

LES HUÎTRES ET LA DERNIÈRE GUERRE

Autrefois, les huîtres étaient consommées par une élite sociale. Dès 1941, la nourriture ne s'achetait plus que sur présentation de tickets de rationnement. Toutefois, les huîtres (trop rares ?) se vendaient sans tickets. Très vite, la consommation décupla. La production aussi. À la fin de la guerre, les Français y avaient pris goût.

L'iode est tout autant apprécié dans les viandes : on met les *moutons* dans les prés salés (recouverts périodiquement par la marée) du Cotentin ouest et de la baie du Mont-Saint-Michel, et le résultat est fameux. Autrement, la basse-cour normande offre un concentré des vertus fermières. Son héros est le *canard.* Cuisiné au cidre, en terrine, au vinaigre de cidre, flambé au calvados, ou encore à la rouennaise.

Autres stars, les *tripes à la mode de Caen* réunissent 5 espèces d'abats de bœuf et cuisent une quinzaine d'heures, jusqu'à ce que le jus, dit-on, en soit limpide. La Confrérie de la tripière d'or n'autorise aucune variante. Une bonne association : les pommes de terre soufflées.

POURQUOI LES HUÎTRES SONT-ELLES VENDUES À LA DOUZAINE ?

Dès l'Antiquité, on pouvait calculer par douzaines sans être allé à l'école : le pouce permet de compter sur les 4 autres doigts de la main, qui sont constitués de 3 phalanges chacun. Et ce conditionnement par 12 perdure encore pour de nombreux produits alimentaires.

Après vous être régalé de *jambon de la Manche,* la virée à Vire s'impose pour goûter l'*andouille* : solide, saine, fumée, bref, sérieuse – à vous dégoûter de la fausse andouille de Vire que bâclent les industriels du reste de la France. Dans le même esprit, le *boudin de Mortagne,* l'*andouillette de Bernay* et les *quenelles de Neuf-Marché* se sont rendus célèbres. Le *cochon de Bayeux* avait, lui, frôlé la disparition. Quelques éleveurs ont assuré la survie de cette race locale dont on fait les meilleures charcuteries. En Normandie, on trouve même une *carotte* sous appellation contrôlée : les maraîchers de Créances, dans la Manche, lui réservent des sables fumés au varech.

La voie lactée

M. de Cambremer, un personnage de Proust, se désolait qu'on écorchât son nom en Camembert. Il n'appréciait pas d'être assimilé à l'un des 3 emblèmes d'une France qu'on croyait éternelle, avec la baguette et le litre de rouge.

Ce dieu des pâtes molles serait sorti de son giron au début du XIXe s, dans un village de l'Orne, situé près de Vimoutiers : Camembert. Depuis, toute la Normandie s'y est mise. Choisissez-le AOP, dans sa boîte en bois en version « traditionnelle » au lait cru, « quand la croûte est fleurie et le milieu aussi tendre que les bords ».
En plus du camembert, la Normandie a engendré 3 autres merveilles AOP. Le *livarot AOP* – un vieux de la vieille celui-là, il n'y a qu'à sentir –, surnommé « le colonel » pour les 5 galons ou laîches de roseaux qui l'entourent (pour éviter qu'il ne s'affaisse au cours de son affinage). C'est un fromage artisanal, guère gras mais corsé... Quant au *pont-l'évêque AOP*, sa croûte orangée cache une pâte souple, très odorante elle aussi, aux arômes de crème et de noisette. Et le *Neufchâtel AOP*, le plus ancien des fromages normands, doux et crémeux, reconnaissable à sa forme de cœur. Autres trésors de vache : le *boursin* et son père le *gournay* (triple crème, à choisir « mousseux »), le *bricquebec*, la *bouille*, le *pavé d'Auge* (inspirateur du pont-l'évêque et du livarot), le *demi-sel* et même le *petit-suisse*, fromage enrichi de crème offert à la postérité par une fermière des environs de Gournay. Un de ses détaillants fit fortune : il s'appelait Charles Gervais.
Passons aux desserts. Tout y est pur beurre, et plutôt 3 fois qu'une. Gisors et Gournay sont des capitales de la *brioche*. Yport abrite une *tarte au sucre* (pommes et pâte sablée), Asnelles et Douvres-la-Délivrande cultivent les *sablés*, Rouen a pour drapeau le *sucre de pomme* et les *paillardises*. La *teurgoule*, un riz au lait longuement cuit au four, avec un soupçon de cannelle, se déguste pour sa part avec une brioche aux œufs et à la crème fraîche, la *falue*. La *pomme*, qui est reine en Normandie, offre à tout cela un supplément de douceur. Enrobée de pâte à pain, elle s'appelle *douillon* ou *bourdelot*. À noter que dans la région de Falaise, le *bourdelot* n'est pas une pomme enrobée de pâte, mais une excellente *tarte* à pâte très fine simplement garnie de gros quartiers de pomme fondante. Cuite au cidre, elle orne les *tartes normandes*. Il n'est pas jusqu'au *chausson aux pommes* qui n'aurait son ancêtre chez la Bovary.

LE DÉBARQUEMENT ET LA BATAILLE DE NORMANDIE

4 ans de mijotage

Le 23 juin 1940, en pleine défaite, les Anglais débarquaient déjà. C'était trop tard – ou trop tôt. La Wehrmacht roule vers Bordeaux. 8 millions de fugitifs errent sur les routes. Entre Boulogne et Berck, les vedettes rapides de la Navy débarquent 115 hommes jusque sur la plage de Merlimont pour se rappeler, par quelques judicieuses grenades, au bon souvenir de ces messieurs en vert-de-gris. Et rembarquent sans aucune perte.
Ils sont fous, ces Anglais ? Le 4 juin 1940 – 4 ans presque jour pour jour avant la date prévue pour débarquer en Normandie –, Churchill passait une courte note aux chefs d'état-major : « S'il est possible pour les Allemands de nous envahir, pourquoi pas l'inverse ? » Le soir même, l'officier Dudley Clarke – qui entrera dans l'histoire comme le père des commandos – rédige les 1ers principes du raid mené par de petites forces sur les côtes ennemies.
Les raids prônés par Dudley Clarke visent d'abord à se faire la main. Les coups d'épingle se succèdent cette année-là (sur Guernesey occupée, le 14 juillet) et la suivante (Italie du Sud le 10 février, îles Lofoten le 4 mars, Libye en avril, Crète le 26 mai, Liban le 7 juin, Tobrouk le 18 juillet et, le 25 août, mines du Spitzberg, où de nouveaux bateaux de débarquement sont testés). L'amiral Keynes a révolutionné ces raids en créant les « opérations combinées », stratégie qui peut conduire le fantassin à obéir à un marin, le marin à un aviateur, et l'aviateur aux armées de terre... Mais voici que, le 27 octobre 1941, cet officier inventif cède la place à un

jeune capitaine, lord Louis Mountbatten, cousin du roi George VI. Son rôle sera de « préparer la grande contre-invasion de l'Europe ».
6 semaines plus tard, un événement imprévu l'y aide : l'attaque de Pearl Harbor a précipité les États-Unis dans la guerre. Ainsi, Londres n'est plus seule. Dès la fin décembre, les états-majors des 2 pays créent un organe commun, le *Combined Chiefs of Staff,* qui étudie le lancement d'une opération à grande échelle sur l'Europe du Nord-Ouest. Pour 1942... Laissant les états-majors phosphorer, Mountbatten multiplie les raids tests en Norvège, au pays de Caux et enfin sur Saint-Nazaire. Ça urge. La guerre s'est étendue à la Russie. Staline n'en peut plus : « Alors, ce 2d front, c'est pour quand ? » Réponse britannique : « Après une détérioration sérieuse de la puissance militaire allemande. » L'attaque du 19 août 1942 sur Dieppe sera la répétition générale.
Promu simultanément vice-amiral, général d'armée et maréchal de l'air, Mountbatten a toutes les commandes en main pour lancer une opération combinée. Le raid sur Dieppe sera sanglant (3 000 morts !), mais la leçon bénéfique. La prochaine fois, pas question d'approcher les côtes avant que les nœuds routiers et ferroviaires n'aient été neutralisés. Et on évitera d'attaquer un port. Mais l'important, c'est que les Allemands soient persuadés du contraire... « Aucun doute, dira plus tard lord Mountbatten, dans mon esprit, la bataille de Normandie a été gagnée sur les plages de Dieppe. »
Il n'empêche, ce désastre sanglant a désarçonné les esprits. « Si nous ne pouvons pas débarquer dans un port, lance un sceptique, comment fait-on ? » Un officier répond, agacé : « Eh bien, on en apporte un ! » L'idée du port artificiel d'Arromanches est née.
L'heure des attaques massives a sonné. Le 8 novembre 1942, l'opération *Torch* ouvre la voie de l'Afrique du Nord. Le 9 juillet 1943, la Sicile est envahie. 2 mois plus tard, l'offensive gagne l'Italie. La décision définitive d'un débarquement en Normandie est prise en janvier 1943 à Québec, lors d'une réunion entre Roosevelt et Churchill. 2 mois plus tard, le commandement suprême allié étudie un plan, nommé *Fortitude,* destiné à leurrer l'ennemi sur le lieu et la date (simulée pour 1943) du débarquement. Dans le même temps, on prépare un schéma d'attaque massive du continent au cas où les défenses allemandes s'effondreraient. Sait-on jamais... Et, bien sûr, on planifie la véritable opération qui, en 1944, consacrera le retour en Europe. Le jour J est fixé : 1er mai 1944 au plus tard. Sous le nom d'*Overlord,* on lancera 3 divisions dans le Calvados, entre Grandcamp et Ouistreham, ainsi qu'une division aéroportée au-dessus de Caen. On envisage un débarquement secondaire en Provence. Dans les contingents, les soldats noirs américains sont loin derrière la ligne de front et consignés aux basses besognes. Il faudra attendre un ordre de Truman à la fin de la guerre pour qu'ils intègrent les rangs.
Montgomery, après avoir fait ses adieux à l'armée du Désert, très occupée en Italie, atterrit à Londres en février 1944. Il bouscule les plans de ses prédécesseurs. Si Eisenhower a reçu le commandement suprême, « Monty », lui, commandera les forces terrestres « dès l'instant où elles auront posé pied sur les plages ». Les autres protagonistes sont prêts : l'amiral Ramsay est chargé de la traversée (dite opération *Neptune*), le maréchal de l'air Mallory s'occupe des opérations aériennes.

Le « leurre » de Normandie !

Et l'opération *Fortitude* commence. Tout est bon pour leurrer l'Allemagne. On sacrifie des agents de la Résistance. On multiplie les « révélations » aux agents doubles, triples, retournés dans tous les sens. On bombarde férocement le Pas-de-Calais. On mine la mer du Nord et la Baltique. On masse des navires dans les ports du Nord-Est anglais. Pour tromper les avions espions, on crée de faux parcs de matériel avec des chars et des jeeps en caoutchouc, de faux aérodromes avec des avions en bois. Une intense activité radio « dénonce » l'existence d'une 3e armée fictive, basée dans le Kent. Mongtomery paie de sa « personne » : la veille du 6 juin, un sosie (pas bête !) est chargé d'inspecter ostensiblement la garnison de Gibraltar,

juste à portée de jumelles des agents allemands d'Algésiras.
Parallèlement, l'heure est venue d'entraîner les troupes aux opérations très délicates du débarquement. Au printemps 1944, les manœuvres se comptent par dizaines. Celle de la nuit du 28 avril met aux prises 2 camps fictifs, les « débarquants » et les « défenseurs ». Des vedettes lance-torpilles britanniques endossent le rôle des vedettes ennemies qui ne manqueront pas de surgir dans la ceinture de navires de guerre protégeant le débarquement.
En avant la manœuvre ! Les barges approchent des plages, dégorgent leurs soldats. C'est l'attaque. Obus, fusées jaunes, fusées rouges, balles à gogo. Mais les lance-torpilles qui tirent sont... allemands !
Le 2 juin 1944, Churchill envoie un message à de Gaulle, à Alger : « Venez, c'est urgent ! » 2 jours plus tard, de Gaulle est conduit à Portsmouth, centre nerveux d'*Overlord*, où Churchill le met dans la confidence. Eisenhower les attend dans son QG tapissé de cartes. « Le temps est très mauvais, explique-t-il, tant pour la navigation que pour l'abordage. Or je dois donner l'ordre : déclencher ou remettre. Cet ordre doit être donné au plus tard demain. Qu'en pensez-vous, général ? J'approuve par avance et sans réserve le parti que vous choisirez de prendre. À votre place, pourtant, je ne différerais pas ! »

ACTEUR AU SERVICE DE SA MAJESTÉ

Les services secrets britanniques furent frappés par la ressemblance de l'acteur australien James Clifton avec le maréchal Montgomery. Le comédien fut contacté par le colonel David Niven, autre comédien célèbre. On envoya le sosie se balader à Gibraltar, Alger et Le Caire alors que Montgomery préparait le débarquement en Normandie. Le maréchal ne buvait pas et ne fumait pas. Ce fut le plus dur, avoua Clifton...

UN ENTRAÎNEMENT CATASTROPHIQUE

Quelques semaines avant le jour J, l'opération Tigre organisa un mini débarquement dans le Devonshire pour entraîner soldats américains et britanniques. Ils rencontrèrent totalement par hasard 9 lance-torpilles allemands. Résultat : 946 morts.

Orages d'acier

Ce mardi 6 juin 1944, il pleut dès le matin. Un vrai temps de juin pour un jour de guerre ordinaire. À 9h, ceux qui le peuvent se branchent sur la BBC. Le communiqué du jour diffusé par la BBC est sobre : « Sous le commandement du général Eisenhower, les forces navales alliées appuyées par une aviation puissante ont commencé à débarquer les armées alliées sur la côte nord de la France. » Un canular ? On n'ose y croire. Pour la France comme pour l'Europe entière, c'est à nouveau l'annonce du sang et des larmes. Mais aussi l'espoir de la libération.
Ce débarquement, les Allemands l'attendaient. Mais au plus près des côtes anglaises : sur le Pas-de-Calais. Hitler en était sûr : il s'opérerait entre l'Orne et la Vire. Ses généraux n'agirent pas en conséquence. L'opération *Overlord* était lancée. Le plan des alliés ? 5 divisions débarquant sur 5 plages, sur 80 km de côte entre Caen (Calvados) et Sainte-Mère-Église (Manche). 3 divisions parachutistes, larguées au préalable, se chargeraient de barrer la route aux renforts allemands.
Initialement prévue pour la veille, l'opération *Overlord* avait été retardée pour cause de temps exécrable : toute cette armada complexe et tentaculaire avait déjà été déployée en mer lorsqu'elle reçut l'ordre de rebrousser chemin... Puis la météo s'était annoncée – un peu – meilleure.

Depuis la veille au soir, peu avant minuit, les 10 batteries allemandes postées sur ces plages subissent un déluge de feu. 10 000 bombardiers lourds les pilonnent, soit 1 000 bombardiers par batterie. En tout, 6 000 t de bombes. De quoi réduire en bouillie les Allemands – si les bombardements avaient été précis.

Quelques minutes plus tard, les parachutistes de la 101e Airborne atterrissent entre Sainte-Mère-Église et la mer, dans les prés inondés de la presqu'île du Cotentin. Leur rôle est de garantir les routes aux troupes américaines d'Utah Beach, dès que celles-ci progresseront vers l'intérieur pour couper la presqu'île. Pendant ce temps, la 6e Airborne s'active à l'autre bout du front. Leur ordre de mission est chargé : tenir l'Orne et son canal, neutraliser la batterie de Merville, enfin détruire 4 ponts sur la Dives (et son affluent la Divette) pour transformer ce fleuve en fossé protecteur.

ON CHANGE DE DATE !

Le débarquement allié était fixé au 5 juin 1944, en fonction de 2 critères : marée très basse et pleine lune. Les prévisions météo étaient (déjà) approximatives. Les navires partirent le 4 et furent rappelés très vite à cause d'une mer démontée. La prochaine date idéale était en septembre. Le secret du débarquement était impossible à tenir si on attendait 3 mois. Eisenhower décida alors le 6 juin.

Quel sera le 1er village libéré de France continentale ? Ranville. Au château, monsieur et madame de Rohan-Chabot sont réveillés par des coups de crosse frappés contre la porte. Surgissent des soldats aux visages noircis, en tenue de camouflage, leurs casques recouverts de branchages. « Encore les Fritz, bougonne le comte. Ils viennent de finir leurs manœuvres de nuit. Et ils parlent anglais pour nous piéger. Ils veulent savoir ce que nous pensons vraiment d'eux... » Jusqu'à l'aube, il restera sur ses gardes. C'est en vain que la comtesse le rassure : ce sont de purs Anglais, elle peut le jurer. D'ailleurs, il y en a d'autres, beaucoup d'autres. Les quelque 6 000 hommes de la Pegasus Division ont été largués sur Ranville. Il est 2h30...

Cette nuit plus que jamais, le ciel appartient aux Alliés : 15 000 appareils, 10 000 sorties, 12 000 bombes. Le mur de l'Atlantique tremble sur ses bases.

Pour la Résistance normande (une dizaine de réseaux), c'est aussi la nuit la plus longue. Mais les 3 plans à appliquer sont au point depuis longtemps : paralysie des voies ferrées, du réseau de télécommunications et des routes conduisant aux plages. Très loin à l'ouest, d'autres Français arrivent. Ce sont les SAS (Special Air Service – unité des forces spéciales britanniques) du colonel Bourgoin. Aux petites heures de la nuit, on les a largués sur les landes paumées du Morbihan et des Côtes-du-Nord (actuelles Côtes-d'Armor).

Le raz de marée

Enfin, l'aube se lève sur la côte normande. La mer agitée offre un spectacle incroyable : une forêt d'acier danse sur les vagues. 7 000 bateaux, venus de partout. Près de 100 000 hommes les conduisent, plus de 100 000 autres s'apprêtent à en sortir. Les dragueurs ont ébréché les champs de mines et, à 3h30, les 1res barges cinglent vers Omaha Beach. Un nom de code qui réunit les 3 plages de Vierville, Colleville et Saint-Laurent.

CRISE DE FÜHRER

Une des grandes faiblesses de l'armée allemande venait du fait qu'il n'y avait pas d'unité de commandement. Plusieurs généraux étaient en poste (Rommel, von Rundstedt et d'autres), et personne n'avait les mêmes méthodes pour repousser le débarquement allié en Normandie. En fait, le seul chef suprême était Hitler. Au moment du débarquement, il dormait et personne n'osa le réveiller...

Les hommes ne sont pas frais. Les pilules contre le mal de mer, si généreusement distribuées, renfermaient une forte dose de narcotique ! Et l'envie d'en découdre se mêle à l'angoisse.
Pendant que cette masse d'hommes et d'acier se répand sur les plages, où sont les Normands ? On les a évacués à 14 km de la côte. Mais comment ne pas deviner, au grondement continu du canon, que les cuirassés, les croiseurs et les destroyers pilonnent les défenses côtières ? Comment ne pas remarquer que, pour la 1re fois depuis 4 ans, les avions survolent les hameaux côtiers tous feux allumés ? À défaut du poste radio, confisqué par l'occupant, chacun colle une oreille anxieuse au poste à galène bricolé en hâte...
C'est l'enfer : peu avant 5h30, l'aviation tactique a pris le relais des bombardiers. Les batteries du mont Canisy, de Riva-Bella, de la pointe du Hoc, de Maisy et de la Pernelle sont pilonnées sans répit. Une heure après, l'infanterie entre en action. Il a été convenu d'échelonner les 4 débarquements d'ouest en est, suivant l'heure de la marée descendante. Le 1er va s'ébranler à 6h30, sur la côte orientale du Cotentin.

Comme les 5 doigts de la main

– ***Utah Beach, 6h30.*** Il s'agit de la 4e division d'infanterie américaine (celle-là même qui entrera dans Paris avec Leclerc). À moins de 3 km du rivage, elle lâche une trentaine de chars amphibies : tous, sauf un, parviennent au rivage. Des fantassins les suivent. En 1 jour, ils parviendront à établir une tête de pont de 3,6 km ! Après avoir « réduit » les points forts de la résistance allemande et nettoyé la plage de ses obstacles, ils traversent les prés inondés et réussissent, en certains points, à pénétrer jusqu'à 9 km à l'intérieur des terres. Le contact est établi avec la 101e Airborne. Bref, tout va bien.

LES ROCHAMBELLES ? RESPECT !

L'histoire a oublié ces ambulancières françaises qui ont débarqué à Utah Beach, avec la 2e DB de Leclerc. Ces 38 femmes sauvèrent bien des vies de la Normandie à Berchtesgaden. Financée par Florence Conrad, une riche veuve américaine, cette unité féminine fut la seule à être opérationnelle pendant le débarquement allié.

– ***Omaha Beach, 6h45.*** Le débarquement va s'y révéler incomparablement plus difficile et meurtrier. Les 2 groupes de combat américains doivent s'emparer, entre Vierville et Colleville, d'un croissant de falaises truffées de casemates, de canons et de mitrailleuses. De plus, la mer est grosse et les obstacles sous-marins abondent. Terrible surprise : les soldats américains n'ont que 7,5 secondes pour lutter contre la marée et se mettre à l'abri. Les Allemands font un carton sur les barges de débarquement et les chars amphibies. Angoisse : le bombardement aérien a été mal conduit. L'un des aviateurs, nommé Cornelius Ryan, en gardera toute sa vie le traumatisme. Longtemps après, il enquêtera sur les circonstances de la mort que ses frères d'armes ont trouvée à terre, et écrira *Le Jour le plus long.* Un récit qui sera transposé au cinéma en 1962 par Ken Annakin, avec John Wayne, et grâce à la caution technique et historique d'Eisenhower en personne. Pendant ce temps, le soldat de 2e classe Samuel Fuller se débat sur la plage « 3 heures durant au lieu des 25 minutes prévues. La mer est rouge de sang. Des culs, des couilles, des yeux, des têtes, des intestins, des bras, des doigts, des bouches, juste une bouche. Partout ! Un cauchemar ! » Samuel Fuller, qui n'avait rien oublié, réalisa en 1980 le film *Au-delà de la gloire (The Big Red One).* Que s'est-il passé à « Omaha la Sanglante » ? La marine de guerre a été gênée par la configuration des falaises. On parle aussi d'une erreur de navigation. Et surtout, une unité allemande non signalée (elle n'a été repérée qu'au dernier moment, alors que les bateaux d'état-major étaient astreints au silence radio) se trouve être en manœuvre sur les lieux. Et ce ne sont pas les cibles qui manquent ! Privées d'appui, les unités alliées de tête sont clouées sur place par les canons et les mitrailleuses. Les pertes d'Omaha Beach atteindront 40 % de celles du jour J (notamment en raison de la terrible boucherie de la pointe du Hoc ; se reporter à « La pointe du Hoc » dans « Le Calvados. Le Bessin »). À 12h, le commandant des troupes décimées, Bradley, envisage même de rembarquer. Mais en cette matinée d'horreur, le GI américain entre dans la légende : il enlève un à un chaque ouvrage et s'accroche au terrain conquis. Mètre après mètre. Et c'est ainsi qu'à la tombée de la nuit la tête de pont, longue de 1 500 m, s'agrippe enfin au sommet des falaises.

– ***Gold Beach, 7h25.*** Malgré un début difficile, la situation y est plus favorable. Le débarquement britannique a commencé sur les plages du Hamel et de La Rivière. Objectif : Bayeux. Dans le même temps, le 41ᵉ commando est censé s'emparer de Port-en-Bessin – vital pour l'acheminement des renforts – et assurer la jonction vers l'ouest avec les Américains d'Omaha Beach. Mais la météo ne l'entend pas de cette oreille. Ciel couvert, visibilité médiocre, vent de force 5... Impossible de mettre à l'eau les chars amphibies qui doivent protéger l'infanterie. Pour comble, beaucoup d'embarcations chavirent. Les fantassins qui atteignent la plage se retrouvent épuisés et malades avant même d'avoir tiré un seul coup de fusil. Les Allemands s'en donnent à cœur joie : leur précision est méticuleuse. La progression des troupes s'effectue de manière inégale. Le bombardement de La Rivière a été si efficace que le hameau se trouve libéré dès les 1res minutes. Vers 9h30, le pont de Meuvaines est pris dans la foulée. En revanche, les obus de la flotte et les bombes aériennes ont peu d'effet au Hamel. Devant ce village, l'infanterie se trouve clouée au sol. Elle ne l'emportera qu'à 16h30. Déjà, la brigade de tête file sur la route Caen-Bayeux. Bayeux tombera le lendemain à l'aube.

DRÔLES DE NOMS !

Les 2 plages du secteur américain seront nommées Omaha, ville du Nebraska, et Utah, du nom d'un État du sud-ouest américain, tandis que côté anglo-canadien ce sont des noms de poissons qui seront choisis : sword (sword fish, « espadon » en anglais) gold (goldfish, « poisson rouge ») ; et entre les 2 : Juno. Juno devait initialement prendre le nom jellyfish (« méduse »), ce qui aurait donné le diminutif jelly (« gelée ») ; Churchill s'opposera à cette appellation, jugeant le nom inopportun pour une opération qui devait causer de nombreux morts et mutilés. La plage portera finalement le nom de la femme du lieutenant-colonel canadien Dawnay, chargé d'y débarquer...

– ***Juno Beach, 7h35.*** Sous les ordres du major général Keller, la 3ᵉ division d'infanterie canadienne débarque sur les plages de Courseulles, Bernières et Saint-Aubin. Elle est en retard sur l'horaire. Et il faut occuper, le soir même, la crête qui s'étend de Putot-en-Bessin jusqu'à l'ouest de Caen ! Les ennuis sont là. Fonds rocheux, vagues démontées, plus un véritable festival de pièges et de mines. Les barges de débarquement dérivent. Elles sont cueillies par un feu nourri. Beaucoup d'hommes tombent alors qu'ils pataugent, avec de l'eau jusqu'aux aisselles. Le génie livre une lutte de vitesse contre la marée montante qui recouvre les obstacles sous-marins. Ce n'est pas du gâteau. Une bonne part des casemates et des blockhaus ont survécu au bombardement préliminaire. Autant dire que les voies d'accès vers l'intérieur sont longues à nettoyer. Bernières est défendu par 2 canons antichars, 2 mortiers lourds, 8 nids de mitrailleuses : mais vers 8h30, la place tombe. Courseulles est infiniment mieux équipé : 2 attaques et d'épuisants combats de rue en viendront à bout vers 10h. Saint-Aubin, Langrune et Graye-sur-Mer attendront le 7 juin pour tomber.

– ***Sword, 7h25.*** La 3e division d'infanterie britannique a bien l'intention de dîner à Caen ce soir-là. Au moment de toucher la plage de Colleville, les barges anglaises se laissent courtoisement dépasser par les 177 Bérets verts du lieutenant Philippe Kieffer. Juste revanche sur le « Messieurs les Anglais, tirez les premiers » de la bataille de Fontenoy. Mais la bataille qui s'annonce n'a rien à voir avec la guerre en dentelle. La brigade de tête de la 3e DI anglaise doit rapidement établir une base solide sur la hauteur de Périers, qui est comme la clé de la ville de Caen. Toute la division, débarquée à Hermanville, Colleville et Ouistreham, devra rejoindre le pont de Bénouville pour établir la jonction avec les parachutistes largués la nuit précédente. Et pendant ce temps, les commandos nettoieront vers l'ouest en direction de Juno Beach. Ce scénario va-t-il être respecté ? Les 1res vagues d'assaut débarquent à l'heure, malgré la forte houle. 2 bataillons de chars amphibies sont largués à 4 km de la plage, et la moitié parvient au but. Un passage est ouvert sur la plage et dans les fortifications des dunes. Les chars progressent. Hermanville tombe à 9h30. Dans le parc du château, une compagnie revendique « le 1er thé préparé le 6 juin par une unité britannique de ce côté-ci du *Channel* ».

Un après-midi normand

À 15 petits kilomètres de là, Caen a été réveillée « vers 2h par le bruit sourd et lointain d'une canonnade assourdissante ». Mais bien que quelques bombes soient tombées vers 6h du côté de la gare, la matinée se déroule au calme. Une voiture à haut-parleur ordonne aux 35 000 Caennais d'évacuer la ville. Un équipier d'urgence hausse les épaules : « Pourquoi partir sur les routes et risquer les mitraillages ? On se souvient trop de l'exode de juin 1940. Caen sera sans doute libérée très vite... »

EFFET PERVERS

En 1944, pour le débarquement en Normandie, l'armée américaine, raciste, ne mélangeait pas les soldats noirs et les soldats blancs. Les poches de sang pour Noirs étaient isolées de celles des Blancs. D'ailleurs, les Noirs ne combattaient pas en 1re ligne mais étaient relégués aux tâches subalternes : mécanos, chauffeurs, pompistes... Étant à l'arrière, peu de Noirs furent tués. Il en sera tout autrement pendant la guerre du Vietnam. Là, l'égalité des races était inscrite dans la loi (Civil Rights en 1964).

En ville, dans la prison de la Maladrerie, les 110 résistants gardés par la Gestapo sont « envahis d'une immense espérance en entendant le grondement que prolonge la canonnade » (témoignage de la résistante Amélie Lechevalier). Ils comptent les minutes en souriant, tâchant d'évaluer la distance qui sépare Caen des plages. « Hélas, la prison retentit brusquement d'ordres gutturaux. Nous croyons qu'on va nous évacuer. » Les Allemands ne se donnent pas cette peine et abattent froidement 87 détenus dans les courettes de la prison.
De fait, les Alliés piétinent devant Caen. Ils vont changer l'axe de l'offensive. Sur les pentes qui, de la plage, mènent aux crêtes commandant la ville, les Anglais ont perdu 200 hommes. Une brigade de soutien débarque peu après 10h sous un feu violent qui balaie les plages et leurs débouchés. Pendant ce temps, la marée montante noie les véhicules et les équipements. Les Allemands jugent le moment venu pour rétablir la situation. La 21e Panzerdivision contre-attaque dans l'après-midi et parvient à la mer dans l'axe de la route de Cresserons. En vain. Rien ne suit. Les Britanniques s'emparent même de Biéville et de Bénouville. Autour de Caen, la ligne de front est fixée. Elle ne bougera plus pendant 33 jours.
Pour les Normands, l'heure est venue de serrer les dents. Déjà bombardées à plus de 300 reprises pendant tout 1 mois, leurs villes vont se retrouver, cette fois, quasiment pulvérisées. Les bombes « amies » ont élu Caen, Argentan, Agneaux,

Valognes, Coutances, Falaise, Flers, Vire (rasée en 5 mn), Lisieux et Condé-sur-Noireau comme points de congestion (un beau terme militaire) destinés à empêcher l'arrivée des renforts ennemis. Aujourd'hui, il est assez rare d'y trouver une maison datant d'avant juin 1944.

Enfin, la nuit tombe sur le front, qui est discontinu. Aucun des objectifs fixés n'a été atteint. Les Alliés ont perdu 10 000 hommes, dont un tiers est mort. 2 navires de guerre, 127 avions et près de 300 barges ont été anéantis. Mais ce n'est qu'un début. Une bataille de 100 jours commence, qui mettra 2 millions d'hommes aux prises et ne s'achèvera qu'avec la chute du Havre... le 12 septembre 1944.

La bataille de Normandie

Après, c'est la grande offensive. Pour cela, il faut 12 fois plus d'hommes, 20 fois plus de véhicules, 3 millions de tonnes de matériel. Bref, il faut des ports en eaux profondes. Autre chose que les ports artificiels mis en place sur les plages. Du solide. On guigne Cherbourg début juin. On espère Saint-Nazaire pour le 10 juillet. Brest dans la foulée. Et Lorient. Et Quiberon, où l'on envisage même un Arromanches bis. La bataille de Normandie doit impérativement déboucher sur la Bretagne. Il faut aussi des hangars et des pistes pour l'armada aérienne d'appui. Les plaines qui s'y prêtent sont à portée de main : entre Caen et Falaise.

Brest et Falaise seront les 2 hantises de la bataille de Normandie. On répartit les rôles. La Bretagne sera pour le général Bradley, chef de la 1re armée américaine. Montgomery, lui, prendra Falaise avec les 2 armées du Commonwealth.

Le plan sera très prudent, très pondéré : de petits pas, du grignotage. Il faut le temps de réunir son monde. Les 40 divisions qu'on débarque progressivement sur les jetées d'Arromanches, puis, bientôt, sur les plages en arrière des brise-lames et dans les petits ports de pêche normands. Et surtout, les 16 divisions qui remonteront bientôt la vallée du Rhône, après avoir mis pied à terre en Provence le 15 août (faute de bateaux, on a dû reporter le débarquement du 6 juin). Ce plan prudentissime poussa Churchill à s'exclamer devant Eisenhower : « Délivrez-moi Paris avant Noël, et personne ne pourra vous en demander plus ! »

La date prévue pour la fin de la bataille de Normandie est le 6 septembre. Y sera-t-on encore cet automne ? Que fera-t-on cet hiver ? Entre Seine et Loire, face au Loing et au canal de Briare, un immense camp militaire se sera substitué à l'étroit front de mer normand. On pourra réfléchir alors au plan suivant : *Post-Overlord*. Ce plan qui dort encore dans les cartons. Son but : la ruée vers l'Allemagne.

« Qu'est-ce que ce foutu plan où il n'est question que d'installation, et jamais de percée ni d'exploitation ? », fulmine le bouillant Patton, que l'on tient alors en réserve pour une 3e armée qui n'arrivera sur le terrain que le 1er août.

Elle viendra, la percée. Mais ce ne sera que pour s'assurer la Bretagne. Elle viendra, l'exploitation. Mais le commandement allié n'y sera pour rien. Il faudra « remercier » l'aveuglement de Hitler qui, par obstination, enverra ses divisions au plus fatal des casse-pipes. Le complot qui, le 20 juillet, manqua le Führer de peu fut la réponse des généraux allemands.

C'est que la Wehrmacht ne sait plus où donner de la tête. Le jeu de balance entre Falaise et la Bretagne oblige le commandement allemand à jongler avec ses unités, bringuebalées d'un front à l'autre selon l'urgence de l'incendie. Car ses forces ne sont pas illimitées. Les meilleures unités sont sur le front de l'Est. Au jour J, les Allemands disposent de quelque 300 avions (autant dire que les Alliés sont maîtres du ciel), de 18 divisions entre Seine et Loire, à peu près autant au sud de la Loire, et entre la Seine et l'Escaut – un réservoir d'hommes où l'on ne puisera que progressivement, l'état-major restant persuadé que les Alliés débarqueront dans le Pas-de-Calais. Le moral n'est pas bien haut. 10 jours après l'invasion, qui ne suscita au QG du Führer aucune stratégie bien définie, le général Warlimont, adjoint au chef d'état-major, déplore « un manque croissant d'esprit de décision pour l'essentiel et des heures de discussion pour des détails ». Très exactement ce que visait l'opération *Fortitude,* mise en place pour brouiller les pistes...

L'axe Normandie-Bretagne

Pour passer en Bretagne, il faut s'assurer d'abord du Cotentin. Le 18 juin, la péninsule est coupée. Le 26, Cherbourg tombe. Dans leur progression, les Américains ont perdu quelque 5 000 hommes depuis le jour J. Mais, 3 semaines plus tard, les 1ers *liberty ships* jetteront l'ancre sous le fort du Roule...

DES MORTS OUBLIÉS

Le Débarquement a tué de nombreux soldats alliés pour notre liberté. Encore plus d'Allemands. Les terribles bombardements alliés sur Caen, Falaise, Saint-Lô et Le Havre ont tué au moins 20 000 civils normands. Les livres d'histoire oublient souvent que la population locale a payé, elle aussi, le prix fort.

Pour gagner Falaise, il faut d'abord prendre Caen. On l'espérait pour le 6 juin. La ville ne tombe que le 9 juillet, après 26 000 morts et disparus dans les rangs alliés. Et ce n'est qu'un début. Le plateau de la rive droite, qui ouvre Falaise, est tenu par la *Hitlerjugend,* une division Panzer SS d'élite. Il faudra 37 jours et des torrents de sang pour lui passer dessus.
Dans le Cotentin, la bataille des Haies s'annonce tout aussi meurtrière. Pour l'armée de Bradley, la péninsule est une prison. Les 2 côtes sont verrouillées par une chaîne d'unités allemandes, habilement retranchées dans les haies, les vergers, les bois, postées devant les marais, les gorges, les rus et les rivières, Panzerfaust au poing. Chaque lopin gagné provoque un communiqué de victoire. Mais peut-on parler de victoire quand la 83e division d'infanterie, pour ne citer qu'elle, perd 5 000 hommes en 12 jours ? Enfin, Saint-Lô tombe le 19 juillet. Ou plutôt, Saint-Lô s'écroule. Le taux de destruction est de 95 % : presque aucune maison n'a échappé aux bombes. La ville en gardera un surnom : « le Cassino du Nord ». Quant au calendrier, il est proprement chamboulé : 30 jours de retard.

Le western breton : l'arrivée de la cavalerie !

Maintenant, il faut gagner Avranches, porte de la Bretagne. C'est l'opération *Cobra.* Quelque 2 000 bombardiers ont copieusement arrosé les 12 petits kilomètres carrés compris entre Saint-Gilles, Marigny et Hébécrevon, à raison de 5 000 bombes incendiaires par kilomètre carré.

JERRYCAN

Ce bidon en métal est une invention allemande. Quand les Anglais décidèrent d'en fabriquer à leur tour, ils l'appelèrent « le réservoir du boche », jerry étant le surnom péjoratif que les Anglais donnaient aux Allemands.

Le 25 juillet, 5 divisions américaines s'ébranlent, crèvent la cuirasse blindée allemande, traversent Avranches le 30, passent la Sélune, franchissent le Couesnon, déferlent en Bretagne, libèrent Rennes et Rostrenen le 4 août, filent vers Brest le 7... Un diable furieux vient de bondir de sa cachette. C'est Patton. Sa 3e armée, toute fraîche, y gagnera un surnom : *Third Galloping.* Patton la conduira jusqu'à Pilsen, en Europe centrale. Là, le commandement allié dira : « Stop ! » Il ne s'agit pas de fâcher Staline, tout de même !
Ainsi les 12 divisions passent-elles le goulet d'Avranches « pare-chocs contre pare-chocs ». Maintenant, cap sur l'Atlantique, sur Angers, sur Le Mans. Patton plastronne. « Pour la 1re fois dans l'histoire militaire, une armée attaque sur les 4 points cardinaux ! »

Le début de la fin

En attendant, cette disposition la rend vulnérable. Hitler en est sûr. Il croit habile de réitérer le coup de Dunkerque. Déclenchée le 7 août, l'opération *Lüttich* lance 4 divisions de panzers vers l'ouest, sur une ligne d'Avranches à Mortain. Mais l'armée allemande n'est pas inépuisable. Pour se concentrer sur *Lüttich,* Hitler a dégarni les autres fronts, trompé par de fausses révélations laissant penser à une débandade américaine. On imagine la joie de Montgomery, qui restait à l'affût : il attaque vers le sud. Patton, quant à lui, est au Mans : il attaque plein nord et prend les Allemands à revers. Bradley exulte : « C'est une occasion comme il s'en présente une par siècle ! Nous sommes sur le point de détruire une armée entière ! » Cela, le maréchal von Kluge le savait aussi. Mais allez donc faire entendre raison au Führer ! De toute façon, il est trop tard. Les 2 mâchoires du piège allié se referment à Chambois, le 19 août. Une féroce bataille de 3 jours s'engage. Le reste des 2 armées allemandes se faufile vers la Seine et le pays de Caux, en attendant de rejoindre la ligne Siegfried. Les Alliés bombardent les colonnes à loisir. L'hécatombe est inimaginable.

La bataille de Normandie aligne des chiffres éloquents : plus de 200 000 morts allemands et autant de prisonniers. Du côté allié, on compte 53 000 morts, plus de 150 000 blessés et près de 20 000 disparus. Les civils ont payé eux aussi : de 15 000 à 35 000 morts dans les 5 départements de Normandie. Mais le résultat, c'est que la route est libre. L'Escaut est atteint le 2 septembre. Paris est libéré inopinément. Et 20 jours plus tard, les frontières du Reich sont franchies. Mais ça, c'est une autre histoire...

LE CHOUIME-GOMME DÉBARQUE

Le soldat Parfet fut époustouflé par l'accueil des Français quand il offrait des chewing-gums Wrigley's, après le Débarquement. En 1952, il décida de lancer la marque Hollywood. Les 1ers chewing-gums français fabriqués par un Américain et utilisant un mythe californien. Revanche de l'histoire, Hollywood a été rachetée depuis par une société... américaine.

ÉCONOMIE

Des champs, des forêts, une mer poissonneuse avec de bons ports, tout cela bien au chaud dans un molleton d'herbages... Pas besoin de se casser la tête. Paris et ses 12 millions d'estomacs réclament de la Normandie qu'elle cultive sa fibre rurale et maritime. Pas étonnant que les chromos de prés fleuris et de pommiers aient gardé leur sève. Pour autant, toute la Normandie n'a pas la prospérité grasse du Calvados littoral... Exploitée dans ses moindres recoins par 40 000 fermes dispersées, cette région réputée cossue n'est guère plus peuplée qu'une autre. Loin des fortes densités du val de Seine en raison de la concentration des villes et usines, il est d'autres Normandie. Tandis que la Manche et l'Orne restent fortement rurales, Rouen, Caen et Le Havre regroupent à elles seules la grande majorité des Normands ! Encore qu'aujourd'hui les salariés sont de plus en plus nombreux à « pavillonner » aux champs...

Le trio de choc normand est conduit par la ***vache.*** La normande est la Rolls des bovins : elle donne une viande persillée et un lait très crémeux. Sur quelque 19,3 millions de bovins en France, la Normandie compte environ 580 000 vaches laitières... À raison de 5 500 l annuels en moyenne par pis, calculez...

Autre herbivore super racé, le ***cheval pur-sang*** a lui aussi enrichi ce pays de riches pâturages : plus de la moitié des individus élevés en France proviennent des haras normands, une bonne part du chiffre étant liée à la

vente des poulains de 1 an et demi (les yearlings) à Deauville. Le trotteur français est normand, tout comme le percheron.
En matière de production végétale, on ne saurait oublier la ***culture du lin,*** pour laquelle la Normandie se place au 1er rang avec plus de 63 % de la production nationale de lin textile (principalement en pays de Caux, Seine-Maritime). Autres cultures qui se portent assez bien, le blé (près de 8 % de la production nationale), le maraîchage et les betteraves.
Bien sûr, il y a des hauts et des bas. À deux pas du pays de Bray herbeux, le Cauchois règne sur un patchwork de blé, lin, betteraves et fourrage. En revanche, l'Eure est « en heurts » : plaines céréalières du Vexin contre fermettes du Lieuvin, maigres prairies d'Ouche contre herbages gras du Marais-Vernier et, entre 2, le Neubourg nappé d'orge, de maïs et de luzerne. Le Calvados s'adosse à la mer : les prospères alentours de Caen (céréales, maraîchage), les latifundia du Bessin et la Côte Fleurie des touristes contrastent avec l'argileux pays d'Auge, campé sur ses tas de pommes et ses bidons de lait. Dans l'Orne, les bovins – pour le lait et la viande – côtoient les chevaux des haras et les zones de culture. La Manche panache : labours dans l'Avranchin, maraîchage sur les polders, élevage au bocage.
Côté mer, les terre-neuvas ne sont plus de saison, mais la pêche a de beaux restes. La Normandie se classe au 5e rang en France : coquille Saint-Jacques, pêchée à Dieppe et à Port-en-Bessin, huîtres d'Isigny et de Saint-Vaast, petits coquillages puisés sur les vastes grèves du Mont-Saint-Michel, bulots de Granville et moules de partout... Bref, les Normands ont encore le pied marin et pêchent en abondance poissons plats (la sole, le turbot), saint-pierre, colins, morues...
L'industrie a eu sa bonne fée : la Seine. Bien avant l'autoroute Paris-Normandie, elle reliait Paris au monde. Rouen fut le 1er port de mer du royaume. Rétrogradé au 5e rang, il truste l'exportation des grains briards, même si ce trafic est désormais supplanté par celui des produits pétroliers raffinés. Le Havre, quant à lui, est le 2e port pétrolier de France avec 40 % de nos importations de pétrole brut et le 1er port du pays en ce qui concerne le commerce extérieur avec 63 % du transit de nos marchandises en conteneurs.
Si les chantiers navals sont déconfits, le complexe de la Basse-Seine leur a trouvé des remplaçants : Renault, Lafarge, Esso, Shell, EDF. Un tiers de la pétrochimie française, un tiers du pétrole raffiné, deux cinquième du papier journal consommé en France. À côté, les industries des petites et moyennes villes de la région semblent bien modestes, excepté toutefois pour les activités industrielles autour de l'énergie nucléaire (centrales de Paluel et de Penly en Seine-Maritime, de Flamanville et de la Hague dans la Manche...).

ENVIRONNEMENT

De dociles vaches normandes « à lunettes » sous des pommiers, des prairies protégées par des haies, un bocage verdoyant : la Normandie est souvent réduite à cette image bucolique, associée au camembert et au cidre. Ces représentations sont bien vivantes, mais la Normandie est, avant tout, une terre de contrastes. Aujourd'hui, la région est principalement agricole et industrielle ; elle abrite une forte densité de population. La qualité de l'environnement s'en ressent.

LE RUMINAGE : UNE SACRÉE TECHNIQUE !

Tout d'abord la vache avale l'herbe sans la mâcher, puis celle-ci est stockée (jusqu'à 180 l !) dans la panse. L'herbe y fermente et part ensuite dans une autre cavité, le bonnet. Transformée alors en boulettes, l'herbe revient dans la bouche où elle est mastiquée : on dit que la bête rumine. Puis les aliments repartent vers les 3e et 4e poches pour être totalement digérés.

Les herbages d'antan sont devenus des plaines céréalières, les usines et les zones portuaires marquent les paysages, les tissus pavillonnaires s'étendent sans cesse autour des villes. Il reste heureusement une Normandie dotée de richesses naturelles et d'un patrimoine environnemental, plus discret que les colombages et les vieilles pierres.

La proximité de la région parisienne a, depuis longtemps, bouleversé l'équilibre rural normand traditionnel. La vallée de la Seine, centre économique reliant Le Havre à Paris, se présente comme l'un des pôles les plus importants de France dans les secteurs de l'énergie, de la pétrochimie et de la chimie.

La Normandie compte 4 parcs naturels régionaux, garants de la préservation et de la valorisation du patrimoine naturel : les marais du Cotentin et du Bessin, les Boucles de la Seine normande, les forêts et le bocage de Normandie-Maine et du Perche. Le littoral normand est particulièrement bien protégé par le Conservatoire du littoral et les départements. Malgré la pression des hommes et des activités économiques, la Normandie abrite des milieux naturels très variés : falaises, cordons de galets, dunes, estuaires, prairies, marais tourbeux, pelouses calcaires, landes, bocages, etc. En tout, ce sont près de 2 000 espèces de plantes qui poussent en Normandie !

La richesse de la faune fréquentant les milieux naturels régionaux est une source d'attractivité pour des publics variés : on peut voir de nombreux oiseaux, notamment lors des périodes de migration, observer des phoques dans la baie des Veys, écouter le brame du cerf autour de Rouen, découvrir les habitants des flaques d'eau sur le littoral à marée basse...

Enfin, la Normandie, c'est aussi une diversité remarquable de paysages ne manquant pas d'attraits : falaises du littoral, plages de sable, forêts cathédrales de hêtres, marais intimes et giboyeux, sans oublier de nombreuses vallées au charme encore préservé que n'égalent en majesté que les coteaux du fleuve majeur : la Seine.

Dans cette région se trouvent partout des recoins secrets de campagne préservée, villages de charme, parcs et jardins remarquables, chemins creux, champs de coquelicots, plaines agricoles riantes où reviennent les busards. En prime, on n'est jamais très loin du littoral, qui offre de superbes balades aux abords des falaises, sur de petites plages de galets au bout des valleuses ou sur de vastes étendues de sable dénudées à marée basse, cachées derrière les dunes, dans des estuaires et des havres sableux (une spécificité de la Manche), ou encore sur quelques îlots de caractère.

MYSTÈRE BOVIN

Chez les bovidés, il naît à peu près autant de mâles que de femelles. Comme dans toutes les espèces. Alors pourquoi un troupeau de vaches ne possède que 1 ou 2 taureaux ? Eh bien, la viande des mâles étant un peu ferme, elle est vite vendue à l'étranger. Dans des pays où l'on consomme de la viande bouillie (les pays de l'Est, notamment).

LES « FEIGNANTS » DE LA BARBOUILLE

En 1858, dans une boutique du Havre, un Honfleurais inconnu rencontre un adolescent qui, sans trop se casser la tête, dessine des caricatures de notables locaux. Il l'invite à venir peindre avec lui dans la nature. C'est ainsi qu'Eugène Boudin, le barbu au panama, participera à éveiller la vocation du futur maître de Giverny, Claude Monet – un Normand lui aussi. Si une province a jamais eu le génie du pinceau, c'est bien la Normandie. Nicolas Poussin l'allégorique était des Andelys mais peignit l'Italie. Théodore Géricault, le témoin tourmenté de l'Empire, naquit à Rouen mais partit pour Paris. Les commandes et la renommée

l'attendaient là-bas – comme elles attendront plus tard Jean-François Millet, Raoul Dufy, Georges Braque, Fernand Léger et Marcel Duchamp, tous compatriotes de Boudin.
De 1830 à 1880, pourtant, ce fut au tour de la Normandie d'intéresser les artistes. À la fin du XVIIIe s, les terres d'inspiration classique (Italie, Flandre...) cèdent le pas au paysage romantique. Déjà en vogue chez les écrivains (Stendhal, George Sand, Baudelaire, Maupassant, Zola...), la Normandie devient un jardin de peintres, à la grande joie des paysans qui négocieront tout au prix fort pour ces « feignants ». Aujourd'hui, le moindre musée normand a recueilli leurs traces, notamment grâce à des legs prestigieux de grands collectionneurs locaux. Les peintres Turner et Théodore Rousseau ouvrent le bal. Corot plante son chevalet devant la Seine. Courbet immortalise « le jardin de la mère Toutain », la logeuse de Honfleur chez qui Boudin reçoit ses confrères. C'est le 1er à peindre une série de toiles illustrant les vagues à Étretat. L'Anglais Whistler pose ses valises dans le coin et se fait piquer son modèle par son ami Courbet, qui peint « Jo, la belle Irlandaise ». Manet exerce son art à Cherbourg. Bazille et Sisley écument la côte. Le Hollandais Johan Barthold Jongkind (le 2e maître de Monet) rejoint tout ce beau monde. Renoir s'adonne au portrait près de Dieppe. Camille Pissarro s'installe près de Gisors. Seurat et Signac accourent. Quant à Monet, il connaîtra l'extase devant la cathédrale de Rouen avant de s'installer à Giverny. De son bassin aux nymphéas découlera un demi-siècle de peinture.

HABITAT

Chaumières du pays d'Auge, demeures de maîtres en brique rouge du pays de Bray, maisons en granit du Cotentin et de l'Orne, villas exubérantes du bord de mer, manoirs du Perche : difficile de trouver une unité architecturale à l'habitat normand. Comment expliquer cette diversité et cette richesse ?

LE COLOMBIER

Cette construction fut, jusqu'à la Révolution, le privilège exclusif de la noblesse et du clergé, qui utilisaient la fiente des pigeons (la colombine, un excellent engrais) pour la culture de leurs terres. Malheureusement, lors des semis, les fameux pigeons provoquaient souvent des catastrophes car ils engloutissaient les grains.

Si les maisons à pans de bois sont tellement nombreuses dans le pays d'Auge, dans l'Eure et en Seine-Maritime, c'est non seulement parce que les paysans du coin avaient à leur disposition du bois, de l'argile et du chaume, mais aussi parce qu'ils ont utilisé les compétences des nombreux charpentiers de marine de tous les chantiers navals que comptaient la côte et la vallée de la Seine à l'époque. Qui sait édifier la membrure d'un bateau peut bien construire les colombages d'une maison ! D'où ces voûtes époustouflantes, au carénage quasi parfait. Quant à la présence de nombreuses maisons de maîtres en brique rouge, dissimulées derrière les pommiers dans les campagnes de Seine-Maritime, elle est essentiellement due à l'argile, abondante dans cette région. Mais il faut attendre le XIXe s et la révolution industrielle pour y voir se développer les briqueteries et les tuileries. D'abord réservées aux industriels, les maisons en brique vont bientôt devenir les demeures des riches agriculteurs cauchois (qui voient leurs revenus augmenter à la fin du XIXe s), pour ensuite trouver un usage plus démocratique dans les vallées ou les faubourgs industrieux de la banlieue de Rouen, dont certains quartiers rappellent encore les corons du Nord.
La masure cauchoise est enterrée dans un talus épais, planté de grands arbres, qui l'entoure et la protège du vent et des intempéries. Observez aussi la campagne de la Hague ou du val de Saire dans le Cotentin : les fermes mises à part, pas de

bâtiments agricoles esseulés dans le paysage. Tout simplement parce que les matériaux utilisables, le granit ou le schiste, sont des matériaux lourds à transporter, durs à travailler. Et des maisons, solides pour résister à un climat rude, mais simples parce que les paysans qui les ont construites n'étaient pas des magnats de la terre.

HISTOIRE

Les « conquistadors » du bocage

On dit que Charlemagne pleura en apercevant les 1ers drakkars... Les ***Vikings,*** eux, rigolaient.
Et ils terrorisèrent les Francs, lesquels avaient fortifié la Seine, mais puisque les Vikings étaient invincibles, autant la leur donner et à leur tour de la défendre... Au Xe s, ***Charles le Simple offre sa fille et la Normandie*** à Hrolf Marche à Pied, dit ***Rollon,*** chef des pirates danois. Ce n'était pas malin : leurs descendants, rois d'Angleterre, vont harceler les Français pendant 8 siècles ! Rollon, 1er maître de Normandie, rebâtit les églises, tout en sacrifiant quelques prisonniers à Odin. À peine née, la Normandie est entre de bonnes mains !

LES VIKINGS ? DES MALINS

Ils étaient peu nombreux pour les pillages. Il leur fallait jouer de l'effet de surprise : ils attaquaient souvent lors de la messe ! Des espions les aidaient à repérer les gros butins. Enfin, leurs cris sauvages et leurs accoutrements bizarres effrayaient les populations avant même le début des combats.

En 1066, le duché est le mieux organisé des États d'Occident. Le temps de bétonner ses frontières, ***Guillaume le Bâtard*** lorgne l'Angleterre. Le roi de là-bas l'avait plus ou moins choisi comme successeur, mais Harold le Saxon a fauché la couronne. Fâché, Guillaume débarque avec ses drakkars. Exit Harold ! La petite Normandie avale l'Angleterre.
Les Norvégiens ont l'Irlande et l'Écosse. Les Suédois sont en Russie. À ses moments perdus, tout ce beau monde se retrouve pour assiéger la ville de Constantinople. 2 barons du Cotentin, les Hauteville, n'y tiennent plus : ils partent se tailler un royaume en Italie du Sud. Ayant dépouillé les Pouilles, ils enlèvent la Sicile aux Arabes. Simple hors-d'œuvre avant la 1re croisade où ils vont vaincre les Turcs, puis se faire princes d'Antioche et comtes d'Édesse.

L'héritage de Rollon

Depuis 1 siècle, ***les Normands auscultent leurs racines.*** Elles rendent un son très viking. Le fondateur de la noble famille Harcourt s'appelait Ansketil (en français moderne : Anquetil). Houlgate signifie « chemin creux », Dieppe « profonde » et Beuf « abri » ou « baraque ». Quant à Honfleur, elle aurait un homonyme en Islande : Hornafjördhur, « le fjord en corne »...
De larges pans du pays de Caux, de la vallée de la Seine, de la Côte Fleurie et du Cotentin du Nord se déchiffrent comme un plan de la Norvège. On reconnaît sous Bolbec « le ruisseau de la ferme », en Caudebec « le ruisseau froid ». Trouville est la ville de Thorolf (« le loup de Thor »), Omonville celle d'Asmund, Bierville et Besneville celles de Björn, et Rauville celle

LES ORIGINES DE GUILLAUME LE CONQUÉRANT

Guillaume le Conquérant était le fils de Robert, duc de Normandie, et d'Arlette, fille de tanneur. Voilà pourquoi Guillaume eut d'abord comme surnom « le Bâtard ». Ensuite, il préféra s'appeler « le conquérant » ou « de Normandie ».

de Hrolf. Autrement dit, de Rollon... et le Norvégien dans la langue de son pays s'appelle encore aujourd'hui un « nordmann » (l'homme du Nord) !

Normandies lointaines

Depuis les 1res expéditions de l'Islandais Leiv l'Heureux en Amérique, les Vikings ont eu la bougeotte. Kiev, mer Caspienne, Angleterre, Sicile, Syrie et Palestine... Certains n'ont pas voulu revoir leur Normandie. ***À Saint-Barthélemy,*** petite île des Antilles, voilà 3 siècles que ***la coiffe normande protège du soleil des tropiques.*** D'autres, comme les Mortagnais, sont partis se fondre dans le creuset québécois. Lors du débarquement de 1944, les indigènes furent surpris de les entendre parler un français très pur.

Quelques dates

– ***56 av. J.-C. :*** la Seine forme une frontière. Au nord, les Belges : *Véliocasses* du Vexin (autour de *Rotomagus*-Rouen) et *Calètes* du pays de Caux. Au sud, les Gaulois bon teint : *Éburovices* (Évreux), *Lexoves* (Lisieux), *Bajocasses* (Bayeux).
– ***654 :*** fondation de l'abbaye de Jumièges par Philibert. Il accueille les fils du roi Clovis II qui se laissaient dériver en bateau sur la Seine. Tout ça parce que leur père les avait énervés (au sens – très – primitif de l'époque, à savoir disloquer les nerfs)...
– ***836 :*** on gèle en Scandinavie ! Les Vikings qui en ont les moyens achètent un bateau pour commercer dans le Sud. Ils découvrent qu'un contrat se conclut mieux avec un petit coup de hache... À fortiori le vol à la tire. Toute l'Europe est bientôt dans leur ligne de mire. Rouen, Jumièges et Saint-Wandrille dégustent.
– ***911 :*** déjà chez lui à Rouen, le chef viking Rollon se fait offrir par le roi des Francs le reste de la Normandie... Plus de frontière-Seine : le pays se découvre uni.
– ***Xe s :*** finie l'équipée sauvage ! La Normandie devient un duché. Les abbayes sont restaurées – grâce au butin des expéditions. À Rouen, on vend des esclaves irlandais (les émirs d'Espagne sont preneurs).
– ***Noël 1066 :*** Guillaume de Normandie conquiert l'Angleterre. Ce qui fait de lui le principal vassal du roi de France... et désormais son égal en tant que roi d'Angleterre.
– ***XIIe s :*** son père ayant fortifié les frontières, le duc Henri Plantagenêt épouse Aliénor d'Aquitaine, une femme bien dotée qui possédait l'Aquitaine. La Normandie s'étend de l'Écosse aux Pyrénées... On est bon pour la guerre de Cent Ans !
– ***1183-1204 :*** qui part en croisade perd sa place ! Jean sans Terre évince Richard Cœur de Lion. Philippe Auguste veut la Haute-Normandie ? Jean sans Terre la lui donne volontiers. Mais Richard revient, chasse Jean et bat Philippe. Sur ce, Dieu enlève Richard à l'affection des siens, et donne la Normandie à Philippe Auguste.
– ***1340 :*** Philippe VI veut conquérir l'Angleterre. Ce n'est pas une bonne idée : les marins dieppois ont à peine pillé Southampton que toute la flotte française se voit envoyée par le fond. Et maintenant, les Anglais débarquent ! À Crécy, ils taillent un gros costard aux Français.
– ***XIVe s :*** Charles le Mauvais, comte d'Évreux, intrigue. Pour l'aider, les Anglais prennent le Cotentin et avancent jusqu'à Verneuil. Le roi de France Jean le Bon réagit, mais il n'est pas si bon que ça : désastre de Poitiers.
– ***1364 :*** Du Guesclin ne laisse que Cherbourg à Charles le Mauvais.
– ***1415 :*** l'Anglais Henri V pulvérise les Français à Azincourt (Pas-de-Calais) et prend la Normandie. Mais au bout de l'Armorique, d'irréductibles Français résistent : au Mont-Saint-Michel...
– ***1431 :*** Jeanne d'Arc est brûlée vive à Rouen après un procès monté par l'évêque Cauchon, le bien nommé.
– ***1450 :*** la Normandie à jamais française.
– ***1506 :*** la « tour de Beurre » à Rouen. On bâtit beau et beaucoup.

– ***1517 :*** François Ier édifie une base navale, Le Havre-de-Grâce.
– ***XVIe s :*** les Normands dans le sillage des grandes découvertes. Grâce à eux, Jean Nicot introduit le tabac en France. C'est malin !
– ***1603 :*** Henri IV démantèle Château-Gaillard.
– ***1664 :*** la Compagnie des Indes occidentales au Havre.
– ***1793 :*** Charlotte Corday assassine Marat. La Normandie girondine et chouanne.
– ***1822 :*** construction d'un casino à Dieppe. 1ers bains de mer.
– ***1854-1855 :*** Boudin, Courbet et Isabey chez la mère Toutain, à Honfleur.
– ***1862 :*** le duc de Morny lance Deauville.
– ***1883 :*** Monet s'installe à Giverny.
– ***1937 :*** débuts de l'aventure Moulinex (l'inventeur du 1er moulin à café électrique) en Normandie, avec l'ouverture d'une 1re entreprise à Alençon.
– ***1942 :*** débarquement allié catastrophique à Dieppe.
– ***6 juin 1944 :*** débarquement des Alliés en Normandie.
– ***Août 1944 :*** les Allemands sont pris dans la poche de Falaise. La bataille normande est (durement) gagnée.
– ***1956 :*** séparation administrative de la Haute et de la Basse-Normandie.
– ***1959 :*** le pont de Tancarville relie les 2 rives de l'estuaire de la Seine.
– ***1973 :*** fermeture des chantiers navals de Rouen.
– ***1988 :*** inauguration du Mémorial de Caen.
– ***1995 :*** inauguration du pont de Normandie.
– ***1997 :*** polémique et bras de fer entre Greenpeace et la Cogema à propos des rejets de tartre radioactif non loin de la Hague.
– ***2001 :*** Moulinex dépose le bilan. Quelque 3 000 salariés se retrouvent sur le carreau.
– ***2002 :*** inauguration de la Cité de la mer de Cherbourg.
– ***6 juin 2004 :*** célébrations du 60e anniversaire du débarquement en Normandie. Le chancelier allemand, Gerhard Schröder, et son pays sont invités pour la 1re fois à célébrer cette commémoration de la victoire des Alliés sur l'Allemagne nazie.
– ***2005 :*** inscription du Havre moderne, conçu par l'architecte Auguste Perret, au Patrimoine mondial de l'Unesco.
– ***2014 :*** 70e anniversaire du Débarquement ; et la Normandie accueille les 1ers Jeux équestres mondiaux.
– ***2015 :*** le Mont-Saint-Michel redevient une île ! Après 20 ans d'études et de travaux exceptionnels, 2015 marque le rétablissement du caractère maritime du Mont, incarné par la destruction de l'ancienne digue-route.
– ***2016 :*** réunification de la Haute et de la Basse-Normandie en une seule et même Normandie.
– ***2017 :*** Le Havre fête ses 500 ans avec faste.
– ***2019 :*** 75e anniversaire du *D-Day*.
– ***2022 :*** la candidature des plages du Débarquement pour l'inscription au Patrimoine mondial de l'Unesco devrait être examinée (aucun site associé à un conflit militaire récent n'a encore été classé).

LANGUES RÉGIONALES

Le normand : langue ou pas langue ? Certains ont un avis bien tranché sur le sujet. À ceux qui se permettent de douter de l'appellation de « langue » associée au normand, préférant n'y voir qu'un patois, les spécialistes rétorquent quantité d'arguments. Jacques Mauvoisin mentionne, entre autres, l'existence de 60 glossaires et dictionnaires, justifiant de la richesse du vocabulaire. On parlera même plutôt de langues normandes, puisque celle-ci connaît des variations (dans la région elle-même, mais aussi dans les îles Anglo-Normandes de Jersey et Guernesey).
L'apport scandinave à la langue normande ne fait pas de doute et se retrouve particulièrement dans le vocabulaire maritime. La langue norroise (langue germanique

parlée par les anciens peuples de la Scandinavie, ancêtre des langues nordiques) aurait été pratiquée dans le duché de Normandie pendant un peu plus de 1 siècle (à Bayeux, au XIe s, une université y était dédiée) pour se fondre rapidement aux langages « romans ». Attardez-vous sur les noms de villes en Normandie et dénichez des traces de norrois à travers des terminaisons comme *-tôt* (ferme), *-thuit* (essart), *-bec* (ruisseau)... Un brin de norrois, beaucoup de roman ; on l'a, notre normand !

Mais l'histoire ne s'arrête pas là. Jusqu'au milieu du XIVe s, elle est la langue officielle de la cour d'Angleterre. Si vous vous demandiez d'où pouvaient bien venir les mots *fork, chair, candel, cat, garden,* etc. La langue normande va jusqu'à « s'exporter ».

À Jersey, elle n'est autre qu'une véritable institution soutenue par des structures et des médias spécifiques.

P'TÊT BEN QU'OUI, P'TÊT BEN QU'NON !

Cette expression a donné aux Normands la réputation d'indécis et de versatiles. En fait, une coutume de l'Ancien Régime donnait un délai de renonciation de 24h pour tout contrat ou marché conclu. Il est intéressant de constater que ce délai de rétractation est aujourd'hui garanti par la loi.

PERSONNAGES

– ***Jehan Ango*** *(1480-1551)* **:** cet armateur de Dieppe possédait 70 navires. Pas mal, pour la Renaissance ! Il finançait les découvertes maritimes, mais il n'oubliait pas de se renflouer avec la piraterie. Il paya la rançon pour libérer François Ier. Ils devinrent très copains.

– ***Bourvil*** *(1917-1970)* **:** André Raimbourg, acteur comique devenu au fil du temps l'un des plus grands comédiens de son époque, emprunta son pseudonyme au village de son enfance : Bourville, en Seine-Maritime.

– ***Charlotte Corday*** *(1768-1793)* **:** à 24 ans, cette beauté de l'Orne concocte son raid viking personnel au plus fort de la Terreur. Elle poignarde Jean-Paul Marat, guillotineur de choc, surpris dans sa baignoire révolutionnaire. Événement devenu célèbre grâce à David, qui fit une belle peinture à l'antique de Marat mort.

– ***Pierre Corneille*** *(1606-1684)* **:** né à Rouen, cet illustre poète dramatique est aussi un créateur du dilemme « cornélien », transposition du « p'têt ben qu'oui, p'têt ben qu'non ». Avocat au barreau de Rouen, son éloquence lui permit de ciseler des répliques définitives dans le bronze de l'alexandrin.

– ***Philippe et Vincent Delerm*** **:** le 1er, né en 1950, est romancier et le papa du 2d, auteur-compositeur-interprète né en 1976. Tous 2 mettent en valeur une Normandie intime et heureuse : Deauville et le souvenir de Trintignant, l'Eure et Beaumont-le-Roger, son club de foot, celui de théâtre...

– ***Christian Dior*** *(1905-1957)* **:** le dieu du new-look qui, en 1947, rendit le goût des colifichets aux femmes que la guerre avait habillées en hommes, et réinstalla son pays sur le trône de la Mode. Fils d'un industriel de Granville, ami de Bérard et de Cocteau, tard venu à la mode, il peupla sa maison de Cotentinois. Un élève : Yves Saint Laurent.

– ***Michel Drucker*** **:** né en 1942 à Vire, il fait ses débuts en tant que commentateur sportif à la radio et à la télévision, puis choisit de se consacrer aux émissions de divertissement. Figure emblématique et indéboulonnable de l'audiovisuel français, il est à ce jour le journaliste ayant reçu le plus de personnalités dans ses émissions.

– ***Franck Dubosc*** **:** né en 1963 à Petit-Quevilly, il suit les cours du conservatoire de Rouen et fait ses débuts à la télévision et au cinéma. Il se lance ensuite dans une carrière d'humoriste, dans un 1er temps aux côtés d'Élie Semoun, puis assure seul des one-man shows. Les films *Camping,* dans lequel il joue l'un des rôles principaux, est d'ailleurs inspiré de l'un de ses sketchs.

– ***Marcel Duchamp*** *(1887-1968)* **:** dans le monde de l'art, on est soit picassien, soit duchampien, mais nombre de critiques considèrent ce provocateur génial, né à Blainville-Crevon (près de Rouen), comme l'artiste le plus important du XXe s. Le père du ready-made, et surtout sa démarche, a inspiré des courants artistiques comme le pop art, l'art minimal, conceptuel ou encore performance.

– ***Jules Dumont d'Urville*** *(1790-1842)* **:** la vie de ce navigateur est un roman. Châtelain d'Urville, il épouse, au désespoir des siens, une vendeuse d'instruments d'optique. Il lui empruntera son prénom pour baptiser un bout de glace antarctique encore inconnu : la terre Adélie. Il meurt à ses côtés dans le 1er accident de chemin de fer.

– ***Annie Ernaux* :** née en 1940, cette romancière française, Prix Renaudot 1984 pour *La Place,* explore dans la plupart de ses ouvrages son passé, le café de son enfance du côté d'Yvetot (en Seine-Maritime).

– ***Gustave Flaubert*** *(1821-1880)* **:** né à Rouen, où son père était chef médecin de l'hôtel-Dieu. La Normandie restera très présente dans sa vie et dans son œuvre : la plage de Trouville où, à 15 ans, il rencontre le grand amour de sa vie (transposé en Mme Arnoux dans *L'Éducation sentimentale*) ; Rouen, bien sûr, dont il fera une superbe description dans *Madame Bovary* ; les paysages et les personnages normands, tels qu'on les trouve dans *Bouvard et Pécuchet* ou *Un cœur simple.* Hobereaux prétentieux, paysans et gens du peuple, et surtout ces bourgeois détestés de Flaubert, qui en incarne la quintessence dans le personnage du pharmacien Homais *(Madame Bovary).*

– ***Jacques Gamblin* :** acteur français né en 1957 à Granville. Après des études au Centre d'art dramatique de Caen, il tourne avec Lelouch, Blier, Jean Becker ou encore Tavernier. Une grande pointure. Il a également publié plusieurs romans.

– ***David Hockney* :** sujet britannique né en 1937, Hockney est le peintre en activité dont les œuvres se vendent le plus cher au monde. Il s'est établi à quelques encablures de Beuvron-en-Auge. Artiste protéiforme du pop art, il crée au fil des décennies, avec fax, polaroïd, impressions 3D... La Normandie est omniprésente dans son œuvre récente ; il la représente au fil des saisons, et peinte sur son iPad. Ces dernières œuvres ont été exposées à l'Orangerie, à Paris, en 2021.

– ***Valérie Lemercier* :** née en 1964 à Dieppe, elle suivra les cours du conservatoire de Rouen, puis exercera son talent à la télévision dans *Palace,* seule en scène dans plusieurs one-woman shows, au cinéma dans *Les Visiteurs,* etc., avant de passer aussi derrière la caméra (*Le Derrière, Palais Royal...* et *Famous,* qui sortira fin 2020).

– ***Gaston Lenôtre*** *(1920-2009)* **:** le « Guillaume le Conquérant » de l'entremets. Pâtissier à 13 ans, il ouvre boutique à 23 ans dans le bourg de Pont-Audemer. Les Parisiens qui vont à Deauville s'offrent le détour. Confiant, il part pour Auteuil. C'était en 1957. Son empire pèse aujourd'hui plusieurs dizaines de millions d'euros.

– ***Guy de Maupassant*** *(1850-1893)* **:** né au château de Mirosmesnil, près de Dieppe, il dépeint à merveille l'atmosphère et la société normandes du XIXe s dans son 1er roman, *Une vie* (1883).

– ***François Morel* :** né en 1959 à Flers, le comédien-chanteur-chroniqueur se fait vraiment connaître du public dans les années 1990 avec les hilarants mais grinçants Deschiens de Jérôme Deschamps et Macha Makeïeff. S'il manie toujours avec brio l'humour, celui-là est aujourd'hui plus volontiers teinté d'une pointe de poésie, de fantaisie et, surtout, d'un profond humanisme.

– ***Michel Onfray* :** né à Argentan en 1959, le philosophe esthétique a créé en 2002 l'*université populaire de Caen* (qu'il a animé jusqu'en 2018).

– ***OrelSan* :** né en 1982 à Alençon, Aurélien Cotentin grandit à Alençon puis à Caen. Il se fait d'abord connaître pour ses titres de rap. Plusieurs de ses chansons sont couronnées par un Disque d'or. En 2021 c'est un étonnant documentaire, « Montre jamais ça à personne », qui le fait connaître du plus grand nombre, réalisé par son frère Clément.

– ***Thomas Pesquet :*** né en 1978 à Rouen, on ne présente plus l'astronaute, notre héros de l'espace français rentré en juin 2017 de plusieurs mois de mission à bord du vaisseau *Soyouz,* aboutissement d'un programme d'entraînement de 6 ans. 2021 a été pour lui l'année de son 2e voyage dans l'espace, pendant 6 mois, à bord de la Station spatiale internationale (ISS)

– ***Eugène-René Poubelle*** *(1831-1907)* **:** le préfet de Seine qui, en 1884, mit en place les « boîtes à ordures », dont la collecte quotidienne est née à Caen (où il fut aussi professeur de droit).

– ***Jacques Prévert*** *(1900-1977)* **:** il habita à Omonville-la-Petite, dans le Cotentin, la propriété verdoyante à laquelle son nom le prédestinait.

– ***Erik Satie*** *(1866-1925)* **:** le compositeur et musicien hors du commun, qui n'hésite pas à glisser malice et humour dans ses partitions dépouillées, est né à Honfleur.

– ***Alexis de Tocqueville*** *(1805-1859)* **:** homme politique et écrivain. Il est l'auteur de 2 ouvrages magistraux : *De la démocratie en Amérique* et *L'Ancien Régime et la Révolution.* Il fait partie de l'une des plus vieilles familles normandes, puisque l'un de ses ancêtres était aux côtés de Guillaume le Conquérant à la bataille d'Hastings.

SITES INSCRITS AU PATRIMOINE MONDIAL DE L'UNESCO

En coopération avec le

Organisation des Nations Unies pour l'éducation, la science et la culture

Centre du patrimoine mondial

Pour figurer sur la liste du Patrimoine mondial, les sites doivent avoir une valeur universelle exceptionnelle et satisfaire à au moins un des 10 critères de sélection. La protection, la gestion, l'authenticité et l'intégrité des biens sont également des considérations importantes.

Le patrimoine est l'héritage du passé dont nous profitons aujourd'hui et que nous transmettons aux générations à venir. Nos patrimoines culturel et naturel sont 2 sources irremplaçables de vie et d'inspiration. Ces sites appartiennent à tous les peuples du monde, sans tenir compte du territoire sur lequel ils sont situés. Pour plus d'informations : • *whc.unesco.org* •

Pour le guide *Normandie* sont concernés : le Mont-Saint-Michel et sa baie (1979) ; Le Havre, la ville reconstruite par Auguste Perret (2005) ; la tour du fort de la Hougue et la tour Vauban de l'île Tatihou dans le cadre du classement des fortifications de Vauban (2008) ; la tapisserie de Bayeux au registre Mémoire du Monde, ainsi que le savoir-faire de la dentelle au point d'Alençon, au titre du patrimoine culturel immatériel.

PETITS TRUCS ET ASTUCES POUR ÉVITER LES ABUS ET MAUVAISES SURPRISES

Un routard informé en vaut 2 ! Pour éviter les désagréments en tous genres, voici un petit pense-bête destiné à parer aux coûts et aux coups de bambous.

Bien sûr, nos enquêteurs veillent au grain, et les établissements qui ne répondent plus à nos critères ou abusent sont vite supprimés de nos guides. La réciproque est aussi valable. N'oublions pas que les hôteliers et restaurateurs font un métier difficile, et que la pandémie liée au Covid n'a pas amélioré les choses. S'ils se doivent de toujours garder le sourire, nous nous devons de les respecter en n'arrivant pas chez eux en terrain conquis.

À L'HÔTEL

1 – Arrhes ou acompte ? : dans les 2 cas, il s'agit de sommes versées au moment de la réservation, à titre d'avance sur l'occupation d'une chambre ou d'une location saisonnière, et faisant office de garantie réciproque. On préfère parler d'arrhes plutôt que d'acompte considéré comme définitif, c'est-à-dire sans dédit possible. Légalement, aucune règle ne précise le montant des arrhes, mais il est d'usage de verser ***25 à 30 % du prix total au moment de la réservation.*** Cette somme ne pourra pas être remboursée en cas d'annulation de la réservation, sauf cas de force majeure qu'il vous faudra justifier (maladie ou accident) ou en accord avec l'hôtelier si l'annulation est faite dans des délais jugés raisonnables. Si, au contraire, l'annulation est le fait de l'hôtelier, il doit vous rembourser le double des arrhes versées. Enfin, si vous avez réservé une chambre (sans avoir rien versé) et que vous avez un empêchement, ***passez un coup de téléphone pour annuler,*** c'est la moindre des politesses.

2 – Numéro de carte à la réservation : qu'elle se fasse sur Internet ou par téléphone, il est de plus en plus courant de fournir son numéro de carte bancaire pour garantir la réservation de la chambre. Le client peut alors annuler sa réservation jusqu'à 24h avant l'arrivée dans l'hôtel. Au-delà, l'hôtelier est en droit de débiter la totalité du montant de la 1re nuit.

3 – Subordination de vente : les hôteliers ont interdiction de pratiquer la subordination de vente. C'est-à-dire qu'***ils ne peuvent pas vous obliger à réserver plusieurs nuits d'hôtel si vous n'en souhaitez qu'une.*** Dans le même ordre d'idées, on ne peut vous obliger à prendre votre petit déjeuner ou vos repas dans l'hôtel. Ce principe, illégal, est cependant toléré en pratique, surtout en haute saison, dans les zones touristiques où la demande est bien plus importante que l'offre.

4 – Les réservations en ligne : elles se sont généralisées. Si les centrales de réservation en ligne sont devenues incontournables, sachez qu'elles garantissent rarement de meilleurs prix qu'en direct, sauf promos exceptionnelles, évidemment. C'est d'ailleurs souvent l'inverse. En effet, la plupart des établissements font payer la commission versée aux sites internet à leurs clients, en augmentant leurs tarifs d'autant. ***N'hésitez donc pas à réserver en direct auprès de l'hôtel, de bonnes surprises vous attendent.*** Autre avantage de la résa en direct, vous pouvez préciser le type de chambre souhaité (sur mer, sur jardin) et obtenir des renseignements fiables sur l'établissement.

5 – Responsabilité en cas de vol : un hôtelier ne peut en aucun cas dégager sa responsabilité pour des objets volés dans la chambre d'un de ses clients, même si ces objets n'ont pas été mis au coffre. En d'autres termes, les éventuels panonceaux dégageant la responsabilité de l'hôtelier n'ont aucun fondement juridique.

AU RESTO

1 – Les prix : ils sont libres, mais ***l'affichage est obligatoire*** à l'extérieur de l'établissement, de manière visible. Tous les menus doivent être affichés, même le moins cher. Ils doivent être identiques à ceux que l'on vous présente à l'intérieur.

2 – Formule ou menu ? Généralement, la formule est une proposition écourtée comprenant entrée + plat ou plat + dessert. Avec parfois un verre de vin et/ou le café. De fait, elle est moins chère que le menu, en principe complet (entrée + plat + dessert). Très souvent, les formules et les 1ers menus (les moins chers) ne sont ***servis qu'en semaine et/ou seulement au déjeuner,*** et plus rarement avant certaines heures (12h30 et 20h environ). C'est parfaitement légal, à condition toujours que ce soit clairement indiqué sur le panneau extérieur et sur le menu que l'on vous présente à table. Il arrive qu'il disparaisse comme par enchantement (humm, mauvais signe…). Vous êtes en droit de le demander.

3 – Le « fait maison » : pour parer au sous-vide et tout congelé, et parallèlement valoriser le travail de restaurateurs scrupuleux, le « fait maison » (logo d'une casserole surmontée d'un toit de maison avec cheminée) apparaît comme un faire-valoir évident et rassurant. Même s'il ne garantit pas le 100 % maison (la loi est un peu tordue sur le sujet et il n'y a pas de contrôle), ni la qualité du chef ! Cela dit, c'est un bon début.

4 – La carte en dit long ! Voici, foi d'enquêteur, quelques trucs très simples pour analyser un menu : tout d'abord la ***brièveté de la carte*** est un bon gage de fraîcheur ; quand les produits sont locaux et de saison, c'est encore mieux ! On peut aussi questionner le serveur. Sa franchise (ou son embarras) vous en dira long (le bar, il est sauvage ou d'élevage ?). Autre indice : si la carte n'est composée que de plats passe-partout dont certains peuvent nécessiter des cuissons très longues (parmentier de canard, suprêmes de volaille en sauce, souris d'agneau, bourguignon…), ce n'est pas forcément bon signe, surtout s'ils sont servis trop rapidement. Même topo avec les desserts bistrotiers type tarte Tatin, mi-cuit ou mousse au chocolat, crème brûlée, panna cotta, tiramisù qui sortent soit du congélateur, soit d'une brique ! Tout comme les mignardises qui accompagnent le café gourmand souvent surfacturé. Un bon chef n'est pas forcément un bon pâtissier. Et il a rarement le temps de préparer 36 desserts ! Enfin, en dehors des zones côtières, on évite les poissons et fruits de mer le lundi… les livraisons ayant rarement lieu le week-end !

5 – Commande jugée insuffisante : sachez qu'il est illégal de pousser le client à la consommation. Une attitude parfois un peu insistante de la part du serveur est indigne d'un bon établissement.

6 – *Doggy bag :* la lutte anti-gaspi a du bon ! Depuis le 1er juillet 2021, les restaurateurs ne peuvent vous refuser de partir avec ce que vous avez laissé dans votre assiette. Alors, n'hésitez pas à le demander, c'est une bonne occasion de terminer votre repas… à la maison !

7 – Eau : une carafe d'***eau du robinet*** est ***gratuite*** à condition qu'elle accompagne un repas. On ne peut pas vous la refuser, sauf si elle est jugée impropre à la consommation par décret. Dans certains restos, on vous l'apporte d'office en guise de bienvenue. Un vrai bon point ! La bouteille d'***eau minérale*** doit, quant à elle, comme le vin, être ouverte devant vous. L'arnaque consiste parfois à proposer d'emblée une eau minérale, facturée au prix fort. À la question du serveur : « Et pour l'eau, plate ou gazeuse ? », vous pouvez répondre sans rougir : « Une carafe me conviendra ».

8 – Vins (et autres alcools) : la marge la plus importante des restaurateurs ! Et certains en abusent… Le vin au verre s'est généralisé. Tant mieux. Sinon, au-delà de 2 verres (gare aux prix exorbitants et à l'interdiction de conduire), il peut être plus intéressant de commander une bouteille, quitte à l'emporter en fin de repas si elle n'est pas terminée. Sinon, ne pas hésiter à demander un ***petit vin de pays en pichet,*** l'occasion de découvrir ainsi des petites cuvées locales et bon marché.

Faites-vous
COMPRENDRE
partout dans le monde
Le guide de conversation
italien
LE ROUTARD
Tous les mots... qui sauvent !
Le guide de conversation
anglais
LE ROUTARD
Tous les mots... qui sauvent !
hachette
Le guide de conversation
espagnol
LE ROUTARD
Tous les mots... qui sauvent !
hachette
6,95€
12 LANGUES DÉJÀ PARUES
5€
g'palémo
Le Routard
RETROUVEZ AUSSI G'PALÉMO :
Notre guide illustré de plus de 200 dessins
pour communiquer quelle que soit
votre destination.
+ de 95 000 exemplaires vendus !
Le Routard
BIEN PLUS QU'UN VOYAGE

les ROUTARDS sur la FRANCE 2022-2023

(dates de parution sur **• *routard.com* •**)

Découpage de la FRANCE par le ROUTARD

Autres guides sur la France

- Nos meilleurs campings en France
- Nos meilleures chambres d'hôtes en France

Autres guides sur Paris

- Paris
- Paris balades
- Restos et bistrots de Paris
- Le Routard des amoureux à Paris
- Week-ends autour de Paris

Le Routard à vélo

- EuroVelo6
- La Bourgogne du Sud à vélo
- La Flow Vélo
- La Loire à Vélo
- La Vélo Francette
- La Vélodyssée (Roscoff-Hendaye)
- Le Canal des 2 mers à vélo
- Paris Île-de-France à vélo
- ViaRhôna
- Les plus belles escapades à vélo en France

les ROUTARDS sur l'ÉTRANGER 2022-2023

(dates de parution sur • routard.com •)

Découpage de l'ESPAGNE par le ROUTARD

Découpage de l'ITALIE par le ROUTARD

Autres pays européens

- Allemagne
- Angleterre, Pays de Galles
- Autriche
- Belgique
- Bulgarie
- Crète
- Croatie
- Danemark, Suède
- Écosse
- Finlande
- Grèce continentale
- Hongrie
- Îles grecques et Athènes
- Irlande
- Islande
- Madère
- Malte
- Norvège
- Pays baltes : Tallinn, Riga, Vilnius
- Pologne
- Portugal
- République tchèque, Slovaquie
- Roumanie
- Suisse

Villes européennes

- Amsterdam
- Berlin
- Bruxelles
- Budapest
- Copenhague
- Dublin
- Lisbonne
- Londres
- Moscou
- Naples
- Porto
- Prague
- Saint-Pétersbourg
- Stockholm
- Vienne

les ROUTARDS sur l'ÉTRANGER 2022-2023

(dates de parution sur • *routard.com* •)

Découpage des ÉTATS-UNIS par le ROUTARD

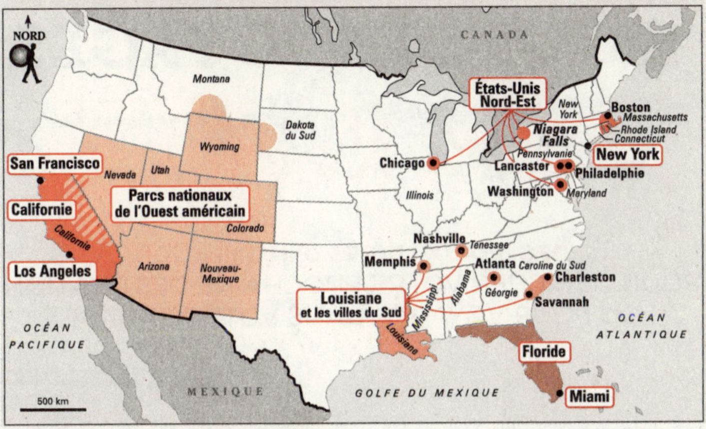

Autres pays d'Amérique

- Argentine
- Brésil
- Canada Ouest
- Chili et île de Pâques
- Colombie
- Costa Rica
- Équateur et les îles Galápagos
- Guatemala, Belize
- Mexique
- Montréal
- Pérou, Bolivie
- Québec et Ontario

Asie et Océanie

- Australie côtes est et nord + Red Centre
- Bali, Lombok
- Bangkok
- Birmanie (Myanmar)
- Cambodge, Laos
- Chine
- Hong Kong, Macao, Canton
- Inde du Nord
- Inde du Sud
- Israël et Palestine
- Istanbul
- Jordanie
- Malaisie, Singapour
- Népal
- Shanghai
- Sri Lanka (Ceylan)
- Thaïlande
- Tokyo, Kyoto et environs
- Turquie
- Vietnam

Afrique

- Afrique du Sud
- Égypte
- Kenya, Tanzanie et Zanzibar
- Maroc
- Marrakech
- Sénégal
- Tunisie

Îles Caraïbes et océan Indien

- Cuba
- Guadeloupe, Saint-Martin, Saint-Barth
- Île Maurice, Rodrigues
- Madagascar
- Martinique
- République dominicaine (Saint-Domingue)
- Réunion

Guides de conversation

- Allemand
- Anglais
- Arabe du Maghreb
- Arabe du Proche-Orient
- Chinois
- Croate
- Espagnol
- Grec
- Italien
- Japonais
- Portugais
- Russe
- G'palémo (conversation par l'image)

Livres-photos/Livres-cadeaux

- 50 voyages à faire dans sa vie
- 52 escapades nature en France **(nouveauté)**
- 52 week-ends coups de cœur en Europe (city trips)
- 52 week-ends coups de cœur en France
- 120 coins secrets en Europe
- 1 200 coups de cœur en France
- 1 200 coups de cœur dans le monde
- Cahier de vacances du Routard
- La France de Stéphane Bern
- Nos plus belles balades et randos en France **(nouveauté)**
- Road Trips Monde
- Road Trips en France
- Sacré : 100 lieux d'inspiration divine **(nouveauté)**
- Voyages
- Voyages : États-Unis
- Voyages : France
- Voyages : Italie

Nous tenons à remercier tout particulièrement Loup-Maëlle Besançon, Thierry Bessou, François Chauvin, Grégory Dalex, Fabrice Doumergue, Cédric Fischer, Carole Fouque, Nicolas George, Michelle Georget, David Giason, Claude Hervé-Bazin, Emmanuel Juste, Dimitri Lefèvre, Fabrice de Lestang, Romain Meynier, Éric Milet, Pierre Mitrano, Jean-Sébastien Petitdemange, Thomas Rivallain et Jean Tiffon pour leur collaboration régulière.

Guillem Aurenche
Jean-Jacques Bordier-Chêne
Gérard Bouchu
Camille Campet
Philippe Coupy
Agnès Debiage
Jérôme Denoix
Tovi et Ahmet Diler
Clélie Dudon
Agustina Ernesta
Alain Fisch
Hermine Frachon
Adrien et Clément Gloaguen
Simon Hafi
Chloé Iacono
Thelem Jolliot-Curie
Maeva Libessart
Marine Lucas
Lise Machu
Louis Nagot
Martine Partrat
Odile Paugam et Didier Jehanno
Orianne Pouchard
Alexia Poulain
Marva Prevost
Alexia Rambaud
Prakit Saiporn
Lara Tantawi
Sarah Toson
Emma Vadillo Quesada

Direction : Sidonie Chollet
Direction éditoriale : Élise Ernest
Édition : Matthieu Devaux, Olga Krokhina, Gia-Quy Tran, Julie Dupré, Amélie Ramond, Margaux Lefebvre, Lucie Léna, Joséphine Bonneau, Morgane Zambrelli et Tony De Sousa
Ont également collaboré : Véronique Rauzy, Aurélie Joiris-Blanchard et Alba Bastida
Cartographie : Frédéric Clémençon et Aurélie Huot
Contrôle de gestion : Jérôme Boulingre et Yannis Villeneuve
Secrétariat : Julia Lorrain
Fabrication : Nathalie Lautout et Liza Sacco
Relations presse : COM'PROD, Fred Papet. ☎ 01-70-69-04-69.
● *info@comprod.fr* ●, Martine Levens (Belgique) et Maureen Browne (Suisse)
Illustration : Anne-Sophie de Précourt
Marketing : Clotilde Tougeron et Elise Sylvestre
Couverture : le-bureau-des-affaires-graphiques.com
Silhouette du Routard : Clément Gloaguen (d'après Solé)
Maquette intérieure : le-bureau-des-affaires-graphiques.com, Thibault Reumaux et npeg.fr
Contact Partenariats : Jérôme Denoix ● *jeromedenoix@gmail.com* ●
Contact Partenariats et régie publicitaire : Florence Brunel-Jars
● *fbrunel@hachette-livre.fr* ●

INDEX GÉNÉRAL

INDEX GÉNÉRAL

INDEX GÉNÉRAL

LISTE DES CARTES ET PLANS

Remarque importante aux hôteliers et restaurateurs

Les enquêteurs du *Routard* travaillent dans le plus strict anonymat. Aucune réduction, aucun avantage quelconque, aucune rétribution n'est jamais demandé en contrepartie. Face aux aigrefins, la loi autorise les hôteliers et restaurateurs à porter plainte.

Avis aux lecteurs

Le Routard, ce n'est pas comme le bon vin, il vieillit mal. On ne veut pas pousser à la consommation, mais évitez de partir avec une édition ancienne. Les modifications sont souvent importantes.
Les réductions accordées à nos lecteurs ne sont jamais demandées par nos rédacteurs afin de préserver leur indépendance. Les hôteliers et restaurateurs sont sollicités par une société de mailing, totalement indépendante de la rédaction, qui reste donc libre de ses choix. De même pour les autocollants et plaques émaillées.

Avec routard.com, choisissez, organisez, réservez et partagez vos voyages !

✓ Rejoignez la plus grande communauté francophone de voyageurs : **plusieurs millions d'internautes.**

✓ Échangez avec les routarnautes : forums, photos, avis d'hôtels.

✓ Retrouvez aussi toutes les informations actualisées pour choisir et préparer vos voyages : près de 300 guides destinations, une centaine de dossiers pratiques et un magazine en ligne pour découvrir tous les secrets de votre destination.

✓ Enfin, comparez les offres pour organiser et réserver votre voyage au meilleur prix.

Les Routards *parlent aux* Routards

Faites-nous part de vos expériences, de vos découvertes, de vos tuyaux et de vos coups de cœur. Aidez-nous à remettre l'ouvrage à jour. Indiquez-nous les renseignements périmés. Faites profiter les autres de vos adresses nouvelles, combines géniales... On adresse un exemplaire gratuit de la prochaine édition à ceux qui nous envoient les meilleurs courriers, pour la qualité et la pertinence des informations.
Quelques conseils cependant :
– Envoyez-nous votre courrier le plus tôt possible afin que l'on puisse insérer vos tuyaux sur la prochaine édition.
– N'oubliez pas de préciser l'ouvrage que vous désirez recevoir, ainsi que votre adresse postale.
– Vérifiez que vos remarques concernent l'édition en cours et notez les pages du guide concernées par vos observations.
– Quand vous indiquez des hôtels ou des restaurants, pensez à signaler leur adresse précise et, pour les grandes villes, les moyens de transport pour y aller. Si vous le pouvez, joignez la carte de visite de l'hôtel ou du resto décrit.
En tout état de cause, merci pour vos nombreux mails.

122, rue du Moulin-des-Prés, 75013 Paris

● ***guide@routard.com*** ● ***routard.com*** ●

Routard Assurance

Enrichie au fil des années par les retours des lecteurs, *Routard Assurance* reste l'assurance voyage référence des globe-trotters. Tout y est inclus, même la **Covid** : frais médicaux, assistance rapatriement, bagages, responsabilité civile… Avant votre départ, contactez *AVI* pour un conseil personnalisé. À la recherche d'une attestation Covid ? Vous la recevrez automatiquement après chaque souscription. Besoin d'un avis médical, d'une prise en charge dans un hôpital ? Le plateau d'Assistance *AVI* dispose d'un vaste réseau médical à travers le monde disponible 24h/24 pour une réponse en temps réel. De simples frais de santé en voyage ? Téléchargez vos factures depuis l'espace assuré *AVI*, ils vous remboursent sous une semaine. *Le Colisée Gardens, 10, av. de l'Arche, CS 70126, 92419 Courbevoie Cedex.* ☎ *01-44-63-51-00.* ● *avi-international.com* ● Ⓜ *La Défense.*

Édité par Hachette Livre (58, rue Jean-Bleuzen, CS 70007, 92178 Vanves Cedex, France)
Photocomposé par Luminess SAS (561, rue Saint-Léonard – CS 40003 – 53101 Mayenne Cedex, France)
Imprimé par Lego SPA Plant (via Galileo Galilei, 11, 38015 Lavis, Italie)
Achevé d'imprimer : janvier 2023
Collection n° 15 - Édition n° 02
15/4470/9
I.S.B.N. 978-2-01-717225-3
Dépôt légal : mars 2022

PAPIER À BASE DE FIBRES CERTIFIÉES